国际统计年鉴

INTERNATIONAL STATISTICAL YEARBOOK

1998

刘 洪 主编

中国统计出版社

(京)新登字041号

图书在版编目(CIP)数据

国际统计年鉴:1998/刘洪主编. －北京:中国统计出版社，1998.11
ISBN 7-5037-2889-2/C·1605

Ⅰ.国…
Ⅱ.刘…
Ⅲ.统计资料－世界－1998－年鉴
Ⅳ.C831－54

中国版本图书馆CIP数据核字(98)第34569号

中国统计出版社出版
(北京西城区三里河月坛南街75号 100826)
新 华 书 店 经 销
科伦克三莱印务有限公司印刷
*
787×1092毫米 16开本 42印张 98万字
1998年12月第1版 1998年12月北京第1次印刷
印数:1—2000册
定价:130.00元

《国际统计年鉴》(1998)

编委会和编辑人员名单

编 者 说 明

一、《国际统计年鉴》是一部综合性国际经济、社会统计资料书。本书收录了世界多达160个国家和地区的统计资料，对其中的40多个主要国家的经济和社会发展状况和世界主要企业的基本情况又作了更为详细的介绍。

二、本年鉴分为16个部分：1. 世界概要，2. 自然资源和环境保护，3. 人口和人均主要经济指标，4. 国民核算，5. 农业，6. 工业和建筑业，7. 运输和通讯，8. 就业与工资，9. 财政、金融，10. 国际收支和债务，11. 价格指数，12. 国际贸易和旅游，13. 社会和军事，14. 家庭收支和居民消费，15. 部分国家分省主要指标，16. 主要企业指标。

三、来自国外的资料一般经过联合国等国际组织的整理加工，大体是可比的。但有些国家的资料搜集和核算方法、口径和准确度不尽相同，尤其是一些价值指标，因各国价格结构不同和汇率不完全反映各国货币购买力等因素，在进行国际对比时，不可能绝对准确，只能反映大体趋势。一些实物量指标，经过调整，可比程度较高。

四、很多国家的最新数据主要是初步数或估计数。

五、本年鉴所列的中国数据，除国土面积外，均未包括中国台湾省、香港特别行政区和澳门。

六、本年鉴资料来源主要是各国际组织的年报、月报和各国统计年鉴、月报。每张表均附有资料来源。其中中国数据均以《中国统计年鉴》为准。

七、本年鉴部分数据合计数或相对数由于单位取舍不同会产生一定误差。各合计数不一定等于分项的累加。

八、本年鉴中使用的符号含义如下："..."表示数据不足本表最小单位数；"空格"表示无该项数据或该项统计数据不详；"#"表示其中的主要项；"*"表示因统计口径的调整，前后数据不可比。

九、除非特别注明，下列国家和地区含义如下：

1. 德国：1990年及以前指原联邦德国，1991年起为统一后的德国；

2. 俄罗斯：1991年及以前为前苏联；

3. 捷克共和国：1992年及以前为前捷克斯洛伐克；

4. 南斯拉夫：1991年及以前为南斯拉夫社会主义联盟(Yugoslavia, SFR)，1992年起为南斯拉夫联盟共和国(Yugoslavia, FR)；

5. 刚果(布)为刚果共和国，首都为布拉柴维尔；刚果(金)为刚果民主共和国，原称扎伊尔，首都为金沙萨。

6. 第五部分中"亚洲"和"欧洲"均未包括前苏联各共和国。

编者说明

目　录

七、运输和通讯

八、就业与工资

九、财政、金融

十五、部分国家分省主要指标

十六、主要企业指标

一、世 界 概 要

1－1　世界工农业生产和对外贸易

	单　位	1987年	1988年	1989年	1990年	1991年	1992年	1993年	1994年	1995年	1996年
农业生产指数											
总指数	1989－91＝100	93	95	98	101	101	103	104	108	110	113
食　品	1989－91＝100	93	95	98	101	101	104	104	108	111	114
种植业	1989－91＝100	94	94	98	101	101	104	104	107	109	114
谷　物	1989－91＝100	92	91	98	103	99	104	100	103	101	109
牲　畜	1989－91＝100	94	97	98	100	102	102	104	107	111	114
农产品产量											
薯　类	万　吨	57500	56300	58000	57200	56700	59056	60816	60210	62867	63534
豆　类	万　吨	5000	5400	5500	5800	5700	5428	5711	5736	5626	5677
油　料	万　吨	6700	6800	7200	7500	7700	7900	8000	8800	9100	9200
蔬菜及甜瓜	万　吨	43600	44000	44900	46000	45800	47017	47397	54502	56637	56552
水果(不包括甜瓜)	万　吨	33500	34100	34800	34800	34700	38067	38433	39215	40172	41393
肉　类	万　吨	16400	17000	17300	17900	18300	18600	19100	19900	20900	21600
烟　草	万　吨	617	687	705	703	746	833	828	650	636	651
圆　木	万立方米	333500	339400	345100	349800	338900	332900	333500	337600	341100	
鱼类捕获量	万　吨	93940	9790	9920	9640	9640	9880	10160	10910	11150	
工业生产指数①											
总指数	1980＝100	113	119	123	123	122	122	123	130	135	140
矿　业	1980＝100	91	96	100	100	98	101	103	107	110	111
制造业	1980＝100	117	124	128	127	126	125	126	132	138	144
工业产品产量											
煤②	万　吨	464800	474800	483700	470700	454800	456900	445800	455700	472000	
原　油③	万　吨	277200	289100	293500	329900	298100	300400	299400	304100	306500	
天然气	百万亿焦耳	67202	70426	73078	75003	76697	75912	77940	79844	84934	
生铁及铁合金	万　吨	50700	53600	54400	52900	50100	50000	50200	52300		
纤维及非纤维织品	百万平方米	20313	21360	22271	23324	21498	21491	20081	20553		
棉织品及毛织品	百万平方米	52447	48233	54592	54568	53789	51633	51051	55057		
皮　鞋	万　双	421500	457200	450000	448200	418000	402100	381200	367200		
硫　酸	万　吨	13500	14300	14100	13600	12800	12300	11200	11800		
肥　皂	万　吨	2200	2200	2300	2400	2000	1900	2000	2100		
电冰箱	万　台	4900	5600	5500	5300	5400	5300	5600	6000		
洗衣机	万　台	4400	4800	4600	4700	4400	4200	4500	4700		
机　床											
钻　床	万　台	14.6	15.5	15.0	14.0	15.6	13.4	12.9	11.6		
车　床	万　台	7.6	8.3	9.3	9.0	9.0	6.3	5.7	5.7		
卡　车	千　辆	12862	14025	13369	12504	11818	12377	11513	11541		
铝	万　吨	2129.8	2248.8	2310.9	2361.1	2066.3	2103.3	2151.5	2118.4		
水　泥	万　吨	103400	110000	113600	114300	116000	120900	126400	135400		

续表 1

	单位	1987年	1988年	1989年	1990年	1991年	1992年	1993年	1994年	1995年	1996年
发电量④	亿千瓦时	105870	1111701	14830	117880	120170	121420	124200	127080	130980	
化肥⑤	万吨	15220	15830	15290	14760	14420	13840	13170	13640	14320	
原糖	万吨	10350	10460	10720	11100	11220	11770	11220	10980	11700	12660
葡萄酒	万吨	3180	2710	2830	2830	2840	2680	2620	2564	2526	2684
锯材	万立方米	50500	50800	50700	50500	45700	43700	43100	43500	42700	
商船下水量	万吨位	962	1180	1272	1468	1668	2047	1870	1634		1548
乘用车产量	万辆	3280	3384	3469	3490	3356	3372	3150	3317	3582	3732
商用车产量	万辆	1290	1386	1353	1244	1201	1261	1301	1433	1412	1483
交通											
乘用车拥有量	万辆	39513	40951	42224	44196	45193	44572	44999	46211		
商用车拥有量	万辆	12404	12954	13383	13787	14193	13958	14102	14766		
贸易额⑥											
进口	亿美元	25581	29131	31381	35568	35399	37949	37333	42631	50625	52995
出口	亿美元	19906	19267	30224	34235	34179	36548	36501	41699	49675	51607
出口数量指数											
全部商品	1990＝100	82	88	95	100	104	109	114	125	135	142
制成品	1990＝100	79	86	94	100	105	111	115	130	145	
出口单价指数											
全部商品	1990＝100	85	90	92	100	98	100	95	99	109	108
制成品	1990＝100	87	93	93	100	100	103	99	101	110	107
国际市场初级品出口价格指数											
全部商品	1990＝100	66	70	72	79	69	68	62	63	68	72
食品	1990＝100	75	87	87	88	85	87	82	87	92	91
非食用农产品	1990＝100	86	100	98	100	93	91	84	95	106	98
矿物	1990＝100	59	59	62	71	59	57	51	49	53	60
国际储备⑦											
国际货币基金组织的存款	亿特别提款权	315	283	255	238	259	339	328	317	367	380
外汇储备	亿特别提款权	4559	4943	5450	5936	6254	6469	7184	7769	8935	10325
特别提款权	亿特别提款权	202	202	205	204	206	129	146	158	198	185
国际储备	亿特别提款权	5078	5427	5910	6377	6718	6937	7659	8244	9499	1089

注：① 未包括阿尔巴尼亚、中国、朝鲜、越南、原捷克斯洛伐克、原苏联和南斯拉夫。② 未包括可燃泥煤。③ 不包括液化天然气。

④ 包括水电、地热发电、热电及核电。⑤ 上年 7 月 1 日至 6 月 30 日。⑥ 进口按 CIF 价计算，出口按 FOB 离岸价计算。

⑦ 年末数。

资料来源：联合国《统计年鉴》1996 年、《统计月报》1998 年 3 月；粮农组织《生产年鉴》1996 年。

1-2 世界人口及有关指标、土地面积和人口密度

	年中人口数（百万人）								1990－1995年年平均增长率 %	1990－1995年出生率 ‰	1990－1995年死亡率 ‰	土地面积(万平方公里) 1995年	人口密度(人/平方公里) 1995年
	1950年	1960年	1970年	1975年	1980年	1985年	1990年	1995年					
世界总计	**2520**	**3021**	**3697**	**4077**	**4444**	**4846**	**5285**	**5716**	**1.6**	**25**	**9**	**13564.1**	**42**
非　洲	224	282	364	414	476	549	633	728	2.8	42	14	3030.6	24
东　非	66	83	110	125	145	168	196	227	3.0	46	16	635.6	36
中　非	26	32	40	45	52	61	70	82	3.1	46	15	661.3	12
北　非	53	67	85	96	110	126	143	161	2.3	31	9	852.5	19
南　非	16	20	25	29	33	38	42	47	2.3	32	9	267.5	18
西　非	63	80	104	118	135	156	181	211	3.0	46	16	613.8	34
北美洲	166	199	226	239	252	265	278	293	1.0	16	9	2151.7	14
拉丁美洲	166	217	283	320	358	398	440	482	1.8	26	7	2053.3	23
加勒比地区	17	20	25	27	29	31	34	36	1.3	24	8	23.5	152
中美洲	37	49	67	78	89	101	113	126	2.2	30	6	248.0	51
南美洲	112	147	191	214	240	267	293	320	1.7	25	7	1781.9	18
亚　洲	1403	1703	2147	2406	2642	2904	3186	3458	1.6	25	8	3176.4	109
东　亚	671	792	987	1097	1179	1259	1352	1424	1.0	18	7	1176.2	121
南　亚	499	621	788	886	990	1113	1243	1381	2.1	31	10	1077.6	128
东南亚	182	225	287	324	360	401	442	484	1.8	27	8	449.5	108
西　亚	50	66	86	99	113	131	149	168	2.4	32	7	473.1	36
欧　洲①	549	605	656	676	693	706	722	727	0.2	12	11	2298.6	32
大洋洲②	12.6	15.7	19.3	21.4	22.7	24.5	26.4	28.5	1.5	19	8	853.7	3
澳大利亚和新西兰	10.1	12.6	15.4	17.0	17.7	18.9	20.2	21.7	1.4	15	8	798.4	3
美拉尼西亚	2.1	2.6	3.3	3.7	4.2	4.7	5.2	5.8	2.2	32	9	54.1	11
密克罗尼西亚	0.2	0.2	0.2	0.3	0.3	0.4	0.4	0.5	2.3	33	6	0.3	161
波利尼西亚	0.2	0.3	0.4	0.4	0.5	0.5	0.5	0.6	1.5	31	6	0.9	66

注：① 土耳其的欧洲部分列入西亚。② 夏威夷包括在北美洲。

资料来源：联合国《统计年鉴》1996年。

1-3　世界农业和食品生产指数

单位：1989－1991＝100

	1987年	1988年	1989年	1990年	1991年	1992年	1993年	1994年	1995年	1996年
农业生产指数										
世界总计	**93**	**95**	**98**	**101**	**101**	**103**	**104**	**108**	**110**	**113**
非洲	89	94	97	98	104	103	106	108	109	117
北美	96	91	97	101	101	108	101	114	109	115
南美	93	97	99	99	102	104	105	111	116	119
亚洲	89	93	96	101	103	108	113	119	126	128
欧洲	100	99	100	100	100	98	96	93	94	96
大洋洲	98	102	98	100	101	108	110	107	114	111
原苏联	99	100	105	104	91					
食品生产指数										
世界总计	**93**	**95**	**98**	**101**	**101**	**104**	**104**	**108**	**111**	**114**
非洲	89	94	97	98	105	103	107	110	110	118
北美	96	90	98	101	101	108	101	114	109	115
南美	92	97	99	99	102	105	106	113	118	122
亚洲	89	93	96	101	103	108	114	120	127	130
欧洲	99	99	100	100	100	98	96	94	95	96
大洋洲	96	100	99	101	101	109	114	109	119	116
原苏联	99	99	105	105	91					

资料来源：联合国《统计年鉴》1996年。

1-4 世界人均农业和食品生产指数

单位:1989-91年 =100

	1987年	1988年	1989年	1990年	1991年	1992年	1993年	1994年	1995年	1996年
农业生产指数										
世界总计	**98**	**98**	**100**	**101**	**100**	**100**	**99**	**101**	**102**	**104**
非洲	97	99	100	98	102	97	98	97	95	100
北美	100	93	99	101	100	105	97	108	102	106
南美	98	101	100	99	101	101	100	104	107	108
亚洲	94	97	98	101	101	104	108	112	116	117
欧洲	101	100	101	100	100	97	95	93	93	95
大洋洲	102	105	100	100	100	105	106	101	107	103
原苏联	101	101	105	104	90					
食品生产指数										
世界总计	**98**	**98**	**100**	**101**	**99**	**100**	**100**	**102**	**103**	**104**
非洲	97	99	100	98	102	98	99	98	96	100
北美	99	93	99	101	100	105	97	108	102	106
南美	97	100	101	99	100	102	101	105	109	111
亚洲	94	97	98	101	101	104	108	113	118	119
欧洲	101	99	101	100	100	97	95	93	93	95
大洋洲	100	103	100	100	100	106	110	103	112	107
原苏联	101	101	105	105	90					

资料来源:联合国《统计年鉴》1996年。

1-5 世界工业生产指数①

单位:1980年 =100

	权 数	1988年	1989年	1990年	1991年	1992年	1993年	1994年	1995年	1996年
世界总计										
工业	100.0	119.3	123.3	123.0	122.3	123.0	123.5	130.0	135.3	139.8
矿业	17.0	95.5	99.5	99.8	97.6	101.2	103.0	106.7	108.6	111.4
煤炭	1.7	107.3	108.6	99.9	99.4	96.4	91.9	91.3	93.4	94.1
石油、天然气	12.7	88.4	93.1	93.7	90.9	95.9	99.5	103.8	105.4	107.8
金属	1.4	121.9	124.8	131.8	133.7	135.3	131.5	131.9	133.8	141.5
制造业	76.2	123.7	127.6	126.8	125.9	125.9	125.8	133.1	139.2	143.8
按轻、重工业分										
轻工业	26.5	117.5	119.7	118.6	118.5	119.7	120.5	124.2	126.7	128.6
重工业	49.7	127.0	131.9	131.2	129.8	129.2	128.6	137.8	145.8	151.9
按行业分										
食品、饮料、烟草	9.6	118.9	120.7	121.9	124.3	126.1	127.4	131.8	136.0	140.5
纺织	3.9	106.6	108.1	102.5	100.6	100.0	99.0	101.4	100.2	98.9
服装、皮革、制鞋	3.0	102.7	103.2	98.4	97.3	96.6	96.5	98.1	99.3	100.2
木制品、家具	3.3	115.7	118.0	115.9	113.7	115.5	116.2	120.4	121.2	122.4
造纸、印刷、出版	5.5	130.8	133.9	135.6	135.5	137.5	140.4	144.8	147.1	146.9
化学及制品	11.2	130.7	134.3	133.2	132.9	136.6	138.0	145.2	150.4	155.2
非金属矿制品	3.4	109.6	113.5	112.3	109.8	109.6	109.6	115.4	118.4	119.9
基本金属	6.0	107.1	108.8	106.9	103.6	100.8	102.1	107.7	111.4	113.2
金属制品	29.2	132.3	138.5	138.0	136.7	135.0	132.9	144.1	155.1	163.5
电、煤气、水	6.8	130.2	134.5	138.3	143.7	145.5	149.2	154.1	159.4	166.3
发达国家										
工业	100.0	119.9	123.3	121.8	120.7	119.9	119.1	125.7	130.8	134.6
矿业	8.8	106.4	105.5	105.4	106.9	107.5	108.3	113.7	116.0	119.5
煤炭	2.0	104.2	104.8	95.3	93.5	89.1	83.4	82.0	82.3	81.7
石油、天燃气	4.6	101.8	98.4	99.7	103.7	107.1	112.2	122.3	126.2	131.9
金属	1.2	125.7	130.0	140.9	142.8	144.1	140.7	139.9	137.8	141.7
制造业	83.7	120.9	124.8	122.8	120.9	119.9	118.6	125.6	131.0	134.8
按轻、重工业分										
轻工业	27.4	114.0	115.8	113.4	112.0	112.2	112.0	153.3	116.7	117.3
重工业	56.3	124.2	129.1	127.3	125.2	123.6	121.8	130.6	138.0	143.4
按行业分										
食品、饮料、烟草	9.5	113.8	115.0	114.9	116.3	117.0	117.7	120.5	122.4	124.4
纺织	3.6	101.1	102.6	94.1	90.5	89.3	86.8	89.5	88.2	85.6
服装、皮革、制鞋	3.1	94.3	92.7	86.7	83.3	80.1	78.2	80.1	78.6	77.0
木制品、家具	3.7	115.0	117.0	113.8	110.7	112.2	112.7	117.1	118.6	119.8
造纸、印刷、出版	6.3	128.2	131.2	132.1	131.1	132.4	134.4	138.5	140.0	139.4
化学及制品	11.5	125.5	129.3	126.2	125.4	127.7	127.8	134.5	139.3	142.6
非金属矿制品	3.6	105.2	108.3	106.0	101.4	99.6	98.2	103.2	104.5	104.0
基本金属	6.8	103.4	104.8	102.0	98.3	94.9	94.4	99.7	102.9	103.3
金属制品	34.4	130.5	136.7	135.3	133.1	130.6	127.6	138.6	148.8	156.7
电、煤气、水	7.5	124.1	127.5	130.1	134.6	135.0	137.3	140.6	144.5	149.9

续表 1 单位:1980 年 =100

	权数	1988年	1989年	1990年	1991年	1992年	1993年	1994年	1995年	1996年
北美洲										
工业	100.0	121.7	123.4	123.0	120.2	124.6	128.3	137.7	143.9	149.0
矿业	12.4	95.2	94.1	95.5	94.5	94.3	93.7	96.5	97.6	99.7
煤炭	1.6	118.3	122.2	128.0	123.5	121.8	116.9	127.6	128.3	130.4
石油、天然气	8.7	83.6	80.8	81.5	81.3	80.6	81.4	83.0	82.9	84.7
金属	1.2	132.1	138.4	140.0	143.1	145.8	138.5	135.6	142.7	146.2
制造业	79.4	126.6	128.6	127.7	124.1	129.7	134.0	145.2	152.4	158.1
按轻、重工业分										
轻工业	24.1	125.6	126.1	125.1	122.0	126.4	129.6	134.2	134.8	135.0
重工业	55.3	127.0	129.7	128.9	125.1	131.1	135.9	150.0	160.0	168.2
按行业分										
食品、饮料、烟草	7.5	116.7	117.1	118.3	119.4	121.7	122.5	126.2	128.6	129.9
纺织	2.4	110.8	112.5	108.5	107.5	115.1	121.3	128.1	127.0	123.7
服装、皮革、制鞋	2.6	94.9	92.2	89.1	87.3	89.0	90.8	93.4	90.3	85.5
木制品、家具	3.9	145.2	145.1	141.4	131.2	138.5	142.7	148.9	149.8	153.2
造纸、印刷、出版	8.0	136.2	137.0	136.7	133.5	135.6	138.3	140.7	140.8	138.7
化学及制品	10.6	132.5	136.1	138.2	135.5	141.9	145.4	151.6	155.0	157.9
非金属矿制品	2.6	115.4	115.2	111.9	101.8	103.8	104.9	110.6	110.9	112.7
基本金属	6.1	100.4	98.9	97.7	91.1	94.1	100.1	106.3	108.8	110.2
金属制品	34.5	132.1	135.8	134.3	130.8	138.4	144.0	163.4	178.2	190.4
电、煤气、水	8.2	114.4	117.7	118.2	121.2	120.7	125.2	127.4	131.3	135.3
欧洲										
工业	100.0	114.9	118.3	113.7	112.3	110.4	107.6	113.6	117.8	120.8
矿业	7.0	112.5	110.1	104.9	108.6	109.6	112.5	122.3	127.4	132.5
煤炭	2.6	95.0	93.7	77.0	75.5	68.8	62.1	55.5	54.5	52.5
石油、天然气	3.3	129.8	125.7	127.0	137.9	147.5	159.7	183.7	193.5	206.0
金属	0.3	73.5	72.4	83.1	75.1	72.3	63.6	68.8	70.8	69.0
制造业	86.2	114.1	118.1	113.1	110.8	108.4	104.9	110.9	115.1	117.6
按轻、重工业分										
轻工业	30.2	109.7	112.2	108.0	107.2	105.5	104.1	107.7	109.9	110.8
重工业	56.0	116.5	121.3	115.8	112.7	110.0	105.3	112.7	118.0	121.3
按行业分										
食品、饮料、烟草	11.1	113.5	114.9	114.1	115.8	115.8	116.6	119.5	122.0	124.5
纺织	4.4	99.7	101.7	90.3	84.5	81.7	77.4	80.0	79.2	76.7
服装、皮革、制鞋	3.8	92.9	91.5	83.7	79.4	74.1	71.1	73.1	72.3	72.4
木制品、家具	3.7	101.8	105.7	102.4	104.0	102.9	101.4	105.8	108.4	108.8
造纸、印刷、出版	5.2	122.8	127.4	128.5	128.1	129.1	130.0	135.8	137.1	137.2
化学及制品	12.7	122.4	125.8	117.9	117.5	118.5	117.3	124.8	130.0	133.6
非金属矿制品	4.1	101.5	105.6	102.1	98.5	96.5	94.2	99.9	101.2	99.7
贱金属	5.9	102.8	104.7	97.1	92.4	88.2	84.5	92.0	95.0	94.4
金属制品	34.1	119.1	125.1	120.1	116.2	112.2	105.3	113.0	120.7	124.7
电、煤气、水	6.8	126.6	129.1	130.5	135.5	135.8	136.7	138.3	142.0	148.5

续表 4　　　　　　　　　　　　　　　　　　　　　　　　　　　　　　　　　　　　单位:1980 年 =100

	权　数	1988年	1989年	1990年	1991年	1992年	1993年	1994年	1995年	1996年
亚洲										
工业	100.0	125.5	135.7	141.6	141.0	152.3	161.4	169.0	179.9	190.0
矿业	62.9	84.3	94.2	91.4	83.2	91.2	95.9	99.3	100.0	101.6
煤炭	0.7	162.6	179.5	188.4	215.2	246.9	267.6	284.8	328.9	355.6
石油、天然气	59.8	80.3	89.8	86.8	77.5	85.5	90.0	92.8	92.6	93.2
金属	1.3	90.5	98.1	91.4	88.4	85.6	76.9	80.5	93.9	107.2
制造业	34.1	194.9	204.9	224.9	236.8	252.9	268.7	282.2	310.4	334.7
按轻、重工业分										
轻工业	16.1	167.4	176.2	187.1	198.7	209.9	221.3	230.8	248.8	265.4
重工业	18.0	219.6	230.6	258.7	270.8	291.3	311.1	328.1	365.4	396.7
按行业分										
食品、饮料、烟草	5.6	182.1	193.7	207.7	220.3	231.4	241.0	263.5	290.2	319.9
纺织	4.7	138.5	142.4	150.6	154.4	159.8	170.1	171.3	172.8	179.1
服装、皮革、制鞋	1.8	221.2	244.4	251.8	279.4	315.7	338.8	342.3	387.5	422.0
木制品、家具	1.2	150.5	161.2	174.1	180.5	184.0	189.8	187.5	197.5	196.9
造纸、印刷、出版③	1.2	203.9	219.9	242.5	249.9	272.0	293.5	316.7	347.3	361.2
化学及制品	8.3	195.9	200.0	216.4	218.2	237.8	253.3	265.1	279.9	299.5
非金属矿制品	2.0	177.3	196.3	213.1	231.4	246.2	259.4	278.3	312.3	335.5
基本金属	1.8	206.0	213.6	239.8	250.6	259.6	302.4	312.7	329.0	359.3
金属制品	6.5	264.9	279.4	326.0	352.1	376.6	394.7	416.6	487.9	535.0
电、煤气、水	3.0	202.0	219.6	245.0	264.7	289.4	314.9	341.4	370.6	398.5
大洋洲④										
工业	100.0	132.4	138.4	146.2	147.7	147.9	149.8	155.7	159.9	164.3
矿业	15.9	215.2	227.4	273.5	296.0	309.1	309.0	315.3	312.3	331.7
煤炭	4.7	157.1	172.3	180.7	188.0	199.9	197.5	199.9	213.4	217.8
石油、天然气	2.5	150.6	148.3	180.1	185.7	191.4	197.9	206.1	228.0	230.4
金属	7.3	290.9	307.9	392.4	433.3	450.0	448.9	459.6	435.0	474.0
制造业	73.2	112.9	117.5	117.1	113.7	110.9	113.1	119.1	124.7	126.3
按轻、重工业分										
轻工业	31.9	116.2	118.4	116.1	112.7	110.5	112.8	117.5	122.1	122.2
重工业	41.3	110.3	116.7	117.9	114.6	111.3	113.2	120.4	126.8	129.5
按行业分										
食品、饮料、烟草	13.7	114.8	117.1	116.1	118.7	118.9	121.2	125.3	127.7	131.7
纺织	2.8	108.5	108.3	99.9	94.6	90.8	87.6	89.0	89.5	87.5
服装、皮革、制鞋	3.1	107.3	107.1	99.2	93.9	89.7	86.7	88.0	88.6	87.1
木制品、家具	4.2	113.4	118.0	109.6	101.0	99.7	104.6	111.1	119.2	115.5
造纸、印刷、出版	6.8	128.3	132.2	131.0	127.1	120.6	126.3	133.2	142.7	140.1
化学及制品	8.8	116.5	118.8	117.9	115.1	113.5	116.4	122.7	129.3	131.3
非金属矿制品	3.5	108.2	117.9	115.6	104.2	100.8	110.1	112.5	118.0	110.9
基本金属	8.3	113.4	120.5	125.4	123.4	122.3	122.1	127.2	127.0	131.9
金属制品	21.3	106.6	113.4	115.9	111.4	106.9	108.1	117.2	126.2	129.7
电、煤气、水	10.9	142.9	148.5	155.1	158.8	160.5	163.6	167.6	173.0	174.2

注:① 世界总计及相关分组未包括阿尔巴尼亚、中国、朝鲜、越南、前捷克斯洛伐克、前苏联和南斯拉夫。发达国家包括北美洲(美国和加拿大),欧洲(未包括前捷克斯洛伐克、前苏联的欧洲部分)、澳大利亚、新西兰、日本、以色列和南非。发展中国家则未包括澳大利亚、以色列、日本、新西兰、南非和前苏联的亚洲部分。② 包括冰岛、挪威及瑞士。③未包括出版和印刷。④ 澳大利亚和新西兰。

资料来源:联合国《统计月报》1998 年 2 月。

1-6 世界能源平衡表

单位:标准煤万吨

	年份	一次能源产量					库存变化	进口
		总计	固体	液体	气体	电力		
世界总计	**1992**	**1150243.0**	**321005.1**	**459243.9**	**259019.7**	**110974.3**	**4956.0**	**414901.7**
	1993	**1152739.4**	**312503.4**	**459685.9**	**265936.5**	**114613.6**	**4636.7**	**419671.4**
	1994	**1190871.0**	**334704.0**	**467550.8**	**272435.2**	**116181.0**	**7561.2**	**420907.4**
	1995	**1232183.0**	**349234.7**	**472680.5**	**289803.5**	**120464.3**	**－381.9**	**434378.7**
非洲	1992	73449.5	13990.8	48411.8	9975.2	1071.8	－363.5	7440.9
	1993	74523.4	14556.9	48585.8	10384.6	996.1	－235.8	7038.6
	1994	75222.1	15620.8	48439.6	10068.8	1092.9	－389.9	7029.7
	1995	77341.5	15286.3	49011.7	11938.2	1105.2	－96.2	6940.5
北美洲	1992	300995.3	80063.8	97420.8	87106.4	36404.3	－1388.6	80102.6
	1993	297546.5	74809.9	95826.5	89465.8	37444.2	527.8	87505.8
	1994	322101.5	94551.9	95126.2	93795.3	38628.1	4522.2	91485.1
	1995	324663.4	94905.2	94774.9	95058.6	39924.7	－2728.6	92612.0
南美洲	1992	50774.5	2977.1	34171.7	8610.2	5015.4	287.8	8703.6
	1993	54172.2	2881.9	36084.8	9807.1	5398.4	309.3	9812.8
	1994	58060.3	3074.8	38454.8	10860.7	5670.1	－33.1	10182.0
	1995	61203.6	3372.2	40570.0	11173.7	6087.6	－1196.1	10552.8
亚洲	1992	374244.8	126611.9	182428.0	46333.1	18871.9	3172.3	128485.6
	1993	386417.6	129653.7	187285.7	48782.6	20695.6	3598.9	132035.5
	1994	402099.5	136422.3	192897.7	51006.1	21773.4	1995.8	134840.7
	1995	417770.2	144619.7	195335.1	54075.9	23739.4	2812.7	141077.8
欧洲	1992	326075.7	81405.7	92299.1	103502.0	48868.9	3307.3	186978.7
	1993	315024.8	74503.9	84708.2	103811.4	49301.3	751.4	179624.6
	1994	306697.7	67671.0	88330.5	102472.3	48223.8	1774.9	173335.8
	1995	322418.5	71518.1	88379.7	113722.6	48798.2	479.1	179099.5
大洋洲	1992	24703.2	15955.8	4512.4	3492.9	742.1	－59.3	3180.2
	1993	25054.9	16097.0	4495.0	3685.0	777.9	－314.9	3875.6
	1994	26690.0	17363.1	4301.9	4232.1	792.7	－308.7	4023.9
	1995	28785.8	19533.2	4609.1	3834.4	809.1	347.0	4085.6

续表 1

单位:标准煤万吨

	年 份	出 口	能源消费量					
			人均消费量(公斤)	总 计	固 体	液 体	气 体	电 力
世界总计	**1992**	**404051.3**	**2005**	**1095001.2**	**322807.6**	**400481.3**	**260548.2**	**110964.2**
	1993	**408371.3**	**1988**	**1101935.9**	**316441.3**	**406102.1**	**264747.9**	**114644.6**
	1994	**417333.0**	**2006**	**1127481.7**	**336596.3**	**406799.4**	**267910.3**	**116175.7**
	1995	**431844.6**	**2055**	**1172019.3**	**350347.2**	**410757.9**	**290521.5**	**120392.7**
非 洲	1992	48860.6	430	28424.6	10122.1	12121.3	5132.7	1048.5
	1993	48816.6	421	28576.8	9661.0	12285.5	5649.2	981.0
	1994	48752.8	427	29757.5	10546.5	12259.4	5866.7	1084.8
	1995	50561.2	428	30626.7	10328.0	12226.8	6964.9	1107.0
北 美 洲	1992	48237.7	7471	327756.6	70774.5	132359.6	88188.5	36433.9
	1993	46511.2	7468	331962.0	68474.9	136481.1	89557.3	37448.6
	1994	48567.7	7870	354367.1	84166.0	139007.6	92565.9	38627.6
	1995	52205.6	7891	359710.0	84903.2	138456.0	96420.5	39930.2
南 美 洲	1992	22261.2	1122	33968.9	2618.8	17746.3	8605.4	4998.4
	1993	24372.5	1177	36235.7	2498.9	18595.8	9759.2	5381.7
	1994	26225.7	1248	39026.7	2728.5	19779.1	10867.3	5651.8
	1995	28897.2	1281	40676.7	2894.7	20533.8	11165.1	6083.1
亚 洲	1992	154860.1	959	317133.5	138958.8	114266.6	44936.3	18971.8
	1993	159768.1	975	327284.4	142995.6	117446.9	46050.7	20791.3
	1994	158163.7	1019	347156.7	152206.4	121528.3	51502.7	21919.2
	1995	160537.7	1054	364309.0	160347.2	126010.9	54126.8	23824.1
欧 洲	1992	116582.3	5131	372437.1	94310.0	118442.4	110915.2	48769.5
	1993	114894.2	4982	362120.7	86947.6	115013.3	110895.9	49264.0
	1994	120388.5	4687	341023.5	80723.2	108091.2	104109.5	48099.5
	1995	123425.9	4943	360018.0	85001.8	107336.9	119040.2	49639.1
大 洋 洲	1992	13249.4	5620	15279.7	6023.3	5744.3	2770.0	742.1
	1993	14008.6	5717	15755.6	5863.4	6278.7	2835.6	777.9
	1994	15234.6	5782	16149.6	6225.7	6132.9	2998.2	792.7
	1995	16217.1	5892	16678.8	6872.2	6193.5	2804.0	809.1

资料来源:联合国《能源年鉴》1995 年。

1-7 进出口贸易指数

单位:1990 年 =100

	1980年	1988年	1989年	1991年	1992年	1993年	1994年	1995年	1996年	1997年
出口数量指数										
世界总计	65	89	95	105	110	116	125	135	142	
发达国家	66	89	95	103	106	111	119	127	134	148
非洲	109	101	100	99	97	110	112	103	116	
北美洲	72	89	95	105	112	123	127	137	145	161
亚洲	62	91	94	102	104	104	104	108	109	108
欧洲	65	88	95	102	104	108	118	128	135	152
欧盟	65	89	95	103	105	108	120	130	137	154
欧洲自由贸易区	63	83	93	101	102	108	117	119	123	136
大洋洲	63	91	94	114	120	133	136	139	154	167
发展中国家	59	89	96	110	121	133	142	158	168	
非洲	88	80	88	102	101	102	100	105	123	
美洲	65	94	105	107	117	134	128	143	156	
亚洲	53	88	95	113	125	137	152	170	178	
中东部分	119	104	104	107	114	126	126	132	123	
其它	36	84	92	114	127	139	157	177	190	
欧洲	90	100	104							
出口单位价格指数										
世界总计	89	91	92	98	100	96	100	109	108	
发达国家	79	91	91	99	101	96	99	109	107	98
非洲	99	90	94	99	101	97	96	114	106	
北美洲	80	96	99	100	100	100	101	107	108	106
亚洲	74	101	101	107	113	123	132	143	132	124
欧洲	79	88	87	97	100	91	93	105	103	92
欧盟	79	88	87	97	100	91	94	105	103	92
欧洲自由贸易区	79	90	87	97	97	85	88	103	104	91
大洋洲	88	95	100	92	89	85	89	97	98	93
发展中国家	122	88	92	95	96	94	101	109	109	
非洲	133	80	83	91	89	81	86	93	93	
美洲	121	89	89	90	86	80	94	102	104	
亚洲	122	89	94	97	99	98	104	112	112	
中东部分	145	71	81	86	89	81	84	91	101	
其它	101	95	97	100	102	102	108	116	113	
欧洲	70	88	90							

资料来源:联合国《统计月报》1998 年 4 月。

1－8 初级品和基本金属出口价格指数

单位：1980 年 ＝100

	1975年	1984年	1985年	1990年	1992年	1993年	1994年	1995年	1996年	1997年
初级品										
世界总计	48	90	85	79	71	65	66	72	76	71
发达国家	67	87	80	97	92	85	87	94	94	87
发展中国家	40	91	87	71	62	56	57	61	68	64
食品										
世界总计	68	74	66	88	87	82	87	92	92	88
发达国家	71	75	68	98	99	90	91	97	99	89
发展中国家	61	70	63	69	62	64	80	81	77	84
肉类	61	73	68	110	105	104	106	98	99	104
牛肉	56	78	69	115	105	102	98	92	87	78
羊肉	48	66	63	94	91	97	101	94	109	129
猪肉	73	69	68	108	106	122	134	111	111	137
家禽肉	68	67	66	109	109	102	107	104	123	137
咸肉	73	68	64	105	107	82	81	94	105	107
奶制品	74	74	73	110	110	103	99	105	99	90
牛奶	92	81	88	114	107	96	86	85	78	68
黄油	56	71	66	103	108	99	101	110	107	107
奶酪	70	68	65	115	123	120	119	132	117	106
蛋	68	76	65	97	87	84	77	80	99	68
谷物	77	80	70	84	92	79	79	84	93	76
小麦	92	87	81	82	83	81	83	94	108	84
稻谷	84	69	66	74	75	72	90	84	93	91
大麦	104	93	69	80	63	57	55	47	69	62
玉米	46	72	57	92	117	85	75	80	79	61
燕麦	97	93	78	76	87	80	68	71	73	65
蔬菜	76	92	61	112	108	104	99	100	91	73
土豆	72	187	60	129	154	108	73	74	54	42
木薯	64	59	52	78	83	86	86	85	81	68
干菜豆	78	64	69	117	66	87	106	100	111	107
干豌豆	135	75	87	153	161	139	137	141	124	117
西红柿	61	73	54	107	98	118	114	111	110	69
洋葱	59	73	45	90	84	78	86	100	67	41
饮品	47	96	85	55	47	56	88	88	76	97
咖啡	42	83	81	46	33	38	81	83	65	88
可可	55	95	86	49	43	43	53	55	54	57
茶	65	187	112	127	150	200	206	181	198	237
水果	68	81	84	131	140	117	126	147	140	130
柑橘类	64	77	83	118	110	103	116	143	138	130
柑橘	62	83	84	122	109	100	115	149	142	143
柠檬	75	53	78	108	102	111	131	147	157	113
葡萄柚	62	74	81	108	123	111	94	90	84	68

续表 1

单位: 1980 年 =100

	1975年	1984年	1985年	1990年	1992年	1993年	1994年	1995年	1996年	1997年
其它水果	71	86	85	144	172	131	137	151	141	131
香蕉	64	95	98	150	126	128	115	111	95	117
苹果	78	76	71	139	218	134	159	190	187	144
动物饲料	62	81	63	87	90	88	83	83	109	114
油粕	65	83	65	87	88	92	85	81	114	123
鱼饲料	50	73	56	88	96	73	74	90	89	78
胡椒	95	118	201	102	60	75	112	143	136	207
鱼	55	77	77	117	125	118	119	111	114	114
糖	72	20	15	45	33	37	43	48	43	40
葡萄酒	71	75	78	155	134	102	117	173	159	137
非食用农产品										
世界总计	63	91	74	100	91	84	95	106	98	90
发达国家	67	93	75	106	94	87	96	105	97	93
发展中国家	57	90	73	89	85	79	93	109	98	87
油料、油及脂肪	79	109	84	78	78	81	90	95	98	97
花生	92	70	70	102	97	97	97	92	84	77
大豆	73	96	76	81	78	84	83	86	101	97
亚麻籽	113	94	84	101	64	68	70	80	93	88
椰子仁干	57	158	85	51	84	66	93	97	108	96
豆油	97	123	100	80	74	84	107	107	94	95
棉籽油	110	137	115	123	112	123	145	126	126	125
花生油	92	70	70	113	72	87	120	116	105	119
橄榄油	74	81	79	115	106	90	88	89	81	90
棕榈油	74	127	86	49	67	65	90	107	91	93
椰子油	63	182	103	48	82	64	87	96	107	94
油棕油	59	155	82	49	84	65	92	99	107	96
亚麻籽油	101	88	110	169	92	90	106	139	118	125
葵花籽油	118	125	97	77	72	86	101	110	91	92
动物油脂	64	75	58	64	69	67	76	82	93	106
林产品	59	75	66	114	104	91	97	109	94	85
木材	57	72	62	113	104	90	95	103	94	82
木材制纸浆	73	85	70	113	100	86	93	112	91	88
原木	42	68	67	116	112	101	105	115	98	85
纺织原料	63	87	71	95	69	63	81	95	85	81
羊毛	57	85	60	95	68	57	78	80	73	76
棉花	64	86	75	93	68	65	82	103	90	82
黄麻	93	130	140	113	80	74	96	105	111	84
亚麻	85	104	99	124	76	80	110	113	112	114
西沙尔麻	83	77	74	89	64	78	85	91	116	111
烟草	73	130	129	125	132	128	131	132	131	136
兽皮	49	137	121	192	145	156	173	178	178	172
天然橡胶	39	67	53	60	60	59	81	112	99	72

续表 2

单位: 1980 年 =100

	1975年	1984年	1985年	1990年	1992年	1993年	1994年	1995年	1996年	1997年
矿产品										
世界总计	39	95	93	72	62	55	53	58	67	61
发达国家	58	105	106	85	78	72	71	79	83	76
发展中国家	36	94	92	70	60	53	51	55	65	59
铁矿石	83	85	84	124	127	122	120	140	141	141
铬矿	85	93	93	144	108	99	99	131	208	217
锰矿	86	83	85	243	231	164	130	125	126	127
燃料	37	95	94	70	61	54	52	56	65	60
煤	92	82	82	108	104	95	97	110	105	90
原油	34	93	91	69	59	51	49	54	63	58
天燃气	55	161	170	77	70	70	67	75	75	72
原肥	131	74	65	78	83	73	73	73	73	79
基本金属										
世界总计	54	76	71	112	89	76	92	114	96	101
发达国家	54	78	71	116	92	79	96	118	100	105
发展中国家	52	72	69	101	82	70	84	104	87	90
铜	56	62	64	123	104	87	106	135	105	112
镍	54	94	108	191	128	97	117	156	143	135
铝	50	89	72	93	72	66	86	104	87	92
铅	46	49	43	90	61	47	61	69	84	68
锌	97	113	94	206	183	154	153	156	156	204
锡	41	69	68	42	36	31	33	37	37	33
除原油以外的初级品										
世界总计	68	85	77	94	89	84	90	97	95	90
发达国家	71	86	78	100	97	89	92	99	98	90
发展中国家	62	81	72	79	74	72	85	93	87	87
除原油以外的矿产品										
世界总计	77	114	117	99	95	90	89	100	99	93
发达国家	76	115	118	98	94	89	88	100	98	91
发展中国家	80	113	116	102	101	94	92	103	104	104

资料来源: 联合国《统计月报》1998 年 3 月。

主要统计指标解释

人口年均增长率 是由联合国秘书处人口司通过推算增长率公式计算的。

出生率和死亡率 分别为一年内所出生或死亡人口与年中人数之比，一般用千分率表示。这些比率都是预计数。

世界土地面积 是各国、各地区土地面积的合计数。

人口密度 是每平方公里的年中人口数。

农业生产指数和食品生产指数

农业生产指数是用农产品产量计算出的。包括粮食、牲畜产量，剔除种籽、饲料。

食品生产指数是指具有可食性、富有营养的商品，剔除咖啡、茶及其他不可食的商品。

表中的农业生产指数和食品生产指数是以1989－1991年为基准年，用拉氏公式计算得来的。采用三年平均数为基准年的目的是为了减少基准年农业生产波动的影响。每种产品的产量按1989－1991年平均国内生产者价格加权，分各年累加。如果不能从官方得到可靠数字，联合国粮农组织就要进行估算。我们这里也包括大量这样得来的数字。

人均农业生产指数和人均食品生产指数 是农业生产指数和食品生产指数与人口指数之比。

工业生产指数 按国际标准产业分类(ISIC)的大类，即矿业，制造业，电力、煤气、水分别列出。工业生产指数体现出按不变价美元计算的增加值的变化趋势。增加值为总产值减去中间消耗(物质，供应，燃料，电力，服务消耗)。该指数采用拉氏公式计算，基准年为1980年。

东欧和前苏联增加值数据是通过官方统计部门有关数据或从国家出版物的数据中估算的。

初级产品和基本金属出口价格指数 由单个商品各主要出口国按其商品等级所获占该商品出口份额加权平均后，经过单个商品物价指数再次加权平均而得。权数以1980年为基准年。价格均为美元数。

二、自然资源和环境保护

2-1 国土面积与人口密度

	国土面积（万平方公里）	1996年年中人口数（万人）	1996年人口密度：人/平方公里		国土面积（万平方公里）	1996年年中人口数（万人）	1996年人口密度：人/平方公里
世界	**13383.5**	**576778**	**43**	乌兹别克斯坦	44.7	2301	51
亚洲①	**2756.8**	**333319**	**121**	越南	33.2	7518	226
中国②	960	122389	127	也门	52.8	1592	30
阿富汗	65.2	2088	32	**非洲**	**3031.2**	**73873**	**24**
亚美尼亚	3	377	126	阿尔及利亚	238.2	2857	12
阿塞拜疆	8.7	755	87	安哥拉	124.7	1119	9
巴林	0.1	60	600	贝宁	11.3	599	53
孟加拉国	14.4	12007	834	博茨瓦纳	58.2	150	3
不丹	4.7	181	39	布基纳法索	27.4	1078	39
文莱	0.6	30	50	布隆迪	2.8	609	218
柬埔寨	18.1	1027	57	喀麦隆	47.5	1356	29
塞浦路斯	0.9	74	82	佛得角	0.4	40	100
东帝汶	1.5	83	55	中非	62.3	334	5
格鲁吉亚	7	541	77	乍得	128.4	652	5
印度	328.8	93954	286	科摩罗	0.2	63	315
印度尼西亚	190.5	19834	104	刚果	34.2	267	8
伊朗	163.3	6113	37	科特迪瓦	32.2	1478	46
伊拉克	43.8	2061	47	吉布提	2.3	62	27
以色列	2.1	570	271	埃及	100.1	6060	61
日本	37.8	12576	333	赤道几内亚	2.8	41	15
约旦	8.9	558	63	埃塞俄比亚	110.4	5851	53
哈萨克斯坦	271.7	1592	6	加蓬	26.8	111	4
朝鲜	12.1	2247	186	冈比亚	1.1	114	104
韩国	9.9	4554	460	加纳	23.9	1783	75
科威特	1.8	175	97	几内亚	24.6	752	31
吉尔吉斯	19.9	457	23	几内亚比绍	3.6	109	30
老挝	23.7	504	21	肯尼亚	58	3180	55
黎巴嫩	1	308	308	莱索托	3	208	69
马来西亚	33	2117	64	利比里亚	11.1	281	25
蒙古	156.7	235	1	利比亚	176	559	3
缅甸	67.7	4592	68	马达加斯加	58.7	1535	26
尼泊尔	14.7	2113	144	马拉维	11.8	1014	86
阿曼	21.2	230	11	马里	124	1113	9
巴基斯坦	79.6	13415	169	毛里塔尼亚	102.6	235	2
菲律宾	30	7190	240	毛里求斯	0.2	113	565
卡塔尔	1.1	56	51	摩洛哥	44.7	2762	62
沙特阿拉伯	215	1884	9	莫桑比克	80.2	1780	22
新加坡	0.1	361	3610	纳米比亚	82.4	158	2
斯里兰卡	6.6	1831	277	尼日尔	126.7	947	7
叙利亚	18.5	1462	79	尼日利亚	92.4	11502	124
塔吉克斯坦	14.3	592	41	卢旺达	2.6	540	208
泰国	51.3	6000	117	塞内加尔	19.7	857	44
土耳其	77.5	6270	81	塞舌尔	0.1	8	80
土库曼斯坦	48.8	457	9	塞拉利昂	7.2	430	60
阿联酋	8.4	244	29	索马里	63.8	982	15

续表 1

	国土面积 (万平方公里)	1996年年中人口数 (万人)	1996年人口密度:人/平方公里		国土面积 (万平方公里)	1996年年中人口数 (万人)	1996年人口密度:人/平方公里
南非	122.1	4239	35	奥地利	8.4	806	96
苏丹	250.6	2729	11	白俄罗斯	20.8	1025	49
斯威士兰	1.7	94	55	比利时－卢森堡	3.3	1057	320
坦桑尼亚	94.5	3080	33	保加利亚	11.1	836	75
多哥	5.7	420	74	克罗地亚	5.7	449	79
突尼斯	16.4	909	55	捷克共和国	7.9	1032	131
乌干达	24.1	1985	82	丹麦	4.3	526	122
扎伊尔	234.5	4681	20	爱沙尼亚	4.5	147	33
赞比亚	75.3	828	11	芬兰	33.8	512	15
津巴布韦	39.1	1191	30	法国	55.2	5837	106
北美洲	**2239.1**	**46125**	**21**	德国	35.7	8190	229
安提瓜和巴布达	0.04	7	175	希腊	13.2	1048	79
巴哈马	1.4	28	20	匈牙利	9.3	1019	110
巴巴多斯	0.04	26	650	冰岛	10.3	27	3
伯利兹	2.3	22	10	爱尔兰	7	352	50
加拿大	997.1	2996	3	意大利	30.1	5738	191
哥斯达黎加	5.1	340	67	拉脱维亚	6.5	249	38
古巴	11.1	1102	99	立陶宛	6.5	371	57
多米尼加共和国	4.9	805	164	马尔他	0.03	37	1233
萨尔瓦多	2.1	580	276	荷兰	4.1	1553	379
格林纳达	0.03	10	333	挪威	32.4	438	14
危地马拉	10.9	1024	94	波兰	32.3	3862	120
海地	2.8	734	262	葡萄牙	9.2	981	107
洪都拉斯	11.2	614	55	罗马尼亚	23.8	2261	95
牙买加	1.1	252	229	俄罗斯	1 707.5	14774	9
墨西哥	195.8	9658	49	斯洛伐克	4.9	537	110
尼加拉瓜	13	424	33	斯洛文尼亚	2	199	100
巴拿马	7.6	267	35	西班牙	50.5	3927	78
波多黎各	0.9	373	414	瑞典	44.9	884	20
美国	936.4	26545	28	瑞士	4.1	707	172
南美洲	**1783.2**	**32231**	**18**	英国	24.5	5880	240
阿根廷	278.1	3522	13	乌克兰	60.4	5109	85
玻利维亚	109.9	759	7	南斯拉夫	10.2	1057	104
巴西	851.2	15787	19	**大洋洲**	**856.4**	**2869**	**3**
智利	75.7	1442	19	澳大利亚	774.1	1831	2
哥伦比亚	113.9	3563	31	斐济	1.8	80	44
厄瓜多尔	28.4	1170	41	波利尼西亚	0.4	22	55
圭亚那	21.5	84	4	关岛	0.1	15	150
巴拉圭	40.7	496	12	新喀里多尼亚	1.9	19	10
秘鲁	128.5	2395	19	新西兰	27.1	357	13
苏里南	16.3	43	3	巴布亚新几内亚	46.3	440	10
乌拉圭	17.7	320	18	萨摩亚	0.3	17	57
委内瑞拉	91.2	2271	25	所罗门群岛	2.9	39	13
欧洲	**2298.8**	**72878**	**32**	汤加	0.1	10	100
阿尔巴尼亚	2.9	367	127	瓦努阿图	1.2	17	14

注:① 未包括前苏联各共和国。② 中国为年底人口数。

资料来源:联合国粮农组织《生产年鉴》1996 年。

2-2 土地利用

单位:千公顷

	1980年	1985年	1990年	1995年
世界				
土地面积	**13043680**	**13043652**	**13043641**	**13048404**
耕地面积	**1331998**	**1347871**	**1356743**	**1361711**
多年生作物面积	**95398**	**96683**	**106673**	**114667**
其它面积	**11616284**	**11599098**	**11580225**	**11571926**
亚洲①				
土地面积	**2678235**	**2678234**	**2678234**	*** 3085414**
耕地面积	**423112**	**426625**	**431489**	*** 470062**
多年生作物面积	**32853**	**34222**	**40965**	*** 46369**
其它面积	**2222270**	**2217387**	**2205780**	*** 2568983**
中国				
土地面积②	960000	960000	960000	960000
耕地面积		5720	95100	94970
牧场面积③	224340	224340	313330	313330
森林面积	115250	124650	128630	128630
阿富汗				
土地面积	65209	65209	65209	65209
耕地面积	7910	7910	7910	7910
多年生作物面积	139	144	144	144
其它面积	57160	57155	57155	57155
亚美尼亚				
土地面积②				2820
耕地面积				597
多年生作物面积				100
其它面积				2123
阿塞拜疆				
土地面积②				8660
耕地面积				1600
多年生作物面积				400
其它面积				6660
巴林				
土地面积	69	69	69	69
耕地面积	1	1	1	1
多年生作物面积	1	1	1	1
其它面积	67	67	67	67
孟加拉国				
土地面积	13017	13017	13017	13017
耕地面积	8913	8866	9544	8456
多年生作物面积	245	269	242	244
其它面积	3859	3882	3231	4317
不丹				
土地面积	4700	4700	4700	4700
耕地面积	104	110	113	130
多年生作物面积	18	19	19	20
其它面积	4578	4571	4568	4550
文莱				
土地面积	527	527	527	527
耕地面积	3	3	3	3
多年生作物面积	5	4	4	4
其它面积	519	520	520	520
柬埔寨				
土地面积	17652	17652	17652	17652
耕地面积	2000	2300	3755	3819
多年生作物面积	70	50	20	19
其它面积	15582	15302	13877	13814
塞浦路斯				
土地面积	924	924	924	924
耕地面积	103	103	106	100
多年生作物面积	60	55	51	42
其它面积	761	766	767	782
东帝汶				
土地面积	1487	1487	1487	1487
耕地面积	70	70	70	70
多年生作物面积	10	10	10	10
其它面积	1407	1407	1407	1407
格鲁吉亚				
土地面积②				6970
耕地面积				777
多年生作物面积				328
其它面积				5865

续表 1　　　　　单位:千公顷

	1980年	1985年	1990年	1995年
印度				
土地面积	297319	297319	297319	297319
耕地面积	164742	165630	165869	166100
多年生作物面积	3513	3385	3569	3600
其它面积	129064	128304	127881	127619
印度尼西亚				
土地面积	181157	181157	181157	181157
耕地面积	18000	19500	20253	17130
多年生作物面积	8000	8000	11720	13050
其它面积	155157	153657	149184	150977
伊朗				
土地面积	162200	162200	162200	162200
耕地面积	12981	14900	16150	16969
多年生作物面积	732	970	1370	1531
其它面积	148487	146330	144680	143700
伊拉克				
土地面积	43737	43737	43737	43737
耕地面积	5250	5250	5250	5500
多年生作物面积	189	200	200	250
其它面积	38298	38287	38287	37987
以色列				
土地面积	2062	2062	2062	2062
耕地面积	325	327	348	352
多年生作物面积	88	93	88	83
其它面积	1649	1642	1626	1627
日本				
土地面积	37652	37652	37652	37652
耕地面积	4294	4209	4121	3970
多年生作物面积	587	549	475	408
其它面积	32771	32894	33056	33274
约旦				
土地面积	8893	8893	8893	8893
耕地面积	299	304	310	320
多年生作物面积	38	50	90	90
其它面积	8556	8539	8493	8483

	1980年	1985年	1990年	1995年
哈萨克斯坦				
土地面积②				267073
耕地面积				31886
多年生作物面积				144
牧场面积				235043
朝鲜				
土地面积	12041	12041	12041	12041
耕地面积	1610	1660	1700	1700
多年生作物面积	290	295	300	300
其它面积	10141	10086	10041	10041
韩国				
土地面积	9873	9873	9873	9873
耕地面积	2060	2009	1953	1787
多年生作物面积	136	135	156	198
其它面积	7677	7729	7764	7888
科威特				
土地面积	1782	1782	1782	1782
耕地面积	1	3	5	5
多年生作物面积	1	3	5	5
其它面积	1781	1779	1777	1777
吉尔吉斯				
土地面积②				19180
耕地面积				822
多年生作物面积				504
其它面积				17854
老挝				
土地面积	23080	23080	23080	23080
耕地面积	670	850	838	875
多年生作物面积	20	20	22	25
其它面积	22390	22210	22220	22180
黎巴嫩				
土地面积	1023	1023	1023	1023
耕地面积	215	208	208	212
多年生作物面积	91	90	90	95
其它面积	717	725	725	716

续表 2

单位: 千公顷

	1980年	1985年	1990年	1995年		1980年	1985年	1990年	1995年
马来西亚					菲律宾				
土地面积	32855	32855	32855	32855	土地面积	29817	29817	29817	29817
耕地面积	1000	1280	1700	1820	耕地面积	5204	5350	5480	5520
多年生作物面积	3800	4250	5200	5784	多年生作物面积	3513	3600	3650	4000
其它面积	28055	27325	25955	25251	其它面积	21100	20867	20687	20297
马尔代夫					卡塔尔				
土地面积	30	30	30	30	土地面积	1100	1100	1100	1100
耕地面积	3	3	3	3	耕地面积	2	4	6	8
其它面积	27	27	27	27	其它面积	1098	1096	1094	1092
蒙古					沙特阿拉伯				
土地面积	156650	156650	156650	156650	土地面积	214969	214969	214969	214969
耕地面积	1182	1354	1385	1319	耕地面积	1890	2550	3390	3700
多年生作物面积		1	1	1	多年生作物面积	72	75	91	130
其它面积	155468	155295	155264	155330	其它面积	213007	212344	211488	211139
缅甸					新加坡				
土地面积	65755	65755	65755	65755	土地面积	61	61	61	61
耕地面积	9573	9593	9567	9540	耕地面积	2	2	1	1
多年生作物面积	449	474	502	570	多年生作物面积	6	3		
其它面积	55733	55688	55686	55645	其它面积	53	56	60	60
尼泊尔					斯里兰卡				
土地面积	14300	14300	14300	14300	土地面积	6463	6463	6463	6463
耕地面积	2290	2300	2320	2922	耕地面积	870	901	925	911
多年生作物面积	29	29	29	46	多年生作物面积	1003	975	975	975
其它面积	11981	11971	11951	11332	其它面积	4590	4587	4563	4577
阿曼					叙利亚				
土地面积	21246	21246	21246	21246	土地面积	18378	18378	18378	18378
耕地面积	13	15	16	16	耕地面积	5230	5038	5408	5016
多年生作物面积	28	32	45	47	多年生作物面积	454	585	741	955
其它面积	21205	21199	21185	21183	其它面积	12694	12755	12229	12407
巴基斯坦					塔吉克斯坦				
土地面积	77088	77088	77088	77088	土地面积				14060
耕地面积	19994	20202	20484	21050	耕地面积				820
多年生作物面积	306	408	456	550	多年生作物面积				40
其它面积	57688	56478	56148	55488	其它面积				13200

续表 3　　单位: 千公顷

	1980年	1985年	1990年	1995年
泰国				
土地面积	51089	51089	51089	51089
耕地面积	16515	17693	17494	17085
多年生作物面积	1783	2154	3109	3360
其它面积	32791	31242	30486	30644
土耳其				
土地面积	76963	76963	76963	76963
耕地面积	25354	24595	24647	24654
多年生作物面积	3125	2935	3030	2461
其它面积	48484	49433	49286	49848
土库曼斯坦				
土地面积②				46993
耕地面积				1400
多年生作物面积				80
其它面积				45513
阿联酋				
土地面积	8360	8360	8360	8360
耕地面积	16	26	35	34
多年生作物面积	7	9	20	40
其它面积	8337	8325	8305	8286
乌兹别克斯坦				
土地面积②				41424
耕地面积				4100
多年生作物面积				400
其它面积				36924
越南				
土地面积	32549	32549	32549	32549
耕地面积	5940	5616	5339	5509
多年生作物面积	630	805	1045	1248
其它面积	25979	26128	26165	25792
非洲				
土地面积	**2963568**	**2963568**	**2963568**	**2963568**
耕地面积	**157415**	**161748**	**167699**	**173408**
多年生作物面积	**17855**	**18551**	**18908**	**19448**
其它面积	**2788298**	**2783269**	**2776961**	**2770612**

	1980年	1985年	1990年	1995年
阿尔及利亚				
土地面积	238174	238174	238174	238174
耕地面积	6875	6910	7112	7559
多年生作物面积	634	601	563	510
其它面积	230665	230663	230499	230105
安哥拉				
土地面积	124670	124670	124670	124670
耕地面积	2900	2900	2900	3000
多年生作物面积	500	500	500	500
其它面积	121270	121270	121270	121170
贝宁				
土地面积	11062	11062	11062	11062
耕地面积	1350	1390	1410	1430
多年生作物面积	445	448	450	450
其它面积	9267	9224	9202	9182
博茨瓦纳				
土地面积	56673	56673	56673	56673
耕地面积	400	400	421	346
其它面积	56273	56273	56252	56327
布基纳法索				
土地面积	27360	27360	27360	27360
耕地面积	2772	3022	3520	3421
多年生作物面积	13	13	13	10
其它面积	24575	24325	23827	23929
布隆迪				
土地面积	2568	2568	2568	2568
耕地面积	1000	1000	970	930
多年生作物面积	180	180	180	170
其它面积	1388	1388	1418	1468
喀麦隆				
土地面积	46540	46540	46540	46540
耕地面积	5910	5910	5940	5960
多年生作物面积	1020	1055	1068	1080
其它面积	39610	39575	39532	39500

续表 4

单位: 千公顷

	1980年	1985年	1990年	1995年
佛得角				
土地面积	403	403	403	403
耕地面积	38	38	41	39
多年生作物面积	2	2	2	2
其它面积	363	363	360	362
中非				
土地面积	62298	62298	62298	62298
耕地面积	1870	1900	1920	1930
多年生作物面积	75	83	86	90
其它面积	60353	60315	60292	60278
乍得				
土地面积	125920	125920	125920	125920
耕地面积	3145	3150	3200	3250
多年生作物面积	5	5	5	6
其它面积	122770	122765	122715	122664
科摩罗				
土地面积	223	223	223	223
耕地面积	75	76	78	78
多年生作物面积	16	21	22	22
其它面积	132	126	123	123
刚果				
土地面积	34150	34150	34150	34150
耕地面积	134	140	144	145
多年生作物面积	14	22	24	25
其它面积	34002	33988	33982	33980
科特迪瓦				
土地面积	31800	31800	31800	31800
耕地面积	1955	2380	2430	2905
多年生作物面积	1140	1200	1260	1295
其它面积	28705	28220	28110	27600
吉布提				
土地面积	2318	2318	2318	2318
其它面积	2318	2318	2318	2318

	1980年	1985年	1990年	1995年
埃及				
土地面积	99545	99545	99545	99545
耕地面积	2286	2305	2284	2817
多年生作物面积	159	192	364	466
其它面积	97100	97048	96897	96262
赤道几内亚				
土地面积	2805	2805	2805	2805
耕地面积	130	130	130	130
多年生作物面积	100	100	100	100
其它面积	2575	2575	2575	2575
埃塞俄比亚④				
土地面积	110100	1101001	10100	*100000
耕地面积	13150	13200	13200	* 11327
多年生作物面积	730	730	730	* 540
其它面积	96220	96170	96170	* 88133
加蓬				
土地面积	25767	25767	25767	25767
耕地面积	290	290	295	325
多年生作物面积	162	162	162	170
其它面积	25315	25315	25310	25272
冈比亚				
土地面积	1000	1000	1000	1000
耕地面积	159	169	187	175
其它面积	841	831	813	825
加纳				
土地面积	22754	22754	22754	22754
耕地面积	1900	2400	2700	2800
多年生作物面积	1700	1600	1500	1700
其它面积	19154	18754	18554	18254
几内亚				
土地面积	24572	24572	24572	24572
耕地面积	590	610	610	700
多年生作物面积	112	115	118	183
其它面积	23870	23847	23844	23689

续表 5 单位: 千公顷

	1980年	1985年	1990年	1995年		1980年	1985年	1990年	1995年
几内亚比绍					马里				
土地面积	2812	2812	2812	2812	土地面积	122019	122019	122019	122019
耕地面积	255	290	300	300	耕地面积	2047	2070	2090	3416
多年生作物面积	30	30	40	40	多年生作物面积	3	3	3	3
其它面积	2527	2492	2472	2472	其它面积	119969	119946	119926	118600
肯尼亚					毛里塔尼亚				
土地面积	56914	56914	56914	56914	土地面积	102522	102522	102522	102522
耕地面积	3800	4000	4000	4000	耕地面积	192	198	202	205
多年生作物面积	480	490	500	520	多年生作物面积	3	3	3	3
其它面积	52634	52424	52414	52394	其它面积	102327	102321	102317	102314
莱索托					毛里求斯				
土地面积	3035	3035	3035	3035	土地面积	203	203	203	203
耕地面积	292	304	317	320	耕地面积	100	100	100	100
其它面积	2743	2731	2718	2715	多年生作物面积	7	7	6	6
利比里亚					其它面积	96	96	97	97
土地面积	9632	9632	9632	9632	摩洛哥				
耕地面积	126	126	128	127	土地面积	44630	44630	44630	44630
多年生作物面积	245	245	245	243	耕地面积	7530	7878	8889	8624
其它面积	9261	9261	9259	9262	多年生作物面积	474	526	614	676
利比亚					其它面积	36626	36226	35127	35330
土地面积	175954	175954	175954	175954	莫桑比克				
耕地面积	1753	1787	1805	1815	土地面积	78409	78409	78409	78409
多年生作物面积	327	340	350	355	耕地面积	2850	2860	2900	2950
其它面积	173874	173827	173799	173784	多年生作物面积	230	230	230	230
马达加斯加					其它面积	75329	75319	75279	75229
土地面积	58154	58154	58154	58154	纳米比亚				
耕地面积	2510	2530	2580	2580	土地面积	82329	82329	82329	82329
多年生作物面积	490	510	522	525	耕地面积	655	660	660	816
其它面积	55154	55114	55052	55049	多年生作物面积	2	2	2	2
马拉维					其它面积	81672	81667	81667	81509
土地面积	9408	9408	9408	9408	尼日尔				
耕地面积	1312	1444	1641	1670	土地面积	126670	126670	126670	126670
多年生作物面积	20	26	29	30	耕地面积	3552	3530	3605	5000
其它面积	8076	7938	7738	7708	多年生作物面积				
					其它面积	123118	123140	123065	121670

续表 6 单位:千公顷

	1980年	1985年	1990年	1995年		1980年	1985年	1990年	1995年
尼日利亚					苏丹				
土地面积	91077	91077	91077	91077	土地面积	237600	237600	237600	237600
耕地面积	27850	28500	29539	30371	耕地面积	12360	12600	12830	12920
多年生作物面积	2535	2535	2535	2538	多年生作物面积	57	58	70	80
其它面积	60692	60042	59003	58168	其它面积	225183	224942	224700	224600
卢旺达					斯威士兰				
土地面积	2467	2467	2467	2467	土地面积	1720	1720	1720	1720
耕地面积	760	827	850	850	耕地面积	185	160	188	187
多年生作物面积	255	292	304	300	多年生作物面积	4	4	4	4
其它面积	1452	1348	1313	1317	其它面积	1531	1556	1528	1529
塞内加尔					坦桑尼亚				
土地面积	19253	19253	19253	19253	土地面积	88359	88359	88359	88359
耕地面积	2341	2337	2335	2245	耕地面积	2200	2280	3025	3085
多年生作物面积	9	13	15	20	多年生作物面积	630	635	590	615
其它面积	16903	16903	16903	16988	其它面积	85529	85444	84744	84659
塞舌尔					多哥				
土地面积	45	45	45	45	土地面积	5439	5439	5439	5439
耕地面积	1	1	1	1	耕地面积	2000	2000	2050	2070
多年生作物面积	4	5	5	6	多年生作物面积	360	360	360	360
其它面积	40	39	39	38	其它面积	3079	3079	3029	3009
塞拉利昂					突尼斯				
土地面积	7162	7162	7162	7162	土地面积	15536	15536	15536	15536
耕地面积	450	475	486	486	耕地面积	3190	3070	2909	2842
多年生作物面积	49	53	54	54	多年生作物面积	1510	1868	1942	2036
其它面积	6663	6634	6622	6622	其它面积	10836	10598	10685	10658
索马里					乌干达				
土地面积	62734	62734	62734	62734	土地面积	19965	19965	19965	19965
耕地面积	984	1009	1022	1000	耕地面积	4080	4900	5000	5060
多年生作物面积	16	16	17	20	多年生作物面积	1600	1700	1710	1740
其它面积	61734	61709	61695	61714	其它面积	14285	13365	13255	13165
南非					扎伊尔				
土地面积	122104	122104	122104	122104	土地面积	226705	226705	226705	226705
耕地面积	12440	12355	13472	14985	耕地面积	7050	7200	7250	7280
多年生作物面积	814	814	828	840	多年生作物面积	550	600	610	620
其它面积	108850	108935	107804	106279	其它面积	219105	218905	218845	218805

续表 7 单位: 千公顷

	1980年	1985年	1990年	1995年
赞比亚				
土地面积	74339	74339	74339	74339
耕地面积	5100	5180	5260	5265
多年生作物面积	8	8	8	8
其它面积	69231	69151	69071	69066
津巴布韦				
土地面积	38685	38685	38685	38685
耕地面积	2465	2700	2720	3080
多年生作物面积	100	110	120	130
其它面积	36120	35875	35845	35475
北美洲				
土地面积	**2137042**	**2137042**	**2137042**	**2137042**
耕地面积	**267349**	**267310**	**265669**	**269821**
多年生作物面积	**6464**	**6760**	**6954**	**7432**
其它面积	**1863229**	**1862972**	**1864419**	**1859789**
安提瓜和巴布达				
土地面积	44	44	44	44
耕地面积	8	8	8	8
其它面积	36	36	36	36
巴哈马				
土地面积	1001	1001	1001	1001
耕地面积	7	8	8	6
多年生作物面积	2	2	2	4
其它面积	992	991	991	991
巴巴多斯				
土地面积	43	43	43	43
耕地面积	16	16	16	16
多年生作物面积	1	1	1	1
其它面积	26	26	26	26
伯利兹				
土地面积	2280	2280	2280	2280
耕地面积	45	43	50	60
多年生作物面积	7	10	18	25
其它面积	2228	2227	2212	2195

	1980年	1985年	1990年	1995年
加拿大				
土地面积	922097	922097	922097	922097
耕地面积	45620	45950	45870	45420
多年生作物面积	80	80	80	80
其它面积	876397	876067	876147	876597
哥斯达黎加				
土地面积	5106	5106	5106	5106
耕地面积	283	285	285	285
多年生作物面积	223	238	244	245
其它面积	4600	4583	4577	4576
古巴				
土地面积	10982	10982	10982	10982
耕地面积	2630	2630	2635	3762
多年生作物面积	700	718	722	750
其它面积	7652	7643	7652	6470
多米尼加共和国				
土地面积	4838	4838	4838	4838
耕地面积	1070	1075	1050	1349
多年生作物面积	350	355	450	550
其它面积	3418	3408	3338	2939
萨尔瓦多				
土地面积	2072	2072	2072	2072
耕地面积	560	565	565	544
多年生作物面积	165	167	168	217
其它面积	1347	1340	1339	1311
格林纳达				
土地面积	34	34	34	34
耕地面积	5	5	5	4
多年生作物面积	9	9	8	9
其它面积	20	20	21	21
危地马拉				
土地面积	10843	10843	10843	10843
耕地面积	1270	1300	1300	1355
多年生作物面积	480	485	485	555
其它面积	9093	9058	9058	8933

续表 8 单位: 千公顷

	1980年	1985年	1990年	1995年
海地				
土地面积	2756	2756	2756	2756
耕地面积	545	553	555	560
多年生作物面积	345	350	350	350
其它面积	1866	1853	1851	1846
洪都拉斯				
土地面积	11189	11189	11189	11189
耕地面积	1560	1575	1610	1695
多年生作物面积	197	203	210	350
其它面积	9432	9411	9369	9144
牙买加				
土地面积	1083	1083	1083	1083
耕地面积	180	158	157	177
多年生作物面积	60	62	62	66
其它面积	843	863	864	840
墨西哥				
土地面积	190869	190869	190869	190869
耕地面积	23000	23150	23150	25700
多年生作物面积	1530	1550	1560	1600
其它面积	166339	166169	166159	163569
尼加拉瓜				
土地面积	12140	12140	12140	12140
耕地面积	1151	1556	1963	2457
多年生作物面积	178	216	251	289
其它面积	10811	10368	9926	9394
巴拿马				
土地面积	7443	7443	7443	7443
耕地面积	435	465	499	500
多年生作物面积	120	130	155	155
其它面积	6888	6848	6789	6788
波多黎各				
土地面积	886	886	886	886
耕地面积	50	50	50	33
多年生作物面积	50	50	50	44
其它面积	786	786	786	809

	1980年	1985年	1990年	1995年
美国				
土地面积	915912	915912	915912	915912
耕地面积	188755	187765	185742	185742
多年生作物面积	1869	2034	2034	2034
其它面积	725288	726113	728136	728136
南美洲				
土地面积	**1752925**	**1752925**	**1752925**	**1752925**
耕地面积	**84387**	**88966**	**91646**	**99087**
多年生作物面积	**16786**	**16294**	**19096**	**21426**
其它面积	**1651752**	**1647665**	**1642183**	**1632412**
阿根廷				
土地面积	273669	273669	273669	273669
耕地面积	25000	25000	25000	25000
多年生作物面积	2200	2200	2200	2200
其它面积	246469	246469	246469	246469
玻利维亚				
土地面积	108438	108438	108438	108438
耕地面积	1875	2050	2100	2130
多年生作物面积	187	197	221	250
其它面积	106376	106191	106117	106058
巴西				
土地面积	845651	845651	845651	845651
耕地面积	38632	42428	45600	53500
多年生作物面积	10472	9853	11000	12000
其它面积	796547	793370	789051	780151
智利				
土地面积	74880	74880	74880	74880
耕地面积	4020	4116	4045	3980
多年生作物面积	214	228	247	220
其它面积	70646	70536	70588	70680
哥伦比亚				
土地面积	103870	103870	103870	103870
耕地面积	3712	3790	3000	2406
多年生作物面积	1487	1490	2700	3875
其它面积	98671	98590	98170	97589

续表 9　　单位: 千公顷

	1980年	1985年	1990年	1995年
厄瓜多尔				
土地面积	27684	27684	27684	27684
耕地面积	1542	1590	1604	1574
多年生作物面积	920	940	1321	1427
其它面积	25222	25154	24759	24683
法属圭亚那				
土地面积	8815	8815	8815	8815
耕地面积	3	4	10	10
多年生作物面积	1	1	2	3
其它面积	8811	8810	8803	8802
圭亚那				
土地面积	19685	19685	19685	19685
耕地面积	480	480	480	480
多年生作物面积	15	15	15	16
其它面积	19190	19190	19190	19189
巴拉圭				
土地面积	39730	39730	39730	39730
耕地面积	1620	1900	2110	2190
多年生作物面积	115	104	89	80
其它面积	37995	37726	37531	37460
秘鲁				
土地面积	128000	128000	128000	128000
耕地面积	3220	3376	3400	3800
多年生作物面积	300	320	330	450
其它面积	124480	124304	124270	123750
苏里南				
土地面积	15600	15600	15600	15600
耕地面积	40	52	57	57
多年生作物面积	9	10	11	11
其它面积	15551	15538	15532	15532
委内瑞拉				
土地面积	88205	88205	88205	88205
耕地面积	2840	2900	2980	2700
多年生作物面积	820	890	915	850
其它面积	84545	84415	84310	84655
欧洲①				
土地面积	**472705**	**472678**	**472667**	***2260320**
耕地面积	**126496**	**126080**	**124999**	*** 299159**
多年生作物面积	**14421**	**14249**	**13949**	*** 17302**
其它面积	**331788**	**332349**	**333719**	***1943859**
阿尔巴尼亚				
土地面积	2740	2740	2740	2740
耕地面积	585	589	579	577
多年生作物面积	117	124	125	125
其它面积	2038	2027	2036	2038
奥地利				
土地面积	8273	8273	8273	8273
耕地面积	1536	1448	1426	1420
多年生作物面积	99	77	79	93
其它面积	6638	6748	6768	6760
白俄罗斯				
土地面积				20748
耕地面积				6085
多年生作物面积				147
其它面积				14516
比利时－卢森堡				
土地面积	3282	3282	3282	3282
耕地面积	762	764	766	723
多年生作物面积	13	13	15	17
其它面积	2507	2505	2501	2542
保加利亚				
土地面积	11055	11055	11055	11055
耕地面积	3827	3810	3856	4000
多年生作物面积	350	324	300	216
其它面积	6878	6921	6899	6839
克罗地亚				
土地面积				5592
耕地面积				1117
多年生作物面积				116
其它面积				4359

续表 10　　　　单位: 千公顷

	1980年	1985年	1990年	1995年
捷克共和国				
土地面积				7728
耕地面积				3143
多年生作物面积				236
其它面积				4349
丹麦				
土地面积	4238	4238	4239	4243
耕地面积	2639	2611	2567	2326
多年生作物面积	14	3	4	2
其它面积	1585	1624	1668	1915
爱沙尼亚				
土地面积				4227
耕地面积				1128
多年生作物面积				15
其它面积				3084
芬兰				
土地面积	30459	30459	30459	30459
耕地面积	2563	2410	2544	2525
多年生作物面积				
其它面积	27896	28049	27915	27934
法国				
土地面积	55010	55010	55010	55010
耕地面积	17472	17923	17999	18310
多年生作物面积	1400	1319	1191	1183
其它面积	36138	35768	35820	35517
德国⑤				
土地面积	34927	34927	34927	34927
耕地面积	12030	11957	11971	11835
多年生作物面积	500	469	443	226
其它面积	22397	22501	22513	22866
希腊				
土地面积	12890	12890	12890	12890
耕地面积	2903	2900	2834	2402
多年生作物面积	1022	1040	1071	1083
其它面积	8965	8950	8985	9405

	1980年	1985年	1990年	1995年
匈牙利				
土地面积	9234	9234	9234	9234
耕地面积	5027	5036	5054	4806
多年生作物面积	306	257	234	225
其它面积	3901	3941	3946	4203
冰岛				
土地面积	10025	10025	10025	10025
耕地面积	8	7	7	6
多年生作物面积				
其它面积	10017	10018	10018	10019
爱尔兰				
土地面积	6889	6889	6889	6889
耕地面积	1108	1029	1247	1330
多年生作物面积	2	3	3	3
其它面积	5779	5857	5639	5556
意大利				
土地面积	29406	29406	29406	29406
耕地面积	9483	9050	9012	8105
多年生作物面积	2953	3064	2960	2663
其它面积	16970	17292	17434	18638
拉脱维亚				
土地面积				6205
耕地面积				1713
多年生作物面积				31
其它面积				4461
立陶宛				
土地面积				6480
耕地面积				2947
多年生作物面积				60
其它面积				3473
马尔他				
土地面积	32	32	32	32
耕地面积	12	12	12	10
多年生作物面积	1	1	1	1
其它面积	19	19	19	21

续表 11

单位：千公顷

	1980年	1985年	1990年	1995年
摩尔多瓦				
土地面积				3297
耕地面积				1773
多年生作物面积				413
其它面积				1111
荷兰				
土地面积	3396	3392	3392	3392
耕地面积	790	826	879	881
多年生作物面积	32	29	30	35
其它面积	2574	2537	2483	2476
挪威				
土地面积	30683	30683	30683	30683
耕地面积	817	858	864	992
其它面积	29866	29825	29819	29691
波兰				
土地面积	30454	30449	30442	30442
耕地面积	14621	14511	14388	14210
多年生作物面积	340	334	345	365
其它面积	15493	15604	15709	15867
葡萄牙				
土地面积	9150	9150	9150	9150
耕地面积	2423	2398	2373	2302
多年生作物面积	718	758	800	740
其它面积	6009	5994	5977	6108
罗马尼亚				
土地面积	23034	23034	23034	23034
耕地面积	9834	9985	9450	9337
多年生作物面积	663	637	591	570
其它面积	12537	12412	12993	13127
俄罗斯				
土地面积	2190070	2190070	2190070	*1688850
耕地面积	226417	227156	224900	* 130970
多年生作物面积	5100	4655	4520	* 2010
其它面积	1958553	1958259	1961150	*1555870

	1980年	1985年	1990年	1995年
斯洛文尼亚				
土地面积				2012
耕地面积				234
多年生作物面积				54
其它面积				1724
西班牙				
土地面积	49947	49944	49944	49944
耕地面积	15558	15564	15335	15246
多年生作物面积	4941	4852	4837	4883
其它面积	29448	29528	29772	29815
瑞典				
土地面积	41162	41162	41162	41162
耕地面积	2979	2922	2845	2767
其它面积	38183	38240	38317	38395
瑞士				
土地面积	3955	3955	3955	3955
耕地面积	391	391	391	399
多年生作物面积	20	21	71	24
其它面积	3544	3543	3543	3532
英国				
土地面积	24167	24161	24160	24160
耕地面积	6931	7006	6607	5928
多年生作物面积	65	55	50	43
其它面积	17171	17100	17503	18189
乌克兰				
土地面积				57935
耕地面积				33286
多年生作物面积				1043
其它面积				23606
南斯拉夫				
土地面积	25540	25540	25540	*10200
耕地面积	7153	7046	7020	* 3731
多年生作物面积	731	734	718	* 354
其它面积	17656	17760	17802	* 6115

续表 12 单位:千公顷

	1980年	1985年	1990年	1995年
大洋洲				
土地面积	**849135**	**849135**	**849135**	**849135**
耕地面积	**46822**	**49986**	**50841**	**50174**
多年生作物面积	**1919**	**1952**	**2281**	**2690**
其它面积	**800394**	**797197**	**796013**	**796271**
澳大利亚				
土地面积	768230	768230	768230	768230
耕地面积	44031	47150	47900	48148
多年生作物面积	155	160	181	200
其它面积	724044	720920	720149	719882
斐济				
土地面积	1827	1827	1827	1827
耕地面积	90	120	160	200
多年生作物面积	80	80	80	85
其它面积	1657	1627	1587	1542
波利尼西亚				
土地面积	366	366	366	366
耕地面积	5	5	5	6
多年生作物面积	22	22	22	22
其它面积	339	339	339	338
关岛				
土地面积	55	55	55	55
耕地面积	6	6	6	6
多年生作物面积	6	6	6	6
其它面积	43	43	43	43
新西兰				
土地面积	26799	26799	26799	26799
耕地面积	2500	2500	2561	1579
多年生作物面积	1000	1000	1304	1649
其它面积	23299	23299	22934	23571
萨摩亚				
土地面积	283	283	283	283
耕地面积	55	55	55	55
多年生作物面积	67	67	67	67
其它面积	161	161	161	161
所罗门群岛				
土地面积	2799	2799	2799	2799
耕地面积	40	40	40	42
多年生作物面积	12	15	17	18
其它面积	2747	2744	2742	2739
汤加				
土地面积	72	72	72	72
耕地面积	16	17	17	17
多年生作物面积	30	31	31	31
其它面积	26	24	24	24
瓦努阿图				
土地面积	1219	1219	1219	1219
耕地面积	18	20	20	20
多年生作物面积	110	125	124	124
其它面积	1091	1074	1075	1075

注:① 1990 年及以前未包括前苏联各共和国,1995 年则包括这些国家。② 国土面积。③ 可利用草地面积。④ 1990 年及以前为前埃塞俄比亚人民民主共和国;1995 年为埃塞俄比亚联邦民主共和国。⑤ 1980 年至 1985 年为原联邦德国与民主德国。

资料来源:联合国粮农组织《生产年鉴》1996 年。

2-3 能源储量

(1995年) 单位:百万吨

	烟煤和无烟煤			亚烟煤和褐煤			泥煤	
	探明储量	可开采储量	估计储量	探明储量	可开采储量	估计储量	探明储量	可开采储量
世界总计	**1092083**	**519357**	**4182297**	**1278281**	**512263**	**4414712**	**260901**	**31748**
孟加拉国	1054						138	
印度	196892	68047	86088	2600	1900	3932		
印度尼西亚		962			31101		200000	
伊朗	3754	193						
以色列							500	386
日本	8296	804		175	17			
马来西亚	15	4	78	126		575		
蒙古	12000			12000				
缅甸	5	2	120			80		
朝鲜	2000	300	2700	300	300	2200		
韩国	276	183	237					
巴基斯坦					734			
菲律宾	1			369	262	1169		
斯里兰卡							5	5
泰国				1422	999	368		
土耳其	590	162		7705	6986			
越南	300	150						
埃及	25	13			40			
尼日利亚		21	21	338	169	1000		
南非	129218	58949	105793		999	100	47	30
加拿大	6435	4509	26045	14355	4114	31990	1092	
墨西哥	1569	860	1960	732	351	213		
美国	226964	106495	468864	204491	134063	669944	26000	13000
阿根廷				195	130	7735	90	80
巴西	…			10162	2845	22239		
委内瑞拉	697	417	2117					
保加利亚	48	13	1200	4791	2698	2618	5	5
前捷克斯洛伐克	5400	1642	3600	565703	3728	1630		
法国	594	113	200	129	26	165		
德国	44000	24000	186300	78000			21	
意大利				75	34	302		2500
荷兰	1406	497	2750					1120
波兰	64650	29100	113300	14413	13000	30700	890	
罗马尼亚	1	1	1	3199	3117	1946	25	13
前苏联	130000	104000	2100000	157000	137000	3100000	22171	8868
西班牙	1000	850	5500	950	600	1600	94	70
英国		2000	190000	1000	500			
前南斯拉夫	80	70	22	17760	16500	3775		
澳大利亚	66220	45340	500000	50600	45600	204000		
新西兰	33	27	292	539	90	7781	1640	

续表 1　　　　单位:百万吨

	泥煤 估计储量	原油和液化天然气储量	油页岩可开采储量	含油砂可开采储量	天然气可开采储量 (10亿立方米)	铀矿(吨) 理论储量	铀矿(吨) 估计储量	水电理论 (万亿焦耳)
世界总计	**351288**	**140766**	**12675**	**848**	**141205**	**3643542**	**1106875**	**33989264**
孟加拉国	138	1			370			
印　　度		776			686	66360		2637800
印度尼西亚		759			2000	5420	2150	400063
伊　　朗		12700			20659			56000
以 色 列	1000	1	700		1			0
日　　本		8			30	6600		596098
马来西亚		585			2150			107000
蒙　　古						80000		
缅　　甸		7			278		366000	
韩　　国						31000	21700	77201
巴基斯坦		27			646			150000
菲 律 宾		33			98			46759
斯里兰卡	46							10000
泰　　国		27	145		175			55500
土 耳 其		66	227		11	9130		433000
越　　南		68			105		200	6490
埃　　及		472			706			
尼日利亚		1693		24	3451			90999
南　　非		0			174	337460	107200	18204
加 拿 大	336908	758		520	2232	397000	78000	1223820
墨 西 哥		6906			1951	10600	700	500000
美　　国		3900			4599	366000		528500
阿 根 廷	50	310			517	7300	2600	535000
巴　　西	487	542	352		137	162000	94000	3020400
委内瑞拉		9842		2	4020			287328
保加利亚		1			2			26410
捷克共和国		2			5	22	21350	13100
法　　国		20			36	30880	2130	266000
德　　国		51			341	3000	4000	120000
意 大 利		44		33	270	4800	1300	340000
荷　　兰		16			1875			700
波　　兰	2300	5			124			23000
罗马尼亚		218		1	445	26000		70000
前 苏 联			2000					
西 班 牙		2			19	41300	4200	138000
英　　国		605			610			7500
澳大利亚		199	3651		555	517000	394000	264000
新 西 兰		17			85			152082

资料来源:联合国《能源统计年鉴》1995 年。

2-4 天然森林面积和淡水资源

	天然森林面积			1995年年度淡水抽取量②			
	1990年总面积(千平方公里)	1980-90年年度消失量①		总量(千立方米)	占水资源总量的百分比(%)	人均抽取量(立方米)	
		千平方公里	占总面积的百分比			国内家庭使用③	其它用途④
孟加拉国	8	0.4	4.1	22.5	1.0	7	213
印度	517	3.4	0.6	380.0	18.2	18	594
尼日利亚	156	1.2	0.7	3.6	1.3	13	28
巴基斯坦	19	0.8	3.5	153.4	32.8	21	2032
斯里兰卡	17	0.3	1.4	6.3	14.6	10	493
印度尼西亚	1095	12.1	1.1	16.6	0.7	12	83
菲律宾	78	3.2	3.4	29.5	9.1	123	562
罗马尼亚	63	0.0	0.0	26.0	12.5	91	1044
保加利亚	37	-0.1	-0.2	13.9	6.8	43	1501
乌克兰	92	-0.2	-0.3	34.7	40.0	108	565
泰国	127	5.2	3.5	31.9	17.8	24	578
波兰	87	-0.1	-0.1	12.3	21.9	42	279
土耳其	202	0.0	0.0	33.5	17.3	140	445
俄罗斯	7681	15.5	0.2	117.0	2.7	134	656
蒙古	139	1.3	0.9	0.6	2.2	30	243
南非	45	-0.4	-0.8	13.3	26.6	47	348
巴西	5611	36.7	0.6	36.5	0.5	54	191
马来西亚	176	4.0	2.1	9.4	2.1	177	592
委内瑞拉	457	6.0	1.2	4.1	0.3	164	218
白俄罗斯	63	-0.3	-0.4	3.0	5.4	94	200
匈牙利	17	-0.1	-0.5	6.8	5.7	59	601
墨西哥	486	6.8	1.3	77.6	21.7	54	845
阿根廷	592	0.9	0.1	27.6	2.8	94	949
韩国	65	0.1	0.1	27.6	41.8	117	515
新西兰	75	0.0	0.0	2.0	0.6	271	318
以色列	1	0.0	-0.3	1.9	84.1	65	343
西班牙	256	0.0	0.0	30.8	27.6	94	687
新加坡	0	0.0	2.3	0.2	31.7	38	46
澳大利亚	1456	0.0	0.0	14.6	4.3	607	327
英国	24	-0.2	-1.1	11.8	16.6	41	164
意大利	86	0.0	0.0	56.2	33.7	138	848
荷兰	3	0.0	-0.3	7.8	8.7	26	492
加拿大	4533	-47.1	-1.1	45.1	1.6	288	1314
法国	135	-0.1	-0.1	37.7	19.1	106	559
德国	107	-0.5	-0.4	46.3	27.1	64	518
美国	2960	3.2	0.1	467.3	18.9	244	1626
日本	238	0.0	0.0	90.8	16.6	125	610
瑞士	12	-0.1	-0.6	1.2	2.4	40	133

注:① 负值表示森林面积的增长。② 为1970-1995年间的任何年份。③ 包括饮用水、市政用水或供水、公共设施用水、商业机构用水和家庭用水。④ 指工业直接用水,包括热电厂冷却用水和农业用水(灌概和牲畜饮用)的抽取量。

资料来源:世界银行《发展报告》1997年。

2-5 国家保护区和生物多样性

(1994 年)

	国家保护区		哺乳动物		鸟类		高级植物	
	千平方公里	占总面积的%	物种(种)	濒危物种(种)	物种(种)	濒危物种(种)	物种(种)	濒危物种(种)
孟加拉国	1.0	0.7	109	16	684	28	5000	24
印度	143.4	4.8	316	40	1219	71	15000	1256
印度尼西亚	185.6	10.2	436	57	1531	104	27500	281
伊朗	83.0	5.1	140	9	502	12		1
以色列	3.1	14.9	92	7	500	8		38
日本	27.6	7.3	132	17	583	31	4700	704
缅甸	1.7	0.3	251	20	999	43	7000	29
韩国	6.9	7.0	49	6	372	19	2898	69
巴基斯坦	37.2	4.8	151	10	671	22	4929	12
菲律宾	6.1	2.0	153	22	556	86	8000	371
斯里兰卡	8.0	12.3	88	4	428	11	3000	436
泰国	70.2	13.7	265	22	915	44	11000	382
土耳其	10.7	1.1	116	4	418	13	8472	1827
越南	13.3	4.1	213	25	761	45		350
埃及	7.9	0.8	98	7	439	10	2066	84
尼日利亚	29.7	3.3	274	22	862	8	4614	9
南非	69.7	5.7	247	25	790	16	23000	953
加拿大	823.6	9.0	193	6	578	5	2920	649
墨西哥	98.5	5.1	450	24	1026	34	25000	1048
美国	1302.1	11.4	428	22	768	46	16302	1845
阿根廷	43.7	1.6	320	20	976	40	9000	170
巴西	321.9	3.8	394	45	1635	103	55000	463
委内瑞拉	263.2	29.8	305	12	1296	22	20000	107
捷克共和国	10.7	13.8		3		5		
法国	56.0	10.2	93	5	506	5	4500	117
德国	91.9	26.3						
意大利	22.8	7.7	90	4	490	6	5463	273
荷兰	4.3	11.5	55	2	456	3	1170	1
波兰	30.7	10.1	79	4	421	5	2300	27
俄罗斯	705.4	3.9		17		35		127
西班牙	42.5	8.5	82	7	506	10		896
英国	51.1	21.2	50	1	219	2	1550	28
澳大利亚	940.8	12.2	252	43	751	51	15000	1597

资料来源:世界银行《世界发展指标》1998 年。

2-6 人均工业二氧化碳排放量

单位:吨

	1985年	1988年	1989年	1990年	1991年	1992年	1993年	1994年	1995年	1996年
孟加拉国	0.1	0.1	0.1	0.1	0.1	0.1	0.1	0.1	0.2	0.2
印　度	0.5	0.6	0.7	0.8	0.8	0.8	0.9	0.9	0.9	1.0
印度尼西亚	0.6	0.8	0.7	0.7	1.2	1.2	1.3	1.4	1.5	1.5
伊　朗	3.0	3.2	3.2	3.4	3.5	3.7	4.2	3.9	4.3	4.3
以色列	5.4	6.4	7.0	7.3	7.8	7.4	7.3	8.4	8.4	8.4
日　本	7.8	7.4	8.0	8.0	8.5	8.6	8.8	8.5	8.9	9.0
哈萨克斯坦							17.1	15.6	14.7	13.3
马来西亚	2.0	2.3	2.5	2.8	3.1	3.7	4.2	4.7	4.7	5.3
蒙　古	4.1	4.7	5.5	4.9	4.5	5.4	4.6	4.0	3.5	3.4
缅　甸	0.1	0.2	0.1	0.1	0.1	0.1	0.1	0.1	0.1	0.2
朝　鲜	7.1	8.4	11.2	11.7	12.0	12.1	12.2	12.3	11.9	11.6
韩　国	3.3	4.1	4.8	5.1	5.6	6.2	6.6	6.9	7.5	8.3
巴基斯坦	0.4	0.5	0.5	0.6	0.6	0.6	0.6	0.6	0.7	0.7
菲律宾	0.8	0.5	0.7	0.7	0.7	0.7	0.8	0.7	0.7	0.9
新加坡	13.2	12.2	12.7	13.7	14.8	15.7	16.9	17.7	27.1	21.3
斯里兰卡	0.2	0.2	0.2	0.2	0.2	0.2	0.3	0.3	0.3	0.3
泰　国	0.9	1.0	1.2	1.4	1.7	2.0	2.2	2.4	2.7	2.9
土耳其	1.7	2.3	2.2	2.5	2.6	2.6	2.5	2.7	2.6	2.7
越　南	0.3	0.4	0.4	0.3	0.4	0.3	0.3	0.4	0.4	0.4
埃　及	1.1	1.4	1.5	1.4	1.4	1.4	1.4	1.6	1.5	1.6
尼日利亚	1.0	0.8	0.8	0.8	1.0	0.9	1.1	1.1	0.9	0.8
南　非	7.8	9.0	9.1	8.9	8.6	8.6	8.3	7.8	8.3	8.3
加拿大	17.1	15.2	15.6	15.9	14.7	14.4	14.9	14.6	14.9	14.7
墨西哥	3.8	3.8	3.6	3.6	3.8	3.9	4.0	3.9	4.1	3.9
美　国	19.9	18.5	20.0	20.1	18.9	19.0	19.1	18.9	20.6	20.8
阿根廷	3.8	3.2	3.8	3.6	3.4	3.5	3.5	3.6	3.8	3.7
巴　西	1.5	1.3	1.4	1.4	1.3	1.4	1.4	1.4	1.5	1.6
委内瑞拉	6.0	5.7	5.9	5.5	5.7	6.1	6.0	7.1	8.6	8.3
白俄罗斯							9.2	7.7	6.5	5.7
保加利亚	8.5	9.8	9.5	9.5	8.9	6.8	6.2	8.0	6.3	6.7
捷克共和国							12.8	11.6	11.2	10.8
法　国	9.0	6.8	5.7	6.2	6.2	6.4	6.1	6.0	5.6	5.8
德　国						11.0	10.4	10.4	9.9	10.2
意大利	6.6	6.3	6.6	6.9	7.0	7.2	7.1	6.9	6.8	7.2
荷　兰	10.8	8.8	8.1	9.2	9.3	9.1	9.0	8.9	8.8	8.8
波　兰	12.8	12.0	11.8	11.2	9.0	8.9	8.8	9.2	8.8	8.8
罗马尼亚	8.6	8.3	9.0	9.1	6.6	6.0	5.2	5.4	5.0	5.3
俄罗斯							13.0	12.6	10.8	12.3
西班牙	5.3	4.9	4.8	5.3	5.5	5.7	5.7	5.3	5.5	5.9
乌克兰							11.8	9.9	7.9	8.5
英　国	10.4	9.9	9.9	10.0	9.8	9.8	9.6	9.4	9.3	9.3
南斯拉夫							3.5	3.0	3.0	3.1
澳大利亚	13.8	14.2	14.6	15.2	14.8	14.9	14.8	15.6	15.4	16.0
新西兰	5.6	6.6	7.4	7.7	7.2	7.4	7.8	7.3	7.6	7.6

资料来源:世界银行《世界发展指标》1998年。

主要统计指标解释

自然森林 是有野生植物群、动物群、自然土地资源，尚未进行农业开发，树冠(或竹)覆盖率至少为70%的生态系统。森林砍伐指土地用途改变，使树冠覆盖率低于10%。

种植 是指在以前没有森林的土地上进行人工造林，或在前50年(或有生命以来)的有林地区进行人工再造林，也包括在从前种庄稼的地方重新栽植一种新的性质迥异的作物。

抽取量占可重新利用的水资源比例 该指标表示水资源消耗程度。可重新利用的水资源包括河流年均流量，含水层的水量，经由他国的河流流量。

储量 指已探明可开采的原煤、原油、天然气的储量。

已探明可开采的储量 是将来在现有和可承受的经济条件下，已探明的可开采的吨数。

工业二氧化碳排放量 是从联合国针对天然气、液体、固体燃料消费量，水泥生产以及其他导致二氧化碳排放的因素计算得出的。此项指标的世界总计量仅包括列出的国家。

三、人口和人均主要经济指标

3-1 人口增长率

单位:‰

	1980-96年均增长率	1988年	1989年	1990年	1991年	1992年	1993年	1994年	1995年	1996年
世界总计	**16**	**17.6**	**17.4**	**17.1**	**16.4**	**15.7**	**14.8**	**14.7**	**14.6**	**14.0**
中国	14	15.7	15.0	14.4	13.0	11.6	11.5	11.2	10.6	10.4
孟加拉国	21	22.8	20.9	19.9	18.5	16.6	15.6	15.3	15.7	15.8
印度	20	21.0	20.6	20.2	19.8	18.0	17.9	17.0	17.1	16.8
印度尼西亚	18	17.6	17.7	17.9	17.6	17.3	16.9	16.6	16.3	15.7
伊朗	29	29.4	28.4	27.6	27.0	26.5	26.0	25.4	24.9	21.5
以色列	24	16.6	17.0	30.9	60.2	34.6	26.6	25.9	26.7	26.2
日本	5	4.3	4.1	3.4	3.1	2.5	2.5	3.4	3.8	2.6
哈萨克斯坦	6	11.4	10.7	7.7	8.1	5.7	-0.6	-9.1	-11.9	-8.5
马来西亚	25	26.6	26.2	25.8	24.1	23.5	23.5	23.2	22.1	23.0
蒙古	26	31.3	29.4	26.6	21.2	21.2	21.2	21.2	21.2	21.0
缅甸	19	19.5	18.8	18.0	17.8	17.6	17.4	17.2	16.9	17.1
朝鲜	10	14.5	14.6	14.6	15.2	15.8	16.3	16.9	17.5	15.9
韩国	11	9.6	9.6	11.5	9.3	9.1	9.0	9.0	12.1	12.1
巴基斯坦	30	31.1	31.2	31.2	30.6	29.8	29.0	28.3	27.5	27.4
菲律宾	25	27.8	27.2	25.8	23.1	23.1	23.1	23.1	23.1	23.0
新加坡	18	17.5	18.7	21.3	21.2	19.7	19.7	19.3	19.1	19.1
斯里兰卡	14	13.7	13.1	11.1	14.8	9.1	12.8	13.3	13.8	10.2
泰国	16	16.7	17.3	17.8	16.3	14.8	12.6	11.2	11.6	10.1
土耳其	21	21.7	21.7	22.0	20.8	18.9	18.5	18.0	17.5	16.9
越南	21	24.2	23.6	22.3	23.0	23.8	23.1	20.7	19.8	18.7
埃及	23	24.0	23.4	22.9	22.2	21.5	20.8	20.1	19.4	18.6
尼日利亚	30	28.9	28.6	28.4	28.5	28.9	29.1	29.3	29.7	29.2
南非	20	20.2	19.2	18.4	17.9	17.4	16.9	16.4	15.9	18.4
加拿大	12	12.9	17.8	14.9	11.8	14.9	14.1	10.6	12.2	11.7
墨西哥	21	22.2	21.7	21.2	19.5	19.1	18.6	18.0	17.6	17.1
美国	1	9.1	9.4	10.4	10.8	11.5	10.9	9.9	9.6	9.1
阿根廷	14	14.2	13.9	13.4	13.4	13.4	13.3	13.3	13.3	12.9
巴西	18	18.0	17.2	16.4	15.8	15.2	14.6	14.0	13.4	13.4
委内瑞拉	25	25.9	25.3	24.8	23.8	23.2	22.7	22.1	21.6	21.2
白俄罗斯	4	5.8	5.8	3.0	1.1	4.1	4.3	-0.1	-2.6	-3.0
保加利亚	-4	1.1	-11.6	-18.1	-9.9	-10.7	-8.0	-4.4	-4.2	-5.3
捷克共和国	1	0.8	0.6	0.1	-5.2	0.9	1.3	0.5	-0.5	-1.5
法国	5	4.6	9.8	5.3	5.6	5.6	5.1	4.5	3.7	4.0
德国	3	3.9	7.8	8.6	7.3	7.6	6.6	4.4	1.5	3.3
意大利	1	0.5	0.8	0.8	0.6	1.9	3.3	1.2	1.5	3.1
荷兰	6	6.5	6.0	6.9	7.9	7.1	6.6	6.7	5.1	3.7
波兰	5	5.2	2.7	4.1	3.3	3.1	2.5	2.2	1.2	0.8
罗马尼亚	1	5.0	4.2	2.4	-0.9	-17.2	-1.5	-1.1	-2.2	-3.2
俄罗斯	4	6.5	5.2	4.5	2.2	0.4	-1.0	-1.3	-1.0	-3.1
西班牙	3	2.1	2.0	1.8	2.1	2.3	2.0	1.5	1.7	1.3
乌克兰	1	4.4	4.9	2.3	2.1	2.9	0.5	-5.0	-7.5	-15.9
英国	3	2.6	3.5	3.5	4.3	3.4	3.2	3.5	3.6	3.0
南斯拉夫	5	6.5	5.8	5.3	-11.5	4.1	3.2	3.2	2.3	2.8
澳大利亚	14	16.4	16.9	14.8	12.7	12.0	9.7	10.4	12.0	13.7
新西兰	10	4.2	3.9	9.7	12.9	10.7	5.5	25.2	11.8	11.9

资料来源:世界银行《世界发展指标》1998年。

3-2 年中人口数

单位:万人

	1980年	1985年	1988年	1989年	1990年	1991年	1992年	1993年	1994年	1995年	1996年
世界总计	**444400**	**484600**	**511200**	**520100**	**528500**	**538500**	**548000**	**557200**	**560700**	**568700**	**576800**
中国	98124	104864	110163	111865	113519	115078	116497	117844	119184	120486	121755
阿富汗	1595	1814	1551	1581	1612	1643	1628	1732	1847	1966	2088
亚美尼亚		334	345	348	354	361	369	373	375	376	376
阿塞拜疆		666	698	708	715	719	730	737	743	749	755
巴林	35	41	47	49	50	51	52	54	56	58	60
孟加拉国	8868	9943	10453	10651	10976	10988	11322	11484	11649	11823	12007
不丹	128	138	148	152	154	157	158	160	161	164	181
文莱	19	22	24	25	25	26	27	28	29	29	30
柬埔寨	640	756	832	857	857	881	905	931	957	984	1027
塞浦路斯	63	67	66	67	68	69	71	72	73	73	76
东帝汶	58	66	71	72	74	76	77	78	80	81	83
格鲁吉亚		522	542	545	546	546	545	544	543	542	541
印度	66360	75091	80050	81749	83470	85166	86782	88391	89995	91597	93942
印度尼西亚	14636	16463	17559	17914 *	17983	18294	18604	18913	19222	19528	19834
伊朗	3835	4782	5191	5319	5450	5584	5715	5849	5978 *	6836 *	6113
伊拉克	1324	1558	1688	1743	1808	1851	1890	1926	1965	2009	2061
以色列	388	423	444	452	466	495	512	526	540	554	570
日本	11681	12084	12258	12309	12348	12392	12432	12467	12496	12520	12576
约旦	292	383	406	413	426	444	467	494	520	544	558
哈萨克斯坦		1593	1636	1654	1667	1681	1690	1689	1674	1654	1653
朝鲜	1803	1989	1976	2005	2036	2069	2103	2138	2173	2210	2247
韩国	3812	4081	4203	4245	4287	4330	4374	4419	4464	4509	4554
科威特	137	172	197	205	214*	209 *	142	146	162	169	175
吉尔吉斯		401	425	433	439	445	449	448	447	451	457
老挝	368	359	394	407	420	433	446	460	474	488	504
黎巴嫩	267	267	256	254	255	261	270	281	291	301	308
马来西亚	1370	1568	1694	1735	1776	1833	1876	1921	1966	2011	2117
蒙古	166	188	202	207	222	227	232	237	241	246	235
缅甸	3364	3854	3984	4060	4135*	4155	4233	4312	4392 *	4511	4592
尼泊尔	1401 *	1669	1737	1774	1811 *	1928 *	1888	1927 *	2090	2146 *	2113
阿曼	98	200	163	170 *	200*	186	194	199	210	213	230
巴基斯坦	8258	9618	10597	10914	11240	11577	11923	12279	12647	13025	13415
菲律宾	4832	5467	5872	6010	6148*	6369	6534	6698	6862	7027	7190
卡塔尔	23	36	43	46	49	50	53	56	59 *	55	56
沙特阿拉伯	937	1265	1402	1443	1487*	1654	1696	1735	1776	1825	1884
新加坡	241	248	285	293	309	318	326	336	347	361	374
斯里兰卡	1475	1584	1660	1683	1699	1725	1741	1762	1786	1811	1830
叙利亚	870	1027	1134	1172	1212	1253	1296	1339	1384	1419	1462
塔吉克斯坦		457	503	518	530	546	557	564	574	584	592
泰国	4646	5158	5433	5521	5584	5657	5729	5801	5871	5940	6000
土耳其	4444	5031	5371	5489	5610	5731	5840	5949	6058	6164	6269
土库曼斯坦		323	349	358	367	375	403	431	441	451	457
阿联酋	98	138	179	186	192	198	204 *	210	216	231	226
乌兹别克斯坦		1823	1974	2011	2042	2086	2136	2185	2228	2247	2291
越南	5418	5990	6373	6477	6623	6777	6941	7098	7251	7379	7518
也门	598	960	1061	1095	1128	1161	1195	1230 *	1486	1537	1592

续表 1　　单位:万人

	1980年	1985年	1988年	1989年	1990年	1991年	1992年	1993年	1994年	1995年	1996年
阿尔及利亚	1867	2185	2373	2433	2502	2564	2627	2689	2750	2806	2857
安哥拉	772	798	870	974	1002 *	952	1061 *	1013	1047	1082	1119
贝宁	342	406	446	461	474	489	492	508	524	541	599
博兹瓦纳	82	109	121	124	130	133	136	139	142	146	150
布基纳法索	615	789	854	877	900	919	943	968	1018	1020	1078
布隆迪	412	472	515	530	546	562	578 *	577	587	598	609
喀麦隆	850	1017	1088	1154	1148	1181	1214	1248	1283	1328	1356
佛得角	30	33	33	33	34	35	36	37	38	39	40
中非	231	261	288	299	293	300	306	313 *	300	327	334
乍得	448	502	532	556	569	582	596	609	621	633	652
科摩罗	38	45	51	52	52	54	56	57	59	61	63
刚果(布)	153	192	210	216	223	230	237	244	252	259	267
科特迪瓦	817	993	1082	1126	1172	1219	1267	1318	1370	1423	1478
吉布提	31	43	47	49	52	54	55	57	58	60	62
埃及	4229	4647	5027	5148	5269	5392	5574	5649	5785	5923	6060
赤道几内亚	35	31	33	34	35	36	37	38	39	40	41
埃塞俄比亚	3852	4425	4545	4693	4836	4995	5157	5324	5494	5668	5851
加蓬	106	99	88	91	93	96	99	102	105	108	111
冈比亚	60	74	85	88	92	96 *	88	103	108	111	114
加纳	1154	1272	1414	1457	1502	1547	1592	1638	1686	1734	1783
几内亚	541	466	507	553	575	605	640	676	709	735	752
(法)几内亚比绍	81	87	93	94	96	98	101	103	105	107	109
肯尼亚	1667	2033	2388	2487 *	2403	2591	2570 *	2811	2929	3052	3180
莱索托	134	150	169	170	178	183	188	193	198	203	208
利比里亚	185	216	234	240	246	252	258	264	270	276	281
利比亚	304	337	382	398	415	433	451	470	490 *	541	559
马达加斯加	870	998	1182	1222 *	1120	1149	1350	1395	1441	1487	1535
马拉维	605	706	775	802	829	856	882	913	946	979	1014
马里	710	821	783	796	816 *	951	982	1013	1046	1079	1113
毛里塔尼亚	163	177	190	195	200	204	211	215	221	228	235
毛里求斯	96	99	101	102	103	104	105	106	108	109	113
摩洛哥	2005	2184	2341	2395	2449	2502	2555	2607	2659	2711	2762
莫桑比克	1212	1387	1395	1396	1415	1442	1479	1558	1661	1742	1780
纳米比亚	135	118	128	132	135	139	142	146	150	154	158
尼日尔	531	661	726	749	773	799	826	836	885	915	947
尼日利亚	8056	9569	10496 *	9334	9615	9909	10213	10526	10847	11172	11502
卢旺达	516	606	687	701	718 *	667	620	568	530	518	540
塞内加尔	570	652	691	710	730	750	770	791	813	835	857
塞舌尔	6	7	7	7	7	7	7	7	7	7	8
塞拉利昂	330	358	382	391	400	409	419	430	440	451	430
索马里	402	787	841	855	868	878	886	895	908	925	982
南非	2861	3304	3542	3624	3707	3801	3882	3963	4044	4124	4239
苏丹	1868	2211	2424	2499	2575	2653	2732	2813	2895 *	2671	2729
斯威士兰	55	65	72	74	77	80	83	85	88	91	94
坦桑尼亚	1858	2173	2400	2480	2563	2636	2730	2825	2917	3034	3080
多哥	255	303	332	342	352	363	374	386	393	408	420

续表 2

单位：万人

	1980年	1985年	1988年	1989年	1990年	1991年	1992年	1993年	1994年	1995年	1996年
突尼斯	639	726	782	797	815	832	848	866	881	896	909
乌干达	1311	1511	1578	1618	1665	1719	1780	1844	1908	1926	1985
刚果(金)	2638	3098	3346	3449	3556	3667 *	3994	4123			
赞比亚	583 *	673	753	780	807 *	739	755	772	790	937 *	828
津巴布维	714	838	888	912	937	1014	1041	1078	1115	1153	1191
安提瓜和巴布达	8	8	6	6	6	6	6	6	6	7	7
巴哈马	21	23	25	25	26	26	26	27	27	28	28
巴巴多斯	25	25	25	26	26	26	26	26	26	26	26
伯利兹	15	17	18	18	19	19	20	21	21	22	22
加拿大	2404	2516	2689	2738	2779	2812	2854	2895	2926	2962	2997
哥斯达黎加	225	264	285	292 *	280	287 *	294	300	327	333	340
古巴	972	1010	1041	1052	1062	1074	1083	1090	1095	1098	1102
多米尼加	544	642	687	702	717	732	747	762	777	791	805
萨尔瓦多	451	486	509	519	503	535	548	539	553	566	580
格陵兰岛	5	5	5	6	6	6	6	6	6	6	6
危地马拉	692	796	868	894	920	947	974	1003	1032	1062	1093
海地	501	586	624	636	649	662	676	690	704	718	734
洪都拉斯	369	437	480	495	511	526	543	559	577	595	614
牙买加	217	231	236	239	241 *	237	240	242	246	249	252
墨西哥	6939	7794	8272	8427 *	8259	8784	8954	9121	9301 *	9049 *	9658
尼加拉瓜	273	327	362	374	387	400	413	426	440	454 *	424
巴拿马	196	217	230	235	240	244	249	253	258	263	267
波多黎各	321	338	346	350	353	355	358	362	369	372	373
美国	22774	23849	24506	24734	24991	25262	25539	25813	26060	26304	26545
阿根廷	2824	3032	3164	3208	3253	3297	3342	3387	3432	3477	3522
玻利维亚	560	590	629	643	657	673	690	707	724	741	759
巴西	12129	13198	13982	14231	14472	14707	14936	15157	15373	15582	15787
智利	1110	1212	1275	1296	1310	1332	1354	1377	1399	1420	1442
哥伦比亚	2589	2862	3114	3171	3230	3284	3339	3395	3452	3510	3563
厄瓜多尔	812	910	979	1003	1026	1050	1074	1098	1122	1146	1170
圭亚那	87	79	79	79	80	80	81	82	82	83	84
巴拉圭	317	369	396	409	422	433	445	457	470	483	496
秘鲁	1730	1942	2068	2111	2155	2200	2245	2264	2309	2353	2395
苏里南	36	38	39	40	40	40	40	40	40	41	43
乌拉圭	291	301	306	308	309	311	313	315	317	319	320
委内瑞拉	1502	1732	1842	1887	1933	1979	2044	2091	2138	2164	2271
阿尔巴尼亚	267	296	314	320	326	326	336 *	348	355	361	367
奥地利	755	756	762	766	773	781	791	799	803	805	806
白俄罗斯	964	1000	1017	1023	1026	1027	1031	1036	1031	1028	1025
比利时	985	986	990	994	997	998	1005	1008	1009	1014	1016
卢森堡	36	37	37	38	38	39	39	40	40	41	42
保加利亚	886	896	898	899	899	898 *	854	847	844	841	836
克罗地亚		447	476	477	478	479	478	478	478	478	450
捷克	1531	1550	1561	1564	1566	1558	1573	1033	1034	1033	1032
丹麦	512	511	513	513	514	515	517	519	520	523	526

续表 3

单位:万人

	1980年	1985年	1988年	1989年	1990年	1991年	1992年	1993年	1994年	1995年	1996年
爱沙尼亚		152	156	157	157	157	154	152	150	148	147
芬兰	478	490	495	496	499	501	504	507	509	511	512
法国	5388	5517	5512	5642	5673	5705	5737	5765	5790	5814	5837
德国	6156	6098	6142	6506	7936	7998	8057	8119	8142	8166	8190
希腊	964	993	1004	1009	1016	1025	1032	1038	1043	1045	1047
匈牙利	1071	1058	1044	1040	1036	1035	1032	1029	1026	1022	1019
冰岛	23	24	25	25	25	26	26	26	27	27	27
爱尔兰	340	354	354	351	350	352	355	357	359	360 *	352
意大利	5642	5714	5744	5754	5766	5675	5686	5705	5720	5730	5738
拉脱维亚		258	265	267	267	266	263	259	255	251	249
立陶宛		354	365	369	372	374	374	373	372	371	371
马尔他	36	34	35	35	35	36	36	36	36	37	37
荷兰	1414	1448	1476	1485	1495	1507	1518	1529	1538	1545	1553
挪威	409	415	421	423	424	426	429	431	432	436	438
波兰	3558	3720	3786	3796	3812	3824	3836	3846	3854	3859	3862
葡萄牙	988	1001	997	994	990	987	987	988	990	992	981
罗马尼亚	2220	2272	2305	2315	2321	2319	2279	2276	2274	2268	2261
俄罗斯	26554	27754	28368	28586	14791	14825	14831	14815	14797	14814	14774
斯洛伐克		516	525	528	530	528	531	532	535	536	537
斯洛文尼亚		197	200	200	200	200	200	199	199	199	199
西班牙	3743	3841	3872	3879	3885	3892	3901	3909	3915	3921	3927
瑞典	831	836	844	849	856	862	867	872	878	883	884
瑞士	639	647	659	665	671	680	688	694	699	704	707
英国	5631	5668	5716	5736	5756	5781	5801 *	5819	5839	5861	5878
乌克兰	5004	5092	5148	5177	5184	5194	5215	5218	5192	5164	5109
南斯拉夫	2230	2312	2357	2370	2382	2393	1045	1048	1052	1055	1057
澳大利亚	1470	1579	1653	1681	1706	1728	1749	1767	1785	1807	1831
斐济	63	70	72 *	75	73	74	75	77	78	80	80
波利尼西亚	15	17	19	19	20	20	21	21	21	22	22
关岛	11	12	13	13	13	14	14	14	15	15	15
新喀里多尼亚	14	15	16	17	17	17	17	18	18	18	19
新西兰	311	325	332	333	336	341	344	345	349	354	357
巴布亚新几内亚	300	334	356	363	370	377	385	392	400	407	440
萨摩亚	16	16	16	16	16	16	16	17	16	17	17
所罗门群岛	23	27	30	31	32	33	34	35	37	38	39
汤加	9	10	9	10	10	10	10	10	10	10	10
瓦努阿图	2	14	15 *	14	14	15	15	16	16	17	17

资料来源:联合国《统计月报》1998 年 3 月、《人口年鉴》1985 年。

3-3 人口性别构成

	日　期	合　计	0-4岁	5-9岁	10-14岁	15-19岁	20-24岁	25-29岁
孟加拉国								
合　计	1990年1月1日	109291	←	47854	→	←		
男		56381	←	24366	→	←		
女		52910	←	23488	→	←		
印　度								
合　计	1993年7月1日	883910	110518	104422	96314	90912	85564	74140
男		459157	57096	54099	49907	47084	44909	39308
女		424753	53422	50323	46407	43828	40655	34832
印度尼西亚								
合　计	1995年7月1日	194755	20452	21788	23709	20279	17151	16308
男		96930	10475	11130	12038	10273	8037	7798
女		97825	9977	10659	11671	10006	9114	8510
伊　朗								
合　计	1994年7月1日	59648	7317	9013	8562	6632	5513	4538
男		30401	3772	4584	4353	3335	2718	2304
女		29247	3545	4429	4210	3297	2795	2234
以色列								
合　计	1994年7月1日	5399	555	539	513	501	459	393
男		2676	284	276	264	257	233	199
女		2724	270	263	249	244	226	194
日　本								
合　计	1995年10月1日	125570	5995	6541	7478	8558	9895	8788
男		61574	3070	3350	3827	4386	5041	4452
女		63996	2925	3191	3651	4172	4854	4336
哈萨克斯坦								
合　计	1991年1月1日	16721	1873	1760	1614	1458	1296	1451
男		8116	954	891	815	745	680	726
女		8605	919	870	800	712	616	725
马来西亚								
合　计	1995年7月1日	20689	2535	2485	2311	2040	1920	1786
男		10564	1311	1281	1185	1037	983	923
女		10125	1224	1204	1126	1003	937	863
蒙　古								
合　计	1989年1月5日	2043	325	275	256	222	196	180
缅　甸								
合　计	1987年10月1日	38541	5033	4729	4619	4305	3774	3220
男		19108	2532	2352	2293	2133	1869	1594
女		19433	2500	2377	2325	2172	1905	1625
韩　国								
合　计	1995年11月1日	4454	3427	3096	3712	3863	4304	4138
男		22357	1821	1627	1914	1987	2238	2078
女		22196	1606	1469	1798	1876	2066	2059

和年龄构成

单位: 千人

30－34岁	35－39岁	40－44岁	45－49岁	50－54岁	55－59岁	60－64岁	65岁及以上	年龄不明确
50554			→	←	10883		→	
26000			→	←	6015		→	
24554			→	←	4868		→	
62114	52951	45669	39390	33889	28388	22247	37392	
32663	27404	23458	20269	17566	14849	11672	18873	
29451	25547	22211	19121	16323	13539	10575	18519	
14982	14119	11103	8251	7120	6195	5183	8116	
7262	7052	5819	4173	3779	2934	2301	3859	
7719	7067	5284	4078	3341	3261	2881	4257	
3846	3413	2571	1809	1483	1392	1349	2211	
1971	1712	1317	906	756	744	727	1205	
1875	1701*	1255*	903	727	648	622	1006	
366	358	350	295	191	194	175	512	
183	176	173	144	93	92	80	222	
182	181	178	151	98	102	95	291	
8126	7822	9006	10618	8922	7953	7475	18261	131
4114	3946	4527	5328	4422	3907	3612	7504	89
4013	3876	4479	5290	4500	4047	3863	10757	42
1448	1198	944	541	944	556	638	999	
724	592	461	260	446	257	268	298	
724	606	483	282	498	299	370	701	
1648	1440	1173	911	686	564	433	756	
844	734	599	470	353	285	213	346	
804	706	574	441	332	280	220	409	
135	92	70	68	55	50	36	83	
2671	2119	1696	1470	1345	1162	908	1491	
1323	1049	838	725	662	570	444	723	
1348	1070	858	745	683	592	465	769	
4230	4134	3071	2464	2064	1913	1495	2640	
2146	2103	1580	1262	1029	924	674	975	
2084	2031	1491	1203	1035	990	821	1666	

续表 1

	日 期	合 计	0－4岁	5－9岁	10－14岁	15－19岁	20－24岁	25－29岁
巴基斯坦								
合 计	1995年7月1日	129808	21115	17021	15509	12312	10475	9722
男		67022	10863	8502	7878	6397	5486	5049
女		62786	10252	8519	7631	5915	4989	4673
菲律宾								
合 计	1995年9月1日	68616	9581	8893	8041	7465	6271	5753
男		34584	4827	4567	4082	3727	3120	2880
女		34032	4535	4327	3959	3739	3151	2873
新加坡								
合 计	1996年7月1日	3044	242	242	209	203	232	259
男		1531	126	125	109	105	116	128
女		1513	118	117	100	99	116	131
斯里兰卡								
合 计	1994年7月1日	17865	2233	2025	2032	1929	1837	1534
男		9107	1137	1030	1037	978	922	768
女		8758	1096	995	995	951	915	766
泰 国								
合 计	1995年7月1日	59401	5397	5450	5697	5826	5724	5425
男		29675	2733	2762	2895	2963	2911	2753
女		29726	2664	2688	2802	2863	2813	2672
土耳其								
合 计	1996年10月21日	62697	6599	6547	6747	6697	6099	5297
男		31691	3358	3352	3456	3420	3115	2691
女		31006	3240	3192	3291	3277	2982	2605
越 南								
合 计	1992年12月31日	69175	2945	9418	8506	7549	6360	5386
男		33313	4926	4846	4413	3725	2903	2286
女		35862	4510	4572	4094	3824	3458	3099
埃 及								
合 计	1995年7月1日	59226	8265	7666	7218	6070	5320	4625
男		30138	4235	3930	3702	3123	2736	2374
女		29088	4030	3736	3516	2947	2584	2251
南 非								
合 计	1991年3月7日	30987	3819	3597	3306	3159	2967	2695
男		15480	1925	1814	1663	1588	1494	1372
女		15507	1893	1783	1643	1571	1473	1323
加拿大								
合 计	1995年7月1日	29606	1988	1999	2003	1980	2044	2245
男		14664	1019	1021	1024	1015	1036	1133
女		14942	968	977	979	965	1008	1112

单位:千人

30－34岁	35－39岁	40－44岁	45－49岁	50－54岁	55－59岁	60－64岁	65岁及以上	年龄不明确
8513	7218	6490	5601	4445	3624	2886	4877	
4440	3790	3407	2948	2333	1901	1523	2505	
4073	3428	3083	2653	2112	1723	1363	2372	
4861	4318	3403	2734	2063	1715	1322	2415	
2455	2196	1730	1385	1033	844	642	1099	
2407	2123	1673	1349	1030	871	680	1316	
302	308	269	272	123	122	96	210	
151	157	137	113	64	61	47	95	
151	151	132	110	63	62	49	115	
1355	1009	840	734	649	509	409	770	
686	507	433	372	342	368	220	407	
669	502	407	362	307	241	189	363	
5001	4517	3853	2979	2495	2220	1794	3023	
2514	2264	1907	1466	1210	1070	858	1369	
2487	2253	1946	1513	1285	150	936	1654	
5016	4317	3576	2851	2203	1906	1823	3019	
2555	2212	1827	1443	1087	904	889	1379	
2461	2104	1749	1408	1116	1001	934	1643	
918	778	602	476	367	296	251	3490	
2428	1690	1145	991	862	828	822	1448	
2707	1937	1307	1189	1083	1085	955	2042	
3990	3431	2932	2482	2074	1667	1302	2184	
2044	1753	1494	1259	1034	816	620	1018	
1946	1678	1438	1223	1040	851	682	1166	
2410	2004	1660	1346	1119	891	683	1331	
1234	1021	843	674	553	432	314	551	
1176	983	817	672	566	459	369	780	
2676	2602	2323	2083	1595	1295	1215	3558	
1356	1310	1160	1047	800	643	597	1503	
1320	1292	1163	1036	796	652	618	2055	

续表 2

	日期	合计	0－4岁	5－9岁	10－14岁	15－19岁	20－24岁	25－29岁
墨西哥								
合计	1995年7月1日	90487	11149	10679	10310	10220	9622	7962
男		44847	5695	5444	5240	5153	4774	3840
女		45641	5454	5234	5070	5068	4848	4022
美国								
合计	1996年7月1日	265284	19286	19441	18981	18662	17560	19007
男		129810	9868	9954	9727	9619	8999	9538
女		135474	9418	9487	9254	9043	8561	9469
阿根廷								
合计	1995年7月1日	34768	3423	3340	3285	3350	2815	2471
男		16977	1693	1692	1662	1683	1408	1235
女		17610	1637	1638	1613	1647 *	1384 *	1220
巴西								
合计	1996年7月1日	157871	15333	16529	17252	16396	14682	13954
男		77929	7767	8361	8724	8273	7397	6952
女		79943	7567	8168	8528	8123	7285	7001
委内瑞拉								
合计	1992年7月1日	20249	2734	2567	2333	2063	1874	1704
男		10210	1395	1309	1188	1048	950	862
女		10039	1339	1259	1145	1015	924	842
白俄罗斯								
合计	1996年1月1日	10264	585	804	827	752	723	675
男		4792	300	409	418	378	362	332
女		5473	285	395	409	374	360	344
保加利亚								
合计	1994年12月31日	8427	435	527	565	631	601	553
男		4130	223	270	291	323 *	306 *	280
女		4297	212	257	274	307 *	295 *	273
捷克共和国								
合计	1994年12月31日	10333	602	647	698	888	821	682
男		2020	309	331	358	453	420	348
女		5313	293	316	341	435	401	334
法国								
合计	1993年1月1日	57527	3739	3805	3919	3939	4339	4332
男		28018	1913	1946	2006	2013	2194	2171
女		29509	1826	1859	1912	1926	2145	2161
德国								
合计	1995年7月1日	81661	3739	4653	4497	4323	4903	6807
男		39731	1913	2388	2307	2223	2516	3528
女		41930	1826	2265	2190	2100	2387	3279
意大利								
合计	1995年7月1日	57301	2755	2789	3025	3605	4409	4669
男		27804	1415	1428	1546	1839	2243	2360
女		29497	1340	1360	1479	1766	2166	2308

单位:千人

30－34岁	35－39岁	40－44岁	45－49岁	50－54岁	55－59岁	60－64岁	65岁及以上	年龄不明确
6415	5407	4424	3541	2893	2296	1855	3815	
3121	2625	2144	1712	1399	1103	878	1720	
3294	2783	2280	1830	1494	1193	976	2096	
21361	22577	20816	18436	13934	11362	9999	33861	
10653	11289	10310	9060	6776	5455	4711	13881	
10708	11318	10506	9376	7157	5907	5288	19980	
2331	2198	2076	1851	1613	1431	1314	3271	
1158	1073	1017	924	786	683	610	1352	
1163	1119	1055	943	825	747	702	1917	
13313	11409	9258	7394	5877	5032	3901	7540	
6496	5519	4453	3562	2803	2404	1831	3388	
6818	5890	4805	3832	3074	2628	2070	4152	
1484	1276	1065	823	628	509	414	773	
749	642	535	412	312	252	203	353	
736	634	530	411	316	258	211	420	
806	870	741	628	418	620	525	1291	
399	429	361	301	194	273	221	414	
407	441	380	327	224	346	305	877	
558	579	605	604	500	491	528	1252	
281	288	299	296	243	235	249	545	
277	291	306	307	256	256	279	706	
671	715	813	808	644	485	503	1356	
342	361	408	401	316	230	230	514	
329	354	406	406	329	254	273	843	
4322	4269	4357	3544	2761	2897	2945	8360	
2155	2126	2191	1791	1384	1415	1393	3321	
2167	2143	2166	1753	1377	1482	1553	5040	
7198	6327	5731	4882	5310	5877	4403	12634	
3730	3259	2911	2482	2685	2934	2140	4517	
3469	3068	2820	2400	2626	2943	2263	8117	
4556	4014	3761	3939	3398	3556	3303	9523	
2287	2006	1871	1954	1668	1722	1562	3902	
2268	2007	1889	1986	1730	1835	1741	5621	

续表 3

	日　期	合　计	0－4岁	5－9岁	10－14岁	15－19岁	20－24岁	25－29岁
荷　兰								
合计	1995年7月1日	15459	985	955	904	923	1113	1300
男		7645	504	488	462	472	564	665
女		7814	481	467	442	451	548	635
波　兰								
合计	1994年7月1日	38544	2583	3066	3371	3167	2728	2449
男		18763	1324	1569	1722	1618	1392	1249
女		19780	1259	1497	1650	1549	1335	1200
罗马尼亚								
合计	1995年7月1日	22681	1230	1746	1669	1964	1822	1861
男		11124	631	890	852	1003	926	946
女		11557	600	856	817	960	895	915
俄罗斯								
合计	1995年7月1日	147773	7886	11653	11822	10829	10242	9518
男		69387	4047	5950	6007	5494	5255	4873
女		78386	3839	5704	5815	5336	4987	4645
西班牙								
合计	1996年7月1日	39270	1929	2010	2412	3033	3320	3247
男		19215	996	1033	1236	1552	1694	1651
女		20055	933	977	1176	1481	1626	1596
乌克兰								
合计	1995年1月1日	51474	2950	3775	3807	3654	3650	3319
男		23905	1512	1924	1935	1848	1865	1663
女		27568	1438	1851	1872	1805	1786	1656
英　国								
合计	1995年7月1日	58606	3836	3860	3666	3463	3987	4630
男		28727	1965	1980	1882	1781	2044	2362
女		29878	1871	1880	1785	1682	1943	2268
南斯拉夫								
合计	1993年7月1日	10482	735	788	798	805	761	722
男		5197	379	403	409	412	389	367
女		5284	356	385	390	393	372	355
澳大利亚								
合计	1995年6月30日	18054	1290	1286	1291	1269	1446	1381
男		8990	8990	660	662	652	737	693
女		9064	9064	626	629	617	709	688
新西兰								
合计	1994年12月31日	3526	292	272	256	265	286	263
男		1738	149	139	129	135	143	128
女		1788	143	133	126	130	143	135

资料来源：联合国《人口年鉴》1996年。

单位:千人

30－34岁	35－39岁	40－44岁	45－49岁	50－54岁	55－59岁	60－64岁	65岁及以上	年龄不明确
1318	1229	1150	1185	892	766	693	2047	
675	625	585	605	456	385	338	822	
643	604	565	580	436	381	355	1225	
2761	3289	3131	2375	1736	1873	1843	4170	
1397	1655	1559	1167	834	875	834	1566	
1364	1634	1572	1208	903	998	1008	2603	
1305	1629	1641	1380	1128	1347	1240	2721	
660	817	818	683	548	638	578	1135	
645	813	823	697	580	708	662	1585	
11688	12830	11799	9346	5800	9708	6954	17699	
5886	6381	5785	4500	2668	4297	2910	5336	
5802	6449	6014	4846	3132	5412	4044	12363	
3126	2870	2530	2409	2197	1918	2138	6131	
1577	1437	1263	1197	1083	928	1016	2551	
1549	1433	1267	1212	1114	989	1122	3580	
3873	3917	3682	2933	2728	3728	2475	6984	
1914	1912	1772	1380	1241	1664	1059	2218	
1960	2005	1909	1553	1487	2064	1416	4766	
4779	4148	3783	4106	3329	3010	2784	9225	
2431	2089	1895	2052	1659	1490	1358	3740	
2348	2059	1888	2053	1670	1520	1427	5485	
735	768	784	580	571	623	618	1193	
372	389	396	289	280	302	294	518	
343	380	389	291	291	321	324	675	
1458	1416	1326	1257	973	805	701	2154	
728	707	662	638	494	409	349	936	
731	709	664	619	476	396	352	1218	
292	275	236	218	178	145	137	411	
143	134	115	108	93	72	72	177	
149	141	121	110	85	73	65	234	

3-4 人口出生率

单位:‰

	1980年	1985年	1988年	1989年	1990年	1991年	1992年	1993年	1994年	1995年	1996年
世界	**27.2**				**25.2**		**24.0**				**22.4**
中国	18.2	21.0	22.4	21.6	21.1	19.7	18.2	18.1	17.7	17.1	17.0
孟加拉国	44.1				32.7		29.8				28.3
印度	34.9				29.5		27.5				25.0
印度尼西亚	33.5				25.4		24.5				22.7
伊朗	43.6				37.6		32.0				26.2
以色列	24.3	23.5	22.6	22.3	22.2	21.4	21.5	21.3	21.2	21.1	21.3
日本	13.5	11.9	10.8	10.2	10.0	9.9	9.8	9.6	10.0	9.5	9.6
哈萨克斯坦	23.9	25.1	24.8	23.0	21.7	21.0	19.9	18.6	18.2	16.6	15.2
马来西亚	31.4				28.9	27.9	28.2	28.2	27.1	27.0	26.8
蒙古	38.2				30.7		27.9				27.5
缅甸	36.3				29.7		28.4				27.3
朝鲜	22.4				21.7		21.7				21.6
韩国	22.3				16.3		16.2				15.5
巴基斯坦	47.1				41.4		39.8				36.6
菲律宾	35.3				31.1		30.7				28.5
新加坡	17.1	16.6	19.8	17.5	18.4	17.3	17.0	17.0	16.4	15.7	16.0
斯里兰卡	28.4	24.3		21.3	21.2		20.9			18.7	18.7
泰国	27.7				19.9		17.8				16.5
土耳其	31.5				24.8	24.3	23.8	23.3	22.8	22.4	22.0
越南	36.1				28.8		27.9				25.4
埃及	39.0				31.1		28.5				25.5
尼日利亚	49.8				43.8		43.3				41.0
南非	36.2				31.9		31.2				26.6
加拿大	15.4	14.9	14.5	14.9	15.0	14.9	14.7	13.6	13.2	12.9	12.7
墨西哥	33.4				28.5		27.4				25.6
美国	15.9	15.7	15.9	16.2	16.7	16.3	15.9	15.5	15.2	14.8	14.7
阿根廷	24.1				21.0		20.4	19.8		18.9	19.4
巴西	30.7				24.0		22.2				20.8
委内瑞拉	32.7				27.7		27.1		25.6		24.5
白俄罗斯	16.3		16.1	15.0	13.9	12.9	12.4	11.3	10.7	9.8	9.3
保加利亚	14.5	13.3	13.1	12.6	12.1	11.1	10.4	10.0	9.4	8.6	8.7
捷克共和国	15.4		12.8	12.4	12.7	12.6	11.8	11.8	10.3	9.3	9.0
法国	14.9	13.9	13.8	13.5	13.4	13.3	13.0	12.3	12.2	12.5	12.6
德国	11.0	10.5	11.4	11.2	11.4	10.4	10.1	9.9	9.5	9.3	9.3
意大利	11.3	10.1	9.9	9.7	10.0	9.9	9.7	9.4	9.3	9.2	9.2
荷兰	12.8	12.3	12.6	12.7	13.2	13.2	13.0	12.8	12.7	12.3	12.2
波兰	19.4	18.2	15.5	15.0	14.5	14.4	13.4	13.0	12.6	11.3	11.2
罗马尼亚	17.9	15.8	16.5	16.0	13.6	11.9	11.4	11.0	10.9	10.4	10.3
俄罗斯	15.9	16.6	16.0	14.6	13.4	12.1	10.7	9.3	9.5	9.3	8.8
西班牙	15.2	11.7	10.7	10.4	10.3	10.2	10.2	9.9	9.3	9.1	9.0
乌克兰	14.7		14.4	13.3	12.7	12.1	11.4	10.7	10.0	9.6	9.1
英国	13.4	13.3	13.8	13.6	13.9	13.7	13.5	13.1	12.9	12.5	12.2
南斯拉夫	17.7	16.3		14.9	14.9	14.4	13.6	13.5	13.2	13.3	13.0
澳大利亚	15.3	15.7	14.9	14.9	15.4	14.8	15.1	14.7	14.5	14.1	13.9
新西兰	16.2	15.9		17.5	17.3		17.0	16.9	16.6	16.4	15.8

资料来源:世界银行《世界发展指标》1998 年。

3-5 人口死亡率

单位：‰

	1980年	1985年	1988年	1989年	1990年	1991年	1992年	1993年	1994年	1995年	1996年
世　界	**10.4**				**9.3**		**9.1**				**8.8**
中　国	6.3	6.6	6.6	6.5	6.7	6.7	6.6	6.6	6.5	6.6	6.6
孟加拉国	18.1				12.4		10.9				9.9
印　度	13.3				10.3		9.6				9.0
印度尼西亚	12.1				8.5		8.2				7.7
伊　朗	11.4				7.7		6.4				5.4
以色列	6.7	6.6	6.6	7.1	6.8	6.5	6.4	6.6	6.5	6.3	6.3
日　本	6.1	6.2	6.5	6.4	6.7	6.7	6.9	7.1	7.1	7.4	7.1
哈萨克斯坦	8.0	8.0	7.7	7.6	7.7	8.0	8.1	9.2	9.6	10.2	10.0
马来西亚	6.5				4.9	4.6	4.6	4.6	4.6	4.6	4.5
蒙　古	10.6				7.9		7.4				7.0
缅　甸	14.4				11.4		10.8				9.9
朝　鲜	5.7				6.1		6.5				8.6
韩　国	6.4				6.3		6.3				6.3
巴基斯坦	14.7				10.6		9.3				8.3
菲律宾	8.5				7.2		6.9				6.6
新加坡	5.2	4.9	4.9	4.9	4.8	4.7	4.7	4.6	4.7	4.8	5.1
斯里兰卡	6.2	6.2		6.2	6.1		5.8			5.1	5.5
泰　国	7.5				6.2		6.1				6.5
土耳其	9.7				7.4	6.8	6.8	6.7	6.6	6.6	6.5
越　南	8.4				7.3		7.1				6.6
埃　及	13.3				9.5		8.6				7.9
尼日利亚	17.7				14.6		14.2				12.7
南　非	11.6				9.2		8.8				7.7
加拿大	7.1	7.0	7.3	7.3	7.3	7.2	6.9	6.8	6.9	6.8	7.2
墨西哥	6.8				5.4		5.2				5.0
美　国	8.8	8.7	8.9	8.8	8.6	8.6	8.5	8.8	8.8	8.8	8.5
阿根廷	8.7				8.3		8.2	7.9		7.7	7.8
巴　西	8.5				7.7		7.6				7.3
委内瑞拉	5.7				4.9		4.6		4.5		4.5
白俄罗斯	9.9		10.1	10.1	10.7	11.2	11.3	12.4	12.6	13.0	13.0
保加利亚	11.1	11.4	12.0	11.9	12.4	12.7	12.6	12.9	13.2	13.6	14.0
捷克共和国	12.7		12.1	12.3	12.5	12.0	11.7	11.4	11.4	11.4	11.0
法　国	10.2	10.0	9.4	9.4	9.3	9.2	9.1	9.2	9.0	9.1	9.2
德　国	12.1	12.0	11.5	11.5	11.5	11.4	11.0	11.1	10.9	10.7	10.8
意大利	9.8	9.6	9.3	9.2	9.4	9.7	9.4	9.4	9.5	9.7	9.5
荷　兰	8.1	8.5	8.4	8.7	8.6	8.6	8.6	9.0	8.7	8.8	8.9
波　兰	9.8	10.3	9.8	10.1	10.2	10.6	10.3	10.2	10.0	10.0	10.0
罗马尼亚	10.4	10.9	11.0	10.7	10.7	10.9	11.6	11.6	11.7	12.0	12.6
俄罗斯	11.0	11.3	10.7	10.7	11.2	11.4	12.2	14.5	15.7	15.0	14.3
西班牙	7.7	8.0	8.2	8.4	8.5	8.6	8.5	8.7	8.6	8.8	8.6
乌克兰	11.4		11.6	11.6	12.1	12.9	13.4	14.2	14.7	15.4	15.2
英　国	11.7	11.8	11.3	11.5	11.1	11.2	11.0	11.3	10.7	11.0	11.0
南斯拉夫	9.1	9.6		9.5	9.3	9.6	10.1	10.3	10.0	10.2	10.5
澳大利亚	7.3	6.6	7.2	7.3	7.0	6.9	7.1	6.9	7.1	6.9	7.1
新西兰	8.5	8.4		8.2	8.3		8.4	7.8	7.7	7.8	8.1

资料来源：世界银行《世界发展指标》1998 年。

3-6 人口自然增长率

单位:‰

	1980年	1985年	1988年	1989年	1990年	1991年	1992年	1993年	1994年	1995年	1996年
世　界	**16.8**				**15.9**		**14.9**				**13.6**
中　国	11.9	14.4	15.8	15.1	14.4	13.0	11.6	11.5	11.2	10.5	10.4
孟加拉国	26.0				20.3		18.9				18.3
印　度	21.7				19.1		17.9				16.1
印度尼西亚	21.4				16.9		16.3				15.0
伊　朗	32.3				29.9		25.6				20.9
以色列	17.6	16.9	16.0	15.2	15.4	14.9	15.1	14.7	14.7	14.8	15.0
日　本	7.4	5.7	4.3	3.8	3.3	3.2	2.9	2.5	2.9	2.1	2.5
哈萨克斯坦	15.9	17.1	17.1	15.4	14.0	13.0	11.8	9.4	8.6	6.4	5.2
马来西亚	24.9				24.1	23.3	23.6	23.6	22.5	22.4	22.3
蒙　古	27.7				22.8		20.5				20.5
缅　甸	21.9				18.3		17.6				17.4
朝　鲜	16.7				15.6		15.2				13.0
韩　国	16.0				10.0		9.9				9.2
巴基斯坦	32.4				30.8		30.5				28.3
菲律宾	26.8				23.9		23.8				22.0
新加坡	11.9	11.7	14.9	12.6	13.6	12.6	12.3	12.4	11.7	10.9	10.9
斯里兰卡	22.2	18.1		15.1	15.1		15.1			13.6	13.2
泰　国	20.2				13.7		11.7				10.0
土耳其	21.8				17.4	17.5	17.0	16.6	16.2	15.8	15.5
越　南	27.7				21.5		20.8				18.8
埃　及	25.7				21.7		19.9				17.7
尼日利亚	32.1				29.2		29.1				28.3
南　非	24.6				22.7		22.4				18.9
加拿大	8.3	7.9	7.2	7.6	7.7	7.7	7.8	6.8	6.3	6.1	5.5
墨西哥	26.6				23.1		22.2				20.6
美　国	7.1	7.0	7.0	7.4	8.1	7.7	7.4	6.7	6.4	6.0	6.3
阿根廷	15.5				12.6		12.2	11.9		11.2	11.6
巴　西	22.1				16.4		14.6				13.6
委内瑞拉	27.0				22.7		22.5		21.1		20.0
白俄罗斯	6.4		6.0	4.9	3.2	1.7	1.1	−1.1	−1.9	−3.2	−3.7
保加利亚	3.4	1.9	1.1	0.7	−0.3	−1.6	−2.2	−2.9	−3.8	−5.0	−5.3
捷克共和国	2.7		0.7	0.1	0.2	0.6	0.1	0.4	−1.1	−2.1	−2.0
法　国	4.7	3.9	4.4	4.1	4.1	4.1	3.9	3.1	3.2	3.4	3.4
德　国	−1.1	−1.5	−0.1	−0.3	−0.1	−1.0	−0.9	−1.2	−1.4	−1.4	−1.5
意大利	1.5	0.5	0.6	0.5	0.6	0.2	0.3	0.0	−0.2	−0.5	−0.3
荷　兰	4.7	3.8	4.2	4.0	4.6	4.6	4.4	3.8	4.0	3.5	3.3
波　兰	9.6	7.9	5.7	4.9	4.3	3.8	3.1	2.8	2.6	1.3	1.2
罗马尼亚	7.5	4.9	5.5	5.3	2.9	1.0	−0.2	−0.6	−0.8	−1.6	−2.3
俄罗斯	4.9	5.3	5.3	3.9	2.2	0.7	−1.5	−5.2	−6.2	−5.7	−5.5
西班牙	7.5	3.7	2.5	2.0	1.8	1.6	1.7	1.2	0.8	0.3	0.4
乌克兰	3.3		2.8	1.7	0.6	−0.8	−2.0	−3.5	−4.7	−5.8	−6.1
英　国	1.7	1.5	2.5	2.1	2.8	2.5	2.5	1.8	2.2	1.5	1.3
南斯拉夫	8.6	6.7		5.4	5.6	4.8	3.5	3.2	3.2	3.1	2.5
澳大利亚	8.0	9.1	7.7	7.6	8.4	7.9	8.0	7.8	7.4	7.2	6.8
新西兰	7.7	7.5		9.3	9.1		8.6	9.1	8.9	8.6	7.8

资料来源:世界银行《世界发展指标》1998年。

3-7　总和生育率、产妇死亡率和避孕普及率

	总和生育率			产妇死亡率(每十万例成活分娩)	达到净再生产率为1的假定年份②	避孕普及率(%)
	1980年	1995年	2000年①	1989－1995		1989－1995年③
孟加拉国	6.1	3.5		887	2010	40
印　　度	5.0	3.2	3.2	437	2010	43
印度尼西亚	4.3	2.7		390	2005	55
伊　　朗					2025	
以 色 列	3.2	2.4	2.5		2000	
日　　本	1.8	1.5	1.5	6	2030	
哈萨克斯坦	2.9	2.3	2.3	53	2000	
马来西亚	4.2	3.4	3.0	34	2010	
蒙　　古	5.4	3.4	3.1		2025	
缅　　甸			3.6		2020	
韩　　国	2.6	1.8	1.8	30	2030	
巴基斯坦	7.0	5.2			2030	14
菲 律 宾	4.8	3.7	3.3	208	2020	40
新 加 坡	1.7	1.7	1.7		2030	
斯里兰卡	3.5	2.3	2.2	30	2000	
泰　　国	3.5	1.8	2.1		1995	
土 耳 其	4.3	2.7	2.8	183	2010	
埃　　及	5.1	3.4			2015	48
尼日利亚	6.9	5.5	5.7		2035	6
南　　非	4.9	3.9	3.6	404	2020	
加 拿 大	1.7	1.7	2.0		2030	
墨 西 哥	4.5	3.0	2.6		2010	
美　　国	1.8	2.1	2.1		1995	
阿 根 廷	3.3	2.7	2.5	140	2000	
巴　　西	3.9	2.4	2.5	200	2000	
委内瑞拉	4.1	3.1	2.8	200	2005	
白俄罗斯	2.0	1.4	1.6	25	2030	
保加利亚	2.1	1.2	1.5	20	2030	
捷克共和国	2.1	1.3	1.8	12	2030	69
法　　国	1.9	1.7	1.7		2030	
德　　国	1.6	1.2	1.3		2030	
意 大 利	1.6	1.2	1.3		2030	
荷　　兰	1.6	1.6	1.6		2030	
波　　兰	2.3	1.6	1.9	10	2030	
罗马尼亚	2.4	1.4	1.5	48	2030	57
俄 罗 斯	1.9	1.4	1.7	52	2030	
西 班 牙	2.2	1.2	1.2		2030	
乌 克 兰	2.0	1.5	1.6	33	2030	
英　　国	1.9	1.7	1.8		2030	
澳大利亚	1.9	1.9	1.9		2030	
新 西 兰	2.1	2.1	2.1		1995	

注:① 假定目前这些国家生育率转变趋势持续下去,到2000年时的水平。② 净再生产率为1表示生育率处于更替水平。在此水平,平均而言,女子生育得以在人口中替换她们自身那样一个数目的女儿。③ 包括其丈夫采取了避孕措施的妇女。

资料来源:世界银行《世界发展报告》1997年。

3-8 婴儿死亡率

单位:‰

	1980年	1985年	1988年	1989年	1990年	1991年	1992年	1993年	1994年	1995年	1996年
世　界	**80.0**				**61.2**		**59.5**				**54.5**
孟加拉国	131.6	117.2			95.1		85.1			78.8	76.7
印　度	116.4	100.8			83.4		75.0			67.7	65.3
印度尼西亚	90.0	75.2			63.0		57.0			51.0	49.0
伊　朗	91.6	66.6			53.6		50.0			39.2	35.6
以色列	15.1	11.9	10.1	10.1	9.9	9.2	9.4	7.8	7.5	6.8	6.3
日　本	7.5	5.5	4.8	4.6	4.6	4.4	4.5	4.3	4.2	4.2	4.2
哈萨克斯坦	32.7	30.1		25.9	26.4	27.4	26.1	28.4	27.4	27.3	24.8
马来西亚	30.4	21.4			14.6		13.0			11.8	11.4
蒙　古	82.0	72.0			62.6		59.0			54.8	53.4
缅　甸	109.2	104.2			95.2		90.0			82.8	80.4
朝　鲜	32.0	28.8			44.8		56.0			56.0	56.0
韩　国	25.8	17.6			12.2		11.0			9.8	9.4
巴基斯坦	124.0	110.4			98.6		95.0			90.0	88.3
菲律宾	52.2	47.4			43.8		43.0			38.8	37.4
新加坡	11.7	9.4	7.0	7.5	6.7	5.5	5.0	4.7	4.7	4.0	3.8
斯里兰卡	34.4	24.8	19.4		18.5		17.6			16.5	15.4
泰　国	48.8	41.0			37.8		37.0			34.8	34.1
土耳其	109.2	89.4			58.0	54.6	51.9	49.3	46.8	44.4	42.1
越　南	56.5	49.4			45.2		44.0			40.9	39.9
埃　及	119.6	92.2			69.4		63.0			55.6	53.1
尼日利亚	99.4	90.5			85.2		84.0			79.8	78.4
南　非	66.6	60.0			55.0		53.0			50.0	49.0
加拿大	10.4	7.9	7.2	7.1	6.8	6.4	6.1	6.3	6.2	6.3	6.2
墨西哥	51.0	42.8			37.6		36.0			32.6	31.5
美　国	12.6	10.5	10.1	9.9	9.4	8.9	8.6	8.3	8.0	7.5	7.4
阿根廷	34.8	29.0			25.2		24.0	22.9		22.2	22.1
巴　西	66.6	58.0			48.2		43.0		39.0	37.3	35.7
委内瑞拉	36.0	29.8			24.6		23.0		23.5	22.7	21.8
白俄罗斯	16.3	14.5		11.8	11.9	12.1	12.3	12.5	13.2	13.3	12.5
保加利亚	20.2	15.4	13.6	14.4	14.8	16.9	15.9	15.5	16.3	14.8	15.6
捷克共和国	16.4	13.1	11.0	10.0	10.8	10.4	9.9	8.5	7.9	7.7	6.0
法　国	10.0	8.3	7.8	7.5	7.3	7.3	6.8	6.4	5.8	4.9	4.9
德　国	12.4	9.1	7.6	7.5	7.0	6.9	6.2	5.8	5.6	5.3	5.4
意大利	14.6	10.5	9.3	8.7	8.2	8.1	7.9	7.3	6.7	6.3	6.0
荷　兰	8.6	8.0	6.8	6.8	7.1	6.5	6.3	5.6	5.4	5.5	5.1
波　兰	21.2	18.4	16.2	16.5	16.0	15.0	14.5	13.4	15.1	13.6	12.2
罗马尼亚	29.3	26.0	25.3	26.9	26.9	22.7	23.3	23.3	23.9	21.2	22.3
俄罗斯	22.1	20.7		17.8	17.4	17.8	18.0	19.9	18.7	18.1	17.0
西班牙	12.3	8.9	8.0	7.8	7.6	7.8	7.9	7.7	6.0	5.6	4.7
乌克兰	16.6	15.7		13.0	12.9	13.9	14.0	14.9	14.3	14.4	14.3
英　国	12.1	9.3	9.0	8.4	7.9	7.4	6.6	6.3	6.2	6.2	6.1
南斯拉夫	33.3	32.9		29.3	22.8	20.9	21.7	21.9	18.4	16.8	14.3
澳大利亚	10.7	9.9	9.2	7.7	8.0	7.1	7.0	6.1	5.9	5.7	5.9
新西兰	12.8	10.8	10.8	10.2	8.3	8.3	7.3	7.2		6.7	6.5

资料来源:世界银行《世界发展指标》1998年。

3－9 按死亡原因分类的死亡率

单位:1/100000

	年份	合计	恶性肿瘤		脑血管疾病	心脏病	高血压	肺炎	结核	肠道传染病①	未确诊	交通事故	自杀
			乳腺和宫颈①	其他									
以色列	1992	650.5		114.1	63.4	126.8	4.3	14.9	0.5	0.4	45.0	6.4	7.4
日本	1993	704.7	16.3	182.1	95.3	42.6	6.7	65.1	2.6	0.6	25.8	11.2	16.5
韩国	1993	492.9	7.5	102.8	78.8	13.1	25.7	4.5	9.5	0.8	42.9	29.4	9.4
菲律宾	1981	598.6	31.5		20.2	66.6	19.1	87.1	55.2	32.7	54.5	4.1	0.5
新加坡	1992	508.6	25.9	112.6	60.2	97.4	10.1	50.4	3.6	0.7	2.9	8.5	10.6
埃及	1987	950.4		20.1	18.9	24.3	16.4	53.3	2.6	82.1	196.3	6.6	
加拿大	1992	691.2	45.3	174.6	50.9	154.7	4.4	23.0	0.4	0.1	11.1	11.6	13.0
墨西哥	1992	457.3		41.0	23.9	37.5	8.0	20.6	5.8	15.4	9.3	15.5	2.5
美国	1991	858.7	47.0	184.7	56.8	194.4	13.2	30.4	0.7	0.2	9.6	16.9	12.2
阿根廷	1991	770.5	44.6	127.3	76.8	67.6	12.8	19.6	3.7	2.8	21.5	9.4	5.9
巴西	1989	572.5	17.3	49.4	54.4	48.1	10.8	22.5	3.8	12.8	105.2	20.2	3.2
委内瑞拉	1989	449.8		45.3	28.9	47.9	12.0	15.6	3.3	13.0	56.4	20.7	4.8
法国	1992	909.0		226.3	80.6	85.5	10.0	25.8	1.4	1.2	54.2	15.3	20.3
德国	1993	1105.2		237.4	130.3	230.7	17.4	20.7	1.0	0.5	26.0	11.1	15.6
意大利	1991	975.7	46.7	240.1	131.3	132.9	28.2	12.1	1.0	0.2	21.7	16.8	7.8
荷兰	1992	855.4	58.8	212.4	85.1	140.2	5.0	22.4	0.2	0.2	35.3	8.4	10.5
波兰	1993	1015.1		180.0	75.8	115.3	18.7	13.5	3.4	0.1	79.6	17.4	14.6
罗马尼亚	1993	1157.2	44.6	139.2	234.7	244.9	53.0	35.2	10.2	1.0	0.6	13.7	12.2
俄罗斯	1993	1433.7	39.6	201.8	269.9	379.4	10.3	16.8	12.6		55.0	25.3	37.8
西班牙	1991	865.3	36.9	186.2	112.9	94.6	8.2	16.7	2.0	0.4	18.2	19.8	7.5
英国	1992	1093.5	70.6	251.3	130.8	291.6	6.1	54.4	0.8	0.4	9.8	8.1	8.0
澳大利亚	1993	683.3	41.8	167.4	68.1	169.5	6.4	9.0	0.3	0.4	5.2	10.7	11.1
新西兰	1992	791.6	48.2	180.9	79.4	210.0	6.3	32.4	0.5	0.1	6.4	18.7	14.3

注:① 除菲律宾外,分母均为15岁及15岁以上女性人口数。

资料来源:《日本统计年鉴》1998年。

3-10 不同年龄平均预期寿命

	年份	代号	0岁		10岁		20岁		40岁		60岁		80岁	
		①	男性	女性	男性	女性	男性	女性	男性	女性	男性	女性	男性	女性
孟加拉国	1988	AL	56.91	55.97	58.73	57.26	49.53	48.30	31.58	31.44	15.50	15.76		
印度	1986-90	AL	57.70	58.10	56.70	58.50	47.50	49.70	29.80	32.30	14.70	16.10		
印度尼西亚	1990-95	AL	61.00	64.50										
伊朗	1990-95	AL	67.00	68.00										
以色列	1993	CL	75.33	79.10	66.20	69.88	56.43	60.00	37.33	40.42	19.62	21.98	7.37	8.05
日本	1995	CL	76.36	82.86	66.93	73.34	57.15	63.46	37.94	43.91	20.26	25.30	7.14	9.47
哈萨克斯坦	1990	CL	63.83	73.06	56.55	65.48	47.07	55.79	29.60	36.88	15.12	19.73	6.13	7.45
朝鲜	1990-95	AL	67.70	73.90										
韩国	1991	CL	67.66	75.67	58.80	66.80	49.21	57.06	30.94	37.93	15.48	20.12	5.19	6.70
马来西亚	1990-95	AL	68.70	73.00										
蒙古	1990-95	AL	62.30	65.00										
缅甸	1986	AL	57.89	63.14	54.96	59.70	45.54	50.27	28.37	32.49	14.10	16.98	4.98	6.61
巴基斯坦	1990-95	AL	60.60	62.60										
菲律宾	1991	AL	63.10	66.70	58.20	61.10	48.90	51.70	31.20	33.80	15.50	17.30	5.10	5.60
新加坡	1996	AL	74.40	78.90	64.90	69.30	55.10	59.40	35.90	39.90	18.40	21.60	6.70	7.60
斯里兰卡	1990-95	AL	69.70	74.20										
泰国	1990-95	AL	66.40	71.70										
土耳其	1990-95	AL	65.00	69.60										
越南	1990-95	AL	62.90	67.30										
埃及	1991	AL	62.86	66.39	57.90	61.69	48.49	52.17	30.16	33.43	14.85	16.48	6.09	6.03
尼日利亚	1990-95	AL	48.80	52.00										
南非	1990-95	AL	60.00	66.00										
加拿大	1992	CL	74.55	80.89	65.25	71.50	55.58	61.67	36.77	42.20	19.35	23.98	7.24	9.42
墨西哥	1990-95	AL	68.50	74.50										
美国	1994	CL	72.40	79.00	63.20	69.70	53.60	59.90	35.50	40.70	18.90	22.90	7.20	9.00
阿根廷	1990-92	CL	68.42	75.59	60.76	67.70	51.15	57.93	32.64	38.86	16.73	21.26	6.03	7.34
巴西	1996	AL	64.12	70.64	58.06	63.97	48.59	54.27	31.46	35.57	16.48	18.87	6.15	6.64
委内瑞拉	1990-95	AL	68.90	74.70										
白俄罗斯	1995	CL	62.87	74.27	54.19	65.39	44.62	55.61	27.50	36.53	14.29	19.46	5.48	6.69
保加利亚	1992-94	CL	67.32	74.88	58.99	66.33	49.36	56.56	31.03	37.32	15.85	19.48	5.30	5.99
捷克共和国	1995	CL	70.00	77.00										
法国	1993	CL	73.29	81.42	64.02	72.00	54.31	62.17	35.98	42.86	19.39	24.60	7.07	8.97
德国	1993-95	CL	72.99	79.49	63.60	70.02	53.87	60.16	35.02	40.70	18.08	22.49	6.38	7.92
意大利	1993	CL	74.06	80.53	64.84	71.22	55.14	61.35	36.37	41.87	18.88	23.34	6.72	8.19
荷兰	1994-95	CL	74.63	80.41	65.27	70.94	55.48	61.07	36.25	41.57	18.50	23.30	6.44	8.44
波兰	1993	AL	67.37	76.00	58.59	67.08	48.90	57.24	30.56	37.84	15.48	20.10	5.70	6.77
罗马尼亚	1993-95	CL	65.70	73.36	58.05	65.42	48.42	55.64	30.29	36.47	15.80	19.16	5.71	6.30
俄罗斯	1995	CL	58.27	71.70	49.97	63.25	40.64	53.60	24.85	35.00	13.13	18.62	5.47	6.46
西班牙	1990-91	CL	73.40	80.49	64.26	71.26	54.62	61.44	36.27	42.04	19.20	23.49	6.89	8.18
乌克兰	1993-94	CL	62.78	73.15	54.31	64.46	44.79	54.72	27.70	35.72	14.21	18.64	5.25	6.14
英国	1995	CL	74.06	79.32	64.71	69.87	54.95	60.00	35.89	40.49	18.31	22.31	6.56	8.48
南斯拉夫	1991-92	AL	68.56	78.43	60.49	66.16	50.86	56.33	32.46	36.98	16.41	19.20	5.86	6.30
澳大利亚	1994	CL	75.04	80.94	65.70	71.91	56.00	62.04	37.21	42.52	19.43	24.01	6.95	8.80
新西兰	1992-94	AL	73.44	79.11	64.23	69.82	54.66	60.05	36.11	40.69	18.71	22.74	6.82	8.75

注:① AL 指简易生命表,CL 指完全生命表。

资料来源:联合国《人口统计年鉴》1996年。

3－11　出生时的平均期望寿命

单位：岁

	1980年	1985年	1988年	1989年	1990年	1991年	1992年	1993年	1994年	1995年	1996年
世　界											
总　计	**62.70**	**61.74**			**65.52**		**65.90**			**66.43**	**66.71**
男	**60.81**	**59.94**			**63.56**		**63.91**			**64.41**	**64.69**
女	**64.70**	**63.51**			**67.64**		**68.06**			**68.62**	**68.90**
孟加拉国											
总　计	48.47	46.96			55.27		56.59			57.68	58.04
男	48.90	47.40			54.84		56.00			56.97	57.29
女	48.02	46.50			55.72		57.20			58.42	58.83
印　度											
总　计	54.39	51.66			59.82		61.14			62.33	62.73
男	54.68	52.00			59.48		60.60			61.68	62.04
女	54.08	51.30			60.18		61.70			63.02	63.46
印度尼西亚											
总　计	54.81	51.37			61.71		62.71			64.15	64.63
男	53.30	50.10			60.00		61.00			62.38	62.84
女	56.40	52.70			63.50		64.50			66.00	66.50
伊　朗											
总　计	60.13	58.00			66.59		67.49			69.26	69.84
男	58.92	57.95			66.20		67.00			68.68	69.24
女	61.40	58.05			67.00		68.00			69.86	70.48
以色列											
总　计	72.85	73.83			76.09		76.45			77.00	77.18
男	70.10	72.20			74.28		74.60			75.08	75.24
女	75.74	75.55			78.00		78.40			79.01	79.21
日　本											
总　计	76.01	77.74	78.38	78.77	78.84	79.04	79.08	79.30	79.70	79.54	79.76
男	73.32	74.78	75.56	75.91	75.92	76.11	76.09	76.25	76.57	76.38	76.66
女	78.83	80.84	81.35	81.77	81.90	82.11	82.22	82.51	82.98	82.85	83.03
哈萨克斯坦											
总　计	66.62	68.54	68.85	68.29	68.34	67.98	67.73	66.73	65.67	64.92	65.02
男	61.60	64.00	64.80	63.90	63.80	63.30	63.00	61.80	60.60	59.70	59.85
女	71.90	73.30	73.10	72.90	73.10	72.90	72.70	71.90	71.00	70.40	70.45
马来西亚											
总　计	66.87	62.63			70.51	70.85	71.25	71.34	71.64	71.74	71.89
男	65.00	60.85			68.40	68.70	69.10	69.10	69.30	69.40	69.65
女	68.84	64.50			72.73	73.10	73.50	73.70	74.10	74.20	74.25
蒙　古											
总　计	57.72	54.72			62.66		63.62			64.90	65.33
男	56.50	53.50			61.38		62.30			63.50	63.90
女	59.00	56.00			64.00		65.00			66.38	66.84
缅　甸											
总　计	52.10	50.06			56.61		57.60			59.11	59.61
男	50.54	48.55			55.00		56.00			57.50	58.00
女	53.74	51.65			58.29		59.29			60.80	61.30

续表 1　　　　单位:岁

	1980年	1985年	1988年	1989年	1990年	1991年	1992年	1993年	1994年	1995年	1996年
朝　鲜											
总　计	66.84	62.29			65.52		62.95			62.95	62.95
男	63.72	59.90			63.08		61.00			61.00	61.00
女	70.12	64.80			68.08		65.00			65.00	65.00
韩　国											
总　计	66.84	68.65			70.28		70.96			71.77	72.04
男	63.72	65.56			66.86		67.30			68.20	68.50
女	70.12	64.70			73.88		74.80			75.52	75.76
巴基斯坦											
总　计	55.12	52.05			60.58		61.58			63.01	63.49
男	54.60	51.85			59.60		60.60			61.98	62.44
女	55.66	52.25			61.60		62.60			64.10	64.60
菲律宾											
总　计	61.09	59.26			64.36		64.60			65.62	65.96
男	59.44	57.55			62.50		62.70			63.66	63.98
女	62.82	61.05			66.32		66.60			67.68	68.04
新加坡											
总　计	71.49	72.89			74.34		74.84		76.30	76.40	76.16
男	68.90	70.34			71.88		72.40		74.20	74.20	73.84
女	74.20	75.56			76.92		77.40		78.50	78.70	78.60
斯里兰卡											
总　计	68.20	67.10			71.42		71.90			72.62	72.86
男	66.20	65.90			69.22		69.70			70.42	70.66
女	70.30	68.35			73.72		74.20			74.92	75.16
泰　国											
总　计	63.45	66.47			68.38		68.98			69.04	69.06
男	61.28	63.98			65.74		66.30			66.50	66.57
女	65.72	69.08			71.16		71.80			71.70	71.66
土耳其											
总　计	61.42	58.15			66.05		67.24			68.32	68.68
男	59.20	56.35			63.88		65.00			65.90	66.20
女	63.76	60.05			68.32		69.60			70.86	71.28
越　南											
总　计	63.195	5.886			6.586		7.10			67.74	67.95
男	61.36	54.13			64.46		64.92			65.47	65.65
女	65.12	57.72			68.81		69.39			70.13	70.37
埃　及											
总　计	57.26	57.87			66.07		67.86			68.80	69.11
男	51.42	54.88			62.06		64.10			65.54	66.02
女	63.39	61.00			70.28		71.80			72.22	72.36
尼日利亚											
总　计	45.86	44.39			49.48		50.26			52.21	52.86
男	44.30	42.85			47.96		48.80			50.60	51.20
女	47.50	46.00			51.08		51.80			53.90	54.60
南　非											
总　计	57.13	55.19			61.93		62.93			64.31	64.77
男	54.20	52.75			59.00		60.00			61.38	61.84
女	60.20	57.75			65.00		66.00			67.38	67.84

续表 2　　单位:岁

	1980年	1985年	1988年	1989年	1990年	1991年	1992年	1993年	1994年	1995年	1996年
加拿大											
总计	74.72	76.32	76.72	76.92	77.22	77.64	77.82			78.47	78.69
男	71.22	73.00	73.40	73.60	74.00	74.55	74.80			75.51	75.74
女	78.40	79.80	80.20	80.40	80.60	80.89	81.00			81.58	81.78
墨西哥											
总计	66.76	64.22			70.40		70.78			71.50	71.74
男	63.52	61.91			67.40		67.80			68.52	68.76
女	70.16	66.65			73.54		73.90			74.62	74.86
美国											
总计	73.66	74.56	74.77	75.02	75.21	75.37	75.62	75.42	75.62	76.40	77.19
男	70.00	71.10	71.40	71.70	71.80	72.00	72.30	72.20	72.40	73.23	74.07
女	77.50	78.20	78.30	78.50	78.80	78.90	79.10	78.80	79.00	79.73	80.47
阿根廷											
总计	69.59	68.25			71.64		72.06			72.69	72.90
男	66.24	65.05			68.20		68.60			69.20	69.40
女	73.10	71.60			75.26		75.70			76.36	76.58
巴西											
总计	62.73	60.36			65.61		66.10			66.76	66.98
男	59.92	57.70			61.94		62.30			62.96	63.18
女	65.68	63.15			69.46		70.10			70.76	70.98
委内瑞拉											
总计	68.34	65.77			71.25		71.73			72.36	72.57
男	65.46	63.50			68.42		68.90			69.56	69.78
女	71.36	68.15			74.22		74.70			75.30	75.50
白俄罗斯											
总计	70.63	70.99	71.34	71.59	70.84	70.38	70.02	68.97	68.77	68.46	68.61
男	65.90	66.70	67.00	67.10	66.30	65.50	64.90	63.80	63.50	62.90	63.10
女	75.60	75.50	75.90	76.30	75.60	75.50	75.40	74.40	74.30	74.30	74.40
保加利亚											
总计	71.36	70.66		71.77	71.37	71.27	71.17	71.07	70.96	70.90	70.76
男	68.58	68.25		68.60	68.10	68.00	68.00	67.70	67.20	67.10	67.10
女	74.28	73.20		75.10	74.80	74.70	74.50	74.60	74.90	74.90	74.60
捷克共和国											
总计	70.26	71.01	71.61	71.66	71.67	71.86	72.21	72.73	72.95	73.37	73.52
男	66.80	67.50	68.10	68.10	67.54	68.20	68.50	69.28	69.53	70.00	70.15
女	73.90	74.70	75.30	75.40	76.01	75.70	76.10	76.35	76.55	76.90	77.05
法国											
总计	74.25	73.51		76.50	76.80	76.90	77.22	77.20	77.60	77.85	78.10
男	70.28	69.80		72.50	72.80	72.90	73.19	73.20	73.60	73.87	74.13
女	78.42	77.40		80.70	81.00	81.10	81.45	81.40	81.80	82.03	82.27
德国											
总计	72.63	72.40			75.14		75.32	75.62	75.96	76.22	76.49
男	69.36	69.39			71.94		72.10	72.40	72.77	73.08	73.39
女	76.05	75.55			78.50		78.70	79.00	79.30	79.52	79.74

续表3　　　　　　　　　　　　　　　　　　　　　　　　　　　　　　　　　单位：岁

	1980年	1985年	1988年	1989年	1990年	1991年	1992年	1993年	1994年	1995年	1996年
意大利											
总计	73.92	72.88	76.37	76.77	77.12		77.17			77.81	78.02
男	70.60	70.00	73.20	73.60	74.00		73.90			74.52	74.73
女	77.40	75.90	79.70	80.10	80.40		80.60			81.25	81.47
荷兰											
总计	75.72	75.03			76.87		77.33			77.43	77.48
男	72.40	72.30			73.80		74.27			74.60	74.65
女	79.20	77.90			80.10		80.55			80.40	80.45
波兰											
总计	70.84	69.62		71.04	70.89	70.59	71.09	71.60	71.70	71.89	72.06
男	66.82	66.30		66.80	66.50	66.10	66.70	67.40	67.50	67.60	67.75
女	75.06	73.10		75.50	75.50	75.30	75.70	76.00	76.10	76.40	76.59
罗马尼亚											
总计	69.09	69.71	69.39	69.53	69.74	69.78	69.78	69.56	69.51	69.46	69.10
男	66.53	66.78	66.51	66.56	66.59	66.56	66.56	66.10	65.90	65.70	65.30
女	71.78	72.78	72.41	72.65	73.05	73.17	73.17	73.20	73.30	73.40	73.10
俄罗斯											
总计	67.11	68.78	69.48	69.22	68.92	68.77	67.76	65.24	64.08	64.82	65.99
男	61.50	63.80	64.80	64.20	63.80	63.50	62.00	58.90	57.30	58.27	59.60
女	73.00	74.00	74.40	74.50	74.30	74.30	73.80	71.90	71.20	71.70	72.70
西班牙											
总计	75.53	75.93	76.67	76.67	76.71	76.71	76.83	76.86		77.10	77.18
男	72.60	73.30	73.40	73.30	73.30	73.30	73.30	73.40		73.20	73.20
女	78.60	78.70	80.10	80.20	80.30	80.30	80.54	80.50		81.20	81.35
乌克兰											
总计	69.19	70.05	70.50	70.54	70.14	68.88	68.88	67.88	67.87	67.12	67.50
男	64.60	65.90	66.40	66.10	65.60	64.00	64.00	63.00	62.80	61.80	62.30
女	74.00	74.40	74.80	75.20	74.90	74.00	74.00	73.00	73.20	72.70	72.95
英国											
总计	73.78	74.60	75.13		75.63	75.88	76.20	76.19	76.49	76.69	76.89
男	70.80	71.72	72.40		72.90	73.20	73.48	73.60	73.90	74.10	74.30
女	76.90	77.62	78.00		78.50	78.70	79.06	78.90	79.20	79.40	79.60
南斯拉夫											
总计	70.15	67.83		71.19	71.64	71.73	71.43	71.73	71.73	72.09	72.09
男	67.86	66.05		68.70	69.10	69.00	68.60	69.10	69.10	69.60	69.60
女	72.56	69.70		73.80	74.30	74.60	74.40	74.50	74.50	74.70	74.70
澳大利亚											
总计	74.44	73.52			77.00		77.58			78.18	78.23
男	71.10	70.40			74.02		74.70			75.40	75.45
女	77.94	76.80			80.12		80.60			81.10	81.15
新西兰											
总计	73.20	72.88			75.28		75.65			76.22	76.40
男	70.14	70.00			72.30		72.70			73.28	73.48
女	76.42	75.90			78.41		78.75			79.30	79.48

资料来源：世界银行《世界发展指标》1998年。

3－12 结婚率与离婚率

单位：‰

	结婚率					离婚率				
	1992年	1993年	1994年	1995年	1996年	1992年	1993年	1994年	1995年	1996年
伊　朗	7.4	7.9	7.6			0.59	0.50	0.55		
以色列	6.4	6.5		6.1	6.1	1.37	1.39			
日　本	6.1	6.4	6.3	6.3	6.3	1.44	1.51	1.56	1.59	1.64
哈萨克斯坦	8.7	8.7				2.96	2.69			
韩　国	9.4	8.6	8.2	7.1		1.17	1.25	1.30	1.19	
蒙　古					6.0					
菲律宾	6.9	7.1								
新加坡	9.2	8.8	8.4	8.4	7.9	1.26	1.33	1.22	1.38	1.46
斯里兰卡	9.2			9.4						
泰　国	8.4	8.4		7.9		0.82	0.81		0.90	
土耳其	7.5	7.7	7.6	7.5		0.46	0.47	0.46	0.47	
埃　及	8.3	8.5	9.2			1.41	1.37	1.55		
南　非	2.9	3.0	3.3	3.6		0.73	0.67	0.74	0.76	
加拿大	5.8	5.5	5.5	5.4		2.77	2.70	2.70	2.62	
墨西哥	7.5	7.2	7.2	7.3		0.58	0.36	0.35	0.41	
美　国	9.2	9.0	9.1	8.9		4.76	4.60	4.57	4.44	
阿根廷				4.6	4.2					
巴　西	5.0	4.9	5.0			0.58		0.62		
委内瑞拉	5.3	4.8	4.6	3.9	3.2	0.88	0.88	0.88	0.66	0.71
白俄罗斯	7.7	7.9	7.3	7.5	8.2	3.87	4.33	4.27	4.10	4.20
保加利亚	5.2	4.7	4.5	4.0		1.10	0.86	0.94		
捷克共和国	7.2	6.4	5.7	5.3	5.2	2.77	2.92	2.99	3.01	3.21
法　国	4.7	4.4	4.4	4.4	4.8	1.88	1.92		2.01	1.90
德　国	5.6	5.5	5.4	5.3	5.2	1.67	1.93	2.04	2.07	
意大利	5.5	5.3	5.0	4.9	4.7	0.46	0.42	0.48		
荷　兰	6.2	5.8	5.4	5.3	5.4	2.01	2.00	2.35	2.21	
波　兰	5.7	5.4	5.4	5.4	5.3	0.83	0.72	0.82	0.98	1.03
罗马尼亚	7.7	7.1	6.8	6.8		1.28	1.37	1.74	1.54	
俄罗斯	7.1	7.5	7.3	7.3		4.31	4.48	4.60	4.51	
西班牙	5.6	5.2	5.0	5.0	5.0	0.69	0.74	0.80	0.84	0.86
乌克兰		8.2	7.7	8.4	6.0		4.20	4.00	3.87	3.78
英　国	6.1	5.9	5.7	5.7			3.01	3.08	2.97	
南斯拉夫	6.1	5.9	5.7	5.7	5.4	0.68	0.70	0.67	0.73	
澳大利亚	6.6	6.4	6.2	6.1		2.61	2.74	2.70	2.75	
新西兰	6.4	6.4	6.3			2.65				

资料来源：联合国《人口统计年鉴》1996年。

3-13 城市人口占总人口比重

单位：%

	1980年	1985年	1988年	1989年	1990年	1991年	1992年	1993年	1994年	1995年	1996年
世 界	**39.4**	**41.0**	**42.4**	**42.8**	**43.0**	**43.3**	**43.7**	**44.2**	**44.7**	**45.1**	**45.5**
中 国	19.4	23.7	25.8	26.2	26.4	26.4	27.6	28.1	28.6	29.0	29.4
孟加拉国	11.3	13.4	14.8	15.2	15.7	16.2	16.7	17.3	17.8	18.3	18.9
印 度	23.1	24.3	25.0	25.3	25.5	25.8	26.0	26.3	26.5	26.8	27.1
印度尼西亚	22.2	26.1	28.8	29.7	30.6	31.6	32.5	33.5	34.4	35.4	36.4
伊 朗	49.6	53.4	55.1	55.7	56.3	56.8	57.4	57.9	58.5	59.0	59.5
以色列	88.6	89.8	90.1	90.2	90.3	90.4	90.5	90.5	90.6	90.7	90.8
日 本	76.2	76.7	77.1	77.3	77.4	77.5	77.7	77.8	78.0	78.1	78.3
哈萨克斯坦	54.0	55.8	56.9	57.2	57.6	58.0	58.4	58.8	59.2	59.6	60.0
马来西亚	42.0	45.9	48.2	48.9	49.7	50.5	51.3	52.0	52.8	53.6	54.3
蒙 古	52.1	55.0	56.8	57.4	58.0	58.6	59.1	59.7	60.2	60.8	61.3
缅 甸	24.0	24.0	24.4	24.5	24.6	24.8	25.1	25.3	25.6	25.8	26.2
朝 鲜	56.9	58.9	59.5	59.7	59.9	60.2	60.4	60.7	60.9	61.2	61.5
韩 国	56.9	64.9	70.2	72.0	73.8	75.3	76.8	78.3	79.8	81.3	82.3
巴基斯坦	28.1	29.8	31.1	31.5	31.9	32.4	32.9	33.3	33.8	34.3	34.8
菲律宾	37.5	43.0	46.5	47.6	48.8	49.8	50.9	51.9	53.0	54.0	54.9
新加坡	100.0	100.0	100.0	100.0	100.0	100.0	100.0	100.0	100.0	100.0	100.0
斯里兰卡	21.6	21.1	21.2	21.3	21.3	21.5	21.6	21.8	21.9	22.1	22.4
泰 国	17.0	17.9	18.4	18.5	18.7	19.0	19.2	19.5	19.7	20.0	20.3
土耳其	43.8	52.5	57.7	59.5	61.2	62.8	64.4	66.0	67.6	69.2	70.4
越 南	19.2	19.6	19.7	19.7	19.7	19.6	19.6	19.5	19.5	19.4	19.5
埃 及	43.8	43.9	43.9	43.9	43.9	44.0	44.2	44.3	44.5	44.6	44.9
尼日利亚	26.9	30.7	33.3	34.1	35.0	35.9	36.8	37.7	38.6	39.5	40.4
南 非	48.1	48.3	48.6	48.7	48.8	48.9	49.0	49.1	49.2	49.3	49.5
加拿大	75.7	76.4	76.5	76.6	76.6	76.6	76.6	76.7	76.7	76.7	76.8
墨西哥	66.3	69.6	71.3	71.9	72.5	72.7	72.9	73.0	73.2	73.4	73.6
美 国	73.7	74.5	74.9	75.1	75.2	75.4	75.6	75.7	75.9	76.1	76.3
阿根廷	82.9	84.8	85.8	86.2	86.5	86.8	87.1	87.5	87.8	88.1	88.4
巴 西	66.2	70.7	73.1	73.9	74.7	75.4	76.1	76.9	77.6	78.3	78.9
委内瑞拉	79.4	81.9	83.2	83.6	84.0	84.4	84.7	85.1	85.4	85.8	86.1
白俄罗斯	56.5	61.8	64.6	65.5	66.8	67.6	68.5	69.3	70.2	71.0	71.7
保加利亚	61.2	64.5	65.7	66.1	66.5	66.9	67.2	67.6	67.9	68.3	68.7
捷克共和国	63.6	64.5	64.7	64.8	64.9	65.0	65.1	65.2	65.3	65.4	65.6
法 国	73.3	73.7	73.9	73.9	74.0	74.1	74.3	74.4	74.6	74.7	74.9
德 国	82.6	84.0	84.8	85.0	85.3	85.5	85.8	86.0	86.3	86.5	86.7
意大利	66.6	66.8	66.7	66.7	66.7	66.7	66.7	66.6	66.6	66.6	66.7
荷 兰	88.4	88.5	88.6	88.7	88.7	88.8	88.8	88.9	88.9	89.0	89.1
波 兰	58.1	60.0	61.1	61.4	61.8	62.2	62.6	62.9	63.3	63.7	64.1
罗马尼亚	49.1	51.4	52.7	53.2	53.6	54.1	54.5	55.0	55.4	55.9	56.4
俄罗斯	69.8	71.9	73.2	73.6	74.0	74.4	74.8	75.1	75.5	75.9	76.3
西班牙	72.8	74.2	74.9	75.2	75.4	75.6	75.8	76.1	76.3	76.5	76.7
乌克兰	61.7	64.7	67.1	67.3	67.5	68.0	68.6	69.1	69.7	70.2	70.7
英 国	88.8	88.9	89.0	89.1	89.1	89.1	89.1	89.2	89.2	89.2	89.3
南斯拉夫	46.3	49.7	51.8	52.5	53.2	53.9	54.6	55.2	55.9	56.6	57.3
澳大利亚	85.8	85.5	85.3	85.2	85.1	85.0	84.9	84.9	84.8	84.7	84.7
新西兰	83.4	83.7	84.3	84.5	84.7	84.9	85.2	85.4	85.7	85.9	86.1

资料来源：世界银行《世界发展指标》1998年。

3－14 农业人口占总人口比重③

单位：万人，%

	1980年	1985年	1987年	1988年	1989年	1990年	1991年	1992年	1993年	1994年	1995年	1996年
世界总计												
总人口	**444433**	**484596**	**502628**	**511498**	**520516**	**528231**	**537024**	**545781**	**554421**	**562980**	**568711**	**576778**
农业人口	**219450**	**228751**	**232867**	**234797**	**236918**	**247209**	**249973**	**252250**	**254493**	**256754**	**257212**	**259241**
农业人口比重	**49.38**	**47.20**	**46.33**	**45.90**	**45.52**	**46.80**	**46.55**	**46.22**	**45.90**	**45.61**	**45.23**	**44.95**
亚　洲①												
总人口	**258653**	**284258**	**293989**	**299399**	**305501**	**311756**	**317303**	**322721**	**328009**	**333324**	**343779**	**348803**
农业人口	**164050**	**171784**	**174068**	**175511**	**177437**	**186268**	**188339**	**190156**	**191923**	**193697**	**196394**	**197956**
农业人口比重	**63.42**	**60.43**	**59.21**	**58.62**	**58.08**	**59.80**	**59.36**	**58.92**	**58.51**	**58.11**	**57.13**	**56.75**
中　国②												
总人口	98705	105851	109300	111026	112704	114333	115823	117171	118517	119850	121121	122389
农业人口	79565	80757	81626	82365	83164	84121	85280	84799	85166	85549	85947	86349
农业人口比重	80.61	76.29	74.68	74.19	73.79	73.58	73.63	72.37	71.86	71.38	70.96	70.55
孟加拉国												
总人口	8822	9856	10674	10963	11256	10977	11034	11271	11520	11779	11823	12007
农业人口	6600	7074	7526	7659	7789	7161	7117	7183	7255	7331	7277	7310
农业人口比重	74.81	71.77	70.51	69.86	69.20	65.24	64.50	63.73	62.98	62.24	61.55	60.88
印　度												
总人口	68886	76819	80270	81948	83572	85079	86748	88443	90146	91857	92901	94458
农业人口	45601	49553	51221	52011	52761	51214	51768	52331	52894	53455	53626	54085
农业人口比重	66.20	64.51	63.81	63.47	63.13	60.20	59.68	59.17	58.68	58.19	57.72	57.26
印度尼西亚												
总人口	15096	16733	17231	17511	18084	18281	18580	18874	19167	19462	19746	20045
农业人口	8029	8164	8105	8083	8189	9348	9432	9503	9568	9633	9700	9772
农业人口比重	53.19	48.79	47.04	46.16	45.28	51.14	50.76	50.35	49.92	49.50	49.12	48.75
伊　朗												
总人口	3925	4892	5133	5312	5331	5922	6077	6251	6417	6576	6837	6998
农业人口	1391	1498	1488	1501	1468	2238	2262	2294	2323	2352	2419	2448
农业人口比重	35.42	30.62	28.99	28.26	27.54	37.79	37.22	36.70	36.20	35.77	35.38	34.98
以色列												
总人口	388	423	437	444	451	466	498	514	527	540	553	566
农业人口	24	22	21	20	20	19	20	20	19	19	19	18
农业人口比重	6.21	5.20	4.81	4.50	4.43	4.08	4.02	3.89	3.61	3.52	3.44	3.18
日　本												
总人口	11681	12084	12209	12261	12312	12354	12392	12432	12467	12496	12507	12535
农业人口	1245	980	887	842	797	858	819	778	736	696	660	627
农业人口比重	10.66	8.11	7.27	6.87	6.47	6.95	6.61	6.26	5.90	5.57	5.28	5.00
马来西亚												
总人口	1376	1568	1618	1656	1744	1789	1834	1880	1925	1970	2014	2058
农业人口	545	546	534	531	543	460	453	447	442	438	433	427
农业人口比重	39.58	34.82	33.00	32.07	31.14	25.71	24.70	23.78	22.96	22.23	21.50	20.75
蒙　古												
总人口	166	191	202	209	213	222	223	227	232	236	246	252
农业人口	66	67	67	67	67	71	70	70	69	69	70	70
农业人口比重	39.81	35.08	33.17	32.06	31.46	31.98	31.39	30.84	29.74	29.24	28.46	27.78
缅　甸												
总人口	3382	3754	3907	3984	4060	4135	4210	4283	4357	4432	4511	4592
农业人口	2564	2799	2893	2939	2985	3030	3072	3113	3153	3195	3237	3282
农业人口比重	75.81	74.56	74.05	73.77	73.52	73.28	72.97	72.68	72.37	72.09	71.76	71.47
朝　鲜												
总人口	1826	1989	2138	2190	2137	2036	2219	2262	2305	2348	2210	2247
农业人口	782	757	775	774	736	776	828	826	823	820	755	750
农业人口比重	42.80	38.06	36.25	35.34	34.44	38.11	37.31	36.52	35.70	34.92	34.16	33.38

续表1

单位：万人，%

	1980年	1985年	1987年	1988年	1989年	1990年	1991年	1992年	1993年	1994年	1995年	1996年
韩　国												
总人口	3812	4081	4213	4263	4243	4287	4328	4370	4413	4456	4491	4531
农业人口	1277	1124	1069	1038	990	698	655	621	595	570	544	520
农业人口比重	33.48	27.54	25.37	24.35	23.33	16.28	15.13	14.21	13.48	12.79	12.11	11.48
巴基斯坦												
总人口	8530	10249	11116	11504	11868	11914	12567	12931	13294	13665	13626	13997
农业人口	4935	5681	6052	6207	6344	6560	6814	6908	6998	7089	6964	7048
农业人口比重	57.85	55.43	54.44	53.96	53.45	55.06	54.22	53.42	52.64	51.88	51.11	50.35
菲律宾												
总人口	4832	5467	5804	5951	6092	6078	6208	6343	6480	6619	6784	6928
农业人口	2489	2677	2784	2825	2863	2766	2784	2799	2811	2822	2845	2857
农业人口比重	51.51	48.97	47.97	47.47	47.00	45.51	44.85	44.13	43.38	42.63	41.94	41.24
新加坡												
总人口	242	256	261	265	269	302	274	276	279	282	333	338
农业人口	4	3	3	3	3	1	1	1	1	1	1	1
农业人口比重	1.57	1.17	1.15	1.13	1.12	0.33	0.36	0.36	0.36	0.35	0.30	0.30
斯里兰卡												
总人口	1482	1611	1660	1683	1700	1706	1745	1767	1790	1813	1793	1810
农业人口	791	847	866	875	882	827	839	843	848	852	836	837
农业人口比重	53.36	52.58	52.17	51.99	51.88	48.48	48.08	47.71	47.37	46.99	46.63	46.24
泰　国												
总人口	4672	5113	5334	5416	5492	5558	5631	5697	5756	5818	5824	5870
农业人口	3150	3273	3341	3353	3360	3348	3341	3328	3310	3290	3240	3212
农业人口比重	67.43	64.01	62.64	61.91	61.18	60.24	59.33	58.42	57.51	56.55	55.63	54.72
土耳其												
总人口	4444	5035	5262	5367	5476	5610	5726	5843	5960	6077	6084	6180
农业人口	2440	2476	2478	2473	2470	2450	2774	2800	2828	2857	2835	2854
农业人口比重	54.90	49.18	47.09	46.08	45.11	43.67	48.45	47.92	47.45	47.01	46.60	46.18
越　南												
总人口	5371	5990	6279	6421	6527	6669	6819	6974	7132	7293	7379	7518
农业人口	3624	3639	3938	3980	3999	4755	4838	4920	5002	5083	5113	5178
农业人口比重	67.48	60.75	62.72	61.98	61.27	71.30	70.95	70.55	70.13	69.70	69.29	68.87
非　洲												
总人口	**47566**	**54880**	**59185**	**60992**	**62311**	**62939**	**65090**	**66963**	**68878**	**70829**	**71950**	**73873**
农业人口	**31046**	**34460**	**36718**	**37526**	**38071**	**37868**	**38849**	**39613**	**40390**	**41180**	**41356**	**42112**
农业人口比重	**65.27**	**62.79**	**62.04**	**61.53**	**61.10**	**60.17**	**59.69**	**59.16**	**58.64**	**58.14**	**57.48**	**57.01**
埃　及												
总人口	4375	4975	5022	5155	5123	5631	5765	5899	6032	6164	6210	6327
农业人口	1997	2142	2111	2140	2101	2269	2231	2195	2159	2121	2056	2016
农业人口比重	45.66	43.06	42.04	41.51	41.01	40.29	38.70	37.21	35.79	34.41	33.11	31.86
尼日利亚												
总人口	7202	8307	10188	10544	10502	9615	9909	10213	10526	10847	11172	11502
农业人口	4908	5524	6705	6904	6841	4136	4156	4173	4187	4199	4210	4218
农业人口比重	68.15	66.50	65.81	65.48	65.14	43.02	41.94	40.86	39.78	38.71	37.68	36.67
南　非												
总人口	2917	3304	3301	3374	3451	3707	3791	3879	3966	4056	4147	4239
农业人口	536	579	555	549	541	561	557	552	545	538	532	526
农业人口比重	18.39	17.52	16.81	16.27	15.68	15.13	14.69	14.23	13.74	13.26	12.83	12.41

续表2 单位：万人，%

	1980年	1985年	1987年	1988年	1989年	1990年	1991年	1992年	1993年	1994年	1995年	1996年
北 美 洲												
总人口	**37087**	**39640**	**41177**	**42708**	**42333**	**42708**	**43057**	**43687**	**44313**	**44912**	**45581**	**46125**
农业人口	**5522**	**5496**	**5633**	**5259**	**5625**	**5259**	**5274**	**5255**	**5234**	**5211**	**5125**	**5096**
农业人口比重	**14.89**	**13.86**	**13.68**	**12.31**	**13.29**	**12.31**	**12.25**	**12.03**	**11.81**	**11.60**	**11.24**	**11.05**
加 拿 大												
总人口	2459	2594	2564	2594	2627	2779	2812	2854	2895	2925	2940	2968
农业人口	130	109	98	94	91	94	88	84	80	76	73	69
农业人口比重	5.28	4.20	3.82	3.62	3.46	3.38	3.13	2.94	2.76	2.60	2.48	2.32
墨 西 哥												
总人口	6706	7553	8304	8488	8674	8323	8635	8819	9003	9186	9115	9272
农业人口	2450	2505	2647	2651	2653	2323	2345	2328	2310	2291	2210	2186
农业人口比重	36.53	33.17	31.88	31.23	30.59	27.91	27.16	26.40	25.66	24.94	24.25	23.58
美 国												
总人口	22776	23847	24392	24611	24878	25411	25267	25542	25813	26067	26712	26944
农业人口	886	764	721	700	682	806	791	790	789	787	797	795
农业人口比重	3.89	3.20	2.96	2.84	2.74	3.17	3.13	3.09	3.06	3.02	2.98	2.95
南 美 洲												
总人口	**24003**	**26654**	**27917**	**28502**	**29099**	**29276**	**29846**	**30380**	**30913**	**31447**	**31748**	**32231**
农业人口	**6994**	**6981**	**7015**	**7005**	**6983**	**6901**	**6803**	**6708**	**6623**	**6546**	**6425**	**6344**
农业人口比重	**29.14**	**26.19**	**25.13**	**24.58**	**24.00**	**23.57**	**22.79**	**22.08**	**21.42**	**20.82**	**20.24**	**19.68**
阿 根 廷												
总人口	2811	3033	3114	3154	3193	3253	3297	3338	3378	3418	3477	3522
农业人口	367	353	346	342	339	395	395	392	388	385	384	381
农业人口比重	13.04	11.64	11.11	10.84	10.62	12.14	11.98	11.74	11.49	11.26	11.04	10.82
巴 西												
总人口	12129	13504	14145	14443	14740	14800	15115	15382	15649	15914	15902	16109
农业人口	3779	3727	3719	3699	3673	3454	3359	3263	3177	3098	2970	2887
农业人口比重	31.16	27.60	26.29	25.61	24.92	23.34	22.22	21.21	20.30	19.47	18.68	17.92
委内瑞拉												
总人口	1509	1714	1827	1876	1925	1950	1998	2045	2091	2138	2184	2231
农业人口	232	218	216	213	209	224	225	227	228	229	230	231
农业人口比重	15.36	12.72	11.82	11.35	10.86	11.49	11.26	11.10	10.90	10.71	10.53	10.35
欧 洲①		**5.83**										
总人口	**48347**	**49052**	**49520**	**49701**	**49884**	**49952**	**50055**	**50183**	**50349**	**50472**	**72824**	**72878**
农业人口	**6098**	**5109**	**4784**	**4613**	**4442**	**4815**	**4665**	**4516**	**4379**	**4246**	**7349**	**7164**
农业人口比重	**12.61**	**10.42**	**9.66**	**9.28**	**8.90**	**9.64**	**9.32**	**9.00**	**8.70**	**8.41**	**10.09**	**9.83**
保加利亚												
总人口	886	896	897	898	899	872	863	854	847	844	851	847
农业人口	156	130	121	116	111	114	109	103	98	94	91	87
农业人口比重	17.64	14.51	13.49	12.92	12.35	13.07	12.63	12.06	11.57	11.14	10.69	10.27
捷克共和国												
总人口	1526	1545	1557	1561	1564	1556	1559	1559	1030	1030	1026	1025
农业人口	203	172	162	156	151	179	140	135	113	112	111	110
农业人口比重	13.28	11.13	10.40	9.99	9.65	11.50	8.98	8.66	10.97	10.87	10.82	10.73
法 国												
总人口	5388	5517	5563	5588	5616	5672	5700	5726	5726	5774	5810	5833
农业人口	432	346	316	302	289	291	278	264	251	238	226	215
农业人口比重	8.02	6.27	5.68	5.40	5.15	5.13	4.88	4.61	4.38	4.12	3.89	3.69
德 国④												
总人口	6157	6102	6108	6142	6206	7937	7998	8059	8118	8141	8159	8192
农业人口	305	238	216	207	199	270	260	247	233	220	206	194
农业人口比重	4.95	3.90	3.54	3.37	3.21	3.40	3.25	3.06	2.87	2.70	2.52	2.37

续表3 单位：万人，%

	1980年	1985年	1987年	1988年	1989年	1990年	1991年	1992年	1993年	1994年	1995年	1996年
意大利												
总人口	5643	5677	5735	5745	5754	5702	5675	5686	5705	5717	5720	5723
农业人口	587	453	410	389	369	422	404	387	371	357	341	327
农业人口比重	10.41	7.98	7.15	6.77	6.41	7.40	7.12	6.81	6.50	6.24	5.96	5.71
荷兰												
总人口	1414	1449	1466	1476	1484	1495	1507	1519	1530	1539	1548	1558
农业人口	78	65	61	59	57	68	68	67	67	66	66	65
农业人口比重	5.52	4.49	4.16	4.00	3.84	4.55	4.51	4.41	4.38	4.29	4.26	4.17
波兰												
总人口	3557	3720	3766	3786	3796	3812	3825	3837	3846	3854	3856	3860
农业人口	901	802	760	739	716	928	921	913	904	894	884	875
农业人口比重	25.33	21.56	20.18	19.52	18.86	24.34	24.08	23.79	23.50	23.20	22.93	22.67
罗马尼亚												
总人口	2220	2273	2294	2302	2315	2321	2319	2279	2276	2273	2273	2266
农业人口	604	502	466	447	429	490	469	441	421	403	385	367
农业人口比重	27.21	22.09	20.31	19.42	18.53	21.11	20.22	19.35	18.50	17.73	16.94	16.20
俄罗斯												
总人口	26548	27733	28310	28600	28763	28935	29090	14831	14814	14793	14846	14813
农业人口	6063	5902	5840	5806	5764	5712	5602	1959	1912	1867	1837	1797
农业人口比重	22.84	21.28	20.63	20.30	20.04	19.74	19.26	13.21	12.91	12.62	12.37	12.13
西班牙												
总人口	3754	3847	3891	3905	3909	3927	3892	3901	3908	3914	3963	3967
农业人口	622	506	465	445	425	449	419	395	371	346	331	310
农业人口比重	16.56	13.15	11.95	11.40	10.87	11.43	10.77	10.13	9.49	8.84	8.35	7.81
英国												
总人口	5652	5682	5713	5726	5744	5777	5802	5822	5841	5862	5830	5837
农业人口	148	129	123	120	118	126	125	124	123	123	121	120
农业人口比重	2.61	2.27	2.15	2.10	2.05	2.18	2.15	2.13	2.11	2.10	2.08	2.06
南斯拉夫												
总人口	2144	2225	2342	2357	2370	2295	2295	1045	1062	1076	1025	1029
农业人口	633	539	523	504	484	433	421	269	267	264	247	242
农业人口比重	29.53	24.22	22.33	21.38	20.42	18.87	18.34	25.74	25.14	24.54	24.10	23.52
大洋洲												
总人口	**2269**	**2446**	**2535**	**2571**	**2625**	**2643**	**2682**	**2720**	**2755**	**2793**	**2831**	**2869**
农业人口	**441**	**443**	**451**	**452**	**447**	**540**	**545**	**550**	**554**	**559**	**564**	**570**
农业人口比重	**19.44**	**18.11**	**17.79**	**17.58**	**17.03**	**20.43**	**20.32**	**20.22**	**20.11**	**20.01**	**19.92**	**19.87**
澳大利亚												
总人口	1456	1564	1616	1635	1683	1688	1710	1730	1747	1765	1786	1805
农业人口	100	91	89	87	87	93	92	89	86	83	81	79
农业人口比重	6.89	5.82	5.51	5.32	5.17	5.51	5.38	5.14	4.92	4.70	4.54	4.38
新西兰												
总人口	311	325	328	329	334	336	340	344	349	353	356	360
农业人口	35	33	32	31	32	35	35	35	35	36	36	36
农业人口比重	11.25	10.15	9.76	9.42	9.58	10.42	10.29	10.17	10.03	10.20	10.11	10.00

注：①1995年及以后，前苏联各共和国分别计入亚洲和欧洲，欧洲还包括摩尔多瓦共和国，而此前亚洲和欧洲均不包括前苏联各共和国。② 中国农业人口为乡村人口，即县（不包括镇）人口，包括脱离农业但仍在农村居住的人口，同国外人口计算口径不一致。③ 联合国粮农组织对1990年至1995年部分国家数据做了修订，导致这些数据与1990年以前数据产生较大差异。④1990年为原联邦德国与民主德国之和。

资料来源：联合国粮农组织《生产年鉴》1987年、1989年、1991年、1993年、1995年和1996年。

3－15 负担系数、人口老龄化及人口惯性

	负担系数(%)①		60岁以上人口比重(%)		60岁以上人口性别比②		预计到2000年增加人口(百万人)	人口惯性③
	1980年	1996年	1996年	2010年	1996年	2010年		1996年
世　界	**71.1**	**61.7**	**9.6**	**10.8**	**121**	**117**	**4199**	**1.4**
孟加拉国	97.9	83.5	5.0	6.0	82	95	127	1.5
印　度	74.2	64.5	7.3	8.6	106	106	724	1.4
印度尼西亚	79.7	58.9	6.7	8.4	114	117	144	1.4
伊　朗	93.2	80.5	6.4	6.5	79	84	66	1.6
以色列	71.8	58.8	10.9	11.7	122	116	4	1.4
日　本	48.4	44.4	21.0	29.8	131	123	－30	0.8
哈萨克斯坦	62.6	56.9	10.2	11.8	174	159	6	1.2
朝　鲜	75.4	70.6	7.4	9.6	168	119	10	1.2
韩　国	85.5	73.2	9.2	13.6	146	130	6	1.2
马来西亚	77.3	65.3	6.0	7.9	117	114	20	1.5
蒙　古	75.4	46.0	5.8	5.9	123	111	3	1.6
缅　甸	60.8	40.4	6.8	7.2	116	118	39	1.4
巴基斯坦	89.6	85.8	4.9	5.5	96	97	260	1.7
菲律宾	80.7	71.1	5.4	6.8	115	116	80	1.5
新加坡	46.7	40.4	9.5	14.5	117	113	0	1.1
斯里兰卡	65.6	54.0	8.9	11.8	106	120	10	1.4
泰　国	77.1	47.9	7.8	9.8	123	121	17	1.3
土耳其	78.4	56.0	8.2	9.7	113	119	43	1.4
越　南	89.9	70.9	7.2	6.8	136	142	70	1.5
埃　及	96.6	70.9	6.6	7.7	116	114	58	1.5
尼日利亚	88.3	90.3	4.1	4.3	130	127	280	1.5
南　非	79.0	62.8	6.5	7.3	142	140	32	1.5
加拿大	47.3	47.4	16.2	20.4	127	118	1	1.1
墨西哥	95.8	64.5	6.2	8.1	120	125	82	1.6
美　国	50.9	52.8	16.4	18.8	134	126	70	1.2
阿根廷	63.0	61.6	13.2	14.1	134	134	20	1.4
巴　西	73.1	55.9	7.2	9.0	122	131	107	1.4
委内瑞拉	78.3	66.3	6.2	8.4	116	116	20	1.5
白俄罗斯	50.7	51.0	18.1	19.0	180	172	－2	1.0
保加利亚	51.5	48.8	20.7	24.4	127	138	－3	0.9
捷克共和国	58.3	45.5	17.4	22.6	145	133	－2	1.0
法　国	56.9	52.8	20.2	22.5	139	133	－1	1.1
德　国	51.7	45.6	21.0	25.1	152	128	－23	0.9
意大利	54.9	45.4	22.1	26.1	136	132	－18	0.9
荷　兰	51.1	46.4	17.9	22.3	135	119	－2	1.0
波　兰	52.4	50.0	15.8	18.2	151	149	1	1.1
罗马尼亚	58.6	47.2	17.4	19.2	130	138	－4	1.0
俄罗斯	46.8	48.8	17.1	18.3	198	181	－20	1.0
西班牙	59.4	46.1	20.6	22.8	134	141	－10	1.0
乌克兰	50.0	50.6	19.4	20.9	184	170	－10	0.9
英　国	56.2	53.9	20.7	23.3	131	121	－3	1.1
南斯拉夫	51.2	50.8	18.0	19.1	122	123	1	1.0
澳大利亚	53.6	49.6	15.6	19.3	122	115	2	1.2
新西兰	57.9	52.8	15.4	17.9	123	120	1	1.2

注：①负担系数指0－15岁及65岁以上人口与15－64岁人口之比，用百分数表示。②男性为100。③假定从2000年开始，生育率保持在更替水平，到静止水平时的人口规模与2000年人口之比。

资料来源：联合国《世界发展指标》1998年。

3－16 人均主要经济指标(1996年)

	人均国民生产总值(美元)	主要农产品产量(公斤)						
		谷物	棉花	肉类	牛奶	油菜籽	原糖产量	水产品①
世界总计	**5130**	**360.3**	**3.42**	**36.1**	**93.8**	**5.31**	**22.05**	**19.9**
中国		370.7	3.45	39.2 ②	5.1	7.52	5.23	20.8
孟加拉国	260	246.7	0.17	3.5	17.4	2.05	1.67	9.8
印度	380	230.8	3.20	4.7	73.6	6.43	19.29	5.3
印度尼西亚	1080	301.4	0.04	10.2	3.6		10.78	21.2
伊朗		233.5	2.23	19.4	68.9		9.95	6.0
以色列	15870	33.7	9.00	56.2	203.9			3.8
日本	40940	109.0		24.6	69.1	0.01	6.10	53.9
哈萨克斯坦	1350		4.73	55.3	214.3		3.09	3.0
马来西亚	4370	99.5		46.1	2.1		5.49	61.7
蒙古	360	87.1		93.4	145.4			0.0
缅甸		400.5	1.40	7.9	12.4		1.31	18.4
朝鲜		200.8	0.49					83.7
韩国	10610	168.1		33.6	45.0	0.04		59.7
巴基斯坦	480	179.8	11.39	14.3	142.3	1.82	18.88	4.2
菲律宾	1160	226.8	0.01	25.4	0.5		25.62	32.3
新加坡	30550			43.0				4.7
斯里兰卡	740	116.0		5.0	15.8		1.33	13.0
泰国	2960	462.1	0.40	26.4	4.9		107.71	58.9
土耳其	2830	474.9	12.69	19.8	174.1	0.01	33.57	10.6
越南	290	371.6	0.05	19.1	1.0		8.46	16.2
埃及	1700	261.5	5.46	17.4	47.8		19.31	5.3
尼日利亚	240	188.3	1.01	9.1	3.3		0.30	3.3
南非	3520	322.0	0.94	28.8	61.1		53.50	15.6
加拿大	19020	1969.9		107.0	265.8	170.55	4.85	30.4
墨西哥	3670	316.2	2.89	39.7	85.7	0.14	47.20	14.8
美国	28020	1253.5	15.31	127.3	259.8	0.81	24.26	21.4
阿根廷	8380	866.0	12.27	92.7	254.0	0.26	36.91	33.0
巴西	4400	287.9	2.23	66.9	114.5	0.12	91.72	5.0
委内瑞拉	3020	99.7	0.67	41.7	64.9		26.61	23.1
白俄罗斯	2070	513.9		60.1	474.3	1.82	13.82	1.5
保加利亚	1190	399.5	0.43	59.2	168.9		0.71	2.7
捷克共和国	4740	648.8		82.5	298.4	50.78	58.60	2.2
法国	26270	1073.1		110.5	441.8	49.75	84.50	13.6
德国	28870	514.3		71.7	351.6	24.04	51.05	3.7
意大利	19880	365.4		71.6	205.8	1.58	27.28	10.7
荷兰	25940	106.5		185.3	707.1	0.19	68.40	33.7
波兰	3230	655.4		75.0	303.0	11.64	64.54	11.7
罗马尼亚	1600	626.7		55.9	223.0	0.08	17.49	3.0
俄罗斯	2410	456.3		36.0	242.1	0.91	15.05	29.5
西班牙	14350	563.6	2.24	104.1	171.7	2.79	30.96	33.7
乌克兰	1200	455.1		40.7	306.6	0.45	63.79	8.2
英国	19600	421.0		61.1	253.7	24.16	27.50	17.1
南斯拉夫								0.7
澳大利亚	20090	1985.8	21.12	176.6	497.8	35.51	303.44	12.1
新西兰	15720	250.3		361.5	2776.0	1.33		170.4

续表1

	主要工业产品产量(公斤)						出口额	包括黄金的国际储备
	煤	原油	电(千瓦小时)	水泥	化肥③	钢	(美元)	(美元)
世界总计	**831.3 ①**	**540.2 ①**	**2308.2 ①**	**242.3 ①**	**24.9**	**131.0 ①**	**938.2**	
中国	1141.4	129.2	888.1	403.4	23.0	83.2	124.1	86.3④
孟加拉国		0.1 ①	97.6 ①	3.5	9.1	0.3 ①	27.1	15.4
印度	325.7	34.1	416.6	77.8	12.0	14.2	34.2	26.3
印度尼西亚	240.2	379.0	354.7 ①	125.1	16.3		252.4	98.4
伊朗	16.3 ①	2932.2 ①	1329.4 ①	261.5 ①	9.3		353.6	
以色列		0.9 ①	5248.0 ①	1118.8 ①	273.5	18.0 ①	3602.3	2005.9
日本	51.5	5.7	7892.0	750.8	9.4	786.8	3264.0	1793.8
哈萨克斯坦	5237.8 ①	1079.5 ①	4012.7 ①	106.7 ①	12.3	182.2 ①	378.3	119.0
马来西亚	5.6 ①	1658.3 ①	1150.8	600.4	14.7		3800.2	1356.3
蒙古	1976.9 ①		1067.0 ①				168.6	64.0
缅甸	1.8 ①	10.5 ①	92.2	11.0	1.4		25.9	6.9
朝鲜	4389.7 ①		1629.2 ①	769.3 ①	33.9	366.6 ①	44.8	
韩国	109.3		4512.0	1283.1	23.3	854.1	2731.4	750.0
巴基斯坦	25.2	20.5 ①	460.6	71.6	12.7		69.4	9.8
菲律宾	15.3	2.0 ①	464.5	150.5 ①	5.7	7.1 ①	282.7	163.4
新加坡			7720.1	636.2 ①			40996.7	25245.3
斯里兰卡			265.0 ①	53.0 ①	0.5		223.9	108.5
泰国	310.1 ①	20.0 ①	1334.9	645.6		35.9 ①	929.8	644.0
土耳其	52.3	57.0 ①	1325.9 ①	559.7	19.3	238.9	367.6	284.2
越南	100.8 ①	104.1 ①	201.0 ①	101.4 ①	2.4	4.3 ①	93.1	
埃及		602.1 ①	839.9 ①	244.6 ①	190.9	454.0 ①	176.1	191.1
尼日利亚	0.4 ①	828.0 ①	133.1 ①	14.1 ①	1.4	0.3 ①	136.3	37.8
南非	5303.6 ①	240.8 ①	5155.2 ①	203.8	22.0	211.7	481.7	62.2
加拿大	2530.5 ①	3035.0	18322.0	374.4	416.5	968.8	6643.7	719.6
墨西哥	97.0 ①	1599.0	1618.3	301.5	18.8	105.7	1021.6	209.6
美国	4006.6	1405.0	12725.1 ①	283.9	96.5	356.9	2169.3	605.6
阿根廷	8.8 ①	1106.8	1905.2	155.3	1.4	115.6	676.0	559.9
巴西	32.5 ①	242.2	1729.7 ①	214	14.0	156.5	292.3	369.9
委内瑞拉	212.4 ①	6631.7 ①	3428.1 ①	315.9 ①	23.4	169.0	1014.4	718.0
白俄罗斯		187.0 ①	2412.4 ①		317.0	86.2	497.4	45.6
保加利亚	3670.2 ①	5.1 ①	4974.9 ①	256.1	107.5	294.4	543.6	103.4
捷克共和国	5862.3	12.6 ①	6233.6	486.7	25.3	630.2	2121.4	1268.5
法国	138.4	43.0 ①	8375.2	314.2	51.5	301.5	4853.4	976.8
德国	2834.6	33.6	6640.1	439.0	58.2	375.9	6247.3	1444.5
意大利	6.6 ①	94.3	4438.8	597.2 ①	16.6	505.9	4369.4	1229.8
荷兰		143.1	5452.1	219.9 ①	131.5	407.6	11421.5	2552.5
波兰	5201.4 ①	7.6 ①	3602.3 ①	359.2	49.1	307.9	631.5	466.6
罗马尼亚	185.3	291.5	2707.0	336.6	61.8	268.9	357.6	139.0
俄罗斯	2182.4 ①	2037.4	5803.3 ①	188.1	61.3	332.8	551.2	110.0
西班牙	724.4 ①	16.6 ①	4243.3 ①	670.9	44.8	355.3 ①	2583.2	1622.5
乌克兰	1622.3 ①	5.7 ①	3764.7 ①	99.6	43.4	440.3	316.3	38.9
英国	972.2	2078.2 ①	5706.8 ①	222.6	25.1	339.3	4406.8	794.5
南斯拉夫	3794.6 ①	86.6 ①	3525.8 ①	208.1	7.9	1.9	174.2	
澳大利亚	13386.8 ①	1196.4 ①	9600.0 ①	349.5	29.5	433.6	2908.0	953.0
新西兰	979.1 ①	410.6 ①	9216.0	194.9 ①	92.4		3793.5	1637.8

注：① 1995 年数。② 为猪、牛、羊肉。③ 国外为截止 6 月 30 日的年度。④ 外汇储备。

资料来源:《工业产品年鉴》1995年；粮农组织《生产年鉴》1996年、《渔业年鉴》1995年、《肥料年鉴》1996年；世界银行《世界发展指标》1998年。

主要统计指标解释

人口数 指某一时点(通常为年中和年末)，某地域范围内的具有同一特征的人的集合。本年鉴中国家和地区人口数据有人口普查数，根据抽样调查得出的估算数(针对缺少人口普查的地区)，人口普查中期、后期估算和从人口登记中得出的数据。

(粗)出生率 指在一定时期(通常为一年)内所出生的人数与年中人数之比，一般用千分率表示。这些数为估计数。

(粗)死亡率 指在一定时期(通常为一年)内死亡人数与年中人数之比，一般用千分率表示。这些数为估计数。

人口自然增长率 指在一定时期(通常为一年)内平均每千人中所出生的人数减去死亡人数，一般用千分率表示。

结婚率 指在一定时期(通常为一年)内平均每千人口中的结婚对数，一般用千分率表示。

离婚率 指在一定时期(通常为一年)内平均每千人口中的离婚对数，一般用千分率表示。

四、国民核算

4-1 国内生产总值(本币)

单位：十亿本币

	1980年	1985年	1988年	1989年	1990年	1991年	1992年	1993年	1994年	1995年	1996年
中国	452	896	1493	1691	1855	2162	2664	3463	4676	5848	6788
孟加拉国①	198	405	597	660	738	834	907	948	1030	1170	1302
印度②	1360	2622	3958	4568	5355	6168	7059	8098	9537	11190	12770
印度尼西亚	45446	96997	142105	167185	195597	249969	282395*	329776	382220	454514	532631
伊朗③	6632	15775	22304	27787	36645	50107	66463	93610	128382	178875	232742
以色列④	111612	28437	70385	85611	105450	134688	160770	184918	223185	261173	303812
日本	240176	320419	373973	399998	430040	458299	471064	475381	479260	483220	499861
马来西亚④	53308	77547	90861	102587	115828	132381	147784	165206	190274	218726	249784
蒙古④	6755	9372	10301	10731	10565	18910	47298	166219	283263	429207	532809
缅甸②④	38609	55989	76243	124666	151941	186802	249395	360321	472774	604729	790877
韩国	38041	82062	133134	149165	179539	215734	240392	267146	305970	351975	389813
巴基斯坦①	234	472	675	770	856	1021	1211	1342	1573	1882	2171
菲律宾	244	572	799	925	1077	1248	1352	1475	1693	1906	2172
新加坡④	25091	38924	51642	59344	67879	75266	80940	94223	108505	121081	132629
斯里兰卡④	66527	162375	221982	251891	321784	372345	425283	499565	579084	667772	768128
泰国	663	1057	1560	1857	2191	2507	2831	3170	3631	4189	4598
土耳其			125801	220151	391502	638130	1129413	2062187	4025000	7891000	14345000
埃及①④	15470	37240	61600	76800	96100	111200	139100	157300	175000	205000	228300
尼日利亚④	50849	72355	145243	224797	260637	324011	549808	701472	914334		
南非④	60328*	123126	200448	240639	276060	310074	341765	382199	431088	484614	542741
加拿大	310	478	606	651	670	676	690	713	747	788	820
墨西哥④	4470	47168	393727	512603	694872	949148	1125334*	1256196	1420159	1837019	2503814
美国	2784	4181	5050	5439	5744	5917	6244	6553	6936	7265	7636
阿根廷⑤	4	5305	111062*	3244	68922	180898	226847	257570	281645	279543	297359
巴西⑥	4527	504364*	31	400*	11	60	641	14097	349205	646192	778820
委内瑞拉	254	449	876	1486	2279	3038	4132	5454	8675	13662	29333
捷克共和国	456	677	740	759	811	978		1002	1149	1349	1533
法国	2808	4700	5735	6160	6510	6776	7000	7077	7390	7662	7872
德国	1471	1826	2094	2224	2429	2854	3076	3155	3320	3460	3540
意大利	387700	810100	109000	1192000	1310700	1427600	1502500	1550300	1638700	1772300	1872600
荷兰	337	425	457	485	516	542	566	579	608	635	662
波兰④	251	1045	2963	11832*	56027	80883	114944	155780	210407	286026	362814
罗马尼亚	617	817	857	800	858	2204	6029	20036	49773	72136	108391
俄罗斯							19	172	611	1585	2200
西班牙	15168	28201	40159	45044	50145	54927	59105	60953	64789	69761	73572
乌克兰④							50	1483	12040	54520	81520
英国	232	357	471	516	551	576	602	634	679	712	751
南斯拉夫	129*	1158	15371	282268							
澳大利亚	132	230	319	357	377	382	398	419	447	477	505
新西兰②④	23089	45282	66424	70742	72138	72277	74578	80786	86577	91739	95816

注：① 截止当年6月30日的年度。② 截止次年3月31日的年度。③ 截止次年3月20日的年度。④ 百万本币。⑤ 1980年至1988年为千比索，1989年为百万比索。⑥ 1980年至1985年为千分之一雷亚尔，1988年至1989年为千雷亚尔，1990年起为百万雷亚尔。

资料来源：国际货币基金组织《国际金融统计月报》1998年7月、《国际金融统计年鉴》1997年。

4-2 国内生产总值(美元)

单位：百万美元

	1980年	1985年	1989年	1990年	1991年	1992年	1993年	1994年	1995年	1996年
世　界	**10704631**	**12293973**	**19143865**	**21058887**	**21939794**	**23409035**	**23719843**	**25414297**	**28012326**	**28583721**
低收入国家	**702232**	**776129**	**905507**	**952914**	**926657**	**964170**	**974225**	**1129194**	**1353969**	**1535031**
中等收入国家	**2373586**	**2392133**	**3024077**	**3290366**	**3273083**	**3369295**	**3515407**	**3670166**	**3997257**	**4374039**
下中等收入国家			**1757406**	**1854598**	**1790909**	**1751650**	**1746255**	**1673671**	**1900449**	**2090188**
上中等收入国家	**1021068**	**916889**	**1263950**	**1432571**	**1477931**	**1610799**	**1754514**	**1969059**	**2073239**	**2258327**
高收入国家	**7810607**	**9250394**	**15230642**	**16836896**	**17770925**	**19099781**	**19264229**	**20645615**	**22695160**	**22756455**
非经合组织成员国	**190055**	**216652**	**386146**	**426354**	**466107**	**545292**	**574707**	**634796**	**701423**	
经合组织成员国	**7620352**	**9033968**	**14843439**	**16409397**	**17302904**	**18556557**	**18694207**	**20016899**	**22000671**	**22026078**
中、低收入国家按地区										
分组	**3061860**	**3164584**	**3930031**	**4243702**	**4199711**	**4333624**	**4488492**	**4803395**	**5361407**	**5924712**
东亚和太平洋	**465223**	**555811**	**655418**	**704385**	**766901**	**858297**	**919676**	**1099615**	**1353439**	**1553518**
欧洲和中亚			**1229180**	**1240547**	**1152501**	**1064022**	**1001259**	**871615**	**1002472**	**1118817**
拉丁美洲和加勒比	**758651**	**735035**	**1008283**	**1163762**	**1188489**	**1313857**	**1462544**	**1671511**	**1734617**	**1875727**
中东和北非	**459114**	**494908**	**436177**	**478528**	**477528**	**486051**				
南　亚	**219283**	**274705**	**351265**	**379197**	**339582**	**336239**	**355774**	**404782**	**443922**	**480044**
撒哈拉以南非洲	**264750**	**191355**	**251978**	**276575**	**277363**	**281701**	**263453**	**261256**	**291837**	**305131**
阿尔巴尼亚		1965	2335	2102	1128	708	1854	1986	2424	2689
阿尔及利亚	42345	57998	54937	61902	46301	49116	49762	42063	41256	45699
安哥拉		6805	4273	3837	3579	3941	2957	4314	5351	6721
安提瓜和巴布达	112	202	372	395	420	435	456	498	502	
阿根廷	76962	88417	76637	141352	189720	228779	257841	281925	280835	294687
亚美尼亚		2455	3889	4124	3065	12408	1088	1180	1454	
阿鲁巴			733	865	951	920	1120	1231		
澳大利亚	160109	168139	292732	295628	301503	297280	283266	324562	350681	392507
奥地利	78539	66173	126727	159499	166653	187206	182698	196338	230753	226100
阿塞拜疆			11611	9837	9724	5556	4738	3865	3758	3650
巴哈马	1335	2321	2978	3106	3062	3178	3302	3375	3459	
巴林	3073	3652	3702	4006	4212		4648	4857	5060	
孟加拉国	12950	15651	19867	22149	23394	24045	25081	25695	29111	31824
巴巴多斯	860	1198	1704	1710	1687	1589	1627	1729	1742	
白俄罗斯			33958	34715	35792	30875	26959	22586	21729	19346
比利时	118915	80566	154086	193754	198550	222173	211484	229496	269199	264400
伯利兹	195	209	363	403	431	484	527	551	592	640
贝宁	1405	1046	1502	1845	1878	1624	2106	1497	2009	2210
百慕大	613	1040	1502	1592	1635	1680	1698			
不丹	142	193	270	285	242	245	236	271	301	321
玻利维亚	3074	2973	4480	4487	4990	5122	5382	5506	6131	
博茨瓦纳	1035	1212	2932	3387	3941	3967	4098	4317	4585	4936
巴西	235025	222943	448763	479214	386213	376949	436791	556441	688085	748916
文莱	4906	3483	2997	3591	3832	3283	4075	4377	4986	
保加利亚	20040	17562	21747	20726	10944	10570	10833	9720	12918	9484
布基纳法索	1709	1430	2363	2765	2789	1995	2049	1854	2348	2538
布隆迪	920	1150	1114	1132	1167	1086	975	1069	1229	1137
柬埔寨			1075	1115	1633	1978	2220	2409	2938	3125

续表1

单位：百万美元

	1980年	1985年	1989年	1990年	1991年	1992年	1993年	1994年	1995年	1996年
喀麦隆	6741	8148	11140	11152	12437	11396	7668	7854	7964	9252
加拿大	263193	347378	544891	568069	584012	565129	547245	541966	560010	579300
佛得角			268	305	319	358	331	347	420	425
中非共和国	797	845	1240	1462	1379	1384	1259	898	1139	1062
乍得	727	727	1009	1224	1321	1325	1030	830	1052	1172
智利	27572	16463	28182	30387	34396	42699	45638	52176	67297	74292
哥伦比亚	33397	34896	39538	40274	41487	49214	55797	70152	80586	85202
科摩罗	124	114	199	250	247	264	280	201	233	230
刚果(金)	14922	7204	9020	9348	9086	8204	8975	5829	6140	6904
刚果(布)	1706	2161	2384	2798	2725	2933	1919	1769	2098	2388
哥斯达黎加	4815	3919	5226	5709	5639	6739	7520	8312	9024	9015
科特迪瓦	10175	6978	9757	10797	10493	11167	10405	7666	9992	10688
克罗地亚					12355	9942	11693	14226	18081	19081
塞浦路斯	2154	2420	4575	5568	5769		6527	7189		
捷克共和国							31235	36043	47176	54890
丹麦	66322	58045	104957	129127	129426	141818	134855	145527	172735	174247
吉布提		341	401	425	456	469	471	487	491	485
多米尼克	58	99	154	166						
多米尼加	6631	5065	6729	6776	8028	8669	9745	10725	12064	13169
厄瓜多尔	11733	15957	9823	10686	11752	12656	14304	16606	17939	19040
埃及	22913	34690	39648	43130	36971	41857	47197	51898	59117	67691
萨尔瓦多	3574	3800	4372	4807	5311	5962	6981	8070	9508	10469
赤道几内亚		80	112	150	130	159	155	127	173	285
爱沙尼亚			7662	6760	6020	4326	3932	3844	4063	4353
埃塞俄比亚		6696	8035	6853	5356	5439	6253	4899	5418	5993
斐济	1204	1141	1255	1381	1475	1558	1647	1821	1953	2074
芬兰	51306	53507	113487	134806	121382	106437	84449	97825	124984	123966
法国	664595	523097	965446	1195438	1201009	1322212	1249656	1330979	1537582	1540100
加蓬	4279	4063	4186	5952	5403	5593	4381	4191	5117	5704
冈比亚	233	172	241	291	331	328	365	359	363	
格鲁吉亚				12167	8823	4522	4260	3678	4308	
德国					1719511	1969455	1910155	2046101	2412477	2353200
加纳	4445	4504	5249	5886	6600	6413	5662	5174	6180	6344
希腊	48613	40484	67082	82914	89048	97984	92066	97921	114330	122946
格林纳达	75	116	187	223	244	244	249	259	276	295
危地马拉	7879	9722	8399	7643	9404	10442	11391	12986	14633	15817
几内亚			2432	2818	2982	2974	3178	3395	3673	3934
几内亚比绍	105	158	201	236	237	222	231	236	254	271
圭亚那	603	453	380	397	349	374	467	540	620	717
海地	1462	2009	2513	2981	3274	1865	1577	1671	2358	2617
洪都拉斯	2566	3640	3479	3049	3068	3419	3506	3432	3970	4011
匈牙利	22163	20625	29167	33055	33429	37255	38596	41506	44669	44845
冰岛	3373	2913	5403	6244	6725	6913	6078	6212	6980	7283
印度	172321	214251	274202	298348	251549	243840	258134	303720	328450	356027
印度尼西亚	78013	87207	101455	114426	128168	139116	158007	176892	201183	225828
伊朗	92664	179811	122952	120404	122636	110771				
伊拉克	47562	44204	48422	48657						
爱尔兰	20080	19639	36314	45595	46334	52294	49041	53918	64348	69600
以色列	22579	25821	46835	55039	62910	85956	69889	78439	91965	
意大利	449913	424251	868717	1093946	1150698	1219154	985149	1016162	1087183	1207700
牙买加	2679	2100	4073	4248	3706	3191	3915	3908	4149	4426
日本	1059254	1343273	2899286	2970043	3402200	3719381	4275094	4689075	5134299	4599700

续表2

单位：百万美元

	1980年	1985年	1989年	1990年	1991年	1992年	1993年	1994年	1995年	1996年
约　旦	3962	5120	4128	4020	4193	5138	5487	6013	6645	7343
哈萨克斯坦			38952	40304	31765	27409	25344	19706	19521	20761
肯尼亚	7265	6131	8341	8533	8043	7951	5520	6810	8960	9222
吉里巴斯	28	23	32	32	34	34	34	39	43	55
韩　国	63661	94322	222152	253671	294175	307938	332821	380820	456357	484777
科威特	28639	21443	24312	18428	11009		23941	24744	26650	
吉尔吉斯			2586	2952	2806	2260	1981	1510	1607	1754
老　挝		2367	714	865	1028	1128	1328	1544	1763	1857
拉脱维亚			11552	12488	11025	6358	5315	5461	4904	5024
黎巴嫩		3613	2718	2838	4451	5546	7535	9110	11119	12997
莱索托	369	247	510	622	589	671	707	766	841	889
利比里亚	1117	1095	1202							
利比亚	35545	27366	21864							
立陶宛			12508	12760	9682	11287	7666	7514	7243	7779
卢森堡	5016	3814	8304	10346	10906	12619	12842	14576	17342	17500
马其顿				2313	2131	1948	1957	1894	1970	
马达加斯加	4042	2858	2498	3015	2741	3001	3371	2977	3198	4150
马拉维	1238	1131	1522	1858	2178	1858	2031	1287	1423	2204
马来西亚	24488	31200	37872	42775	47046	57603	62849	70759	85311	99213
马尔代夫	42	85	127	146	164	192	217	241	271	306
马　里	1686	1234	2050	2477	2418	2847	2666	1853	2467	2660
马耳他	1135	1018	1923	2312	2497	2743	2489	2887	3173	
马绍尔群岛		38	66	69	72	78	85	93	103	108
毛里塔尼亚	709	683	982	1020	1130	1191	944	1027	1068	1094
毛里求斯	1132	1076	2182	2642	2831	3189	3201	3514	3940	4292
墨西哥	194776	183624	222980	262710	314451	363609	403196	420776	286302	334792
密克罗尼西亚			154	155	168	174	195	206	216	226
摩尔多瓦				10583	4047	2822	3007	1898	2078	1805
蒙　古							561	686	957	972
摩洛哥	18821	12870	22847	25825	27836	28451	26801	30351	32928	36820
莫桑比克	2028	2564	1330	1443	1433	1242	1410	1433	1462	1714
纳米比亚	2172	1506	2332	2477	2562	2905	2711	3094	3381	3230
尼泊尔	1946	2620	3525	3628	3704	3476	3769	4044	4388	4456
荷　兰	171861	128121	228670	283672	290196	321928	313067	336803	395479	392400
新西兰	22395	22379	42306	43037	41618	39976	43392	50918	59746	65100
尼加拉瓜	2144	2684	1013	1011	1739	1843	1806	1832	1887	1971
尼日尔	2538	1440	2203	2480	2328	2345	1607	1563	1880	1987
尼日利亚	64202	28408	23844	28472	27313	29239	23294	25068	23911	31995
挪　威	63419	63391	98826	115453	117757	126307	116111	122926	146643	157802
阿　曼	5982	10006	8402	10535	10188		11167	11310	12102	
巴基斯坦	23690	31148	40174	40013	45621	48885	51809	52050	60649	64846
巴拿马	3810	5402	4888	5313	5842	6641	7253	7734	7906	8244
巴布亚新几内亚	2548	2424	3438	3221	3787	4292	5127	5515	5047	5165
巴拉圭	4579	3163	4363	5265	6249	6447	6875	7826	8982	9673
秘　鲁	20661	18838	28636	32802	29197	42155	41284	50174	58996	60926
菲律宾	32500	30746	42647	44331	45382	53002	54408	64139	74176	83840
波　兰	57068	71054	82223	58976	76478	84356	85995	92580	118807	134477
葡萄牙	28729	23681	51980	67491	76354	92055	82149	84839	99753	104000
波多黎各		20289	28267	30604	32287	34004	35834			
卡塔尔	7829	6153	6488	7360	6884	6958	7157	7009	7612	
留尼汪		1898	4015	5211	5554	6754				
罗马尼亚			41451	38244	28852	25122	26381	30086	35686	35508

续表3

单位：百万美元

	1980年	1985年	1989年	1990年	1991年	1992年	1993年	1994年	1995年	1996年
俄罗斯				579068	542104	445480	393449	325918	357552	440562
卢旺达	1163	1715	2410	2592	1837	1918	1847	730	1230	1330
萨摩亚	112	88	139	146	145	148	121	137	155	175
圣多美和普林西比	43	35	46	50	57	46	48	50	45	
沙特阿拉伯	156487	86676	82997	104670	118035	123204	118515	120168	125266	
塞内加尔	3016	2578	4628	5702	5494	4012	4074	3882	4867	5155
塞舌尔	147	169	308	373	376				518	515
塞拉利昂	1199	1202	1181	897	807	691	771	928	866	940
新加坡	11718	17691	30428	37450	43567	49687	58313	71039	85425	94063
斯洛伐克		13504	17761	15485	10845	11757	12022	13771	17336	18963
斯洛文尼亚					12673	12523	12673	14386	18743	18558
所罗门群岛	116	160	229	211	235	263	269	310	357	366
索马里	604	876	1092	917						
南非	78744	55246	91753	106682	112309	119569	117456	121619	133927	126301
西班牙	211542	165845	380512	491938	528596	577314	478816	482978	559624	581600
斯里兰卡	4024	5978	6988	8032	9000	9705	10338	11719	13029	13912
圣基茨尼维斯	48	78	143	157	165	184	200	223	232	247
圣卢西亚	133	217	373	399	431	478	492	518	561	598
圣文森特	59	113	174	194	209	231	237	239	260	
苏丹	6760	10284	10884	9014	7310	6028				
斯威士兰	548	353	694	828	862	941	954	1026	1121	1042
瑞典	125557	100722	191194	229756	239328	247556	185807	198433	230607	250240
瑞士	102719	93750	179363	228414	232681	243464	236733	261187	308305	293400
叙利亚	13062	16404	9853	12309	12982	13273	13696	14901	16753	
塔吉克斯坦			4731	4857	4209	2984	2950	2217	1828	2033
坦桑尼亚			4774	4220	4750	4903	4550	4213	4958	5838
泰国	32354	38901	72251	85640	98248	111307	124961	143038	168356	185048
多哥	1136	762	1353	1628	1602	1689	1215	929	1294	1420
汤加	52	66	110	113	135	140	143	158	166	182
特立尼达和多巴哥	6236	7376	4323	5068	5308	5780	4576	4896	5135	5464
突尼斯	8742	8410	10102	12291	13075	15575	14663	15650	17987	19516
土耳其	68790	67235	107143	150657	151041	159095	180422	130655	169319	181464
土库曼斯坦				6333	5547	6246	5708	4374	4424	4310
乌干达	1245	3519	5252	4304	3323	2858	3221	3999	5748	6115
乌克兰			78223	91257	81250	91509	71285	52292	49060	44007
阿拉伯联合酋长国	29625	27021	27453	33653	33920	32124	35405	36230	39107	
英国	537382	457073	841400	975512	1012158	1047801	942705	1017800	1100605	1145801
美国	2709000	4048200	5260900	5554100	5710900	6027701	6337000	6716200	7029601	7341900
乌拉圭	10132	4720	7993	8355	10041	11956	13806	16250	17693	18180
乌兹别克斯坦			20465	23164	23673	20177	21962	21078	23170	25198
瓦努阿图	113	118	141	154	161	163	164	181	201	214
委内瑞拉	69377	61960	43551	48593	53453	60765	60049	58128	76363	67311
越南		17048	6293	6472	9613	9867	12834	15509	20240	23340
美属维尔京群岛	728	990	1344							
也门				4724	4924	5459	5828	6020	6852	6016
赞比亚	3884	2252	3995	3288	3377	3183	3274	3167	3297	3388
津巴布韦	5355	4522	6552	6806	6595	5464	5574	5819	6601	7550

资料来源：世界银行《世界发展指标》1998年。

4-3 国民生产总值(本币)

单位：十亿本币

	1980年	1985年	1988年	1989年	1990年	1991年	1992年	1993年	1994年	1995年	1996年
中　　国	451.8	898.9	1492.2	1691.8	1859.8	2166.3	2665.2	3456.1	4667.0	5749.5	6685.1
孟加拉国①	191.1	392.2	584.9	682.1	759.8	860.9	940.4	986.9	1079.0	1225.9	1361.6
印　　度②	1363.9	2608.1	3912.9	4510.9	5279.8	6067.2	6941.2	7974.2	9386.3	11054.8	12631.3
印度尼西亚	43435	93056	135193	159111	185982	239069	269947*	296095	348072	413661	489861
伊　　朗③	6658.0	15742	22188	27575	36381	50570	66396	91125	128367	177066	229923
以 色 列	107.8 ④	27.3	68.6	83.4	103.0	132.2	157.6	182.0	219.9	255.9	297.0
日　　本	240098	321556	373731	399046	427469	454487	467413	470353	473177		
哈萨克斯坦④	57.4	66.6	78.3	81.8	92.7	162.0	2427.2	28598	461196		
马来西亚	51.4	72.0	85.8	96.7	110.8	125.6	139.8	156.9	180.8	208.1	237.9
蒙　　古	5.7	9.2	9.9	10.6	10.3	18.7	41.8	176.9	297.8		
缅　　甸②	38.4	55.4	76.0	124.4	152.0	186.5	249.2	359.9	472.4	604.0	790.8
韩　　国	33770	79301	131371	147942	178262	214239	238705	265518	303773	348979	386438
巴基斯坦①	252.5	510.5	704.5	797.8	892.8	1044.5	1223.9	1351.6	1577.1	1896.1	2164.2
菲 律 宾	240.0	556.1	792.0	912.0	1071.4	1254.6	1374.8	1500.3	1736.4	1958.9	2261.3
新 加 坡	24.2	40.3	51.5	59.8	68.3	75.3	82.4	93.4	109.7	121.4	133.8
斯里兰卡	67.9	159.0	216.7	246.2	315.1	365.0	417.5	493.6	570.8	660.8	756.9
泰　　国	657.1	1038.9	1535.0	1833.3	2163.8	2469.7	2768.0	3108.9	3558.7	4101.5	4475.3
土 耳 其	4243.0	26870	125786	223274	388136	622299	1080036	1959711	3808243		
越　　南						76707	110535	136571	170258		
埃　　及①	17.2	35.9	54.3	64.8	76.5	97.2	117.4	130.5	142.6		
尼日利亚	49.8	70.7	132.5	207.2	238.6	299.5	485.4	627.9	848.6		
南　　非	49.6 *	117.1	192.9	231.3	264.5	300.6	332.6	372.7	421.9	473.7	528.7
加 拿 大	302.1	463.7	587.2	629.3	645.6	654.6	665.9	688.9	720.2	760.2	793.2
墨 西 哥	4.3	45.3	375.9	490.1	666.0	851.9	1005.0	1105.9	1231.6		
美　　国	2742.1	4053.6	4908.2	5248.2	5524.6	5737.1	6255.5	6563.5	6931.9	7270.6	7637.7
阿 根 廷⑤	2801.0	5.0	108.0	3.1	68.0	178.6	224.8	254.9	278.5	276.7	293.8
巴　　西⑥	4.4	477.5	30230.0	448503	10.7	55.8	604.0	13.7	343.3	636.0	765.9
委内瑞拉	255.4	438.4	873.4	1423.1	2211.6	2980.2	4007.7	5291.5	8355.4	13219	27403
白俄罗斯	2.4	3.1	3.6	4.0	4.2	8.4	91.4	1261.9	20215		
保加利亚	25.4	32.5	37.6	38.4	41.8	119.5	199.2	299.2	532.1		
捷克共和国	415.3	473.7	513.4	524.6	567.3	717.0	791.2	906.2	1034.7		
法　　国	2820.9	4674.5	5703.3	6123.4	6452.2	6710.6	6918.4	7022.9	7329.9	7621.4	7841.5
德　　国	1477.4	1834.5	2108.0	2249.1	2448.2	2881.8	3094.5	3161.5	3312.4	3445.6	
意 大 利	388459	806400	1081700	1178200	1291500	1405400	1476200	1523800	1611300	1746000	1849200
荷　　兰	340.4	425.5	454.2	484.8	515.6	541.6	563.8	580.9	616.0	637.9	672.8
波　　兰⑦	2406.8	10068.8	28368.9	113720	528389	778720	1126900	1534360	2137690		
罗马尼亚	602.9	807.2	854.2	801.2	861.4	2205.0	5959.4	19622	47990		
俄 罗 斯	365.0	472.9	536.0	573.1	642.7	1296.2	17181.0	158150	619612		
西 班 牙	13464	27870	39748	44660	49693	54374	58397	60426	63607	69157	72672
乌 克 兰							50.3 ④	1446.9 ④	12.0	53.6	
英　　国	231.6	359.6	476.0	519.5	552.4	575.8	602.0	633.6	678.7	712.1	750.7
澳大利亚	130.4	222.9	307.2	341.2	359.3	366.0	383.5	406.1	432.5	459.5	487.8
新 西 兰	22.6	42.8	63.1	66.0	67.9	67.9	71.5	76.8	81.4	85.7	88.1

注：① 截止当年 6 月 30 日的年度。② 截止次年 3 月 31 日的年度。③ 截止次年 3 月 20 日的年度。④百万本币。⑤ 1980 年为本币，1985 年至 1989 年为百万本币，1990年起为十亿本币。⑥ 1980 年至 1989 年为本币，1990 年－1992 年为百万本币，1993 年起为十亿本币。⑦旧兹罗提，币值为新兹罗提的万分之一。

资料来源：国际货币基金组织《国际金融统计月报》1998 年 7 月、《国际金融统计年鉴》1997 年。

4-4 人均国民生产总值(美元)

单位：百万美元

	1980年	1985年	1988年	1989年	1990年	1991年	1992年	1993年	1994年	1995年	1996年
世界	**2550**	**2550**	**3740**	**3880**	**3990**	**4070**	**4320**	**4400**	**4650**	**4920**	**5130**
低收入国家	**310**	**320**	**390**	**380**	**380**	**380**	**380**	**380**	**390**	**430**	**490**
中等收入国家	**1890**	**1760**	**2030**	**2070**	**2090**	**2140**	**2210**	**2240**	**2300**	**2390**	**2590**
下中收入国家	**1530**	**1540**	**1760**	**1740**	**1750**	**1730**	**1660**	**1610**	**1560**	**1630**	**1740**
上中收入国家	**2760**	**2280**	**2670**	**2850**	**2910**	**3130**	**3500**	**3730**	**4040**	**4180**	**4600**
高收入国家	**9970**	**10660**	**17320**	**18320**	**19060**	**19660**	**21230**	**21840**	**23380**	**24900**	**25870**
经合组织成员国	**10170**	**10890**	**17730**	**18740**	**19480**	**20080**	**21620**	**22200**	**23810**	**25360**	**26340**
非经合组成员国	**5430**	**5800**	**8800**	**9830**	**10530**	**11250**	**13410**	**14550**	**15030**	**16100**	**16850**
中、低收入国家按国家和地区分组	**850**	**810**	**940**	**950**	**960**	**970**	**990**	**1000**	**1030**	**1080**	**1190**
东亚和太平洋	**360**	**430**	**490**	**490**	**520**	**560**	**610**	**640**	**680**	**770**	**890**
欧洲和中亚									**2000**	**2080**	**2200**
拉丁美洲和加勒比	**2120**	**1740**	**2070**	**2190**	**2250**	**2470**	**2780**	**2960**	**3260**	**3400**	**3710**
中东和北非	**2400**	**2370**	**2290**	**2110**	**2050**	**2040**	**2080**		**1910**	**1840**	**2070**
南亚	**250**	**270**	**360**	**360**	**350**	**330**	**320**	**310**	**320**	**350**	**380**
撒哈拉以南非洲	**660**	**450**	**530**	**530**	**520**	**510**	**520**	**500**	**490**	**490**	**490**
阿尔巴尼亚							300	360	450	740	820
阿尔及利亚	2080	2490	2800	2590	2400	2040	1980	1800	1670	1580	1520
安哥拉			740	560	400	340	320	220	240	240	270
安提瓜和巴布达		3440	5040	5280	5590	6120	6240	6590	6980	6950	7330
阿根廷	2890	2660	3940	2950	3270	3920	6110	7260	8130	8060	8380
亚美尼亚			1410	1690	1670	1380	780	650	690	550	630
阿鲁巴				11830	13310	14120	14720	15570	16640		
澳大利亚	11210	11340	14690	16160	16840	17160	17680	17440	17630	18470	20090
奥地利	10920	8880	17050	18200	19440	20550	23030	23390	24700	26590	28110
阿塞拜疆				1610	1460	1420	860	650	530	490	480
巴哈马	6180	8620	11860	11850	11730	11220	11490	11810	11800	11850	
巴林		7790	6770	7110	6610	7050	12750	12280	11410	7840	
孟加拉国	160	150	190	190	200	210	220	230	230	240	260
巴巴多斯	3290	4490	6320	6790	6510	6400	6280	6190	6450	6600	
白俄罗斯				3320	3380	3470	3200	2790	2340	2120	2070
比利时	13040	8030	15790	16830	17970	19150	21580	21740	22980	24910	26440
伯利兹	1380	1180	1810	2010	2190	2210	2390	2470	2510	2650	2700
贝宁	410	290	380	360	360	360	380	390	340	360	350
百慕大	13640	18130	26480	26170	26530	26500	27630	27880			
不丹		290	510	500	500	440	400	350	360	380	390
玻利维亚	550	450	730	730	710	720	740	760	770	800	830
博茨瓦纳	1020	1120	1680	2080	2490	2940	3200	3290	2950	3210	
巴西	2190	1580	2270	2590	2610	2760	2710	2660	3020	3650	4400
文莱											
保加利亚		2000	3150	2860	2250	1590	1430	1250	1290	1360	1190
布基纳法索	250	180	290	290	290	310	280	230	200	210	230
布隆迪	220	240	250	230	220	220	210	180	170	170	170
柬埔寨						150	180	220	240	280	300
喀麦隆	720	780	1110	1070	920	900	910	760	630	570	610
加拿大	11060	13250	17790	19000	19630	20010	20290	19960	19440	19240	19020
佛得角	430	720	880	1090	980	860	1000	850	930	1000	1010
中非共和国	340	280	460	470	470	460	470	430	370	350	310
乍得	170	150	200	200	200	220	240	190	160	160	160

续表1　　　　　　　　　　　　　　　　　　　　　　　　　　　　　　　　单位：百万美元

	1980年	1985年	1988年	1989年	1990年	1991年	1992年	1993年	1994年	1995年	1996年
智　　利	2160	1420	1810	2070	2180	2410	2870	3200	3490	4130	4860
哥伦比亚	1210	1190	1280	1240	1220	1210	1300	1440	1690	1970	2140
科 摩 罗	370	300	520	520	540	530	610	620	520	490	450
刚果(布)	620	250	240	230	220	210	190	180	150	140	130
刚果(金)	890	1010	1030	990	990	1010	1090	860	680	610	670
哥斯达黎加	2020	1270	1740	1770	1840	1870	2070	2230	2440	2600	2640
科特迪瓦	1260	640	920	830	780	750	780	730	650	660	660
克罗地亚								2370	2610	3240	3800
塞浦路斯	3590	3740	6810	7420	8090	8270	14430	14330	14920		
捷克共和国			3830	3850	3470	2700	2570	2790	3330	4030	4740
丹　　麦	13980	10930	20760	21540	22600	23670	26220	26580	28040	30150	32100
吉 布 提											
多米尼克	750	1180	2020	2090	2280						3090
多米尼加	1160	800	930	920	860	970	1110	1220	1310	1460	1600
厄瓜多尔	1370	1460	1170	1040	980	1050	1130	1200	1280	1400	1500
埃　　及	530	640	870	830	810	750	790	800	880	980	1080
萨尔瓦多	780	760	910	900	950	1000	1120	1250	1370	1570	1700
赤道几内亚			370	360	380	350	420	470	390	440	530
爱沙尼亚				4860	4600	4160	3150	2770	2640	2830	3080
埃塞俄比亚		130	180	170	160	130	110	120	110	100	100
斐　　济	1860	1580	1760	1850	1860	1920	2070	2140	2240	2340	2470
芬　　兰	10700	10470	20190	22880	24470	23490	22800	19490	19070	20720	23240
法　　国	12680	9420	17910	18800	19750	20510	22710	22420	23440	25030	26270
加　　蓬	4670	4420	4350	4610	4690	5130	5070	4470	4040	3820	3950
冈 比 亚	370	210	240	270	290	310	340	360	340	320	
格鲁吉亚							930	690	630	750	850
德　　国								23970	25440	27500	28870
加　　纳	430	360	430	400	390	410	430	410	360	350	360
希　　腊	5510	4250	6440	6980	7530	8290	9350	9540	9890	10520	11460
格林纳达		1200	1880	2010	2200	2490	2690	2670	2760	2850	2880
危地马拉	1200	1150	970	960	920	950	1010	1060	1170	1300	1470
几 内 亚			430	430	450	470	490	510	520	540	560
几内亚比绍	140	180	180	200	240	250	250	230	230	240	250
圭 亚 那	780	490	440	340	350	310	370	440	500	620	690
海　　地	270	300	390	390	410	440	360	290	230	260	310
洪都拉斯	680	760	930	820	660	590	590	650	620	640	660
匈 牙 利	2060	1880	2750	2780	2970	2850	3190	3510	3880	4150	4340
冰　　岛	15230	11610	22710	23140	23620	24130	25420	24960	24720	24810	26580
印　　度	250	280	370	370	370	330	320	300	320	350	380
印度尼西亚	500	530	540	570	620	680	740	810	880	990	1080
伊　　朗	2220	3610	3150	2680	2590	2520	2300				
伊 拉 克	3240	2400	2620	2840	2170						
爱 尔 兰	5640	4960	9200	9820	11120	11850	13230	13170	13910	15280	17110
以 色 列	5740	6370	9990	10470	11500	12120	14220	14820	15600	15840	15870
意 大 利	7900	7490	14910	16100	17400	18850	21100	19760	19170	19010	19880
牙 买 加	1230	900	1420	1550	1590	1540	1430	1450	1450	1570	1600
日　　本	10390	10900	23630	25620	26410	27210	29120	32060	35330	39770	40940
约　　旦	2040	2020	2290	1580	1330	1130	1310	1370	1460	1570	1650
哈萨克斯坦				2310	2360	2130	1750	1530	1240	1180	1350

续表2　　　　　　　　　　　　　　　　　　　　　　　　　　　　　　单位：百万美元

	1980年	1985年	1988年	1989年	1990年	1991年	1992年	1993年	1994年	1995年	1996年
肯尼亚	450	300	410	400	380	350	330	260	250	270	320
吉里巴斯		710	770	790	810	910	860	840	860	880	920
韩国	1770	2260	4120	4860	5770	6670	7220	7720	8460	9680	10610
科威特	19200	14970	15070	16880	12590	9400	29740	34100	26870	18720	
吉尔吉斯				920	1010	950	830	700	550	500	550
老挝			260	220	200	230	260	290	330	370	400
拉脱维亚				4310	4550	4230	2750	2260	2210	2160	2300
黎巴嫩						1340	1390	1670	2120	2650	2970
莱索托	440	380	490	520	550	560	600	610	620	650	660
利比里亚	620	460									
利比亚	10460	6520	5900	5650							
立陶宛				3400	3430	2890	3210	2150	2150	2140	2280
卢森堡	17010	14130	27430	29970	32350	35670	38750	38570	39220	42110	45360
马其顿							990	920	910	950	990
马达加斯加	460	300	260	230	240	220	240	240	240	240	250
马拉维	190	160	170	170	200	230	210	240	170	160	180
马来西亚	1800	1900	2100	2220	2370	2490	2790	3090	3470	3900	4370
马尔代夫			520	540	630	680	740	820	900	1010	1080
马里	250	170	260	280	280	270	310	300	250	250	240
马耳他	3370	3280	5680	6270	6880	7340	8100	7970	8010	8650	
马绍尔群岛						1710	1650	1630	1720	1840	1890
毛里塔尼亚	470	380	500	510	490	510	530	500	490	460	470
毛里求斯	1240	1060	2070	2220	2440	2610	2960	3080	3200	3410	3710
墨西哥	2660	2200	2050	2670	2830	3270	3790	4200	4560	3790	3670
密克罗尼西亚								1900	1940	2020	2070
摩尔多瓦							1170	960	650	660	590
蒙古										310	360
摩洛哥	990	600	950	970	1030	1100	1090	1060	1170	1120	1290
莫桑比克		150	120	90	90	100	90	90	80	80	80
纳米比亚		1230	1610	1790	1900	1980	2080	2000	2120	2250	2250
尼泊尔	140	170	210	210	210	210	200	200	200	210	210
荷兰	12970	9210	16160	17150	18120	18880	20990	21240	22430	24050	25940
荷属安的列斯		6070									
新西兰	7410	6650	11490	12410	12680	12040	12160	12440	12930	14420	15720
尼加拉瓜	690	760	890	440	330	250	310	350	320	370	380
尼日尔	460	220	330	320	320	310	290	240	210	200	200
尼日利亚	790	370	270	270	270	270	280	250	230	220	240
挪威	15370	15180	23070	24110	25500	26800	29620	29070	29820	31510	34510
阿曼	3540	6430	4890	4970	5420	5540	8580	7630	7080	4950	
巴基斯坦	300	360	410	410	400	400	430	430	430	460	480
巴拿马	1650	2370	2320	2150	2210	2300	2520	2720	2900	2940	3080
巴布亚新几内亚	810	720	950	950	880	940	1000	1190	1240	1210	1150
巴拉圭	1440	1140	1110	1140	1200	1200	1400	1510	1540	1720	1850
秘鲁	1050	950	940	940	1000	1450	1570	1640	2110	2290	2420
菲律宾	690	520	670	710	730	730	780	810	910	1020	1160
波兰		2020	2010	1990	1710	1720	1870	2250	2410	2800	3230
葡萄牙	2900	2180	4770	5310	6090	6910	8410	8830	9060	9440	10160
波多黎各	3690	4280	5800	5980	6160	6360	6710	7010			
卡塔尔	33420	18400	19780	18000	15310	14590	15140	13270	11960	11590	

续表3　　单位：百万美元

	1980年	1985年	1988年	1989年	1990年	1991年	1992年	1993年	1994年	1995年	1996年
罗马尼亚				1790	1730	1440	1240	1200	1280	1470	1600
俄罗斯				4070	4050	3830	3160	2780	2320	2290	2410
卢旺达	250	270	380	370	370	310	300	250	140	180	190
萨摩亚		600	780	880	930	950	950	970	950	1100	1170
圣多美和普林西比	540	340	570	450	400	420	420	400	330	320	330
沙特阿拉伯	14600	8480	6820	6350	6700	7350	7790	7470	7010	6800	
塞内加尔	540	370	720	700	730	720	670	570	500	540	570
塞舌尔	2100	2390	3940	4510	4960	5160				6760	6850
塞拉利昂	370	330	270	280	260	200	160	160	160	170	200
新加坡	5130	7570	10220	11550	13210	14940	17500	19660	23340	27090	30550
斯洛伐克			3840	3750	3340	2490	2210	2140	2440	2950	3410
斯洛文尼亚									7230	8280	9240
所罗门群岛	430	500	670	740	730	710	760	770	810	900	900
索马里	100	100	130	120	110						
南非	2490	2100	2640	2820	2860	2990	3220	3320	3420	3550	3520
西班牙	5690	4210	8700	9860	11220	12560	14320	13790	13350	13690	14350
斯里兰卡	280	370	460	450	470	490	550	590	640	700	740
圣基茨尼维斯		1680	3050	3360	3580	3760	4100	4490	4910	5420	5870
圣卢西亚			2390	2570	2540	2640	2980	3100	3180	3390	3500
圣文森特	620	1030	1560	1640	1730	1820	2060	2130	2140	2270	2370
苏丹	430	360	590	540	430	360	320				
斯威士兰	910	760	950	970	1110	1140	1210	1170	1160	1230	1210
瑞典	15410	11550	21230	22760	24320	25620	27510	24760	23850	23960	25710
瑞士	19170	16300	31190	32540	33770	34620	37940	37850	38670	42250	44350
叙利亚	1540	1680	1190	870	900	1040	1130	1110	1120	1150	1160
塔吉克斯坦				910	920	820	570	500	390	360	340
坦桑尼亚					190	180	160	170	160	160	170
泰国	720	810	1190	1350	1520	1680	1900	2110	2360	2710	2960
多哥	440	250	420	430	430	430	440	340	300	300	300
汤加		750	1010	1080	1170	1370	1460	1560	1650	1740	1790
特立尼达和多巴哥	4950	6040	3880	3580	3650	3840	4120	3890	3800	3680	3870
突尼斯	1360	1160	1340	1310	1430	1480	1700	1690	1740	1820	1930
土耳其	1940	1320	1850	1920	2280	2540	2900	3100	2610	2770	2830
土库曼斯坦							1490	1290	1060	970	940
乌干达		180	420	430	350	260	200	190	190	240	300
乌克兰				2090	2170	2130	2260	1920	1520	1310	1200
阿拉伯联合酋长国	31340	20290	16780	17860	19810	18340	17760	16900	16220	17390	
英国	8580	8170	14190	15270	16130	16530	18060	17990	18280	18660	19600
美国	12800	16430	21830	22320	22650	22800	24170	25050	26190	27350	28020
乌拉圭	2930	1500	2500	2600	2600	2910	3510	4020	4700	5150	5760
乌兹别克斯坦				1000	1080	1120	1010	980	940	980	1010
瓦努阿图		940	1000	1090	1170	1070	1120	1160	1150	1220	1290
委内瑞拉	4410	3750	3430	2620	2650	2690	2890	2870	2750	3030	3020
越南								170	190	240	290
美属维尔京群岛	8000	8930	12590	13660							
也门							380	400	400	430	380
南斯拉夫											
赞比亚	630	360	340	430	530	430	400	400	350	340	360
津巴布韦	760	630	690	720	690	680	580	550	540	540	610

资料来源：世界银行《世界发展指标》1998年。

4-5 按购买力平价法计算的人均国民生产总值

	1996年按三年平均汇率法计算的国民生产总值(百万美元)	按三年平均汇率法计算的人均GNP(美元)		1990年至1996年汇率法人均GNP年均增长率(%)	1996年按购买力平价法计算的人均GNP(国际元)
		1995年	1996年		
孟加拉国	31217	240	260	2.7	1010
印度	357759	340	380	3.8	1580
印度尼西亚	213384	980	1080	5.9	3310
伊朗				1.0	5360
以色列	90310	15920	15870	3.2	18100
日本	5149185	39640	40940	1.0	23420
哈萨克斯坦	22213	1330	1350	-10.3	3230
韩国	483130	9700	10610	6.2	13080
马来西亚	89800	3890	4370	6.1	10390
蒙古	902	310	360	-2.3	1820
巴基斯坦	63657	460	480	1.1	1600
菲律宾	83298	1050	1160	1.0	3550
新加坡	92987	26730	30550	6.6	26910
斯里兰卡	13475	700	740	3.4	2290
泰国	177476	2740	2960	6.7	6700
土耳其	177530	2780	2830	1.7	6060
越南	21915	240	290	6.2	1570
埃及	64275	790	1080	2.2	2860
尼日利亚	27599	260	240	1.2	870
南非	132455	3160	3520	-0.2	7450
加拿大	569899	19380	19020	0.6	21380
墨西哥	341718	3320	3670	-0.3	7660
美国	7433517	26980	28020	1.2	28020
阿根廷	295131	8030	8380	3.9	9530
巴西	709591	3640	4400	2.0	6340
委内瑞拉	67333	3020	3020	-0.3	8130
白俄罗斯	22452	2070	2070	-8.6	4380
保加利亚	9924	1330	1190	-1.8	4280
捷克共和国	48861	3870	4740	0.9	10870
法国	1533619	24990	26270	0.7	21510
德国	2364632	27510	28870	0.7	21110
意大利	1140484	19020	19880	0.9	19890
荷兰	402565	24000	25940	1.8	20850
波兰	124682	2790	3230	3.3	6000
罗马尼亚	36191	1480	1600	0.1	4580
俄罗斯	356030	2240	2410	-9.2	4190
西班牙	563249	13580	14350	1.0	15290
英国	1152136	18700	19600	1.5	19960
乌克兰	60904	1630	1200	-13.5	2230
澳大利亚	367802	18720	20090	2.7	19870
新西兰	57135	14340	15720	1.7	16500

资料来源：世界银行《世界图表集》1998年。

4－6 国内生产总值增长率

单位：%

	1980－1990年	1990－1996年	1988年	1989年	1990年	1991年	1992年	1993年	1994年	1995年	1996年
世　界			4.4	3.5	2.2	0.9	1.7	1.7	3.0	2.7	3.0
低收入国家			8.4	4.8	3.9	4.1	7.6	7.6	8.5	8.2	8.1
中等收入国家			2.4	2.3	0.3	0.1	－0.9	0.8	0.6	1.7	3.0
下中收入国家			2.7	2.5	0.7	－1.0	－2.7	－0.9	－2.4	2.1	1.9
上中收入国家			1.9	2.1	－0.2	1.8	1.8	3.3	4.8	1.1	4.3
高收入国家			4.5	3.7	2.5	0.8	1.7	1.4	3.0	2.4	2.6
非经合组织成员国			5.0	7.4	6.6	6.6	6.3	8.4	6.2	5.9	
经合组织成员国			4.5	3.6	2.4	0.7	1.6	1.2	2.9	2.4	2.5
中、低收入国家按地区分组			3.9	3.0	1.3	1.2	1.5	2.8	3.1	3.8	4.9
东亚和太平洋			9.9	6.3	5.8	8.3	11.0	10.9	10.7	9.7	8.8
欧洲和中亚			3.1	1.4	－2.9	－5.9	－9.7	－5.2	－8.1	－0.4	－0.4
拉丁美洲和加勒比			0.9	1.4	0.2	3.6	3.0	3.8	4.9	0.3	3.5
中东和北非				2.3	3.1	2.7	4.6	1.4	2.0	2.4	
南　亚			9.2	6.1	5.6	1.2	5.6	4.6	6.9	6.9	7.0
撒哈拉以南非洲			3.5	3.4	1.0	0.7		1.3	2.2	3.8	4.6
阿尔巴尼亚	1.2	－0.5	－1.4	9.8	－10.0	－27.7	－7.2	9.6	9.4	8.9	9.1
阿尔及利亚	2.7	0.5	－1.6	5.0	－1.5	－1.4	1.8	－1.9	－1.1	3.9	3.8
安哥拉		0.1	5.6	0.4	－0.3	0.8	0.1	－21.0	7.3	10.9	7.0
安提瓜和巴布达	6.3		7.0	5.2	3.7	5.1	0.3	3.4	4.2		
阿根廷	－0.9	3.0	－1.8	－6.3	0.2	8.9	8.6	6.0	7.4	－4.6	4.4
亚美尼亚	3.1		－2.8	16.1	－8.7	－11.3	－57.8	－16.8	6.3	6.9	
阿鲁巴			17.0	9.0	12.0	4.0	4.0	4.0	6.0		
澳大利亚	2.9	2.1	4.2	3.0	－0.8	0.3	3.3	4.9	4.4	3.9	4.0
奥地利	2.3	1.0	3.2	4.2	4.6	3.4	1.4	0.5	2.3	1.5	1.1
阿塞拜疆		－9.6	0.2	－6.3	－11.7	－0.7	－35.2	－23.1	－15.7	－13.3	1.2
巴哈马	2.9		2.3	2.3	1.1	－2.7	－2.0	1.9	0.3	－0.3	
巴　林	0.8		11.6	1.7	1.2	4.9	7.5	8.2	2.2	2.7	
孟加拉国	4.7	2.6	2.8	2.5	6.6	3.4	4.2	4.4	4.1	4.4	5.3
巴巴多斯	1.3		7.0	5.5	－5.2	－2.7	－4.9	1.2	4.7	0.4	
白俄罗斯		－4.2	5.5	8.3	－1.7	－0.6	－9.2	－10.7	－12.6	－10.1	2.6
比利时	1.9	0.8	4.9	3.4	3.7	1.6	1.7	－1.4	2.3	1.9	1.4
伯利兹	4.9	2.3	9.0	12.9	10.7	3.7	9.4	3.2	1.8	3.4	1.7
贝　宁	3.1	2.7	2.1	0.8	－1.0	5.1	4.0	3.4	4.8	4.3	5.8
百慕大	1.2		4.1	0.4		－3.5	－0.1	－2.4			
不　丹	7.4		3.1	2.6	5.6	5.0	3.8	4.5	5.2	6.8	
玻利维亚	0.3		3.8	2.9	5.2	4.6	2.8	4.1	4.2	3.7	
博茨瓦纳	10.1	2.8	15.6	13.0	5.7	8.7	6.4	－0.1	4.1	3.1	6.2
巴　西	1.5	1.5	－0.3	3.3	－4.6	0.5	－1.2	4.5	5.8	3.0	2.9
文　莱	－1.3		1.9	－0.3	2.9	3.8	－0.3	0.5	1.8	2.0	
保加利亚	2.9	－2.9	10.9	－2.5	－9.9	－13.5	－7.2	－2.3	2.4	1.8	－9.0
布基纳法索	3.5	2.2	5.9	1.1	－1.2	9.3	2.6	－0.9	1.3	3.9	6.1
布隆迪	4.5	－2.1	5.0	1.4	3.6	5.2	0.7	－6.3	－3.5	－7.6	－8.8
柬埔寨		4.0	12.4	3.0	1.0	7.8	8.0	5.1	4.6	7.8	7.3
喀麦隆	3.3	－0.4	－7.8	－1.9	－6.1	－3.6	－3.0	－3.1	－2.4	3.5	5.0
加拿大	2.9	0.9	5.0	2.4	－0.3	－1.8	0.8	2.3	4.1	2.3	1.5

续表1 单位: %

	1980－1990年	1990－1996年	1988年	1989年	1990年	1991年	1992年	1993年	1994年	1995年	1996年
佛得角		2.7	7.3	7.4	0.0	1.2	3.1	10.3	3.6	4.7	4.7
中非共和国	1.3	0.2	1.3	3.4	－1.1	－0.5	－2.6	－2.3	7.8	2.4	－2.8
乍得	5.4	1.4	16.2	5.4	－3.5	7.5	7.9	－15.8	9.8	4.0	2.8
智利	3.6	4.4	7.3	9.9	3.2	7.2	11.0	6.2	4.2	8.5	7.2
哥伦比亚	3.4	2.5	4.1	3.4	3.8	2.3	4.0	5.5	5.9	5.3	2.0
科摩摩	3.0	0.2	2.7	－3.2	5.1	－5.5	7.7	3.8	－2.3	－2.3	1.0
刚果(金)	0.9	－3.7	0.5	－1.3	－6.6	－8.4	－10.5	－13.5	－3.9	－0.6	1.3
刚果(布)	4.9	0.4	1.8	2.6	1.0	1.5	2.6	－1.0	－5.5	2.2	4.8
哥斯达黎加	2.4	2.2	3.5	5.7	3.6	2.2	7.8	6.4	4.5	2.4	－0.5
科特迪瓦	0.8	1.5	1.3	3.0	－1.1	0.1	－0.1	－0.2	1.9	8.0	5.9
塞浦路斯	6.2		8.7	7.9	7.1	0.5	9.8	1.6	5.1		
捷克共和国								－0.9	2.6	5.9	4.1
丹麦	2.0	1.2	1.2	0.6	1.4	1.3	0.2	1.5	4.2	2.7	2.5
多米尼克	5.6		7.6	－1.0	6.3						
多米尼加	2.5	2.8	2.3	4.6	－5.7	1.3	7.6	3.0	4.0	5.0	7.4
厄瓜多尔	2.1	1.9	10.7	0.2	2.9	5.0	3.6	2.1	4.4	2.3	1.9
埃及	5.5	2.2	5.2	4.8	5.6	1.1	4.4	2.9	3.9	4.6	5.0
萨尔瓦多	－0.5	3.2	1.8	0.9	4.9	3.4	7.6	7.0	5.7	6.3	2.5
赤道几内亚		10.9	3.0	－1.3	3.3	－1.0	14.1	29.4	6.6	38.0	30.9
爱沙尼亚	1.6	－3.7	2.4	3.6	－8.4	－8.9	－19.6	－10.3	－2.9	4.1	3.6
埃塞俄比亚		2.1	0.4	0.4	3.8	－4.7	－3.5	12.5	2.3	5.6	10.3
斐济	1.8	1.5	0.9	13.5	1.8	－0.3	4.9	2.2	4.0	1.3	2.9
芬兰	3.1	…	4.9	5.7	…	－7.1	－3.6	－1.2	4.4	4.2	3.3
法国	2.4	0.7	4.5	4.3	2.5	0.8	1.1	－1.2	2.9	2.2	1.3
加蓬	0.5	1.6	4.2	7.4	4.2	7.5	－3.4	2.2	3.0	3.7	3.2
冈比亚	3.9		1.1	5.2	5.8	0.5	7.0	6.7	1.0	－6.5	
格鲁吉亚	－0.4		5.6	－7.2	－14.8	－20.1	－40.3	－39.4	－11.4	2.4	
加纳	2.2	2.7	5.5	4.9	3.1	5.3	3.6	4.8	3.7	4.4	5.0
希腊	1.6	1.1	4.5	3.8	…	3.0	0.5	0.2	2.2	2.0	2.6
格林纳达	4.8		6.7	4.9	4.9	3.4	1.1	－1.2	2.2	2.7	
危地马拉	0.9	2.4	3.9	3.9	3.1	3.7	4.8	3.9	4.0	4.9	3.0
几内亚		2.3	6.3	4.0	4.3	2.4	3.0	4.7	4.0	4.4	4.5
几内亚比绍	5.0	2.2	4.5	6.2	5.6	4.4	1.1	2.9	3.6	4.8	5.2
圭亚那	－3.4		－3.9	－4.8	－3.4	6.4	8.4	8.3	9.0	5.5	
海地	－0.4	－2.6	0.8	1.1	－0.1	－3.0	－14.8	－2.6	－10.6	4.5	2.0
洪都拉斯	2.4	2.1	4.9	3.8	…	3.1	5.7	6.8	－1.4	3.9	3.1
匈牙利	1.5	－0.5	－0.3	0.3	－2.5	－6.9	－3.1	－0.6	2.9	1.5	1.3
冰岛	2.7	0.9	－0.1	0.3	1.2	1.3	－3.3	0.9	3.5	1.2	5.7
印度	5.8	3.3	10.0	6.6	5.6	0.5	5.4	4.9	7.5	7.3	7.5
印度尼西亚	6.3	4.6	6.3	9.0	8.9	8.9	7.2	7.2	7.5	8.2	7.6
伊朗	2.5		－5.6	3.8	10.3	10.0	6.8	2.5	1.2	2.7	
伊拉克	－10.2		－10.0	7.5	－30.7	－50.6					
爱尔兰	3.6	3.6	5.4	5.9	8.4	2.6	4.6	3.7	7.3	10.7	7.3
以色列	3.6		2.0	0.9	6.8	7.7	5.6	5.6	6.9	7.0	
意大利	2.2	0.6	3.9	2.9	2.2	1.1	0.6	－1.2	2.1	3.0	0.8
牙买加	2.5	0.4	2.8	6.8	5.5	0.7	1.6	1.4	1.1	0.5	－1.7

续表2

单位：%

	1980－1990年	1990－1996年	1988年	1989年	1990年	1991年	1992年	1993年	1994年	1995年	1996年
日　本	4.0	1.1	6.2	4.9	5.1	3.8	1.0	0.3	0.6	1.4	3.6
约　旦	2.1	4.2	－1.5	－13.8	1.2	1.9	16.0	5.2	7.9	6.9	5.2
哈萨克斯坦		－5.7	3.2	－1.2	－4.6	－6.8	－13.0	－9.6	－18.0	－8.2	0.5
肯尼亚	4.1	1.2	6.2	4.7	4.2	1.5	－0.7	0.4	2.6	4.5	4.3
吉里巴斯	1.1	1.2	13.1	1.7	－1.4	3.5	0.8	1.0	1.7	3.4	1.9
韩　国	9.1	4.4	11.3	6.4	9.7	9.2	5.0	5.8	8.6	9.0	7.1
科威特			－7.4	21.1				40.2	1.3	2.9	
吉尔吉斯		－6.5	13.2	2.8	6.9	－9.1	－15.8	－16.3	－20.1	－5.4	5.6
老　挝		3.8	－2.1	14.3	6.7	4.1	6.9	5.9	8.2	7.0	6.8
拉脱维亚	3.3	－6.2	5.1	5.7	－1.3	－10.2	－33.5	－13.4	0.1	－0.3	2.1
黎巴嫩	54.4	6.3	31.4	－42.5	26.5	38.2	4.5	7.0	8.0	6.5	4.0
莱索托	4.2	4.0	13.8	13.3	2.9	4.3	－0.4	4.9	11.4	9.1	11.9
立陶宛		－3.1	11.4	3.3	－3.3	－13.1	11.5	－30.4	1.0	3.0	3.6
卢森堡	4.5	3.1	10.4	9.8	2.2	6.1	4.5	8.7	4.2	3.8	3.9
马达加斯加	0.5	…	3.4	4.1	3.2	－6.7	1.2	2.0	…	1.8	2.0
马拉维	2.2	2.2	3.1	0.6	8.8	6.2	－10.0	15.2	－12.9	13.5	14.5
马来西亚	5.9	5.1	8.8	9.1	9.7	8.8	7.8	8.4	9.4	9.5	8.0
马尔代夫		4.0	8.7	9.3	16.2	7.6	6.3	6.2	6.6	7.2	6.5
马　里	2.2	1.7	－0.2	11.8	0.4	－0.5	8.0	－2.4	2.3	6.4	4.0
马耳他	3.9		8.4	8.2	6.3	6.3	4.7	4.5	3.1	9.0	
毛里塔尼亚	1.5	2.4	1.8	4.2	－2.1	2.8	1.8	5.9	4.4	4.7	4.5
毛里求斯	6.0	3.0	6.8	4.4	7.2	4.2	6.2	5.5	4.2	4.3	6.1
墨西哥	1.8	1.3	1.3	4.4	5.4	4.0	3.6	1.7	4.4	－6.2	5.9
蒙　古		－1.1	5.1	4.2	－2.5	－9.3	－9.4	－2.8	2.3	6.3	2.6
摩洛哥	3.8	1.7	10.2	2.3	4.2	6.6	－3.6	－1.0	11.1	－6.3	11.5
莫桑比克		3.9	9.8	6.6	3.0	7.1	1.0	22.0	5.8	－0.7	6.1
缅　甸	1.2	3.7	－11.5	3.7	2.7	－0.9	9.8	5.8	7.3	9.8	5.9
纳米比亚		2.5	0.2	2.0	…	5.2	6.7	－1.6	7.1	5.1	3.2
尼泊尔	4.7	3.1	7.7	4.3	4.7	6.3	4.0	3.8	8.2	3.4	5.3
荷　兰	2.2	1.3	2.6	4.7	4.1	2.3	2.1	0.8	3.4	2.1	2.7
新西兰	1.7	1.6	－0.6	0.7	－0.4	－1.2	1.1	6.3	5.4	3.0	2.1
尼加拉瓜	－1.4	1.2	－11.6	－1.3	0.1	－0.8	0.8	－0.3	4.0	4.3	4.7
尼日尔	－0.7	0.7	5.0	－3.5	5.2	2.5	－6.5	1.4	4.0	2.6	3.3
尼日利亚	1.3	1.7	9.9	7.2	8.2	4.8	2.9	2.7	1.0	2.3	3.5
挪　威	2.4	2.3	－0.1	1.1	2.0	3.1	3.3	2.8	5.5	3.6	4.8
阿　曼	8.8		5.8	3.5	7.5	9.5	6.9	7.0	3.5	3.2	
巴基斯坦	6.3	2.8	7.8	4.8	4.5	5.5	7.8	1.9	3.9	5.1	4.6
巴拿马	1.4	3.0	－13.4	1.5	8.1	9.5	8.2	5.5	2.9	1.7	2.5
巴布亚新几内亚	1.3	4.2	3.0	－1.9	－3.0	10.2	12.4	17.4	5.0	－3.1	2.3
巴拉圭	2.8	1.7	6.5	5.8	3.1	2.4	1.8	4.2	3.0	4.8	1.3
秘　鲁	－1.0	3.3	－8.3	－11.7	－5.4	7.0	－1.8	6.4	13.1	7.0	2.8
菲律宾	1.6	1.7	6.8	6.2	2.7	－0.2	0.3	2.1	4.4	4.8	5.7
波　兰	－0.1	1.6	4.0	0.3	－10.8	－6.3	2.0	3.8	4.2	7.1	5.9
葡萄牙	2.9	1.0	4.9	4.9	4.6	2.3	1.8	0.3	0.7	1.9	3.0
波多黎各	3.7		6.5	5.3	3.9	2.4	3.2	3.2			
罗马尼亚		－0.5	…	－6.9	－4.9	－12.4	－8.7	2.5	4.1	7.1	4.1

续表3 单位：%

	1980－1990年	1990－1996年	1988年	1989年	1990年	1991年	1992年	1993年	1994年	1995年	1996年
俄罗斯	2.4	－5.1	2.9	1.9	－3.0	－5.0	－14.5	－8.7	－12.6	－4.1	－4.9
卢旺达	2.3	－3.8	6.6	－0.5	－3.7	－4.5	8.3	－10.0	－49.1	28.2	11.4
萨摩亚	－0.1	0.8	－1.4	3.7	－4.4	－0.4	－3.3	4.1	－6.5	9.5	5.8
圣多美和普林西比	0.5		2.0	3.1	－2.2	1.5	0.7	1.1	2.2	2.0	
沙特阿拉伯	－1.1	1.4	7.4	…	8.7	8.4	2.8	－0.6	0.5	0.5	2.4
塞内加尔	3.1	1.2	5.1	－1.4	4.5	－0.7	2.8	－2.1	2.0	4.8	5.6
塞舌尔	3.3	1.3	4.2	10.3	7.5	2.7				－1.8	1.7
塞拉利昂	1.0	－2.1	2.0	4.9	2.6	－8.7	－9.4	0.1	3.6	－9.9	4.8
新加坡	7.3	4.9	11.6	9.6	9.0	7.3	6.2	10.4	10.6	8.8	6.9
斯洛伐克		－0.9	2.0	1.2	－2.8	－14.8	－7.7	－2.9	4.3	7.2	6.7
所罗门群岛	6.6	2.4	3.6	8.1	1.8	3.6	9.4	1.8	5.3	8.5	－3.9
索马里	1.9		－0.6	－0.2	－1.5						
南非	1.4	0.7	3.7	2.5	－0.5	－1.0	－2.6	1.5	2.8	3.1	3.3
西班牙	3.0	0.9	5.2	4.8	3.7	2.3	0.7	－1.2	2.1	2.8	2.2
斯里兰卡	4.4	2.6	2.7	2.1	6.3	0.7	4.0	6.9	5.5	5.5	3.8
圣基茨尼维斯	5.1		8.6	8.2	1.9	1.9	3.9	7.1	4.7	3.9	
圣卢西亚			13.1	9.0	3.8	2.2	6.9	2.4	1.7		
圣文森特	6.6		9.1	6.4	5.6	3.1	4.9	2.1	0.2	4.4	
苏丹	1.2		－4.3	7.4	－1.5	0.7	11.3	7.6	5.5		
斯威士兰	6.6	1.7	8.3	8.7	9.4	3.4	1.8	2.8	3.4	2.6	2.5
瑞典	2.0	0.3	2.3	2.4	1.4	－1.1	－1.4	－2.2	3.3	3.6	1.1
瑞士	2.1	－0.1	2.9	3.9	2.3	－0.8	－0.1	－0.5	0.5	0.8	－0.7
叙利亚	2.2		14.5	－10.7	8.4	6.9	10.6	6.7	6.2	6.0	
塔吉克斯坦		－9.4	9.7	－4.4	－2.4	－8.7	－30.0	－11.1	－21.5	－12.5	－4.4
泰国	7.9	4.8	13.3	12.2	11.7	8.0	8.1	8.3	8.8	9.2	6.4
多哥	1.1	…	6.7	4.1	－0.2	－0.7	－3.9	－18.2	12.8	7.1	6.2
汤加		1.6	－1.9	0.4	－2.2	6.6	0.3	3.8	4.7	2.6	－1.8
特立尼达和多巴哥	－1.9	0.9	－3.9	－0.8	1.6	2.7	－1.7	－1.7	3.8	2.4	3.2
突尼斯	3.6	2.6	－0.1	2.2	7.9	4.0	7.7	2.1	3.2	2.3	7.0
土耳其	5.2	2.2	2.2	0.2	9.0	1.0	5.8	8.2	－5.5	7.1	6.7
土库曼斯坦		－5.2	11.0	－4.3	0.7	－5.1	－4.7	－9.8	－18.9	－8.9	－2.4
乌干达		4.3	8.0	6.3	6.4	5.4	3.2	8.3	6.1	11.1	9.1
乌克兰		－7.8	2.6	3.9	－6.4	－8.4	－7.2	－14.2	－23.0	－12.2	－10.0
阿拉伯联合酋长国			－2.3	13.5	17.9						
英国	2.6	0.8	5.0	2.2	0.4	－2.0	－0.5	2.1	3.9	2.5	2.2
美国	2.6	1.3	3.8	3.1	1.1	－1.0	2.8	2.5	3.7	2.4	2.4
乌拉圭	－0.1	2.2	…	1.4	0.6	3.0	7.9	2.4	6.6	－2.2	4.9
乌兹别克斯坦		－1.8	9.1	3.1	2.0	－0.5	－11.1	－2.3	－4.2	－1.2	1.9
瓦努阿图	3.6	0.7	0.5	4.4	5.1	－8.9	0.6	7.6	2.0	3.2	3.0
委内瑞拉	0.8	1.4	5.8	－8.6	6.5	9.7	6.1	0.3	－2.9	3.4	－1.6
越南		5.0	5.1	7.4	5.1	6.0	8.6	8.1	8.8	9.5	9.3
美属维尔京群岛			1.6	7.1							
赞比亚	1.0	－0.3	5.3	－0.9	0.3	－0.4	0.9	3.3	－7.8	－3.8	4.9
津巴布韦	3.4	1.1	9.2	6.3	－1.4	5.6	－8.2	2.5	6.0	－1.8	7.3

资料来源：世界银行《世界发展指标》1998年。

4－7 人均国民生产总值增长率

单位：%

	1970－80年	1980－90年	1990－96年	1988年	1989年	1990年	1991年	1992年	1993年	1994年	1995年	1996年
世　　界				**2.60**	**1.84**	**0.22**	**－0.88**	**0.19**	**0.14**	**1.34**	**1.23**	**1.74**
孟加拉国	－1.36	2.58	2.7	0.52	0.52	4.50	1.60	2.53	2.85	2.76	2.69	3.84
印　　度	－0.86	－3.44	3.8	7.39	4.44	3.46	－1.65	3.50	3.04	5.53	5.44	5.13
印度尼西亚	4.94	4.42	5.9	5.45	7.21	6.84	6.94	5.41	6.00	5.90	5.68	5.80
伊　　朗		1.48	1.0	－8.36	1.00	7.70	8.10	3.17	1.14	－3.45	0.08	0.63
以 色 列	－2.70	－1.78	3.2	0.88	－0.87	3.80	1.90	1.95	3.32	4.39	4.11	
日　　本	－3.24	－3.48	1.2	5.82	4.54	4.74	3.52	0.95	0.02	0.18	1.01	3.65
哈萨克斯坦		0.24	－10.3	2.06	－2.28	－5.34	－7.56	－15.44	－7.64	－17.44	－7.52	1.75
马来西亚	5.27	3.27	6.1	6.54	6.22	8.46	4.97	5.09	6.19	6.74	6.82	5.80
蒙　　古			－2.3	3.61	2.88	－5.22	－5.23	－9.55	－8.34	3.49	6.83	－0.08
缅　　甸	2.34	－1.01		－13.06	1.43	1.20	－2.73	36.95	－18.26	4.93	8.00	
韩　　国	－8.93	－7.36	6.2	11.08	5.98	8.50	8.14	4.04	4.96	7.45	7.39	5.62
巴基斯坦	－1.82	－3.70	1.1	2.44	0.89	1.32	0.55	3.66	－1.21	0.51	2.74	0.35
菲 律 宾	－3.33	0.59	1.0	4.71	3.06	1.79	－1.59	－0.93	－0.96	2.84	2.56	4.50
新 加 坡	6.88	6.36	6.6	10.51	8.65	6.55	4.38	5.99	5.43	10.60	5.82	5.56
斯里兰卡	2.77	2.76	3.4	.1.22	0.80	5.05	1.40	2.95	4.93	4.41	3.74	0.53
泰　　国	3.87	6.01	6.7	11.53	10.62	9.82	5.95	6.09	6.79	7.34	8.17	4.36
土 耳 其	－2.53	－2.79	1.7	－0.63	－0.60	6.78	－1.63	4.23	6.27	－7.77	5.99	5.03
埃　　及	3.63	3.28	2.2	7.38	0.76	2.55	－3.10	5.25	1.18	2.45	2.87	3.50
尼日利亚	0.78	－1.09	1.2	8.64	3.87	2.48	4.18	0.31	0.44	0.74	1.27	1.93
南　　非	－0.49	0.95	－0.2	2.34	0.79	－2.54	－1.77	－3.88	0.09	1.35	1.54	0.98
加 拿 大	－2.88	－1.50	0.6	3.50	0.33	－2.04	－2.63	－0.97	0.99	2.69	1.30	0.47
墨 西 哥	3.35	－0.69	－0.3	－0.17	16.08	－8.57	2.61	1.76	－0.40	2.20	－9.34	4.75
美　　国	－1.65	－1.64	1.2	2.94	2.12	0.22	－2.19	1.50	1.34	2.50	1.35	1.36
阿 根 廷	－1.02	2.71	3.9	－2.91	－11.57	3.37	8.82	8.45	5.04	5.74	－5.61	2.66
巴　　西	－5.38	0.42	2.0	－2.26	2.61	－11.37	－1.02	1.01	－0.05	4.58	1.62	6.73
委内瑞拉	－0.29	－2.07	－0.3	2.90	－12.06	5.12	8.38	2.45	－1.95	－5.16	2.09	－3.67
白俄罗斯	6.11	3.83	－8.6	3.24	7.77	－3.03	－1.23	－10.01	－11.08	－12.67	－10.01	2.91
保加利亚		－1.57	－1.8	9.92	－2.39	－13.03	－13.39	1.56	－2.36	5.70	－1.17	－8.75
捷克共和国			0.9	1.97	4.47	－1.23	－13.71	－6.51	3.47	6.20	6.95	4.56
法　　国	－2.62	－1.71	0.7	4.09	3.28	1.64	0.20	0.28	－1.72	2.47	2.09	0.97
德　　国	－2.60	－2.12	0.7	－3.12	－3.59	－4.82	－11.24	－1.20	2.33			
意 大 利	－3.15	－1.92	0.9	3.80	2.62	1.57	0.89	0.18	－1.44	2.17	2.96	0.67
荷　　兰	2.07	1.44	1.8	1.44	4.82	3.28	1.49	1.10	0.40	3.07	1.54	3.85
波　　兰		－0.98	3.3	3.73	0.41	－9.59	－6.73	1.85	3.66	4.02	8.21	6.18
罗马尼亚		0.12	0.1	－0.12	－6.83	－4.85	－12.64	－7.57	2.41	4.34	6.17	4.70
俄 罗 斯		－1.83	－9.2	2.23	1.37	－3.57	－5.48	－15.34	－8.36	－12.54	－4.39	－4.96
西 班 牙	－2.37	－2.47	1.0	4.75	4.77	3.51	1.96	0.29	－1.04	0.97	3.60	1.58
乌 克 兰	－3.61	－2.26	－13.5	2.11	3.37	－6.59	－8.59	－7.54	－16.23	－21.27	－12.12	－8.49
英　　国	1.79	2.30	1.5	4.34	1.66	－0.57	－2.40	－0.04	1.74	3.72	2.29	2.28
澳大利亚	1.76	1.14	2.7	1.86	0.55	－2.24	－0.27	2.74	3.98	3.01	2.68	2.60
新 西 兰	－0.98	－0.67	1.7	－0.72	－1.53	－0.47	－2.72	2.18	4.81	1.62	1.80	－0.58

资料来源：世界银行《世界发展指标》1998年。

4－8 第一产业对国内生产总值增长的贡献

单位：%

	1986年	1987年	1988年	1989年	1990年	1991年	1992年	1993年	1994年	1995年	1996年
阿根廷		－0.26	0.79	－0.83	1.00	0.38	0.01	－0.09	0.31	－0.36	0.34
澳大利亚	0.18	－0.20	0.01	0.33	0.30	－0.22	0.24	0.10	－0.84	0.70	
孟加拉国	1.40	0.17	－0.31	－0.42	3.80	0.63	0.84	0.68	0.13	－0.37	1.23
白俄罗斯			－3.15	2.42	－3.10	－0.53	－2.47	－1.75	－2.36	－1.18	0.27
巴西	－0.77	1.21	0.08	0.26	－0.34	0.24	0.50	－0.12	0.72	0.47	0.21
保加利亚	2.77	－2.16	0.90	－0.57	－0.41	0.92	－1.14	－1.33	0.55	－0.33	－1.27
加拿大	0.38	－0.17	－0.08	0.17	0.08	－0.12	－0.13	0.16	0.08	0.03	
埃及	0.42	0.41	0.71	0.56	0.53	0.45	0.37	0.46	0.70	0.53	0.55
法国	0.03	0.05	－0.01	0.12	0.07	－0.12	0.35	－0.28	0.01	0.06	
印度	－0.53	0.11	4.53	0.49	1.06	－0.64	1.62	0.97	1.23	－0.03	1.36
印度尼西亚	0.64	0.52	1.15	1.13	0.68	0.60	1.24	0.33	0.10	0.73	0.32
伊朗	0.91	0.58	－0.61	0.94	2.04	1.28	1.76	1.31	0.49	0.91	
意大利	0.08	0.11	－0.16	0.03	－0.14	0.28	0.09	－0.06	0.02	0.01	
日本	－0.01	0.10	－0.08	0.09	0.01	－0.19	0.13	－0.28	0.16	－0.11	
韩国	0.60	－0.74	0.91	－0.10	－0.43	0.04	0.44	－0.22	0.11	0.24	0.21
马来西亚	0.77	1.34	1.05	1.12	0.06	0.01	0.73	0.65	－0.14	0.15	0.19
墨西哥	－0.23	0.12	－0.33	－0.01	0.44	0.18	－0.07	0.23	0.01	0.13	0.08
蒙古	0.81	－2.20	0.34	1.47	－0.67	－2.13	1.30	3.98	1.31	1.28	1.02
缅甸	0.28	－2.67	－6.91	2.40	1.01	－1.30	5.65	2.47	3.15	5.57	2.78
荷兰	0.36	－0.19	0.17	0.28	0.39	0.11	0.17	0.06	0.32	0.17	
新西兰	0.02	0.71	－0.17	－0.36	1.01	0.04	－0.89	1.17	－0.12	－0.07	
尼日利亚	3.20	－1.18	3.53	1.75	1.49	1.20	0.69	0.45	0.79	0.94	1.24
巴基斯坦	1.43	0.81	0.64	1.55	0.69	1.12	2.15	－1.20	1.11	1.42	1.15
菲律宾	0.89	0.78	0.78	0.70	0.11	0.30	0.09	0.48	0.59	0.18	0.64
波兰	0.67	－0.69	0.21	－0.01	－0.46	0.20	－1.31	0.71	－1.85	1.18	0.27
罗马尼亚			0.73	－0.96	5.29	－2.52	－2.64	2.64	0.67	1.03	
新加坡	－0.08	－0.06	－0.06	－0.03	－0.03	－0.03	0.00	－0.01	0.01	0.02	0.01
南非	0.36	0.15	0.16	0.84	－0.46	0.27	－1.72	1.13	0.69	－0.93	1.33
西班牙		0.60	0.18	－0.35	0.15	－0.02	－0.06	－0.02	－0.46	－0.53	
斯里兰卡	0.69	－1.53	0.51	－0.28	1.99	0.45	－0.38	1.11	0.74	0.72	－0.99
泰国	0.07	0.01	1.65	1.48	－0.56	0.72	0.76	－0.24	0.47	0.72	0.31
土耳其	0.69	0.13	1.43	－1.44	1.13	－0.06	0.57	0.01	－0.07	0.15	0.69
美国	0.02	0.06	－0.12	0.15	0.16	0.08	0.25	－0.16			
委内瑞拉	0.49	0.24	0.30	－0.33	－0.10	0.14	0.10	0.16	－0.06	0.02	0.02
越南	0.98	－0.23	1.56	5.95	0.62	0.87	2.79	1.45	2.59	1.71	1.65

资料来源：世界银行《世界发展指标》1998年。

4－9 第二产业对国内生产总值增长的贡献

单位：%

	1986年	1987年	1988年	1989年	1990年	1991年	1992年	1993年	1994年	1995年	1996年
阿根廷	3.97	1.57	－1.50	－3.48	0.01	4.00	3.37	2.15	2.37	－1.67	1.60
澳大利亚	0.00	2.36	1.90	0.64	－0.59	－0.99	0.58	1.35	1.07	0.45	
孟加拉国	0.39	1.15	0.78	0.73	0.99	0.67	1.11	1.28	1.29	1.44	0.95
白俄罗斯			4.75	3.10	2.34	0.53	－2.98	－6.42	－10.76	－6.57	1.44
巴西	4.82	0.44	－1.07	1.16	－3.41	－2.66	－1.33	2.36	2.53	0.76	1.05
保加利亚	3.19	3.35	6.09	0.59	－7.91	－11.39	－4.03	－4.91	3.61	0.00	－5.15
加拿大	0.16	1.49	1.50	0.26	－0.81	－1.39	－0.04	0.91	1.74	0.56	
埃及	0.44	0.59	1.46	1.60	1.42	1.39	0.41	0.59	1.44	1.35	1.32
法国	0.21	0.01	1.72	1.32	0.56	－0.19	－0.43	－0.90	0.73	0.65	
印度	1.77	1.59	2.29	2.56	1.87	－0.34	1.08	1.73	2.44	3.05	1.93
印度尼西亚	2.51	2.27	2.50	3.77	4.26	4.43	3.18	3.86	4.48	4.30	4.42
伊朗	－2.26	1.39	0.28	1.62	3.85	3.51	0.81	0.58	－0.02	0.87	
日本	－0.08	2.32	3.37	2.67	2.93	2.10	－0.31	－0.85	－0.16	0.92	
韩国	5.94	6.95	5.18	2.91	5.90	4.66	1.54	2.77	4.00	4.47	3.31
马来西亚	1.49	2.35	4.52	4.55	5.00	4.37	3.54	4.06	5.08	5.80	4.76
墨西哥	－2.03	1.17	0.86	2.23	2.48	1.26	1.62	0.11	1.78	－2.87	3.78
蒙古	2.53	1.68	2.64	2.18	0.75	－5.14	－6.95	－4.59	0.21	4.67	0.02
缅甸	－0.69	－0.54	－1.73	1.49	0.59	0.17	1.44	1.28	1.29	1.88	1.21
荷兰	0.49	－0.09	0.86	1.20	0.85	0.24	－0.06	0.07	0.98	0.46	
新西兰	0.31	－0.73	－0.80	0.10	－1.44	－0.82	0.57	1.86	1.68	0.79	
尼日利亚	－2.08	－0.98	3.25	2.95	2.10	2.80	0.11	－0.23	－0.86	0.41	0.27
巴基斯坦	1.68	1.82	2.11	1.02	1.43	1.52	1.77	1.28	1.09	1.09	0.86
菲律宾	0.80	1.38	3.01	2.59	0.91	－0.95	－0.19	0.56	1.97	2.41	2.23
波兰	2.18	1.56	2.51	－0.96	－10.71	－5.95	1.21	3.00	3.87	4.42	3.22
罗马尼亚			0.32	－5.27	－7.88	－6.40	－5.96	1.13	2.31	4.22	
新加坡	－0.52	3.82	4.85	3.12	3.39	3.04	2.20	3.49	4.89	3.61	2.51
南非	－0.60	－0.04	2.01	0.64	－0.63	－1.35	－0.77	0.22	0.53	1.62	0.24
西班牙		1.91	1.97	1.98	1.34	0.62	－0.44	－1.27			
斯里兰卡	1.41	1.49	1.04	0.86	1.99	1.07	0.58	2.53	2.17	2.11	1.69
泰国	2.51	4.52	5.46	5.99	5.87	4.43	3.83	4.15	4.42	4.10	3.19
土耳其	3.55	2.94	0.22	1.49	2.04	0.86	2.03	3.15	－1.42	2.31	2.01
美国	0.03	1.81	1.47	0.06	0.05	－0.54	0.32	1.23			
委内瑞拉	3.01	1.56	2.58	－3.90	4.18	4.76	2.69	0.89	－1.03	2.26	0.02

资料来源：世界银行《世界发展指标》1998年。

4-10 第三产业对国内生产总值增长的贡献

单位：%

	1986年	1987年	1988年	1989年	1990年	1991年	1992年	1993年	1994年	1995年	1996年
阿根廷	3.28	1.22	−1.09	−1.93	−0.84	4.48	5.20	3.91	4.71	−2.57	2.46
澳大利亚	2.34	3.08	2.26	2.04	−0.54	1.53	2.44	3.50	4.19	2.72	
孟加拉国	2.57	2.78	2.36	2.15	1.86	2.07	2.21	2.44	2.71	3.28	3.16
白俄罗斯			3.66	2.48	0.05	−1.12	−3.75	−2.17	−0.00	−1.98	1.22
巴西	3.60	1.31	0.73	1.51	−0.45	2.77	−0.27	1.83	1.98	2.34	1.41
保加利亚	−2.23	5.63	3.89	−2.54	−1.56	−3.03	−2.06	3.95	−1.73	2.16	−2.57
加拿大	2.72	2.83	3.55	1.93	0.44	−0.32	0.98	1.19	2.25	1.71	
埃及	1.72	1.42	2.63	2.18	2.50	1.48	1.10	1.33	1.47	2.47	2.74
法国	2.32	2.22	2.83	2.81	1.89	1.14	1.18	−0.07	2.11	1.45	
印度	2.60	2.14	2.59	3.08	1.85	1.75	2.02	2.70	2.83	3.34	2.83
印度尼西亚	2.77	2.47	2.70	4.13	4.01	3.85	2.80	3.04	2.92	3.17	2.84
伊朗	−8.05	−3.48	−5.30	1.27	4.38	5.21	4.19	0.59	0.77	0.88	
日本	2.92	1.78	2.95	2.11	2.19	1.92	1.17	1.38	0.61	0.59	
韩国	5.12	5.54	5.22	3.63	4.20	4.51	3.05	3.25	4.51	4.27	3.62
马来西亚	−1.50	1.51	3.26	3.44	4.64	4.38	3.56	3.64	4.41	3.58	3.07
墨西哥	−1.68	0.74	0.74	2.17	2.45	2.58	2.07	1.36	2.57	−3.47	2.00
蒙古	5.99	3.83	2.11	0.58	−2.61	−2.01	−3.72	−2.18	0.82	0.37	1.54
缅甸	−0.42	−0.89	−2.84	−0.15	1.08	0.25	2.67	2.09	2.85	2.39	1.95
荷兰	1.92	1.69	1.58	3.21	2.90	1.94	1.95	0.63	2.10	1.52	
新西兰	1.74	0.71	0.35	0.97	0.01	−0.42	1.42	3.25	3.83	2.33	
尼日利亚	1.93	1.69	2.94	2.55	4.48	0.65	2.12	2.38	1.07	0.78	2.13
巴基斯坦	2.61	2.61	3.06	1.69	1.97	2.31	2.96	1.96	1.83	2.22	2.12
菲律宾	1.73	2.16	2.97	2.93	1.66	0.43	0.44	1.08	1.84	2.18	2.82
波兰	1.41	0.71	1.24	1.25	0.34	−0.58	2.13	0.05	2.15	1.50	2.42
罗马尼亚			−0.95	−0.22	−2.89	−3.46	−1.08	−1.32	0.78	1.43	
新加坡	2.80	5.97	6.86	6.49	5.60	4.27	4.03	6.88	5.69	5.14	4.42
南非	0.23	1.54	1.43	0.90	0.28	0.09	−0.03	0.30	1.17	1.73	1.32
西班牙		3.11	3.02	3.17	2.25	1.68	1.22	0.11			
斯里兰卡	1.71	1.09	0.89	1.32	1.73	2.52	3.51	2.83	2.32	2.24	2.54
泰国	3.00	5.06	6.17	4.70	6.45	2.89	3.51	4.42	3.90	4.42	2.91
土耳其	3.15	6.19	0.56	0.15	5.88	0.21	3.20	5.00	−3.97	4.65	4.01
美国	2.67	1.05	2.46	2.90	0.94	−0.58	2.18	1.40			
委内瑞拉	3.03	1.74	2.96	−4.36	2.39	4.85	3.27	−0.78	−1.78	1.12	−1.64

资料来源：世界银行《世界发展指标》1998年。

4-11 总投资对国内生产总值增长的贡献

单位：%

	1986年	1987年	1988年	1989年	1990年	1991年	1992年	1993年	1994年	1995年	1996年
澳大利亚	-1.20	2.26	3.44	0.22	-4.29	-1.18	1.37	1.41	2.73	0.16	
孟加拉国	-0.34	1.34	0.30	0.46	0.23	-0.68	1.04	2.24	2.15	3.52	1.94
巴　西	4.72	-0.27	-1.08	0.26	-1.69	-0.83	-0.19	0.83	1.64	1.86	-0.03
保加利亚	5.20	-0.99	6.54	0.13	-13.55	-0.59	-6.46	-6.19	-2.12	0.33	-4.39
加拿大	1.30	2.30	2.05	1.58	-1.79	-0.78	-0.57	0.97	1.74	0.29	-0.52
捷克共和国								-1.50	5.27		
埃　及	-4.79	-5.80	2.13	-1.82	0.56	-4.70	-0.71	-0.86	1.61	1.49	1.66
法　国	1.63	1.01	1.98	1.86	0.75	-0.68	-1.11	-2.74	1.81	0.64	-0.63
印　度	0.19	0.91	3.01	0.54	2.85	-2.72	2.70	-0.60	4.89	4.41	2.30
印度尼西亚	2.36	1.50	-7.75	4.10	4.62	3.99	1.28	2.12	4.18	4.49	4.13
伊　朗	-4.22	0.01	0.13	4.38	5.49	6.44	3.37	-8.21	-7.20	16.16	
以色列	1.89	0.55	0.80	-0.79	5.27	8.69	1.41	1.06	2.67	3.13	
意大利	0.48	1.09	3.82	0.73	0.87	-0.16	-0.32	-3.19	0.66	1.35	-0.64
日　本	1.13	2.26	5.02	2.53	2.43	1.28	-0.94	-0.74	-0.40	0.63	2.00
韩　国	2.40	4.85	5.43	5.32	6.49	5.52	-0.82	0.91	5.69	3.90	3.60
马来西亚	-3.92	-0.65	2.25	5.04	5.78	8.45	1.57	5.13	8.28	7.91	4.30
墨西哥	-4.31	0.98	-0.92	0.33	2.38	2.17	3.07	-0.21	2.39	-8.97	4.95
缅　甸	-2.37	-0.34	0.99	-0.09	3.35	2.29	0.22	1.30	3.90	4.44	0.52
荷　兰	1.54	-0.69	-0.55	2.14	0.59	-0.27	-0.25	-1.86	1.54	0.74	
新西兰	0.32	-1.44	1.87	3.56	-2.78	-3.74	1.43	4.40	2.66	1.47	1.14
尼日利亚	-3.93	2.99	-0.10	2.69	-0.29	8.29	5.65	-9.02	-0.93	-0.22	2.34
巴基斯坦	0.86	0.77	2.03	1.18	0.94	0.55	1.88	0.72	-0.16	0.74	0.98
菲律宾	1.67	2.29	2.50	4.18	3.24	-4.42	1.44	1.63	1.90	0.68	3.51
波　兰	0.70	0.70	-0.67	1.57	-7.85	-5.36	-2.96	2.48	1.90	5.73	6.23
罗马尼亚			-0.98	-0.50	16.14	-12.87	-7.88	-2.59	-0.72	0.53	1.07
新加坡	-3.86	2.96	1.82	4.26	6.05	1.08	3.75	5.95	0.22	4.00	4.13
南　非	0.32	1.00	3.30	-0.93	-3.34	-0.60	-1.03	0.62	2.95	1.91	-0.17
西班牙	2.24	2.96	-1.61	3.08	1.66	0.30	-1.02	-3.49	0.74	1.95	0.16
斯里兰卡	2.10	-0.12	8.07	-1.41	0.32	1.41	0.83	2.34	1.90	0.10	0.56
泰　国	-1.18	4.86	-2.21	5.39	10.18	5.18	2.15	3.72	5.08	5.63	3.20
土耳其			3.24	2.28	4.66	-3.03	3.24	7.31	-8.95	7.29	0.04
英　国	0.39	1.73	3.74	1.05	-1.52	-2.51					
委内瑞拉	1.04	3.15		-14.07	-1.06	9.63	7.54	-4.80	-7.65	5.29	-1.58

资料来源：世界银行《世界发展指标》1998年。

4－12 总消费对国内生产总值增长的贡献

单位：%

	1986年	1987年	1988年	1989年	1990年	1991年	1992年	1993年	1994年	1995年	1996年
阿根廷	6.80	1.11	－3.72	－3.18	－0.32	10.00	8.89	4.26	4.78	－6.70	3.42
澳大利亚	1.11	2.94	2.98	3.14	0.90	2.33	2.24	2.17	3.38	2.98	
孟加拉国	1.42	3.17	4.30	1.68	10.37	0.91	－1.36	1.33	0.88	1.81	5.07
白俄罗斯			2.42	3.44	1.48	－4.42	－6.35	－2.65	－7.19	－11.04	9.65
巴西	7.53	1.28	－1.06	2.92	－1.42	1.52	－3.70	4.80	4.71	7.47	
保加利亚	2.10	3.73	4.16	－2.58	3.31	－21.15	0.14	7.17	2.33	－3.46	－4.52
加拿大	2.81	2.85	3.37	2.66	1.18	－0.41	1.01	1.06	1.36	0.64	1.05
捷克共和国								1.47	2.34	3.26	
埃及	0.55	－0.10	4.07	4.04	4.01	3.53	3.18	2.72	3.65	3.38	3.66
法国	2.66	2.26	2.63	1.92	1.98	1.31	1.43	0.75	1.05	1.21	1.66
印度	4.50	3.49	4.84	3.46	2.86	1.04	2.94	3.66	2.94	4.22	4.85
印度尼西亚	1.47	0.86	－1.41	4.79	8.63	4.20	4.07	4.61	2.84	5.44	5.40
伊朗	－7.17	－2.39	－2.22	1.47	6.79	6.96	2.19	3.10	2.09	－2.59	
以色列	4.25	10.11	1.72	－2.31	4.40	5.34	4.87	5.53	5.12	4.94	
意大利	2.90	3.15	3.22	2.35	1.72	1.91	1.04	－2.03	0.59	0.60	0.16
日本	2.54	2.62	3.32	2.94	2.67	1.62	1.35	0.88	1.32	1.49	1.87
韩国	6.04	4.74	5.44	6.91	5.98	6.01	4.24	3.44	4.59	4.62	3.92
马来西亚	－5.11	1.23	8.25	7.42	7.51	6.86	3.03	4.20	4.98	7.79	2.33
墨西哥	－1.59	－0.08	1.08	4.90	4.58	3.67	3.33	1.24	3.42	－6.56	1.91
缅甸	－0.88	－2.64	－12.67	1.66	0.79	－3.86	6.67	6.12	2.10	6.33	5.26
荷兰	2.12	2.05	0.74	2.33	2.75	2.06	1.75	0.82	1.37	1.34	
新西兰	2.60	1.62	1.17	0.40	0.36	－1.30	0.68	2.14	3.26	2.69	2.45
尼日利亚	－5.76	－12.24	5.87	3.70	8.48	－2.29	－3.14	10.35	－0.12	1.10	－1.32
巴基斯坦	0.42	7.14	7.84	2.49	1.25	－1.00	8.14	3.67	1.26	5.53	9.77
菲律宾	2.42	3.26	5.13	4.09	4.30	1.45	2.37	2.79	3.35	3.35	9.60
波兰	3.38	1.21	1.62	－0.94	－9.26	4.80	2.59	4.09	2.65	2.82	5.42
罗马尼亚			1.26	0.73	5.94	－10.16	－4.67	0.90	3.52	7.73	5.39
新加坡	2.19	4.68	5.61	4.67	4.72	3.54	3.40	6.15	2.80	3.24	5.23
南非	0.51	2.80	3.22	2.28	2.04	0.13	－0.54	0.78	2.67	2.85	3.28
西班牙	2.86	4.95	3.71	4.80	3.34	2.72	2.07	－1.04	0.49	1.20	1.19
斯里兰卡	1.92	1.33	1.89	1.33	1.84	5.90	4.02	6.20	6.36	2.65	4.72
泰国	2.11	5.30	5.72	6.75	8.21	4.17	5.01	5.42	5.24	4.75	3.82
土耳其	6.64	10.03	0.91	－0.65	9.23	2.08	2.67	6.45	－3.91	3.76	6.67
英国	4.48	3.46	4.79	2.32	0.90	－0.86	－0.08	1.62	2.05	1.54	2.06
美国	3.10	2.51	2.94	1.90	1.49	－0.37	1.87	1.85	2.19	1.65	1.72
委内瑞拉	2.54	2.89	4.40	－3.89	2.33	6.85	5.15	－0.58	－2.67	1.24	－3.09

资料来源：世界银行《世界发展指标》1998年。

4-13 净出口对国内生产总值增长的贡献

单位：%

	1986年	1987年	1988年	1989年	1990年	1991年	1992年	1993年	1994年	1995年	1996年
阿根廷	-2.03	-1.19	2.31	1.83	1.99	-4.95	-5.68	-1.01	-1.52	5.08	-0.25
澳大利亚	2.78	-0.28	-3.97	-0.17	3.08	0.96	-0.33	0.44	-3.20	1.03	
孟加拉国	3.10	-0.52	-1.75	0.23	-4.49	3.26	4.00	0.53	1.08	-1.86	-1.96
巴西	-2.64	1.77	1.31	…	-1.19	-0.04	2.19	-1.13	-0.39	-3.94	0.02
保加利亚	-0.87	0.82	0.13	-0.13	0.67	3.03	-0.34	-0.75	0.44	1.65	-0.34
加拿大	-0.65	-0.81	-1.02	-1.52	0.56	-0.57	0.51	0.41	0.99	1.25	0.44
埃及	4.18	5.07	0.71	1.84	0.26	0.25	2.97	-0.34	-1.22	0.03	0.05
法国	-1.64	-0.88	-0.09	0.46	-0.14	0.25	0.88	0.72	-0.03	0.35	0.14
印度	-0.32	0.85	-1.11	0.89	0.29	1.69	-0.41	-0.34	-0.82	1.21	0.16
印度尼西亚	2.20	2.87	4.46	0.47	-3.67	1.10	1.84	-0.14	-0.73	-1.32	-0.68
伊朗	1.09	0.62	1.48	-0.39	-0.52	-0.96	0.52	1.92	2.05	-1.80	
以色列	-1.31	-3.70	0.16	4.12	-2.61	-6.03	-0.62	-1.05	-0.74	-0.91	
意大利	-0.59	-1.25	-0.17	-0.23	-0.47	-0.69	-0.22	4.32	0.92	1.10	1.60
日本	-0.81	-0.71	-0.89	-0.58	0.01	0.87	0.62	0.17	-0.24	-0.68	-0.34
韩国	3.43	1.99	0.78	-7.07	-3.69	-3.20	1.79	1.48	-2.52	-0.15	-0.93
马来西亚	9.59	4.45	-4.65	-3.37	-3.83	-6.80	3.13	-1.26	-4.45	-6.40	1.11
墨西哥	2.43	0.62	-3.79	-2.10	-2.94	-2.48	-4.01	1.16	-2.20	12.73	-1.45
缅甸	1.74	-0.55	1.49	1.28	-1.71	0.47	1.53	-1.56	0.72	-1.09	0.06
荷兰	-0.72	0.05	0.89	0.18	0.76	0.48	0.54	1.93	0.54	0.05	
新西兰	0.66	-0.18	0.34	-4.19	1.69	3.68	-1.29	0.13	-1.48	-1.69	-0.14
尼日利亚	12.20	8.55	2.17	0.81	0.00	-1.24	0.40	1.35	2.07	1.44	1.66
巴基斯坦	3.93	-1.41	0.11	1.00	2.17	5.50	-2.16	-2.36	2.64	-1.18	-1.95
菲律宾	1.90	-4.39	-1.22	-1.39	-2.82	2.97	-2.61	-2.20	0.85	-2.38	-1.86
波兰	0.05	0.05	0.15	-0.28	5.63	-6.73	2.88	-2.75	0.85	-0.91	-5.18
新加坡	2.72	2.07	6.54	0.77	-1.95	2.83	-0.83	-1.85	8.04	1.65	
南非	-0.68	-1.29	-1.76	1.58	1.96	-0.51	-0.44	-0.14	-3.97	-1.80	0.30
西班牙	-1.83	-2.18	-1.79	-3.03	-1.21	-0.70	-0.32	3.24	0.90	-0.34	-0.18
斯里兰卡	0.34	0.23	2.51	2.44	3.59	-1.78	-0.17	-0.95	-0.99	0.65	0.29
泰国	3.90	-2.13	-3.36	-0.67	-4.87	0.23	1.91	-0.85	-1.55	-2.17	-0.38
土耳其	-2.02	0.60	3.67	-1.19	-5.38	1.76	-0.30	-6.20	8.58	-4.75	-0.23
英国	-0.61	-0.63	-3.24	-0.97	1.10	1.37	-0.85	-0.00	0.87	0.88	-1.07
美国	-0.23	0.15	0.85	0.65	0.39	0.76	-0.12	-0.74	-0.55	0.00	-0.15
委内瑞拉	2.85	-2.09	-4.11	9.64	4.80	-6.78	-6.27	4.56	6.61	-3.41	2.69

资料来源：世界银行《世界发展指标》1998年。

4－14 投资率

单位：%

	1980年	1985年	1988年	1989年	1990年	1991年	1992年	1993年	1994年	1995年	1996年
世　　界	**24.3**	**22.3**	**22.7**	**23.3**	**22.6**	**22.0**	**22.0**	**21.3**	**21.6**	**21.8**	
中　　国	35.2	37.8	36.8	36.0	34.7	34.8	36.2	43.3	41.2	40.8	39.2
孟加拉国	14.9	12.9	12.4	12.9	12.8	11.5	12.1	14.3	15.4	16.6	17.0
印　　度	20.9	24.2	24.4	24.1	25.2	22.7	24.0	21.7	24.0	26.2	26.5
印度尼西亚	24.1	26.1	28.1	29.1	30.8	29.5	28.3	28.8	30.1	31.1	31.8
伊　　朗	29.6	21.1	19.1	23.8	28.6	33.2	35.4	29.2	24.2	29.3	
以 色 列	22.0	18.1	17.0	16.3	19.0	24.0	23.3	23.0	23.1	23.5	
日　　本	32.2	28.2	30.4	31.3	32.3	32.2	30.8	29.7	28.7	28.5	
哈萨克斯坦							31.5	27.8	22.4	22.1	23.3
马来西亚	30.4	27.6	26.0	28.6	33.6	35.8	35.1	35.1	38.7	40.6	41.2
蒙　　古		56.4	42.1	46.0	34.3	35.6	29.3	27.8	24.8	26.4	22.4
缅　　甸	21.5	15.5	12.8	9.2	13.4	15.3	13.5	12.4	12.4	11.9	11.5
韩　　国	32.0	29.6	31.1	33.6	36.9	38.9	36.6	35.1	36.1	37.0	38.2
巴基斯坦	18.5	18.3	18.0	18.9	18.9	19.0	20.2	20.7	19.5	18.7	18.6
菲 律 宾	29.1	15.3	18.7	21.6	24.2	20.2	21.3	24.0	24.1	22.2	24.2
新 加 坡	46.3	42.5	33.6	34.3	35.9	34.2	36.0	37.7	32.7	33.1	35.1
斯里兰卡	33.8	22.2	22.8	21.7	22.2	22.9	24.3	25.6	27.0	24.9	25.5
泰　　国	29.1	28.2	32.6	35.1	41.1	42.7	40.0	40.4	41.2	42.3	41.0
土 耳 其	18.2	16.5	25.1	23.5	24.3	22.7	23.9	27.6	21.5	25.5	23.8
越　　南			19.2	14.6	13.0	15.0	17.6	20.5	25.5	27.1	27.9
埃　　及	27.5	26.7	34.9	31.8	28.8	21.2	18.2	16.2	16.6	16.7	16.6
尼日利亚	21.3	9.0	18.0	17.7	14.7	23.4	28.7	19.3	18.3	18.5	18.7
南　　非	28.3	19.9	20.2	20.5	17.1	16.1	13.9	14.8	16.9	18.6	17.5
加 拿 大	23.6	20.3	22.7	23.2	20.9	19.2	18.3	18.4	19.2	18.4	
墨 西 哥	27.2	20.8	22.6	22.9	23.1	23.3	23.3	21.0	21.7	19.6	20.9
美　　国	20.0	20.1	18.2	18.2	16.9	15.4	15.7	16.3	17.6	17.7	
阿 根 廷	25.3	17.6	18.6	15.5	14.0	14.6	16.7	18.2	19.9	18.3	18.5
巴　　西	23.3	19.2	22.7	24.8	21.5	19.6	19.6	20.4	20.8	21.9	19.5
委内瑞拉	26.4	18.5	28.0	12.7	10.2	18.7	23.7	18.8	12.8	16.5	16.7
白俄罗斯			22.3	27.5	26.9	29.5	32.1	41.0	32.9	25.1	24.6
保加利亚	34.0	32.2	34.4	33.1	25.6	22.6	19.9	15.3	15.6	15.7	14.1
捷克共和国	31.0	27.6	27.4	26.8	28.6	29.9	27.1	18.4	20.4	27.8	34.5
法　　国	24.2	18.9	21.4	22.3	22.5	21.5	19.7	17.1	18.0	18.2	
德　　国						23.4	22.9	21.5	22.5	22.5	
意 大 利	27.0	22.5	21.5	21.4	21.1	20.6	19.5	16.9	17.1	18.1	
荷　　兰	22.2	20.0	21.3	22.6	22.2	21.3	20.6	18.5	19.3	19.4	
波　　兰	26.4	27.6	32.6	38.5	25.6	19.9	15.2	15.6	15.9	18.0	20.4
罗马尼亚	39.8	33.0	28.4	26.8	30.2	28.0	31.4	29.0	26.9	25.6	25.4
俄 罗 斯	22.4	26.6	27.3	33.8	30.1	36.3	34.6	27.0	25.5	23.2	22.2
西 班 牙	23.2	19.2	23.7	25.1	25.4	24.6	22.6	19.9	20.0	21.1	
乌 克 兰					27.3	26.2	34.1	36.1	35.1	26.6	22.7
英　　国	16.9	17.2	20.1	20.7	19.0	15.7					
澳大利亚	25.4	25.0	26.2	25.5	21.0	19.5	20.2	21.3	22.5	21.5	
新 西 兰	20.9	26.1	19.3	22.2	19.0	16.1	17.5	20.4	21.4	21.9	

资料来源：世界银行《世界发展指标》1998年。

4-15 总储蓄占国内生产总值的比重

单位：%

	1980年	1985年	1988年	1989年	1990年	1991年	1992年	1993年	1994年	1995年	1996年
世　界	**23.8**	**22.3**	**22.3**	**22.9**	**22.3**	**21.8**	**22.1**	**21.4**	**21.9**	**22.1**	
孟加拉国	2.1	2.0	3.2	2.6	2.7	4.2	6.0	7.6	9.1	8.3	7.2
印　度	17.4	21.1	21.2	21.7	22.4	22.1	22.7	20.3	21.2	22.7	23.9
印度尼西亚	38.0	28.6	31.6	32.8	33.2	31.8	32.1	31.8	32.3	32.3	33.2
伊　朗	26.5	21.0	18.0	20.8	27.1	23.0	29.2	23.8	33.1	34.1	
以色列	11.0	11.9	11.5	12.6	12.9	15.2	16.5	14.4	14.0	13.2	
日　本	31.3	31.5	32.6	32.7	33.0	33.8	33.0	32.0	30.7	30.0	
哈萨克斯坦							30.2	21.3	12.3	19.5	20.0
马来西亚	32.9	32.7	36.3	34.8	35.7	32.0	36.5	35.4	37.6	37.2	41.9
蒙　古		25.6	14.5	21.3	13.2	12.7	25.1	22.7	19.2	28.4	20.2
缅　甸	17.6	11.5	11.1	9.0	11.2	14.0	12.8	11.4	11.7	11.3	10.9
韩　国	24.8	30.9	39.0	36.3	36.4	36.4	35.6	35.5	35.3	36.0	34.2
巴基斯坦	6.9	6.7	9.9	11.1	13.5	17.4	17.0	14.6	16.8	15.7	14.2
菲律宾	24.2	17.4	20.1	19.8	18.4	17.2	16.4	15.5	17.8	14.4	14.4
新加坡	37.5	40.1	42.3	44.4	44.7	46.6	46.6	47.0	49.7	50.8	50.5
斯里兰卡	11.2	10.2	12.0	12.2	14.3	12.8	15.0	16.1	15.2	14.5	16.8
泰　国	22.9	25.5	31.2	32.5	33.6	35.7	35.7	36.1	36.2	36.2	35.3
土耳其	11.4	13.4	26.2	21.9	20.1	19.9	20.9	21.9	22.5	21.0	17.8
越　南			7.3	4.4	6.0	16.5	20.2	16.0	17.9	16.3	14.3
埃　及	15.2	14.5	17.1	17.3	16.1	13.2	15.4	13.2	11.4	12.1	12.1
尼日利亚	31.4	12.6	19.1	25.3	29.4	29.3	33.3	22.7	20.6	20.9	24.4
南　非	36.5	29.0	25.7	25.8	23.1	21.1	18.0	18.7	18.7	18.7	18.3
加拿大	25.4	22.8	23.2	22.9	20.6	18.1	17.4	18.0	19.8	20.9	
墨西哥	24.9	25.9	24.0	22.9	22.0	20.4	18.3	17.1	16.9	22.5	23.4
美　国	19.4	17.2	15.8	16.5	15.5	14.9	15.0	15.1	16.0	16.2	
阿根廷	23.8	23.1	22.0	22.0	19.7	16.2	15.2	16.4	17.6	18.4	18.2
巴　西	21.1	24.4	27.9	28.0	23.2	21.7	23.1	22.6	22.0	21.1	18.2
委内瑞拉	33.3	27.7	21.0	25.7	29.5	23.8	21.2	18.5	21.4	21.7	29.6
白俄罗斯					29.3	32.9	33.5	24.2	19.7	20.3	17.4
保加利亚	39.0	31.8	34.1	31.4	22.0	30.2	16.3	6.8	11.0	17.9	16.7
捷克共和国			31.6	30.6	29.9	36.8	27.4	20.2	20.1	23.3	26.9
法　国	23.0	19.5	21.5	22.4	22.4	21.9	21.0	19.3	20.2	20.5	
德　国						23.4	22.9	22.0	23.1	23.4	
意大利	24.2	22.1	21.6	21.3	21.1	20.6	19.5	20.3	20.8	22.3	
荷　兰	21.8	24.8	25.3	26.5	26.8	26.1	25.1	24.7	25.5	25.8	
波　兰	23.5	29.0	35.3	42.7	32.8	18.0	16.7	16.5	16.9	19.4	17.6
罗马尼亚	35.0	37.2	38.2	29.5	20.8	24.1	23.0	24.0	24.9	21.1	18.9
俄罗斯	22.5	29.0	28.3	34.7	30.3	36.6	39.8	30.9	30.3	26.8	25.4
西班牙	20.9	21.2	22.5	21.9	22.0	21.4	19.9	19.3	20.2	21.4	
乌克兰					26.1	28.2	36.1	35.8	31.9	23.5	20.3
英　国	19.1	18.1	16.4	16.6	16.3	14.6					
澳大利亚	23.6	22.0	24.5	23.8	21.2	20.0	19.9	21.1	20.5	21.3	
新西兰	19.7	23.1	23.0	22.5	19.5	19.5	20.2	23.6	23.6	22.9	

资料来源：世界银行《世界发展指标》1998年。

4－16　总消费占国内生产总值的比重

单位：%

	1980年	1985年	1988年	1989年	1990年	1991年	1992年	1993年	1994年	1995年	1996年
世　界	**76.2**	**77.7**	**77.7**	**77.1**	**77.7**	**78.2**	**77.9**	**78.6**	**78.1**	**77.9**	
中　国	65.9	64.4	62.7	62.4	61.3	60.8	59.9	58.3	58.2	59.0	58.6
孟加拉国	97.9	98.0	96.8	97.4	97.3	95.8	94.0	92.4	90.9	91.7	92.8
印　度	82.6	78.9	78.8	78.3	77.6	77.9	77.3	79.7	78.8	77.3	76.1
印度尼西亚	62.0	71.4	68.4	67.2	66.8	68.2	67.9	68.2	67.7	67.7	66.8
伊　朗	73.5	79.0	82.0	79.2	72.9	77.0	70.8	76.2	66.9	65.9	
以色列	89.0	88.1	88.5	87.4	87.1	84.8	83.5	85.6	86.0	86.8	
日　本	68.7	68.5	67.4	67.3	67.0	66.2	67.0	68.0	69.3	70.0	
哈萨克斯坦							69.8	78.7	87.7	80.5	80.0
马来西亚	67.1	67.3	63.7	65.2	64.3	68.0	63.5	64.6	62.4	62.8	58.1
蒙　古		74.4	85.5	78.7	86.8	87.3	74.9	77.3	80.8	71.6	79.8
缅　甸	82.4	88.5	88.9	91.0	88.8	86.0	87.2	88.6	88.3	88.7	89.1
韩　国	75.2	69.1	61.0	63.7	63.6	63.6	64.4	64.5	64.7	64.0	65.8
巴基斯坦	93.1	93.3	90.1	88.9	86.5	82.6	83.0	85.4	83.2	84.3	85.8
菲律宾	75.8	82.6	79.9	80.2	81.6	82.8	83.6	84.5	82.2	85.6	85.6
新加坡	62.5	59.9	57.7	55.6	55.3	53.4	53.4	53.0	50.3	49.2	49.5
斯里兰卡	88.8	89.8	88.0	87.8	85.7	87.2	85.0	83.9	84.8	85.5	83.2
泰　国	77.1	74.5	68.8	67.5	66.4	64.3	64.3	63.9	63.8	63.8	64.7
土耳其	88.6	86.6	73.8	78.1	79.9	80.1	79.1	78.1	77.5	79.0	82.2
越　南			92.7	95.6	94.0	83.5	79.8	84.0	82.1	83.7	85.7
埃　及	84.8	85.5	82.9	82.7	83.9	86.8	84.6	86.8	88.6	87.9	87.9
尼日利亚	68.6	87.4	80.9	74.7	70.6	70.7	66.7	77.3	79.4	79.1	75.6
南　非	63.5	71.0	74.3	74.2	76.9	78.9	82.0	81.3	81.3	81.3	81.7
加拿大	74.6	77.2	76.8	77.1	79.4	81.9	82.6	82.0	80.2	79.1	
墨西哥	75.1	74.1	76.0	77.1	78.0	79.6	81.7	82.9	83.1	77.5	76.6
美　国	80.6	82.8	84.2	83.5	84.5	85.1	85.0	84.9	84.0	83.8	
阿根廷	76.2	76.9	78.0	78.0	80.3	83.8	84.8	83.6	82.4	81.6	81.8
巴　西	78.9	75.6	72.1	72.0	76.8	78.3	76.9	77.4	78.0	78.9	81.8
委内瑞拉	66.7	72.3	79.0	74.3	70.5	76.2	78.8	81.5	78.6	78.3	70.4
白俄罗斯					70.7	67.1	66.5	75.8	80.3	79.7	82.6
保加利亚	61.0	68.2	65.9	68.6	78.0	69.8	83.7	93.2	89.0	82.1	83.3
捷克共和国			68.4	69.4	70.1	63.2	72.6	79.8	79.9	76.7	73.1
法　国	77.0	80.5	78.5	77.6	77.6	78.1	79.0	80.7	79.8	79.5	
德　国						76.6	77.1	78.0	76.9	76.6	
意大利	75.8	77.9	78.4	78.7	78.9	79.4	80.5	79.7	79.2	77.7	
荷　兰	78.2	75.2	74.7	73.5	73.2	73.9	74.9	75.3	74.5	74.2	
波　兰	76.5	71.0	64.7	57.3	67.2	82.0	83.3	83.5	83.1	80.6	82.4
罗马尼亚	65.0	62.8	61.8	70.5	79.2	75.9	77.0	76.0	75.1	78.9	81.1
俄罗斯	77.5	71.0	71.7	65.3	69.7	63.4	60.2	69.1	69.7	73.2	74.6
西班牙	79.1	78.8	77.5	78.1	78.0	78.6	80.1	80.7	79.8	78.6	
乌克兰					73.9	71.8	63.9	64.2	68.1	76.5	79.7
英　国	80.9	81.9	83.6	83.4	83.7	85.4					
澳大利亚	76.4	78.0	75.5	76.2	78.8	80.0	80.1	78.9	79.5	78.7	
新西兰	80.3	76.9	77.0	77.5	80.5	80.5	79.8	76.4	76.4	77.1	

资料来源：世界银行《世界发展指标》1998年。

4－17 国内生产总值的三次产业构成

单位：%

	1980年	1985年	1988年	1989年	1990年	1991年	1992年	1993年	1994年	1995年	1996年
世　界											
第一产业	**7.0**	**6.6**	**6.7**	**6.7**	**6.8**	**6.1**	**5.7**	**5.4**			
第二产业	**37.7**	**35.5**	**34.4**	**34.1**	**33.7**	**33.0**	**32.1**	**31.8**			
第三产业	**55.2**	**57.8**	**58.7**	**58.9**	**59.4**	**60.4**	**61.6**	**62.3**			
中　国											
第一产业	30.1	28.4	25.7	25.0	27.1	24.5	21.8	19.9	20.2	20.5	20.2
第二产业	48.5	43.1	44.1	43.0	41.6	42.1	43.9	47.4	47.8	48.8	49.0
第三产业	21.4	28.5	30.2	32.0	31.3	33.4	34.3	32.7	31.9	30.7	30.8
孟加拉国											
第一产业	49.6	41.8	38.8	37.2	36.8	36.0	34.5	30.5	29.7	30.9	30.0
第二产业	15.9	16.0	15.0	15.4	15.8	15.7	16.6	17.5	17.7	17.6	17.7
第三产业	34.4	42.3	46.2	47.4	47.4	48.2	49.0	52.0	52.6	51.5	52.4
印　度											
第一产业	38.1	33.0	32.3	31.1	31.0	31.3	30.6	30.6	30.1	27.9	27.8
第二产业	25.9	28.1	28.4	29.3	29.3	27.9	28.3	27.9	28.6	30.1	29.2
第三产业	36.0	38.8	39.3	39.6	39.7	40.9	41.1	41.5	41.3	42.1	43.0
印尼尼西亚											
第一产业	24.0	23.2	22.5	21.7	19.4	18.3	18.7	17.9	17.3	17.2	16.3
第二产业	41.7	35.9	37.3	38.3	39.1	40.4	39.6	39.7	40.6	41.5	42.7
第三产业	34.3	40.9	40.3	40.0	41.5	41.3	41.7	42.4	42.1	41.4	41.0
伊　朗											
第一产业	18.0	20.5	23.9	24.7	23.5	23.1	23.9	20.8	21.1	25.2	
第二产业	32.5	27.7	21.9	23.5	28.6	28.3	29.2	36.2	37.5	34.4	
第三产业	49.5	51.8	54.2	51.9	47.9	48.7	46.9	43.0	41.4	40.4	
日　本											
第一产业	3.7	3.2	2.7	2.6	2.5	2.4	2.3	2.1	2.1	1.9	
第二产业	41.9	41.0	40.7	40.9	41.2	41.2	40.4	39.2	38.3	38.0	
第三产业	54.4	55.8	56.6	56.5	56.3	56.4	57.4	58.7	59.6	60.0	
哈萨克斯坦											
第一产业							26.7	17.2	15.6	12.5	12.9
第二产业							44.6	41.2	41.7	30.1	30.4
第三产业							28.7	41.5	42.7	57.4	56.8
韩　国											
第一产业	14.5	12.5	10.2	9.6	8.7	7.7	7.4	7.0	7.0	6.5	6.3
第二产业	40.4	41.0	43.2	43.1	43.4	45.1	44.0	43.5	43.0	43.3	42.8
第三产业	45.1	46.5	46.6	47.2	47.9	47.3	48.6	49.4	49.9	50.1	50.9
马来西亚											
第一产业	21.9	19.3	19.3	19.3	18.7	17.2	16.7	16.0	14.5	13.0	12.8
第二产业	37.8	35.5	35.5	35.5	40.3	41.3	41.7	42.4	43.2	43.2	46.2
第三产业	40.3	45.2	45.2	45.2	40.9	41.5	41.6	41.5	42.3	43.8	41.0

续表1 单位：%

	1980年	1985年	1988年	1989年	1990年	1991年	1992年	1993年	1994年	1995年	1996年
蒙　古											
第一产业		14.4	14.6	15.5	15.2	14.1 *	30.2	35.1	36.9	36.7	30.9
第二产业		36.2	38.4	38.8	40.6	34.2 *	33.9	32.5	32.6	35.1	35.4
第三产业		49.4	47.0	45.7	44.2	51.7 *	35.9	32.4	30.5	28.2	33.7
缅　甸											
第一产业	46.5	48.2	57.4	57.0	57.3	58.8	60.5	63.0	63.1	60.6	60.3
第二产业	12.7	13.1	9.7	11.0	10.5	9.8	9.4	8.9	8.6	9.7	10.0
第三产业	40.8	38.7	32.9	32.0	32.2	31.3	30.0	28.1	28.4	29.7	29.7
巴基斯坦											
第一产业	29.5	28.5	26.0	27.0	26.0	25.7	26.2	24.8	25.3	26.0	25.8
第二产业	24.9	22.5	24.4	23.9	25.2	25.8	25.4	25.3	24.9	24.4	24.5
第三产业	45.6	49.0	49.6	49.2	48.8	48.6	48.4	49.9	49.8	49.6	49.7
菲律宾											
第一产业	25.1	24.6	23.0	22.7	21.9	21.0	21.8	21.6	22.0	21.6	21.4
第二产业	38.8	35.1	35.2	34.9	34.5	34.0	32.8	32.7	32.5	32.1	31.7
第三产业	36.1	40.4	41.9	42.4	43.6	45.0	45.3	45.7	45.5	46.3	46.9
新加坡											
第一产业	1.3	0.8	0.4	0.3	0.3	0.2	0.2	0.2	0.2	0.2	0.2
第二产业	38.1	36.6	38.1	36.7	36.0	36.3	35.6	34.9	34.4	35.0	35.6
第三产业	60.6	62.6	61.5	63.0	63.7	63.4	64.2	64.9	65.4	64.9	64.3
斯里兰卡											
第一产业	27.6	27.7	26.3	25.6	26.3	26.8	25.9	24.6	23.8	23.0	22.4
第二产业	29.6	26.2	26.7	26.8	26.0	25.0	24.4	25.8	26.4	26.7	25.1
第三产业	42.8	46.1	47.0	47.6	47.7	48.3	49.7	49.6	49.8	50.3	52.4
泰　国											
第一产业	23.2	15.8	16.2	15.1	12.7	12.6	12.3	10.2	10.5	10.8	10.7
第二产业	28.7	31.8	34.6	36.3	37.0	38.7	38.1	39.1	39.3	39.4	39.8
第三产业	48.1	52.3	49.2	48.7	50.2	48.7	49.6	50.7	50.2	49.7	49.5
土耳其											
第一产业	26.4	20.4	17.7	17.4	18.3	15.7	15.3	16.1	15.9	16.4	17.4
第二产业	22.2	27.1	33.6	32.8	29.8	30.8	30.4	30.8	32.1	30.5	27.9
第三产业	51.4	52.5	48.7	49.8	51.9	53.5	54.3	53.1	52.0	53.2	54.7
越　南											
第一产业			44.7	40.8	37.5	39.5	33.0	28.8	28.7	27.5	27.2
第二产业			28.9	22.9	22.7	23.8	27.3	28.9	29.6	30.1	30.7
第三产业			26.4	36.2	39.9	36.7	39.7	42.3	41.6	42.4	42.1
埃　及											
第一产业	18.3	20.0	19.0	19.7	19.4	17.6	16.5	16.7	16.9	17.2	17.3
第二产业	36.8	28.6	28.8	28.0	28.7	33.2	33.3	33.1	32.8	33.1	31.6
第三产业	45.0	51.5	52.2	52.3	52.0	49.2	50.1	50.2	50.4	49.7	51.1

续表2

单位：%

	1980年	1985年	1988年	1989年	1990年	1991年	1992年	1993年	1994年	1995年	1996年
尼日利亚											
第一产业	20.6	37.3	40.6	31.3	32.7	30.4	26.7	33.3	38.4	42.6	43.5
第二产业	40.8	29.2	30.8	43.2	41.4	45.6	53.2	43.0	33.0	26.6	25.4
第三产业	38.6	33.5	28.6	25.5	25.9	24.0	20.1	23.7	28.5	30.8	31.2
南　非											
第一产业	6.8	5.8	6.6	6.2	5.3	5.1	4.2	4.5	5.1	4.4	4.7
第二产业	50.0	45.9	44.3	43.6	43.1	41.7	40.1	39.6	39.2	39.2	38.8
第三产业	43.2	48.3	49.0	50.3	51.7	53.2	55.8	55.9	55.6	56.4	56.5
墨西哥											
第一产业	8.2	8.7	7.3	7.1	7.2	6.9	6.1	5.8	5.3	5.0	5.4
第二产业	32.8	33.5	29.5	26.9	26.0	25.6	25.7	24.7	24.7	25.5	26.3
第三产业	59.0	57.8	63.2	66.0	66.8	67.5	68.2	69.5	70.0	69.5	68.4
美　国											
第一产业	2.5	2.1	1.9	2.0	2.0	1.9	1.9	1.7			
第二产业	33.5	30.8	29.4	28.4	27.7	26.8	25.8	25.8			
第三产业	64.0	67.0	68.8	69.6	70.3	71.3	72.2	72.5			
阿根廷											
第一产业	6.4	7.6	9.0	9.6	8.1	6.7	6.0	6.0	6.0	6.0	6.0
第二产业	41.2	39.3	38.5	42.3	36.0	32.7	30.7	30.7	30.7	30.7	30.7
第三产业	52.4	53.1	52.5	48.0	55.9	60.6	63.3	63.3	63.3	63.3	63.3
巴　西											
第一产业	11.0	11.5	10.1	8.5	10.4	11.5	12.2	12.5	14.3	14.4	14.0
第二产业	43.8	45.3	43.6	42.7	38.5	38.9	38.3	38.2	37.3	36.5	35.9
第三产业	45.2	43.1	46.2	48.8	51.1	49.7	49.5	49.4	48.5	49.1	50.0
委内瑞拉											
第一产业	4.8	5.8	6.6	6.1	5.4	5.5	5.3	5.4	5.1	5.3	4.1
第二产业	46.4	43.0	40.1	45.0	50.2	45.3	42.9	41.7	41.5	38.9	46.5
第三产业	48.8	51.3	53.3	48.9	44.4	49.3	51.8	52.9	53.4	55.8	49.4
白俄罗斯											
第一产业			24.3	22.9	23.8	21.2	23.8	18.3	15.0	17.7	15.9
第二产业			48.3	48.7	47.1	49.8	47.8	39.3	37.0	37.5	40.9
第三产业			27.4	28.4	29.1	29.0	28.5	42.4	48.0	44.8	43.3
保加利亚											
第一产业	14.4	11.9	11.5	10.9	17.7	14.5	12.0	10.6	10.1	9.8	9.7
第二产业	53.8	62.5	61.0	59.4	51.3	37.4	40.5	35.0	34.3	33.6	33.4
第三产业	31.8	25.6	27.6	29.7	31.0	48.2	47.5	54.4	55.6	56.6	56.8
捷克共和国											
第一产业	7.2	6.9	6.3	8.5	7.3	5.6	5.7	6.2	5.6		
第二产业	62.7	60.0	59.9	57.7	48.3	50.2	45.1	39.8	39.3		
第三产业	30.1	33.1	33.8	33.8	44.4	44.2	49.2	54.0	55.2		
法　国											
第一产业	4.2	3.9	3.3	3.5	3.4	3.0	2.8	2.3	2.4	2.4	
第二产业	33.7	30.5	29.8	29.3	29.2	28.8	28.1	27.4	26.7	26.5	
第三产业	62.0	65.6	66.9	67.2	67.4	68.2	69.1	70.2	70.9	71.1	

续表3

单位：%

	1980年	1985年	1988年	1989年	1990年	1991年	1992年	1993年	1994年	1995年	1996年
德　　国											
第一产业						1.4	1.3	1.2	1.1	1.0	
第二产业											
第三产业											
意 大 利											
第一产业	5.8	4.5	3.6	3.5	3.2	3.4	3.1	3.0	2.9	2.9	
第二产业											
第三产业											
荷　　兰											
第一产业	3.5	3.9	3.9	4.3	4.0	3.9	3.6	3.1	3.3	3.1	
第二产业	32.2	32.4	28.7	28.8	28.9	28.6	27.5	27.2	26.8	27.1	
第三产业	64.3	63.7	67.4	66.9	67.1	67.5	68.9	69.7	69.8	69.8	
波　　兰											
第一产业		14.5	13.1	12.9	8.3	6.6	6.6	6.6	6.1	6.4	
第二产业		51.0	52.4	52.4	50.1	47.3	41.4	40.0	40.1	34.4	
第三产业		34.4	34.4	34.7	41.6	46.1	52.0	53.4	53.8	59.2	
罗马尼亚											
第一产业			15.1	15.7	23.2	19.7	18.5	21.6	20.8	20.9	
第二产业			56.9	56.4	48.7	44.0	42.0	38.7	39.7	40.2	
第三产业			28.0	27.9	28.1	36.3	39.5	39.6	39.5	38.9	
俄 罗 斯											
第一产业	8.7	11.9	14.8	16.8	16.6	14.3	7.1	8.0	6.3	7.4	7.3
第二产业	54.3	50.0	48.6	50.2	48.4	47.6	41.3	43.0	42.5	42.1	39.1
第三产业	37.0	38.2	36.6	33.0	35.0	38.1	51.6	49.1	51.2	50.5	53.6
西 班 牙											
第一产业		5.9	5.3	4.8	4.6	4.1	3.5	3.5	3.3	2.9	
第二产业		37.3	35.1	35.3	34.9	34.5	32.8	31.7			
第三产业		56.8	59.6	59.8	60.4	61.4	63.7	64.8			
乌 克 兰											
第一产业			20.9	22.9	25.8	22.7	20.3	21.6	16.0	14.9	13.0
第二产业			47.7	45.0	45.6	51.2	50.9	36.9	47.3	42.3	38.6
第三产业			31.4	32.1	28.6	26.1	28.8	41.5	36.7	42.8	48.4
澳大利亚											
第一产业	5.3	4.0	4.3	4.0	3.3	3.0	3.2	3.3	2.9	3.5	
第二产业	36.4	34.0	29.8	30.1	29.6	28.3	27.8	28.4	28.4	28.0	
第三产业	58.3	62.0	65.8	65.9	67.0	68.7	69.0	68.3	68.7	68.5	
新 西 兰											
第一产业	10.7	8.0	7.4	7.6	6.8	7.8	7.6	8.3			
第二产业	31.2	32.0	26.9	27.3	26.0	25.6	25.5	25.1			
第三产业	58.1	60.0	65.8	65.2	67.2	66.6	66.9	66.6			

资料来源：世界银行《世界发展指标》1998年。

4-18 国内生产总值的行业构成

单位：十亿本币

	1988年	1989年	1990年	1991年	1992年	1993年	1994年	1995年	1996年
孟加拉国(截止次年6月30日的年度)									
按现价计算									
农业	232	245	272	301	312	289	306	361	390
矿业②	50	56	65	73	83	92	101	113	124
制造业									
电、煤气、水	5	7	9	11	14	17	21	24	29
建筑业	35	39	43	47	54	57	60	69	77
商业、旅馆和饭店业	50	55	62	68	74	78	86	101	117
运输、仓储和邮电业	66	72	75	98	109	122	129	139	148
金融保险、不动产和工商服务业	11	13	15	16	18	20	22	23	26
社会团体和个人服务业	148	173	197	220	244	273	305	340	390
总计	597	660	738	834	907	948	1030	1170	1302
按1985年不变价计算									
农业	175	173	190	193	198	201	202	200	204
矿业②	45	46	49	51	54	59	64	69	73
制造业									
电、煤气、水	4	5	6	7	8	9	10	11	12
建筑业	27	29	30	31	32	34	36	39	40
商业、旅馆和饭店业	42	44	45	47	49	51	53	59	66
运输、仓储和邮电业	54	56	59	61	63	66	70	74	78
金融保险、不动产和工商服务业	9	9	10	10	10	10	11	11	11
社会团体和个人服务业	99	104	109	115	122	130	138	147	159
总计	455	467	498	514	536	560	584	610	642
印度(从当年4月1日起的年度)									
按现价计算									
农业	1141	1271	1480	1728	1930	2236	2581	2748	
矿业	92	103	118	128	146	169	182	197	
制造业	629	771	892	963	1110	1278	1560	1938	
电、煤气、水	73	87	105	127	161	189	231	263	
建筑业	207	236	286	323	368	408	484	566	
商业、旅馆和饭店业	452	529	619	708	828	983	1166	1405	
运输、仓储和邮电业	239	277	339	410	489	561	660	764	
金融保险、不动产和工商服务业	283	336	389	491	526	658	763	861	
社会团体和个人服务业	412	477	551	651	750	839	956	1118	
总计	3958	4568	5355	6168	7059	8098	9537	10986	
按1980年不变价计算									
农业	622	633	657	641	680	705	737	736	
矿业	35	38	42	44	44	45	49	52	
制造业	379	423	449	432	450	488	538	611	
电、煤气、水	41	45	48	53	57	61	66	72	
建筑业	84	88	98	101	104	105	112	118	
商业、旅馆和饭店业	234	252	266	268	287	311	344	394	
运输、仓储和邮电业	98	107	112	118	124	131	142	156	
金融保险、不动产和工商服务业	184	204	27	240	251	277	297	309	
社会团体和个人服务业	208	225	235	244	256	266	276	294	
总计	2133	2274	2402	2413	2544	2667	2868	3079	

续表1　　单位：十亿本币

	1988年	1989年	1990年	1991年	1992年	1993年	1994年	1995年	1996年
印度尼西亚									
按现价计算									
农业	33651	38894	40930	45636	52746	58963	66072	77639	86212
矿业	18200	22921	25634	31953	30587	31494	33507	38045	43893
制造业	29484	35441	43569	53379	62016	73556	89241	109395	133088
电、煤气、水	873	1508	1489	1898	2472	3290	4577	5624	6561
建筑业	7219	8991	11795	13762	16878	22513	28017	34452	42279
商业、旅馆和饭店业	25345	30415	35824	41981	47144	55298	63859	75874	88451
运输、仓储和邮电业	9884	10936	13362	16968	19714	23249	27353	30778	35554
金融保险、不动产和工商服务业	9006	12196	16403	20835	23994	28048	34506	39891	46840
社会团体和个人服务业	16007	18280	21860	23557	26846	33361	35089	40682	46078
总计	149669	179582	210866	249967	282395	329776	382220	452381	528956
按1993年不变价计算									
农业	49073	51476	53056	54583	58002	58963	59291	61767	62937
矿业	23241	24832	26628	29969	30461	31497	33262	35502	38034
制造业	43516	48426	54211	59941	66042	73556	82649	91581	101682
电、煤气、水	1850	2100	2508	2720	2961	3290	3703	4277	4816
建筑业	11499	13022	15226	17487	19663	22513	25858	29198	32811
商业、旅馆和饭店业	33963	37714	41725	46669	50344	55298	59504	64114	69006
运输、仓储和邮电业	15272	16917	18474	20040	21618	23249	25189	27555	29914
金融保险、不动产和工商服务业	15574	18317	21479	24308	26164	28048	30901	34369	37983
社会团体和个人服务业	27419	28717	29956	31050	32219	33361	34285	35406	36586
总计	221407	241521	263262	286765	307474	329776	354641	383768	413769
伊朗(自3月21日开始的年度)									
按现价计算									
农业	5209	6670	8419	11222	15392	19446	27273	46892	
矿业	1100	1845	3967	4251	6189	16990	25069	29952	
制造业	2288	2906	4414	6833	9218	12682	17726	25877	
电、煤气、水	261	305	395	554	834	1079	1322	1854	
建筑业	1111	1288	1438	2129	2551	3134	4429	6346	
商业、旅馆和饭店业	4469	5529	6542	8646	11308	14536	19978	27982	
运输、仓储和邮电业	1491	1791	2652	4371	5274	6582	8167	11435	
金融保险、不动产和工商服务业	3001	3614	4296	5899	7578	9698	12273	16331	
社会团体和个人服务业	2961	3230	3909	5277	6730	10330	14110	20115	
总计	22304	27788	36645	50107	66462	93518	129351	186125	
按1982年不变价计算									
农业	2648	2746	2968	3120	3352	3536	3606	3739	
矿业	1811	1948	2310	2585	2626	2722	2576	2602	
制造业	1302	1418	1644	1940	2002	1992	2061	2181	
电、煤气、水	186	207	247	285	309	339	377	400	
建筑业	433	426	438	508	548	562	596	629	
商业、旅馆和饭店业	1008	1069	1136	1258	1325	1370	1374	1309	
运输、仓储和邮电业	600	655	796	926	1032	1113	1180	1288	
金融保险、不动产和工商服务业	1269	1305	1392	1512	1630	1707	1760	1866	
社会团体和个人服务业	1153	1072	1175	1251	1356	1554	1571	1493	
总计	9468	9782	10930	12181	12879	13071	13280	13880	

续表2

单位：十亿本币

	1988年	1989年	1990年	1991年	1992年	1993年	1994年	1995年	1996年
以色列									
按现价计算									
农业	1885	2119	2549	2648	3312	3197			
矿业②	11617	14455	16898	19917	24698	29007			
制造业									
电、煤气、水	826	1072	1290	1561	1943	2263			
建筑业	2959	3583	4870	7762	9549	9678			
商业、旅馆和饭店业	6411	7471	8861	10485	12987	15581			
运输、仓储和邮电业	4443	5107	6068	7385	9129	10238			
金融保险、不动产和工商服务业	12357	15445	18702	24513	29421	34906			
社会团体和个人服务业	2287	2824	3410	4069	4893	5683			
政府服务	12152	15009	18136	22875	26438	30482			
总计	55642	67656	81356	101796	122890	141509			
日本									
按现价计算									
农业	9974	10426	10920	10845	10620	9787	10242	9325	
矿业	964	928	1122	1144	1152	1087	1033	1020	
制造业	105315	112676	121219	128789	127643	121428	117253	119294	
电、煤气、水	11239	11082	11242	12070	12535	12821	13424	13650	
建筑业	34789	37025	43428	46866	48809	51115	51645	49693	
商业、旅馆和饭店业	50324	53463	58358	62979	63466	61350	60862	61200	
运输、仓储和邮电业	25045	27400	28475	29988	30235	30214	30468	31469	
金融保险、不动产和工商服务业	63353	69252	72338	75676	78820	81349	85705	85712	
社会团体和个人服务业	89624	96481	104836	112734	120417	126005	128511	131946	
总计	373973	399998	430040	458299	471064	475381	479260	482930	
按1985年不变价计算									
农业	10502	10864	10920	10060	10678	9390	10162	9635	
矿业	976	910	1122	1092	1072	1024	872	814	
制造业	106506	113490	121219	127598	125822	120841	119986	126431	
电、煤气、水	9976	10444	11242	12003	12082	12044	12412	12570	
建筑业	37909	40587	43428	45044	45404	46757	46719	44232	
商业、旅馆和饭店业	51099	53809	58358	61940	62688	61243	61098	62880	
运输、仓储和邮电业	25379	27689	28474	29309	29138	29233	29578	30014	
金融保险、不动产和工商服务业	66823	71336	72338	74053	75591	76404	79118	78528	
社会团体和个人服务业	97059	100365	104836	108336	112244	115577	117061	119951	
总计	390325	409184	429986	446315	450924	452282	455197	461456	
马来西亚①									
按1990年不变价计算									
农业	13933	14768	14826	14828	15531	16205	16047	16230	16580
矿业	6803	7383	7757	7944	8075	8039	8241	8979	9381
制造业	16151	18444	21340	24307	26859	30324	34782	39825	44684
电、煤气、水	1211	1344	1526	1697	1931	2176	2475	2797	3134
建筑业	2133	2380	2832	3240	3619	4023	4589	5385	6150
商业、旅馆和饭店业	6988	7687	8807	10068	11190	12428	13427	14781	16163
运输、仓储和邮电业	4412	4839	5487	6079	6481	6921	7776	8855	9723
金融保险、不动产和工商服务业	6088	6771	7759	8733	9644	10650	11713	12938	14825
社会团体和个人服务业	7819	8185	8446	8768	9201	10073	11022	11454	11907
总计	66303	72409	79329	86149	92866	100617	109915	120309	130187

续表3

单位：十亿本币

	1988年	1989年	1990年	1991年	1992年	1993年	1994年	1995年	1996年
蒙古①									
按现价计算									
农业	1499	1665	1592	2660	14296	58335	104654	157494	165134
矿业									
制造业③	3313	3509	3724	5704	15114	51308	86372	139161	170850
电、煤气、水									
建筑业	645	654	524	764	916	2725	5979	11502	21490
商业、旅馆和饭店业	1616	1578	1334	3394	7098	26537	36642	48700	71137
运输、仓储和邮电业	1342	1283	1259	1272	2574	7714	16365	19614	25569
金融保险、不动产和工商服务业④	1886	2042	2035	5114	7300	19601	33251	52666	78629
社会团体和个人服务业									
总计	10301	10731	10465	18910	47298	166219	283263	429207	532809
按1993年不变价计算									
农业	60287	64909	64045	61235	59958	58335	59911	62454	64800
矿业									
制造业③	65578	69111	69336	60701	54812	51308	52175	59914	60212
电、煤气、水									
建筑业	9141	9476	7144	5967	3251	2725	3011	3329	3508
商业、旅馆和饭店业	36430	37651	37134	32594	25205	26537	26533	26564	27313
运输、仓储和邮电业	17976	17038	16091	9852	8094	7714	7539	7449	8250
金融保险、不动产和工商服务业④	16027	15842	14890	19000	20045	19601	20874	21065	21460
社会团体和个人服务业									
总计	205440	214028	208642	189349	171365	166219	170042	180775	185548
缅甸①									
按现价计算									
农业	43739	71069	86999	109888	150902	227035	297664	362785	419597
矿业	512	988	1036	1158	1305	1704	2416	2982	4312
制造业	5723	10731	11824	13059	17278	24618	29516	41348	48307
电、煤气、水	321	435	386	318	463	653	1218	1750	1894
建筑业	833	1538	2763	3863	4507	5211	7739	13057	18096
商业、旅馆和饭店业	15849	27156	34542	41640	56456	77520	101428	139882	174576
运输、仓储和邮电业	2240	3346	4045	4967	5604	7415	13511	18718	22151
金融保险、不动产和工商服务业	154	222	270	318	367	521	768	1041	1240
社会团体和个人服务业	5488	9181	10076	11591	12515	15645	18513	22038	25264
总计	76243	124666	151941	186802	249395	360321	472774	603602	715438
按1985年不变价计算									
农业	22595	23589	24022	23451	25914	27095	28694	30077	31458
矿业	343	448	443	492	590	655	752	865	947
制造业	4094	4555	4560	4376	4850	5306	5757	6188	6510
电、煤气、水	283	323	340	363	475	592	620	661	714
建筑业	688	913	1240	1452	1615	1804	2087	2654	3305
商业、旅馆和饭店业	10558	11118	11385	11104	12087	12649	13541	14305	14935
运输、仓储和邮电业	1989	2188	2267	2438	2730	2977	3364	3712	3918
金融保险、不动产和工商服务业	160	229	268	316	363	503	740	998	1180
社会团体和个人服务业	4986	5519	5736	5942	6126	6483	6852	7249	7620
总计	47141	48883	50260	49933	54757	58064	62406	66710	70586

续表4 单位：十亿本币

	1988年	1989年	1990年	1991年	1992年	1993年	1994年	1995年	1996年
韩国									
按现价计算									
农业	13585	14381	15592	16550	17806	18832	21498	23013	24477
矿业	1088	992	1025	1142	929	898	1095	1058	1038
制造业	42679	46253	52351	61527	66710	72162	82132	94409	100686
电、煤气、水	3626	3732	3889	4507	5285	6194	7466	7976	8699
建筑业	10156	13358	20737	30035	32871	37006	41326	49080	56682
商业、旅馆和饭店业	18325	19822	23111	26420	28803	31188	35752	40407	43620
运输、仓储和邮电业	9126	10328	12017	14357	16390	19112	22190	25846	29448
金融保险、不动产和工商服务业	17746	21302	26801	33052	39923	45481	52539	60105	67719
社会团体和个人服务业	15959	19489	23619	28596	34352	38816	44620	51465	58811
总计	133134	149165	179539	215734	240392	267146	305970	351975	389979
按1990年不变价计算									
农业	16517	16350	15592	15660	16603	16123	16380	16986	17583
矿业	1143	1100	1025	1028	916	879	918	872	825
制造业	45773	47714	52351	57108	60001	63014	69596	77126	82849
电、煤气、水	2956	3299	3889	4194	4497	5080	5721	6218	6882
建筑业	14389	16503	20737	23800	23644	25635	26843	29163	31128
商业、旅馆和饭店业	20149	21060	23111	25076	26311	27438	29809	32285	34282
运输、仓储和邮电业	9929	10875	12017	13380	14646	15838	17829	20208	22977
金融保险、不动产和工商服务业	21504	23975	26801	30123	33350	37500	41176	44330	47367
社会团体和个人服务业	20983	22409	23619	24923	26269	27281	28545	29763	30867
总计	154111	163950	179539	195936	205860	217699	236375	257501	275850
巴基斯坦									
按现价计算									
农业	156	184	197	233	282	298	358	435	511
矿业	5	5	5	6	7	7	9	9	11
制造业	101	114	132	159	187	207	247	287	325
电、煤气、水	16	17	22	31	37	39	41	52	64
建筑业	25	28	32	38	44	50	55	61	69
商业、旅馆和饭店业	101	116	129	152	178	195	229	274	324
运输、仓储和邮电业	51	54	61	78	101	128	149	167	190
金融保险、不动产和工商服务业	46	50	56	67	77	89	109	126	144
公共管理和防卫	57	65	69	77	86	95	105	131	157
社会团体和个人服务业	43	50	57	68	80	93	110	132	155
总计	675	770	856	1021	1211	1342	1573	1866	2175
按1981年不变价计算									
农业	99	106	109	115	125	119	125	132	141
矿业		2	2	3	3	3	3	3	3
制造业	68	70	74	79	85	90	95	98	102
电、煤气、水	11	12	14	15	17	18	19	21	23
建筑业	17	17	18	19	20	21	21	21	22
商业、旅馆和饭店业	64	67	70	73	79	81	83	87	94
运输、仓储和邮电业	39	38	40	43	47	50	52	54	56
金融保险、不动产和工商服务业	30	32	33	34	36	38	41	43	45
公共管理和防卫	28	30	31	32	33	33	34	35	36
社会团体和个人服务业	28	30	32	34	36	39	41	44	47
总计	432	454	474	500	539	549	571	596	631

续表5　　单位：十亿本币

	1988年	1989年	1990年	1991年	1992年	1993年	1994年	1995年	1996年
菲律宾									
按现价计算									
农业	184	210	236	262	295	319	373	412	470
矿业	15	15	17	18	16	17	17	17	17
制造业	207	233	267	316	327	350	394	438	495
电、煤气、水	18	20	22	29	33	36	45	49	58
建筑业	43	57	65	62	68	79	96	107	128
商业、旅馆和饭店业	114	133	155	181	194	208	231	262	295
运输、仓储和邮电业	41	44	53	73	76	78	83	89	10
金融保险、不动产和工商服务业	27	34	43	49	53	59	67	78	96
公共管理和防卫	51	61	77	89	94	104	127	154	181
社会团体和个人服务业	102	121	143	171	197	226	262	300	348
总计	799	925	1077	1248	1352	1475	1693	1906	2190
按1985年不变价计算									
农业	155	160	161	163	164	167	171	173	178
矿业	12	11	11	11	12	12	11	11	11
制造业	169	179	184	183	180	181	190	203	215
电、煤气、水	18	19	19	20	20	20	23	26	28
建筑业	33	40	42	35	36	38	42	45	49
商业、旅馆和饭店业	95	103	107	108	110	113	117	123	130
运输、仓储和邮电业	38	40	41	41	42	45	45	47	51
金融保险、不动产和工商服务业	24	27	30	29	29	30	32	34	39
公共管理和防卫	32	34	36	37	37	38	40	42	43
社会团体和个人服务业	82	87	90	90	90	92	96	99	104
总计	659	699	721	717	719	734	766	803	847
新加坡①									
按现价计算									
农业	204	190	177	165	171	167	186	206	219
矿业	48	58	82	76	39	38	55	36	41
制造业	15461	17346	19393	21191	21237	24524	27551	31790	34558
电、煤气、水	1156	1132	1250	1280	1353	1571	1746	1934	2137
建筑业	2997	3227	3724	4799	6212	6772	7976	8581	10431
商业、旅馆和饭店业	9123	10412	12764	14082	15094	17934	21074	23535	24645
运输、仓储和邮电业	6899	7987	8716	9991	10169	11494	13003	14085	14747
金融保险、不动产和工商服务业	12464	14775	17835	19858	22236	26739	32332	35882	40467
社会团体和个人服务业	5633	6459	7359	8264	9048	10043	11902	12885	14138
总计	51642	59344	67879	75321	80998	94259	108505	121081	132629
按1990年不变价计算									
农业	205	192	177	161	162	158	166	180	192
矿业	88	90	82	81	63	49	44	30	28
制造业	16129	17712	19393	20464	20958	23004	25926	28529	29486
电、煤气、水	1052	1128	1250	1330	1406	1504	1639	1741	1869
建筑业	3436	3482	3724	4559	5548	6017	6991	7586	8983
商业、旅馆和饭店业	10588	11495	12764	13965	14510	15730	17161	18714	19835
运输、仓储和邮电业	7271	7990	8716	9337	9902	10927	12102	13414	14501
金融保险、不动产和工商服务业	14502	15935	17835	19408	20733	23488	25684	27634	29905
社会团体和个人服务业	6320	6769	7359	7966	8562	9292	10055	10626	11455
总计	56821	62289	67879	72861	77394	85473	94393	102652	109787

续表6 单位：十亿本币

	1988年	1989年	1990年	1991年	1992年	1993年	1994年	1995年	1996年
斯里兰卡①									
按现价计算									
农业	51074	56774	72788	81926	88840	103703	115996	123990	141565
矿业	3024	3605	4570	4048	4418	5535	6968	8064	9176
制造业	34852	41415	54943	62798	72293	85139	98454	115538	136433
电、煤气、水	3986	4249	5635	6500	7417	10362	13486	14846	15484
建筑业	15349	17505	21592	24858	27564	34159	41340	47931	54552
商业、旅馆和饭店业	41643	44564	61784	75248	91086	105608	122781	142807	171609
运输、仓储和邮电业	22305	23877	29614	35269	40493	46203	54551	62429	74902
金融保险、不动产和工商服务业	46540⑤	14467	17252	20501	25606	32454	40574	47383	
社会团体和个人服务业		26066	32196	39413	42544	53017	59845	72211	
总计	218774	248230	317904	369720	421755	499708	579159	662384	771394
按1990年不变价计算⑥									
农业	10837	10528	72788	74072	72723	77670	80204	82947	79541
矿业	1465	1819	4570	3405	3182	3642	4142	4378	4747
制造业	9911	10227	54943	59227	64549	70675	76829	83040	88725
电、煤气、水	315	321	5635	6019	6327	7138	7807	7156	7477
建筑业	2596	2616	21592	21928	23310	25364	27192	29371	30652
商业、旅馆和饭店业	12772	13077	61784	66563	71602	76483	81259	85121	89675
运输、仓储和邮电业	4829	4775	29614	31164	32913	34558	36090	37663	39877
金融保险、不动产和工商服务业	6612⑤	6948⑤	17252	18236	19178	20957	22697	24795	
社会团体和个人服务业			32196	34168	35048	36205	37338	39006	
总计	49336	50310	317904	333230	347822	371876	392884	414608	430192
泰国									
按现价计算									
农业	252	280	273	317	352	336	390	462	482
矿业	27	32	35	39	42	45	48	51	65
制造业	403	497	594	708	779	893	1016	1184	1366
电、煤气、水	35	43	48	54	66	76	85	99	105
建筑业	74	102	136	168	191	221	267	306	331
商业、旅馆和饭店业	266	310	386	427	477	534	606	688	752
运输、仓储和邮电业	117	138	157	177	205	238	270	305	345
金融保险、不动产和工商服务业	122	145	187	205	258	313	370	421	366
社会团体和个人服务业	264	311	368	412	466	525	583	687	850
总计	1560	1857	2184	2507	2835	3179	3635	4203	4665
按1988年不变价计算									
农业	252	277	264	283	300	300	315	322	324
矿业	27	28	31	36	38	41	43	44	48
制造业	403	468	541	604	673	747	815	907	1018
电、煤气、水	35	42	47	52	57	62	69	79	80
建筑业	74	96	117	133	139	151	172	185	195
商业、旅馆和饭店业	266	297	338	363	379	410	448	494	505
运输、仓储和邮电业	117	129	147	158	173	191	214	239	250
金融保险、不动产和工商服务业	122	139	169	177	214	252	285	307	245
社会团体和个人服务业	264	275	293	307	314	328	341	366	452
总计	1560	1750	1945	2112	2286	2481	2702	2941	3118

续表7

单位：十亿本币

	1988年	1989年	1990年	1991年	1992年	1993年	1994年	1995年	1996年
土耳其									
按现价计算									
农业	22303	37704	68692	96074	163827	305525	598169	1134566	
矿业	2357	4625	6269	9762	14946	21814	54099	98545	
制造业	29664	52561	86307	139709	236573	412408	853488	1751681	
电、煤气、水	2829	4408	7745	13839	28602	51450	112181	191269	
建筑业	9998	15904	24746	44139	74509	145834	263720	426215	
商业、旅馆和饭店业	25699	42653	74912	117433	202369	368385	760919	1550148	
运输、仓储和邮电业	15245	26317	46490	74561	133338	236860	514110	970932	
金融保险、不动产和工商服务业	13335	22433	40293	72294	124285	224080	385724	782354	
社会团体和个人服务业	6898	16426	34046	63383	115394	209937	353600	634362	
总计	129225	227324	393060	630117	1093368	1981867	3868429	7554758	
按1987年不变价计算									
农业	14356	13272	14177	14049	14651	14463	14358	14730	
矿业	1407	1590	1550	1620	1624	1521	1642	1529	
制造业	16575	17076	18729	19175	20281	22166	20473	23321	
电、煤气、水	1636	1863	2023	2114	2363	2573	2660	2916	
建筑业	5159	5472	5411	5473	5814	6272	6144	5857	
商业、旅馆和饭店业	15376	15017	16868	16748	17902	19975	18445	20598	
运输、仓储和邮电业	8761	9045	10123	10085	10899	12081	11835	12537	
金融保险、不动产和工商服务业	8552	8732	9038	9184	9355	9621	9632	9905	
社会团体和个人服务业	4184	4237	4384	4494	4645	4733	4759	4864	
总计	76306	76498	83578	84353	87401	96590	91321	98024	
越南									
按现价计算									
农业			15720	30314	36468	39320	47082	61387	70334
矿业									
制造业③			7900	15193	23956	29371	37535	51183	61409
电、煤气、水									
建筑业			1613	3059	6179	10101	12946	15892	18092
商业、旅馆和饭店业			5460	9742	15281	17549	23072	30284	33974
运输、仓储和邮电业			1449	2860	4662	6036	6924	8747	10634
金融保险、不动产和工商服务业			516	1108	1567	2318	3457	5580	6127
社会团体和个人服务业			9297	13687	21377	30400	37466	49767	58039
总计			41955	76707	110535	136571	170258	222840	258690
按1989年不变价计算									
农业			11642	12264	13132	13634	14169	14841	15551
矿业									
制造业③			5500	6042	6925	7766	8771	9976	11448
电、煤气、水									
建筑业			1129	1186	1317	1558	1860	2138	2413
商业、旅馆和饭店业			3486	3654	3877	4109	4478	4981	5559
运输、仓储和邮电业			744	792	842	897	960	1066	1183
金融保险、不动产和工商服务业			368	448	796	578	710	874	961
社会团体和个人服务业			6657	6900	7402	8193	9034	9921	10773
总计			25526	31286	33991	36735	39982	43797	47888

续表8　　　　单位：十亿本币

	1988年	1989年	1990年	1991年	1992年	1993年	1994年	1995年	1996年
南非①									
按现价计算									
农业	3915	6526	9430	11560	12649	12272	13039	11605	
矿业	12112	16671	19379	21903	23582	25079	27005	28410	
制造业	12934	25928	35752	44105	52859	59945	66567	73722	
电、煤气、水	1787	4836	6827	8231	9225	10710	11710	12676	
建筑业	1870	4144	4915	5822	6571	7446	8201	8817	
商业、旅馆和饭店业	6972	13254	18995	22521	27029	31620	36173	40500	
运输、仓储和邮电业	5030	9935	13217	15535	16825	19376	22687	24441	
金融保险、不动产和工商服务业	6373	15754	19769	23768	28825	34192	39683	46010	
社会团体和个人服务业	819	1897	2604	2994	3446	4020	4645	5357	
政府服务	5243	13901	19636	22495	28006	33690	40012	46553	
总计	28270	115648	154311	183220	213893	243983	276138	305348	
按1985年不变价计算									
农业	6503	6526	7133	7333	8316	7698	7859	5878	
矿业	16018	16671	15356	15624	15470	15284	15049	15229	
制造业	27342	25928	26451	28155	28278	27910	27249	26454	
电、煤气、水	3610	4836	5138	5395	5566	5661	5769	5758	
建筑业	4441	4144	3557	3672	3963	3956	3777	3542	
商业、旅馆和饭店业	11171	13254	13141	13689	13767	13936	13772	13485	
运输、仓储和邮电业	9380	9935	9832	10302	10703	10723	10565	10660	
金融保险、不动产和工商服务业	13386	15754	16705	17036	17397	17468	17692	17797	
社会团体和个人服务业	1429	1897	1994	2048	2088	2118	2148	2180	
政府服务	11952	13901	15028	15489	15811	15954	16209	16338	
总计	107644	115648	117314	121834	124561	123918	123318	120566	
加拿大①									
按现价计算									
农业	11698	13337	14612	16390	15685	14903	13993		
矿业	18067	27115	20298	20510	20437	21397	17731		
制造业	55043	81673	94499	105838	109154	105478	98771		
电、煤气、水	8172	14668	16305	17506	17777	18121	20387		
建筑业	20266	26141	32393	36324	40930	41438	38387		
商业、旅馆和饭店业	38520	57872	69209	76063	81676	83921	81929		
运输、仓储和邮电业	19554	29845	33458	34355	36174	37678	38797		
金融保险、不动产和工商服务业	48005	78506	95370	105774	117000	122938	127283		
社会团体和个人服务业	13680	23348	28231	31911	35065	36846	39555		
政府服务	43016	67184	74838	79673	85842	93787	100576		
总计	282621	430776	491879	538116	574533	592805	594780	603542	622796
按1986年不变价计算									
农业	12076	12915	13859	13442	14383	14832	14317	13596	14518
矿业	17244	18827	18631	20422	19622	19570	19936	20294	21691
制造业	75134	86150	90967	95599	96453	92857	86483	87092	91434
电、煤气、水	12843	15184	16053	16277	15957	15174	15885	16073	16353
建筑业	24379	26953	29687	30815	32502	32396	29864	27337	26034
商业、旅馆和饭店业	52149	60356	66940	69939	72359	71563	67855	70574	73569
运输、仓储和邮电业	25490	30364	33762	35983	37239	37967	37418	37972	39145
金融保险、不动产和工商服务业	67572	80793	90731	95639	99026	99837	101244	102474	15109
社会团体和个人服务业	21640	24960	26884	28669	29707	29493	30580	30613	31247
政府服务	65706	69992	71891	73197	74735	76513	77364	78001	77918
总计	381992	438450	471520	492587	505050	503661	494532	497791	510947

续表9 单位：十亿本币

	1988年	1989年	1990年	1991年	1992年	1993年	1994年	1995年	1996年
墨西哥									
按现价计算									
农业	368	4307	16825	30691	39246	54810	66682	71140	
矿业	141	2190	9744	12609	13454	17515	17950	21097	
制造业	991	11096	49617	105547	124228	156360	192697	216038	
电、煤气、水	44	449	2090	4959	6785	9480	13068	15721	
建筑业	287	2070	7887	15726	19588	27230	36217	48491	
商业、旅馆和饭店业	1250	13306	52425	106622	135438	178783	214150	244150	
运输、仓储和邮电业	286	3165	13767	29528	37610	56505	76545	95105	
金融保险、不动产和工商服务业	396	3659	14308	31742	54390	83154	111310	139915	
社会团体和个人服务业	401	4410	16617	34603	47374	66734	88564	113398	
政府服务	353	3293	12561	24157	32512	43386	58997	77694	
总计	4518	47945	195841	396185	510624	693958	876181	1042748	
按1980年不变价计算									
农业	368	416	410	395	386	409	413	409	
矿业	141	179	181	182	181	186	188	191	
制造业	991	1054	1028	1061	1137	1206	1254	1283	
电、煤气、水	44	62	67	71	76	79	81	83	
建筑业	287	267	246	245	250	268	274	296	
商业、旅馆和饭店业	1250	1312	1234	1255	1302	1355	1414	1464	
运输、仓储和邮电业	286	306	305	312	325	347	367	395	
金融保险、不动产和工商服务业	396	499	535	543	559	580	603	626	
社会团体和个人服务业	401	430	411	411	420	430	445	446	
政府服务	353	458	471	476	480	486	505	509	
总计	4518	4983	4889	4951	5117	5346	5543	5701	
法国									
按现价计算									
农业	119	182	189	191	215	222	205	198	166
矿业	24	40	35	31	32	30	31	32	32
制造业	680	1033	1143	1242	1325	1395	1408	1431	1401
电、煤气、水	50	117	123	127	128	139	153	165	176
建筑业	194	244	278	310	321	336	358	365	364
商业、旅馆和饭店业	395	685	797	854	929	991	1027	1049	1065
运输、仓储和邮电业	164	289	322	335	358	379	397	416	415
金融保险、不动产和工商服务业	473	861	1087	1198	1322	1390	1467	1521	1584
社会团体和个人服务业	121	231	274	306	335	364	388	414	435
政府服务	448	796	874	914	961	1016	1076	1145	1206
总计	2668	4479	5125	5508	5926	6259	6508	6737	6844
按1980年不变价计算									
农业	119	138	141	141	146	149	145	159	147
矿业	24	22	21	20	20	18	20	22	22
制造业	680	668	661	701	737	750	739	735	713
电、煤气、水	50	74	82	83	83	84	89	91	94
建筑业	194	180	188	203	212	218	219	214	206
商业、旅馆和饭店业	395	431	449	457	476	492	494	493	483
运输、仓储和邮电业	164	191	209	229	247	259	266	276	276
金融保险、不动产和工商服务业	473	529	602	623	649	651	657	650	658
社会团体和个人服务业	121	152	165	174	185	196	204	210	214
政府服务	448	298	512	527	532	539	552	562	571
总计	2668	2885	3030	3157	3286	3357	3384	3411	3384

续表10

单位：十亿本币

	1988年	1989年	1990年	1991年	1992年	1993年	1994年	1995年	1996年
德国									
按现价计算									
农业	31	32	30	34	37	37	34	33	29
矿业	12	16	13	11	12	11	13	13	
制造业	476	579	625	653	686	742	791	800	749
电、煤气、水	36	51	56	57	58	59	62	63	
建筑业	100	95	102	106	115	128	137	153	159
商业、旅馆和饭店业	152	179	194	205	214	245	277	288	
运输、仓储和邮电业	85	105	111	117	126	134	144	154	158
金融保险、不动产和工商服务业	156	232	244	257	274	289	318	350	386
社会团体和个人服务业	163	237	280	309	339	387	445	506	
政府服务	172	226	232	239	253	271	289	300	
总计	1416	1774	1929	2032	2152	2342	2556	2719	2755
按1991年不变价计算									
农业	29	32	32	35	35	36	34	38	36
矿业	17	15	13	12	13	11	13	12	
制造业	656	679	677	699	723	762	791	772	713
电、煤气、水	48	50	54	55	57	58	62	62	
建筑业	140	125	125	127	133	137	137	141	140
商业、旅馆和饭店业	205	209	216	224	233	251	277	278	
运输、仓储和邮电业	98	109	114	122	128	138	144	151	152
金融保险、不动产和工商服务业	223	255	276	288	298	310	318	331	346
社会团体和个人服务业	237	290	325	350	371	406	445	477	
政府服务	232	252	259	262	263	267	271	276	278
总计	1934	2037	2147	2229	2310	2438	2556	2604	2567
意大利									
按现价计算									
农业	22305	36327	40053	39330	41605	42133	47847	47300	45459
矿业②	107810	196473	229201	256317	279628	293813	301423	308527	314939
制造业									
电、煤气、水	15053	37479	48109	52480	57543	67008	76819	86320	89086
建筑业	28458	50987	56664	61874	67782	76702	83818	87425	86824
商业、旅馆和饭店业	70274	154755	188176	206244	222337	241124	264370	277407	284534
运输、仓储和邮电业	20026	43609	55223	61820	67765	74344	83303	90693	98649
金融保险、不动产和工商服务业	74480	177559	225602	252264	281092	319071	349598	386241	410647
社会团体和个人服务业									
政府服务	42791	96007	118064	133205	143800	169020	184249	193738	200201
总计	384136	800298	968964	1072267	1171708	1294786	1404829	1492518	1546074
按1985年不变价计算									
农业	37177	37608	36509	39159	40054	38787			
矿业②	224875	233259	237742	237224	237163	232644			
制造业									
电、煤气、水	41190	42173	43912	44495	46020	46078			
建筑业	53386	55265	56667	57328	56808	54185			
商业、旅馆和饭店业	171181	174796	178256	180407	181774	178121			
运输、仓储和邮电业	50709	53378	55423	57114	59723	62497			
金融保险、不动产和工商服务业	197302	205354	212483	215361	219613	226390			
社会团体和个人服务业									
政府服务	100160	101031	101821	102481	102897	103127			
总计	883043	910030	930273	941340	952239	950062			

续表11　　　　　　　　　　　　　　　　　　　　　　　　单位：十亿本币

	1988年	1989年	1990年	1991年	1992年	1993年	1994年	1995年	1996年
澳大利亚①（截至6月30日的年度）									
按现价计算									
农业	12392	14664	14820	12619	11792	12985	13856	12845	16701
矿业	14216	13024	15739	17934	16282	16628	16188	17252	19602
制造业	48202	52707	56657	55927	55243	57814	62207	66423	69753
电、煤气、水	10425	11548	12200	12527	13704	13855	13956	13806	14036
建筑业	20150	23933	26854	25818	24119	24094	25817	28502	29092
商业、旅馆和饭店业	57527	67451	72664	73640	75804	78819	86114	91890	99250
运输、仓储和邮电业	23963	26801	27897	29110	31202	31963	33570	37055	38134
金融保险、不动产和工商服务业	64408	76547	84755	91098	96460	102900	107171	114241	123323
社会团体和个人服务业	51897	57107	62153	66662	71145	75418	79932	84096	89608
总计	299340	339275	370188	378716	387056	404791	429788	457664	489082
按1990年不变价计算									
农业	13663	13682	14820	15881	15099	15934	16280	13068	15873
矿业	14101	14569	15739	16409	16675	16839	17091	17813	18668
制造业	53874	56741	56657	55360	53789	54560	57191	58605	59184
电、煤气、水	11096	11616	12200	12463	12601	12832	13289	13680	13707
建筑业	23871	26305	26854	25113	22783	23654	25244	26826	27147
商业、旅馆和饭店业	65423	70673	72664	68043	68497	69037	72469	78563	82787
运输、仓储和邮电业	25110	26765	27896	28647	30147	31688	34256	37621	40642
金融保险、不动产和工商服务业	76660	80303	84755	84502	83490	85713	86616	90527	93783
社会团体和个人服务业	57918	60244	62154	63273	64952	67094	69359	71581	74421
总计	337068	356665	370188	365466	363729	373435	388889	406017	423392
新西兰①									
按现价计算									
农业	4271	4891	5355	4923	5597	5666	6673		
矿业	597	644	836	1005	1082	1107	1121		
制造业	11961	12220	13098	12847	12906	13395	14500		
电、煤气、水	1757	1992	2134	2086	2107	2126	2228		
建筑业	2942	2997	3216	2803	2389	2325	2289		
商业、旅馆和饭店业	9698	10524	10292	11411	10244	11102	12675		
运输、仓储和邮电业	5210	5618	5870	6002	6310	6252	6433		
金融保险、不动产和工商服务业	13558	15175	16015	16484	16725	16693	17791		
社会团体和个人服务业	13436	14581	16232	16955	17135	17700	18532		
总计	61641	66424	70742	72138	72146	74426	80297	85875	91045
按1992年不变价计算									
农业	5196	5070	4802	5563	5597	4941	5814	5721	5664
矿业	754	887	999	970	1082	1098	1173	1071	1058
制造业	14466	14008	13768	13168	12906	13436	14400	15394	15748
电、煤气、水	2027	1980	2052	2129	2107	2030	2148	2224	2306
建筑业	3433	3206	3329	2822	2389	2340	2547	2901	3130
商业、旅馆和饭店业	10562	10693	10976	10737	10248	10708	11313	12182	12536
运输、仓储和邮电业	5340	5719	5885	6015	6310	6673	7170	8030	8879
金融保险、不动产和工商服务业	16676	16668	16547	16559	16725	16856	17312	17679	18019
社会团体和个人服务业⑦	14841	14618	15039	21064	14788	14941	15698	16614	17010
总计	73292	72850	73397	73025	72146	73023	77575	81819	84350

注：①百万本币。②包括制造业。③包括矿业和电、气、水业。④包括社会团体和个人服务业。⑤包括社会团体和个人服务业及进口税。⑥ 1990 年前以 1975 年价计算。⑦ 包括直接税减虚拟银行服务费。

资料来源：联合国《国民核算年鉴》1993年、《亚太统计年鉴》1997年。

4-19 国民生产总值支出构成

单位：百万本币

	1980年	1985年	1988年	1989年	1990年	1991年	1992年	1993年	1994年	1995年	1996年
孟加拉国											
按现价计算											
政府消费	12676	29793	69969	90455	103218	114732	124937	134304	147280	160798	177655
个人消费	183525	368816	508026	551877	614119	684910	727607	741647	789606	911911	1029776
总资本形成	29805	52667	74306	85191	94427	95955	109851	135214	158927	194651	221200
商品和服务出口	11341	30282	46438	51522	62683	75364	94121	113783	122272	166010	184373
减：商品和服务进口	36913	74625	101603	119447	136875	136569	150014	176883	187720	263109	311404
国内生产总值	200434	406933	597136	659598	737572	834392	906502	948065	1030365	1170261	1301600
按1987年价格计算											
政府消费											
个人消费											
总资本形成	67293	64250	71121	73699	74997	70902	77418	92049	102745	131704	146102
商品和服务出口	25111	30153	42562	46817	64279	62431	77135	88860	92939	124755	138034
减：商品和服务进口	76973	91121	100291	103260	146222	124632	114270	122509	119259	164249	192041
国内生产总值	383507	496299	554493	568166	605922	626381	652496	681272	709433	740295	779888
印　　度①											
按现价计算											
政府消费	131	292	473	542	618	695	786	899	1004	1165	1325
个人消费	993	1778	2645	3036	3538	4112	4670	5554	6510	7326	8290
总资本形成	263	543	857	1028	1240	1365	1589	1750	2140	2703	3240
商品和服务出口	89	156	264	353	413	571	683	877	1036	1327	1557
减：商品和服务进口	137	238	389	465	565	610	777	987	1301	1713	1885
国内生产总值	1360	2622	3958	4568	5355	6168	7059	8098	9537	10986	12635
按1987年价格计算											
政府消费	236	341	430	454	470	467	483	513	523	550	591
个人消费	1649	2082	2468	2633	2715	2780	2894	3120	3269	3325	3548
总资本形成	475	596	773	840	923	886	949	1001	1134	1342	1519
商品和服务出口	153	177	220	251	273	301	323	370	404	522	561
减：商品和服务进口	211	280	343	341	352	310	350	411	483	541	572
国内生产总值	2337	3034	3664	3905	4125	4145	4370	4585	4930	5290	5685
印度尼西亚①											
按现价计算											
政府消费	5148	11420	12756	15698	18649	20785	24731	29757	31014	35584	40695
个人消费	25160	57743	89571	105018	122111	149635	166880	195260	227640	270864	312897
总资本形成	10550	22830	38356	47706	59758	67488	72774	86667	105381	129177	155125
商品和服务出口	16718	22271	36809	45115	55122	66061	81430	88231	100504	119594	138675
减：商品和服务进口	9886	19835	31566	38443	50046	60249	70481	78383	91874	114147	131660
国内生产总值	48914	96850	149669	179582	210866	249969	282395	329776	382220	452381	528956
按1987年价格计算											
政府消费	8770	11451	12662	13966	14642	15412	16295	16325	16701	16925	17570
个人消费	41809	73456	73412	78019	88883	94085	100231	109830	117447	127873	136689
总资本形成	21447	26891	34545	39699	46081	52026	53891	57448	65350	74472	83535
商品和服务出口	31422	23397	31223	34473	34613	41496	47806	49364	53856	58462	62136
减：商品和服务进口	20476	26321	22733	25363	30800	35957	39112	40931	46868	54276	59500
国内生产总值	85091	111672	132404	144368	157288	171258	183629	196883	211666	229023	246388

续表1 单位：百万本币

	1980年	1985年	1988年	1989年	1990年	1991年	1992年	1993年	1994年	1995年	1996年
伊　　朗①											
按现价计算											
政府消费	1380	2443	3199	3294	4054	5367	6927	13644	16177	23312	
个人消费	3497	10027	15094	18714	22665	33205	40128	57671	69655	98140	
总资本形成	1442	2759	2957	3709	5663	10844	14640	20658	29853	43634	
商品和服务出口	883	1251	1514	2773	8058	9596	11545	22240	39873	37892	
减：商品和服务进口	1089	1266	1756	3594	8623	14711	15644	27293	28441	29139	
国内生产总值	6632	15775	22304	27787	36645	50107	66463	93610	128382	184187	
按1987年价格计算											
政府消费	3799	3663	2694	2295	2580	2798	2995	3513	3665	3781	
个人消费	7386	13153	12417	12784	13537	14292	14775	16476	17983	14796	
总资本形成	3617	4214	2238	2381	2698	3801	4065	4234	4317	4479	
商品和服务出口	467	752	930	1003	1211	1359	1461	1696	1718	1203	
减：商品和服务进口	1110	1234	748	894	1204	1560	1538	1287	777	734	
国内生产总值	16896	22353	18826	19546	21553	23708	25310	25938	26261	26961	
以 色 列											
按现价计算											
政府消费	45	10313	22376	25274	31693	39968	45926	53563	62172	79512	
个人消费	58	16490	44303	53214	64927	81667	97666	115787	140953	160764	
总资本形成	25	5388	12776	14499	20171	32368	38287	42527	52410	62044	
商品和服务出口	46	12195	23848	30534	34931	39724	49186	61551	72663	81509	
减：商品和服务进口	59	14064	27940	33934	41709	52377	60986	78660	94238	109944	
国内生产总值	116	30439	75378	89754	110970	143378	171912	197794	236188	276934	
按1987年价格计算											
政府消费	17201	18171	18872	17253	18021	18799	18977	19896	19752	20632	
个人消费	23517	29359	37957	38032	39906	42531	45875	49221	53427	56708	
总资本形成	9865	9934	11249	10835	13558	18828	20172	20475	23349	25502	
商品和服务出口	14215	18244	21174	21970	22355	21917	25164	27833	31026	33591	
减：商品和服务进口	17279	20644	26314	24525	26562	30197	33893	37372	41168	44526	
国内生产总值	47324	54737	62727	63273	67598	72802	76899	81173	86799	92888	
日　　本①											
按现价计算											
政府消费	23568	30685	34183	36275	38807	41356	43262	44771	45743	47555	
个人消费	141324	188759	217839	232890	249289	261891	272294	278703	286154	290515	
总资本形成	755821	88040	110856	122274	136467	143998	143525	140433	137291	136792	
商品和服务出口	32887	46307	37483	42352	45920	46722	47384	44197	44410	45393	
减：商品和服务进口	35036	35532	29065	36768	42872	39121	36891	33343	34387	38272	
国内生产总值	240176	320419	373973	399998	430040	458299	471064	475381	479260	482930	500351
按1987年价格计算											
政府消费	27281	30880	33744	34410	34923	35619	36317	37171	38059	39397	40303
个人消费	164846	190983	216798	226971	236945	243116	247971	250679	255217	260155	267747
总资本形成	78437	86688	110519	119611	129748	133999	131928	129353	128380	129794	138499
商品和服务出口	26801	38603	38358	41862	44748	47096	49467	50086	52385	55233	56448
减：商品和服务进口	21816	22565	30469	36128	38980	37766	37502	37404	40717	46520	49209
国内生产总值	276743	326445	371604	389697	409685	425368	429578	430659	433328	439379	455196

续表2

单位：百万本币

	1980年	1985年	1988年	1989年	1990年	1991年	1992年	1993年	1994年	1995年	1996年
哈萨克斯坦											
按现价计算											
政府消费							439	5151	56741	157786	174030
个人消费							1245	18358	319492	658306	959292
总资本形成							734	9498	85345	203944	242955
商品和服务出口							1785	10951	151841	351761	438923
减：商品和服务进口							1817	12885	195521	378180	486444
国内生产总值			78	82	93	162	2412	29881	428795	1014011	1415895
马来西亚											
按现价计算											
政府消费	8811	11844	12997	14769	16209	18112	19340	21606	23936	25959	28012
个人消费	26946	40283	44856	52165	58233	69909	73846	82833	91959	108247	117008
总资本形成	16597	23124	21922	30063	37490	46181	52897	57356	71457	85463	104360
商品和服务出口	30676	42537	61435	75151	88354	104740	114153	132423	166515	204043	229563
减：商品和服务进口	29342	38561	52011	68792	85920	109686	112106	131935	168490	211313	227909
国内生产总值	53308	77470	90861	102587	115701	129381	146737	161779	185692	213654	249610
按1987年价格计算											
政府消费	9803	11911	12837	13805	14561	16371	17030	18851	20709	22142	22301
个人消费	33664	40638	43488	48967	55546	61105	63984	67608	73028	83155	87115
总资本形成	18250	23434	21070	27788	33893	41072	44380	49665	59754	70410	79341
商品和服务出口	28171	39699	57014	67239	78451	90339	95032	108885	131339	156242	172980
减：商品和服务进口	31038	39024	49468	62611	77445	96385	97552	112932	141251	175381	190367
国内生产总值	58523	75116	86652	94551	103727	112810	121643	131804	144128	157865	170526
蒙　古											
按现价计算											
政府消费		2587	3137	3219	3118	4753	8896	44152	80139	64924	84655
个人消费		4385	5668	5231	5963	11755	26533	84383	148830	242440	340535
总资本形成		5290	4334	4941	3585	6741	13871	46200	70177	113300	119400
商品和服务出口		2237	2617	2309	2239	11693	15540	129262	163183	231706	231815
减：商品和服务进口		5127	5455	4969	4440	16032	17542	137778	179067	223163	243596
国内生产总值	6755	9372	10301	10731	10465	18910	47298	166219	283262	429207	532809
缅　甸											
按现价计算											
政府消费											
个人消费											
总资本形成	7228	8650	7296	11827	22318	27571	31184	37465	54596	71728	73518
商品和服务出口	3513	2566	2376	3658	3984	2926	3590	4228	5405	5945	6540
减：商品和服务进口	4997	4802	3691	3939	7348	5337	5365	7923	8332	9881	10440
国内生产总值	38609	55989	76243	124666	151941	186802	249395	360321	473153	613169	650479
按1987年价格计算											
政府消费											
个人消费											
总资本形成	9058	9939	6204	7415	10172	10558	10630	11762	14524	18497	18958
商品和服务出口	1892	1701	1831	2339	2678	2603	3568	4130	4328	4341	4741
减：商品和服务进口	5429	4976	3222	2949	4365	3987	3969	5628	5291	6175	6524
国内生产总值	57266	72241	60816	63089	64780	64212	70474	74583	80025	87904	93130

续表3　　　　单位：百万本币

	1980年	1985年	1988年	1989年	1990年	1991年	1992年	1993年	1994年	1995年	1996年
韩　　国①											
按现价计算											
政府消费	4478	8305	12660	15237	18187	22170	26110	28746	32425	36086	41523
个人消费	24621	48428	68552	79720	96004	114960	128747	143501	165470	189214	215137
总资本形成	12546	23435	39425	47625	66569	82947	87907	96219	109379	128664	143419
商品和服务出口	12957	27968	51132	48829	53467	60735	69433	78163	92121	116360	126190
减：商品和服务进口	15776	26923	40567	44785	54417	66050	71840	76971	94360	120086	141927
国内生产总值	38670	82062	133134	149165	179539	215734	240392	267146	305970	351975	389979
按1987年价格计算											
政府消费	8332	9860	12252	13299	14253	15459	16632	17138	17859	18044	19332
个人消费	37183	50465	64426	73605	81774	90590	95874	101076	109986	119848	127928
总资本形成	17390	25181	37056	42932	54041	60864	60379	63548	71020	79324	84976
商品和服务出口	18098	29264	50703	48645	50665	56652	62874	69986	81531	101084	115370
减：商品和服务进口	20064	26141	41628	48397	55313	65958	69330	73975	89976	109815	126052
国内生产总值	61258	89850	124805	132844	145690	159099	167102	176801	192039	209283	224235
巴基斯坦											
按现价计算											
政府消费	23535	57100	104800	129200	129600	145600	155600	174700	189100	219125	268098
个人消费	194912	383500	503500	555500	611000	697400	849900	970900	1113100	1353978	1594750
总资本形成	41345	77900	111300	133200	148100	177600	225400	256600	280900	320896	369113
商品和服务出口	29255	52800	91800	106900	126600	172800	209200	217400	254200	306180	358371
减：商品和服务进口	56519	107700	146400	167400	173300	188700	247400	299100	297300	362073	454276
国内生产总值	234528	472200	675400	769800	856000	1020500	1211400	1341600	1564600	1866310	2171256
按1987年价格计算											
政府消费	38124	62200	80789	97375	94230	93801	86365	101665	91370	96317	102872
个人消费	328952	403390	471104	470598	482566	479017	544234	556435	577473	617969	658708
总资本形成	65616	91495	98765	106036	111523	115089	126886	132373	131001	137148	143944
商品和服务出口	39877	52954	73951	84648	86761	115813	131924	133640	137734	133475	136136
减：商品和服务进口	107519	109795	117736	122254	110343	102266	133753	153604	137039	142416	161772
国内生产总值	367305	509709	617057	646616	675522	712393	768159	783034	813197	854983	893975
菲 律 宾											
按现价计算											
政府消费	22099	43520	72183	88186	108843	123885	130524	149057	182776	217045	257678
个人消费	162692	428841	566667	653586	770365	909191	998840	1096356	1209928	1414770	1622671
总资本形成	66350	99818	142226	192665	248954	250147	282783	350543	400139	423197	508754
商品和服务出口	57458	137030	226431	263880	296415	369377	393706	462384	572646	692952	921646
减：商品和服务进口	69398	125205	215292	280118	358548	406698	459911	586935	679439	842073	1136704
国内生产总值	243749	571883	799182	925444	1077240	1248010	1351560	1474457	1693278	1906328	2196595
按1987年价格计算											
政府消费	62823	54488	62530	66901	71418	69896	69284	73552	78055	82233	86483
个人消费	456163	464623	538318	558948	571911	583305	595951	613093	622020	672760	704502
总资本形成	161515	106970	127583	158023	182792	152071	161792	175885	189027	197899	221676
商品和服务出口	164972	146083	208946	231315	234218	247704	257383	273394	327501	366920	441533
减：商品和服务进口	180991	126261	214149	246654	271419	261313	291714	325270	372441	432090	523276
国内生产总值	675422	632829	728950	774286	795013	793342	796060	812928	848712	889133	939723

续表4 单位：百万本币

	1980年	1985年	1988年	1989年	1990年	1991年	1992年	1993年	1994年	1995年	1996年
新 加 坡											
按现价计算											
政府消费	2447	5549	5337	6013	6780	7351	7597	8538	8975	9911	11849
个人消费	13232	17770	24448	26996	30762	32875	35642	41389	45580	49653	53848
总资本形成	10203	16425	15667	18906	21578	25091	28843	32950	36471	40309	48417
商品和服务出口	54041	65411	104945	117230	134123	142889	147775	168780	198701	225982	
减：商品和服务进口	56257	66356	100418	111261	128135	133596	139187	159997	180223	204573	
国内生产总值	25091	38924	51642	59344	67879	75266	80940	94223	108505	121081	132629
按1987年价格计算											
政府消费	3047	5215	4997	5279	5861	6314	6518	7245	7255	7953	9453
个人消费	14662	18304	24335	26266	28283	29788	31647	35070	36768	38587	
总资本形成	11212	16563	14951	17313	19090	21644	24374	27251	29520	32177	37361
商品和服务出口	45989	60897	104945	114404	130208	142129	152618	176376	209219	240290	
减：商品和服务进口	47632	62189	101506	110588	127434	137713	148721	173703	200673	230413	
国内生产总值	28847	38850	48644	53307	58089	62317	66198	73060	80800	87883	93984
斯里兰卡											
按现价计算											
政府消费	5685	16599	21849	26410	31404	36633	40972	45791	56002	76604	80258
个人消费	53399	129152	173457	194680	244288	288214	320566	373590	434883	494512	559610
总资本形成	20845	38457	49961	54249	70417	84206	100039	126070	154310	165420	195090
商品和服务出口	21434	42237	57885	68666	97117	107016	135114	168858	195805	237711	269765
减：商品和服务进口	36456	61646	81771	92587	122481	144674	174508	216544	264166	307425	336769
国内生产总值	66527	162375	221982	251891	321783	372345	425383	499565	579084	667772	768934
按1987年价格计算											
政府消费	11522	19176	19600	21251	20696	21948	23069	23765	26662	26366	
个人消费		146893	155417	155966	161480	162495	168754	180596	189072	201598	
总资本形成	38400	41984	42225	39546	39952	42570	45466	50830	55484	55743	57282
商品和服务出口		43642	53100	56653	62713	67855	75591	85493	96607	99409	103286
减：商品和服务进口		65392	68818	67441	66103	75159	83274	95349	108889	110010	113089
国内生产总值	142218	186526	202033	206319	219327	220771	229607	245336	258935	273106	283484
泰 国①											
按现价计算											
政府消费	81	143	157	177	186	231	280	316	351	397	449
个人消费	429	644	916	1077	1269	1381	1538	1707	1943	2281	2585
总资本形成	184	287	479	643	882	1044	1113	1273	1474	1754	1914
商品和服务出口	160	245	515	649	745	886	1032	1176	1381	1749	1809
减：商品和服务进口	201	274	537	696	910	1062	1153	1313	1560	2008	2076
国内生产总值	662	1057	1560	1857	2191	2507	2827	3164	3597	4195	4690
按1987年价格计算											
政府消费	105	148	153	157	169	178	190	200	209	209	218
个人消费	583	669	889	994	1088	1128	1197	1305	1419	1566	1656
总资本形成	247	305	438	537	696	784	837	926	1041	1179	1276
商品和服务出口	181	267	478	579	646	746	852	956	1096	1258	1288
减：商品和服务进口	260	278	514	625	773	869	936	1059	1235	1452	1493
国内生产总值	862	1123	1473	1652	1846	1994	2156	2336	2541	2776	2954

续表5 单位：百万本币

	1980年	1985年	1988年	1989年	1990年	1991年	1992年	1993年	1994年	1995年	1996年
土 耳 其①											
按现价计算											
政府消费	604	2638	9837	21240	43083	77895	140584	258083	450605	837243	1709247
个人消费	4030	27752	85474	156312	271070	426643	724210	1289019	2549069	5294000	10431409
总资本形成	832	5357	33738	51837	89892	150156	258406	525507	952322	1850225	3691825
商品和服务出口	270	5566	24106	36833	52215	87215	157360	270997	826379	1544077	3178889
减：商品和服务进口	624	6656	22683	40420	69042	104819	189646	383358	788530	1890238	4057373
国内生产总值	5231	35095	129225	227324	393010	630117	1093368	1981867	3868429	7762456	14772110
按1987年价格计算											
政府消费	4897	5224	5846	5902	6261	6462	6692	7101	6865	7226	7619
个人消费	34552	43113	51894	51165	58285	59992	62181	68054	63378	67187	73525
总资本形成			18279	18751	21283	21318	22647	28047	24016	25759	28954
商品和服务出口	2338	9284	13785	13749	14100	14625	16234	17482	20135	21743	26457
减：商品和服务进口	5018	10036	12670	13543	18015	17075	18939	25716	20090	26034	30968
国内生产总值	50437	63691	76379	76536	83459	84305	89198	96473	91207	97689	104243
越 南①											
按现价计算											
政府消费				2204	3164	4858	7330	12961	14196	15431	
个人消费				24646	36283	59179	80873	101743	125626	171064	
总资本形成				3699	4528	7959			43375	60411	72117
商品和服务出口			608	6700	11084	25002	35836	38542	58569	80000	107416
减：商品和服务进口			2314	9567	14019	23838	33002	44682	71508	104066	142601
国内生产总值		142	14332	28093	41955	76707	110535	136571	170258	222840	258609
埃 及											
按现价计算											
政府消费	2585	5712	8600	9700	10850	12450	14500	16000	18000	21715	23900
个人消费	11411	22600	42575	53794	69764	84122	103208	120482	137104	154424	177883
总资本形成	4062	8338	21250	23500	25900	24750	26500	25500	29000	32800	36760
商品和服务出口	5034	6598	10688	13741	19273	30943	40378	43553	40140	48535	47160
减：商品和服务进口	7072	10616	21699	24843	31450	39821	44283	48275	49244	57766	57570
国内生产总值	16497	33132	61714	76791	96138	111244	139102	157260	175000	200408	229473
按1987年价格计算											
政府消费	5089	7472	7479	7228	6774	6927	6763	6790	7027	7429	7608
个人消费	26685	32648	37134	39997	43156	46309	47748	50310	52328	54020	56153
总资本形成	11168	17656	14347	13060	12978	11624	11134	10084	11134	11764	13088
商品和服务出口	5614	6062	7200	8400	9000	9300	10500	11260	10714	10870	11780
减：商品和服务进口	14571	15921	12100	12300	12750	12900	12300	13277	13527	13666	14543
国内生产总值	35296	48976	54262	56885	60060	60696	63341	65167	67676	70796	74317
尼日利亚											
按现价计算											
政府消费	6080	9792	18988	23459	39346	39921	49064	124212	97722	153064	229647
个人消费	28390	53426	98510	144545	144778	192033	320592	419758	635043	1023100	1294682
总资本形成	10770	6935	28057	39837	37904	76665	158774	135114	168795	274284	377116
商品和服务出口	14767	11648	33583	73496	113197	122114	214909	251597	210790	241556	340664
减：商品和服务进口	9650	9001	31992	56550	75088	102817	189353	227459	189635	205588	227037
国内生产总值	50270	72355	145243	224797	260637	328115	554286	703672	923030	1486415	2015072

续表6 单位：百万本币

	1980年	1985年	1988年	1989年	1990年	1991年	1992年	1993年	1994年	1995年	1996年
尼日利亚(续)											
按1987年价格计算											
政府消费	19605	16539	15123	13686	23270	18195	13427	26636	15532	15378	17842
个人消费	88190	90238	78460	84326	85626	87521	87725	90013	100932	102789	99552
总资本形成	47710	19582	20848	22648	21989	33691	41921	28412	27032	26737	30447
商品和服务出口	53824	34242	33149	36528	39743	41546	42925	44175	40893	43082	49911
减：商品和服务进口	87498	52378	26502	28913	32125	35646	36439	35663	29198	29145	33340
国内生产总值	121447	106964	119664	128280	138794	145395	149638	153668	155242	158842	164412
南　非											
按现价计算											
政府消费	8158	21297	35865	44713	52702	61169	70196	80030	91394	99883	113237
个人消费	30797	66167	113151	133955	159530	183558	209387	231756	259743	295227	330476
总资本形成	16040	28715	39717	49585	54113	55285	56711	59304	69226	81926	92557
商品和服务出口	22015	39698	57890	66021	70714	74220	79105	91233	103098	120418	143682
减：商品和服务进口	17008	28546	47027	53449	54046	58726	65285	76155	95275	120188	139647
国内生产总值	61328	123126	200448	240639	276060	310074	340963	383695	431711	485752	543014
按1987年价格计算											
政府消费	23599	28757	31022	32268	32998	33744	34233	35233	36717	36837	38675
个人消费	82690	88987	98918	100961	101806	101233	98814	99636	104794	109948	113944
总资本形成	40866	38626	33748	35943	35102	32509	30799	29942	32548	35910	38349
商品和服务出口	49369	51487	53398	56270	57239	57206	58655	61481	62109	67875	73185
减：商品和服务进口	42917	34853	42896	43032	40521	41389	43602	46662	54174	63141	67899
国内生产总值	154094	162109	173346	177750	176868	175076	170581	173220	178087	183560	189627
加拿大											
按现价计算											
政府消费	59097	95274	114164	123770	134763	144498	150046	151807	150221	150394	
个人消费	170363	271055	347166	373871	391811	403805	413941	427357	443375	457785	
总资本形成	72288	94198	132790	146075	141376	132001	128865	128884	138118	134341	
商品和服务出口	87579	134919	159309	163903	168917	164849	181189	209370	250877	290325	
减：商品和服务进口	81933	123388	156384	166079	171223	172805	187254	212534	246455	271291	
国内生产总值	307730	474339	600840	645147	662809	669113	683086	705987	740129	768580	789857
按1987年价格计算											
政府消费	91868	102168	109897	114329	117995	121203	122447	122991	120830	119899	117738
个人消费	255679	292682	333674	342487	344341	338411	342162	346734	356824	362509	374652
总资本形成	89800	99171	128709	136513	131672	127808	125923	126624	134143	133948	143730
商品和服务出口	99253	134506	159237	160530	167156	169572	182531	201522	231051	258670	270310
减：商品和服务进口	95555	122045	159908	169952	173276	179058	189072	205671	229319	249222	258089
国内生产总值	440670	508441	573921	587509	585794	575136	579812	592956	617085	631333	640803
墨西哥											
按现价计算											
政府消费	449	4374	17107	21849	30507	42441	53462	64459	76035	86690	
个人消费	2909	30575	299489	401441	545559	712881	866410	977279	1104622	1336971	1691242
总资本形成	1107	9048	77110	94670	132113	177044	220546	233179	274861	296708	438039
商品和服务出口	479	7305	82961	104266	137441	155327	171476	191540	236443	567322	569970
减：商品和服务进口	580	4897	77174	104622	145603	182924	228123	240859	305625	513162	507365
国内生产总值	4470	47168	416305	548858	738898	949148	1125334	1256196	1420160	1837776	2544218

续表7　　　　单位：百万本币

	1980年	1985年	1988年	1989年	1990年	1991年	1992年	1993年	1994年	1995年	1996年
墨 西 哥(续)											
按1987年价格计算											
政府消费	13638	16951	16910	17013	17546	18789	18904	18828	19503	18194	
个人消费	128142	130563	132791	144721	156293	164357	174442	176250	185394	162181	143237
总资本形成	50853	40599	37729	39898	45135	50096	55526	54123	58664	41649	49029
商品和服务出口	20915	33083	39864	42121	44356	46605	48928	52887	62113	82603	67020
减：商品和服务进口	42048	27217	35377	41733	49973	57558	68849	70129	84533	73702	61459
国内生产总值	179293	197100	195618	204204	215165	223805	231909	235835	246121	230847	244386
美　　国①											
按现价计算											
政府消费	463	720	860	907	975	1017	1043	1063	1083	1113	
个人消费	1721	2634	3247	3487	3721	3845	4080	4314	4559	4780	
总资本形成	547	786	882	925	933	882	938	1013	1122	1208	
商品和服务出口	277	297	439	501	548	592	630	647	706	794	
减：商品和服务进口	294	417	553	590	629	622	669	721	814	902	
国内生产总值	2709	4048	4879	5261	5554	5711	6028	6337	6716	7030	7342
按1987年价格计算											
政府消费	674	766	834	849	869	873	869	862	861	857	859
个人消费											
总资本形成	710	830	853	867	852	793	838	891	970	1032	1092
商品和服务出口	324	305	414	461	497	527	561	579	632	699	744
减：商品和服务进口	288	453	526	542	559	552	591	647	727	794	847
国内生产总值	3807	4283	4700	4846	4902	4851	4985	5107	5298	5424	5554
阿 根 廷											
按现价计算											
政府消费											
个人消费											
总资本形成									56106	51462	54501
商品和服务出口		1	11	424	7140	13884	14954	16237	19167	23890	27074
减：商品和服务进口			7	213	3192	10995	18432	20870	25702	23827	27900
国内生产总值		5	111	3244	68922	180898	226638	257570	281643	280779	294599
按1987年价格计算											
政府消费											
个人消费											
总资本形成											
商品和服务出口	2	2	2	2	3	3	3	3	3	4	4
减：商品和服务进口	3	1	2	1	1	2	3	4	5	4	4
国内生产总值	24	21	23	21	22	23	25	27	29	28	29
巴　　西											
按现价计算											
政府消费					2	9	102	2316	54581	108167	121186
个人消费					7	36	374	8555	222827	390509	494743
总资本形成					3	11	121	2863	73960	138156	146578
商品和服务出口					1	5	65	1378	30422	43970	49806
减：商品和服务进口					1	4	43	1064	26224	49140	59652
国内生产总值					12	57	619	14049	355566	631662	752661

续表8　　　　单位：百万本币

	1980年	1985年	1988年	1989年	1990年	1991年	1992年	1993年	1994年	1995年	1996年
巴　西(续)											
按1987年价格计算②											
政府消费	324	352	504	597	539	528	524	505	500	513	516
个人消费	2271	2459	2598	2631	2613	2680	2552	2767	2967	3183	3317
总资本形成	1019	770	890	901	828	794	775	814	869	974	973
商品和服务出口	226	372	449	472	448	478	527	581	626	617	654
减：商品和服务进口	315	208	257	280	308	339	298	398	459	628	665
国内生产总值	3545	3745	4184	4321	4120	4141	4092	4276	4524	4659	4795
委内瑞拉①											
按现价计算											
政府消费	35	49	92	144	192	293	379	466	627	940	1281
个人消费	163	287	598	977	1415	2021	2878	3977	6159	9636	18491
总资本形成	74	81	199	255	322	552	871	1054	1378	1955	4155
商品和服务出口	86	116	179	515	899	952	1089	1470	2677	3607	10309
减：商品和服务进口	65	73	240	319	460	797	1194	1482	1935	2909	6693
国内生产总值	298	465	873	1510	2279	3037	4132	5454	8632	13504	28091
按1987年价格计算											
政府消费	65	65	79	77	81	93	93	88	83	85	80
个人消费	403	423	486	457	472	509	547	556	546	556	538
总资本形成	183	135	161	120	113	153	194	181	138	135	126
商品和服务出口	151	139	160	170	194	202	198	222	240	247	258
减：商品和服务进口	152	139	185	123	115	172	217	203	166	201	189
国内生产总值	661	631	737	674	717	787	835	837	813	841	827
白俄罗斯③											
按现价计算											
政府消费			870	980	1020	1820	16700	199500	4193	26877	41923
个人消费					2000	3940	44270	547900	10105	68635	106540
总资本形成					650	1930	23300	334000	5918	29984	44177
商品和服务出口					1990	3210	54800	651430	12644	50510	79973
减：商品和服务进口					1890	2910	53470	817230	14988	56257	92886
国内生产总值			3630	3970	4270	8590	91700	985900	17815	119813	179819
保加利亚											
按现价计算											
政府消费	1457	2757	2745	2819	8255	20548	33529	50669	84300	120300	199500
个人消费	14272	19477	22530	24344	27159	74152	134555	228044	380229	592200	1205600
总资本形成	7289	8613	10260	10328	9652	24635	32577	38738	74319	133262	229200
商品和服务出口	9209	13949	17472	18373	15033	64776	117312	135158	255583	455000	1089500
减：商品和服务进口	7915	14082	17599	19061	16671	54427	124501	160674	279278	436300	1044900
国内生产总值	25791	32595	38345	39579	45391	135711	200832	298934	522234	867700	1687100
按1987年价格计算											
政府消费	1584	2795	2683	2638	6478	5735	5224	5224	4706	4002	3061
个人消费	16068	20196	24038	23061	20402	15474	15851	17178	18845	19505	19210
总资本形成	7925	8734	11204	11400	7575	6065	5974	4510	3973	4053	4081
商品和服务出口	9880	13421	13000	11176	3201	1916	2285	2236	2106	2891	2641
减：商品和服务进口	10377	14085	13625	11853	3615	1252	1726	1892	1638	1951	1800
国内生产总值	26687	32970	40507	39486	35582	30778	28552	27897	28578	29100	26487

续表9

单位：百万本币

	1980年	1985年	1988年	1989年	1990年	1991年	1992年	1993年	1994年	1995年	1996年
捷克共和国											
按现价计算											
政府消费								213800	231100	242400	333900
个人消费								512600	597800	717800	755200
总资本形成								241900	277300	388000	503800
商品和服务出口								513000	542200	742500	814200
减：商品和服务进口								496300	544900	798800	927700
国内生产总值								910600	1037500	1252100	1490000
按1987年价格计算											
政府消费											
个人消费											
总资本形成		119	133	137	134	110	120	111	116		
商品和服务出口											
减：商品和服务进口											
国内生产总值		482	505	528	522	448	419	415	426	451	470
法　　国①											
按现价计算											
政府消费	509	910	1058	1106	1170	1239	1320	1403	1439	1481	
个人消费	1653	2871	3444	3672	3879	4056	4208	4309	4461	4617	
总资本形成	646	905	1188	1315	1391	1437	1405	1311	1332	1381	
商品和服务出口	604	1124	1221	1411	1468	1538	1588	1556	1684	1802	
减：商品和服务进口	639	1093	1218	1403	1470	1514	1494	1405	1523	1619	
国内生产总值	2808	4700	5735	6160	6509	6776	7000	7077	7390	7675	7878
按1987年价格计算											
政府消费	849	960	1039	1043	1065	1095	1132	1172	1185	1192	1210
个人消费	2770	3051	3356	3460	3550	3595	3638	3645	3696	3761	3856
总资本形成	1026	963	1156	1247	1282	1283	1247	1164	1179	1212	1221
商品和服务出口	941	1084	1190	1312	1382	1439	1509	1503	1593	1687	1691
减：商品和服务进口	903	948	1188	1284	1363	1404	1422	1372	1463	1536	1530
国内生产总值	4717	5088	5579	5816	5963	6012	6078	6003	6174	6307	6389
德　　国①											
按现价计算											
政府消费						557	616	634	650	675	
个人消费						1630	1755	1830	1903	1975	
总资本形成						656	709	689	729	751	
商品和服务出口						727	732	698	759	817	
减：商品和服务进口						729	733	682	737	788	
国内生产总值						2854	3076	3158	3320	3457	3541
意 大 利①											
按现价计算											
政府消费	57709	134917	186034	200304	230163	251260	265418	273379	281803	288456	
个人消费	234512	496434	668195	738181	803619	882079	944094	961466	1015612	1087447	
总资本形成	94305	167564	219196	241161	266044	282647	288203	262765	271800	301039	
商品和服务出口	84349	184848	207495	238437	262664	271428	295515	355486	400922	488326	
减：商品和服务进口	95423	188668	206307	240342	262192	270886	295647	302325	340589	413820	
国内生产总值	385327	810081	1090023	1191961	1310659	1427571	1502493	1550296	1638506	1770949	1863417

续表10

单位：百万本币

	1980年	1985年	1988年	1989年	1990年	1991年	1992年	1993年	1994年	1995年	1996年
意 大 利(续)											
按1987年价格计算											
政府消费	137739	156589	170018	171580	173668	176547	178582	179391	179365	178382	176955
个人消费	507066	554114	630965	653740	670188	688623	698483	672734	678597	685361	684936
总资本形成	191799	181812	206970	216101	223950	225827	221692	193296	193716	205095	215172
商品和服务出口	151064	181580	200565	215983	231358	231645	247299	271558	298961	333510	353854
减: 商品和服务进口	141595	159186	197318	215098	235418	243129	261126	238260	255725	278175	280354
国内生产总值	860396	926925	1020782	1050202	1072922	1085138	1091269	1078659	1101585	1134284	1143358
荷　　兰											
按现价计算											
政府消费	59390	67070	70470	72040	75080	78600	83010	86210	87490	90910	
个人消费	207900	252910	271640	284490	303100	322460	340920	351720	369330	380510	
总资本形成	73050	83690	97390	104080	107940	110460	113320	111620	114580	123310	
商品和服务出口	174600	258730	240250	267670	279740	293090	294880	293180	313980	338260	
减: 商品和服务进口	176160	238300	222380	248760	255830	267390	269170	257500	275910	297790	
国内生产总值	341680	425540	457680	484950	516550	542570	566100	581460	612980	635010	661546
按1987年价格计算											
政府消费	59856	65880	71036	72130	73311	74434	75684	76816	77002	77500	
个人消费	248365	254853	270201	279835	291883	300998	308663	311118	317760	324565	
总资本形成	84762	84923	95722	100450	102067	102275	102899	100034	101594	108411	
商品和服务出口	175753	206958	238941	254831	268428	281046	289126	293540	313067	334638	
减: 商品和服务进口	177148	192451	223339	238399	248410	258644	263985	258460	275200	296513	
国内生产总值	397146	422901	452366	473582	493170	504453	514825	518787	536409	547941	562735
波　　兰											
按现价计算											
政府消费	23	96	243	707	10808	19520	28960	31834	39462	53601	65532
个人消费	169	646	1673	6076	26867	46813	66784	98200	135388	179235	233217
总资本形成	62	221	666	1935	11761	15775	19297	24749	34078	48731	68444
商品和服务出口	71	190	675	2257	16051	19026	27242	35733	50583	74770	83884
减: 商品和服务进口	78	176	593	1761	12050	20579	25479	34215	48389	70935	94019
国内生产总值	251	1045	2963	11832	56027	80883	114944	155780	210407	288701	362564
按1987年价格计算											
政府消费	137	149	152	145	146	161	171	178	183	188	196
个人消费	964	946	1035	1025	871	947	968	1022	1039	1071	1148
总资本形成	433	368	405	397	358	342	350	360	393	466	572
商品和服务出口	327	351	397	407	470	462	512	528	597	708	777
减: 商品和服务进口	383	312	353	368	332	430	437	495	551	676	836
国内生产总值	1586	1599	1761	1766	1575	1475	1505	1561	1627	1742	1845
罗马尼亚①											
按现价计算											
政府消费	31	32	78	93	114	334	861	2473	6620	8878	11954
个人消费	370	481	452	471	565	1339	3782	12763	30798	48349	76850
总资本形成	213	246	240	239	170	317	1157	3584	9824	15729	24014
商品和服务出口	218	187	219	167	144	388	1676	4612	12389	19912	29465
减: 商品和服务进口	247	153	135	145	225	475	2183	5608	13417	23173	36601
国内生产总值	617	818	857	800	858	2204	6029	20051	49795	72560	109515

续表11　　　　　　　　　　　　　　　　　　　　　　　　　　　　　　　单位：百万本币

	1980年	1985年	1988年	1989年	1990年	1991年	1992年	1993年	1994年	1995年	1996年
罗马尼亚(续) ①											
按1987年价格计算											
政府消费			78	82	94	104	106	109	110	107	98
个人消费											
总资本形成			240	237	152	104	116	125	150	170	179
商品和服务出口											
减：商品和服务进口											
国内生产总值	745	869	845	787	748	656	599	614	639	684	712
俄罗斯①											
按现价计算											
政府消费					134	231	2634	34369	104550	230650	252294
个人消费					315	656	8816	84166	321082	962539	1430369
总资本形成					185	325	4551	34965	133208	325443	439168
商品和服务出口					117	186	10561	60888	169024	417888	508007
减：商品和服务进口					116	182	9587	54230	139881	359842	434280
国内生产总值					644	1399	19006	171510	610745	1630079	2256120
西班牙①											
按现价计算											
政府消费	2008	4152	5924	6831	7815	8882	10093	10701	10963	11591	
个人消费	9992	18080	25180	28367	31303	34269	37277	38475	40675	43224	
总资本形成	3368	5409	9083	10868	12261	13067	12889	12092	12767	14402	
商品和服务出口	2387	6407	7575	8150	8555	9409	10420	11841	14438	16510	
减：商品和服务进口	2743	5860	8023	9621	10251	11137	12063	12180	14333	16246	
国内生产总值	15168	28201	40159	45044	50145	54927	59105	60934	64699	69779	73666
按1987年价格计算											
政府消费	3885	4752	5672	6142	6548	6914	7193	7366	7341	7440	7440
个人消费	20482	20975	23956	25286	26192	26935	27523	26953	27180	27584	28562
总资本形成	6252	5998	8562	9726	10370	10538	10070	9004	9164	9919	9988
商品和服务出口	4511	6460	7351	7571	7814	8429	9052	9822	11461	12399	13664
减：商品和服务进口	4759	5046	7936	9307	10032	10936	11694	11085	12344	13430	14772
国内生产总值	30733	33162	38012	39834	41326	42270	42571	42068	42960	44154	45125
乌克兰④											
按现价计算											
政府消费						63	886	237	2335	11612	17471
个人消费					85	151	2330	715	5862	30093	46696
总资本形成						63	1364	360	2829	12702	16746
商品和服务出口						78	1208	384	4261	25677	36632
减：商品和服务进口						72	1107	388	4647	27367	38564
国内生产总值	106	128	142	154	167	299	5033	1483	12038	54516	80510
英国											
按现价计算											
政府消费	50003	75296	93675	101835	112974	124149	131915	137850	143586	148690	
个人消费	137044	216339	298946	327251	346861	366227					
总资本形成	41561	60718	91530	105443	107577	97747	93642	94293	99217	105385	
商品和服务出口	63097	102518	107866	122169	133870	135036	142880	160869	177037	198631	
减：商品和服务进口	57900	99155	125366	143414	148885	141642	150977	168840	183202	204116	
国内生产总值	231233	356172	469760	514241	549386	573909	597010	628555	665058	697418	734410

续表12

单位：百万本币

	1980年	1985年	1988年	1989年	1990年	1991年	1992年	1993年	1994年	1995年	1996年
英　　国(续)											
按1987年价格计算											
政府消费	81543	84846	87686	88920	91173	93521	93425	93638	95421	96627	97401
个人消费	209420	234260	284944	293005	294442	288267					
总资本形成	58411	66397	85597	90729	87561	79280	78116	78615	80919	80825	79783
商品和服务出口	84006	96758	107509	112548	118136	117381	122191	126414	138093	148033	157359
减：商品和服务进口	79510	97108	126378	135713	136311	129323	137912	142143	149899	155699	170179
国内生产总值	350264	385749	442909	452561	454342	445359	442990	452377	469962	481655	492250
澳大利亚											
按现价计算											
政府消费	25075	44859	56719	61587	66633	71468	74509	77302	80033	83763	
个人消费	82419	142937	199428	220462	231931	238039	249719	251468	272684	288317	
总资本形成	35192	59303	85153	89473	81337	77348	81897	88185	97458	98429	
商品和服务出口	22539	38736	55093	60587	65833	69458	75969	82425	86693	98270	
减：商品和服务进口	25075	45962	60690	66889	65118	67224	77041	83384	95421	98828	
国内生产总值	140615	240757	339275	370188	378716	387056	404791	416560	443920	473080	
按1987年价格计算											
政府消费	41313	49357	53619	55521	57068	58747	59616	61106	63412	64970	
个人消费	143483	166436	188123	195464	195133	195150	201345	210103	224724	232871	
总资本形成	61470	68839	79819	79475	71386	68265	70711	75058	82904	83239	
商品和服务出口	32465	43025	52080	54911	61116	66564	70485	77867	80611	89287	
减：商品和服务进口	41005	51075	65126	68477	64805	67184	72146	78092	91913	96881	
国内生产总值	238952	277452	311816	321212	318535	319547	329934	346263	361571	375577	
新 西 兰											
按现价计算											
政府消费	4134	7347	11023	11742	12293	12269	12682	12579	12477	13024	
个人消费	14330	27479	40121	43108	45760	45810	46680	48740	53121	57211	
总资本形成	4754	11977	12893	14304	13794	11536	12280	14632	17213	18652	
商品和服务出口	7003	13946	18065	19155	19935	21647	23840	25272	27158	27177	
减：商品和服务进口	7272	15311	15617	18973	19526	19201	21812	22705	25240	26270	
国内生产总值	22992	45282	66424	70742	72138	72146	74427	80297	85875	91045	94711
按1987年价格计算											
政府消费	9123	9942	10189	10312	10639	10602	10892	10790	10662	10871	10925
个人消费		35606	37168	37867	37953	37289	37586	38761	41638	43679	44406
总资本形成	8835	13711	12782	13742	13023	10728	11124	12995	15053	16253	17017
商品和服务出口	12113	14846	16783	16373	17390	19003	19474	21026	22829	23208	25274
减：商品和服务进口	11149	14102	15547	17703	17675	17025	18278	19751	22516	24055	26221
国内生产总值	51821	59985	61259	61695	61438	60703	61376	65230	68750	70846	72334

注：① 十亿本币。② 本币。③ 1994 年起为十亿本币。④ 1980 年至 1992 年为万本币。

资料来源：世界银行《世界发展指标》1998年。

4－20 按收入法计算的国内生产总值

单位：百万本币

	1980年	1985年	1987年	1988年	1989年	1990年	1991年	1992年	1993年
孟加拉国（自当年7月1日起的年度）									
间接税减补贴	13464	25516	32695	37601	41807	50070	57492	65589	72739
固定资本折旧	16468	32045	41247	46399	51640	58860	63882	68239	74942
劳动者报酬									
经营盈余									
国内生产总值	231433	466227	597136	659598	737571	834392	906502	947896	1030361
白俄罗斯①									
间接税减补贴						3	4	74	963
固定资本折旧						6	12	158	2054
劳动者报酬						20	36	383	5119
经营盈余						14	33	299	2240
国内生产总值						43	86	914	10376
印度（自当年4月1日起的年度）①									
间接税减补贴	136	284	384	431	482	577	640	752	792
固定资本折旧	121	262	333	389	456	522	630	723	801
劳动者报酬									
经营盈余									
国内生产总值	1360	2622	3332	3958	4568	5355	6161	7028	7864
印度尼西亚①									
间接税减补贴	1635 *	3597	7130	9033	12445	13420	15004	17795	20544
固定资本折旧	2962 *	4850	6241	7105	8365	9784	11380	13045	14907
劳动者报酬②	40849 *	88551	111446	125967	146375	172393	201118	229946	262575
经营盈余									
国内生产总值	45446 *	96997	124817	142105	167185	195597	227502	260786	298026
伊朗（自当年3月21日起的年度）①									
间接税减补贴	161	608	665	551	758	890			
固定资本折旧	865	1867	2886	3290	3957	5443			
劳动者报酬	5641	12902	16347	18275	22807	30884			
经营盈余									
国内生产总值	6632	15775	19949	22304	27787	36645			
以色列									
间接税减补贴	11	4253	10848	12195	13476	17773	24684	30301	34221
固定资本折旧	17	4744	8882	10513	13135	15772	19307	22407	26908
劳动者报酬	57	14361	31167	38941	46596	55632	69327	82703	96448
经营盈余	31	6997	10691	13678	16497	21105	29153	34601	38220
国内生产总值	116	30355	61588	75327	89704	110282	142471	170012	195797
日本①									
间接税减补贴	14095	21250	24961	27469	29058	30568	31116	33996	33724
固定资本折旧	30701	43615	48861	52306	57941	62820	68387	72622	73348
劳动者报酬	130398	173892	189069	200111	214850	233374	251690	260792	266951
经营盈余	64757	81501	86625	93250	96390	99797	100680	94240	89188
国内生产总值	240176	320419	348425	371429	396197	424537	451298	463145	465972

续表1　　　　　　　　　　　　　　　　　　　　　　　　单位：百万本币

	1980年	1985年	1987年	1988年	1989年	1990年	1991年	1992年	1993年
马来西亚									
间接税减补贴	9066	11650	9972	11720	13791	15365	17564	19990	
固定资本折旧									
劳动者报酬									
经营盈余									
国内生产总值	53308	77470	79625	90861	102534	115828	129559	147784	
缅甸 (自当年7月1日起的年度)									
间接税减补贴	3709	4253	3893	2811	4435	6610	8510	7976	
固定资本折旧	3415	5056	6245	6850	7519	8309	9246	10352	
劳动者报酬	14596	21950	28154	32816	52535	64651	76689	99879	
经营盈余	16889	24731	30406	33766	60177	72371	84108	112728	
国内生产总值	38609	55989	68698	76243	124666	151941	178553	230935	
韩国①									
间接税减补贴	4593	9407	12548	14821	16180	20370	23664	27408	
固定资本折旧	2980	7926	11034	13269	14710	17227	19923	22170	
劳动者报酬	15066	31969	43164	52835	62698	79143	98344	109998	
经营盈余	15402	31545	41683	47037	49414	55984	66269	72152	
国内生产总值	38041	80847	108428	127963	143001	172724	208201	231727	
巴基斯坦									
间接税减补贴	30365	48213	74364	86607	96092	112226	133442	141882	
固定资本折旧	16124	31526	39242	43772	49871	60440	71972	84075	
劳动者报酬②	231707	434793	561783	639366	710675	847734	1005831	1133381	
经营盈余									
国内生产总值	278196	514532	675389	769745	856638	1020600	1211245	1359338	
菲律宾									
间接税减补贴	20132	40856	59625	56736	76497	87885	114227	128611	
固定资本折旧	17113	56674	63966	67162	72001	82249	101782	108425	
劳动者报酬	77013	172864	215541	278874	324386	363078	427035	474061	
经营盈余	129491	301489	345936	399747	452977	537688	600993	631418	
国内生产总值	243749	571883	685068	802519	925161	1070900	1244037	1342515	
斯里兰卡									
间接税减补贴	9174	22481	27223	28242	35811	44460	46416	57756	
固定资本折旧	4449	7530	8790	9570	10194	12963	17293	19326	
劳动者报酬	31031	70748	86388	98695	110033	141645	167472	188552	
经营盈余	22692	54160	66574	83656	87973	116182	139318	153919	
国内生产总值	68338	157763	188822	218774	248230	317904	369720	421755	
泰国									
间接税减补贴	76233	113965	149669	202842	236110	291137	322866		
固定资本折旧	46659	92958	116507	133421	157125	191123	234467		
劳动者报酬	164594	273066	324025	372245	437348	525860	613205		
经营盈余	374996	576507	709712	851296	1025893	1173980	1338889		
国内生产总值	662482	1056496	1299913	1559804	1856476	2182100	2509427		

续表2

单位：百万本币

	1980年	1985年	1987年	1988年	1989年	1990年	1991年	1992年	1993年
土耳其①									
间接税减补贴	274	1739	6090	10144	17358	33944	55791	93767	
固定资本折旧	289	1947	4136	7119	12679	21506	33867	58323	
劳动者报酬	1285	7026	15025	24665	65856	126837	274047	518445	
经营盈余	3327	24688	50485	88981	134131	208931	254544	391107	
国内生产总值	5175	35400	75736	130909	230024	391218	618249	1061642	
埃及(自当年7月1日起的年度)									
间接税减补贴	431	1760	2723	4532	6400	6799	10705		
固定资本折旧									
劳动者报酬②⑤	16718	39060	58386	67254	81341	103344	125485		
经营盈余									
国内生产总值	17149	40820	61109	71786	87741	110143	136190		
尼日利亚									
间接税减补贴	1216 *	987	2002	2565	2339	2764	3679		
固定资本折旧	1207 *	4429	6536	8453	10590	13357	15267		
劳动者报酬	11915 *	15871	20841	28036	35099	41050	46887		
经营盈余	33919 *	51068	79506	106190	176769	203466	258961		
国内生产总值	48257 *	72355	108885	145243	224797	260637	324794		
南非									
间接税减补贴	3949	10678	14593	19833	25418	27195	29945	31454	
固定资本折旧	8023	31526	39242	43772	49871	60440	71972	84075	
劳动者报酬②	231707	434793	561783	639366	710675	847734	1005831	1133381	
经营盈余									
国内生产总值	278196	514532	675389	769745	856638	1020600	1211245	1359338	
菲律宾									
间接税减补贴	20132	40856	59625	56736	76497	87885	114227	128611	
固定资本折旧	17113	56674	63966	67162	72001	82249	101782	108425	
劳动者报酬	77013	172864	215541	278874	324386	363078	427035	474061	
经营盈余	129491	301489	345936	399747	452977	537688	600993	631418	
国内生产总值	243749	571883	685068	802519	925161	1070900	1244037	1342515	
斯里兰卡									
间接税减补贴	9174	22481	27223	28242	35811	44460	46416	57756	
固定资本折旧	4449	7530	8790	9570	10194	12963	17293	19326	
劳动者报酬	31031	70748	86388	98695	110033	141645	167472	188552	
经营盈余	22692	54160	66574	83656	87973	116182	139318	153919	
国内生产总值	68338	157763	188822	218774	248230	317904	369720	421755	
泰国									
间接税减补贴	76233	113965	149669	202842	236110	291137	322866		
固定资本折旧	46659	92958	116507	133421	157125	191123	234467		
劳动者报酬	164594	273066	324025	372245	437348	525860	613205		
经营盈余	374996	576507	709712	851296	1025893	1173980	1338889		
国内生产总值	662482	1056496	1299913	1559804	1856476	2182100	2509427		

续表3 单位：百万本币

	1980年	1985年	1987年	1988年	1989年	1990年	1991年	1992年	1993年
美国①									
间接税减补贴	201	307	333	354	386	416	448	471	
固定资本折旧	365	522	574	611	663	688	715	749	
劳动者报酬	1653	2395	2712	2936	3116	3314	3419	3597	
经营盈余	476	806	902	981	1040	1065	1064	1113	
国内生产总值	2708	4017	4497	4854	5205	5490	5655	5953	
委内瑞拉①									
间接税减补贴	8 *	30	42	26	49	34	108	176	
固定资本折旧	17 *	36	56	72	107	154	221	314	
劳动者报酬	105 *	163	244	321	518	699	1007	1419	
经营盈余	124 *	235	354	454	836	1392	1701	2224	
国内生产总值	254 *	465	696	873	1510	2279	3037	4132	
保加利亚									
间接税减补贴							9238	13559	18902
固定资本折旧	3559	4465	5255	5892	5589	6366	18999	26001	39704
劳动者报酬	13094	16475	18315	19248	20308	24361	56137	106378	155929
经营盈余④	9138	11656	12962	13205	13682	14663	63946	58578	80033
国内生产总值	25791	32595	36531	38345	39579	45390	135711	200832	298934
法国①									
间接税减补贴	357	600	667	748	797	847	851	861	862
固定资本折旧	346	589	674	725	776	829	880	907	925
劳动者报酬	1576	2582	2821	2976	3162	3372	3532	3669	3723
经营盈余	529	928	1175	1286	1425	1462	1513	1573	1572
国内生产总值	2808	4700	5337	5735	6160	6509	6776	7011	7083
德国①									
间接税减补贴	163	192	201	209	232	253	292	319	334
固定资本折旧	175	235	252	263	279	303	333	360	379
劳动者报酬	861	1021	1119	1164	1216	1316	1430	1527	1550
经营盈余	273	374	418	460	497	554	593	607	590
国内生产总值	1472	1823	1990	2096	2224	2426	2648	2813	2854
意大利①									
间接税减补贴	22496	49811	69155	84485	95395	112952	129570	138834	155932
固定资本折旧	44581	100188	116849	128252	140567	154252	168419	179939	191681
劳动者报酬	184063	374051	438837	482553	528340	592391	646776	680008	687163
经营盈余	136529	286530	358962	396547	429160	452471	484688	505542	525338
国内生产总值	387669	810580	983803	1091837	1193462	1312066	1429453	1504323	1560114
荷兰									
间接税减补贴	32020 *	36430	39430	41710	43630	47990	49820	56010	
固定资本折旧	32490 *	46210	48540	51190	54880	58230	61600	65320	
劳动者报酬	197840 *	221710	239360	245740	252850	267740	283940	299620	
经营盈余	74390 *	121000	113250	118770	133310	142310	146520	142270	
国内生产总值	336740 *	425350	440580	457410	484670	516270	541880	563320	

续表4　　单位：百万本币

	1980年	1985年	1987年	1988年	1989年	1990年	1991年	1992年	1993年
罗马尼亚①									
间接税减补贴	107	160	162	171	162 *	70	138	6	
固定资本折旧	61	89	99	106	110 *	104	142	316	
劳动者报酬	357	463	470	481	523 *	443	954	2495	
经营盈余	92	106	115	99	3 *	241	965	3166	
国内生产总值	617	817	845	857	798 *	858	2199	5982	
西班牙①									
间接税减补贴	688	1981	3131	3284	3762	4082	4431	5142	
固定资本折旧	1722	3588	4178	4600	5033	5522	5994	6389	
劳动者报酬	7784	12905	16307	18199	20442	23208	25538	27218	
经营盈余	4974	9727	12529	14077	15808	17308	18858	20103	
国内生产总值	15168	28201	36144	40159	45044	50120	54821	58852	
英国									
间接税减补贴	30029	47960	61094	68309	72405	70395	76942	79605	
固定资本折旧	27952	41883	48161	52623	56680	61200	63510	63984	
劳动者报酬	137970	197168	230229	255941	283854	312779	328551	341295	
经营盈余	34507	69161	82407	92887	101302	105012	102789	109087	
国内生产总值	231233	356172	421891	469760	514241	549386	571782	594183	
南斯拉夫									
间接税减补贴	15	88	362	1188	10711	181367			
固定资本折旧	17	133	666	1930	28514	128299			
劳动者报酬									
经营盈余									
国内生产总值	172	1195	5234	15833	235395	1147787			
澳大利亚									
间接税减补贴	15062	28527	37121	41276	44466	44743	44436	45612	50592
固定资本折旧	21207	37424	46703	51279	55858	58307	59926	62570	64658
劳动者报酬	74054	122517	147367	164991	183623	191379	195475	202355	211298
经营盈余	29957	51502	67803	82259	86339	84824	87488	93315	99018
国内生产总值	140280	239970	298994	339805	370286	379253	387325	403852	425566
新西兰									
间接税减补贴	1996	4492	8618	9122	10657	10788	10548	10705	
固定资本折旧	1684	3712	5051	5540	6033	6444	6774	7191	
劳动者报酬	13068	22661	30258	32004	32718	33202	32697	33426	
经营盈余	6341	14570	17940	19737	22027	23168	23360	25744	
国内生产总值	23089	45435	61867	66403	71435	73602	73379	77066	

注：① 10亿本币。② 包括经营盈余。③ 单位为千克鲁赛罗。④ 1990年及以前包括间接税减补贴。⑤ 包括固定资本折旧。
资料来源：联合国《国民核算年鉴》1993年。

4－21　总资本形成的行业构成

单位：百万本币

	1980年	1985年	1987年	1988年	1989年	1990年	1991年	1992年	1993年
印　　度①									
按现价计算	309	559	785	990	1238	1450	1554	1545	1606
农业	49	76	92	101	112	129	142	160	174
矿业	10	42	42	49	64	66	63	66	67
制造业	48	154	194	269	270	306	277	332	346
电、煤气、水	32	72	105	118	126	144	189	187	211
建筑业	7	13	13	12	21	22	19	22	22
商业、饭店和旅馆业	23	46	31	72	98	115	90	150	86
交通、仓储和运输业	29	64	82	107	131	143	160	197	221
金融保险、不动产和工商服务业	33	74	105	123	142	178	217	229	248
社会团体和个人服务业	6	14	17	21	25	27	26	29	35
政府服务	22	48	56	63	57	75	82	96	109
私人非营利组织									
按1980年不变价计算	308	354	418	499	542	612	525	519	506
农业	49	46	48	47	48	51	50	51	52
矿业	10	27	26	25	30	28	24	22	21
制造业	48	91	105	137	113	139	107	119	118
电、煤气、水	32	45	59	57	58	62	69	63	69
建筑业	7	8	8	7	11	10	8	8	8
商业、饭店和旅馆业	23	52	8	48	44	58	38	59	30
交通、仓储和运输业	29	40	46	53	59	60	60	68	73
金融保险、不动产和工商服务业	33	38	45	50	54	63	69	67	67
社会团体和个人服务业	6	7	8	9	10	10	9	9	10
政府服务	22	28	27	29	23	28	27	29	31
私人非营利组织									
加 拿 大									
按现价计算	72624	96479	119788	136585	149682	138541	129013	124875	128205
农业	4541	4079	2894	3095	3945	3713	2572	2355	4172
矿业	8576	10854	6376	8660	7304	8009	7802	6067	7634
制造业	9673	11254	15013	18401	21914	17060	14299	11112	12354
电、煤气、水	6663	6268	6707	8230	9201	11486	12632	11634	10300
建筑业	1098	1396	1788	1937	2192	1959	1563	1758	1810
商业、饭店和旅馆业②	1067	4017	6587	4784	4685	1053	2391	1709	4015
交通、仓储和运输业	6030	6995	7249	9578	10782	10755	10755	10437	9359
金融保险、不动产和工商服务业②	21983	31332	48888	55396	61167	55838	49583	52460	50763
社会团体和个人服务业	4701	7462	11438	12750	13232	11991	11019	11304	11354
政府服务	8292	12822	12848	13754	15260	16677	16397	16039	16444
私人非营利组织									

续表1 单位：百万本币

	1980年	1985年	1987年	1988年	1989年	1990年	1991年	1992年	1993年
美　国									
按现价计算	539898	811584	855515	895221	955500	932600	875700	941600	
农业	13863	19053	7246	2894	17800	21600	16600	22100	
矿业	42988	44245	20785	25008	22100	25000	23700	19300	
制造业	79535	93646	102131	113909	140900	131600	120700	122500	
电、煤气、水	28256	52428	48728	46052	40800	51700	44700	45300	
建筑业	4896	9305	7296	8932	7800	3100	5800	9600	
商业、饭店和旅馆	36306	93565	89332	91505	99400	90300	83000	101300	
交通、仓储和运输业	45278	47946	48793	50403	52300	50200	46100	45800	
金融保险、不动产和工商服务业	181818	302482	352571	363826	372600	346300	300000	325800	
社会团体和个人服务业	17714	29560	35684	35842	39000	38300	34200	38000	
政府服务	49172	68530	72231	66871	87100	96300	100600	106000	
私人非营利组织	14904	22885	28376	31548	34400	36500	37900	41300	
按1985年不变价计算	647750	811574	816792	831834	867800	847800	783000	848000	
农业	20818	19054	3940	2948	14400	18500	14100	17700	
矿业	51439	44245	23581	26062	22100	24100	21800	17800	
制造业	98481	93646	97659	106703	127500	116300	104900	108500	
电、煤气、水	35817	52428	47816	44088	36800	45900	38600	39300	
建筑业	6267	9305	6830	8132	6800	2200	4800	8100	
商业、饭店和旅馆	44101	93562	85924	86687	91600	82500	75300	94000	
交通、仓储和运输业	57890	47937	47255	47791	48500	46000	41400	40900	
金融保险、不动产和工商服务业	218278	302482	332998	334454	331700	301300	261100	283500	
社会团体和个人服务业	21590	29560	34836	34764	36900	35800	31900	36500	
政府服务	55572	68530	67675	59659	79000	89700	89200	92000	
私人非营利组织	14904	22885	26662	28688	30200	31200	31900	34600	
法　国									
按现价计算	645753	905291	1054768	1188313	1314552	1391358	1436922	1401927	1319222
农业	23450	30557	29538	34784	39778	41729	38743	35235	32243
矿业	1176	1405	941	1146	1058	788	627	546	403
制造业	99135	145344	158686	195157	216622	238401	233868	231251	189723
电、煤气、水	38826	51022	46834	45594	45492	43797	44872	44544	46516
建筑业	21196	23342	25505	29777	36033	32432	35509	29843	35844
商业、饭店和旅馆	43177	69052	98454	98649	112737	113116	117378	117259	108096
交通、仓储和运输业	60577	78626	85427	101234	109214	119002	134833	119485	120924
金融保险、不动产和工商服务业	266226	349569	410010	464927	516225	548483	561116	544117	506543
社会团体和个人服务业	12865	25184	35986	41858	46339	53735	52297	51800	52116
政府服务	77674	128731	148182	172559	188241	196839	214488	224580	223538
私人非营利组织	1451	2241	2457	2628	2813	3036	3191	3267	3276

续表2　　　　单位：百万本币

	1980年	1985年	1987年	1988年	1989年	1990年	1991年	1992年	1993年
英　国									
按现价计算	38989	61174	75465	94639	106400	104566	90139		
农业	1042	939	1079	1281	1396	1327	1197		
矿业	3647	3314	2949	3000	3625	3918	5701		
制造业	4874	9675	10552	13260	14147	12375	8758		
电、煤气、水	2254	3439	3100	3763	4647	5211	6389		
建筑业	286	1067	1473	2567	2238	1764	597		
商业、饭店和旅馆	2582	6292	9698	12437	11583	9113	6857		
交通、仓储和运输业	4184	5858	6766	8094	9599	9067	9140		
金融保险、不动产和工商服务业	13294	19049	26683	34451	41159	41260			
社会团体和个人服务业	3431	5286	5365	5866	7929	9297			
政府服务	1770	2815	3000	3000	4552	6161	6526		
私人非营利组织									
按1985年不变价计算	50045	61174	68911	81405	85654	79354	68955		
农业	1228	939	1000	1105	1136	1015	924		
矿业	4423	3314	2799	2557	2988	2856	4520		
制造业	6733	9675	9827	12085	12373	10264	7565		
电、煤气、水	2947	3439	2855	3372	3777	4051	5001		
建筑业	349	1067	1334	2211	1789	1333	415		
商业、饭店和旅馆	3199	6292	8874	10975	9650	7151	5642		
交通、仓储和运输业	5472	5858	6209	7177	8128	7435	7299		
金融保险、不动产和工商服务业	18912	22531	27231	29260	32518	30814			
社会团体和个人服务业	3860	4861	4380	5063	6123	6805			
政府服务	2075	2815	3018	3037	3894	4835	5177		
私人非营利组织									
新 西 兰									
按现价计算	4797	12004	13544	13287	16497				
农业	967	1837	1569	1704	2078				
矿业	65	186	85	121	83				
制造业	550	2268	1481	867	1627				
电、煤气、水	379	546	560	547	564				
建筑业	154	187	245	175	204				
商业、饭店和旅馆	368	377	938	1258	2467				
交通、仓储和运输业	424	1719	1385	1057	1567				
金融保险、不动产和工商服务业	1149	3507	5704	5834	6051				
社会团体和个人服务业	70	264	394	321	430				
政府服务	602	1010	1038	1239	1219				
私人非营利组织	67	102	143	164	185				

注：① 十亿本币。② 饭店和旅馆业、工商服务业包括在社会团体和个人服务业中。

资料来源：联合国《国民核算年鉴》1993年。

4－22 日本投入产出表

(1990年)

单位：百万日元

部　门	1 农林水产业	2 采掘业	3 食品饮料业	4 纺织品	5 纸、纸浆木制品	6 化学制品	7 石油、煤炭制品	8 陶瓷、粘土制品
1 农林水产业	2301859	1518	10264844	320605	1376335	60107	406	621
2 采掘业	0	4755	1391	80	30786	102550	5254059	988258
3 食品饮料业	1371566	0	5692545	32337	26249	165486	102	4238
4 纺织品	102235	6707	34465	4415860	129826	25095	5055	26546
5 纸、纸浆、木制品	196923	4299	770338	120241	5181459	420652	754	223616
6 化学制品	712324	15228	349167	1025886	560246	8093074	36259	216147
7 石油、煤炭制品	232341	16370	124653	51881	131913	1153082	490150	210523
8 陶瓷、粘土制品	22871	424	278746	6077	124299	140559	9334	1124525
9 钢铁	574	4421	0	813	177614	2589	0	144346
10 有色金属	0	202	43903	283	26554	116843	130	43031
11 金属制品	26412	36868	857807	30943	311993	269186	27307	80561
12 一般机械	999	10041	12	0	47258	735	164	23077
13 电气机械	5456	942	326	44	3918	1282	24	70
14 运输机械	76496	59	0	0	0	0	0	0
15 精密机械	1288	36	151	233	755	693	17	473
16 其他工业产品	161086	24603	89332	464945	440683	537304	9570	106212
17 建筑	50105	13416	82769	50599	100619	158366	27590	129566
18 电、煤气、热供应	50960	54691	419414	226525	458553	869511	91211	316838
19 水供应和卫生服务	12848	6301	134074	53129	51055	148652	8917	42838
20 商业	543307	25452	2389624	1196524	1263775	677349	186582	386486
21 金融保险	597895	94459	312076	400426	347686	543242	184793	251343
22 不动产	4630	21087	81150	53190	78905	127439	21600	76172
23 运输	731366	542258	1283325	325353	671725	731631	296422	670992
24 通信和广播	12273	7426	73568	43032	30302	101176	13274	16900
25 政府服务	0	0	0	0	0	0	0	0
26 教育、研究	16370	4952	154034	42513	91841	1429180	33168	151081
27 医疗、保健、社会保障	0	0	0	0	16	150	0	0
28 其他公共服务	3535	2859	31485	14744	15250	37659	5293	10890
29 工商服务	182870	75214	1260401	329436	457109	1359287	130377	376002
30 个人服务	5962	523	9479	2772	4230	6358	1120	2117
31 办公用品	8877	3436	49830	50989	27243	17129	1404	15896
32 分类不明	61986	32375	92511	66307	176457	227636	10535	213704
33 中间部门 (1至32)	7495414	1010922	25685420	9325767	12344754	17524002	6845617	5853069
34 家庭外消费支出	153719	99960	735355	171713	347129	650729	89265	246630
35 雇员报酬	1617967	446615	4648409	3099318	3532445	3057839	338506	2085149
36 营业盈余	6183571	314635	3067855	1050736	1573454	2952025	343866	1162639
37 固定资产折旧	1961551	232165	1057524	455465	896557	1701162	283141	598969
38 间接税	561723	73813	4155572	234154	372348	466140	3020470	249462
39 补贴	－178623	－21758	－409551	－3474	－3968	－3404	－15251	－2338
40 部门增加值 (34至39)	10299908	1145430	13255164	5007912	6717965	8824491	4241997	4340511
42 国内生产总值	10146189	1045470	12519809	4836199	6370836	8173762	4152732	4093881

续表1

单位：百万日元

部门	9 钢铁	10 有色金属	11 金属制品	12 一般机械	13 电气机械	14 运输机械	15 精密机械	16 其他工业产品
1 农林水产业	18	192	0	0	0	309	0	304395
2 采掘业	625875	612296	1904	1330	81	325	110	93027
3 食品饮料业	33	0	0	0	19	0	0	127248
4 纺织品	11415	12210	21406	31735	92373	114464	10554	294583
5 纸、纸浆、木制品	85865	47262	86086	67481	372836	71151	36348	1931251
6 化学制品	148238	111495	150082	206287	580315	455276	34344	3778459
7 石油、煤炭制品	1017564	45572	50290	45417	95051	61798	4038	59477
8 陶瓷、粘土制品	177949	27873	68163	163633	513866	300281	86375	104563
9 钢铁	13380278	16084	3626021	2872590	959724	1959314	54659	86487
10 有色金属	250349	3060684	1019063	632133	1920775	853682	106872	218352
11 金属制品	19287	15792	942291	1144122	1070650	488081	65923	257743
12 一般机械	10527	3537	34942	6061625	479031	589867	53065	57054
13 电气机械	156	2062	72478	1245010	14050723	2280805	259842	171717
14 运输机械	0	0	0	0	0	18915397	0	0
15 精密机械	87	59	528	144365	53467	31936	692646	2774
16 其他工业产品	56287	115551	183108	804709	2065214	1972863	282576	5945335
17 建筑	179093	38052	110210	86567	177715	74930	16701	91818
18 电、煤气、热供应	977705	198857	265312	285925	504669	396607	40894	444454
19 水供应和卫生服务	50594	12545	25589	81856	96770	49833	10601	52656
20 商业	1004660	381202	560618	1376659	2149241	2080628	218793	1373117
21 金融保险	301695	129646	270577	437581	397679	355492	105388	479256
22 不动产	83392	18498	82906	164991	200098	79899	26996	178961
23 运输	669886	181466	523248	617858	884037	621887	85092	923986
24 通信和广播	17444	15395	55272	84637	108792	45794	13848	138816
25 政府服务	0	0	0	0	0	0	0	0
26 教育、研究	181744	101719	121038	766442	3534784	1388292	205226	266168
27 医疗.保健.社会保障	30	0	0	0	0	0	0	38
28 其他公共服务	20490	2750	26178	54636	33048	13675	2643	30138
29 工商服务	508157	181744	647070	1281564	2432066	1277693	187890	1342063
30 个人服务	6458	1703	4052	7698	55981	8591	1135	24016
31 办公用品	12284	5570	39360	47867	72951	34191	10066	67948
32 分类不明	188373	55757	152688	186464	300151	101888	24197	210893
33 中间部门(1至32)	19985933	5395673	9140480	18901182	33202107	34624949	2636822	19056793
34 家庭外消费支出	260236	95399	445233	683323	1289242	439773	90606	849355
35 雇员报酬	2592199	917775	4312899	6429200	7636472	5609885	1165206	7145573
36 营业盈余	2361213	629600	1572752	3549227	4840100	2544553	511356	3131752
37 固定资产折旧	1001396	436338	962343	1806605	3106315	1450613	207564	1699121
38 间接税	481125	140910	319270	476771	760828	537875	81713	563937
39 补贴	－2878	－1019	－4961	－7287	－8575	－11798	－1308	－8279
40 部门增加值(34至39)	6693291	2219003	7607536	12937839	17624382	10570901	2055137	13381459
42 国内生产总值	6433055	2123604	7162303	12254516	16335140	10131128	1964531	12532104

续表2　　　　　　　　　　　　　　　　　　　　　　　　　　　　　　　　　　单位：百万日元

部　门	17 建筑	18 电、煤气 热供应	19 水供应和 卫生服务	20 商业	21 金融保险	22 不动产	23 运输	24 通信和 广播	25 政府服务
1 农林水产业	162323	0	0	8437	0	71	1875	0	1506
2 采掘业	1070241	1890717	91	0	0	0	51	0	684
3 食品饮料业	0	0	0	14900	0	0	6720	0	7555
4 纺织品	241649	3652	13012	303286	35238	1243	99570	16123	63653
5 纸、纸浆、木制品	4424354	10945	13320	858084	98548	34521	397006	23259	53871
6 化学制品	457273	16303	66793	449	0	1380	13868	33450	17847
7 石油、煤炭制品	656282	927762	59899	154180	6610	33472	3529624	13026	91855
8 陶瓷、粘土制品	5933625	704	16268	61690	0	3308	2491	1	6673
9 钢铁	2372124	0	1909	0	0	0	32717	0	563
10 有色金属	788911	8899	1227	1206	0	0	668	0	3445
11 金属制品	8696617	7105	4117	287476	763	14240	50157	2954	114064
12 一般机械	786183	176	19046	917	0	0	4617	190	20872
13 电气机械	1104282	281	279	33765	4941	712	5959	27192	231194
14 运输机械	0	0	0	0	0	0	612384	0	558082
15 精密机械	322	0	434	157267	900	417	1379	391	14731
16 其他工业产品	1934737	70675	212243	1232224	803793	36737	242498	173055	855823
17 建筑	348482	467822	204977	500055	101510	2118460	413897	27578	332003
18 电、煤气、热供应	447380	59329	361529	797384	85674	156157	538045	106287	253653
19 水供应和卫生服务	158735	89185	29268	186768	43397	41355	196352	27018	326888
20 商业	4711449	194983	64364	923939	105712	59164	1407143	45271	259568
21 金融保险	1166974	477194	74574	3434683	2694690	3348043	2845453	125684	53595
22 不动产	317147	149823	26795	3964816	774475	466858	762625	94813	41615
23 运输	3662715	327826	161800	4291989	474357	124823	4628374	238376	710973
24 通信和广播	357794	48504	41229	1602043	532242	24769	243731	435186	248265
25 政府服务	0	0	0	0	0	0	0	0	0
26 教育、研究	250259	169801	1110	47422	8816	225	85127	188792	4461
27 医疗、保健、社会保障	13	26	112	516	310	80	1141	339	70
28 其他公共服务	86616	19253	56958	54155	70750	13228	48051	13907	120
29 工商服务	6273480	1547256	447440	5004132	3123605	864425	5331329	766297	1539818
30 个人服务	36511	10521	3597	164527	18225	39114	31099	531939	32337
31 办公用品	62585	16413	9945	477119	164195	30941	87054	26053	50477
32 分类不明	1559019	113179	60840	370259	139970	658906	229505	44128	27629
33 中间部门(1至32)	48068082	6628334	1953176	24933688	9288721	8072649	21852510	2961309	5923890
34 家庭外消费支出	1679968	298675	140526	2215544	1002035	270379	868554	282659	410987
35 雇员报酬	23645790	1682909	2462639	40073788	13126533	2749776	13657093	4371146	13578056
36 营业盈余	11390038	2568457	488026	9627767	5570839	23367089	2822769	936484	0
37 固定资产折旧	3393542	3295744	1185910	3665781	1815543	12408921	3495159	2100941	445432
38 间接税	1171339	852241	133454	2462281	2019968	3424302	844558	325465	51128
39 补贴	−149815	−8345	−167807	−564470	−1572096	−176996	−958282	−3368	0
40 部门增加值(34至39)	41130862	8689681	4242748	57480691	21962822	42043471	20729851	8013327	14485603
42 国内生产总值	39450894	8391006	4102222	55265147	20960787	41773092	19861297	7730668	14074616

续表3

单位：百万日元

部门	26 教育、研究	27 医疗、保健 社会保障	28 其他公共 服务	29 工商服务	30 个人服务	31 办公用品	32 分类不明	33 中间部门 (1－32)	34 家庭外 消费支出
1 农林水产业	30032	190346	0	1113	845653	0	13267	15885832	115510
2 采掘业	4216	97	0	82	965	0	5179	10689150	0
3 食品饮料业	621123	557416	0	0	5079383	0	112	13707032	1467439
4 纺织品	17432	108299	80409	102742	162668	43372	196448	6823325	251224
5 纸、纸浆、木制品	153896	108044	85676	228468	272151	916467	212594	17507766	246172
6 化学制品	116095	4852330	8725	167793	346374	100357	233115	22905079	272309
7 石油、煤炭制品	138981	125128	14368	109256	188662	0	133025	9972250	24594
8 陶瓷、粘土制品	46552	34054	4866	63768	161884	7430	56839	9549691	53653
9 钢铁	0	231	0	925	1248	35	81656	25785922	0
10 有色金属	0	36711	638	12810	16852	823	77538	9242584	2133
11 金属制品	2274	8641	7356	91301	87728	414	115886	15136059	59162
12 一般机械	0	0	0	1699566	18814	99844	4380	10026539	6214
13 电气机械	83634	1643	0	1300925	35329	39619	133934	21098544	294450
14 运输机械	1083	0	0	1669018	1517	0	0	21834036	0
15 精密机械	331	154493	111	63459	18999	0	0	1342742	40010
16 其他工业产品	1118415	298112	319553	3047538	702426	281601	304760	25697568	570448
17 建筑	328046	109111	5140	146669	339328	0	8573	6839767	0
18 电、煤气、热供应	497750	545092	14261	292244	836410	0	117725	10711046	1575
19 水供应和卫生服务	243364	231744	10751	90863	747291	0	58395	3319632	2508
20 商业	425915	1501631	107734	1229449	1972355	322779	263747	29409220	1845227
21 金融保险	133944	289015	81498	1945456	933161	0	169173	22982371	245
22 不动产	639778	112519	108596	710940	1023471	0	101698	10595883	0
23 运输	407581	466178	97937	816198	1254705	84707	169884	27678955	335832
24 通信和广播	285538	158109	73688	2293942	364212	0	47289	7534490	107765
25 政府服务	0	0	0	0	0	0	283173	283173	0
26 教育、研究	10	4909	0	62834	11189	0	174523	9498030	0
27 医疗、保健、社会保障	106	57540	21	214	810	0	0	61532	292295
28 其他公共服务	35030	30222	0	106566	182225	0	992	1023346	0
29 工商服务	1505326	1051456	296058	5701989	1904786	0	444649	47830989	38924
30 个人服务	52386	317143	16098	295765	877839	0	73365	2642661	11520551
31 办公用品	146381	73170	27381	149652	127232	0	936	1914575	0
32 分类不明	241593	91107	80225	209182	580872	17127	0	6525463	0
33 中间部门(1至32)	7276812	11514491	1441090	22619727	19096539	1914575	3482855	426055252	17548240
34 家庭外消费支出	315416	402966	172900	1426591	1287152	0	126221	17548240	
35 雇员报酬	18609670	11290272	2068866	16195558	13918866	0	216543	232282962	
36 营业盈余	136573	1660606	130871	5925527	8485311	0	1191022	110090713	
37 固定资产折旧	2337000	1518358	257672	5265044	3016733	0	761323	62819932	
38 间接税	192763	259427	82996	1119352	2392992	0	35323	28045701	
39 补贴	－141158	－4818	－136656	－48098	－13812	0	－402	－4630595	
40 部门增加值(34至39)	21450264	15126811	2576649	29883974	29087243	0	2330030	446156953	
42 国内生产总值	21134848	14723845	2403749	28457383	27800091	0	2203809	428608713	

续表4 单位：百万日元

部　　门	44 个　人 消费支出	45 政　府 消费支出	46 政府固定 资本形成	47 私人固定 资本形成	48 库存增加	49 国内最终 总需求	50 国内总需求	51 出　口
1 农林水产业	4405592	0	0	282510	20507	4824119	20709951	47840
2 采掘业	300	0	0	－9452	－30548	－39700	10649450	14815
3 食品饮料业	27959211	0	0	0	－28331	29398319	43105351	244582
4 纺织品	8275891	0	3427	384909	54223	8969674	15792999	789228
5 纸、纸浆、木制品	965224	0	119482	1391258	94537	2816673	20324439	336216
6 化学制品	275862	0	0	0	99112	3130283	26035362	2587656
7 石油、煤炭制品	2799449	0	0	0	100306	2924349	12896599	258966
8 陶瓷、粘土制品	365993	0	0	0	90466	510112	10059803	489072
9 钢铁	－33761	0	－22651	－147536	64181	－139767	25646155	1760815
10 有色金属	188153	0	0	－22535	151612	319363	9561947	527689
11 金属制品	426554	0	8931	547957	232806	1275410	16411469	598343
12 一般机械	83939	0	640262	15828680	613985	17173080	27199619	5842582
13 电气机械	5712770	0	2449085	11823315	388842	20668462	41767006	11626925
14 运输机械	5862876	0	212119	7600136	320011	13995142	35829178	11231766
15 精密机械	874514	0	233481	1317139	82708	2547852	3890594	1390775
16 其他工业产品	6118310	0	171748	648430	193766	7702702	33400270	1497122
17 建筑	0	0	26817945	55541232	0	82359177	89198944	0
18 电、煤气、热供应	4587777	0	0	0	0	4589352	15300398	20563
19 水供应和卫生服务	1523158	1347849	0	0	0	2873515	6193147	3732
20 商业	38842578	0	817712	9607252	141763	51254532	80663752	2078074
21 金融保险	8592910	0	0	0	0	8593155	31575526	431440
22 不动产	39523857	0	0	0	0	39523857	50119740	4106
23 运输	12470036	－69677	64196	646246	30213	13476846	41155801	3898588
24 通信和广播	3347572	0	0	0	0	3455337	10989827	39081
25 政府服务	485642	19640678	0	0	0	20126320	20409493	0
26 教育、研究	5465718	13770805	0	0	0	19236523	28734553	10295
27 医疗、保健、社会保障	22675844	3612406	0	0	0	26580545	26642077	211
28 其他公共服务	2982698	0	0	0	0	2982698	4006044	39803
29 工商服务	3438728	0	196878	1574844	0	5249374	53080363	469843
30 个人服务	36184908	0	0	0	0	47705459	50348120	402008
31 办公用品	0	0	0	0	0	0	1914575	0
32 分类不明	25773	0	0	0	0	25773	6551236	1239618
33 中间部门(1至32)	246911076	38302061	31712615	107014385	2620159	444108536	870163788	47881754

续表5　　　　　　　　　　　　　　　　　　　　　　　　　　　　　　单位：百万日元

部　门	52 最终需求合计(49+51)	54 减：进口	55 减：关税	56 减：进口商品税	57 减：进口总计(54至56)	58 各部门最终总需求(52－57)	59 国内总支出(58－34)
1 农林水产业	4871958	－2825836	－50437	－86196	－2962469	1909490	1793980
2 采掘业	－24885	－7735520	－75720	－696673	－8507913	－8532798	－8532798
3 食品饮料业	29642901	－3672073	－361963	－375313	－4409349	25233552	23766113
4 纺织品	9758902	－1995095	－189593	－63860	－2248548	7510354	7259130
5 纸、纸浆、木制品	3152889	－1523367	－28154	－46415	－1597936	1554953	1308781
6 化学制品	5717939	－2149634	－60138	－64753	－2274525	3443414	3171105
7 石油、煤炭制品	3183315	－1920606	－34466	－12879	－2067951	1115364	1090770
8 陶瓷、粘土制品	999184	341015	－4093	－10187	－355295	643889	590236
9 钢铁	1621048	－698124	－8425	－21197	－727746	893302	893302
10 有色金属	847052	－2384537	－184537	－72088	－2475060	－1628008	－1630141
11 金属制品	1873753	－251403	－2867	－7526	－261796	1611957	1552795
12 一般机械	23015662	－1165057	－3161	－34962	－1203180	21812482	21806268
13 电气机械	32295387	－2491724	－963	－74755	－2567442	29727945	29433495
14 运输机械	25226908	－1784181	－511	－80402	－1865094	23361814	23361814
15 精密机械	3938627	－571416	－1686	－16308	－589410	3349217	3309207
16 其他工业产品	9199824	－2317709	－83699	－57532	－2459140	6740684	6170236
17 建筑	82359177	0	0	0	0	82359177	82359177
18 电、煤气、热供应	4609915	－2946	0	0	－2946	4606969	4605394
19 水供应和卫生服务	2877247	－955	0	0	－955	2876292	2873784
20 商业	53332606	－327447	0	0	－327447	53005159	51159932
21 金融保险	9024595	－755423	0	0	－755423	8269172	8268927
22 不动产	39527963	－7726	0	0	－7726	39520237	39520237
23 运输	17375434	－2474028	0	0	－2474028	14901406	14565574
24 通信和广播	3494418	－54272	0	0	－54272	3440146	3332381
25 政府服务	20126320	0	0	0	0	20126320	20126320
26 教育、研究	19246818	－17772	0	0	－17772	19229046	19229046
27 医疗、保健、社会保障	26580756	－986	0	0	－986	26579770	26287475
28 其他公共服务	3022501	－28108	0	0	－28108	2994393	2994393
29 工商服务	5719217	－1046505	0	0	－1046505	4672712	4633788
30 个人服务	48107467	－2566259	0	0	－2566346	45541121	34020570
31 办公用品	0	0	0	0	0	0	0
32 分类不明	1265391	－194922	－173	－28576	－1977969	－712578	－712578
33 中间部门(1至32)	491990290	－43058944	－924484	－1849909	－45833337	446156953	428608713

资料来源：《日本统计年鉴》1998年。

主要统计指标解释

增加值和国内生产总值　按生产者价格计算的各行业增加值 = 总产出 - 购买者价格计算的中间消耗的价值。

对于全部国内生产者的总增加值(加上国内生产者在增加值中没有反映的进口关税和增值税,减去估算的银行服务费用),它同按支出法和收入法计算的国内生产总值相等。

国内生产总值可定义为国内经济最终消费总和,或国内经济最终收入总额。原则上讲,这三种方式应产生相同的结果,但在统计实践中,还是有一定差异。

国民生产总值　为国内生产总值与国外净要素收入之和。1993年新SNA定义为国民总收入(Gross National Income)。

按购买力平价法测算的人均国民生产总值　使用购买力平价而不是汇率作为转换因子,将各国国民生产总值换成国际元来计算的结果。国际元是使各国的国民生产值在指定年具有同美元相同购买力的记帐单位。

对GDP增长的贡献　"贡献"一词把增长率与GDP构成(年增长率)联系在一起。对GDP增长的贡献,即在GDP其他组成部分不变的情况下,因为该部分变化导致GDP产生多少变化。

政府消费支出　同一般政府为自己提供的服务相等,因为这些服务不出售,所体现的价值在国内生产总值中只能以政府消费形式反应。

个人消费支出　衡量所有常驻的非政府机构的最终消费支出。

资本形成总额　是库存增加额与固定资本形成总额之和。

劳动者报酬　包括国家非常住雇员的报酬,不包括临时在国外工作的常住职员的报酬。具体包括:(1)工资;(2)雇主的社会保障缴款;(3)雇主的个人养老金、保险金及类似的缴款。其中工资为雇员因其劳动而得的所有报酬。经营盈余在SNA生产帐户中为平衡项目,即扣除给雇员补偿,固定资本折旧,净间接税后的增加部分。

固定资本折旧　包括日用和磨损的折扣。包括可预见的无形磨损、固定资产在正常情况下可能发生的事故性毁坏(不能修复的)和目前更新成本。

间接税　是向生产成本或货物销售和服务征收的税。包括(1)进/出口税;(2)国内消费税,营业税,娱乐税和交易税;(3)房地产税和土地税。

补贴　是政府经常项目中的拨款,给(1)私人企业和国营公司;(2)非合作性的国营公司(由于政府价格政策导致公司亏损时补偿性的赠与)。

五、农　业

5-1 农业生产指数

(1989-91 年 =100)

	1985年	1990年	1993年	1994年	1995年	1996年	1997年
世界总计	**91.3**	**100.7**	**103.9**	**107.4**	**110.0**	**114.3**	**115.2**
亚　洲	**84.4**	**100.8**	**113.0**	**118.7**	**125.9**	**131.4**	**133.9**
中　国①	79.3	100.0	118.9	129.1	143.2	156.7	164.7
孟加拉国	89.9	99.5	103.2	100.5	103.4	106.2	110.2
印　度	84.1	99.8	108.7	112.2	116.0	117.4	118.0
印度尼西亚	82.9	100.7	112.8	113.1	119.6	124.2	123.7
伊　朗	83.6	104.8	127.5	131.1	135.1	137.7	137.7
以色列	104.5	108.0	99.4	95.9	112.2	114.5	115.6
日　本	103.0	100.8	94.7	99.9	97.9	96.1	95.7
马来西亚	77.7	99.6	112.1	113.2	114.4	116.9	119.0
蒙　古	92.9	96.8	82.6	78.8	81.4	83.4	83.4
缅　甸	112.9	101.0	122.0	126.9	137.8	152.4	156.8
朝　鲜	116.0	128.0	108.0	112.0	112.0		
韩　国	91.1	101.2	107.7	113.4	115.8	115.9	114.3
巴基斯坦	78.1	98.4	107.8	112.2	122.7	124.5	128.6
菲律宾	87.3	103.7	111.2	114.2	115.2	116.3	120.9
斯里兰卡	107.2	104.1	105.4	111.9	115.2	108.0	115.2
泰　国	95.5	94.8	102.0	108.9	110.7	112.5	111.7
土耳其	85.7	102.0	103.5	103.0	104.6	107.0	104.1
越　南	82.1	99.9	116.6	122.9	129.4	135.2	136.1
非　洲	**85.0**	**98.3**	**106.2**	**108.4**	**109.1**	**117.1**	**114.7**
埃　及	84.4	101.3	114.8	111.0	119.2	119.7	118.8
尼日利亚	70.9	97.7	124.7	128.9	132.1	134.2	134.9
南　非	90.2	98.0	95.6	99.2	86.4	102.4	98.5
北美洲	**99.9**	**101.3**	**100.9**	**113.7**	**109.3**	**113.9**	**115.7**
加拿大	91.9	103.5	102.5	107.0	111.1	115.2	111.2
墨西哥	96.7	100.8	108.4	113.3	117.2	117.8	123.0
美　国	101.8	101.2	100.4	116.3	109.4	114.7	116.3
南美洲	**91.7**	**99.0**	**104.9**	**110.4**	**115.1**	**119.0**	**121.1**
阿根廷	101.6	101.5	102.0	109.5	116.0	119.4	118.6
巴　西	92.5	97.2	106.1	110.8	114.1	118.6	122.3
委内瑞拉	87.4	101.0	110.9	113.2	110.5	115.9	117.4
欧　洲	**98.0**	**99.8**	**95.9**	**93.4**	**94.3**	**97.7**	**95.6**
保加利亚	98.9	101.7	69.9	68.6	77.5	54.4	54.2
捷克共和国			98.7	79.5	81.8	82.0	80.1
法　国	99.5	100.3	98.5	97.8	100.7	105.8	103.5
德　国	99.3	101.6	90.1	87.5	88.7	90.7	90.7
意大利	100.1	95.8	101.6	100.7	99.2	101.9	96.2
荷　兰	97.2	100.9	105.7	103.8	102.6	107.8	107.7
波　兰	96.6	102.4	90.7	78.1	85.0	88.3	80.8
罗马尼亚	115.3	95.6	97.9	94.6	100.5	95.9	104.5
俄罗斯			86.3	74.3	67.3	69.3	69.8
西班牙	90.0	102.6	97.7	92.9	86.7	106.3	101.2
英　国	98.5	100.1	99.2	100.6	101.9	101.0	99.7
南斯拉夫			89.2	92.2	96.4	94.4	91.8
大洋洲	**98.0**	**100.5**	**114.5**	**106.7**	**118.3**	**124.4**	**119.3**
澳大利亚	94.0	102.3	115.9	104.8	120.7	127.2	117.5
新西兰	108.3	95.8	112.6	112.1	115.3	121.3	127.0

注：①以1990年为基期，包括农业、畜牧业、林业、渔业。

资料来源：联合国粮农组织《生产季报》1997年第3/4季。

5-2 人均农业生产指数

(1989-91 年 =100)

	1985年	1990年	1993年	1994年	1995年	1996年	1997年
世界总计	**99.0**	**100.7**	**99.4**	**101.2**	**102.1**	**104.7**	**108.5**
亚　洲	**93.0**	**100.8**	**107.7**	**111.6**	**116.6**	**119.9**	**122.9**
孟加拉国	99.0	96.7	98.6	94.6	96.0	97.0	99.1
印　度	93.1	99.8	103.0	104.4	106.2	105.8	104.6
印度尼西亚	90.6	100.7	107.6	106.3	110.8	113.2	111.2
伊　朗	100.9	105.0	116.4	116.6	117.2	116.7	114.2
以色列	116.2	108.1	89.5	83.5	94.7	94.3	93.3
日　本	105.3	100.8	93.9	98.8	96.7	94.7	94.1
马来西亚	88.7	99.6	104.2	102.9	101.6	101.6	101.3
蒙　古	105.9	96.7	77.3	72.3	73.2	73.4	71.9
缅　甸	125.7	101.0	115.8	118.4	126.3	136.3	138.6
朝　鲜	102.0	101.0	93.0	99.0	100.0		
韩　国	95.7	101.2	104.7	109.2	110.5	109.7	107.2
巴基斯坦	93.0	98.5	99.4	100.8	107.3	106.0	106.6
菲律宾	93.0	103.7	104.1	104.6	103.3	102.1	103.9
斯里兰卡	114.6	104.1	102.2	107.5	109.6	101.8	107.6
泰　国	103.8	94.8	100.1	104.7	105.5	106.5	104.8
土耳其	95.5	101.9	98.4	96.4	96.5	97.1	93.1
越　南	91.4	99.9	109.6	113.2	116.9	120.0	118.6
非　洲	**98.0**	**98.4**	**98.0**	**97.4**	**95.4**	**99.8**	**120.0**
埃　及	95.6	101.3	108.1	102.6	108.1	106.5	103.8
尼日利亚	82.2	97.9	114.1	114.5	113.8	112.3	109.7
南　非	101.2	98.0	89.4	90.6	77.2	89.5	84.2
北美洲	**107.0**	**101.3**	**96.9**	**107.9**	**102.4**	**105.5**	**107.1**
加拿大	98.4	103.5	98.9	102.2	105.0	107.9	103.2
墨西哥	108.3	100.9	102.6	105.4	107.1	105.8	108.7
美　国	106.7	101.2	97.3	111.7	104.1	108.2	109.3
南美洲	**100.8**	**99.0**	**99.8**	**103.4**	**106.1**	**108.1**	**110.0**
阿根廷	109.0	101.5	98.0	103.8	108.6	110.3	108.2
巴　西	101.6	97.2	101.4	104.5	106.1	108.9	110.9
委内瑞拉	99.5	100.9	102.6	103.2	98.7	101.3	100.5
欧　洲	**99.7**	**99.8**	**95.2**	**92.4**	**93.2**	**96.3**	**94.3**
保加利亚	96.3	101.7	71.0	70.0	79.4	56.0	56.1
捷克共和国			98.9	79.7	82.2	82.4	80.6
法　国	102.3	100.3	97.0	95.8	98.3	102.9	100.3
德　国	102.0	101.6	88.5	85.6	86.2	87.9	87.6
意大利	100.3	95.8	101.4	100.4	98.8	101.5	95.9
荷　兰	100.3	100.9	103.5	100.9	99.1	103.6	102.8
波　兰	98.9	102.4	89.9	77.3	84.0	87.2	78.9
罗马尼亚	117.6	95.5	98.8	96.1	102.5	98.2	107.2
俄罗斯			85.8	74.0	67.1	69.4	70.0
西班牙	91.0	102.6	97.1	92.2	85.9	105.2	100.0
英　国	100.1	100.0	98.6	99.8	100.9	100.0	98.6
南斯拉夫			88.7	91.6	95.5	93.1	90.0
大洋洲	**105.7**	**100.2**	**106.3**	**99.3**	**105.6**	**108.5**	**106.0**
澳大利亚	101.5	102.0	108.1	98.4	107.5	111.2	104.9
新西兰	112.2	96.1	103.6	103.4	104.9	107.3	110.4

资料来源:联合国粮农组织《生产季报》1997 年 3/4 季。

5-3 食品生产指数

(1989-91 年 =100)

	1985年	1990年	1993年	1994年	1995年	1996年	1997年
世界总计	**90.8**	**100.8**	**104.5**	**108.1**	**110.6**	**115.1**	**116.2**
亚　洲	**84.0**	**101.0**	**113.8**	**120.1**	**127.2**	**132.9**	**135.6**
孟加拉国	87.6	99.6	103.5	99.9	103.8	105.9	110.1
印　度	83.6	99.9	108.6	111.8	115.2	116.5	117.4
印度尼西亚	82.2	100.7	112.7	113.0	119.7	124.3	124.7
伊　朗	83.1	105.0	128.5	131.9	135.4	138.1	138.1
以色列	98.1	107.1	100.8	96.7	112.6	114.1	115.7
日　本	102.0	100.8	95.0	100.3	98.4	96.5	96.1
马来西亚	70.6	100.0	118.6	119.7	121.1	124.1	126.7
蒙　古	93.0	96.2	80.9	77.2	80.1	82.3	82.3
缅　甸	111.6	101.2	122.2	127.7	138.7	151.3	155.8
朝　鲜	116.0	127.0	106.0	110.0	110.0		
韩　国	90.5	101.3	107.2	113.3	116.1	116.9	115.1
巴基斯坦	79.1	99.4	113.0	117.1	126.6	130.9	134.0
菲律宾	87.3	103.9	111.7	115.2	116.2	117.4	122.4
斯里兰卡	109.1	104.6	106.4	113.7	117.6	106.4	115.2
泰　国	96.5	94.3	100.8	106.7	106.9	108.0	107.0
土耳其	85.9	101.7	107.8	135.1	128.6	99.3	99.3
越　南	82.2	99.9	116.1	121.7	127.7	133.2	134.0
非　洲	**84.4**	**98.3**	**106.7**	**109.5**	**109.8**	**117.4**	**115.0**
埃　及	80.7	101.4	113.6	112.6	121.6	119.7	119.7
尼日利亚	71.7	97.6	124.9	129.4	132.5	134.6	135.7
南　非	89.5	98.0	97.3	101.4	88.3	104.9	100.7
北美洲	**100.1**	**101.2**	**100.9**	**113.7**	**109.4**	**113.8**	**116.3**
加拿大	91.1	103.2	102.7	106.7	110.6	115.2	110.6
墨西哥	96.8	100.3	110.6	115.0	118.3	117.3	122.9
美　国	102.3	101.1	100.1	115.9	109.3	114.5	117.6
南美洲	**90.5**	**98.9**	**106.3**	**112.4**	**117.5**	**121.7**	**124.1**
阿根廷	102.6	101.4	103.8	117.7	117.8	121.0	120.7
巴　西	89.8	97.2	107.1	112.3	118.9	121.4	125.2
委内瑞拉	87.2	100.8	112.3	114.4	111.7	116.7	117.9
欧　洲	**97.9**	**99.8**	**96.0**	**93.4**	**94.4**	**97.9**	**95.7**
保加利亚	95.9	101.7	70.7	70.2	80.3	54.9	52.9
捷克共和国			99.1	79.8	82.2	82.3	80.4
法　国	99.4	100.3	98.5	97.8	100.7	105.9	103.6
德　国	99.8	101.7	90.1	87.6	88.7	90.7	90.7
意大利	100.4	95.6	102.1	101.3	99.7	102.6	96.9
荷　兰	97.2	100.9	105.8	103.9	102.6	108.0	107.8
波　兰	95.8	102.4	91.1	78.4	85.3	88.7	80.3
罗马尼亚	114.9	95.5	98.8	95.6	101.6	97.0	105.8
俄罗斯			86.6	74.6	67.7	69.8	70.2
西班牙	90.0	102.6	98.0	93.1	86.9	106.3	100.8
英　国	99.0	100.1	99.1	100.6	101.9	101.2	99.8
南斯拉夫			89.2	92.2	96.4	94.3	91.7
大洋洲	**97.3**	**100.5**	**114.5**	**106.7**	**118.3**	**124.4**	**119.3**
澳大利亚	93.5	102.3	115.9	104.8	120.7	127.2	117.5
新西兰	106.4	95.8	112.6	112.1	115.3	121.3	127.0

资料来源：联合国粮农组织《生产季报》1997 年第 3/4 季。

5-4 人均食品生产指数

(1989-91年 =100)

	1985年	1990年	1993年	1994年	1995年	1996年	1997年
世界总计	**99.0**	**100.7**	**99.9**	**101.8**	**102.7**	**105.4**	**109.4**
亚 洲	**92.2**	**101.0**	**108.6**	**112.8**	**117.8**	**121.2**	**124.6**
孟加拉国	96.1	99.5	98.9	94.1	96.3	96.8	99.0
印 度	92.6	99.9	102.9	104.1	105.5	104.9	104.0
印度尼西亚	89.8	100.7	107.5	106.2	110.8	113.3	112.0
伊 朗	100.2	105.1	117.4	117.3	117.4	117.0	114.5
以色列	109.1	107.3	90.8	84.1	95.1	94.0	93.4
日 本	104.3	100.8	94.2	99.3	97.1	95.1	95.5
马来西亚	80.6	100.0	110.3	108.8	107.6	108.0	107.9
蒙 古	106.0	96.2	75.7	70.9	72.0	72.5	71.0
缅 甸	124.3	101.2	116.0	119.1	127.2	136.2	137.7
朝 鲜	104.0	101.0	93.0	100.0	102.0		
韩 国	95.1	101.3	104.2	109.1	110.8	110.6	107.9
巴基斯坦	94.1	99.4	104.2	105.1	110.7	111.4	111.0
菲律宾	97.1	104.0	104.6	105.5	104.1	103.1	105.2
斯里兰卡	116.6	104.6	103.2	109.2	111.9	100.3	107.5
泰 国	104.9	94.2	97.7	102.6	101.9	102.2	100.4
土耳其	95.7	101.7	98.5	97.4	96.1	96.9	93.0
越 南	91.5	99.9	109.1	112.1	115.4	118.1	116.8
非 洲	**97.3**	**98.3**	**98.5**	**98.4**	**96.1**	**100.1**	**120.4**
埃 及	91.4	101.4	107.0	104.1	110.3	106.5	104.6
尼日利亚	83.1	97.7	114.3	114.8	114.2	112.7	110.4
南 非	100.4	97.9	90.9	92.7	78.9	91.7	86.1
北美洲	**107.2**	**101.2**	**97.0**	**107.9**	**102.5**	**105.4**	**107.7**
加拿大	97.5	103.2	99.1	101.9	104.5	107.9	102.7
墨西哥	108.4	100.4	104.7	106.9	105.3	108.5	107.6
美 国	107.2	101.1	111.3	104.3	108.0	110.0	103.8
南美洲	**98.9**	**101.1**	**105.3**	**108.3**	**110.5**	**112.7**	**107.3**
阿根廷	110.1	101.4	105.9	110.3	111.8	110.1	107.1
巴 西	97.2	97.2	102.3	105.9	108.8	111.5	113.6
委内瑞拉	99.3	100.8	104.7	104.3	99.7	101.9	101.0
欧 洲	**99.6**	**99.8**	**95.3**	**92.5**	**93.2**	**96.5**	**94.4**
保加利亚	93.4	101.8	71.9	71.6	82.4	56.5	54.8
捷克共和国			99.3	80.0	82.5	82.8	81.0
法 国	102.1	100.3	97.0	95.8	98.3	103.0	100.3
德 国	102.0	101.6	88.5	85.7	86.2	87.9	87.6
意大利	100.6	95.6	101.9	101.0	99.4	102.3	96.5
荷 兰	100.3	100.9	103.6	101.0	99.1	103.7	102.9
波 兰	98.1	102.4	90.4	77.6	84.3	87.6	79.2
罗马尼亚	117.2	97.2	99.8	97.0	103.7	99.2	108.5
俄罗斯			86.2	74.3	67.5	69.8	70.4
西班牙	91.0	102.6	97.4	92.4	86.1	105.2	99.7
英 国	100.5	100.1	98.5	99.8	101.0	100.1	98.7
南斯拉夫			88.7	91.5	95.4	93.1	90.0
大洋洲	**104.9**	**100.3**	**110.3**	**101.4**	**111.0**	**115.1**	**110.4**
澳大利亚	101.0	102.2	111.9	100.0	114.0	118.9	108.7
新西兰	110.2	96.1	108.9	107.2	108.2	113.2	117.3

资料来源：联合国粮农组织《生产季报》1997年3/4季。

5-5 主要农作物收获面积

(1997 年)

单位:千公顷

	谷 物				大 豆	花 生	油菜籽
		#稻 谷	#小 麦	#玉 米			
世界总计	**701787**	**150783**	**229178**	**140441**	**67160**	**22874**	**23806**
亚 洲	**300256**	**134839**	**87525**	**40693**	**16240**	**13731**	**13948**
中 国①	91964	31765	30057	23775	11164③	3722	6475
孟加拉国	10795	10000	702	3		36	336
印 度	93030	42800	25400	6150	5100	8100	6500
印度尼西亚	15379	11600		3779	1613	676	
伊 朗	9655	570	7200	120	87	2	
以 色 列	86		70	1		4	
日 本	2337	2100	155		70	12	1
马来西亚	685	660		25		1	
蒙 古	278		274				
缅 甸	7141	6600	117	166	89	526	
朝 鲜	1174	600	75	450	325		
韩 国	1168	1045	3	18	100	9	2
巴基斯坦	12110	2232	8087	885	2	105	319
菲 律 宾	6710	4035		2675	6	46	
斯里兰卡	691	660		31	1	9	
泰 国	10669	9175	1	1382	280	102	
土 耳 其	14134	57	9500	550	21	34	
越 南	7640	7021		615	110	263	
非 洲	**94461**	**7513**	**8904**	**25817**	**973**	**7961**	**172**
埃 及	2562	600	1010	745	15	44	
尼日利亚	18021	2048	25	4361	650	1825	
南 非	6343	1	1328	3959	87	95	
北 美 洲	**97613**	**1714**	**37947**	**40566**	**29447**	**701**	**5126**
加 拿 大	19195		11355	1027	1051		4835
墨 西 哥	10678	85	850	7512	113	77	1
美 国	64755	1141	25729	29967	28253	560	290
南 美 洲	**37204**	**5588**	**8927**	**19809**	**19317**	**435**	**34**
阿 根 廷	10925	225	6200	3243	6366	282	3
巴 西	19323	3580	1494	13653	11299	89	20
委内瑞拉	770	175	1	440	3	2	
欧 洲	**65498**	**453**	**27812**	**11594**	**624**	**14**	**3503**
保加利亚	2082	5	1200	550	18	12	
捷克共和国	1649		814	29			228
法 国	9159	23	5117	1801	97		988
德 国	7023		2728	370	1		918
意 大 利	4190	245	2380	1035	295		40
荷 兰	202		137	13			1
波 兰	8332		2300	71			300
罗马尼亚	6203	5	2300	3200	75		
俄 罗 斯	52207	181	25000	571	490		280
西 班 牙	6772	111	1989	498	6	1	59
英 国	3502		2026				414
南斯拉夫	2557		800	1550	80		20
大 洋 洲	**16448**	**162**	**10974**	**92**	**45**	**32**	**636**
澳大利亚	16273	155	10924	68	45	29	633
新 西 兰	164		50	21			3

续表 1　　(1997年)　　单位:千公顷

	芝麻	黄麻及黄麻类纤维	甘蔗	甜菜	茶叶	烟叶
世界总计	**7282**	**1856**	**19493**	**7602**	**2334**	**4817**
亚洲	**4705**	**1783**	**8307**	**1405**	**2001**	**3164**
中国①	616	147	1312	612	1076	2353
孟加拉国	84	550	174		48	36
印度	1950	940	3800		430	398
印度尼西亚		8	405		117	196
伊朗	29		26	170	32	16
以色列						8
日本	1		23	70	55	27
马来西亚			24		3	10
蒙古						
缅甸	1416	50	73	59	32	
朝鲜						43
韩国	52				1	27
巴基斯坦	92		983	8		44
菲律宾			367			45
斯里兰卡	9		25		188	8
泰国	55	70	960		17	50
土耳其	85				80	304
越南	26	8	240		71	24
非洲	**2332**	**23**	**1467**	**84**	**224**	**392**
埃及	32	1	126	21		
尼日利亚	155	1	21			22
南非		1	410		11	17
北美洲	**192**	**11**	**3189**	**602**	**1**	**444**
加拿大				22		26
墨西哥	73		575			18
美国			370	580		322
南美洲	**54**	**19**	**6021**	**43**	**47**	**459**
阿根廷			260		38	71
巴西	20	7	4873		5	349
委内瑞拉	24		116			10
欧洲			**2**	**3062**	**5**	**288**
保加利亚						48
捷克共和国				94		
法国				462		9
德国				514		4
意大利				280		52
荷兰				117		
波兰				408		19
罗马尼亚				129		10
俄罗斯				902	2	3
西班牙			2	187		17
英国				199		
南斯拉夫				70		12
大洋洲			**507**		**5**	**4**
澳大利亚			425			3
新西兰						

注:① 中国为播种面积。② 指黄红麻。③ 指豆类。

资料来源:联合国粮农组织《生产季报》1997 年 3/4 季。

5-6 主要农作单位面积产量

(1997年)

单位: 公斤/公顷

	谷物	#稻谷	#小麦	#玉米	大豆	花生	油菜籽
世界总计	**2956**	**3792**	**2629**	**4130**	**2107**	**1179**	**1430**
亚洲	**3230**	**3872**	**2830**	**3498**	**1281**	**1345**	**1160**
中国①	4823	6319	4102	4387	1680③	2592	1479
孟加拉国	2721	2790	1994	1009		1135	732
印度	2373	2839	2705	1594	863	988	982
印度尼西亚	3897	4397		2362	961	1479	
伊朗	1772	4035	1556	5000	1540	2733	
以色列	1773		2000	2941		5790	
日本	5902	6191	3548		1714	2083	1000
马来西亚	3080	3129		1800	333	3700	
蒙古	726		724				
缅甸	3042	3212	948	1506	855	1121	
朝鲜	3390	3833	1333	3333	1292		
韩国	6068	6309	4000	4000	1600	1800	1875
巴基斯坦	2062	2881	2061	1469	1264	1095	783
菲律宾	2359	2892		1555	1500	804	
斯里兰卡	3830	3954		1067	855	582	
泰国	2364	2256	682	3154	1418	1489	
土耳其	2104	5088	1968	3636	2439	2353	
越南	3657	3760		2498	1031	1362	
非洲	**1196**	**2111**	**1715**	**1621**	**660**	**760**	**1070**
埃及	6431	8167	5545	6953	2610	2867	
尼日利亚	1233	1601	2000	1430	308	944	
南非	1861	2308	1777	2253	1195	1432	
北美洲	**4346**	**6001**	**2516**	**6542**	**2619**	**2543**	**1268**
加拿大	2517		2028	6816	2683		1259
墨西哥	2694	4706	4301	2463	1204	1325	1200
美国	5273	7131	2673	7863	2622	2845	1414
南美洲	**2722**	**3219**	**2237**	**2871**	**2123**	**1404**	**1561**
阿根廷	3034	5431	2258	4470	1730	1429	1250
巴西	2567	2667	1939	2647	2315	1547	1000
委内瑞拉	2646	3646	398	2614	2143	1591	
欧洲	**4531**	**6080**	**4686**	**5736**	**2517**	**1297**	**2905**
保加利亚	3055	1800	3150	3000	1056	1056	
捷克共和国	4201		4471	4924	1240		2526
法国	6790	5522	6640	8579	2835		3533
德国	6466		7283	8282	2000		3097
意大利	4752	5812	3031	9320	3223		1985
荷兰	7764		8378	7480			3000
波兰	2885		3565	4205			1810
罗马尼亚	3305	5556	3094	3600	1133		2581
俄罗斯	1541	2762	1680	2627	551		411
西班牙	2833	6878	2308	8808	2000	3077	1643
英国	6742		7468				3502
南斯拉夫	3311		3500	3355	1475		1800
大洋洲	**1563**	**8794**	**1500**	**6576**	**2133**	**1515**	**1189**
澳大利亚	1523	9077	1484	5456	2133	1586	1186
新西兰	5548		5100	11059			1920

续表 1　　(1997年)　　单位: 公斤/公顷

	芝麻	黄麻及黄麻类纤维	甘蔗	甜菜	茶叶	烟叶
世界总计	**352**	**1809**	**62378**	**36043**	**1146**	**1447**
亚洲	**398**	**1830**	**62823**	**30785**	**1101**	**1503**
中国①	919	2649②	60158	24475	570	1807
孟加拉国	582	1773	42041		993	1087
印度	308	1830	69737		1753	1413
印度尼西亚		1177	70617		1442	693
伊朗	690		74510	23529	1750	1097
以色列						
日本			70000	54286	1636	2605
马来西亚			68085		2000	1493
蒙古						
缅甸	272	939	52761		271	1406
朝鲜						1482
韩国	618				1400	2083
巴基斯坦	457		42738	26667		1830
菲律宾			70845			1111
斯里兰卡	500		58301		1413	1308
泰国	509	1657	62500		300	1494
土耳其	400			36033	1510	759
越南	577	1857	37500		659	983
非洲	**230**	**730**	**55726**	**45393**	**1585**	**1313**
埃及	1063	2353	11311	39402		
尼日利亚	387	900	29524			418
南非		1091	56059		1143	1839
北美洲	**666**	**1033**	**48746**	**45958**	**1000**	**2086**
加拿大				46818		2706
墨西哥	649		73492			825
美国			72676	45925		2360
南美洲	**565**	**1193**	**68328**	**56229**	**1472**	**1776**
阿根廷			67962		1276	1690
巴西	650	1604	67556		2000	1785
委内瑞拉	458		60000			1701
欧洲			**78605**	**49579**		**1830**
保加利亚				14000		1663
捷克共和国				38879		
法国				70937		2984
德国				55422		1700
意大利				46429		2000
荷兰				54838		
波兰				39216		2108
罗马尼亚				21705		1388
俄罗斯				18847	1547	760
西班牙			78571	51816		2529
英国				48015		
南斯拉夫				33571		1250
大洋洲			**89356**		**1891**	**2358**
澳大利亚			95920			2528
新西兰						1875

注: ① 中国为播种面积。② 指黄红麻。③ 指豆类。

资料来源: 联合国粮农组织《生产季报》1997 年 3/4 季。

5-7 谷物总产量

单位:千吨

	1980年	1985年	1990年	1994年	1995年	1996年	1997年
世界总计	**1561005**	**1843345**	**1954678**	**1953526**	**1902009**	**2071619**	**2074790**
亚　洲	**632606**	**759751**	**859650**	**893492**	**933546**	**976574**	**969832**
中　国	284370	342570	407810	398850	420950	455960	447520
孟加拉国	21696	23995	29120	26451	27703	27968	29372
印　度	140153	165682	154781	210305	213736	214692	220712
印度尼西亚	33790	43367	51234	53510	57990	60090	59925
伊　朗	8107	10794	11127	16691	17034	17108	17108
以色列	293	163	193	108	253	196	152
日　本	13191	15856	14452	15787	14119	13791	13791
哈萨克斯坦				16402	9445	11209	12038
马来西亚	2179	1977	1685	2196	2169	2110	2110
蒙　古	257	884	603	328	261	202	202
缅　甸	13341	15067	14427	18723	20020	21378	21723
朝　鲜	8510	10745	10405	4951	4245	4480	3980
韩　国	6387	8585	8336	7217	6831	7688	7089
巴基斯坦	16997	17699	20903	22338	24813	25145	24973
菲律宾	10957	12669	14173	15057	14865	15435	15829
斯里兰卡	2172	2702	2243	2722	2850	2099	2647
泰　国	20870	25613	22921	25339	25513	26326	25226
土耳其	24414	26493	29983	27014	28182	29342	29732
越　南	12137	16512	19255	24535	26146	27939	27939
非　洲	**70790**	**81663**	**87751**	**113130**	**100183**	**126328**	**112958**
埃　及	8120	8587	12196	15360	16885	16542	16473
尼日利亚	9651	11402	11852	20358	21206	21653	22220
南　非	13105	10227	11977	15964	7491	13589	11804
北美洲	**336778**	**428205**	**402095**	**435783**	**356242**	**428751**	**424174**
加拿大	41002	48200	58072	46766	49314	58456	48316
墨西哥	21122	27163	25859	26811	24717	27078	28761
美　国	269952	347390	312708	357241	276936	337736	341456
南美洲	**63197**	**77852**	**68503**	**88218**	**91411**	**94633**	**101252**
阿根廷	18473	28076	19561	25268	24214	30457	33144
巴　西	33202	36011	32499	45776	49615	46130	49609
委内瑞拉	1958	1822	1926	2325	2427	2084	2039
欧　洲	**257691**	**287248**	**283238**	**261113**	**270786**	**288787**	**296758**
白俄罗斯				5941	5201	5318	5523
保加利亚	7649	5384	7888	6409	6490	3495	6359
捷克共和国	10702	11775	12492	6781	6606	6683	6927
法　国	47974	56101	54838	53494	53544	62598	62185
德　国①	32713	37555	38223	36279	39909	42145	45412
意大利	17992	18029	17411	18894	19658	21247	19910
荷　兰	1275	1132	1352	1355	1505	1659	1565
波　兰	18336	23741	28014	21763	25905	25300	24040
罗马尼亚	20200	23047	17189	18186	19883	14212	20502
俄罗斯	182727	182223	228854	78650	61893	68030	80440
西班牙	18059	20967	18786	15231	11568	22367	19185
乌克兰				32814	32320	23437	32061
英　国	19481	22467	22442	19942	21857	24568	23607
南斯拉夫	15669	15850	13664	8410	9245	7519	8468
大洋洲	**17217**	**26403**	**24587**	**16073**	**27947**	**36244**	**25714**
澳大利亚	16424	25178	23612	15203	27168	35311	24780
新西兰	753	1184	935	845	754	908	908

注:① 1990年以前为原联邦德国与原民主德国之和。

资料来源:联合国粮农组织《生产季报》1997年第3/4季。

5-8 小麦产量

单位: 千吨

	1980年	1985年	1990年	1994年	1995年	1996年	1997年
世界总计	**444603**	**505729**	**595149**	**526671**	**543486**	**586120**	**602484**
亚　洲	**128578**	**178010**	**198742**	**214200**	**227231**	**231924**	**247731**
中　国	55205	85805	98229	99300	101964	110570	123290
孟加拉国	823	2750	890	1131	1245	1369	1400
印　度	31830	44069	49652	57840	65767	62620	68700
伊　朗	5700	6626	7000	10870	11228	11200	11200
以色列	253	128	160	103	242	185	140
日　本	583	874	952	565	444	550	550
哈萨克斯坦				9052	6490	7678	8500
蒙　古	207	689	500	322	257	198	198
缅　甸	74	206	124	109	89	109	111
朝　鲜	380	730	220	125	125	100	100
韩　国	92	11	1	2	10	11	12
巴基斯坦	10805	11703	14315	15213	17002	16907	16667
土耳其	16554	17032	20000	17514	18887	18515	18700
非　洲	**8854**	**10181**	**14032**	**16063**	**13743**	**22737**	**15269**
埃　及	1796	1872	4267	4786	5722	5735	5600
尼日利亚	21	40	90	40	44	41	50
南　非	1470	1680	1794	1840	1977	2712	2360
北美洲	**86605**	**95507**	**110283**	**90464**	**87912**	**95394**	**95466**
加拿大	19157	24252	31798	23122	25017	29802	23024
墨西哥	2785	5207	3899	4151	3468	3375	3656
美　国	64619	65999	74534	63168	59400	62192	68763
南美洲	**12022**	**14945**	**16850**	**15825**	**13341**	**22030**	**19967**
阿根廷	7780	8700	10800	11306	9450	15983	14000
巴　西	2708	4320	3140	2092	1534	3302	2897
欧　洲	**99183**	**112531**	**131309**	**119794**	**123897**	**127309**	**130340**
白俄罗斯				230	439	600	800
保加利亚	3847	3068	5095	3754	3438	1788	3780
捷克共和国	5386	6023	6707	3713	3823	3732	3639
法　国	23683	28890	33363	30549	30879	35949	33978
德　国①	11254	13802	15787	16481	17763	18922	19867
意大利	9150	8461	8109	8166	7946	8051	7214
荷　兰	882	851	1076	981	1167	1269	1146
波　兰	4175	6461	9026	7658	8668	8576	8200
罗马尼亚	6427	5666	7320	6135	7667	3120	7117
俄罗斯	98185	78078	108000	32129	30118	34900	42000
西班牙	5849	5329	4760	4302	3139	6169	4590
乌克兰				13857	16273	13547	19000
英　国	8470	12046	13900	13314	14310	16102	15130
南斯拉夫	5091	4859	6359	3249	2949	1850	2800
大洋洲	**11176**	**16477**	**15932**	**9278**	**16811**	**23909**	**16463**
澳大利亚	10870	16167	15712	9036	16566	23653	16208
新西兰	306	310	220	242	245	255	255

注: ① 1990 年以前为原联邦德国与原民主德国之和。

资料来源: 联合国粮农组织《生产季报》1997 年第 3/4 季。

5-9 稻谷产量

单位: 千吨

	1980年	1985年	1990年	1994年	1995年	1996年	1997年
世界总计	**397597**	**472714**	**518508**	**536906**	**552049**	**569852**	**571742**
亚　洲	**360876**	**434358**	**478691**	**489186**	**503409**	**520445**	**522050**
中　国	139905	168569	189331	175930	185220	195100	200730
孟加拉国	20822	22562	28140	25248	26399	26530	27903
印　度	79930	95818	112500	121559	119442	120762	121512
印度尼西亚	29774	39033	44490	46641	49744	51165	51000
伊　朗	1212	1775	1650	2259	2301	2300	2300
日　本	12189	14578	13124	14976	13435	13000	13000
哈萨克斯坦				283	184	226	226
马来西亚	2171	1953	1650	2156	2126	2065	2065
缅　甸	13107	14317	13965	18195	19568	20865	21200
朝　鲜	4800	5800	5500	2500	2140	2300	2300
韩　国	5311	7855	7786	6882	6343	7193	6393
巴基斯坦	4679	4378	4713	5170	5920	6368	6430
菲律宾	7840	8806	9349	10538	10541	11284	11669
斯里兰卡	2133	2661	2200	2684	2810	2062	2610
泰　国	17366	20264	19000	21111	21130	21800	20700
土耳其	234	270	235	200	250	280	290
越　南	11679	15875	18400	23528	24964	26397	26397
非　洲	**8400**	**9548**	**11454**	**14169**	**15273**	**16003**	**15861**
埃　及	2350	2311	2800	4583	4888	4895	4900
尼日利亚	1090	1515	1900	2427	2920	3122	3278
南　非	7	3	3	3	3	3	3
北美洲	**8614**	**8814**	**9024**	**10669**	**9815**	**9900**	**10287**
墨西哥	456	809	378	374	367	394	400
美　国	6629	6120	7027	8971	7887	7771	8137
南美洲	**14449**	**14344**	**13524**	**18096**	**19191**	**18377**	**17986**
阿根廷	266	379	467	606	926	974	1222
巴　西	9748	9025	7425	10499	11226	10035	9546
委内瑞拉	712	472	517	738	755	733	638
欧　洲	**1830**	**2178**	**2386**	**2210**	**2153**	**2767**	**2753**
保加利亚	67	55	23	3	5	8	9
法　国	24	62	109	124	122	115	127
意大利	950	1123	1282	1316	1321	1424	1424
罗马尼亚	39	138	67	15	24	25	25
俄罗斯	2791	2572	2473	523	462	500	500
西班牙	433	463	569	408	330	761	760
南斯拉夫	42	36	40				
大洋洲	**637**	**898**	**956**	**1061**	**1035**	**985**	**1426**
澳大利亚	613	864	923	1042	1016	966	1407

资料来源：联合国粮农组织《生产季报》1997年第3/4季。

5-10 玉米产量

单位：千吨

	1980年	1985年	1990年	1994年	1995年	1996年	1997年
世界总计	**394056**	**487367**	**475429**	**570056**	**514309**	**588203**	**580000**
亚　洲	**85243**	**92629**	**123260**	**133581**	**146744**	**164044**	**142348**
中　国	62600	63826	96820	99280	111970	127470	104310
孟加拉国	1	1	3	3	2	3	3
印　度	6804	6644	9500	8952	8277	8660	9800
印度尼西亚	4012	4330	6741	6869	8246	8925	8925
伊　朗	60	50	7	512	545	600	545
以色列	14	20	22	3	3	3	3
日　本	4	2	1				
哈萨克斯坦				234	136	122	122
马来西亚	8	24	35	40	43	45	45
缅　甸	100	299	186	284	212	247	250
朝　鲜	2200	2680	4400	2140	1900	2000	1500
韩　国	154	132	120	89	74	72	72
巴基斯坦	947	1009	1279	1318	1283	1300	1300
菲律宾	3117	3863	4854	4519	4324	4151	4160
斯里兰卡	23	30	36	32	35	33	33
泰　国	3150	4934	3675	3965	4155	4361	4361
土耳其	1240	1900	2000	1850	1900	2000	2000
越　南	418	587	850	1001	1177	1537	1537
非　洲	**27173**	**29069**	**33794**	**44669**	**35914**	**43522**	**41856**
埃　及	3231	3699	4400	5112	5115	5165	5180
尼日利亚	1550	1196	1832	6902	7048	5667	6234
南　非	10790	7658	9442	13275	4866	10168	8920
北美洲	**189227**	**249258**	**226510**	**285011**	**213962**	**264680**	**265367**
加拿大	5434	6970	7033	7043	7271	7579	7000
墨西哥	12383	13957	14762	18236	16187	17780	18500
美　国	168787	225478	201509	256629	187305	236064	236528
南美洲	**30430**	**38859**	**32122**	**48501**	**53599**	**48311**	**56875**
阿根廷	6400	11900	5049	10360	11404	10499	14496
巴　西	20374	22018	21298	32487	36275	31975	36142
委内瑞拉	662	868	1150	1141	1167	1050	1150
欧　洲	**52214**	**62673**	**43375**	**53890**	**55630**	**62158**	**66501**
白俄罗斯				2	3	5	5
保加利亚	2256	1350	1241	1384	1792	1198	1650
捷克共和国	745	1114	468	91	113	143	143
法　国	9358	12409	8996	12943	12740	14530	15451
德　国①	676	1205	1546	2446	2395	2922	3061
意大利	6403	6357	5864	7320	8454	9547	9646
荷　兰	2	5	5	83	63	87	95
波　兰	58	69	290	189	239	363	300
罗马尼亚	11153	15238	6810	9343	9923	9608	11521
俄罗斯	9454	14406	16000	892	1739	1100	1500
西班牙	2208	3414	3051	2344	2590	3696	4386
乌克兰				1539	3392	1837	2400
南斯拉夫	9317	9901	6270	4724	5828	5200	5200
大洋洲	**316**	**471**	**367**	**352**	**408**	**545**	**605**
澳大利亚	151	291	202	204	242	311	371
新西兰	156	175	160	143	161	229	229

注：① 1990 年以前为原联邦德国与原民主德国之和。

资料来源：联合国粮农组织《生产季报》1997 第 3/4 季。

5-11 大豆产量

单位:千吨

	1980年	1985年	1990年	1994年	1995年	1996年	1997年
世界总计	**80870**	**101137**	**107767**	**136165**	**126370**	**129064**	**141528**
亚　　洲	**9951**	**13972**	**17070**	**22866**	**21257**	**20213**	**20799**
中　　国	7460	10500	11000	15999	13500	13220	14730
印　　度	450	1024	2250	3666	4476	4100	4400
印度尼西亚	642	870	1427	1565	1689	1570	1550
伊　　朗	49	90	90	147	134	134	134
日　　本	174	228	220	99	119	120	120
缅　　甸	15	23	26	34	50	64	76
朝　　鲜	340	425	455	400	400	420	420
韩　　国	216	254	233	154	160	160	160
巴基斯坦	1	2	4	5	7	3	3
菲 律 宾	9	8	10	5	5	9	9
斯里兰卡	1	3	2	1	2	1	1
泰　　国	105	309	578	528	451	412	397
土 耳 其	2	125	160	70	75	50	50
越　　南	32	86	86	125	126	114	114
非　　洲	**335**	**382**	**463**	**580**	**556**	**632**	**642**
埃　　及	92	140	120	67	64	40	40
尼日利亚	75	60	75	178	192	211	200
南　　非	40	40	80	68	58	84	104
北 美 洲	**49799**	**59067**	**54175**	**71351**	**61794**	**67136**	**77110**
加 拿 大	713	1012	1327	2251	2293	2170	2820
墨 西 哥	312	928	512	523	190	56	136
美　　国	48772	57113	52303	68503	59243	64838	74078
南 美 洲	**19521**	**26225**	**32728**	**39479**	**41086**	**39357**	**41016**
阿 根 廷	3500	6500	10672	11720	12133	12433	11013
巴　　西	15153	18279	19888	24912	25651	23505	26160
欧　　洲	**657**	**922**	**2403**	**1344**	**1330**	**1377**	**1572**
保加利亚	107	37	14	9	14	18	19
捷克共和国				1	1	1	1
法　　国	16	56	250	261	262	230	275
意 大 利		286	1690	700	732	742	950
罗马尼亚	448	317	141	100	110	113	85
俄 罗 斯	525	458	850	422	290	282	270
西 班 牙	14	5	42	8	5	11	12
乌 克 兰				31	22	15	13
南斯拉夫	34	174	145	83	107	153	118
大 洋 洲	**82**	**110**	**77**	**81**	**27**	**45**	**96**
澳大利亚	82	110	77	81	27	45	96

资料来源: 联合国粮农组织《生产季报》1997 年第 3/4 季。

5-12 花生产量

单位: 千吨

	1980年	1985年	1990年	1994年	1995年	1996年	1997年
世界总计	**17131**	**20992**	**23109**	**28752**	**28881**	**30196**	**26976**
亚　洲	**10402**	**14095**	**15879**	**20195**	**20612**	**21541**	**18467**
中　国	3600	6664	6368	9682	10234	10138	9648
孟加拉国	24	21	42	40	40	40	40
印　度	5020	5121	7200	8255	7814	8790	8000
印度尼西亚	793	754	919	903	1085	1040	1000
伊　朗	3	4	4	4	4	4	4
以色列	20	23	20	24	24	23	22
日　本	55	51	40	35	26	25	25
马来西亚	23	21	5	5	5	5	5
缅　甸	337	667	459	431	501	568	590
韩　国	13	23	29	21	17	18	18
巴基斯坦	57	63	82	106	113	115	115
菲律宾	50	45	35	37	37	34	37
斯里兰卡	7	6	6	6	6	5	5
泰　国	130	171	162	150	147	152	152
土耳其	41	59	63	70	70	80	80
越　南	98	270	210	294	334	358	358
非　洲	**4558**	**3989**	**4765**	**5857**	**5910**	**5866**	**6050**
埃　及	32	23	36	117	131	125	125
尼日利亚	570	600	1166	1453	1579	1723	1723
南　非	375	196	140	142	114	186	136
北美洲	**1220**	**2069**	**1789**	**2109**	**1731**	**1841**	**1781**
墨西哥	69	66	40	80	91	95	102
美　国	1047	1870	1634	1927	1570	1661	1594
南美洲	**880**	**770**	**618**	**549**	**569**	**884**	**611**
阿根廷	293	343	370	299	339	660	403
巴　西	483	339	137	159	169	154	138
委内瑞拉	37	5	15	5	1	4	4
欧　洲	**24**	**21**	**31**	**12**	**18**	**18**	**18**
保加利亚	5	4	12	7	13	13	13
意大利	2	1					
西班牙	5	6	3	1	2	2	2
大洋洲	**47**	**47**	**23**	**28**	**41**	**46**	**49**
澳大利亚	39	42	18	23	38	43	46

资料来源: 联合国粮农组织《生产季报》1997年第3/4季。

5-13 油菜籽产量

单位:千吨

	1980年	1985年	1990年	1994年	1995年	1996年	1997年
世界总计	**10597**	**19041**	**24492**	**29906**	**34505**	**30587**	**34046**
亚　洲	**4225**	**9067**	**11637**	**13261**	**16140**	**15741**	**16180**
中　国	2384	5607	6958	7492	9777	9201	9544
孟加拉国	118	142	340	239	245	246	246
印　度	1428	3073	4123	5328	5884	6071	6380
日　本	4	3	2	2	1	1	1
哈萨克斯坦				22	10	4	4
韩　国	29	6	7	3	3	3	3
巴基斯坦	247	235	233	197	229	255	250
土耳其	12		2				
非　洲	**22**	**23**	**128**	**181**	**183**	**184**	**184**
埃塞俄比亚	66	22	40	80	81	82	82
北美洲	**2487**	**3499**	**3393**	**7462**	**6687**	**5282**	**6500**
加拿大	2483	3498	3325	7233	6436	5062	6089
墨西哥	3	1	3	21	1	1	1
美　国	1	1	65	209	250	219	410
南美洲	**95**	**43**	**65**	**44**	**67**	**66**	**54**
阿根廷	22	2	2	12	21	9	4
智　利	73	32	53	23	26	27	30
欧　洲	**3737**	**6248**	**8754**	**8416**	**10612**	**8505**	**10178**
白俄罗斯				100	26	19	19
捷克共和国	214	285	380	452	662	531	576
法　国	1081	1418	2011	1772	2789	2912	3491
德　国①	685	1183	2157	2896	3103	1970	2843
意大利	1	13	34	29	96	80	80
荷　兰	29	31	26	4	5	3	3
波　兰	572	1073	1206	756	1377	449	543
罗马尼亚	19	35	11			1	1
俄罗斯	13	74	430	122	123	110	115
斯洛文尼亚				94	149	143	195
西班牙	10	12	30	56	55	111	97
乌克兰				18	40	23	25
英　国	300	895	1231	1266	1235	1448	1450
南斯拉夫	68	126	52	5	10	36	36
大洋洲	**18**	**88**	**86**	**268**	**589**	**621**	**756**
澳大利亚	18	87	78	264	584	616	751
新西兰		1	8	5	5	5	5

注: ① 1990年以前为原联邦德国与原民主德国之和。

资料来源:联合国粮农组织《生产季报》1997年第3/4季。

5-14 芝麻产量

单位: 千吨

	1980年	1985年	1990年	1994年	1995年	1996年	1997年
世界总计	**1774**	**2300**	**2014**	**2621**	**2400**	**2574**	**2566**
亚　洲	**1026**	**1699**	**1431**	**1995**	**1752**	**1894**	**1871**
中　国	259	691	469	548	583	575	566
孟加拉国	20	21	50	304	50	49	49
印　度	437	501	550	839	552	670	600
印度尼西亚	9	8	3	2			
伊　朗	4	3	3	20	20	20	20
缅　甸	108	253	207	304	304	351	386
韩　国	12	41	38	28	32	32	32
巴基斯坦	18	15	10	36	39	41	42
斯里兰卡	13	9	4	5	5	5	5
泰　国	22	25	32	32	28	28	28
土耳其	26	45	39	34	34	34	34
越　南	8	21	8	28	29	29	29
非　洲	**457**	**434**	**396**	**514**	**529**	**534**	**536**
埃　及	16	9	13	28	32	34	34
尼日利亚	73	75	70	56	60	60	60
苏　丹	200	131	66	170	165	160	160
北美洲	**212**	**101**	**128**	**73**	**85**	**114**	**128**
墨西哥	176	66	71	9	21	47	47
美　国	1	1	1				
南美洲	**76**	**64**	**59**	**38**	**34**	**34**	**31**
巴　西	3	3	12	13	13	13	13
委内瑞拉	52	45	38	16	14	11	11
欧　洲	**2**	**1**	**1**				

资料来源：联合国粮农组织《生产季报》1997 年第 3/4 季。

5-15 棉花产量

单位: 千吨

	1980年	1985年	1990年	1994年	1995年	1996年	1997年
世界总计	**13928**	**17344**	**18457**	**18643**	**20188**	**19737**	**19560**
亚　洲	**5619**	**7876**	**8826**	**9238**	**10735**	**10099**	**10016**
中　国	2707	4147	4508	4341	4765	4203	4603
孟加拉国	2	1	11	17	20	20	21
印　度	1300	1484	1802	2346	2754	2856	2820
印度尼西亚	1	6	3	8	8	8	8
伊　朗	60	112	144	118	165	156	156
以色列	79	99	45	31	43	51	57
哈萨克斯坦				62	67	55	55
缅　甸	21	42	21	23	28	64	100
朝　鲜	3	5	9	11	9	10	10
韩　国	2	1					
巴基斯坦	715	1217	1485	1479	1802	1594	1764
菲律宾	1	6	4	3	3	1	2
斯里兰卡	2						
泰　国	69	34	32	25	25	25	25
土耳其	500	518	611	606	851	802	755
越　南	2	3	5	3	4	4	4
非　洲	**1196**	**1371**	**1317**	**1278**	**1379**	**1751**	**1752**
埃　及	529	447	330	250	237	366	315
尼日利亚	30	18	27	105	115	116	90
南　非	52	40	56	28	22	44	36
北美洲	**3008**	**3302**	**3653**	**4422**	**4133**	**4511**	**4394**
墨西哥	329	200	168	119	219	379	379
美　国	2422	2924	3399	4281	3897	4124	4008
南美洲	**1038**	**1517**	**1412**	**1025**	**1185**	**1098**	**917**
阿根廷	146	171	261	249	367	432	320
巴　西	572	926	660	501	510	360	300
委内瑞拉	18	27	31	18	15	16	27
欧　洲	**180**	**248**	**331**	**430**	**470**	**401**	**477**
保加利亚	4	5	3	2	5	3	3
俄罗斯	2804	2782	2613				
西班牙	61	70	87	38	32	89	122
大洋洲	**83**	**249**	**305**	**329**	**335**	**421**	**576**
澳大利亚	83	249	305	329	335	421	576

资料来源: 联合国粮农组织《生产季报》1997 年第 3/4 季。

5-16 黄麻及黄麻类纤维产量

单位:千吨

	1980年	1985年	1990年	1994年	1995年	1996年	1997年
世界总计	**4078**	**6333**	**3626**	**3165**	**3115**	**3355**	**3358**
亚　洲	**3909**	**3171**	**3512**	**3064**	**3019**	**3259**	**3262**
中　国①	1098	1119	726	354	371	365	430
孟加拉国	904	1387	849	797	739	975	975
印　度	1475	2276	1620	1701	1709	1720	1720
印度尼西亚	11	24	30	19	9	9	9
缅　甸	90	52	34	27	35	43	47
巴基斯坦	1	1					
泰　国	225	266	181	98	128	116	116
尼泊尔	59	33	19	11	12	15	14
越　南	31	63	35	28	15	15	15
非　洲	**20**	**21**	**19**	**16**	**16**	**17**	**17**
安哥拉	1	1	1	1	1	1	1
扎伊尔	1	1	1	1			
南　非	1	1	1	1	1	1	1
北美洲	**11**	**20**	**11**	**11**	**11**	**11**	**11**
古　巴	10	19	10	10	10	10	10
南美洲	**93**	**75**	**35**	**30**	**23**	**23**	**23**
智　利	10	10	10	10	10	10	10
巴　西	76	62	22	19	12	12	12
秘　鲁	8	3	3	1	8	1	1
欧　洲							
俄罗斯	44	45	49	45	45	45	45

注:① 黄红麻产量。

资料来源:联合国粮农组织《生产季报》1997年第3/4季。

5-17 甘蔗产量

单位: 千吨

	1980年	1985年	1990年	1994年	1995年	1996年	1997年
世界总计	**719800**	**927311**	**1035096**	**1082722**	**1172626**	**1231739**	**1215944**
亚　洲	**255463**	**344856**	**426006**	**459987**	**525314**	**545646**	**521854**
中　国	22807	51549	57620	60926	65420	66880	78900
孟加拉国	6676	6878	6900	7111	7446	7165	7165
印　度	128833	170319	220000	227060	271230	283000	265000
印度尼西亚	17085	22621	25503	30272	31427	32053	28600
伊　朗	1400	2100	1750	1857	1859	1900	1900
日　本	2095	2638	2435	1602	1616	1610	1610
马来西亚	610	1064	1370	1541	1601	1600	1600
缅　甸	1472	3767	2205	2849	2357	3132	3841
巴基斯坦	27498	27856	35493	44427	47168	45230	41990
菲律宾	19846	15631	24800	28100	26000	26000	26000
斯里兰卡	265	754	868	1529	1273	1448	1448
泰　国	12460	25055	33561	37823	50500	58000	60000
越　南	4388	6600	5700	7550	10711	11372	9000
非　洲	**57293**	**69151**	**72982**	**70721**	**73194**	**80446**	**81739**
埃　及	8791	9429	11143	13822	13827	14105	14105
尼日利亚	870	1350	1400	633	636	615	620
南　非	14014	18803	18700	15683	16714	23192	22984
北美洲	**163440**	**170958**	**173278**	**149599**	**148462**	**156105**	**155457**
古　巴	62374	67400	77000	39000	36000	40000	40000
墨西哥	36480	37700	34893	40539	42562	42295	42258
美　国	24460	25594	24576	28058	27938	26727	26911
南美洲	**215912**	**314533**	**332016**	**366594**	**383570**	**405822**	**411426**
阿根廷	17200	14105	16000	15500	18300	18300	17670
巴　西	146065	247199	263604	292070	303557	324435	329200
委内瑞拉	5500	5673	7000	6880	6147	6144	6960
欧　洲	**371**	**270**	**256**	**143**	**134**	**169**	**169**
西班牙	336	263	250	139	130	165	165
大洋洲	**27321**	**27543**	**30559**	**35679**	**41951**	**43551**	**45299**
澳大利亚	23948	24402	24625	31312	37438	39018	40766

资料来源: 联合国粮农组织《生产季报》1997年第3/4季。

5-18 甜菜产量

单位: 千吨

	1980年	1985年	1990年	1994年	1995年	1996年	1997年
世界总计	**262892**	**284439**	**305937**	**255144**	**264894**	**264715**	**274076**
亚　洲	**19197**	**27217**	**36877**	**36551**	**36817**	**40942**	**43789**
中　国	6305	8919	14525	12526	13984	16726	14968
伊　朗	3550	3900	3535	5295	5521	4000	4000
日　本	3550	3921	3835	3853	3813	3800	3800
哈萨克斯坦				433	371	341	341
巴基斯坦	339	135	350	243	194	213	200
土耳其	6766	9830	13986	12944	11171	14455	16215
非　洲	**2364**	**3092**	**4093**	**4318**	**3872**	**3819**	**3807**
埃　及		579	700	825	920	842	842
摩洛哥	2241	2245	2978	3144	2717	2717	2595
北美洲	**22222**	**20838**	**25974**	**29988**	**26487**	**25234**	**27663**
加拿大	901	400	942	1091	1027	1030	1030
美　国	21321	20438	25032	28897	25460	24204	26633
南美洲	**958**	**2307**	**2491**	**3549**	**3746**	**2807**	**2402**
智　利	452	2124	2326	3547	3744	2804	2400
乌拉圭	504	177	160				
欧　洲	**138593**	**148593**	**155302**	**134798**	**193973**	**191913**	**196415**
白俄罗斯	4			1078	1172	1011	1011
保加利亚	1449	824	576	112	158	102	126
捷克共和国	7258	7747	5609	3240	3712	4317	3674
法　国	26347	29977	29925	29036	30571	30944	32773
德　国①	26156	28210	29878	24211	26077	26064	28487
意大利	13479	9567	13800	12629	13188	12125	13000
荷　兰	5931	6335	8623	7500	6449	6416	6416
波　兰	10139	14664	16700	11676	13309	17846	16000
罗马尼亚	5562	6446	3278	3273	2764	2848	2800
俄罗斯	79559	82392	81200	13946	19072	16132	17000
西班牙	6908	6619	7223	8020	7438	8440	8130
乌克兰				28138	29650	23009	24000
英　国	7380	7715	8000	8030	8431	9555	9555
南斯拉夫	5213	6268	5920	2238	1694	2350	2350

注: ① 1990 年以前为原联邦德国与原民主德国之和。

资料来源: 联合国粮农组织《生产季报》1997 年第 3/4 季。

5-19 茶叶产量

单位:千吨

	1980年	1985年	1990年	1994年	1995年	1996年	1997年
世界总计	**1857**	**2287**	**2522**	**2641**	**2621**	**2694**	**2675**
亚　洲	**1474**	**1789**	**2015**	**2149**	**2135**	**2192**	**2203**
中　国	304	432	540	588	588	593	613
孟加拉国	40	43	45	51	52	48	48
印　度	577	657	717	744	754	754	754
印度尼西亚	95	111	165	169	155	169	169
伊　朗	19	40	46	56	54	56	56
日　本	102	96	89	86	90	90	90
马来西亚	3	4	4	6	6	6	6
斯里兰卡	191	214	233	242	246	258	265
泰　国		3	5	6	5	5	5
土耳其	96	137	127	134	103	124	121
越　南	22	28	31	38	40	47	47
非　洲	**193**	**273**	**323**	**335**	**371**	**387**	**356**
肯尼亚	90	147	197	209	245	257	220
南　非	6	9	13	11	12	12	12
南美洲	**51**	**63**	**59**	**67**	**63**	**68**	**70**
阿根廷	36	47	43	50	47	47	48
巴　西	10	11	10	10	10	10	10
欧　洲					**3**	**3**	**3**
俄罗斯	130	152	115	1	2	2	2

资料来源:联合国粮农组织《生产季报》1997年第3/4季.

5-20 烟叶产量

单位：千吨

	1980年	1985年	1990年	1994年	1995年	1996年	1997年
世界总计	**5237**	**7033**	**6634**	**6559**	**6345**	**7336**	**6969**
亚　　洲	**2295**	**4005**	**3847**	**3794**	**3866**	**4755**	**4754**
中　　国	845	2425	2627	2238	2314	3234	4251
孟加拉国	40	49	45	38	38	39	39
印　　度	439	486	490	563	587	563	563
印度尼西亚	84	165	158	140	133	136	136
伊　　朗	23	14	21	10	14	17	17
以 色 列	1	1					
日　　本	141	116	74	74	70	70	70
哈萨克斯坦				2	2	2	2
马来西亚	10	9	11	6	10	10	10
缅　　甸	53	69	40	52	38	45	45
朝　　鲜	24	56	65	99	60	63	63
韩　　国	93	76	70	65	84	61	68
巴基斯坦	78	87	63	100	81	80	81
菲 律 宾	39	47	71	57	64	65	50
斯里兰卡	8	15	11	12	11	11	11
泰　　国	87	90	70	53	56	69	74
土 耳 其	234	170	288	187	200	230	231
越　　南	25	38	30	22	28	24	24
非　　洲	**320**	**318**	**367**	**411**	**464**	**489**	**515**
尼日利亚	13	11	9	10	9	9	9
南　　非	38	37	34	21	22	24	30
北 美 洲	**1082**	**938**	**936**	**913**	**730**	**857**	**932**
加 拿 大	107	97	66	70	70	70	70
墨 西 哥	66	54	52	30	14	13	15
美　　国	810	686	729	718	575	688	750
南 美 洲	**575**	**555**	**596**	**692**	**602**	**638**	**815**
阿 根 廷	62	61	68	100	79	98	120
巴　　西	406	410	449	519	455	471	623
委内瑞拉	23	15	16	17	15	17	17
欧　　洲	**657**	**812**	**672**	**530**	**482**	**491**	**526**
白俄罗斯				2	2	2	2
保加利亚	122	126	71	32	19	40	80
捷克共和国	5	6	5				
法　　国	46	36	26	27	26	28	28
德　　国①	11	14	11	8	7	7	7
意 大 利	126	166	205	126	124	104	104
波　　兰	56	111	57	43	40	38	40
罗马尼亚	37	27	32	13	13	13	13
俄 罗 斯	289	390	200	2	2	2	2
西 班 牙	38	42	34	44	42	43	43
乌 克 兰				6	5	3	3
南斯拉夫	56	83	54	14	15	15	15
大 洋 洲	**20**	**15**	**15**	**10**	**8**	**9**	**9**
澳大利亚	15	12	14	8	7	8	8
新 西 兰	4	2	1	1	1	1	1

注：① 1990 年以前为原联邦德国与原民主德国之和。

资料来源：联合国粮农组织《生产季报》1997 第 3/4 季。

5-21 水果产量

单位: 千吨

	1980年	1985年	1990年	1994年	1995年	1996年	1997年
世界总计	**290433**	**311959**	**341888**	**392824**	**401244**	**419143**	**416638**
亚　洲	**77047**	**94254**	**112246**	**146494**	**155260**	**160576**	**163549**
中　国	6793	11639	18744	34992	42146	46528	50893
孟加拉国	1253	1325	1296	1379	1386	1402	1402
印　度	18132	24618	27839	39138	35096	35096	35096
印度尼西亚	3083	5688	6448	7295	9271	9674	9674
伊　朗	2552	3616	6246	9671	9544	9774	9774
以色列	2026	1953	1649	1330	1514	1519	1584
日　本	6229	5739	5338	4229	4306	4126	4126
哈萨克斯坦				180	177	151	151
马来西亚	868	1060	1229	1213	1130	1140	1140
缅　甸	1046	853	958	1093	1050	1075	1090
朝　鲜	48	1133	1305	1385	1295	1360	1360
韩　国	926	1548	1832	2119	2199	1992	1988
巴基斯坦	2243	3504	3914	4713	5183	5365	5339
菲律宾	6621	5996	5846	6819	9263	9363	9423
斯里兰卡	2032	784	838	773	811	804	804
泰　国	4080	5429	5662	6846	6786	6929	6929
土耳其	7725	7993	8846	9772	9787	9534	9534
越　南	2704	3526	3861	4198	3769	3769	3769
非　洲	**32604**	**40413**	**43449**	**53485**	**52694**	**54416**	**54339**
埃　及	2475	2903	4116	5071	5635	5753	5753
尼日利亚	3180	2750	2559	7094	7112	7150	7150
南　非	3045	3189	3606	3965	3973	3975	3969
北美洲	**47102**	**41433**	**44334**	**52348**	**51718**	**51289**	**54240**
加拿大	802	745	752	795	833	811	814
墨西哥	7253	7573	8216	11034	9765	10165	10431
美　国	29001	22517	23874	29062	29209	28545	31254
南美洲	**40110**	**44620**	**54137**	**60714**	**64093**	**67502**	**67603**
阿根廷	6162	5460	6502	6601	7080	6152	6184
巴　西	18859	24552	30078	31274	33961	36274	36977
委内瑞拉	2310	2162	2527	2727	2642	2961	2961
欧　洲	**75166**	**70757**	**68045**	**65776**	**62281**	**69258**	**60492**
白俄罗斯				396	383	377	397
保加利亚	1919	1793	1552	896	1155	830	830
捷克共和国	749	966	884	498	447	446	438
法　国	14718	14052	11098	11072	11252	11798	10193
德　国①	4744	4752	5358	4287	3915	4597	3137
意大利	21167	18189	16978	18286	16261	18823	15143
荷　兰	619	397	445	780	768	658	658
波　兰	1571	2198	1344	2111	2115	2784	2609
罗马尼亚	2693	2975	2409	2010	2230	3064	2608
俄罗斯	14657	16290	14642	2400	2464	3386	3586
西班牙	12529	12443	14051	11954	11576	12858	12365
乌克兰				1548	2354	2324	2383
英　国	569	494	388	480	396	319	319
南斯拉夫	3127	2341	2581	1381	1123	1273	1254
大洋洲	**3748**	**4193**	**5035**	**4665**	**4605**	**4995**	**4995**
澳大利亚	2202	2436	2352	2560	2352	2677	2677
新西兰	355	513	840	826	965	1016	1016

注: ① 1990 年以前为原联邦德国与原民主德国之和。

资料来源: 联合国粮农组织《生产季报》1997 年 3/4 季。

5-22 牛的存栏数

单位：千头

	1980年	1985年	1990年	1994年	1995年	1996年	1997年
世界总计	**1322254**	**1397966**	**1420015**	**1312305**	**1447311**	**1459947**	**1473257**
亚　洲	**475905**	**507878**	**530123**	**555276**	**555011**	**569245**	**580843**
中　国	71676	86820	102884	123320	132060	* 110318	116847
孟加拉国	34550	24800	25159	25004	24643	24859	24401
印　度	243800	271390	272300	272655	272655	274155	276105
印度尼西亚	8941	9318	13700	14119	14472	14662	15070
伊　朗	8020	8580	8230	8140	8640	8794	8957
以色列	294	312	370	368	387	396	400
日　本	4248	4698	4760	4989	4989	4916	4828
哈萨克斯坦				9452	9452	8178	6965
马来西亚	820	865	837	887	887	846	877
蒙　古	2477	2374	2580	3005	3005	3317	3476
缅　甸	10431	11861	11170	11821	11821	12060	12387
朝　鲜	950	1100	1300	1350	1250	1200	1150
韩　国	1604	2652	2051	2945	2945	3147	3395
巴基斯坦	26585	29619	32259	37033	36943	37559	38100
菲律宾	4753	4769	4394	4496	4496	4729	4969
斯里兰卡	2487	2750	2822	2494	2494	2468	2405
泰　国	11250	11079	11019	12575	11862	12161	11339
土耳其	16607	12954	12140	12226	12226	12206	12044
越　南	3977	4951	3190	6428	6444	6602	6754
非　洲	**171937**	**177583**	**190271**	**195628**	**192180**	**196045**	**202335**
埃　及	4259	4156	6000	6270	5600	5500	5500
尼日利亚	12300	11872	12000	16316	14881	15405	18115
南　非	12575	12000	11900	12584	12584	13015	13334
北美洲	**176469**	**175352**	**160096**	**163804**	**164245**	**165098**	**164169**
加拿大	12403	12160	12287	12254	12254	12849	13186
墨西哥	31094	31489	28200	30702	30702	30191	28141
美　国	111192	109749	98162	100993	100988	102755	103487
南美洲	**212839**	**251999**	**265064**	**287433**	**291060**	**295193**	**298742**
阿根廷	55761	54000	50582	53156	53157	52649	50861
巴　西	91500	129305	141200	157435	159814	162870	166700
委内瑞拉	10607	12083	13819	13796	13796	14231	14585
欧　洲	**134512**	**132481**	**124377**	**107970**	**108082**	**106949**	**106769**
白俄罗斯				5871	5851	5403	5054
保加利亚	1839	1784	1598	767	767	652	646
捷克共和国	4915	5150	5129	2161	2161	2030	1989
法　国	23919	23099	21200	20099	20099	20524	20563
德　国①	20646	21536	20287	15897	15897	15890	15686
意大利	8808	9206	8746	7560	7560	7272	7128
荷　兰	5028	5248	4731	4629	4716	4654	4557
波　兰	12649	11055	10049	7396	7696	7306	7136
罗马尼亚	6513	7003	6503	3957	3967	3481	3496
俄罗斯	115450	121375	118820	48932	48932	43320	39720
西班牙	4495	5007	5331	5252	5252	5512	5765
乌克兰				21607	21607	19624	17557
英　国	13426	12985	11933	11834	11834	11733	11913
南斯拉夫	5436	5199	4705	1828	1828	1969	1945
大洋洲	**35140**	**31296**	**31264**	**35416**	**35420**	**35787**	**36424**
澳大利亚	26205	22797	22602	25758	25758	25736	26377
新西兰	8375	7921	8073	8887	8887	9272	9272

注：① 1990 年以前为原联邦德国与原民主德国之和。

资料来源：联合国粮农组织《生产季报》1997 年第 3/4 季。

5-23 绵羊存栏数

单位: 千头

	1980年	1985年	1990年	1994年	1995年	1996年	1997年
世界总计	**1117964**	**1126599**	**1190499**	**1090245**	**1098424**	**1071464**	**1057118**
亚　洲	**324211**	**319656**	**338215**	**344394**	**342143**	**349626**	**360847**
中　国	106630	94210	112816	117445	127260	* 114125	118152
孟加拉国	1061	1110	1160	1070	1030	1170	1124
印　度	41300	52770	54588	44809	44809	45167	45481
印度尼西亚	4196	4940	5700	6485	6471	7169	7684
伊　朗	33800	34500	34000	48700	50285	50889	51499
以 色 列	235	267	395	339	339	327	340
日　本	12	24	27	25	25	25	25
哈萨克斯坦				33524	33524	24235	18725
马来西亚	65	79	150	249	249	269	269
蒙　古	14400	13391	14300	13787	13787	13719	13606
缅　甸	225	332	275	304	304	328	341
朝　鲜	290	350	385	395	375	360	355
韩　国	8	5	3	2	2	1	1
巴基斯坦	26239	25037	29239	28358	28358	29065	29800
菲 律 宾	30	30	30	30	30	30	30
斯里兰卡	29	27	30	20	20	19	11
泰　国	61	45	162	91	91	130	130
土 耳 其	46026	40391	31500	37541	37541	35646	33791
越　南	14	19					
非　洲	**183070**	**189344**	**205094**	**207200**	**204869**	**208710**	**210173**
埃　及	1593	1149	4150	3382	4000	3648	3491
尼日利亚	11700	12850	9000	14000	14000	14000	14000
南　非	31641	30256	32605	29134	29134	28784	28645
北 美 洲	**21964**	**19100**	**19232**	**17546**	**17589**	**16840**	**16395**
加 拿 大	481	720	759	640	640	620	647
墨 西 哥	7318	6373	5500	5905	5905	5987	5896
美　国	12687	10443	11364	9714	9714	8886	8457
南 美 洲	**106230**	**104509**	**112622**	**95815**	**94843**	**91886**	**86587**
阿 根 廷	32000	29441	28571	22409	23500	21626	17000
巴　西	18000	18659	21000	20500	18436	18336	18000
委内瑞拉	306	422	525	850	850	1160	1200
欧　洲	**134126**	**133509**	**152215**	**131257**	**144068**	**141745**	**137502**
白俄罗斯				293	271	230	204
保加利亚	10536	10501	8130	3763	3763	3398	3383
捷克共和国	875	1068	1051	196	196	165	134
法　国	11911	10824	11900	11505	11505	10320	10556
德　国①	3124	3828	4136	2369	2369	2395	2263
意 大 利	9110	9258	11569	10461	10461	10682	10531
荷　兰	858	814	1702	2000	1766	1674	1674
波　兰	4207	4837	4158	870	870	713	552
罗马尼亚	15820	18637	15435	11499	11499	10897	10381
俄 罗 斯	143599	142876	137000	40616	40616	31818	25800
西 班 牙	14180	17520	27400	23058	23058	23018	21323
乌 克 兰				6118	6118	4792	3209
英　国	31446	23946	29521	29484	43295	42771	41530
南斯拉夫	7354	7979	7596	2635	2635	2671	2656
大 洋 洲	**204764**	**217606**	**226122**	**182049**	**182049**	**172041**	**169994**
澳大利亚	135985	149747	167781	132569	132569	123210	121162
新 西 兰	68772	67854	58334	49466	49466	48816	48816

注: ① 1990 年以前为原联邦德国与原民主德国之和。

资料来源: 联合国粮农组织《生产季报》1997 年第 3/4 季。

5-24　山羊存栏数

单位：千头

	1980年	1985年	1990年	1994年	1995年	1996年	1997年
世界总计	**460065**	**480545**	**557030**	**613709**	**614103**	**641365**	**676525**
亚　洲	**265979**	**270731**	**321973**	**376462**	**380165**	**404298**	**438193**
中　国	80684	61674	97205	123080	149590	* 123158	137408
孟加拉国	11500	10200	11200	28050	28050	30330	33312
印　度	71650	99490	110000	118347	118347	119075	119903
印度尼西亚	7906	12117	10800	11886	12770	13309	14323
伊　朗	13500	13600	13500	25462	25757	25757	25757
以色列	119	132	125	96	96	91	94
日　本	67	51	40	31	31	31	31
哈萨克斯坦				684	897	859	799
马来西亚	370	336	310	305	305	312	312
蒙　古	4715	4298	4500	7241	7241	8521	9135
缅　甸	610	1195	1050	1113	1113	1164	1217
朝　鲜	240	265	295	305	275	270	256
韩　国	225	385	295	603	603	650	700
巴基斯坦	30203	29726	35412	41957	41957	43767	45600
菲律宾	1450	2191	2193	2633	5995	6195	6400
斯里兰卡	493	540	522	588	588	591	535
泰　国	31	74	121	141	141	78	78
土耳其	18775	13100	13100	10133	10133	9564	9111
越　南	200	300	413	428	428	551	513
非　洲	**146552**	**156035**	**173944**	**173713**	**172089**	**174848**	**177316**
埃　及	1451	1563	4200	3210	3100	3210	3250
尼日利亚	24500	26000	22000	24500	24500	24500	24500
南　非	5320	5780	5862	6402	6402	6457	6500
北美洲	**10858**	**14099**	**13855**	**14872**	**15098**	**15034**	**15213**
加拿大	26	25	27	28	28	28	28
墨西哥	7185	9981	9086	10450	10450	10500	10500
美　国	1400	1550	1900	1960	1960	1850	1900
南美洲	**19089**	**19547**	**23374**	**23970**	**22649**	**23403**	**22680**
阿根廷	3000	3100	3300	3978	3978	3574	3374
巴　西	8000	9240	12300	12200	10897	11272	10500
委内瑞拉	1368	1340	1530	2369	2369	2959	3182
欧　洲	**11409**	**12794**	**15448**	**16661**	**15789**	**15890**	**15770**
白俄罗斯				30	30	57	58
保加利亚	433	474	433	676	676	795	757
捷克共和国	63	54	50	45	45	45	42
法　国	1125	962	1220	1055	1055	1069	1188
德　国①	61	60	77	89	89	89	88
意大利	978	1149	1246	1378	1378	1448	1457
荷　兰	30	12	35	50	50	50	50
波　兰	30	14	10				
罗马尼亚	375	754	1100	776	819	799	811
俄罗斯	5824	6325	6480	3097	3096	2682	2200
西班牙	1977	2635	3200	3157	3157	2605	2465
乌克兰				745	745	782	889
英　国	6	48	40				
南斯拉夫	125	125		279	279	333	310
大洋洲	**354**	**1015**	**1956**	**803**	**802**	**843**	**729**
澳大利亚	181	456	685	232	232	220	220
新西兰	53	427	1108	284	284	337	228

注：① 1990 年以前为原联邦德国与原民主德国之和。

资料来源：联合国粮农组织《生产季报》1997 年第 3/4 季。

5-25 猪的存栏数

单位：千头

	1980年	1985年	1990年	1994年	1995年	1996年	1997年
世界总计	**797957**	**794503**	**856762**	**883455**	**884047**	**901224**	**923901**
亚　洲	**383442**	**377172**	**432598**	**483715**	**485790**	**508071**	**536396**
中　国	305431	331396	362408	414620	441690	* 362836	389965
印　度	10000	8700	10400	11780	14000	14311	14855
印度尼西亚	3296	5371	6600	9010	8858	7825	7825
以色列	95	120	115	113	113	109	105
日　本	9998	10718	11816	10621	10621	10250	9900
哈萨克斯坦				2445	2445	1983	1623
马来西亚	1700	2156	2380	3098	3098	3282	3282
蒙　古	35	48	180	23	23	24	19
缅　甸	2167	2953	2600	2589	2728	2944	3229
朝　鲜	2100	2800	3200	3350	3200	3150	3100
韩　国	1761	2958	4801	5955	5955	6461	6516
菲律宾	7937	7304	7990	8227	8227	8941	9026
斯里兰卡	71	84	100	94	94	87	85
泰　国	5386	4224	4900	5341	5341	4507	4023
土耳其	13	12	10	9	9	8	5
越　南	10000	11765	12221	15569	15588	16306	16921
非　洲	**9510**	**11447**	**13585**	**21370**	**21130**	**21535**	**21731**
埃　及	15	15	95	27	24	27	27
尼日利亚	1100	1300	1100	6926	6926	7150	7400
南　非	1317	1426	1480	1511	1511	1628	1602
北美洲	**97001**	**91307**	**88799**	**93628**	**91124**	**93765**	**91990**
加拿大	9688	10154	10532	12043	10851	11673	12077
墨西哥	13222	18579	17300	18000	16200	15923	15405
美　国	67353	54073	53852	57904	57904	59990	58264
南美洲	**54737**	**52056**	**55645**	**54834**	**55775**	**56766**	**57213**
阿根廷	3800	3800	4400	3300	3300	3100	3100
巴　西	36500	32248	33200	34350	35142	36062	36600
委内瑞拉	2230	2935	2326	2800	3150	3335	3150
欧　洲	**174511**	**179681**	**181897**	**169968**	**170288**	**167119**	**166458**
白俄罗斯				4181	4181	4005	3895
保加利亚	3830	3734	4352	2071	2071	1986	2140
捷克共和国	7588	6743	7498	4071	4071	3867	4016
法　国	11446	10975	12200	14219	14291	14593	14800
德　国①	34506	36808	34178	26075	26075	24698	24145
意大利	8807	9041	9254	8348	8348	8023	7964
荷　兰	10138	12383	13634	13991	14565	14397	13958
波　兰	21326	17614	19464	19466	19467	20418	17964
罗马尼亚	10899	14777	11671	9262	9262	7758	7960
俄罗斯	73898	77914	78900	28557	28557	24859	22631
西班牙	10715	11390	16910	18345	18345	18126	18555
乌克兰				15298	15298	13946	13144
英　国	7815	7793	7383	7797	7797	7534	7496
南斯拉夫	7502	8673	7231	3693	3693	4192	4446
大洋洲	**4859**	**4926**	**5339**	**4936**	**4953**	**4785**	**4668**
澳大利亚	2518	2512	2610	2775	2775	2653	2526
新西兰	540	454	410	423	423	431	417

注：① 1990 年以前为原联邦德国与原民主德国之和。

资料来源：联合国粮农组织《生产季报》1997 年第 3/4 季。

5-26 肉类总产量

单位：千吨

	1980年	1985年	1990年	1994年	1995年	1996年
世界总计	**140243**	**151209**	**175181**	**199169**	**208366**	**215169**
亚　洲	**34772**	**36572**	**48007**	**73545**	**80722**	**87077**
中　国①	12054	19265	28570	44993	52601	59151
孟加拉国	315	301	302	358	373	373
印　度	870	1167	2019	4184	4272	4295
印度尼西亚	437	718	1171	1960	1950	2039
伊　朗	686	715	760	1292	1318	1356
以色列	149	205	207	278	278	277
日　本	3060	3470	3602	3305	3214	3126
哈萨克斯坦				1182	792	861
马来西亚	230	417	554	928	950	950
蒙　古	239	226	245	216	218	243
缅　甸	200	299	281	313	341	341
朝　鲜	181	226	267	259	259	259
韩　国	426	800	742	1392	1519	1547
巴基斯坦	713	938	1288	1762	1860	1925
菲律宾	736	812	1115	1584	1678	1724
新加坡	110	131	142	147	148	145
斯里兰卡	31	25	35	87	91	94
泰　国	627	901	1235	1450	1183	1347
土耳其	913	908	963	1165	1143	1134
越　南	596	875	1169	1327	1384	1429
非　洲	**6612**	**7709**	**8568**	**9105**	**9234**	**9328**
埃　及	442	623	599	910	924	936
尼日利亚	779	846	787	972	975	1008
南　非	1070	1264	1357	1226	1249	1214
北美洲	**29865**	**32922**	**36461**	**40939**	**42392**	**43002**
加拿大	2394	2576	2797	3021	3107	3169
墨西哥	1662	2953	3552	3543	3799	3682
美　国	24629	26084	28713	32847	33902	34564
南美洲	**11325**	**11749**	**14130**	**18045**	**19023**	**20079**
阿根廷	3721	3546	3418	3426	3415	3471
巴　西	4439	4619	6437	9420	10087	10965
委内瑞拉	679	775	734	1080	1144	1068
欧　洲	**38818**	**41267**	**43878**	**41930**	**42986**	**42601**
白俄罗斯				884	872	872
保加利亚	651	723	798	441	475	320
捷克共和国	1427	1439	1602	859	928	928
法　国	5360	5328	5716	6111	6312	6326
德　国②	6505	7170	7669	5757	5743	5840
意大利	3548	3761	3907	3995	3983	4072
荷　兰	1902	2323	2621	2856	2824	2870
波　兰	2916	2513	2864	2513	2759	2691
罗马尼亚	1774	1835	1635	1398	1426	1426
俄罗斯	14991	17131	19860	6815	5748	5272
西班牙	2456	2917	3352	3824	3992	3800
乌克兰				2676	2316	2086
英　国	3075	3260	3326	3394	3656	3385
南斯拉夫	1386	1575	1555	877	997	999
大洋洲	**3861**	**3859**	**4278**	**4791**	**4754**	**4611**
澳大利亚	2667	2466	3069	3342	3281	3109
新西兰	1126	1316	1125	1343	1367	1395

注：① 1985 年以前数字为猪牛羊肉产量。② 1990 年以前为原联邦德国与原民主德国之和。

资料来源：联合国粮农组织《生产年鉴》1996 年。

5-27 牛奶产量

单位:千吨

	1980年	1985年	1990年	1994年	1995年	1996年
世界总计	**427162**	**461899**	**475507**	**465373**	**467946**	**466317**
亚　洲	**37020**	**43328**	**54318**	**81923**	**83327**	**83693**
中　国	1141	2499	4157	5288	5764	6294
孟加拉国	950	930	740	774	782	782
印　度	13000	19000	26700	31000	32000	33000
印度尼西亚	69	210	305	427	433	458
伊　朗	1550	1700	1750	3126	3400	3809
以色列	712	812	920	1073	1136	1136
日　本	6504	7380	8100	8389	8380	8290
哈萨克斯坦				5252	4576	3762
马来西亚	22	23	29	33	32	32
蒙　古	160	232	280	254	296	366
缅　甸	228	575	451	441	448	448
朝　鲜	57	75	88	90	90	90
韩　国	458	966	1752	1917	1998	2070
巴基斯坦	2189	2596	3320	4073	4223	4442
菲律宾	12	15	15	17	18	18
斯里兰卡	184	207	146	212	214	214
泰　国	5	58	160	265	265	265
土耳其	7711	7994	7961	9129	9275	9133
越　南	26	34	38	42	43	43
非　洲	**10277**	**11530**	**14149**	**15554**	**15948**	**16141**
埃　及	667	960	970	999	1000	1000
尼日利亚	357	350	354	380	380	380
南　非	2500	2600	2725	2450	2495	2370
北美洲	**76524**	**83662**	**84751**	**88679**	**89887**	**89910**
加拿大	7920	7891	7900	7750	7920	8000
墨西哥	6750	7173	6110	7547	7628	8059
美　国	58298	65166	67383	69701	70500	69975
南美洲	**23008**	**26710**	**30797**	**36763**	**40199**	**41880**
阿根廷	5307	5742	6500	8018	8792	9176
巴　西	10265	12580	14228	16273	18375	19845
委内瑞拉	1318	1532	1480	1611	1550	1417
欧　洲	**177738**	**184361**	**170899**	**224240**	**220764**	**215696**
白俄罗斯				5510	5070	4950
保加利亚	1829	2118	3112	1135	1129	1050
捷克共和国	5909	6883	6931	3135	3031	2960
法　国	33300	33000	26000	25322	25491	25668
德　国①	33100	34718	32825	27866	28621	28621
意大利	10645	10952	10376	10674	10674	10674
荷　兰	11785	12550	11180	10873	10900	11188
波　兰	16480	16433	16170	12222	11825	11430
罗马尼亚	4148	4100	4400	4295	4615	4615
俄罗斯	90200	98173	106275	41951	39098	35445
西班牙	6058	6301	6100	5924	6216	6000
乌克兰				17935	17060	15704
英　国	15983	16044	15284	14934	14668	14600
南斯拉夫	4342	4684	4500	1897	1947	1947
大洋洲	**12395**	**14136**	**14317**	**18215**	**17822**	**18997**
澳大利亚	5562	6205	6556	8327	8460	8986
新西兰	6770	7872	7700	9812	9285	9934

注: ① 1990 年以前为原联邦德国与原民主德国之和。

资料来源: 联合国粮农组织《生产年鉴》1996 年。

5-28 鸡蛋产量

单位: 千吨

	1980年	1985年	1990年	1994年	1995年	1996年
世界总计	**28334**	**31934**	**35758**	**41331**	**42932**	**43159**
亚　洲	**9266**	**11333**	**14274**	**20789**	**22490**	**22911**
中　国①		5347	7946	14790	16767	19540
孟加拉国	47	49	58	77	82	82
印　度	733	850	1100	1446	1540	1540
印度尼西亚	90	294	380	423	457	493
伊　朗	150	220	270	516	466	520
以色列	91	115	103	117	102	98
日　本	2002	2152	2390	2569	2558	2562
哈萨克斯坦				146	102	72
马来西亚	120	170	227	352	355	360
蒙　古	1	1	2	1		
缅　甸	26	48	36	41	45	49
朝　鲜	105	125	145	150	150	150
韩　国	259	315	393	442	454	468
巴基斯坦	96	190	205	270	279	311
菲律宾	200	231	302	292	305	305
新加坡	28	20	16	16	18	18
斯里兰卡	20	35	48	49	49	49
泰　国	105	165	127	416	429	432
土耳其	207	292	380	513	555	560
越　南	122	75	96	130	136	136
非　洲	**915**	**1220**	**1420**	**1750**	**1752**	**1697**
埃　及	90	118	156	154	158	160
尼日利亚	178	240	225	418	390	325
南　非	160	179	205	235	237	237
北美洲	**5401**	**5549**	**5794**	**6352**	**6366**	**6502**
加拿大	332	332	321	325	328	331
墨西哥	604	826	1091	1246	1242	1266
美　国	4127	4042	4022	4390	4399	4501
南美洲	**1664**	**1945**	**2310**	**2476**	**2589**	**2575**
阿根廷	268	274	322	249	270	270
巴　西	850	1044	1300	1385	1400	1400
委内瑞拉	120	150	106	139	154	154
欧　洲	**7096**	**7388**	**7175**	**9732**	**9513**	**9269**
白俄罗斯				190	189	192
保加利亚	135	154	144	96	110	97
捷克共和国	245	275	283	155	152	153
法　国	838	915	876	982	1025	1018
德　国②	1146	1119	1077	843	836	836
意大利	599	628	697	696	721	680
荷　兰	540	665	615	610	598	593
波　兰	495	480	414	322	348	348
罗马尼亚	322	393	380	255	263	262
俄罗斯	3724	4256	4540	2075	1876	1747
西班牙	680	648	621	727	694	696
乌克兰				574	533	496
英　国	771	716	664	632	618	614
南斯拉夫	220	235	241	82	83	83
大洋洲	**266**	**244**	**246**	**231**	**221**	**203**
澳大利亚	200	186	188	180	163	155
新西兰	58	49	48	40	47	37

注: ① 禽蛋产量。② 1990 年以前为原联邦德国与原民主德国之和。

资料来源: 联合国粮食农组织《生产年鉴》1996 年。

5-29 羊毛产量

单位: 吨

	1980年	1985年	1990年	1994年	1995年	1996年
世界总计	**2815000**	**2955211**	**3393024**	**2665751**	**2587000**	**2483000**
亚　洲	**432949**	**444149**	**527053**	**538868**	**728000**	**687000**
中　国	188000	188465	255963	279218	307348	333386
孟加拉国	1270	1330	1400	900	1000	1000
印　度	35000	39800	32000	35000	44000	44000
伊　朗	16000	16400	32000	34500	51000	51000
以色列	650	600	850	650	1000	1000
哈萨克斯坦				60000	58000	41000
马来西亚	48	79	105	336	269	
蒙　古	20100	18900	17000	18093	20000	20000
缅　甸	215	420	360	304	328	
巴基斯坦	42597	47700	61344	52000	53000	54000
土耳其	61285	62000	43000	41000	37000	37000
非　洲	**203670**	**228267**	**253976**	**229325**	**221000**	**223000**
埃　及	2500	1700	1900	2150	2000	2000
南　非	110200	104100	97000	77763	61000	61000
北美洲	**58365**	**47814**	**49499**	**37321**	**34000**	**31000**
加拿大	1209	1311	1378	1600	2000	2000
墨西哥	8500	6583	5100	4700	4000	4000
美　国	48641	39900	43000	31000	29000	26000
南美洲	**316258**	**299420**	**343110**	**241920**	**234000**	**213000**
阿根廷	167590	140000	161000	92000	80000	70000
巴　西	30500	29100	32500	30750	25000	25000
欧　洲	**273551**	**300853**	**330387**	**248273**	**355000**	**351000**
保加利亚	35092	33751	27374	11538	9000	10000
捷克共和国	4220	5397	5909	631	1000	
法　国	22200	24000	22000	22000	22000	22000
德　国①	15939	20266	25100	15000	15000	15000
意大利	12804	12854	14000	13100	12000	12000
荷　兰	1750	2000	2000	4200	4000	4000
波　兰	12725	17143	14000	3182	3000	2000
罗马尼亚	37376	43677	45000	28220	24000	24000
俄罗斯	461700	447000	471000	145000	94000	94000
西班牙	21291	24830	32600	29000	31000	31000
英　国	51800	57900	74500	65888	67000	67000
南斯拉夫	10000	9747	10000	3200	4000	4000
大洋洲	**1068507**	**1187709**	**1418000**	**1013000**	**1014000**	**977000**
澳大利亚	708507	814309	1100000	735000	732000	714000
新西兰	360000	373400	318000	278000	282000	263000

注: ① 1990年以前为原联邦德国与原民主德国之和。

资料来源: 联合国粮农组织《生产年鉴》1996年。

5－30　蜂蜜产量

单位：吨

	1980年	1985年	1990年	1994年	1995年	1996年
世界总计	**827694**	**1002693**	**1209899**	**1147982**	**1189000**	**1104000**
亚　洲	**128493**	**278050**	**304683**	**337528**	**324000**	**360000**
中　国	96000	155000	193000	177000		184000
伊　朗	5500	6000	6250	8050	8000	8000
以色列	1650	2020	2400	2125	2000	2000
日　本	6211	7225	6000	3500	4000	4000
哈萨克斯坦				28000	28000	8000
韩　国	2533	6000	8300	10400		8000
巴基斯坦	660	695	730	756		1000
土耳其	25170	35840	40000	60000	55000	60000
越　南		360	500	1100	2000	2000
非　洲	**93895**	**96137**	**107847**	**124596**	**125000**	**137000**
埃　及	7800	11182	12000	10600	11000	11000
南　非	900	900	900	900	1000	1000
北美洲	**203714**	**167931**	**210753**	**216659**	**219000**	**200000**
加拿大	29235	36120	33000	33000	33000	32000
墨西哥	65245	41728	71114	62682	63000	62000
美　国	90530	68000	84000	98500	101000	90000
南美洲	**58708**	**70252**	**77578**	**101000**	**104000**	**84000**
阿根廷	37600	45000	39000	53600	53000	49000
巴　西	7000	11000	17500	19000	19000	18000
委内瑞拉	1000	330	800	800	1000	1000
欧　洲	**127322**	**146505**	**202517**	**182446**	**174000**	**294000**
白俄罗斯				50000	50000	4000
保加利亚	9873	9731	10392	3761	4000	4000
捷克共和国	5655	6309	10000	7981	7000	7000
法　国	9000	16000	28000	18000	18000	18000
德　国①	14907	17155	32000	23000	21000	24000
意大利	4000	6000	10000	13900	8000	10000
荷　兰	250	700	532	500	1000	1000
波　兰	8906	14809	14000	9296	9000	10000
罗马尼亚	14421	12106	17000	9900	10000	12000
俄罗斯	183000	204000	270000	55000	55000	44000
西班牙	12513	16069	21000	26500	27000	28000
乌克兰				62050	62000	62000
英　国	1214	1500	3000	3000	3000	3000
南斯拉夫	5600	5589	4600	1300	1000	2000
大洋洲	**32562**	**38818**	**36522**	**30356**	**30000**	**28000**
澳大利亚	24954	28038	28200	22600	23000	19000
新西兰	7489	10314	7780	7100	7000	9000

注：① 1990年以前为原联邦德国与原民主德国之和。

资料来源：联合国粮食农组织《生产年鉴》1996年。

5-31 水产品产量

单位:千吨

	1980年	1985年	1990年	1992年	1993年	1994年	1995年
世界总计	**72042**	**86335**	**97432**	**98785**	**120184**	**109585**	**112910**
中国	4497	7052	12370	15571	17568	20719	25172
孟加拉国	647	776	848	967	1047	1090	1170
印度	2445	2826	3794	4232	4338	4540	4904
印度尼西亚	1842	2338	3044	3442	3677	3954	4118
伊朗	44	119	270	334	318	314	368
以色列	26	27	24	19	19	20	21
日本	10434	11409	10354	8502	8128	7363	6758
哈萨克斯坦				80	59	45	50
马来西亚	736	640	604	650	1155	1174	1240
缅甸	580	649	744	800	837	824	832
朝鲜	1400	1700	1753	1778	1780	1800	1850
韩国	2091	2650	2843	2696	2649	2700	2688
巴基斯坦	279	408	479	553	622	552	541
菲律宾	1556	1865	2210	2272	2264	2276	2269
新加坡	16	24	13	12	12	14	14
斯里兰卡	186	179	165	206	221	224	236
泰国	1798	2227	2786	3240	3330	3432	3501
土耳其	427	578	385	454	559	604	652
越南	559	808	960	1080	1100	1150	1200
埃及	140	216	313	287	303	306	310
尼日利亚	261	244	316	318	255	282	366
南非	853	777	538	696	563	521	575
加拿大	1347	1453	1626	1276	1172	1011	901
墨西哥	1222	1226	1401	1248	1201	1260	1358
美国	3654	4948	5868	5588	5948	5941	5634
阿根廷	385	407	556	705	932	949	1149
巴西	736	968	803	790	780	820	800
委内瑞拉	185	264	332	330	390	424	505
白俄罗斯				15	14	14	15
保加利亚	126	100	57	32	22	22	23
捷克共和国	16	20	23	24	23	22	23
法国	788	833	864	817	831	838	793
德国①	542	427	391	307	316	271	298
意大利	506	591	525	557	552	547	610
荷兰	340	504	460	439	531	526	521
波兰	641	683	473	506	423	460	451
罗马尼亚	174	238	128	95	35	43	69
俄罗斯	9516	10523	10389	5611	4461	3781	4374
西班牙	1315	1483	1400	1330	1290	1380	1320
乌克兰				526	371	311	425
英国	891	771	835	903	899	954	1004
南斯拉夫	58	75	65	8	6	7	7
澳大利亚	132	161	220	234	245	211	219
新西兰	215	214	372	503	470	493	612

注: ① 1990 年以前为原联邦德国与原民主德国之和。

资料来源: 联合国粮农组织《水产品年鉴》1995 年。

5-32 拖拉机拥有量

单位: 千台

	1980年	1985年	1990年	1992年	1993年	1994年	1995年
世界总计	**21944**	**24746**	**26551**	**25758**	**25802**	**25946**	**26197**
亚　洲	**3487**	**4589**	**5628**	**5612**	**5736**	**5811**	**6641**
中　国①	745	852	814	759	721	693	672
孟加拉国	4	5	5	5	5	5	5
印　度	383	608	988	1136	1195	1258	1355
印度尼西亚	9	12	28	40	46	56	56
伊　朗	78	150	215	118	118	118	235
以色列	26	27	28	26	26	26	26
日　本	1471	1854	2142	2003	2041	2050	2050
哈萨克斯坦				217	212	210	170
马来西亚	7	12	26	31	34	39	43
蒙　古	10	11	11	12	12	12	11
缅　甸	9	10	13	10	11	12	8
朝　鲜	44	68	73	75	75	75	75
韩　国	3	12	41	64	77	80	100
巴基斯坦	97	157	266	283	283	283	305
菲律宾	11	8	11	12	12	12	12
斯里兰卡	24	27	32	33	33	33	32
泰　国	18	31	58	80	98	121	149
土耳其	435	582	690	726	746	764	777
越　南	24	32	25	38	37	37	37
非　洲	**439**	**500**	**521**	**521**	**533**	**540**	**574**
埃　及	36	52	57	61	79	79	89
尼日利亚	7	10	12	12	12	12	12
南　非	173	170	145	131	121	126	130
北美洲	**5606**	**5649**	**5840**	**5833**	**5834**	**5834**	**5834**
加拿大	657	714	750	740	740	740	740
墨西哥	115	157	170	172	172	172	172
美　国	4726	4670	4800	4800	4800	4800	4800
南美洲	**880**	**1057**	**1186**	**1222**	**1224**	**1225**	**1211**
阿根廷	167	204	270	280	280	280	280
巴　西	545	666	720	735	735	735	735
委内瑞拉	38	44	48	49	49	49	49
欧　洲	**8459**	**9708**	**10366**	**9528**	**9506**	**9688**	**11535**
白俄罗斯				126	123	123	116
保加利亚	63	57	53	47	37	37	27
捷克共和国	138	136	140	116	65	60	86
法　国	1474	1491	1440	1440	1440	1440	1312
德　国②	1614	1642	1568	1322	1300	1300	1300
意大利	1072	1227	1430	1431	1464	1470	1470
荷　兰	178	183	182	182	182	182	182
波　兰	619	925	1185	1172	1156	1311	1319
罗马尼亚	147	184	133	147	158	161	163
俄罗斯	2540	2755	2689	1291	1243	1148	1148
西班牙	524	633	741	766	775	790	806
乌克兰				440	460	437	411
英　国	512	526	505	500	500	500	500
南斯拉夫	385	809	1100	397	400	415	404
大洋洲	**427**	**414**	**403**	**501**	**401**	**401**	**401**
澳大利亚	327	322	317	315	315	315	315
新西兰	92	83	76	76	76	76	76

注：① 指农用大中型拖拉机。② 1990 年以前为原联邦德国与原民主德国之和。

资料来源：联合国粮农组织《生产年鉴》1996 年。

5-33 化肥施用量

单位: 千吨

	80/81年	85/86年	90/91年	92/93年	93/94年	94/95年	95/96年
世界总计	**116089**	**128613**	**138047**	**126116**	**120813**	**123149**	**130855**
亚　洲	**30447**	**38579**	**56196**	**59330**	**55561**	**60947**	**68149**
中　国①	12694	17758	25903	29302	31501	33179	35922
孟加拉国	423	541	933	969	948	1048	1178
印　度	2	8504	12584	12218	12366	13564	13876
印度尼西亚	1229	1972	2387	2580	2589	2417	2521
伊　朗	572	903	1161	1350	907	990	1040
以色列	82	92	102	98	104	104	104
日　本	1816	2034	1839	1784	1818	1759	1642
哈萨克斯坦				475	324	121	120
马来西亚	453	611	952	965	958	1206	1247
蒙　古	10	19	15	6	1	1	2
缅　甸	100	194	71	87	148	124	123
朝　鲜	729	844	832	783	781	753	750
韩　国	825	807	916	964	974	960	979
巴基斯坦	1007	1511	1893	2148	2147	2114	2443
菲律宾	334	283	588	503	566	602	603
斯里兰卡	7	9	171	184	210	213	200
泰　国	291	434	1044	1040	1207	1346	1443
土耳其	1173	1427	1888	1928	2207	1507	1700
越　南	247	386	544	902	934	1294	1448
非　洲	**3337**	**3687**	**3685**	**3603**	**3951**	**3478**	**3570**
埃　及	664	864	965	875	973	852	1134
尼日利亚	174	292	400	498	506	296	200
南　非	1058	879	792	733	844	752	748
北美洲	**25380**	**22953**	**23618**	**23770**	**25113**	**23918**	**24704**
加拿大	1917	2325	2074	2261	2359	2279	2346
墨西哥	1206	1714	1799	1616	1592	1534	1185
美　国	21274	17831	18587	18991	20350	19297	20113
南美洲	**5264**	**4654**	**4956**	**5422**	**6013**	**6887**	**6583**
阿根廷	113	162	166	243	297	464	577
巴　西	4198	3197	3164	3584	4150	4732	4309
委内瑞拉	241	478	427	322	274	246	298
欧　洲	**31192**	**31747**	**26383**	**20369**	**20382**	**21132**	**21068**
白俄罗斯				1395	752	540	493
保加利亚	830	864	680	237	229	221	154
捷克共和国	1730	1734	1303		256	337	338
法　国	5609	5695	5683	4531	4611	4711	4915
德　国	5169	4823	3272	2843	2672	2906	2818
意大利	2120	2102	1948	1920	1902	1891	1883
荷　兰	679	701	559	540	524	536	497
波　兰	3510	3413	1752	1193	1282	1429	1511
罗马尼亚	1223	1374	1103	702	604	479	470
俄罗斯	18756	25387	21644	5270	3851	1510	1700
西班牙	1662	1734	1976	1571	1914	1920	1817
乌克兰				2692	1343	1134	930
英　国	2054	2524	2370	1999	2086	2220	2264
南斯拉夫	824	992	826	178	112	84	84
大洋洲	**1712**	**1606**	**1564**	**1981**	**2158**	**2352**	**2430**
澳大利亚	1229	1155	1164	1420	1511	1667	1735
新西兰	461	427	362	533	616	651	660

注: ① 公历年度。

资料来源: 联合国粮农组织《肥料年鉴》1981 年，1996 年。

5－34 谷物库存量

(按各国农业获年度计算)　　单位：百万吨

	1988年	1989年	1990年	1991年	1992年	1993年	1994年①
世界总计	**401.2**	**311.0**	**306.5**	**349.3**	**333.7**	**374.9**	**318.0**
按谷物品种分类							
小麦	142.8	115.5	119.0	141.4	137.5	148.7	133.7
阿根廷	0.5	0.4	0.2	0.8	0.2	0.2	0.2
澳大利亚	2.8	2.7	3.5	3.3	2.7	4.5	3.7
加拿大	7.3	5.1	6.4	10.3	10.1	12.3	11.2
欧共体12国	15.5	12.6	14.0	17.3	23.6	23.5	17.0
印度②	3.3	2.3	5.5	5.5	4.0	3.5	3.5
土耳其	2.8	2.6	4.0	4.0	1.3	1.3	3.0
美国	34.3	19.2	14.6	23.6	12.8	14.5	15.5
杂粮	213.0	148.2	129.5	143.4	133.6	163.8	127.4
阿根廷	0.5	0.6	0.6	0.8	0.2	0.4	1.1
澳大利亚	0.3	0.3	0.3	0.4	0.4	0.5	0.4
加拿大	6.2	4.6	4.3	5.4	4.9	5.3	5.1
欧共体12国	13.2	15.8	15.3	17.2	22.1	21.6	18.6
美国	134.1	66.2	45.7	47.8	34.0	63.1	27.4
大米	45.4	47.3	58.0	64.5	62.6	62.4	57.0
印度②	2.0	2.0	5.3	7.0	5.8	8.1	11.7
印度尼西亚	2.3	2.6	4.4	4.8	4.2	5.6	5.4
日本	2.0	1.5	1.1	1.3	0.6	0.8	0.8
菲律宾	1.2	1.1	1.4	1.8	1.6	1.4	1.3
泰国	0.5	0.7	2.4	1.8	1.8	1.8	0.9
美国	1.0	0.9	0.9	0.8	0.9	1.2	0.8
按地区分类							
发达国家	276.9	186.1	165.9	195.7	173.6	212.6	161.4
北美	182.9	95.9	71.9	87.9	62.7	96.4	60.0
加拿大	13.5	9.7	10.8	15.8	15.0	17.7	16.3
美国	169.4	86.2	61.1	72.1	47.7	78.8	43.7
其他	94	90.2	94	107.8	110.9	116.2	101.4
澳大利亚	3.1	3.1	3.9	3.8	3.1	5.1	4.2
原苏联	39.1	36.2	39.1	45.5			
独联体					34.9	45.0	38.2
欧共体12国	28.7	28.5	29.3	34.8	46.0	45.5	35.9
日本	7.4	6.9	6.3	6.7	5.8	5.7	5.8
发展中国家	124.3	124.9	140.6	153.6	160.1	162.3	156.6
亚洲	97.5	98.1	113.5	130.5	134.7	132	127.2
孟加拉国	2.1	1.4	2.4	3	3.2	3.3	2.8
中国③	48	43	42	56	59	53	47
印度②	5.5	4.4	11.0	12.7	9.8	11.8	15.2
印度尼西亚	2.6	2.9	4.7	5.1	4.6	6.1	5.7
韩国	2.5	2.8	3.4	3.6	3.6	3.7	2.8
巴基斯坦	2.4	2.9	3.9	3.1	2.8	3.6	4.1
菲律宾	1.8	1.7	2.1	2.9	2.2	2	2.2
土耳其	3.9	3.4	4.5	5.1	2.5	2.3	4.4
非洲	12.5	14.4	14.9	12.6	16.3	16.8	15.6
中美洲	4.2	3.1	3.4	4.3	3.7	4.3	3.5
南美洲	10.0	9.1	8.7	6.0	5.3	9.2	10.3
阿根廷	1.0	1.0	0.8	1.6	0.4	0.7	1.3
巴西	5.7	4.8	5.2	2.2	2.8	5.8	5.5
世界谷物库存量占消费量的比重(%)	**24.2**	**18.3**	**17.8**	**20.3**	**19.1**	**21.1**	**17.8**

注：① 预计数。② 仅为政府库存量。③ FAO估计数，包括中国台湾省。

资料来源：联合国粮农组织《生产季报》1996年第1/2季。

5−35 主要农、水产品的人均消费量和自给率

(1988年)

	大米	小麦	糖	薯类	豆类	蔬菜类	肉类	蛋类	水产品
					人均消费量(千克)				
日　本	71.1	31.6	20.0	35.0	24.7	110.3	42.9	16.4	38.5
土耳其	4.2	149.5	30.2	66.6	21.4	190.0	4.8	4.7	5.9
美　国	8.1	58.8	60.3	33.5	7.2	92.2	120.3	14.5	8.2
加拿大	5.0	63.7	43.0	68.2	7.2	78.9	104.3	11.6	8.0
爱尔兰	1.4	79.8	47.2	141.3	2.8	95.4	93.0	10.7	14.1
英　国	3.9	66.0	40.4	109.0	7.4	65.0	76.9	13.1	11.8
意大利	5.5	107.7	26.7	39.1	8.3	167.1	86.1	10.8	12.5
奥地利	4.3	48.5	38.6	61.9	5.9	77.2	92.7	14.7	5.3
荷　兰	4.7	48.5	36.5	86.4	8.9	65.4	87.3	11.5	8.7
希　腊	4.9	102.7	34.7	86.4	13.4	225.3	76.3	12.3	5.7
瑞　士	4.7	61.3	48.0	45.0	7.0	94.3	86.6	12.4	7.5
瑞　典	3.7	48.0	39.9	70.2	3.6	50.6	59.8	14.1	12.0
西班牙	7.2	71.2	24.1	96.7	8.9	148.3	92.7	17.5	32.8
丹　麦	2.7	43.1	37.6	65.3	3.3	79.8	104.3	14.2	55.8
原联邦德国	2.6	54.4	39.6	73.0	4.2	87.7	104.0	16.0	8.3
挪　威	2.8	64.6	39.5	86.7	3.1	61.0	54.1	12.3	23.0
芬　兰	4.0	43.8	36.4	65.9	2.0	56.2	69.1	11.5	25.1
法　国	4.1	69.6	29.4	77.7	3.7	122.8	109.4	16.3	21.7
比利时	4.7	69.3	39.6	94.6	6.3	80.6	99.9	12.8	12.2
葡萄牙	18.3	83.5	27.8	93.7	8.2	66.6	65.3	6.9	48.9
原南斯拉夫	1.3	143.5	37.4	43.0	5.6	71.4	68.5	8.4	3.6
澳大利亚	3.4	49.8	57.4	59.9	4.7	71.2	100.4	11.2	9.9
新西兰	3.6	62.4	33.1	59.2	3.4	98.1	112.1	11.4	15.3
					自给率① (%)				
日　本	93.9	16.6	28.0	93.2	32.1	91.2	73.3	98.1	88.7
土耳其	60.9	124.5	97.4	100.9	162.6	102.4	106.9	108.6	104.3
美　国	172.2	185.9	94.1	95.3	122.6	97.4	97.2	102.5	71.0
加拿大	1.5	273.2	14.0	108.6	175.2	73.4	115.4	98.5	293.3
爱尔兰		63.9	65.8	81.2	29.5	78.9	271.1	92.7	248.5
英　国	23.8	98.7	51.0	89.9	105.8	88.0	80.7	96.8	87.6
意大利	223.1	73.9	93.9	86.3	57.3	121.9	72.6	94.9	54.4
奥地利		167.9	89.6	99.3	85.6	76.8	106.7	86.6	20.0
荷　兰	57.4	43.9	88.9	157.1	15.4	300.4	235.8	320.0	191.2
希　腊	118.3	119.6	72.2	98.3	92.4	139.4	74.0	98.5	36.9
瑞　士		65.0	43.2	102.2	10.9	58.3	85.1	48.2	10.0
瑞　典		114.1	86.2	97.7	83.8	70.1	101.8	104.2	85.8
西班牙	115.2	118.5	119.9	92.7	77.0	123.1	97.6	99.0	68.6
丹　麦		132.1	121.0	103.9	150.7	55.3	294.6	98.8	105.4
原联邦德国	33.9	115.5	103.7	94.7	27.2	10.1	88.6	71.1	48.5
挪　威		27.7	2.1	96.6		78.4	100.9	103.6	162.5
芬　兰		57.6	71.1	104.1	40.0	478.9	104.1	132.8	27.0
法　国	34.1	248.6	167.8	101.3	135.9	85.6	100.7	95.5	66.4
比利时	57.1	73.8	148.3	150.4	4.2	134.5	136.7	117.7	24.1
葡萄牙	55.3	35.1	2.1	81.1	72.6	129.7	90.9	101.1	69.6
原南斯拉夫	63.6	108.9	72.3	94.0	96.8	98.9	102.4	99.1	85.7
澳大利亚	781.6	495.9	396.6	98.4	176.5	99.9	176.4	100.5	75.7
新西兰		60.9	5.6	104.2	256.1	120.4	362.5	110.3	580.0

注: ① 国内供应量与产量的比率。

资料来源: 日本《世界统计》1996 年。

5-36 美国农场的数量、规模和不动产价值

年 份	农场数量		土地面积		不动产价值	
	总计(千个)	年变化量(千个)	总面积(百万英亩)	平均面积(英亩)	总计(亿美元)	每英亩平均(美元)
1970	2949		1102	374	2150	196
1971	2902	-47	1097	378	2149	
1972	2860	-42	1092	382	2315	
1973	2823	-37	1088	385	2606	
1974	2795	-28	1084	388	3266	302
1975	2521	-274	1059	420	3586	340
1976	2497	-24	1054	422	4168	397
1977	2456	-41	1048	427	4950	474
1978	2436	-20	1045	429	5530	531
1979	2437	1	1042	428	6531	628
1980	2440	3	1039	426	7633	737
1981	2440	0	1034	424	8437	819
1982	2407	-33	1028	427	8438	823
1983	2379	-28	1023	430	8048	788
1984	2334	-45	1018	436	8129	801
1985	2293	-41	1012	441	7194	713
1986	2250	-43	1005	447	6411	640
1987	2213	-37	999	451	5971	599
1988	2201	-12	994	452	6269	632
1989	2175	-26	991	456	6606	668
1990	2146	-29	987	460	6723	683
1991	2117	-29	982	464	6889	703
1992	2108	-9	979	464	6963	713
1993	2083	-25	976	469	7171	736
1994	2065	-18	973	471	7592	782
1995	2072	7	972	469	8070	832
1996	2063	-9	968	469	8597	890

资料来源：美国《统计摘要》1975年，1982/83年，1997年。

5-37　美国农户总收入、生产费用和净收入

单位: 亿美元

	1980年	1985年	1990年	1992年	1993年	1994年	1995年
农场总收入	**1493**	**1612**	**1982**	**2006**	**2042**	**2158**	**2104**
现金	1433	1579	1871	1887	2001	1978	2039
出售产品	1397	1441	1695	1713	1776	1808	1858
种植业	717	743	803	857	875	926	989
牲畜及畜产品	680	698	892	856	902	881	868
政府补贴	13	77	93	92	134	79	73
其它①	23	60	82	82	91	92	109
农户自产自用	12	9	7	6	5	5	5
房租	110	47	72	71	80	93	94
库存变动	-63	-23	33	42	-45	82	-34
农场生产支出	**1331**	**1326**	**1534**	**1525**	**1605**	**1674**	**1756**
中间产品	761	723	917	921	990	1034	1097
前期投入	349	293	395	386	412	413	425
饲料购买	210	169	204	201	214	226	245
畜禽购买	107	92	146	136	146	132	126
种子购买	32	31	45	49	52	54	55
生产期投入	209	183	194	201	205	217	234
肥料	95	75	82	83	84	92	100
农药	35	43	54	65	67	72	77
燃料和油	79	64	58	53	53	53	57
修理和保养费用	71	64	86	85	92	92	94
其它	133	184	242	249	282	312	343
资产	163	186	134	112	108	118	128
不动产	75	99	67	58	55	59	61
动产	87	87	67	54	53	60	67
劳动力雇佣	93	100	141	140	150	153	163
净租金	61	77	101	108	109	115	109
损耗和折旧	215	194	181	183	184	188	191
财产税	39	45	60	62	63	67	69
农场净收入	**161**	**286**	**448**	**480**	**436**	**484**	**348**

注: ① 包括林产品销售收入。

资料来源: 美国《统计摘要》1997 年。

5-38 日本农户的数量和规模

单位:千户

年份	总户数			按经营耕地规模分									
		专营户	兼营户	都府县①	0.5公顷以下	0.5-1.0公顷	1.0-2.0公顷	2.0公顷以上	北海道	1.0公顷以下	1.0-5.0公顷	2.0-10公顷	10公顷以上
1904	5417	3777	1640										
1908	5408	3748	1662	5261	2003	1754	1031	473	147	23.0	104	20	
1910	5417	3695	1722	5266	2012	1774	1029	450	151	34.0	82	35	
1915	5451	3748	1703	5278	1969	1805	1069	435	173	38.0	94	42	
1920	5485			5298	1914	1818	1117	449	187	33.0	86	68	
1925	5549	3880	1668	5377	1928	1866	1169	414	171	34.0	81	56	
1930	5600	4042	1558	5412	1908	1905	1210	389	187	43.0	87	58	
1935	5611	4164	1447	5410	1874	1906	1238	392	201	47.0	88	66	
1938	5519	3704	1815	5324	1935	1795	1313	381	196	47.0	83	66	
1941	5499	2304	3195	5313	1823	1635	1456	399	186	45.0	78	43	20
1947	5909	3275	2635	5702	2418	1813	1261	211	208	57.0	104	36	11
1950	6176	3086	3090	5931	2468	1952	1308	203	246	84.0	114	38	10
1955	6043	2105	3938	5806	2285	1955	1357	209	237	60.0	100	48	28
1960	6057	2078	3979	5823	2275	1907	1405	237	234	61.0	114	47	11
1965	5665	1219	4446	5466	2096	1762	1272	255	199	47.0	91	46	16
1970	5342	831	4510	5176	1999	1604	1352	301	166	36.0	63	41	25
1975	4953	616	4337	4819	1995	1436	1076	301	134	27.0	48	33	26
1980	4661	623	4038	4542	1922	1304	981	335	120	23.0	39	30	29
1981	4614	580	4035	4497	1848	1310	988	351	118	21.0	36	31	31
1982	4567	599	3968	4451	1828	1284	977	362	116	21.0	35	29	31
1983	4522	596	3926	4407	1809	1268	965	364	115	20.0	34	29	32
1984	4473	605	3868	4360	1792	1251	952	365	113	19.0	33	28	32
1985	4376	626	3750	4267	1856	1182	883	346	109	20.0	32	26	31
1986	4331	643	3688	4223	1748	1193	909	372	108	18.0	32	26	32
1987	4284	631	3653	4178	1728	1181	898	372	106	19.0	30	26	32
1988	4240	614	3626	4136	1698	1177	890	371	104	18.0	28	25	33
1989	4194	603	3590	4092	1675	1162	881	373	102	18.0	26	25	33
1990	3835	592	3243	3739	1560	1049	782	348	95	17.0	24	22	32
1991	2936	460	2476	2851	632	1058	797	364	95	7.2	21	21	35
1992	2888	451	2437	2806	611	1046	783	366	82	6.8	20	20	36
1993	2835	447	2388	2755	585	1029	774	368	80	6.0	19	19	35
1994	2787	449	2338	2710	588	1007	755	360	77	4.4	19	18	35
1995	2651	428	2224	2578	633	925	682	339	74	7.0	18	17	32
1996	2606	436	2171	2535	582	918	681	354	72	3.8	16	18	33

注:① 为不包括北海道以外的其他地区。

资料来源:《日本统计年鉴》1998 年。

5-39　日本农户总收入和总支出

	1980年	1985年	1990年	1993年	1994年	1995年
家庭平均人口数(人)	**4.40**	**4.34**	**4.27**	**4.32**	**4.23**	**4.21**
经营土地面积(公亩)	**249**	**270**	**287**	**336**	**342**	**336**
耕地	118	126	133	170	173	170
宅地	8	9	9	11	8	12
其他	123	135	145	155	159	155
总收入(千日元)	**7329**	**9029**	**10553**	**11570**	**11821**	**11573**
农业收入	2421	2897	3002	3671	4025	3791
种植业收入	1723	2169	2277	2872	3236	2995
养蚕收入	44	29	15	9	7	5
畜牧业收入	632	678	670	732	720	724
农业外收入	3829	4719	5754	5820	5799	5760
林业	77	66	83	69	60	49
商业、制造业、矿业	276	323	454	488	495	501
工资、薪水	3158	3824	4598	4652	4631	4627
年金、赠与	1079	1413	1797	2079	1998	2022
总支出(千日元)	**6456**	**7975**	**8838**	**9787**	**9823**	**9803**
农业支出	1469	1831	1839	2380	2432	2349
雇工	22	32	35	55	63	66
种子、蚕种	53	72	82	121	122	125
牲畜	84	91	96	127	120	115
农药	85	114	119	170	172	166
各种原料、加工原料	86	102	104	149	155	146
燃料、电力	65	77	70	95	129	130
农机具、维修和房屋修缮	468	650	670	651	657	618
租金	105	121	118	153	171	179
土地改良、水利	33	51	67	90	97	91
农业外支出	266	282	315	307	298	307
林业	28	29	29	34	32	26
商业、制造业和矿业	109	92	130	150	147	148
税收	779	1161	1409	1494	1431	1442
家庭支出	3942	4701	5274	5606	5602	5705

资料来源:《日本统计年鉴》1998 年。

5-40 农业集约化经营程度比较

(1995年)

	农业经济活动人口 (万人)	平均每个经济活动人口耕地面积 (公顷/人)	平均每千公顷耕地上拖拉机使用量 (台/千公顷)	平均每千公顷耕地上收割机使用量 (台/千公顷)	平均每千公顷耕地上化肥施用量 (吨/千公顷)
世界总计	**130133.2**	**1.0**	**19.2**	**3.1**	**96.1**
亚　洲	**102105.2**	**0.4**	**15.5**	**4.2**	**159.2**
中　国	51722.3	0.2	7.3	0.7	388.3
孟加拉国	3718.3	0.3	0.6	…	123.4
印　度	24914.0	0.7	8.2	…	83.5
印度尼西亚	4831.2	0.4	3.3	15.8	147.2
伊　朗	738.0	2.3	13.8	0.3	61.3
以色列	7.7	4.6	72.8	0.7	295.5
日　本	366.4	1.1	516.4	303.1	413.6
马来西亚	185.6	1.0	23.8	…	685.2
蒙　古	33.8	3.9	8.3	1.2	1.5
缅　甸	1710.1	0.6	0.8	0.8	12.9
朝　鲜	409.1	0.4	44.1	0.0	441.2
韩　国	292.7	0.6	56.2	40.4	547.8
巴基斯坦	2396.0	0.9	14.5	0.1	116.1
菲律宾	1176.8	0.5	2.1	0.1	109.2
斯里兰卡	355.6	0.3	34.6	…	219.5
泰　国	2040.9	0.8	8.7	3.6	84.5
土耳其	1434.0	1.7	31.5	0.5	69.0
越　南	2611.3	0.2	6.7	…	262.8
非　洲	**18627.4**	**0.9**	**3.3**	**0.2**	**20.6**
埃　及	759.3	0.4	31.6	0.8	402.6
尼日利亚	1675.6	1.8	0.4	…	6.6
南　非	185.7	8.1	8.7	0.9	49.9
北美洲	**2110.4**	**12.8**	**21.6**	**3.1**	**91.6**
加拿大	38.5	118.0	16.3	3.4	51.7
墨西哥	888.5	2.9	6.7	0.8	46.1
美　国	353.4	52.6	25.8	3.6	108.3
南美洲	**2691.5**	**3.7**	**12.2**	**1.2**	**66.4**
阿根廷	148.6	16.8	11.2	2.0	23.1
巴　西	1357.5	3.9	13.7	0.9	80.5
委内瑞拉	93.6	2.9	18.1	2.1	110.4
欧　洲	**3788.7**	**7.9**	**38.6**	**4.3**	**70.4**
保加利亚	46.9	8.5	6.6	1.3	38.5
法　国	107.5	17.0	71.7	8.4	268.4
德　国	120.6	9.8	109.8	11.4	238.1
意大利	173.5	4.7	181.4	6.2	232.3
荷　兰	30.4	2.9	206.6	6.4	564.1
波　兰	500.6	2.8	92.8	7.0	106.3
罗马尼亚	205.7	4.5	17.5	4.5	50.3
西班牙	144.0	10.6	52.8	3.2	119.2
英　国	60.8	9.8	84.3	7.9	381.9
大洋洲	270.8	18.5	8.0	1.2	48.4
澳大利亚	40.8	118.0	6.5	1.2	36.0
新西兰	17.7	8.9	48.1	2.0	418.0

国外资料来源：联合国粮农组织《生产年鉴》1995, 1996 年、《化肥年鉴》1996 年。

主要指标解释

农业生产指数和食品生产指数 (见第19页)

人均农业生产指数和人均食品生产指数 (见第19页)

谷物产量 指收获后用作干粒粮食的作物。收获后作为干草或青割后作食物、青割饲料或青贮饲料的谷类作物不包括在内。

茶叶 成品茶的产量。其中印度尼西亚的产量数字,有三分之一为鲜茶叶的重量。

烟叶 指农场销售的重量。即将所得的干重数字按约90:100的比例折算成农场销售重量。

黄麻及黄麻类纤维 黄麻纤维是从黄麻和长蒴黄麻中提取的。黄麻类纤维包括一些黄麻代替物,主要是槿麻或洋麻,以及玫瑰茄,刚果黄麻或梵天花。

肉类总产量 指在有关国家中屠宰的牲畜,而不论其产地如何。

牛奶产量 指全脂鲜奶的总产量,不包括幼畜吮吸的奶,但包括饲养其他家畜的奶产量。

羊毛产量 按未脱脂羊毛计算。这种羊毛一般含有30－65%的杂质。

拖拉机拥有量 一般指农业上使用的轮胎式和履带式拖拉机,园艺拖拉机除外。

水产品产量 指各种鱼类、甲壳类、软体类及其他水生动物和副产品及水生植物的产量。不包括游钓者的捕获量。

六、工业和建筑业

6-1 工业生产指数

	1985年	1989年	1990年	1991年	1992年	1993年	1994年	1995年	1996年	1997年
世界总计①	**107**	**124**	**123**	**122**	**122**	**123**	**130**	**135**	**140**	
中　国②	176	304	328 *	111	145	202	293	384	416	470
孟加拉国③	127	172	176 *	104	114	130	140	150	159	
印　度⑦	140	188	209 *	101	103	109	119	134	143	
以 色 列	120	124	132 *	107	116	124	133	144	151	
日　本	118	142	148 *	102	95	91	92	95	98	
马来西亚	138	210	236 *	111	121	132	149	168	187	
韩　国	164	278	302 *	110	116	121	135	151	163	
巴基斯坦③ ④	154	192	206 *	108	112	117	119	122		
菲 律 宾	231	408	451 *	115	123	126	133	152	168	
新 加 坡④	107	178	196 *	105	108	119	134	148	153	
土 耳 其	149	193	211 *	102	108	114	107	116	123	
摩 洛 哥	117	131	144 *	101	103	103	108	112	116	
南　非		110	108 *	98	95	97	99	103	104	
加 拿 大	115	128	128 *	96	97	102	108	112	114	120
墨 西 哥⑤	108	122	128 *	103	106	106	109	104	113	
美　国	112	126	126 *	98	101	105	110	113	117	124
阿 根 廷④ ⑦	86	98	100	110	123	127	133	123	128	
巴　西	99	110	100 *	97	94	101	109	110	112	
智　利		136	136 *	108	119	122	127	137	149	
秘　鲁	89	84	82 *	103	100	107	121	129	133	
奥 地 利	109	123	132 *	94	94	93	94	112	114	
比 利 时	104	118	122 *	98	98	93	95	101	101	
保加利亚⑥	124	139	116 *	78	65	58	63	60	61	48
丹　麦	121	133	133 *	100	104	101	111	116	117	122
芬　兰	116	133	132 *	91	92	96	106	117	121	131
法　国	101	112	114 *	99	98	94	98	100	100	104
德　国⑧	104	117	123 *	100	98	91	94	96	96	100
匈 牙 利	110	111	102 *	80	73	75	83	87	89	98
意 大 利	97	114	114 *	99	99	97	102	107	105	
爱 尔 兰	128	176	184 *	103	113	119	133	159	171	
荷　兰	106	113	117 *	102	102	100	105	108	111	113
波　兰	99	110	81 *	92	95	101	113	124	135	151
罗马尼亚	120	90	69 *	77	58	58	60	66	72	68
瑞　士	103	119	122 *	100	99	97	101	103	103	
英　国	108	123	123 *	97	97	99	105	107	108	110
澳大利亚③	114	126	126 *	100	99	100	105	108	110	

注: ① 世界总计以 1980 年 = 100,其它国家 1985 - 1990 年以 1980 年为 100, 1991 - 1997 年以 1990 年为 100。不包括阿尔巴尼亚、中国、朝鲜、越南、前捷克斯洛伐克、前苏联和南斯拉夫。② 中国为工业总产值指数。③ 当年 7 月 1 日起至下年 6 月 30 日止的一年。④ 制造业生产指数。⑤ 包括建筑业。⑥ 包括采伐业和渔业。⑦ 当年 4 月 1 日至下年 3 月 1 日止的一年。1985 年至 1990 年以 1990 年为 100。⑧ 1991 年起以 1991 年为 100。

资料来源:联合国《统计月报》1998 年 3 月。

6－2 美国制造业生产指数

单位：1990年＝100

	1987年	1988年	1989年	1990年	1991年	1992年	1993年	1994年	1995年
制造业合计	**94**	**99**	**100**	**100**	**98**	**102**	**105**	**112**	**117**
食品	96	98	99	100	102	103	105	107	109
饮料	96	100	99	100	101	105	105	109	111
烟草	99	101	100	100	94	95	80	99	101
纺织	103	102	103	100	99	107	113	119	118
服装	108	106	103	100	101	103	106	110	106
皮革制品	104	104	104	100	91	93	94	87	80
制鞋(不含橡胶鞋、塑料鞋)	108	109	104	100	86	89	89	87	81
木材制品(不含家具)	103	103	102	100	93	98	99	104	105
家具、装饰	100	100	102	100	94	99	104	107	108
纸及纸制品	95	98	99	100	101	104	108	113	115
印刷、出版	99	100	100	100	96	97	98	98	97
工业化学	87	94	98	100	96	99	97	101	102
其它化学	91	96	98	100	102	106	109	112	115
石油提炼	96	98	99	100	99	100	102	102	104
石油和煤制品	97	99	99	100	99	99	102	102	104
橡胶制品	94	99	100	100	96	106	112	118	121
塑料制品	93	94	98	100	100	110	118	129	133
玻璃及其制品	97	100	101	100	94	98	96	100	96
其它非金属矿产品	101	103	103	100	91	93	94	100	102
钢铁	90	101	100	100	90	94	101	106	109
有色金属	100	104	102	100	97	99	102	111	113
金属制品	101	105	103	100	95	100	104	111	115
非电气机械	85	96	100	100	98	105	105	132	149
电气机械	90	97	100	100	102	111	122	140	164
运输设备	94	98	102	100	95	98	102	105	103
专业和科学设备	96	99	100	100	101	101	102	101	102
其它	94	100	100	100	98	100	106	109	110

资料来源：联合国工发组织《国际工业统计年鉴》1998 年。

6－3 日本制造业生产指数

单位：1990年＝100

	1987年	1988年	1989年	1990年	1991年	1992年	1993年	1994年	1995年
制造业合计	**84**	**91**	**96**	**100**	**102**	**97**	**93**	**94**	**97**
食品	94	97	99	100	103	103	103	100	101
饮料	98	100	99	100	100	100	98	100	93
烟草	101	97	98	100	101	105	104	103	102
纺织	102	103	102	100	98	95	85	82	77
服装	104	104	103	100	99	95	88	84	80
皮革制品	99	97	100	100	99	96	89	85	79
制鞋(不含橡胶鞋、塑料鞋)	96	104	99	100	98	97	88	95	
木材制品(不含家具)	101	101	101	100	97	93	89	86	81
纸及纸制品	83	90	96	100	103	101	99	101	105
印刷、出版	91	96	97	100	104	106	111	114	117
工业化学	85	91	96	100	102	102	100	105	112
其它化学	81	88	95	100	102	103	101	106	112
石油提炼	84	86	90	100	106	112	115	120	121
石油和煤制品	98	106	104	100	98	91	90	88	90
橡胶制品	84	91	97	100	100	96	89	88	94
塑料制品	87	93	96	100	101	98	95	95	95
陶瓷①	86	94	96	100	100	94	91	93	93
钢铁	88	96	98	100	101	91	89	88	91
有色金属	83	88	93	100	104	99	98	100	103
金属制品	85	92	97	100	100	95	92	93	94
非电气机械	75	88	96	100	101	87	77	77	81
电气机械	76	88	94	100	107	97	96	104	116
运输设备	80	86	93	100	101	99	92	88	87
专业和科学设备	80	86	90	100	104	85	75	70	68
其它	63	74	82	100	93	98	89	74	67

注：① 包括玻璃及其制品业和其它非金属矿产品业。

资料来源：联合国工发组织《国际工业统计年鉴》1998年。

6-4 德国制造业生产指数①

单位：1990年＝100

	1987年	1988年	1989年	1990年	1991年	1992年	1993年	1994年	1995年
制造业合计	**87**	**90**	**95**	**100**	**103**	**100**	**93**	**97**	**98**
食品	84	87	91	100	107	106	107	109	112
饮料	85	87	88	100	107	110	109	115	105
烟草	89	89	89	100	113	105	99	103	95
纺织	99	97	98	100	99	90	81	79	75
服装	112	106	101	100	99	86	76	65	61
皮革制品	112	106	99	100	97	85	74	70	67
制鞋(不含橡胶鞋、塑料鞋)	124	117	107	100	96	86	77	61	60
木材制品(不含家具)	79	86	93	100	105	108	107	117	115
家具、装饰	88	90	94	100	109	107	102	99	99
纸及纸制品	84	89	93	100	103	102	99	104	100
印刷、出版	85	88	93	100	106	106	101	99	103
工业化学	95	100	100	100	97	97	94	103	103
其它化学	86	91	95	100	107	110	104	108	106
石油提炼②	92	99	96	100	101	99	94	93	91
橡胶制品③	104	109	111	100	91	89	75	80	90
塑料制品	77	83	90	100	108	99	93	99	112
陶瓷	95	95	98	100	97	87	78	73	77
玻璃及其制品	85	90	96	100	104	108	103	109	101
其它非金属矿产品④	86	90	97	100	105	112	115	128	122
钢铁	92	102	105	100	99	93	83	92	93
有色金属	89	93	96	100	98	91	87	88	94
金属制品	82	86	93	100	105	107	101	107	110
非电气机械	84	87	95	100	99	90	79	81	84
电气机械	83	87	95	100	105	104	97	104	104
运输设备	88	88	94	100	102	102	85	92	92
专业和科学设备	89	96	95	100	104	102	93	93	95
其它	85	90	97	100	103	97	90	89	90

注：① 原联邦德国地区数。② 包括石油及煤制品业。③ 包括石棉产品。④ 包括采石业。

资料来源：联合国工发组织《国际工业统计年鉴》1998 年。

6-5 英国制造业生产指数

单位：1990年＝100

	1987年	1988年	1989年	1990年	1991年	1992年	1993年	1992年	1993年
制造业合计	**90**	**96**	**100**	**100**	**95**	**94**	**95**	**100**	**102**
食品	96	99	98	100	100	101	102	103	104
饮料	98	97	102	100	95	93	95	97	105
烟草	96	99	97	100	101	106	99	105	101
纺织	107	107	103	100	90	89	89	89	88
服装	107	104	100	100	90	92	92	95	95
皮革制品	112	106	113	100	88	88	95	99	99
制鞋（不含橡胶鞋、塑料鞋）	131	119	114	100	85	80	80	76	73
木材制品①	87	98	99	100	88	87	90	94	89
纸及纸制品	89	94	96	100	98	99	102	105	107
印刷、出版	83	93	99	100	94	95	98	100	101
工业化学	98	100	104	100	107	109	107	111	122
其它化学	87	93	99	100	102	107	112	117	123
石油提炼	89	98	99	100	104	104	108	104	104
石油和煤制品	101	102	101	100	95	85	79	80	75
橡胶制品	94	96	100	100	94	89	87	91	97
塑料制品	81	91	96	100	94	98	104	116	121
陶瓷	95	102	104	100	94	89	87	88	90
玻璃及其制品	86	92	96	100	96	95	102	96	101
其它非金属矿产品	94	106	109	100	87	82	85	93	90
钢铁	97	109	107	100	92	88	89	91	94
有色金属	91	99	103	100	91	88	85	85	84
金属制品	90	98	101	100	91	86	83	86	86
非电气机械	83	92	98	100	93	93	95	106	109
电气机械	86	94	100	100	92	88	91	100	105
运输设备	84	89	102	100	94	91	90	93	93
专业和科学设备	92	98	100	100	96	94	98	94	96
其它	86	92	100	100	87	84	83	83	77

注：① 包括家具及装饰业。

资料来源：联合国工发组织《国际工业统计年鉴》1998 年。

6-6 法国制造业生产指数

单位：1990年＝100

	1987年	1988年	1989年	1990年	1991年	1992年	1993年	1994年	1995年
制造业合计	**89**	**94**	**98**	**100**	**99**	**97**	**93**	**97**	**99**
食品	92	95	96	100	102	104	105	106	110
饮料	90	94	100	100	95	93	95	98	98
烟草	99	96	97	100	92	97	89	88	85
纺织	105	104	104	100	95	93	86	90	89
服装	121	110	104	100	94	87	80	82	76
皮革制品	107	96	96	100	94	90	87	86	82
制鞋(不含橡胶鞋、塑料鞋) ①									
木材制品(不含家具)	87	94	101	100	100	96	89	97	97
家具、装饰	90	95	97	100	98	93	90	87	85
纸及纸制品	88	93	98	100	103	108	106	112	110
印刷、出版	83	91	96	100	96	94	92	93	95
工业化学	95	99	102	100	100	104	103	110	109
其它化学	82	88	96	100	104	111	114	122	126
石油提炼	92	100	98	100	105	102	107	104	106
石油和煤制品	103	103	102	100	96	94	85	82	80
橡胶制品	90	96	100	100	98	101	93	101	105
塑料制品	82	89	95	100	99	100	97	100	98
陶瓷	92	98	100	100	95	86	79	85	86
玻璃及其制品	89	92	94	100	99	99	94	101	107
其它非金属矿产品②									
钢铁	93	100	102	100	97	93	84	94	95
有色金属③	89	93	98	100	98	101	94	102	104
金属制品	89	94	99	100	96	93	85	90	91
非电气机械	80	88	94	100	93	87	78	83	88
电气机械	90	93	95	100	98	95	92	93	98
运输设备	85	94	100	100	101	99	89	97	100
专业和科学设备	92	98	99	100	105	104	104	106	105

注：① 包括在皮革制品中。② 包括在陶瓷中。③ 包含有色金属矿。

资料来源：联合国工发组织《国际工业统计年鉴》1998 年。

6－7 意大利制造业生产指数

单位：1990年＝100

	1986年	1987年	1988年	1989年	1990年	1991年	1992年	1993年
制造业合计	**89**	**92**	**97**	**101**	**100**	**97**	**95**	**90**
食品	91	94	98	99	100	101	103	103
饮料	86	88	96	101	100	99	98	97
烟草	123	114	110	111	100	94	88	89
纺织	92	95	95	102	100	101	100	95
服装	105	99	100	100	100	99	103	88
皮革制品	106	103	103	99	100	96	90	94
制鞋(不含橡胶鞋、塑料鞋)	114	104	100	97	100	92	95	95
木材制品	88	94	104	104	100	100	110	109
家具、装饰	78	86	92	96	100	106	104	103
纸及纸制品	87	92	96	98	100	97	100	100
印刷、出版	86	90	101	102	100	97	90	86
工业化学	94	99	103	102	100	94	95	90
石油提炼①	95	92	93	95	100	100	103	105
橡胶制品	85	87	105	106	100	94	89	87
陶瓷②	83	85	91	96	100	99	96	90
钢铁	89	93	100	104	100	98	97	94
有色金属	88	90	101	104	100	107	108	103
金属制品	86	92	99	101	100	94	93	89
非电气机械	87	88	95	100	100	90	84	84
电气机械	87	94	95	100	100	99	95	93
运输设备	87	85	97	99	100	96	91	75
专业和科学设备	102	108	122	126	100	85	88	78

注：① 包括石油和煤制品业。② 包括玻璃及其制品业和其它非金属矿产品业。

资料来源：联合国工发组织《国际工业统计年鉴》1998 年。

6-8　加拿大制造业生产指数

单位：1990年＝100

	1987年	1988年	1989年	1990年	1991年	1992年	1993年	1994年	1995年
制造业合计	**98**	**103**	**103**	**100**	**93**	**94**	**98**	**106**	**111**
食品	102	102	98	100	102	104	104	108	109
饮料	100	103	104	100	90	100	104	106	106
烟草	109	112	103	100	97	89	90	103	95
纺织	106	107	106	100	96	95	99	111	110
服装	109	106	105	100	91	87	87	89	90
皮革制品①	119	116	121	100	74	69	64	66	71
制鞋（不含橡胶鞋、塑料鞋）	131	120	113	100	81	81	85	90	86
木材制品	109	111	109	100	90	97	102	107	105
家具、装饰②	111	108	107	100	83	82	86	97	106
纸及纸制品	107	108	103	100	96	96	99	104	105
印刷、出版	94	99	102	100	89	83	80	79	92
工业化学	83	93	98	100	87	94	99	109	115
其它化学	96	98	102	100	95	96	99	100	99
石油提炼	88	90	94	100	99	96	99	101	102
石油和煤制品	95	92	103	100	86	105	96	107	94
橡胶制品	101	106	102	100	90	112	130	140	143
塑料制品	98	104	109	100	93	96	108	122	122
陶瓷③	110	113	111	100	82	79	80	82	81
玻璃及其制品	121	116	110	100	90	96	105	110	108
钢铁	106	115	114	100	92	95	108	112	114
有色金属	103	105	101	100	109	110	120	120	121
金属制品	103	104	108	100	87	82	83	92	94
非电气机械	87	99	102	100	92	93	105	137	164
电气机械④	91	96	101	100	93	97	98	108	122
运输设备	85	101	106	100	90	91	99	108	115
专业和科学设备	100	104	102	100	105	106	107	115	122
其它	90	96	98	100	97	92	90	99	97

注：① 不包括毛皮服装业。② 包括金属家具及装饰业。③ 包括其它非金属矿产品业。④ 包括电子计算机及其附属件。

资料来源：联合国工发组织《国际工业统计年鉴》1997 年。

6-9 澳大利亚制造业生产指数①

单位：1990年＝100

	1986年	1987年	1988年	1989年	1990年	1991年	1992年	1993年	1994年
制造业合计	**93**	**98**	**104**	**102**	**100**	**98**	**101**	**110**	
食品②	91	96	97	98	100	103	111	119	
纺织	102	102	104	99	100	104	93	78	
服装③	116	117	121	108	100	93	96	100	
木材制品④	105	118	123	110	100	97	92	96	
纸及纸制品⑤	96	102	110	103	100	96	92	105	
工业化学⑥	88	95	97	96	100	100	101	110	
橡胶制品	87	83	111	103	100	87	100	114	109
陶瓷⑦	97	102	114	112	100	95	104	118	
钢铁⑧	80	83	88	97	100	101	101	107	
金属制品	96	109	119	110	100	94	91	97	
非电气机械⑨	93	98	106	99	100	98	116	123	
运输设备	91	95	101	108	100	91	95	117	
其它	95	102	105	99	100	97	97	111	

注：① 年度为当年 7月1日开始的财政年度。② 包括饮料业和烟草业。③ 包括制鞋业。④ 包括家具及装饰业。⑤ 包括印刷出版业。⑥ 包括其它化学业、石油提炼业和石油及煤制品业。⑦ 包括玻璃及其制品业和其它非金属矿产品业。⑧ 包括有色金属业。⑨ 包括电气机械业。

资料来源：联合国工发组织《国际工业统计年鉴》1998 年。

6-10 印度制造业生产指数①

单位：1990年＝100

	1987年	1988年	1989年	1990年	1991年	1992年	1993年	1994年	1995年
食品	82	89	89	100	104	106	100	102	120
饮料②	83	88	101	100	109	107	123	142	152
纺织	94	88	89	100	108	113	126	122	123
服装③	78	106	120	100	92	80	76	76	83
皮革制品	93	85	88	100	90	88	110	123	139
木材制品(不含家具)	95	88	90	100	101	95	104	105	121
纸及纸制品	87	88	93	100	106	110	114	129	147
工业化学	75	91	92	100	104	120	130	139	158
其它化学	78	87	95	100	95	89	93	105	101
石油提炼	92	93	100	100	99	106	104	109	112
橡胶制品	66	84	92	100	99	97	101	107	114
其它非金属矿产品	83	94	98	100	100	100	101	106	122
钢铁	88	93	91	100	109	109	138	142	147
有色金属	75	100	103	100	110	104	121	134	137
金属制品	89	91	95	100	93	87	85	96	116
非电气机械	76	83	88	100	98	99	100	106	130
电气机械	60	65	72	100	93	100	85	107	128
运输设备	78	85	91	100	97	102	106	120	144
专业和科学设备	91	91	99	100	78	74	76	71	81
其它	84	130	132	100	104	105	136	143	136

注：① 年度为当年 4 月 1 日开始的财政年度。② 包括烟草业。③ 包括制鞋业。

资料来源：联合国工发组织《国际工业统计年鉴》1998 年。

6－11 印度尼西亚制造业生产指数

单位：1990年＝100

	1987年	1988年	1989年	1990年	1991年	1992年	1993年	1994年	1995年
食品	66	87	86	100	108	113	152	201	237
饮料	84	86	87	100	119	105	129	149	177
烟草	75	79	87	100	75	76	79	93	95
纺织	61	74	83	100	106	115	114	121	129
制鞋(不含橡胶鞋、塑料鞋)	44	53	89	100	111	156	171	163	150
木材制品	75	94	104	100	107	115	104	109	108
纸及纸制品	58	76	83	100	104	150	153	175	210
工业化学	81	81	90	100	103	93	99	109	100
其它化学	91	74	95	100	96	133	181	184	170
石油提炼	82	89	88	100	103	109	108		
橡胶制品	51	70	90	100	131	142	140	126	129
玻璃及其制品	99	81	91	100	155	145	177	243	190
其它非金属矿产品	72	78	98	100	105	119	130	172	200
钢铁	57	65	77	100	158	165	213	236	185
金属制品	53	56	80	100	85	94	90	152	287
电气机械	52	71	84	100	69	70	73	80	86
运输设备	75	70	94	100	165	205	257	195	204

资料来源：联合国工发组织《国际工业统计年鉴》1998 年。

6－12 韩国制造业生产指数

单位：1990年＝100

	1987年	1988年	1989年	1990年	1991年	1992年	1993年	1994年	1995年
制造业合计	**81**	**91**	**92**	**100**	**109**	**117**	**120**	**130**	**143**
食品①	78	88	94	100	109	111	113	122	123
烟草	90	95	94	100	101	105	107	102	99
纺织	101	104	101	100	98	95	87	86	84
服装	110	109	104	100	95	87	73	77	79
皮革制品②	110	108	93	100	93	87	66	56	47
木材制品(不含家具)	93	93	96	100	108	103	86	88	87
家具、装饰	102	108	103	100	102	95	88	86	86
纸及纸制品	80	90	95	100	104	111	120	134	143
印刷、出版	71	78	92	100	103	115	111	121	140
工业化学③	64	80	87	100	116	138	152	165	176
石油提炼④	69	81	94	100	129	164	179	184	208
橡胶制品⑤	84	98	97	100	108	115	120	130	136
陶瓷⑥	75	84	93	100	116	124	125	134	142
钢铁⑦	76	82	90	100	111	116	129	140	154
金属制品	88	91	93	100	108	103	102	118	134
非电气机械	76	89	90	100	111	108	114	134	157
电气机械	68	83	83	100	108	116	121	137	161
运输设备	86	99	90	100	118	147	136	148	171
专业和科学设备	108	114	104	100	106	106	118	136	153
其它	122	120	105	100	96	86			

注：① 包括饮料业。② 包括制鞋业。③ 包括其它化学业。④ 包括石油和煤制品业。⑤ 包括塑料制品业。⑥ 包括玻璃及其制品业和其它非金属矿产品业。⑦ 包括有色金属业。

资料来源：联合国工发组织《国际工业统计年鉴》1998 年。

6－13　马来西亚制造业生产指数

单位：1990年＝100

	1987年	1988年	1989年	1990年	1991年	1992年	1993年	1994年	1995年
食品	79	82	95	100	96	102	112	120	128
饮料	71	80	87	100	102	107	95	109	121
烟草	80	92	94	100	101	96	90	89	90
纺织	72	74	90	100	106	123	161	192	210
服装	75	83	96	100	100	105	106	102	101
木材制品	66	75	88	100	105	117	143	149	158
工业化学	91	94	98	100	128	119	126	138	156
其它化学	59	73	90	100	111	126	138	159	159
石油提炼	79	84	88	100	106	110	119	139	164
橡胶制品	53	88	92	100	111	124	146	166	187
塑料制品			82	100	112	131	145	171	199
陶瓷①	55	65	82	100	120	132	140	158	176
钢铁	55	73	88	100	113	135	152	174	197
有色金属	86	87	92	100	99	115	120	137	155
金属制品	82	87	84	100	119	170	268	314	342
非电气机械			87	100	165	220	206	276	323
电气机械	52	63	75	100	129	144	166	200	242
运输设备	31	54	76	100	117	110	114	136	185

注：① 包括其它非金属矿产品业（不包括玻璃及其制品业）。

资料来源：联合国工发组织《国际工业统计年鉴》1998年。

6－14　菲律宾制造业生产指数

单位：1990年＝100

	1987年	1988年	1989年	1990年	1991年	1992年	1993年	1994年	1995年
食品	70	83	92	100	114	123	128	147	158
饮料	67	80	88	100	119	127	124	137	159
烟草	95	97	104	100	110	114	111	117	129
纺织	89	95	100	100	112	110	117	112	124
服装①	66	77	96	100	120	130	146	152	165
皮革制品	70	82	91	100	122	128	137	141	162
木材制品(不含家具)	51	68	73	100	113	110	127	107	110
家具、装饰	51	63	79	100	107	108	116	129	145
纸及纸制品	69	81	99	100	112	87	85	91	114
印刷、出版	70	80	92	100	120	131	139	155	171
工业化学	72	86	92	100	109	117	136	147	168
石油和煤制品	59	64	69	100	121	114	109	113	120
橡胶制品	68	85	61	100	119	122	112	110	127
陶瓷②	60	72	87	100	132	133	153	185	224
金属制品	69	69	84	100	108	117	127	132	141
非电气机械	61	73	83	100	119	130	149	163	202
电气机械	64	87	89	100	117	129	144	170	202
运输设备	52	84	98	100	113	128	143	163	208
其它	103	87	93	100	123	112	125	153	163

注：① 包括制鞋业。② 包括玻璃及其制品业和其它非金属矿产品业。

资料来源：联合国工发组织《国际工业统计年鉴》1998年。

6–15 美国制造业主要指标

按国际标准产业分类第二版分类	机构数(家)	雇员数(千人)				雇员工资(十亿美元)			
	1992年	1992年	1993年	1994年	1995年	1992年	1993年	1994年	1995年
制造业合计	**488277**	**16870**	**16875**	**16992**	**17343**	**493**	**503**	**521**	**543**
食品	24962	1369	1385	1383	1396	32	33	34	35
饮料	2237	134	136	128	130	4	5	5	5
烟草	115	38	37	35	31	2	1	1	1
纺织	19485	831	829	852	842	17	17	18	18
服装	19032	777	771	734	724	11	12	11	11
皮革制品	2073	46	44	39	36	1	1	1	1
制鞋(不含橡胶鞋、塑料鞋)	636	53	52	50	48	1	1	1	1
木材制品	25254	481	500	522	535	10	11	11	12
家具、装饰	19867	414	425	439	460	8	9	9	10
纸及纸制品	6810	587	588	583	589	19	20	21	21
印刷、出版	95664	1495	1500	1502	1534	41	42	43	45
工业化学	4426	397	382	370	365	16	16	16	17
其它化学	10871	483	489	485	506	17	18	19	20
石油提炼	232	75	73	72	70	4	4	4	4
石油和煤制品	2108	40	41	41	40	1	1	1	1
橡胶制品	2862	204	208	209	217	6	6	6	6
塑料制品	17307	710	737	766	804	17	18	20	21
陶瓷	1674	37	37	40	44	1	1	1	1
玻璃及其制品	3126	133	131	132	132	4	4	4	4
其它非金属矿产品	17044	333	334	347	364	9	9	10	11
钢铁	3657	379	367	364	373	14	14	14	15
有色金属	3987	230	232	241	255	7	7	8	8
金属制品	47758	1231	1247	1287	1338	33	34	36	38
非电气机械	76759	1922	1927	1999	2096	63	64	68	73
电气机械	23803	1493	1491	1520	1583	46	48	50	53
运输设备	16701	1777	1725	1707	1690	67	67	70	70
专业和科学设备	15244	853	825	776	757	31	30	30	30
其它	24583	351	365	368	383	8	8	9	9

续表1

按国际标准产业分类第二版分类	产　值(十亿美元)				增 加 值(十亿美元)				固定资本形成(百万美元)			
	1992年	1993年	1994年	1995年	1992年	1993年	1994年	1995年	1992年	1993年	1994年	1995年
制造业合计	**2992**	**3112**	**3323**	**3573**	**1418**	**1482**	**1593**	**1704**	**102855**	**101822**	**111805**	**127642**
食品	356	371	377	392	133	142	146	154	8438	8066	8493	10058
饮料	51	52	54	57	24	25	26	27	1462	1323	1602	1872
烟草	35	28	30	33	27	21	22	25	389	388	387	411
纺织	91	96	102	104	40	41	44	45	2657	2950	3544	3544
服装	53	54	55	56	28	28	29	29	583	527	575	607
皮革制品	5	6	5	5	2	2	2	2	78	88	64	72
制鞋(不含橡胶鞋、塑料鞋)	4	4	4	4	2	2	2	2	55	42	59	35
木材制品	60	68	75	75	24	28	30	29	1275	1444	1860	2165
家具、装饰	35	39	41	45	18	19	20	22	609	745	785	908
纸及纸制品	127	128	138	166	57	57	60	77	7766	7137	7097	7942
印刷、出版	166	173	176	188	113	117	121	126	5380	4870	5656	5615
工业化学	159	159	171	189	73	73	79	90	10186	9274	9026	10826
其它化学	152	162	169	179	95	101	106	111	6629	6768	6789	7220
石油提炼	137	130	128	136	19	19	23	26	6140	5986	5518	5876
石油和煤制品	14	15	15	15	5	5	5	5	399	315	409	337
橡胶制品	27	29	30	32	14	16	16	17	952	1059	1041	1067
塑料制品	89	96	107	115	45	49	54	57	3934	4085	4796	5711
陶瓷	3	3	3	4	2	2	2	3	85	111	120	149
玻璃及其制品	18	19	20	21	11	11	12	12	1000	881	989	1155
其它非金属矿产品	45	47	52	56	24	25	28	30	1460	1503	1869	2212
钢铁	71	76	85	92	30	33	37	40	3126	2777	3740	4038
有色金属	54	53	61	73	18	17	22	24	1897	1677	2260	2139
金属制品	147	155	168	181	73	78	85	90	3740	3831	4551	5658
非电气机械	284	304	343	379	147	155	177	188	8791	8628	9905	10836
电气机械	228	245	269	312	128	135	151	180	8971	10089	12856	17420
运输设备	417	436	477	490	163	175	184	184	11601	12313	13068	14624
专业和科学设备	125	126	128	130	83	85	86	86	4302	4104	3823	3982
其它	37	40	41	44	20	22	23	24	953	841	927	1165

资料来源：联合国工发组织《国际工业统计年鉴》1998年。

6－16 日本制造业主要指标①

按国际标准产业分类第二版分类	企业数(家)				雇员数(千人)				雇员工资(十亿日元)			
	1990年	1991年	1992年	1993年	1990年	1991年	1992年	1993年	1990年	1991年	1992年	1993年
制造业合计	**435997**	**430414**	**415112**	**413670**	**11173**	**11351**	**11157**	**10885**	**42655**	**45459**	**46137**	**45672**
食品	46994	45941	44947	45711	1138	1153	1165	1185	3095	3262	3418	3521
饮料	3746	3516	3422	3637	74	72	71	73	269	277	285	293
烟草	36	34	34	31	9	9	9	9	79	58	60	59
纺织	39885	38717	36807	35370	634	624	597	561	1711	1763	1754	1678
服装	24611	24427	23411	22703	488	491	477	450	913	974	982	933
皮革制品	3977	4036	3865	3636	44	45	43	40	116	123	124	116
制鞋(不含橡胶鞋、塑料鞋)	1818	1861	1836	1743	34	35	34	32	97	101	103	96
木材制品	26753	25783	24793	24738	303	295	285	282	890	912	923	930
家具、装饰	10918	10772	10371	10100	168	165	159	152	525	544	548	526
纸及纸制品	9974	9760	9503	9611	257	255	254	252	1011	1043	1077	1092
印刷、出版	31073	30445	29486	30076	581	595	594	590	2673	2853	2936	2963
工业化学	1853	1870	1875	1848	179	180	184	181	1009	1039	1085	1092
其它化学	3499	3521	3465	3492	222	226	232	232	1124	1175	1238	1262
石油提炼	181	190	183	186	21	21	21	22	144	153	158	165
石油和煤制品	893	903	909	939	12	13	13	13	55	59	65	67
橡胶制品	4260	4238	4124	4149	152	153	152	149	616	644	671	645
塑料制品	21634	21846	21137	21201	456	477	466	463	1553	1716	1748	1766
陶瓷	3750	3775	3650	3483	69	68	66	63	217	222	225	217
玻璃及其制品	1420	1411	1368	1387	70	71	69	66	310	325	328	319
其它非金属矿产品	15516	15427	15152	15243	316	317	317	313	1201	1274	1320	1321
钢铁	6477	6407	6205	6194	338	340	331	322	1888	1956	1932	1898
有色金属	3606	3492	3333	3330	123	124	121	120	572	605	615	600
金属制品	53216	52369	50676	51542	889	917	897	900	3428	3805	3867	3902
非电气机械	50159	49746	47761	47308	1406	1431	1403	1343	6336	6725	6708	6512
电气机械	34800	35658	33865	32829	1824	1871	1817	1736	6723	7259	7347	7233
运输设备	15168	15134	14850	14948	929	970	959	944	4536	4943	4983	4926
专业和科学设备	6045	5959	5529	5387	216	219	202	183	838	887	832	762
其它	13735	13176	12555	12848	220	217	220	210	723	762	806	779

续表1

按国际标准产业分类第二版分类	产　值(十亿日元)				增 加 值(十亿日元)				固定资本形成(十亿日元)			
	1990年	1991年	1992年	1993年	1990年	1991年	1992年	1993年	1990年	1991年	1992年	1993年
制造业合计	**325163**	**342976**	**329513**	**310345**	**129122**	**137070**	**1330871**	**26768**	**14757**	**18092**	**16613**	**13644**
食品	26083	27413	28196	27904	9654	10340	10935	10975	792	954	1033	959
饮料	4668	4739	4745	4734	1492	1520	1497	1505	247	275	137	194
烟草	2353	2476	2629	2582	290	356	381	421	40	51	44	50
纺织	9261	9475	9110	7981	3916	4044	3963	3514	336	401	320	245
服装	3266	3516	3430	3095	1726	1888	1849	1680	60	74	68	45
皮革制品	733	755	709	626	271	293	283	246	8	11	13	5
制鞋(不含橡胶鞋、塑料鞋)	540	557	542	488	214	223	215	195	8	8	10	4
木材制品	5224	5258	5055	5150	2028	2078	2009	1994	82	104	79	70
家具、装饰	2840	2913	2760	2569	1264	1312	1249	1154	69	79	80	37
纸及纸制品	8270	8381	8139	7828	3227	3256	3241	3253	616	770	443	428
印刷、出版	13195	13918	13745	13591	6941	7341	7348	7271	531	612	626	518
工业化学	12110	12468	11967	10947	5513	5681	5785	5382	931	995	1077	929
其它化学	11497	11927	12276	12275	6771	7015	7221	7331	590	663	643	643
石油提炼	7602	8079	7738	7223	701	1117	1322	1503	183	266	296	523
石油和煤制品	787	789	765	735	223	230	233	236	16	19	27	49
橡胶制品	3376	3523	3464	3196	1651	1724	1756	1636	206	274	260	164
塑料制品	10768	11948	11489	10994	4459	4962	4918	4746	505	702	633	494
陶瓷	793	806	788	773	432	454	457	447	50	58	49	30
玻璃及其制品	2128	2115	1946	1769	1226	1183	1122	1039	182	216	155	107
其它非金属矿产品	7750	8148	8041	7692	3859	4094	4087	3975	326	403	361	333
钢铁	18310	18712	16485	14890	7028	7375	6756	6005	1070	1270	1299	1266
有色金属	5617	5411	4868	4271	1734	1719	1631	1565	299	358	410	331
金属制品	20032	22026	21391	20079	9108	10103	9974	9487	702	928	921	752
非电气机械	43481	46462	42522	38335	18325	19596	17907	15818	1750	2180	1851	1374
电气机械	48814	52837	48287	45536	19385	20949	18981	18138	2600	3170	2619	2011
运输设备	46541	48659	49109	46530	13841	14138	13992	13593	2240	2830	2813	1848
专业和科学设备	4472	4733	4255	3769	1853	1936	1764	1598	215	267	198	134
其它	4653	4932	5061	4782	1988	2142	2214	2066	108	145	148	107

注：① 指4人及4人以上的企业，不包括政府企业及公共服务机构。

续表2

按国际标准产业分类第三版分类	1994年					
	机构数(家)	雇员数(千人)	雇员工资(十亿日元)	产值(十亿日元)	增加值(十亿日元)	固定资本形成(十亿日元)
制造业合计	**387537**	**10502**	**44950**	**299929**	**124514**	**11316**
肉类、鱼类、水果、蔬菜、油类及油脂的生产、加工和保藏	14010	345	945	8085	2665	167
乳制品	805	46	196	2269	783	95
谷物磨制品、淀粉及淀粉制品，以及牲畜精饲料	1425	31	154	2875	646	74
其它食品	27058	730	2157	12633	6088	473
饮料	3421	90	402	6766	2497	229
烟草制品	26	8	55	2290	377	30
纺织品的纺制、织造及精加工	12337	218	762	3309	1555	105
其它纺织品	10126	141	431	2252	984	42
针织品及钩针编织品及其制品	8933	162	382	1797	768	29
服装(毛皮服装除外)	20316	408	859	2726	1482	33
毛皮修整与染色:毛皮制品	76	1	3	14	6	
皮革鞣制和修整	3002	36	116	616	242	14
鞋履	3523	59	174	807	352	7
锯木及刨木	9903	108	348	2099	777	18
木、软木、草及编结材料制品	14183	168	568	3016	1230	58
纸和纸制品	10492	271	1176	8144	3500	381
出版	2335	116	961	4654	2935	151
印刷及印刷服务活动	24484	426	1853	7940	3974	244
记录媒介的复制	75	6	29	225	163	8
炼焦炉产品	805	10	54	635	210	14
精炼石油产品	275	24	183	7159	1769	296
核燃料处理	7	4	23	82	54	64
基本化学品	1223	124	785	8411	4277	605
其它化学制品	3964	250	1404	13176	7859	524
人造纤维	87	25	139	880	448	83
橡胶制品	3462	132	613	2886	1522	137
塑料制品	18948	441	1744	10289	4565	414
玻璃和玻璃制品	1109	57	283	1693	1037	101
未另列明的非金属矿物制品	18155	375	1577	8579	4514	341

续表3

按国际标准产业分类第三版分类	1994年					
	机构数(家)	雇员数(千人)	雇员工资(十亿日元)	产值(十亿日元)	增加值(十亿日元)	固定资本形成(十亿日元)
基本钢铁	3183	232	1508	11736	4700	858
基本贵重有色金属	1140	68	383	3181	1029	162
金属的铸造	3413	92	416	1902	988	100
结构性金属制品、油罐、水箱和蒸汽锅炉	21969	385	1811	10115	4707	262
其它金属制品；为金属制品生产者提供的服务活动	26999	503	2158	9651	4849	318
通用机械	15381	461	2329	12158	5435	356
专用机械	23010	520	2583	12281	5345	308
未另列明的家用器具	3367	157	670	5021	2288	186
办公室、会计和计算机械	3144	225	1008	10578	3322	404
电动机、发电机和变压器	2703	109	478	2217	892	48
配电和控制装置	5234	184	842	4337	1904	105
绝缘电线和电缆	601	46	240	1738	502	72
蓄电池、原电池和原电池组	200	23	115	754	372	55
电灯和照明设备	1379	51	214	1328	563	36
未另列明的其他电力设备	4513	204	798	4722	1961	208
电子管和真空管及其他电子元件	2604	350	1588	10543	4534	780
电视和无线电发射机以及有线电话和有线电报设备	483	87	428	3576	1312	83
电视和无线电接收机、录音录象或放音放相装置及有关消费品	8937	436	1618	10681	3735	379
医疗器械和测量、检查、检验、导航和其他用途的仪器和器具（光学仪器除外）	4567	157	749	3432	1656	92
光学仪器和摄影设备	2022	69	273	1192	501	37
钟表	508	30	126	727	181	30
机动车辆	49	184	1191	19283	4078	458
机动车辆车身(汽车车身)；挂车和半挂车	265	59	327	2877	684	90
机动车辆及其发动机零件和配件	10200	547	2599	17366	6505	808
船舶的建造和修理	1364	58	327	2186	851	95
铁道机车和有轨电车机车及其拖拽车辆	441	15	86	374	168	10
飞机和航天飞机	223	27	158	839	343	30
未另列明的运输设备	802	17	69	464	229	13
家具	9606	161	596	2933	1317	60
未另列明的制造业	13964	222	835	5035	2133	133
金属废料和碎屑的回收	701	11	48	394	151	
非金属废料和碎屑的回收						

注：① 指 4 人及 4 人以上的机构，不包括政府企业及公共服务机构。

资料来源：联合国工发组织《国际工业统计年鉴》1998 年。

6-17 德国制造业主要指标①

按国际标准产业	机构数(家)				从业人员数(千人)				雇员工资(亿马克)			
分类第二版分类	1991年	1992年	1993年	1994年	1991年	1992年	1993年	1994年	1991年	1992年	1993年	1994年
制造业合计	**43927**	**44150**	**48379**	**47254**	**7231**	**7056**	**7204**	**6731**	**3861**	**3996**	**4029**	**3931**
食品	3633	3632	4283	4254	403	402	449	442	166	175	194	196
饮料	861	851	970	945	90	89	97	89	48	51	55	53
烟草	48	46	47	44	16	16	16	16	10	10	11	11
纺织	1733	1671	1827	1711	224	210	210	189	91	89	89	83
服装	1688	1546	1463	1244	139	126	117	102	45	43	41	37
皮革制品	298	287	309	278	20	19	19	17	7	7	7	6
制鞋(不含橡胶鞋、塑料鞋)	217	206	246	228	29	26	26	23	11	11	11	10
木材制品	2771	2795	2173	2103	108	110	112	112	47	51	53	54
家具、装饰	1335	1337	1580	1534	148	148	160	154	70	74	79	78
纸及纸制品	1089	1104	1219	1161	171	168	167	159	85	88	88	86
印刷、出版	2197	2272	2379	2299	188	190	195	186	104	110	116	114
工业化学	330	332	382	390	308	297	314	287	217	221	222	211
其它化学	1289	1309	1459	1444	288	290	297	285	175	189	197	194
石油提炼②	82	81	92	95	23	23	30	28	18	19	22	21
橡胶制品	279	289	332	317	97	95	91	84	50	53	50	49
塑料制品	2457	2545	2750	2800	301	300	296	291	139	147	147	150
陶瓷	160	162	199	182	36	38	39	34	14	15	15	14
玻璃及其制品	355	364	433	437	72	70	74	71	36	37	38	38
其它非金属矿产品	2393	2428	2850	2978	145	143	173	174	76	80	93	98
钢铁	484	474	548	509	251	238	236	201	134	133	126	115
有色金属	484	488	522	500	111	106	104	96	61	61	59	58
金属制品	6271	6371	7119	6990	684	681	706	674	339	355	361	358
非电气机械	6454	6476	7223	6990	1174	1128	1134	1027	671	680	669	642
电气机械	3955	4002	4486	4407	1040	1011	1014	942	566	587	600	583
运输设备	1138	1153	1388	1376	964	938	931	865	589	615	590	578
专业和科学设备	1309	1321	1421	1414	145	143	145	135	72	74	75	73
其它	617	609	679	626	55	52	54	51	22	22	23	22

续表1

按国际标准产业分类第二版分类	产　值(亿马克)				增 加 值(亿马克)				固定资本形成(亿马克)			
	1991年	1992年	1993年	1994年	1991年	1992年	1993年	1994年	1991年	1992年	1993年	1994年
制造业合计	**18923**	**18982**	**18555**	**19222**	**8653**	**9314**	**9479**	**8901**	**946**	**1015**	**993**	**904**
食品	1589	1619	1728	1754	462	524	547	571	50	64		79
饮料	387	395	430	423	192	210	219	222	31	37	38	38
烟草	274	264	293	293	204	221	220	216	3	5	4	
纺织	451	432	405	383	191	197	193	178	23	22	18	
服装	248	235	229	217	95	98	96	90	4	4	4	4
皮革制品	36	35	32	31	15	16	14	14	1	1	1	
制鞋(不含橡胶鞋、塑料鞋)	60	57	60	59	19	20	20	20	1	1	1	1
木材制品	236				100	112	120	123		14	16	
家具、装饰	302	315	335	330	127	145	158	162	9		12	
纸及纸制品		469	438	455	218	246	244	227	38	40	37	34
印刷、出版	365	368	370	366	166	182	190	186	22	24	22	25
工业化学					574	546	531	484				
其它化学	938	980	988	1032	451	514	535	544	40	43	52	48
石油提炼②	1059	1030	1052	1080	318	375	421	408	14	23	22	20
橡胶制品	192	203	183	191	104	104	107	100	11	11	10	10
塑料制品	611	624	613	659	280	314	321	309	38	39	38	34
陶瓷	35	40	38	37	25	27	26	24	2	2	2	2
玻璃及其制品	142	141	142	150	77	83	85	80	13	13	11	12
其它非金属矿产品	368	396	457	516	194	215	240	247	26	31	34	49
钢铁	615	569	517	559	310	302	286	218	32	37	37	31
有色金属	317	302	280	303	125	126	124	111	16	17	19	19
金属制品	1322	1377	1344	1372	633	701	716	674			65	61
非电气机械	2434	2395	2296	2352	1334	1412	1395	1228	125	129	108	81
电气机械	2101	2176	2169	2230	1172	1230	1250	1223	120	115	113	
运输设备	2959	2929	2556	2723	1090	1207	1229	1060			149	127
专业和科学设备	249	258	245	242	129	140	147	135	12	13	12	
其它	84	83		85	46	49	48	47	4	5	4	4

注：① 指20人及20人以上的机构。1992年前仅指原联邦德国地区数。② 包括石油和煤制品业。

资料来源：联合国工发组织《国际工业统计年鉴》1997年。

6－18 英国制造业主要指标①

按国际标准产业分类第二版分类	机构数(家)				雇员数(千人)				雇员工资(百万英镑)			
	1985年	1990年	1991年	1992年	1985年	1990年	1991年	1992年	1985年	1990年	1991年	1992年
制造业合计	**141975**	**142908**	**136889**	**139294**	**4935**	**4798**	**4486**	**4314**	**41509**	**60028**	**61150**	**62121**
食品	9643	8728	8487	8341	487	503	490	482	3481	5178	5514	5713
饮料	703	511	478	490	73	69	69	65	680	950	1007	1028
烟草	32	28	26	25	24	13	12	10	294	235	253	238
纺织	6146	6285	5987	5815	257	224	208	198	1540	2027	2031	2093
服装	9625	8390	7841	7283	232	210	177	169	1077	1332	1302	1348
皮革制品	1610	1185	1081	989	24	17	16	14	139	152	147	157
制鞋(不含橡胶鞋、塑料鞋)	797	746	704	665	51	45	44	40	312	378	374	366
木材制品	6880	6917	6341	6614	80	78	68	66	591	834	785	785
家具、装饰	6724	7798	7342	7289	101	114	107	104	794	1306	1277	1294
纸及纸制品	3161	3192	3088	3041	152	148	142	136	1351	1959	2014	2068
印刷、出版	18358	18762	18148	19674	295	304	292	291	3111	4623	4705	4936
工业化学	1751	1576	1515	1573	147	144	140	134	1651	2424	2633	2707
其它化学	1975	1748	1666	1712	160	170	167	166	1505	2510	2675	2900
石油提炼	49	25	25	27	11	9	8	8	163	186	204	219
石油和煤制品	154	129	113	110	10	8	7	6	101	124	120	120
橡胶制品	600	605	606	602	66	65	58	54	562	796	792	818
塑料制品	4319	4596	4527	4732	132	169	164	167	1055	1997	2080	2248
陶瓷	661	791	758	730	45	44	40	37	294	427	425	434
玻璃及其制品	788	770	745	885	39	42	41	39	348	540	576	563
其它非金属矿产品	3221	2724	2566	2698	118	123	108	100	1051	1648	1516	1475
钢铁	3018	2587	2429	2343	172	151	135	124	1587	2042	1954	1897
有色金属	1136	1093	1080	1089	63	59	55	50	566	801	789	749
金属制品	14491	14981	14366	14264	338	337	314	297	2831	4100	4147	4135
非电气机械	22025	23168	22307	22747	592	557	523	501	5378	7659	7925	8058
电气机械	9527	10029	9786	10172	544	508	466	436	4583	6332	6378	6262
运输设备	4257	4254	4233	4333	569	531	496	466	5354	7738	7819	7723
专业和科学设备	2574	2555	2476	2586	82	85	78	76	671	1039	1033	1060
其它	7750	8735	8168	8465	71	71	65	66	439	691	675	712

续表1

按国际标准产业分类第二版分类	产 值(百万英镑)				增 加 值(百万英镑)				固定资本形成(百万英镑)			
	1985年	1990年	1991年	1992年	1985年	1990年	1991年	1992年	1985年	1990年	1991年	1992年
制造业合计	**236100**	**324719**	**312701**	**338697**	**95900**	**142770**	**138028**	**142758**	**9427**	**15176**	**14107**	**12983**
食品	31160	40472	41542	43417	9400	14080	14790	15279	960	1494	1560	1598
饮料	6080	8661	8739	11069	2740	3720	3833	4071	330	551	496	451
烟草	1790	2040	2205	7339	1140	1330	1506	1526	49	32	76	52
纺织	7470	8791	8468	8663	3020	3940	3859	4044	287	280	267	306
服装	4190	5065	4767	5034	2030	2620	2423	2595	110	122	84	76
皮革制品	870	896	736	746	290	300	307	308	14	17	12	16
制鞋(不含橡胶鞋、塑料鞋)	1060	1408	1376	1403	580	710	697	706	26	23	25	26
木材制品	3260	4674	4149	4049	1200	1800	1612	1599	98	133	104	127
家具、装饰	3380	5448	5138	5222	1620	2550	2447	2486	107	118	116	127
纸及纸制品	7190	10441	10370	10519	2940	4500	4656	4804	339	496	541	542
印刷、出版	10980	17863	17986	19648	6790	11000	11194	12353	506	901	933	757
工业化学	17370	20336	19629	19780	5650	7940	7758	8031	1148	2077	2084	1638
其它化学	10000	15428	16066	17821	5120	8340	8800	9886	564	883	901	1040
石油提炼	15040	11562	10554	17844	1320	2480	1484	1429	248	321	401	400
石油和煤制品	1130	1039	1013	983	330	420	406	408	26	37	21	24
橡胶制品	2320	3238	3178	3180	1160	1690	1678	1685	70	139	124	134
塑料制品	5210	9846	9708	10742	2380	4620	4607	5286	318	572	457	509
陶瓷	880	1211	1172	1169	590	820	806	796	39	54	37	52
玻璃及其制品	1390	2051	2063	2067	740	1170	1158	1147	64	206	132	119
其它非金属矿产品	6320	9367	7960	7628	3240	5060	4274	4100	421	631	311	235
钢铁	9380	11586	10427	9946	3350	4530	4029	3878	324	603	461	353
有色金属	4580	5936	5015	5036	1160	1560	1388	1462	107	198	168	182
金属制品	11780	17484	16515	15995	5560	8410	8047	7838	366	663	479	409
非电气机械	24320	36648	34704	35353	11640	16840	16064	16014	880	1231	1036	881
电气机械	20000	26943	25706	26049	9550	12520	12121	12178	880	1062	941	961
运输设备	24330	39212	36598	40566	9970	16210	14371	14905	983	2092	2102	1718
专业和科学设备	2520	3847	3928	4217	1390	2050	2230	2304	109	144	150	152
其它	2100	3226	2987	3198	1000	1560	1483	1624	54	97	86	84

续表 2

按国际标准产业分类第三版分类	机构数(家)		雇员数(千人)		雇员工资(百万英磅)		产值(百万英磅)		增加值(百万英磅)		固定资本形成(百万英磅)	
	1993年	1994年	1993年	1994年	1993年	1994年	1993年	1994年	1993年	1994年	1993年	1994年
制造业合计	**161625**	**156941**	**4184**	**4233**	**61384**	**64313**	**350293**	**380304**	**146346**	**159591**	**12811**	**13691**
肉类、鱼类、水果、蔬菜、油类及油脂的生产、加工和保藏	2900	3112	185	191	2188	2292	17064	17680	5558	5728	549	556
乳制品	743	749	48	46	699	679	7628	7675	2004	2214	214	179
谷物磨制品、淀粉及淀粉制品、以及牲畜精饲料	725	828	35	33	625	615	8284	8048	2468	2564	257	234
其它食品	4372	4425	220	213	2442	2514	14151	15256	6548	7074	665	659
饮料	655	683	57	56	948	1045	10596	11019	3877	3804	515	507
烟草制品	41	23	9	9	232	244	7601	7543	1620	1660	86	85
纺织品的纺制、织造及精加工	2593	2685	71	71	810	842	3684	4104	1627	1771	116	174
其它纺织品	3581	2244	73	69	805	797	3548	3669	1706	1719	111	102
针织品及钩针编织品及其制品	1082	1081	54	51	505	508	1984	1984	997	997	87	81
服装(毛皮服装除外)	7444	7855	181	168	1387	1402	5267	5760	2586	2964	77	104
毛皮修整与染色:毛皮制品	55	62	1	1	8	8	45	24	19	14	1	1
皮革鞣制和修整	1536	1101	17	16	233	174	947	944	411	371	20	20
鞋履	620	582	40	41	376	405	1556	1740	762	829	32	44
锯木及刨木	1976	1924	15	16	172	216	1220	1660	393	504	32	33
木、软木、草及编结材料制品	5791	5254	55	62	681	776	3203	3633	1468	1625	96	92
纸和纸制品	3094	3269	125	126	1960	2029	10333	11619	4710	5216	569	669
出版	7925	6677	137	145	2326	2592	11002	11806	7240	8044	391	358
印刷及印刷服务活动	15752	18673	168	181	2667	3109	9515	10724	5534	6067	622	664
记录媒介的复制	54	68	4	4	77	67	595	593	375	363	25	28
炼焦炉产品	22	37	1	1	17	22	109	130	42	47		3
精炼石油产品	148	174	13	12	317	315	20595	20338	1893	1925	349	316
核燃料处理	29	10	16	14	335	335	1389	1364	1173	1153		260
基本化学品	1620	1567	84	79	1739	1702	14259	15080	5052	5642	725	662
其它化学制品	2145	2232	179	178	3284	3353	22109	23821	11499	12112	1701	1139
人造纤维	44	57	8	7	157	184	1099	963	443	356	64	56
橡胶制品	577	649	51	50	788	806	3151	3368	1643	1744	129	112
塑料制品	4526	5033	179	183	2408	2560	11517	12933	5628	6250	624	637
玻璃和玻璃制品	899	1083	37	40	542	568	2197	2465	1165	1313	140	133
未另列明的非金属矿物制品②	4047	3412	183	186	2780	2939	15133	17657	6772	8071	447	486

续表3

按国际标准产业分类第三版分类	机构数（家）		雇员数（千人）		雇员工资（百万英磅）		产值（百万英磅）		增加值（百万英磅）		固定资本形成（百万英磅）	
	1993年	1994年	1993年	1994年	1993年	1994年	1993年	1994年	1993年	1994年	1993年	1994年
基本钢铁												
基本贵重有色金属	1415	1072	37	33	587	542	4916	5077	1371	1499	112	91
金属的铸造	654	675	37	36	505	540	1671	1996	922	1027	66	83
结构性金属制品、油罐、水箱和蒸汽锅炉	3687	3645	93	90	1474	1465	5636	6059	2654	2722	113	107
其它金属制品；为金属制品生产者提供的服务活动	22483	24084	269	290	3785	4040	12518	14408	7006	7735	464	607
通用机械	5340	5924	209	215	3341	3527	13461	14969	6390	7098	355	438
专用机械	5753	6246	138	137	2250	2368	10034	10785	4396	4703	256	311
未另列明的家用器具	543	646	39	40	480	520	2267	2475	1027	1116	92	96
办公室、会计和计算机械	1626	1678	70	68	1508	1332	11150	10714	3100	3271	235	313
电动机、发电机和变压器	1688	1489	35	36	481	515	1951	1907	823	910	80	57
配电和控制装置	516	660	49	52	697	757	2706	3022	1348	1519	110	75
绝缘电线和电缆	382	359	22	24	325	347	1670	1891	776	898	65	57
蓄电池、原电池和原电池组	49	61	7	8	111	116	567	636	272	312	22	24
电灯和照明设备	320	325	23	23	305	305	1313	1394	620	639	38	35
未另列明的其他电力设备	2574	3029	49	52	699	710	2975	3132	1295	1497	79	92
电子管和真空管及其他电子元件	570	609	46	51	637	750	3284	4186	1597	2018	281	394
电视和无线电发射机以及有线电话和有线电报设备	1147	1248	39	46	682	888	3374	4701	1589	2118	145	194
电视和无线电接收机、录音录相或放音放象装置及有关消费品	1354	1568	33	35	436	522	2965	3502	935	1086	116	150
医疗器械和测量、检查、检验、导航和其他用途的仪器和器具（光学仪器除外）	3289	3826	126	117	1963	1877	7425	7514	3924	4132	238	318
光学仪器和摄影设备	268	321	15	14	202	203	813	914	456	499		31
钟表	119	134	2	2	24	33	99	151	50	71		4
机动车辆	427	530	115	114	2191	2312	20029	22971	3288	5966	708	970
机动车辆车身（汽车车身）；挂车和半挂车	422	579	24	28	336	407	1608	2054	591	773	33	38
机动车辆及其发动机零件和配件	640	647	81	86	1170	1313	5078	5964	2215	2637	241	250
船舶的建造和修理	1479	1754	48	42	838	678	2940	2804	1595	1652	37	26
铁道机车和有轨电车机车及其拖拽车辆	79	89	17	15	270	260	1117	1184	383	435	14	−21
飞机和航天飞机	502	572	126	114	2307	2144	9130	9952	4716	5180	246	230
未另列明的运输设备	155	185	6	6	69	74	352	317	151	147	15	8
家具	6403	7624	119	128	1515	1665	6245	7003	3030	3372	135	166
未另列明的制造业	8669	11513	64	79	689	962	3216	4186	1611	2239	101	129
金属废料和碎屑的回收		90		3		39		806		211		22
非金属废料和碎屑的回收		30		1		6		32		19		1

注：① 指 20 人及 20 人以上的机构。② 包括基本钢铁。

资料来源：联合国工发组织《国际工业统计年鉴》1998 年。

6-19 法国制造业主要指标

单位: 百万法郎

按国际标准产业分类第二版分类	雇员数(千人)				雇员工资		产值			
	1992年	1993年	1994年	1995年	1991年	1992年	1992年	1993年	1994年	1995年
制造业合计	**4144**	**3951**	**3841**	**3839**	**845372**	**847810**	**3734677**	**3568903**	**3757837**	**3930203**
食品	457	450	446	444	80357	84683	544168	532230	540681	553029
饮料	41	41	40	40	11345	11443	73156	76334	75327	76153
烟草	5	5	5	5	1102	1085	15207	17381	20024	20651
纺织	182	169	160	154	27386	26818	111278	100729	107803	108871
服装	132	122	116	112	22039	21845	72186	67860	67908	64080
皮革制品	17	16	15	14	3948	3934	12389	10798	11957	13045
制鞋(不含橡胶鞋、塑料鞋)	45	42	39	38	5582	5305	15630	14859	14099	13447
木材制品	88	82	80	80	12848	13412	57886	54277	60370	63752
家具、装饰	82	77	75	74	13429	13548	49839	48843	49035	51109
纸及纸制品	105	102	101	100	21365	20873	107600	96791	105018	121852
印刷、出版	227	222	219	219	51398	53927	175921	178909	185379	191306
工业化学	108	104	101	101	29386	25272	148076	139570	151555	162247
其它化学	183	180	177	178	44620	45740	208233	216095	228401	234943
石油提炼	20	18	18	17	6547	3870	185246	192862	192628	195873
橡胶制品	86	83	82	83	13941	14481	39480	36219	37769	38985
塑料制品	124	120	118	119	23819	23884	104339	102400	106143	111680
玻璃及其制品	55	53	52	51	10288	10179	31534	29615	31495	34241
其它非金属矿产品	83	78	75	75	22985	22326	93661	88446	93760	96342
钢铁	175	162	156	158	26638	23325	127367	113247	128624	135886
有色金属	46	43	42	41	12851	12889	76910	68034	74340	82899
金属制品	335	310	299	303	75555	75726	225197	204480	223239	239795
非电气机械	418	394	379	382	96068	95772	330968	303730	312384	333933
电气机械	456	431	421	425	96561	96743	317983	309917	324171	342641
运输设备	521	506	489	487	105727	110015	519478	475657	521940	545331
专业和科学设备	64	60	58	59	14350	14544	42327	41169	43104	44932
其它	89	83	81	80	15237	16171	48618	48451	50683	53180

续表1

按国际标准产业分类第二版分类	增加值(百万法郎)				固定资本形成(百万法郎)			
	1992年	1993年	1994年	1995年	1992年	1993年	1994年	1995年
制造业合计	**1402737**	**1380297**	**1423067**	**1478011**	**206606**	**179240**	**179896**	**183867**
食品	149901	156657	153756	156589	31025	28751	28724	24379
饮料①	28418	34097	34461	33499				
烟草①	12315	14682	17383	17977				
纺织	38467	33942	35901	36255	7581	6448	5520	6344
服装②(不含制鞋)	31756	31208	29656	27408				
皮革制品	5944	5345	5882	6692	991	1040	953	414
制鞋(不含橡胶鞋、塑料鞋) ③	8061	7684	6850	6278				
木材制品	23714	22898	23252	25242	7661	7719	6006	5722
家具、装饰④	22623	22950	22767	23655				
纸及纸制品	36099	32843	33193	38585	6944	4555	4449	6006
印刷、出版	76906	81377	83000	83083	8876	7554	7393	8040
工业化学	45136	40037	43707	51146	10960	9534	9356	10511
其它化学	74789	82829	86109	83487	10291	9760	9886	10926
石油提炼	83198	90686	90969	94221	12909	12339	12360	10838
橡胶制品	20169	18417	18184	17602	9036	8046	7493	9310
塑料制品⑤	39369	38484	38051	40156				
玻璃及其制品	16069	14970	15523	16638	2212	1760	2357	2770
其它非金属矿产品	41416	39454	41233	43752	7051	4862	7779	10078
钢铁	37387	33595	37214	41792	4029	3112	−238	226
有色金属	24125	22595	25258	27882	8094	7954	11232	9159
金属制品	113430	104738	111576	118930	16182	11638	12116	13457
非电气机械	126696	112861	111819	116132	11754	9024	11338	13989
电气机械	147439	145711	149112	156850	20751	19984	14354	14427
运输设备	154033	146351	160281	165098	30259	25160	28818	27271
专业和科学设备	22360	21803	22722	23342				
其它	22197	24083	25208	25720				

注：① 固定资本形成包括在食品业中。② 固定资本形成包括在纺织业中。③ 固定资本形成包括在皮革制品业中。
④ 固定资本形成包括在木材制品业中。⑤ 固定资本形成包括在橡胶业中。

资料来源：联合国工发组织《国际工业统计年鉴》1998 年。

6-20 意大利制造业主要指标

按国际标准产业分类第二版分类	机构数(家)				雇员数(千人)				雇员工资(十亿里拉)			
	1985年	1989年	1990年	1991年	1985年	1989年	1990年	1991年	1985年	1989年	1990年	1991年
制造业合计	**29651**	**32186**	**30966**	**31251**	**2875**	**2794**	**2757**	**2751**	**52457**	**107917**	**115935**	**124696**
食品	1670	1762	1707	1727	155	158	163	164	3033	6427	7072	8139
饮料	477	296	279	271	43	26	25	24	939	1195	1302	1365
烟草	35	21	22	18	20	16	16	15	349	458	542	621
纺织	3290	3410	3182	3137	223	234	224	232	3881	7460	7773	8361
服装	2419	2921	2739	2842	158	159	153	154	2135	4032	4572	4591
皮革制品	543	612	568	551	27	29	27	27	421	881	901	984
制鞋(不含橡胶鞋、塑料鞋)	1599	1618	1519	1544	85	78	74	74	1135	1858	1947	2079
木材制品	1016	879	846	847	42	37	37	37	637	1149	1221	1362
家具、装饰	1466	1476	1417	1404	72	68	69	69	1128	2146	2321	2589
纸及纸制品	669	719	686	701	63	62	62	62	1232	2498	2726	2964
印刷、出版	912	1062	1028	1048	83	85	83	84	2014	4437	4717	5198
工业化学	1096①	348	338	325	214②	93	88	85	5095②	4516	4463	4731
其它化学		501	480	472		52	51	51		2404	2679	2924
石油提炼	57	29	27	25	21③	11	13	15	541③	612	844	1034
石油和煤制品		73	69	77		6	6	6		279	264	318
橡胶制品	364	336	335	342	55	46	47	45	1005	1857	1998	2057
塑料制品	1153	1474	1429	1411	74	91	92	91	1361	3299	3595	3841
陶瓷	2321④	540	510	506	176④	54	52	51	3155④	2100	2221	2413
玻璃及其制品		285	276	276		31	30	31		1246	1308	1448
其它非金属矿产品		1032	992	970		65	64	65		2472	2653	2979
钢铁	1018	1027	1005	1003	179	150	142	136	3697	6421	6420	6663
有色金属	297	318	304	301	38	38	35	36	757	1592	1620	1831
金属制品	2611	2945	2876	2930	165	169	169	172	3095	6026	6577	7365
非电气机械	3873	4652	4517	4607	372	385	380	375	5302	16251	17183	18624
电气机械	1439	1742	1734	1772	270	264	266	263	5373	10861	11871	12715
运输设备	721	899	913	932	300	318	320	315	5451	13161	14117	14689
专业和科学设备	294	430	411	417	25	34	34	34	481	1323	1429	1553
其它	311	780	758	795	15	36	36	37	240	1017	1667	1258

续表 1

按国际标准产业分类第二版分类	产值(十亿里拉)				增加值(十亿里拉)				固定资本形成(十亿里拉)			
	1985年	1989年	1990年	1991年	1985年	1989年	1990年	1991年	1985年	1989年	1990年	1991年
制造业合计	**406536**	**553867**	**572731**	**592809**	**123588**	**168283**	**173405**	**181351**	**17578**	**29160**	**32676**	**33080**
食品	42687	55000	59617	65659	6909	10062	11500	13485	1342	2155	2413	2459
饮料	6153	7782	9371	9486	2585	2170	2414	2397	527	470	482	536
烟草	2369	5244	5036	5293	428	925	666	737	71	73	102	133
纺织	29489	37670	39250	39471	9665	11929	12373	13015	1240	2224	2875	2173
服装	13006	19003	20529	21734	4434	5983	5842	6937	284	415	530	469
皮革制品	4714	6883	6305	6403	1070	1466	1479	1643	130	137	138	133
制鞋(不含橡胶鞋、塑料鞋)	7556	9148	10090	10161	2405	2511	2673	2911	127	205	216	231
木材制品	4778	5941	6332	6903	1500	1835	1936	2060	187	351	439	471
家具、装饰	7101	10331	11584	12119	2400	3188	3475	3738	258	482	492	523
纸及纸制品	11233	14928	15484	15284	3172	4201	4646	4831	553	961	1576	1284
印刷、出版	10648	16427	16171	16698	4337	7009	7394	8007	497	822	700	676
工业化学	51605 ②	28997	26566	26393	12773②	8168	7212	6453	1890 ②	1936	2023	2062
其它化学		13585	14881	16404		4316	4625	5027		711	699	763
石油提炼	23530 ③	14392	22736	26535	2113③	1345	2058	2562	622 ③	815	853	1058
石油和煤制品		3788	1855	4960		699	487	614		199	198	204
橡胶制品	5863	6215	6999	6851	2113	2678	2701	2869	256	449	464	411
塑料制品	10436	17220	17917	18601	3301	5299	5750	6100	545	1140	1140	1253
陶瓷	19503 ④	7417	7604	7797	7348④	3406	342	63549	1358 ④	685	534	525
玻璃及其制品		4941	5116	5274		1991	2005	2124		515	484	534
其它非金属矿产品		11796	13099	14362		4630	5151	5638		1119	1226	1440
钢铁	31276	40906	35270	33122	7343	10706	7925	8858	2035	1906	2785	3225
有色金属	7954	11784	9809	9377	1670	2614	2142	2103	202	627	716	703
金属制品	16817	25567	26667	28691	6501	8989	9601	10737	951	1313	1463	1512
非电气机械	29481	68677	70844	70928	17020	24127	24357	25343	1326	3151	3083	2922
电气机械	27044	44001	47050	49128	11099	16422	17959	18774	1273	2603	2867	2830
运输设备	34397	55578	54937	52968	11784	18090	17432	16745	1693	3241	3750	4121
专业和科学设备	5466	4337	4789	5150	1051	1921	2111	2259	160	245	227	214
其它	3430	6310	6822	7057	567	1603	2265	1835	51	210	201	215

续表2

按国际标准产业分类第三版分类	机构数(家)		雇员数(千人)		雇员工资(十亿里拉)		产值(十亿里拉)		增加值(十亿里拉)		1994年固定资本形成(十亿里拉)
	1993年	1994年	1993年	1994年	1993年	1994年	1993年	1994年	1993年	1994年	
制造业合计	**39118**	**38983**	**2859**	**2826**	**140577**	**146454**	**691196**	**812281**	**214355**	**233824**	**34369**
肉类、鱼类、水果、蔬菜、油类及油脂的生产、加工和保藏	1003	965	78	73	3920	3770	33175	33113	5948	5388	1205
乳制品	375	368	30	32	1668	1803	15037	17914	2895	3442	678
谷物磨制品、淀粉及淀粉制品、以及牲畜精饲料	243	243	14	13	839	837	10544	10500	1492	1520	303
其它食品	727	746	64	65	3532	3780	23100	23383	6801	6489	1112
饮料	386	376	29	29	1789	1895	13479	14887	3567	3538	678
烟草制品	40	32	16	14	609	550	6424	6750	643	1147	68
纺织品的纺制、织造及精加工	1804	1812	129	130	5616	6059	26254	32170	8865	10412	1473
其它纺织品	611	584	29	28	1125	1148	5540	6155	1845	1901	263
针织品及钩针编织品及其制品	1099	1115	52	53	1807	1886	11024	11859	3191	3194	330
服装(毛皮服装除外)	4020	3852	177	168	5446	5547	26758	29495	8410	9065	603
毛皮修整与染色:毛皮制品	43	36	2	1	55	50	192	142	86	70	2
皮革鞣制和修整	784	778	31	31	1212	1280	9392	11696	2257	2536	222
鞋履	1963	1962	85	85	2642	2833	13582	16245	3959	4332	393
锯木及刨木	113	124	4	4	152	180	966	1078	291	323	32
木、软木、草及编结材料制品	870	894	36	37	1468	1535	7579	8678	2383	2543	340
纸和纸制品	793	806	62	63	3198	3421	16989	20898	5421	6163	1063
出版	306	289	37	35	3189	3131	11138	11686	4884	4466	281
印刷及印刷服务活动	1058	1037	51	49	2695	2791	8292	9024	3638	3762	550
记录媒介的复制	19	18	1	1	61	48	377	271	167	79	10
炼焦炉产品	1	1									
精炼石油产品	117	111	21	25	1422	1861	34032	66196	4945	5750	1221
核燃料处理	1	1									
基本化学品	297	297	61	57	3909	3773	22063	25949	5799	6871	933
其它化学制品	873	876	123	119	8681	8733	41527	43274	14822	15574	1990
人造纤维	45	41	14	12	739	695	3675	3609	1220	1209	268
橡胶制品	266	272	32	33	1646	1824	6028	7458	2954	3826	385
塑料制品	1411	1470	79	81	3729	4010	18395	21662	6171	6909	1151
玻璃和玻璃制品	318	307	29	28	1526	1511	5321	5919	2150	2586	410
未另列明的非金属矿物制品	1994	1915	126	122	6345	6368	26421	27421	10745	10854	1976

续表3

按国际标准产业分类第三版分类	机构数(家)		雇员数(千人)		雇员工资(十亿里拉)		产值(十亿里拉)		增加值(十亿里拉)		1994年固定资本形成(十亿里拉)
	1993年	1994年	1993年	1994年	1993年	1994年	1993年	1994年	1993年	1994年	
基本钢铁	510	495	64	77	3370	4470	22217	33105	4884	7799	1357
基本贵重有色金属	135	139	22	22	1224	1265	8278	9354	1597	1961	314
金属的铸造	348	361	27	27	1327	1439	4573	6146	1728	2062	356
结构性金属制品、油罐、水箱和蒸汽锅炉	1645	1624	84	79	3819	3659	14982	14574	5344	5015	466
其它金属制品;为金属制品生产者提供的服务活动	3303	3460	149	154	6880	7485	26752	31718	10346	11806	1853
通用机械	1852	1972	139	148	7180	8149	29040	35174	10595	12997	1314
专用机械	2467	2398	171	161	9179	9205	36971	39862	13041	13199	1081
未另列明的家用器具	241	235	51	55	2462	2474	12404	15784	4087	4755	690
办公室、会计和计算机械	126	112	19	16	1374	1100	7352	8046	1234	765	195
电动机、发电机和变压器	407	396	33	28	1697	1489	6704	6470	2324	2135	210
配电和控制装置	341	331	27	28	1326	1469	4362	5417	2094	2329	224
绝缘电线和电缆	121	116	14	13	730	692	4040	4370	1179	1141	117
蓄电池、原电池和原电池组	25	24	3	3	151	167	824	1015	215	245	38
电灯和照明设备	168	175	11	10	491	470	2441	2680	878	867	120
未另列明的其他电力设备	585	590	60	56	2999	2927	10440	11454	4387	4329	486
电子管和真空管及其他电子元件	216	223	23	24	1203	1292	4420	5381	1925	2130	710
电视和无线电发射机以及有线电话和有线电报设备	251	232	55	57	3192	3441	9964	10475	4662	4678	353
电视和无线电接收机、录音录相或放音放象装置及有关消费品	47	49	6	7	301	311	1474	2018	377	554	46
医疗器械和测量、检查、检验、导航和其他用途的仪器和器具(光学仪器除外)	609	609	46	46	2687	2728	8466	8620	3990	4076	314
光学仪器和摄影设备	173	166	13	13	533	554	1950	2243	886	974	99
钟表	20	14	1	1	37	33	239	264	68	75	5
机动车辆	42	40	121	116	5386	5691	19754	27185	4452	6325	3124
机动车辆车身(汽车车身);挂车和半挂车	188	185	13	13	531	612	2115	2452	657	743	101
机动车辆及其发动机零件和配件	465	461	51	52	2337	2590	9861	11894	3453	4143	794
船舶的建造和修理	217	208	23	22	1103	1049	4109	4424	985	751	100
铁道机车和有轨电车机车及其拖拽车辆	45	32	28	23	1525	1368	3498	3263	1885	1713	563
飞机和航天飞机	43	41	47	41	2534	2481	5860	5981	2687	2618	307
未另列明的运输设备	180	185	18	17	799	808	3836	4521	1140	1384	188
家具	1927	1952	88	89	3588	3720	17136	19959	5354	5586	637
未另列明的制造业	802	788	37	37	1492	1554	9191	10251	2359	2480	268
金属废料和碎屑的回收	11	13	...	2	19	87	360	422	38	110	5
非金属废料和碎屑的回收	28	29	1	1	42	45	137	194	78	91	26

注：指20人及20人以上的机构。① 包括其它化学业、石油和煤制品业两项。② 包括其它化学业。③ 包括石油和煤制品。④ 包括玻璃及其制品业和其它非金属矿产业。

资料来源：联合国工发组织《国际工业统计年鉴》1996年及1998年。

6－21 加拿大制造业主要指标

按国际标准产业分类第二版分类	机构数(家)				雇员数(千人)				雇员工资(百万加元)			
	1990年	1991年	1992年	1993年	1990年	1991年	1992年	1993年	1990年	1991年	1992年	1993年
制造业合计	**39864**	**36339**	**34511**	**32943**	**1867**	**1738**	**1675**	**1648**	**59991**	**58083**	**58157**	**58979**
食品	3397	3176	3068	3008	198	192	195	189	5639	5652	5905	5875
饮料	260	234	214	194	24	22	27	27	947	995	1154	1168
烟草	18	16	17	17	5	5	5	5	242	252	263	258
纺织	1337	1206	1117	1057	72	69	62	60	1799	1765	1701	1736
服装	2656	2274	2033	1828	94	84	76	75	1799	1653	1561	1539
皮革制品	204	165	150	135	5	5	4	3	109	94	80	75
制鞋(不含橡胶鞋、塑料鞋)	134	107	100	95	11	9	9	10	234	194	195	210
木材制品	2672	2426	2288	2201	103	91	94	100	3255	2946	3136	3438
家具、装饰	2607	2258	2074	1965	66	55	49	50	1541	1335	1268	1297
纸及纸制品	715	668	667	651	114	109	104	101	4639	4648	4566	4578
印刷、出版	5522	5067	4894	4655	142	134	129	125	4681	4579	4519	4476
工业化学	475	446	435	436	33	32	31	31	1549	1502	1496	1495
其它化学	1154	1034	1003	960	68	66	68	66	2343	2410	2463	2526
石油提炼	62	61	60	62	15	14	12	13	766	721	657	721
石油和煤制品	92	92	102	108	3	2	3	3	89	78	92	92
橡胶制品	178	172	176	173	25	23	23	23	839	802	835	843
塑料制品	1369	1276	1223	1221	62	60	60	62	1633	1601	1640	1766
陶瓷	48	39	37	34	1	1	1	1	35	34	36	28
玻璃及其制品	196	174	163	155	12	11	10	10	387	366	349	352
其它非金属矿产品	1447	1380	1350	1330	41	38	34	32	1388	1258	1181	1155
钢铁	214	195	192	187	53	51	47	46	2261	2270	2180	2197
有色金属	279	259	246	230	44	41	40	39	1901	1891	1953	1899
金属制品	3913	3653	3467	3287	135	123	109	106	4023	3767	3452	3356
非电气机械	4694	4345	4157	4000	148	138	128	129	4624	4477	4309	4538
电气机械	1378	1281	1223	1176	123	114	110	104	4023	3909	3993	3875
运输设备	1469	1346	1273	1224	204	188	192	187	7574	7283	7670	8006
专业和科学设备	526	469	448	397	17	16	14	13	535	520	489	472
其它	2848	2520	2334	2157	49	45	39	38	1136	1082	1015	1008

续表1

按国际标准产业分类第二版分类	产　值(百万加元)				增 加 值(百万加元)				固定资本形成(百万加元)	
	1990年	1991年	1992年	1993年	1990年	1991年	1992年	1993年	1985年	1990年
制造业合计	**344730**	**325190**	**333910**	**366510**	**130910**	**120890**	**124410**	**133780**	**10231**	**17678**
食品	46020	45730	46870	48570	14820	15480	16200	15900	747	1031
饮料	5960	6180	6760	6970	3440	3620	4140	4210	270	367
烟草	2830	2890	3030	2910	1140	1200	1270	1220	52	
纺织	8380	7880	7860	8210	3470	3340	3420	3600	221	346
服装	6960	6280	6110	6220	3300	3010	2870	2860	30	50
皮革制品	470	360	350	330	190	150	140	140	11	4
制鞋（不含橡胶鞋、塑料鞋）	840	710	710	770	390	330	340	360	12	10
木材制品	14600	12870	14780	18990	5210	4580	5620	7880	327	629
家具、装饰	5150	4340	4320	4570	2620	2150	2200	2310	62	64
纸及纸制品	24490	21490	21130	22080	10210	7890	7590	7890	2033	4292
印刷、出版	14380	13700	13480	13560	8950	8510	8620	8500	265	607
工业化学	14940	13080	12880	14070	5610	4380	4560	5010	615	1395
其它化学	13590	13630	14210	15000	7300	7430	7600	7850	257	453
石油提炼	19630	17730	17370	17380	2650	2380	2040	2250	332	1001
石油和煤制品	840	760	780	780	340	270	330	310	7	11
橡胶制品	3800	3510	4710	6110	1630	1510	2030	2140	118	497
塑料制品	7720	7230	7460	8490	3380	3230	3450	3760	162	215
陶瓷	130	120	130	110	80	70	70	60	5	12
玻璃及其制品	1610	1420	1410	1330	750	660	690	700	84	191
其它非金属矿产品	6790	5650	5280	5410	3270	2680	2510	2640	143	338
钢铁	10000	9420	9440	11070	3770	3490	3570	4320	591	731
有色金属	9690	9040	8890	9110	3760	3430	3320	3470	1023	2172
金属制品	17050	14910	14100	14330	7530	6660	6260	6290	572	328
非电气机械	19640	17990	18150	19870	8840	7810	7900	9130	317	502
电气机械	17140	18040	18830	19120	8710	8060	8270	8520	497	600
运输设备	66240	64610	69480	85660	16480	15570	16520	19430	1136	1592
专业和科学设备	2030	2020	1880	1950	1080	1130	1050	1130	245	83
其它	3810	3620	3510	3560	1990	1870	1870	1890	97	

续表2

按国际标准产业分类第三版分类	1994年				
	机构数(家)	雇员数(千人)	雇员工资(百万加元)	产值(百万加元)	增加值(百万加元)
制造业合计	**31974**	**1670**	**61638**	**418630**	**153790**
肉类、鱼类、水果、蔬菜、油类及油脂的生产、加工和保藏	1189	92	2567	23580	6930
乳制品	278	23	828	8960	2300
谷物磨制品、淀粉及淀粉制品，以及牲畜精饲料	539	14	536	5630	1670
其它食品	943	60	1973	12890	5840
饮料	197	26	1182	7290	4290
烟草制品	17	5	271	3870	1630
纺织品的纺制、织造及精加工②	227	15	437	1800	850
其它纺织品	545	24	629	3140	1370
针织品及钩针编织品及其制品	146	11	264	1130	520
服装(毛皮服装除外)	1549	72	1538	6280	2910
毛皮修整与染色:毛皮制品	125	1	16	90	40
皮革鞣制和修整	70	2	55	270	110
鞋履	146	11	243	930	440
锯木及刨木	837	62	2405	15500	6360
木、软木、草及编结材料制品	1352	44	1439	7650	3360
纸和纸制品	649	100	4691	26740	10790
出版	1300	50	1975	6240	4440
印刷及印刷服务活动	3172	72	2501	8000	4520
记录媒介的复制	42	3	92	460	310
炼焦炉产品					
精炼石油产品	61	12	690	17900	2620
核燃料处理					
基本化学品①	434	27	1464	16480	6450
其它化学制品	971	65	2647	16300	8290
人造纤维	24	5	194	1310	570
橡胶制品	175	24	903	6880	2370
塑料制品	1132	53	1547	7930	3520
玻璃和玻璃制品	182	12	426	2110	1110
未另列明的非金属矿物制品②	1459	34	1190	6120	2890

续表3

按国际标准产业分类第三版分类	1994年				
	机构数（家）	雇员数（千人）	雇员工资（百万加元）	产值（百万加元）	增加值（百万加元）
基本钢铁	121	39	1971	12280	4400
基本贵重有色金属	140	32	1605	9950	4050
金属的铸造	186	15	633	2400	1230
结构性金属制品、油罐、水箱和蒸汽锅炉	1672	49	1631	7360	3120
其它金属制品；为金属制品生产者提供的服务活动	3134	81	2713	10100	5260
通用机械	900	41	1517	7270	3300
专用机械	971	43	1554	7230	3430
未另列明的家用器具	186	15	482	2500	1020
办公室、会计和计算机械	147	15	599	5990	1280
电动机、发电机和变压器	168	11	418	1580	760
配电和控制装置	136	8	292	1340	700
绝缘电线和电缆	58	7	288	1890	740
蓄电池、原电池和原电池组	16	1	47	340	180
电灯和照明设备	150	5	162	910	390
未另列明的其他电力设备	95	10	309	1850	880
电子管和真空管及其他电子元件	209	14	456	3930	1120
电视和无线电发射机以及有线电话和有线电报设备	249	38	1727	7710	4220
电视和无线电接收机、录音录象或放音放相装置及有关消费品	16	2	46	840	160
医疗器械和测量、检查、检验、导航和其他用途的仪器和器具（光学仪器除外）	216	9	343	1400	810
光学仪器和摄影设备	139	3	73	290	150
钟表	15		9	40	20
机动车辆	86	64	3503	77580	11810
机动车辆车身（汽车车身）；挂车和半挂车	279	12	382	1700	690
机动车辆及其发动机零件和配件	473	73	2767	14700	6230
船舶的建造和修理	240	10	419	1300	780
铁道机车和有轨电车机车及其拖拽车辆	21	8	370	2310	930
飞机和航天飞机	177	36	1649	5930	3530
未另列明的运输设备					
家具	1927	65	1831	7830	3660
未另列明的制造业	2086	43	1147	4570	2420
金属废料和碎屑的回收					
非金属废料和碎屑的回收					

注：① 包括核燃料处理。② 包括炼焦炉产品。

资料来源：联合国工发组织《国际工业统计年鉴》1997 年及 1998 年。

6－22 澳大利亚制造业主要指标

按国际标准产业分类第二版分类	机构数(家)				雇员数(千人)				雇员工资(百万英镑)			
	1985年	1990年	1991年	1992年	1985年	1990年	1991年	1992年	1985年	1990年	1991年	1992年
制造业合计	**27611**	**30474**	**40653**	**41480**	**1014**	**1017**	**965**	**908**	**18781**	**26968**	**28709**	**28709**
食品	3030	3322	3590	3837	144	150	148	146	2520	3628	3872	3931
饮料	351	312	377	386	18	18	18	17	382	527	589	565
烟草	6	4	5	5	5	3	3	3	109	100	100	112
纺织	921	916	1223	1183	47	42	38	33	782	997	938	927
服装	1544	1703	2091	2125	48	46	38	36	634	826	817	779
皮革制品	187	152	229	232	4	4	4	3	70	72	80	86
制鞋(不含橡胶鞋、塑料鞋)	202	170	203	202	12	10	8	7	176	203	181	164
木材制品	2452	2544	3457	3345	44	44	42	40	703	1019	1025	988
家具、装饰	1571	2251	3268	3245	27	35	34	31	399	772	742	698
纸及纸制品	241	241	289	312	23	21	20	19	501	682	716	741
印刷、出版	2731	3157	4405	4601	78	84	85	81	1468	2317	2508	2476
工业化学	270	269	353	379	18	17	16	15	448	614	683	644
其它化学	579	581	735	772	32	30	31	31	669	900	1003	1041
石油提炼	15	21	14	30	5	4	4	4	138	206	212	237
石油和煤制品	23	20	29	32	1	1	1	1	14	12	14	15
橡胶制品	198	214	250	251	10	9	8	8	198	270	299	272
塑料制品	971	1062	1385	1374	32	36	35	32	579	891	941	944
陶瓷	57	110	188	202	2	2	2	2	33	52	51	49
玻璃及其制品	40	88	172	210	6	6	6	6	138	212	248	227
其它非金属矿产品	1614	1231	1327	1345	31	33	32	30	631	970	989	948
钢铁	306	446	548	605	48	41	39	36	1080	1369	1435	1424
有色金属	223	228	261	284	29	28	28	26	702	1018	1079	1084
金属制品	4137	4828	6628	6528	93	106	98	89	1604	2599	2630	2415
非电气机械	2364	2499	3623	3633	68	70	68	63	1237	1956	2085	1980
电气机械	969	952	1260	1298	54	54	50	46	985	1401	1430	1301
运输设备	1280	1501	1963	2035	114	98	83	77	2245	2754	2747	2403
专业和科学设备	518	588	957	1113	11	13	13	13	188	324	312	338
其它	811	1064	1823	1916	11	13	13	13	162	275	287	280

续表1

按国际标准产业分类第二版分类	产　值(百万澳元)				增加值(百万澳元)		固定资本形成(百万澳元)	
	1985年	1990年	1991年	1992年	1985年	1990年	1985年	1990年
制造业合计	**98935**	**165099**	**170688**	**166862**	**38387**	**69244**	**3133**	**6974**
食品	17618	27340	28629	29315	5371	9788	440	870
饮料	2927	4788	5532	5489	1208	2206	45	223
烟草	547	806	814	965	255	467	59	25
纺织	3515	5054	4995	4985	1363	2142	125	139
服装	2197	3339	3344	3388	1030	1566	30	56
皮革制品	408	549	545	542	110	135	5	10
制鞋(不含橡胶鞋、塑料鞋)	594	705	679	595	292	357	10	19
木材制品	3392	5002	4871	4801	1467	2212	95	229
家具、装饰	1621	2966	2957	2838	723	1321	21	86
纸及纸制品	2755	4183	4892	4538	1004	1667	86	162
印刷、出版	5434	9319	9901	9794	3041	5194	224	468
工业化学	4078	5878	6139	5723	1401	2125	105	420
其它化学	3734	6244	7164	7423	1699	2932	121	181
石油提炼	1914	7222	8784	9021	406	2123	65	231
石油和煤制品	142	129	173	135	36	44	3	1
橡胶制品	830	1320	1274	1182	377	699	23	25
塑料制品	2948	4935	5321	5273	1153	2179	104	561
陶瓷	90	151	172	176	59	97	2	4
玻璃及其制品	624	1112	1030	995	363	676	23	177
其它非金属矿产品	3954	6559	6314	6148	1549	2777	143	407
钢铁	5868	9438	9361	9543	1985	3112	177	441
有色金属	6721	12112	12086	10978	2011	4852	494	532
金属制品	6962	12595	12342	11555	2911	5395	152	517
非电气机械	4907	8490	8966	8578	2247	3929	89	266
电气机械	4032	6689	7095	6731	1897	3157	113	284
运输设备	9582	15736	14764	13472	3680	6885	335	534
专业和科学设备	815	1254	1277	1402	398	638	31	63
其它	726	1184	1267	1277	351	569	13	43

续表2

按国际标准产业分类第三版分类	机构数(家)		雇员数(千人)		雇员工资(百万澳元)		产值(百万澳元)		1993年增加值(百万澳元)
	1993年	1994年	1993年	1994年	1993年	1994年	1993年	1994年	
制造业合计	**42707**	**44585**	**914835**	**911132**	**27809**	**28107**	**173638**	**183855**	**67965**
肉类、鱼类、水果、蔬菜、油类及油脂的生产、加工和保藏	973	937	62099	61448	1756	1770	13191	13436	4102
乳制品	209	216	14725	15174	491	517	5421	6308	1689
谷物磨制品、淀粉及淀粉制品、以及牲畜精饲料	360	366	13308	13725	427	445	4625	4837	1411
其它食品									
饮料	367	417	17146	17017	608	579	5666	5953	2474
烟草制品	6	6	2885	2333	127	119	848	899	486
纺织品的纺制、织造及精加工①	302	273	14131	14437	431	440	2070	2106	869
其它纺织品	756	921	11291	11992	276	276	1538	1684	654
针织品及钩针编织品及其制品	276	200	7737	6580	197	171	903	1012	427
服装(毛皮服装除外)	2464	2607	35237	31824	743	663	3720	3267	1494
毛皮修整与染色:毛皮制品	121	101	2737	2865	75	82	615	667	156
皮革鞣制和修整									
鞋履	235	222	7287	7091	163	160	611	630	308
锯木及刨木	2553	2609	32370	32198	788	761	4023	4233	1687
木、软木、草及编结材料制品									
纸和纸制品									
出版									
印刷及印刷服务活动									
记录媒介的复制									
炼焦炉产品	35	39	506	455	18	18	209	298	70
精炼石油产品	32	31	3935	4040	231	245	8018	7784	1652
核燃料处理									
基本化学品									
其它化学制品									
人造纤维									
橡胶制品	271	277	8072	7915	273	293	1380	1406	606
塑料制品	1365	1468	31506	32580	935	956	5081	5405	2345
玻璃和玻璃制品	174	275	5694	5573	207	213	1068	1173	587
未另列明的非金属矿物制品	1613	1633	33939	32626	1093	1076	7266	7436	2993

续表3

按国际标准产业分类第三版分类	机构数(家)		雇员数(千人)		雇员工资(百万澳元)		产值(百万澳元)		1993年增加值(百万澳元)
	1993年	1994年	1993年	1994年	1993年	1994年	1993年	1994年	
基本钢铁②	1849	1683	72791	67596	2747	2701	21758	22328	6668
基本贵重有色金属									
金属的铸造									
结构性金属制品、油罐、水箱和蒸汽锅炉	4074	4142	54361	55873	1523	1578	8086	8586	32851
其它金属制品;为金属制品生产者提供的服务活动									
通用机械									
专用机械									
未另列明的家用器具	296	354	12441	14270	342	386	1965	2225	845
办公室、会计和计算机械	124	160	2109	2465	68	82	914	989	385
电动机、发电机和变压器③	637	729	15358	16027	448	465	1933	2074	894
配电和控制装置									
绝缘电线和电缆	53	51	4307	4251	150	164	1128	1221	488
蓄电池、原电池和原电池组	16	18	1341	988	37	31	248	226	118
电灯和照明设备	209	333	3471	4013	100	108	439	463	196
未另列明的其他电力设备									
电子管和真空管及其他电子元件④	398	477	8056	6082	255	172	1300	852	557
电视和无线电发射机以及有线电话和有线电报设备	128	130	7614	6762	313	252	1602	1832	753
电视和无线电接收机、录音录相或放音放相装置及有关消费品									
医疗器械和测量、检查、检验、导航和其他用途的仪器和器具(光学仪器除外)⑤	1022	1069	11695	12085	359	374	1377	1638	783
光学仪器和摄影设备									
钟表									
机动车辆	80	78	22902	22705	706	782	7114	9005	1603
机动车辆车身(汽车车身);挂车和半挂车	412	451	6044	6136	146	148	682	720	290
机动车辆及其发动机零件和配件	919	861	24826	23951	698	703	2943	3156	1313
船舶的建造和修理	541	538	9069	9164	311	322	1909	1763	631
铁道机车和有轨电车机车及其拖拽车辆	32	35	4648	4928	142	169	555	914	226
飞机和航天飞机	218	268	13595	12441	602	558	1487	1392	827
未另列明的运输设备	62	63	535	563	10	13	51	53	24
家具	3738	4039	36793	39624	836	878	3449	3845	1497
未另列明的制造业	1613	1690	12833	11723	274	261	1220	1181	590
金属废料和碎屑的回收									
非金属废料和碎屑的回收									

注：年度为当年 7 月 1日开始的财政年度。1991 年以前指 4 人及 4 人以上的机够，1991 年(含) 起指所有机构。

① 包括人造纤维。② 包括基本贵重有色金属及金属废料和碎屑的回收。③ 包括配电和控制装置及未另列明的其它电力设备。④ 包括电视和无线电接收机、录音录相或放音放相装置及有关消费品。⑤ 包括光学仪器和摄影设备及钟表。

资料来源：联合国工发组织《国际工业统计年鉴》1997 年及 1998 年。

6-23 印度制造业主要指标

按国际标准产业分类第二版分类	机构数(家)				从业人员数(千人)				雇员工资(亿卢比)			
	1990年	1991年	1992年	1993年	1990年	1991年	1992年	1993年	1990年	1991年	1992年	1993年
制造业合计	**106966**	**109195**	**115924**	**118246**	**7299**	**7361**	**7845**	**7826**	**1704**	**1861**	**2297**	**2486**
食品	19760	19721	21397	21491	1122	1124	1240	1216	159	183	219	236
饮料	570	532	564	606	56	57	59	57	12	14	16	17
烟草	7878	8299	7786	5185	434	461	494	463	29	35	41	46
纺织	12837	12860	14789	15168	1403	1351	1397	1429	294	309	355	390
服装	1740	1931	2279	3119	112	128	150	209	14	19	26	36
皮革制品	925	994	969	1182	47	50	46	46	7	9	9	10
制鞋(不含橡胶鞋、塑料鞋)	344	372	364	495	50	48	52	53	9	9	11	12
木材制品(不含家具)	3117	3103	3277	3237	63	60	66	66	7	6	8	10
家具、装饰	305	318	331	311	6	8	7	7	1	1	1	1
纸及纸制品	2163	2111	2278	2602	144	147	156	157	34	39	46	51
印刷、出版	3136	3111	3287	3261	146	147	152	149	39	44	50	56
工业化学	2220	2175	2345	2496	225	221	252	241	100	107	154	144
其它化学	4695	5079	5541	6041	328	361	388	404	94	109	138	153
石油提炼	79	82	79	120	22	22	24	28	13	15	18	20
石油和煤制品	515	511	567	566	36	37	43	43	11	12	16	16
橡胶制品	1997	2078	2172	2259	113	113	122	126	30	31	38	45
塑料制品	2694	2953	3153	3217	83	89	94	100	15	18	25	27
陶瓷	532	557	579	624	28	31	26	26	6	7	7	7
玻璃及其制品	598	628	590	667	53	66	58	58	10	14	14	14
其它非金属矿产品	8311	8734	9196	9535	361	369	382	366	55	64	78	86
钢铁	3304	3108	3388	3362	467	416	490	467	156	115	211	224
有色金属	2710	2989	2859	3085	162	186	177	164	41	54	56	55
金属制品	6964	6890	7038	7496	233	231	240	237	50	54	68	73
非电气机械	8067	8168	8554	8977	478	482	505	484	152	170	200	212
电气机械	4856	4835	5120	5110	389	392	403	404	131	148	172	185
运输设备	4890	5213	5552	5966	645	670	718	710	213	249	290	319
专业和科学设备	739	861	796	940	49	50	56	59	13	14	19	25
其它	1020	982	1074	1155	43	47	49	60	8	10	12	16

续表1

按国际标准产业分类第二版分类	产　值(亿卢比)				增 加 值(亿卢比)				固定资本形成(亿卢比)			
	1990年	1991年	1992年	1993年	1990年	1991年	1992年	1993年	1990年	1991年	1992年	1993年
制造业合计	**24595**	**27038**	**32966**	**37391**	**4393**	**4717**	**5857**	**7444**	**1678**	**1995**	**2609**	**3213**
食品	3668	4341	4987	5637	387	447	485	683	125	150	196	173
饮料	190	224	258	296	43	54	58	67	18	17	33	43
烟草	346	399	472	535	86	108	125	144	6	7	13	11
纺织	2820	3115	3652	4411	571	532	591	856	183	211	288	400
服装	248	348	436	687	55	83	95	215	8	12	17	33
皮革制品	159	167	164	217	22	26	25	33	5	6	8	6
制鞋 (不含橡胶鞋、塑料鞋)	107	108	129	189	18	22	25	48	7	4	6	10
木材制品 (不含家具)	84	83	100	126	18	18	20	27	3	2	5	7
家具、装饰	5	7	7	9	1	2	2	2				
纸及纸制品	507	563	625	707	100	104	111	132	53	29	61	119
印刷、出版	231	293	353	445	59	81	99	153	19	17	25	26
工业化学	1911	2203	2895	3064	321	311	609	776	199	224	235	342
其它化学	1406	1747	2124	2559	288	396	467	587	88	88	153	204
石油提炼	1891	1198	1757	2172	188	135	280	340	66	80	100	123
石油和煤制品	199	274	318	395	26	39	49	77	9	13	9	15
橡胶制品	532	515	659	781	99	95	125	140	35	79	64	67
塑料制品	328	409	483	583	52	62	77	97	24	22	34	97
陶瓷	34	43	42	47	9	10	10	13	3	2	5	6
玻璃及其制品	88	145	126	147	19	33	27	31	5	21	19	21
其它非金属矿产品	800	1025	1140	1209	196	285	227	262	80	61	133	173
钢铁	2744	2759	3682	3802	447	251	481	664	382	549	585	620
有色金属	645	846	963	937	114	157	162	152	35	70	115	125
金属制品	586	661	721	953	107	133	135	187	34	28	52	71
非电气机械	1586	1830	2152	2195	352	423	500	514	97	108	171	124
电气机械	1557	1726	2101	2205	352	410	492	507	89	80	105	145
运输设备	1702	1734	2226	2536	416	433	503	576	92	97	151	209
专业和科学设备	123	136	163	219	29	38	40	55	11	12	21	30
其它	97	139	231	330	16	30	40	105	4	3	7	11

注：指 10 人及 10 人以上的机构。年份是自当年 4 月 1 日开始的财政年度。

资料来源：联合国工发组织《国际工业统计年鉴》1998 年。

6－24 印度尼西亚制造业主要指标

按国际标准产业分类第二版分类	机构数(家)				雇员数(千人)				雇员工资(十亿卢比)			
	1992年	1993年	1994年	1995年	1992年	1993年	1994年	1995年	1992年	1993年	1994年	1995年
制造业合计①	**17770**	**18163**	**19017**	**21551**	**3298**	**3559**	**3799**	**4157**	**5859**	**6902**	**7754**	**13629**
食品	3610	3739	3863	4742	467	513	497	520	610	849	807	1760
饮料	180	204	215	249	17	21	22	25	30	52	61	104
烟草	902	880	748	815	183	184	215	345	207	252	292	484
纺织	1801	1953	2017	2242	543	581	610	624	855	961	1088	1604
服装	1870	1798	1862	2110	317	350	356	371	496	611	637	880
皮革制品	167	180	199	217	22	23	20	22	31	32	34	55
制鞋(不含橡胶鞋、塑料鞋)	314	327	345	389	193	231	265	292	277	305	448	747
木材制品(不含家具)	1405	1474	1589	1754	370	378	393	393	534	656	689	1108
家具、装饰	722	782	898	1159	103	123	132	144	129	166	192	295
纸及纸制品	258	268	305	311	74	74	79	89	173	173	241	477
印刷、出版	500	511	528	594	45	49	54	60	108	137	141	256
工业化学	307	325	343	403	54	60	63	70	206	261	309	580
其它化学	545	567	579	605	94	100	106	114	294	343	409	659
石油及煤制品	11	13	11	21	1	1	1	2	2	2	3	7
橡胶制品	473	448	448	441	148	122	131	128	205	212	210	344
塑料制品	760	801	854	938	93	120	141	157	342	313	251	411
陶瓷	80	86	95	95	33	39	41	46	53	72	90	168
玻璃及其制品	51	57	56	71	19	20	20	21	39	52	65	110
其它非金属矿产品	1534	1355	1452	1861	83	90	94	111	168	213	215	448
钢铁	81	87	93	103	30	32	34	33	100	115	138	289
有色金属	46	52	58	66	11	12	13	15	33	37	54	88
金属制品	690	723	797	958	117	118	130	147	340	287	349	612
非电气机械	248	266	269	322	35	36	37	44	95	115	127	219
电气机械	327	349	407	459	86	107	144	164	197	275	415	887
运输设备	490	513	535	577	97	100	115	129	260	302	338	791
专业和科学设备	66	61	66	73	8	6	10	15	14	15	28	49
其它	332	344	384	442	56	71	74	78	61	96	121	189

续表1

按国际标准产业分类第二版分类	产　值(十亿卢比)				增 加 值(十亿卢比)				固定资本形成(十亿卢比)		
	1992年	1993年	1994年	1995年	1992年	1993年	1994年	1995年	1993年	1994年	1995年
制造业合计①	**109397**	**135864**	**155797**	**194680**	**41422**	**47659**	**59856**	**67074**	**7877**	**10704**	**11976**
食品	16417	26252	20437	26203	5783	6521	5293	6329	535	1113	1115
饮料	795	921	1308	1600	395	351	622	588	65	106	194
烟草	7327	8877	10358	12379	4217	4245	6195	5829	99	214	226
纺织	13347	14815	20884	23529	4092	4243	8055	7812	1462	1693	1679
服装	4639	6892	5549	6474	1528	3431	2280	2492	376	115	210
皮革制品	493	526	535	662	176	182	176	215	13	17	25
制鞋 (不含橡胶鞋、塑料鞋)	2713	4620	5041	5503	1078	1771	2262	2116	357	203	370
木材制品 (不含家具)	10386	12112	13726	14640	3867	4051	4663	5223	663	672	417
家具、装饰	1115	1482	1712	2123	467	520	585	746	73	79	77
纸及纸制品	4053	4014	5424	7233	1447	1381	1920	2316	383	795	528
印刷、出版	1235	1546	1885	2574	546	657	855	1059	82	136	342
工业化学	6488	6119	7565	8606	2604	2325	2828	3217	345	1514	815
其它化学	4169	5719	7138	8145	1215	1883	2595	2472	450	360	439
石油及煤制品	90	52	63	81	25	22	22	34			1
橡胶制品	4509	3653	4652	6521	1229	891	1175	1271	207	290	260
塑料制品	3521	3111	3673	5531	910	1088	1122	1808	216	255	430
陶瓷	513	884	1120	1084	231	427	591	442	143	290	372
玻璃及其制品	713	951	819	1071	351	435	276	462	78	122	118
其它非金属矿产品	2498	3102	3448	4348	989	1224	1463	1603	413	943	426
钢铁	4374	6462	7903	10045	1887	2811	3463	4201	392	271	378
有色金属	1715	1274	2043	2559	675	391	734	873	70	101	59
金属制品	4219	4464	5333	7035	1510	1739	2080	2585	462	316	430
非电气机械	1311	1707	2203	3024	537	510	792	930	116	99	217
电气机械	5263	5989	8186	13414	1916	1610	2394	3944	360	455	708
运输设备	6464	9013	13280	18185	3279	4476	6797	7761	382	353	1333
专业和科学设备	242	212	299	495	62	39	115	164	75	132	138
其它	825	1097	1180	1442	409	438	443	522	60	60	670

注：指20人及20人以上的机构。①不包括石油提炼业。

资料来源：联合国工发组织《国际工业统计年鉴》1998年。

6－25 韩国制造业主要指标

按国际标准产业分类第三版分类	机构数(家)				雇员数(千人)				雇员工资(十亿圆)			
	1992年	1993年	1994年	1995年	1992年	1993年	1994年	1995年	1992年	1993年	1994年	1995年
制造业合计	**74679**	**88864**	**91372**	**96202**	**2734**	**2805**	**2849**	**2865**	**25234**	**28834**	**32791**	**37844**
肉类、鱼类、水果、蔬菜、油类及油脂的生产、加工和保藏	1421	1711	1753	1901	62	60	62	63	400	451	499	578
乳制品	103	110	116	118	14	14	16	15	138	160	191	201
谷物磨制品、淀粉及淀粉制品、以及牲畜精饲料	533	690	770	869	18	19	20	21	179	222	241	281
其它食品	2417	2750	2711	2847	78	80	79	80	560	655	707	803
饮料	570	531	508	513	19	19	19	22	195	212	240	289
烟草制品	20	16	16	16	7	6	6	5	97	98	95	105
纺织品的纺制、织造及精加工②	4556	5228	5436	5314	235	219	216	200	1864	1905	2057	2229
其它纺织品	1932	2337	2417	2572	44	48	46	45	317	394	433	473
针织品及钩针编织品及其制品	1618	2052	1985	1854	36	40	33	26	264	323	290	262
服装(毛皮服装除外)	6468	7987	8293	8545	187	197	190	186	1189	1445	1585	1793
毛皮修整与染色:毛皮制品	105	154	167	187	4	3	3	4	34	30	35	49
皮革鞣制和修整	1101	1245	1231	1218	30	29	28	25	258	265	281	286
鞋履	1620	1885	1854	1809	110	81	66	54	719	608	539	496
锯木及刨木	1121	1254	1229	1202	14	14	15	14	116	129	152	154
木、软木、草及编结材料制品	1029	1302	1276	1288	24	27	25	25	208	249	266	294
纸和纸制品	2309	2496	2600	2671	62	63	67	67	591	651	760	886
出版	1014	1274	1276	1320	43	49	50	50	509	678	747	797
印刷及印刷服务活动	2341	2841	3011	3423	31	36	36	37	261	325	373	434
记录媒介的复制	51	77	79	76	2	2	2	2	17	19	22	24
炼焦炉产品	8	8	6	6	1	...	...	...	5	4	4	4
精炼石油产品	68	68	69	63	9	9	10	12	135	155	196	248
核燃料处理	1	1	1	1	...	...	...	1	5	6	6	6
基本化学品	1023	1091	1112	1197	51	50	51	53	652	706	830	969
其它化学制品	1228	1388	1417	1488	82	80	80	78	811	902	1014	1087
人造纤维	102	74	115	111	12	20	22	22	144	262	318	399
橡胶制品	686	772	801	858	31	33	33	35	288	344	381	468
塑料制品	3627	4479	4615	4813	88	98	100	102	749	944	1051	1230
玻璃和玻璃制品	431	534	573	599	25	25	25	26	295	313	347	409
未另列明的非金属矿物制品	3974	4174	4084	4110	109	110	107	103	1058	1162	1250	1387

续表1

按国际标准产业分类第三版分类	机构数（家）				雇员数（千人）				雇员工资（十亿圆）			
	1992年	1993年	1994年	1995年	1992年	1993年	1994年	1995年	1992年	1993年	1994年	1995年
基本钢铁	757	847	832	911	71	74	74	76	935	1028	1163	1303
基本贵重有色金属	668	685	640	708	28	27	27	31	294	301	343	458
金属的铸造	410	456	449	456	15	15	15	14	156	159	189	194
结构性金属制品、油罐、水箱和蒸汽锅炉	1884	2865	3134	3365	50	60	67	73	515	690	857	1080
其它金属制品；为金属制品生产者提供的服务活动	4245	5364	5656	6251	97	105	112	115	834	1014	1221	1392
通用机械	3169	4251	4437	4857	89	100	112	122	923	1078	1305	1691
专用机械	4959	5854	5988	6389	119	127	128	130	1213	1424	1590	1838
未另列明的家用器具	1174	1141	1157	1162	45	44	45	39	387	426	497	464
办公室、会计和计算机械	428	530	599	657	21	28	30	32	178	274	329	395
电动机、发电机和变压器	798	987	1074	1157	32	36	35	36	245	351	344	421
配电和控制装置	1018	1311	1404	1556	32	37	37	40	286	350	387	502
绝缘电线和电缆	273	375	410	451	16	17	18	17	174	183	222	242
蓄电池、原电池和原电池组	45	41	34	41	6	4	5	5	56	51	58	71
电灯和照明设备	466	605	639	749	12	13	14	14	87	108	129	160
未另列明的其他电力设备	393	461	482	588	13	14	13	18	98	125	123	188
电子管和真空管及其他电子元件	963	1186	1251	1383	102	108	118	135	983	1136	1367	1930
电视和无线电发射机以及有线电话和有线电报设备	581	618	620	667	34	30	35	32	307	286	395	431
电视和无线电接收机、录音录相或放音放相装置及有关消费品	1588	1589	1563	1496	122	110	109	102	1054	980	1055	1158
医疗器械和测量、检查、检验、导航和其他用途的仪器和器具（光学仪器除外）	717	904	1002	1121	20	23	27	28	164	207	265	339
光学仪器和摄影设备	383	487	517	581	12	13	13	14	93	113	126	156
钟表	245	277	282	280	10	9	8	6	82	87	75	72
机动车辆	23	40	78	60	75	77	90	93	1136	1287	1773	2003
机动车辆车身(汽车车身)；挂车和半挂车	94	177	178	204	8	8	7	9	99	120	102	140
机动车辆及其发动机零件和配件	2275	2438	2559	2806	99	105	110	116	944	1131	1353	1587
船舶的建造和修理	346	459	503	609	50	55	64	73	835	990	1232	1512
铁道机车和有轨电车机车及其拖拽车辆	85	97	98	143	4	8	8	7	56	129	128	102
飞机和航天飞机	29	31	39	39	5	5	5	5	59	70	91	111
未另列明的运输设备	178	180	168	163	6	6	6	5	55	55	61	61
家具	2445	3061	3080	3314	51	55	54	53	422	513	537	606
未另列明的制造业	2472	2886	2816	2869	65	62	57	54	499	537	550	581
金属废料和碎屑的回收	18	54	63	81		1	1	1	2	8	9	15
非金属废料和碎屑的回收	73	78	99	99	1	1	1	1	6	7	11	9

续表2

按国际标准产业分类第三版分类	产值(十亿圆)				增加值(十亿圆)				固定资本形成(十亿圆)	
	1992年	1993年	1994年	1995年	1992年	1993年	1994年	1995年	1994年	1995年
制造业合计	**226817**	**255926**	**299246**	**364821**	**96018**	**108522**	**129611**	**159448**	**31855**	**43312**
肉类、鱼类、水果、蔬菜、油类及油脂的生产、加工和保藏	4064	4332	4877	5760	1507	1716	1804	2280	337	491
乳制品	2325	2488	3018	3319	881	1058	1196	1137	118	248
谷物磨制品、淀粉及淀粉制品、以及牲畜精饲料	3891	4628	4937	5954	1179	1332	1471	1673	262	333
其它食品	5468	6093	6435	7103	2659	2877	3156	3383	705	818
饮料	3254	3364	4279	4295	1780	1763	2322	2212	819	756
烟草制品	3037	3224	3254	3379	2134	2177	2225	2527	33	38
纺织品的纺制、织造及精加工②	11988	11901	13039	14758	5438	5365	5913	6683	1613	1825
其它纺织品	2064	2747	3043	3272	936	1260	1385	1416	359	311
针织品及钩针编织品及其制品	1833	2637	2092	1735	847	1102	918	722	100	73
服装(毛皮服装除外)	5760	7479	8441	10392	2812	3758	4157	5104	249	289
毛皮修整与染色:毛皮制品	288	289	373	421	134	97	139	147	7	28
皮革鞣制和修整	2621	2658	2911	2883	878	904	1062	965	145	86
鞋履	3747	2927	2643	2558	1736	1390	1276	1196	128	126
锯木及刨木	814	1066	1165	1185	318	383	462	492	59	78
木、软木、草及编结材料制品	1357	1666	1748	1936	543	683	715	807	98	249
纸和纸制品	5812	6115	7509	9615	2339	2530	3108	3669	846	1251
出版	2507	3376	3783	4673	1588	2229	2480	2965	316	379
印刷及印刷服务活动	1236	1424	1728	2012	656	807	951	1090	99	141
记录媒介的复制	132	143	173	189	81	84	78	107	10	23
炼焦炉产品	33	29	26	23	17	12	12	8	1	
精炼石油产品	11864	12690	13141	16331	3189	3240	3970	5230	873	1906
核燃料处理	41	48	64	62	26	33	47	46	13	23
基本化学品	10403	10795	13095	17387	3722	4033	5176	6939	1949	2750
其它化学制品	8912	10258	11337	11649	4653	5492	6050	6099	1117	1502
人造纤维	1790	2540	3307	4482	868	1195	1432	1816	757	626
橡胶制品	2379	2743	3061	3508	1148	1250	1435	1673	364	478
塑料制品	5865	6967	8114	10561	2537	2991	3463	4610	959	1260
玻璃和玻璃制品	1754	1949	2243	2745	1027	1045	1331	1653	404	691
未另列明的非金属矿物制品	9412	10066	10819	12546	4418	4982	5130	6054	1502	1371

续表3

按国际标准产业分类第三版分类	产值(十亿圆)				增加值(十亿圆)				固定资本形成(十亿圆)	
	1992年	1993年	1994年	1995年	1992年	1993年	1994年	1995年	1994年	1995年
基本钢铁	14736	16917	19234	22876	5637	5936	6435	8341	2436	5259
基本贵重有色金属	3637	3750	4714	7016	1033	1105	1374	2038	442	650
金属的铸造	764	769	963	1116	390	394	490	542	118	111
结构性金属制品、油罐、水箱和蒸汽锅炉	4081	5158	6984	8681	1718	2274	3148	3389	622	633
其它金属制品;为金属制品生产者提供的服务活动	5125	5643	7024	8276	2488	2862	3542	4065	731	793
通用机械	6613	7376	9425	13455	2807	3349	4110	5794	732	1242
专用机械	7623	8548	10339	13282	3373	3716	4483	5576	1036	1013
未另列明的家用器具	3630	4155	4818	4187	1388	1545	1761	1520	356	343
办公室、会计和计算机械	1576	3087	3721	5264	594	995	1274	1635	211	344
电动机、发电机和变压器	1959	2363	2548	3113	799	962	1050	1256	159	184
配电和控制装置	2210	2335	2790	3619	943	943	1150	1537	185	200
绝缘电线和电缆	2041	2050	2582	3002	600	677	918	1034	202	223
蓄电池、原电池和原电池组	474	367	402	540	261	190	170	232	52	60
电灯和照明设备	474	612	760	956	225	294	366	463	46	101
未另列明的其他电力设备	708	819	799	1325	324	363	353	560	101	181
电子管和真空管及其他电子元件	7460	10958	14791	24898	3712	6666	9349	17091	3990	6131
电视和无线电发射机以及有线电话和有线电报设备	2861	2728	4177	4628	1229	1041	1901	1848	263	366
电视和无线电接收机、录音录相或放音放相装置及有关消费品	11202	12127	13956	16366	3908	3724	4780	6055	564	821
医疗器械和测量、检查、检验、导航和其他用途的仪器和器具(光学仪器除外)	1088	1321	1756	2376	495	603	716	1053	109	148
光学仪器和摄影设备	514	741	923	940	242	333	489	475	90	126
钟表	556	549	541	492	247	241	230	221	10	14
机动车辆	13261	15007	18357	22161	4385	4853	5709	7763	1927	2296
机动车辆车身(汽车车身);挂车和半挂车	942	844	963	1425	283	315	332	448	67	134
机动车辆及其发动机零件和配件	6046	7606	9469	11503	2690	3246	4014	4871	1125	1546
船舶的建造和修理	5888	5918	7535	9199	3029	2657	3677	4094	1375	1494
铁道机车和有轨电车机车及其拖拽车辆	385	760	1142	617	148	224	441	244	69	131
飞机和航天飞机	342	330	595	565	140	138	386	339	154	73
未另列明的运输设备	490	473	629	652	178	158	235	263	28	61
家具	2694	2956	3346	3636	1356	1462	1741	1798	206	253
未另列明的制造业	2743	2902	3108	3468	1330	1422	1551	1783	178	181
金属废料和碎屑的回收	13	87	152	396	6	29	49	92	19	25
非金属废料和碎屑的回收	29	32	52	58	16	17	25	29	10	27

注：指5人及5人以上的机构。政府、军队直接经营的机够、公共职业指导中心的培训站及附属于公共组织和学校的实验站或实验室除外。

资料来源：联合国工发组织《国际工业统计年鉴》1998年。

6－26 马来西亚制造业主要指标

按国际标准产业分类第二版分类	机构数(家)				雇员数(千人)				雇员工资(百万林吉特)			
	1991年	1992年	1993年	1994年	1991年	1992年	1993年	1994年	1991年	1992年	1993年	1994年
制造业合计	**7301**	**7461**	**8306**	**8328**	**965**	**1023**	**1140**	**1211**	**8411**	**9830**	**11688**	**13603**
食品	1324	1297	1400	1406	79	78	81	83	653	710	809	899
饮料	62	56	53	53	5	4	4	4	67	70	72	75
烟草	28	33	29	26	4	5	4	5	64	64	59	63
纺织	271	269	327	318	45	43	45	43	339	374	426	457
服装	354	363	377	352	70	72	71	66	443	515	536	556
皮革制品	33	38	47	49	3	3	3	4	14	20	24	29
制鞋（不含橡胶鞋、塑料鞋）	14	16	26	20	1	2	2	2	10	12	19	16
木材制品（不含家具）	768	806	893	917	96	109	128	137	710	813	1009	1100
家具、装饰	389	406	507	495	22	24	31	33	132	169	234	270
纸及纸制品	143	153	171	175	16	18	19	20	150	185	217	243
印刷、出版	249	258	290	291	24	26	28	30	299	342	394	462
工业化学	111	116	126	120	12	12	13	12	233	257	301	307
其它化学	152	155	164	164	13	14	15	16	177	191	231	266
石油提炼	10	8	8	6	1	1	1	3	47	50	54	110
石油和煤制品	28	32	30	35	1	1	1	1	10	13	14	24
橡胶制品	387	381	379	366	65	65	69	69	500	541	629	664
塑料制品	378	403	476	509	46	49	54	62	303	383	469	615
陶瓷	42	44	48	48	8	8	8	8	50	53	58	70
玻璃及其制品	26	27	28	29	4	4	4	5	57	57	62	84
其它非金属矿产品	366	357	373	376	28	29	30	32	296	328	377	428
钢铁	145	140	157	159	16	16	17	18	198	237	270	304
有色金属	37	36	40	42	6	6	7	7	67	77	97	112
金属制品	560	578	652	642	39	44	47	49	353	463	522	605
非电气机械	438	433	506	512	34	36	45	47	372	419	537	607
电气机械	492	530	594	609	259	282	333	370	2239	2737	3393	4185
运输设备	264	282	321	330	32	33	38	44	361	426	507	611
专业和科学设备	35	37	34	37	19	19	20	22	148	178	200	248
其它	195	207	250	242	20	21	20	20	121	148	168	182

续表1

按国际标准产业分类第二版分类	产　值(百万林吉特)				增 加 值(百万林吉特)				固定资本形成(百万林吉特)			
	1991年	1992年	1993年	1994年	1991年	1992年	1993年	1994年	1991年	1992年	1993年	1994年
制造业合计	**120298**	**134150**	**156712**	**196912**	**31140**	**35099**	**41925**	**49532**	**12935**	**14250**	**15275**	**16934**
食品	17772	19346	20240	25659	2513	2996	3362	3706	587	628	772	659
饮料	1007	987	954	1106	435	382	380	432	117	75	65	42
烟草	984	1003	1116	1257	354	380	436	488	32	29	25	19
纺织	3494	3576	3890	4741	1078	1096	1283	1595	476	938	667	872
服装	2788	2981	2986	3165	851	938	968	980	136	122	95	104
皮革制品	107	128	140	218	30	35	45	65	8	6	5	13
制鞋 (不含橡胶鞋、塑料鞋)	49	69	89	73	20	30	39	27	6	5	6	7
木材制品 (不含家具)	5845	6766	9761	10787	1788	1930	3172	3229	698	860	1110	1584
家具、装饰	833	1028	1498	1800	309	355	518	647	126	109	152	188
纸及纸制品	1534	1730	1958	2455	497	593	649	826	331	262	249	241
印刷、出版	1778	1948	2230	2579	843	1005	1132	1325	244	249	234	255
工业化学	6364	6865	7759	8290	2983	2985	3373	2959	1839	2800	2181	514
其它化学	2183	2443	2602	3158	824	918	940	1088	152	143	243	220
石油提炼	4785	4476	4250	5011	583	493	483	1222	234	123	125	1041
石油和煤制品	260	315	333	521	98	119	145	242	12	8	8	29
橡胶制品	5949	5954	6214	7299	1628	1709	1897	2091	340	405	473	476
塑料制品	2739	3070	3668	4998	932	1170	1444	1886	431	539	574	681
陶瓷	218	212	257	285	110	115	138	159	22	23	27	36
玻璃及其制品	488	450	495	967	234	228	235	371	87	265	135	395
其它非金属矿产品	3208	3523	3832	4835	1409	1602	1621	2318	546	621	461	399
钢铁	4689	5098	5927	7008	889	970	1219	923	907	950	1449	757
有色金属	1408	1498	1556	1970	195	302	304	423	224	103	114	269
金属制品	4082	5053	5502	6422	1139	1521	1790	2006	467	520	348	514
非电气机械	4744	5468	6914	8636	1467	1558	2060	2357	463	415	633	606
电气机械	33798	40851	51547	69911	7263	9161	11393	14757	3600	3076	4174	5230
运输设备	6332	6232	7620	9750	1804	1610	1967	2360	462	842	795	952
专业和科学设备	1640	1530	1858	2571	448	413	476	616	324	83	90	145
其它	1221	1550	1517	1440	421	485	457	433	64	51	65	86

资料来源：联合国工发组织《国际工业统计年鉴》1998 年。

6－27 菲律宾制造业主要指标

按国际标准产业分类第二版分类	机构数(家)				雇员数(千人)				雇员工资(百万比索)			
	1990年	1991年	1992年	1993年	1990年	1991年	1992年	1993年	1990年	1991年	1992年	1993年
制造业合计	**83825**	**88298**	**11764**	**11055**	**1109**	**1106**	**959**	**901**	**48577**	**58121**	**61974**	**60347**
食品	36707	39000	2824	2689	267	257	159	164	9561	11487	10050	10919
饮料	823	719	97	86	33	33	28	26	2447	2994	2986	2866
烟草	31	31	25	22	13	14	14	13	654	823	953	826
纺织	1850	1781	592	575	99	86	79	67	3493	3711	3890	3339
服装	14123	14398	1861	1722	184	183	176	160	6376	7478	8434	7523
皮革制品	339	328	99	83	8	9	8	5	290	340	365	266
制鞋 (不含橡胶鞋、塑料鞋)	2061	2010	348	363	14	20	15	15	241	441	437	470
木材制品 (不含家具)	2745	2838	539	454	50	47	35	30	1659	1631	1409	1159
家具、装饰	5344	5714	638	557	49	42	30	23	1290	1341	1080	858
纸及纸制品	307	342	197	200	16	17	18	16	847	1013	1235	1050
印刷、出版	2362	2490	644	630	29	30	23	26	1202	1456	1491	1794
工业化学	169	203	149	148	12	13	12	12	958	1170	1353	1384
其它化学	409	466	328	291	32	32	31	31	3864	4658	5256	5334
石油提炼	4	4	4	4	3	2	3	3	701	830	909	1005
石油和煤制品	14	17	17	16	1	1	1	1	22	30	48	46
橡胶制品	419	410	186	178	30	27	30	23	1508	1573	2018	1871
塑料制品	374	405	372	377	20	20	25	24	766	1030	1375	1256
陶瓷	754	787	73	61	5	6	12	9	262	363	652	538
玻璃及其制品	67	85	49	53	9	9	7	6	834	876	729	521
其它非金属矿产品	2561	2738	417	340	29	29	23	20	1196	1473	1723	1540
钢铁	193	216	180	178	19	19	20	19	1311	1518	1789	1723
有色金属	88	97	26	30	3	3	3	3	172	235	250	353
金属制品	7404	8170	633	600	37	40	28	31	1279	1636	1465	1555
非电气机械	1959	2168	540	488	24	25	21	20	928	1226	1261	910
电气机械	286	338	296	265	76	90	102	99	4489	6189	7517	7766
运输设备	598	653	266	257	23	23	25	24	1198	1322	1807	1834
专业和科学设备	12	16	16	19	3	3	3	7	161	205	285	386
其它	1822	1874	348	319	25	28	28	26	867	1071	1208	1208

续表 1

按国际标准产业分类第二版分类	产值(百万比索)				增加值(百万比索)				固定资本形成(百万比索)			
	1991年	1992年	1993年	1994年	1991年	1992年	1993年	1994年	1991年	1992年	1993年	1994年
制造业合计	**591268**	**706563**	**734877**	**793282**	**215210**	**250301**	**269101**	**299148**	**29960**	**31675**	**36014**	**48492**
食品	145980	155969	148144	161083	53623	45781	46147	56247	5705	7130	7303	7819
饮料	33333	41210	42533	55139	19822	25126	24586	32773	5133	1561	1470	2323
烟草	18316	18972	22153	22804	10216	11088	13571	14796	257	347	103	412
纺织	27657	28801	29238	26071	9554	9454	9464	10147	1588	1289	1798	1212
服装	25680	34900	32523	36848	12379	16131	15558	17410	466	536	669	558
皮革制品	1094	1616	1500	1142	598	670	653	487	29	60	14	29
制鞋(不含橡胶鞋、塑料鞋)	1151	2774	2630	3877	444	1148	1019	2427	29	172	127	30
木材制品(不含家具)	10870	12844	9962	10571	3998	4993	3568	3740	411	374	350	374
家具、装饰	5193	5862	5022	5900	2497	2851	2131	2200	142	131	166	180
纸及纸制品	12554	15283	18958	14375	4470	5157	6562	5115	456	566	655	877
印刷、出版	7311	8274	9305	14770	3029	3476	3753	5955	127	559	319	1102
工业化学	18427	24085	24140	21836	6744	9417	9793	9765	845	618	617	782
其它化学	41868	52011	57244	60375	18655	25869	30750	32123	1666	1501	1855	2224
石油提炼	66889	89432	86765	91567	11891	17430	19869	13303	1629	4449	4941	10458
石油和煤制品	524	1156	951	1110	71	149	335	373	6	16	3	4
橡胶制品	8890	9957	13891	11210	3838	4240	6308	5428	570	972	738	878
塑料制品	9412	12721	14065	13206	2696	4172	4827	5085	391	898	1238	1343
陶瓷	1199	1582	2319	2358	695	886	1272	1308	129	46	93	142
玻璃及其制品	3857	5423	4769	4933	2091	2804	2397	2434	774	883	605	796
其它非金属矿产品	13931	16545	18773	18561	5844	6634	8502	8602	1348	1060	2978	1781
钢铁	29455	32019	33935	38962	5730	8233	9784	9455	1656	340	2644	2887
有色金属	13409	12510	11745	15912	2840	876	1933	7106	131	607	347	456
金属制品	11046	14093	12634	14316	3789	4984	4209	4788	192	678	530	755
非电气机械	4874	6472	6843	10484	2034	2735	3226	2975	379	720	402	533
电气机械	48609	71131	80459	81397	18842	27059	25801	28278	4208	4869	4448	6945
运输设备	24414	24350	37861	45405	6269	6122	9949	12579	1541	1141	1207	2993
专业和科学设备	395	628	819	2408	278	369	461	1064	30	21	49	228
其它	4930	5942	5696	6664	2272	2446	2674	3186	121	131	346	370

注：1992 年以后为 10 人及 10 人以上的机构，1990 年及 1991 年为所有机构。

资料来源：联合国工发组织《国际工业统计年鉴》1998 年。

6－28　泰国制造业主要指标

按国际标准产业分类第二版分类	机构数(家)			雇员数(千人)			雇员工资(百万铢)		
	1989年	1990年	1991年	1989年	1990年	1991年	1989年	1990年	1991年
制造业合计	**11938**	**11179**	**13926**	**1360**	**1717**	**1608**	**80515**	**110047**	**118348**
食品	4971	4562	2726	247	204	219	8629	8545	11375
饮料	67	61	79	51	95	21	4189	5569	2351
烟草	176	175	164	10	32	22	169	3936	3805
纺织	968	1002	1464	310	411	277	19965	19850	13359
服装	897	922	1327	152	300	227	4681	15219	17519
皮革制品	106	66	206	10	12	13	486	1159	769
制鞋(不含橡胶鞋、塑料鞋)	57	64	257	14	18	63	684	809	2819
木材制品	480	521	858	31	27	42	1285	1182	2004
家具、装饰	304	238	333	37	32	29	1351	5742	1433
纸及纸制品	123	136	124	22	1	17	1335	30	887
印刷、出版	330	330	420	32	25	32	2493	1720	3853
工业化学	140	184	245	18	12	19	1538	689	3923
其它化学	267	109	312	33	22	33	2794	1340	3471
石油提炼	5	2	10	5		2	2638		702
石油和煤制品	3	2	5	...		...	10		15
橡胶制品	201	203	377	36	38	55	5182	2572	3333
塑料制品	181	127	490	13	21	26	451	2697	1191
陶瓷	143	153	198	22	19	18	575	554	849
玻璃及其制品	16	17	27	8	21	18	1209	1925	1775
其它非金属矿产品	585	573	1049	46	67	63	3489	10637	7775
钢铁	233	226	258	25	28	35	2560	3577	3263
有色金属	156	148	123	4	3	12	129	95	1757
金属制品	511	329	890	45	53	65	2388	3035	4340
非电气机械	166	200	419	6	66	59	334	6163	5787
电气机械	164	132	276	86	85	74	6017	7056	8054
运输设备	350	337	697	58	44	78	4068	3901	7608
专业和科学设备	11	16	30	6	6	22	412	211	671
其它	327	344	562	32	76	66	1454	1834	3660

续表 1

按国际标准产业分类第二版分类	产　值(百万铢)			增 加 值(百万铢)			固定资本形成(百万铢)		
	1989年	1990年	1991年	1989年	1990年	1991年	1989年	1990年	1991年
制造业合计	**1739414**	**2061255**	**2681362**	**570043**	**703616**	**1669136**	**384618**	**481586**	**195567**
食品	277426	251170	253693	580111	56312	69026	69940	79267	16227
饮料	68739	94972	49025	46642	70774	37610	9526	14522	5839
烟草	1555	52581	57378	162	41520	47883	863	6447	6515
纺织	206071	632770	134885	58364	180755	51372	76631	60160	15630
服装	43601	108928	165090	13877	26858	84142	10639	20101	10096
皮革制品	4096	5679	30033	975	1570	15425	1039	1008	－8975
制鞋(不含橡胶鞋、塑料鞋)	1940	4418	15972	780	1612	7317	827	1010	1301
木材制品	13957	15933	22939	4413	4764	10053	5576	4296	2331
家具、装饰	12577	50735	13920	4197	16458	7066	2729	22757	2203
纸及纸制品	35916	1254	14605	7311	195	4098	10489	112	3670
印刷、出版	72183	10015	571208	68046	5197	565470	4453	6228	991
工业化学	68609	10371	61837	21756	3936	25853	14360	6940	4136
其它化学	37764	19064	59848	14111	7389	20461	8579	3603	7659
石油提炼	161952		133029	59393		131145	10237		3748
石油和煤制品	233		836	35		326	54		9
橡胶制品	243488	46508	69774	41557	12108	26049	12556	8992	12245
塑料制品	8510	61454	11564	2125	22828	5439	3301	31458	13348
陶瓷	3140	2808	8081	1559	1517	4900	6559	4850	2528
玻璃及其制品	11810	5621	17791	6751	2346	10919	6677	772	3762
其它非金属矿产品	71781	159307	122688	27915	70840	57759	32356	65257	21459
钢铁	87819	53819	84056	42882	10994	29108	6327	7756	12839
有色金属	847	1522	41880	418	273	7785	889	355	223
金属制品	77052	82684	56325	16352	15473	27714	25586	22377	5429
非电气机械	5867	91586	259899	1165	49360	174242	1156	27712	6534
电气机械	117901	164214	217126	31710	64552	118439	36563	27387	13985
运输设备	77138	94980	150122	32722	21764	100499	20672	7228	17860
专业和科学设备	3054	2251	5712	1289	1491	3218	1814	602	2231
其它	24388	36611	52046	5526	12730	25818	3056	17149	7425

注：指 10 人及 10 人以上的机构。

资料来源：联合国工发组织《国际工业统计年鉴》1996 年。

6-29 能源平衡表

单位:标准煤千吨

国家	年份	一次能源生产量					库存变化	进口	出口
		总计	固体	液体	气体	电能			
世界总计	**1992**	**11502430**	**3210051**	**4592439**	**2590197**	**1109743**	**49560**	**4149017**	**4040513**
	1993	**11527394**	**3125034**	**4596859**	**2659365**	**1146136**	**46367**	**4196714**	**4083713**
	1994	**11908710**	**3347040**	**4675508**	**2724352**	**1161810**	**75612**	**4209074**	**4173330**
	1995	**12321830**	**3492347**	**4726805**	**2898035**	**1204643**	**-3819**	**4343787**	**4318446**
亚洲	**1992**	**3742448**	**1266119**	**1824280**	**463331**	**188719**	**31723**	**1284856**	**1548601**
	1993	**3864176**	**1296537**	**1872857**	**487826**	**206959**	**35989**	**1320355**	**1597681**
	1994	**4020995**	**1364223**	**1928977**	**510061**	**217734**	**19958**	**1348407**	**1581637**
	1995	**4177702**	**1446197**	**1953351**	**540759**	**237934**	**28127**	**1410778**	**1605377**
中国⑨	1992	1072560	796912	202714	21451	51483	-77	3334	5633
	1993	1110590	821837	207680	22212	58861	410	5492	5341
	1994	1187290	885718	208963	22559	70050	668	4342	5772
	1995	1290340	971626	214196	24516	80001	-491	5456	6776
孟加拉国②	1992	6943		182	6664	98	-30	2935	3
	1993	7467		185	7208	75	-23	3046	4
	1994	8222		161	7956	104	-90	3101	...
	1995	9287		14	9227	46	-33	3537	...
印度③	1992	267355	199137	41578	15551	11090	3827	64995	619
	1993	275411	209524	39521	15696	10670	2113	66924	604
	1994	296077	217339	45703	22665	10371	-1128	68129	99
	1995	310950	227343	47689	24509	11410	-1526	73887	103
印度尼西亚	1992	234764	21147	142890	67871	2826	3384	18020	126334
	1993	243365	27569	142623	70355	2818	5539	17938	123557
	1994	258893	30759	146685	78113	3336	794	18249	138602
	1995	266739	36104	143753	83378	3504	4946	23513	135877
伊朗④	1992	285518	971	250092	33285	1171	-1428	10744	185266
	1993	277291	970	250299	24816	1207	-7902	7549	191083
	1994	318914	980	263229	53790	915	296	7283	194462
	1995	323134	1000	263886	57323	925	1428	7131	192175
以色列	1992	45		13	28	4	1274	21830	1909
	1993	44		11	28	4	260	24187	3932
	1994	39		6	29	4	-1158	23632	4158
	1995	40		7	29	4	-317	24922	4169
日本	1992	107042	6685	1192	3022	96173	-500	529865	9550
	1993	117893	5989	1082	3085	107736	2337	527893	10711
	1994	121775	5753	1033	3182	111807	5266	558838	11895
	1995	132624	5196	1025	3092	123311	365	559966	13673
哈萨克斯坦	1992	155465	107860	37364	9397	843	4285	40237	61372
	1993	137750	95866	33203	7744	937	-419	31648	56742
	1994	125362	89873	29162	5199	1128	-1203	17171	40080
	1995	108856	71485	29496	6853	1023	-786	18072	32967
马来西亚	1992	69246	80	45735	22896	535	-1718	12941	47970
	1993	76354	397	45923	29429	605	194	16924	49166
	1994	79335	134	47629	30771	801	621	14652	47975
	1995	89147	112	49472	38641	921	136	14755	50144
蒙古	1992	3373	3373					749	82
	1993	2902	2902					843	94
	1994	2561	2561					831	96
	1995	2472	2472					961	102
缅甸③	1992	2404	49	1048	1120	186	-144	275	...
	1993	2623	47	983	1384	209	-105	426	...
	1994	2970	51	993	1728	198	-128	582	...
	1995	2866	54	689	1935	188	-229	959	...
朝鲜	1992	88348	85400			2948		8621	464
	1993	91148	88200			2948		8221	464
	1994	90287	87400			2887		8048	438
	1995	89425	86600			2825		7894	413

续表 1

单位:标准煤千吨

国家	年份	国际运输燃料		统计误差	人均消费量(标准煤公斤/人)	能源消费量				
		空运	海运			总计	固体	液体	气体	电能
世界总计	**1992**	**62647**	**165899**	**382817**	**2005**	**10950012**	**3228076**	**4006813**	**2605482**	**1109642**
	1993	**66767**	**149579**	**358324**	**1988**	**11019359**	**3164413**	**4061021**	**2647479**	**1146446**
	1994	**70272**	**152378**	**371375**	**2006**	**11274817**	**3365963**	**4067994**	**2679103**	**1161757**
	1995	**73891**	**158277**	**398630**	**2055**	**11720193**	**3503472**	**4107579**	**2905215**	**1203927**
亚洲	**1992**	**19115**	**47489**	**209042**	**959**	**3171335**	**1389588**	**1142666**	**449363**	**189718**
	1993	**19818**	**50425**	**207774**	**975**	**3272844**	**1429956**	**1174469**	**460507**	**207913**
	1994	**20539**	**53040**	**222660**	**1019**	**3471567**	**1522064**	**1215283**	**515027**	**219192**
	1995	**22219**	**57793**	**231874**	**1054**	**3643090**	**1603472**	**1260109**	**541268**	**238241**
中国⑨	1992				932	1091700	826417	191048	20742	53493
	1993				979	1159930	866468	211107	22039	60316
	1994				1024	1227370	920528	213562	23320	69960
	1995				1083	1311760	978573	229558	23612	77394
孟加拉国②	1992	…	…	404	84	9501	121	2619	6664	98
	1993	…	…	324	89	10207	45	2879	7208	75
	1994	…	…	1020	89	10394	…	2333	7956	104
	1995	…	17	948	101	11891	…	2619	9227	46
印度③	1992	899	356	22498	345	304181	203013	74349	15551	11238
	1993	921	248	20347	354	318102	214321	77238	15696	10847
	1994	943	…	21035	376	343257	227315	82724	22665	10553
	1995	951		26589	386	358722	237068	85455	24509	11600
印度尼西亚	1992	485	300	40006	436	82244	5331	49512	24574	2826
	1993	590	315	39376	480	91928	9037	51851	28222	2818
	1994	663	329	39945	498	96809	10851	54350	28271	3336
	1995	737	358	38684	555	109650	13905	57193	35047	3504
伊朗④	1992	7	682	9669	1618	102065	1318	66292	33285	1171
	1993	7	839	6208	1458	94605	1229	68019	24150	1207
	1994	7	739	6141	1868	124552	1280	68568	53790	915
	1995	7	768	5837	1902	130049	1320	70481	59323	925
以色列	1992	599	268	1375	3297	16451	4946	11516	28	−39
	1993	674	273	1775	3344	17317	5654	11670	28	−36
	1994	546	268	2043	3322	17814	6027	11795	29	−37
	1995	581	283	1877	3325	18369	6118	12256	29	−34
日本	1992	6655	8250	23605	4744	589348	118275	299877	75043	96143
	1993	4701	9588	24026	4758	592423	116087	292738	75862	107736
	1994	7030	9824	25202	4979	621396	119098	309250	81240	111807
	1995	7951	8904	23243	5105	638454	125083	307468	82592	123311
哈萨克斯坦	1992			1327	7643	128717	75926	28801	21406	2584
	1993			1896	6603	111178	69653	24083	15067	2375
	1994			2145	6034	101510	68477	18692	11613	2728
	1995			331	5614	94417	62371	15730	14452	1863
马来西亚	1992	…	104	1263	1839	34568	2383	20551	11100	533
	1993	…	86	2773	2133	41059	2030	23144	15278	608
	1994	…	346	2808	2145	42237	2348	23552	15530	807
	1995	…	355	3876	2452	49391	2470	34877	21125	918
蒙古	1992				1742	4039	3405	622		13
	1993				1543	3651	2937	690		24
	1994				1366	3297	2600	671		26
	1995				1352	3331	2515	769		47
缅甸③	1992	3	39	359	57	2422	62	1054	1120	186
	1993	3	1	278	66	2872	59	1220	1384	209
	1994	3	7	338	75	3333	62	1345	1728	198
	1995	9	3	128	87	3915	65	1727	1935	188
朝鲜	1992			−646	4621	97151	87720	6483		2948
	1993			−895	4669	99800	90420	6432		2948
	1994			−930	4547	98826	89572	6367		2887
	1995			−965	4429	97871	88747	6298		2825

续表 2　　　　单位:标准煤千吨

国　家	年份	一次能源生产量					库存变化	进　口	出　口
		总　计	固　体	液　体	气　体	电　能			
韩　国	1992	29292	7693			21598	1364	149619	17828
	1993	28405	6069			22336	6184	169939	19122
	1994	27073	4781			22292	5328	181768	16950
	1995	29251	3676			25574	3637	201497	18672
巴基斯坦②	1992	26674	2094	4438	17697	2446		14475	527
	1993	28021	2207	4312	18693	2810		16242	626
	1994	28776	2387	4022	19794	2572		18396	416
	1995	28997	2056	3945	19998	2998		19184	438
菲律宾	1992	9461	1122	597		7741	466	22342	574
	1993	9548	1069	646		7833	436	21540	1061
	1994	9260	979	319		7962	461	21613	484
	1995	9191	891	203		8097	829	27636	393
新加坡	1992						1742	95165	47489
	1993						2091	104776	53419
	1994						−8476	104705	59836
	1995						−8882	105107	58694
斯里兰卡	1992	356				356	−8	2897	8
	1993	466				466	−49	3094	95
	1994	502				502	−55	3296	129
	1995	554				554	−19	3552	136
泰　国	1992	25712	9659	5262	10269	522	427	31720	1364
	1993	27212	9775	5403	11578	456	576	36918	1338
	1994	29946	10747	5345	13298	556	−589	40298	1605
	1995	29662	11578	5260	11998	826	−912	48043	1611
土耳其	1992	25316	15626	6108	233	3349	247	41908	2609
	1993	26591	16531	5559	235	4266	−246	48062	2700
	1994	26663	17296	5279	234	3854	1146	48592	2379
	1995	26882	17175	5022	214	4471	1539	52495	2200
越　南	1992	13405	4792	7884	3	725	−137	4167	9347
	1993	16676	5899	9016	3	1758	695	5014	10221
	1994	17681	5690	9998	3	1990	−392	5597	12052
	1995	20715	7452	10998	7	2258	503	6477	13655
非　洲	**1992**	**734495**	**139908**	**484118**	**99752**	**10718**	**−3635**	**74409**	**488606**
	1993	**745234**	**145569**	**485858**	**103846**	**9961**	**−2358**	**70386**	**488166**
	1994	**752221**	**156208**	**484696**	**100688**	**10929**	**−3899**	**70297**	**487528**
	1995	**773415**	**152863**	**490117**	**119382**	**11052**	**−962**	**69405**	**505612**
埃　及	1992	80737		68510	11179	1049	857	1076	39207
	1993	83328		69201	12839	1288	714	1340	37513
	1994	82391		67033	14039	1319	714	1706	36575
	1995	86314		66914	18072	1328	857	1386	36585
尼日利亚	1992	146453	87	139762	5859	744		1047	114442
	1993	143565	41	136063	6724	737		1040	112337
	1994	136888	50	130043	6058	737		3295	114308
	1995	138317	50	131592	5938	737		3196	119992
南　非①	1992	139038	133043		2440	3556	…	23613	42880
	1993	154372	138967	10181	2448	2776	1533	17905	53617
	1994	168317	149333	12868	2448	3668	−714	13568	55650
	1995	168238	149401	12712	2457	3668		13724	54197
北美洲	**1992**	**3009953**	**800638**	**974208**	**871064**	**364043**	**−13886**	**801026**	**482377**
	1993	**2975465**	**748099**	**958265**	**894658**	**374442**	**5278**	**875058**	**465112**
	1994	**3221015**	**945519**	**951262**	**937953**	**386281**	**45222**	**914851**	**485677**
	1995	**3246634**	**949052**	**947749**	**950586**	**399247**	**−27286**	**926120**	**522056**

续表 3 单位:标准煤千吨

国家	年份	国际运输燃料		统计误差	人均消费量(标准煤公斤/人)	能源消费量				
		空运	海运			总计	固体	液体	气体	电能
韩国	1992	892	4533	13478	3224	140816	34136	78538	6544	21598
	1993	836	5543	12964	3486	153695	37343	85841	8175	22336
	1994	904	6046	11524	3777	168089	40138	94990	10669	22292
	1995	980	6753	14703	4142	186002	44459	102809	13159	25574
巴基斯坦②	1992	214	18	1162	311	39228	3151	15933	17697	2446
	1993	231	21	1136	327	42239	3191	17547	18693	2810
	1994	190	24	1207	342	45335	3470	19499	19794	2572
	1995	198	21	1209	340	46314	3140	20178	19998	2998
菲律宾	1992	654	96	3132	423	26881	2227	16913		7741
	1993	700	114	1309	423	27467	2319	17315		7833
	1994	722	143	693	427	28370	2216	18192		7962
	1995	737	172	5336	433	29359	2254	19009		8907
新加坡	1992	1179	12488	8721	7491	23545	25	23521		…
	1993	1238	13269	9336	7930	25422	27	25401		−6
	1994	1268	14049	10739	8351	27290	36	27265		−11
	1995	1290	14830	10523	8612	28652	41	28611		…
斯里兰卡	1992	74	404	125	152	2651	2	2293		356
	1993	97	486	266	152	2665	2	2197		466
	1994	100	487	232	164	2904	3	2399		502
	1995	113	480	232	176	3163	2	2607		554
泰国	1992	…	…	1612	951	54029	10263	32921	10269	576
	1993	…	…	1765	1055	60451	10863	37481	11578	529
	1994	…	…	1967	1164	67262	12111	41196	13298	657
	1995	…	…	3802	1257	73204	13809	46495	11998	902
土耳其	1992	376	158	3297	1043	60537	22120	29628	5455	3334
	1993	457	142	4077	1145	67523	23185	34056	6062	4220
	1994	368	159	3003	1133	67900	22845	34856	6411	3788
	1995	377	267	2285	1195	72708	23509	36528	8285	4386
越南	1992			2	120	8360	3437	4194	3	725
	1993			2	152	10771	3979	5031	3	1758
	1994			2	160	11616	4015	5607	3	1990
	1995			2	177	13032	4269	6498	7	2258
非洲	**1992**	**3281**	**5198**	**31208**	**430**	**284246**	**101221**	**121213**	**51327**	**10485**
	1993	**3421**	**8219**	**32404**	**421**	**285768**	**96610**	**122855**	**56492**	**9810**
	1994	**3619**	**8772**	**28923**	**427**	**297575**	**105465**	**122594**	**58667**	**10848**
	1995	**3556**	**8768**	**19579**	**428**	**306267**	**103280**	**122268**	**69649**	**11070**
埃及	1992	221	1699	3015	627	36813	978	23608	11179	1049
	1993	348	1699	2790	696	41604	1287	26190	12839	1288
	1994	516	1956	2795	682	41541	1392	24792	14039	1319
	1995	368	1960	1935	741	45994	924	25671	18072	1328
尼日利亚	1992	531	548	11513	200	20466	94	13768	5859	744
	1993	523	556	9828	203	21361	48	13852	6724	737
	1994	523	527	8834	145	15691	56	8839	6058	737
	1995	523	541	4600	142	15857	56	9125	5938	737
南非①	1992			750	2692	119022	90393	22822	2440	3367
	1993		3061	3705	2441	110406	85542	19820	2448	2596
	1994		3240	2844	2612	120864	93877	21058	2448	3480
	1995		3278	−360	2638	124847	95401	23510	2457	3479
北美洲	**1992**	**2017**	**33298**	**29607**	**7471**	**3277566**	**707745**	**1323596**	**881885**	**364339**
	1993	**1881**	**31386**	**27245**	**7468**	**3319620**	**684749**	**1364811**	**895573**	**374486**
	1994	**1970**	**32288**	**27038**	**7870**	**3543671**	**841660**	**1390076**	**925659**	**386276**
	1995	**2042**	**31986**	**46856**	**7891**	**3597100**	**849032**	**1384560**	**964205**	**399302**

续表 4

单位: 标准煤千吨

国　家	年份	一次能源生产量					库存变化	进　口	出　口
		总计	固体	液体	气体	电能			
加拿大	1992	416238	49183	135595	162645	68815	－8722	54599	184453
	1993	451136	53598	143947	178600	74991	122	57427	198438
	1994	479814	54509	148164	196772	80369	193	61127	219778
	1995	496012	56515	155151	209412	74934	－1079	59413	239906
墨西哥	1992	279542	4724	223834	39180	11805	－782	15350	110414
	1993	278231	4648	223409	38343	11831	－1682	13972	111788
	1994	283646	6215	225446	39833	12153	1150	14350	104680
	1995	282781	6206	220750	41145	14681	－2800	12098	105587
美　国	1992	2291470	746731	602886	661243	280609	－6101	631937	138984
	1993	2224993	689852	579773	670715	284653	5690	701089	106048
	1994	2433436	884795	565908	692501	290232	43718	735487	114037
	1995	2444217	886330	560349	691725	305813	－24036	748509	128744
南美洲	**1992**	**507745**	**29771**	**341717**	**86102**	**50154**	**2878**	**87036**	**222612**
	1993	**541722**	**28819**	**360848**	**98071**	**53984**	**3093**	**95812**	**243725**
	1994	**580603**	**30748**	**384548**	**108607**	**56701**	**－331**	**101820**	**262257**
	1995	**612036**	**33722**	**405700**	**111737**	**60876**	**－11961**	**105528**	**288972**
阿根廷	1992	78415	181	42520	30680	5035	751	5254	9776
	1993	82493	141	44951	31556	5845	1295	5520	11770
	1994	90748	293	50010	34000	6444	－641	7353	19713
	1995	95425	257	52389	36244	6535	－14	8795	24919
巴　西	1992	82816	3003	46312	5413	28088	－1907	58238	4838
	1993	85563	2917	47288	5907	29452	2174	67307	7583
	1994	89211	3259	49992	6128	29833	－83	67619	6567
	1995	93543	3283	51567	6573	32119	－3753	65294	3396
委内瑞拉	1992	228223	2479	182596	37366	5782	2922	526	149102
	1993	251893	3889	193361	48812	5831	1544	354	160015
	1994	279192	4738	213136	55007	6311	610	285	171687
	1995	284511	4637	217549	55494	6830	－8149	112	185902
欧　洲	**1992**	**3260757**	**814057**	**922991**	**1035020**	**488689**	**33073**	**1869787**	**1165823**
	1993	**3150248**	**745039**	**874082**	**1038114**	**493013**	**7514**	**1796246**	**1148942**
	1994	**3066977**	**676710**	**883305**	**1024723**	**482238**	**17749**	**1733358**	**1203885**
	1995	**3224185**	**715181**	**883797**	**1137226**	**487982**	**4791**	**1790995**	**1234259**
保加利亚	1992	12219	7555	76	43	4545	75	16534	359
	1993	12819	7250	61	78	5430	242	24218	1165
	1994	13108	7115	51	65	5877	－481	19663	2909
	1995	14449	7634	61	57	6697	256	21941	2884
捷克共和国⑩	1992	46742	41673	117	200	4752	－1176	21051	10933
	1993	46071	40757	159	269	4887	254	20764	11121
	1994	42672	37177	183	273	5039	174	23416	11664
	1995	41234	35497	186	276	5274	－29	23526	11478
法　国⑤	1992	163293	9767	4783	3052	145690	5855	203292	26975
	1993	161946	8982	4629	3212	145122	－718	194735	30549
	1994	159387	7817	4664	3221	143685	684	188714	32073
	1995	166032	7854	4207	4433	149537	378	193742	28076
德　国	1992	227538	140006	4684	21255	61594	11297	290394	26092
	1993	210871	125474	4376	21352	59668	1299	294170	26935
	1994	200675	115708	4196	21664	59105	9822	304315	30718
	1995	199956	112700	4179	22812	60265	－2937	305833	28814
意大利⑥	1992	40046	362	6431	23387	9866	3469	224443	29290
	1993	41845	362	6630	24891	9961	－1604	216093	31634
	1994	43392	88	6994	26255	10054	－163	211307	29054
	1995	42928	136	7482	25947	9363	614	218185	22894

续表 5

单位:标准煤千吨

国　家	年份	国际运输燃料		统计误差	人均消费量(标准煤公斤/人)	能　源　消　费　量				
		空　运	海　运			总　计	固　体	液　体	气　体	电　能
加拿大	1992	1257	839	－7024	10535	300034	36056	106033	92208	65738
	1993	1147	816	－4747	10860	312789	34357	109674	97135	71738
	1994	1125	914	－6228	11170	325160	34268	113326	102591	74974
	1995	1191	897	－6350	10913	320860	34480	110567	105287	70525
墨西哥	1992	106	566	9012	2032	175575	5411	115747	42741	11676
	1993	106	566	8412	1967	173013	5969	115293	40056	11695
	1994	106	566	4822	2084	186671	7166	126370	41084	12051
	1995	106	566	4681	2049	186739	8839	120428	42886	14585
美　国	1992	…	28661	22226	10562	2739636	665450	1051234	738861	284092
	1993	…	26824	16502	10574	2771018	643606	1087924	751303	288184
	1994	…	27525	20785	11197	2963131	799416	1094942	773058	295715
	1995	…	26954	39488	11312	3021575	805055	1098509	807647	310364
南美洲	**1992**	**1341**	**3762**	**24498**	**1122**	**339689**	**26188**	**177463**	**86054**	**49984**
	1993	**1452**	**3955**	**22952**	**1177**	**362357**	**24989**	**185958**	**97582**	**53817**
	1994	**1682**	**4138**	**24410**	**1248**	**390267**	**27285**	**197791**	**108673**	**56518**
	1995	**1778**	**3952**	**28057**	**1281**	**406767**	**28947**	**205338**	**111651**	**60831**
阿根廷	1992	…	696	5330	2008	67116	1108	27151	33503	5353
	1993	…	555	4902	2052	69490	889	28667	33913	6021
	1994	…	558	5002	2141	73468	1274	28526	37104	6563
	1995	…	457	1896	2214	76962	1347	29746	39074	6796
巴　西	1992	647	1201	11176	820	125094	15086	73561	5409	31038
	1993	690	1501	10616	842	130307	15371	76193	5907	32836
	1994	843	1748	9943	878	137812	15840	82109	6128	33735
	1995	971	1701	11553	912	144969	16591	85343	6573	36461
委内瑞拉	1992	531	1031	3618	3521	71995	307	28584	37366	5737
	1993	604	1109	3571	4083	85393	379	30408	48812	5795
	1994	678	1194	8223	4541	97085	449	35289	55052	6295
	1995	708	1315	7232	4469	97616	456	34807	55539	6814
欧　洲	**1992**	**33298**	**74390**	**99589**	**5131**	**3724371**	**943100**	**1184424**	**1109152**	**487695**
	1993	**36406**	**53728**	**78695**	**4982**	**3621207**	**869476**	**1150133**	**1108959**	**492640**
	1994	**38614**	**51981**	**77871**	**4687**	**3410235**	**807232**	**1080912**	**1041095**	**480995**
	1995	**40144**	**53574**	**82232**	**4943**	**3600180**	**850018**	**1073369**	**1190402**	**486391**
保加利亚	1992		387	628	3165	27303	10647	5969	5810	4877
	1993		283	4268	3619	31078	11207	8996	2432	5443
	1994		377	1195	3366	28773	10331	7115	5457	5868
	1995		392	1854	3644	31005	10496	7283	6549	6677
捷克共和国⑩	1992			2733	5372	55304	34676	7962	8286	4379
	1993			2616	5138	52844	32238	7510	8467	4629
	1994			3044	4984	51207	29924	8028	8270	4984
	1995			2146	4959	50895	28130	8860	8975	4931
法　国⑤	1992	4886	3664	4590	5591	320615	26466	111882	43184	139082
	1993	4984	3492	6169	5418	312180	20803	109335	44466	137576
	1994	5253	3095	8936	5149	298059	20750	98584	42800	135926
	1995	5542	3614	13532	5309	308633	22210	98378	47086	140958
德　国	1992	7370	2509	6800	5776	463865	149276	164014	89634	60941
	1993	7422	3155	3893	5724	462339	139714	168590	94259	59775
	1994	7716	2911	9019	5477	444802	122987	166278	96145	59393
	1995	8002	2937	7955	5650	461018	130751	164679	104730	30858
意大利⑥	1992	3088	3491	－7175	4066	232326	17405	135462	65257	14202
	1993	3554	3480	－6568	3978	227442	15407	130643	66587	14805
	1994	3712	3365	－8962	3981	227694	16253	132471	64297	14673
	1995	3470	3471	－4980	4118	235644	17573	133234	70877	13960

续表 6　　　　单位:标准煤千吨

国家	年份	一次能源生产量					库存变化	进口	出口
		总计	固体	液体	气体	电能			
荷兰	1992	104532	...	4802	98286	1445	1219	130634	113867
	1993	106194	...	4705	99990	1500	1075	132110	117195
	1994	102621	...	6275	94827	1519	1336	133276	111561
	1995	102559	...	5055	95961	1643	−2181	136131	114394
波兰	1992	128919	124501	286	3694	439	1003	28962	20713
	1993	132386	126891	336	4720	439	−1964	29727	23391
	1994	135062	129321	406	4870	465	851	30698	28289
	1995	135480	129608	417	4980	475	−258	33359	31444
罗马尼亚	1992	46151	10106	9448	25159	1437	1568	23203	3267
	1993	46530	10894	10125	23943	1568	−397	21877	4034
	1994	43597	11118	9700	21177	1603	−422	23554	7173
	1995	43328	10689	9955	20633	2050	30	28040	6702
俄罗斯	1992	1581610	241872	570386	703674	65677	5493	65106	528155
	1993	1480129	220337	502053	691909	65830	12713	59080	475419
	1994	1384012	196364	451016	678521	58111	24182	38583	475606
	1995	1512045	242956	435794	774509	58786	12449	43293	499930
西班牙	1992	42620	15644	2040	1642	23294	956	108229	14157
	1993	41089	14569	1600	927	23993	378	103914	14023
	1994	39923	14134	1370	285	24133	401	108669	12624
	1995	38977	13622	1133	602	23620	2197	115454	8943
乌克兰	1992	169290	110354	6390	24154	28392	674	172522	12249
	1993	153700	95725	6068	22574	29333		135391	6813
	1994	133077	78467	5999	21517	27094		100312	6584
	1995	118908	69546	5856	22179	21328		127069	6119
英国	1992	307100	70045	135191	72334	29530	2228	123371	107684
	1993	316468	55802	143658	83084	33924	−158	124735	121456
	1994	342988	39556	182210	87913	33310	−16830	108370	146158
	1995	364154	45299	187116	97806	33933	−7061	100316	146460
南斯拉夫	1992	12453	8414	1664	981	1393		5064	389
	1993	11836	7838	1640	1116	1242		2518	
	1994	11897	8035	1540	956	1367		2389	
	1995	12027	8372	1304	972	1378		2587	
大洋洲	**1992**	**247032**	**159558**	**45124**	**34929**	**7421**	**−593**	**31802**	**132494**
	1993	**250549**	**160970**	**44950**	**36850**	**7779**	**−3149**	**38756**	**140086**
	1994	**266900**	**173631**	**43019**	**42321**	**7927**	**−3087**	**40239**	**152346**
	1995	**287858**	**195332**	**46091**	**38344**	**8091**	**3470**	**40856**	**162171**
澳大利亚⑦	1992	221656	157174	34828	27718	1936	−345	21216	122539
	1993	224705	158458	34322	29828	2096	−3259	27128	129501
	1994	241191	171028	32350	35768	2045	−3120	27555	141849
	1995	261022	192500	34402	32125	1995	3443	28125	150664
新西兰⑧	1992	17538	2384	2726	7108	5320	−248	5086	2282
	1993	17861	2512	2915	6916	5518	110	5612	2776
	1994	17579	2603	2813	6448	5714	33	6321	2545
	1995	17264	2832	2404	6110	5918	27	6557	2127

续表 7

单位：标准煤千吨

国家	年份	国际运输燃料		统计误差	人均消费量（标准煤公斤/人）	能源消费量				
		空运	海运			总计	固体	液体	气体	电能
荷兰	1992	2746	16343	－6959	7118	107951	11363	41233	52844	2510
	1993	3000	16927	－12711	7385	112819	12114	43739	54201	2765
	1994	3132	16152	－7369	7224	111112	12343	43209	52744	2817
	1995	3616	16345	－8370	7421	114885	12873	44966	54104	2942
波兰	1992	336	415	2367	3470	133046	105516	16379	11208	－57
	1993	450	146	1291	3612	138799	108635	18249	11772	143
	1994	758	128	800	3505	134934	102622	19263	12913	136
	1995	759	278	－44	3544	136660	101108	21286	14135	131
罗马尼亚	1992			1348	2737	63171	14876	16064	30278	1953
	1993			4203	2638	60566	14448	15211	29108	1798
	1994			2486	2537	57914	14876	14834	26513	1692
	1995			4052	2666	60583	14950	15944	27601	2087
俄罗斯	1992		21578	64449	6897	1027039	241202	237093	485062	63682
	1993			55062	6690	996015	216978	232674	482835	63529
	1994			38670	5945	884137	199159	184364	445020	55594
	1995			38309	6767	1004650	237800	173410	537062	56378
西班牙	1992	1666	5967	6780	3082	121594	28348	60677	9206	23373
	1993	3036	4974	7849	2903	114742	26067	55430	9097	24149
	1994	2750	4499	9069	3013	119248	25967	58214	10705	24361
	1995	2911	4626	10632	3157	125122	27042	61652	12258	24171
乌克兰	1992			11946	6098	316942	115685	44912	128577	27767
	1993			5661	5325	276618	99381	33203	114890	29143
	1994			3503	4305	223301	80530	28383	87418	26971
	1995			2539	4585	237319	80916	31575	103844	20984
英国	1992	5632	3633	－645	5374	311938	84869	115850	79638	31580
	1993	6122	3468	－736	5350	311051	74206	112476	88393	35977
	1994	7516	3225	4965	5261	306326	69839	109926	91176	35384
	1995	7517	3390	4293	5315	309871	68038	106351	99545	35937
南斯拉夫	1992	…	…	1643	1556	15874	8793	3310	2378	1393
	1993	…	…	1074	1301	13279	8252	1422	2363	1242
	1994	…	…	841	1315	13445	8533	1268	2276	1367
	1995	…	…	615	1366	13999	8967	1402	2252	1378
大洋洲	**1992**	**3594**	**1668**	**－11126**	**5620**	**152797**	**60233**	**57443**	**27700**	**7421**
	1993	**3788**	**1772**	**－10746**	**5717**	**157556**	**58634**	**62787**	**28356**	**7779**
	1994	**3848**	**2064**	**－9527**	**5782**	**161496**	**62257**	**61329**	**29982**	**7927**
	1995	**4152**	**2100**	**－9967**	**5892**	**166788**	**67422**	**61935**	**28040**	**8091**
澳大利亚⑦	1992	2208	901	－10145	7381	127714	58071	47218	20489	1936
	1993	2386	984	－10080	7563	132300	56620	52250	21334	2096
	1994	2456	1087	－9011	7664	135486	60130	49882	23428	2045
	1995	2689	1222	－9636	7879	140766	66408	50541	21822	1995
新西兰⑧	1992	618	389	－1022	6003	20607	1971	6207	7108	5320
	1993	628	410	－707	5828	20257	1822	6000	6916	5518
	1994	675	594	－557	5857	20610	1940	6507	6448	5714
	1995	740	506	－372	5839	20794	2128	6639	6110	5918

注：① 包括博茨瓦纳、莱索托、斯威士兰和纳米比亚。② 至当年 6 月为止的财政年度。③ 自当年 4 月开始的财政年度。④至当年 3 月 20 日止的财政年度。⑤ 包括摩纳哥数。⑥ 包括圣马力诺数。⑦ 至当年 6 月 30 日为止的财政年度。⑧ 至当年 3 月 31 日止的财政年度。⑨ 1993 年起电力折算标准煤的系数采用当量值，电力每万千瓦小时折算为 1.229 吨标准煤。⑩未包括现斯洛伐克地区。

资料来源：联合国《能源统计年鉴》1995 年。

6-30 电力装机容量

单位:千千瓦

国家	年份	总装机容量					发电厂自用装机容量				
		总计	热电	水电	核电	地热	总计	热电	水电	核电	地热
世界总计	**1992**	**2854570**	**1841987**	**670829**	**332395**	**9359**	**227687**	**201102**	**22046**	**955**	**3584**
	1993	**2928407**	**1891728**	**685907**	**341072**	**9700**	**232790**	**205627**	**22583**	**955**	**3625**
	1994	**2995874**	**1941918**	**697839**	**346213**	**9904**	**233115**	**205958**	**22862**	**685**	**3610**
	1995	**3058394**	**1990031**	**708931**	**348580**	**10852**	**237466**	**209876**	**23292**	**703**	**3595**
亚　洲	**1992**	**731648**	**524518**	**155810**	**49909**	**1411**	**62494**	**59559**	**2725**	**165**	**48**
	1993	**772240**	**553638**	**162281**	**54707**	**1614**	**65847**	**62896**	**2734**	**165**	**52**
	1994	**818235**	**589658**	**169102**	**57603**	**1872**	**69298**	**66324**	**2758**	**165**	**51**
	1995	**855460**	**617527**	**175620**	**60243**	**2070**	**71332**	**68328**	**2780**	**165**	**59**
孟加拉国①	1992	2738	2508	230			340	340			
	1993	2948	2718	230			340	340			
	1994	2978	2748	230			370	370			
	1995	3284	3054	230			376	376			
印　度②	1992	82375	60753	19580	2005	37	10045	10039	4		2
	1993	87475	65041	20383	2005	46	10722	10710	4		8
	1994	91555	68600	20904	2005	46	11112	11100	4		8
	1995	93755	70400	21304	2005	46	11412	11400	4		8
印度尼西亚	1992	14061	10685	3236		140	3950	2850	1100		
	1993	15915	12477	3298		140	4020	2900	1100		
	1994	18291	14668	3318		305	4090	2950	1140		
	1995	20296	16565	3371		360	4165	3000	1165		
伊　朗③	1992	19784	17831	1953			3471	3471			
	1993	22688	20735	1953			4476	4476			
	1994	25117	23164	1953			4657	4657			
	1995	26257	23757	2500			4710	4710			
以色列	1992	4140	4135	5			80	75	5		
	1993	4280	4275	5			80	75	5		
	1994	4280	4275	5			80	75	5		
	1995	4480	4475	5			80	75	5		
日　本	1992	205133	130744	39524	34584	281	21301	19706	1384	165	46
	1993	212913	134100	39965	38541	307	22486	20905	1372	165	44
	1994	220898	138049	41932	40531	386	23211	21629	1374	165	43
	1995	226996	141665	43456	41356	519	24050	22461	1374	165	51
哈萨克斯坦	1992	18862	16494	2233	135		2672	2569	103		
	1993	18626	16323	2233	70		2646	2542	104		
	1994	19000	16184	2116	70		2643	2540	103		
	1995	18958	16753	2135	70		2584	2481	103		
马来西亚	1992	6700	5155	1545			537	480	57		
	1993	6857	5280	1577			537	480	57		
	1994	9000	7340	1660			560	500	60		
	1995	10600	8840	1760			560	500	60		
蒙　古	1992	901	901				129	129			
	1993	901	901				129	129			
	1994	901	901				129	129			
	1995	901	901				129	129			
缅　甸②	1992	1110	821	289			303	303	…		
	1993	1115	824	291			305	305	…		
	1994	1161	862	299			316	316	…		
	1995	1344	1016	328			344	344	…		
朝　鲜	1992	9500	4500	5000							
	1993	9500	4500	5000							
	1994	9500	4500	5000							
	1995	9500	4500	5000							

续表 1　　单位: 千千瓦

国家	年份	总装机容量					发电厂自用装机容量				
		总计	热电	水电	核电	地热	总计	热电	水电	核电	地热
韩国	1992	26935	16821	2498	7616		2815	2815			
	1993	30519	20399	2504	7616		2865	2865			
	1994	31806	21697	2493	7616		3056	3056			
	1995	35355	23646	3093	8616		3172	3172			
巴基斯坦①	1992	11119	7652	3330	137		1750	1750			
	1993	12386	7623	4626	137		1800	1800			
	1994	13169	8306	4726	137		1850	1850			
	1995	14025	9062	4826	137		1925	1925			
菲律宾	1992	7485	4325	2272		888	535	520	15		
	1993	7464	4167	2259		1038	537	522	15		
	1994	7640	4275	2315		1050	540	525	15		
	1995	7722	4327	2335		1060	542	527	15		
新加坡	1992	4100	4100								
	1993	4513	4513								
	1994	4513	4513								
	1995	4513	4513								
斯里兰卡	1992	1583	444	1139			174	172	2		
	1993	1557	418	1139			148	146	2		
	1994	1557	418	1139			148	146	2		
	1995	1555	418	1137			146	146	11		
泰国	1992	12880	10421	2459			1148	1148			
	1993	13935	11465	2470			1201	1201			
	1994	15103	12493	2610			2028	2028			
	1995	17544	14806	2738			2632	2632			
土耳其	1992	18714	10320	8379		15	1222	1211	11		
	1993	20335	10638	9682		15	1330	1319	11		
	1994	20858	10978	9865		15	1460	1449	11		
	1995	20953	11074	9864		15	1345	1335	10		
越南	1992	2985	1550	1385		50					
	1993	3478	1550	1860		68					
	1994	4120	1550	2500		70					
	1995	4500	1550	2880		70					
非洲	**1992**	**77846**	**55589**	**20340**	**1842**	**75**	**4323**	**3555**	**768**		
	1993	**82072**	**59750**	**20405**	**1842**	**75**	**4360**	**3592**	**768**		
	1994	**93021**	**70399**	**20705**	**1842**	**75**	**4360**	**3592**	**768**		
	1995	**93371**	**70728**	**20726**	**1842**	**75**	**4387**	**3617**	**770**		
埃及	1992	12090	9375	2715			275	275			
	1993	15590	12875	2715			300	300			
	1994	15856	13141	2715			300	300			
	1995	16015	13300	2715			300	300			
尼日利亚	1992	5881	3540	2341			40	40			
	1993	5881	3540	2341			40	40			
	1994	5881	3540	2341			40	40			
	1995	5881	3540	2341			40	40			
南非⑨	1992	26731	24296	593	1842		1101	1089	12		
	1993	26739	24304	593	1842		1109	1097	12		
	1994	35885	33390	653	1842		1109	1097	12		
	1995	35897	33390	665	1842		1111	1097	14		
北美洲	**1992**	**908033**	**619689**	**168571**	**113668**	**6105**	**68166**	**57738**	**6970**	**20**	**3438**
	1993	**922281**	**629071**	**171858**	**115173**	**6179**	**73004**	**62230**	**7264**	**20**	**3490**
	1994	**925583**	**628228**	**174291**	**116849**	**6215**	**69844**	**58494**	**7898**	**...**	**3453**
	1995	**941545**	**643253**	**176565**	**115565**	**6162**	**71797**	**60401**	**7999**	**...**	**3397**

续表 2　　　　单位: 千千瓦

国　　家	年份	总装机容量					发电厂自用装机容量				
		总 计	热 电	水 电	核 电	地 热	总 计	热 电	水 电	核 电	地 热
加 拿 大	1992	108090	32415	61668	13987	20	6074	1850	4224		
	1993	110554	32990	62101	15437	26	6298	1860	4438		
	1994	113828	34177	63214	16393	44	6614	2147	4445		22
	1995	113340	35000	63600	14700	40	6520	2000	4500		20
墨 西 哥	1992	30252	20844	8003	675	730	3184	3113	71		
	1993	32388	22731	8242	675	740	3184	3113	71		
	1994	35466	24211	9192	1308	755	3184	3113	71		
	1995	44257	32139	10013	1350	755	3184	3113	71		
美　　国	1992	751717	551498	96038	99006	5175	56658	50542	2663	20	3433
	1993	760750	557805	98651	99061	5233	60425	54533	2741	20	3485
	1994	757404	554058	99017	99148	5181	56945	50509	3364	...	3426
	1995	764876	560174	100060	99515	5127	58980	52563	3399	...	3372
南 美 洲	**1992**	**123006**	**33260**	**88071**	**1675**		**9450**	**8047**	**1403**		
	1993	**125025**	**33868**	**89482**	**1675**		**9635**	**8229**	**1406**		
	1994	**129316**	**35431**	**92210**	**1675**		**9747**	**8331**	**1416**		
	1995	**131806**	**36453**	**93678**	**1675**		**9484**	**8063**	**1421**		
阿 根 廷	1992	17326	9858	6450	1018		1800	1779	21		
	1993	18035	10026	6991	1018		1800	1779	21		
	1994	19610	10584	8008	1018		1800	1779	21		
	1995	19610	10584	8008	1018		1800	1779	21		
巴　　西	1992	55129	6763	47709	657		3289	2665	624		
	1993	56231	6974	48600	657		3471	2847	624		
	1994	57629	7051	49921	657		3524	2900	624		
	1995	59036	7068	51311	657		3524	2900	624		
委内瑞拉	1992	19474	8799	10675			1200	1200			
	1993	19495	8820	10675			1200	1200			
	1994	19675	9000	10675			1200	1200			
	1995	19975	9300	10675			1200	1200			
欧　　洲	1992	968910	576873	225229	165301	1507	81367	70336	10163	770	98
	1993	980546	582203	229097	167675	1571	78057	66810	10394	770	83
	1994	981878	583467	228688	168244	1479	77979	67347	10006	520	106
	1995	987502	586496	229469	169255	2282	78579	67597	10605	538	139
保加利亚	1992	12087	7148	1401	3538		754	754	...		
	1993	12087	7148	1401	3538		754	754	...		
	1994	12087	7148	1402	3538		754	754	...		
	1995	12087	7148	1401	3538		754	754	...		
捷克共和国⑧	1992	14489	11328	1401	1760		1861	1827	34		
	1993	14227	11065	1402	1760		1639	1708	31		
	1994	13852	10695	1397	1760		1639	1609	30		
	1995	13852	10695	1397	1760		1639	1609	30		
法　　国④	1992	105249	22477	24857	57675	240	7971	6215	1756		
	1993	107645	23460	24925	59020	240	8046	6227	1819		
	1994	407229	23483	24991	58515	240	8188	6319	1869		
	1995	107611	23869	24987	58515	240	8195	6319	1876		
德　　国	1992	115375	84145	8625	22605		16094	15408	536	150	
	1993	114294	82834	8803	22657		15619	14916	553	150	
	1994	114355	82616	8839	22713	187	15713	15044	519	150	
	1995	115428	83361	8876	22834	357	15378	14703	525	150	
意 大 利⑤	1992	61625	41803	19351	...	471	7794	6056	1738		
	1993	63486	43346	19669	...	471	8486	6718	1768		
	1994	64062	43832	19745	...	485	8559	6740	1819		
	1995	65821	45484	19844	...	493	8733	6911	1822		

续表 3 单位：千千瓦

国家	年份	总装机容量					发电厂自用装机容量				
		总计	热电	水电	核电	地热	总计	热电	水电	核电	地热
荷兰	1992	17518	16829	37	505	147	2518	2481			37
	1993	17599	16922	37	505	135	2635	2620			15
	1994	18348	17649	37	505	157	2536	2516			20
	1995	19012	18211	37	505	259	2546	2516			31
波兰	1992	28664	26622	2042			2376	2376			
	1993	29130	27085	2045			2363	2362	1		
	1994	29636	27589	2047			2246	2245	1		
	1995	29465	27418	2047			2235	2234	1		
罗马尼亚	1992	22268	16581	5687		...	1697	1668	29		...
	1993	22262	16389	5872		1	1565	1535	29		1
	1994	22060	16122	5938		...	1447	1421	26		...
	1995	22276	16278	5998		...	1385	1364	21		...
俄罗斯	1992	213099	149510	43336	20442	11	17710	17510	200		
	1993	213421	148736	43432	21242	11	12697	12578	119		
	1994	214687	149652	43782	21242	11	12913	12795	118		
	1995	210857	145844	43760	21242	11	12915	12797	118		
西班牙	1992	43825	20380	16395	7020	30	1350	750	600		
	1993	43892	20447	16395	7020	30	1350	750	600		
	1994	44444	20938	16456	7020	30	1867	1341	526		
	1995	45764	21882	16784	7020	30	2218	1939	279		
乌克兰	1992	54360	36837	4705	12818		4228	4222	6		
	1993	54261	36737	4706	12818		4228	4219	9		
	1994	54243	36719	4706	12818		4228	4219	9		
	1995	54243	36719	4706	12818		4228	4219	9		
英国	1992	65462	49847	4212	11353	50	4077	3306	106	620	45
	1993	69049	52873	4227	11894	55	4743	3960	113	620	50
	1994	68937	52600	4252	12019	66	4560	4011	114	370	65
	1995	70213	53129	4236	12762	86	4313	3711	129	388	85
南斯拉夫	1992	11463	7657	3806			317	317	...		
	1993	11814	8000	3814			354	354			
	1994	11779	7966	3813			360	360			
	1995	11779	7966	3813			360	360			
大洋洲	**1992**	**45127**	**32058**	**12808**		**261**	**1887**	**1870**	**17**		
	1993	**46243**	**33198**	**12784**		**261**	**1887**	**1870**	**17**		
	1994	**47841**	**34735**	**12843**		**263**	**1887**	**1870**	**17**		
	1995	**48710**	**35574**	**12873**		**263**	**1887**	**1870**	**17**		
澳大利亚⑥	1992	36115	28702	7413		...	1577	1570	7		
	1993	37231	29842	7389		...	1577	1570	7		
	1994	38829	31379	7448		...	1577	1570	7		
	1995	39693	32218	7473		...	1577	1570	7		
新西兰⑦	1992	7520	2208	5051		261					
	1993	7520	2208	5051		261					
	1994	7520	2208	5051		261					
	1995	7520	2208	5051		261					

注：① 至当年 6 月为止的财政年度。② 自当年 4 月开始的财政年度。③ 至当年 3 月 20 日止的财政年度。④ 包括摩纳哥数。⑤ 包括圣马力诺数。⑥ 至当年 6 月30 日止的财政年度。⑦ 至当年 3 月 31 日为止的财政年度。⑧ 1992 年数字未包括斯洛伐克。⑨ 包括博茨瓦纳、莱索托、斯威士兰。

资料来源：联合国《能源年鉴》1995 年。

6-31 钢产量

单位: 万吨

	1980年	1985年	1988年	1989年	1990年	1991年	1992年	1993年	1994年	1995年	1996年	1997年
世界总计	**71821**	**73006**	**78563**	**78737**	**77294**	**71519**	**72787**	**71209**	**70993**	**34349**		
中　国	3712	4679	5943	6159	6635	7100	8094	8956	9261	9536	10124	10894
阿根廷	256	277	362	389	362	298	268	287	304	421	407	
澳大利亚	790	630	634	671	668	622	646	680	763	805	794	809
奥地利	462	466	438	500	455	440	394	415	440	492	443	
比利时	1234	1078	1128	1096	1146	1135	1033	1012	1127	1154	1075	
巴　西	1547	2046	2454	2611	2058	2261	2390	2521	2575	2509	2525	
保加利亚	257	294	288	290	218	162	155	194	250	272	246	263
加拿大	1590	1466	1519	1546	2168	2384	2599	2495	2724	2831	2903	
捷克共和国	1523	1504	1538	1547	1487	1207	734	677	708	719	650	674
丹　麦	73	53	65	62	61	64	60	61	72	66	73	
芬　兰	251	252	280	292	286	289	308	325	342	317	330	372
法　国	2318	1880	1910	1931	1902	1843	1802	1711	1802	1813	1760	
德　国	4384	4049	4103	4108	3844	3878	3688	3762	4084	4205	3979	4081
匈牙利	377	354	348	331	281	186	156	175	193	186	197	182
印　度	943	1118	1302	1288	1303	1639	1300	1366	1336	1338	1344	
意大利	2650	2389	2394	2518	2545	2503	2474	2582	2612	2772	2772	
日　本	11140	10528	10568	10790	11033	10964	9814	9962	9556	10164	9895	
韩　国	1445	1865	1912	2188	2312	2600	2806	3302	3374	3674	3890	
墨西哥	700	718	731	739	822	772	835	931	876	995	985	
荷　兰	527	552	552	568	541	517	544	599	617	641	632	
波　兰	1865	1536	1595	1510	1362	1044	986	994	1111	1189		
罗马尼亚	1318	966	980	949	622	712	538	545	580	670	622	
南　非	906	858	860	946	863	894	910	874	830	1015	797	
西班牙	1255	1468	1169	1256	1271	1266	1260	1296	1344	1393		
瑞　典	423	485	478	469	445	425	436	460	496	492	491	515
土耳其	170	474	800	733	941	940	1034	1151	1218	1282	1498	
俄罗斯	14794	15467	16303	16009	15442	13992	6703	5835	4877	4882	4916	
英　国	1128	1572	1895	1874	1646	1663	1601	1646	1724	1721		1832
美　国	10146	8006	9176	8772	8972	7974	8310	8700	8881	9496	9500	
委内瑞拉	178	306	365	341	318	293	306	257	352	364	377	
南斯拉夫	364	448	449	450			10	4	4	2	4	

资料来源：联合国《统计月报》1998 年 6 月。

6-32　煤炭产量

单位:万吨

	1980年	1985年	1988年	1989年	1990年	1991年	1992年	1993年	1994年	1995年	1996年	1997年
世界总计	**373219**	**440935**	**474752**	**483658**	**470756**	**451736**	**456478**	**446736**	**445442**	**455274**	**471696**	
中　　国	62015	87228	98000	105400	107988	108741	111600	115100	124000	136100	139700	135600
阿 根 廷①	39	40	52	52	26	29	22	17	35	30		
澳大利亚	10539	15588	17821	19609	20482	16464	17513	17605	17675	19105		
比 利 时	632	622	248	190	103	211	200	97	75	64		
巴　　西	524	772	733	667	460	518	473	460	514	517		
保加利亚	3021	3086	3412	3428	3167	2845	3034	2875	2878	3084		2960
加 拿 大	3669	6085	7064	7052	6833	7114	6536	6902	8738	7492		
捷克共和国			12369	11737	10612	10033	8616	8512	7694	7095	6047②	
法　　国	2275	1896	1380	1447	1280	1207	1106	1115	916	905	5744②	
德　　国	22435	20921	18788	18754	18388	35233	31397	28591	26476	25156	23219	22830
匈 牙 利	2570	2405	2088	2003	1758	1697	1584	1424	1411	1458	1409②	1561
印　　度	11370	15749	20076	21142	21685	24212	25012	26320	27090	28767	30784	
印度尼西亚①	30	150	286	456	733	1372	2112	2759	3124	4152	4734	5222
日　　本	1803	1638	1122	1019	826	805	760	722	694	626	648	427
韩　　国①	1862	2191	2267	1900	1594	1378	1114	884	714	560	498	457
巴基斯坦	157	224	272	250	275	287	299	288	322	287	337	342
菲 律 宾①	33	126	133	136	124	126	166	168	173	132	110	
波　　兰	22999	24938	26651	24944	21526	20978	19837	19858	16701	19972		
罗马尼亚	3516	4657	5150	6050	3734	3182	3473	3887	3976	3904	419①	
南　　非①	11604	17314	17804	17392	17478	17525	17440	18203	18250	19600		
西 班 牙①	2860	3984	3106	3608	3581	3289	1472	1404	1405	1358		
土 耳 其	1807	3908	4105	3920	4660	4618	5143	5812	5717	5507	328①	
俄 罗 斯	65286	68014	69464	76909	62810	55757	31702	30978	25847	25520		
英　　国①	13010	8864	10379	9828	8930	9634	8728	6820	4771	5138	4931	
美　　国	75269	80162	86207	88992	93625	90402	90496	85768	93722	103297	106289	
委内瑞拉①	4	4	107	212	218	256	242	389	444	464		
南斯拉夫	4700	6847	5922	7463	7584	5861	11	7	6	6		10

注: 煤炭产量包括硬煤产量和褐煤产量,中国为原煤产量。① 仅指硬煤产量。② 仅指褐煤产量。

资料来源:联合国《统计月报》1998 年 6 月。

6-33 原油产量

单位:万吨

	1980年	1985年	1988年	1989年	1990年	1991年	1992年	1993年	1994年	1995年	1996年	1997年
世界总计	**297900**	**264499**	**290073**	**294969**	**300549**	**298078**	**301193**	**299346**	**304044**	**306531**		
中　国	10595	12490	13705	13764	13831	14099	14210	14524	14608	15005	15733	16210
阿尔及利亚	4736	2935	3083	3406	3702	3769	3634	3509	3533	3616		
阿根廷	2528	2360	2312	2364	2478	2533	2862	3034	3245	3584	3898	4145
澳大利亚	1976	2670	2717	2458	2749	2734	2693	2184	2336	2161		
巴　西	908	2749	2785	2984	3161	3122	3145	3200	3311	3454	3908	4204
加拿大	7041	7200	7932	7654	7622	7594	7885	8219	8586	8855	9094	
捷克共和国	9	12	14	14	12	14	8	11	13	13		
埃　及	2940	4432	4284	4297	4403	4558	4608	4627	4460	4444		
法　国	120	264	336	324	302	295	287	275	277	251		
德　国	520	566	394	377	360	341	328	305	293	296	275	282
匈牙利	203	202	194	197	198	184	182	170	157	169	148	136
印　度	940	2986	3158	3368	3331	3128	2786	2648	3086	3462	3227	3319
印度尼西亚	7761	6770	6534	6932	7152	7238	7373	7416	7426	7374	7468	
伊　朗	7267	10895	11292	14042	15708	16526	17129	17092	17945	17940		
伊拉克	13012	6989	13051	14212	10050	1391	1337	3229	3667	3608		
意大利	180	235	484	468	464	431	448	462	487	518	541	
日　本	43	53	59	54	53	74	85	78	73	73	72	72
哈萨克斯坦							2255	1928	1928	1793		2564
科威特	8412	5377	7600	7405	5954	977	5365	9512	10092	10093		
利比亚	8832	4925	4925	5432	6716	7182	6912	6548	6685	6730		
马来西亚	1344	2125	2640	2840	3002	3034	3071	3221	3112	3332		
墨西哥	9994	13576	13068	13067	13247	13912	13907	13898	13921	13601	14900	
荷　兰	128	373	391	340	353	326	284	343	343	272	222	
尼日利亚	10419	7418	6814	8581	8634	9466	9158	9402	9104	9214		10138
挪　威	2455	3701	5665	7261	7967	9138	10448	11185	12515	13462		
罗马尼亚	1151	1072	938	917	793	679	658	667	670	666	659	
沙特阿拉伯	49590	15850	25516	25243	32038	40880	41642	40114	40120	39991		
土耳其	233	211	258	284	290	437	427	389	368	352		
俄罗斯	60321	59530	62432	60150	54881	51533	39934	35390	31576	30680	30100	
阿联酋	8279	5820	7139	8914	10196	11477	10396	9906	10405	10321		
英　国	7892	12250	11077	8741	8801	8884	8918	9395	11903	12180		
美　国	42420	44136	41064	38268	37103	37392	36266	34532	33418	35964	37273	
委内瑞拉	11479	8819	10012	10009	11201	12461	12378	12778	14339	14486		
南斯拉夫	423	415	368	340	356	196	116	114	108	91		98

资料来源:联合国《统计月报》1998 年 6 月。

6-34 发电量

单位:亿千瓦小时

	1980年	1985年	1988年	1989年	1990年	1991年	1992年	1993年	1994年	1995年	1996年	1997年
世界总计	**82364**	**96955**	**110393**	**113899**	**117189**	**116199**	**120300**	**122967**	**125745**	**129548**		
中　国	3006	4107	5452	5848	6212	6775	7539	8395	9281	10070	10813	11045
阿根廷①	397	415	485	464	470	501	523	590	596	628	671	686
澳大利亚②	961	1210	1391	1478	1551	1569	1591	1618	1671	1734		1728
奥地利	416	439	490	502	504	515	511	527	532	565	548	567
比利时	531	564	652	664	706	719	723	698	722	745	762	
巴　西	1395	1927	2150	2217	2228	2344	2417	2515	2607	2754		
保加利亚	348	416	444	443	421	389	356	372	384	381		436
加拿大	3775	4590	5060	4995	4820	5079	5016	5111	5340	5384	5490	
捷克共和国	727	806	814	861	847	834	593	589	587	608	643	646
丹　麦	271	291	258	228	258	363	309	316	376	343	504	
芬　兰	387	473	512	539	544	580	585	664	612	606	668	
法　国	2457	3257	3655	4069	4201	4542	4623	4714	4756	4962	4889	
德　国	3675	4067	4227	4406	4492	5394	5371	4527	4534	4585	5470	
匈牙利	239	268	292	296	283	300	314	326	334	340	349	359
印　度①	1193	1702	2211	2451	2643	2867	3010	3235	3510	3801	3937	
以色列	125	157	196	203	207	213	233	260	283	291	325	
意大利	1835	1823	2032	2108	2169	2220	2262	2228	2318	2411	2547	
日　本	5775	6720	7537	7988	8573	8881	8953	9067	9643	9900		
韩　国①	401	580	855	945	1077	1186	1310	1444	1650	1847	2055	2244
马来西亚③	101	133	174	217	252	283	320	312	400	465	528	587
墨西哥	670	934	1099	1181	1224	1268	1301	1349	1443	1508		
缅　甸①	15	21	24	25	25	26	29	33	35	37	42	
荷　兰	648	629	690	731	719	743	772	770	795	811	846	
新西兰①	220	258	275	295	302	327	313	312	316	325	335	347
巴基斯坦②	150	237	342	354	381	414	462	493	498	552	615	
菲律宾	180	188	246	259	263	228	218	219	264	334		
波　兰	1219	1377	1443	1455	1363	1347	1328	1339	1348	1390		
罗马尼亚	675	718	753	759	641	569	561	549	551	543	612	
新加坡①	69	99	130	140	156	166	175	190	207	221	235	262
南　非	896	1215	1567	1623	1654	1683	1681	1749	1824	1890		2103
西班牙	1092	1256	1359	1478	1518	1557	1585	1565	1615	1664		
瑞　典	963	1365	1494	1439	1464	1474	1462	1426	1374	1404		
泰　国	151	242	326	373	441	501	570	634	711	801	750	
土耳其	233	333	476	520	575	588	673	738	793	817		
俄罗斯	12939	15441	17051	17220	16735	16339	10085	9566	8759	8675		
英　国	2837	2937	3091	3018	3190	3228	3269	3220	3316	3316		
美　国	23544	25683	28785	29599	30117	30578	30745	31459	32682	33453		
南斯拉夫	594	739	829	830	825	789	365	342	355	372		403

注：除单独注明外，本表发电量包括电力企业和自备电厂的发电量。①电力企业发电量。②当年6月30日为止的一年。③仅指马来西亚半岛数字。

资料来源：联合国《统计月报》1998年6月。

6-35 水泥产量

单位:万吨

	1980年	1985年	1988年	1989年	1990年	1991年	1992年	1993年	1994年	1995年	1996年	1997年
世界总计	**87201**	**94997**	**111041**	**114618**	**114409**	**116424**	**212488**	**128067**	**136669**	**137466**		
中　　国	7986	14595	21014	21029	20971	25261	30822	36788	42118	47591	49119	49260
阿 根 廷	729	480	602	444	361	440	505	564	631	547	547	
澳大利亚①	520	568	616	690	707	611	588	623	659	661	640	695
孟加拉国①	34	24	31	35	34	28	26	20	34	41	42	
巴　　西	2719	2064	2533	2592	2749	2389	2389	2484	2525	2822	3460	
保加利亚	536	529	553	504	472	240	210	200	191	208	214	166
加 拿 大	1034	956	1193	1259	1108	967	859	940	1050	1072	1122	1174
捷克共和国	1055	1026	1098	1088	1037	830	614	540	526	482	502	
埃　　及	364	528	979	1248	1411	1643	1545	1258	1354	1423		
法　　国	2910	2222	2527	2599	2651	2502	2160	1932	2020	1990	1834	
德　　国	3455	2560	2635	2850	3043	3181	3314	3672	4026	3750	3596	3593
匈 牙 利	466	368	388	385	394	253	223	253	281	269	275	281
印　　度	1780	3737	4316	4505	4572	5166	5370	5623	6178	6692	7350	
印度尼西亚	526	994	1210	1566	1478	1348	1495	1892	2191	2314	2465	
以 色 列	209	160	233	229	287	290	396	454	480	620		
意 大 利	4186	3715	3822	3970	4055	4030	4104	3377	3270	3416		
日　　本	8796	7285	7238	8032	8444	8957	8825	8804	9152	9047	9442	
韩　　国	1561	2051	2962	3082	3391	3917	4445	4732	5208	5610	5844	
马来西亚②	235	313	378	480	588	745	830	880	992	1068		1235
墨 西 哥	1640	1997	2330	2376	2450	2465	2654	2778	3040	2443	2617	
缅　　甸	39	43	35	44	42	44	47	40	47	53	50	
荷　　兰	375	292	342	354	371	355	330	314	340	340		
新 西 兰	72	86	79	72	68	58	60	68	70	70		
巴基斯坦①	334	514	703	694	749	817	793	847	793	833	956	954
菲 律 宾	452	307	409	362	636	680	654	793	958	1057		
波　　兰	1843	1499	1698	1711	1252	1202	1190	1221	1384	1391	1396	
罗马尼亚	1461	1120	1313	1223	947	670	628	616	660	684	696	
新 加 坡	195	199	160	170	185	220	190	190	190	190		
南　　非	713	690	676	694	656	614	584	613	666	744	767	788
西 班 牙	2801	2188	2437	2737	2809	2759	2461	2272	2514	2642	2634	
斯里兰卡	63	38	64	60	58	62	59	60	92	96		
泰　　国	536	796	1152	1505	1804	1921	2171	2630	2993	3438	3874	
土 耳 其	1298	1758	2267	2381	2464	2520	2782	3131	2947	3301	3509	
俄 罗 斯	12505	13078	13950	14044	13733	12240	6160	4990	3720	3643	2779	
英　　国	1481	1334	1651	1655	1474	1200	1100	1120	1513	1181	1129	
美　　国	6824	7028	7154	7139	7094	6505	7085	7381	7711	7532		
南斯拉夫	972	901	884	856	796	600	204	109	161	169	220	

注: ① 当年6月30日为止的一年。② 仅指马来西亚半岛数字。

资料来源:联合国《统计月报》1998年6月。

6-36 化肥产量①

单位:千吨

	1980年	1985年	1988年	1989年	1990年	1991年	1992年	1993年	1994年	1995年
世界总计	**124752**	**136027**	**158255**	**1529231**	**475891**	**44162**	**138437**	**131741**	**136407**	**143238**
中　　国	12321	13222	17402	18025	18797	19795	20479	19563	22728	25481
孟加拉国	193	433	733	745	705	807	959	1057	962	1110
印　　度	3022	5783	9002	8581	9082	9898	9786	9105	10507	11385
印度尼西亚	1178	2212	2584	2920	2937	2803	2950	2900	3038	3221
伊　　朗	101	20	118	358	457	613	758	551	570	583
以 色 列	915	1345	1437	1556	1570	1510	1581	1575	1510	1557
日　　本	1850	1677	1467	1391	1386	1356	1299	1250	1227	1176
哈萨克斯坦							477	383	137	202
马来西亚	35	60	247	249	211	325	303	292	284	302
缅　　甸	60	115	112	88	60	47	54	80	68	64
朝　　鲜	680	765	797	797	797	797	790	790	760	760
韩　　国	1182	1128	1167	977	969	969	1045	1068	1107	1061
巴基斯坦	638	1126	1213	1261	1225	1151	1332	1659	1571	1693
菲 律 宾	71	199	326	318	320	335	295	351	374	483
斯里兰卡	11	10	7	7	9	6	7	9	8	9
土 耳 其	1236	1236	1341	1168	1472	1137	1306	1346	1041	1211
越　　南	39	74	75	80	77	89	135	140	167	184
埃　　及	506	725	879	895	871	987	889	977	1045	1109
尼日利亚	5	5	271	317	334	289	347	194	168	162
南　　非	924	865	844	775	810	764	750	806	831	830
加 拿 大	9816	9977	11553	9920	10717	10355	10656	11512	13326	12479
墨 西 哥	940	1573	1724	1945	1742	1953	1729	1461	1641	1752
美　　国	23377	18195	23420	23173	24269	25635	25628	25480	25899	25587
阿 根 廷	31	30	51	50	41	42	33	48	43	50
巴　　西	1967	1980	2118	1967	1896	1945	1818	2114	2391	2262
委内瑞拉	168	334	394	420	394	435	363	404	420	521
白俄罗斯							3992	2479	2943	3264
保加利亚	947	1009	1135	1095	958	797	719	657	726	898
捷克共和国	1066	1049	898	995	915	498	468	222	727	261
法　　国	4924	4432	4202	3796	3732	3691	3211	3111	2987	3005
德　　国②	9559	8786	8718	8220	5921	5209	5039	4292	4586	4768
意 大 利	1877	1763	1869	1565	1295	1432	1335	927	894	951
荷　　兰	1951	1931	2216	2226	2240	2166	2104	2075	2120	2040
波　　兰	2133	2142	2584	2589	1770	1357	1410	1424	1597	1898
罗马尼亚	2394	2985	2856	2683	1636	1051	1344	1257	1112	1398
俄 罗 斯	24242	32198	35859	33520	30986	28221	12162	9617	8345	9603
西 班 牙	2148	2149	2109	2064	1805	1675	1742	1997	1732	1759
乌 克 兰							3256	2627	2314	2200
英　　国	1800	1839	1793	1730	1601	1514	1383	1439	1370	1473
南斯拉夫	693	907	996	839	687	673	191	114	84	84
澳大利亚	1043	761	1040	741	485	462	602	526	537	540
新 西 兰	346	336	224	265	231	268	368	387	334	336

注: ① 本表化肥包括氮肥、磷肥和钾肥,国外数字为跨越当年及下年的农业年度数字。② 德国 1990 年及以前数字为前民主德国和前联邦德国合计数。

资料来源:联合国粮农组织《肥料年鉴》1996 年。

6-37 棉布产量

单位:百万平方米

	1986年	1987年	1988年	1989年	1990年	1991年	1992年	1993年	1994年	1995年	1996年	1997年
中　　国①	16470	17300	18790	18920	18880	18170	19070	20300	21130	26020	20910	20370
孟加拉国②③	70	70	63	63	63	63	63	63	63	63	10	11
保加利亚③	352	358	370	367	254	138	102	83	86	93		76
捷克共和国	634	634	629	624	629	464	293	337	340	355	328	
埃　　及			589	601	603	609	613	329	494	414		
印　　度	12367	12912	12269	13750	15177	16478	17582	19648			18556	20832
缅　　甸③	53	36	31	21	47	27	22	16	13	16	11	
波　　兰	878	801	839	811	474	332	290	284	321	245		
土 耳 其	390	423	699	661	715	626	648	532	432	414		
英　　国	308	280	240	246	198	185						
美　　国	3648	3990	3873	3837	3732	3682	3846	3682	3740			
澳大利亚②	39	38	39	36	38	36	40	46	50	59	64	
匈 牙 利	292	292	295	247	206	133	86	78	76	66	53	58
日　　本	1974	1837	1885	1915	1765	1603	1465	1205	1180		916	916
哈萨克斯坦						134	135	136	85	21		
韩　　国	559	567	623	648	620	608	483	480	447	379	358	322
巴基斯坦②	253	238	282	270	295	293	308	325	315	322		
罗马尼亚	727	705	689	709	536	437	289	271	294	275	192	
俄 罗 斯						5949	3799	2822	1631	1033	1004	1228
南　　非	158	172	163	188	175	170	138	166	195	228		
南斯拉夫④	358	366	351	339		45	39	27	24	19	22	18
奥 地 利	85	93	89	88	108	100	86	83	83	89		
比 利 时	388	379	340	386	399	379	337	331				
法　　国	929	899	881	883	836	760	753	761	691		85	
德　　国	946	1014	962	943	896	929	763	687	635		150	158
意 大 利	1794	1775	1708	1777	1780	1682	1487	1422	1521	1585		
葡 萄 牙								353	367			

注：本表国外数一般为棉布产量,有些国家包括了含棉的混纺布。① 中国产量包括纯棉布、棉混纺交织布、棉帆布、纯化纤布，但不包括代用纤维布、土布、帘子布。单位为百万平米。② 当年6月30日为止的一年。③ 从1996年起单位为百万米。④ 从1996年起单位为千吨。

资料来源:联合国《统计月报》1998年6月。

6-38 汽车产量

单位:辆

	汽车产量				#乘用车产量①			
	1990	1994	1995	1996	1990	1994	1995	1996
世界总计	**48345254**	**49500168**	**49982819**	**51331965**	**36105526**	**35638599**	**36070056**	**37196868**
中　国②	514000	1366900	1452700	1475200			337000	382900
阿根廷	99639	408777	285435	313152	81107	338355	226656	269439
澳大利亚	381194	353641	331583	322038	365025	322893	314142	302615
巴　西	914466	1581389	1629008	1804328	663084	1247773	1297467	1458576
加拿大	1927558	2320603	2407999	2396756	1076988	1214326	1336725	1279312
捷　克③	242000	180087	216399	272011	191233	173659	208490	263327
法　国	3768993	3558438	3474705	3590587	3294815	3175213	3050929	3147622
德　国④	4976552	4356138	4667364	4842909	4660657	4093685	4360235	4539583
印　度	364393	475150	636016	762122	176821	237280	329676	396456
意大利	2120850	1534469	1667270	1545365	1874672	1340878	1422359	1317995
日　本	13486796	10554119	10195536	10345786	9947972	7802037	7610533	7863763
韩　国	1321630	2311663	2526400	2812714	986751	1805895	2003146	2264709
墨西哥	820558	1122700	935017	1219424	598093	856563	699312	797682
荷　兰	151132	114742	132470	164491	121300	90044	100434	145206
波　兰	332975	364439	381528	400598	283890	348702	347189	352750
罗马尼亚			92608	100428			70956	75891
西班牙	2053350	2142262	2333787	2412309	1915856	1974488	2130540	2213102
瑞　典	410268	434995	490142	463121	335853	352951	387659	367759
俄罗斯		1001838	994760	1004157		795903	838280	868132
英　国	1565957	1694638	1765085	1924448	1295611	1466823	1532084	1686134
美　国	9782997	12262737	11985457	11798905	6077449	6613970	6350733	6083227

注: ① 本表乘用车指座位数不超过九个的汽车。② 中国乘用车产量指轿车。③ 1990 年数据指原捷克斯洛伐克。④ 1990 年数据指原西德。

资料来源:联合国《统计月报》1998 年 6 月。

6-39 家用电视机产量

单位:千部

	1980年	1985年	1988年	1989年	1990年	1991年	1992年	1993年	1994年	1995年
世界总计	**72172**	**105226**	**117635**	**1215021**	**279341**	**23610**	**120986**	**123598**	**126983**	**130715**
中　国	2492	16677	25051	27665	26847	26914	28678	30330	32833	34962
孟加拉国	8	60	106	79	136	104	46	61	77	79
印　度	88	699	1269	1237	1322	1217	1254	1540		
印度尼西亚	607	565	514	525	700	725	700	1001		
伊　朗	246	488	303	407	598	736	683			
以色列	24	36	21							
日　本	15205	17727	13299	13983	15132	15640	14253	12840	11192	9022
马来西亚	157	568	1703	2375	3238	4838	5553	6629	7702	9461
缅　甸		1	1	…						
韩　国	6819	7849	14820	15469	16201	16129	16311	15956	17102	18722
巴基斯坦	74	138	246	211	200	182	145	162	113	97
菲律宾	206									
新加坡	1889	1501	2807	3040						
泰　国	248	466	702	1476	2351	2426				
土耳其	327	1139	738	999	1994	2567	2111	1922	1490	1864
埃　及	308	895	319	194	333	264	260	269	234	243
尼日利亚	208	74								
南　非	338	273	351	344	373	486	376	321		
墨西哥	964	588	697	536	633	490	435	98	423	181
美　国	10320	13340	12938	15478	13982	12865	13972	13679	13881	
阿根廷	454	599	454	674	310	607	1386	1612	1523	949
巴　西	3254	2187	2722	2920	3196	3255	2322	3738	5522	6424
白俄罗斯	552	886	1040	1102		1103	798	610	473	250
保加利亚	91	111	181	185	219	108	64	26	19	9
捷克共和国	389	432	482	524	504	208			128	43
法　国	1928	1913	2081	2447	2838	2549	2799	2523	2796	
德　国	4425	3738	3737	3236	3595			2800	3234	
意大利	1984	1663	2337	2391	2312	2435	2151	2432	2780	2780
波　兰	900	610	749	772	748	438	652	855	888	1138
罗马尼亚	541	522	511	511	401	389	318	464	452	369
俄罗斯①	7528	9371	9637	9938	10540	4439	3672	3987	2240	1005
西班牙	763	972	1604	2100	2466	2807	2544	3840	4103	5392
乌克兰	2526	3067	3434	3572		3616	2570	1919	821	315
英　国	2364	2972	3024							
南斯拉夫	543	666	549	503		80	51	24	40	31
澳大利亚	332	299	177	162	158					
新西兰	126	93								

资料来源：联合国《工业产品统计年鉴》1995年。

6-40 竣工住宅

	单 位	1985年	1988年	1989年	1990年	1991年	1992年	1993年	1994年	1995年	1996年
中 国	万平方米	90972	104801	83197	86289	94002	85017	79779	95766	107400	122188
阿 根 廷①	万平方米	126	91	114	108	179	197	1152	1501	1252	
澳大利亚	万 套	15	14	16	15	13	15	17	17	15	12
巴 西①	万平方米	1709									
保加利亚	万 套	6	6	4	3	2	2	1	1	1	
加 拿 大	万 套	14	22	22	21	16	17	16			
捷克斯洛伐克	万 套	10	8	9	7		5				
丹 麦	万平方米	246	269	254	240	178	150	126	130	145	
芬 兰	万 套	5	5	6	7	5	4	3	3	3	3
法 国③	万 套	25	29	26	26	26	25	25	30		
德 国③	万 套	31	21		26	15	37	43	57	55	
以 色 列④	万平方米	306	266		280	374	745	534	488	565	684
日 本②③	万平方米	11485	15128	15242	15587	13339	13540	14412	15680	13517	16895
韩 国①③	万平方米		2914	4751	7093	5906	5471	6930	6358	5971	6107
荷 兰③	万 套		12	11	10	8	9	9	10	10	10
新 西 兰①	万平方米	284			304	283	247	275	370	370	382
波 兰	万 套		12			14	13	9	7	13	
罗马尼亚	万 套		10	5	4	2	1	1	1	1	
新 加 坡	万 套						2	2	2	3	
南 非④	万 套	4			4	3	3	3	3	3	
西 班 牙③	万 套	19	23	45	28		27	27	29	32	33
瑞 典	万 套	3	4	5	4	6	4	3	2		1
土 耳 其	万平方米	1246	2272	2756	2569	2539	2992		3700		
俄 罗 斯	万平方米	12996			7680	28020		4180	3920	2596	
英 国	万 套	19	22	18	18	17	17	17	19	15	18
美 国②	万 套	174		138	119	102	120	128	145	136	148
委内瑞拉①	万 套	2	3	2	1	3	5				
南斯拉夫③	万 套	4	4	1	1	…	…			1	

注：① 批准开工数。② 开工数。③ 包括修复和改建。④ 仅包括城市地区数字。

资料来源：联合国《统计月报》1998 年 5 月。

主要统计指标解释

工业生产指数 （见第 19 页）

机构数 这里所用的“机构”的概念大部分情况下指的是“经济活动单位”，即能够单独核算的、在一个地点经营的、主要从事一种经济活动的单位。但东欧和前苏联采用的概念是指具有独立法人资格、独立占有资产、负债并进行经济活动的企业。

从业人员数 指所有在企业中工作的人，包括企业主本人、合伙人、不领工资的家庭成员和所有雇员，但不包括家务劳动者。

雇员工资 指在统计期间内支付给雇员的各种形式的报酬，包括工资、奖金、由企业直接支付的津贴等，不包括企业为雇员支付的社会保险缴款。

产值 指企业的工业活动所产出的价值。

增加值 在国民核算中为平衡项，等于总产出减去中间消耗。

固定资本形成 指期间内所购买或自建的固定资产减去相应的卖出的固定资产的价值。

一次能源生产量 固体能源指硬煤、褐煤、泥炭和油岩；液体能源指原油和液化天然气；气体能源指天然气；电能指水电、核电、地热发电、潮汐发电和太阳能发电。

能源库存变化 库存变化、进口和出口包括所有的一次能源和商业能源。

国际运输燃料 指供给国际运输的飞机或轮船的燃料，空运燃料包括航空汽油和喷气发动机燃料，海运燃料包括硬煤、柴油等。

能源消费量 固体能源消费量指一次形式的固体燃料消费、二次形式的燃料的净进口和库存变化；液体能源消费量指各种形式的液体能源的消费；气体能源消费量指天然气的消费、煤气的净进口和库存变化。电能消费指一次形式的电能的消费和电能的净进口。

消费量 = 产量 + 进口 - 出口 - 国际运输燃料 - 库存变化

统计误差 在“能源平衡表”中的“统计误差”一项是为了使能源的生产和消费总量平衡，它一般是由于排除非能源用石油和无法取得的库存数据引起的。

七、运输和通讯

7－1 道路线路长度

	年份	道路线路长度（公里）					有路面道路所占比重（%）	道路密度（公里/平方公里土地面积）
		快速路	干线公路	次高级公路	其它道路	各种道路总计		
中　国	1989					1014342	85.0	
	1990					1028348	85.9	
	1991					1041136	87.0	
	1992					1056707	87.7	
	1993					1083476	88.6	
阿塞拜疆	1989		30418	26200	4218		95.0	0.35
	1990		33100	26800	6300		95.5	0.38
	1991		34706	26800	7906		95.1	0.40
	1992		31360	24300	7060		93.8	0.36
孟加拉国	1992		2929	1552	9146	13627		0.09
印　度①	1989		99700	1597670	367800	2962470	48.2	0.61
印度尼西亚	1991		17800	32250	194144	244164		
伊拉克	1989	976	10110	26323	8140	45554	84.3	0.10
以色列②	1989	56	3977		9047	13080	100.0	
	1990	56	4036		9107	13199	100.0	
	1991	56	4122		9231	13409	100.0	
	1992	56	4194		9352	13602	100.0	
	1993	56	4270		9546	13872	100.0	
日　本①	1989	4407	46805	128539	930230	1109981	68.0	2.94
	1990	4661	46935	128782	934319	1114697	69.2	2.95
	1991	4869	47000	129040	939569	1115609	70.1	2.95
	1992	5054	47033	129284	943472	1124844	71.1	2.98
	1993	5410	53304	125536	948642	1130892	72.1	2.99
哈萨克斯坦	1989	86565	52178	34387	107441	194006	54.0	0.07
	1990	86488	52190	34298	129823	216311	55.1	0.08
	1991	86814	52203	34611	80050	166864	68.7	0.06
	1992	87338	17339	69999	75478	162816	70.6	0.06
	1993	87873	17412	70461	77129	165002	70.4	0.06
韩　国	1989	1551	12190	10558	32182	56481	66.4	0.57
	1990	1551	12161	10692	32331	56715	71.5	0.57
	1991	1597	12114	10643	33734	58088	76.4	0.58
	1992	1600	12079	10737	34489	58905	80.8	0.59
	1993	1602	12057	10656	35981	61296	84.7	0.62
马来西亚	1989		13060	39423			68.0	0.15
	1990		13060	38055			70.0	0.16
	1991	471	13671	40923			73.0	0.17
	1992	574	13983	42988	35000		75.0	0.17
巴基斯坦③	1989		6587	74355	77094	158036	51.0	0.19
	1990		6587	81981	80364	168932	52.0	0.21
	1991		6587	86839	83984	177410	53.0	0.22
	1992		6587	91587	87777	185951	53.0	0.23
	1993		6587	96594	91741	194922	54.0	0.24
菲律宾	1989		26110	45799	87149			0.53
	1990		26271	45924	88363			0.53
	1991		26422	45924	88363	160709		0.53
沙特阿拉伯④	1989		20130	16912	97449	134491		0.06
	1990		20192	17858	101374	139425	40.6	0.06
	1991		20816	18354	107112	146282	39.5	0.06
	1992		21746	18776	111010	151532	40.0	0.06

续表 1

	年份	道路线路长度(公里)					有路面道路所占比重(%)	道路密度(公里/平方公里土地面积)
		快速路	干线公路	次高级公路	其它道路	各种道路总计		
新加坡	1989	102	512	1896	242	2752	97.0	4.39
	1990	104	529	1905	260	2798	97.1	4.42
	1991	109	554	1915	305	2883	97.1	
	1993	112	564	1921	309	2905	97.2	
斯里兰卡	1989		10448	15301	68902	94651		
	1990		10448				100.0	
叙利亚	1989	683	4964	15281	10179	31107	78.0	0.17
	1990	683	4964	18132	9434	33213	77.0	0.18
	1991	795	4969	18611	9581	31956	77.0	0.18
	1992	850	5665	19372	10368	36255		0.20
塔吉克斯坦	1989		17566	9226		29344		
	1990		17578	9228	2600	30727		
	1991		18215	8723	3478	32994		
	1992		18243	8757	3318	32752		
泰国	1989	88	16814	27594	28727	73223	52.9	0.14
	1990	88	18445	33860	19777	72170	55.3	0.14
	1991	171	19793	32546		52339	88.4	0.10
	1992		54388			54388	89.7	
	1993		56903			56903	92.8	
土耳其	1989	170	31048	27504				
	1990	281	31149	27979	308000	367409		0.47
	1991	387	31261	27960	308000	367608		0.47
	1992	862	31435	28407	326000	386704		0.50
	1993	1070	31424	28346	327253	388093	83.0	0.50
阿尔及利亚	1991	400	25851	22000	42000	90000	70.0	0.04
	1992	400	25851	22132	47193	95576	66.0	0.04
埃及⑤	1989		16195	15807	13060	45062	71.0	0.05
	1990		17002	15950	12992	45944	72.0	0.05
	1991		17477	16100	12924	46501	72.0	0.05
	1992		18327	16206	12854	47387	73.0	0.05
	1993		14000	19000	13000	46000	72.0	0.05
南非	1989	1752	50795	128794		181341	29.0	0.16
	1990	1893	53490	130368		185751	29.8	0.17
	1991	2040	52505	126894		182329	30.4	0.16
	1992	2108	54611	126531				
	1993	1953	55081	125363				
加拿大	1989	14660	131064	134054	599752	879530	31.8	0.09
	1990	14985	132246	134297	544215	825743	35.0	0.08
	1991	15983	133660	135889	563872	849404	37.0	0.09
	1992	15983	133660	135889	563872	849404	37.0	0.09
墨西哥	1989	1231	45379	57894	132553	237057	34.6	0.12
	1990	1761	45743	61108	130623	239235	35.1	
	1991	3166	45805	61230	132093	242294		
	1992	3470	45808	61736	132842	243856	35.5	0.12
	1993	4286	45727	62149	133271	245433	36.1	0.13
美国④	1989	84361	654773	701820	4880697	6237290	58.2	0.67
	1990	84865	656350	702111	4884702	6243163	58.2	0.64
	1991	85267	657947	702710	4897225	6257882	58.5	0.64
	1992	86818	654052	698588	4905220	6277859	58.8	0.64

续表 2

	年份	道路线路长度(公里)					有路面道路所占比重(%)	道路密度(公里/平方公里土地面积)
		快速路	干线公路	次高级公路	其它道路	各种道路总计		
阿 根 廷	1989	505	36144	178680		215329	28.5	0.08
	1990	545	36132	178680		215357	28.5	0.08
	1991	560	36141	178741		215442	28.5	0.08
	1992	567	36270	178741		215578	28.5	0.08
巴　西	1989		114970	217252	1331764	1663987	8.2	0.20
	1990		114900	219735	1355734	1670148	9.7	0.20
	1991		114967	226617	1320266	1661850	8.6	0.20
	1992		114967	226617	1320266	1661850	8.6	0.20
	1993		114923	230648	1478793	1824364	12.3	0.21
奥 地 利	1989	1407	10253	25439	70000	107099	100.0	1.30
	1990	1470	10269	25439	70660	107180	100.0	1.30
	1991	1499	10269	25440	75000	109000	100.0	1.30
	1992	1554	10270	22221	75000	110000	100.0	1.30
	1993	1554	10134	19755	97976	200000		1.50
比 利 时	1989	1631	12885	1360	122000	137876	94.0	4.50
	1990	1631	12885	1360				
	1991	1649	12934	1362				
	1992	1667	12983	1364				
	1993	1686	13032	1366				
保加利亚	1989	266	2935	3796	29937	36934	91.4	0.33
	1990	273	2933	3798	29918	36922	91.6	0.33
	1991	276	2933	3797	29924	36930	91.8	0.33
	1992	276	2933	3797	29926	36932	91.8	0.33
	1993	277	2933	3796	29929	36935	91.8	0.33
捷克共和国	1989	527	9659	17935	45519	73113	13.2	0.57
	1990	548	9588	18080	45535	73203	13.3	0.57
	1991	560	9588	18080	45535	73215	13.3	0.57
	1992	564	9568	18181	45563	73776	13.4	0.59
	1993	390	6503	14328	34691			0.58
丹　麦	1989	601	3968	7037	59168	70774	100.0	1.64
	1990	653	3908	7102	59259	70922	100.0	1.65
	1991	653	3908	7091	59390	71042	100.0	1.65
	1992	706	3842	7046	59447	71040	100.0	1.65
	1993	747	3815	7017	59532	71111	100.0	1.65
芬　兰	1989	215	11279	29665	35505	76717	59.0	0.22
	1990	225	11265	29399	35517	76407	61.0	0.22
	1991	249	11240	29428	35707	76631	61.0	0.22
	1992	318	11181	29516	35741	76755	62.0	0.22
	1993	334	11259	30104	41697	77499	62.0	0.23
法　国⑥	1989	6950	28500	350000	420000	805450		1.46
	1990	7100	28500	350000	420000	805600		1.46
	1991	7450	28300	350000	420000	810000		1.47
	1992	7700	28500	350000	420000	811200		1.47
	1993	8100	28500	350000	420000	811600		1.47
德　国	1989	8822	31063	63299	395677	498861	99.0	2.00
	1990	8959	30860	63162	398014	500995	99.0	2.00
	1991	10955	42123	84936	498268	636282		1.80

续表 3

	年份	道路线路长度(公里)					有路面道路所占比重(%)	道路密度(公里/平方公里土地面积)
		快速路	干线公路	次高级公路	其它道路	各种道路总计		
希　腊	1989	120	9196	31235	75449	116100	91.7	0.88
	1990	190	9126	31235	75466	116070	91.7	0.88
	1991	225	9181	31228	75466	116000	91.7	0.88
	1992	280	9126	31228	75516	116150	91.7	0.88
匈牙利	1989	311	6380	23023	75683	105397	50.8	1.13
	1990	349	6736	23006	75683	105774	50.4	1.14
	1991	351	6745	23151	75683	105930	50.4	1.14
	1992	441	29509	75683	52711	158711	44.1	1.70
意大利⑦	1989	6767	45005	110468	141666	303906	100.0	1.01
	1990	6852	44742	111011	141666	304271	100.0	1.01
	1991	6301	45076	112111	141666	305388	100.0	1.02
荷　兰	1989	2061	2039	7170	91830	103100	88.0	2.80
	1990	2092	1956	7032	93460	104590	88.0	2.80
	1992	2118	2140	8361	92210	104831	88.0	2.80
	1993	2150	2070	8440	93140	105800	88.0	2.80
波　兰	1989	243	45231	128746	186644	360864	61.4	1.15
	1990	257	45280	128854	188725	363116	61.6	1.16
	1991	257	45342	128705	191061	365365	63.4	1.17
	1992	257	45359	128673	192711	367000	64.1	1.17
	1993	257	45376	128528	194206	368364	64.5	1.18
罗马尼亚	1989	113	14570	58133			50.7	0.31
	1990	113	14570	58133				
	1991	113	14570	58133	80198	461880	51.0	0.64
	1992	113	14570	58133	80198	461880	51.0	1.94
	1993	113	14570	58133	80198	461880	51.5	1.94
西班牙	1989	1863	19173	70884	61280	153200	98.0	
	1990	2368	18661	134667	168470	324166	74.0	0.64
	1991	2700	23442	135819	170000	331961	99.0	
	1992	2850	21512	136629	170000	337139	99.0	0.67
乌克兰	1989	1505	29368	22573	113321	166767	92.8	
	1990	1647	29231	22585	114341	167804	93.7	
	1991	1691	29184	22565	115539	168979	94.2	
	1992	1767	29103	22577	116517	169964	94.6	
	1993	1808	29338	22518	116854	170518	94.9	
英　国	1989	2993	12581	34939	303802	354315	100.0	1.54
	1990	2903	12715	35034	305774	356517	100.0	1.55
	1991	3100	12357	35630	308962	360047	100.0	1.56
	1992	3147	12331	35697	311153	362328	100.0	1.57
南斯拉夫	1989		17470	32229	72872	122571	73.0	0.48
澳大利亚	1989	1197	41856	75536	691411	810264	35.0	0.10
	1990	1197	41856	75536	691411	810264	35.0	0.10
新西兰	1989		11523		81451	92974	56.0	0.34
	1990	156	11526		81148	92674	57.0	0.34
	1991	138	11495		81467	93191	58.0	0.34
	1992	141	10468			93348	58.0	0.35
	1993	144	10293		81868	92306		0.35

注：除单独注明外，均为当年年底数。① 为4月1日数。②“次高级公路”一项包括在“干线公路”中。③ 为6月30日数。④“快速路”一项包括在“干线公路”中。⑤ 1989年至1992年的数据中，“干线公路”指有路面的国家或地区道路。“其它道路”指无路面的地区道路。⑥“快速路”包括城市快速路；“次高级公路”中有5%是城市公路；“其它道路”中不包括70万公里的乡村道路；“干线公路”和“次高级公路”的有路面率为100%；“其它道路”为85%。⑦“其它道路”一项为1977年数。

资料来源：《世界公路统计》1994年。

7-2 铁路货物周转量

单位：亿吨公里

	1980年	1987年	1988年	1989年	1990年	1991年	1992年	1993年	1994年	1995年	1996年	1997年
中　国	5717	9471	9878	10394	10622	10972	11576	11955	12458	12870	12971	13097
阿根廷	95	79	90	82	76	55	44	45	66	76	85	98
奥地利①	112	113	112	118	127	129	122	118	130	137	139	
孟加拉国	8	5	7	7	6	6	7	7	8	7	7	
比利时	80	73	77	81	84	81	81	76	81	76		
巴　西	862	1094	1198	1250	1204	1214	1166					
保加利亚	177	178	176	170	141	87	78	75	78	86		
加拿大	2350	2721	2746	2521	2501	2624						
捷克共和国	726	735	753	720	643	499	480	256	244	255	243	222
芬　兰	83	74	78	80	84	76	78	93	99	96	88	99
法　国	688	513	523	533	515	516	504	459	497	490	506	
德　国	647	589	599	570	617	806	702	642	710	699		
匈牙利	239	213	206	194	168	119	100	75	77	84	76	81
印　度②③	1477	2225	2210	2266	2333	2453	2538	2498	2526	2644	2787	
印度尼西亚	10	18	24	29	32	35	38	41	38	39	39	
以色列	8	11	10	10	10	11	11		11			
意大利	184	184	196	209	219	216	222	202	225			
日　本	393	203	229	248	267	273	267	256	260	237	250	
哈萨克斯坦							2811	1942	1468	1248		
韩　国	105	131	136	135	135	144	141	146	141			
马来西亚④	12	15	13	14	14	13	13	14	15	14	14	
墨西哥	413	409	403	381	364	330	336	359	375	365	416	
缅　甸⑤	5	6	4	5	5	6	6	6		7		
荷　兰	35	22	23	24	26	30	28	27	31	31	31	
新西兰⑧	32	29	29	27	27	24	25	26	29	30	33	
巴基斯坦⑥	86	78	80	81	66	58	58	59	57	55		
波　兰	1347	1214	1222	1102	835	651	578	641	658	691		
罗马尼亚	755	781	806	811	573	378	278	252	247	272		
西班牙	103	115	117	116	112	105	94	77	87	97		
瑞　典	166	176	182	189	188	186	192	186	191	189	186	
泰　国⑤	28	27	29	33	31	33	31	30	31	32	34	
土耳其	50	73	80	76	79	81	81	84	82			
俄罗斯	34399	38247	39248	38517	37170	33117	19671	16077	11952	12134	11313	
英　国⑦	176	174	185	172	158	155	153	137	133	134		
美　国	13417	13884	14677	14820	15138	15261	15552	16114	17595	18425	19130	
南斯拉夫	250	261	254	258	244	58	58	17	13	15	21	24

注：①仅指联邦铁路数字。②仅指政府铁路数字。③年度为当年4月1日开始的一年。④马来西亚半岛和新加坡数。⑤年度为当年9月30日为止的一年。⑥年度为当年7月1日开始的一年。⑦不包括北爱尔兰。⑧1990年以前为当年3月31日止的一年，1990年及以后为当年6月30日止的一年。

资料来源：联合国《统计月报》1998年6月。

7－3 铁路旅客周转量

单位：亿人公里

	1980年	1987年	1988年	1989年	1990年	1991年	1992年	1993年	1994年	1995年	1996年	1997年
中　国	1383	2843	3260	3037	2613	2828	3152	3483	3636	3546	3325	3548
阿根廷	127	125	103	105	105	80	67	58				
奥地利	76	76	78	84	85	90	96	96	96	105	107	
孟加拉国	51	60	54	52	38	46	50	53	43	38	34	
比利时	71	63	63	64	65	68	68	67	66	67	68	
保加利亚	71	81	81	76	78	49	54	55	51	47		
捷克共和国	180	200	194	197	193	193	168	85	85	80	81	77
芬　兰	32	31	32	26	27	32	25	24	25	26	27	28
法　国	545	600	633	633	636	622	630	579	576	559	600	
德　国	389	400	442	574	423	554	579	580	613	628		
匈牙利	124	105	108	96	114	99	92	85	85	84	86	87
印　度①②	2086	2694	2594	2636	2773	3174	3150	3027	3167	3229	3437	
印度尼西亚	61	75	79	84	93	98	105	124	138	143	159	
以色列	3	2	2	1	2	2	2		2			
意大利	396	414	433	443	455	457	484	471				
日　本	3133	3414	3565	3696	3837	3910	4023	4019	3963	3939	4007	
哈萨克斯坦							195	203	175	152		
韩　国	216	245	260	251	299	335	339	337	302			
马来西亚③	16	14	15	17	18	18	19	18	14	13	14	
墨西哥	53	60	59	60	60	47	50	32	18	18	15	
缅　甸④	34	45	41	39	44	45	46	47		43		
荷　兰	89	94	97	102	111	128	151	152	144	140		
巴基斯坦⑤	173	169	185	205	201	193	173	164	166	186		
菲律宾			2	2	3	2	1	1				
波　兰	463	483	521	559	504	401	326	309	276	266		
罗马尼亚	232	335	346	355	306	254	243	194	183	189		
西班牙	135	154	157	147	155	150	163	155	149	153	156	
瑞　典	70	61	60	59	62	56	54	58	59	62	61	
泰　国④	89	96	102	112	118	133	143	146	138	130	123	
土耳其	60	62	67	68	64	60	63	71	63			
俄罗斯	3422	4023	4138	4107	4174	3730	2532	2722	2271	1922	1687	
英　国⑥	317	331	344	334	342	319	312	306	288	298	317	337
美　国	177	86	92	94	99	101	99	98	95	87	81	
南斯拉夫	104	118	116	117	111	29	29	34	25	26	18	18

注：①仅指政府铁路数字。②年度为当年4月1日开始的一年。③马来西亚半岛和新加坡数。④年度为当年9月30日为止的一年。⑤年度为当年7月1日开始的一年。⑥不包括北爱尔兰数。

资料来源：联合国《统计月报》1998年6月。

7-4 海运装货量

单位：万吨

	1980年	1988年	1989年	1990年	1991年	1992年	1993年	1994年	1995年	1996年	1997年
阿根廷		2808	2560	3683	3679	3996	3803	4002	4854	5207	
澳大利亚	18778	26410	27616	28793	31927	31591	33212	1210	1267	1354	
孟加拉国		126	142	134	95	100	186	174	193	185	
比利时				24592	25085	27622	26718	28232	29154		
巴西		16939	16085								
丹麦		1253	1386	1469	1644	1751					
埃及		952	985	863	1225	1368	1481				
芬兰	1790	2335	2243	2405	2662	3209	3187	3560	3410	3335	3617
法国	5412	5556	6014	6181	5790	6120				5530	
德国	3505	4414	4726	4430	4451	5551	5754	6498	6749	7103	
印度尼西亚	9251	11684	10421	10956	11338	15154	18425	22698	24791	21640	
以色列		774	790	793	762	781	845	1168	1066	1066	
意大利	3500	3848	3816	4183	4249	4603	5142				
日本	8353	8072	8112	8431	8982	10003	10538	11118	11479	11476	
韩国	2268	5430	5092	4751	5198	6286	7319	7474			
马来西亚	1069	1591	1838	1871	1796	1973	2098	2347			
墨西哥	5042	9420	11280	13234	12324	12545	12624	12970	12980	13978	
缅甸		55	64	58	67	120	134			204	
荷兰	7800	8786	9268	9184	9050	8902	8848	8812	8410	8482	
新西兰		1033	1100	1220	1495	1540	1596	1775	1841	1969	
巴基斯坦		431	469	474	539	604	534	598			
菲律宾	1538	1375	1303	1411	1410	1286					
波兰	1603	3204	2734	3073	2491	2530	3179	3398	2874		
罗马尼亚		2716	2497	1214	865	1050	1135	1316	1468		
新加坡	3241	5779	7561	8156	8970	10129	11477	12559	13000	13459	13927
南非		8318	9590								
西班牙	3318	4128	3968	4033	4027	4084	4338	4829	4733	4986	
斯里兰卡		394	378	419	434	416	522	589			
瑞典	3487	4459	4416	4458	4553	4687	4823	5117	5281		
泰国	1246	2218		2267	2119						
土耳其	2216	8519	13816	6334	4207	2651	2296				
俄罗斯		12910	11483	12438	12832	2681	2755	2548	2249	1412	
英国	10084	12910	11483	12438	12832	13374	15114	17420	17723		
美国	36394	36115	38110	37205	38957	39232	36010	34034	40625	38872	
南斯拉夫	524	887	779	874	852	49	1	1	2	29	

资料来源：联合国《统计月报》1998 年6月。

7－5 海运卸货量

单位：万吨

	1980年	1988年	1989年	1990年	1991年	1992年	1993年	1994年	1995年	1996年	1997年
阿根廷		901	744	587	686	1075	1084	1421	1514	1553	
澳大利亚	2622	2921	3496	3120	3318	3702	4028	1862	2114	2274	
孟加拉国		934	894	779	616	684	744	900	1123	1061	
比利时				24514	25110	27120	26474	27655	29248		
巴西		5808	5720								
丹麦		3030	3070	2946	3247	3437					
埃及	1150	1968	1853	1796	2225	1600	2286				
芬兰	3146	3187	3364	3482	3228	3096	3256	3864	3702	3695	3902
法国	21960	17700	17854	17704	18700	18240			17770		
德国	11404	9343	9296	9750	10234	11790	11934	12482	12738	12845	
印度尼西亚	1903	2228	2821	3084	3490	3601	3625	4679	5632	6466	
以色列		822	796	985	1322	2022	2096	2032	1961		
意大利	22543	19916	21305	22669	22384	22541	22206				
日本	61272	66686	70324	71161	72512	70769	72164	75140	75349	78292	
韩国	7135	14419	15299	17227	20848	22252	24622	27367			
马来西亚	1656	2438	2720	2930	3157	3300	3678	4418			
墨西哥	1456	1325	4474	4486	4968	5209	5262	5272	5322	6196	
缅甸		34	22	61	71	88	128			362	
荷兰	26857	26651	28049	28126	28672	28918	27701	28699	29596	29330	
新西兰		691	784	832	786	901	967	1078	1109	1160	
巴基斯坦		1760	1932	1972	1964	2305	2496	2468			
菲律宾	2352	2654	2867	3166	3040	3413					
波兰		1818	1700	1250	1296	1522	1538	1352	1483		
罗马尼亚		3911	4104	3367	2140	2044	1601	1814	2168		
新加坡	4855	8417	9731	10622	11648	13644	15896	16448	17500	17957	18823
南非		1344	1356								
西班牙	9432	10562	11671	12187	13026	13396	12959	13430	14780		
斯里兰卡		653	632	671	676	718	880	959			
瑞典	5501	5518	5597	5497	5353	5533	5780	6252	6391		
泰国	1855	2527		3580	4015						
土耳其	2110	4846	4348	5510	7692	5221	6173				
俄罗斯		4424	4153	3480	2264	731	479	190	163	143	
英国	13254	15974	16834	17009	17159	17632	17507	17765	17857		
美国	44264	46136	49386	49524	44886	48352	53863	59812	58202	60244	
南斯拉夫	2306	2082	2107	1589	1018	82	10		6	121	

资料来源：联合国《统计月报》1998年6月。

7－6 空运货物周转量

单位：百万吨公里

	1980年	1987年	1988年	1989年	1990年	1991年	1992年	1993年	1994年	1995年	1996年
中　　国	141	650	730	690	820	1010	1342	1661	1860	2230	2490
阿 根 廷	200	211	206	213	195	196		184	206		
澳大利亚	520	1065	1111	1198	1186	1160	1326	1466	1534		
比 利 时		558	675	686	689	509	407	420	442	437	
巴　　西	500	1045	1013	1183	1114		1223	1358		1650	1710
加 拿 大	760	1124	1291	1474	1521	1341	1338	1465	1552	1723	1880
捷克共和国	10	21	22	21	18	24	27	25	73	27	23
丹　　麦		122	130	139	140	129		133	142	145	170
埃　　及	30	115	122	142	148	132	113	127			202
芬　　兰		98	108	137	143	136	123	169	205	225	248
法　　国	2090	3497	3791	3945	4125	3933	3956	3926	4401	4568	4811
德　　国	1580	3387	3618	3987	4142	4277	4452	4806	5540	6006	6137
匈 牙 利	10	9	8	8	8	7	8				
印　　度	400	673	673	706	689		459				552
印度尼西亚	130	350	469	452	466	484					
以 色 列		648	760	822							
意 大 利	540	940	1056	1147	1199		1298	1362		1498	
日　　本	1980	4547	5026	5402		5554	5512	5869	6318	6865	7138
韩　　国	850	1654	1952	2413	2494		3355			5729	6612
马来西亚	110	355	386	418	587				807	1202	
墨 西 哥	140	174	125	118	150	170	167	158	139	155	156
荷　　兰		1820	1967	2085	2208	2303	2488	2912	3334	3782	3926
新 西 兰		349	335	336	332	380	410	474	556		
巴基斯坦		334	396	426	428	383	408	417	450	452	
菲 律 宾	150	243	313	340	331	327	334		396	387	
波　　兰	20	13	16	32	52	40	45	52	58	69	72
罗马尼亚	10	12	13	14	13	13	11	17	20		16
新 加 坡		1299	1442	1689	1694	1792	2233	2875	3318	3773	4191
南　　非		328									
西 班 牙		564	630	764	786	655	621	599	614		760
斯里兰卡		51	64	77	96	103	115	110	116	162	164
瑞　　典		188	195	207	203	202	183	210		209	242
泰　　国	250	524	622	652	700	911	969	1101	1273		1387
俄 罗 斯	3090	3353	3241	3200	3082	2735	1634	921		940	899
英　　国	1370	2087	2146	2354	2692	2562	2805	3061			4008
美　　国	10240	14556	16514	17395	17681	17214	18597	19447	22361	23003	25220

资料来源：联合国《统计月报》1998 年 4 月。

7-7 空运旅客周转量

单位：百万人公里

	1980年	1987年	1988年	1989年	1990年	1991年	1992年	1993年	1994年	1995年	1996年
中　　国	3956	18205	21695	18679	23048	30132	40612	47760	55158	68130	74800
阿 根 廷	8000	8652	8844	9252	8436	8100	8292	7704	9312	9516	
澳大利亚	25500	35592	40380	26184	27684	26508	30564	37068	48240		
比 利 时		5976	6528	6756	7572	6228	6204	6480	7500	8616	
巴　　西	10500	22608	23712	27852	27840	27828	27468	28824		34944	
加 拿 大	33100	40236	46920	50388	46128	39084	40572	38760	43488	49596	56016
捷克共和国	1500	2064	2244	2196	2028	1740	2136	1896	1980	2316	2364
丹　　麦		3744	3960	4308	4260	3996		4368		4620	4872
埃　　及	2900	4908	5508	6192	6000	5232	6324	5280			8736
芬　　兰		3588	4032	4620	4740	4644	4452	5316	6492	8352	8580
法　　国	34100	44364	47712	51372	43368	42624	50316	53988	54012	49524	57480
德　　国	21100	31812	34092	36168	42144	42912	48936	52728	56532	61716	63252
匈 牙 利		1176	1176	1380	1500	1020	1128				
印　　度	10800	17280	18012	17028	16524	14760	16812			18852	
印度尼西亚	5900	11724	14472	13908	13932	14928					
意 大 利	12400	18648	19164	21492	22752	18288	23592	24516		31752	
日　　本	51200	76500	84468	93288	61368		105732	105600	114600	128712	140568
韩　　国	10800	14496	14676	18168	18708		28008		39576	48504	52140
马来西亚	4100	7608	8652	10056	11868	14232			20208	23436	
墨 西 哥	13900	17652	14940	16056	18384	18168	18648	17316	19260	16836	17244
荷　　兰		22068	23592	25296	28356	27576	31944	37296	41040		49056
新 西 兰		9660	10848	10608	10608	10632	11892	13284			
巴基斯坦		7764	8748	9132	9384	9060	10104	9900		10380	
菲 律 宾	6000	9264	10716	10596	10392		12888		13980	14376	
波　　兰	2400	2304	2700	3732	3480	2880	2868	3336	3696	4236	3924
罗马尼亚	1200	1548	1668	1644	1836	2052	2112	1884	2580		1812
新 加 坡		24948	28056	30468	31596	33456	37044	41256	44952	48396	53640
南　　非		7476	8808	9204							
西 班 牙		20412	22272	22848	22116	22572	27240	26736	22536	24168	61812
斯里兰卡		2184	2388	2676	3420	3444	3816	3624	3684	3972	3816
瑞　　典		7272	7836	8496	7260	6624	6612	8196	8172	8580	8424
泰　　国	6300	13452	16680	18828	19752	18252	20424	22872	25248		29700
俄 罗 斯	160600	200124	213168	226740	240780	224652	116112	76440	64236	61032	52716
英　　国	50200	59856	63012	70008	81732	74616	86736	94584	104244	115296	123168
美　　国	389500	644088	679248	693936	625536	654912	765132	773232	823716	858624	919752

资料来源：联合国《统计月报》1998年4月。

7－8 美国货物、旅客周转量

	1970年	1980年	1985年	1990年	1993年	1994年	1995年
货物周转量							
（单位：亿吨英里）							
合计	19360	24870	24580	28950	31050	32610	34050
铁路	7710	9320	8950	10910	11830	12750	13750
公路	4120	5550	6100	7350	8610	9080	9210
内河	3190	4070	3820	4750	4560	4750	4970
管道	4310	5880	5640	5840	5930	5910	5990
国内航空	30	50	70	100	120	120	130
旅客周转量							
（单位：亿人英里）							
合计	11810	14680	16360	20340	21970	22800	23540
私人汽车	10260	12100	13100	16390	17860	18420	18980
国内航空	1190	2190	2900	3590	3730	3990	4140
公共汽车	250	270	240	230	250	250	280
铁路	110	110	110	130	130	140	140

资料来源：《美国统计摘要》1997年。

7－9 日本货物、旅客周转量

	1970年	1975年	1980年	1985年	1990年	1993年	1994年	1995年
货物周转量								
（单位：亿吨公里）								
合计	3500	3600	4390	4340	5470	5360	5440	5590
铁路	630	470	370	220	270	250	240	250
公路	1360	1300	1790	2060	2740	2760	2810	2950
沿海海运	1510	1840	2220	2060	2450	2340	2390	2380
国内航空	1	2	3	5	8	8	9	9
旅客周转量								
（单位：亿人公里）								
合计	5870	7110	7820	8580	12980	13560	13600	13880
铁路								
国营铁路	1900	2150	1930	1970	2380	2500	2440	2490
私营铁路	990	1090	1210	1330	1500	1530	1520	1510
公路								
公共汽车	1030	1100	1100	1050	1100	1030	1000	970
小汽车	1810	2510	3210	3840	5760	6270	6400	6650
沿海海运	48	69	61	58	63	61	59	55
国内航空	93	190	300	330	520	570	610	650

资料来源：《日本统计年鉴》1998年。

7－10　俄罗斯货物、旅客周转量

	1970年	1980年	1985年	1990年	1992年	1993年	1994年	1995年
货物周转量								
（单位：亿吨公里）								
合计	25230	42342	45047	58906	46978	41576	35665	35326
铁路	16720	23160	25060	25230	19670	16080	11950	12140
公路	320	670	710	680	420	530	360	310
管道	2430	10870	11790	25750	21460	20190	19360	18990
海运	4120	5340	5030	5080	4050	3730	3110	2970
内河	1640	2280	2430	2140	1360	1030	870	900
航空		22	27	26	18	16	15	16
旅客周转量								
（单位：亿人公里）								
合计	3645	6183	6979	7910	6812	6610	5962	5529
铁路	1911	2273	2463	2744	2532	2722	2271	1922
公共汽车	1001	2097	2403	2622	2123	2003	1938	1882
出租车	60	90	99	89	38	20	14	10
有轨电车	258	181	191	191	260	263	259	254
无轨电车	161	162	181	205	262	283	272	269
地铁	199	294	367	410	396	468	470	462
海运	7	10	9	6	5	3	3	2
内河	48	53	51	48	19	16	12	11
航空		1023	1215	1595	1177	832	723	717

资料来源：俄罗斯《统计年鉴》1996年。

7－11　韩国货物、旅客周转量

	1980年	1985年	1989年	1990年	1991年	1992年	1993年	1994年	1995年	1996年
货物周转量										
（单位：百万吨公里）										
合计	23190	31029	40478	44187	49840	61695	66194	64567	76110	78647
铁路	10800	12296	13605	13663	14494	14256	14658	14070	13838	12947
公路	4920	7068	8958	9325	10530	11364	12666	15446	18213	19114
沿海海运	7460	11639	17852	21127	24737	35981	38765	34935	43936	46452
国内航空	10	26	63	72	79	94	105	116	123	134
旅客周转量										
（单位：百万人公里）										
合计	87630	106849	126075	135336	138029	136667	130838	126339	123572	124145
铁路	21640	22595	27390	29864	33470	34787	33693	31912	29292	29580
地下铁路	930	4477	9352	11229	11891	12970	13168	13343	14048	12859
公路	64130	78025	85608	89712	87697	83152	77998	74167	72324	72871
沿海海运	400	570	546	520	524	525	468	436	502	547
国内航空	530	1182	3179	4011	4447	5233	5511	6481	7406	8288

资料来源：《韩国统计年鉴》1997年。

7－12 总登记机动车辆数

单位：辆

	年份	总 计	乘用车	公共汽车	货 车	其它各种车辆
世界总计	**1992**	**613530199**	**469942881**			**143587318**
	1993	**617087061**	**469460221**			**147626840**
	1994	**629077117**	**479532564**			**149544553**
	1995	**646759108**	**477010289**			**169748819**
	1996	**671358045**	**485954009**			**185404036**
中 国①	1992	6917400	2261600		4414500	7162100
	1993	8175800	2859800		5010000	9493800
	1994	9419500	3497400		5600800	12088900
	1995	10400000	4179000		5854300	14946200
	1996	11000800	4880200		5750300	17731300
印 度	1992	5077000	3205000	358000	1514000	
	1993	5328000	3361000	364000	1603000	
	1994	5652000	3569000	392000	1691000	
	1995	6058000	3837000	425000	1796000	
	1996	6752000	4246000	453000	2053000	
印度尼西亚	1992	3088691	1574806	407808	1106037	
	1993	3231363	1676781	441478	1113104	
	1994	3585597	1870959	520355	1194283	
	1995	3966045	2102852	557650	1305543	
	1996	4439290	2409088	595419	1434783	
日 本	1992	61658144	38963793	248624	21131580	1314147
	1993	63262534	40772325	247794	20881286	1361129
	1994	65011472	42678430	245387	20667495	1420160
	1995	66853500	44680037	243095	20430149	1500219
	1996	68801378	46868362	242243	20089329	1601444
韩 国	1992	5230894	3461057	483575	1286262	
	1993	6274008	4271253	527958	1474797	
	1994	7404347	5148713	582069	1673565	
	1995	8468901	6006290	612584	1850027	
	1996	9553092	6893633	663011	1996448	
巴基斯坦②	1992	945000	700000		245000	
	1993	980000	730000		250000	
	1994	1010000	750000		260000	
	1995	1045000	770000		275000	
	1996	1100000	800000		300000	
泰 国	1992	3122339	890821			
	1993	4135848	1022137			
	1994	4691651	1265030			
	1995	5200000	1400000			
	1996	5700000	1550000			
土 耳 其	1992	2997632	2181388	220904	287160	308180
	1993	3523807	2619852	244154	305511	354290
	1994	3803853	2861640	253969	313771	374473
	1995	4040923	3058511	263248	321421	397743
	1996	4327885	3274156	277672	333269	442788
南 非③	1992	5325000	3488570			1800000
	1993	5495000	3650000			1840000
	1994	5720000	3800000			1920000
	1995	5958000	3918000			2040000
	1996	6280000	4120000			2160000
加 拿 大	1992	16194000	12781000	63000	3350000	
	1993	16336000	12927000	63000	3346000	
	1994	16588000	13122000	64000	3402000	
	1995	16667612	13182996	64339	3420277	
墨 西 哥	1992	11350724	7749641	95350	3505733	
	1993	11854491	8175432	99075	3579993	
	1994	11530395	7771794	115988	3642613	
	1995	11825000	8000000	125000	3700000	
	1996	12230000	8200000	130000	3900000	

续表 1　　　　　　　　　　　　　　　　　　　　　　　　　　　　单位：辆

	年份	总　计	乘用车	公共汽车	货　车	其它各种车辆
美　国	1992	190362228	126581148	644732	63136348	
	1993	194063482	127327189	654432	66081861	
	1994	198045365	127883469	670423	69491473	
	1995	201530021	128386775	685503	72457743	
	1996	206365156	129728341	696609	75940206	
阿根廷	1992	6457317	4809089	74664	1573564	
	1993	6520000	4856000	75000	1589000	
	1994	5666331	4426706	35722	1203903	
	1995	5903466	4665329	37568	1200569	
	1996	6070869	4783908	38434	1248527	
捷克共和国	1992	4034233	3505608	39890	241055	247680
	1993	4203845	3688835	37304	232147	245559
	1994	4430233	3978064	34827	246498	170844
	1995	4601987	4129260	33724	268030	170973
	1996	4922022	4407433	32781	316930	164878
法　国	1992	28827000	23810000	76000	4941000	
	1993	29054000	24020000	75000	4959000	
	1994	29450000	24385000	76000	4989000	
	1995	30040000	24900000	78000	5062000	
	1996	30295000	25100000	79000	5116000	
	1997	30755000	25500000	82000	5173000	
德　国	1992	40250637	32847614	86230	1937947	5378846
	1993	42044193	34052317	88746	2068554	5834576
	1994	42877911	34396155	87421	2167898	6226437
	1995	43561316	40499442 ⑥	85434	2251326	
	1996	44166773	41045217 ⑥	84654	2296799	
意大利⑤	1992	32113755	29429628	78179	2605948	
	1993	32373034	29652024	76974	2644036	
	1994	32454832	28850000	76076	2713448	
	1995	32863400	30000000	75000	2788400	
	1996	33515500	30600000	75500	2840000	
荷　兰	1992	5914000	5297000	12000	85000	520000
	1993	6063000	5411000	12000	84000	556000
	1994	6211000	5558000	11000	83000	559000
	1995	6290000	5633000	12000	82000	563000
	1996	6420000	5740000	11000	83000	586000
西班牙	1992	15875656	13102285	47180	2649596	76595
	1993	16300332	13440694	47028	2735144	77466
	1994	16686632	13733794	47088	2825747	80003
	1995	17283880	14212259	47375	2936765	87481
	1996	17954118	14753809	48405	3057347	94557
英　国	1992	26651740	23008342	106614		3536784
	1993	27005865	23402347	106953		3496565
	1994	27436878	23831906	108211		3496761
	1995	27941957	24306781	110071		3525105
	1996	28485858	24864570	113133		3508155
澳大利亚	1992	9954000	7913000	2041000		
	1993	10215000	8279000	1936000		
	1994	10500000	8500000	2000000		
	1995	10651000	8629000	2022000		
	1996	10750000	8700000	2050000		

注：① 中国为民用汽车拥有量。② 1992 年及以后数据为估计数，公共汽车数字包括在货车栏内。③ "其它各种车辆" 栏内包括商用车、微型公共汽车、公共汽车和摩托车。④ 指商用车辆数。⑤ 1994 年及以后数据为估计数。⑥ 包括轿卡。

资料来源：《世界汽车数据》1998年。

7－13 新登记机动车辆数

单位：辆

	年份	总　计	乘用车	公共汽车	货　车	其它各种车辆
世界总计① ②	**1995**	**49598823**	**34089684**			**15509139**
印　　度②	1992	329990	164581			165409
	1993	381198	199969			181229
	1994	469469	232798			236671
	1995	638794	330500			308294
	1996	750364	389659			360705
印度尼西亚②	1992	171898	30341			141557
	1993	214297	32686			181611
	1994	326471	40412			286059
	1995	384449	37921			346528
	1996	337399	43914			293485
日　　本	1992	6959073	4454012	21577	2248803	
	1993	6467279	4199451	19025	2298685	
	1994	6526696	4210168	17843	2403825	
	1995	6865034	4443906	17303	2403825	
	1996	7077745	4668728	17227	2391790	
韩　　国②	1992	1268374	876262	135702	256410	
	1993	1435967	1037488	140291	258188	
	1994	1555602	1140399	137102	278101	
	1995	1555902	1149409	128064	278429	
	1996	1644132	1238940	141268	263924	
泰　　国①	1992	363000	121300			241700
	1993	456500	174200			282300
	1994	485700	155700			330000
	1995	569700	160800			408900
	1996	589126	172730			416396
南　　非②	1992	284028	182908			101120
	1993	298069	193666			104403
	1994	303166	190716			112450
	1995	376784	236584			140200
	1996	392980	249838			143142
巴　　西③	1992	740228	218587	13609	149314	358718
	1993	1061397	279828	11320	199515	570734
	1994	1206823	255888	10313	220813	719809
	1995	1359332	201377	14839	237902	905214
	1996	1506783	198837	12589	248222	1047135
加 拿 大②	1992	1227419	798023			429396
	1993	1192934	739049			453885
	1994	1260056	748666			511390
	1995	1166535	670190			496345
	1996	1204557	660769			543788
美　　国③	1992	13116474	8213112			4903362
	1993	14198853	8517859			5680994
	1994	15411374	8990517			6420857
	1995	15116321	8634964			6481357
	1996	15456344	8526753			6929591

续表 1

单位：辆

	年份	总　计	乘用车	公共汽车	货　车	其它各种车辆
奥地利	1992	360258	320094	595	28348	11248
	1993	322765	285162	611	26430	1650
	1994	310608	273663	563	26779	9603
	1995	316738	279610	570	27304	9254
	1996	347623	307671	553	28045	11354
法　国	1992	2466339	2105700	3954	356685	
	1993	2007236	1721222	3932	282082	
	1994	2298912	1972918	3579	322415	
	1995	2288280	1930504	3981	353795	
	1996	2510127	2132091	3991	374045	
德　国	1992	4266667	3279967	7491	271279	707930
	1993	3455160	2631462	7679	209917	606102
	1994	3470106	2567103	6184	216625	680194
	1995	3574573	2654757	5352	212200	702264
	1996	3745539	2994780	5876	199828	545055
希　腊	1992	253570	206652	1340	45578	
	1993	193226	155646	1232	36348	
	1994	145147	118088	1246	25183	
	1995	171891	133757	1130	36934	
	1996	177532	141589	758	35185	
意大利	1992	2572516	2389395	2675	180446	
	1993	1830613	1695264	1665	133684	
	1994	1817641	1683652	1519	132470	
	1995	1897110	1735481	1985	159644	
	1996	1893856	1719742	3255	170859	
荷　兰	1992	585479	491970	676	8216	128309
	1993	461309	391934	660	5337	96821
	1994	487597	433913	622	6041	87192
	1995	511506	446388	565	6093	106152
	1996	557459	473474	586	7739	75660
西班牙	1993	913668	744851	1676	13476	153665
	1994	1087695	909682	1573	15617	160823
	1995	1019816	834369	7160	22899	155388
	1996	1113653	910928	6207	21860	174658
英　国	1992	1794787	1593601	5085	196101	
	1993	1975532	1778426	4141	192965	
	1994	2139016	1910933	4832	223251	
	1995	2198029	1945366	6235	246428	
	1996	2285702	2025450	7039	253213	
澳大利亚④	1992	543068	453215	89853		
	1993	555306	414397	14909		
	1994	616286	460698	155588		
	1995	642557	488372	154185		
	1996	650049	492058	157991		
新西兰①	1992	115882	92110			23772
	1993	125065	97663			27402
	1994	154387	123853			30534
	1995	176254	146656			29598
	1996	206022	176178			29844

注：①“其它各种车辆”栏内为商用车数。② 销售量数字。③ 零售量数字。④“公共汽车”栏内数据包括公共汽车和货车。
资料来源：美国汽车制造协会《世界汽车数据》1998 年。

7－14 商船吨位

单位：千吨

	1980年	1985年	1988年	1989年	1990年	1991年	1992年	1993年	1994年	1995年
世界总计	**419911**	**416269**	**403406**	**410481**	**423627**	**436027**	**445169**	**457915**	**475859**	**490662**
孟加拉国	354	358	432	439	464	456	392	388	380	379
印　　度	5911	6605	6161	6315	6476	6517	6546	6575	6485	7127
印度尼西亚	1412	1936	2126	2035	2179	2337	2367	2440	2678	2771
伊　　朗	1284	2380	4337	4733	4738	4583	4571	4444	3803	2902
以 色 列	450	550	546	505	530	604	664	652	646	599
日　　本	40960	39940	32074	28030	27078	26407	25102	24248	22102	19913
马来西亚	702	1773	1608	1668	1717	1755	2048	2166	2728	3283
缅　　甸	88	116	273	582	827	1046	947	711	683	523
朝　　鲜	231	513	406	396	442	511	602	671	696	715
韩　　国	4344	7169	7334	7832	7783	7821	7407	7047	7004	6972
巴基斯坦	478	451	366	366	354	358	380	360	375	398
菲 律 宾	1928	4594	9312	9385	8515	8626	8470	8466	9413	8744
新 加 坡	7664	6505	7209	7273	7928	8488	9905	11035	11895	13611
斯里兰卡	93	635	410	287	350	333	285	294	294	227
泰　　国	391	583	515	539	615	725	917	1116	1374	1743
土 耳 其	1455	3684	3281	3240	3719	4107	4136	5044	5453	6268
越　　南	241	299	338	358	470	574	616	728	773	700
埃　　及	556	953	1227	1230	1257	1257	1122	1149	1262	1269
利比里亚	80285	58180	49734	47893	54700	52427	55918	53919	57648	59801
尼日利亚	498	443	587	500	496	493	516	515	473	479
南　　非	729	632	486	397	352	340	336	346	331	340
加 拿 大	3180	3344	2902	2825	2744	2685	2610	2541	2490	2401
墨 西 哥	1006	1467	1448	1388	1320	1196	1114	1125	1179	1129
巴 拿 马	24191	40674	44604	47365	39298	44949	52486	57619	64710	71922
美　　国	18464	19518	20758	20262	19744	18565	14435	14087	13655	12761
阿 根 廷	2546	2457	1877	1833	1890	1709	873	773	716	595
巴　　西	4534	6057	6123	6078	6016	5883	5348	5216	5283	5077
委内瑞拉	848	985	982	1087	935	970	871	971	920	787
保加利亚	1233	1322	1392	1375	1360	1367	1348	1314	1295	1166
捷克共和国	155	184	158	191	326	361	238	228	173	140
法　　国	11925	8237	4395	4286	3721	3879	3869	4252	4242	4086
德　　国	8356	6897	5565	4318	4301	5971	5360	4979	5696	5626
意 大 利	11096	8343	7794	7602	7991	8122	7513	7030	6818	6699
荷　　兰	5724	4301	3294	3234	3330	3305	3346	3086	3349	3409
挪　　威	22007	15339	9350	15597	23429	23586	22231	21536	22388	21551
波　　兰	3639	3315	3489	3416	3369	3348	3109	2646	2610	2358
罗马尼亚	1856	3024	3561	3783	4005	3828	2981	2867	2689	2536
俄 罗 斯	23444	24745	25784	25854	26737	26405	16302	16814	16504	15202
西 班 牙	8112	6256	4415	3962	3807	3617	2643	1752	1560	1619
英　　国	27135	14344	6108	5525	4887	4670	4081	4117	4430	4413
南斯拉夫①	2467	2699	3476	3681	3816	3293	2	2	2	2
澳大利亚	1643	2088	2366	2494	2512	1709	2689	2862	3012	2853
新 西 兰	264	296	332	252	254	269	238	218	246	307

资料来源：联合国《统计年鉴》1996年。

7－15 道路交通事故情况

	年份	交通伤亡事故数（件）	交通事故受伤人数（人）	交通事故死亡人数（人）	伤亡事故中下列情况所占比重（%）	
					在建筑物密集地区	夜　间
阿塞拜疆	1989	1778	3461	1090		
	1990	1701	3563	1264		
	1991	1780	3702	1281		
	1992	1738	3432	1265		
孟加拉国	1993	1532	1452	1046		
印　度	1989	270000	229700	50700		
	1990	282602	244148	54058		
	1991	294000	255300	56525		
印度尼西亚	1989	27301	36675	10726		
	1990	25741	35256	10887		
伊拉克	1989	22282	23810	4625		
以色列	1989	16213	24062	475	77.9	30.6
	1990	17496	27668	427	77.5	31.8
	1991	19471	31541	444	77.6	30.3
	1992	22259	37838	507	76.8	31.3
	1993	21938	37992	505	76.7	31.1
日　本①	1989	661363	814832	11086	71.6	31.8
	1990	643097	790295	11227	71.9	32.0
	1991	662388	810245	11105	71.8	32.3
	1992	695345	844003	11457	72.5	31.7
	1993	724675	878633	10942	72.6	31.0
韩　国	1989	255787	325896	12603		36.9
	1990	255303	324229	12325		35.5
	1991	265964	331610	13429	34.2	36.8
	1992	252194	325943	11640	35.9	35.0
	1993	260921	339698	10402		32.9
马来西亚	1989	75626	26264	3773	52.0	
	1990	87999	25766	4048		
	1991	96513	25776	4331		
	1992	118554	31705	4557		
巴基斯坦	1989	14576	13380			
	1990	13683	12368	4846		
	1991	18610	13117	5289		
	1992	26605	13911	5772		
	1993	39970	14753	6299		
菲律宾	1989	10627	9470	1157		
	1990	11119	10020	1099		
	1991	3136	2552	584		
	1992	5504	5031	473		
沙特阿拉伯②	1989	35744	23278	2647		
	1990	35799	23526	2697	79.5	36.7
	1991	37127	25516	3232	74.6	35.4
	1992	85277	34880	3719	79.2	38.0

续表 1

	年份	交通伤亡事故数（件）	交通事故受伤人数（人）	交通事故死亡人数（人）	伤亡事故中下列情况所占比重（%）	
					在建筑物密集地区	夜　间
新加坡	1989	6958	6726	232		
	1990	6871	6635	236		
	1991	6834	6591	243		
	1992	7430	7190	240		
	1993	7894	7636	258		
斯里兰卡	1989	31696	10786	1596		
	1990	34463	14002	1795		
	1991	34659				
塔吉克斯坦	1989	4059	5350	709		
	1990	4188	5704	809		
	1991	4122	5516	821		
	1992	2613	3575	520		
泰　国	1989	45876	20762	8717		
	1990	40481	18252	6963		
	1991	43966	19458	6319		
	1992	61329	20702	8184		
	1993	84892	25330	9496		
土耳其	1989	51980	80013	6332		
	1990	55771	87693	6286		
	1991	56736	90781	6256	73.4	
	1992	53412	94326	6189	75.3	
	1993	58157	103505	6444	75.0	
埃　及	1989	18112	18592	4692		
	1990	18040	20880	4698		
	1991	19577	21996	4929		
	1992	18114	21701	4315		
南　非③	1989	89260	127388	10877		
	1990	89013	130773	11157		
	1991	91428	136446	11069		
	1992	83804	126404	10142		
加拿大	1989	192428	284937	4260	68.9	25.1
	1990	182294	263139	3957	35.4	38.7
	1991	173120	249990	3691	68.2	29.1
	1992	171723	248940	3485	68.4	28.5
墨西哥	1989	16475	34698	5133		
	1990	17381	36000	5500		
	1991	18337	43000	5700		
	1992	18799	37416	5481		
	1993	23091	35461	5252		
美　国	1989	2425054	3643656	45555	68.8	
	1990	2540946	3600307	44529	72.8	
	1991	2247263	3434330	41462	70.5	
	1992	2251173	3449211	39235	71.1	

续表 2

	年份	交通伤亡事故数（件）	交通事故受伤人数（人）	交通事故死亡人数（人）	伤亡事故中下列情况所占比重（%）	
					在建筑物密集地区	夜　间
巴　　西	1989	61973	41537	5699		
	1990	61239	31498	5255		
	1991	62412	37485	5239		
	1992	66538	39530	5818		
	1993	65000	39200	5500		
奥 地 利④	1989	46565	58557	1400	61.7	
	1990	46338	62041	1391	61.2	18.6
	1991	44036	58080	1360	62.0	19.0
	1992	44730	58876	1256		
	1993	55270		1283		
比 利 时	1989	62982	86676	1993	63.2	15.9
	1990	62446	88160	1976		
	1991	58223	82528	1873		
	1993	64933	76187	1660		
保加利亚	1989	6313	6779	1280	56.3	14.5
	1990	6478	6824	1567	64.7	17.5
	1991	4875	5168	1114	64.0	24.9
	1992	7206	8254	1299	66.9	24.6
	1993	7355	8548	1307	67.2	22.6
前捷克斯洛伐克	1989	26828	34001	1397	70.2	
	1990	30146	38524	1835		
	1991	28991	37345	1808		
	1992	33739	43461	2248	69.1	29.1
	1993	25147	33801	1524	67.6	27.6
丹　　麦	1989	9922	12315	670	63	28
	1990	9155	11287	634	64	28
	1991	8757	10871	606	63	28
	1992	8965	10514	577	63	29
	1993	8497	9832	573	61	28
芬　　兰	1989	9231	11434	734		
	1990	10175	12758	649	58.4	
	1991	9374	11547	632	59.0	
	1992	7882	9899	601	56.9	33.7
	1993	6147	7806	484	58.1	
法　　国③	1989	170590	236000	10527	72	30
	1990	162573	225860	10289	71	29
	1991	148890	205968	9617	72	34
	1992	142362	198104	9083	70	35
	1993	137500	189020	9052	68	34
德　　国	1989	343604	449397	7995	65	
	1990	340043	448158	7906	64	
	1991	320788	420056	7515		
	1992	393042	513146	10643		

续表 2

	年份	交通伤亡事故数（件）	交通事故受伤人数（人）	交通事故死亡人数（人）	伤亡事故中下列情况所占比重（%）	
					在建筑物密集地区	夜　间
希　　腊	1989	20299	28914	1699	70.6	35.7
	1990	19609	27391	1737	70.3	37.2
	1991	20764	28949	1790	72.5	37.1
	1992	22006	29824	1828		
匈 牙 利	1989	24367	32052	2162	71.0	30.0
	1990	27801	36996	2432	70.6	33.6
	1991	24589	32676	2120		
	1992	24623	34678	4577		
意 大 利⑤	1989	160828	216329	6410	57	
	1990	161782	221024	6621	58	
	1991	170702	240688	7498	59	
荷　　兰	1989	44061	50298	1456	71	6.0
	1990	13247	13652	1370	61	9.0
	1991	11734	12006	1281	59	9.0
	1992	11364	11653	1285	59	9.8
	1993	11227	11562	1252	75	8.6
波　　兰	1989	46338	53639	6724	57.6	24.9
	1990	50532	59611	7333	58.8	26.3
	1991	54038	65242	7901	55.1	26.7
	1992	50990	61047	6946	54.3	27.8
	1993	48901	58812	6341	53.2	26.7
罗马尼亚	1990	5338	4196	1142		
	1991	8948	7789	3078		
	1992	8181	6960	2816	48	32
	1993	8972	8302	2826	43	
西 班 牙①	1989	109804	169411	7188	53.0	38.5
	1990	101507	155476	6948	53.4	38.1
	1991	98128	148450	6797	54.7	37.2
	1992	87293	129949	6014	55.2	
英　　国	1989	246994	322305	5052	72	
	1990	254593	341592	5373		
	1991	235798	311269	4568	56	28
	1992	233025	310673	4229	74	
澳大利亚	1989	24599	28483	2804		
	1990	22086	25008	2331		
	1991	19726	22522	2113		
	1992	18790	17048	1742		
新 西 兰	1989	12048	16613	758	70.0	25.3
	1990	12820	17726	729	69.7	26.5
	1991	12244	16881	651	66.7	24.8
	1992	11641	16135	645	66.4	24.8
	1993	10994	15108	600	66.3	23.2

注：①"死亡人数"指事故后 24 小时内死亡人数。②事故数包括无伤亡的事故。③"死亡人数"指事故后 6 天内死亡人数。
④"死亡人数"指事故后 3 天内死亡人数。⑤"死亡人数"指事故后 7 天内死亡人数。

资料来源：《世界公路统计》1994年。

7-16 电话机数①

	电话机数(千部)							
	1985年	1989年	1990年	1991年	1992年	1993年	1994年	1995年
中　　国	6260	10893	12332	14592	18639	26313	39586	57623
孟加拉国		192	242	250	256	268	269	287
印　　度②	3761	4589	5075	5810	6797	8026	9795	11978
印度尼西亚	796	864	1066	1295	1652	1864	2463	3291
伊　　朗	2253	1804	2199	2456	2998	3598	4320	5090
以 色 列	1625	1534	1626	1703	1804	1958	2138	2343
日　　本②	66636	52454	54528	56260	57652	58830	59936	61106
哈萨克斯坦		1226	1333	1425	1490	1976	1987	1963
马来西亚③	1227	1388	1586	1817	2092	2411	2864	3332
蒙　　古		57	66	68	69	66	69	80
缅　　甸		66	70	86	99	117	137	158
朝　　鲜		750	780	800	840	1089	1100	1100
韩　　国	7539	11792	13276	14573	15593	16686	17647	18600
巴基斯坦	517	792	843	1116	1244	1528	1830	2127
菲 律 宾	820	571	610	648	661	860	1110	1410
新 加 坡②	1074	998	1054	1101	1169	1246	1332	1429
斯里兰卡	117	66	121	126	136	158	181	204
泰　　国④	755	1158	1325	1553	1790	2215	2751	3482
土 耳 其	3455	5877	6861	8152	9410	10936	12212	13228
越　　南	109	90	99	137	153	260	442	775
埃　　及	1155	1554	1602	1817	2028	2235	2456	2716
尼日利亚	260	250	289	294	321	342	369	405
南　　非②	3890	3080	3315	3435	3524	3594	3775	3919
加 拿 大	19084	14648	15296	15815	16247	16471	16943	17457
墨 西 哥		4702	5355	6025	6754	7621	8493	8801
美　　国		132683	136337	139658	144057	149084	156769	164624
阿 根 廷	3048	3400	3087	3199	3682	4092	4834	5532
巴　　西	11428	8853	9409	9154	9875	10687	11746	12083
委内瑞拉	1451	1465	1488	1599	1832	2083	2334	2463
白俄罗斯		1464	1574	1673	1744	1814	1890	1968
保加利亚		1994	2175	2205	2340	2410	2488	2563
捷克共和国⑦			1624	1707	1819	1972	2178	2444
法　　国	34347	26942	28085	29100	30100	30900	31600	32400
德　　国	37899	28850	31887	33560	35421	37000	38800	40400
意 大 利	25615	21266	22350	23071	23709	24167	24542	24854
荷　　兰	8785	6691	6940	7175	7395	7630	7860	8120
波　　兰	4215	3124	3293	3565	3938	4419	5006	5728
罗马尼亚		2338	2366	2445	2574	2604	2806	2968
俄 罗 斯⑧	31100	19300	20700	22296	22849	23475	24097	25019
西 班 牙	14259	11797	12603	13264	13792	14253	14685	15095
乌 克 兰		6684	7028	7344	7578	7820	8066	8311
英　　国②		25017	25368	25911	26514	27336	28358	29410
南斯拉夫			1682	1782	1873	1923	1970	2017
澳大利亚⑤	8727	7420	7787	8046	8257	8540	8850	9200
新 西 兰⑥	2106	1444	1469	1493	1534	1593	1658	1719

续表 1

	平均每百人拥有电话机数(部)							
	1985年	1989年	1990年	1991年	1992年	1993年	1994年	1995年
中　国	0.6	1.0	1.1	1.3	1.6	2.2	3.3	4.8
孟加拉国		0.2	0.2	0.2	0.2	0.2	0.2	0.2
印　度②	0.5	0.6	0.6	0.7	0.8	0.9	1.1	1.3
印度尼西亚	0.5	0.5	0.6	0.7	0.8	1.0	1.3	1.7
伊　朗	5.4	3.2	3.9	4.3	5.0	5.9	6.6	7.6
以色列	38.5	34.0	35.0	34.3	35.3	37.1	39.4	41.8
日　本②	55.5	42.6	44.1	45.4	46.4	47.1	48.0	48.8
哈萨克斯坦		7.4	8.0	8.4	8.8	11.7	11.7	11.8
马来西亚③	8.1	8.0	8.9	10.0	11.2	12.6	14.7	16.6
蒙　古		2.7	3.0	3.0	3.0	2.8	2.9	3.3
缅　甸		0.2	0.2	0.2	0.2	0.3	0.3	0.4
朝　鲜		3.5	3.6	3.6	3.7	4.7	4.7	4.6
韩　国	18.6	27.8	31.0	33.7	35.7	37.8	39.6	41.5
巴基斯坦	0.6	0.7	0.8	1.0	1.0	1.2	1.4	1.6
菲律宾	1.5	0.9	1.0	1.0	1.0	1.3	1.7	2.1
新加坡②	41.7	37.7	39.0	40.3	42.3	44.6	45.4	47.8
斯里兰卡	0.7	0.6	0.7	0.7	0.8	0.9	1.0	1.1
泰　国④	1.5	2.1	2.4	2.7	3.1	3.8	4.7	5.9
土耳其	6.7	10.6	12.2	14.1	16.0	18.3	20.0	21.2
越　南	0.2	0.1	0.2	0.2	0.2	0.4	0.6	1.1
埃　及	2.4	3.0	3.1	3.4	3.7	4.0	4.3	4.6
尼日利亚	0.3	0.3	0.3	0.3	0.3	0.3	0.3	0.4
南　非②	14.3	8.3	8.7	8.8	8.9	8.8	9.1	9.5
加拿大	74.9	55.7	57.5	56.2	56.9	56.9	57.9	59.0
墨西哥		5.9	6.6	7.2	8.0	8.8	9.2	9.6
美　国		53.6	54.6	55.3	56.5	57.8	60.2	62.6
阿根廷	10.0	10.6	9.6	9.8	11.1	12.2	14.1	16.0
巴　西	8.4	6.0	6.3	6.1	6.4	6.8	7.4	7.5
委内瑞拉	8.3	7.8	7.7	8.0	9.0	9.8	10.7	11.1
白俄罗斯		14.2	15.3	16.4	17.1	17.8	18.6	19.0
保加利亚		22.2	25.2	24.7	26.3	28.5	29.5	30.6
捷克共和国⑦	23.1	15.0	15.8	16.6	17.7	19.2	21.2	23.6
法　国	60.8	47.7	49.5	51.0	52.5	53.6	54.7	55.8
德　国	62.1	47.1	41.0	42.1	44.1	45.9	47.8	49.3
意大利	44.8	36.9	38.8	39.9	41.0	41.7	42.9	43.4
荷　兰	60.5	45.1	46.4	47.6	48.7	49.9	51.1	52.5
波　兰	11.3	8.2	8.6	9.3	10.3	11.5	13.1	14.8
罗马尼亚		10.1	10.2	10.6	11.3	11.4	12.3	13.1
俄罗斯⑧		13.1	14.0	15.0	15.4	15.8	16.2	17.0
西班牙	36.3	30.3	32.4	34.0	35.3	36.4	37.5	38.5
乌克兰		12.9	13.6	14.1	14.5	15.0	15.7	16.1
英　国②		43.7	44.2	44.9	45.8	47.1	48.8	50.2
南斯拉夫		15.0	16.1	17.0	17.7	18.0	18.4	19.1
澳大利亚⑤	55.0	44.2	45.7	46.5	47.1	48.2	49.6	51.0
新西兰⑥	64.0	43.4	43.7	43.8	44.9	46.0	46.8	47.9

注：①国外数字 1987 年以后为主要干线数。②当年 4 月 1 日开始的一年。③仅指马来西亚电信集团电话机数。④当年 9 月 30 日为止的一年。⑤当年 6 月 30 日为止的一年。⑥下年 3 月 31 日数。⑦ 1990 年至 1992 年数字不包括斯洛伐克。⑧ 1988 年至 1990 年数字不包括原苏联其它共和国。

资料来源：联合国《统计年鉴》1995 年。

7－17 传真机和移动电话数

单位：部

	传真机数					移动电话数				
	1990年	1992年	1993年	1994年	1995年	1990年	1992年	1993年	1994年	1995年
中　　国	3826	9410			1361200	18319	176943	638268	1567780	1491900
孟加拉国		1440	2000	2000	4000		250	500	1104	2500
印　　度①	5000	35000	45000	50000						76680
印度尼西亚	15000	35000	45000	55000	85000	18096	35546	53438	78024	218593
伊　　朗	13000	22015	25000	30000					9200	26300
以 色 列	35000	70000	80000	110000	140000	15240	36104	64484	140000	300000
日　　本①	4000000	5500000	5750000	6000000	8000000	868078	1712545	2131367	4331369	10204023
马来西亚②	40000	46000	52602	50890		86620	200573	340022	571720	1005066
缅　　甸				1410	1419			643	1819	2007
韩　　国	230000	300000	350000	375000		80000	271927	417784	960258	1641000
巴基斯坦	2300	5300	110000	130000	159000	2000	13500	16000	26000	43000
菲 律 宾	10000	20000	30000	35000		9708	56044	102400	171903	493862
新 加 坡	33269	48343	55584			51000	120000	179000	235630	306000
斯里兰卡	4000	8100	10000	11000		1010	4000	13000	29182	53124
泰　　国	6324	25000	50000	60000		63220	248716	436000	643000	1087504
土 耳 其	32882	62876	77185	87978	99146	31809	61395	84187	174779	437130
埃　　及	7620	13638	17608	21591		4000	6913	6877	7371	7368
加 拿 大	300000	500000	525000			583000	1022754	1332982	1865779	2589780
墨 西 哥		150000	180000			34944	312647	386132	569251	642000
美　　国	5084000	9056000	11304000	14052000		5283055	11032753	16009461	224134420	33785660
阿 根 廷		25000	30000	40000	50000	12000	46590	115820	202220	340743
巴　　西	90000	160000	200000			667	30729	180215	574009	1285533
委内瑞拉		15000	16000			7422	78560	182600	319000	400000
白俄罗斯		1514	3184	5770	8901			324	1724	5897
捷克共和国④	4552	29418	45520	58463	73552	1242	4651	14043	30429	48900
法　　国	580000	1000000	1221000	1600000	1900000	283200	436700	572000	883000	1379000
德　　国	696229	1172700	1296000	1446600		272609	971890	1774378	2490500	3750000
意 大 利	170450	201000	202000			266000	783000	1207000	2240000	3864000
荷　　兰	180000	372750	400000	450000	500000	79000	166000	216000	321000	513000
波　　兰	5824	25068	30000	40000	55000		2804	13566	38942	75000
罗马尼亚	4000	10231	15064	18311	20746			800	2775	9068
俄 罗 斯		13408	26324	18618	30610		6000	10000	27740	88526
西 班 牙	144310	195029	215000			54700	180296	257250	411930	965723
乌 克 兰	682	1465						65	5000	14000
英　　国①	750000	1005000	1300000	1500000	1800000	1114000	1507000	2268000	3940000	5735785
南斯拉夫		8181	12928	13718	15000					
澳大利亚	280000	400000	425000	450000	475000	184943	497000	760000	1220000	2304950
新 西 兰③	28000	40000	45000	50000	65000	54100	100200	143800	229200	388000

注：① 当年 4 月 1 日开始的一年。② 仅指马来西亚电信集团数。③ 下年 3 月 31 日数。④ 1990 年至 1992 年数字不包括斯洛伐克。
资料来源：联合国《统计年鉴》1995年。

主要统计指标解释

货物(旅客)周转量　一定时期内,各种运输工具运输的货物(旅客)与其相应的运输距离的乘积的总和。

铁路旅客(货物)周转量　包括国内和国际铁路运输,但不包括纯粹的市内铁路运输、工厂和矿场内的运输以及索缆铁路运输。其中旅客周转量不包括免费运送的军人、政府官员和铁路工作人员;货运周转量不包括通勤车、邮件、行李以及免费为政府运送的货物。

空运旅客(货物)周转量　包括在国内注册的航空公司的国际和国内定期航班。其中货物运输不包括邮件和超重行李,尽管因此而要收取一定费用。

海运装货(卸货量)　在对外贸易中,在某个国家的港口,所有的装到(卸下)海运的轮船(不管轮船是否属于本国)上的货物和牲畜的总重量,不包括邮件、金银、硬币、旅客行李、燃料等,也不包括由政府的船只运输的政府货物、由进口船只转载到出口船只上的货物,包括从保税仓库装上的货物和卸到保税仓库的货物。

商船吨位　1991年及以前指在当年6月30日在各国家登记的商船的总登记吨位,从1992年开始,为当年年底数。1总登记吨位为100立方英尺或2.83立方米。商船吨位不包括未装备机械动力的船只,但包括装备辅助动力的帆船。

机动车拥有量　为调查时或登记中的车辆数量。其中乘用车为9人座以内(包括司机)的汽车,包括出租车、吉普车和旅行汽车;商用车包括客车、货车、公共汽车,但不包括挂车和农用拖拉机。

电话机数　自1987年开始,电话机数指主要干线数,主要干线是指把用户设备连接到PSTN,并且在电话交换机上有一个端口的线路。1986年以前数据为安装的能连接到中央交换机的电话机数。

八、就业与工资

8－1 经济活动人口

单位：万人

	1980年	1985年	1987年	1988年	1989年	1990年	1991年	1992年	1993年	1994年	1995年	1996年
世界总计	**195694**	**216250**	**224397**	**228464**	**232535**	**250943**	**255627**	**260235**	**264739**	**269213**	**272478**	**276797**
亚　　洲①	**115712**	**129944**	**135506**	**138234**	**140987**	**153500**	**156581**	**159511**	**162329**	**165157**	**170215**	**172971**
孟加拉国	2513	2885	3072	3173	3278	5361	5417	5561	5715	5876	5927	6052
印　　度	26532	29319	30508	31105	31699	36190	36949	37774	38645	39535	40130	40955
印度尼西亚	5625	6355	6677	6841	7004	8028	8028	8448	8656	8869	9085	9310
伊　　朗	1107	1374	1475	1521	1565	1724	1776	1839	1904	1969	2065	2133
以 色 列	144	158	165	168	172	184	198	206	213	221	228	237
日　　本	5709	5982	6097	6147	6194	6413	6460	6503	6540	6576	6606	6644
马来西亚	534	613	647	665	684	701	722	743	765	788	810	832
蒙　　古	77	89	94	97	100	105	106	109	112	115	121	125
缅　　甸	1517	1642	1705	1740	1776	2105	2176	2224	2273	2322	2299	2341
朝　　鲜	784	908	962	989	1017	1014	1110	1134	1156	1177	1109	1128
韩　　国	1473	1696	1777	1815	1853	1963	2003	2041	2080	2120	2159	2201
巴基斯坦	2542	3033	3240	3341	3440	4159	4395	4538	4687	4843	4859	5018
菲 律 宾	1753	1988	2090	2142	2194	2445	2509	2576	2647	2718	2801	2876
新 加 坡	112	123	126	127	129	148	135	136	138	139	164	167
斯里兰卡	546	592	611	620	629	684	705	720	734	748	745	757
泰　　国	2358	2664	2782	2841	2899	3169	3230	3282	3330	3376	3393	3433
土 耳 其	1872	2184	2293	2338	2379	2502	2575	2638	2702	2766	2772	2827
越　　南	2451	2811	2970	3052	3137	3384	3466	3544	3619	3694	3731	3795
非　　洲	**19021**	**21441**	**22550**	**23142**	**23754**	**26589**	**27515**	**28336**	**29188**	**30060**	**30553**	**31411**
埃　　及	1130	1284	1352	1388	1423	1967	2024	2087	2155	2224	2260	2325
尼日利亚	3209	3657	3854	3960	4071	3844	3954	4071	4194	4320	4447	4575
南　　非	986	1132	1195	1126	1257	1432	1469	1507	1545	1584	1624	1665
北 美 洲	**16230**	**17683**	**18235**	**18512**	**18780**	**19810**	**20002**	**20353**	**20695**	**20124**	**21441**	**21757**
加 拿 大	1183	1261	1284	1300	1316	1470	1491	1515	1535	1550	1557	1571
墨 西 哥	2283	2673	2844	2934	3025 *	3098	3255	3356	3457	3559	3557	3654
美　　国	10987	11838	11991	12109	12214	12787	12731	12893	13045	13188	13546	13683
南 美 洲	**8333**	**9372**	**9790**	**10002**	**10220**	**12024**	**12363**	**12653**	**12931**	**13208**	**13370**	**13636**
阿 根 廷	1030	1088	1113	1126	1140	1221	1243	1267	1293	1319	1353	1383
巴　　西	4424	4964	5173	5280	5390	6553	6743	6884	7013	7138	7127	7229
委内瑞拉	495	587	626	645	666	727	752	776	800	825	851	877
欧　　洲①	**21793**	**22605**	**22890**	**23035**	**23150**	**23390**	**23504**	**23617**	**23744**	**23852**	**35505**	**35607**
保加利亚	448	450	448	447	446	444	439	434	431	430	433	431
捷克共和国	803	813	818	821	825	812	816	820	548	551	553	555
法　　国	2362	2466	2502	2520	2537	2469	2486	2507	2529	2552	2581	2605
德　　国	2834	2922	2952	2977	2989	3983	4018	4047	4070	4074	4075	4084
意 大 利	2163	2262	2298	2314	2328	2437	2450	2462	2477	2489	2498	2506
荷　　兰	546	584	600	608	614	690	700	706	710	712	716	719
波　　兰	1852	1914	1928	1934	1930	1873	1880	1891	1905	1919	1929	1941
罗马尼亚	1104	1135	1151	1157	1165	1065	1064	1049	1053	1058	1063	1066
俄 罗 斯	13587	14086	14270	14364	14450	14287	14354	7727	7738	7750	7797	7799
西 班 牙	1293	1383	1414	1427	1440	1583	1599	1616	1631	1647	1681	1697
英　　国	2704	2784	2814	2825	2836	2878	2895	2907	2915	2925	2909	2912
南斯拉夫	996	1039	1057	1065	1073	1063	1066	487	496	503	480	483
大 洋 洲	**1020**	**1120**	**1157**	**1176**	**1194**	**1284**	**1308**	**1331**	**1351**	**1372**	**1394**	**1416**
澳大利亚	674	739	764	776	788	840	855	868	878	888	901	913
新 西 兰	131	142	145	147	149	162	165	168	170	173	174	177

注：① 1995年及以后前苏联各共和国分别计入亚洲和欧洲，欧洲还包括摩尔多瓦共和国，此前，亚洲和欧洲均不包括前苏联各共和国。

资料来源：粮农组织《生产年鉴》1984年、1989年、1993年、1995年、1996年。

8－2 就业人数

单位：万人

	1980年	1985年	1987年	1988年	1989年	1990年	1991年	1992年	1993年	1994年	1995年	1996年
孟加拉国①	129.7②	3058.5			5014.8	5015.9						5459.7
印　　度①	2230.5	2457.8	2538.8	2571.2	2596.2	2635.3	2673.3	2705.6	2717.7	2737.5	2752.5	2794.1
印度尼西亚①		6245.7	7040.2	7251.8	7342.5	7585.1	7642.3	7810.4				8570.2
以色列	115.1	123.8	140.4	145.3	146.1	149.2	158.3	165.0	175.1	187.1*	196.5	201.3
日　　本	5536.0	5807.0	5911.0	6011.0	6128.0	6249.0	6369.0	6436.0	6450.0	6453.0	6457.0	6486.0
哈萨克斯坦		713.6	729.5	740.0	746.7	756.3	749.4	735.6				
马来西亚③		565.3	598.4	617.6	639.1	668.5		704.8	738.3		764.5	840.0
缅　　甸		1479.2	1550.5	1581.3	1608.6	1522.1		1573.7	1646.9	1681.7		
韩　　国	1370.6	1497.0	1635.4	1687.0	1756.0	1808.5	1861.2	1896.1	1925.3	1983.7	2037.7	2076.4
巴基斯坦①	2327.4	2696.1	2870.3	2899.5	2989.5	3082.2	2982.8	3105.0	3210.8	3304.7	3333.7	
菲律宾	1715.4	2032.7*	2079.5	2149.7	2184.9	2253.2	2297.9	2391.7	2444.3	2516.6	2569.8	2744.2
新加坡	106.9	123.5	126.7	133.2	139.4	153.7	152.4	157.6	159.2	164.9	170.2	174.8
斯里兰卡①	107.8	78.1				596.4	513.6	498.6	507.2	514.8	531.6	558.7
泰　　国④	2252.4	2585.3	2763.9	2946.4*	3084.4	3084.4	3113.8	3238.5	3215.3	3209.5		
土耳其⑤			*	1844.5	1885.6	1994.6	1945.2	1995.9	1990,5	2039.6	2137.8	2169.8
埃　　及⑥	979.9				1492.6	1436.1	1382.7	1439.9	1470.3	1524.1	1534.4	
加拿大	1070.8	1174.2	1242.2	1281.9	1308.6	1316.5	1291.6	1284.2	1301.5	1329.2	1350.6	1367.6
墨西哥⑤	516.6	585.5	602.3*	2812.8			3053.4		3283.3		3388.1	3522.6
美　　国⑦	9930.3	10715.0	11244.0	11496.8	11734.2*	11879.3	11771.8*	11849.2	12025.9*	12306.0	12490.0	12670.8
巴　　西①	4546.5②	5376.1	5741.0	5872.9	6062.2	6210.0	*	6539.5	6657.0		6962.9	
委内瑞拉	424.5	510.6	569.4	603.5	617.7	640.2	672.8	693.0	703.5	730.9	767.0	
白俄罗斯	404.6	511.2	514.4	517.2	519.8	514.9	502.0	488.7	482.4	469.6	440.5	423.0
保加利亚	402.5	409.5	410.9	407.8	408.5	384.6	320.5*	266.3	226.7	203.2	191.0	185.2
捷克共和国		831.7	844.9	843.1*	824.9	771.0			501.1	594.5	510.2	497.5
法　　国	2134.7	2145.0	2163.1	2183.0	2214.6	2239.6	2244.2	2230.6	2205.4	2204.4	2229.6	
德　　国⑨	2579.7	2659.3	2715.7	2736.6	2776.1	2848.6*	3744.5	3694.0	3638.1	3607.5	3604.8	3598.2
意大利⑧	2031.6	2089.4	2098.6	2125.3	2115.4	2145.4	2159.5	2160.9		2000.2*	1994.2	
荷　　兰③	510.8②	514.5*	586.4	603.2	615.5	635.6	652.1*	659.7	644.8	669.2	683.5	697.1
波　　兰	1200.0	1167.4*	1859.6	1847.4	1822.0	1732.1	1628.5	1546.2*	1489.4	1465.8	1479.1	1496.9
罗马尼亚	1035.0	1058.6	1071.9	1080.5	1094.6	1084.0	1078.6*	1045.8	1006.2*	1091.4	1115.2	1093.6
俄罗斯⑩	12562.6	13030.3	13072.9	12890.3	12705.7	7532.5	7384.8	7207.1	7085.2	6848.4	6644.1	6600.0
西班牙⑦	1113.8	1064.1	1136.9	1177.3	1225.8	1257.9	1260.9	1236.6	1183.8	1173.0	1204.2	1239.6
乌克兰	2004.2	2067.9	2074.2	2052.3	2024.9	1988.6	1911.9					
英　　国⑦	2498.4	2453.9	2493.0	2586.0	2668.9	2693.5	2640.0	2581.2	2551.1	2569.7	2597.2	2621.9
南斯拉夫	579.8	651.6	686.6	688.4	687.6	666.9	621.3					
澳大利亚	628.1	669.8*	712.9	739.8*	772.0	785.9	767.6	763.7	768.0	792.1	823.5	834.4
新西兰	127.5 *	134.1	155.7	150.8	146.8	148.1	146.1	146.7	149.6	156.0	163.3	168.8

注：① 10岁及10岁以上人数，其中孟加拉国1983年以前为在20人及以上企业就业人数，印度为在10人及以上公共企业和私营非农企业就业人数。② 1981年数。③ 15－64岁，荷兰指1987年及以后人数，澳大利亚指1980年及以前人数。④ 1989年前为11岁及11岁以上，1989年以后为13岁及13岁以上。⑤ 12岁及12岁以上。⑥ 12岁－64岁。⑦ 16岁及16岁以上。⑧ 14岁及14岁以上。⑨ 1991年起为官方估计统计数据，与此前数据不可比。⑩ 15岁－72岁。

资料来源：国际劳工组织《劳工统计年鉴》1986年、1996年、1997年。

8－3　就业人口的行业构成

单位：万人

	1980年	1985年	1988年	1989年	1990年	1991年	1992年	1993年	1994年	1995年	1996年
印　　度①											
农业	129.0	130.5	139.8	142.0							
矿业	92.2	108.7	104.9	105.3							
制造业	586.2	618.3	626.1	624.5							
电、气、水	69.5	79.9	89.0	90.8							
建筑业	114.1	121.6	126.4	121.5							
商业、旅馆和饭店业	38.4	40.8	42.2	43.6							
运输、仓储和通讯	272.2	294.8	306.2	302.5							
金融保险、不动产和产业服务	89.7	120.1	133.4	135.7							
社会和个人服务	839.2	943.2	1003.2	1030.4							
行业不明确											
合　计	2230.5	2457.8	2571.2	2596.2							
印度尼西亚②											
农业	3266.2	3414.2	4055.8	4128.4	4237.8	4120.6	4285.3				3772.0
矿业	23.8	41.6		44.9	52.8	56.5	59.5				77.4
制造业	546.4	579.6	599.7	733.5	769.3	794.6	784.8				1077.3
电、气、水	1.3	7.0		12.5	13.5	15.1	17.3				16.4
建筑业	128.3	209.6		182.9	206.0	243.7	236.3				379.6
商业、旅馆和饭店业	541.5	934.5	1064.9	1089.1	1106.7	1143.1	1110.0				1610.3
运输、仓储和通讯	125.3	195.8		219.2	231.3	249.3	251.2				394.3
金融保险、不动产和产业服务	2.3	25.1		39.7	47.8	51.6	56.2				69.0
社会和个人服务	465.3	831.7	1140.2	886.9	907.0	953.0	997.3				1172.9
行业不明确	0.1	6.7		5.5	12.8	14.9	12.4				1.0
合　计	5100.4	6245.7	7251.8	7342.5	7585.1	7642.3	7810.4				8570.2
以 色 列③											
按第二版ISIC分类											
农业	7.9	7.2	6.7	6.8	6.2	5.6	5.8	6.2	6.2		
矿业	0.6	0.6	0.4	0.4	0.5	0.5	0.5	0.5	0.6		
制造业	28.9	30.3	31.8	31.0	31.7	33.5	34.4	36.6	39.0		
电、气、水	1.3	1.2	1.5	1.4	1.7	1.7	1.4	1.8	2.0		
建筑业	7.9	7.2	7.4	7.2	7.6	9.6	10.8	11.8	11.8		
商业、旅馆和饭店业	14.6	16.8	20.7	21.1	21.6	22.4	22.9	25.1	28.1		
运输、仓储和通讯	8.6	8.6	9.5	9.3	9.3	9.7	10.4	10.6	10.9		
金融保险、不动产和产业服务	10.3	13.1	14.7	14.5	14.8	16.1	17.2	18.4	20.6		
社会和个人服务	44.8	49.2	51.9	53.6	54.9	58.3	60.5	63.2	66.7		
行业不明确	1.0	0.7	0.9	0.8	0.9	1.0	1.1	0.9	1.1		
合　计	125.5	134.9	145.3	146.1	149.2	158.3	165.0	175.1	187.1		
按第三版ISIC分类											
农业、狩猎业和林业；渔业										5.7	5.1
矿业、采石业和制造业										40.4	40.5
电、煤气和水供应										1.9	1.9
建筑业										14.1	15.0
批发、零售贸易；机动车及个人、家庭商品修理业										24.9	25.5
饭店和餐馆业										8.1	7.6
运输、仓储和通讯										11.5	12.4
金融媒介										6.8	6.8

注：① 包括在10人及10人以上的公共企业和私人非农业企业雇员人数。② 10岁及10岁以上，1980年为1979年数据。③1980年为14岁及14岁以上，1985年及以后包括东耶路撒冷地区。

续表 1 单位：万人

	1980年	1985年	1988年	1989年	1990年	1991年	1992年	1993年	1994年	1995年	1996年
以 色 列(续)											
房地产、租赁及商业活动										17.6	19.4
公共管理和防卫；强制性社会保险										10.8	10.8
教育										23.6	24.3
卫生和社会工作										17.2	17.9
社区、社会和私人其他服务活动										9.2	9.5
有雇工的私人家庭										3.3	3.4
域外组织和机构										0.1	0.1
行业不明确者										1.4	1.1
合　计										196.5	201.3
日　　本											
农业	577.0	509.0	474.0	463.0	451.0	427.0	411.0	383.0	373.0	367.0	356.0
矿业	11.0	9.0	7.0	7.0	6.0	6.0	6.0	6.0	6.0	6.0	6.0
制造业	1367.0	1453.0	1454.0	1484.0	1505.0	1550.0	1569.0	1530.0	1496.0	1456.0	1445.0
电、气、水	30.0	33.0	31.0	30.0	30.0	33.0	33.0	35.0	39.0	42.0	37.0
建筑业	548.0	530.0	560.0	578.0	588.0	604.0	619.0	640.0	655.0	663.0	670.0
商业、旅馆和饭店业①	1248.0	1318.0	1389.0	1400.0	1415.0	1433.0	1436.0	1448.0	1443.0	1449.0	1463.0
运输、仓储和通讯	350.0	343.0	353.0	368.0	375.0	378.0	385.0	394.0	392.0	402.0	411.0
金融保险、不动产和产业服务	317.0	392.0	453.0	480.0	516.0	537.0	546.0	547.0	549.0	555.0	561.0
社会和个人服务②	1074.0	1197.0	1261.0	1288.0	1332.0	1371.0	1401.0	1438.0	1470.0	1491.0	1507.0
行业不明确	13.0	23.0	28.0	31.0	30.0	28.0	30.0	27.0	29.0	25.0	29.0
合　计	5536.0	5807.0	6011.0	6128.0	6249.0	6369.0	6436.0	6450.0	6453.0	6457.0	6486.0
哈萨克斯坦③											
农业、林业、狩猎业		161.7	168.6	163.3	168.6	171.5	176.2				
采矿业		22.5	23.5	23.4	23.5	25.1	25.7				
制造业		123.2	126.8	127.0	124.7	121.8	116.0				
电、煤气和水供应		6.6	6.5	6.7	6.6	7.3	8.3				
建筑业		62.2	69.8	78.1	83.3	69.0	68.1				
商业、旅馆和饭店业		45.1	47.1	47.3	47.0	46.1	43.7				
运输、仓储和通讯		82.8	77.0	70.5	70.4	70.0	66.5				
金融保险、不动产和产业服务		4.1	4.0	4.0	4.0	4.2	4.6				
社会和个人服务		163.0	174.6	183.2	186.7	190.1	190.6				
行业不明确		42.4	42.1	43.2	41.5	44.3	35.9				
合　计		713.6	740.0	746.7	756.3	749.4	735.6				
韩　　国											
农业、狩猎业和林业							286.9	271.3	258.6	242.4	229.8
渔业							12.2	11.5	11.3	11.7	10.8
矿业和采石业							6.3	5.2	4.0	2.7	2.4
制造业							482.8	465.2	469.5	477.3	467.7
电、煤气和水供应							6.6	6.5	7.1	6.9	7.4
建筑业							165.8	168.5	177.7	189.6	196.8
批发、零售贸易；机动车及个人、家庭商品修理业							319.6	349.7	371.2	376.3	386.7
饭店和餐馆业							122.3	134.0	148.6	159.5	176.1
运输、仓储和通讯							100.4	100.5	100.6	106.8	111.1
金融媒介							56.8	64.1	68.4	71.9	74.3
房地产、租赁及商业活动							66.0	71.9	81.1	91.6	102.9

注：① 不包括旅馆业。② 包括旅店业。③ 雇员数。

续表 2　　单位：万人

	1980年	1985年	1988年	1989年	1990年	1991年	1992年	1993年	1994年	1995年	1996年
韩　　国(续)											
公共管理和防卫；强制性社会保险							55.7	60.1	63.4	64.5	63.8
教育							90.4	93.5	94.1	101.0	106.0
卫生和社会工作							28.0	27.4	28.8	30.2	30.5
社区、社会和私人其他服务活动							74.4	76.2	79.8	84.9	88.7
有雇工的私人家庭							19.4	17.5	17.7	19.1	20.0
域外组织和机构							2.5	2.2	1.9	1.6	1.5
行业不明确者											
合　计							1896.1	1925.3	1983.7	2037.7	2076.4
马来西亚①											
农业		171.7	188.9	183.3	173.8		153.6	155.9		152.7	162.6
矿业		4.4	2.9	3.3	3.7		3.6	3.8		3.3	3.5
制造业		85.0	98.7	117.1	133.3		164.0	172.7		178.1	191.2
电、气、水		3.2	4.2	4.1	4.7		4.6	6.0		4.8	4.4
建筑业		41.9	34.0	37.7	42.4		50.7	53.9		61.1	71.7
商业、旅馆和饭店业		99.4	112.0	114.4	121.8		125.5	126.6		137.1	156.7
运输、仓储和通讯		22.4	26.6	27.8	30.2		32.6	34.4		35.9	40.1
金融保险、不动产和产业服务		21.9	23.1	25.3	25.8		30.0	33.0		36.4	41.2
社会和个人服务		113.2	121.7	126.2	132.9		140.3	152.1		155.2	168.6
行业不明确者		0.1	0.1	…	…						
合　计		565.3	617.6	639.1	668.5		704.8	738.3		764.5	840.0
缅　　甸											
农业	886.4	977.2	1028.9	1045.2	1061.4		1086.7	1134.7	1155.1		
矿业	6.8	8.5	9.1	8.7	7.8		7.9	8.3	8.7		
制造业	100.9	123.4	136.9	138.4	113.7		113.2	119.5	125.0		
电、气、水	1.6	1.6	2.0	1.7	1.7		1.7	1.7	1.7		
建筑业	19.5	24.0	26.9	27.0	17.4		18.8	28.8	29.2		
商业、旅馆和饭店业	126.2	144.4	155.6	162.2	140.9		139.6	140.7	145.0		
运输、仓储和通讯	44.3	48.8	51.8	52.9	38.5		38.8	41.2	42.0		
金融保险、不动产和产业服务	77.2	88.5	104.9	100.7	95.6		120.5	123.8	126.4		
社会和个人服务②	57.9	62.8	65.8	66.8	45.5		46.5	48.2	48.6		
行业不明确											
合　计	1320.8	1479.2	1581.3	1603.6	1522.1		1573.7	1646.9	1681.7		
巴基斯坦③											
农业	1275.4	1363.1	1483.1	1529.1	1576.5	1415.2	1498.6	1526.7	1653.5	1559.9	
矿业	3.5	4.6	4.3	4.5	4.6	4.5	7.8	3.2	3.1	4.0	
制造业	317.2	368.6	368.2	379.7	391.4	364.8	381.3	350.0	331.4	345.9	
电、气、水	11.4	18.6	17.1	17.6	18.2	24.8	24.5	27.1	28.7	27.3	
建筑业	97.6	151.0	185.0	190.7	196.6	197.5	196.7	222.6	214.6	240.2	
商业、旅馆和饭店业	258.1	311.1	345.6	356.3	367.4	394.8	406.7	427.7	422.4	483.5	
运输、仓储和通讯	113.3	140.2	141.8	146.3	150.8	156.6	171.1	177.2	163.5	169.0	
金融保险、不动产和产业服务	15.6	23.7	20.6	21.2	21.9	26.9	23.5	26.2	25.7	25.7	
社会和个人服务	227.6	298.5	330.3	340.5	351.1	395.9	392.6	444.1	460.0	475.9	
行业不明确	7.7	16.7	3.5	3.6	3.7	1.8	2.2	6.0	2.0	2.3	
合　计	2327.4	2696.1	2899.5	2989.5	3082.2	2982.8	3105.0	3210.8	3304.7	3333.7	
菲 律 宾											
农业	889.4	1008.5*	992.0	985.2	1018.5	1040.3	1086.9	1119.4	1124.9	1132.3	1145.1
矿业	13.0	12.9*	15.7	15.4	13.3	15.0	14.3	13.0	10.1	9.5	11.5
制造业	185.0	192.6*	223.8	229.8	218.8	239.1	254.6	245.5	258.2	257.1	275.6
电、气、水	5.5	7.9*	9.5	8.3	9.1	9.9	9.2	10.6	10.0	10.3	12.3

注：① 15－64 岁。② 包括行业不明确者。③ 10岁及10岁以上。

续表 3

单位：万人

	1980年	1985年	1988年	1989年	1990年	1991年	1992年	1993年	1994年	1995年	1996年
菲 律 宾(续)											
建筑业	60.0	67.8*	85.8	91.1	97.4	104.6	103.5	110.2	118.7	123.9	157.3
商业、旅馆和饭店业①	179.9	265.0*	297.2	307.4	314.5	317.2	328.3	341.5	356.3	374.5	406.2
运输、仓储和通讯	72.5	91.3*	104.9	109.5	113.7	114.3	122.1	135.9	140.2	148.9	165.7
金融保险、不动产和产业服务	30.8	35.1*	37.9	39.8	44.4	45.1	45.2	49.6	49.4	55.1	68.1
社会和个人服务①	279.1	351.5*	382.7	397.2	422.0	411.6	425.4	417.4	448.0	455.9	501.9
行业不明确	0.2	0.1*	0.2	1.3	1.5	0.9	2.1	1.3	0.8	2.1	0.5
合　计	1715.4	2032.7*	2149.7	2184.9	2253.2	2297.9	2391.7	2444.3	2516.6	2569.8	2744.2
新 加 坡											
农业、狩猎业和林业；渔业			0.6	0.6		0.4	0.5	0.4	0.5	0.4	0.3
矿业和采石业			0.1	0.1		…	0.1	…	…	0.1	…
制造业			37.9	40.4		43.0	43.4	43.0	42.3	40.8	40.6
电、煤气和水供应			0.8	0.8		0.7	0.8	0.8	0.9	0.6	0.7
建筑业			9.0	9.2		9.9	10.3	10.2	10.9	11.3	11.5
批发、零售贸易；机动车及个人、家庭商品修理业			20.9	21.9		24.3	25.3	26.1	26.8	24.0	29.2
饭店和餐馆业			9.6	9.9		10.3	10.3	10.2	10.9	10.4	11.4
运输、仓储和通讯			12.9	13.8		15.3	15.8	16.7	17.5	18.3	19.5
金融媒介			5.1	5.5		6.8	6.6	6.8	7.8	8.8	9.5
房地产、租赁及商业活动			7.7	8.2		9.6	10.6	10.6	12.0	16.6	15.1
公共管理和防卫；强制性社会保险			10.3	10.3		11.1	10.9	10.6	10.7	10.0	10.6
教育；卫生和社会工作			9.2	9.4		10.7	11.0	11.5	11.6	11.7	13.3
社区、社会和私人其他服务活动；有雇工的私人家庭			8.7	9.0		10.2	11.8	12.0	12.8	15.9	12.7
域外组织和机构；行业不明确者			0.4	0.3		0.2	0.3	0.3	0.3	1.3	0.3
合　计			133.2	139.4	153.7	152.4	157.6	159.2	164.9	170.2	174.8
斯里兰卡②											
农业		253.1			285.1	212.6	217.5	196.1	219.2	198.5	196.3
矿业		6.7			16.1	8.7	5.9	6.2	3.1	5.6	6.9
制造业		64.8			86.9	94.8	67.2	64.5	78.2	86.4	83.8
电、气、水		2.1			1.3	1.4	1.2	4.1	2.0	2.5	2.5
建筑业		22.7			18.3	27.1	22.4	27.3	17.2	30.0	32.1
商业、旅馆和饭店业		51.4			51.1	50.6	53.9	55.8	66.6	55.7	70.5
运输、仓储和通讯		22.0			24.7	16.8	16.7	24.9	20.5	24.5	25.9
金融保险、不动产和产业服务		6.5			5.0	9.2	10.5	10.6	9.8	9.2	11.8
社会和个人服务		63.1			98.0	75.2	58.0	92.9	82.5	89.4	108.3
行业不明确		20.7			9.9	17.3	15.3	24.8	15.8	29.8	20.6
合　计		513.2			596.4	513.6	498.6	507.2	514.8	531.6	558.7
泰　　国③											
农业	1594.3	1767.5	1957.7*	2040.2	1972.6	1877.7					
矿业	3.7	6.9	4.3*	4.4	5.4	5.5					
制造业	178.9	228.0	246.1*	277.0	313.3	346.5					
电、气、水	6.0	10.7	12.0*	11.9	10.9	11.0					
建筑业	43.6	66.4	70.2*	71.8	102.6	117.8					
商业、旅馆和饭店业④	191.6	259.2	289.7*	292.2	297.6	347.7					
运输、仓储和通讯	45.6	57.5	64.1*	66.4	73.3	83.4					

注：① 旅馆、饭店业包括在社会和个人服务业内。② 10岁及10岁以上；1985年、1991年及以后不包括北部和东部省区。③ 1989年前为11岁及11岁以上，1989年及以后为13岁及13岁以上。④ 包括金融保险、不动产业，不包括旅馆业。

续表 4 单位：万人

	1980年	1985年	1988年	1989年	1990年	1991年	1992年	1993年	1994年	1995年	1996年
泰　　国(续)											
金融保险、不动产和产业服务											
社会和个人服务①	188.7	253.0	301.7 *	295.7	306.5	322.6					
行业不明确	0.1	0.8	0.8 *	1.9	2.2	1.5					
合　计	2252.4	2585.3	2946.4 *	3061.6	3084.4	3113.8					
土 耳 其②											
农业	3.8 *	727.2 *	873.5	909.2	935.6	925.1	891.2	864.3	902.3	1022.7	996.2
矿业	8.7 *	12.5 *	22.0	15.5	21.4	21.7	20.3	16.4	15.9	13.1	16.2
制造业	102.4 *	235.3 *	262.9	279.6	295.8	272.7	328.4	300.2	298.5	294.8	313.4
电、气、水	9.1 *	1.6 *	2.8	3.0	1.3	2.9	6.8	11.4	9.8	11.1	8.2
建筑业	48.0 *	73.5 *	101.5	97.6	93.7	98.9	108.5	117.2	123.1	122.8	135.6
商业、旅馆和饭店业	12.3 *	185.5 *	208.4	210.8	227.8	224.9	249.3	254.4	264.7	261.2	270.4
运输、仓储和通讯	9.9 *	81.7 *	78.5	81.6	85.1	80.2	84.1	96.0	91.7	85.4	91.7
金融保险、不动产和产业服务	1.9 *	40.1 *	42.5	44.4	43.6	43.7	46.3	49.1	47.4	48.7	45.3
社会和个人服务	21.9 *	258.4 *	252.4	243.9	290.4	275.2	261.0	281.5	286.2	277.9	292.8
行业不明确	2.6 *	0.4 *									
合　计	220.5 *	1616.2 *	1844.5	1885.6	1994.6	1945.2	1995.9	1990.5	2039.6	2137.8	2169.8
埃　　及③											
农业	415.2			633.5	559.9	433.2	553.5	518.8	536.1	521.6	
矿业	2.0			4.3	4.4	3.8	4.5	4.6	4.7	4.1	
制造业	143.9			195.9	186.8	212.7	201.5	204.5	205.5	218.4	
电、气、水	8.3			10.0	10.3	13.4	14.7	14.8	15.4	16.7	
建筑业	42.6			99.0	95.5	113.5	88.4	95.0	101.9	96.8	
商业、旅馆和饭店业	88.4			134.0	138.1	147.8	133.2	143.7	156.1	158.8	
运输、仓储和通讯	50.3			78.0	91.3	108.5	77.8	80.7	84.3	90.8	
金融保险、不动产和产业服务	12.7			25.5	28.0	42.2	23.7	27.6	29.5	28.3	
社会和个人服务	198.2			311.6	318.3	307.4	342.0	380.5	390.3	399.1	
行业不明确	18.3			0.7	3.7	0.2	0.6	0.2	0.2	0.1	
合　计	979.9			1492.6	1436.1	1382.7	1439.9	1470.3	1524.1	1534.4	
南　　非④											
农业											
矿业		72.5	73.3	70.7	69.3	65.3	60.8	56.2			
制造业		142.9	153.1	153.1	152.5	148.4	143.8	140.1			
电、气、水		6.6	5.7	5.2	5.1	4.8	4.6	4.3			
建筑业		41.0	41.4	41.7	41.8	39.1	37.4	37.5			
商业、旅馆和饭店业		75.6	78.6	80.6	79.1	78.6	77.8	76.4			
运输、仓储和通讯		42.6	37.9	37.4	36.1	34.3	33.5	30.3			
金融保险、不动产和产业服务		16.1	17.2	17.9	18.6	18.7	19.1	19.2			
社会和个人服务		106.5	123.2	126.8	127.6	130.1	131.4	131.2			
行业不明确											
合　计		503.6	530.3	533.4	530.2	519.3	508.3	495.1			
阿 根 廷⑤											
农业、狩猎业和林业；渔业；矿业和采石业						14.2	11.2	15.5	13.4	13.7	15.9
制造业						185.4	186.8	165.1	176.0	163.9	163.8
电、煤气和水供应						11.9	11.7	8.1	8.0	9.9	10.6
建筑业						81.4	75.2	71.8	90.1	82.1	85.2
批发、零售贸易；机动车及个人、家庭商品修理业						190.3	194.4	207.0	193.7	179.7	185.8
饭店和餐馆业						23.8	27.8	28.8	29.6	31.2	28.4

注：① 包括旅馆业。② 12 岁及 12 岁以上；1980 年仅为城市地区。③ 12－64 岁。④ 雇员数。⑤ 10岁及10岁以上。

续表 5 单位：万人

	1980年	1985年	1988年	1989年	1990年	1991年	1992年	1993年	1994年	1995年	1996年
阿 根 廷(续)											
运输、仓储和通讯						59.2	64.6	70.6	74.0	74.0	75.4
金融媒介						22.3	21.8	32.0	24.2	23.2	22.0
房地产、租赁及商业活动						50.0	49.1	75.2	53.8	59.5	65.1
公共管理和防卫；强制性社会保险						82.8	93.4	77.6	82.2	89.9	95.7
教育；卫生和社会工作						75.0	73.0	87.1	77.1	79.1	71.5
社区、社会和私人其他服务活动						52.9	62.0	66.2	57.0	57.5	60.0
有雇工的私人家庭						94.5	100.6	79.4	83.5	83.4	88.4
域外组织和机构						81.2	85.0	77.3	86.6	83.1	81.0
行业不明确者						6.2	2.1	4.2	3.8	4.5	5.5
合　计						1031.0	1058.6	1065.9	1052.9	1034.8	1054.2
巴　西①											
农业	1330.0	1538.9	1423.3	1404.2	1418.1		* 1850.0	1825.4		1815.4	
矿业②		84.8	99.6	91.5	86.0		* 91.0	94.7		86.3	
制造业	756.2	790.7	898.6	964.7	941.0		* 837.7	853.9		854.8	
电、气、水											
建筑业	366.4	312.5	372.6	378.6	382.3		* 402.3	428.9		422.9	
商业、旅馆和饭店业③	468.8	586.9	678.9	742.3	797.6		* 793.7	847.5		911.7	
运输、仓储和通讯	176.8	193.3	221.0	227.5	244.0		* 228.5	228.4		254.3	
金融保险、不动产和产业服务④	122.3	175.8	165.3	176.7	171.6		* 144.4	138.9		133.4	
社会和个人服务③	1326.1	1693.2	2013.6	2076.7	2169.4		* 2192.0	2239.2		2484.1	
行业不明确											
合　计	4546.5	5376.1	5872.9	6062.2	6210.0		* 6539.5	6657.0		6962.9	
加 拿 大											
农业	58.3	57.5	55.6	53.7	53.1	55.4	53.3	55.0*	54.6	55.4	56.5
矿业	19.6	18.9	18.2	17.9	18.0	17.4	15.7	15.0*	15.7	17.2	16.8
制造业	211.1	196.0	210.4	212.6	200.1	186.5	178.8	180.0*	194.9	206.1	208.3
电、气、水	12.4	12.1	12.9	13.4	13.6	13.6	14.9	14.2*	14.4	14.2	14.7
建筑业	62.4	57.9	72.6	76.4	77.8	64.5	68.1	66.0*	75.0	72.4	71.9
商业、旅馆和饭店业	241.1	261.3	288.6	292.6	301.4	293.5	291.7	291.2*	315.2	316.8	325.4
运输、仓储和通讯	78.2	75.4	77.6	82.7	81.5	78.1	77.3	76.7*	83.4	89.0	87.3
金融保险、不动产和产业服务	101.8	112.8	134.8	139.3	145.6	147.1	143.9	146.6*	161.1	167.6	171.9
社会和个人服务	285.8	330.0	352.9	360.0	366.1	373.1	380.4	393.7*	414.9	411.8	415.0
行业不明确											
合　计	1070.8	1122.1	1224.5	1248.6	1257.2	1234.0	1224.0	1238.3*	1329.2	1350.6	1637.6
墨 西 哥											
按第二版ISIC分类											
农业			661.6			819.0		884.3		837.8	
矿业			26.0			21.8		17.1		14.7	
制造业			554.8			480.6		507.8		516.8	
电、气、水			13.0			15.1		9.9		8.0	
建筑业			152.8			187.2		187.9		181.9	
商业、旅馆和饭店业			543.0			615.0		689.3		779.9	
运输、仓储和通讯			106.2			114.2		136.2		146.1	
金融保险、不动产和产业服务			39.5			94.5		108.0		110.4	
社会和个人服务			688.2			687.6		720.5		776.5	
行业不明确			27.8			18.5		22.3		15.9	
合　计			2812.8			3053.4		3283.3		3388.1	

注：① 10岁及10岁以上，1980年为1981年数据，其中矿业、电、气、水业包括在制造业内。② 包括电、气、水业。③ 社会和个人服务业包括旅馆和饭店业。④ 包括行业不明确者。

续表 6

单位：万人

	1980年	1985年	1988年	1989年	1990年	1991年	1992年	1993年	1994年	1995年	1996年
墨西哥(续) ①											
按第三版ISIC分类											
农业、狩猎业和林业											775.7
渔业											16.5
矿业和采石业											13.3
制造业											577.9
电、煤气和水供应											20.2
建筑业											179.7
批发、零售贸易；机动车及个人、家庭商品修理业											611.6
饭店和餐馆业											160.4
运输、仓储和通讯											144.9
金融媒介											32.7
房地产、租赁及商业活动											103.4
公共管理和防卫；强制性社会保险											157.7
教育											173.9
卫生和社会工作											90.2
社区、社会和私人其他服务活动											279.0
有雇工的私人家庭											167.5
域外组织和机构											15.4
行业不明确者											2.6
合　计											3522.6
美　国②											
农业	352.9	333.8	332.6	337.8 *	339.4	342.9 *	342.1	330.0 *	358.6	359.2	357.0
矿业	97.9	93.9	75.3	71.9 *	72.4	73.2 *	66.6	67.2 *	66.9	62.7	56.9
制造业	2194.2	2087.9	2132.0	2165.2 *	2134.6	2058.0 *	2012.4	1971.7 *	2015.7	2049.3	2051.8
电、气、水③	140.5	148.6	155.1	150.6 *	158.2	158.3 *	162.1	159.9 *	154.5	151.2	148.9
建筑业	621.5	698.7	760.3	768.0 *	776.4	714.0 *	706.3	727.6 *	749.3	766.8	794.3
商业、旅馆和饭店业④	2019.1	2229.6	2366.3	2423.0 *	2462.2	2441.8 *	2472.2	2514.3 *	2569.9	2607.1	2649.7
运输、仓储和通讯	512.0	606.2	651.3	658.8 *	658.6	665.1 *	666.3	692.7 *	714.7	719.7	732.8
金融保险、不动产和产业服务	835.1	1100.5	1297.2	1327.7 *	1342.2	1323.4 *	1256.9	1305.4 *	1356.6	1368.9	1418.0
社会和个人服务④	3256.9	3415.8	3726.7	3831.2 *	3935.2	3995.2 *	4164.3	4257.6 *	4319.8	4405.2	4461.4
行业不明确											
合　计	9930.3	10715.0	11496.8	11734.2 *	11879.3	11771.8 *	11849.2	12025.9 *	12306.0	12490.0	12670.8
委内瑞拉											
农业	63.7 *	82.6	81.4	81.6	81.4	79.9	77.7	75.6	103.7	101.2	
矿业	6.3 *	6.9	6.4	6.2	6.5	7.1	7.6	6.9	7.1	7.3	
制造业	67.5 *	79.0	106.2	103.3	99.5	108.0	111.4	109.0	100.7	104.7	
电、气、水	5.0 *	6.3	6.4	6.3	6.5	6.4	6.5	5.7	5.2	6.6	
建筑业	38.7 *	35.0	50.5	46.7	48.1	54.6	59.7	63.6	60.6	62.4	
商业、旅馆和饭店业	80.3 *	100.2	119.2	125.2	134.2	143.4	150.0	156.6	158.9	173.9	
运输、仓储和通讯	30.2 *	33.8	37.3	39.0	39.3	39.4	41.0	46.2	46.1	47.7	
金融保险、不动产和产业服务	18.7 *	25.8	33.4	35.6	38.1	40.1	41.5	46.0	42.8	43.5	
社会和个人服务	113.9 *	140.8	162.3	173.3	186.0	193.8	197.4	193.3	205.4	218.7	
行业不明确	0.2 *	0.1	0.6	0.4	0.7	0.3	0.4	0.5	0.3	1.0	
合　计	424.5 *	510.6	603.5	617.7	640.2	672.8	693.0	703.5	730.9	767.0	
白俄罗斯											
农业		128.7	118.5	114.8	111.1	106.1	109.0	104.9	99.6		
矿业		3.4	3.1	2.9	2.7	2.6	2.5	3.0	2.7		
制造业		143.2	146.4	147.1	144.5	138.0	133.0	131.2	124.6		

注：① 12岁及12岁以上。② 16岁及16岁以上。③ 卫生服务包括在电、气、水业内。④ 旅馆业包括在社会和个人服务业内。

续表 7

单位：万人

	1980年	1985年	1988年	1989年	1990年	1991年	1992年	1993年	1994年	1995年	1996年
白俄罗斯（续）											
电、气、水		2.5	2.5	2.7	2.7	3.2	3.5	3.8	3.9		
建筑业		35.5	42.8	47.7	48.4	43.8	41.9	36.9	32.9		
商业、旅馆和饭店业		32.1	33.8	34.6	34.9	34.4	34.1	40.5	42.2		
运输、仓储和通讯		42.5	38.2	36.3	36.3	35.3	35.1	32.9	31.8		
和产业服务		2.8	2.7	2.8	2.9	3.0	3.1	3.4	4.1		
社会和个人服务		103.9	110.4	111.5	112.0	111.3	107.0	107.6	110.0		
行业不明确		16.7	18.8	19.5	19.3	24.5	19.8	18.3	17.9		
合　计		511.2	517.2	519.8	514.9	502.0	488.7	482.4	469.6		
保加利亚①											
农业	97.4	93.5	86.1	81.4	75.8 *	69.7	69.4	71.3	69.8		
矿业		11.0	11.6	11.4	11.4 *	10.3					
制造业②	136.9 *	152.3	154.8	149.6	134.7 *	109.0	106.7	97.9	93.5		
电、气、水		3.0	3.5	3.6	3.8 *	3.7					
建筑业	34.1	34.6	34.3	33.3	31.2 *	23.6	19.5	20.0	17.8		
商业、旅馆和饭店业	33.2	39.4	41.2	41.9	39.3 *	35.9	34.3	35.2	38.9		
运输、仓储和通讯③	29.8	29.7	30.0	29.0	28.6 *	26.7	23.7	24.1	23.1		
金融保险、不动产和产业服务		5.9	6.0	6.1	6.0 *	5.2	5.2	6.7	6.8		
社会和个人服务	66.9	76.7	79.4	80.2	79.0 *	72.4	68.6	67.0	65.9		
行业不明确	4.3										
合　计	402.5	446.0	446.8	436.5	409.7 *	356.4	327.4	322.2	315.8		
捷克共和国											
按第二版ISIC分类											
农业	104.7	100.3	97.5	94.8	94.3	76.0					
矿业	17.9	22.5	22.9	22.9	26.0						
制造业④	253.5	275.4	278.2	277.6	259.6	276.5					
电、气、水	6.6	11.1	11.5	11.7	12.4						
建筑业	64.1	66.7	68.9	68.4	64.7	61.5					
商业、旅馆和饭店业	80.2	93.6	94.7	95.5	92.8	89.0					
运输、仓储和通讯	49.4	51.4	51.9	52.3	55.1	52.5					
金融保险、不动产和产业服务	25.5	27.5	29.0	29.1	28.7	29.5					
社会和个人服务	132.0	181.2	188.1	188.1	188.6	184.0					
行业不明确	2.0	2.0	2.2	2.2	2.7	2.0					
合　计	735.8	831.7	844.9	843.1	824.9	771.0					
按第三版ISIC分类											
农业、狩猎业和林业；渔业								37.6	34.6	33.2	30.8
矿业和采石业								12.0	9.8	9.7	9.0
制造业								151.5	147.6	148.4	141.1
电、煤气和水供应								9.9	10.0	10.2	10.0
建筑业								43.3	45.6	46.2	46.8
批发、零售贸易；机动车及个人、家庭商品修理业								54.9	62.8	64.8	64.7
饭店和餐馆业								15.9	15.3	15.9	15.5
运输、仓储和通讯								39.4	38.2	39.0	38.8
金融媒介								7.2	8.5	9.6	9.5
房地产、租赁及商业活动								22.8	24.7	25.2	25.6
公共管理和防卫；强制性社会保险								26.5	28.2	27.1	30.9
教育								33.1	32.4	32.5	31.2
卫生和社会工作								29.9	29.5	30.5	27.4

注：① 雇员数。② 1980 年、1992 年以后包括矿业和电、气、水业。③ 不包括仓储业。④ 包括供水。

续表 8 单位：万人

	1980年	1985年	1988年	1989年	1990年	1991年	1992年	1993年	1994年	1995年	1996年
捷克共和国（续）											
社区、社会和私人其他服务活动								16.9	16.8	17.5	16.7
有雇工的私人家庭								0.1	0.1	0.1	0.2
域外组织和机构								0.1	0.1	0.1	0.1
行业不明确								…	0.3	0.2	0.2
合　计								501.1	594.5	510.2	497.5
法　国											
农业	185.3	153.0	136.7	130.9	124.8	119.6	115.0	110.1	104.8		
矿业	13.9	11.2	9.2	8.7	8.3	7.5	7.2	7.0	6.6		
制造业	549.2	490.3	464.0	466.9	470.6	463.5	447.9	426.9	416.2		
电、气、水	19.2	21.0	20.9	20.8	20.5	20.4	20.4	20.5	20.4		
建筑业	183.3	154.3	158.7	162.0	163.4	162.5	156.8	148.8	144.3		
商业、旅馆和饭店业	340.8	343.6	361.8	368.8	375.0	374.5	371.5	368.1	371.6		
运输、仓储和通讯	132.6	136.7	137.6	138.9	140.4	141.5	141.8	140.3	139.7		
金融保险、不动产和产业服务	159.7	179.5	204.9	218.4	228.4	230.9	229.5	226.5	234.0		
社会和个人服务	550.8	655.5	689.2	699.3	708.2	723.8	740.5	759.6	773.4		
行业不明确											
合　计	2134.7	2145.0	2183.0	2214.6	2239.6	2244.2	2230.8	2207.8	2211.0		
德　国											
按第二版ISIC分类											
农业	143.7	126.2	115.5	103.9	107.0 *	157.5	137.9	125.5	119.0		
矿业	34.0	28.0	27.7	26.0	24.3 *	39.6	35.2	30.7	26.5		
制造业	884.2	846.8	866.2	875.4	926.9 *	1163.4	1081.8	1023.0	964.3		
电、气、水	23.6	26.5	26.5	27.0	27.1 *	40.6	40.0	39.3	37.4		
建筑业	185.4	188.6	184.3	184.9	193.7 *	263.7	283.0	294.7	310.7		
商业、旅馆和饭店业	392.5	394.5	401.4	409.3	430.7 *	530.7	535.5	530.6	538.3		
运输、仓储和通讯	154.8	151.2	155.6	157.3	169.0 *	230.7	225.7	221.9	216.9		
金融保险、不动产和产业服务	150.9	190.9	205.7	218.1	239.6 *	279.6	294.0	306.9	316.0		
社会和个人服务	600.6	709.7	753.7	772.5	815.1 *	1039.0	1061.0	1065.4	1078.4		
行业不明确											
合　计	2579.7	2662.6	2736.6	2774.2	2933.4 *	3744.5	3694.0	3638.1	3607.6		
按第三版ISIC分类											
农业、狩猎业和林业										115.5	106.7
渔业										0.8	0.9
矿业和采石业										26.2	24.3
制造业										894.5	853.6
电、煤气和水供应										35.9	33.5
建筑业										337.9	346.9
批发、零售贸易；机动车及个人、家庭商品修理业										515.2	512.7
饭店和餐馆业										103.6	111.5
运输、仓储和通讯										203.1	194.1
金融媒介										136.9	127.6
房地产、租赁及商业活动										216.0	228.4
公共管理和防卫；强制性社会保险										336.2	332.7
教育										182.7	189.3
卫生和社会工作										315.1	336.7
社区、社会和私人其他服务活动										177.5	181.9
有雇工的私人家庭										11.7	13.7

续表 9 单位：万人

	1980年	1985年	1988年	1989年	1990年	1991年	1992年	1993年	1994年	1995年	1996年
德　　国（续）											
域外组织和机构										3.6	3.8
合　计										3604.8	3589.2
意 大 利①											
按第二版ISIC分类											
农业	289.9	229.6	205.8	194.6	189.5	182.3	174.9		157.2		
矿业②	22.0	20.9	23.0	22.4	22.9	22.7	23.8		29.4		
制造业	543.9	476.6	472.3	472.9	475.7	473.1	467.9		454.2		
电、气、水											
建筑业	204.1	192.1	183.5	180.0	185.9	195.7	193.4		164.2		
商业、旅馆和饭店业	379.8	436.5	452.7	447.4	453.7	466.0	461.6		422.1		
运输、仓储和通讯	113.4	109.1	116.4	115.5	114.6	114.9	115.1		108.1		
金融保险、不动产和产业服务	52.2	71.6	83.6	85.9	89.5	100.3	108.0		151.5		
社会和个人服务	426.3	553.0	587.9	596.7	613.6	604.2	616.2		513.4		
行业不明确											
合　计	2031.61	2089.4	2125.3	2115.4	2145.4	2159.5	2160.9		2000.2		
按第三版ISIC分类											
农业、狩猎业和林业										144.5	
渔业										4.4	
矿业和采石业										8.8	
制造业										453.4	
电、煤气和水供应										204.1	
建筑业										160.7	
批发、零售贸易；机动车及个人、家庭商品修理业										336.7	
饭店和餐馆业										85.3	
运输、仓储和通讯										105.9	
金融媒介										65.6	
房地产、租赁及商业活动										94.2	
公共管理和防卫；强制性社会保险										150.2	
教育										148.2	
卫生和社会工作										113.8	
社区、社会和私人其他服务活动										80.3	
有雇工的私人家庭										20.3	
域外组织和机构										1.4	
合　计										1994.2	
荷　　兰③											
按第二版ISIC分类											
农业	24.4	26.8	28.4	28.6	28.9	29.3 *	25.8	25.5	26.4		
矿业	0.7	1.1	1.3	1.2	1.1	1.4 *	0.9	1.2	1.0		
制造业	106.7	99.3	110.9	115.2	118.5	116.9 *	114.8	112.7	107.5		
电、气、水	4.4	4.4	4.7	4.6	4.1	4.4 *	4.5	4.1	4.7		
建筑业	44.5	38.6	39.7	39.7	40.9	41.8 *	38.5	39.4	39.3		
商业、旅馆和饭店业	86.4	90.7	101.5	103.8	110.4	113.8 *	114.6	117.6	122.7		
运输、仓储和通讯	30.6	32.3	36.2	38.0	38.2	40.3 *	41.1	40.8	41.9		
金融保险、不动产和产业服务	45.5	45.7	59.3	60.8	64.6	68.2 *	67.8	70.0	70.4		
社会和个人服务	153.8	171.6	219.0	220.7	222.9	231.3 *	228.3	234.4	237.1		
行业不明确		3.9	2.1	3.0	5.8	4.7 *	23.4	19.0	18.3		
合　计	497.0	514.5	603.2	615.5	635.6	652.1 *	659.7	664.8	669.2		

注：① 14 岁及 14 岁以上。② 包括电、气、水业。③ 15－64 岁。

续表 10　　　　单位：万人

	1980年	1985年	1988年	1989年	1990年	1991年	1992年	1993年	1994年	1995年	1996年
荷　　兰(续)											
按第三版ISIC分类											
农业、狩猎业和林业										24.4	25.9
渔业											
矿业和采石业										1.2	1.1
制造业										107.9	107.8
电、煤气和水供应										4.3	4.1
建筑业										40.6	42.7
批发、零售贸易；机动车及个人、家庭商品修理业										110.4	116.0
饭店和餐馆业										23.8	24.5
运输、仓储和通讯										40.6	42.3
金融媒介										22.2	23.6
房地产、租赁及商业活动										65.8	72.0
公共管理和防卫；强制性社会保险										52.9	50.0
教育										44.1	44.2
卫生和社会工作										92.9	94.6
社区、社会和私人其他服务活动										26.8	28.1
有雇工的私人家庭										1.2	2.8
行业不明确										23.9	16.9
合　计										683.5	697.1
波　　兰											
农业、林业、狩猎业									349.8	333.1	329.8
渔业									1.6	1.4	1.2
矿业和采石业									44.0	44.6	41.8
制造业									310.6	311.9	313.0
电、煤气、水供应									23.2	26.6	27.1
建筑业									90.4	89.8	92.1
批发零售贸易;机动车及个人家用商品修理业									170.3	181.1	189.5
旅馆和饭店业									16.3	19.4	20.2
运输、仓储和通讯									79.4	85.6	89.0
金融媒介									30.8	29.6	28.6
房地产业、租赁业及商业活动									24.6	33.7	41.2
公共管理、防卫；强制性社会保障									68.0	68.5	74.6
教育									99.7	99.9	96.8
卫生和社会工作									93.2	97.5	102.2
社区、社会和私人服务业									61.0	54.1	48.8
有雇工的私人家庭									0.8	1.1	1.3
域外组织和机构									…	…	0.1
行业不明确									2.1	1.7	…
合　计									1465.8	1479.1	1496.9
罗马尼亚①											
农业、狩猎业和林业									424.1	448.5	413.9
渔业									2.0	1.2	1.1
矿业和采石业									26.1	28.2	24.1
制造业									268.7	249.8	251.2
电、煤气和水供应									18.5	20.4	22.4

注：① 1994年、1995年为14岁及14岁以上人口。

续表11

	1980年	1985年	1988年	1989年	1990年	1991年	1992年	1993年	1994年	1995年	1996年
罗马尼亚(续)											
建筑业									45.2	46.8	47.0
批发、零售贸易；机动车及个人、家庭商品修理业									66.2	71.7	83.2
饭店和餐馆业									14.7	13.8	14.8
运输、仓储和通讯									55.2	55.7	57.6
金融媒介									7.7	8.7	8.7
房地产、租赁及商业活动									18.1	15.3	17.9
公共管理和防卫；强制性社会保险									45.1	56.3	71.8
教育									46.1	43.6	42.2
卫生和社会工作									34.8	34.5	35.7
社区、社会和私人其他服务活动									18.8	20.6	21.9
合　计									1091.4	1115.2	1093.6
俄罗斯											
农业、狩猎业和林业					1044.9	1048.6	1107.9	1099.3	1102.9	1044.3	
渔业											
矿业和采石业					123.6	125.7	125.3	123.3	116.2	108.4	
制造业					2018.2	1981.2	1868.3	1828.9	1619.6	1474.4	
电、煤气和水供应					59.5	61.2	66.9	70.5	76.8	80.3	
建筑业					816.8	763.2	724.7	658.1	627.4	577.0	
批发、零售贸易；机动车及个人、家庭商品修理业；饭店和餐馆					508.6	494.2	491.4	563.6	578.8	607.1	
运输、仓储和通讯					581.8	575.0	563.2	540.8	535.5	525.3	
金融媒介；房地产、租赁及商业活动					40.2	44.0	49.4	58.1	74.5	82.0	
公共管理和防卫；强制性社会保险					180.6	172.2	151.9	164.9	165.9	201.3	
教育					723.0	727.3	752.1	723.9	738.3	731.6	
卫生和社会工作					423.8	430.5	422.7	424.3	439.4	444.6	
社区、社会和私人其他服务活动					633.2	622.0	537.5	529.9	524.5	512.3	
有雇工的私人家庭；域外组织和机构；行业不明确					373.2	339.7	345.9	299.6	248.7	255.4	
合　计					7532.5	7384.8	7207.1	7085.2	6848.4	6644.1	
西 班 牙①											
按第二版ISIC分类											
农业	211.9	194.9	169.4	159.8	148.6	134.5	125.3 *	119.8			
矿业	9.1	9.0	8.1	7.7	7.8	7.5	6.7 *	5.8			
制造业	288.0	241.9	264.1	273.6	280.7	272.8	266.0 *	240.2			
电、气、水	8.6	8.4	8.1	8.5	9.4	8.7	7.7 *	8.0			
建筑业	98.4	77.6	102.0	113.4	122.0	127.4	119.6 *	108.9			
商业、旅馆和饭店业	216.4	195.2	236.6	245.9	254.0	259.1	253.7 *	269.2			
运输、仓储和通讯	65.6	61.2	64.8	71.0	72.7	72.7	72.8 *	69.5			
金融保险、不动产和产业服务	38.9	44.4	59.1	63.9	67.8	73.4	74.1 *	92.7			
社会和个人服务	176.9	229.5	265.1	282.0	295.0	304.9	310.7 *	269.8			
行业不明确		2.0									
合　计	1113.8	1064.1	1177.3	1225.8	1257.9	1260.9	1236.6 *	1183.8			

注：① 16 及16岁以上。

续表 12

	1980年	1985年	1988年	1989年	1990年	1991年	1992年	1993年	1994年	1995年	1996年
西 班 牙(续)											
按第三版ISIC分类											
农业、狩猎业和林业								110.8	107.2	104.0	101.6
渔业								9.0	7.9	6.6	6.1
矿业和采石业								5.8	5.5	6.5	7.4
制造业								240.2	233.2	232.6	233.6
电、煤气和水供应								8.0	8.7	9.5	9.0
建筑业								108.9	105.9	113.5	117.6
批发、零售贸易；机动车及个人、家庭商品修理业								203.6	202.3	201.7	206.7
饭店和餐馆								65.6	70.9	75.6	75.0
运输、仓储和通讯								69.5	68.1	72.5	73.7
金融媒介								33.6	31.3	31.5	33.6
房地产、租赁及商业活动								59.0	60.1	65.3	73.7
公共管理和防卫；强制性社会保险								75.8	75.1	76.6	80.6
教育								62.5	63.8	66.9	71.6
卫生和社会工作								57.3	58.6	61.8	67.8
社区、社会和私人其他服务活动								38.3	41.7	44.7	46.1
有雇工的私人家庭								35.8	32.8	34.9	35.4
域外组织和机构								0.2	0.1	0.1	0.1
合　计								1183.8	1173.0	1204.2	1239.6
英　　国①											
按第二版ISIC分类											
农业	64.7	61.6	58.0	56.6	60.3	60.7	57.6	54.7			
矿业	36.0	33.0	22.9	22.3							
制造业②	708.5	554.0	543.7	544.5	780.6	724.2	684.4	656.5			
电、气、水	35.2	30.3	23.8	28.3							
建筑业	162.6	149.2	164.0	180.5							
商业、旅馆和饭店业③	481.9	489.4	513.7	536.6	1847.9	1815.9	1801.8	1793.4			
运输、仓储和通讯	157.7	143.1	145.8	152.4							
金融保险、不动产和产业服务	183.5	232.7	277.4	299.9							
社会和个人服务	668.3	728.1	805.5	816.5							
行业不明确④		32.6	31.6	30.8	30.3	29.7	29.0	27.1			
合　计	2498.4	2453.9	2591.4	2668.4	2719.1	2630.5	2572.8	2531.7			
按第三版ISIC分类											
农业、狩猎业和林业									51.5	52.0	49.8
渔业									1.9	1.4	1.4
矿业和采石业									11.4	11.3	10.8
制造业									487.5	490.9	503.6
电、煤气和水供应									23.8	22.2	18.9
建筑业									186.4	183.6	181.9
批发、零售贸易；机动车及个人、家庭商品修理业									405.9	406.9	405.4
饭店和餐馆									109.5	116.4	118.5
运输、仓储和通讯									159.2	165.6	162.9
金融媒介									116.6	115.6	112.1
房地产、租赁及商业活动									230.2	242.0	247.1

注：① 16 岁及16岁以上。② 1990 年及以后包括矿业、电、气、水和建筑业。③ 1990 年及以后包括交通、仓储和通讯业、金融保险业、不动产和产业服务业、社会和个人服务业。④ 包括军人。

续表 13

单位：万人

	1980年	1985年	1988年	1989年	1990年	1991年	1992年	1993年	1994年	1995年	1996年
英　　国(续)											
公共管理和防卫；强制性社会保险									163.1	154.7	158.4
教育									190.6	192.8	202.3
卫生和社会工作									268.4	274.8	284.1
社区、社会和私人其他服务活动									129.3	137.7	135.4
有雇工的私人家庭									17.8	15.3	15.6
域外组织和机构									2.3	2.2	1.9
行业不明确									14.6	12.2	12.0
合计									2569.7	2597.2	2621.9
南斯拉夫											
农业	27.8	32.6	33.8	33.8							
矿业	12.6	14.6	14.7	14.4							
制造业	206.8	241.3	259.7	259.5							
电、气、水	10.8	13.0	14.3	14.8							
建筑业	63.2	59.3	56.3	54.0							
商业、旅馆和饭店业	78.4	87.6	92.2	92.2							
运输、仓储和通讯	44.0	49.6	52.2	52.1							
金融保险、不动产和产业服务	17.0	20.1	20.8	21.0							
社会和个人服务	107.7	119.8	127.7	127.9							
行业不明确											
合　计	568.2	637.8	671.5	669.7							
澳大利亚											
农业	40.7 *	41.4 *	43.4 *	42.9	43.9	42.2	40.5	40.9	40.4		
矿业	8.4 *	10.0 *	9.6 *	10.3	9.9	9.2	8.8	8.9	8.6		
制造业	124.0 *	111.6 *	116.6 *	120.2	116.7	109.1	107.6	106.8	110.6		
电、气、水	12.9 *	13.7 *	12.1 *	11.7	10.6	10.2	10.4	9.6	9.0		
建筑业	48.6 *	48.0 *	53.6 *	60.1	59.4	54.0	52.2	55.1	60.0		
商业、旅馆和饭店业	127.4 *	155.8 *	179.1 *	189.4	194.7	192.6	192.3	195.1	201.4		
运输、仓储和通讯	45.9 *	51.2 *	51.8 *	53.4	53.1	52.7	49.3	48.5	51.1		
金融保险、不动产和产业服务	51.5 *	74.0 *	88.9 *	96.1	100.2	98.6	98.1	95.3	102.6		
社会和个人服务	168.7 *	164.5 *	181.8 *	187.6	105.3	198.2	202.1	204.5	207.8		
行业不明确											
合　计	628.1 *	669.8 *	739.8 *	772.0	785.9	767.6	763.7	768.0	792.1		
新 西 兰											
农业	13.8	14.8	15.6	15.1	15.7	15.7	15.9	15.8	16.2	15.8	16.0
矿业	0.5	0.5	0.4	0.5	0.6	0.4	0.4	0.4	0.5	0.5	0.5
制造业	31.8	31.8	27.5	25.9	25.3	25.0	24.0	25.5	28.3	29.2	28.7
电、气、水	1.4	1.6	1.6	1.2	1.4	1.3	1.1	1.1	1.0	1.3	1.4
建筑业	9.0	9.1	9.8	9.7	9.2	7.6	8.0	8.1	9.2	10.0	11.0
商业、旅馆和饭店业	21.6	23.1	30.0	29.0	31.2	30.1	30.8	31.6	32.7	34.9	36.0
运输、仓储和通讯	10.8	10.4	10.8	9.9	9.3	9.5	8.9	9.1	9.2	9.9	9.9
金融保险、不动产和产业服务	8.8	10.4	14.9	14.4	14.6	15.2	15.8	14.9	15.9	17.4	18.9
社会和个人服务	29.7	32.4	39.9	40.8	40.4	40.8	41.6	42.9	42.8	44.1	45.8
行业不明确			0.4	0.4	0.6	0.4	0.2	0.3	0.2	0.2	0.6
合　计	127.5	134.1	150.8	146.8	148.1	146.1	146.7	149.6	156.0	163.3	168.8

资料来源：国际劳工组织《劳工统计年鉴》1986 年、1996 年、1997 年。

8-4 失业人数

单位：万人

	1980年	1985年	1987年	1988年	1989年	1990年	1991年	1992年	1993年	1994年	1995年	1996年
印　度①	1531.7	2486.1	3054.2*	3005.0	3277.6	3463.2	3630.0	3675.8	3627.6	3669.2	3674.2	3743.0
印度尼西亚②	23.3	136.8	184.3	210.6	208.3	195.2	203.2	219.9				362.5
以 色 列③	6.4 *	9.7	9.0	10.0	14.3	15.8	18.7	20.8	19.5	15.8 *	14.5	14.4
日　本	114.0	156.0	173.0	155.0	142.0	134.0	136.0	142.0	166.0	192.0	210.0	225.0
哈萨克斯坦							0.6	3.4	4.1	7.0	14.0	28.2
马来西亚	8.6	8.1*	47.3	48.2	46.0	35.6	31.4	27.4	23.1	22.8	22.5	21.7
缅　甸④	48.6	33.8	33.1	31.3	48.6	55.5	55.9	50.3	51.8	54.1		
韩　国	74.9	62.2	51.9	43.5	46.3	45.4	43.6	46.5	55.0	48.9	41.9	42.5
巴基斯坦②	14.4 *	104.2	90.3	93.7	96.6 *	99.6	199.9	192.8	159.5	167.9	189.3	
菲 律 宾	85.6	131.6	208.5	195.4	200.9	199.3	226.7	226.3	237.9	231.7	234.2	219.5
新 加 坡	3.4	5.3	6.2	4.6	3.1	2.6	3.0	4.3	4.4	4.4	4.7	5.4
斯里兰卡②		84.0				100.5	84.3	81.8	87.4	81.3	75.9	71.0
泰　国⑤	20.4	99.5	172.2	92.9 *	43.3	71.0	86.9	45.6	49.4			
土 耳 其⑥	25.6	93.5		174.8	182.1	161.5	178.7	174.5	172.2	174.0	152.2	133.2
埃　及⑦	53.6				* 110.8	134.6	146.3	141.6	180.1	187.7	191.7	
尼日利亚	1.7	2.8	5.7	6.0	5.8	5.7	6.0	6.4	6.9			
南　非	2.2			12.2	11.6	11.1	24.8	28.8	31.3	27.1	27.3	29.6
加 拿 大	86.5	138.1	120.8	108.2	106.5	116.4	149.2	164.0	164.9	154.1	142.2	146.9
墨 西 哥⑥				72.4			69.5		81.9		167.7	135.5
美　国⑧	763.7	831.2	742.5	670.1	652.8*	704.7	862.8	961.3	894.0*	799.6	740.4	723.6
阿 根 廷②	8.2	21.6 *					69.6	82.7	106.2	140.0	195.9	204.7
巴　西②④	202.3⑨	187.5	213.3	231.9	189.1	236.8		* 457.4	439.6		451.0	
委内瑞拉	27.2 *	76.7	57.5	47.8	62.1	74.2	70.1	58.0	49.8	68.1	87.5	
白俄罗斯							0.2	2.4	6.6	10.1	13.1	18.3
保加利亚						6.5	41.9	57.7	62.6	48.8	42.4	47.9
捷克共和国									20.0	20.1	18.1	19.9
法　国	145.1	245.8	256.7	245.6	232.3	220.5	234.9	259.1	292.9	311.7	295.0	316.2
德　国	88.9	238.5	235.9	231.4	214.7	197.1*	264.2	318.6	379.9	416.0	403.5	347.3
意 大 利①	168.4	238.2	283.2	288.5	286.5	262.1	265.3	279.9 *	236.0	267.8	279.2	281.4
荷　兰⑩	24.8	76.1	62.2	60.9	55.8	51.6	49.0	38.6 *	43.7	49.2	52.3	48.9
波　兰						112.6	215.6	250.9	289.0	283.8	262.9	236.0
罗马尼亚							33.7	92.9	116.5	122.4	99.8	65.8
俄 罗 斯⑪								359.4	416.0	547.8	643.1	678.8
西 班 牙⑧	162.0	293.9	293.8	284.8	256.1	244.1	246.4	278.9	348.1	373.8	358.4	354.0
英　国⑧	166.5	307.6	301.2	248.5	207.5	197.4	241.4	276.9	293.6	273.6	245.4	233.6
南斯拉夫	78.6	104.0	108.1	113.2	120.1	130.9						
澳大利亚	39.5	60.3*	62.9	57.6*	50.8	58.5	81.5	92.5	93.9	85.6	76.6	78.3
新 西 兰	3.7		6.6	8.9	11.3	12.5	16.7	16.9	15.7	13.8	11.0	11.0

注：① 14岁及14岁以上。② 10岁及10岁以上，巴基斯坦指1985年及1985年以后。③ 1985年以前为14岁及14岁以上。④ 18岁及18岁以上。⑤ 1989年以前为11岁及11岁以上，之后为13岁及13岁以上。⑥ 12岁及12岁以上。⑦ 1989 年以前为6岁及6岁以上，此后为12－64岁。⑧ 16岁及16岁以上。⑨ 1981年数。⑩ 15－64岁。⑪ 15－72岁。

资料来源：国际劳工组织《劳工统计年鉴》1986年、1997年。

8-5 失业率

单位：%

	1980年	1985年	1987年	1988年	1989年	1990年	1991年	1992年	1993年	1994年	1995年	1996年
阿塞拜疆							0.1	0.2	0.7	0.8	1.0	1.1
塞浦路斯①	1.9	3.3	3.4	2.8	2.3	1.8	3.0	1.8	2.7	2.7	2.6	3.1
以色列②	4.8	6.7	6.1	6.4	8.9	9.6	10.6	11.2	10.0	7.8*	6.9	6.7
日本	2.0	2.6	2.8	2.5	2.3	2.1	2.1	2.2	2.5	2.9	3.2	3.4
哈萨克斯坦							0.1	0.4	0.6	1.1	2.1	4.1
韩国	5.2	4.0	3.1	2.5	2.6	2.4	2.3	2.4	2.8	2.4	2.0	2.0
马来西亚			7.3	7.2	6.3	5.1	4.3	3.7	3.0	2.9	2.8	2.6
巴基斯坦③		3.7	3.1	3.1	3.1	3.1	6.3	5.9	4.7	4.8	5.4	
菲律宾	4.8	6.1	9.1	8.3	8.4	8.1	9.0	8.6	8.9	8.4	8.4	7.4
新加坡	3.0③	4.1	4.7	3.3	2.2	1.7	1.9	2.7	2.7	2.6	2.7	3.0
斯里兰卡③						14.4	14.1	14.1	14.7	13.6	12.5	11.3
叙利亚③					5.8		6.8					
泰国④	0.8	3.7	5.9	3.1*	1.4	2.2	2.7	1.4	1.5			
土耳其⑤		11.2		8.7	8.8	7.5	8.4	8.0	8.0	7.9	6.6	5.8
阿尔及利亚					17.0	19.7	21.1	23.8				
埃及⑥	5.2				6.9	8.6	9.6	9.0	10.9	11.0	11.3	
摩洛哥			14.7	13.9	16.3	15.4	17.0	16.0				
留尼汪⑦						23.0	25.4	34.3	34.4			
阿根廷	2.3						6.3	7.2	9.1	11.7	15.9	16.3
巴哈马				11.0	11.7		12.3	14.8	13.1	13.3		
巴巴多斯	11.4	18.7	17.9	17.4	13.7	15.0	17.1	23.0	24.5	21.9	19.7	
玻利维亚③	5.8	18.0	20.5	18.0	10.0	7.3	5.9	5.5	6.0	3.1	3.6	4.2
巴西③		3.4	3.6	3.8	3.0	3.7	*	6.5	6.2		6.1	
加拿大	7.5	10.5	8.9	7.8	7.5	8.1	10.4	11.3	11.2	10.4	9.5	9.7
哥斯达黎加⑤	5.9	6.8	5.6	5.5	3.8	4.6	5.5	4.1	4.1	4.2	5.2	6.2
智利	10.4*	12.1	7.9	6.3	5.3	5.6	5.3	4.4	4.5	5.9	4.7	5.4
多米尼加							19.7	20.3	19.9	16.0	15.9	16.7
厄瓜多尔③			7.2⑤	7.0⑤	7.9⑤	6.1	5.8	8.9	8.3	7.1	6.9	10.4
萨尔瓦多③		16.9	*	9.4	8.4	10.0	7.5	7.9	9.9	7.7	7.7	7.7
瓜德罗普⑦		22.0	23.0	24.0	24.0	17.0	19.9					
法属圭亚那⑦	7.1	13.5	11.0	10.6	12.2	13.9	9.7					
牙买加①	26.8	25.0	21.0	18.9	16.8	15.7	15.7	15.9				
墨西哥⑤	4.5	4.4	3.9	2.5	3.0	2.8	2.2	2.8	2.4	3.8	4.7	3.7
荷属安的列斯		22.9	24.6	23.2	20.1	17.0	14.6	13.9	13.6	12.8	13.1	14.0
尼加拉瓜③		3.2	5.8	6.0	8.4	11.1	14.0					
巴拿马		12.3	11.8	16.3	16.3		16.1	14.7	13.3	14.0	14.0	13.9
巴拉圭⑤		5.1	5.5	4.7	6.1	6.6	5.1	5.3	5.1	4.4③		
秘鲁①	7.0		4.8		7.9		5.8	9.4	9.9	8.9	7.1	7.0
波多黎各⑦	17.1	21.8	16.8	15.0	14.6	14.1	16.0	16.6	17.0	14.6	13.7	13.4
苏里南①						15.8		17.2	14.7	12.7	8.4	
特立尼达和多巴哥	10.0	15.5	22.3	22.0	22.0	20.0	18.5	19.6	19.8	18.4	17.2	
美国⑦	7.0	7.2	6.2	5.5	5.3	5.6	6.8	7.5	6.9*	6.1	5.6	5.4
乌拉圭①	7.3	13.0	9.1	8.6	8.0	8.5	9.0	9.0	8.3	9.2	10.2	
委内瑞拉	6.2	13.1	9.2	7.3	9.2	10.4	9.5	7.5	6.4	8.5	10.3	
美属维尔京群岛⑨	6.0	6.0	3.0	3.3	3.7	2.8	2.8	3.5	3.5	5.6	5.7	5.2

续表1

单位：%

	1980年	1985年	1987年	1988年	1989年	1990年	1991年	1992年	1993年	1994年	1995年	1996年
阿尔巴尼亚							19.7	20.3	19.9	16.0	15.9	16.7
奥地利	1.9	4.8	5.6	5.3	5.0	5.4	5.8	5.9	6.8	6.5	6.6	7.0
白俄罗斯							0.1	0.7	1.6	2.4	2.3	
比利时	9.1	13.6	12.2	11.1	10.1	9.6	10.2	11.2	12.9	13.8	14.0	13.8
保加利亚						1.7	11.1	15.3	16.4	12.4	11.1	12.5
克罗地亚		7.0	6.4	6.9	7.2	8.2	14.9	17.2	16.8			
捷克共和国									3.8	3.8	3.4	3.9
丹麦⑨⑯	7.0	9.1	7.9	8.7	9.5	9.7	10.6	11.3	12.4	12.2	10.3	8.8
爱沙尼亚⑩					0.7	0.8	1.8	4.5	7.8	8.9	8.7	
芬兰⑪	4.7	5.0	5.1	4.5	3.5	3.4	7.6	13.0	17.7	18.2	17.0	16.1
法国	6.3	10.2	10.5	10.0	9.4	8.9	9.4	10.3	11.6	12.3	11.6	12.4
德国	3.8	9.3	8.9	8.7	7.9	7.2	7.2	8.7	10.4	11.4	12.9	8.8
希腊①	2.4	7.8	7.4	7.7	7.5	7.0	7.7	8.7	9.7	9.6	10.0	
匈牙利						1.7	8.5	12.3	12.1	10.4	12.0	
冰岛⑦⑰	0.3	0.9	0.4	0.6	1.7	1.8 *	2.5	4.3	5.3	5.3	4.9	3.7
爱尔兰		17.4	16.9	16.3	15.0	12.9	14.7	15.1	15.7	14.7	12.2	11.9
意大利①	7.6	10.3	11.9	12.0	12.0	11.0	10.9	11.4 *	10.2	11.5	12.0	12.1
拉脱维亚								2.3	5.8	6.5	6.6	7.2
立陶宛							0.3	3.5	3.5	4.5	7.3	6.2
卢森堡⑫	0.7	1.7	1.7	1.6	1.4	1.3	1.4	1.6	2.1	2.7		
马其顿		21.6	21.5	21.4	22.6	23.6 *	24.5	26.3	27.7	30.0	35.6	38.8
马尔他⑬		8.1	4.4	4.0	3.7	3.8	3.6	4.0	4.5	4.0	3.6	4.3
摩尔多瓦								0.7	.7	1.1	1.0	
荷兰⑪	5.9	12.9	10.0	9.0	8.0	7.5	7.0	5.5 *	6.2	6.8	7.1	6.6
挪威⑬	1.7	2.6	2.1	3.2	4.9	5.2	5.5	5.9	6.0	5.4	4.9	4.9
波兰						6.5	12.2	14.3	16.4	16.0	14.9	13.6
葡萄牙③	7.8⑧	8.5	7.0		5.0	4.7	4.1	4.1①	5.4①	6.7①	7.1①	7.2①
罗马尼亚							3.0	8.2	10.4	10.9	9.5	6.3
俄罗斯⑭								4.7	5.5	7.4	8.8	9.3
圣马力诺①	5.8	6.9	6.2	6.0	5.3	5.5	4.3	4.2	5.1	3.9	3.9	5.1
斯洛伐克							6.6	11.4	12.7 *	13.7	13.1	
斯洛文尼亚			1.5	2.2	2.9	4.7	8.2	11.5	14.4	14.4		
西班牙⑫	9.9	19.5	20.4	19.5	17.2	15.7	15.2	14.9	16.6	17.1	20.3	
瑞士⑫	0.2	1.0	0.8	0.7	0.6	0.5	1.1	2.5	4.5	4.7	4.2	4.7
瑞典	2.0⑮	2.8⑮	2.1	1.7	1.5	1.6	3.0	5.2 *	8.2	8.0	7.7	8.0
英国⑦	6.8	11.2	10.8	8.8	7.2	6.8	8.4	9.7	10.3	9.6	8.6	8.2
原南斯拉夫	11.9	13.8	13.6	14.1	14.9	16.4						
澳大利亚	5.9	8.3 *	8.1	7.2 *	6.2	6.9	9.6	10.8	10.9	9.8	8.5	8.6
斐济		8.1	9.3	9.4	6.1	6.4	5.9	5.4	5.9	5.7	5.4	
关岛⑦	9.9	7.8	4.4	4.2	2.8	2.8	3.5	3.9	5.5			
新西兰	2.9		4.1	5.6	7.1	7.8	10.3	10.3	9.5	8.2	6.3	6.1

注：① 14岁及14岁以上。② 1985年以前为14岁及14岁以上。③ 10岁及10岁以上。④ 1989年以前为11岁及11岁以上，1989年及以后为13岁及13岁以上。⑤ 12岁及12岁以上。⑥ 12－64岁。⑦ 16岁及16岁以上。⑧ 16－65岁。⑨ 16－66岁。⑩ 15－69岁。⑪ 15－64岁。⑫ 16－64岁。⑬ 16－61岁。⑭ 15－72岁。⑮ 16－74岁。⑯ 15至66岁。⑰ 1990年及以前为登记失业率。

资料来源：国际劳工组织《劳工统计年鉴》1986年、1997年。

8－6 非农部门雇员人数

单位：万人

	1988年	1989年	1990年	1991年	1992年	1993年	1994年	1995年	1996年
印度尼西亚①	3196.0	3214.1	3347.2	3521.7	3525.1				4798.2
以色列	138.6	139.3	143.0	152.8	159.2	168.9	180.9*	190.8	196.2
日本	5537.0	5665.0	5798.0	5942.0	6025.0	6067.0	6080.0	6090.0	6130.0
马来西亚②	428.7	455.8	494.7		551.2	582.5		611.8	677.3
韩国	1338.6	1412.2	1484.8	1554.8*	1597.0	1642.5	1713.8	1783.6	1835.8
巴基斯坦①	1416.4	1460.4	1505.7	1567.6	1606.4	1684.1	1651.2	1773.8	
菲律宾	1157.7	1199.7	1234.7	1257.6	1304.8	1324.9	1391.7	1437.5	
新加坡	80.9	84.0		91.4	94.0	94.9	98.3	104.1	102.1
斯里兰卡①			311.3	301.0	281.1	311.1	295.7	333.1	362.4
土耳其③	971.0	976.4	1059.0	1020.1	1104.7	1126.2	1137.3	1115.1	1173.6
埃及④		859.1	876.3	949.5	886.4	951.5	988.1	1012.9	
加拿大	1168.9	1194.9	1204.1	1178.6	1170.7	1184.3*	1274.6	1295.1	1311.1
墨西哥	2151.2			2234.4		2399.0		2550.3*	2730.4
美国⑤	11164.2	11396.4*	11539.9	11428.9*	11507.1	11695.9*	11947.4	12130.8	12313.8
巴西①	4449.6	4658.0	4791.9	*	4689.5	4831.6		5147.5	
委内瑞拉	522.1	536.1	558.8	592.9	615.3	627.9	627.2	665.7	
捷克共和国						463.5	469.9	477.0	466.7
法国	2046.2	2083.8	2114.8	2124.6	2115.7	2097.7	2106.2		
德国				3587.0	3556.1	3512.6	3488.6	3488.5	3490.6
意大利⑥	1919.5	1920.8	1955.9	1977.2	1986.0		1843.0	1845.3	
荷兰②	574.8	586.9	606.7	622.8*	633.9	639.3	642.8*	659.1	671.2
波兰	1355.0	1361.9	1295.5	1214.5	1160.2*	1095.2	1114.4	1144.6	1165.9
西班牙⑤	1007.9	1066.0	1109.3	1126.4	1111.4*	1064.0	1057.9	1093.6	1132.0
英国⑤	2533.4	2611.8	2658.8	2569.8	2515.2	2477.0*	1376.9	1398.2	1407.1
澳大利亚	696.5*	729.1	742.0	725.4	723.2	727.1	832.4		
新西兰	135.2	131.8	132.5	130.4	130.8	133.8	139.8	147.4	152.8

注：① 10岁及10岁以上。② 15－64岁。③ 12岁及12岁以上。④ 12－64岁。⑤ 16岁及16岁以上。⑥ 14岁及14岁以上。

资料来源：国际劳工组织《劳工统计年鉴》1997年。

8－7 非农部门雇员平均每周工时数

单位：小时

	1980年	1985年	1987年	1988年	1989年	1990年	1991年	1992年	1993年	1994年	1995年	1996年
以色列	36.5 *	35.8	35.6	35.6	36.1	35.9	35.9	36.7	36.8	37.4*	37.6	37.7
日本①	47.2 *	47.3	47.3	47.3	46.9	46.1	45.4	44.4	43.6	43.5	43.6	43.3
缅甸②		7.5	7.5	7.5	7.3		7.3	7.4	7.5			
韩国	51.6	51.9	51.9	51.1	49.2	48.2	47.9	47.5 *	47.5	47.4	47.7	47.3
菲律宾		47.0	47.8	46.7	46.9	47.6	46.7	46.6	46.4	46.3	46.6	46.2
新加坡③	48.6	44.6	45.5*	45.6	46.6	46.5	46.7	46.6	46.9	47.0	47.1	47.3
斯里兰卡④	47.5	48.1	52.0	50.7	52.4	52.6	50.9	51.8	54.0	53.3	53.4	52.3
泰国		220.5⑤	220.8⑤	222.4⑤	48.6	49.1	48.3	48.3	48.5	48.5	49.6	
土耳其⑥				46.2	45.8	47.1	44.2	45.3	43.1	45.9	45.7	47.9
埃及④⑦	53.0⑨	56.0	57.0	60.0	56.0	55.0	57.0	51.0	58.0	58.0		
阿根廷⑧						41.8	41.7	41.5	41.8	42.0	41.3	
加拿大④⑩		32.0	31.9	32.1	31.7	31.3	30.8	30.5	30.6	38.8	38.5	
美国④	35.3	34.9	34.8*	34.7	34.6	34.5	34.3	34.4	34.5	34.7	34.5	34.4
法国⑪	40.8 *	38.9	39.0	39.0	39.0	39.0	39.0	39.0	39.0	38.9		
德国⑤⑫	41.6	40.7	40.2	40.2	40.1	39.7	39.3	39.0	38.0*	38.0	40.6	38.6
荷兰	40.6	40.3	40.2	40.1	40.1	40.1	40.2	40.1	40.1*	33.1		
波兰	150.0⑤	159.0⑤	159.0⑤	160.0⑤	155.0⑤	148.0⑤	143.0⑤		40.5*	40.6	40.4	41.2
西班牙⑬	41.9	37.2	36.1	36.5	36.8	36.7	36.6	36.1	36.0	36.2	36.0	36.2
罗马尼亚②										7.8	7.8	7.6
俄罗斯									33.6	32.4	32.6	31.6
英国	43.0⑭	43.6	40.4	40.5	40.6	40.5	39.9	39.9	39.8	40.1	40.3	40.2
乌克兰								18.7	18.3	17.5	17.2	
南斯拉夫④⑤	184.0	185.0		183.0								
澳大利亚	35.0	33.0	33.1	33.4	33.1	33.3	33.2	33.0	33.0	33.4	33.4	
新西兰⑮	38.9	39.6	38.8	38.7*	38.8	38.7	38.5	38.7	38.9	39.2	39.3	39.1

注：① 包括渔业和采掘业。② 每天。③ 包括农业、渔业、海运业，有25个以上雇员的企业。④ 付酬工时数。⑤ 每月。⑥ 包括农业、林业、狩猎业、渔业。⑦ 10人以上雇员的企业。⑧ 布宜诺斯艾利斯。⑨ 1979年。⑩ 包括林业和伐木业。⑪ 不包括供水、通讯、公共管理和个人服务业。⑫ 不包括商业、旅馆业、金融保险业、社会服务业和运输通讯业。⑬ 16岁及以上。⑭ 男性。⑮ 不完全包括交通运输与仓储业、金融保险及不动产业、工商服务业和社团、社会和个人服务业。

资料来源：国际劳工组织《劳工统计年鉴》1986年、1997年。

8-8 非农部门雇员工资

单位：本币

	时间	1980年	1985年	1988年	1989年	1990年	1991年	1992年	1993年	1994年	1995年	1996年
以色列	月	2851.0*	658.0*	1724.0	2020.0*	2299.0	2699.0	3054.0	3409.0*	3905.0	4382.0	4953.0
日本①	月	263.4*	317.1	341.2	357.1	370.2	384.8	392.6	393.2*	288.4	291.3	295.6
哈萨克斯坦②	月		184.0	213.0	232.0	259.0	447.0	4578.0*	135.0	1038.0	2092.0	
韩国①	月	176.1	324.0	446.4	540.6	612.3	754.7	869.3*	975.1	1099.0	1222.1	1367.5
菲律宾	月	22.6③	2085.0	3131.0	3689.0	4539.0	5136.0	5624.0	5997.0			
新加坡	月	2.27④	1139.8⑤	1272.7	1397.9	1527.8	1668.8	1803.9	1917.7	2085.6	2218.6	2347.1
斯里兰卡	日	27.2	43.8	57.5	66.0	79.3	100.9	107.0	120.8	133.0	150.2	151.8
泰国	月		3358.0		3592.0	3737.0	4364.0	4922.0	5305.0*	4970.0	5693.0	
土耳其⑥	日	427.0	1307.6⑦	8025.0	15707	28585	55692	86499	130.1①	185.3①	271.5①	
埃及	周	10.9⑧	32.0	43.0	49.0	55.0	59.0	64.0	76.0	82.0		
加拿大⑨	周	317.4	414.5	543.7	570.2	599.0	624.4	652.5	669.0	685.1	693.9	
美国	小时	6.7	8.6*	9.3	9.7	10.0	10.3	10.6	10.8	11.1	11.4	11.8
巴西⑩	月			72.7	1120.9	27610	134539	1477.0	34434	740724		
白俄罗斯	月	154.1	175.0	209.0	228.0	265.0*	552.0	5357.0	64763	107115	821238	1308004
保加利亚	月	182.1	220.3	256.6	275.7	352.3	964.2	2131.8	3340.1	5090.0	7755.0	13582
捷克共和国	月	2640.0	2879.0	3067.0	3135.0	3241.0*	3803.0	4689.0	5885.0	6980.0	8266.0	9796.0
法国⑪	小时	22.6	37.5*	41.3	43.0	45.1	47.3	49.0	50.3			
德国⑫	小时	13.4	16.4	18.4	19.2	20.2	21.5	22.7	23.9*	24.6	25.0	25.8
意大利	小时			88.2	93.9	100.0	110.2	116.8	121.4	126.0	131.0	102.3
荷兰	小时	16.6	18.6	19.4	19.8	20.6	21.5	22.4	23.1*	23.5		
波兰①⑬	月	5.8	20.0	56.5*	207.4	1036.0	1765.0	2917.0*	390.4	525.0	690.9	873.0
罗马尼亚⑨	月	2238.0	2757.0	2883.0	2990.0	3273.0	7228.0*	25719	78021	188738	280887	
俄罗斯⑭	月	171.3	191.2	221.1	241.4	272.0	*	6466.0	57633	198593	461380	
西班牙	小时	282.0	558.0	720.0	802.0	876.0	956.0	1036.0	1109.0	1161.0	1216.0*	1270.0
乌克兰⑮	月	156.9	175.1	200.5	218.2	247.8	498.4	6423.6*	159.2	1407.5	7579.0	
英国⑯	小时	2.6	3.5	5.3	5.8	6.4	7.0	7.5	7.9	8.1	8.4	8.7
原南斯拉夫	月	7.4	4.1	47.5	806.0							
澳大利亚	小时	6.7	10.0	12.3	13.0*	13.5	14.2	14.7	15.1*	15.6	16.4	
新西兰⑨	小时	5.2	8.2	12.6*	13.3	14.2	14.7	15.0	15.0	15.3	15.6	16.1

注：① 千本币，波兰指1988年及以后。② 1993年前为卢布，1993年及以后货币为坚戈，1 坚戈＝500 卢布。③ 日工资。④ 小时工资。⑤ 1986年数。⑥ 包括农业、林业、狩猎业、渔业。⑦ 包括农业、林业和渔业。⑧ 1979年数。⑨ 制造业雇员工资，罗马尼亚指1990年以前。⑩ 为克鲁塞罗，1992年起单位为千本币。⑪ 不包括采矿业和电、气、水业及公共部门、个人服务业。⑫ 不包括第三产业，1994年及以后指制造业。⑬ 1992 年及以前为兹罗提，1993年及以后为新兹罗提，1 新兹罗提＝1 万兹罗提。⑭ 1992年及以后为制造业工资。⑮ 1992年及以前为卢布，以后为千库邦，1 卢布＝25 库邦。⑯ 不包括北爱尔兰，1980年为男性的工资。

资料来源：国际劳工组织《劳工统计年鉴》1986年、1997年。

8－9 制造业雇员工资

单位：本币

	时间	1987年	1988年	1989年	1990年	1991年	1992年	1993年	1994年	1995年	1996年
印　　度	月	862.9	913.2	841.2	988.4	1019.3	932.6	992.0			
以 色 列	小时				10.6	12.2	14.0	16.0	18.0 *	27.0	31.0
日　　本①	月	313.2	318.7	336.6	352.0	368.0	372.6	371.4	198593		
哈萨克斯坦②	月	209.0	229.0	250.0	277.0	489.0	5675.0 *	144.0	2263.0	6520.0	
韩　　国①	月	328.7	393.1	491.6	590.8	690.3	798.6 *	885.4	1022.5	1123.9	1261.2
马来西亚	月	627.0	620.0	640.0	660.0	719.0	794.0	848.0	928.0		
巴基斯坦	月	1115.4	1130.9	1289.7	1735.0			1501.0			
缅　　甸	小时	1.3	2.0	2.5		2.2	3.3	4.2			
菲 律 宾	月	253.7	299.5	344.1	426.3	483.1	538.6	558.4			
新 加 坡	月	1008.8	1115.9	1242.9	1395.0	1551.8	1686.2	1817.8	1995.3	2157.3	2319.5
斯里兰卡	小时	6.0	6.6	7.5	9.5	11.2	11.8	13.7	15.1	16.5	17.9
泰　　国	月			2996.0	3357.0	3688.0	3986.0	4138.0*	4229.0	5000.0	
土 耳 其①	日		8.5	17.8	30.6	61.6	88.1	135.2	191.1		
埃　　及	周	38.0	41.0	46.0	54.0	55.0	62.0	70.0	77.0		
南　　非	月	1045.0	1215.0	1438.0	1660.0	1890.0	2195.0	2446.0			
加 拿 大	小时	12.3	12.8	13.5	14.2	14.9	15.4	15.7	16.0	16.2	
墨 西 哥	小时	1.3	2.7	3.3	4.2	5.2	6.4	6.5	7.2	8.3	10.0
美　　国	小时	9.9 *	10.2	10.5	10.8	11.2	11.5	11.7	12.1	12.4	12.8
阿 根 廷③	小时				9623.0	24.0	3.1	3.4	3.6	3.7	3.9
巴　　西④	月	10.9	45.6	1110.7	26.1	136.7	1562.0	33978.0	793057		
白俄罗斯	月	204.0	226.0	249.0	283.0 *	596.0	5852.0	68866.0	115.5①		
保加利亚⑤	月	244.0	263.0	282.0	336.0	917.0	2244.0	3481.0 *	5356.0	8448.0	16477.0
捷克共和国⑥	月							5652.0	6361.0	7854.0	9258.0
法　　国	小时	41.0 *	41.8	43.4	45.5	47.5	49.4	50.6			
德　　国	小时	17.5	18.3	19.1	20.1	21.3	22.5	23.8	24.6 *	25.5 *	26.4
荷　　兰	小时	19.9	20.3	20.8	21.5	22.3	22.7	23.4*	23.9		
波　　兰⑦	月	29.4	54.7	212.2	996.0	1620.0	2679.0 *	361.9	494.9	657.0	860.0
罗马尼亚	月	2719.0	2835.0	2920.0	3146.0	6842.0 *	18.0	54.2	126.3 ①		
俄 罗 斯	月	223.0	242.0	266.0	302.0	584.0	6466.0	57.6	198.6	461.4 ①	
西 班 牙	小时	678.0	735.0	780.0	902.0	994.0	1080.0	1159.0	1221.0	1263.0*	1311.0
乌 克 兰⑧	月	199	216.5	236.0	263.0	504.8	7090 *	153.5	1316	6909.0	
英　　国	小时	4.7	5.1	5.5	6.1	6.7	7.1	7.5	7.6	7.9	8.2
澳大利亚	小时				12.9	13.3	13.7	14.0*	14.7	15.6	
新 西 兰	小时	11.0	12.0*	12.6	13.4	13.9	14.1	14.2	14.5	14.9	15.4

注：① 千本币。② 1993 年前为卢布，1993 年及以后为坚戈，1 坚戈＝500 卢布。③ 1990 年为奥特拉尔；1991 年为千奥斯特拉尔；1992 年起为比索，1 比索＝1 万奥斯特拉尔。④ 克鲁塞罗，1990 年起为千克鲁塞罗。⑤ 1992 年起包括矿业、电、气、水业。⑥ 1993－94 年为为 25 人以上企业，1995－96 年为100 人以上企业。⑦ 1993 年前为千兹罗提，1993 年起为新兹罗提，1 新兹罗提＝1万兹罗提。⑧ 1993 年前为卢布，1993 年及以后为千库邦，1 库邦＝25 库邦。

资料来源：国际劳工组织《劳工统计年鉴》1997 年。

8-10 制造业雇员平均每周工时数

单位：小时

	1980年	1985年	1988年	1989年	1990年	1991年	1992年	1993年	1994年	1995年	1996年
孟加拉国				34.0	31.0					46.0	
印　　度		56.0	46.4	46.4	46.4	46.5	46.5	46.4	46.6		
以 色 列	38.6	38.6	38.3	39.3	38.9	39.1	40.4	40.9	41.1	41.7	41.8
日　　本	46.0	46.2	46.8	46.3	45.7	45.0	43.8	43.0	43.0	43.5	43.3
哈萨克斯坦					148.2	147.2	146.4	136.9			
韩　　国	53.1	53.8	52.6	50.7	49.8	49.3	48.7	48.9	48.7	49.2	48.4
缅　　甸①	7.4	7.6	8.0	7.7		7.7	7.6	7.5			
菲 律 宾	46.2	47.0	44.0	44.3	44.9	44.6	44.5	44.0	44.4	44.6	44
新 加 坡			47.4	48.6	48.5	48.7	48.7	49.2	49.3	49.3	49.4
斯里兰卡	45.3	47.4	49.2	50.5	49.3	49.4	51.8	53.0	52.6	51.4	48.8
泰　　国②		194.8	217.9	192.5	193.2	194.5	181.2	192.1	192.5	197.4	
土 耳 其			47.9	48.8	48.8	50.3	50.2	46.2	48.7	50.2	52.0
埃　　及			63.0	57.0	56.0	58.0	52.0	59.0	60.0		
南　　非	48.4	46.2	47.2	47.5	45.4	44.9	44.7				
加 拿 大③	38.5	38.8	38.9	38.6	38.2	37.9	38.3	38.6	38.8	38.5	
墨 西 哥	47.7	47.7 *	44.4	44.7	44.9	45.1	45.1	44.6	44.4	43.4	
美　　国	39.7	40.5 *	41.1	41.0	40.8	40.7	41.0	41.4	42.0	41.6	41.6
阿 根 廷④	186.7	179.7 *			44.3	43.8	43.7	44.0	44.3	42.4	
捷克共和国							39.7	39.7	40.2	40.4	
法　　国	40.6	38.6	38.7	38.7	38.7	38.7	38.8	38.6	38.7		
德　　国	41.6	40.7	40.0	39.9	39.5	39.2	38.9	37.6	39.3	38.3	37.4
荷　　兰	40.0	42.2	39.8	39.8	39.9	39.9	39.8	39.8	38.1		
波　　兰⑤			154.0	150.0	143.0	137.0			41.8	41.7	42.7
罗马尼亚①			7.9	7.9	7.8	7.8	7.9		7.7	7.8	
俄 罗 斯								31.3	29.5		
西 班 牙	38.5	36.3	35.8	36.8	36.7	36.6	36.3	36.2	36.5	36.7	37.1
乌 克 兰			19.2	19.0	18.9	18.2	18.1	18.0	15.8	15.5	
英　　国		41.8	42.3	42.5	42.3	41.3	41.5	41.3	41.6	42.1	41.9
澳大利亚	37.4	36.9	37.9	37.7	38.1	37.6	38.0	38.1	38.9	38.7	
新 西 兰	39.6	40.7	39.9*	40.5	40.7	40.4	41.1	41.6	42.0	41.8	41.6

注：① 平均每天工作时间。② 平均每月工作时间。③ 仅指计时付酬工人。④ 仅指布宜诺斯艾利斯。⑤ 1993 年前为平均每月工作时间。

资料来源：国际劳工组织《劳工统计年鉴》1998 年。

8-11 罢工次数、罢工人数和罢工日数①

	单位	1980年	1985年	1988年	1989年	1990年	1991年	1992年	1993年	1994年	1995年	1996年
孟加拉国												
罢工次数	次	104	95	9	12	5	3	11	11	2	5	1
罢工人数	千人	164.0	198.1	28.9	59.7	14.6	0.5	6.2	6.1	5.6	24.6	0.4
罢工工日数	千天	1160.4	284.9	49.4	83.8	28.5	29.8	20.3	16.0	2.8	75.0	…
印　　度② ③												
罢工次数	次	2856	1755	1745	1786	1825	1810	1714	1393	1201	1066	840
罢工人数	千人	1900.3	1078.8	1191.0	1364.3	1307.9	1342.0	1253.2	953.9	846.4	989.7	605.3
罢工工日数	千天	21925.0	29239.5	33946.9	32663.4	24086.2	26428.1	31258.7	20300.7	20983.1	16289.6	14971.0
印度尼西亚												
罢工次数	次	198	78	39	19	61	130	228				
罢工人数	千人	21.7	21.1	15.5	5.5	31.2	64.6	228.4				
罢工工日数④	千天	33.8	557.0	108.6	30.7	316.6	534.6	2364.5				
以 色 列⑤												
罢工次数	次	84	131	156	120	117	77	114	73	75	71	
罢工人数	千人	91.5	474.0	327.2	209.8	571.2	38.8	211.8	462.2	106.0	75.8	
罢工工日数	千天	216.5	540.1	516.1	234.1	1071.3	97.9	386.7	1636.9	792.5	257.8	
日　　本⑥ ⑦												
罢工次数	次	1133	627	498	362	284	310	263	252	230	209	
罢工人数	千人	562.9	123.4	74.9	85.8	84.3	52.8	109.3	64.0	49.0	37.5	
罢工工日数	千天	1001.2	264.1	173.8	219.6	144.5	96.5	231.4	116.0	85.4	77.0	
马来西亚												
罢工次数	次	38	25	9	17	17	23	17	18	15	13	9
罢工人数	千人	5.0	9.0	2.2	4.8	98.5	4.2	6.1	2.4	2.3	1.7	1.0
罢工工日数	千天	24.5	36.0	5.8	22.9	302.0	23.4	16.2	7.2	5.7	4.9	2.6
韩　　国⑦												
罢工次数	次	206	265	1873	1616	322	234*	235	144	121	88	85
罢工人数	千人	49.0	28.7	293.6	409.1	133.9	175.1*	105.0	108.6	104.3	49.7	79.0
罢工工日数	千天	61.3	64.3	5400.8	6351.4	4487.2	3257.6*	1527.6	1308.3	1484.4	392.6	893.0
巴基斯坦												
罢工次数	次	59	58	18	42	99	94	40		* 25	24	30
罢工人数	千人	24.7	35.9	8.2	29.7	61.6	116.3	73.4		* 15.4	10.9	18.6
罢工工日数	千天	54.7	159.4	197.4	186.3	186.7	582.7	398.1		* 341.2	63.6	203.3
菲 律 宾⑦ ⑧ ⑨												
罢工次数	次	62	371	267	197	183	182	136	122	93	94	
罢工人数	千人	20.9	111.3	75.8	56.5	68.4	55.4	47.8	35.1	48.8	54.4	
罢工工日数	千天	105.3	2457.7	1524.8	955.2	1344.6	1139.8	723.7	709.6	567.7	584.2	
斯里兰卡③ ⑦ ⑩												
罢工次数	次	227	145	64	52	116	130	103	49	224	183	224
罢工人数	千人	78.6	54.8	20.2	42.8	65.9	63.8	50.0	7.9	82.9	63.4	75.2
罢工工日数	千天	335.2	169.6	36.5	838.9	193.7	109.1	271.3	21.4	276.8	293.5	388.9
泰　　国												
罢工次数	次	18	4	7	11	9	14	33	23	15	39	18
罢工人数	千人	3.2	0.6	2.1	5.5	4.3	10.0	8.4	6.2	8.1	16.8	8.7
罢工工日数	千天	5.4	13.1	39.9	99.9	71.6	236.0	235.2	242.8	81.2	219.9	92.1
土 耳 其												
罢工次数	次	227	21	156	171	458	398	98	49	36	120	38
罢工人数	千人	46.2	2.4	30.1	39.4	166.3	165.0	62.2	6.9	4.8	199.9	5.5
罢工工日数	千天	5408.6	194.3	1892.7	2911.4	3466.6	3809.4	1153.6	574.7	242.6	4838.2	274.3

续表1

	单位	1980年	1985年	1988年	1989年	1990年	1991年	1992年	1993年	1994年	1995年	1996年
埃　及												
罢工次数	次	4	2	0	3	4	1		3	5	8	7
罢工人数	千人	0.1	2.7	0	0.7	2.4	1.1		1.5	5.5	5.9	1.5
罢工工日数	千天	0.1	5.9	0	1.7	2.2	1.1		1.1	23.2	4.2	5.6
尼日利亚												
罢工次数	次	185	56	63	89	126	125	187	107	137		
罢工人数⑦	千人	141.7	18.6	23.8	104.2	275.9	269.5	262.3	1113.1	1998.4		
罢工工日数	千天	1353.9	317.9	125.0	511.7	1373.5	2588.8	1185.4	12908.4	233453		
南　非												
罢工次数	次		389	1025	898	885	600	789	784			
罢工人数⑦	千人		239.8	161.7	189.7	341.1	172.1	137.9	159.0			
罢工工日数	千天		678.3	914.4	1410.8	2792.8	1339.3	1727.0	782.9			
加拿大⑤												
罢工次数	次	1028	829	548	627	579	463	404	381	374	328	327
罢工人数⑦	千人	441.0	162.3	206.8	444.7	270.5	253.3	149.5	101.8	80.9	149.2	283.6
罢工工日数	千天	8975.4	3125.6	4901.3	3701.4	5079.2	2516.1	2110.2	1516.6	1606.6	1582.3	3342.1
墨西哥												
罢工次数	次	1339	159	132	118	150	136	156	155	116	96	51
罢工人数⑦	千人	42.8	57.4	117.8	57.9	49.3	64.9	91.4	31.7	27.1	12.2	10.5
罢工工日数	千天		333.6	2097.5	1519.6	1598.7	1619.5	1601.9	1843.1	1370.0	1304.0	701.8
美　国⑪												
罢工次数	次	187	54	40	51*	44	40	35	35	45	31	37
罢工人数	千人	795.3	323.9	118.3	452.1*	184.9	392.0	363.8	181.9	322.0	191.5	272.7
罢工工日数	千天	20844	7079.1	4381.4	16529.9*	5925.5	4583.6	3988.6	3981.2	5021.5	5771.2	4888.6
阿根廷												
罢工次数	次			463	193							
罢工人数	千人			3256.8	1737.2							
罢工工日数	千天			7876.9	2331.2							
巴　西												
罢工次数	次	81	843	1954*	3164	1846	659	347	*	576		
罢工人数	千人		5431.0	7136.0*	14099.0	14243.0	16805.0	3496.7	*	3806.5		
罢工工日数	千天		49575.0	53495.0*	37.0	17.0	7.0	2260.5	*	1.6		
白俄罗斯												
罢工次数	次				26	19	47	3	2	3	0	0
罢工人数	千人				3.7	10.7	63.2	2.1	0.2	3.1	0	0
罢工工日数	千天				11.9	28.9	279.7	88.9	0.5	5.5	0	0
捷克共和国⑫												
罢工次数	次						1	2	2	3	2	2
罢工人数	千人						4.9	20.3	2.5	67.1	2.0	11.5
罢工工日数	千天						2.3	18.7	0.3	3.1	2.0	16.4
法　国⑬												
罢工次数	次	2118	1901	1852	1743	1529	1318	1330	1351	1671		
罢工人数	千人	500.8	22.8	27.2	20.3	18.5	18.8	16.3	19.9			
罢工工日数	千天	1522.9	726.7	1094.0	800.2	528.0	497.3	359.1	510.9	521.0		
德　国⑭												
罢工次数	次											
罢工人数	千人	45.2	78.2	33.5	43.9	257.2	208.2	598.4*	132.6	400.7	183.3	165.7
罢工工日数	千天	128.4	34.5	41.9	100.4	363.5	153.6	1545.3*	593.0	229.4	247.5	98.1

续表 2

	单位	1980年	1985年	1988年	1989年	1990年	1991年	1992年	1993年	1994年	1995年	1996年
意 大 利												
罢工次数	次	2238	1341	1769	1297	1094	791	903	1054	861	545	791
罢工人数	千人	13825.0	4842.8	2712.1	4451.8	1634.0	2952.2	3178.0	4384.0	2614.0	445.0	1689.0
罢工工日数④	千天	16457.0	4830.8	3315.1	4436.1	5181.3	2985.0	2737.1	3411.0	3374.0	909.3	1930.0
荷　兰												
罢工次数	次	18	45	38	27	29	28	23	12	17	14	12
罢工人数	千人	25.6	22.6	5.2	15.4	25.0	42.1	52.4	20.7	21.8	55.0	8.1
罢工工日数	千天	56.8	89.4	8.9	23.8	206.7	96.4	85.4	44.7	47.4	691.5	7.4
波　兰												
罢工次数	次				894	250	305	6351 *	7443	429	42	21
罢工人数	千人				353.1	115.7	221.3	752.5 *	383.2	211.4	18.3	44.3
罢工工日数	千天			291.7	695.8	159.0	517.9	2360.4 *	580.4	561.8	56.3	75.0
罗马尼亚												
罢工人数	次							9	30	33	27	15
罢工人数	千人							4.1	22.5	69.2	38.3	59.8
罢工工日数	千天							17.0	89.5	361.1	212.1	142.4
俄 罗 斯⑮												
罢工次数	次					260	1755	6273	264	514	8856	8278
罢工人数	千人					99.5	237.7	357.6	120.2	155.3	489.4	663.9
罢工工日数	千天					207.7	2314.2	1893.3	236.8	755.1	1367.0	4009.4
西 班 牙												
罢工次数	次	2103	1092 *	1193	1094	1312	1645	1360	1209	908	883	830
罢工人数⑦	千人	2287.0	1511.2 *	6692.2	1382.1	977.0	1983.8	5192.1	1076.8	5437.4	573.5	1087.8
罢工工日数	千天	6177.5	3223.5 *	11641.1	3685.4	2612.9	4536.6	6332.6	2141.3	6276.7	1457.1	1579.7
乌 克 兰												
罢工次数	次				222	260	239	2239	457	1653	269	1583
罢工人数	千人				293.1	130.9	175.9	181.6	260.4	126.3	57.6	171.4
罢工工日数	千天				971.9	126.1	1873.1	865.7	2676.4	352.5	202.4	2134.2
英　国⑯												
罢工次数③	次	1330	903	781	701	630	369	253	211 *	205	235	244
罢工人数	千人	833.7	791.3	790.3	727.0	298.2	176.0	148.0	385.0 *	107.0	174.0	364.3
罢工工日数	千天	11964.0	6402.0	3702.0	4128.0	1903.0	761.0	528.0	649.0 *	278.0	415.0	1303.0
澳大利亚②												
罢工次数	次	2429	1895	1508	1402	1193	1036	728	610 *	560	643	
罢工人数	千人	1172.8	570.5	894.4	709.8	729.9	1181.6	871.5	489.6 *	265.1	344.3	
罢工工日数	千天	3320.2	1256.2	1641.4	1202.4	1376.5	1610.6	941.2	635.8 *	501.0	547.6	
新 西 兰⑤ ⑰												
罢工次数	次	360	383	172	155	127	68	47	50	60	61	66
罢工人数	千人	127.7	182.2	104.0	75.1	43.6	51.5	23.0	19.9	15.3	30.5	40.9
罢工工日数	千天	373.5	756.4	381.7	193.3	330.9	101.5	113.7	23.8	38.3	53.4	72.8

注：① 包括罢工和停工。② 不包括人数少于 10 人的罢工。③ 不包括政治罢工。④ 以每个工作日 7 小时计算停工天数。⑤ 不包括停工不超过 10 个工作日的罢工。⑥ 不包括停工不足半天的罢工。⑦ 不包括间接罢工。⑧ 不包括停工不足1天的。⑨ 罢工人数不足 6 人的不包括在内。⑩ 罢工人数不足5 人的不包括在内。停工时间不超过1 天，停工总天数少于 50 个工作日的不包括在内。⑪ 罢工人数少于1000人，停工不超过 1 天的不包括在内。⑫ 未包括斯洛伐克。⑬ 不包括农业和公共管理机构。⑭ 停工时间少于 1天，总天数不超过100 个工作日不包括在内。⑮ 未包括原苏联其他加盟共和国。⑯ 停工时间少于1天或罢工人数少于10人，停工总天数少于100 个工作日的不包括在内。1988年不包括公营部门罢工。

资料来源：国际劳工组织《劳工统计年鉴》1986年、1997年。

主要统计指标解释

经济活动人口 指在劳动年龄内通过参加劳动,从事商品生产和服务的人。可分为两项:(1) 经常参加经济活动的人口是相对于较长时间而言,比如一年。(2)当前参加经济活动的人口,相对于较短时间而言,比如一天或一星期。

除非特别注明,本书中的经济活动人口、就业人口和失业人口均为15岁以上。

雇员 为达到一定年龄以上的所有人。在某段时间内(一周或一天)可分为:

(1)得到报酬的雇员,包括两类:① 正在工作的人,指在特定时间内做某些工作而得到现金或实物的劳动者;② 有具体工作而没做的人,指已有现在的工作却在短期内暂时没去做,但同时也未辞职的人。

(2)自我雇用者,也包括两类:① 打工者,指在短期时间内以利润或家庭收入为目的,做某些工作得到现金或实物的人;② 自已有企业而不工作的人,指自己拥有企业(如商业企业,农场,服务性的企业),在一定时期内暂不工作的人。

就业 本表为主要经济活动部门受雇情况的绝对数字,尽量按国际标准产业分类(1968年ISIC)的大类列出。

失业适龄劳动人口中的失业者分为:

(1)无业,即没有得到有报酬的工作,又没有自我雇用的人;

(2)目前工作有效,即在一定时间内有得到报酬的工作和自我雇用的;

(3)正在寻找工作的,在近期内已采纳具体步骤以期找到支付报酬的工作或自我雇用的。

失业率 在特定的时间内(通常为某一特定日子或某一星期)失业人数同相应时间内整个就业与失业人数之和的比。

非农业部门每周工时数 此数据涉及以下主要经济活动部门:矿业,制造业,电力、煤气和水,建筑业,批发零售、仓储,饭店,交通,通信,金融、保险、房地产、产业服务,社区、社会和个人服务业。在某些情况下,仅用一些代表性的部门表示。

工资 为每隔一段固定时间以现金或以实物支付给劳动者的,并根据工作时间、工作量、带薪休假(如定期休假,法定假日)下的劳动报酬。报酬扣除雇主的社会保险和养老基金缴款,扣除雇员因此而得到的收益,还应扣除解雇和辞职时加发的工资。

收入统计同雇员的总报酬相联系,即雇主付给的扣除各项费用(税收、雇员社会保险和养老基金的捐助,人寿保险费,工会费和其他义务费用)以前的总数。

雇员收入应包括:工资,非工作时报酬(不包括退休金和辞职金),奖金,小费和雇主直接付给雇员的住房和家庭补贴。

罢工 是由于受一组或多组工人的影响,为了坚持或抵制某些要求,表达不满以及对其他工人的要求和不满表示支持而采取的暂时停止工作的行为。

停工 是一个或多个雇主为了坚持或抵制某些要求,表达不满以及对其他雇主的要求和不满表示支持而采取的暂时关闭一处或多处工作场所,或阻碍雇员正常工作活动的行为。本书罢工一项包括了停工。

九、财政、金融

9－1 中央政府财政收入占国内生产总值的比重

单位：%

	1980年	1985年	1988年	1989年	1990年	1991年	1992年	1993年	1994年	1995年
印　度	17.13	13.77	14.08	14.78	13.51	14.48	14.29	13.56		
印度尼西亚	21.92	20.67	16.23	16.69	19.44	18.01	18.26	16.48		
伊　朗	22.52	18.79 *	11.91	13.78	18.06	16.69	18.51*	23.52	24.75	
以色列	43.03	45.46	40.28	36.87	38.30 *	37.39 *	39.24	39.91	39.99	40.78
日　本	12.01 ①	12.43	13.82	13.87	14.38	22.92	21.42	21.39		
马来西亚	31.12	30.15	25.73	25.72	27.14	28.73	28.81	28.01	28.83	
缅　甸	16.00	13.61	8.48	9.50	10.56	9.66	8.14	7.78		
韩　国	18.34 ①	16.97	17.19	17.40	17.87	17.07	18.22	19.00	20.04	20.52
巴基斯坦	22.55 ②	16.17	17.74	18.63	19.14	16.72	17.88	18.09	18.67	19.41
菲律宾	11.89 ①	11.99	13.90	16.29	16.56	17.44	17.80	17.56	19.76	18.84
新加坡	25.31	37.92	27.26	28.24	31.09	30.32	31.85	35.14		
斯里兰卡	20.94	22.32	18.81	21.43	21.12	20.53	20.17	19.71	19.01	20.59
泰　国	15.85	15.69	16.82	17.79	19.20	19.70	18.44	18.45	18.51	18.96
土耳其		17.55	13.95	14.20	14.00	14.21	16.05	18.36	19.35	
埃　及		36.74	32.33	29.43	24.39	31.86	35.71	37.79		
南　非	27.53	26.14	25.61	29.19	26.88	26.45	25.27	26.41	26.42	26.71
加拿大	37.75	18.74	19.30	20.12	20.73	20.93	20.78	20.70	20.64	
墨西哥	19.64	16.50	17.28	18.29	14.05	16.82	17.43	15.51	15.13	15.80
美　国	32.91	19.94	20.01	20.22	19.86	19.84	19.61	19.72	20.06	19.89
阿根廷	28.23	15.62	9.26	9.85	5.68	4.44	5.68	6.04	5.54	
巴　西	27.72	26.34	20.06	25.57	33.29	27.24	27.99	30.43		
委内瑞拉	21.23 ①	28.17	19.18	19.41	23.07	27.73	18.69	17.89	18.95	
法　国	43.51	41.75	40.85	40.51	40.54	40.82	40.60	40.51	37.85	40.61
德　国	45.55	30.19	28.89	29.47 *	28.77	30.53	31.53	31.70	32.50	32.12
意大利	33.39 ①	33.66 *	36.65 *	37.98	38.78	39.76	41.41	42.86	40.52	
荷　兰	52.39	51.05	50.31	47.42	47.07	49.95	49.30	50.28	48.10	46.12
罗马尼亚	49.99	44.15	42.48	48.29	34.73	37.33	36.78	33.92		
西班牙	27.14	27.19	30.11	31.75 *	30.58	31.15	32.17	22.15	20.40	21.25
英　国	41.18	37.45	35.92	35.45	36.84	36.97	36.01	34.90	35.31	36.34
南斯拉夫	30.17	26.42	27.56	27.21						
澳大利亚	31.72	27.29	28.13	26.95	27.05	27.31	25.61	25.02	25.30	24.80
新西兰	38.58	36.99	40.40	*	43.16	38.95	36.50	35.34	37.44	37.33

注:① 1982年数字。② 1979年数字。

资料来源：国际货币基金组织《政府财政统计年鉴》1996年。

9-2 中央政府财政盈余/赤字占国内生产总值的比重

单位: %

	1980年	1985年	1988年	1989年	1990年	1991年	1992年	1993年	1994年	1995年
印　　度	-7.90	-8.49	-8.10	-7.92	-8.12	-5.82	-5.68	-7.42	-6.52	
印度尼西亚	-2.09	-0.96	-2.96	-1.93	0.39	0.42	-0.40	0.59		
伊　　朗	-13.81	-3.77 *	-9.15	-3.92	-1.82	-2.25	-1.45 *	-0.47	-0.13	
以 色 列	-13.63	-2.79	-8.03	-5.36	-5.11 *	-8.61 *	-4.31	-2.54	-3.11	-5.01
日　　本	-6.82 ①	-4.82	-2.56	-2.90	-1.57 *	1.70	0.32	-1.57		
马来西亚	-6.54	-2.55	-0.25	-0.45	-1.30	-0.24	0.70	1.65	2.38	
缅　　甸	1.23	-0.79	-3.02	-4.16	-5.13	-4.81	-2.83	-2.21		
韩　　国	-2.23	-1.15	1.51	0.19	-0.67	-1.62	-0.49	0.64	0.32	0.29
巴基斯坦	-9.88 ②	-7.16	-6.28	-7.40	-5.40	-7.55	-7.88	-8.87	-6.94	-4.79
菲 律 宾	-4.54 ①	-1.95	-2.91	-2.11	-3.45	-2.11	-1.18	-1.48	1.07	0.53
新 加 坡	2.06	2.10	6.57	9.63	10.33	8.42	12.17	15.31		
斯里兰卡	-18.29	-9.66	-12.70	-8.65	-7.82	-9.45	-5.39	-6.42	-8.55	-6.99
泰　　国	-4.97	-5.33	0.71	3.07	4.71	4.86	2.91	2.15	1.88	3.00
土 耳 其	-4.19 ③	-7.44	-3.07	-3.41	-3.00	-5.22	-4.31	-6.87	-3.89	
埃　　及	-15.57 ②	-9.23	-7.66	-5.37	-5.72	-0.96	-3.47	1.70		
南　　非	-2.33	-3.92	-5.18	-0.23	-4.15	-4.28	-8.03	-6.63	-5.75	-5.43
加 拿 大	-4.20	-5.90	-2.19	-2.52	-3.11	-3.61	-4.28	-4.38	-3.69	
墨 西 哥	-3.55	-8.40	-10.33	-5.22	0.74	-0.23	1.54	0.33	-0.69	-0.59
美　　国	-1.94	-5.34	-3.23	-2.78	-3.99	-4.84	-4.93	-4.05	-3.04	-2.15
阿 根 廷	-10.59	-5.51	-1.88	-0.38	-0.36	-0.53	-0.03	-0.61	-0.67	
巴　　西	-3.96	-11.12	-15.17	-18.57	-6.16	-0.45	-3.93	-9.37		
委内瑞拉	2.15 ②	5.26 *	-4.78	-0.08	0.86	4.41	-3.64	-2.86	-4.31	
法　　国	-0.70	-2.72	-2.34	-1.93	-2.10	-1.26	-3.90	-5.40	-5.13	-6.43
德　　国	-3.73	-1.10	-1.70	-0.16 *	-1.63	-2.35	-2.39	-2.50	-1.32	-1.86
意 大 利	-9.92 ①	-13.35 *	-10.56 *	-10.50	-10.25	-9.90	-10.86	-10.34	-10.51	
荷　　兰	-5.33	-5.49	-4.06	-4.12	-4.51	-2.76	-3.38	-0.94	-0.50	-4.93
罗马尼亚	0.69	2.55	5.83	8.22	0.94	1.94	-4.72	-0.50		
西 班 牙	-4.21	-6.96	-3.59	-2.25 *	-3.23	-3.67	-4.73	-6.93	-7.76	-6.21
英　　国	-5.21	-2.87	1.55	1.54	0.73	-0.99	-5.02	-6.55		
南斯拉夫	0.77	0.86	0.59	-0.05						
澳大利亚	-4.12	-3.13	0.81	1.86	2.24	0.62	-2.37	-3.52	-2.96	-2.49
新 西 兰	-5.33	-4.55	2.01	*	4.05	1.94	-2.30	0.11	0.08	0.13

注: ① 1982年。② 1979年。③ 1983年。
资料来源: 国际货币基金组织《政府财政统计年鉴》1996年。

9－3 印度中央政府财政收支①

单位: 亿卢比

	1980年	1985年	1990年	1991年	1992年	1993年	1994年	1995年	1996年
总收入及捐赠	**1655**	**3661**	**7295**	**9016**	**10138**	**10217**	**12936**	**14943**	**18137**
总收入	**1611**	**3612**	**7236**	**8921**	**10046**	**10117**	**12832**	**14822**	**18056**
经常收入	1592	3564	7159	8533	9757	10053	12220	14630	17493
税收收入	1327	2867	5757	6736	7464	7477	9229	11035	13214
公司、利润和资本所得税	291	543	1071	1489	1750	1990	2665	3225	3869
社会保障缴款									
雇员支付									
雇主支付									
工资税									
财产税	10	21	28	37	54	17	14	11	13
货物和服务税	676	1350	2587	2970	3267	3228	3853	4247	4869
国际贸易税	351	953	2064	2226	2378	2219	2679	3535	4444
其他税	…	…	8	14	15	23	20	18	19
非税收收入	265	698	1401	1797	2294	2576	2991	3595	4278
资本收入	19	48	77	388	288	65	612	192	563
捐赠	**44**	**49**	**59**	**95**	**92**	**99**	**104**	**121**	**81**
总支出	**1803**	**4307**	**9246**	**10505**	**11893**	**13637**	**15406**	**18040**	**20675**
一般公务支出	113	250	599	712	810	889	1358	1259	1758
国防	357	796	1532	1625	1740	2161	2289	2656	2749
公共秩序和安全									
教育	35	80	220	232	253	248	299	412	502
卫生	28	91	153	166	201	232	255	266	291
社会福利									
住房和通讯	77	216	568	606	700	899	1056	1289	1337
文化、娱乐和宗教									
能源									
农业	129	341	770	836	978	762	840	945	1132
工业	115	271	525	431	336	285	302	391	448
交通运输	51	102	178	188	212	242	241	256	264
其他经济活动	140		502	706	769	1260	1181	1325	1436
其他支出		1838	4200	5002	5894	6662	7586	9241	10759
财政赤字	**－886**	**－2225**	**－4346**	**－3583**	**－3991**	**－6053**	**－5675**	**－6569**	**－6484**

注:① 当年4月1日至次年3月31日。

资料来源: 国际货币基金组织《政府财政统计年鉴》1997年。

9－4　印度尼西亚中央政府财政收支①

单位: 十亿卢比

	1980年	1985年	1989年	1990年	1991年	1992年	1993年	1994年	1995年	1996年
总收入及捐赠	**10406**	**20347**	**29093**	**39566**	**42415**	**50645**	**56318**	**69469**	**80427**	**90298**
总收入	**10406**	**20347**	**20093**	**39566**	**42415**	**50645**	**56318**	**69402**	**80427**	**90298**
经常收入	10406	20347	20093	39566	42415	50645	56318	69394	80412	90289
税收收入	9898	17761	26678	37431	39098	44500	47344	62338	72828	78241
公司、利润和资本所得税	8118	13457	16740	24467	24619	27283	27781	32895	37077	45368
社会保障缴款										
雇员支付										
雇主支付										
工资税										
财产税		224	590	811	875	1101	1534	410	442	846
货物和服务税	92	3271	7314	9380	11149	13095	14842	23382	26762	26701
国际贸易税	899	658	1759	2530	2152	2661	2902	4224	3215	2877
其他税	753	99	275	244	303	360	285	47	521	18
非税收收入	508	2586	2415	2134	3317	6145	8974	7056	7584	12048
资本收入								8	15	9
捐赠								**67**		
总支出	**10827**	**20770**	**32545**	**38720**	**41319**	**52200**	**54983**	**61866**	**66723**	**77964**
一般公务支出	3600		10475	13998	12484	14238	15465	* 3948	4713	12281
国防	1461		2136	2604	2822	3332	3388	4266	4792	5695
公共秩序和安全			474	554	635	739	894	1260	1912	2299
教育	900		2743	3512	4053	5076	5479	6045	6042	7040
卫生	268		647	938	1145	1263	1497	2011	1723	1962
社会福利								* 3259	4153	5643
住房和通讯	193		502	685	810	1062	870	* 11041	13699	15819
文化、娱乐和宗教	112		213	281	292	350	445	1448	1610	1862
能源	516		1397	1708	2288	3044	3232	225	355	536
农业	1088		2619	2959	3274	3784	3694	* 11903	6290	9729
工业	419		448	746	760	905	627	725	1004	1055
交通运输	1989		3098	3846	4027	4668	5344	5230	5086	5720
其他经济活动	345		1432	1246	1870	1826	2136	1275	1390	1391
其他支出	759		6361	5643	6859	10996	10546	9230	9612	6932
财政赤字	**－1102**	**－948**	**－3362**	**798**	**982**	**－1096**	**2018**	**3581**	**10085**	**6180**

注:①　当年4月1日至次年3月31日。

资料来源: 国际货币基金组织《政府财政统计年鉴》1997年。

9－5 伊朗中央政府财政收支①

单位: 十亿里亚尔

	1980年	1985年	1987年	1990年	1991年	1992年	1993年	1994年	1995年	1996年
总收入及捐赠	**1430**	**2964**	**2511 ***	**6617**	**8385**	**12299 ***	**22018**	**31080**	**45171**	**60869**
总收入	**1430**	**2964**	**2511 ***	**6617**	**8364**	**12299 ***	**22018**	**31080**	**45171**	**60869**
经常收入	1430	2964	2511 *	6617	8361	12276 *	21934	30979	45063	60073
税收收入	455	1441	1476 *	2655	4093	6013 *	5515	7651	12271	18633
公司、利润和资本										
所得税	56	398	458 *	656	1002	1602 *	1988	2981	4175	5397
社会保障缴款	106	282	310 *	538	779	1068 *	1445	1653	2916	3559
雇员支付										
雇主支付										
工资税	52	87	71 *	128	232	214 *	341	484	906	466
财产税	14	42	76 *	145	172	187 *	210	313	458	488
货物和服务税	51	238	219 *	277	443	594 *	491	934	2402	5006
国际贸易税	167	357	314 *	892	1418	2277 *	948	1184	1269	3550
其他税	10	38	30 *	19	47	71 *	92	102	145	167
非税收收入	975	1523	1035 *	3962	4268	6263 *	16419	23328	32792	41440
资本收入					3	23 *	84	101	108	796
捐赠										
总支出	**2368**	**3583**	**3966 ***	**7288**	**9553**	**13269 ***	**22565**	**31400**	**42795**	**58474**
一般公务支出	241	258	108 *	182	237	364 *	727	939	855	1888
国防	377	480	469 *	749	849	947 *	1707	3542	3251	4292
公共秩序和安全			175 *	318	442	598 *	785	991	1181	1534
教育	505	606	730 *	1585	1988	3451 *	4820	5597	6295	8195
卫生	151	291	237 *	556	775	1232 *	1878	2536	2710	3646
社会福利	54	413	560 *	1014	1358	1946 *	2933	3230	5634	7380
住房和通讯	27	76	155 *	435	272	451 *	1575	2055	3378	3841
文化、娱乐和宗教	121	50	52 *	125	194	260 *	606	695	1163	1718
能源	76	161	188 *	191	238	237 *	1539	3303	5433	7610
农业		100	111 *	396	345	548 *	1076	1433	1660	1104
工业	105	121	149 *	295	452	537 *	352	335	382	532
交通运输	138	165	158 *	439	411	592 *	1458	1729	1992	3053
其他经济活动	127	183	21 *	255	1023	1438 *	1914	4018	6686	10361
其他支出	190	636	852 *	749	969	668 *	1195	997	2175	3320
财政赤字	**－915**	**－594**	**－1419 ***	**－665**	**－1129**	**－964 ***	**－443**	**－262**	**2637**	**2395**

注:① 1992年以前为当年4月1日至次年3月31日。1992年及以后为日历年度。
资料来源:国际货币基金组织《政府财政统计年鉴》1997年。

9－6 以色列中央政府财政收支①

单位：百万新谢克尔

	1980年	1985年	1989年	1990年	1991年	1992年	1993年	1994年	1995年	1996年
总收入及捐赠	**70**	**20949**	**40171**	**49226 ***	**46216 ***	**72369**	**81711**	**96486**	**111760**	**135421**
总收入	**58**	**15503**	**34355**	**42285 ***	**39758 ***	**63295**	**73482**	**88559**	**106634**	**122255**
经常收入	58	15503	34355	41728 *	39729 *	62845	73482	88559	106634	122255
税收收入	51	12757	29455	35699 *	33988 *	53853	63107	77502	92468	105560
公司、利润和资本所得税	24	5716	13147	15136 *	13445 *	21948	27843	36524	41616	45084
社会保障缴款	6	1361	2811	3763 *	3017 *	4301	5025	6044	11145	13554
雇员支付	2	482	1425	1693 *	1602 *	2478	2927	3624	7529	9606
雇主支付	4	694	904	1550 *	924 *	1172	1425	1664	1769	1852
工资税	3	489	1029	1242 *	1212 *	1761	1621	2068	2692	3218
财产税	1	302	227	355 *	256 *	460	526	838	979	1134
货物和服务税	14	4502	10799	13955 *	14727 *	23752	26422	31117	35915	41523
国际贸易税	1	744	806	706 *	746 *	1165	748	544	502	523
其他税	0.4	44	161	207 *	173 *	331	476	541	500	751
非税收收入	8	2745	4900	6030 *	5741 *	8992	10375	11057	14166	16695
资本收入				557 *	29 *	450				
捐赠	**11**	**5446**	**5816**	**6941 ***	**6458 ***	**9074**	**8229**	**7927**	**5126**	**12986**
总支出	**81**	**19817**	**42649**	**53702 ***	**50818 ***	**78163**	**86273**	**102350**	**123892**	**147838**
一般公务支出	1	289	887	985 *	955 *	1458	1796	2115	2702	3038
国防	32	5955	10977	13594 *	11377 *	16919	17539	19836	22216	26489
公共秩序和安全	2	381	1075	1392 *	1265 *	1964	2301	2983	3763	4481
教育	8	1381	4264	5459 *	5279 *	8474	10295	13921	16108	20630
卫生	3	679	1640	2172 *	1888 *	3359	3548	5791	11505	15052
社会福利	12	3140	9362	12356 *	11358 *	17329	20034	25080	31533	38082
住房和通讯	0.2	31	459	1543 *	4127 *	8312	6927	5989	5952	6880
文化、娱乐和宗教	1	115	388	472 *	472 *	860	867	978	1098	1497
能源	2	69	147	133 *	901 *	526	494	561	508	429
农业	2	519	787	1119 *	851 *	1142	1602	1677	1866	2166
工业	1	857	1655	1676 *	1406 *	2395	2973	3106	3773	4050
交通运输	2	434	880	1075 *	1083 *	1846	2365	2412	2412	3099
其他经济活动	5	686	767	896 *	913 *	1241	1707	2161	1935	1476
其他支出	11	5377	9079	10322 *	9286 *	12511	13879	15673	18622	20479
财政赤字	**－18**	**－951**	**－3677**	**－5641 ***	**－9160 ***	**－6949**	**－4675**	**－6882**	**－13106**	**－13028**

注：① 1992 年以前为当年 4 月 1 日至次年 3 月 31 日。1992 年及以后为日历年度。

资料来源：国际货币基金组织《政府财政统计年鉴》1997年。

9－7 日本中央政府财政收支①

单位：十亿日元

	1980年	1985年	1987年	1988年	1989年	1990年	1991年	1992年	1993年
总收入及捐赠	**28105**	**40361**	**47310**	**52230**	**55922**	**62311 ***	**107345**	**102690**	**103364**
总收入	**27893**	**40262**	**47176**	**52082**	**55762**	**62146 ***	**104462**	**99412**	**99866**
经常收入	27831	40104	46998	51928	55486	61961 *	103860	98830	99277
税收收入	26392	38190	44498	49024	52337	58730 *	88227	83400	83848
公司、利润和资本所得税	19722	26963	31079	34762	39472	42859 *	43724	37286	36115
社会保障缴款									
雇员支付									
雇主支付									
工资税									
财产税	665	1601	3482	3861	3493	2793 *	3064	3615	4042
货物和服务税	5796	7558	7513	7763	6661	10471 *	13665	13933	14409
国际贸易税	656	668	635	727	736	827 *	1211	1156	1243
其他税	840	1400	1789	1911	1975	1780 *	1749	1571	1599
非税收收入	1439	1914	2500	2904	3149	3231 *	15633	15430	15429
资本收入	62	158	178	154	276	185 *	602	582	589
捐赠	**212**	**99**	**134**	**148**	**160**	**166 ***	**2883**	**3278**	**3498**
总支出		**55214**	**58641**	**60863**	**66695**	**67533 ***	**97478**	**100642**	**112655**
一般公务支出						*	2411	2516	2692
国防						*	4465	4613	4626
公共秩序和安全						*	1284	1329	1394
教育						*	6142	6376	6790
卫生						*	1405	1587	1801
社会福利						*	36178	38909	41456
住房和通讯						*	8101	11599	15500
文化、娱乐和宗教						*	101	110	159
能源									
农业						*	1109	1135	1228
工业						*	1432	1573	1846
交通运输						*	287	290	334
其他经济活动						*	361	354	357
其他支出						*	34202	30251	34472
财政赤字	**－16872**	**－15603**	**－12195**	**－9657**	**－11645**	**－6782 ***	**7759**	**1473**	**－7318**

注：① 当年4月1日至次年3月31日。
资料来源：国际货币基金组织《政府财政统计年鉴》1997年。

9－8 马来西亚中央政府财政收支

单位：百万林吉特

	1980年	1985年	1989年	1990年	1991年	1992年	1993年	1994年	1995年	1996年	1997年
总收入及捐赠	**14053** *	**23373**	**26381**	**31432**	**37241**	**42925**	**45817**	**54339**	**54337**	**62408**	**65153**
总收入	**14049** *	**23373**	**26380**	**31428**	**37241**	**42925**	**45817**	**54339**	**54337**	**62408**	**65153**
经常收入	14012 *	23212	26308	31384	37206	42610	45723	54021	54216	62276	65031
税收收入	12540 *	17749	17964	22710	27467	30763	33913	39778	44181	50064	53355
公司、利润和资本所得税	5259 *	8811	7295	9650	12397	14386	15661	17408	20136	22661	23663
社会保障缴款	55 *	124	210	238	290	367	499	574	673	700	800
雇员支付	13										
雇主支付	42										
工资税											
财产税	64 *	105	69	95	118	231	177	219	281	437	422
货物和服务税	2352 *	3777	5179	6366	7469	8410	9986	11904	14029	15966	17193
国际贸易税	4628 *	4581	4727	5612	6334	6258	6199	6980	6664	7356	8231
其他税	182 *	351	484	749	859	1111	1391	2693	2398	2944	3046
非税收收入	1472 *	5463	8344	8674	9739	11847	11810	14243	10035	12212	11676
资本收入	37 *	169	72	44	35	315	94	318	121	132	122
捐赠	**4** *	**2**	**1**	**4**							
总支出	**15187** *	**22521**	**29711**	**34848**	**37825**	**42935**	**42805**	**45538**	**48905**	**54811**	**55481**
一般公务支出	824 *		3141	2642	3263	3886	4147	4205	6426	5700	6107
国防	2255 *		2761	3043	4323	4500	4951	5565	6121	6091	6183
公共秩序和安全			1625	1825	1958	2469	2437	2293	2771	2969	2935
教育	2786 *		5649	6596	7067	8059	8538	10108	10603	12489	12651
卫生	778 *		1454	1777	2035	2414	2407	2529	2772	3474	3472
社会福利	607 *		1169	1254	1935	2322	2568	3003	3102	3856	3995
住房和通讯	453 *		2067	2424	2440	2467	2327	2611	2156	3456	4056
文化、娱乐和宗教	94 *										
能源	688 *										
农业	1329 *		2052	2342	2345	2389	2442	2536	2495	2618	2582
工业	75 *										
交通运输	1379 *		2120	2456	2625	3517	3464	3730	4191	5655	5489
其他经济活动	1090 *		2476	4196	2194	2096	1870	2683	2623	3705	3925
其他支出	3139 *		12441	13444	13366	15032	13946	13959	12914	13194	13005
财政赤字	**－3185** *	**－1974**	**－2253**	**－2435**	**－1377**	**－613**	**2084**	**8309**	**4988**	**5120**	**8230**

资料来源:国际货币基金组织《政府财政统计年鉴》1997年。

9-9 缅甸中央政府财政收支①

单位: 百万缅元

	1980年	1985年	1989年	1990年	1991年	1992年	1993年	1994年	1995年
总收入及捐赠	**6591**	**8207**	**11994**	**16188**	**18339 ***	**20671**	**27785**	**32458**	**40173**
总收入	**6176**	**7620**	**11842**	**16048**	**18039 ***	**20313**	**27329**	**32029**	**39429**
经常收入	6171	7617	9744	15898	17343 *	19421	26131	31430	38578
税收收入	3711	4622	5313	9417	10480 *	12563	17036	20101	22644
公司、利润和资本所得税	182	369	877	2806	1970 *	3181	4641	6741	7793
社会保障缴款									
雇员支付									
雇主支付									
工资税									
财产税									
货物和服务税	2611	3043	2989	4418	5646 *	6463	8257	9135	10168
国际贸易税	918	1210	1447	2193	2864 *	2919	4138	4225	4683
其他税									
非税收收入	2460	2995	4431	6481	6863 *	6858	9095	11329	15934
资本收入	5	3	2098	150	696 *	892	1198	599	851
捐赠	**415**	**587**	**152**	**140**	**300 ***	**358**	**456**	**429**	**744**
总支出	**6119**	**9015**	**17566**	**24349**	**27621 ***	**27931**	**35696**	**48021**	**64884**
一般公务支出	928	1249	2775	5035	4717 *	3412	4555	5693	6889
国防	1342	1698	4331	5436	6086 *	9126	13884	17694	23813
公共秩序和安全									
教育	646	1058	2947	3875	4810 *	4735	5447	5640	6547
卫生	323	695	816	1588	1886 *	2077	1675	1913	2309
社会福利	415	475	1226	1075	1319 *	1300	1462	1719	2263
住房和通讯	235	282	1477	2031	2020 *	229	158	163	185
文化、娱乐和宗教	46	133	265	378	782 *	776	589	905	1429
能源			3	5	20 *	31	33	8	6
农业	1442	2213	1971	2271	2028 *	1972	2690	4967	9665
工业	138	108	143	246	133 *	77	84	114	127
交通运输	385	709	1231	2000	2964 *	2871	2858	6497	7734
其他经济活动	97	133	245	250	245 *	269	267	297	351
其他支出	122	262	136	159	611 *	1056	1994	2411	3566
财政赤字	**473**	**-443**	**-5189**	**-7789**	**-8993 ***	**-7054**	**-7761**	**-15757**	**-24924**

注:① 当年4月1日至次年3月31日。
资料来源: 国际货币基金组织《政府财政统计年鉴》1997年。

9－10 韩国中央政府财政收支

单位: 十亿韩圆

	1980年	1985年	1989年	1990年	1991年	1992年	1993年	1994年	1995年	1996年	1997年
总收入及捐赠	**6834**	**13923**	**25962**	**32089**	**36818**	**43805**	**50750**	**61109**	**72087**	**84272**	**95628**
总收入	**6834**	**13923**	**25962**	**32089**	**36818**	**43805**	**50750**	**61109**	**72087**	**84272**	**95628**
经常收入	6738	13738	25502	31332	35948	42870	49833	59725	70862	82971	94153
税收收入	5898	12104	22395	28363	32196	37750	43547	51836	62209	72386	82361
公司、利润和资本所得税	1504	3474	8864	10643	11235	14071	15647	18652	22309	24317	27193
社会保障缴款	73	207	1113	1450	1799	2417	4150	4575	5435	7425	8361
雇员支付		4	347	441	517	635	1394	1695	2160	2804	3087
雇主支付	73	203	766	1009	1282	1782	2756	2880	3275	4621	5274
工资税											
财产税	37	80	678	674	521	668	1073	1677	1621	1473	1713
货物和服务税	3093	5934	8251	10880	11956	14834	17062	19965	22993	27478	30927
国际贸易税	1014	1950	2772	3685	3294	3128	2884	3453	4633	5309	5972
其他税	177	459	712	1023	1859	2632	2731	3514	5218	6564	8195
非税收收入	840	1634	3107	2969	3752	5120	6286	7889	8653	10585	11792
资本收入	96	185	460	757	870	935	917	1384	1225	1301	1475
捐赠											
总支出	**6563**	**13336**	**23776**	**29004**	**35619**	**40776**	**45010**	**53887**	**62320**	**72600**	**86046**
一般公务支出	657	1401	2276	2823	3472	4357	4630	5715 *	2888	3198	4391
国防	2252	3957	5921	6665	7892	8709	9040	10057	11114	12583	14014
公共秩序和安全											
教育	1123	2459	4409	5647	5614	6502	9649	10974	12756	14422	16828
卫生	80	192	478	566	716	428	432	370	411	520	589
社会福利	417	754	1982	2615	3381	4083	4497	5750	6168	7715	10497
住房和通讯	74	136	371	433	644	622	559	1021	1593	2074	2176
文化、娱乐和宗教	50	147	169	165	210	235	277	306	423	530	739
能源	27	104	131	196	181	140	130	49	434	459	667
农业	367	1054	2298	2746	2834	2795	3221	4599	5500	5375	5717
工业	160	168	283	213	292	464	1488	1975	1414	2650	2096
交通运输	297	622	243	266	1723	2049	2575	3254	4471	5350	8572
其他经济活动	171	385	1733	2111	1801	1486	1053	1166	1127	1626	1537
其他支出	888	1957	3482	4558	6859	8906	7459	8651	10091	11671	13255
财政赤字	**－849**	**－943**	**285**	**－1207**	**－3494**	**－1188**	**1704**	**984**	**1035**	**431**	**－245**

资料来源:国际货币基金组织《政府财政统计年鉴》1997年。

9－11 菲律宾中央政府财政收支

单位:百万比索

	1980年	1985年	1990年	1991年	1992年	1993年	1994年	1995年	1996年
总收入及捐赠	**34373**	**68957**	**180902**	**220787**	**242714**	**260405***	**336160**	**361220**	**410449**
总收入	**34151**	**68577**	**178346**	**217598**	**240570**	**258854***	**335426**	**360232**	**409880**
经常收入	34149	68574	174164	213423	238692	257177*	305512	337403	404220
税收收入	30529	61192	151700	182275	208705	230170*	271305	310517	367894
公司、利润和资本所得税	7210	18266	49366	60775	69978	74795*	91885	111165	136356
社会保障缴款									
雇员支付									
雇主支付									
工资税									
财产税	225	546	1030	525	453	223*	416	417	565
货物和服务税	14320	24957	53616	55173	62602	70750*	82731	86936	109951
国际贸易税	8261	16261	43702	60729	68538	77534*	77241	97965	104850
其他税收入	498	1192	3986	5073	7134	6868*	19032	14034	16172
非税收收入	3620	7382	22464	31148	29987	27007*	34207	26886	36326
资本收入	2	3	4182	4175	1878	1677*	29914	22829	5660
捐赠	**222**	**380**	**2556**	**3189**	**2144**	**1551***	**734**	**988**	**569**
总支出	**37758**	**80115**	**211184**	**239470**	**265629**	**272394***	**310880**	**341726**	**401017**
一般公务支出	6538	8774	18426	21221	25868	31671*	39127	25963	24581
国防	5115	7610	23321	26010	26321	28932*	23125	27493	34849
公共秩序和安全			3324	4567	5066	5550*	18253	22799	30457
教育	4224	12893	35741	38643	39917	43220*	45035	61536	78835
卫生	1479	3814	8623	10158	10971	8283*	7902	8384	13934
社会福利	442	1534	3452	5885	7022	8340*	5294	6913	8910
住房和通讯	1696	1015	1356	3035	4535	5236*	1907	3481	2634
文化、娱乐和宗教	267	622	930	1514	2707	3162*	2699	2354	4108
能源	3086	4094	6698	7009	8515	8851*	7147	3490	1147
农业	1974	4100	14331	17508	21627	22980*	22327	23586	29763
工业	1063	1970	2919	3223	4748	5045*	5758	129	192
交通运输	9605	14370	19473	24293	28390	29483*	35618	40883	51026
其他经济活动	2785	4223	6415	7125	7969	9349*	9596	5145	9584
其他支出	2296	14669	75825	81628	95427	95489*	103980	105154	105529
财政赤字	**－3385**	**－11158**	**－37194**	**－26349**	**－15966**	**－21891***	**16286**	**11074**	**6256**

资料来源:国际货币基金组织《政府财政统计年鉴》1997年。

9－12 新加坡中央政府财政收支①

单位: 百万新元

	1980年	1985年	1989年	1990年	1991年	1992年	1993年	1994年	1995年
总收入及捐赠	**6620**	**14764**	**17267**	**21636**	**23234**	**26617**	**33587**	**37977**	**42918**
总收入	**6620**	**14764**	**17267**	**21636**	**23234**	**26617**	**33587**	**37977**	**42918**
经常收入	6365	10768	15710	17827	19919	21417	25229	28096	31369
税收收入	4396	6400	9618	10254	11924	13675	15952	18699	19626
公司、利润和资本所得税	2068	2903	3820	4577	5370	6432	7294	7748	8145
社会保障缴款									
雇员支付									
雇主支付									
工资税	114	239							
财产税	586	1052	1032	1181	1361	1498	1644	1845	1757
货物和服务税	1005	1484	3078	2859	3225	3569	4277	5900	6450
国际贸易税	437	391	385	357	433	437	449	395	389
其他税	186	331	1303	1280	1535	1739	2288	2811	2885
非税收收入	1969	4368	6092	7618	7995	7742	9277	9397	11743
资本收入	255	3996	1557	3764	3315	5200	8358	9881	11549
捐赠									
总支出	**5027**	**10580**	**13115**	**14223**	**15966**	**15858**	**16354 ***	**15059**	**19233**
一般公务支出	493	1119	801	897	1478	1332	1687 *	1500	2046
国防	1267	2378	2837	3409	3523	3891	4049 *	4347	5492
公共秩序和安全			443	506	568	624	644 *	740	816
教育	735	2284	2369	2828	3655	3532	4047 *	3409	3633
卫生	350	684	613	652	994	964	979 *	1100	1466
社会福利	68	167	282	300	344	365	626 *	431	955
住房和通讯	314	440	1249	870	808	1061	1143 *	994	1565
文化、娱乐和宗教	72	67	164	174	58	58	68 *	58	59
能源	1	1							
农业	22	40	32	94	55	46	43 *	42	46
工业	6	9	31	26	28	24	25 *	8	8
交通运输	508	1060	759	710	709	534	411 *	426	639
其他经济活动	354	762	1795	1559	922	1226	1401 *	868	1284
其他支出	837	1198	1740	2198	2824	2201	1231 *	1136	1224
财政赤字	**538**	**816**	**5889**	**7192**	**6455**	**10170**	**14639 ***	**17304**	**17315**

注:① 当年4月1日至次年3月31日。

资料来源: 国际货币基金组织《政府财政统计年鉴》1997 年。

9－13 泰国中央政府财政收支①

单位: 亿铢

	1980年	1985年	1989年	1990年	1991年	1992年	1993年	1994年	1995年	1996年
总收入及捐赠	**967**	**1669**	**3235**	**4112**	**4851**	**5115**	**5729**	**6713**	**7832**	**8720**
总收入	**948**	**1631**	**3171**	**4046**	**4801**	**5081**	**5693**	**6674**	**7794**	**8689**
经常收入	948	1631	3171	4045	4800	4992	5693	6673	7793	8688
税收收入	871	1449	2897	3724	4433	4501	5129	6047	7082	7928
公司、利润和资本所得税	169	337	652	977	1237	1372	1591	1994	2418	2777
社会保障缴款	0	3	4	4	34	51	65	93	99	134
雇员支付					14	22	28	41	42	59
雇主支付	0	3	4	4	20	29	37	52	56	75
工资税										
财产税	12	22	76	134	112	114	132	161	164	135
货物和服务税	437	740	1438	1677	2094	2079	2265	2599	3065	3550
国际贸易税	248	337	703	894	918	835	1038	1152	1282	1278
其他税	6	11	25	39	38	49	40	49	55	54
非税收收入	77	182	274	321	367	492	563	627	712	760
资本收入	0	0	1	0	1	88	1	1	1	1
捐赠	**20**	**38**	**64**	**66**	**50**	**35**	**36**	**39**	**38**	**31**
总支出	**1245**	**2170**	**2663**	**3074**	**3640**	**4254**	**5046**	**5915**	**6632**	**7553**
一般公务支出	43	86	127	170	224	244	281	271	300	423
国防	270	438	434	533	622	732	752	875	934	956
公共秩序和安全	64	111	139	159	187	232	298	350	400	466
教育	247	424	515	617	735	896	1099	1269	1449	1590
卫生	51	124	168	208	268	347	351	458	527	592
社会福利	33	65	93	111	129	168	174	206	240	286
住房和通讯	30	35	50	67	87	115	152	243	311	407
文化、娱乐和宗教	5	8	10	13	19	25	39	65	76	77
能源	13	49	88	72	122	39	40	40	33	22
农业	120	254	241	321	370	531	523	642	747	792
工业	4	7	8	22	10	17	33	33	33	37
交通运输	126	138	147	201	294	392	643	672	893	1097
其他经济活动	39	43	59	63	88	135	189	233	225	335
其他支出	206	394	555	520	476	408	473	553	463	472
财政赤字	**－323**	**－554**	**547**	**994**	**1184**	**802**	**664**	**674**	**1205**	**1068**

注:① 上年 10 月 1 日至当年 9 月 30 日。
资料来源: 国际货币基金组织《政府财政统计年鉴》1997年。

9－14 土耳其中央政府财政收支

单位：十亿里拉

	1980年	1985年	1989年	1990年	1991年	1992年	1993年	1994年	1995年	1996年
总收入及捐赠	**957**	**4836**	**31369**	**56573**	**99084**	**178070**	**357333**	**751615**	**1409251**	**2727958**
总收入	**957**	**4837**	**31254**	**54937**	**90650**	**176370**	**355736**	**750673**	**1401847**	**2726165**
经常收入	945	4821	31086	53675	90103	175567	353797	745035	1392572	2709027
税收收入	750	3982	25572	45431	78734	141797	264436	588058	1084941	2245290
公司、利润和资本所得税	464	1831	13469	23246	40419	70134	125793	246580	435999	865909
社会保障缴款										
雇员支付										
雇主支付										
工资税										
财产税	16	275	61	101	144	259	742	32643	16775	3333
货物和服务税	186	1317	9183	17252	31141	59438	114701	271333	551188	1255413
国际贸易税	56	362	1961	3336	4574	7813	15228	23825	51783	63286
其他税	28	197	898	1497	2457	4153	7972	13677	29196	57349
非税收收入	195	840	5514	8244	11369	33770	89361	156977	307631	463737
资本收入	11	15	168	1262	547	803	1939	5638	9275	17138
捐赠			**115**	**1636**	**8434**	**1700**	**1597**	**942**	**7404**	**1793**
总支出	**1117**	**6884**	**38840**	**68316**	**132350**	**225256**	**490129**	**902077**	**1723836**	**3961170**
一般公务支出	298	3718	12021	17215	34192	65563	156418	318972	790645	1950126
国防	170	751	4509	7966	13783	25558	43711	85377	167798	333434
公共秩序和安全										
教育	159	685	6112	13088	23294	45114	82515	122546	215024	442420
卫生	40	125	1118	2437	3934	7870	14762	26886	45112	89526
社会福利	30	72	633	1445	2661	4782	19874	35056	62696	176574
住房和通讯	37	179	579	1018	1716	3900	9728	11254	17362	44856
文化、娱乐和宗教	1	6	4	507	787	1554	3450	4467	7589	14494
能源	48	433	2516	3824	7148	11724	19577	25337	53914	111454
农业	21	89	654	1363	2632	4102	6590	10142	17833	33568
工业	54	69	329	607	1503	1437	6888	12117	3059	48158
交通运输	90	554	2662	5012	10930	17433	32630	45697	78435	162853
其他经济活动	166	205	1523	1349	11174	9213	24959	26763	52860	57378
其他支出	1		6179	12487	18598	27006	69027	177463	211509	496467
财政赤字	**－161**	**－2050**	**－7503**	**－11782**	**－33317**	**－47328**	**－133105**	**－150838**	**－314943**	**－1233350**

资料来源：国际货币基金组织《政府财政统计年鉴》1997年。

9－15 埃及中央政府财政收支①

单位：百万埃镑

	1981年	1985年	1988年	1989年	1990年	1991年	1992年	1993年	1994年
总收入及捐赠	**8081**	**13900**	**20464**	**23624**	**24863**	**38250**	**53015**	**62712**	**70639**
总收入	**8072**	**13681**	**19916**	**22601**	**23435**	**35430**	**49678**	**59443**	**67828**
经常收入	7884	13026	18911	21325	22079	33067	45418	54058	64590
税收收入	5006	8272	11485	13692	16091	20446	30135	34479	39605
公司、利润和资本所得税	1481	1978	2776	3395	4245	6407	9989	11114	12004
社会保障缴款	707	1836	2646	3036	3412	3866	4429	5357	6272
雇员支付	268	748	1029	1221	1244	1402	1660	1951	2279
雇主支付	435	1087	1613	1811	2163	2460	2764	3397	3980
工资税	46								
财产税	106	121	174	193	243	258	302	352	391
货物和服务税	685	1541	2102	2531	3004	3519	6439	7363	8255
国际贸易税	1583	2076	2537	2983	3039	3422	4941	5428	6585
其他税	398	720	1250	1554	2148	2974	4035	4865	6098
非税收收入	2878	4754	7426	7633	5988	12621	15283	19579	24985
资本收入	188	655	1005	1276	1356	2363	4260	5385	3238
捐赠	**9**	**219**	**548**	**1023**	**1428**	**2820**	**3337**	**3269**	**2811**
总支出	**7892**	**14945**	**22548**	**23913**	**26738**	**35499**	**54649**	**56143**	**65382**
一般公务支出	445	1041	595	699	841	1405	1559	1879	1881
国防	1068	2787	3208	3027	3068	3940	4506	4900	5333
公共秩序和安全			827	986	1058	1292	1523	2145	2790
教育	675	1686	2640	3201	3744	4767	5648	6921	8367
卫生	177	389	549	664	752	979	1150	1370	1549
社会福利	956	1730	2918	2869	3446	3974	4959	6156	7824
住房和通讯	228	555	1322	1377	1799	2207	3087	3381	3348
文化、娱乐和宗教	602	1098	1562	1913	2304	2637	3250	3925	4701
能源	37	129	32	44	61	64	71	144	139
农业	361	632	968	1168	1264	1488	2054	2373	2825
工业	14	35	42	46	52	56	57	77	75
交通运输	106	337	897	592	770	930	1302	1686	2217
其他经济活动	31	129	71	101	109	124	153	208	172
其他支出	3192	4397	7006	7255	7530	11636	25330	21053	24251
财政赤字	**－1096**	**－3439**	**－4716**	**－4126**	**－5494**	**－1067**	**－4831**	**2681**	**589**

注：① 上年7月1日至次年6月30日。

资料来源：国际货币基金组织《政府财政统计年鉴》1997年。

9－16　南非中央政府财政收支①

单位: 百万兰特

	1980年	1985年	1989年	1990年	1991年	1992年	1993年	1994年	1995年
总收入及捐赠	**14448**	**33212**	**73377**	**76987**	**86120**	**88920**	**106426 ***	**117234 ***	**134208**
总收入	**14437**	**33200**	**73043**	**76341**	**84746**	**87746**	**104417 ***	**116292 ***	**134208**
经常收入	14387	33119	72144	76173	84590	87647	104031 *	116208 *	134106
税收收入	12553	30287	67055	70435	79846	80802	97441 *	108896 *	125839
公司、利润和资本所得税	8035	17458	33763	38487	44780	45956	50544 *	57610 *	68317
社会保障缴款	160	387	1339	1337	1459	1672	1873 *	2034 *	2237
雇员支付									
雇主支付	160	387	1339	1337	1459	1672	1873 *	2034 *	2237
工资税	19	63	48	37	8	23	42 *	34 *	39
财产税	252	468	1035	1100	1129	1517	1869 *	2464 *	2736
货物和服务税	3421	10547	23622	25787	28250	28494	38186 *	43173 *	48487
国际贸易税	474	959	6382	2775	3195	2068	3721 *	1989 *	2455
其他税	192	405	866	912	1025	1072	1206 *	1592 *	1568
非税收收入	1834	2832	5089	5738	4744	6845	6590 *	7312 *	8267
资本收入	50	81	899	168	156	99	386 *	84 *	102
捐赠	**11**	**12**	**334**	**646**	**1374**	**1174**	**2009 ***	**942**	
总支出	**13558**	**37141**	**75059**	**87268**	**98098**	**121502**	**145284 ***	**143623 ***	**163608**
一般公务支出									
国防									
公共秩序和安全									
教育									
卫生									
社会福利									
住房和通讯									
文化、娱乐和宗教									
能源									
农业									
工业									
交通运输									
其他经济活动									
其他支出									
财政赤字	**－1436**	**－4975**	**－565**	**－11775**	**－13475**	**－32465**	**－38894 ***	**－26959 ***	**－28830**

注:① 当年4月1日至次年3月31日。
资料来源:国际货币基金组织《政府财政统计年鉴》1997年。

9－17 加拿大中央政府财政收支①

单位：百万加元

	1980年	1985年	1990年	1991年	1992年	1993年	1994年
总收入及捐赠	**57491**	**91100**	**138866**	**142496**	**144379**	**147712**	**154382**
总收入	**57491**	**91100**	**138785**	**142404**	**144298**	**147559**	**154268**
经常收入	57491	91100	138785	142404	144298	147559	154268
税收收入	49665	79277	122419	128154	127854	128447	136794
公司、利润和资本所得税	30213	44908	73707	75060	71639	68695	74776
社会保障缴款	5962	13167	20465	23717	26486	29208	29193
雇员支付	2626	5796				13007	13007
雇主支付	3183	7150				15573	15558
工资税							
财产税							
货物和服务税	9552	16896	24214	25269	25623	27122	29221
国际贸易税	4041	4316	4033	4108	4098	3652	3575
其他税	1	3					
非税收收入	7826	11823	16366	14250	16444	19112	17474
资本收入							
捐赠			**81**	**92**	**81**	**153**	**114**
总支出	**65522**	**117202**	**159452**	**166672**	**174137**	**178898**	**181947**
一般公务支出	5666	9483	17096	17899	17819	14290	15218
国防	5045	8914	11557	11297	11946	11675	10563
公共秩序和安全							
教育	2511	3973	4195	4445	5249	4914	5261
卫生	4391	7133	7353	7675	9768	8329	8890
社会福利	21430	39094	59135	67009	71985	73771	72388
住房和通讯	1543	1921	3137	2836	2441	1840	1856
文化、娱乐和宗教	515	806	1275	1276	1239	1299	845
能源	7	7	289	356	10	761	140
农业	1442	3046	3279	4294	4571	3773	2844
工业	4125	4333	94	83	322	498	1231
交通运输	4367	5391	5740	5465	3697	5330	5428
其他经济活动	2771	4641	4715	4317	5916	4940	6352
其他支出	12490	27756	43587	41675	37543	38735	43684
财政赤字	**－10733**	**－28679**	**－20818**	**－24538**	**－29758**	**－31186**	**－27565**

注:① 当年4月1日至次年3月31日。

资料来源:国际货币基金组织《政府财政统计年鉴》1997年。

9－18 墨西哥中央政府财政收支

单位: 百万新比索

	1980年	1985年	1989年	1990年	1991年	1992年	1993年	1994年	1995年
总收入及捐赠	**675**	**7820**	**86585**	**113289**	**141374**	**173530**	**187282**	**212387**	**281138**
总收入	**675**	**7820**	**86585**	**113289**	**141374**	**173530**	**187282**	**212387**	**281138**
经常收入	675	7820	86854	113275	141308	173513	187211	212305	281056
税收收入	639	7135	76228	101275	128466	154190	169983	185004	235016
公司、利润和资本所得税	248	1899	25909	34668	44204	57945	69221	74274	76148
社会保障缴款	95	1013	10072	14213	18876	23786	28473	33727	39013
雇员支付									
雇主支付									
工资税	6	49	605	818	1153	1481	1077		
财产税	2		3	3	6	19	8	1	
货物和服务税	195	5238	48546	63486	77143	86059	90905	101671	152613
国际贸易税	186	314	4499	7073	10812	14075	12715	12748	11208
其他税	18		930	1340	2319	2653	4090	4029	5149
非税收收入	36	685	10626	12000	12842	19323	17228	27301	46040
资本收入			4	14	65	17	71	82	82
捐赠									
总支出	**750**	**11784**	**111593**	**132095**	**141377**	**162523**	**184341**	**212417**	**291501**
一般公务支出	159	920	4653	5801	7167	9467	11563	14171	16151
国防	17	297	2642	3474	4701	6011	7211	9624	11477
公共秩序和安全			524	859	1264	1650	2513	2916	3740
教育	135	1361	13972	19121	27888	37255	48666	57791	70524
卫生	18	163	1810	2474	3738	4931	5688	7132	9255
社会福利	120	1141	11443	17269	26342	34185	41660	48932	58513
住房和通讯	19	202	891	1788	2932	4148	5195	5677	8204
文化、娱乐和宗教	6	51	36	552	800	1228	1684	1836	1785
能源		648	1996	1248	835	600	1143	320	7163
农业	82	592	3445	4029	5485	7465	8079	9026	9833
工业		528	2749	2703	1984	1502	1218	813	227
交通运输	66	547	2739	4259	6023	6296	7893	12034	11254
其他经济活动	86	709	6095	7301	6600	8883	10014	15243	15353
其他支出	80	4753	62086	66262	51892	45154	40120	36968	77450
财政赤字	**－134**	**－3979**	**－25082**	**－18672**	**27694**	**46921**	**6451**	**－386**	**－9784**

资料来源:国际货币基金组织《政府财政统计年鉴》1997年。

9－19 美国中央政府财政收支①

单位: 亿美元

	1980年	1985年	1989年	1990年	1991年	1992年	1993年	1994年	1995年	1996年	1997年
总收入及捐赠	**5461**	**7917**	**10467**	**10859**	**11599**	**11558**	**12379**	**13307**	**14426**	**15307**	**16849**
总收入	**5461**	**7917**	**10467**	**10859**	**11168**	**11509**	**12379**	**13307**	**14426**	**15307**	**16849**
经常收入	5459	7915	10466	10856	11166	11507	12377	13305	14424	15304	
税收收入	5009	7110	9632	9996	10270	10599	11303	12310	13189	14232	15517
公司、利润和资本所得税	3087	3961	5493	5606	5661	5769	6274	6834	7474	8285	9200
社会保障缴款	1541	2604	3549	3755	3915	4089	4235	4568	4799	5049	5385
雇员支付	665	1109	1562	1650	1717	1797	1875	2013	2115	2233	
雇主支付	818	1391	1802	1887	1943	2048	2154	2311	2414	2548	
工资税											
财产税	64	64	88	115	111	111	126	152	148	172	193
货物和服务税	241	357	336	349	419	451	475	546	569	536	559
国际贸易税	76	124	166	171	164	178	193	206	198	191	180
其他税	0.2	0.2	0.2	0.2	0.6	0.7					
非税收收入	450	805	834	861	896	908	1074	995	1236	1072	
资本收入	2.0	2.3	1.5	2.6	2.2	1.5	2.0	2.3	2.2	2.9	
捐赠					**432**	**49**	**0.4**				
总支出	**5966**	**9773**	**11946**	**13045**	**14291**	**14442**	**14914**	**15341**	**15938**	**16421**	
一般公务支出	301	449	787	872	1055	1152	1232	1267	1355	1385	
国防	1263	2437	2935	2950	3089	2965	2875	2773	2679	2607	
公共秩序和安全	46	63	106	112	138	161	169	174	192	209	
教育	158	178	215	227	247	253	299	296	312	295	
卫生	622	1103	1542	1758	1966	2311	2551	2797	3056	3239	
社会福利	2035	2841	3178	3334	3735	4113	4343	4532	4650	4735	
住房和通讯	230	291	327	342	366	384	392	405	454	440	
文化、娱乐和宗教	27	28	32	33	37	31	44	41	86	51	
能源	61	63	54	48	36	61	58	61	60	51	
农业	74	258	219	171	206	209	263	216	163	160	
工业	6	6	6	9	9	9	9	11	11	11	
交通运输	221	268	299	316	339	361	378	411	393	394	
其他经济活动	213	174	383	790	851	240	211	282	247	246	
其他支出	702	1624	1872	2071	2204	2187	2115	2125	2315	2571	
财政赤字	**－762**	**－2121**	**－1438**	**－2181**	**－2725**	**－2893**	**－2540**	**－2015**	**－1559**	**－1146**	**－373**

注:① 上年10月1日至当年9月31日。

资料来源:国际货币基金组织《政府财政统计年鉴》1997年。

9－20 巴西中央政府财政收支①

单位：千雷亚尔

	1980年	1985年	1987年	1988年	1989年	1990年	1991年	1992年	1993年
总收入及捐赠	**3.0 ***	**134.0**	**1454.0**	**6356**	**103297 ***	**3636**	**15593**	**173701**	**4273500**
总收入	**3.0 ***	**133.0**	**1441.0**	**6318**	**102300 ***	**3628**	**15553**	**173586**	**4271600**
经常收入	3.0 *	132.0	1433.0	6302	91514 *	2630	12603	150896	3601900
税收收入	2.0 *	80.0	661.0	4620	67021 *	2198	9567	105588	2607900
公司、利润和资本所得税	0.4 *	23.0	166.0	1330	20505 *	539	2150	24910	548500
社会保障缴款	0.8 *	27.0	238.0	1526	24755 *	811	3822	43198	1127600
雇员支付	0.1 *	11.0	71.0	504	6420 *	157	730	7985	202300
雇主支付	0.6 *	17.0	167.0	1021	18336 *	654	3093	35214	925300
工资税	0.1 *	5.0	39.0	269	3336 *	156	622	8250	184400
财产税	*		0.4	2	17 *	…	11	32	1200
货物和服务税	0.8 *	22.0	195.0	1279	16067 *	637	2670	26577	682200
国际贸易税	0.2 *	3.0	24.0	214	2340 *	55	293	2622	64000
其他税									
非税收收入	0.5 *	51.0	772.0	1682	24494 *	432	3036	45309	994000
资本收入		2.0	10.0	80	11264 *	1001	3021	26033	706200
捐赠		**0.8**	**14.0**	**38**	**997 ***	**8**	**40**	**115**	**1900**
					*				
总支出	**2.5 ***	**128.0**	**1044.0**	**9852**	**160561 ***	**4027**	**14683**	**187242**	**5250400**
一般公务支出	0.5 *	16.0	146.0	1108	13355 *	533	2371	25193	575600
国防	0.1 *	4.0	42.0	429	6786 *	142	448	4882	143500
公共秩序和安全			9.0	72	1939 *	46	392	3566	76600
教育		4.0	50.0	418	8534 *	127	561	6765	160900
卫生	0.2 *	8.0	99.0	603	11584 *	270	1034	9757	278400
社会福利	0.8 *	30.0	248.0	1990	31977 *	1018	5154	55312	1424800
住房和通讯		0.4	5.0	76	362 *	8	98	942	32100
文化、娱乐和宗教		0.2	2.0	12	213 *	4	14	93	6300
能源		0.2	25.0	177	828 *	14	42	383	5700
农业	0.2 *	5.0	40.0	195	2716 *	47	395	3290	71200
工业	0.3 *	1.6	0.3	1	13 *	1	17	159	1300
交通运输		4.5	38.7	229	3217 *	42	883	9592	38700
其他经济活动	0.1 *	3.0	22.1	149	4383 *	25	53	562	37100
其他支出	0.2 *	55.7	408.6	5112	103046 *	3122	4945	89501	2726600
财政赤字	**－0.3 ***	**－56.1**	**－506.7**	**－4777.1**	**－74307 ***	**－672**	**－258**	**－24389**	**－1315000**

注：① 1980年为百万克鲁扎多，1985年－1989年为雷亚尔。

资料来源：国际货币基金组织《政府财政统计年鉴》1997年。

9－21 委内瑞拉中央政府财政收支

单位:百万博利瓦

	1980年	1985年	1989年	1990年	1991年	1992年	1993年	1994年	1995年	1996年
总收入及捐赠	**66806 ***	**126584**	**288406**	**525789**	**842388**	**772042**	**974695**	**1635864**	**2242582**	**5767795**
总收入	**66527 ***	**126506**	**288406**	**525789**	**842388**	**772042**	**974695**	**1635864**	**2242582**	**5767795**
经常收入	66526 *	126483	288402	525789	719333	772042	965259	1635864	2242582	5767795
税收收入	56402 *	107857	212858	398686	565765	577485	763401	1281565	1806073	4070195
公司、利润和资本所得税	44807 *	77978	182882	345118	453084	402181	482962	608016	843374	2203347
社会保障缴款	3093 *	4075	8599	20909	38182	41698	63313	77663	94574	94493
雇员支付	*	1595								
雇主支付	*	2480								
工资税	665 *	903								
财产税	367 *	840						110350	4456	5060
货物和服务税	2823 *	6130	11859	15695	22381	51320	103914	344246	733809	1602322
国际贸易税	4497 *	17319	22730	29979	56855	84324	100367	119966	205361	397952
其他税	150 *	612	1466	2047	9317	11081	12845	21324		
非税收收入	10124 *	18626	75544	127103	153568	194557	201858	354299	436509	1697600
资本收入	1 *	23	4		123055		9436			
捐赠	**279 ***	**78**								
总支出	**55819 ***	**94567**	**263886**	**440005**	**617747**	**833324**	**1024749**	**1627732**	**2541458**	**5095657**
一般公务支出	6694 *	2664								
国防	3241 *	4622								
公共秩序和安全	*	4149								
教育	11119 *	18632								
卫生	4921 *	8514								
社会福利	4300 *	5391								
住房和通讯	1029 *	4018								
文化、娱乐和宗教	793 *	815								
能源	2437 *	1568								
农业	2070 *	2991								
工业	1380 *	6078								
交通运输	3686 *	3601								
其他经济活动	1697 *	1945								
其他支出	13124 *	21034								
财政赤字	**113 ***	**23608**	**－1242**	**19628**	**133802**	**－150556**	**－155613**	**－358385**	**－493830**	**268654**

资料来源:国际货币基金组织《政府财政统计年鉴》1997年。

9－22 法国中央政府财政收支

单位:亿法郎

	1980年	1985年	1990年	1991年	1992年	1993年	1994年	1995年	1996年
总收入及捐赠	**11251**	**19813**	**26733**	**28179**	**28927**	**29215**	**30323**	**31695**	**33155**
总收入	**11129**	**19624**	**26387**	**27662**	**28455**	**28713**	**29835**	**31165**	**32707**
经常收入	11121	19605	26315	27528	28266	28553	29671	31121	32646
税收收入	10297	18005	24487	25611	26255	26538	27761	29174	30604
公司、利润和资本所得税	1971	3339	4578	5014	4877	4988	5289	5487	5971
社会保障缴款	4580	8238	11541	12063	12555	12765	12991	13581	14077
雇员支付	1302	2464	3767	3874	4100	4229	4319	4483	4669
雇主支付	2908	5046	6743	7097	7339	7420	7566	7939	8130
工资税	123	235	284	306	371	406	391	405	357
财产税	167	350	565	555	579	554	574	624	586
货物和服务税	3440	5810	7472	7484	7654	7725	8333	8785	9362
国际贸易税	6	6	3	3			2	2	2
其他税	11	27	24	186	219	100	181	290	249
非税收收入	824	1600	1827	1917	2011	2015	1910	1947	2042
资本收入	8	19	72	134	189	160	164	44	61
捐赠	**122**	**189**	**346**	**517**	**472**	**502**	**488**	**530**	**448**
总支出	**11100**	**20994**	**27700**	**29505**	**31547**	**33369**	**34582**	**35647**	**36757**
一般公务支出	690	1257	1574	1569	1677	2170			
国防	820	1315	1774	1763	1818	1785			
公共秩序和安全		239	401	376	395	422			
教育	953	1644	1930	2070	2202	2352			
卫生	1642	4375	4442	4758	4870	7246			
社会福利	4855	7870	12188	13076	14217	13106			
住房和通讯	339	225	316	348	389	382			
文化、娱乐和宗教	57	99	169	172	173	205			
能源	8	77	35	33	30	70			
农业	134	150	150	203	130	91			
工业	81	82	104	101	105	73			
交通运输	289	362	492	517	554	352			
其他经济活动	247	416	597	615	656	2165			
其他支出	821	2040	3528	3904	4320	2950			
财政赤字	**－20**	**－1277**	**－1365**	**－856**	**－2740**	**－4020**	**－4120**	**－5026**	**－4268**

资料来源:国际货币基金组织《政府财政统计年鉴》1997年。

9－23 德国中央政府财政收支①

单位: 亿马克

	1980年	1985年	1990年	1991年	1992年	1993年	1994年	1995年	1996年
总收入及捐赠	**4258**	**5544 ***	**7016**	**8119 ***	**9747**	**10048**	**10839**	**11159**	**11176**
总收入	**4239**	**5513 ***	**6990**	**8085 ***	**9697**	**10001**	**10791**	**11114**	**11117**
经常收入	4238	5511 *	6987	8081 *	9687	9993	10770	11086	11080
税收收入	4072	5090 *	6547	7692 *	9030	9357	10031	10385	10388
公司、利润和资本所得税	791	962 *	1143	1287 *	1472	1499		1774	
社会保障缴款	2296	2891 *	3733	4122 *	4388	4620		5329	
雇员支付	907	1166 *	1519	1694 *	1808	1875		2315	
雇主支付	1076	1379 *	1774	1964 *	2100	2184		2699	
工资税									
财产税	5	10 *	11	5 *	1	…		3	
货物和服务税	979	1227 *	1661	2318 *	2415	2448		2523	
国际贸易税	1	1							
其他税									
非税收收入	166	421 *	440	389 *	657	636	739	701	691
资本收入	1	2 *	3	4 *	10	8	21	27	37
捐赠	**25**	**31 ***	**26**	**35 ***	**50**	**47**	**49**	**45**	**59**
总支出	**4475**	**5646 ***	**7163**	**8607 ***	**10230**	**10624**	**11229**	**11721**	**11921**
一般公务支出	189	243 *	499	709					
国防	409	509 *	552	555					
公共秩序和安全		*	23	28					
教育	40	36 *	47	68					
卫生	852	1030 *	1280	1445					
社会福利	2203	2769 *	3359	3898					
住房和通讯	18	17 *	30	50					
文化、娱乐和宗教	5	6 *	8	22					
能源	16	8 *	7	11					
农业	22	20 *	38	74					
工业	30	42 *	98	124					
交通运输	259	260 *	274	366					
其他经济活动	63	70 *	165	263					
其他支出	355	637 *	784	972					
财政赤字	**－269**	**－200 ***	**－396**	**－623 ***	**－734**	**－788**	**－449**	**－620**	**－752**

注:① 1991 年及以前指原联邦德国，1992 年起为统一后的德国。
资料来源: 国际货币基金组织《政府财政统计年鉴》1997年。

9－24 意大利中央政府财政收支

单位: 十亿里拉

	1980年	1985年	1989年	1990年	1991年	1992年	1993年	1994年	1995年	1996年
总收入及捐赠	**123684**	**278495**	* **454415**	**509313**	**567838**	**627206**	**675048**	**668350**	**748856**	**824643**
总收入	**121079**	**272877**	* **453298**	**508804**	**567193**	**624115**	**664395**	**664920**	**741919**	**821711**
经常收入	121071	272877	* 449729	504078	562169	602722	655234	649315	730497	813713
税收收入	112948	267401	* 436871	488591	545001	585541	637198	630952	678635	757809
公司、利润和资本所得税	36309	100761	* 163046	184296	197318	220801	250124	237806	240606	263666
社会保障缴款	41959	91292	* 131739	146404	161456	170688	196876	192520	225478	277222
雇员支付	8270									
雇主支付	30714	63790								
工资税										
财产税	2901	4291	* 5569	6611	7466	7926	7049	9026	17508	18093
货物和服务税	29923	66705	* 131775	146778	172634	179165	174260	184185	187158	190172
国际贸易税	64	80	* 62	51	59	99	78	46	37	37
其他税	1792	4272	* 4680	4451	6068	6862	8811	7369	7848	8619
非税收收入	9776	11590	* 12858	15487	17168	17181	18036	18363	51862	55904
资本收入	8		* 1791	1233	1287	1481	100	2986	7384	7576
捐赠	**2605**	**5618**	* **1117**	**509**	**645**	**3091**	**10653**	**3430**	**6937**	**2932**
总支出	**159207**	**372128**	* **564064**	**626713**	**698681**	**782162**	**822809**	**818824**	**860181**	**941774**
一般公务支出	15846	24871								
国防	5396	12973								
公共秩序和安全										
教育	13433	28868								
卫生	20109	45502								
社会福利	45478	117372								
住房和通讯	1610	4536								
文化、娱乐和宗教	1202	3233								
能源										
农业	1745	3755								
工业	2989	7974								
交通运输	6765	16320								
其他经济活动										
其他支出	39496	101121								
财政赤字	**－41480**	**－108216**	* **－125287**	**－134434**	**－141186**	**－163625**	**－160335**	**－172501**	**－134394**	**－134065**

资料来源:国际货币基金组织《政府财政统计年鉴》1997年。

9-25 荷兰中央政府财政收支

单位：亿盾

	1980年	1985年	1989年	1990年	1991年	1992年	1993年	1994年	1995年	1996年
总收入及捐赠	**1696**	**2181**	**2311**	**2432**	**2711**	**2793**	**2913**	**2930**	**2928**	**3022**
总收入	**1689**	**2171**	**2298**	**2430**	**2709**	**2791**	**2912**	**2927**	**2927**	**3019**
经常收入	1687	2169	2294	2428	2706	2789	2909	2924	2924	3013
税收收入	1508	1832	2099	2212	2477	2548	2668	2695	2730	2818
公司、利润和资本所得税	500	496	630	742	854	830	893	769	736	781
社会保障缴款	612	860	900	862	978	1039	1071	1188	1219	1199
雇员支付	338	527	537	680	774	830	865	998	983	950
雇主支付	275	333	363	182	204	209	206	190	236	248
工资税										
财产税	37	37	54	54	59	61	67	77	74	86
货物和服务税	351	432	504	540	569	594	610	635	667	710
其他税	8	8	11	14	18	23	27	27	35	43
非税收收入	180	337	195	216	229	241	241	228	193	195
资本收入	2	3	4	2	2	2	3	3	4	6
捐赠	**7**	**9**	**13**	**2**	**2**	**2**	**2**	**3**	**1**	**3**
总支出	**1806**	**2360**	**2566**	**2666**	**2837**	**2983**	**3094**	**3189**	**3228**	**3208**
一般公务支出	90	123	191	166	185	195	210	205	205	219
国防	101	124	128	135	136	138	130	128	127	128
公共秩序和安全	44	53	52	60	64	70	75	87	92	88
教育	237	258	264	290	300	323	315	324	343	345
卫生	212	263	296	314	365	414	425	455	472	451
社会福利	662	860	940	1008	1075	1102	1176	1186	1195	1208
住房和通讯	51	101	111	109	112	118	110	104	95	46
文化、娱乐和宗教	17	20	14	10	11	11	11	12	13	10
能源	3	3	5	5	5	6	7	7	7	6
农业	19	21	21	20	21	19	19	20	20	18
工业	16	18	18	17	14	11	8	11	9	6
交通运输	64	79	89	97	94	100	91	94	99	109
其他经济活动	94	112	77	60	48	44	50	56	55	34
其他支出	196	327	361	377	408	433	469	501	496	540
财政赤字	**-156**	**-234**	**-199**	**-233**	**-149**	**-191**	**-55**	**-30**	**-313**	**-153**

资料来源:国际货币基金组织《政府财政统计年鉴》1997年。

9-26 罗马尼亚中央政府财政收支

单位: 亿列伊

	1980年	1985年	1988年	1989年	1990年	1991年	1992年	1993年	1994年
总收入及捐赠	**2793**	**3609**	**3641**	**3863**	**2979**	**8228**	**22005 ***	**63892 ***	**148843**
总收入	**2793**	**3609**	**3641**	**3863**	**2979**	**8228**	**22005 ***	**63892 ***	**148843**
经常收入	2793	3609	3641	3863	2954	7879	21751 *	63841 *	148751
税收收入	623	805	895	949	2654	7242	19921 *	59383 *	131255
公司、利润和资本所得税					559	2770	7734 *	18435 *	44566
社会保障缴款	366	461	507	539	676	2278	6408 *	19988 *	42723
雇员支付	43	61	86	96	97	220	*	2061 *	4006
雇主支付	43	400	421	443	533	1705	*	17927 *	38717
工资税	257	344	388	409	440				
财产税									
货物和服务税					964	1825	4185 *	16227 *	34242
国际贸易税					16	246	789 *	3035 *	6489
其他税						122	806 *	1699 *	3235
非税收收入	2171	2804	2746	2915	300	638	1831 *	4459 *	17496
资本收入					26	349	253 *	50 *	92
捐赠									
总支出	**2763**	**3400**	**3141**	**3206**	**2899**	**7800**	**24060 ***	**63118 ***	**159131**
一般公务支出	18	19	19	19	39	154	1036 *	1746 *	4972
国防	104	269	275	293	298	804	1957 *	4196 *	11847
公共秩序和安全					46	182	581 *	2198 *	6810
教育	83	46	153	161	79	782	2165 *	6369 *	15444
卫生	17	20	151	162	252	718	1897 *	4588 *	12928
社会福利	389	566	698	754	912	2068	5604 *	18467 *	45817
住房和通讯	31		261	251		6	280 *	380 *	1424
文化、娱乐和宗教	7	6	11	3	18	37	124 *	348 *	1353
能源	50	295	273	265	183	121	113 *	188 *	813
农业	201	220	199	186	305	432	2178 *	6172 *	13089
工业	1034	479	369	359	320	969	4180 *	8378 *	12668
交通运输	109	186	198	195	109	369	742 *	2165 *	7255
其他经济活动	152	924	506	527	193	683	464 *	2857 *	8994
其他支出	568	372	76	40	145	483	2741 *	6777 *	17914
财政赤字	**30**	**209**	**500**	**658**	**80**	**428**	**-2823 ***	**-939 ***	**-12485**

资料来源:国际货币基金组织《政府财政统计年鉴》1997年。

9－27 西班牙中央政府财政收支

单位:亿比塞塔

	1980年	1985年	1988年	1989年	1990年	1991年	1992年	1993年	1994年
总收入及捐赠	**36759**	**77546**	**122606**	**145218**	**155609**	**173166**	**191775**	**197090**	**203804**
总收入	**36688**	**76691**	**120902**	**143026**	**153320**	**171009**	**189811**	**194793**	**201902**
经常收入	36670	76576	120367	142647	152559	170847	189731	194679	201766
税收收入	33743	70101	113141	134717	144301	159292	175323	175306	187156
公司、利润和资本所得税	8493	18837	34218	45739	49121	54984	59303	58934	59712
社会保障缴款	17605	31410	45675	52582	58378	64674	71838	75856	79788
雇员支付	3679	5950	7516	8771	9940	10829	12022	13600	14509
雇主支付	3908	23078	34776	40060	41181	45270	49826	50966	53287
工资税									
财产税	1512	1323	1285	1152	572	629	702	722	801
货物和服务税	4630	14886	28957	32288	33722	37153	42449	39692	46835
国际贸易税	1389	3645	3006	2956	2508	1852	1031	102	20
其他税	114								
非税收收入	2927	6475	7226	7930	8258	11555	14408	19373	14610
资本收入	18	115	535	379	761	162	80	114	136
捐赠	**71**	**855**	**1704**	**2192**	**2289**	**2157**	**1964**	**2297**	**1902**
总支出	**40536**	**94832**	**133215**	**151950**	**169637**	**190883**	**212742**	**239989**	**247380**
一般公务支出	1792	3688	4009	4333	5309	5382	5316	6439	6470
国防	1760	5395	7335	8153	7486	8049	7506	8000	7248
公共秩序和安全		3327	4587	5359	5770	6510	7261	7340	6874
教育	3255	5293	7488	8585	8913	8944	9410	10074	10080
卫生	275	12120	17040	20882	11822	11630	13301	14749	14636
社会福利	23889	37603	49323	56277	65362	73013	83054	95019	96651
住房和通讯	535	1003	896	981	813	1010	1090	1204	829
文化、娱乐和宗教	430	676	827	1249	1019	1238	1089	1692	1652
能源	123	954	819	625	716	699	679	836	713
农业	1361	2135	1830	1531	1736	1515	1617	1879	1410
工业	678	807	1740	1606	1154	694	1224	1031	814
交通运输	1234	5476	5169	8222	8140	8590	8988	9797	8382
其他经济活动	1415	1874	4783	4682	5127	5437	4854	5839	5680
其他支出	3789	16613	27369	29465	46270	58172	67353	76090	85941
财政赤字	**－6351**	**－19626**	**－14426**	**－10146**	**－16193**	**－19873**	**－24505**	**－42354**	**－46586**

资料来源:国际货币基金组织《政府财政统计年鉴》1997年。

9-28 英国中央政府财政收支

单位: 百万英镑

	1980年	1985年	1989年	1990年	1991年	1992年	1993年	1994年	1995年
总收入及捐赠	**82048**	**134506**	**183725**	**203757**	**215821**	**216154**	**220503**	**236815**	**255686**
总收入	**81640**	**133839**	**182897**	**203022**	**212683**	**215076**	**219435**	**235756**	**254625**
经常收入	81414	133447	182109	202418	212209	214667	218873	235115	254091
税收收入	70712	118228	164497	184329	193957	196338	200188	216246	234589
公司、利润和资本所得税	30702	52694	74251	80183	77206	75783	73826	81170	91297
社会保障缴款	12670	22406	30974	32497	34091	35128	37726	41028	43750
雇员支付	5236	11030	13760	13225	13733	14068	13977	16522	18239
雇主支付	7128	10658	15984	17922	18985	19660	22222	22852	23791
工资税	3397	96							
财产税	1199	2551	3516	12530	16743	16419	16222	15777	16395
货物和服务税	22661	40458	55447	58945	65735	68830	72087	77996	82822
国际贸易税	50	13	134	127	182	178	167	157	152
其他税	33	10	175	47	...	...	160	118	173
非税收收入	10702	15219	17612	18089	18252	18329	18685	18869	19502
资本收入	226	392	788	604	474	409	562	641	534
捐赠	**408**	**667**	**828**	**735**	**3138**	**1078**	**1068**	**1059**	**1061**
总支出	**88475**	**141102**	**174578**	**207442**	**229150**	**257887**	**266800**	**277945**	**292652**
一般公务支出	4575	5082	7771	9211	9640	10360	10004	10450	10900
国防	12186	18858	22035	23801	24073	25499	24552	23946	23150
公共秩序和安全	1129	3636	5962	7199	8360	9231	9398	9769	9881
教育	2090	3787	5951	6719	7619	8587	11813	13212	14445
卫生	11917	17961	26487	29109	32468	36180	36765	38749	40844
社会福利	23613	44117	52600	57133	66568	76296	83374	86946	91063
住房和通讯	2963	3650	4305	5568	7805	7537	7233	5461	5184
文化、娱乐和宗教	317	697	785	888	1173	1326	1403	1487	1417
能源	610	2503	1208	5741	2289	2381	937	435	2224
农业	1055	1721	1908	2627	2680	2847	4178	3273	3436
工业	1183	1589	1164	1000	1155	1164	1249	1644	1338
交通运输	1778	3112	3743	4562	5066	5499	2930	2472	4893
其他经济活动	2011	3718	4824	6545	5247	5027	5244	5797	5472
其他支出	23903	32061	37763	49493	57289	68289	56789	61835	73113
财政赤字	**-10733**	**-10268**	**7971**	**4000**	**-5689**	**-29995**	**-40610**	**-34458**	**-37146**

资料来源:国际货币基金组织《政府财政统计年鉴》1997年。

9-29 澳大利亚中央政府财政收支①

单位:百万澳元

	1980年	1985年	1990年	1991年	1992年	1993年	1994年	1995年	1996年
总收入及捐赠	**30589**	**59298**	**100228**	**102817**	**98707**	**100815**	**107113**	**116663**	**128060**
总收入	**30589**	**59298**	**100228**	**102817**	**98707**	**100815**	**107113**	**116663**	**128060**
经常收入	30561	59161	99923	102585	98418	100365	106302	115891	127471
税收收入	27474	52969	90743	92683	87322	88719	93318	104857	115585
公司、利润和资本所得税	18588	35335	64324	66666	63058	64241	66384	73889	82588
社会保障缴款									
雇员支付									
雇主支付									
工资税	33	51	1174	1258	1343	1350	1421	2754	2978
财产税	73	240	387	247	15	19	11	8	8
货物和服务税	7132	14300	20793	21098	19473	19680	22159	24649	26882
国际贸易税	1648	3043	4065	3414	3433	3429	3343	3557	3129
其他税									
非税收收入	3087	6192	9180	9906	11096	11646	12984	11034	11886
资本收入	28	137	305	232	289	450	811	772	589
捐赠									
总支出	**31810**	**65179**	**93617**	**102463**	**110321**	**117840**	**124230**	**129854**	**138096**
一般公务支出	2261	4480	8559	8993	9876	10608	11190	11177	11557
国防	2991	5931	7865	8526	8718	9126	9450	9358	9591
公共秩序和安全	206	421	859	910	1084	1102	1116	1130	1207
教育	2622	4684	6340	7190	8022	8814	9380	9914	10271
卫生	3186	6153	11886	12940	13841	14887	16266	17430	18564
社会福利	8813	17843	26417	30726	35686	38697	42128	43584	46574
住房和通讯	262	1141	1664	1538	1627	1884	1710	1620	1605
文化、娱乐和宗教	336	821	1109	1130	1141	1146	1292	1325	1461
能源	107	640	533	604	710	733	686	850	943
农业	499	931	1545	2535	2051	1768	1695	1806	1919
工业	365	575	560	481	507	499	464	536	422
交通运输	1032	2142	2392	2700	2997	3238	2496	2552	2657
其他经济活动	501	1579	1641	2173	2799	3365	3469	3818	4527
其他支出	8629	17839	22247	22017	21262	21973	22888	24754	26798
财政赤字	**-2017**	**-6800**	**7832**	**1911**	**-9557**	**-14521**	**-13705**	**-11712**	**-4847**

注: ①上年7月1日至当年6月30日。
资料来源: 国际货币基金组织《政府财政统计年鉴》1997年。

国家	货币名称	收入				
		总计	保险费收入		公共负担	
			受保人	雇主	社会保障特别税	政府负担
日本	日元	59571299	16303681	18846209		12170922
以色列	新谢克尔	13851	4308	3834		4850
伊朗	里亚尔					
印度	卢比	43914	10449	12174	305	2017
印度尼西亚	卢比	239477		121453		
科威特	第纳尔	446	32	59		242
新加坡	新加坡元	7532	3695	2657		5.1
泰国	铢	654		394		
土耳其	里拉	12075809	3441628	3855862		2478550
巴基斯坦	卢比	9321	124	750		7858
孟加拉国	塔卡	74	9.2	28	1.8	
菲律宾	比索	19214	4270	6208		
马来西亚	林吉特	7959	1648	3196		
美国	美元	804909	205351	272513	3893	182724
加拿大	加元	130307	12899	20426		47140
墨西哥	比索	16011795	3350911	8771084		2067465
阿根廷	奥斯特拉尔	1015837	292253	456721	168895	
哥伦比亚	比索	294438	72898	164964	631	
智利	比索	1186056	388768	32576		449913
巴西	克鲁扎多	71747	17499	36660		14267
英国	英镑	92157	16698	22952		44022
意大利	里拉	278383	46084	142971		79675
奥地利	先令	425417	128150	195392	12502	75403
荷兰	盾	154427	57522	46858		29389
希腊①	德拉克马	1314421	327258	504461	80292	324522
瑞士	法郎	45800	20873	10352		5853
瑞典	克朗	446910	12398	169680		87142
西班牙	比塞塔	8320972	1326999	4483248		2216574
丹麦	克朗	225966	9612	11359		112979
前联邦德国	马克	522172	192597	179171		136496
挪威	克朗	158105	28994	49636	171	66134
芬兰	马克	118589	9109	48703		31689
法国	法郎	1700202	1320381		44547	301819
波兰	兹罗提	11572248	248564	8119923	583532	2318577
葡萄牙	埃斯库多	833443	260861	417851		103836
埃及	埃镑	2444	558	1003		48
尼日利亚	奈拉	54	27	27		
澳大利亚	澳元	28526	538	2238	2320	22891
新西兰	新西兰元	14266	143	667		13205
前苏联	卢布	72900		30700		42200

注:① 1988年。
资料来源:《日本统计年鉴》1998年。

收支(1989 年)

单位:百万本币

		支出						占GDP的%		
			社会保障津贴						支出	
其它公共部门	利息收入	总计	合计	医疗服务	除医疗服务外的实务性支付	现金	收入	总计	社会保障津贴
2351781	7644567	46684159	44018572	16840375	1476225	25701972	15.0	11.8	11.1
	745	13593	11105	2511	864	7730	15.4	15.1	12.3
		287774	268501	97816		170685		1.0	1.0
	17466	13776	12401	1649	25	10727	1.0	0.3	0.3
	117551	181499	22383			22383	0.1	0.1	…
	88	206	200			200	6.6	3.0	3.0
0.5	1153	5046	3934	178		3756	13.3	8.9	6.9
	243	260	229	114	4.2	111	…	…	…
376186	1321060	10241427	9953964	1920538		8033426	7.2	6.1	5.9
	580	8092	7884	3424		4460	1.1	0.9	0.9
	35	34	32			32	…	…	…
	8396	7878	6875	744		6132	2.1	0.9	0.7
	3114	2827	2740	3.5	0.2	2737	7.8	2.8	2.7
45442	94743	627653	599882	181018	28757	390107	15.7	12.2	11.7
36718	12726	115764	112215	41499	3284	674321	20.2	18.0	17.4
	459450	14562293	11641904	6223952	1370475	4047477	3.2	2.9	2.3
	97760	989009	939148			939148	4.0	3.9	3.7
	35144	257455	220244	108605		111639	1.9	1.7	1.4
	299100	798770	670035	122787	16021	531227	17.5	11.8	9.9
	45	68957	42683	5126		37557	5.7	5.4	3.4
4759	3545	88294	82793	22359	8456	51978	18.1	17.3	16.2
3825		279474	268386	34119	31361	202906	23.3	23.4	22.5
1677	2079	412134	397744	53746	29633	314365	25.6	24.8	23.9
	20658	135609	131464	27966		103498	32.5	28.5	27.7
	54952	1349693	1247914	124749	16943	1106222	17.5	17.9	16.6
6007	2140	41746	38208	9678	435	28096	15.8	14.4	13. 2
139793	37898	439997	412125	107015	59809	245301	36.4	35.9	33.6
106407	66616	8038090	7580028	1886607	76870	5616551	18.5	17.9	16.8
86426	5590	218258	211687	35178	43894	132615	29.4	28.4	27.5
	3086	507604	493084	129133	42015	321936	23.4	22.7	22.1
7334	4934	131578	129831	7702	1416	120713	25.4	21.2	20.9
20567	8251	106235	102313	25940	10938	65435	23.9	21.4	20.6
	20782	1669096	1594926	398905		1196021	27.6	27.1	25.9
	96259	11452165	11315590			11315590	1…	9.9	9.8
8080	1283	756411	715351	16125	30751	668475	11.7	10.6	1…
	805	758	708	2.3		705	3.4	1.1	1.0
		23	9.6			9.6	…	…	…
	539	28880	28511	4450	44	24016	7.7	7.8	7.7
	196	14372	13733	2726		11007	19.9	20.1	19.2
		72900	72900			72900	10.8	10.8	10.8

9－31 货币供应量①

单位: 亿本币

	1980年	1985年	1988年	1989年	1990年	1991年	1992年	1993年	1994年	1995年	1996年
阿 根 廷②											
广义货币	958.4	917943*	0.3	6.5	79.1	191.0	310.3	454.5	534.7	519.9	617.3
货币	361.6	350132*	0.1	2.7	30.7	76.3	113.6	151.2	163.6	166.3	190.8
准货币	596.8	567811*	0.2	3.8	48.5	114.7	196.7	303.3	371.1	353.6	426.6
澳大利亚											
广义货币	545.0	988.0	1523.9	1940.2	2187.6	2213.3	2376.8	2512.9	2763.0	2998.5	3317.7
货币	172.2	233.0	404.7	435.2	467.0	502.3	602.9	710.3	787.6	839.0	956.4
准货币	372.8	755.1	1119.2	1505.0	1720.6	1711.0	1773.9	1802.7	1975.4	2159.5	2361.2
孟加拉国											
广义货币	403.8	1142.8	1791.2	2125.4	2342.1	2656.8	2980.5	3293.0	3928.9	4407.4	4881.3
货币	201.7	459.6	531.7	600.0	657.4	708.0	804.4	932.8	1159.7	1353.4	1416.8
准货币	202.1	683.2	1259.6	1525.4	1684.7	1948.7	2176.1	2360.2	2769.3	3054.0	3464.5
保加利亚											
广义货币						996.2	1498.1	2299.2	4091.1	5713.1	12445.7
货币						268.9	378.3	483.0	751.3	1078.9	2366.3
准货币						727.3	1119.8	1816.2	3339.8	4634.2	10079.4
白俄罗斯											
广义货币									69402	179345	273370
货币									26867	100266	157084
准货币									42535	79079	116286
巴 西③											
广义货币	0.54	68.3	13439.7*	21.0	291.8	2140.4*	3.7	110.9	1382.5	1920.0	2050.7
货币	0.47	38.6	2623.3*	3.8	91.7	485.6*	0.5	11.1	244.6	320.9	395.9
准货币	0.07	29.7	10816.4*	17.2	200.0	1654.8*	3.1	99.8	1137.9	1599.0	1654.7
加 拿 大											
广义货币	1449.3	2073.7	2677.4	3036.8	3273.6	3432.2	3753.5	4187.7	4522.9	4804.0	5042.5
货币	347.5	703.0	906.7	959.0	970.6	1013.0	1084.4	1174.4	1251.3	1378.7	1558.3
准货币	1101.8	1370.7	1770.6	2077.8	2303.0	2419.2	2669.1	3013.3	3271.6	3425.2	3484.2
捷克共和国											
广义货币								6973.2	8396.2	10856.6	11555.9
货币								2689.7	4039.7	4310.8	4515.5
准货币								4283.5	4356.5	6545.8	7040.5
德 国											
广义货币	8039.0	10743.7	12830.1	13480.5	15986.8	17006.1	18356.9	20481.4	20986.4	21952.3	23588.0
货币	2433.6	3144.8	4083.2	4316.1	5518.7	5750.5	6409.5	6975.8	7319.5	7836.6	8798.4
准货币	5605.4	7598.9	8746.9	9164.4	10468.1	11255.6	11947.4	13505.6	13666.9	14115.7	14789.6
埃 及											
广义货币	103.6	306.8	545.5	640.9	825.1	984.6	1175.9	1331.7	1481.1	1627.7	1804.0
货币	67.7	147.0	205.8	224.7	262.1	283.4	308.3	345.7	382.7	415.4	445.2
准货币	35.9	159.8	339.7	416.2	563.0	701.3	867.6	986.0	1098.3	1212.3	1358.8
西 班 牙											
广义货币	123187	188673	290506	330675	375528	423496	452116	494618	529883	564943	581356
货币	40976	65888	111646	135464	156824	171789	170034	174093	185933	191791	206001
准货币	82212	122785	178860	195211	218704	251707	282082	320525	343950	373152	375355

续表1 单位: 亿本币

	1980年	1985年	1988年	1989年	1990年	1991年	1992年	1993年	1994年	1995年	1996年
法　国											
广义货币	21016.0	33183.0	38803.0	40754.0	42081.0	41738.0	42252.0	43860.0	46848.0	51927.0	53988.0
货币	8012.0	13124.0	15301.0	16247.0	16896.0	16093.0	16075.0	16200.0	16725.0	18191.0	18171.0
准货币	13004.0	20059.0	23502.0	24507.0	25185.0	25645.0	26177.0	27660.0	30123.0	33736.0	35817.0
印度尼西亚											
广义货币	77068	231773	420725	585257	846295	994098	1190550	1431410	1717420	2183920	2777490
货币	50113	101238	143916	205585	238190	266930	274850	337390	414620	471350	516520
准货币	26955	130535	276809	379672	608105	727168	915700	1094020	1302800	1712570	2260970
印　度											
广义货币	5068.8	11247.2	18249.6	21120.3	24302.5	28753.9	33602.6	39317.6	47290.3	52497.5	62333.5
货币	2045.8	4124.1	6327.5	7468.9	8535.6	10461.0	11209.0	13302.5	16950.5	18835.5	21489.1
准货币	3022.9	7123.0	11922.1	13651.4	15766.9	18292.9	22393.6	26015.1	30339.8	33662.0	40844.4
伊　朗											
广义货币	40248	38820	141059	172831	203920	256073	318508	414861	552992	719408	952911
货币	22580		71180	82377	97293	122657	140809	183054	259226	343416	458650
准货币	17667		69879	90454	106627	133416	177699	231807	293766	375992	494261
以色列											
广义货币	0.2	273.6	513.9	622.2	743.0	874.7	1106.3	1349.3	1681.1	2045.4	2355.2
货币	0.1	10.5	37.2	53.8	70.2	79.9	105.4	134.9	145.2	167.2	
准货币	0.2	263.1	476.7	568.4	672.8	794.9	1000.9	1214.4	1535.9	1878.3	
意大利④											
广义货币	297853	555253	709903	771973	850334	930516	980943	1054828	1073651	1098170	1121930
货币	169693	307963	399458	430497	462774	514029	521026	554083	575594	577735	606250
准货币	128160	247290	310445	341476	387560	416487	459917	500745	498057	520435	515680
日　本④											
广义货币	206987	306804	409376	457624	495008	507526	506794	518188	534101	548986	561664
货币	69572	88980	111844	114474	119628	131044	136138	145614	151665	171544	188147
准货币	137415	217824	297532	343150	375380	376482	370656	372574	382436	377442	373517
韩　国④											
广义货币	12534	28565	48939	58637	68708	83746	96259	112219	133179	153946	178311
货币	3807	7558	12152	14328	15905	21752	24586	29041	32511	38873	39542
准货币	8727	21008	36787	44309	52802	61994	71672	83178	100668	115073	138769
斯里兰卡											
广义货币	213.0	506.6	700.1	758.7	918.4	1124.5	1309.2	1612.1	1921.4	2294.9	2535.1
货币	93.3	186.6	321.5	350.9	396.0	466.0	500.6	593.5	704.6	752.2	782.0
准货币	119.7	319.9	378.6	407.8	522.4	658.5	808.7	1018.5	1216.7	1542.7	1753.1
墨西哥											
广义货币	13.0	119.4	434.5	938.2	1649.5	2463.4	3025.9	3464.7	4217.5	5621.2	7094.5
货币	4.8	34.6	211.9	290.9	474.4	1062.3	1222.2	1439.0	1454.3	1505.7	2061.8
准货币	8.2	84.7	222.6	647.3	1175.1	1401.1	1803.7	2025.7	2763.2	4115.5	5032.7
缅　甸											
广义货币	99.5	181.1	232.8	307.8	423.8						
货币	79.0	115.5	156.7	213.2	305.9						
准货币	20.5	65.6	76.2	94.7	117.9						

续表 2　　　　单位: 亿本币

	1980年	1985年	1988年	1989年	1990年	1991年	1992年	1993年	1994年	1995年	1996年
蒙　古											
广义货币						99.1	130.5	427.6	769.6	1020.4	1195.9
货币						73.1	76.4	185.5	330.5	426.4	608.4
准货币						26.0	54.1	242.2	439.1	594.1	587.6
马来西亚											
广义货币	274.4	489.2	601.4	692.9	766.6	896.0	1157.2	1465.5	1651.7	1981.4	
货币	97.6	141.3	187.3	219.8	254.1	279.3	355.4	480.8	561.7	635.9	
准货币	176.8	347.9	414.1	473.2	512.6	616.7	801.8	984.7	1089.9	1345.5	
尼日利亚											
广义货币	143.9	231.5	384.1	433.7	575.5	790.7	1263.0	1945.1	2651.5	3125.5	3753.9
货币	92.3	132.3	214.5	266.6	345.4	487.1	764.9	1204.5	1766.5	2012.9	2406.3
准货币	51.6	99.3	169.6	167.1	230.1	303.6	498.1	740.6	885.0	1112.6	1347.6
荷　兰											
广义货币	2362.4	3201.1	3687.7	4063.2	4344.3	4549.9	4773.9	5047.9	5061.6	5361.6	5660.5
货币	655.8	907.7	1113.1	1190.2	1239.3	1293.3	1350.7	1496.4	1522.4	1729.3	1939.1
准货币	1706.5	2293.4	2574.6	2873.0	3105.0	3256.6	3423.2	3551.5	3539.2	3632.3	3721.4
新西兰											
广义货币	63.6	143.7	183.9	274.0	476.8	554.5	576.8	638.0	658.8	691.2	813.1
货币	25.4	41.0	146.7	213.8	242.2	242.0	258.5	261.8	289.7	331.7	338.7
准货币	38.3	102.7	37.2	60.2	234.7	312.5	318.4	376.2	369.1	359.6	474.4
巴基斯坦											
广义货币	973.2	1919.9	2793.8	3000.5	3349.9	3984.5	5152.0	6086.3	7143.5	8130.0	9761.6
货币	666.7	1230.6	1898.3	2170.3	2546.2	3059.8	3718.0	3781.1	4353.9	4909.6	5280.1
准货币	306.5	689.3	895.4	830.3	803.7	924.7	1434.1	2305.2	2789.6	3220.4	4481.4
菲律宾											
广义货币	585.6	1600.2	2300.5	2993.7	3668.5	4303.6	4889.7	6213.4	7730.6	9598.3	11828.3
货币	225.4	367.6	612.0	812.8	929.4	1076.9	1175.4	1437.1	1599.0	1946.3	2331.2
准货币	360.2	1232.7	1688.6	2180.9	2739.1	3226.7	3714.4	4776.3	6131.6	7652.0	9497.1
波　兰											
广义货币	1.5	4.2	11.7	73.3	190.6	261.0	411.1	559.2	773.0	1043.5	1349.5
货币	0.9	2.3	5.3	18.8	94.3	107.8	149.6	196.5	274.5	374.4	493.4
准货币	0.6	1.9	6.4	54.5	96.3	153.2	261.5	362.8	498.5	669.1	856.1
罗马尼亚											
广义货币	2183	3228	3895	4102	5185	10482	18383	44724	106475	181072	297183
货币	1145	1658	1994	2045	2382	7485	10601	20670	42945	67714	107488
准货币	1038	1570	1901	2057	2803	2997	7782	24054	63530	113358	189695
俄罗斯											
广义货币								409830	1297310	2757810	3668190
货币								238810	685440	1512670	1974490
准货币								171020	611870	1245140	1693700

续表 3

单位: 亿本币

	1980年	1985年	1988年	1989年	1990年	1991年	1992年	1993年	1994年	1995年	1996年
新加坡											
广义货币	160.7	281.5	420.9	515.5	618.5	695.4	757.3	821.3	939.8	1019.7	1119.5
货币	61.4	87.9	119.6	137.5	152.6	164.3	185.2	228.8	234.1	253.5	270.4
准货币	99.3	193.6	301.3	378.0	465.8	531.1	572.1	592.5	705.7	766.2	849.1
泰国											
广义货币	2517.8	5934.7	9561.2	12071.0	15291.1	18323.7	21178.0	25071.0	28293.9	33105.6	37266.6
货币	714.4	858.5	1484.9	1747.0	1954.1	2223.9	2497.2	2961.6	3464.4	3882.8	4236.9
准货币	1803.4	5076.3	8076.3	10324.0	13337.0	16099.8	18680.8	22109.4	24829.5	29222.8	33029.7
土耳其④											
广义货币	945	8593	36239	61213	93803	171364	306243	503337	1234713	2514021	5462312
货币	758	3468	11020	19092	30237	44279	76373	125868	228413	384391	882292
准货币	187	5125	25219	42121	63566	127085	229870	377469	1006300	2129630	4580020
乌克兰											
广义货币								4.8	32.2	69.1	93.6
货币								3.4	18.6	46.8	63.2
准货币								1.4	13.6	22.3	30.5
美国											
广义货币	17033.9	28022.1	33952.1	35910.2	37674.0	38900.0	39547.3	40137.3	40181.3	42459.3	45052.9
货币	4728.8	7063.8	8724.1	8807.7	9250.6	10043.8	11218.6	12310.1	12320.0	12209.0	12373.7
准货币	12305.1	20958.3	25228.0	27102.5	28423.4	28856.2	28328.7	27827.2	27861.3	30250.3	32679.2
委内瑞拉											
广义货币	919.7	1815.4	2954.9	4301.9	7363.0	10247.3	11935.6	14950.6	25296.7	34684.2	58648.4
货币	542.6	1047.1	1453.1	1679.8	2660.0	3414.9	3673.6	4086.0	9810.9	13673.5	33493.5
准货币	377.1	768.3	1501.8	2622.0	4703.0	6832.4	8262.0	10864.6	15485.8	21010.7	25154.9
越南											
广义货币							251384	282307	362843	452825	
货币							148110	190883	236827	267364	
准货币							103274	91424	126016	185461	
南非											
广义货币	338.4	702.9	1160.3	1399.7	1559.3	1826.2	1878.4	1996.9	2362.7	2741.5	3132.9
货币	84.0	213.3	399.3	433.4	503.5	688.4	708.1	755.5	945.1	1118.4	1476.6
准货币	254.4	489.6	761.0	966.3	1055.8	1137.8	1170.3	1241.4	1417.6	1623.0	1656.3

注: ① 本表货币供应量为广义货币，即M2。货币，即M1，指狭义货币，即流通货币与除中央政府以外的常住部门活期存款之和。准货币指除中央政府外的常住部门定期存款，它与M1之和即为M2。② 1980年和1985年为本币，1988 年起为亿本币。③ 1980年至1988年为本币，1989年至1991年为万本币，1992年起为亿本币。④ 十亿本币。

资料来源:世界银行《世界发展指标》1998年。

9－32　年平均存款利率

（折合年率）

单位: %

	1980年	1985年	1989年	1990年	1991年	1992年	1993年	1994年	1995年	1996年	1997年
美　国①	13.07	8.05	9.09	8.16	5.84	3.68	3.17	4.63	5.92	5.39	5.62
加拿大	12.87	8.40	12.09	12.81	8.62	6.67	4.92	5.59	7.15	4.33	3.59
澳大利亚	8.58	10.46	15.29	13.70	10.44						
日　本	5.50	3.50	1.97	3.56	3.83 *	3.35	2.14	1.70	0.72	0.30	0.30
新西兰		14.71	10.92	11.65	8.93	6.58	6.24	6.38	8.49	8.49	7.26
奥地利	5.00	3.94	2.98	3.41	3.75	3.69	2.98	2.31	2.19	1.71	1.50
比利时	7.69	6.69	5.13	6.13	6.25	6.25*	7.11	4.86	4.04	2.66	2.88
丹　麦	10.80	8.21	8.27	7.93	7.15	7.50	6.52 *	3.53	3.85	2.80	2.65
芬　兰		8.75	5.75	7.50	7.50	7.50	4.75	3.27	3.19	2.35	2.00
法　国	6.25	6.80	5.92	6.68	4.50	4.50	4.50	4.56	4.50	3.67	3.50
德　国	7.95	4.44	5.50	7.07	7.62	8.01	6.27	4.47	3.85	2.83	2.69
希　腊	14.50	15.50	17.14	19.52	20.67	19.92	19.33	18.92	15.75	13.51	10.11
爱尔兰	12.00	6.98	4.54	6.29	5.21	5.42	2.27	0.33	0.44	0.29	0.46
意大利	12.70	8.09	6.93	6.80	6.64	7.11*	7.79	6.21	6.45	6.49	4.83
荷　兰	5.96	4.10	3.49	3.31	3.18	3.20	3.11 *	4.70	4.40	3.54	3.18
挪　威	5.00	10.06	9.63	9.68	9.60	10.69	5.51	5.21	4.95	4.15	3.64
葡萄牙	19.00	25.08	13.00	13.58	14.63	14.59	11.06	8.37	8.38	6.32	4.56
西班牙	13.05	10.53	9.55	10.65	10.47	10.43	9.63	6.70	7.68	6.12	3.96
瑞　典	11.25	12.00	9.16	9.93	7.96	7.80	5.10	4.91	6.16	2.47	2.50
瑞　士		4.36	8.08	8.28	7.63	5.50	3.50	3.63	1.28	1.28	1.34
英　国	14.13	11.79	11.43	12.54	10.28	7.46	3.97	3.66	4.11	3.05	3.63
几内亚比绍			28.00	32.67	36.00	39.33	53.92	28.67	26.50	47.25	
尼日利亚	5.27	9.12	14.68	19.78	14.92	18.04	23.24	13.09	13.53		
南　非	5.54	17.02	18.13	18.86	17.30	13.78	11.50	11.11	13.54	14.91	15.38
印度尼西亚	6.00	18.00	18.63	17.30	23.27	20.37	14.55	12.53	16.72	17.26	20.01
韩　国	19.50	10.00	10.00	10.00	10.00	10.00	8.58	8.50	8.83	7.50 *	10.81
马来西亚	6.23	8.81	4.60	5.90	7.18				5.94	7.08	
菲律宾	12.25	18.91	14.13	19.54	18.80	14.27	9.61	10.54	8.39	9.68	10.19
泰　国	12.00	13.00	9.50	12.25	13.67	8.88	8.63	8.46	11.58	10.33	10.52
捷克共和国							7.03	7.07	6.96	6.79	7.71
土耳其	8.00	49.25	53.45	47.60	62.93	68.74	64.58	87.79	79.13	80.74	79.48
南斯拉夫	5.88	60.50	5644.83								
埃　及	8.33	11.00	11.67	12.00	12.00	12.00	12.00	11.83	10.92	10.54	9.84
科威特	4.50	7.25	7.40			7.59	7.07	5.70	6.53	6.05	5.93
阿根廷	79.61	630.03	17235.81	154.88	61.68	16.78	11.34	8.08	11.90	7.36	6.97
巴　西	115.00	295.42	5844.98	9394.29	913.47	1560.18	3293.50	5175.20	52.25	26.45	24.35
哥伦比亚			33.73	36.44	37.23	26.67	25.84	29.42	32.34	31.15	24.13

注:① 为证券存款利率。

资料来源:国际货币基金组织《国际金融统计月报》1998年2月。

9－33　年平均贷款利率

（折合年率）

单位: %

	1980年	1985年	1989年	1990年	1991年	1992年	1993年	1994年	1995年	1996年	1997年
美　　国	15.27	9.93	10.92	10.01	8.46	6.25	6.00	7.14	8.83	8.27	8.44
加 拿 大	14.25	10.58	13.33	14.06	9.94	7.48	5.94	6.88	8.65	6.06	4.96
澳大利亚	10.58	15.96	21.71	20.48	16.38	12.02					
日　　本	8.35	6.60	5.29	6.95	7.53	6.15	4.41	4.13	3.40	2.66	2.45
新 西 兰	12.63		15.78	16.01	14.01	11.39	10.34	9.69	12.16	12.27	11.35
比 利 时		12.54	11.08	13.00	12.88	13.00	11.81	9.42	8.42	7.17	7.06
丹　　麦	17.20	14.65	13.44	14.10	11.38	11.60	10.46 *	9.95	10.33	8.70	7.73
芬　　兰	9.77	10.41	10.31	11.62	11.80	12.14	9.92	7.91	7.75	6.16	5.29
法　　国	18.73	17.77	16.01	10.49	10.22	10.00	8.90	7.89	8.12	6.77	6.34
德　　国	12.04	9.53	9.94	11.59	12.46	13.59	12.85	11.48	10.94	10.02	9.13
希　　腊	21.25	20.50	23.26	27.62	29.45	28.71	28.56	27.44	23.05	20.96	18.92
爱 尔 兰	15.96	12.44	9.42	11.29	10.63	12.66	9.93	6.13	6.56	5.85	6.57
意 大 利	19.03	13.36	14.24	14.09	13.90	15.76	13.87	11.22	12.48	12.06	9.75
荷　　兰	13.50	9.25	10.75	11.75	12.40	12.75	10.40	8.29	7.21	5.90	6.13
挪　　威	12.63	13.46	14.39	14.26	14.31	14.16	10.97	8.40	7.78	7.10	5.95
葡 萄 牙	18.75	27.29	19.59	21.71	25.02	20.43	16.48	15.01	13.80	11.73	9.15
西 班 牙	16.85	13.52	15.84	16.01	14.38	14.23	12.78	8.95	10.05	8.50	6.08
瑞　　典	15.18	16.89	14.81	16.69	16.05	15.20	11.40	10.64	11.11	7.38	7.01
瑞　　士		5.43	5.85	7.42	7.83	7.80	6.40	5.51	5.48	4.97	4.47
英　　国	16.17	12.33	13.92	14.75	11.54	9.41	5.92	5.48	6.69	5.96	6.58
几内亚比绍			38.33	45.75	47.00	50.33	63.58	36.33	32.92	51.75	
尼日利亚	8.43	9.43	20.44	25.30	20.04	24.76	31.65	20.48	20.24		
南　　非	9.50	21.50	19.83	21.00	20.31	18.91	16.16	15.58	17.90	19.52	20.00
印度尼西亚			21.70	20.61		24.03	20.59	17.76	18.85	19.22	21.82
韩　　国	18.00	10.00	11.25	10.00	10.00	10.00	8.58	8.50	9.00	8.84 *	11.88
马来西亚	7.75	11.54	7.00	7.17	8.13	9.31	9.05	7.62	7.60	9.01	
泰　　国	18.00	19.00	15.00	16.54	19.00	12.17	11.17	10.90	13.25	13.40	13.65
捷克共和国							14.07	13.12	12.80	12.54	13.20
南斯拉夫	11.50	71.50	4353.75								
科 威 特	6.80	9.07	8.30			7.86	7.94				
哥伦比亚			43.04	45.25	47.13	37.28	35.81	40.47	42.72	41.99	34.22

资料来源:国际货币基金组织《国际金融统计月报》1998年2月。

9-34 年平均国库券利率和政府债券到期收益率

（折合年率）

单位：%

	1980年	1985年	1989年	1990年	1991年	1992年	1993年	1994年	1995年	1996年	1997年
国库券利率											
美国	11.62	7.49	8.11	7.51	5.41	3.46	3.02	4.27	5.51	5.04	5.07
加拿大	12.79	9.43	12.05	12.81	8.73	6.58	4.84	5.54	6.89	4.21	3.26
澳大利亚	10.67	15.34	16.80	14.15	9.96	6.27	5.00	5.69	7.63	6.96	5.25
新西兰	11.25		13.51	13.78	9.74	6.72	6.21	6.69	8.82	9.09	7.53
比利时	13.90	9.44	8.45	9.62	9.24	8.52					
丹麦	18.17	10.78									
法国			9.38	10.16	9.70	10.48	8.38	5.82	6.66	3.86	3.37
德国	7.85	5.04	6.28	8.08	8.25	8.36	6.25	5.05	4.40	3.30	3.32
爱尔兰	15.13	11.78	9.70	10.90	10.12		9.06	5.87	6.19	5.36	6.05
意大利	15.92	13.71	12.58	12.38	12.54	14.32	10.58	9.17	10.85	8.46	6.33
荷兰	10.13	6.23	6.80								
葡萄牙	12.37	20.90		13.52	14.19	12.88			7.75	5.75	4.43
西班牙	15.70	10.90	13.57	14.17	12.45	12.44	10.53	8.11	9.79	7.23	5.02
瑞典	11.58	14.13	11.50	13.66	11.59	12.85	8.35	7.40	8.75	5.79	4.11
瑞士	5.15	4.15	6.60	8.32	7.74	7.76	4.75	3.97	2.78	1.72	1.45
英国	15.16	11.56	13.05	14.08	10.96	8.94	5.25	5.15	6.33	5.77	6.48
南非	4.65	17.56	16.84	17.80	16.68	13.77	11.31	10.93	13.53	15.04	15.26
泰国	9.16	11.02									
巴西	54.00	215.06	381.78						49.93	25.73	24.79
墨西哥	22.46	63.20	44.99	34.76	19.28	15.62	15.03	14.10	48.44	31.39	19.80
政府债券到期收益率											
美国	11.46	10.62	8.50	8.55	7.86	7.01	5.82	7.11	6.58	6.44	6.35
加拿大	12.48	11.04	9.92	10.85	9.76	8.77	7.85	8.63	8.28	7.50	6.42
澳大利亚	11.65	14.10	13.41	13.18	10.69	9.22	7.28	9.04	9.17	8.17	6.89
日本	9.22	6.34	5.05	7.36	6.53	4.94	3.69	3.71	2.27	2.23	1.69
新西兰	13.29	17.71	12.78	12.46	10.00	7.87	6.69	7.48	7.94	8.04	7.21
奥地利	9.24	7.77	7.14	8.74	8.62	8.27	6.64	6.69	6.47	5.30	4.79
比利时	12.04	10.61	8.64	10.64	9.28	8.64	7.18	7.76	7.34	6.26	5.57
丹麦	17.66	11.31	9.75	10.74	9.59	9.47	7.08	7.41	7.58	6.04	5.08
法国	13.03	10.94	8.79	9.96	9.05	8.60	6.91	7.35	7.59	6.39	5.63
德国	8.50	6.87	7.09	8.88	8.63	7.96	6.28	6.67	6.50	5.63	5.08
爱尔兰	15.35	12.64	8.95	10.08	9.17	9.11	7.72	8.19	8.30	7.48	6.49
意大利	16.11	13.00	10.72	11.51	13.18	13.27	11.31	10.56	12.21	9.40	6.86
荷兰	10.21	7.34	7.22	8.92	8.74	8.10	6.51	7.20	7.20	6.49	5.81
挪威	10.27	12.58	10.84	10.72	9.87	9.78	6.52	7.13	6.82	5.94	5.13
葡萄牙	16.68	20.75	14.74	15.17	17.77	15.38	12.45	10.83	10.34	7.25	5.48
瑞典	11.74	13.09	11.18	13.08	10.69	10.02	8.54	9.41			
瑞士	4.77	4.78	5.20	6.68	6.35	5.48	4.05	5.23	3.73	3.63	3.08
英国	13.79	10.62	9.58	11.08	9.92	9.15	7.87	8.05	8.26	8.10	7.09
南非	10.09	16.79	16.90	16.15	16.34	15.44	13.97	14.83	16.11		
印度	6.71	8.99									
巴基斯坦	11.20	9.19	8.18	8.05	7.88	13.15	13.31	13.01	13.00		
泰国	13.00	12.11	8.09	10.60	10.75	10.75	10.75	10.75			

资料来源:国际货币基金组织《国际金融统计月报》1998 年6 月。

9-35 货币汇率(年末中间价)

单位:1美元合本币数

	1980年	1985年	1990年	1991年	1992年	1993年	1994年	1995年	1996年	1997年
孟加拉国	16.251	31.000	35.790	38.580	39.000	39.850	40.250	40.750	42.450	45.450
印　　度	7.930	12.166	18.073	25.834	26.200	31.380	31.380	35.180	35.930	39.280
印度尼西亚	626.8	1125.0	1901.0	1992.0	2062.0	2110.0	2200.0	2308.0	2383.0	4650.0
伊　　朗	72.3	84.2	65.3	64.6	67.0	1758.6	1736.0	1747.5	1749.1	1754.3
以色列①	7.548	1.4995	2.048	2.283	2.764	2.986	3.018	3.135	3.251	3.5360
日　　本	203.00	200.50	134.40	125.20	124.75	111.85	99.74	102.83	116.00	129.95
马来西亚	2.2224	2.4265	2.7015	2.7240	2.6120	2.7015	2.5600	2.5420	2.5290	3.8883
缅　　甸	6.7572	7.8420	6.0804	6.0137	6.2411	6.2456	5.9030	5.7810	5.9877	6.3627
韩　　国	659.90	890.20	716.40	760.80	788.40	808.10	788.70	774.70	844.20	1695.80
巴基斯坦	9.900	15.980	21.900	24.720	25.700	30.120	30.800	34.250	40.120	44.050
菲律宾	7.600	19.032	28.000	26.650	25.096	27.699	24.418	26.214	26.288	39.975
新加坡	2.0935	2.1050	1.7445	1.6305	1.6449	1.6080	1.4610	1.4140	1.3998	1.6755
斯里兰卡	18.000	27.408	40.240	42.580	46.000	49.562	49.980	54.047	56.705	61.285
泰　　国	20.630	26.650	25.290	25.280	25.520	25.540	25.090	25.190	25.610*	47.247
土耳其	90.1	576.9	2930.1	5079.9	8564.4	14472.5	38726.0	59650.0	107775	205605
埃　　及	0.7000	0.7000	2.0000	3.3300	3.3303	3.3704	3.3920	3.3900	3.3880	3.3880
尼日利亚	0.544	1.000	9.001	9.862	19.646	21.882	21.997	21.887	21.886	21.886
南　　非④	1.340	0.391	0.390	0.360	0.328	0.294	0.274	0.274	0.214	0.205
加拿大	1.1947	1.3975	1.1603	1.1556	1.2711	1.3240	1.4030	1.3650	1.3696	1.4291
墨西哥	0.0223	0.3717	2.9454	3.5240	3.5540	3.4840	5.3250	7.6425	7.8509	8.1360
阿根廷②	0.0199*	0.0801*	0.5585	0.9985	0.9905	0.9985	0.9995	1.0000	0.99950	0.99950
巴　　西③	23.820*	3.810*	64.385	* 0.389	4.505	* 0.119	0.846	0.973	1.039	1.116
委内瑞拉	4.293	7.500	50.380	61.554	79.450	105.640	170.000	290.000	476.500	504.250
捷克共和国	14.84	16.00	28.00	27.84	28.90	27.80	27.80	26.30	27.33	34.64
法　　国	4.5160	7.5610	5.1290	5.1800	5.5065	5.8955	5.3460	4.9000	5.2370	5.9881
德　　国	1.9590	2.4613	1.4940	1.5160	1.6140	1.7263	1.5490	1.4330	1.5548	1.7921
意大利	930.5	1678.5	1130.2	1151.1	1470.9	1704.0	1629.7	1584.7	1530.6	1759.2
荷　　兰	2.1295	2.7720	1.6900	1.7104	1.8141	1.9409	1.7350	1.6040	1.7436	2.0172
波　　兰			0.950	1.096	1.577	2.134	2.437	2.468	2.8755	3.5180
罗马尼亚	18.00	15.73	34.71	189.00	460.00	1276.0	1767.0	2578.0	4035.0	8023.0
俄罗斯					0.415	1.247	3.550	4.640	5.560	5.960
西班牙	79.25	154.15	96.91	96.69	114.62	142.21	131.74	121.41	131.28	151.70
英　　国④	2.3850	1.4445	1.9280	1.8707	1.5120	1.4812	1.5625	1.5504	1.6980	1.6538
南斯拉夫	2.93	31.28	10.66	19.74	0.798	6.562	5.629	5.316		
澳大利亚④	1.1807	0.6809	0.7733	0.7598	0.6886	0.6771	0.7770	0.7450	0.7965	0.6527
新西兰④	0.9623	0.4985	0.5878	0.5411	0.5143	0.5588	0.6427	0.6533	0.7060	0.5817

注: ① 1980 年为千美元合本币数。② 1980 年为每百万美元折合本币数，1985年为每千美元，1990 年起为每美元。③ 1980 年为万亿美元折合本币数；1985 年为每十亿美元，1990 年为每百万美元，1991-1992 年为每千美元；1993 年起为每美元。④ 每本币折合美元数。

资料来源:联合国《统计月报》1998 年 5 月。

9－36 外国股票市场公司股票发行额和成交额

单位: 百万美元

国家	股票发行额①				股票成交额②			
	1985年	1990年	1995年	1996年	1985年	1990年	1995年	1996年
阿根廷	2037	3268	37783	44679	631	852	4594	4382
澳大利亚	60163	107611	245218	311988	15736	39333	97884	145482
奥地利	4602	11476	32513	33953	686	18609	25759	20528
比利时	20871	65449	104960	119831	1876	6425	15249	26120
巴西	42768	16354	147636	216990	21484	5598	79186	112108
加拿大	147000	241920	366344	486268	39905	71278	183686	265360
智利	2012	13645	73860	65940	57	783	11072	8460
哥伦比亚	416	1416	17893	17137	30	71	1254	1360
丹麦	15096	39063	56223	71688	1274	11105	25942	34667
芬兰	5855	22721	44138	63078	502	3933	19006	22422
法国	79000	314384	522053	591123	14672	116893	364550	277100
德国	183765	355073	577365	670997	71572	501805	573549	768745
希腊	765	15228	17060	24178	17	3924	6091	8283
印度	14364	38567	127199	122605	4959	21918	13738	109448
印度尼西亚	117	8081	66585	91016	3	3992	14403	32142
意大利	58502	148766	209522	258160	13782	42566	86904	102351
日本	978663	2917679	3667292	3088850	329970	1602388	1231552	1251998
韩国	7381	110594	181955	138817	4162	75949	185197	177266
卢森堡	12658	10456	30443	32692	36	87	205	534
马来西亚	16229	48611	222729	307179	2335	10871	76822	173568
墨西哥	3815	32725	90694	106540	2360	12212	34377	43040
荷兰	59363	119825	356481	378721	16864	40199	248606	339500
新西兰	8761	8835	31950	38288	935	1933	8407	9871
挪威	10063	26130	44587	57423	1877	13996	24420	35882
巴基斯坦	1370	2850	9286	10639	236	231	3210	6054
菲律宾	669	5927	58859	80649	111	1216	14727	25519
葡萄牙	192	9201	18362	24660	5	1687	4233	7147
西班牙	19000	111404	197788	242779	3382	40967	59791	249128
瑞典	37296	92102	178049	247217	9644	15718	93197	136898
瑞士	90000	160044	433621	402104			310928	392783
泰国	1856	23896	141507	99828	568	22894	57000	44365
土耳其		19065	20772	30020		5841	51392	36831
英国	328000	848866	1407737	1740246	68417	278740	510131	578471
美国	2324646	3059434	6857622	8484433	997189	1815476	5108591	7121487

注:① 股票发行额指年末国内公司发行的各种证券(债券、股票)的市值总和。② 全部上市公司全年股票交易额。
资料来源:《美国统计摘要》1997年。

9－37 道－琼斯世界股票价格指数①

国　家	1993年	1994年	1995年	1996年	国　家	1993年	1994年	1995年	1996年
世界总计	**111.08**	**113.91**	**133.46**	**147.57**	**亚太地区**	**106.76**	**119.39**	**119.80**	**108.93**
美　洲	**112.18**	**108.53**	**143.61**	**173.40**	澳大利亚	113.29	114.89	127.90	148.78
美　国	442.19	433.07	581.43	700.56	印度尼西亚	233.92	176.25	172.48	187.42
加拿大	100.36	95.23	108.25	135.41	日　本	95.71	116.21	114.08	95.63
墨西哥	182.88	107.06	77.96	94.31	马来西亚	269.99	216.69	223.08	265.49
欧　洲	**116.08**	**115.70**	**136.54**	**162.41**	新西兰	151.52	155.86	176.17	203.35
奥地利	104.82	104.36	101.29	110.00	新加坡	179.22	178.06	195.91	199.84
比利时	111.55	115.75	142.56	158.64	泰　国	243.90	207.44	196.76	126.66
丹　麦	95.73	98.16	112.42	137.26					
芬　兰	138.66	205.90	202.88	280.72					
法　国	117.78	109.17	120.03	142.38					
德　国	118.94	122.57	138.24	161.41					
爱尔兰	111.95	122.90	152.83	196.04	**按行业划分**				
意大利	99.11	109.54	103.51	113.62	基本原材料	109.04	124.40	130.91	136.62
荷　兰	125.74	133.88	167.30	207.58	联合企业	129.80	127.47	146.57	171.32
挪　威	103.12	122.41	129.21	159.87	能源	107.82	110.23	132.32	163.27
西班牙	94.89	89.33	114.31	149.44	金融服务	114.97	112.75	134.62	142.64
瑞　典	104.06	119.43	163.14	213.88	工业	106.00	112.24	118.38	122.31
瑞　士	158.26	162.99	232.62	236.03	技术	114.61	134.91	168.07	197.94
英　国	112.30	107.34	124.49	152.02	公用事业	114.42	101.12	118.44	123.90

注:① 指数截止到12月31日。美国的股票价格指数以1982年6月30日为100；其它国家以1991年 2月31日＝100。每股以美元计价。
资料来源:《美国统计摘要》1997年。

9－38 上市公司总市值相当于国内生产总值的比重

单位: %

	1988年	1989年	1990年	1991年	1992年	1993年	1994年	1995年	1996年
孟加拉国	2.3	2.4	1.4	1.1	1.3	1.8	4.1	4.6	14.3
印　　度	8.6	10.0	12.9	19.0	26.7	38.0	42.0	38.7	34.4
印度尼西亚	0.3	2.2	7.1	5.3	8.7	20.9	26.7	33.1	40.3
伊　　朗				28.0	1.4				
以 色 列	11.6	17.6	6.0	9.8	42.4	72.6	41.7	39.6	
日　　本	133.7	151.5	98.4	92.2	64.7	70.0	79.2	71.4	67.2
马来西亚	67.2	105.2	113.6	124.6	163.2	350.6	281.6	261.1	309.6
韩　　国	51.8	63.4	43.6	32.8	34.9	41.9	50.4	39.9	28.6
巴基斯坦	6.4	6.1	7.1	16.1	16.4	22.4	23.6	15.3	16.4
菲 律 宾	11.3	28.1	13.4	22.5	26.0	74.1	86.6	79.4	96.2
新 加 坡	93.7	118.1	91.6	109.3	98.3	227.6	189.4	173.3	159.7
斯里兰卡	6.7	6.1	11.4	21.5	14.8	24.2	24.6	15.3	13.3
泰　　国	14.3	35.5	27.9	36.5	52.3	104.4	91.9	84.1	53.9
土 耳 其	1.2	6.3	12.7	10.4	6.2	20.8	16.5	12.3	16.5
埃　　及	5.0	4.3	4.1	7.2	7.8	8.1	8.2	13.7	20.9
尼日利亚	4.2	4.2	4.8	6.9	4.2	4.4	10.8	8.5	11.1
南　　非	143.0	142.8	128.9	150.0	86.6	146.4	185.6	209.5	191.3
加 拿 大	49.5	53.5	42.6	45.7	43.0	59.7	58.1	65.4	83.9
墨 西 哥	7.5	10.1	12.5	31.2	38.2	49.8	31.0	31.7	31.8
美　　国	57.3	66.6	55.1	71.6	74.4	81.1	75.4	97.6	115.6
阿 根 廷	1.6	5.5	2.3	9.8	8.1	17.1	13.1	13.5	15.2
巴　　西	9.7	9.9	3.4	11.1	12.0	22.8	34.0	21.5	29.0
委内瑞拉	3.0	3.4	17.2	21.0	12.5	13.3	7.1	4.8	14.9
保加利亚								0.5	0.1
捷克共和国							16.5	33.2	32.9
法　　国	25.4	37.8	26.3	29.0	26.5	36.5	33.9	34.0	38.4
德　　国				22.9	17.7	24.3	23.0	23.9	28.5
意 大 利	16.2	19.5	13.6	13.8	10.6	13.8	17.7	19.3	21.4
荷　　兰	49.6	65.1	46.4	50.2	47.6	62.6	92.4	112.3	96.5
波　　兰				0.2	0.3	3.1	3.3	3.8	6.2
罗马尼亚								0.3	0.2
俄 罗 斯								4.4	8.5
西 班 牙	26.4	32.2	22.6	28.0	17.1	24.9	32.1	35.3	41.7
英　　国	92.3	98.2	87.0	97.6	88.5	122.2	118.9	127.9	151.9
澳大利亚	52.2	48.2	36.4	48.0	45.6	72.0	67.5	69.9	79.5
新 西 兰	39.6	38.1	24.5	39.7	41.2	63.8	63.4	70.2	58.8

资料来源:《世界发展指标》1998 年。

主要统计指标解释

中央政府 是全国范围内代表中央政府行使领土管辖权的所有单位。

财政收入 包括除了拨款之外的所有无须偿还的收入。

捐赠 从政府和国际组织得到的无报酬的、无须偿还的收入。

财政支出 包括政府无须偿还的支出——不论是资本支出,还是经常项目支出;不论是有偿的,还是无偿的。

赤字/盈余 = 财政总收入 + 拨入款 - (财政支出 + 拨出款) - 支付款

十、国际收支和债务

10－1 全球国际收支平衡差额

单位：十亿美元

	1990年	1992年	1993年	1994年	1995年	1996年
经常项目差额	**－109.9**	**－102.7**	**－63.7**	**－45.0**	**－41.9**	**－40.5**
贸易差额	26.9	49.1	74.4	101.6	121.8	102.0
服务差额	－39.8	－32.7	－21.4	－9.2	－16.7	2.7
运输	－48.2	－56.5	－57.7	－59.3	－70.8	－70.5
旅游	11.4	14.0	25.2	23.5	28.2	40.8
政府服务	－13.2	－23.6	－10.8	－11.1	－13.7	－13.5
其它	10.1	33.4	22.0	37.7	39.5	45.8
收入差额	－66.7	－77.0	－73.3	－85.9	－101.2	－98.9
赔偿保险	－8.0	－9.3	－10.0	－10.4	－10.9	－4.4
收入再投资	50.9	36.0	43.1	43.1	59.5	63.6
其它直接投资收入	－8.3	2.7	－2.7	2.9	－22.7	－19.0
证券及其它投资收入	－101.2	－106.4	－103.8	－121.4	－127.0	－139.2
经常性转移差额	－30.4	－42.1	－43.4	－51.4	－45.8	－46.2
资本项目差额	**14.8**	**17.6**	**17.5**	**19.8**	**17.5**	**19.6**
金融项目差额	**109**	**145.8**	**107.8**	**72.9**	**117.7**	**164.7**
直接投资	－37.5	－22.5	－6.1	－15.4	11.0	12.6
证券投资	30.0	100.2	135.0	74.9	158.5	227.3
其它投资	140.0	91.1	35.4	45.6	－12.7	－8.8
储备	－23.5	－23.0	－56.6	－32.2	－39.1	－66.5
误差	**－13.9**	**－60.7**	**－61.5**	**－47.7**	**－93.3**	**－143.8**
经常项目差额占流动交易总量的比重(%)	1.0	0.9	0.5	0.3	0.3	0.2
贸易差额占货物交易总量的比重(%)	0.4	0.7	1.0	1.2	1.2	1.0
服务差额占服务交易总量的比重(%)	2.2	1.6	1.1	0.4	0.7	0.1
收入差额占收入交易总量的比重(%)	3.8	4.1	3.9	4.3	4.2	3.9
经常性转移差额占经常性转移总量的比重(%)	5.7	6.7	7.3	8.5	6.9	6.7
资本项目差额占资本业务的比重(%)	38.0	53.8	45.9	34.4	34.5	27.3

资料来源：国际货币基金组织《国际收支统计年鉴》1997年。

10－2 孟加拉国国际收支平衡表

单位：百万美元

	1990年	1992年	1993年	1994年	1995年	1996年
经常项目	**－397.9**	**180.8**	**359.3**	**199.6**	**－823.9**	**－958.6**
货物	－1587.0	－1255.9	－1112.6	－1416.1	－2324.1	－2254.9
贷方	1672.4	2097.9	2544.7	2934.4	3733.3	4009.3
借方	－3259.4	－3353.8	－3657.3	－4350.5	－6057.4	－6264.2
服务	－308.9	－305.4	－402.7	－435.2	－833.0	－547.8
贷方合计	391.6	483.4	529.4	589.8	698.2	604.8
借方合计	－700.5	－788.8	－932.2	－1025.0	－1531.2	－1152.7
运输						
贷方	38.3	41.0	42.5	55.1	70.2	80.1
借方	－394.0	－450.6	－512.2	－549.6	－775.4	－755.5
旅游						
贷方	18.9	24.9	29.2	21.3	25.1	33.4
借方	－78.0	－110.9	－153.2	－193.6	－233.5	－135.4
其它						
贷方	334.4	417.5	457.8	513.4	602.9	491.3
借方	－228.5	－227.3	－266.7	－281.8	－522.3	－261.8
收入	－115.6	－65.9	－75.7	－38.3	68.3	－64.6
贷方合计	64.2	100.1	100.1	150.5	270.1	129.5
借方合计	－179.8	－166.0	－175.8	－188.7	－201.8	－194.1
雇员报酬						
贷方						
借方						
投资收入						
贷方	64.2	100.1	100.1	150.5	270.1	129.5
借方	－179.8	－166.0	－175.8	－188.7	－201.8	－194.1
经常性转移支付	1613.5	1808.0	1950.3	2089.2	2264.9	1908.8
贷方	1614.2	1808.8	1951.8	2091.4	2266.7	1912.8
借方	－0.7	－0.7	－1.5	－2.2	－1.8	－4.0
资本和金融项目	**473.6**	**－96.8**	**－428.7**	**57.5**	**690.5**	**975.8**
资本项目						371.2
贷方合计						371.2
借方合计						
资本转移						
贷方						371.2
借方						
非生产非金融资产						
贷方						
借方						
金融项目	473.6	－96.8	－428.7	57.5	690.5	604.5
直接投资	3.2	3.7	14.0	11.1	1.9	13.5
对外直接投资						
国内吸收投资	3.2	3.7	14.0	11.1	1.9	13.5
有价证券投资	0.3	8.7	8.4	105.9	－15.2	－117.0
资产						
负债	0.3	8.7	8.4	105.9	－15.2	－117.0
其他投资	549.0	560.8	195.9	576.7	131.1	44.1
资产	－207.8	－196.0	－178.4	－1.6	－243.9	－387.7
负债	756.7	756.9	374.3	578.3	375.0	431.8
储备资产	－78.9	－670.1	－647.0	－636.2	572.8	664.0
误差	**－75.0**	**－84.0**	**69.4**	**－257.1**	**133.3**	**－17.2**

资料来源：国际货币基金组织《国际收支统计年鉴》1997 年。

10－3 印度国际收支平衡表

单位：百万美元

	1990年	1991年	1992年	1993年	1994年	1995年
经常项目	**－7036**	**－4292**	**－4485**	**－1876**	**－1676**	**－5563**
货物	－5151	－2992	－2911	－2093	－4150	－6719
贷方	18286	18095	20019	22016	25523	31239
借方	－23437	－21087	－22931	－24108	－29673	－37957
服务	－1465	－1020	－1801	－1390	－2162	－3493
贷方合计	4625	4925	4934	5107	6038	6775
借方合计	－6090	－5945	－6735	－6497	－8200	－10268
运输						
贷方	959	975	1035	1242	1714	1890
借方	－3418	－3242	－4005	－3976	－4564	－5703
旅游						
贷方	1558	1842	2295	2159	2272	2582
借方	－393	－434	－470	－474	－769	－996
其它						
贷方	2107	2109	1604	1706	2052	2303
借方	－2278	－2269	－2260	－2046	－2867	－3569
收入	－3257	－4003	－3912	－3746	－3549	－3734
贷方合计	436	232	377	375	821	1486
借方合计	－3693	－4235	－4289	－4121	－4370	－5219
雇员报酬						
贷方	32	14	6	27	75	84
借方	－106	－52	－68	－259	－351	－419
投资收入						
贷方	405	217	371	348	746	1402
借方	－3588	－4183	－4221	－3862	－4019	－4800
经常性转移支付	2837	3723	4139	5352	8185	8382
贷方	2854	3736	4157	5375	8208	8410
借方	－17	－13	－18	－23	－23	－27
资本和金融项目	**7468**	**3685**	**3003**	**2863**	**185**	**4594**
资本项目						
贷方合计						
借方合计						
资本转移						
贷方						
借方						
非生产非金融资产						
贷方						
借方						
金融项目	7468	3685	3003	2863	185	4594
直接投资		74	277	550	891	2026
对外直接投资					－83	－117
国内吸收投资		74	277	550	973	2144
有价证券投资		5	284	1369	5491	1590
资产						
负债		5	284	1369	5491	1590
其他投资	4670	5647	4696	5606	3040	－979
资产	－611	－808	929	1830	1170	－1179
负债	5281	6455	3767	3776	1870	200
储备资产	2798	－2040	－2253	－4663	－9238	1956
误差	**－432**	**607**	**1482**	**－987**	**1492**	**970**

资料来源：国际货币基金组织《国际收支统计年鉴》1997 年。

10－4 印度尼西亚国际收支平衡表

单位：百万美元

	1990年	1991年	1992年	1993年	1994年	1995年
经常项目	**－2988**	**－4260**	**－2780**	**－2106**	**－2792**	**－7023**
货物	5352	4801	7022	8231	7901	5710
贷方	26807	29635	33796	36607	40223	45479
借方	－21455	－24834	－26774	－28376	－32322	－39769
服务	－3568	－3742	－4709	－5887	－6619	－7794
贷方合计	2488	2822	3391	3959	4797	5681
借方合计	－6056	－6564	－8100	－9846	－11406	－13475
运输						
贷方	70	81	89	44		
借方	－2795	－3187	－3774	－3667	－3913	－4747
旅游						
贷方	2153	2515	3051	3651	4575	5449
借方	－836	－969	－1166	－1539	－1900	－2172
其它						
贷方	265	226	251	264	222	232
借方	－2425	－2408	－3360	－4640	－5603	－6556
收入	－5190	－5581	－5664	－4987	－4693	－5778
贷方合计	409	917	818	1028	1048	1345
借方合计	－5599	－6498	－6482	－6015	－5741	－7123
雇员报酬						
贷方						
借方						
投资收入						
贷方	409	917	818	1028	1048	1345
借方	－5599	－6498	－6482	－6015	－5714	－7123
经常性转移支付	418	262	571	537	619	839
贷方	418	262	571	537	619	839
借方						
资本和金融项目	**2244**	**4169**	**4059**	**5038**	**3055**	**8813**
资本项目						
贷方合计						
借方合计						
资本转移						
贷方						
借方						
非生产非金融资产						
贷方						
借方						
金融项目	2244	4169	4059	5038	3055	8813
直接投资	1093	1482	1777	1648	1500	3745
对外直接投资				－356	－609	－603
国内吸收投资	1093	1482	1777	2004	2109	4348
有价证券投资	－93	－12	－88	1805	3877	4100
资产						
负债	－93	－12	－88	1805	3877	4100
其他投资	3332	3908	4279	2179	－1538	2541
资产						
负债	3332	3908	4279	2179	－1538	2541
储备资产	－2088	－1210	－1909	－594	－784	－1573
误差	**744**	**91**	**－1279**	**－2932**	**－263**	**－1790**

资料来源：国际货币基金组织《国际收支统计年鉴》1997年。

10－5 伊朗国际收支平衡表

单位：百万美元

	1990年	1991年	1992年	1993年	1994年	1995年
经常项目	**327**	**－9448**	**－6504**	**－4215**	**4956**	**3358**
货物	975	－6529	－3406	－1207	6817	5586
贷方	19305	18661	19868	18080	19434	18360
借方	－18330	－25190	－23274	－19287	－12617	－12774
服务	－3526	－5047	－5224	－4516	－2788	－1746
贷方合计	436	668	559	1084	438	593
借方合计	－3962	－5715	－5783	－5600	－3226	－2339
运输						
贷方	36	61	40	19	91	138
借方	－1751	－2445	－2247	－1828	－990	－942
旅游						
贷方	28	57	31	71	11	67
借方	－340	－734	－1109	－862	－149	－241
其它						
贷方	372	550	488	994	336	388
借方	－1871	－2536	－2427	－2910	－2087	－1156
收入	378	128	130	8	－271	－478
贷方合计	456	213	287	151	142	316
借方合计	－78	－85	－157	－143	－413	－794
雇员报酬						
贷方						
借方						
投资收入						
贷方	456	213	287	151	142	316
借方	－78	－85	－157	－143	－413	－794
经常性转移支付	2500	2000	1996	1500	1198	－4
贷方	2500	2000	1996	1500	1200	
借方					－2	－4
资本和金融项目	**620**	**8126**	**4867**	**5334**	**－1253**	**－3641**
资本项目						
贷方合计						
借方合计						
资本转移						
贷方						
借方						
非生产非金融资产						
贷方						
借方						
金融项目	620	8126	4816	5334	－1253	－3641
直接投资					2	17
对外直接投资						
国内吸收投资					2	17
有价证券投资						
资产						
负债						
其他投资	295	6033	4703	5563	－348	－791
资产	－1510	1082	1000	1250	－1258	－419
负债	1805	4951	3703	4313	910	－372
储备资产	325	2093	164	－229	－907	－2867
误差	**－947**	**1322**	**1634**	**－1119**	**－3703**	**283**

资料来源：国际货币基金组织《国际收支统计年鉴》1997年。

10－6 以色列国际收支平衡表

单位：百万美元

	1990年	1992年	1993年	1994年	1995年	1996年
经常项目	**－89**	**－752**	**－2069**	**－3589**	**－5282**	**－6298**
货物	－3091	－5007	－5630	－5963	－7694	－8069
贷方	12214	13382	14888	16783	19146	20418
借方	－15305	－18389	－20518	－22745	－26840	－28487
服务	－1124	－700	－1023	－1635	－1567	－2076
贷方合计	4559	5896	6156	6649	7826	8004
借方合计	－5683	－6596	－7179	－8284	－9392	－10080
运输						
贷方	1420	1614	1680	1701	2062	1942
借方	－1852	－2264	－2509	－2759	－3160	－3384
旅游						
贷方	1594	2150	2352	2498	3026	2907
借方	－2216	－2588	－2638	－2996	－3549	－3661
其它						
贷方	1545	2132	2124	2450	2737	3155
借方	－1614	－1744	－2032	－2530	－2683	－3035
收入	－1135	－944	－1225	－1730	－1877	－2491
贷方合计	1628	1642	1263	1194	1855	1884
借方合计	－2763	－2586	－2488	－2924	－3732	－4375
雇员报酬						
贷方	76	119	144	115	158	131
借方		－20	－132	－269	－650	－1103
投资收入						
贷方	1552	1523	1119	1079	1697	1753
借方	－2763	－2566	－2356	－2656	－3082	－3272
经常性转移支付	5262	5899	5809	5739	5856	6338
贷方	5451	6192	6095	5968	6107	6660
借方	－189	－294	－286	－229	－251	－262
资本和金融项目	**564**	**1555**	**1884**	**2802**	**4022**	**4079**
资本项目	624	924	950	1254	1408	1537
贷方合计	624	924	950	1254	1408	1537
借方合计						
资本转移						
贷方	624	924	950	1254	1408	1537
借方						
非生产非金融资产						
贷方						
借方						
金融项目	－60	631	934	1548	2614	2542
直接投资	－65	－112	－183	－293	854	1254
对外直接投资	－165	－651	－763	－735	－671	－762
国内吸收投资	101	539	580	442	525	2016
有价证券投资	－210	－714	1869	2529	1427	2417
资产	－345	－1268	－730	－267	118	136
负债	134	553	2599	2796	1309	2281
其他投资	730	245	728	－619	1481	2185
资产	－801	－1276	898	－1699	－556	1217
负债	1531	1521	－170	1080	2037	968
储备资产	－515	1212	－1481	－69	－1149	－3314
误差	**－475**	**－803**	**185**	**786**	**1260**	**2219**

资料来源：国际货币基金组织《国际收支年鉴》1997年。

10－7 日本国际收支平衡表

单位：十亿美元

	1990年	1992年	1993年	1994年	1995年	1996年
经常项目	**44.08**	**112.57**	**131.64**	**130.26**	**111.04**	**65.88**
货物	69.28	124.76	139.42	144.19	131.79	83.56
贷方	282.31	332.56	352.66	385.70	428.72	400.28
借方	－213.02	－207.79	－231.24	－241.51	－296.93	－316.72
服务						
贷方合计	41.38	49.07	53.22	58.30	65.27	67.72
借方合计	－84.28	－93.03	－96.30	－106.36	－122.63	－129.96
运输						
贷方	17.75	18.47	18.93	20.31	22.51	21.59
借方	－26.65	－27.15	－28.90	－31.70	－35.92	－33.60
旅游						
贷方	3.59	3.59	3.55	3.48	3.22	4.08
借方	－24.93	－26.82	－26.85	－30.70	－36.76	－37.05
其它						
贷方	22.00	27.01	30.74	34.51	39.54	42.05
借方	－36.45	－39.06	－40.56	－43.95	－49.94	－59.31
收入	22.49	35.61	40.41	40.23	44.29	53.55
贷方合计	122.64	142.87	147.83	155.19	192.45	225.10
借方合计	－100.15	－107.27	－107.42	－114.96	－148.16	－171.55
雇员报酬						
贷方	0.46	0.58	0.78	0.87	1.15	0.26
借方	－1.17	－1.37	－1.57	－1.58	－1.82	－0.26
投资收入						
贷方	122.18	142.29	147.05	154.32	191.29	224.84
借方	－98.67	－105.90	－105.85	－113.37	－146.34	－171.29
经常性转移支付	－5.52	－3.83	－5.10	－6.11	－7.68	－8.99
贷方	1.00	1.67	1.58	1.83	1.98	6.04
借方	－6.52	－5.51	－6.68	－7.94	－9.66	－15.04
资本和金融项目	**－14.95**	**－102.20**	**－131.14**	**－112.23**	**－124.82**	**－66.53**
资本项目	－1.06	－1.30	－1.46	－1.85	－2.23	－3.29
贷方合计					0.01	1.22
借方合计	－1.06	－1.30	－1.46	－1.85	－2.24	－4.51
资本转移						
贷方					0.01	0.75
借方		－1.29	－1.46	－1.85	－2.24	－4.35
非生产非金融资产						
贷方						0.47
借方						－0.16
金融项目	－30.71	－100.90	－129.68	－110.38	－122.59	－63.24
直接投资	－48.72	－14.63	－13.72	－17.18	－22.47	－23.24
对外直接投资	－50.50	－17.39	－13.83	－18.09	－22.51	－23.44
国内吸收投资	1.76	2.21	0.12	0.91	0.04	0.20
有价证券投资	8.88	－26.96	－70.87	－27.22	－36.58	－41.14
资产	－37.80	－34.57	－64.23	－91.55	－87.24	－114.58
负债	46.68	7.61	－6.65	64.33	50.67	72.44
其他投资	9.12	－58.68	－17.62	－40.71	－4.94	36.29
资产		46.56	15.07	－35.12	－102.24	5.22
负债	9.12	－105.24	－32.70	－5.60	－7.30	31.07
储备资产		9.09	－0.62	－25.27	－58.61	－35.14
误差	**－21.40**	**－10.38**	**－0.50**	**－18.03**	**13.78**	**0.64**

资料来源：国际货币基金组织《国际收支统计年鉴》1997年。

10－8 老挝国际收支平衡表

单位：百万美元

	1990年	1991年	1992年	1993年	1994年	1995年
经常项目	**－54.9**	**－29.6**	**－48.4**	**－35.7**	**－160.3**	**－121.0**
货物	－106.8	－101.3	－100.2	－149.5	－213.7	－199.2
贷方	78.7	96.6	132.6	247.9	305.5	342.4
借方	－185.5	－197.9	－232.8	－397.4	－519.2	－541.6
服务	－2.7	－9.8	－9.9	9.3	－65.1	－21.4
贷方合计	23.7	37.8	61.4	85.2	87.0	97.3
借方合计	－26.4	－47.6	－71.3	－75.9	－152.1	－118.7
运输						
贷方	8.0	10.6	14.1	17.7	11.3	15.1
借方	－18.4	－22.2	－31.4	－33.7	－43.2	－40.9
旅游						
贷方	2.6	7.5	18.1	34.0	42.7	51.4
借方		－6.2	－9.7	－11.0	－18.0	－29.6
其它						
贷方	13.1	19.7	29.2	33.5	33.0	30.8
借方	－8.0	－19.2	－30.2	－31.2	－90.9	－48.2
收入	－1.0	－1.1	1.0	3.0	－2.0	－6.3
贷方合计	2.2	3.3	5.6	8.6	7.2	7.4
借方合计	－3.2	－4.4	－4.6	－5.6	－9.2	－13.7
雇员报酬						
贷方			2.2	2.6	0.5	0.4
借方			－0.2	－0.2	－0.5	－0.4
投资收入						
贷方	2.2	3.3	3.4	6.0	6.7	7.0
借方	－3.2	－4.4	－4.4	－5.4	－8.7	－13.3
经常性转移支付	55.6	82.6	60.7	101.5	120.5	105.9
贷方	55.9	85.5	62.9	103.5	123.7	109.3
借方	－0.3	－2.9	－2.2	－2.0	－3.2	－3.4
资本和金融项目	**95.1**	**89.9**	**64.7**	**22.5**	**88.5**	**183.1**
资本项目	10.9	10.4	8.6	9.5	9.5	21.7
贷方合计	10.9	10.4	8.6	9.5	9.5	21.7
借方合计						
资本转移						
贷方	10.9	10.4	8.6	9.5	9.5	21.7
借方						
非生产非金融资产						
贷方						
借方						
金融项目	84.2	79.5	56.1	13.0	79.0	161.4
直接投资	6.0	6.9	7.8	29.9	59.2	88.4
对外直接投资						
国内吸收投资	6.0	6.9	7.8	29.9	59.2	88.4
有价证券投资		1.1	1.2			6.7
资产						
负债		1.1	1.2			6.7
其他投资	78.9	98.5	59.9	7.2	25.4	100.7
资产	－4.5	34.2	－16.1	－43.2	－9.6	－1.5
负债	83.4	64.3	76.0	50.4	35.0	102.2
储备资产	－0.7	－27.0	12.8	－24.1	－5.6	－34.4
误差	**－40.2**	**－60.3**	**－16.3**	**13.2**	**71.8**	**－62.1**

资料来源：国际货币基金组织《国际收支统计年鉴》1997 年。

10-9 马来西亚国际收支平衡表

单位：百万美元

	1990年	1991年	1992年	1993年	1994年	1995年
经常项目	**-870**	**-4183**	**-2167**	**-2991**	**-4520**	**-7362**
货物	2525	391	3150	3037	1577	-100
贷方	28806	33712	39823	45990	56897	72053
借方	-26280	-33321	-36673	-43201	-55320	-72153
服务	-1626	-2190	-2347	-3104	-2732	-3174
贷方合计	3859	4374	4989	6412	9320	11269
借方合计	-5485	-6564	-7336	-9516	-12052	-14442
运输						
贷方	1198	1389	1593	1613	1871	2403
借方	-2531	-3023	-3181	-3433	-4356	-5524
旅游						
贷方	1684	1783	2028	2190	3367	3969
借方	-1450	-1584	-1770	-1838	-1994	-2314
其它						
贷方	977	1202	1368	2608	4082	4897
借方	-1503	-1957	-2385	-4245	-5702	-6604
收入	-1872	-2472	-3143	-3211	-3595	-4236
贷方合计	1849	1425	1609	2007	2308	2605
借方合计	-3721	-3898	-4752	-5218	-5903	-6841
雇员报酬						
贷方	185	130	153	176	119	105
借方	-182	-154	-187	-211	-106	-124
投资收入						
贷方	1664	1295	1456	1831	2189	2499
借方	-3539	-3744	-4565	-5007	-5797	-6717
经常性转移支付	102	88	172	287	229	148
贷方	249	215	296	469	411	377
借方	-147	-126	-124	-181	-182	-229
资本和金融项目	**-215**	**4334**	**2088**	**-633**	**4367**	**9086**
资本项目	-48	-51	-40	-88	-82	-101
贷方合计						
借方合计	-48	-51	-40	-88	-82	-101
资本转移						
贷方						
借方	-48	-51	-40	-88	-82	-101
非生产非金融资产						
贷方						
借方						
金融项目	-167	4385	2128	-545	4448	9187
直接投资	2332	3998	5183	5006	4342	4132
对外直接投资						
国内吸收投资	2332	3998	5183	5006	4342	4132
有价证券投资	-255	170	-1122	-709	-1649	-440
资产						
负债	-255	170	-1122	-709	-1649	-440
其他投资	-294	1453	4685	6508	-1405	3730
资产	-205	957	1502	-934	504	479
负债	-89	496	3183	7441	-1909	3251
储备资产	-1951	-1236	-6618	-11350	3160	1765
误差	**1085**	**-151**	**79**	**3624**	**154**	**-1724**

资料来源：国际货币基金组织《国际收支统计年鉴》1997 年。

10－10 蒙古国际收支平衡表

单位：百万美元

	1990年	1991年	1992年	1993年	1994年	1995年
经常项目	**−639.5**	**−104.2**	**−55.7**	**31.1**	**46.4**	**38.9**
货物	−496.9	−101.1	−29.1	21.3	33.7	25.3
贷方	444.8	346.5	355.8	365.8	367.0	451.0
借方	−941.7	−447.6	−384.9	−344.5	−333.3	−425.7
服务	−106.4	−39.8	−34.9	−40.9	−45.8	−38.1
贷方合计	48.1	26.5	34.8	26.0	45.4	57.3
借方合计	−154.5	−66.3	−69.7	−66.9	−91.2	−95.4
运输						
贷方	20.1		17.8	14.0	20.7	15.0
借方	−86.8	−35.0	−46.5	−51.3	−60.7	−60.8
旅游						
贷方	5.0		3.2	3.5	6.6	20.6
借方	−1.2		−3.5	−2.5	−3.4	−19.5
其它						
贷方	23.0	26.5	13.8	8.5	18.1	21.7
借方	−66.5	−31.3	−19.7	−13.1	−27.1	−15.1
收入	−43.6	−4.9	−26.9	−20.2	−19.3	−25.4
贷方合计	5.1		0.2	0.8	3.2	3.0
借方合计	−48.7	−4.9	−27.1	−21.0	−22.5	−28.4
雇员报酬						
贷方						
借方						
投资收入						
贷方	5.1		0.2	0.8	3.2	3.0
借方	−48.7	−4.9	−27.1	−21.0	−22.5	−28.4
经常性转移支付	7.4	41.6	35.2	70.9	77.8	77.1
贷方	7.4	41.6	38.7	66.7	77.8	77.1
借方			−3.5	4.2		
资本和金融项目	**642.6**	**140.6**	**38.3**	**−26.3**	**−45.4**	**−49.0**
资本项目						
贷方合计						
借方合计						
资本转移						
贷方						
借方						
非生产非金融资产						
贷方						
借方						
金融项目	642.6	140.6	38.3	−26.3	−45.4	−49.0
直接投资			2.0	7.7	6.9	9.8
对外直接投资						
国内吸收投资			2.0	7.7	6.9	9.8
有价证券投资						
资产						
负债						
其他投资	541.0	89.4	−36.0	−10.5	−24.8	−36.2
资产	−2.0		−64.0	−35.4	−51.0	−49.2
负债	543.0	89.4	28.0	24.9	26.2	13.0
储备资产	101.6	51.2	72.3	−23.5	−27.4	−22.6
误差	**−3.1**	**−36.4**	**17.4**	**−4.8**	**−1.0**	**10.1**

资料来源：国际货币基金组织《国际收支统计年鉴》1997年。

10－11 缅甸国际收支平衡表

单位：百万美元

	1990年	1991年	1992年
经常项目	**−431.3**	**−267.4**	**−114.4**
货物	−301.7	−53.3	−104.9
贷方	222.6	248.2	531.3
借方	−524.3	−301.5	−636.2
服务	21.1	1.7	70.0
贷方合计	93.5	56.0	112.4
借方合计	−72.3	−54.3	−42.4
运输			
贷方	9.6	4.4	3.2
借方	−25.6	−1.2	−10.8
旅游			
贷方	19.5	11.1	90.7
借方	−16.3	−24.0	−16.2
其它			
贷方	64.3	40.5	18.5
借方	−30.4	−29.2	−15.4
收入	−189.7	−271.2	−147.9
贷方合计	2.4	1.0	3.4
借方合计	−192.1	−272.2	−151.4
雇员报酬			
贷方			
借方			
投资收入			
贷方	2.4	1.0	3.4
借方	−192.1	−272.2	−151.4
经常性转移支付	39.0	55.4	68.5
贷方	39.0	55.5	70.3
借方		−0.1	−1.8
资本和金融项目	**409.9**	**321.3**	**96.7**
资本项目	232.9		
贷方合计	232.9		
借方合计			
资本转移			
贷方			
借方			
非生产非金融资产			
贷方	232.9		
借方			
金融项目	177.1	321.3	96.7
直接投资	161.1	238.1	171.6
对外直接投资			
国内吸收投资	161.1	238.1	171.6
有价证券投资			
资产			
负债			
其他投资	22.2	36.7	19.4
资产			
负债	22.2	36.7	19.4
储备资产	−6.3	46.6	−94.3
误差	**21.4**	**−53.9**	**17.7**

资料来源：国际货币基金组织《国际收支统计年鉴》1997年。

10－12 韩国国际收支平衡表

单位：百万美元

	1990年	1992年	1993年	1994年	1995年	1996年
经常项目	**－1745**	**－3939**	**1016**	**－3855**	**－8250**	**－23061**
货物	－2004	－2146	1860	－3146	－4746	－15306
贷方	63123	75169	80950	93676	123203	128303
借方	－65561	－77315	－79090	－96822	－127949	－143609
服务	－60	－2073	－1169	－715	－1641	－5348
贷方合计	11208	12750	15545	19814	26243	26806
借方合计	－11268	－14823	－16714	－20529	－27884	－32154
运输						
贷方	3702	5029	6134	8106	10578	9878
借方	－4499	－6041	－6777	－7866	－10652	－11558
旅游						
贷方	3161	2690	2964	3340	5150	4880
借方	－2768	－3213	－3533	－4513	－6341	－7482
其它						
贷方	4345	5031	6447	8368	10515	12048
借方	－4001	－5569	－6404	－8150	－10891	－13114
收入	－877	－995	－1246	－1554	－2276	－2526
贷方合计	2079	1782	1564	1671	2380	2774
借方合计	－2956	－2777	－2810	－3225	－4656	－5300
雇员报酬						
贷方						
借方						
投资收入						
贷方	2079	1782	1564	1671	2380	2774
借方	－2956	－2777	－2810	－3225	－4656	－5300
经常性转移支付	1196	1275	1571	1560	413	119
贷方	2439	3358	3644	3937	4315	4407
借方	－1243	－2083	－2073	－2377	－3902	－4288
资本和金融项目	**3743**	**2838**	**－296**	**5559**	**9694**	**22012**
资本项目	－331	－407	－475	－437	－487	－598
贷方合计	7	5	2	8	15	19
借方合计	－338	－412	－477	－445	－502	－617
资本转移						
贷方	7	5	2	8	15	19
借方	－338	－412	－477	－445	－502	－617
非生产非金融资产						
贷方						
借方						
金融项目	4074	3245	179	5996	10181	22610
直接投资	－268	－481	－773	－1715	－1753	－2099
对外直接投资	－1056	－1208	－1361	－2524	－3529	－4424
国内吸收投资	788	727	588	809	1776	2325
有价证券投资	322	5702	10530	6867	10825	14373
资产	240	845	232	－230	－311	－2414
负债	82	4857	10298	7097	11136	16787
其他投资	2812	1748	－6569	5458	8149	11751
资产	－2330	－2515	－4224	－7627	－13084	－11822
负债	5142	4263	－2345	13085	21233	23573
储备资产	1208	－3724	－3009	－4614	－7040	－1415
误差	**－1998**	**1101**	**－720**	**－1704**	**－1444**	**1049**

资料来源：国际货币基金组织《国际收支统计年鉴》1997 年。

10－13 巴基斯坦国际收支平衡表

单位：百万美元

	1990年	1991年	1992年	1993年	1994年	1995年
经常项目	**－1654**	**－1260**	**－1867**	**－2887**	**－1804**	**－3333**
货物	－2714	－2262	－2790	－2574	－2228	－2878
贷方	5380	6381	6881	6761	7083	8317
借方	－8094	－8642	－9671	－9336	－9311	－11195
服务	－641	－780	－1119	－1061	－773	－1075
贷方合计	1423	1524	1552	1566	1744	1849
借方合计	－2063	－2303	－2671	－2626	－2518	－2924
运输						
贷方	719	786	854	763	865	826
借方	－1242	－1287	－1475	－1450	－1482	－1621
旅游						
贷方	146	157	111	103	123	109
借方	－429	－549	－679	－636	－410	－444
其它						
贷方	558	580	587	700	756	913
借方	－393	－467	－517	－541	－626	－859
收入	－1079	－1183	－1405	－1540	－1672	－1930
贷方合计	96	73	73	62	149	186
借方合计	－1175	－1256	－1478	－1602	－1821	－2115
雇员报酬						
贷方						
借方						
投资收入						
贷方	96	73	73	62	149	186
借方	－1175	－1256	－1478	－1602	－1821	－2115
经常性转移支付	2780	2964	3446	2288	2870	2550
贷方	2820	3013	3486	2326	2905	2598
借方	－40	－49	－40	－38	－35	－49
资本和金融项目	**1757**	**1339**	**1747**	**2892**	**1629**	**3636**
资本项目	8	8	3	2		
贷方合计	8	8	4	2		
借方合计	－1	－1	－1			
资本转移						
贷方	8	8	4	2		
借方	－1	－1	－1			
非生产非金融资产						
贷方						
借方						
金融项目	1749	1331	1743	2890	1629	3636
直接投资	242	261	346	349	418	719
对外直接投资	－2	4	12	2	－1	
国内吸收投资	244	257	335	347	419	719
有价证券投资	87	92	370	292	1464	4
资产						
负债	87	92	370	292	1464	4
其他投资	951	1194	1521	2674	1482	1738
资产	－363	－309	－565	－285	－282	－195
负债	1314	1503	2086	2959	1764	1933
储备资产	469	－216	－494	－424	－1736	1175
误差	**－103**	**－78**	**120**	**－6**	**175**	**－303**

资料来源：国际货币基金组织《国际收支统计年鉴》1997 年。

10－14 菲律宾国际收支平衡表

单位：百万美元

	1990年	1991年	1992年	1993年	1994年	1995年
经常项目	**－2695**	**－1034**	**－1000**	**－3016**	**－2950**	**－1980**
货物	－4020	－3211	－4695	－6222	－7850	－8944
贷方	8186	8840	9824	11375	13483	17447
借方	－12206	－12051	－14519	－17597	－21333	－26391
服务	1483	1850	2434	1583	2114	2422
贷方合计	3244	3654	4742	4673	6768	9348
借方合计	－1761	－1804	－2308	－3090	－4654	－6926
运输						
贷方	246	242	273	218	233	274
借方	－980	－1062	－1199	－1425	－1457	－2051
旅游						
贷方	466	570	944	1178	973	1136
借方	－111	－61	－102	－130	－196	－422
其它						
贷方	2532	2842	3525	3277	5562	7938
借方	－670	－681	－1007	－1535	－3001	－4453
收入	－872	－500	445	924	1850	3662
贷方合计	1598	1969	2755	2824	3782	6067
借方合计	－2470	－2469	－2310	－1900	－1932	－2405
雇员报酬						
贷方	1203	1521	2222	2276	3009	4928
借方	－5	－9	－7	－13	－13	－15
投资收入						
贷方	395	448	533	548	773	1139
借方	－2465	－2460	－2303	－1887	－1919	－2390
经常性转移支付	714	827	816	699	936	880
贷方	717	828	825	746	1041	1147
借方	－3	－1	－9	－47	－105	－267
资本和金融项目	**2102**	**1172**	**1520**	**2931**	**2793**	**4074**
资本项目			1			
贷方合计			1			
借方合计						
资本转移						
贷方			1			
借方						
非生产非金融资产						
贷方						
借方						
金融项目	2102	1172	1519	2931	2793	4074
直接投资	530	544	228	864	1289	1079
对外直接投资				－374	－302	－399
国内吸收投资	530	544	228	1238	1591	1478
有价证券投资	－50	110	40	－52	269	1190
资产		－15	－115	－949	－632	－1429
负债	－50	125	155	897	901	2619
其他投资	1234	2455	2998	2566	3342	2678
资产						
负债	1234	2455	2998	2566	3342	2678
储备资产	388	－1937	－1746	－447	－2107	－873
误差	**593**	**－138**	**－520**	**85**	**157**	**－2094**

资料来源：国际货币基金组织《国际收支统计年鉴》1997年。

10－15 新加坡国际收支平衡表

单位：百万美元

	1990年	1992年	1993年	1994年	1995年	1996年
经常项目	**3119**	**5653**	**4417**	**12226**	**14498**	**14283**
货物	－1633	－1823	－2724	1354	1065	2281
贷方	54679	66565	77858	97919	118456	126012
借方	－56311	－68388	－80582	－96565	－117391	－123731
服务	4166	6440	7458	10023	13184	11311
贷方合计	12811	15938	18514	23678	29909	30040
借方合计	－8645	－9498	－11056	－13655	－16724	－18730
运输						
贷方	2225	2766	3173	4042	4952	5190
借方	－3513	－3603	－4015	－4895	－5987	－6336
旅游						
贷方	4650	5616	6327	7289	8462	8003
借方	－1803	－2513	－3004	－3899	－5027	－6095
其它						
贷方	5936	7556	9014	12346	16494	16847
借方	－3329	－3381	－4037	－4861	－5710	－6298
收入	1006	1536	212	1497	1068	1702
贷方合计	6508	8215	8085	9704	10830	12060
借方合计	－5502	－6678	－7874	－8207	－9762	－10358
雇员报酬						
贷方						
借方						
投资收入						
贷方	6508	8215	8085	9704	10830	12060
借方	－5502	－6678	－7874	－8207	－9762	－10358
经常性转移支付	－421	－501	－528	－648	－819	－1010
贷方	123	136	137	145	156	157
借方	－544	－637	－665	－793	－975	－1167
资本和金融项目	**－1506**	**－4345**	**－8730**	**－16249**	**－11116**	**－7014**
资本项目						
贷方合计						
借方合计	－22	－38	－71	－84	－71	－139
资本转移						
贷方						
借方	－22	－38	－71	－84	－71	－139
非生产非金融资产						
贷方						
借方						
金融项目	－1484	－4307	－8658	－16156	－11044	－6875
直接投资	3541	887	2666	4622	4222	4635
对外直接投资	－2034	－1317	－2020	－3746	－3988	－4805
国内吸收投资	5575	2204	4686	8368	8210	9440
有价证券投资	－1037	2490	－4966	－10872	－8208	－7102
资产	－1610	1091	－7833	－10986	－8255	－8359
负债	573	1398	2867	114	46	1257
其他投资	1444	－1584	1220	－5179	1541	2988
资产	－220	－6685	－7104	－11090	－8242	－11239
负债	1664	5101	8323	5911	9784	14226
储备资产	－5431	－6100	－7578	－4736	－8599	－7396
误差	**－1613**	**－1308**	**4312**	**4023**	**－3382**	**－7269**

资料来源：国际货币基金组织《国际收支统计年鉴》1997年。

10-16 斯里兰卡国际收支平衡表

单位：百万美元

	1990年	1992年	1993年	1994年	1995年	1996年
经常项目	**-298.3**	**-450.7**	**-382.2**	**-757.4**	**-769.9**	**-652.5**
货物	-472.5	-715.1	-742.1	-1085.0	-984.7	-776.9
贷方	1853.0	2301.4	2785.7	3208.3	3797.9	4095.2
借方	-2325.6	-3016.5	-3527.8	-4293.4	-4782.6	-4872.2
服务	-199.5	-201.8	-240.0	-298.4	-379.9	-436.3
贷方合计	439.6	621.4	634.4	753.9	819.2	765.5
借方合计	-639.2	-823.2	-874.3	-1052.3	-1199.1	-1201.8
运输						
贷方	168.7	219.6	235.9	293.1	335.1	339.2
借方	-398.1	-487.4	-493.3	-583.2	-678.7	-688.1
旅游						
贷方	128.3	195.3	203.0	230.2	225.9	166.2
借方	-73.7	-110.9	-120.3	-169.6	-186.4	-175.8
其它						
贷方	142.6	206.5	195.5	230.6	258.2	260.1
借方	-167.4	-224.9	-260.8	-299.4	-334.0	-337.9
收入	-166.8	-178.0	-123.0	-168.1	-137.3	-203.1
贷方合计	93.0	68.1	111.4	143.9	223.3	175.1
借方合计	-259.8	-246.2	-234.3	-312.0	-360.6	-378.2
雇员报酬						
贷方					11.2	11.0
借方					-12.6	-12.4
投资收入						
贷方	93.0	68.1	111.4	143.9	212.2	164.2
借方	-259.8	-246.2	-234.3	-312.0	-348.0	-365.8
经常性转移支付	540.5	644.2	722.8	794.1	731.9	763.8
贷方	578.8	730.4	795.4	882.3	846.7	886.2
借方	-38.3	-86.1	-72.6	-88.1	-114.7	-122.4
资本和金融项目	**413.4**	**277.3**	**254.2**	**651.1**	**612.0**	**569.4**
资本项目					120.6	104.8
贷方合计					124.2	108.6
借方合计					-3.5	-3.8
资本转移						
贷方					124.2	108.6
借方					-3.5	-3.8
非生产非金融资产						
贷方						
借方						
金融项目	413.4	277.3	254.2	651.1	491.4	464.6
直接投资	42.5	121.0	187.6	158.2	56.0	119.9
对外直接投资	-0.8	-1.6	-6.9	-8.3		
国内吸收投资	43.4	122.6	194.5	166.4	56.0	119.9
有价证券投资		25.7	67.2	27.0	-2.0	6.6
资产		25.7	200.1	292.9	105.3	76.8
负债			-132.9	-265.9	-107.3	-70.2
其他投资	503.1	415.3	820.1	839.4	642.1	301.8
资产	-115.8	-100.3	16.4	-134.0	41.7	-27.9
负债	618.9	515.6	803.7	973.4	600.3	329.8
储备资产	-132.3	-284.6	-820.7	-373.5	-204.7	36.2
误差	**-115.1**	**173.3**	**128.0**	**106.3**	**157.9**	**83.1**

资料来源：国际货币基金组织《国际收支统计年鉴》1997年。

10－17 泰国国际收支平衡表

单位：百万美元

	1990年	1992年	1993年	1994年	1995年	1996年
经常项目	**－7281**	**－6303**	**－6364**	**－8085**	**－13554**	**－14692**
货物	－6751	－4161	－4297	－3726	－7968	－9488
贷方	22811	32100	36398	44478	55447	54409
借方	－29561	－36261	－40695	－48204	－63415	－63897
服务	110	－1080	－1410	－3756	－3959	－2578
贷方合计	6419	9288	11059	11640	14845	17008
借方合计	－6309	－10368	－12469	－15396	－18804	－19585
运输						
贷方	1327	1526	1964	1842	2455	2618
借方	－3576	－4539	－5005	－5862	－7780	－7845
旅游						
贷方	4325	5092	5638	6063	8035	9089
借方	－1432	－2461	－3040	－4065	－4271	－4286
其它						
贷方	767	2670	3457	3735	4356	5301
借方	－1301	－3369	－4424	－5469	－6753	－7454
收入	－853	－1708	－1406	－1731	－2114	－3385
贷方合计	2059	1532	2140	2562	3801	3969
借方合计	－2913	－3240	－3546	－4293	－5915	－7354
雇员报酬						
贷方	973	445	1112	1281	1695	1806
借方	－198					
投资收入						
贷方	1086	1087	1028	1281	2106	2163
借方	－2715	－3240	－3546	－4293	－5915	－7354
经常性转移支付	213	646	750	1128	487	760
贷方	278	1000	1222	1901	1190	1651
借方	－65	－355	－473	－774	－704	－891
资本和金融项目	**5862**	**6445**	**6593**	**7998**	**14750**	**17319**
资本项目	－1					
贷方合计						
借方合计						
资本转移						
贷方						
借方	－1					
非生产非金融资产						
贷方						
借方						
金融项目	5863	6445	6593	7998	14750	17319
直接投资	2303	1966	1571	873	1182	1405
对外直接投资	－140	－147	－233	－493	－886	－931
国内吸收投资	2444	2113	1804	1366	2068	2336
有价证券投资	－38	924	5455	2482	4081	3544
资产				－5	－2	－41
负债	－38	924	5455	2486	4083	3585
其他投资	6559	6584	3474	8812	16645	14537
资产	－164	104	－3265	－1027	－2738	2661
负债	6722	6479	6739	9839	19383	11876
储备资产	－2961	－3029	－3907	－4169	－7159	－2167
误差	**1419**	**－142**	**－230**	**87**	**－1196**	**－2627**

资料来源：国际货币基金组织《国际收支统计年鉴》1997年。

10－18 土耳其国际收支平衡表

单位：百万美元

	1990年	1992年	1993年	1994年	1995年	1996年
经常项目	**－2625**	**－974**	**－6433**	**2631**	**－2338**	**－1450**
货物	－9555	－8190	－14160	－4216	－13212	－9632
贷方	13026	14891	15611	18390	21975	32303
借方	－22581	－23081	－29771	－22606	－35187	－41935
服务	4945	5782	6704	7019	9582	6655
贷方合计	8016	9407	10652	10801	14606	13051
借方合计	－3071	－3625	－3948	－3782	－5024	－6396
运输						
贷方	920	1136	1241	1221	1712	1756
借方	－900	－975	－1194	－953	－1412	－1708
旅游						
贷方	3225	3639	3959	4321	4957	5650
借方	－520	－776	－934	－866	－911	－1256
其它						
贷方	3871	4632	5452	5259	7937	5645
借方	－1651	－1874	－1820	－1963	－2701	－3423
收入	－2508	－2625	－2745	－3264	－3204	－2920
贷方合计	917	1012	1135	890	1489	1577
借方合计	－3425	－3637	－3880	－4154	－4693	－4497
雇员报酬						
贷方						
借方						
投资收入						
贷方	917	1012	1135	890	1489	1577
借方	－3425	－3637	－3880	－4154	－4693	－4497
经常性转移支付	4493	4059	3768	3092	4496	4447
贷方	4525	4075	3800	3115	4512	4466
借方	－32	－16	－32	－21	－16	－19
资本和金融项目	**3094**	**2164**	**8655**	**－4397**	**－17**	**4196**
资本项目						
贷方合计						
借方合计						
资本转移						
贷方						
借方						
非生产非金融资产						
贷方						
借方						
金融项目	3094	2164	8655	－4397	－17	4196
直接投资	700	779	622	559	772	612
对外直接投资	16	－65	－14	－49	－113	－110
国内吸收投资	684	844	636	608	885	722
有价证券投资	547	2411	3917	1158	237	570
资产	－134	－754	－563	35	－446	－1380
负债	681	3165	4480	1123	703	1950
其他投资	2742	458	4424	－5567	3981	7558
资产	－409	－2438	－3291	2423	－383	331
负债	3151	2896	7715	－7990	4364	7227
储备资产	－895	－1484	－308	－547	－5007	－4544
误差	**－469**	**－1190**	**－2222**	**1766**	**2355**	**－2746**

资料来源：国际货币基金组织《国际收支统计年鉴》1997年。

10－19 埃及国际收支平衡表

单位：百万美元

	1990年	1992年	1993年	1994年	1995年	1996年
经常项目	**2327**	**3270**	**2538**	**31**	**－254**	**－192**
货物	－6379	－5231	－6378	－5953	－7597	－8390
贷方	3924	3670	3545	4044	4670	4779
借方	－10303	－8901	－9923	－9997	－12267	－13169
服务	2183	2849	2528	2425	3717	4187
贷方合计	5971	7716	7895	8070	8590	9371
借方合计	－3788	－4867	－5367	－5645	－4873	－5084
运输						
贷方	2410	2882	2869	3165	3202	2689
借方	－1465	－1188	－1301	－1413	－1582	－1655
旅游						
贷方	1100	2165	1927	2006	2684	3204
借方	－129	－918	－1048	－1067	－1278	－1317
其它						
贷方	2462	2669	3099	2899	2704	3378
借方	－2195	－2761	－3018	－3165	－2013	－2112
收入	－1022	－1882	－857	－784	－405	345
贷方合计	857	915	1110	1330	1578	1901
借方合计	－1879	－2797	－1967	－2114	－1983	－1556
雇员报酬						
贷方						
借方	－27	－233	－140			
投资收入						
贷方	857	915	1110	1330	1578	1901
借方	－1852	－2564	－1827	－2114	－1983	－1556
经常性转移支付	7545	7534	7245	4343	4031	3666
贷方	7559	7534	7245	4622	4284	3888
借方	－14			－279	－253	－222
资本和金融项目	**－2957**	**－3986**	**－1019**	**－286**	**－18**	**266**
资本项目	10610		437			608
贷方合计	10610		437			608
借方合计						
资本转移						
贷方	10610		437			608
借方						
非生产非金融资产						
贷方						
借方						
金融项目	－13567	－3986	－1456	－286	－18	－342
直接投资	722	455	493	1213	505	631
对外直接投资	－12	－4		－43	－93	－5
国内吸收投资	734	459	493	1256	598	636
有价证券投资	15	6	4	3	20	545
资产	15	6				
负债			4	3	20	545
其他投资	－11796	1883	856	－309	－134	－508
资产	－1921	1183	319	－905	－396	－565
负债	－9875	700	537	596	262	57
储备资产	－2508	－6330	－2809	－1193	－409	－1010
误差	**630**	**716**	**－1519**	**255**	**272**	**－74**

资料来源：国际货币基金组织《国际收支统计年鉴》1997年。

10－20 尼日利亚国际收支平衡表

单位：百万美元

	1990年	1992年	1993年	1994年	1995年	1996年
经常项目	**4988**	**2268**	**－780**	**－2128**	**－3123**	**3092**
货物	8653	4611	3248	2948	2125	8482
贷方	13585	11791	9910	9459	9355	14103
借方	－4932	－7181	－6662	－6511	－7230	－5621
服务	－1011	－727	－1563	－2636	－3498	－3575
贷方合计	965	1053	1163	371	534	640
借方合计	－1976	－1810	－2726	－3007	－4032	－4215
运输						
贷方	37	154	200	51	87	67
借方	－639	－921	－853	－754	－846	－396
旅游						
贷方	25	29	33	10	15	31
借方	－576	－348	－298	－858	－797	－1139
其它						
贷方	903	870	930	310	432	542
借方	－760	－541	－1575	－1395	－2398	－2680
收入	－2738	－2338	－3278	－2938	－2453	－2739
贷方合计	211	156	58	49	87	100
借方合计	－2949	－2494	－3335	－2986	－2540	－2739
雇员报酬						
贷方						
借方						
投资收入						
贷方	211	156	58	49	87	100
借方	－2949	－2494	－3335	－2986	－2540	－2739
经常性转移支付	85	753	812	498	703	824
贷方	167	817	857	550	707	826
借方	－82	－64	－44	－52	－4	－2
资本和金融项目	**－5223**	**－2146**	**868**	**2267**	**3191**	**－3023**
资本项目					－58	－59
贷方合计						
借方合计					－58	－59
资本转移						
贷方						
借方					－58	－59
非生产非金融资产						
贷方						
借方						
金融项目	－5223	－2146	868	2267	3249	－2964
直接投资	588	897	1345	1959	2201	1391
对外直接投资						
国内吸收投资	588	897	1345	1959	2201	1391
有价证券投资	－197	1884	－18	－27	－72	－151
资产						
负债	－197	1884	－18	－27	－72	－151
其他投资	－3136	－8654	151	662	928	－1904
资产	－2886	－5840	－1345	－1286	－1976	－3771
负债	－250	－2814	1496	1948	2904	1867
储备资产	－2478	3727	－611	－327	191	－2300
误差	**235**	**－122**	**－88**	**－139**	**－68**	**－69**

资料来源：国际货币基金组织《国际收支统计年鉴》1997年。

10－21 南非国际收支平衡表

单位：百万美元

	1990年	1992年	1993年	1994年	1995年	1996年
经常项目	**2065**	**1704**	**1873**	**－319**	**－2820**	**－2033**
货物	6783	5794	5850	3494	1610	2030
贷方	23560	24009	24138	24947	28611	29057
借方	－16778	－18216	－18287	－21452	－27001	－27027
服务	－681	－1222	－1530	－1494	－1971	－1436
贷方合计	3559	3611	3571	3989	4459	4253
借方合计	－4239	－4833	－5101	－5483	－6430	－5689
运输						
贷方	1161	1308	1287	1314	1247	1149
借方	－2018	－2179	－2127	－2391	－2769	－2655
旅游						
贷方	1835	1810	1786	2064	2125	2224
借方	－1132	－1554	－1868	－1861	－1849	－1563
其它						
贷方	563	493	497	611	1086	880
借方	－1089	－1100	－1105	－1231	－1812	－1471
收入	－4096	－2925	－2577	－2369	－2475	－2552
贷方合计	833	1058	872	1075	1085	859
借方合计	－4929	－3983	－3449	－3444	－3561	－3411
雇员报酬						
贷方	284	219	161	184	205	183
借方	－1116	－851	－630	－621	－413	－387
投资收入						
贷方	549	840	711	891	881	676
借方	－3813	－3132	－2819	－2823	－3147	－3024
经常性转移支付	60	94	130	50	16	－74
贷方	298	215	262	246	244	114
借方	－238	－121	－132	－196	－228	－188
资本和金融项目	**－1162**	**236**	**1183**	**1495**	**3405**	**3377**
资本项目	12	11	1	－5	16	29
贷方合计	23	25	24	18	38	56
借方合计	－12	－14	－23	－23	－22	－27
资本转移						
贷方	23	25	24	18	38	56
借方	－12	－14	－23	－23	－22	－27
非生产非金融资产						
贷方						
借方						
金融项目	－1173	225	1182	1500	3388	3348
直接投资	－117	－804	－293	188	－225	145
对外直接投资	－28	－763	－276	－146	－556	8
国内吸收投资	－89	－41	－17	334	331	136
有价证券投资	－50	－106	1097	2133	2163	2702
资产						
负债	－50	－106	1097	2133	2163	2702
其他投资	－651	1538	－198	47	2582	－468
资产	－97	－299	－284	－243	－327	－2494
负债	－554	1836	86	289	2909	2026
储备资产	－356	－402	575	－868	－1131	969
误差	**－904**	**－1977**	**－3056**	**－1176**	**－584**	**－1345**

资料来源：国际货币基金组织《国际收支统计年鉴》1997年。

10－22 加拿大国际收支平衡表

单位：百万美元

	1990年	1992年	1993年	1994年	1995年	1996年
经常项目	**－19596**	**－21014**	**－21758**	**－14725**	**－5305**	**2808**
货物	9513	7381	9906	14106	24643	30062
贷方	130328	135153	147549	166788	193085	205799
借方	－120815	－127772	－137644	－152682	－168443	－175737
服务	－9086	－10082	－10383	－8680	－7555	－7260
贷方合计	19209	20785	22078	23838	26212	28512
借方合计	－28295	－30868	－32461	－32519	－33767	－35772
运输						
贷方	4223	4329	4615	4837	5284	5793
借方	－5786	－6604	－7613	－7703	－7978	－8091
旅游						
贷方	6360	6548	6659	7078	8086	8859
借方	－10931	－11841	－11152	－10022	－10171	－11084
其它						
贷方	8626	9908	10804	11915	12860	13860
借方	－11579	－12423	－13696	－14794	－15618	－16597
收入	－19388	－17513	－20821	－19907	－22380	－20311
贷方合计	15072	11413	10701	14976	18913	19108
借方合计	－34460	－28925	－31522	－34883	－41293	－39420
雇员报酬						
贷方						
借方						
投资收入						
贷方	15072	11413	10701	14976	18913	19108
借方	－34460	－28925	－31522	－34883	－41293	－39420
经常性转移支付	－636	－800	－460	－244	－13	318
贷方	2530	2564	2588	2619	2781	3290
借方	－3166	－3364	－3047	－2863	－2794	－2972
资本和金融项目	**21475**	**18135**	**27110**	**13668**	**2443**	**－5074**
资本项目	5331	7105	8292	7500	4953	5919
贷方合计	6203	7470	8908	7876	5666	6338
借方合计	－872	－365	－617	－376	－713	－419
资本转移						
贷方	6203	7470	8908	7876	5666	6338
借方	－872	－365	－522	－304	－463	－419
非生产非金融资产						
贷方						
借方			－94	－72	－250	
金融项目	16144	11030	18818	6168	－2511	－10992
直接投资	2351	－1230	－1111	－651	－349	－2117
对外直接投资	－5229	－3547	－5879	－9127	－11173	－8515
国内吸收投资	7855	4777	4768	8476	10824	6398
有价证券投资	13725	10706	27769	10619	11957	1158
资产	－2239	－9800	－13784	－6521	－5228	－13551
负债	15964	20506	41552	17140	17185	14709
其他投资	1207	－5692	－6936	－4192	－11409	－4535
资产	－8442	－3536	－505	－20531	－8121	－22647
负债	9648	－2156	－6431	16339	－3288	18112
储备资产	－1139	4786	－904	392	－2710	－5498
误差	**－1879**	**2879**	**－5352**	**1057**	**2862**	**2265**

资料来源：国际货币基金组织《国际收支统计年鉴》1997年。

10－23 墨西哥国际收支平衡表

单位：百万美元

	1990年	1992年	1993年	1994年	1995年	1996年
经常项目	**－7451**	**－24442**	**－23400**	**－29662**	**－1576**	**－1923**
货物	－881	－15934	－13481	－18464	7089	6531
贷方	40711	46196	51885	60882	79542	96000
借方	－41592	－62130	－65366	－79346	－72453	－89469
服务	－2229	－2684	－2529	－2721	64	82
贷方合计	8094	9275	9517	10321	9780	10901
借方合计	－10323	－11959	－12046	－13043	－9715	－10819
运输						
贷方	892	980	938	1066	1164	1412
借方	－2511	－3225	－3326	－4286	－3424	－4178
旅游						
贷方	5527	6084	6167	6363	6179	6934
借方	－5520	－6107	－5562	－5338	－3171	－3389
其它						
贷方	1675	2211	2412	2891	2436	2555
借方	－2292	－2267	－3158	－3419	－3121	－3252
收入	－8316	－9209	－11030	－12259	－12689	－13067
贷方合计	3273	2789	2694	3347	3713	4032
借方合计	－11589	－11998	－13724	－15605	－16402	－17099
雇员报酬						
贷方	606	630	647	647	695	725
借方						
投资收入						
贷方	2667	2159	2047	2700	3018	3307
借方	－11589	－11998	－13724	－15605	－16402	－17099
经常性转移支付	3975	3385	3640	3782	3960	4531
贷方	3990	3404	3656	3822	3995	4561
借方	－15	－19	－16	－40	－35	－30
资本和金融项目	**6223**	**25294**	**26528**	**32986**	**5824**	**1525**
资本项目						
贷方合计						
借方合计						
资本转移						
贷方						
借方						
非生产非金融资产						
贷方						
借方						
金融项目	6223	25294	26528	32986	5824	1525
直接投资	2634	4393	4389	10973	9526	7619
对外直接投资						
国内吸收投资	2634	4393	4389	10973	9526	7619
有价证券投资	－3985	19206	28355	7415	－10377	14698
资产	－7354	1165	－564	－767	－662	544
负债	3369	18041	28919	8182	－9715	14154
其他投资	10838	2868	－159	－3800	16323	－18985
资产	－1345	4387	－3038	－4903	－6694	－7000
负债	12180	－1519	2879	1103	23017	－11985
储备资产	－3261	－1173	－6057	18398	－9648	－1805
误差	**1228**	**－852**	**－3128**	**－3323**	**－4248**	**398**

资料来源：国际货币基金组织《国际收支统计年鉴》1997年。

10－24 美国国际收支平衡表

单位：十亿美元

	1990年	1992年	1993年	1994年	1995年	1996年
经常项目	**－91.84**	**－56.65**	**－90.57**	**－132.93**	**－129.19**	**－148.73**
货物	－109.03	－96.11	－130.72	－164.14	－171.69	－189.25
贷方	389.31	440.35	458.73	504.45	577.74	613.98
借方	－498.34	－536.46	－589.44	－668.59	－749.43	－803.23
服务	29.72	59.98	61.59	63.29	73.53	81.91
贷方合计	147.35	177.15	184.68	195.05	216.71	234.69
借方合计	－117.64	－117.18	－123.10	－131.76	－143.19	－152.77
运输						
贷方	38.04	39.23	39.67	42.03	46.54	47.77
借方	－35.69	－35.45	－37.06	－40.14	－42.68	－44.23
旅游						
贷方	48.14	60.93	66.73	67.95	73.39	80.24
借方	－38.01	－39.27	－41.63	－44.74	－47.16	－49.97
其它						
贷方	61.17	76.99	78.29	85.07	96.78	106.68
借方	－43.94	－42.46	－44.41	－46.88	－53.34	－58.58
收入	21.67	15.10	16.50	6.16	3.21	－0.90
贷方合计	163.44	126.01	129.99	154.66	197.04	206.57
借方合计	－141.77	－110.91	－113.49	－148.50	－193.92	－207.47
雇员报酬						
贷方	0.12	0.16	0.14	0.15	0.16	0.17
借方	－2.37	－3.08	－3.31	－3.71	－3.85	－3.89
投资收入						
贷方	163.32	125.85	129.84	154.51	196.88	206.40
借方	－139.41	－107.84	－110.18	－144.79	－190.07	－203.58
经常性转移支付	－34.19	－35.62	－37.94	－38.24	－34.15	－40.49
贷方	9.42	6.43	4.73	5.11	5.69	5.86
借方	－43.61	－42.05	－42.67	－43.35	－39.83	－46.35
资本和金融项目	**66.92**	**100.30**	**84.94**	**136.22**	**144.12**	**195.65**
资本项目	0.26	0.43	－0.20	－0.60	0.10	0.52
贷方合计	0.26	0.43	0.47	0.48	0.53	0.52
借方合计			－0.67	－1.08	－0.43	
资本转移						
贷方	0.26	0.43	0.47	0.48	0.53	0.52
借方			－0.67	－1.08	－0.43	
非生产非金融资产						
贷方						
借方						
金融项目	66.66	99.87	85.14	136.82	144.02	195.13
直接投资	17.97	－24.72	－28.95	－23.59	－19.21	－10.86
对外直接投资	－29.95	－42.66	－77.95	－69.26	－86.74	－87.81
国内吸收投资	47.92	17.94	48.99	45.68	67.53	76.96
有价证券投资	－6.78	23.02	－35.28	79.09	137.40	274.88
资产	－28.80	－49.17	－146.25	－60.31	－100.07	－108.19
负债	22.02	72.19	110.98	139.40	237.48	383.07
其他投资	57.70	97.65	150.74	75.97	35.58	－75.56
资产	－13.73	19.13	31.04	－36.29	－110.65	－163.11
负债	71.44	78.52	119.70	112.26	146.23	87.55
储备资产	－2.23	3.92	－1.38	5.35	－9.75	6.67
误差	**24.92**	**－43.64**	**5.63**	**－3.29**	**－14.93**	**－46.93**

资料来源：国际货币基金组织《国际收支统计年鉴》1997年。

10－25 阿根廷国际收支平衡表

单位：百万美元

	1990年	1992年	1993年	1994年	1995年	1996年
经常项目	**4552**	**－5417**	**－7514**	**－9978**	**－2446**	**－4013**
货物	8628	－1450	－2527	－4238	2238	1612
贷方	12354	12235	13116	15840	20964	23774
借方	－3726	－13685	－15543	－20078	－18726	－22162
服务	－674	－2209	－2659	－2860	－2175	－2436
贷方合计	2446	2493	2513	2669	2624	3302
借方合计	－3120	－4702	－5172	－5529	－5099	－5738
运输						
贷方	1156	1317	1085	1159	1231	1343
借方	－937	－1703	－1833	－2124	－2135	－2416
旅游						
贷方	903	782	837	936	1057	1268
借方	－1171	－2212	－2446	－2575	－2067	－2340
其它						
贷方	387	394	591	574	636	691
借方	－1012	－787	－893	－830	－897	－982
收入	－4400	－2417	－2839	－3198	－2941	－3523
贷方合计	1854	2143	2176	3099	4423	4628
借方合计	－6254	－4560	－5015	－6297	－7364	－8151
雇员报酬						
贷方						
借方						
投资收入						
贷方	1854	2143	2176	3099	4423	4628
借方	－6254	－4560	－5015	－6297	－7364	－8151
经常性转移支付	998	659	411	318	432	334
贷方	1015	785	599	541	542	429
借方	－17	－126	－188	－223	－110	－95
资本和金融项目	**－5267**	**5212**	**7479**	**9994**	**2434**	**4021**
资本项目						
贷方合计						
借方合计						
资本转移						
贷方						
借方						
非生产非金融资产						
贷方						
借方						
金融项目	－5267	5212	7479	9994	2434	4021
直接投资	1836	4052	2555	2941	4026	4080
对外直接投资		7		－127	－155	－205
国内吸收投资	1836	4045	2555	3068	4181	4285
有价证券投资	－1309	980	28774	4587	5133	10512
资产	－241	－80	－2037	－185	64	－1296
负债	－1068	1060	30811	4772	5069	11808
其他投资	－2672	3286	－19338	3006	－6774	－6796
资产	661	2267	－598	530	－13250	－7589
负债	－3333	1019	－18740	2476	6476	793
储备资产	－3121	－3106	－4512	－541	49	－3775
误差	**715**	**205**	**35**	**－16**	**12**	**－8**

资料来源：国际货币基金组织《国际收支统计年鉴》1997年。

10－26 巴西国际收支平衡表

单位：百万美元

	1990年	1991年	1992年	1993年	1994年	1995年
经常项目	**－3823**	**－1450**	**6089**	**20**	**－1153**	**－18136**
货物	10747	10578	15239	14329	10861	－3157
贷方	31408	31619	35793	39630	44102	46506
借方	－20661	－21041	－20554	－25301	－33241	－49663
服务	－3761	－3891	－3342	－5590	－5346	－7495
贷方合计	3762	3319	4088	3965	4908	6135
借方合计	－7523	－7210	－7430	－9555	－10254	－13630
运输						
贷方	1348	1457	1924	1638	2200	2600
借方	－2991	－3112	－3284	－4055	－4300	－5800
旅游						
贷方	1383	1002	999	1041	944	972
借方	－1505	－1214	－1318	－1842	－2156	－3391
其它						
贷方	1031	860	1165	1286	1764	2563
借方	－3027	－2884	－2828	－3658	－3798	－4439
收入	－11608	－9651	－7997	－10322	－9091	－11105
贷方合计	1157	904	1118	1308	2202	3457
借方合计	－12765	－10555	－9115	－11630	－11293	－14562
雇员报酬						
贷方	10	10	18	38	59	61
借方	－5	－9	－13	－150	－190	－218
投资收入						
贷方	1147	894	1100	1270	2143	3396
借方	－12760	－10546	－9102	－11480	－11103	－14344
经常性转移支付	799	1514	2189	1603	2423	3621
贷方	840	1556	2260	1704	2577	3861
借方	－41	－42	－71	－101	－154	－240
资本和金融项目	**4119**	**598**	**－4696**	**795**	**1595**	**16689**
资本项目	35	42	54	81	173	352
贷方合计	36	43	54	86	175	363
借方合计	－1	－1		－5	－2	－11
资本转移						
贷方	36	43	54	86	175	363
借方	－1	－1		－5	－2	－11
非生产非金融资产						
贷方						
借方						
金融项目	4084	556	－4750	714	1422	16337
直接投资	324	89	1924	801	2035	3475
对外直接投资	－665	－1014	－137	－491	－1037	－1384
国内吸收投资	989	1103	2061	1292	3072	4859
有价证券投资	512	3808	14466	12322	51135	9745
资产	－67			－606	－3052	－936
负债	579	3808	14466	12928	54187	10681
其他投资	3723	－3710	－6470	－3700	－44533	16037
资产	－2864	－3140	－99	－2696	－4368	－1783
负债	6587	－570	－6371	－1004	－40165	17820
储备资产	－474	369	－14670	－8709	－7215	－12920
误差	**－296**	**852**	**－1393**	**－815**	**－442**	**1447**

资料来源：国际货币基金组织《国际收支统计年鉴》1997年。

10-27 委内瑞拉国际收支平衡表

单位：百万美元

	1990年	1992年	1993年	1994年	1995年	1996年
经常项目	**8279**	**-3749**	**-1993**	**2541**	**2014**	**8824**
货物	10706	1322	3275	7606	7013	13756
贷方	17623	14202	14779	16110	19082	23693
借方	-6917	-12880	-11504	-8504	-12069	-9937
服务	-1351	-2951	-3185	-3086	-3184	-3335
贷方合计	1183	1312	1340	1569	1671	1565
借方合计	-2534	-4263	-4525	-4655	-4855	-4900
运输						
贷方	458	634	515	589	584	475
借方	-801	-1768	-1488	-1059	-1430	-1224
旅游						
贷方	496	444	562	787	849	884
借方	-1023	-1428	-2083	-1950	-1714	-2276
其它						
贷方	229	234	263	193	238	206
借方	-710	-1067	-954	-1646	-1711	-1400
收入	-774	-1746	-1715	-1896	-1924	-1735
贷方合计	2658	1607	1599	1626	1865	1556
借方合计	-3432	-3353	-3314	-3522	-3789	-3291
雇员报酬						
贷方	1	2	2	2	2	2
借方	-10	-3	-3	-3	-11	-12
投资收入						
贷方	2657	1605	1597	1624	1863	1554
借方	-3422	-3350	-3311	-3519	-3778	-3279
经常性转移支付	-302	-374	-368	-83	109	138
贷方	444	533	452	608	413	526
借方	-746	-907	-820	-691	-304	-388
资本和金融项目	**-6537**	**4048**	**2532**	**-2231**	**-1517**	**-8776**
资本项目						
贷方合计						
借方合计						
资本转移						
贷方						
借方						
非生产非金融资产						
贷方						
借方						
金融项目	-6537	4048	2532	-2231	-1517	-8776
直接投资	76	473	-514	-136	686	1595
对外直接投资	-375	-156	-886	-677	-299	-238
国内吸收投资	451	629	372	813	985	1833
有价证券投资	15976	1003	621	261	-326	758
资产	-1952	2	79	-14	261	21
负债	17928	1001	542	275	-587	737
其他投资	-18213	-1727	2281	-3801	-3787	-4833
资产	-2305	-590	615	-3860	-728	-2053
负债	-15908	2317	1666	59	-3059	-2780
储备资产	-4376	845	1144	1173	1910	-6296
误差	**-1742**	**-299**	**-539**	**-310**	**-497**	**-48**

资料来源：国际货币基金组织《国际收支统计年鉴》1997 年。

10－28 芬兰国际收支平衡表

单位：百万美元

	1990年	1992年	1993年	1994年	1995年	1996年
经常项目	－6962	－4945	－1123	1273	5385	4259
货物	701	3777	6261	7490	12346	11044
贷方	26531	23942	23478	29731	40515	40539
借方	－25829	－20165	－17217	－22241	－28169	－29495
服务	－2977	－2462	－1991	－1433	－2102	－1698
贷方合计	4728	4978	4524	5754	7553	7497
借方合计	－7705	－7440	－6515	－7187	－9655	－9195
运输						
贷方	1754	1559	1494	1796	2164	2159
借方	－1942	－1626	－1502	－1841	－2160	－2282
旅游						
贷方	1179	1328	1201	1365	1683	1543
借方	－2767	－2408	－1596	－1619	－2325	－2223
其它						
贷方	1795	2090	1829	2593	3706	3794
借方	－2997	－3406	－3443	－3727	－5170	－4690
收入	－3735	－5466	－4965	－4330	－4262	－3988
贷方合计	3505	1457	1098	1748	3021	2484
借方合计	－7239	－6923	－6063	－6078	－7283	－6473
雇员报酬						
贷方	63	24	21	25	33	33
借方	－16	－11	－13	－15	－19	－20
投资收入						
贷方	3442	1432	1077	1722	2988	2451
借方	－7224	－6912	－6050	－6062	－7264	－6453
经常性转移支付	－952	－794	－428	－453	－597	－1098
贷方	288	427	475	410	1536	1144
借方	－1240	－1221	－903	－863	－2133	－2242
资本和金融项目	8474	5221	82	－621	－4031	－4571
资本项目					66	51
贷方合计					114	125
借方合计					－48	－74
资本转移						
贷方					114	125
借方					－48	－13
非生产非金融资产						
贷方						
借方						－61
金融项目	8474	5221	82	－621	－4097	－4622
直接投资	－1970	1153	－538	－2858	－633	－2311
对外直接投资	－2782	757	－1401	－4354	－1678	－3538
国内吸收投资	812	396	864	1496	1344	1227
有价证券投资	5228	7621	6232	7011	－936	－2675
资产	－469	－622	－604	826	243	－4117
负债	5696	8243	6836	6186	－1179	1442
其他投资	9148	－5703	－5321	－61	－2898	－2671
资产	720	－3286	－1833	－668	－2863	－4449
负债	8428	－2418	－3488	607	－35	1779
储备资产	－3931	2150	－291	－4714	372	3035
误差	－1512	－276	1041	－652	－1354	312

资料来源：国际货币基金组织《国际收支统计年鉴》1997 年。

10－29 保加利亚国际收支平衡表

单位：百万美元

	1990年	1992年	1993年	1994年	1995年	1996年
经常项目	**－1710**	**－360**	**－1098**	**－32**	**－26**	**－23**
货物	－1314	－212	－885	－17	121	114
贷方	6113	3956	3727	3935	5345	4724
借方	－7427	－4169	－4612	－3952	－5224	－4580
服务	237	－95	－57	11	154	124
贷方合计	837	1070	1172	1257	1431	1357
借方合计	－600	－1165	－1229	－1246	－1278	－1234
运输						
贷方	230	457	389	376	494	431
借方	－243	－459	－454	－466	－531	－475
旅游						
贷方	320	215	307	362	473	388
借方	－189	－313	－257	－244	－195	－199
其它						
贷方	287	399	475	520	465	538
借方	－168	－393	－518	－537	－552	－561
收入	－758	－96	－192	－193	－432	－395
贷方合计	120	125	93	85	150	181
借方合计	－878	－221	－285	－277	－582	－576
雇员报酬						
贷方						42
借方						－34
投资收入						
贷方	120	125	93	85	150	140
借方	－878	－221	－285	－277	－582	－542
经常性转移支付	125	43	37	167	132	104
贷方	232	114	286	357	257	232
借方	－107	－71	－249	－190	－125	－128
资本和金融项目	**1640**	**445**	**1067**	**－40**	**－119**	**－21**
资本项目				763		66
贷方合计				763		66
借方合计						
资本转移						
贷方				763		66
借方						
非生产非金融资产						
贷方						
借方						
金融项目	1640	445	1076	－804	－119	－87
直接投资	4	42	55	105	98	135
对外直接投资					8	20
国内吸收投资	4	42	55	105	90	115
有价证券投资				－232	－66	－167
资产				－222	10	－46
负债				－10	－75	－121
其他投资	758	1042	774	－336	82	－805
资产	384	263	338	－209	404	－660
负债	374	780	435	－126	－323	－145
储备资产	878	－639	247	－342	－234	751
误差	**70**	**－85**	**22**	**72**	**145**	**44**

资料来源：国际货币基金组织《国际收支统计年鉴》1997年。

10－30 法国国际收支平衡表

单位：百万美元

	1990年	1992年	1993年	1994年	1995年	1996年
经常项目	**－9944**	**3839**	**8990**	**7033**	**16443**	**16443**
货物	－13253	2371	7516	7149	11175	15099
贷方	208932	227442	199044	224726	270400	274062
借方	－222186	－225071	－191528	－217677	－259225	－258963
服务	15405	19118	16841	19287	19240	16804
贷方合计	76457	91765	86377	90390	97770	88891
借方合计	－61052	－72647	－69536	－71103	－78530	－72087
运输						
贷方	16257	18215	17509	17235	20464	20299
借方	－17523	－19843	－18184	－18035	－21252	－20602
旅游						
贷方	20270	25406	23511	24796	27587	28314
借方	－12331	－14053	－12803	－13853	－16359	－17526
其它						
贷方	39929	48144	45356	45359	49720	40279
借方	－31198	－38750	－37918	－39215	－40920	－33959
收入	－3896	－8615	－9166	－10938	－7446	－5095
贷方合计	55736	87596	98992	110034	130033	128417
借方合计	－59632	－96210	－108158	－120972	－137479	－133513
雇员报酬						
贷方	3032	3660	3539	3695	4460	2603
借方	－3986	－4871	－4524	－4769	－5362	－1250
投资收入						
贷方	52704	83935	95453	106338	125573	125814
借方	－55646	－91339	－103634	－116203	－132116	－132263
经常性转移支付	－8199	－8981	－6201	－8365	－6526	－6297
贷方	14795	20726	16743	15857	19351	23700
借方	－22994	－29707	－22944	－24222	－25877	－29996
资本和金融项目	**9682**	**－5798**	**－11642**	**－11023**	**－21311**	**－25821**
资本项目	－4133	661	27	－4641	－115	－155
贷方合计	219	929	305	271	301	280
借方合计	－4352	－268	－279	－4912	－415	－435
资本转移						
贷方	195	879	262	206	207	201
借方	－4317	－203	－195	－4823	－234	－337
非生产非金融资产						
贷方	24	50	43	64	94	79
借方	－35	－64	－84	－89	－182	－98
金融项目	13815	－6459	－11668	－6382	－21196	－25666
直接投资	－21640	－9430	150	－6172	5001	－6479
对外直接投资	－34823	－31269	－20605	－22801	－18734	－26547
国内吸收投资	13183	21840	20754	16628	23735	20068
有价证券投资	34811	34037	3016	－54767	－13201	－68524
资产	－8409	－18436	－31499	－24659	－22901	－48687
负债	43219	52500	34516	－30109	9700	－19836
其他投资	11593	－32643	－19840	57005	－12284	49575
资产	－61543	－61086	－13380	26316	－25604	26571
负债	73136	28444	－6460	30689	13320	23004
储备资产	－10949	1576	5006	－2448	－712	－239
误差	**262**	**1905**	**2652**	**3991**	**4868**	**85310**

资料来源：国际货币基金组织《国际收支统计年鉴》1997年。

10－31 德国国际收支平衡表

单位：十亿美元

	1990年	1992年	1993年	1994年	1995年	1996年
经常项目	**48.11**	**−19.39**	**−14.12**	**−21.23**	**−23.53**	**−13.07**
货物	69.04	28.20	41.19	50.93	65.08	71.21
贷方	410.92	430.48	382.68	430.58	523.60	519.44
借方	−341.88	−402.28	−341.49	−379.65	−458.52	−448.22
服务	−17.21	−30.74	−33.12	−39.89	−45.79	−43.42
贷方合计	66.57	68.96	64.64	66.00	81.50	84.64
借方合计	−83.78	−99.70	−97.76	−105.89	−127.29	−128.06
运输						
贷方	14.98	16.80	15.89	16.67	19.54	19.74
借方	−17.99	−20.84	−19.33	−20.77	−24.75	−24.66
旅游						
贷方	13.60	16.02	14.87	14.96	18.07	17.56
借方	−33.14	−41.61	−40.82	−45.44	−52.28	−50.83
其它						
贷方	38.00	36.14	33.88	34.37	43.89	47.34
借方	−22.80	−37.24	−37.60	−39.69	−50.26	−52.57
收入	20.07	17.80	13.10	6.63	−1.77	−4.47
贷方合计	65.85	80.26	76.95	68.04	84.27	76.80
借方合计	−45.78	−62.45	−63.85	−61.41	−86.05	−81.27
雇员报酬						
贷方	5.10	4.73	4.20	3.97	4.02	3.85
借方	−3.17	−3.76	−3.93	−4.02	−5.19	−5.23
投资收入						
贷方	60.74	75.53	72.75	64.07	80.25	72.95
借方	−42.61	−58.70	−59.92	−57.39	−80.86	−76.04
经常性转移支付	−23.80	−34.66	−35.29	−38.91	−41.05	−36.40
贷方	13.07	14.90	13.38	13.80	16.70	17.41
借方	−36.87	−49.56	−48.67	−52.70	−57.76	−53.81
资本和金融项目	**−63.36**	**15.22**	**30.90**	**31.51**	**38.24**	**15.35**
资本项目	−1.33	0.60	0.49	0.15	−0.65	−0.02
贷方合计	0.41	1.12	1.38	1.56	1.68	2.71
借方合计	−1.73	−0.52	−0.89	−1.42	−2.33	−2.74
资本转移						
贷方	0.41	1.12	1.38	1.56	1.68	2.71
借方	−1.73	−0.52	−0.89	−1.42	−2.33	−2.74
非生产非金融资产						
贷方						
借方						
金融项目	−62.04	14.63	30.41	31.36	38.90	15.37
直接投资	−21.66	−17.02	−13.32	−15.50	−26.57	−30.98
对外直接投资	−24.20	−19.67	−15.26	−17.18	−38.53	−27.79
国内吸收投资	2.53	2.64	1.95	1.68	11.96	−3.18
有价证券投资	−1.74	31.94	119.73	−30.93	37.02	52.53
资产	−15.17	−48.06	−32.66	−53.99	−22.08	−38.15
负债	13.44	80.00	152.39	23.06	59.10	90.68
其他投资	−31.39	36.89	−90.20	75.75	35.67	−7.37
资产	−74.67	−7.29	−131.42	−0.74	−61.29	−66.33
负债	43.28	44.18	41.22	76.49	96.96	58.95
储备资产	−7.25	−37.18	14.20	2.04	−7.22	1.20
误差	**15.26**	**4.17**	**−16.78**	**−10.27**	**−14.71**	**−2.28**

资料来源：国际货币基金组织《国际收支统计年鉴》1997年。

10－32 意大利国际收支平衡表

单位：百万美元

	1990年	1992年	1993年	1994年	1995年	1996年
经常项目	**－16992**	**－30391**	**8278**	**13211**	**15134**	**41040**
货物	1139	3186	32825	35595	44758	60821
贷方	170340	178155	169153	191421	233998	250843
借方	－169165	－174969	－136328	－155827	－189240	－190021
服务	－253	－3847	－96	1414	630	2464
贷方合计	49799	59606	54721	56841	65736	69910
借方合计	－50053	－63453	－54817	－55427	－65106	－67445
运输						
贷方	10315	11426	11854	12817	14926	15117
借方	－14285	－17210	－16179	－18668	－23426	－23627
旅游						
贷方	16460	23554	22722	24741	28731	30017
借方	－10306	－19592	－15885	－13942	－14829	－15805
其它						
贷方	23025	24626	20145	19283	22079	24775
借方	－25462	－26651	－22753	－22817	－26851	－28013
收入	－14712	－21892	－17218	－16707	－15649	－14966
贷方合计	18997	28757	31844	28599	34168	40142
借方合计	－33709	－50649	－49063	－45306	－49817	－55108
雇员报酬						
贷方	3764	2232	2022	1901	1934	2189
借方	－3640	－2296	－2143	－1922	－1447	－1674
投资收入						
贷方	15233	26525	29822	26699	32234	37953
借方	－30069	－48353	－46919	－43384	－48370	－53434
经常性转移支付	－3166	－7538	－7232	－7091	－4604	－7280
贷方	12560	14201	12908	12275	14291	14297
借方	－15726	－21740	－20140	－19366	－18896	－21579
资本和金融项目	**31774**	**36356**	**10045**	**－14755**	**－4021**	**－19323**
资本项目	759	806	1946	1028	1671	67
贷方合计	1822	2265	2798	2216	2796	1414
借方合计	－1063	－1445	－1149	－1187	－1125	－1348
资本转移						
贷方	1373	2045	2575	1904	2379	1113
借方	－534	－952	－790	－640	－682	－628
非生产非金融资产						
贷方	449	220	223	312	417	302
借方	－530	－507	－359	－547	－444	－720
金融项目	31015	35550	8396	－15784	－5692	－19389
直接投资	－983	－2551	－4888	－3475	－2047	－2526
对外直接投资	－7394	－6502	－9271	－5638	－6925	－6049
国内吸收投资	6411	3950	4383	2163	4878	3523
有价证券投资	－26	－299	57332	6201	35949	57520
资产	－19285	－26557	－8416	－19207	－2704	－23893
负债	19259	26258	65740	25407	38652	81413
其他投资	43648	14407	－47176	－16934	－36790	－62478
资产	－13894	－16922	－21660	－15932	－32130	－73370
负债	57542	31329	－25516	－1002	－4660	10893
储备资产	－11623	23992	3135	－1575	－2804	－11907
误差	**－14782**	**－6264**	**－18323**	**1544**	**－21114**	**－21717**

资料来源：国际货币基金组织《国际收支统计年鉴》1997 年。

10－33 荷兰国际收支平衡表

单位：百万美元

	1990年	1992年	1993年	1994年	1995年	1996年
经常项目	**9220**	**7417**	**13526**	**18124**	**23694**	**20414**
货物	12058	12309	16904	18839	21194	19968
贷方	130002	137332	127875	142283	174709	175549
借方	－117994	－125024	－110971	－123444	－153514	－155581
服务	735	265	676	1378	2336	3448
贷方合计	30924	39294	39262	43323	48260	49185
借方合计	－30189	－39029	－38585	－41945	－45924	－45736
运输						
贷方	13418	16728	16031	17204	19297	20176
借方	－11411	－13112	－13030	－13838	－13810	－13823
旅游						
贷方	4155	5968	5391	5434	6577	6544
借方	－7376	－9634	－8920	－9399	－11654	－11542
其它						
贷方	13350	16598	17839	20685	22386	22464
借方	－11401	－16283	－16635	－18708	－20459	－20371
收入	－631	－801	446	3184	6502	3644
贷方合计	26265	27613	28092	29219	35181	32808
借方合计	－26895	－28414	－27646	－26035	－28679	－29164
雇员报酬						
贷方	465	497	480	511	666	694
借方	－620	－943	－823	－760	－1083	－1005
投资收入						
贷方	25799	27716	27613	28709	34515	32115
借方	－26276	－27471	－26823	－25275	－27595	－28159
经常性转移支付	－2943	－4355	－4501	－5277	－6339	－6647
贷方	4478	4642	4359	4197	4815	4436
借方	－7421	－8997	－8860	－9474	－11154	－11083
资本和金融项目	**－5215**	**－14283**	**－17086**	**－10332**	**－15922**	**－1595**
资本项目	－301	－631	－714	－999	－1214	－1994
贷方合计	314	369	579	564	733	1062
借方合计	－615	－1000	－1293	－1563	－1947	－3055
资本转移						
贷方	314	369	579	564	733	1062
借方	－615	－1000	－1293	－1563	－1947	－3055
非生产非金融资产						
贷方						
借方						
金融项目	－4914	－13652	－16372	－9333	－14708	398
直接投资	－3052	－6574	－3509	－9950	－8175	－14197
对外直接投资	－15395	－14409	－12069	－17306	－19408	－21399
国内吸收投资	12343	7836	8561	7356	11233	7101
有价证券投资	－4966	－9605	1919	－10115	－10934	－12449
资产	－3588	－13430	－10437	－9266	－16878	－25578
负债	－1378	3825	12356	－849	5943	13130
其他投资	3372	8645	－8141	11232	2490	21451
资产	－24248	－7426	－11333	7524	－5678	2715
负债	27620	16071	3191	3709	8167	18736
储备资产	－268	－6118	－6641	－500	1912	5694
误差	**－4005**	**6866**	**3560**	**－7793**	**－7772**	**－18818**

资料来源：国际货币基金组织《国际收支统计年鉴》1997年。

10－34 波兰国际收支平衡表

单位：百万美元

	1990年	1992年	1993年	1994年	1995年	1996年
经常项目	**3067**	**－3104**	**－5788**	**954**	**854**	**－3264**
货物	3589	－131	－3505	－575	－1646	－7287
贷方	15837	13929	13582	18355	25041	27557
借方	－12248	－14060	－17087	－18930	－26687	－34844
服务	353	728	570	2840	3537	3404
贷方合计	3200	4773	4201	6699	10675	9833
借方合计	－2847	－4045	－3631	－3859	－7138	－6429
运输						
贷方	1833	1993	2052	2438	3041	2752
借方	－1492	－1452	－1340	－1365	－1768	－1690
旅游						
贷方	358	183	147	2325	2306	3158
借方	－423	－134	－189	－320	－410	－583
其它						
贷方	1009	2597	2002	1936	5328	3923
借方	－993	－2549	－2103	－2174	－4960	－4156
收入	－3386	－4167	－3613	－2563	－1995	－1075
贷方合计	603	728	579	546	1089	1527
借方合计	－3989	－4895	－4192	－3109	－3084	－2602
雇员报酬						
贷方				23	28	51
借方				－130	－251	－230
投资收入						
贷方	603	728	579	523	1061	1476
借方	－3989	－4895	－4192	－2979	－2833	－2372
经常性转移支付	2511	466	760	1252	958	1694
贷方	6865	6214	5840	2174	2459	2825
借方	－4354	－5748	－5080	－922	－1501	－1131
资本和金融项目	**－3229**	**3285**	**5569**	**－856**	**－290**	**2943**
资本项目	424	2446	2090	9215	285	94
贷方合计	424	2446	2090	9215	285	5833
借方合计						－5739
资本转移						
贷方	424	2446	2090	9215	285	5825
借方						－5732
非生产非金融资产						
贷方						8
借方						－7
金融项目	－3229	839	3479	－10071	－575	2849
直接投资	89	665	1697	1846	3617	4445
对外直接投资		－13	－18	－29	－42	－53
国内吸收投资	89	678	1715	1875	3659	4498
有价证券投资				－624	1177	301
资产				－624	1	282
负债					1176	19
其他投资	－901	790	1882	－9780	3062	1744
资产	－4504	－958	848	－1841	3356	6191
负债	3603	1748	1034	－7939	－294	－4447
储备资产	－2418	－616	－100	－1514	－8431	－3641
误差	**162**	**－181**	**219**	**－98**	**－564**	**－18818**

资料来源：国际货币基金组织《国际收支统计年鉴》1997 年。

10－35 罗马尼亚国际收支平衡表

单位：百万美元

	1990年	1992年	1993年	1994年	1995年	1996年
经常项目	**－3254**	**－1506**	**－1174**	**－428**	**－1774**	**－2571**
货物	－3344	－1194	－1128	－411	－1577	－2470
贷方	5770	4364	4892	6151	7910	8085
借方	－9114	－5558	－6020	－6562	－9487	－10555
服务	－177	－287	－115	－171	－325	－385
贷方合计	610	659	799	1044	1494	1563
借方合计	－787	－946	－914	－1215	－1819	－1948
运输						
贷方	308	136	291	381	471	572
借方	－516	－377	－341	－403	－604	－692
旅游						
贷方	106	262	197	414	590	529
借方	－103	－260	－195	－449	－697	－665
其它						
贷方	196	261	311	249	433	462
借方	－168	－309	－378	－363	－518	－591
收入	161	－90	－145	－129	－241	－309
贷方合计	175	54	63	116	81	78
借方合计	－14	－144	－208	－245	－322	－387
雇员报酬						
贷方				7	5	8
借方					－1	－2
投资收入						
贷方	175	54	63	109	76	70
借方	－14	－144	－208	－245	－321	－385
经常性转移支付	106	65	214	283	369	593
贷方	138	136	231	344	479	675
借方	－32	－71	－17	－61	－110	－82
资本和金融项目	**3107**	**1518**	**1022**	**337**	**1318**	**2212**
资本项目			8	12	242	152
贷方合计			8	12	242	152
借方合计						
资本转移						
贷方			8	12	242	152
借方						
非生产非金融资产						
贷方						
借方						
金融项目	3107	1518	1014	325	1076	2060
直接投资	－18	73	87	341	417	263
对外直接投资	－18	－4	－7		－2	
国内吸收投资		77	94	341	419	263
有价证券投资			－73	75	32	1222
资产			－73	75	－22	
负债					54	1222
其他投资	1631	1569	946	525	367	794
资产	562	94	－45	－671	186	－271
负债	1069	1475	991	1196	181	1065
储备资产	1494	－124	54	－616	259	－218
误差	**147**	**－12**	**152**	**91**	**456**	**359**

资料来源：国际货币基金组织《国际收支统计年鉴》1997年。

10－36 俄罗斯国际收支平衡表

单位：百万美元

	1994年	1995年	1996年
经常项目	**10723**	**9978**	**11399**
货物	19380	21947	22826
贷方	67826	82663	90232
借方	－48446	－60716	－67406
服务	－6766	－8743	－6378
贷方合计	8099	10058	12217
借方合计	－14865	－18801	－18595
运输			
贷方	3831	3763	3125
借方	－2964	－2308	－2489
旅游			
贷方	2412	4312	6876
借方	－7092	－11599	－10724
其它			
贷方	1856	1983	2216
借方	－4809	－4894	－5382
收入	－1780	－3334	－5213
贷方合计	3502	4293	4232
借方合计	－5282	－7627	－9445
雇员报酬			
贷方	108	167	103
借方	－221	－469	－508
投资收入			
贷方	3394	4126	4129
借方	－5061	－7158	－8937
经常性转移支付	－111	108	164
贷方	449	764	698
借方	－560	－656	－534
资本和金融项目	**－9480**	**－2511**	**－4705**
资本项目	840	－348	－463
贷方合计	4310	3122	3066
借方合计	－3470	－3470	－3529
资本转移			
贷方	4310	3122	3066
借方	－3470	－3470	－3529
非生产非金融资产			
贷方			
借方			
金融项目	－10320	－2163	－4242
直接投资	532	1712	2142
对外直接投资	－105	－305	－337
国内吸收投资	637	2017	2479
有价证券投资	87	－1435	7328
资产	113	－1525	－143
负债	－26	90	7471
其他投资	－12835	7943	－16552
资产	－19169	3561	－30466
负债	6334	4382	13914
储备资产	1896	－10382	2840
误差	**－1243**	**－7467**	**－6694**

资料来源：国际货币基金组织《国际收支统计年鉴》1997年。

10－37 西班牙国际收支平衡表

单位：百万美元

	1990年	1992年	1993年	1994年	1995年	1996年
经常项目	**－18010**	**－21287**	**－5767**	**－6817**	**1158**	**1756**
货物	－29158	－30420	－14964	－14833	－17661	－14912
贷方	55658	65826	62019	73924	91003	102041
借方	－84815	－96247	－76965	－88757	－108664	－116953
服务	11882	12529	11108	14713	17940	20012
贷方合计	27937	33952	30764	34149	40100	44364
借方合计	－16054	－21423	－19657	－19437	－22159	－24352
运输						
贷方	4752	4777	4194	5043	5865	6751
借方	－4688	－5060	－4495	－5175	－6340	－6907
旅游						
贷方	18581	22363	19603	21629	25495	27633
借方	－4254	－5570	－4734	－4155	－4475	－4915
其它						
贷方	4604	6812	6966	7477	8740	9980
借方	－7112	－10793	－10428	－10107	－11344	－12529
收入	－3533	－5790	－3573	－8149	－3851	－5928
贷方合计	7871	14084	11811	8676	13686	14120
借方合计	－11350	－19874	－15384	－16869	－17538	－17356
雇员报酬						
贷方	229	242	112	104	158	176
借方	－11	－21	－115	－98	－162	－198
投资收入						
贷方	7588	13843	11700	8571	13528	13945
借方	－11339	－19853	－15270	－16771	－17376	－19851
经常性转移支付	2799	2395	1644	1498	4731	2584
贷方	7849	11410	9150	9387	12093	11194
借方	－5050	－9015	－7506	－7890	－7362	－8610
资本和金融项目	**17232**	**27252**	**7447**	**8030**	**5001**	**1777**
资本项目	1451	3484	2918	2612	6287	6365
贷方合计	1753	3978	3366	3134	6848	6972
借方合计	－302	－493	－449	－522	－561	－607
资本转移						
贷方	1749	3916	3260	3071	6776	6920
借方	－220	－384	－340	－432	－455	－464
非生产非金融资产						
贷方	4	31	106	63	72	52
借方	－82	－110	－109	－90	－105	－144
金融项目	15782	23768	4530	5418	－1286	－4588
直接投资	10461	11084	5492	5528	2483	1767
对外直接投资	－3522	－2192	－2652	－3831	－3635	－4629
国内吸收投资	13984	13276	8144	9359	6118	6396
有价证券投资	9018	9358	49353	－21148	20595	－1214
资产	－1367	－2811	－6772	－1837	－627	－3739
负债	10385	12169	56125	－19310	21222	2525
其他投资	3490	－14483	－55124	21088	－30779	19137
资产	－13175	－40442	－75296	9149	－37404	1398
负债	16665	25958	20172	11940	6626	17739
储备资产	－7188	17809	4808	－50	6415	－24278
误差	**777**	**－5965**	**－1680**	**－1214**	**－6160**	**－3533**

资料来源：国际货币基金组织《国际收支统计年鉴》1997年。

10－38 乌克兰国际收支平衡表

单位：百万美元

	1990年	1991年	1992年	1993年	1994年	1995年
经常项目					**－1163**	**－1152**
货物					－2575	－2702
贷方					13894	14244
借方					－16469	－16946
服务					1209	1512
贷方合计					2747	2846
借方合计					－1538	－1334
运输						
贷方					1894	2152
借方					－244	－454
旅游						
贷方					175	191
借方					－141	－210
其它						
贷方					678	503
借方					－1153	－670
收入					－344	－434
贷方合计					56	247
借方合计					－400	－681
雇员报酬						
贷方						
借方						
投资收入						
贷方						
借方						
经常性转移支付					547	472
贷方					583	557
借方					－36	－85
资本和金融项目					**740**	**1104**
资本项目					97	6
贷方合计					106	6
借方合计					－9	
资本转移						
贷方					106	6
借方					－9	
非生产非金融资产						
贷方						
借方						
金融项目					643	1098
直接投资					151	257
对外直接投资					－8	－10
国内吸收投资					159	267
有价证券投资						4
资产						－12
负债						16
其他投资					1040	1305
资产					－3026	－1574
负债					4006	2879
储备资产					－549	－469
误差					**424**	**48**

资料来源：国际货币基金组织《国际收支统计年鉴》1997 年。

10－39 英国国际收支平衡表

单位：十亿美元

	1990年	1992年	1993年	1994年	1995年	1996年
经常项目	**－32.50**	**－18.35**	**－15.51**	**－2.34**	**－5.86**	**－0.45**
货物	－32.74	－23.43	－20.24	－16.95	－18.31	－19.47
贷方	181.73	188.45	182.06	260.45	241.53	259.91
借方	－214.47	－211.88	－202.30	－223.41	－259.84	279.38
服务	6.56	8.64	8.24	7.31	10.84	11.24
贷方合计	56.23	62.17	58.61	64.30	73.52	79.39
借方合计	－49.67	－53.53	－50.38	－56.99	－62.68	－68.15
运输						
贷方	14.19	14.51	13.86	15.20	16.92	17.93
借方	－15.07	－15.40	－14.23	－16.09	－17.21	－19.06
旅游						
贷方	14.00	14.39	14.25	15.23	19.07	19.98
借方	－17.79	－20.18	－19.50	－22.25	－24.75	－26.03
其它						
贷方	28.04	33.27	30.50	33.87	37.53	41.48
借方	－16.81	－17.95	－16.65	－18.64	－20.72	－23.07
收入	2.42	5.53	3.90	14.84	12.47	15.03
贷方合计	141.44	120.50	111.49	119.25	144.08	150.05
借方合计	－139.02	－114.97	－107.59	－104.41	－131.61	－135.02
雇员报酬						
贷方						
借方						
投资收入						
贷方	141.44	120.50	111.49	119.25	144.08	150.05
借方	－139.02	－114.97	－107.59	－104.41	－131.61	－135.02
经常性转移支付	－8.74	－9.09	－7.41	－7.54	－10.86	－7.25
贷方	7.22	8.52	8.31	8.57	9.68	10.82
借方	－15.96	－17.62	－15.72	－16.11	－20.69	－20.69
资本和金融项目	**29.16**	**7.79**	**17.95**	**－5.08**	**3.15**	**－3.08**
资本项目						
贷方合计						
借方合计						
资本转移						
贷方						
借方						
非生产非金融资产						
贷方						
借方						
金融项目	29.16	7.79	17.95	－5.08	3.15	－3.08
直接投资	13.10	－2.86	－11.03	－24.62	－21.59	－12.24
对外直接投资	－19.32	－18.99	－26.58	－33.80	－44.09	－44.59
国内吸收投资	32.43	16.14	15.54	9.18	22.50	32.35
有价证券投资	－7.52	－25.17	－89.38	89.86	－2.78	－27.17
资产	－32.43	－51.09	－132.45	34.85	－64.16	－91.92
负债	24.91	25.92	43.06	55.00	61.37	64.75
其他投资	23.70	33.39	119.63	－68.84	26.63	35.88
资产	－94.78	－78.93	－75.41	－54.90	－79.28	－208.10
负债	118.48	112.32	195.04	－13.94	105.91	243.98
储备资产	0.13	2.43	－1.26	－1.48	0.90	0.45
误差	**3.34**	**10.56**	**－2.44**	**7.42**	**2.70**	**3.53**

资料来源：国际货币基金组织《国际收支统计年鉴》1997 年。

10－40 澳大利亚国际收支平衡表

单位：百万美元

	1990年	1992年	1993年	1994年	1995年	1996年
经常项目	**－15829**	**－11076**	**－9876**	**－16717**	**－19107**	**－15870**
货物	358	1640	－29	－3280	－4166	－981
贷方	39642	42813	42637	47331	53145	60064
借方	－39284	－41173	－42666	－50611	－57311	－60955
服务	－3462	－2523	－1364	－1163	－928	－71
贷方合计	10101	10930	11806	14085	15978	18424
借方合计	－13563	－13453	－13170	－15248	－16906	－18495
运输						
贷方	3493	3652	3853	4342	4778	5182
借方	－4539	－4505	－4498	－5516	－6333	－6737
旅游						
贷方	4245	4735	5220	6564	7873	9078
借方	－4211	－3891	－3672	－4325	－4979	－5786
其它						
贷方	2363	2543	2734	3179	3327	4164
借方	－4812	－5057	－5001	－5407	－5594	－5972
收入	－13196	－10088	－8273	－11921	－13945	－15015
贷方合计	3164	3559	3976	4131	5080	5794
借方合计	－16333	－13647	－12249	－16053	－19026	－20808
雇员报酬						
贷方	348	354	340	387	431	507
借方	－341	－223	－219	－235	－306	－420
投资收入						
贷方	2816	3205	3636	3745	4650	5287
借方	－15992	－13424	－12030	－15818	－18717	－20388
经常性转移支付	444	－105	－210	－353	－67	107
贷方	1749	1221	1103	1180	1338	1481
借方	－1305	－1326	－1313	－1533	－1405	－1374
资本和金融项目	**13094**	**13044**	**10742**	**11563**	**20113**	**16285**
资本项目	1514	1063	257	313	537	884
贷方合计	2022	1572	761	890	1220	1571
借方合计	－508	－510	－504	－577	－684	－687
资本转移						
贷方	2022	1572	761	890	1220	1571
借方	－508	－510	－504	－577	－684	－687
非生产非金融资产						
贷方						
借方						
金融项目	11580	11981	10485	11249	19576	15402
直接投资	6329	4237	1244	－1362	10159	3182
对外直接投资	－188	－854	－1768	－5243	－4092	－3140
国内吸收投资	6517	5091	3012	3881	14251	6321
有价证券投资	2005	－2193	3854	13975	736	9059
资产	1112	－76	－2366	－547	－1483	－1008
负债	893	－2117	6220	14522	2219	10067
其他投资	4986	5210	5346	－2324	9077	5622
资产	－955	－2428	－2698	1318	－3382	－4700
负债	5941	7638	8044	－3642	12459	10322
储备资产	－1740	4726	42	960	－396	－2460
误差	**2735**	**－1968**	**－866**	**5154**	**－1006**	**－415**

资料来源：国际货币基金组织《国际收支统计年鉴》1997 年。

10－41 新西兰国际收支平衡表

单位：百万美元

	1990年	1992年	1993年	1994年	1995年	1996年
经常项目	**－1453**	**－1369**	**－1070**	**－2116**	**－3419**	**－3948**
货物	815	1627	1719	1336	897	493
贷方	9190	9735	10468	11984	13481	14168
借方	－8375	－8108	－8749	－10648	－12584	－13675
服务	－830	－948	－651	－325	－362	－329
贷方合计	2494	2634	2854	3675	4315	4708
借方合计	－3324	－3582	－3505	－4000	－4677	－5037
运输						
贷方	1049	1109	1149	1459	1526	1596
借方	－1319	－1287	－1310	－1527	－1882	－2076
旅游						
贷方	1030	1097	1245	1669	2163	2163
借方	－958	－977	－1002	－1148	－1283	－1283
其它						
贷方	415	428	460	546	626	681
借方	－1047	－1318	－1194	－1325	－1506	－1481
收入	－1576	－2177	－2270	－3416	－4186	－4665
贷方合计	719	－114	274	592	999	321
借方合计	－2295	－2063	－2544	－4008	－5185	－4986
雇员报酬						
贷方						
借方						
投资收入						
贷方	719	－114	274	592	999	321
借方	－2295	－2063	－2544	－4008	－5185	－4986
经常性转移支付	138	129	132	290	232	553
贷方	317	310	310	608	558	900
借方	－179	－182	－178	－319	－326	－347
资本和金融项目	**909**	**2470**	**1794**	**2821**	**5042**	**－1197**
资本项目	213	292	542	806	1224	1335
贷方合计	507	602	833	1155	1652	1838
借方合计	－294	－311	－291	－349	－427	－502
资本转移						
贷方	507	602	833	1155	1652	1838
借方	－294	－311	－291	－349	－427	－502
非生产非金融资产						
贷方						
借方						
金融项目	696	2178	1252	2016	3818	－2532
直接投资	141	2877	1168	931	2785	49
对外直接投资	－1594	792	－1300	－1517	－345	－231
国内吸收投资	1735	2085	2469	2448	3130	280
有价证券投资	171	369	2148	1381	1499	425
资产	－111	－14	－286	－73	－261	－92
负债	282	382	2435	1454	1760	517
其他投资	1398	－937	－2139	125	－82	－1232
资产	－81	113	－618	98	－180	－101
负债	1479	－1050	－1520	27	98	－1131
储备资产	－1014	－131	74	－422	－384	－1774
误差	**544**	**－1100**	**－724**	**－705**	**－1623**	**5145**

资料来源：国际货币基金组织《国际收支统计年鉴》1997 年。

10-42 未包括黄金的国际储备

单位：百万特别提款权

	1980年	1985年	1990年	1994年	1995年	1996年
世界总计	**321288**	**404875**	**637730**	**858800**	**988300**	**1135600**
孟加拉国	235	306	442	2150	1574	1835
印　度	5444	5845	1069	13493	12056	20170
印度尼西亚	4227	4529	5243	8311	9222	18251
以 色 列	2628	3350	4411	4653	5462	11415
日　本	19316	24325	55179	86214	123277	216648
马来西亚	3440	4472	6856	17415	15944	27009
缅　甸	204	31	220	289	377	229
韩　国	2293	2612	10398	17563	21983	34037
巴基斯坦	389	735	208	2007	1166	548
菲 律 宾	2232	560	650	4122	4287	10030
新 加 坡	5149	11695	19505	39851	46213	76847
斯里兰卡	192	411	297	1401	1404	1962
泰　国	1223	1994	9352	20093	24206	37731
土 耳 其	844	961	4252	4911	8370	16436
越　南		11				
埃　及	820	721	1886	9234	10886	17398
尼日利亚	8025	1518	2716	949	971	4075
南　非	569	286	709	1154	1897	942
加 拿 大	2425	2278	12544	8416	10124	20422
墨 西 哥	2321	4467	6933	4301	11333	19433
美　国	12228	29220	50791	43350	50307	64041
阿 根 廷	5268	2980	3228	9814	9612	18104
巴　西	4524	9654	5230	25393	33440	58323
委内瑞拉	5178	9332	5849	5526	4427	11788
捷克共和国	1442	778	775	4209	9312	
法　国	21436	24206	25851	17986	18065	26796
德　国	38099	40403	47729	52994	57185	83178
意 大 利	18132	14198	44232	22102	23482	45948
荷　兰	9131	9816	12289	23655	22680	26767
波　兰	100	792	3158	4002	9939	17844
罗马尼亚	253	181	262	1429	1147	2103
西 班 牙	9302	10174	36008	28475	23119	57927
英　国	16192	11707	25202	28094	28265	39896
南斯拉夫	1085	997	3848		2038 ①	4737
澳大利亚	1325	5251	11432	7730	8003	14485
新 西 兰	276	1453	2902	2540	2967	5953

注：① 百万美元，1美元折合 0.6727 特别提款权。

资料来源：国际货币基金组织《国际金融统计年鉴》1997 年。

10-43 未包括黄金的国际储备与进口之比

单位：%

	1980年	1985年	1990年	1994年	1995年	1996年
世界总计	**10.8**	**12.0**	**13.6**	**14.6**	**14.3**	**15.2**
孟加拉国	6.0	6.3	9.1	34.7	18.7	14.4
印　　度	24.3	21.0	3.3	38.2	27.0	28.1
印度尼西亚	25.9	25.2	17.8	19.7	17.4	22.1
伊　　朗	43.4					
以 色 列	18.0	18.9	19.4	14.0	14.2	
日　　本	9.1	10.6	17.3	23.8	28.4	32.3
马来西亚	21.1	20.8	17.3	22.2	15.9	17.9
缅　　甸	38.3	6.2	60.2	24.8	21.9	8.4
韩　　国	6.8	4.8	11.0	13.0	12.6	11.8
巴基斯坦	4.8	7.1	2.1	17.1	7.9	2.4
菲 律 宾	17.8	5.9	3.7	13.9	11.7	15.3
新 加 坡	14.2	25.4	23.7	29.5	28.7	30.4
斯里兰卡	6.3	12.7	8.2	22.3	20.9	18.8
泰　　国	8.8	12.3	20.7	28.0	26.4	26.7
越　　南				0.2		
埃　　及	11.2	7.5	15.1	68.8	71.7	
尼日利亚	31.9	9.8	35.7	11.1	8.0	
南　　非	1.9	1.4	2.8	3.7	4.8	1.6
加 拿 大	2.6	1.6	7.5	4.1	4.6	6.1
墨 西 哥	7.5	17.3	16.3	3.7	11.0	10.3
美　　国	3.2	4.7	7.3	4.8	5.0	4.1
阿 根 廷	33.1	44.6	58.6	34.6	36.9	39.6
巴　　西	12.0	38.5	17.2	53.5	48.1	53.3
委内瑞拉	29.0	65.8	59.0	47.0	27.3	58.2
捷克共和国	7.5	3.7	4.2	20.4	27.1	22.0
法　　国	10.5	12.8	8.2	5.9	5.1	5.0
德　　国	13.4	14.6	10.2	10.4	9.5	9.5
意 大 利	11.9	9.2	18.0	9.9	8.8	11.5
荷　　兰	6.9	7.7	7.2	12.7	9.9	7.7
波　　兰	0.4	3.8	27.8	14.2	26.4	25.0
罗马尼亚	1.2	0.9	2.0	15.3	8.0	9.6
西 班 牙	18.1	19.4	30.4	23.4	15.6	24.7
英　　国	9.3	6.1	8.4	9.4	8.3	7.3
南斯拉夫	4.8	4.7	15.1			
澳大利亚	3.9	11.6	20.5	11.0	10.1	11.6
新 西 兰	3.3	13.8	22.6	16.2	16.4	

资料来源：国际货币基金组织《国际金融统计年鉴》1997年。

10－44 一些发展中国家外债及其构成

单位：百万美元

	1980年	1985年	1990年	1994年	1995年	1996年
孟加拉国						
外债总额	4230	6870	12757	16222	16296	16083
长期外债	3594	6215	11976	15355	15471	15403
私人非担保外债						
政府及政府担保外债	3594	6215	11976	15355	15471	15403
短期外债	636	655	781	866	824	680
印度						
外债总额	20581	40951	83717	102611	94414	89827
长期外债	18333	31761	72550	94035	86991	81788
私人非担保外债	336	1497	1488	6427	6618	7382
政府及政府担保外债	17997	30264	71062	87608	80373	74406
短期外债	2248	9190	11167	8576	7423	8039
印度尼西亚						
外债总额	20938	36715	69934	107824	124398	129033
长期外债	18163	30620	58305	88367	98432	96803
私人非担保外债	3142	3837	10261	24441	33123	36694
政府及政府担保外债	15021	26784	48044	63926	65309	60108
短期外债	2775	6095	11629	19457	25966	32230
伊朗						
外债总额	4500	6057	9021	22744	21988	21183
长期外债	4500	2390	1797	16039	17446	16153
私人非担保外债				392	314	236
政府及政府担保外债	4500	2390	1797	15647	17132	15917
短期外债		3667	7224	6705	4542	5029
哈萨克斯坦						
外债总额				2790	3696	2920
长期外债				2268	2882	2147
私人非担保外债				41	65	215
政府及政府担保外债				2227	2817	1932
短期外债				521	814	773
马来西亚						
外债总额	6611	20269	15328	29294	34333	39777
长期外债	5256	17466	13422	23105	27059	28709
私人非担保外债	1248	2960	1830	9454	11034	13008
政府及政府担保外债	4008	14506	11592	13651	16025	15701
短期外债	1355	2803	1906	6189	7274	11068
蒙古						
外债总额		3	25	447	512	524
长期外债		3	25	387	452	474
私人非担保外债						
政府及政府担保外债		3	25	387	452	474
短期外债				61	61	50

续表 1 单位：百万美元

	1980年	1985年	1990年	1994年	1995年	1996年
缅甸						
外债总额	1500	3098	4695	6555	5771	5184
长期外债	1390	2903	4466	6154	5378	4804
私人非担保外债						
政府及政府担保外债	1390	2903	4466	6154	5378	4804
短期外债	110	194	229	401	393	381
巴基斯坦						
外债总额	9931	13465	20663	27359	30248	29901
长期外债	8520	10700	16643	23864	25401	25690
私人非担保外债	18	26	138	1178	1593	1995
政府及政府担保外债	8502	10674	16506	22686	23807	23694
短期外债	1411	2765	4020	3495	4848	4212
菲律宾						
外债总额	17417	26637	30580	40000	39446	41214
长期外债	8817	16312	25241	33221	33439	32839
私人非担保外债	2454	2600	1201	2945	3531	4902
政府及政府担保外债	6363	13712	24040	30276	29908	27937
短期外债	8600	10326	5339	6780	6007	8375
斯里兰卡						
外债总额	1841	3540	5867	7888	8231	7995
长期外债	1231	2937	5052	6732	7101	6898
私人非担保外债	3	99	102	83	90	80
政府及政府担保外债	1227	2839	4950	6650	7011	6818
短期外债	611	603	815	1156	1131	1097
泰国						
外债总额	8297	17552	28088	65522	83166	90824
长期外债	5646	13230	19765	36343	42071	53210
私人非担保外债	1703	3370	7311	20152	25117	36171
政府及政府担保外债	3943	9860	12454	16191	16954	17039
短期外债	2651	4322	8323	29179	41095	37613
土耳其						
外债总额	19131	26013	49424	66255	73779	79789
长期外债	15575	19927	39924	54601	57394	58591
私人非担保外债	535	359	1054	6159	7079	10419
政府及政府担保外债	15040	19568	38870	48443	50315	48172
短期外债	3556	6085	9500	11654	16385	21198
越南						
外债总额	6	61	23492	25115	25813	26764
长期外债	6	61	21487	22054	22039	22344
私人非担保外债						
政府及政府担保外债	6	61	21487	22054	22039	22344
短期外债			2006	3061	3774	4421
埃及						
外债总额	19131	36102	32924	32426	33374	31407
长期外债	14693	29722	28349	30302	30900	29045
私人非担保外债	265	750	1000	375	313	127
政府及政府担保外债	14428	28972	27349	29927	30587	28918
短期外债	4438	6380	4575	2124	2474	2362

续表 2　　　　单位：百万美元

	1980年	1985年	1990年	1994年	1995年	1996年
尼日利亚						
外债总额	8921	18643	33440	33092	34093	31407
长期外债	5368	13649	31936	28266	28441	25731
私人非担保外债	1097	1416	391	311	301	300
政府及政府担保外债	4271	12233	31546	27955	28140	25431
短期外债	3553	4995	1504	4827	5651	5676
南非						
外债总额				18720	22291	23590
长期外债				12963	14459	13907
私人非担保外债				5174	4622	3559
政府及政府担保外债				7789	9837	10348
短期外债				5757	7832	9684
墨西哥						
外债总额	57378	96867	104442	140006	166104	157125
长期外债	41215	88448	81809	96824	112976	113778
私人非担保外债	7300	15745	5835	17489	18587	20340
政府及政府担保外债	33915	72703	75974	79335	94388	93438
短期外债	16163	8419	22633	43183	53129	43347
阿根廷						
外债总额	27157	50946	62233	77434	83536	93841
长期外债	16774	41902	48705	66052	67235	75348
私人非担保外债	6593	4575	1800	10220	11265	12956
政府及政府担保外债	10181	37327	46905	55832	55970	62392
短期外债	10383	9044	13528	11382	16301	18493
巴西						
外债总额	71520	103602	119879	151209	159704	179047
长期外债	57981	89605	94343	119620	129070	143541
私人非担保外债	16605	17177	6671	24701	31887	48953
政府及政府担保外债	41375	72428	87672	94919	97183	94587
短期外债	13540	13998	25537	31589	30635	35507
委内瑞拉						
外债总额	29345	35334	33170	36853	35842	35344
长期外债	13795	26383	28159	30478	30508	30266
私人非担保外债	3181	8645	3650	2436	2013	1814
政府及政府担保外债	10614	17738	24509	28042	28494	28452
短期外债	15550	8951	5012	6374	5334	5078
白俄罗斯						
外债总额				1273	1667	1071
长期外债				1100	1275	695
私人非担保外债				1	20	30
政府及政府担保外债				1100	1255	665
短期外债				172	392	375

续表 3 单位：百万美元

	1980年	1985年	1990年	1994年	1995年	1996年
保加利亚						
外债总额	392	3852	10890	9801	10297	9819
长期外债	392	3802	9834	8417	9060	8334
私人非担保外债					342	196
政府及政府担保外债	392	3802	9834	8417	8718	8138
短期外债		50	1056	1384	1237	1485
捷克共和国						
外债总额	3790	3459	6383	10694	16266	20094
长期外债	1	1920	3983	7805	11100	14145
私人非担保外债				768	1460	2128
政府及政府担保外债	1	1920	3983	7037	9640	12017
短期外债	3789	1539	2400	2889	5166	5949
波兰						
外债总额	8894	33307	49366	42553	42291	40895
长期外债	6594	29734	39263	40367	42085	40819
私人非担保外债				864	1012	1602
政府及政府担保外债	6594	29734	39263	39503	41073	39217
短期外债	2300	3573	10104	2186	206	76
罗马尼亚						
外债总额	9762	7008	1140	5533	6666	8291
长期外债	7131	5805	230	3243	4325	6825
私人非担保外债			7	318	416	369
政府及政府担保外债	7131	5805	223	2925	3909	6456
短期外债	2631	1203	910	2289	2341	1467
俄罗斯						
外债总额	4477	28296	59817	122142	120706	124785
长期外债	4477	21396	48017	107935	100431	100463
私人非担保外债						
政府及政府担保外债	4477	21396	48017	107935	100431	100463
短期外债		6900	11800	14208	20276	24322
乌克兰						
外债总额				5439	8219	9335
长期外债				4657	6454	6629
私人非担保外债				45	84	178
政府及政府担保外债				4612	6370	6451
短期外债				781	1765	2706
南斯拉夫						
外债总额	18486	22251	17837	13035	13839	13439
长期外债	15586	19129	16846	11270	11484	11239
私人非担保外债	11005	7980	3860	2759	2759	2759
政府及政府担保外债	4581	11149	12986	8511	8725	8480
短期外债	2900	3123	991	1765	2355	2200

资料来源：世界银行《世界发展指标》1998 年。

10-45 外债还本付息额与国内生产总值之比

单位：%

	1980年	1985年	1990年	1994年	1995年	1996年
孟加拉国	2.1	2.3	3.6	2.4	2.8	2.2
印　　度	0.8	1.7	2.8	3.6	4.1	3.6
印度尼西亚	4.1	7.0	9.1	8.4	8.5	9.9
伊　　朗	1.0	0.3	0.5			2.4
哈萨克斯坦				0.3	1.2	3.4
马来西亚	4.0	18.6	10.6	9.2	7.5	8.1
蒙　　古				5.9	4.9	5.0
巴基斯坦	3.7	4.3	4.6	6.6	5.2	5.1
菲 律 宾	6.7	8.5	8.1	7.0	7.0	6.6
斯里兰卡	4.5	5.4	4.8	3.4	3.3	3.1
泰　　国	5.0	8.5	6.3	5.7	5.2	4.8
土 耳 其	2.3	6.8	4.9	7.8	6.7	5.9
越　　南				1.9	1.8	1.5
埃　　及	5.8	9.0	7.3	4.4	4.1	3.4
尼日利亚	1.9	16.2	13.0	8.0	8.0	8.1
南　　非				2.2	2.3	3.1
墨 西 哥	5.8	8.8	4.5	5.4	9.8	12.7
阿 根 廷	5.5	7.4	4.6	2.4	3.5	4.8
巴　　西	6.5	5.4	1.9	3.0	3.3	3.4
委内瑞拉	8.7	7.2	10.6	6.6	6.5	6.9
白俄罗斯				0.5	0.8	0.6
保加利亚	0.2	6.7	7.2	7.0	9.2	14.1
捷克共和国	1.6	3.0	3.3	7.0	5.1	4.8
波　　兰	5.3	3.0	1.7	3.4	3.4	1.9
罗马尼亚				2.1	2.7	3.5
俄 罗 斯			2.0	1.1	1.7	1.6
乌 克 兰				0.6	2.3	2.9

资料来源：世界银行《世界发展指标》1998 年。

10-46 外债偿债率①

单位：%

	1980年	1985年	1990年	1994年	1995年	1996年
孟加拉国	23.7	22.4	28.9	14.1	14.6	11.7
印　　度	9.3	22.7	31.4	27.6	28.1	24.1
印度尼西亚		28.8	33.4	30.7	30.9	36.8
伊　　朗	6.8	4.1	3.2	21.6	29.3	
哈萨克斯坦				1.6	4.1	9.9
马来西亚	6.3	30.4	12.6	9.0	7.0	8.2
蒙　　古			0.3	9.3	9.1	9.7
缅　　甸	25.4	52.5	9.0	14.5		
巴基斯坦	18.3	24.9	23.3	35.0	26.6	27.4
菲 律 宾	26.6	31.6	27.0	18.9	16.0	13.7
斯里兰卡	12.0	16.5	13.8	8.2	7.4	7.3
泰　　国	18.9	31.9	16.9	13.5	11.6	11.5
土 耳 其	28.0	35.0	29.4	31.4	27.7	21.7
越　　南			8.9	5.6	5.0	3.5
埃　　及	13.4	25.8	26.6	14.8	13.1	11.6
尼日利亚	4.1	32.7	22.6	17.9	17.2	16.0
南　　非				8.9	8.8	11.1
墨 西 哥	44.4	43.7	20.7	28.1	27.8	35.4
阿 根 廷	37.3	60.1	37.0	30.9	34.2	44.2
巴　　西	63.3	39.1	22.2	30.6	37.3	41.1
委内瑞拉	27.2	25.0	23.2	19.1	21.5	16.8
白俄罗斯				4.1	3.5	2.0
保加利亚	0.5	10.2	19.4	13.0	16.5	20.5
捷克共和国				11.4	8.2	8.3
波　　兰	17.9	15.5	4.9	11.8	10.8	6.4
罗马尼亚	12.6	18.7	0.3	8.5	10.2	12.6
俄 罗 斯				4.3	6.3	6.6
乌 克 兰				2.0	6.9	6.2

注：① 外债还本付息额与当年商品和服务出口额之比。

资料来源：世界银行《世界发展指标》1998 年。

10－47 公共外债及政府担保的私人长期外债还本付息额与中央政府财政经常性收入之比

单位：%

	1980年	1985年	1990年	1994年	1995年	1996年
孟加拉国	7.9	15.2				
印　　度	5.6	7.2	14.6	21.8	23.0	21.6
印度尼西亚	10.6	21.8	34.5	27.4	26.5	30.3
伊　　朗	4.7	1.3	0.3	20.9	20.2	8.8
马亚西亚	5.8	46.0	31.5	20.1	11.7	16.8
蒙　　古				24.3	15.3	15.9
缅　　甸	11.9	20.6	2.3	3.1	3.6	
巴基斯坦	15.4	21.5	18.4	30.4	20.0	
菲 律 宾	13.1	33.5	40.4	31.3	32.5	28.8
斯里兰卡	10.3	16.1	16.9	16.1	13.4	13.0
泰　　国	9.5	24.7	20.7	10.0	8.9	6.3
土 耳 其	8.5	38.5	31.6	30.4	30.0	25.2
埃　　及		11.3	17.5	9.9		
尼日利亚		38.0				
南　　非				4.5	4.8	
墨 西 哥	26.9	37.3	19.5	18.7	35.3	
阿 根 廷	6.1	31.0	32.8	11.8	17.3	
巴　　西	15.3	12.3	5.4			
委内瑞拉	19.1	14.1	37.2	19.3	27.3	22.5
保加利亚			13.5	14.8	17.7	29.2
捷克共和国				7.9	10.2	10.0
波　　兰		6.3		6.4	4.7	4.1
罗马尼亚	7.5	8.3		4.3		
俄 罗 斯				5.6	8.7	

资料来源：世界银行《世界发展指标》1998年。

10－48 短期外债占全部外债比重

单位：%

	1980年	1985年	1990年	1994年	1995年	1996年
孟加拉国	5.0	2.0	1.2	1.2	1.2	1.0
印　　度	6.2	10.6	10.2	4.2	5.3	7.5
印度尼西亚	13.3	16.5	15.9	18.0	20.9	25.0
伊　　朗		60.5	80.1	29.5	20.7	23.7
哈萨克斯坦				8.3	10.3	7.6
马亚西亚	20.5	13.2	12.4	21.1	21.2	27.8
蒙　　古				1.2	2.7	1.3
缅　　甸	0.3	2.8	4.9	6.1	6.8	7.3
巴基斯坦	7.4	9.7	15.4	7.1	10.7	9.4
菲 律 宾	43.4	34.4	14.5	14.3	13.4	19.3
斯里兰卡	11.9	5.8	6.9	6.8	6.5	7.1
泰　　国	27.8	18.2	29.6	44.5	49.4	41.4
土 耳 其	13.1	18.3	19.2	17.1	21.3	25.7
越　　南			8.1	11.1	13.2	14.5
埃　　及	21.1	17.2	13.5	6.0	7.1	7.5
尼日利亚	39.8	26.8	4.5	14.6	16.6	18.1
南　　非				26.0	31.0	37.3
墨 西 哥	28.2	5.6	15.4	28.1	22.5	19.1
阿 根 廷	38.2	13.2	16.8	9.3	12.2	13.0
巴　　西	18.9	9.1	19.8	20.8	19.1	19.8
委内瑞拉	53.0	25.3	6.0	10.1	8.6	8.2
白俄罗斯				5.5	6.6	9.5
保加利亚		1.3	9.7	4.5	5.1	9.2
捷克共和国	100.0	44.5	37.6	27.0	31.8	29.6
波　　兰	25.9	10.7	19.4	2.0	0.5	0.2
罗马尼亚	23.6	7.7	79.8	17.5	19.5	9.8
俄 罗 斯		24.4	19.7	8.2	8.8	9.5
乌 克 兰				7.7	2.7	4.8
南斯拉夫	11.6	4.6	2.9	12.9	16.4	15.8

资料来源：世界银行《世界发展指标》1998 年。

主要统计指标解释

外债 包括长期债务和短期债务。

长期债务 偿还期在一年以上的政府债务人和私人债务人负有所有对外负债，它包括政府、政府担保的、非政府担保的所有债务。按债务人分为中央政府负债、其他政府部门负债和非金融国营企业负债。

短期债务 原来或续约后规定偿还期在一年及一年以内的政府债务人和私人债务人负有所有对外债务。

不包括黄金的国际储备 一个国家的金融当局(中央银行、货币委员会、外汇平衡基金和财政部)所持有的特别提款权、在国际货币基金组织中的储备净额和外汇储备。

货物和服务的进出口 指某一国家居民(广义)同其他国家的机构之间发生的货物和服务所有权转换的交易活动。

国际收支口径的商品进出口 包括出口商品到海关之前所包含的相关服务的市场价值，即FOB价(指定装货港船上交货)，进口出同样按FOB价计算。

服务 装船、客运和其他交通服务，旅游，及其他未分类的经常项目(例如归入商品贸易，非要素服务或转移支付)。这些包括政府机构及其驻外人员同非居民(广义)的交易，私人同外国政府和驻外政府人员间的交易。

收入 为劳动力和资本服务，因而包括直接境外投资收入、利息、股息、财产和劳动收入。

经常项目收支平衡 货物净出口，非要素服务，净要素服务收入，转移净额，官方捐赠也都包括在内。

直接投资 投资者参与企业管理获得资产收益。除去这部分之外，所有在经济活动中通过企业运营所进行的有长期利益的资本交易均为直接投资。直接投资包括的项目有产权资本，再投资收益和其他长期资本、短期资本。

长期贷款 所有原定或续定偿还期为一年期以上并且以外汇、实物或服务为偿还手段的政府、政府担保的、私人未经担保的贷款。

储备变动 一个国家通过经常项目和资本项目的交易所导致的国际储备变动额。国际储备包括货币黄金、特别提款权、在国际货币基金国的储备净额、外汇资产和其他中央货币当局对非居民有效的产权。

十一、价格指数

11－1 国内生产总值缩减指数

单位：1990年＝100

	1970年	1980年	1985年	1990年	1991年	1992年	1993年	1994年	1995年	1996年
阿根廷				100	238	270	289	291	303	
澳大利亚	16	48	71	100	102	104	105	106	109	111
孟加拉国		40	67	100	109	114	114	119	130	137
巴西				100	522	5683	123826	2982805	5223343	
加拿大	28	62	82	100	103	104	105	106	108	109
捷克共和国							202	224	258	279
埃及			53	100	115	137	151	161	181	
法国	22	55	85	100	103	106	108	110	112	113
德国		76	89	100	104	109	114	116	119	120
印度	20	45	67	100	115	125	136	149	160	
印度尼西亚	6	40	67	100	109	117	139	150	164	178
伊朗	3	21	39	100	123	154	213	291	400	
以色列			33	100	121	135	151	169	185	206
意大利	9	37	72	100	108	113	118	122	128	134
荷兰	39	81	96	100	103	105	107	110	112	113
韩国	8	51	74	100	110	117	123	129	136	141
马来西亚	40	82	93	100	103	108	110	116	122	
墨西哥		1	7	100	121	138	164	178	246	323
蒙古		109	108	100	199	564				
缅甸	13	28	33	100	124	151	205	251	299	336
新西兰	12	39	65	100	101	105	112	113	115	
尼日利亚		23	36	100	119	196	244	314		
巴基斯坦	114	83	96	100	113	125	135	153	173	191
菲律宾	8	27	67	100	117	126	134	148	159	173
罗马尼亚		75	85	100	295	933	3061	7312		
新加坡	41	75	86	100	103	105	110	115	118	121
南非	7	25	48	100	114	128	142	155	169	183
西班牙	10	41	70	100	107	114	119	122	130	135
斯里兰卡	8	25	60	100	110					
泰国	28	65	79	100	106	111	115	120	125	
土耳其				100	164	272	470	946		
英国	15	55	76	100	107	111	115	117	120	124
美国	31	63	83	100	104	107	110	112	115	117
委内瑞拉	4	12	23	100	121	156	205	334	506	1069

资料来源:国际货币基金组织《国际金融统计年鉴》1997年。

11－2 生产者价格和批发价格指数①

单位:1990年＝100

	1990年	1991年	1992年	1993年	1994年	1995年	1996年
孟加拉国							
国内供应	100	104	108	110	117	125	128
农业产品	100	102	104	106	115	123	126
工业产品	100	110	117	119	122	128	131
原材料	100	103	108	110	107	117	120
成　品	100	104	114	117	118	130	133
印　度							
国内供应	100	112	125	137	151	151	176
农业产品	100	116	138	147	160	172	185
工业产品②	100	111	122	133	141	161	169
原材料	100	118	131	138	153	168	181
印度尼西亚							
国内供应③	100	105	111	115	121	135	145
国内生产	100	109	117	126	138	157	168
农业产品	100	108	118	131	156	186	209
工业产品	100	110	117	124	131	146	151
进口产品③	100	105	109	110	113	120	127
出口产品	100	96	100	99	99	112	128
以色列							
工业产品	100	117	129	139	150	167	180
伊　朗							
国内供应			169	212	301	483	582
国内生产	100	126	170	192	302	423	
农业产品	100	128	162	171	268	409	
工业产品	100	124	166	188	291	415	
进口产品	100	121	168	193	314	477	
出口产品	100	153	163	167	248	356	429
原材料	100	126	149	155	287	410	572
日　本							
国内供应	100	101	102	102	95	94	94
国内生产	100	102	101	99	97	96	95
农业产品	100	101	102	101	98	90	91
工业产品	100	102	101	101	97	96	95
进口商品	100	99	96	96	98	104	103
出口商品	100	102	101	95	105	107	105
原材料	100	96	103	106	80	80	86
半成品	100	101	100	100	93	92	93
成　品	100	101	102	102	98	96	96
生产用原料	100	100	97	101	92	92	92
消费品	100	102	103	103	99	97	96
投资用品	100	101	101	99	97	95	94
韩　国							
国内供应	100	105	107	109	112	117	120
农业产品	100	111	115	114	128	134	134
原材料	100	109	106	108	110	118	123
中间产品	100	103	105	106	108	116	118
制成品	100	107	109	111	116	118	122
生产用原料	100	104	106	107	103	116	116
消费品	100	108	110	113	119	121	126
投资用品	100	103	106	108	110	112	112

续表1　　　　单位:1990＝100

	1990年	1991年	1992年	1993年	1994年	1995年	1996年
巴基斯坦							
国内供应	100	113	121	133	144	168	199
农业产品	100	111	122	136	159	184	
工业产品	100	116	122	127	151	165	
原材料	100	112	121	134	177	183	209
新加坡							
国内供应	100	94	92	89	87	87	87
国内生产②	100	95	91	83	80	81	81
进口商品	100	95	94	92	91	97	90
出口商品	100	95	88	86	83	82	81
斯里兰卡							
国内供应	100	109	119	128	134	146	172
国内生产	100	112	118	125	141	151	168
进口商品	100	106	110	116	121	134	151
出口商品	100	108	127	141	134	148	
消费品	100	109	120	129	130	138	173
泰　国							
国内供应	100	106	106	106	109	119	125
农业产品	100	112	114	108	113	133	
工业产品②	100	107	107	105	108	117	120
出口商品	100	101	103	101	115	131	132
原材料	100	109	109	100	110	134	138
半成品	100	108	108	108	109	118	123
成　品	100	106	108	110	115	121	126
消费品	100	107	110	111	119	123	130
土耳其							
国内供应	100	155	252	399	880	1638	2881
农业产品	100	151	245	398	788	1638	3054
工业产品	100	155	248	388	891	1612	2746
埃　及							
国内供应	100	118	133	131	162	173	187
原材料	100	120	147	170	106	116	142
半成品	100	123	143	143	146	161	172
成　品	100	121	139	150	162	173	189
投资用品	100	137	192	212	153	161	166
南　非							
国内供应	100	111	121	129	139	152	164
国内生产	100	112	122	131	143	156	168
农业产品	100	110	129	137	155	166	174
工业产品②	100	111	120	128	139	153	166
进口商品	100	108	113	118	125	134	141

续表2 单位:1990＝100

	1990年	1991年	1992年	1993年	1994年	1995年	1996年
加拿大							
工业产品②	100	99	99	103	105	117	118
原材料	100	94	95	100	108	117	122
半成品	100	97	97	100	102	119	118
成品	100	102	104	107	108	114	117
墨西哥⑤							
国内供应	100	119	133	142	151	214	287
农业产品	100	123	151	159	167	206	287
出口商品	100	99	106	104	117	213	314
原材料	100	117	124	129	138	211	287
消费品	100	123	139	150	158	222	288
投资用品	100	120	132	143	150	207	266
美　国							
国内供应	100	100	101	102	104	107	110
农业产品	100	94	92	96	95	96	109
工业产品	100	101	101	103	104	109	110
原材料	100	93	92	94	93	94	104
半成品	100	100	100	102	103	109	110
成品	100	102	103	105	105	107	110
消费品	100	102	103	104	104	106	
投资用品	100	103	105	107	109	111	113
阿根廷							
国内供应	100	*210	223	227	228	240	248
国内生产	100	*212	226	230	231	244	252
农业产品	100	*195	230	243	223	252	289
工业产品②	100	*215	225	228	232	247	248
进口商品②	100	*188	188	189	198	226	204
巴　西④							
国内供应			…	4	100	159	169
农业产品			…	3	100	163	172
工业产品			…	5	100	155	165
原材料			…	4	100	150	162
生产用原料			…	4	100	153	165
消费品			…	4	100	169	176
投资用品			…	4	100	155	172
委内瑞拉							
国内供应	100	122	151	205	363	573	1165
国内生产	100	123	155	211	372	597	
农业产品	100	135	168	211	316		
工业产品	100	121	150	204	367		
进口商品	100	119	140	189	341	514	1098
法　国							
农业产品	100	141	93	89	88	89	89

续表3　　　　　　　　　　　　　　　　　　　　　　　　　　　单位:1990年＝100

	1990年	1991年	1992年	1993年	1994年	1995年	1996年
德国①							
国内供应		100	101	102	102	104	104
进口商品		100	98	96	97	97	98
出口商品		100	101	101	102	103	104
成品		100	103	104	105	106	107
生产用原料		100	101	101	101	103	
消费品		100	103	104	105	106	107
投资用品		100	103	104	105	106	107
意大利							
国内供应	100	105	107	113	117	130	132
农业产品	100	109	107	105	109	122	127
工业产品	100	105	107	114	119	130	133
生产用原料	100	104	108	111	116	123	124
消费品	100	107	112	115	120	129	133
投资用品	100	105	106	112	116	130	133
荷　兰							
国内生产							
农业产品	100	101	98	94	94	94	
工业产品	100	102	103	102	102	104	106
进口商品	100	98	94	91	92	95	98
出口商品	100	100	97	94	95	98	99
原材料	100	99	96	93	95	99	100
半成品	100	101	101	99	100	103	105
生产用原料	100	98	95	92	94	97	99
消费品	100	103	106	107	105	106	108
投资用品	100	101	102	102	104	106	106
西班牙							
国内供应	100	102	104	106	111	118	120
生产用原料	100	101	101	103	107	117	116
消费品	100	104	107	110	115	121	126
投资用品	100	103	105	107	109	113	116
英　国							
国内生产							
农业产品	100	105	108	119	125	130	
工业产品②	100	105	107	110	113	118	120
原材料	100	99	97	102	104	114	113
成品	100	105	109	113	116	121	124
澳大利亚							
国内生产							
工业产品②	100	101	102	104	106	110	111
出口商品	100	94	92	93	91	98	93
原材料	100	97	102	102	100	107	108
新西兰							
国内供应	100	100	102	106	107	109	109
农业产品	100	89	98	102	105	100	98
工业产品	100	101	103	107	108	109	109

注:① 1991年＝100。② 仅包括制造业。③ 不包括电、煤气和水。④ 1994年＝100。⑤ 墨西哥城。

资料来源: 联合国《统计月报》1998年2月。

11－3 消费价格指数

单位:1990年＝100

	1990年	1991年	1992年	1993年	1994年	1995年	1996年
孟加拉国(达卡)							
总指数	100	107	112	112	116	123	126
食品	100	106	110	108	112	122	126
印度							
总指数	100	114	127	136	150	165	180
食品	100	116	131	139	155	173	188
印度尼西亚							
总指数	100	109	118	129	140	153	165
食品	100	108	116	125	138	156	171
伊朗							
总指数	100	117	147	178	235	353	455
食品	100	119	159	193	255	405	506
以色列							
总指数	100	119	133	148	166	183	203
食品	100	114	137	135	150	161	177
日本							
总指数	100	103	105	106	107	107	107
食品	100	105	105	107	107	106	106
马来西亚							
总指数	100	104	109	113	117	121	126
食品	100	105	112	114	123	129	137
缅甸(仰光)							
总指数	100	132	161	213	264	330	384
食品	100	134	168	234	281	353	421
韩国							
总指数	100	109	116	122	129	135	142
食品	100	111	119	124	135	140	145
巴基斯坦							
总指数	100	112	122	135	151	170	188
食品	100	111	123	134	154	177	194
菲律宾							
总指数	100	119	129	139	152	164	178
食品	100	115	123	131	142	155	170
新加坡							
总指数	100	103	106	108	112	114	115
食品	100	102	103	104	108	110	112
斯里兰卡(科伦坡)							
总指数	100	112	125	140	151	163	189
食品	100	112	125	139	152	162	193

续表1

单位:1990年=100

	1990年	1991年	1992年	1993年	1994年	1995年	1996年
泰　　国(曼谷)							
总指数	100	105	109	113	120	126	134
食　品	100	106	110	114	123	133	144
土 耳 其							
总指数	100	166	282	469	967	1872	3359
食　品	100	167	286	468	983	1938	3359
埃　　及							
总指数	100	120	136	153	165	179	192
食　品	100	117	126	136	149	164	177
尼日利亚							
总指数	100	113	163	257	403	688	901
食　品	100	112	164	259	380	380	851
南　　非							
总指数	100	115	131	144	157	171	183
食　品	100	120	150	160	182	198	210
加 拿 大							
总指数	100	106	107	109	109	112	114
食　品	100	105	104	106	107	109	111
墨 西 哥							
总指数	100	123	142	156	166	225	302
食　品	100	120	134	142	150	139	296
美　　国							
总指数	100	104	107	111	113	117	120
食　品	100	104	105	107	110	113	116
阿 根 廷①							
总指数		216062	269861	298478	310967	321465	321966
食　品		185492	241460	266327	270038	277693	276443
巴　　西②							
总指数		10	100	2027	44110	73228	84268
食　品		10	100	2049	48776	77308	81894
委内瑞拉							
总指数	100	134	176	239	381	609	1224
食　品	100	138	180	231	366	585	1096
白俄罗斯②							
总指数		10	100	1290	29946	242349	370043
食　品		10	100	1515	37474	285492	427011
保加利亚							
总指数	100	439	787	1450	2842	4607	10273
食　品	100	475	830	1614	3287	5251	11463
捷克共和国							
总指数				210	232	253	275
食　品				187	206	232	250

续表2 单位:1990年=100

	1990年	1991年	1992年	1993年	1994年	1995年	1996年
法　　国							
总指数	100	103	106	108	110	112	114
食　品	100	103	104	104	105	106	107
德　　国③							
总指数		100	105	110	113	115	117
食　品		100	103	105	107	108	109
意 大 利							
总指数	100	106	112	117	121	128	133
食　品	100	107	112	114	118	126	131
荷　　兰							
总指数	100	104	106	109	112	114	117
食　品	100	103	106	107	109	109	109
波　　兰							
总指数	100	177	257	330	436	557	668
食　品	100	151	207	274	363	462	550
罗马尼亚③							
总指数		100	310	1105	2617	3461	4805
食　品		100	337	1174	2774	3657	4987
西 班 牙							
总指数	100	106	112	117	123	129	133
食　品	100	104	107	109	115	121	125
英　　国							
总指数	100	106	110	112	114	118	121
食　品	100	105	107	109	111	115	119
俄 罗 斯③							
总指数		100	1629	16016	65244	192521	284429
食　品		100	1690	16759	67338	210974	287151
澳大利亚							
总指数	100	103	104	106	108	113	116
食　品	100	103	105	107	104	113	116
新 西 兰							
总指数	100	103	104	105	107	111	113
食　品	100	101	101	102	102	103	105

注:① 指布宜诺斯艾利斯市，1988 年=100 。② 1992 年=100 。③ 1991 年=100 。

资料来源:联合国《统计月报》1998 年2 月。

主要统计指标解释

国内生产总值缩减指数　为按购买者价格或市场价格计算的国内生产总值除以按不变价格计算的国内生产总值而得的数据，也叫国内生产总值缩减系数(Implicit GDP Deflator)。

生产者价格指数和批发价格指数　生产者价格是生产者在国内市场或出口市场出售其商品的价格。批发价格是批发商在国内市场或出口市场出售其商品的价格。实际上它们反映了国内市场大宗交易的价格水平。许多国家的批发价格指数是以生产者价格和批发价格从某地购买大量国内商品的混合价格指数。生产者价格指数或批发价格指数包括以下特殊产品的价格：农业、林业和渔业、采矿业、制造业、电、煤气和水的供应。就国产商品而言，交易价格包括非扣减的间接税减补贴；就出口商品而言，包括进口税和其它非扣减间接税减补贴。交易价格权数一般是批发市场销售额。该指标采用拉氏公式计算。根据产品在生产过程中所处阶段可分为原材料、半成品和成品；根据其最终用途可分为生产用原料，消费品和投资用品。

消费物价指数　是反映一国居民消费(包括货物和劳务)的价格升降幅度的指标。它体现了能够代表某地消费习惯的选定规格商品和劳务的价格变动趋势。各类商品和劳务的权数，依据以家计调查为基础的消费习惯而定，指标采用拉氏公式计算。

十二、国际贸易和旅游

12-2 出口额

单位：亿美元

	1980年	1985年	1990年	1994年	1995年	1996年	1997年
世界总计	**18968.0**	**18194.0**	**34250.4**	**41692.6**	**49693.4**	**51728.3**	**53377.6**
孟加拉国	7.9	10.0	16.7	26.6	31.7	33.0	8.6
印　度	85.9	91.4	179.7	250.7	307.6	330.5	403.6
印度尼西亚	219.1	185.9	256.7	400.6	454.1	498.1	
伊　朗	145.0	133.3					
以色列	55.4	62.6	115.8	168.8	190.3	204.9	225.0
日　本	1304.4	1771.6	2876.5	3970.1	4431.2	4109.0	4210.2
马来西亚	129.6	154.4	294.5	587.6	740.4	783.3	
缅　甸	4.7	3.0	3.3	7.7	8.5	7.3	8.7
韩　国	175.1	302.8	648.8	960.1	1250.6	1298.2	1366.2
巴基斯坦	26.2	27.4	55.9	73.7	79.9	93.2	87.2
菲律宾	57.4	46.1	80.7	133.0	175.0	204.2	
新加坡	193.8	228.1	527.3	968.3	1182.7	1250.1	1250.2
斯里兰卡	10.7	12.9	19.1	32.1	38.0	41.0	46.7
泰　国	65.1	71.2	230.7	451.3	564.6	557.2	
土耳其	29.1	79.6	129.6	181.1	216.4	230.8	
越　南	5.4	7.5	24.0	40.5	52.0		
埃　及	30.5	18.4	25.8	34.6	34.4	35.4	
尼日利亚	259.7	125.5	129.6	93.7	106.4	186.1	
南　非	255.3	162.9	235.5	253.2	278.6	293.3	310.2
加拿大	677.3	909.5	1276.3	1653.8	1922.0	2016.4	2144.3
墨西哥	155.7	221.1	271.3	345.3	484.3	593.7	
美　国	2255.7	2188.2	3935.9	5126.3	5847.4	6250.7	6887.0
阿根廷	80.2	84.0	123.5	156.6	209.7	238.1	246.6
巴　西	201.3	256.4	314.1	435.6	465.1	477.6	529.9
委内瑞拉	192.2	144.4	177.8	160.9	184.6	230.6	231.3
白俄罗斯				25.1	47.1	56.5	71.5
保加利亚			133.5	41.6	50.9		
捷克共和国			131.1	142.5	216.5	257.5	225.5
法　国	1160.3	1016.7	2101.7	2360.7	2873.3	2886.6	2888.7
德　国	1928.6	1839.3	4099.6	4290.8	5084.0	5242.3	5117.2
意大利	781.0	767.2	1703.8	1914.3	2339.8	2504.6	2383.6
荷　兰	850.5	780.1	1317.9	1555.5	1962.8	1974.2	1939.7
波　兰	141.9	114.9	136.3	170.4	229.0	244.4	257.5
罗马尼亚	112.1	121.7	57.8	61.5	79.1	80.9	84.3
俄罗斯①	764.0	873.0	1042.0	676.4	811.4	891.1	873.7
西班牙	207.2	242.5	556.0	733.0	917.2	1019.9	1043.7
乌克兰				103.1	133.2	144.4	
英　国	1101.3	1012.5	1853.3	2049.2	2420.4	2607.5	2810.8
南斯拉夫	89.8	107.0	143.1				
澳大利亚	219.4	226.0	397.6	475.3	531.0	603.0	628.9
新西兰	54.2	57.2	93.4	121.8	137.4	144.2	142.7

注：① 1991年调整卢布与美元汇率，数字与以前不可比。1994年以前数字不包括独联体内部之间贸易额。

资料来源：国际货币基金组织《国际金融统计月报》1998年3月。

12-3 进出口贸易差额

单位：亿美元

	1980年	1985年	1990年	1994年	1995年	1996年	1997年
世界总计	**-749.0**	**-739.0**	**-1226.0**	**-1212.4**	**-1489.6**	**-1796.7**	**-1796.7**
孟加拉国	-18.1	-17.7	-19.5	-20.4	-33.3	-33.2	
印　度	-62.8	-67.9	-56.1	-17.8	-37.6	-43.2	
印度尼西亚	110.8	83.3	38.4	80.8	47.8	68.8	
伊　朗	22.5	16.9					
以色列	-41.4	-38.8	-52.1	-83.6	-105.5	-111.3	-82.8
日　本	-108.5	466.8	522.3	1217.8	1072.4	617.5	824.0
马来西亚	21.4	31.4	1.9	-8.2	-37.1	-0.9	
缅　甸	1.2	0.2	0.5	-1.2	-4.9	-6.3	-13.9
韩　国	-47.8	-8.5	-48.6	-63.4	-100.6	-205.2	-80.2
巴基斯坦	-27.3	-31.5	-17.9	-15.2	-34.7	-28.1	-28.8
菲律宾	-25.5	-8.5	-49.7	-92.5	-108.4	-137.1	
新加坡	-46.3	-34.7	-80.4	-58.4	-62.4	-63.2	-74.3
斯里兰卡	-9.7	-5.5	-7.8	-15.7	-13.9	-13.2	-11.7
泰　国	-27.1	-21.2	-99.6	-93.3	-143.2	-177.6	
土耳其	-50.0	-33.9	-93.4	-51.6	-140.7	-198.6	
越　南	-7.6	-8.4	-3.5	-17.8	-23.0		
埃　及	-18.1	-36.6	-66.2	-67.2	-83.0	-94.8	
尼日利亚	93.1	36.7	72.7	28.6	13.0	106.2	
南　非	59.3	49.7	55.5	19.3	-27.0	-8.0	-19.2
加拿大	51.9	103.1	43.8	103.1	237.7	264.8	135.5
墨西哥	-38.9	81.2	-28.4	-264.5	15.4	-17.9	
美　国	-314.1	-1336.5	-1234.0	-1765.8	-1861.1	-1969.5	-2103.2
阿根廷	-25.2	45.8	82.7	-58.7	8.5	0.5	-52.8
巴　西	-48.3	113.1	88.9	75.6	-72.8	-91.9	-120.2
委内瑞拉	73.9	63.3	103.4	69.0	58.1	131.8	231.3
白俄罗斯	0.0	0.0	0.0	-5.6	-8.6	-12.9	-15.0
保加利亚	0.0	0.0	4.6	-1.6	0.7		
捷克共和国	-127.7	-121.5	131.1	-14.6	-48.7	-38.0	-44.4
法　国	-188.4	-65.8	-230.4	58.8	120.6	110.0	211.7
德　国	48.6	254.4	646.2	437.3	441.3	685.5	699.1
意大利	-226.4	-109.8	-116.0	222.6	279.4	435.4	300.6
荷　兰	-33.5	47.4	56.0	157.5	194.0	167.8	166.3
波　兰	-25.0	-3.7	52.2	-43.4	-61.6	-127.0	-165.6
罗马尼亚	-26.3	9.0	-40.6	-9.6	-23.7	-33.5	
俄罗斯①	79.0	42.0	-164.5	171.2	202.2	279.6	197.5
西班牙	-133.6	-57.2	-321.2	-192.1	-233.0	-197.9	-183.5
乌克兰	0.0	0.0	0.0	-4.4	-27.4	-42.0	
英　国	-54.1	-77.0	-392.2	-220.8	-216.8	-252.5	-254.8
南斯拉夫	-61.0	-15.1	-45.8				
澳大利亚	-4.6	-32.9	-22.6	-58.9	-81.8	-51.3	-51.3
新西兰	-0.5	-2.7	-1.6	2.7	-2.2	-3.0	-3.0

注：① 1991年调整卢布与美元汇率，数字与以前不可比。1994年以前数字不包括独联体内部之间贸易额。

资料来源：国际货币基金组织《国际金融统计月报》1998年3月。

12-4 进口数量指数

(1990 年=100)

	1990年	1992年	1993年	1994年	1995年	1996年
印　度	100	120	138	168	261	
以色列	100	130	146	166	182	193
日　本	100	104	107	121	136	141
韩　国	100	119	127	154	187	209
巴基斯坦	100	122	124	120	129	127
新加坡	100	114	137	157	177	188
斯里兰卡	100	132	154	173	178	182
泰　国	100	117	130	151	170	
土耳其	100	98	134	105	135	162
南　非	100	103	107	122	136	155
加拿大	100	110	120	138	153	162
美　国	100	106	117	131	140	148
法　国	100	104	107	117	123	126
德　国	100	115	104	114	115	125
意大利	100	108	96	108	119	114
荷　兰	100	106	110	121	136	144
波　兰	100		210	238		
西班牙	100	122	118	130		
英　国	100	101	101	108	112	122
澳大利亚	100	107	114	133	148	162
新西兰	100	100	104	122	129	134

注：① 7-9月。

资料来源：联合国《统计月报》1997 年 4月、6月。

12-5 出口数量指数

(1990 年=100)

	1990年	1992年	1993年	1994年	1995年	1996年
印　　度	100	116	140	154	189	
印度尼西亚	100	141	148	163	170	179
以 色 列	100	107	121	140	150	162
日　　本	100	104	107	121	136	141
马来西亚	100	96	86	84	84	
缅　　甸	100	108	149	145	150	90
韩　　国	100	119	127	146	181	216
巴基斯坦	100	124	112	139	110	130
新 加 坡	100	123	145	187	216	230
斯里兰卡	100	108	124	136	145	151
泰　　国	100	134	150	177	243	
土 耳 其	100	110	117	134	140	
南　　非	100	88	107	116	119	168
加 拿 大	100	110	121	140	157	164
美　　国	100	113	116	126	136	145
法　　国	100	108	110	120	129	134
德　　国	100	102	98	112	116	128
意 大 利	100	104	112	125	141	139
荷　　兰	100	108	116	129	140	147
波　　兰	100		96	114		
西 班 牙	100	117	135	160		
英　　国	100	103	103	116	125	134
澳大利亚	100	121	128	139	141	159
新 西 兰	100	113	118	130	134	140

资料来源：联合国《统计月报》1997 年11 月。

12－8 进口商品构成

单位:%

	1980年	1985年	1990年	1994年	1995年	1996年
孟加拉国						
合计	100.0	100.0	100.0			
农业原材料	5.9	5.2	5.4			
食品	23.6	24.3	19.0			
燃料	9.5	16.5	16.5			
制成品	57.9	50.7	55.9			
矿产品及金属	2.9	3.2	3.1			
印　度						
合计	100.0	100.0	100.0	100.0	100.0	
农业原材料	1.7	3.4	4.0	4.4	4.0	
食品	9.0	8.4	3.2	6.0	4.3	
燃料	44.6	26.5	27.3	23.9	23.8	
制成品	38.7	54.4	51.2	51.3	53.8	
矿产品及金属	5.9	7.0	8.1	7.6	7.0	
印度尼西亚						
合计	100.0	100.0	100.0	100.0	100.0	100.0
农业原材料	3.5	4.1	4.7	5.6	6.2	5.5
食品	12.7	6.9	5.1	7.8	8.8	10.8
燃料	16.2	12.5	8.9	7.7	7.5	8.7
制成品	64.9	72.1	76.9	75.1	72.9	71.2
矿产品及金属	2.4	3.9	4.3	3.7	4.4	3.7
伊　　朗						
合计	100.0					
农业原材料	4.3					
食品	20.9					
燃料	0.6					
制成品	71.9					
矿产品及金属	2.1					
以 色 列						
合计	100.0	100.0	100.0	100.0	100.0	100.0
农业原材料	2.5	2.3	2.4	1.6	1.6	1.3
食品	10.7	9.6	7.9	6.9	6.6	6.9
燃料	26.5	16.4	8.8	6.1	6.0	6.1
制成品	56.5	66.4	76.8	82.1	82.0	82.3
矿产品及金属	3.6	3.0	2.7	2.0	2.3	2.0
日　　本						
合计	100.0	100.0	100.0	100.0	100.0	100.0
农业原材料	8.6	6.7	6.5	6.1	5.6	4.8
食品	12.0	13.9	14.7	18.1	16.2	15.5
燃料	50.0	43.8	24.5	17.6	16.1	17.4
制成品	18.7	25.4	44.1	50.5	54.3	55.3
矿产品及金属	10.0	8.9	9.0	6.3	6.6	5.6

续表 1　　单位:%

	1980年	1985年	1990年	1994年	1995年	1996年
马来西亚						
合计	100.0	100.0	100.0	100.0	100.0	100.0
农业原材料	1.9	1.3	1.4	1.2	1.3	1.4
食品	11.9	11.8	7.3	5.4	4.9	5.4
燃料	15.2	12.1	5.3	2.7	2.3	2.8
制成品	66.6	71.6	82.2	86.2	85.7	84.8
矿产品及金属	4.0	2.9	3.6	3.1	3.3	3.2
蒙　古						
合计						100.0
农业原材料						0.7
食品						14.3
燃料						19.3
制成品						65.1
矿产品及金属						0.7
缅　甸						
合计	100.0					
农业原材料	0.7					
食品	6.5					
燃料	2.7					
制成品	87.0					
矿产品及金属	2.1					
韩　国						
合计	100.0	100.0	100.0	100.0	100.0	100.0
农业原材料	11.3	7.9	8.1	5.7	5.5	4.6
食品	9.8	5.8	5.6	5.8	5.5	6.1
燃料	29.9	23.6	15.8	15.2	14.3	16.7
制成品	43.1	57.2	63.4	66.9	67.9	66.9
矿产品及金属	5.8	5.3	6.7	6.1	6.4	5.4
巴基斯坦						
合计	100.0	100.0	100.0	100.0	100.0	100.0
农业原材料	3.4	3.5	4.0	6.2	5.5	3.7
食品	13.0	18.9	17.4	16.3	17.7	15.2
燃料	27.0	24.3	20.9	18.4	16.5	20.7
制成品	54.0	50.7	54.1	55.9	57.4	57.2
矿产品及金属	2.7	2.4	3.6	2.7	2.7	2.7
菲律宾						
合计	100.0	100.0	100.0	100.0	100.0	100.0
农业原材料	2.1	2.2	2.4	2.2	2.2	2.1
食品	7.8	10.7	10.3	8.1	8.3	8.1
燃料	28.4	27.7	14.9	9.5	9.2	9.2
制成品	47.5	37.1	53.2	59.1	57.8	77.5
矿产品及金属	3.0	1.6	3.4	3.0	3.2	2.9

续表 2 单位：%

	1980年	1985年	1990年	1994年	1995年	1996年
新 加 坡						
合计	100.0	100.0	100.0	100.0	100.0	100.0
农业原材料	5.7	2.7	1.7	0.9	0.9	0.7
食品	8.5	9.6	6.1	5.2	4.6	4.4
燃料	28.7	29.5	15.9	8.9	8.1	9.4
制成品	54.1	55.4	73.2	81.8	83.2	82.8
矿产品及金属	1.7	1.3	2.1	1.9	2.3	1.7
斯里兰卡						
合计	100.0	100.0	100.0	100.0		
农业原材料	1.1	1.9	1.8	1.9		
食品	20.4	20.0	19.1	15.9		
燃料	24.3	21.8	12.6	6.3		
制成品	52.3	54.6	64.9	74.7		
矿产品及金属	1.6	1.4	1.5	1.1		
泰 国						
合计	100.0	100.0	100.0	100.0	100.0	
农业原材料	3.5	4.3	4.7	4.2	4.1	
食品	5.2	5.2	5.0	4.3	3.8	
燃料	30.4	22.7	9.3	6.9	6.8	
制成品	50.8	60.1	75.0	80.1	80.7	
矿产品及金属	3.7	3.7	3.6	3.1	3.3	
土 耳 其						
合计	100.0	100.0	100.0	100.0	100.0	100.0
农业原材料	1.6	3.0	4.3	5.2	5.6	4.7
食品	3.5	5.2	8.3	5.0	7.0	6.5
燃料	48.4	33.4	20.8	16.5	13.0	13.9
制成品	43.1	54.1	61.0	67.0	68.3	69.1
矿产品及金属	3.3	4.3	5.5	6.0	5.9	4.8
越 南						
合计	100.0					
农业原材料	2.1					
食品	36.7					
燃料	5.2					
制成品	55.0					
矿产品及金属	0.3					
埃 及						
合计	100.0	100.0	100.0	100.0	100.0	100.0
农业原材料	6.2	6.8	7.1	5.7	7.1	6.1
食品	32.4	27.1	31.5	27.5	28.4	29.5
燃料	1.1	3.8	2.6	1.4	1.2	1.4
制成品	58.9	61.0	56.3	62.1	60.6	59.9
矿产品及金属	1.3	1.3	2.4	3.2	2.7	3.1
尼日利亚						
合计	100.0	100.0				
农业原材料	0.4	2.0				
食品	15.1	18.5				
燃料	6.8	0.9				
制成品	75.9	74.8				
矿产品及金属	1.6	3.7				

续表 3　　单位：%

	1980年	1985年	1990年	1994年	1995年	1996年
南　非						
合计	100.0	100.0		100.0	100.0	100.0
农业原材料	2.5	2.1		2.2	2.3	2.0
食品	2.9	6.1		6.3	6.7	6.4
燃料	0.4	0.6		0.4	8.4	0.8
制成品	62.2	70.0		83.8	78.2	72.3
矿产品及金属	2.1	2.4		1.4	2.0	1.5
加 拿 大						
合计	100.0	100.0	100.0	100.0	100.0	100.0
农业原材料	2.2	1.7	1.6	1.5	1.7	1.5
食品	7.5	5.9	6.1	6.0	5.7	5.8
燃料	12.4	6.1	6.3	3.5	3.6	4.4
制成品	71.7	81.6	80.5	83.6	83.3	82.3
矿产品及金属	4.8	2.8	2.8	2.6	3.0	2.7
墨 西 哥						
合计	100.0	100.0	100.0	100.0	100.0	
农业原材料	3.0	4.1	3.5	2.2	2.3	
食品	16.1	12.4	14.6	8.3	6.3	
燃料	2.0	4.4	3.8	1.9	2.1	
制成品	74.9	74.8	75.1	75.3	80.0	
矿产品及金属	4.0	4.2	2.9	2.0	2.4	
美　国						
合计	100.0	100.0	100.0	100.0	100.0	100.0
农业原材料	2.5	2.1	1.9	2.0	2.1	2.0
食品	8.2	7.0	5.8	5.0	4.8	4.9
燃料	32.8	15.5	13.3	8.7	8.2	9.4
制成品	50.0	70.1	73.1	78.7	79.2	78.0
矿产品及金属	4.7	2.8	2.8	2.3	2.6	2.3
阿 根 廷						
合计	100.0	100.0	100.0	100.0	100.0	100.0
农业原材料	3.7	3.5	4.0	1.6	2.0	1.9
食品	5.7	4.7	4.0	5.2	5.5	4.9
燃料	10.3	12.1	8.1	2.9	4.1	3.6
制成品	77.3	75.0	77.7	88.4	86.0	87.3
矿产品及金属	2.9	4.7	5.8	1.9	2.3	2.2
巴　西						
合计	100.0	100.0	100.0	100.0	100.0	
农业原材料	1.3	1.7	2.6	3.3	2.7	
食品	9.6	9.0	9.4	10.9	10.7	
燃料	43.1	47.2	27.0	14.9	12.1	
制成品	40.8	37.9	56.5	67.8	71.2	
矿产品及金属	5.1	4.1	4.6	3.1	3.2	
委内瑞拉						
合计	100.0	100.0	100.0	100.0	100.0	100.0
农业原材料	2.7	3.5	3.7	3.1	4.5	3.1
食品	14.5	12.9	11.2	13.3	14.3	15.6
燃料	1.6	2.4	3.1	1.4	0.9	1.3
制成品	79.1	76.2	76.8	79.2	76.7	76.8
矿产品及金属	2.1	4.7	4.4	2.9	3.6	3.2

续表 4 单位：%

	1980年	1985年	1990年	1994年	1995年	1996年
捷克共和国						
合计				100.0	100.0	100.0
农业原材料				2.9	2.7	2.3
食品				8.7	6.7	7.0
燃料				10.0	7.8	8.7
制成品				73.9	77.5	78.5
矿产品及金属				4.1	4.2	3.5
法　国						
合计	100.0	100.0	100.0	100.0	100.0	100.0
农业原材料	3.8	3.3	2.6	2.4	2.5	2.1
食品	10.3	11.0	9.8	11.2	10.8	10.4
燃料	26.6	22.3	9.6	7.7	6.8	8.3
制成品	54.0	59.5	74.1	75.6	76.4	76.1
矿产品及金属	5.0	3.9	3.9	3.1	3.5	3.0
德　国						
合计	100.0	100.0	100.0	100.0	100.0	100.0
农业原材料	4.0	3.5	3.2	2.7	2.7	2.2
食品	12.2	12.1	10.2	10.3	9.9	9.7
燃料	22.5	19.9	8.2	7.0	6.4	7.9
制成品	52.5	56.9	72.0	73.1	73.3	71.3
矿产品及金属	6.2	5.3	4.4	3.7	4.1	3.4
意 大 利						
合计	100.0	100.0	100.0	100.0	100.0	100.0
农业原材料	7.0	6.6	5.5	5.7	5.7	4.9
食品	13.1	14.3	12.2	12.7	11.6	11.7
燃料	27.9	26.8	10.6	8.3	7.4	8.6
制成品	45.3	46.4	64.3	65.9	67.5	67.6
矿产品及金属	6.3	4.8	4.8	4.7	5.1	4.4
荷　兰						
合计	100.0	100.0	100.0	100.0	100.0	100.0
农业原材料	2.6	2.4	2.4	2.4	2.4	2.2
食品	14.9	14.9	12.6	15.1	13.9	13.6
燃料	23.7	21.7	10.2	8.0	7.5	8.7
制成品	53.3	57.0	71.1	70.9	72.2	71.9
矿产品及金属	4.1	3.2	3.0	2.9	3.5	2.8
波　兰						
合计	100.0	100.0	100.0	100.0	100.0	100.0
农业原材料	5.1	5.4	3.2	2.9	3.2	2.6
食品	14.0	10.1	7.7	10.6	9.5	10.1
燃料	18.1	22.2	21.9	10.5	9.2	9.2
制成品	51.0	56.4	62.8	73.0	74.4	75.0
矿产品及金属	5.7	5.6	4.5	2.9	3.2	2.7

续表 5

单位：%

	1980年	1985年	1990年	1994年	1995年	1996年
罗马尼亚						
合计			100.0	100.0	100.0	100.0
农业原材料			4.4	2.2	2.3	2.2
食品			12.1	9.1	8.5	7.3
燃料			38.0	23.7	21.4	20.9
制成品			38.9	60.2	63.1	64.6
矿产品及金属			6.4	3.9	3.6	3.6
西班牙						
合计	100.0	100.0	100.0	100.0	100.0	100.0
农业原材料	4.8	4.8	3.2	2.7	3.0	2.6
食品	12.5	10.6	10.8	13.6	13.6	12.3
燃料	38.7	36.1	11.7	9.4	8.4	9.4
制成品	38.1	42.6	70.6	70.5	71.0	72.2
矿产品及金属	5.8	5.7	3.7	3.7	3.9	3.4
英国						
合计	100.0	100.0	100.0	100.0	100.0	100.0
农业原材料	4.1	3.4	2.9	2.5	2.4	2.1
食品	13.2	11.9	10.3	10.3	10.0	10.0
燃料	13.5	12.5	6.2	4.1	3.5	3.9
制成品	60.7	66.5	75.4	79.4	79.7	79.9
矿产品及金属	7.3	4.2	3.9	3.1	3.5	3.2
南斯拉夫						
合计	100.0	100.0	100.0			100.0
农业原材料	6.7	7.8	4.8			4.1
食品	7.7	4.7	12.0			14.2
燃料	23.6	27.2	17.0			14.0
制成品	56.6	54.4	62.7			59.8
矿产品及金属	5.3	5.8	3.3			7.0
澳大利亚						
合计	100.0	100.0	100.0	100.0	100.0	100.0
农业原材料	2.8	2.2	2.0	1.8	1.7	1.4
食品	5.2	5.3	4.8	5.0	5.0	4.9
燃料	13.8	6.8	5.5	4.9	5.1	6.3
制成品	74.6	80.8	79.5	86.5	86.4	85.8
矿产品及金属	2.1	1.3	1.3	1.4	1.3	1.2
新西兰						
合计	100.0	100.0	100.0	100.0	100.0	100.0
农业原材料	1.7	1.5	1.2	1.2	1.2	1.0
食品	6.0	6.2	6.8	7.5	7.4	7.6
燃料	22.5	12.7	7.7	5.6	5.4	6.4
制成品	65.3	75.1	81.4	83.2	83.3	82.8
矿产品及金属	4.0	3.2	2.7	2.5	2.6	2.2

12－9　出口商品构成

单位：%

	1980年	1985年	1990年	1994年	1995年	1996年
孟加拉国						
合计	100.0	100.0	100.0			
农业 原材料	18.7	13.3	6.8			
食品	12.5	17.9	14.3			
燃料	…	2.5	1.3			
制成品	67.6	65.8	77.5			
矿产品及金属	…					
印度						
合计	100.0	100.0	100.0	100.0	100.0	
农业原材料	5.0	2.8	4.1	1.2	1.3	
食品	28.2	25.3	15.6	15.5	18.7	
燃料	0.4	6.0	2.9	1.9	1.7	
制成品	58.6	58.1	70.7	76.2	73.5	
矿产品及金属	7.5	7.6	5.2	3.5	3.3	
印度尼西亚						
合计	100.0	100.0	100.0	100.0	100.0	100.0
农业原材料	14.1	6.0	5.0	4.9	6.6	5.8
食品	7.6	10.0	11.2	12.7	11.4	11.2
燃料	71.9	66.6	44.0	26.4	25.4	25.8
制成品	2.3	13.0	35.5	51.8	50.6	51.4
矿产品及金属	3.9	4.3	4.4	4.2	6.0	5.7
以色列						
合计	100.0	100.0	100.0	100.0	100.0	100.0
农业原材料	4.0	3.1	2.5	1.8	1.8	1.8
食品	11.7	10.9	8.5	5.1	5.3	5.1
燃料	0.0	0.0	0.7	0.5	0.0	0.5
制成品	81.9	83.3	86.6	91.1	89.1	91.1
矿产品及金属	2.2	2.6	1.6	1.3	1.4	1.2
日本						
合计	100.0	100.0	100.0	100.0	100.0	100.0
农业原材料	0.9	0.6	0.6	0.5	0.6	0.6
食品	1.3	0.8	0.6	0.5	0.5	0.5
燃料	0.4	0.3	0.5	0.6	0.6	0.5
制成品	94.7	96.3	95.9	95.5	95.2	94.9
矿产品及金属	1.6	0.9	0.9	0.9	1.1	1.1
马来西亚						
合计						
农业原材料	31.0	18.4	13.8	7.2	6.2	5.2
食品	15.0	17.4	11.7	9.9	9.5	8.7
燃料	24.7	31.5	18.3	7.4	7.0	7.9
制成品	18.8	27.2	53.8	73.6	74.7	75.9
矿产品及金属	10.2	5.3	2.1	1.3	1.3	1.2

续表 1 单位：%

	1980年	1985年	1990年	1994年	1995年	1996年
缅甸						
合计	100.0					
农业原材料	33.3					
食品	40.1					
燃料	9.0					
制成品	7.2					
矿产品及金属	10.3					
韩国						
合计	100.0	100.0	100.0	100.0	100.0	100.0
农业原材料	1.4	0.8	1.3	1.3	1.3	1.2
食品	7.4	4.1	3.3	2.5	2.3	2.4
燃料	0.2	3.1	1.0	1.8	2.0	3.1
制成品	89.5	91.3	93.5	93.3	93.3	92.4
矿产品及金属	1.1	0.7	0.8	1.0	1.0	0.9
巴基斯坦						
合计	100.0	100.0	100.0	100.0	100.0	100.0
农业原材料	20.5	18.0	10.2	2.1	3.9	6.1
食品	23.5	17.3	9.3	9.8	11.8	9.0
燃料	7.1	1.4	1.3	0.8	1.0	0.8
制成品	48.2	61.9	78.7	86.9	83.0	83.8
矿产品及金属	0.4	0.5	0.3	0.1	0.2	0.2
菲律宾						
合计	100.0	100.0	100.0	100.0	100.0	100.0
农业原材料	6.1	4.9	1.9	1.2	1.3	1.2
食品	35.9	26.9	18.9	14.3	13.2	10.1
燃料	0.7	0.8	2.2	1.6	1.5	1.9
制成品	21.1	26.8	37.9	43.9	41.5	83.7
矿产品及金属	20.6	10.7	8.2	4.1	4.4	3.2
新加坡						
合计	100.0	100.0	100.0	100.0	100.0	100.0
农业原材料	10.3	4.4	2.6	1.1	1.1	0.8
食品	25.2	27.0	17.9	9.4	6.8	7.9
燃料	46.7	51.2	71.7	82.3	83.9	83.5
制成品	2.5	2.2	1.6	1.4	2.0	1.6
矿产品及金属	8.1	8.1	5.2	4.5	4.0	3.6
蒙古						
合计						100.0
农业原材料						27.7
食品						2.2
燃料						…
制成品						10.2
矿产品及金属						59.9

续表 2 单位：%

	1980年	1985年	1990年	1994年	1995年	1996年
斯里兰卡						
合计	100.0	100.0	100.0	100.0		
农业原材料	18.1	9.8	5.8	3.5		
食品	47.0	47.4	34.3	21.2		
燃料	15.4	9.0	0.7	0.2		
制成品	18.5	32.6	53.6	72.5		
矿产品及金属	0.8	1.1	1.6	0.6		
泰国						
合计	100.0	100.0	100.0	100.0	100.0	
农业原材料	11.2	9.2	5.1	4.6	5.4	
食品	47.0	46.2	28.7	21.1	19.3	
燃料	0.1	1.3	0.8	0.8	0.7	
制成品	25.2	38.1	63.1	72.3	73.1	
矿产品及金属	13.6	4.4	1.0	0.5	0.6	
土耳其						
合计	100.0	100.0	100.0	100.0	100.0	100.0
农业原材料	13.6	4.6	3.0	1.5	1.5	1.7
食品	51.1	25.2	22.4	21.9	19.6	19.7
燃料	1.4	4.7	2.3	1.3	1.3	1.2
制成品	26.9	61.0	67.9	72.5	74.4	73.8
矿产品及金属	7.0	4.3	4.3	2.6	3.3	2.4
越南						
合计	100.0					
农业原材料	23.2					
食品	29.5					
燃料	32.4					
制成品	13.5					
矿产品及金属	1.3					
埃及						
合计	100.0	100.0	100.0	100.0	100.0	100.0
农业原材料	15.6	12.1	9.5	8.0	6.1	4.2
食品	6.8	5.6	9.7	8.2	9.8	10.5
燃料	64.2	68.1	29.4	39.0	37.2	47.6
制成品	10.9	10.1	42.5	39.3	40.4	31.6
矿产品及金属	2.5	4.1	8.9	5.3	6.4	5.9
尼日利亚						
合计	100.0	100.0				
农业原材料	0.2	0.0				
食品	2.2	2.2				
燃料	96.9	96.7				
制成品	0.3	0.0				
矿产品及金属	0.3	0.0				
南非						
合计	100.0			100.0	100.0	100.0
农业原材料	2.5			3.2	4.0	4.7
食品	8.7			8.6	8.0	14.2
燃料	3.8			5.4	8.9	8.9
制成品	18.2			39.2	43.5	49.1
矿产品及金属	7.0			6.4	8.1	10.1

续表 3　　　　单位：%

	1980年	1985年	1990年	1994年	1995年	1996年
加拿大						
合计	100.0	100.0	100.0	100.0	100.0	100.0
农业原材料	11.1	8.1	9.1	9.0	9.3	8.0
食品	12.3	9.3	8.7	7.8	7.5	7.7
燃料	14.3	14.1	10.0	9.8	9.1	10.3
制成品	48.1	59.5	58.8	62.7	63.0	63.3
矿产品及金属	13.9	8.5	8.6	6.0	6.7	6.2
墨西哥						
合计	100.0	100.0	100.0	100.0	100.0	100.0
农业原材料	2.3	0.9	1.6	1.3	1.3	1.2
食品	12.4	8.1	11.6	7.1	7.7	6.4
燃料	66.8	60.1	37.6	11.9	10.3	12.0
制成品	11.9	27.1	43.5	77.3	77.7	78.2
矿产品及金属	6.5	3.8	5.7	2.4	2.9	2.0
美国						
合计	100.0	100.0	100.0	100.0	100.0	100.0
农业原材料	5.1	4.2	4.4	3.5	3.9	3.1
食品	18.2	13.5	11.2	10.2	10.6	10.8
燃料	3.7	4.9	3.2	1.8	1.9	2.0
制成品	65.5	69.9	74.1	78.3	77.3	78.0
矿产品及金属	5.1	2.8	3.1	2.2	2.7	2.2
阿根廷						
合计	100.0	100.0	100.0	100.0	100.0	100.0
农业原材料	6.2	3.5	4.3	3.4	4.3	3.8
食品	65.0	66.1	56.3	51.9	49.8	51.9
燃料	3.5	7.3	7.8	10.5	10.4	13.0
制成品	23.2	21.4	29.1	32.9	33.9	30.1
矿产品及金属	2.2	1.7	2.4	1.3	1.6	1.2
巴西						
合计	100.0	100.0	100.0	100.0	100.0	100.0
农业原材料	4.0	2.6	3.4	3.4	5.2	3.7
食品	46.3	36.8	27.7	29.1	28.7	30.3
燃料	1.8	6.4	2.2	1.8	0.9	0.9
制成品	37.2	43.7	51.9	55.1	53.5	53.8
矿产品及金属	9.4	9.4	13.6	9.6	10.3	10.0
委内瑞拉						
合计	100.0	100.0	100.0	100.0	100.0	100.0
农业原材料	0.0	0.1	0.4	0.2	0.1	0.2
食品	0.4	3.2	1.9	2.8	2.8	2.3
燃料	94.0	80.0	80.1	77.2	77.4	82.3
制成品	1.7	10.0	10.4	14.0	14.3	11.5
矿产品及金属	3.9	6.8	7.2	5.7	5.3	3.6
捷克共和国						
合计				100.0	100.0	100.0
农业原材料				4.8	3.7	3.2
食品				7.0	6.0	5.4
燃料				5.5	4.2	4.5
制成品				77.8	81.7	84.0
矿产品及金属				2.9	2.9	2.8

续表 4　　单位：%

	1980年	1985年	1990年	1994年	1995年	1996年
德国						
合计	100.0	100.0	100.0	100.0	100.0	100.0
农业原材料	1.3	1.3	1.1	1.1	1.1	1.0
食品	5.3	5.2	4.8	5.3	5.0	5.0
燃料	3.7	2.8	1.3	1.2	1.0	1.4
制成品	84.6	86.2	89.1	87.5	87.8	86.6
矿产品及金属	3.4	2.7	2.5	2.4	2.6	2.3
意大利						
合计	100.0	100.0	100.0	100.0	100.0	100.0
农业原材料	1.0	1.2	0.7	0.7	0.7	0.6
食品	7.0	7.5	6.3	6.7	6.5	6.5
燃料	5.7	4.7	2.3	1.6	1.3	1.2
制成品	83.9	84.9	88.1	88.7	89.2	89.5
矿产品及金属	1.6	1.4	1.4	1.3	1.4	1.3
荷兰						
合计	100.0	100.0	100.0	100.0	100.0	100.0
农业原材料	3.4	3.7	4.2	4.2	3.9	3.7
食品	19.9	19.4	19.9	21.1	19.8	19.0
燃料	21.8	22.7	9.6	7.5	7.0	8.1
制成品	50.1	50.9	59.4	60.3	62.6	62.9
矿产品及金属	3.7	2.8	2.8	2.4	2.7	2.3
波兰						
合计	100.0	100.0	100.0	100.0	100.0	100.0
农业原材料	2.6	2.9	3.1	3.2	2.8	2.2
食品	6.4	8.9	12.7	11.6	10.4	10.8
燃料	13.2	15.7	10.7	8.9	8.0	6.8
制成品	60.7	63.0	59.1	68.0	71.1	74.2
矿产品及金属	7.2	8.1	9.3	8.0	7.3	5.8
罗马尼亚						
合计			100.0	100.0	100.0	100.0
农业原材料			2.6	3.7	3.3	3.4
食品			1.1	6.3	6.5	8.5
燃料			17.8	10.0	7.9	7.3
制成品			72.7	75.1	77.5	76.8
矿产品及金属			4.1	3.6	3.4	3.2

续表 5

单位：%

	1980年	1985年	1990年	1994年	1995年	1996年
西班牙						
合计	100.0	100.0	100.0	100.0	100.0	100.0
农业原材料	2.0	2.0	2.1	1.4	1.6	1.3
食品	18.0	14.9	14.8	15.9	15.5	15.5
燃料	3.7	8.8	4.9	2.0	1.6	2.4
制成品	71.7	70.4	75.4	77.6	78.2	77.8
矿产品及金属	4.5	3.4	2.4	2.3	2.3	2.3
英国						
合计	100.0	100.0	100.0	100.0	100.0	100.0
农业原材料	1.4	1.4	1.1	0.9	1.0	0.8
食品	6.8	6.6	7.0	7.6	7.5	6.9
燃料	13.0	21.4	7.6	6.7	6.1	6.6
制成品	71.5	65.3	79.0	81.1	81.6	82.2
矿产品及金属	5.1	3.0	3.1	2.6	2.7	2.4
南斯拉夫						
合计	100.0	100.0	100.0			100.0
农业原材料	6.0	3.1	4.3			4.0
食品	11.7	9.3	7.3			28.2
燃料	2.6	2.8	2.2			2.2
制成品	72.8	78.9	78.8			48.9
矿产品及金属	6.5	5.6	7.2			14.8
澳大利亚						
合计	100.0	100.0	100.0	100.0	100.0	100.0
农业原材料	10.7	11.6	9.8	8.8	8.3	7.5
食品	34.4	24.8	19.7	24.9	22.2	24.8
燃料	11.1	26.9	18.4	18.7	19.1	19.1
制成品	21.5	16.1	15.6	29.0	30.3	29.8
矿产品及金属	17.5	18.1	16.0	15.5	17.3	15.7
新西兰						
合计	100.0	100.0	100.0	100.0	100.0	100.0
农业原材料	26.4	20.8	18.5	19.0	18.6	16.9
食品	47.9	48.3	47.0	44.8	44.5	46.7
燃料	1.1	1.7	3.9	2.1	1.7	2.3
制成品	20.2	21.8	23.1	28.8	29.2	28.6
矿产品及金属	4.4	5.3	5.7	4.4	5.0	4.4

12－10 农产品进口额

单位：百万美元

	1980年	1985年	1990年	1991年	1992年	1993年	1994年	1995年
世界总计	**253903**	**204045**	**353174**	**354467**	**380972**	**351701**	**395319**	**452186**
亚　洲①	**54638**	**85721**	**85648**	**86985**	**93233**	**92753**	**107939**	**131109**
孟加拉国	609	853	767	644	732	671	760	1180
印　度	1378	1651	1085	742	1354	1044	2205	2306
印度尼西亚	1555	904	1591	2051	2412	2353	3129	4884
伊　朗	2224	2090	2676	2667	2586	2664	1956	3359
以色列	907	809	1197	1220	1319	1343	1571	1641
日　本	17811	16866	28659	29625	31311	31720	37704	41181
马来西亚	1368	1466	2137	2397	2597	2735	3182	3877
蒙　古	49	50	66	56	45	87	51	64
缅　甸	42	35	120	115	149	250	321	480
朝　鲜	243	149	247	406	320	323	155	338
韩　国	3299	3075	6459	6953	6966	6633	7791	9606
巴基斯坦	678	1190	1399	1205	1320	1718	1376	2426
菲律宾	578	612	1363	1054	1299	1473	1872	2378
新加坡	2028	2436	3521	3924	4265	4623	4931	5249
斯里兰卡	410	355	494	524	588	477	410	659
泰　国	634	548	1601	1879	2140	2093	2387	2876
土耳其	336	746	2262	1606	1731	2287	1806	3604
越　南	262	184	236	213	213	206	559	739
非　洲	**14534**	**15190**	**16040**	**15063**	**18015**	**16599**	**17938**	**20581**
埃　及	2381	3843	3076	2531	2547	2276	2777	3364
尼日利亚	2087	1244	665	759	925	942	778	812
南　非	677	725	989	1010	1727	1355	1541	2050
北美洲	**22781**	**33816**	**43756**	**43208**	**46751**	**47404**	**51702**	**53919**
加拿大	4600	4704	7101	7346	7585	7984	8607	9080
墨西哥	3100	2325	4990	4587	5999	5862	7135	5333
美　国	18182	23118	27088	26672	28467	28799	30901	33839
南美洲	**7439**	**4387**	**5346**	**6616**	**7635**	**8871**	**11075**	**13796**
阿根廷	680	221	227	458	949	991	1214	1198
巴　西	2471	1366	2269	2764	2405	3326	4433	5872
委内瑞拉	1708	1277	793	1084	1302	1312	1163	1648
欧　洲①	**124794**	**105843**	**179518**	**183621**	**198177**	**169957**	**195817**	**215510**
保加利亚	616	1073	645	274	351	458	492	493
捷克共和国	2361	1744	1288	945	1040			
法　国	14883	12551	22613	23393	24921	22088	25247	28788
德　国	25152	21036	38652	41359	44899	35787	40931	42834
意大利	14877	14758	23652	24687	24570	20291	22879	23591
荷　兰	11660	10518	17963	17474	20198	16070	20106	21494
波　兰	3098	1375	987	1048	1952	2229	2465	3108
罗马尼亚	1393	608	1368	950	1105	1036	715	922
俄罗斯	17913	18093	19650	16206	12365	1185	10702	12828
西班牙	4402	3501	8039	9147	10088	9324	10843	13537
英　国	16321	13577	22952	22451	24417	21009	23425	24322
南斯拉夫	1641	1098	2607	1720				
大洋洲	**1874**	**2078**	**3174**	**3220**	**3324**	**3441**	**3743**	**4542**
澳大利亚	967	1129	1717	1752	1834	1870	2029	2590
新西兰	343	401	668	656	654	715	831	1005

注：① 未包括前苏联各共和国。

资料来源：联合国粮农组织《贸易年鉴》1995年。

12－11 农产品出口额

单位：百万美元

	1980年	1985年	1990年	1991年	1992年	1993年	1994年	1995年
世界总计	**232569**	**208784**	**326193**	**329052**	**354558**	**335918**	**383062**	**435021**
亚　洲①	**29344**	**30740**	**46379**	**50185**	**53485**	**53270**	**62438**	**70871**
孟加拉国	180	229	160	146	140	123	115	131
印　度	2356	2265	3075	2796	2947	3357	3240	4530
印度尼西亚	2742	2475	2802	3123	3401	3618	4844	5493
伊　朗	119	228	456	637	691	833	1085	1067
以色列	855	868	1289	1181	1070	1043	1129	1142
日　本	926	755	1165	1284	1448	1526	1636	1750
马来西亚	3942	3718	4360	4422	4958	5014	6565	8228
蒙　古	179	134	159	108	60	51	50	44
缅　甸	240	133	188	220	209	235	418	401
朝　鲜	157	87	56	46	59	58	56	51
韩　国	638	502	1145	1102	1177	1105	1331	1651
巴基斯坦	931	701	987	1033	1237	870	685	1018
菲律宾	1977	1162	1230	1261	1379	1359	1441	1881
新加坡	1615	1832	2555	3014	3260	3410	4015	4320
斯里兰卡	656	716	745	662	635	442	376	672
泰　国	3344	3203	5388	5881	6671	5992	7121	9022
土耳其	1835	2211	3120	3748	3420	3633	4034	4301
越　南	105	200	754	611	807	734	987	1456
非　洲	**14273**	**10838**	**12302**	**11514**	**11037**	**10798**	**13314**	**14970**
埃　及	677	662	427	391	401	360	553	536
尼日利亚	471	310	286	280	241	276	327	360
南　非	2520	1074	1918	1838	1792	1580	2118	2156
北美洲	**49998**	**48865**	**66699**	**64544**	**68025**	**66957**	**73495**	**87809**
加拿大	7115	6947	9181	9619	10926	10351	11239	12789
墨西哥	1700	1783	2936	3171	2972	3585	4032	5718
美　国	42883	30827	45211	44631	48247	47795	52332	62259
南美洲	**20651**	**19780**	**22617**	**22048**	**23336**	**23408**	**29783**	**33344**
阿根廷	5557	5646	6977	7061	7093	6697	7828	10131
巴　西	9421	9422	8764	7962	9096	9697	12555	13354
委内瑞拉	77	122	308	250	290	350	416	465
欧　洲①	**90930**	**84449**	**158594**	**163135**	**179828**	**162602**	**182621**	**204328**
保加利亚	1436	1546	1822	726	902	722	897	1162
捷克共和国	688	574	670	722	821	1146	1083	1256
法　国	18433	16521	33432	32776	36282	33331	34947	40700
德　国	10328	10039	20375	21917	24175	21318	23486	24682
意大利	5680	6069	11135	11998	13046	11905	13285	14587
荷　兰	16085	15201	30928	30921	33794	29381	35054	35818
波　兰	1107	954	1628	1552	1847	1573	1970	2354
罗马尼亚	1374	770	89	261	290	338	417	510
俄罗斯	2720	2211	2580	1890	958	757	1656	1717
西班牙	3557	3413	7826	8900	9469	9756	10990	13190
英　国	8220	6987	12767	13526	15147	13109	14042	14612
南斯拉夫	1074	1021	1065	1229				
大洋洲	**13227**	**11900**	**17005**	**15737**	**16656**	**16575**	**17987**	**19579**
澳大利亚	9216	8143	11750	10449	11064	11108	11955	12709
新西兰	3323	3219	4780	4787	5093	4945	5374	6136

注：① 未包括前苏联各共和国。

资料来源：联合国粮农组织《贸易年鉴》1995年。

12－12 谷物进出口贸易

	进口量(千吨)			进口额(百万美元)			出口量(千吨)			出口额(百万美元)		
	1990年	1994年	1995年	1990年	1994年	1995年	1990年	1994年	1995年	1990年	1994年	1995年
世界总计	**†23738**	**221407**	**240395**	**40173**	**38553**	**46319**	**226112**	**227189**	**244327**	**36407**	**34026**	**41388**
亚　洲①	**96776**	**98818**	**119226**	**16054**	**16310**	**21503**	**15563**	**26957**	**22957**	**3174**	**5131**	**5284**
孟加拉国	1538	952	2567		147	4640						
印　度	131	8	52	35	3	11	652	1251	6207	278	423	1415
印度尼西亚	1828	5113	8417	305	900	1892	145	207	80	17	34	11
伊　朗	5525	4267	6050	950	689	1354		33			5	
以色列	1866	2675	2370	279	338	371	1	2	2		1	1
日　本	27008	29937	27265	4100	5765	4500	436	429	461	73	76	84
哈萨克斯坦		8	6		3	3		2024	4073		148	366
马来西亚	2455	3509	3947	425	588	766	77	171	243	11	22	27
蒙　古	58	43	73	16	9	19	34	21	15	11	1	1
缅　甸	7	64	90	1	11	18	235	974	499	55	214	91
朝　鲜	596	350	1012	92	55	214	43	19		8	2	
韩　国	9087	11937	12440	1316	1499	1858	1	3	10	2	2	5
巴基斯坦	2048	1916	2722	404	243	426	744	989	1853	242	242	463
菲律宾	2545	2219	2621	461	385	543	…	…	…	1	2	1
新加坡	737	776	735	165	190	196	216	263	243	38	36	38
斯里兰卡	996	927	1132	179	135	199	20	31	44		7	12
泰　国	387	740	946	73	150	196	5281	5028	6345	1257	1590	1986
土耳其	3177	878	2242	561	155	455	210	2642	1797	39	259	219
越　南	227	388	550	47	62	107	167	2060	2345	64	384	448
非　洲	**28519**	**35130**	**34539**	**5194**	**5852**	**6759**	**3788**	**6122**	**3111**	**555**	**836**	**494**
埃　及	8342	9200	7972	1313	1103	12953	76	250	158	18	79	57
尼日利亚	503	953	1108	121	205	261		60	50		7	6
南　非	904	1216	2435	631	215	409	2229	3866	1564	279	480	211
北美洲	**3057**	**22543**	**18711**	**509**	**3347**	**3291**	**115708**	**105779**	**126907**	**15643**	**13719**	**19034**
加拿大	840	1022	1362	149	190	239	23092	27013	21864	3501	3233	3639
墨西哥	7599	8100	6406	1040	1092	1019	8	133	535	2	21	90
美　国	2217	7363	4947	359	994	840	92616	78383	104189	12142	10328	15127
南美洲	**8628**	**18056**	**17863**	**1617**	**2978**	**3373**	**11720**	**11704**	**15455**	**1710**	**1769**	**2401**
阿根廷	8	28	56	5	11	22	10442	10586	13885	1406	1392	1920
巴　西	3427	8971	8447	660	1464	1639	6	8	33	2	4	11
委内瑞拉	1603	2015	2172	247	312	363	2	115	205		29	57
欧　洲①	**39847**	**39795**	**44113**	**9754**	**8906**	**10238**	**62932**	**58692**	**62483**	**12589**	**10279**	**12242**
白俄罗斯		624	526		68	72	1539	18			1	
保加利亚	167	58	87	37	13	19	465	103	1063	77	16	110
捷克共和国	205	287	263	44	40	49	151	93	1271	24	15	157
法　国	922	1229	1072	448	499	490	30898	26843	28447	6427	4704	4704
德　国	3987	3487	3382	1196	904	957	4604	9849	9682	993	1430	1591
意大利	6699	6051	6875	1800	1263	1583	2435	2470	1720	714	764	615
荷　兰	6899	6500	5860	1596	1389	1361	4226	1460	1160	749	365	322
波　兰	1561	513	1993	235	83	244	218	11	128	31	3	25
罗马尼亚	1152	529	246	163	60	42		8	851		7	136
俄罗斯	32981	3910	3560	4864	481	564	1539	1646	2338	258	150	213
西班牙	3020	5047	7730	614	1015	1499	1748	2841	1720	411	473	437
乌克兰		462	866		66	118		159	815		17	125
英　国	3084	3353	2866	886	878	789	6611	5030	4491	1141	793	848
南斯拉夫	1407	6	30	205	2	5	613			101		
大洋洲	**779**	**967**	**1247**	**201**	**244**	**296**	**14802**	**17377**	**10716**	**2457**	**2247**	**1688**
澳大利亚	40	78	288	15	21	51	14767	17335	10694	2451	2240	1683
新西兰	279	316	323	62	62	68	34	39	19	4	6	4

注：① 未包括前苏联各共和国。

资料来源：联合国粮农组织《贸易年鉴》1995 年。

12－13 小麦进出口贸易①

	进口量(千吨)			进口额(百万美元)			出口量(千吨)			出口额(百万美元)		
	1990年	1994年	1995年	1990年	1994年	1995年	1990年	1994年	1995年	1990年	1994年	1995年
世界总计	**105978**	**107436**	**111023**	**19167**	**17274**	**21462**	**96615**	**111600**	**111737**	**15984**	**15409**	**18961**
亚　　洲②	**44581**	**41819**	**46248**	**7760**	**6629**	**8842**	**2270**	**4127**	**4091**	**216**	**524**	**656**
孟加拉国	1157	886	1754	148	136	325						
印　　度	64	5	51	13	2	11	140	94	626	17	15	106
印度尼西亚	1767	3332	4274	288	585	847						
伊　　朗	3382	2324	3100	541	320	590		27			4	
以 色 列	1869	1281	800	11	173	145		1	1	…	…	
日　　本	5474	6353	5965	1019	1356	1348	487	429	449	73	76	82
哈萨克斯坦		5	4		1	1		1114	2683		117	275
马来西亚	841	1191	1121	144	215	240	1	163	231		21	24
蒙　　古	39	33	58	9	5	13	27	17	12	10	1	1
缅　　甸	7	64	90	1	11	18						
朝　　鲜	300	44	295	45	6	53						
韩　　国	2516	6057	2342	419	783	467		3	10		1	3
巴基斯坦	2047	1902	2722	404	239	426		5	…		1	…
菲 律 宾	1598	2204	2137	274	381	419						
新 加 坡	333	465	391	57	73	66	23	214	193	5	29	29
斯里兰卡	818	867	1026	135	123	181						
泰　　国	374	717	650	68	142	143	3	15	31		3	6
土 耳 其	2188	496	1253	387	76	244	25	1765	1119	4	196	168
越　　南	224	387	513	46	60	98						
非　　洲	**19198**	**22195**	**22448**	**3294**	**3347**	**4339**	**146**	**349**	**524**	**23**	**59**	**97**
埃　　及		7125	5472	1063	834	937						
尼日利亚	252	603	808	53	105	180						
南　　非	594	730	1251	90	73	156	146	96	150	20	20	37
北 美 洲	**705**	**7413**	**5606**	**95**	**1043**	**1050**	**45512**	**53962**	**51701**	**6750**	**6966**	**8814**
加 拿 大		62	51	1	11	11	17955	21683	17250	2863	2648	3019
墨 西 哥	28	1449	1242	51	195	232	2	97	451		16	76
美　　国	697	2741	1731	94	349	3003	27557	32110	33937	3887	4277	5699
南 美 洲	**5628**	**11021**	**10609**	**987**	**1687**	**1950**	**6183**	**5683**	**7455**	**913**	**752**	**1102**
阿 根 廷	4	18	28	0	4	6	6041	5572	7229	871	729	1063
巴　　西	2218	6323	5956	381	894	1047			3			1
委内瑞拉	992	1093	1037	169	188	194		2	4		1	1
欧　　洲②	**16912**	**19636**	**21575**	**3901**	**3840**	**4526**	**32888**	**34576**	**39840**	**5972**	**5497**	**7052**
白俄罗斯		363	398		42	55						
保加利亚	121	3	36	25	0	6	571	68	858	76	8	90
捷克共和国	20	46	5	1	4	1	452	41	1132	24	5	134
法　　国	345	668	478	103	159	128	17165	15022	18703	3295	2369	3418
德　　国	1846	1456	1323	474	285	290	2146	6306	4420	503	979	844
意 大 利	4705	4932	5124	1227	971	1140	137	1827	1166	30	323	235
荷　　兰	3249	2947	2780	663	554	560	2530	876	853	406	143	159
波　　兰	985	246	998	152	41	129		7	114		1	20
罗马尼亚	216	74	199	25	11	30			643			108
俄 罗 斯	15392	2285	2418	2546	225	367	825	954	269	139	90	38
西 班 牙	703	2082	2838	163	414	597	225	1211	947	60	250	233
乌 克 兰		155	580		186	716		55	397		6	74
英　　国	893	1185	947	202	266	222	4460	3619	2793	760	573	520
南斯拉夫	31			5			397			60		
大 洋 洲	**418**	**557**	**579**	**87**	**100**	**108**	**11507**	**12858**	**7900**	**1972**	**1605**	**1215**
澳大利亚		1	15		…	4	11507	12823	7892	1971	1604	1213
新 西 兰	183	249	228	29	44	44	1	2	5		…	1

注：① 包括折合为小麦的面粉。② 未包括前苏联各共和国。

资料来源：联合国粮农组织《贸易年鉴》1995年。

12-14 一些国家的进口来源

单位：%

	总计	工业国	发展中国家	非洲	亚洲	欧洲	中东	拉美和加勒比	其它国家①
孟加拉国									
1990年	100.0	42.9	43.3	0.2	34.0	2.5	5.1	1.5	0.5
1993年	100.0	35.5	47.7	0.1	40.7	1.5	4.1	1.3	0.5
1994年	100.0	31.8	52.6	0.3	44.2	2.6	3.3	2.3	
1995年	100.0	30.9	60.0	0.3	52.1	1.8	3.6	2.1	
1996年	100.0	27.2	60.7	0.4	54.0	1.6	2.6	2.1	
印　度									
1990年	100.0	56.9	42.5	2.8	11.2	8.0	18.3	2.2	0.1
1993年	100.0	56.5	43.4	5.8	10.4	1.0	24.8	1.3	0.1
1994年	100.0	50.4	49.5	4.9	14.2	3.2	24.2	3.0	0.1
1995年	100.0	48.3	45.7	4.6	13.9	4.4	21.4	1.5	0.2
1996年	100.0	51.3	43.1	4.2	18.9	3.6	15.9	0.4	0.2
印度尼西亚									
1990年	100.0	65.8	33.6	0.7	24.6	0.9	5.0	2.4	52.0
1993年	100.0	65.4	34.2	0.4	27.2	0.8	3.7	2.2	17.0
1994年	100.0	67.1	32.6	0.6	27.4	0.9	2.3	1.4	23.0
1995年	100.0	64.4	35.4	1.1	27.2	1.5	3.2	2.4	24.0
1996年	100.0	65.1	34.6	1.1	27.3	1.5	2.8	1.9	27.0
伊　朗									
1990年	100.0	68.6	31.1	0.9	6.4	8.7	8.2	7.0	
1993年	100.0	63.7	36.0	0.7	9.7	12.1	9.7	3.9	
1994年	100.0	64.2	35.4	1.3	9.7	8.5	11.6	4.3	
1995年	100.0	55.7	43.9	1.0	14.2	8.3	11.8	8.5	
1996年	100.0	53.4	46.1	1.1	17.9	8.9	10.8	7.4	
以色列									
1990年	100.0	83.2	7.5	1.8	3.3	1.2		1.1	
1993年	100.0	82.7	10.0	1.6	5.3	1.9	0.1	1.1	
1994年	100.0	83.0	10.5	1.3	5.5	2.5	0.1	1.1	
1995年	100.0	81.5	12.1	1.4	6.5	3.2	0.1	0.9	
1996年	100.0	82.2	11.3	1.2	6.4	2.6	0.1	0.9	
日　本									
1990年	100.0	50.2	49.6	1.6	28.9	1.8	13.3	4.0	0.2
1993年	100.0	47.6	52.3	1.5	34.7	1.5	11.3	3.3	0.1
1994年	100.0	47.6	52.2	1.4	35.8	1.6	10.1	3.3	0.1
1995年	100.0	47.0	52.8	1.3	36.9	1.7	9.4	3.4	0.1
1996年	100.0	46.1	53.8	1.4	37.7	1.5	10.1	3.2	0.1
马来西亚									
1990年	100.0	63.6	36.2	0.5	32.1	0.6	1.2	1.8	0.1
1993年	100.0	62.4	37.1	0.4	34.3	0.3	0.9	1.2	
1994年	100.0	63.7	35.4	0.5	32.6	0.7	0.6	1.0	
1995年	100.0	64.4	34.8	0.5	31.9	0.6	0.6	1.2	
1996年	100.0	59.9	38.9	0.7	35.4	0.9	0.9	1.2	

续表 1

单位：%

	总计	工业国	发展中国家	非洲	亚洲	欧洲	中东	拉美和加勒比	其它国家①
缅　甸									
1990年	100.0	42.1	57.2	0.4	52.0	4.6	0.1		0.6
1993年	100.0	20.6	78.8	0.3	78.4	0.1			0.5
1994年	100.0	14.3	85.6	0.4	84.4	0.9			
1995年	100.0	16.3	83.6		82.2	1.0	0.4		
1996年	100.0	22.3	77.6	0.1	75.9	1.3	0.3	31.9	
韩　国									
1990年	100.0	71.2	22.0	0.7	11.2	0.3	7.4	7.4	2.5
1993年	100.0	68.3	31.7	0.7	17.3	1.5	9.9	9.9	2.3
1994年	100.0	66.7	28.8	0.7	15.9	1.6	8.0	8.0	2.6
1995年	100.0	67.4	29.4	0.9	16.0	1.5	8.6	8.6	2.4
1996年	100.0	65.3	31.4	1.1	16.7	1.3	9.7	9.7	2.5
巴基斯坦									
1990年	100.0	55.2	44.8	2.5	19.3	3.0	19.1	1.0	
1993年	100.0	55.1	44.9	2.1	21.7	1.8	17.7	1.6	
1994年	100.0	50.2	49.8	2.1	22.8	3.0	20.9	0.9	
1995年	100.0	49.5	50.5	2.4	23.5	3.4	19.6	1.7	
1996年	100.0	49.3	50.7	2.7	20.8	2.6	22.9	1.7	
菲律宾									
1990年	100.0	55.7	44.2	0.7	28.3	0.8	11.8	2.6	0.1
1993年	100.0	58.8	41.2	0.8	29.2	1.2	8.4	1.7	
1994年	100.0	58.4	41.5	0.5	30.3	1.5	7.3	1.8	
1995年	100.0	56.5	42.2	0.6	29.5	2.0	8.4	1.7	
1996年	100.0	55.2	44.8	0.5	29.9	4.4	8.3	1.8	
新加坡									
1990年	100.0	54.3	45.7	0.7	32.3	0.6	7.8	1.2	
1993年	100.0	54.2	45.8	1.1	36.1	0.6	6.5	0.9	
1994年	100.0	53.6	46.1	0.6	37.4	0.7	6.5	0.8	
1995年	100.0	53.1	46.9	0.4	38.2	0.9	7.0	0.9	
1996年	100.0	52.6	47.4	0.5	37.2	0.9	11.0	1.1	
斯里兰卡									
1990年	100.0	40.2	59.8	4.4	40.4	2.2	11.5	1.2	0.8
1993年	100.0	34.9	57.3	1.4	48.8	2.0	4.8	0.3	1.0
1994年	100.0	40.9	58.7	1.3	48.4	1.6	5.4	2.0	1.7
1995年	100.0	37.4	62.4	1.1	49.9	1.3	7.3	2.8	1.3
1996年	100.0	37.5	62.3	1.3	49.8	1.5	8.3	1.4	2.7
泰　国									
1990年	100.0	62.6	36.5	0.9	28.0	1.6	4.1		
1993年	100.0	63.6	34.6	1.2	26.7	2.2	3.2		
1994年	100.0	61.8	37.5	1.1	28.9	2.4	3.6		
1995年	100.0	63.3	35.3	0.9	26.7	2.3	3.8		
1996年	100.0	59.3	38.5	0.9	28.2	2.0	5.5		

续表2　　单位：%

	总计	工业国	发展中国家	非洲	亚洲	欧洲	中东	拉美和加勒比	其它国家①
土耳其									
1990年	100.0	61.2	38.8	3.5	5.8	11.5	15.7	2.3	
1993年	100.0	67.1	21.3	0.3	2.7	9.8	8.5		
1994年	100.0	65.8	33.2	1.8	6.1	11.1	12.8	1.5	
1995年	100.0	65.8	34.2	2.2	7.2	12.8	9.2	2.9	
1996年	100.0	69.8	29.4	2.2	7.6	9.8	8.8	1.0	
埃及									
1990年	100.0	69.2	25.5	1.3	9.4	10.6	2.0	2.3	0.6
1993年	100.0	71.1	24.6	1.1	10.6	7.8	2.7	2.4	
1994年	100.0	69.3	24.7	1.3	8.2	8.7	3.5	2.9	0.9
1995年	100.0	65.0	29.7	1.6	11.5	9.9	3.9	2.9	0.4
1996年	100.0	67.5	28.8	1.2	12.7	8.5	3.1	3.3	0.3
尼日利亚									
1990年	100.0	78.1	21.6	0.7	11.7	3.8	1.0	4.4	
1993年	100.0	73.0	26.9	2.8	16.7	2.2	1.5	3.8	
1994年	100.0	68.8	31.0	5.1	15.6	4.5	2.4	3.5	
1995年	100.0	67.9	31.9	4.9	17.6	2.3	2.2	4.9	
1996年	100.0	70.0	29.8	4.4	16.6	1.5	2.0	5.5	2.0
南非									
1990年	100.0	71.2	10.3	2.6	4.9	0.3	0.6	1.9	
1993年	100.0	72.0	18.5	2.5	12.5	0.8	1.0	1.6	
1994年	100.0	77.1	16.9	2.8	10.2	0.7	1.0	2.3	
1995年	100.0	72.6	25.7	2.3	12.7	0.7	7.4	2.5	
1996年	100.0	63.7	27.7	2.7	14.3	1.0	7.3	2.4	
加拿大									
1990年	100.0	84.4	11.6	0.8	6.5	0.5	0.7	3.2	0.1
1993年	100.0	82.3	12.6	0.8	7.5	0.3	0.6	3.5	0.1
1994年	100.0	82.5	12.8	0.7	7.5	0.5	0.4	3.7	0.1
1995年	100.0	84.3	13.8	0.8	8.0	0.6	0.4	4.0	0.1
1996年	100.0	84.1	13.8	0.9	7.7	0.5	0.5	4.2	0.2
墨西哥									
1990年	100.0	91.3	8.2	0.3	2.7	0.8	0.1	4.2	0.3
1993年	100.0	91.1	8.8	0.2	4.4	0.3	0.1	3.8	
1994年	100.0	91.0	8.9	0.2	4.5	0.4	0.1	3.6	
1995年	100.0	91.5	8.3	0.2	5.1	0.2	0.1	2.7	
1996年	100.0	91.4	8.4	0.2	5.2	0.2	0.2	2.5	
美国									
1990年	100.0	58.8	41.1	3.2	20.2	0.9	3.9	13.0	
1993年	100.0	58.3	41.7	2.5	22.4	1.0	2.9	13.0	
1994年	100.0	57.0	43.0	2.1	23.8	1.2	2.5	13.3	
1995年	100.0	55.6	44.4	2.0	24.7	1.3	2.3	14.0	
1996年	100.0	54.2	45.8	2.3	24.4	1.2	2.4	15.4	

续表 3

单位：%

	总计	工业国	发展中国家	非洲	亚洲	欧洲	中东	拉美和加勒比	其它国家①
阿根廷									
1993年	100.0	55.0	45.0	0.8	9.8	0.7	0.2	33.4	
1990年	100.0	58.9	41.1	0.5	4.2	1.1	0.5	34.8	
1994年	100.0	56.9	42.8	0.9	10.3	1.6	0.4	29.6	0.2
1995年	100.0	57.9	42.0	1.5	9.1	1.5	0.5	29.2	
1996年	100.0	55.1	44.8	1.1	9.7	2.2	0.5	31.3	
巴西									
1990年	100.0	55.0	44.5	2.9	3.2	1.8	19.5	17.1	0.5
1993年	100.0	58.7	40.8	3.7	6.8	2.1	9.1	19.1	
1994年	100.0	60.1	39.7	3.2	7.7	2.6	6.5	19.6	0.2
1995年	100.0	60.1	39.4	2.5	9.9	2.2	4.2	20.6	0.1
1996年	100.0	58.5	40.6	3.4	9.0	2.0	4.2	22.0	0.1
委内瑞拉									
1990年	100.0	82.4	17.4	0.4	2.2	0.3	0.4	13.6	0.1
1993年	100.0	80.8	19.2	0.2	3.2	0.3	0.1	15.3	
1994年	100.0	78.5	21.5	0.5	2.8	0.3	0.6	17.4	0.1
1995年	100.0	72.4	27.4	0.6	3.1	0.4	0.1	23.3	
1996年	100.0	72.5	27.4	0.6	2.7	0.7	0.1	23.3	3.3
保加利亚									
1990年	100.0	60.2	39.8	1.2	6.5	17.1	12.3	2.6	
1993年	100.0	47.7	51.2	1.3	3.4	39.6	5.9	1.0	0.6
1994年	100.0	55.3	43.4	1.6	4.0	30.9	5.9	1.1	0.7
1995年	100.0	44.1	54.8	2.2	2.5	44.0	3.6	2.4	1.1
1996年	100.0	44.7	54.1	1.0	2.9	45.6	2.4	2.2	1.1
捷克共和国									
1993年	100.0	59.5	40.5		1.9	37.9	0.2	0.5	
1994年	100.0	63.8	34.0	0.2	3.9	28.9	0.3	0.7	
1995年	100.0	65.0	33.7	0.2	4.0	28.5	0.3	0.7	
1996年	100.0	66.1	33.2	0.4	4.2	27.1	0.6	1.0	
法国									
1990年	100.0	79.7	17.9	4.7	4.8	3.1	3.2	2.2	
1993年	100.0	79.3	19.3	4.2	6.7	3.3	3.1	2.0	
1994年	100.0	77.8	18.2	4.1	6.3	3.2	2.5	2.1	
1995年	100.0	78.8	17.9	3.9	6.5	3.3	2.2	2.0	
1996年	100.0	79.3	20.0	4.1	8.1	3.8	2.1	1.9	
德国									
1990年	100.0	79.0	20.9	2.3	6.9	7.1	2.0	2.7	
1993年	100.0	75.4	24.5	2.1	9.6	8.8	1.8	2.3	
1994年	100.0	75.1	24.8	1.9	9.5	9.6	1.5	2.4	
1995年	100.0	74.7	25.2	1.7	9.3	10.5	1.3	2.4	
1996年	100.0	74.8	25.1	1.7	9.2	10.6	1.4	2.2	

续表 4　　　　单位：%

	总计	工业国	发展中国家						其它国家①
				非洲	亚洲	欧洲	中东	拉美和加勒比	
意大利									
1990年	100.0	75.7	76.0	4.9	4.0	6.2	6.5	2.5	
1993年	100.0	74.4	25.3	4.5	5.6	7.2	5.7	2.4	
1994年	100.0	74.3	25.5	4.2	5.6	8.3	4.9	2.5	
1995年	100.0	74.3	25.7	4.4	5.7	8.4	4.6	2.6	
1996年	100.0	74.0	25.8	4.6	5.6	7.8	5.3	2.4	
荷兰									
1990年	100.0	82.4	17.5	2.7	5.1	2.7	4.3	2.7	0.1
1993年	100.0	78.5	21.5	2.4	8.8	3.3	4.3	2.7	0.1
1994年	100.0	79.3	20.6	2.2	8.7	3.1	3.3	3.4	0.1
1995年	100.0	79.3	20.6	2.1	9.0	3.4	3.0	3.0	0.1
1996年	100.0	77.6	22.2	2.3	10.1	3.7	3.3	2.8	0.1
波兰									
1990年	100.0	63.8	35.5	0.5	3.0	28.0	3.1	0.9	0.1
1993年	100.0	75.9	23.9	1.4	6.0	13.6	1.9	1.0	0.1
1994年	100.0	74.8	24.9	1.4	6.4	14.3	1.1	1.6	0.1
1995年	100.0	73.8	26.0	1.6	5.9	16.2	0.9	1.4	0.1
1996年	100.0	73.2	26.7	1.2	7.2	16.0	0.4	1.9	
罗马尼亚									
1990年	100.0	30.5	68.2	0.5	3.5	39.1	23.6	1.5	0.7
1993年	100.0	55.8	41.0	0.5	2.4	23.6	12.9	1.7	0.1
1994年	100.0	59.3	40.4	0.7	2.7	25.6	9.4	2.0	0.2
1995年	100.0	59.1	40.5	0.8	5.5	24.3	8.1	1.8	0.4
1996年	100.0	60.1	39.2	0.6	6.4	24.2	5.3	2.6	0.6
俄罗斯									
1993年	100.0	60.0	38.2	0.9	20.4	13.7	2.3	0.9	1.8
1994年	100.0	51.1	48.0	0.3	7.1	38.4	0.9	1.3	0.9
1995年	100.0	49.1	50.5	0.3	6.0	41.5	0.9	1.9	0.5
1996年	100.0	46.5	51.8	0.2	6.6	42.9	0.7	1.4	1.7
西班牙									
1990年	100.0	78.3	21.0	5.1	4.5	2.6	4.3	4.5	0.1
1993年	100.0	78.6	21.0	4.4	5.8	2.3	4.1	4.4	0.1
1994年	100.0	77.9	21.9	4.9	6.2	2.6	3.9	4.3	0.1
1995年	100.0	78.2	21.2	4.5	6.4	3.1	3.0	4.2	0.1
1996年	100.0	78.2	21.7	4.9	6.4	2.7	3.6	4.0	0.1

续表 5

单位：%

	总计	工业国	发展中国家	非洲	亚洲	欧洲	中东	拉美和加勒比	其它国家①
英　国									
1990 年	100.0	84.0	15.3	2.2	7.3	2.1	2.0	17.2	
1993 年	100.0	77.4	18.6	1.9	10.2	2.2	2.3	1.9	
1994 年	100.0	78.2	18.1	1.8	10.2	2.5	1.7	1.8	
1995 年	100.0	77.6	18.5	1.9	10.5	2.7	1.6	1.9	
1996 年	100.0	75.7	20.3	1.9	12.0	2.9	1.6	1.9	
南斯拉夫									
1993 年	100.0	59.5	40.5		1.9	37.9	0.2	0.5	
1994 年	100.0	63.8	34.0	0.2	3.9	28.9	0.3	0.7	
1995 年	100.0	65.0	33.7	0.2	4.0	28.5	0.3	0.7	
1996 年	100.0	66.1	33.2	0.4	4.2	27.1	0.6	1.0	
澳大利亚									
1990 年	100.0	76.3	23.5	0.4	18.2	0.5	3.2	1.2	
1993 年	100.0	70.6	29.3	0.4	24.3	0.3	3.2	1.1	
1994 年	100.0	71.3	28.6	0.5	23.9	0.4	2.7	1.0	
1995 年	100.0	70.8	29.0	0.6	24.2	0.4	2.7	1.2	
1996 年	100.0	69.2	30.6	0.8	25.7	0.3	2.7	1.0	
新 西 兰									
1990 年	100.0	80.2	19.2	0.2	12.0	0.2	5.4	1.2	
1993 年	100.0	78.4	21.1	0.4	14.9	0.2	4.4	1.2	
1994 年	100.0	78.8	20.8	0.5	15.4	0.4	3.4	1.0	
1995 年	100.0	78.6	20.9	0.6	16.5	0.2	2.5	1.1	
1996 年	100.0	78.7	20.9	0.7	16.5	0.2	2.4	1.1	

注：① 指古巴、朝鲜和前民主德国。

资料来源：国际货币基金组织《贸易方向统计年鉴》1997 年。

12-15 一些国家的出口去向

单位：%

	总计	工业国	发展中国家	非洲	亚洲	欧洲	中东	拉美和加勒比	其它国家①
孟加拉国									
1990年	100.0	71.4	28.1	3.3	10.1	9.3	4.9	0.5	
1993年	100.0	78.7	20.4	1.9	10.5	3.0	3.4	1.7	0.1
1994年	100.0	80.3	19.0	1.9	10.3	1.8	3.9	1.0	0.1
1995年	100.0	82.8	16.9	1.8	9.0	2.2	3.2	0.7	0.1
1996年	100.0	85.4	14.3	1.6	7.2	2.0	3.1	0.4	
印　度									
1990年	100.0	55.6	39.8	1.8	12.1	18.4	7.1	0.4	0.1
1993年	100.0	59.3	38.5	3.0	21.3	1.5	11.7	1.1	0.1
1994年	100.0	58.4	39.7	3.3	20.4	4.5	10.2	1.3	0.2
1995年	100.0	54.7	41.2	4.4	21.9	4.9	8.9	1.2	0.2
1996年	100.0	55.1	40.9	4.5	24.4	2.8	8.5	0.7	0.2
印度尼西亚									
1990年	100.0	70.2	29.6	0.5	25.1	0.7	2.9	0.4	0.1
1993年	100.0	62.5	37.3	0.6	30.6	0.9	3.9	1.2	0.1
1994年	100.0	66.0	33.8	1.0	29.3	1.0	1.5	1.1	0.1
1995年	100.0	61.6	38.3	0.9	32.2	1.0	2.7	1.5	
1996年	100.0	66.4	33.4	0.9	26.4	1.6	2.5	2.1	
伊　朗									
1990年	100.0	71.0	20.9		10.3	5.2	1.0	4.4	0.6
1993年	100.0	51.2	35.0	1.6	18.2	9.7	2.0	3.4	0.2
1994年	100.0	48.6	36.0	1.8	19.1	9.1	3.1	2.9	0.2
1995年	100.0	46.2	38.9	7.8	18.4	7.7	2.4	2.5	0.2
1996年	100.0	43.6	42.1	7.5	21.8	6.9	2.2	3.7	0.2
以色列									
1990年	100.0	76.7	14.9	1.3	8.9	2.0	0.1	2.6	
1993年	100.0	70.8	20.5	1.7	11.4	4.8	0.1	2.6	
1994年	100.0	71.0	21.4	1.6	12.7	4.0	0.1	3.0	
1995年	100.0	71.8	22.3	1.6	12.7	4.9	0.2	2.9	
1996年	100.0	72.5	23.7	1.6	13.5	5.3	0.3	3.0	
日　本									
1990年	100.0	58.6	41.3	1.6	31.3	1.7	3.3	3.4	0.1
1993年	100.0	51.4	48.6	1.8	37.7	1.1	3.6	4.4	0.1
1994年	100.0	50.5	49.4	1.5	40.1	0.7	2.7	4.4	
1995年	100.0	47.7	52.2	1.4	43.7	0.8	2.2	4.2	0.1
1996年	100.0	47.1	52.8	1.2	44.1	0.9	2.6	4.1	0.1
马来西亚									
1990年	100.0	50.6	49.4	0.4	44.6	1.3	2.5	0.7	
1993年	100.0	51.3	48.7	0.5	43.9	0.4	2.6	1.4	
1994年	100.0	50.6	49.4	0.6	44.2	0.6	2.4	1.6	
1995年	100.0	50.2	49.3	0.7	43.8	0.7	2.5	1.6	
1996年	100.0	48.1	51.9	0.7	46.8	0.7	2.3	1.3	

续表1

单位：%

	总计	工业国	发展中国家	非洲	亚洲	欧洲	中东	拉美和加勒比	其它国家①
缅　甸									
1990年	100.0	17.4	80.8	14.3	60.1	2.9	1.8	1.8	0.8
1993年	100.0	22.3	76.6	11.5	63.2	0.2	0.5	1.2	0.6
1994年	100.0	24.6	74.1	13.1	58.4	0.2	1.1	1.4	0.6
1995年	100.0	21.6	77.1	10.6	63.9	0.2	1.0	1.4	0.6
1996年	100.0	24.9	73.7	11.3	59.7	0.2	1.0	1.5	0.7
韩　国									
1990年	100.0	69.8	25.9	1.5	17.6	0.7	3.0	3.1	
1993年	100.0	52.1	43.6	1.4	32.1	1.9	3.5	4.7	
1994年	100.0	50.1	44.4	2.0	32.2	1.7	3.2	5.3	
1995年	100.0	48.6	46.4	1.2	35.1	2.2	3.1	4.7	
1996年	100.0	42.7	50.9	1.1	37.8	3.1	3.4	5.5	
巴基斯坦									
1990年	100.0	60.8	39.1	4.0	20.9	5.3	8.7	0.3	
1993年	100.0	58.0	40.5	3.4	19.7	3.3	12.9	1.2	
1994年	100.0	60.7	39.1	4.2	21.1	1.7	10.8	1.2	
1995年	100.0	49.5	50.5	2.4	23.5	3.4	11.6	1.6	
1996年	100.0	49.3	50.7	2.7	20.8	2.6	22.9	1.7	
菲律宾									
1990年	100.0	79.2	20.7	0.2	17.8	0.2	1.6	0.9	
1993年	100.0	75.4	24.6	0.2	20.7	0.3	2.3	1.1	
1994年	100.0	74.0	26.0	0.3	22.7	0.3	1.8	1.0	
1995年	100.0	71.5	28.5	0.2	25.8	0.2	1.3	1.1	
1996年	100.0	69.7	30.2	0.2	25.7	1.8	1.2	1.1	
新加坡									
1990年	100.0	49.6	50.3	2.0	42.8	1.7	2.5	1.3	0.1
1993年	100.0	46.6	53.4	1.6	46.2	1.4	2.2	1.8	0.1
1994年	100.0	43.0	56.4	1.4	50.4	1.4	1.8	1.5	
1995年	100.0	42.9	57.1	1.2	51.4	1.5	1.6	1.4	
1996年	100.0	43.0	57.0	1.1	51.3	1.4	1.6	1.6	0.1
斯里兰卡									
1990年	100.0	61.5	34.5	1.2	9.6	3.9	17.7	2.0	
1993年	100.0	75.4	21.0	0.6	7.8	2.8	8.7	1.1	
1994年	100.0	75.1	22.6	1.0	9.4	2.1	8.8	1.3	
1995年	100.0	75.5	22.6	0.9	9.2	4.1	7.1	1.2	
1996年	100.0	73.5	24.1	0.8	8.6	5.9	7.4	1.4	
泰　国									
1990年	100.0	67.1	32.2	2.1	22.1	1.4	5.4		
1993年	100.0	60.3	38.4	1.9	28.5	2.3	4.5		
1994年	100.0	57.0	42.4	1.5	34.3	1.8	3.6		
1995年	100.0	53.3	45.5	1.5	36.0	2.4	4.5		
1996年	100.0	54.4	43.9	1.2	36.8	1.1	3.8		

续表 2　　　　单位：%

	总计	工业国	发展中国家	非洲	亚洲	欧洲	中东	拉美和加勒比	其它国家①
土耳其									
1990 年	100.0	65.8	33.8	2.7	4.0	10.9	15.8	0.3	0.2
1993 年	100.0	59.1	39.8	1.7	8.6	13.0	15.8	0.6	0.2
1994 年	100.0	59.5	38.7	2.5	8.7	13.2	13.7	0.7	0.1
1995 年	100.0	61.1	38.9	2.7	4.9	16.4	12.1	2.7	0.1
1996 年	100.0	62.4	34.7	2.6	5.7	17.0	11.9	0.6	
埃　及									
1990 年	100.0	51.9	46.3	2.0	6.6	21.7	15.9		0.2
1993 年	100.0	56.9	40.9	3.3	8.9	6.2	21.8	0.7	
1994 年	100.0	57.5	40.2	3.7	11.9	7.0	17.5	0.3	
1995 年	100.0	63.1	35.1	3.7	8.7	6.4	16.0	0.4	
1996 年	100.0	69.1	29.5	2.6	7.0	10.0	8.9	0.4	
尼日利亚									
1990 年	100.0	92.0	7.9	6.5	0.3	0.2		0.8	
1993 年	100.0	80.6	19.4	7.9	6.6	0.3		4.5	
1994 年	100.0	82.2	17.8	7.4	5.0	0.5		4.8	
1995 年	100.0	79.1	20.9	8.9	6.9	0.4	0.1	4.6	
1996 年	100.0	79.9	20.1	8.5	7.5	0.5		3.7	
南　非									
1990 年	100.0	43.0	12.9	6.0	4.6	0.6	0.8	0.7	
1993 年	100.0	45.2	24.0	8.5	9.1	1.8	3.1	1.5	
1994 年	100.0	39.7	24.7	9.5	9.8	1.0	2.3	2.2	0.1
1995 年	100.0	41.3	30.6	13.5	11.6	1.0	2.4	2.1	0.1
1996 年	100.0	43.3	30.5	12.5	12.9	1.1	1.7	2.2	0.1
加拿大									
1990 年	100.0	91.2	8.7	0.7	4.6	1.0	0.8	1.6	0.1
1993 年	100.0	92.9	7.0	0.4	3.8	0.3	0.7	1.8	0.1
1994 年	100.0	93.0	6.9	0.4	3.9	0.2	0.5	1.8	
1995 年	100.0	91.8	8.1	0.5	4.7	0.3	0.6	1.9	0.1
1996 年	100.0	92.5	7.4	0.5	4.2	0.4	0.7	1.8	0.1
墨西哥									
1990 年	100.0	90.0	9.1	0.2	1.2	0.2	1.0	6.6	0.4
1993 年	100.0	93.2	6.7		0.8	0.1	0.3	5.4	0.1
1994 年	100.0	94.2	5.4		0.7		0.1	4.5	0.3
1995 年	100.0	92.4	7.1		1.2		0.2	5.7	0.4
1996 年	100.0	91.0	7.7	0.1	1.1	0.2	0.2	6.1	0.3
美　国									
1990 年	100.0	63.9	35.9	1.4	15.5	1.8	3.4	13.7	
1993 年	100.0	57.6	42.3	1.4	17.6	2.2	4.2	16.9	
1994 年	100.0	57.3	42.6	1.2	17.9	1.7	3.7	18.1	
1995 年	100.0	57.4	42.5	1.2	19.8	1.6	3.5	16.4	
1996 年	100.0	56.4	43.5	1.2	19.2	1.8	3.7	17.6	

续表3 单位：%

	总计	工业国	发展中国家	非洲	亚洲	欧洲	中东	拉美和加勒比	其它国家①
阿根廷									
1990年	100.0	49.7	48.9	1.9	7.0	7.0	6.7	26.3	1.3
1993年	100.0	42.7	56.7	1.9	5.9	2.6	4.3	42.0	0.5
1994年	100.0	39.1	60.3	3.2	8.4	1.7	3.4	43.7	0.3
1995年	100.0	33.9	65.8	4.5	8.0	1.7	4.7	46.9	0.3
1996年	100.0	30.7	68.7	3.2	10.0	2.4	5.6	47.6	0.5
巴西									
1990年	100.0	68.1	30.4	2.4	9.3	3.0	4.2	11.6	0.3
1993年	100.0	55.6	43.3	2.2	9.9	2.2	3.8	25.2	0.1
1994年	100.0	57.0	42.0	2.6	10.4	1.8	2.9	24.3	0.1
1995年	100.0	56.1	43.0	2.5	10.8	2.9	3.7	23.0	0.2
1996年	100.0	55.5	43.3	2.6	9.9	3.0	3.4	24.4	0.1
委内瑞拉									
1990年	100.0	64.2	32.3	0.3	1.4	0.1	0.1	20.6	2.3
1993年	100.0	69.5	28.4	0.3	1.2	0.1	0.2	26.7	0.8
1994年	100.0	62.9	35.5	0.1	0.5	0.4		34.5	0.5
1995年	100.0	63.2	35.3	0.2	0.5	0.7		33.8	0.5
1996年	100.0	64.9	33.7	0.3	0.6	0.7		32.1	0.5
保加利亚									
1990年	100.0	44.0	56.0	3.2	9.1	31.5	11.4	0.7	
1993年	100.0	55.3	44.7	2.2	12.3	15.5	12.9	1.8	
1994年	100.0	53.8	46.2	1.8	5.2	28.1	9.0	2.2	
1995年	100.0	43.2	56.6	2.6	3.6	42.7	6.1	1.7	0.2
1996年	100.0	44.2	55.5	2.2	3.8	42.5	5.5	1.4	0.3
捷克共和国									
1993年	100.0	60.2	39.8	0.1	3.2	34.9	1.5	0.2	
1994年	100.0	58.9	38.1	0.3	3.2	31.8	2.1	0.6	
1995年	100.0	59.3	37.3	0.4	2.5	32.3	1.5	0.6	
1996年	100.0	62.8	36.8	1.1	2.6	30.6	1.8	0.8	
法国									
1990年	100.0	77.0	19.7	6.4	4.7	2.8	3.1	2.8	
1993年	100.0	73.6	21.9	5.6	5.8	3.5	3.4	3.6	0.1
1994年	100.0	75.2	21.5	5.4	6.3	3.2	3.1	3.6	0.1
1995年	100.0	75.4	22.6	5.6	7.1	3.4	2.9	3.6	0.1
1996年	100.0	77.4	21.2	5.1	7.0	4.5	2.6	2.1	0.1
德国									
1990年	100.0	80.4	19.3	2.0	4.7	8.1	2.7	1.8	0.1
1993年	100.0	75.2	24.6	1.8	7.4	9.4	3.4	2.5	
1994年	100.0	76.0	23.8	1.7	7.8	9.0	2.9	2.5	
1995年	100.0	74.9	24.9	1.7	8.2	9.8	2.5	2.6	
1996年	100.0	74.1	25.6	1.6	8.1	10.9	2.5	2.6	

续表4 单位：%

	总计	工业国	发展中国家	非洲	亚洲	欧洲	中东	拉美和加勒比	其它国家①
意大利									
1990年	100.0	79.4	20.2	3.0	4.4	6.3	4.5	2.0	0.1
1993年	100.0	72.5	26.9	2.8	6.9	7.7	6.0	3.5	0.1
1994年	100.0	73.0	26.5	2.5	7.1	7.9	5.2	3.7	0.1
1995年	100.0	73.1	26.6	2.5	7.2	8.8	4.6	3.5	
1996年	100.0	70.7	28.8	2.3	7.8	9.9	4.7	4.0	0.1
荷兰									
1990年	100.0	89.2	10.0	1.7	2.8	2.2	2.1	1.1	
1993年	100.0	84.5	14.7	1.8	4.6	4.0	2.5	1.8	0.1
1994年	100.0	85.9	13.3	1.4	4.3	3.9	2.2	1.5	
1995年	100.0	85.6	13.7	1.6	4.5	4.2	1.9	1.5	0.1
1996年	100.0	85.8	13.5	1.4	4.5	4.4	1.8	1.4	
波兰									
1990年	100.0	64.7	34.0	1.1	3.3	25.1	3.1	1.4	0.1
1993年	100.0	74.8	24.8	2.0	6.5	13.0	1.8	1.5	0.1
1994年	100.0	75.0	24.6	1.3	4.9	15.0	1.2	2.2	0.1
1995年	100.0	74.9	24.8	1.0	3.0	18.5	1.1	1.3	0.1
1996年	100.0	71.6	28.1	1.0	3.3	21.4	1.3	1.1	
罗马尼亚									
1990年	100.0	43.1	54.9	1.7	5.1	39.9	7.4	0.8	1.2
1993年	100.0	47.2	52.3	2.8	13.6	21.9	11.8	2.1	0.1
1994年	100.0	53.9	45.4	4.0	9.5	19.1	11.1	1.8	0.1
1995年	100.0	58.8	40.2	4.6	8.6	16.5	8.8	1.7	0.4
1996年	100.0	59.9	39.4	3.8	6.8	17.8	8.9	2.0	0.3
俄罗斯									
1993年	100.0	59.0	40.4	0.8	12.3	22.0	4.1		0.6
1994年	100.0	51.8	47.7	0.3	8.6	35.5	2.0		0.5
1995年	100.0	49.6	50.0	0.4	10.6	34.3	2.1		0.4
1996年	100.0	47.7	51.1	0.4	10.2	36.9	2.3	0.2	1.2
西班牙									
1990年	100.0	81.5	15.5	4.1	2.6	2.9	2.5	3.3	0.6
1993年	100.0	78.8	20.4	4.5	4.1	3.4	2.6	5.8	0.3
1994年	100.0	79.4	18.5	3.2	4.3	3.0	2.4	5.7	0.4
1995年	100.0	80.6	18.9	3.4	4.1	3.7	2.6	5.2	0.5
1996年	100.0	78.8	20.3	3.1	4.0	4.3	2.6	6.3	0.5

续表 5

单位：%

	总计	工业国	发展中国家	非洲	亚洲	欧洲	中东	拉美和加勒比	其它国家①
英国									
1990 年	100.0	80.1	19.1	3.0	6.9	2.4	5.1	1.6	
1993 年	100.0	73.7	21.7	2.8	8.4	3.3	5.4	1.8	
1994 年	100.0	75.2	21.1	2.6	9.0	3.1	4.4	2.0	
1995 年	100.0	74.7	21.4	2.7	8.0	3.7	4.4	1.8	
1996 年	100.0	73.8	22.3	2.6	8.7	4.2	4.9	1.8	
南斯拉夫									
1993 年	100.0	85.0	15.0			1.7		13.3	
1994 年	100.0	9.6	90.4		1.3	69.6	16.4	3.1	
1995 年	100.0	91.3	8.7	2.4		1.9	0.5	3.9	
1996 年	100.0	84.3	15.7	0.2	0.9	13.1	1.1	0.4	
澳大利亚									
1990 年	100.0	59.7	37.7	0.6	29.9	1.6	4.5	1.0	0.2
1993 年	100.0	53.0	44.7	0.9	38.0	0.9	3.4	1.3	
1994 年	100.0	51.2	46.1	1.0	39.7	1.1	3.0	1.3	
1995 年	100.0	50.0	47.8	1.2	42.0	1.0	2.5	1.1	
1996 年	100.0	46.7	51.4	1.6	42.3	2.3	3.6	1.6	
新西兰									
1990 年	100.0	65.4	32.3	1.4	19.7	5.6	2.7	3.0	0.2
1993 年	100.0	62.3	35.6	1.5	24.7	2.2	3.0	4.3	
1994 年	100.0	64.4	33.6	1.2	24.9	2.0	2.3	3.2	0.1
1995 年	100.0	62.5	34.3	1.2	26.0	1.8	2.2	3.1	0.1
1996 年	100.0	61.6	35.6	1.2	25.9	1.7	3.0	3.8	0.1

注：① 指古巴、朝鲜和前民主德国。

资料来源：国际货币基金组织《贸易方向统计年鉴》1997 年。

12－16 出国旅游人数

单位：千人次

	1980年	1985年	1990年	1994年	1995年	1996年
孟加拉国		174	388	772	830	935
印　　度	1017	1987	2281	2735	3056	
印度尼西亚	635	379	688	1625	1782	
伊　　朗	428	978	788	769	1000	1000
以 色 列	513	553	883	1862	2259	
日　　本	5224	4948	10997	13579	15298	16695
马来西亚	1738	1837	14920	18825	20642	
蒙　　古		35				
韩　　国		484	1561	3154	3819	4649
巴基斯坦	104					
菲 律 宾	461	758	1137	1316	1400	
新 加 坡		526	1237	2447	2867	3305
斯里兰卡	138	239	297	448	504	494
泰　　国	497	545	883	1681	1820	1845
土 耳 其	1795	1806	2917		3981	4261
埃　　及	1180	1680	2012	2725	2683	2812
尼日利亚		85	56	50	50	
南　　非		510	616	1766	2520	2775
加 拿 大		13201	20415	18344	18205	18973
墨 西 哥	3322	2730	7357	12029	8450	9001
美　　国	22721	34715	44623	46451	50763	
阿 根 廷		1750	2504	4440	3550	
巴　　西	427	955	1188	2100	2600	2943
委内瑞拉	747	346	309	463	534	
白俄罗斯				488	626	703
保加利亚		533	2395	4394	3524	3006
捷克共和国				45840	44870	48614
法　　国	7930	8828	19430	17709	18686	18151
德　　国	22473	44953	56261	72629	74610	76100
意 大 利		9227	16152	16786	15991	
荷　　兰	6749	6685	9000	10773	10261	
波　　兰	6852	4180	22131	34296	36387	44713
罗马尼亚	1711	1150	11247	10105	5737	
俄 罗 斯				10356	21331	
西 班 牙	18022	5687	10698	12953	12644	
英　　国	15507	21610	31150	39897	41873	
澳大利亚		1512	2170	2354	2519	2732
新 西 兰	454	378	717	824	920	

资料来源：世界银行《世界发展指标》1998 年。

12－17 国外游客到达人数

单位：千人次

	1980年	1985年	1990年	1994年	1995年	1996年
孟加拉国	57	146	115	140	156	166
印　　度	1194	1259	1707	1886	2124	2288
印度尼西亚	527	749	2178	4006	4324	5034
伊　　朗	156	89	154	362	452	465
以 色 列	1116	1264	1063	1839	2212	2097
日　　本	844	2102	1879	1915	1731	2114
马来西亚	2105	3109	7446	7197	7469	7138
蒙　　古	195	217	147	151	152	153
缅　　甸	38	41	21	80	110	165
朝　　鲜			115	126	128	127
韩　　国	976	1426	2959	3580	3753	3684
巴基斯坦	299	441	424	454	378	369
菲 律 宾	1008	773	1025	1574	1760	2049
新 加 坡	2562	2738	4842	6268	6422	6608
斯里兰卡	322	257	298	408	403	302
泰　　国	1859	2438	5299	6166	6952	7192
土 耳 其	921	2230	4799	6034	7083	7966
越　　南			250	1018	1351	1607
埃　　及	1253	1407	2411	2356	2872	3528
尼日利亚	86	205	190	214	665	822
南　　非	700	728	1029	3669	4488	4944
加 拿 大	12876	13171	15209	15971	16932	17286
墨 西 哥	11945	11907	17176	17182	20241	21405
美　　国	22500	23259	39539	44753	43385	46325
阿 根 廷	1120	1503	2728	3866	4101	4286
巴　　西	1271	1736	1091	1853	1991	2140
委内瑞拉	215	269	525	429	597	759
白俄罗斯				184	161	234
保加利亚	1933	1207	1586	3896	3466	2795
捷克共和国				17000	16500	17000
法　　国	30100	36748	52497	61312	60033	62406
德　　国	11122	12686	17045	14494	14847	15205
意 大 利	22087	25047	26679	27480	31052	32853
荷　　兰	2784	3329	5795	6178	6574	6580
波　　兰	5664	2749	3400	18825	19215	19410
罗马尼亚			562	185	147	136
俄 罗 斯				5823	9262	14587
西 班 牙	22388	25459	34085	39341	39324	41295
乌 克 兰				772	794	814
英　　国	12420	14449	18013	20794	23538	25293
南斯拉夫				91	100	162
澳大利亚	905	1143	2215	3362	3726	4165
新 西 兰	465	670	976	1323	1409	1529

资料来源：世界银行《世界发展指标》1998 年。

12-18 国际旅游支出

单位:百万美元

	1980年	1985年	1990年	1994年	1995年	1996年
孟加拉国	16	45	78	210	229	200
印　　度	113	354	393	408	409	415
印度尼西亚	375	591	836	1900	2172	2300
伊　　朗	1700	508	340	570	575	579
以 色 列	533	549	1442	2595	3148	3360
日　　本	4593	4814	24928	30715	36792	37040
马来西亚	470	1158	1450	1737	1791	1815
蒙　　古			1	3	20	21
缅　　甸	3	19	16	24	24	25
韩　　国	350	606	3166	4088	5903	6963
巴基斯坦	90	202	440	397	449	900
菲 律 宾	105	37	111	196	422	450
新 加 坡	322	613	1804	4076	5039	6104
斯里兰卡	34	46	74	170	186	176
泰　　国	244	280	854	2906	3372	4171
土 耳 其	115	324	520	886	912	1265
埃　　及	573	106	129	1067	1278	1350
尼日利亚	780	200	576	144	148	155
南　　非	756	413	1117	1678	1729	2100
加 拿 大	3122	4130	10931	10029	10220	11090
墨 西 哥	4174	2258	5519	5338	3171	3387
美　　国	10385	24558	37349	43782	45855	52563
阿 根 廷	1791	671	1171	2576	2067	2340
巴　　西	1160	1194	1559	2931	3412	6825
委内瑞拉	1880	597	1023	1973	1865	1900
白俄罗斯				74	87	97
保加利亚			189	244	195	197
捷克共和国				1076	1630	2953
法　　国	6027	4557	12424	13773	16328	17753
德　　国	20599	12809	32180	44268	51132	49787
意 大 利	1907	2283	14045	12082	12420	15488
荷　　兰	4664	3448	7376	10983	11455	11370
波　　兰	357	184	423	316	5500	6240
罗马尼亚				24	25	26
俄 罗 斯				7092	11599	10597
西 班 牙	1229	1010	4254	4129	4540	4921
乌 克 兰				141	210	250
英　　国	6893	6369	19063	21998	24268	25445
南斯拉夫				94	95	96
澳大利亚	1749	1918	4535	4339	4604	5322
新 西 兰	534	389	958	1148	1283	1382

资料来源：世界银行《世界发展指标》1998 年。

12－19 国际旅游收入

单位：十万美元

	1980年	1985年	1990年	1994年	1995年	1996年
孟加拉国	150	230	110	190	230	320
印　度	11500	9800	15130	22650	27540	30270
印度尼西亚	2460	5250	21050	47850	52280	60870
伊　朗	540	270	610	1530	1600	1650
以色列	9030	11010	13820	23070	27840	28000
日　本	6440	11370	35780	34770	32260	40780
马来西亚	2650	6220	16670	31890	39100	39260
蒙　古			50	70	210	210
缅　甸	100	200	90	240	380	900
韩　国	3690	7840	35590	38060	55870	54300
巴基斯坦	1540	1860	1560	1280	1140	1460
菲律宾	3200	9940	13060	22820	24540	27010
新加坡	14330	16600	45960	75270	83780	79160
斯里兰卡	1110	820	1320	2310	2250	1680
泰　国	8670	11710	43260	57620	76640	86640
土耳其	3270	14820	32250	43210	49570	59620
越　南			850	850	860	870
埃　及	8080	9010	19940	13840	28000	32000
尼日利亚	480	330	250	340	540	850
南　非	6520	4250	9920	14240	15950	19950
加拿大	22840	31030	63390	71240	79940	88680
墨西哥	53930	29010	54670	63630	61790	69340
美　国	100580	177620	430070	584170	611370	643730
阿根廷	3450	10470	19760	39700	43060	45720
巴　西	17940	14930	14440	19250	20970	24690
委内瑞拉	2430	4160	4960	7870	8110	8460
白俄罗斯				390	230	480
保加利亚	2600	3430	3200	3620	4730	4500
捷克共和国				19660	28750	40750
法　国	82350	79420	201850	246780	275270	283570
德　国	65660	47480	114710	139460	169550	164960
意大利	82130	87560	200160	237490	277230	286730
荷　兰	16680	16610	36360	56120	57620	62560
波　兰	2820	1180	3580	61500	66000	84000
罗马尼亚			450	290	190	200
俄罗斯				24120	43120	55420
西班牙	69680	81510	185930	214650	257010	274140
乌克兰				1750	1910	2020
英　国	69320	71200	149400	149860	185540	192960
南斯拉夫				310	420	430
澳大利亚	9670	10620	40880	59550	71000	87030
新西兰	2110	4130	10300	16690	21630	24440

资料来源：世界银行《世界发展指标》1998 年。

主要统计指标解释

FOB出口价和CIF进口价 除了某些特例,只涉及越过海关边界的货物的国际运输。一般上 来讲,出口价用FOB (指定装货港船舶上交货)表示,进口价用CIF(价格、保险费和运费)表示。

进口额和出口额 指一国居民(广义)与其他国家居民间发生的商品所有权转换的交易活动。出口价按FOB价计算,进口价按CIF价计算。

贸易条件 出口价同进口价的相对水平,用一个国家平均出口价格指数同平均进口价格指数的比率表示。

商品分类 按照国际贸易标准分类(S I T C)的一至三位码进行分类,构成相应的商品组。

十三、社会和军事

13－1 人文发展指数(1995年)

	出生时的预期寿命(岁)	成人识字率(%)	初等,中等和高等教育综合入学率(%)	人均实际国内生产总值(购买力平价法美元)	调整后的实际人均GDP(购买力平价法美元)	预期寿命指数	教育指数	GDP指数	人文发展指数	人文发展指数与人均国内生产总值位次之差①
世界总计	**63.6**	**77.6**	**62**	**5990**	**5990**	**0.64**	**0.72**	**0.95**	**0.772**	
加拿大	79.1	99.0	100	21916	6231	0.90	0.99	0.99	0.960	10
法国	78.7	99.0	89	21176	6229	0.90	0.96	0.99	0.946	12
挪威	77.6	99.0	92	22427	6232	0.88	0.97	0.99	0.943	5
美国	76.4	99.0	96	26977	6259	0.86	0.98	0.99	0.943	－1
爱尔兰	79.2	99.0	83	21064	6229	0.90	0.94	0.99	0.942	10
芬兰	76.4	99.0	97	18547	6219	0.86	0.98	0.99	0.942	17
荷兰	77.5	99.0	91	19876	6226	0.88	0.96	0.99	0.941	11
日本	79.9	99.0	78	21930	6231	0.91	0.92	0.99	0.940	2
新西兰	76.6	99.0	94	17267	6197	0.86	0.97	0.98	0.939	17
瑞典	78.4	99.0	82	19297	6223	0.89	0.93	0.99	0.936	12
西班牙	77.7	97.1	90	14789	6187	0.88	0.95	0.98	0.935	19
比利时	76.9	99.0	86	21548	6230	0.87	0.95	0.99	0.933	0
奥地利	76.7	99.0	87	21322	6230	0.86	0.95	0.99	0.933	0
英国	76.8	99.0	86	19302	6223	0.86	0.95	0.99	0.932	7
澳大利亚	78.2	99.0	79	19632	6225	0.89	0.92	0.99	0.932	5
瑞士	78.2	99.0	76	24881	6254	0.89	0.91	0.99	0.930	－12
爱尔兰	76.4	99.0	88	17590	6198	0.86	0.95	0.98	0.930	8
丹麦	75.3	99.0	89	21983	6231	0.84	0.96	0.99	0.928	－9
德国	76.4	99.0	81	20370	6227	0.86	0.93	0.99	0.925	－3
希腊	77.9	96.7	82	11636	6140	0.88	0.92	0.97	0.924	15
意大利	78.0	98.1	73	20174	6227	0.88	0.90	0.99	0.922	－4
以色列	77.5	95.0	75	16699	6195	0.88	0.88	0.98	0.913	6
塞浦路斯	77.2	94.0	79	13379	6178	0.87	0.89	0.98	0.913	8
巴巴多斯	76.0	97.4	77	11306	6136	0.85	0.91	0.97	0.909	13
卢森堡	76.1	99.0	58	34004	6287	0.85	0.85	1.00	0.900	－25
马耳他	76.5	91.0	76	13316	6178	0.86	0.86	0.98	0.899	5
新加坡	77.1	91.1	68	22604	6232	0.87	0.83	0.99	0.896	－21
安提瓜和巴布达	75.0	95.0	76	9131	6102	0.83	0.89	0.97	0.895	16
韩国	71.7	98.0	83	11594	6140	0.78	0.93	0.97	0.894	6
智利	75.1	95.2	73	9930	6116	0.84	0.88	0.97	0.893	9
巴哈马	73.2	98.2	72	15738	6191	0.80	0.90	0.98	0.893	－3
葡萄牙	74.8	89.6	81	12674	6171	0.83	0.87	0.98	0.892	1
哥斯达黎加	76.6	94.8	69	5969	5969	0.86	0.86	0.95	0.889	28
文莱	75.1	88.2	74	31165	6283	0.84	0.84	1.00	0.889	－33
阿根廷	72.6	96.2	79	8498	6090	0.79	0.91	0.96	0.888	11
斯洛文尼亚	73.2	96.0	74	10594	6126	0.80	0.89	0.97	0.887	1
乌拉圭	72.7	97.3	76	6854	6049	0.79	0.90	0.96	0.885	14
捷克共和国	72.4	99.0	70	9775	6113	0.79	0.89	0.97	0.884	2
特立尼达和多巴哥	73.1	97.9	65	9437	6107	0.80	0.87	0.97	0.880	3
多米尼克	73.0	94.0	77	6424	6032	0.80	0.88	0.96	0.879	15

续表 1

	出生时的预期寿命(岁)	成人识字率(%)	初等,中等和高等教育综合入学率(%)	人均实际国内生产总值(购买力平价法美元)	调整后的实际人均 GDP(购买力平价法美元)	预期寿命指数	教育指数	GDP 指数	人文发展指数	人文发展指数与人均国内生产总值位次之差①
斯洛伐克	70.9	99.0	72	7320	6063	0.77	0.90	0.96	0.875	9
巴　林	72.2	85.2	84	16751	6195	0.79	0.85	0.98	0.872	−16
斐　济	72.1	91.6	78	6159	6016	0.79	0.87	0.95	0.869	16
巴拿马	73.4	90.8	72	6258	6023	0.81	0.84	0.95	0.868	14
委内瑞拉	72.3	91.1	67	8090	6082	0.79	0.83	0.96	0.860	2
匈牙利	68.9	99.0	67	6793	6047	0.73	0.88	0.96	0.857	6
阿联酋	74.4	79.2	69	18008	6209	0.82	0.76	0.98	0.855	−24
墨西哥	72.1	89.6	67	6769	6046	0.79	0.82	0.96	0.855	5
圣基茨和尼维斯	69.0	90.0	78	10150	6119	0.73	0.86	0.97	0.854	−11
格林纳达	72.0	98.0	78	5425	5425	0.78	0.91	0.86	0.851	19
波　兰	71.1	99.0	79	5442	5442	0.77	0.92	0.86	0.851	17
哥伦比亚	70.3	91.3	69	6347	6028	0.76	0.84	0.95	0.850	4
科威特	75.4	78.6	58	23848	6234	0.84	0.72	0.99	0.848	−49
圣文森特	72.0	82.0	78	5969	5969	0.78	0.81	0.95	0.845	6
塞舌尔	72.0	88.0	61	7697	6073	0.78	0.79	0.96	0.845	−6
卡塔尔	71.1	79.4	71	19772	6225	0.77	0.77	0.99	0.840	−38
圣卢西亚	71.0	82.0	74	6530	6036	0.77	0.79	0.96	0.839	−3
泰　国	69.5	93.8	55	7742	6074	0.74	0.81	0.96	0.838	−10
马来西亚	71.4	83.5	61	9572	6110	0.77	0.76	0.97	0.834	−18
毛里求斯	70.9	82.9	61	13294	6178	0.77	0.76	0.98	0.833	−28
巴　西	66.6	83.3	72	5928	5928	0.69	0.80	0.94	0.809	1
伯利兹	74.2	70.0	74	5623	5623	0.82	0.71	0.89	0.807	1
利比亚	64.3	76.2	90	6309	6026	0.66	0.81	0.95	0.806	−6
苏里南	70.9	93.0	71	4862	4862	0.77	0.86	0.77	0.796	9
黎巴嫩	69.3	92.4	75	4977	4977	0.74	0.86	0.79	0.796	7
保加利亚	71.2	98.0	66	4604	4604	0.77	0.87	0.73	0.789	8
白俄罗斯	69.3	97.9	80	4713	4713	0.74	0.92	0.76	0.783	13
土耳其	68.5	82.3	60	5516	5516	0.72	0.75	0.87	0.782	−2
沙特阿拉伯	70.7	63.0	57	8516	6091	0.76	0.61	0.96	0.778	−24
俄罗斯	65.5	99.0	78	4531	4531	0.68	0.92	0.71	0.769	5
厄瓜多尔	69.5	90.1	71	4602	4602	0.74	0.84	0.73	0.767	3
罗马尼亚	69.6	98.0	62	4431	4431	0.74	0.86	0.70	0.767	4
朝　鲜	71.6	95.0	75	4058	4058	0.78	0.88	0.64	0.766	8
克罗地亚	71.6	98.0	67	3972	3972	0.78	0.88	0.62	0.759	10
爱沙尼亚	69.2	99.0	72	4062	4062	0.74	0.90	0.64	0.758	5
伊　朗	68.5	69.0	67	5480	5480	0.72	0.68	0.87	0.758	−10
立陶宛	70.2	99.0	70	3843	3843	0.75	0.89	0.60	0.750	12
马其顿	71.9	94.0	60	4058	4058	0.78	0.83	0.64	0.749	3
叙利亚	68.1	70.8	62	5374	5374	0.72	0.68	0.85	0.749	−10

续表 2

	出生时的预期寿命(岁)	成人识字率(%)	初等,中等和高等教育综合入学率(%)	人均实际国内生产总值(购买力平价法美元)	调整后的实际人均 GDP(购买力平价法美元)	预期寿命指数	教育指数	GDP 指数	人文发展指数	人文发展指数与人均国内生产总值位次之差①
阿尔及利亚	68.1	61.6	66	5618	5618	0.72	0.63	0.89	0.746	−17
突尼斯	68.7	66.7	69	5261	5261	0.73	0.67	0.83	0.744	−11
牙买加	74.1	85.0	67	3801	3801	0.82	0.79	0.60	0.735	9
古巴	75.7	95.7	66	3100	3100	0.85	0.86	0.48	0.729	18
秘鲁	67.7	88.7	79	3940	3940	0.71	0.86	0.62	0.729	2
约旦	68.9	86.6	66	4187	4187	0.73	0.80	0.66	0.729	−6
多米尼加共和国	70.3	82.1	73	3923	3923	0.75	0.79	0.62	0.720	1
南非	64.1	81.8	81	4334	4334	0.65	0.82	0.68	0.717	−9
斯里兰卡	72.5	90.2	67	3408	3408	0.79	0.83	0.53	0.716	9
巴拉圭	69.1	92.1	63	3583	3583	0.74	0.83	0.56	0.707	5
拉脱维亚	68.0	99.0	67	3273	3273	0.72	0.88	0.51	0.704	8
哈萨克斯坦	67.5	99.0	73	3037	3037	0.71	0.90	0.47	0.695	11
西萨摩亚	68.4	98.0	74	2948	2948	0.72	0.90	0.46	0.694	12
马尔代夫	63.3	93.2	71	3540	3540	0.64	0.86	0.55	0.683	2
印度尼西亚	64.0	83.8	62	3971	3971	0.65	0.77	0.62	0.679	−9
博茨瓦纳	51.7	69.8	71	5611	5611	0.45	0.70	0.89	0.678	−31
菲律宾	67.4	94.6	80	2762	2762	0.71	0.90	0.43	0.677	11
亚美尼亚	70.9	98.8	78	2208	2208	0.77	0.92	0.34	0.674	24
阿曼	70.0	35.0	60	10078	5965	0.75	0.43	0.97	0.718	−49
圭亚那	63.5	98.1	64	3205	3205	0.64	0.87	0.50	0.670	1
蒙古	64.8	82.9	53	3916	3916	0.66	0.73	0.61	0.669	−11
乌克兰	68.5	98.0	76	2361	2361	0.73	0.91	0.36	0.665	16
土库曼斯坦	64.9	98.0	90	2345	2345	0.67	0.95	0.36	0.660	17
乌兹别克斯坦	67.5	99.0	73	2376	2376	0.71	0.90	0.37	0.659	13
阿尔巴尼亚	70.6	85.0	59	2853	2853	0.76	0.76	0.44	0.656	3
纳米比亚	55.8	76.0	83	4054	4054	0.51	0.78	0.64	0.644	−22
格鲁吉亚	73.2	99.0	69	1389	1389	0.80	0.89	0.21	0.633	33
吉尔吉斯斯坦	67.9	97.0	73	1927	1927	0.72	0.89	0.29	0.633	18
阿塞拜疆	71.1	96.3	72	1463	1463	0.77	0.88	0.22	0.623	28
危地马拉	66.1	65.0	46	3682	3682	0.68	0.59	0.58	0.615	−16
埃及	64.8	51.4	69	3829	3829	0.66	0.57	0.60	0.612	−20
摩尔多瓦共和国	67.8	98.9	67	1547	1547	0.71	0.88	0.23	0.610	23
萨尔瓦多	69.4	71.5	58	2610	2610	0.74	0.67	0.40	0.604	−2
瑞士	58.8	76.7	77	2954	2954	0.56	0.77	0.46	0.597	−10
玻利维亚	60.5	83.1	69	2617	2617	0.59	0.78	0.41	0.593	−6
佛得角	65.7	71.6	64	2612	2612	0.68	0.69	0.40	0.591	−6
塔吉克斯坦	66.9	99.0	69	943	943	0.70	0.89	0.14	0.575	43
洪都拉斯	68.8	72.7	60	1977	1977	0.73	0.69	0.30	0.573	7
加蓬	54.5	63.2	60	3766	3766	0.49	0.62	0.59	0.568	−26
圣多美和普林西比	69.0	75.0	57	1744	1744	0.73	0.69	0.27	0.563	11
越南	66.4	93.7	55	1236	1236	0.69	0.81	0.18	0.560	26
所罗门群岛	71.1	62.0	47	2230	2230	0.77	0.57	0.34	0.560	−2
瓦努阿图	66.3	64.0	52	2507	2507	0.69	0.60	0.39	0.559	−9
摩洛哥	65.7	43.7	48	3477	3477	0.68	0.45	0.54	0.557	−27

续表 3

	出生时的预期寿命(岁)	成人识字率(%)	初等,中等和高等教育综合入学率(%)	人均实际国内生产总值(购买力平价法美元)	调整后的实际人均GDP(购买力平价法美元)	预期寿命指数	教育指数	GDP指数	人文发展指数	人文发展指数与人均国内生产总值位次之差①
尼加拉瓜	67.5	65.7	64	1837	1837	0.71	0.65	0.28	0.547	3
伊拉克	58.5	58.0	52	3170	3170	0.56	0.56	0.49	0.538	−25
刚果(布)	51.2	74.9	68	2554	2554	0.44	0.73	0.40	0.519	−14
巴布亚新几内亚	56.8	72.2	37	2500	2500	0.53	0.61	0.39	0.507	−13
津巴布韦	48.9	85.1	69	2135	2135	0.40	0.80	0.33	0.507	−6
缅甸	58.9	83.1	48	1130	1130	0.57	0.71	0.17	0.481	22
喀麦隆	55.3	63.4	45	2355	2355	0.51	0.57	0.36	0.481	−13
加纳	57.0	64.5	44	2032	2032	0.53	0.58	0.31	0.473	−8
莱索托	58.1	71.3	56	1290	1290	0.55	0.66	0.19	0.469	12
赤道几内亚	49.0	78.5	64	1712	1712	0.40	0.74	0.26	0.465	−1
老挝	52.2	56.6	50	2571	2571	0.45	0.54	0.40	0.465	−23
肯尼亚	53.8	78.1	52	1438	1438	0.48	0.69	0.22	0.463	2
巴基斯坦	62.8	37.8	41	2209	2209	0.63	0.39	0.34	0.453	−16
印度	61.6	52.0	55	1422	1422	0.61	0.53	0.21	0.451	1
柬埔寨	52.9	65.0	62	1110	1110	0.46	0.64	0.16	0.422	14
科摩罗	56.5	57.3	39	1317	1317	0.53	0.51	0.20	0.411	3
尼日利亚	51.4	57.1	49	1270	1270	0.44	0.55	0.19	0.391	5
刚果(金)	52.4	77.3	41	355	355	0.46	0.65	0.04	0.383	31
多哥	50.5	51.7	60	1167	1167	0.42	0.54	0.17	0.380	6
贝宁	54.4	37.0	38	1800	1800	0.49	0.37	0.27	0.378	−14
赞比亚	42.7	78.2	52	986	986	0.30	0.70	0.14	0.378	11
孟加拉国	56.9	38.1	37	1382	1382	0.53	0.38	0.21	0.371	−4
科特迪瓦	51.8	40.1	38	1731	1731	0.45	0.39	0.26	0.368	−15
毛里塔尼亚	52.5	37.7	38	1622	1622	0.46	0.38	0.25	0.361	−14
坦桑尼亚	50.6	67.8	33	636	636	0.43	0.56	0.09	0.358	20
也门	56.7	38.0	49	856	856	0.53	0.42	0.12	0.356	12
尼泊尔	55.9	27.5	56	1145	1145	0.52	0.37	0.17	0.351	−1
马达加斯加	57.6	45.8	31	673	673	0.54	0.41	0.09	0.348	15
中非共和国	48.4	60.0	27	1092	1092	0.39	0.49	0.16	0.347	2
不丹	52.0	42.2	31	1382	1382	0.45	0.39	0.21	0.347	−13
安哥拉	47.4	42.0	30	1839	1839	0.37	0.38	0.28	0.344	−28
苏丹	52.2	46.1	32	1110	1110	0.45	0.41	0.16	0.343	−3
塞内加尔	50.3	33.1	33	1815	1815	0.42	0.33	0.28	0.342	−28
海地	54.6	45.0	29	917	917	0.49	0.40	0.13	0.340	3
乌干达	40.5	61.8	38	1483	1483	0.26	0.54	0.22	0.340	−23
马拉维	41.0	56.4	76	773	773	0.27	0.63	0.11	0.334	5
吉布提	49.2	46.2	20	1300	1300	0.40	0.37	0.19	0.324	−17
乍得	47.2	48.1	27	1172	1172	0.37	0.41	0.17	0.318	−14
几内亚比绍	43.4	54.9	29	811	811	0.31	0.46	0.12	0.295	0
冈比亚	46.0	38.6	39	948	948	0.35	0.39	0.14	0.291	−5
莫桑比克	46.3	40.1	25	959	959	0.35	0.35	0.14	0.281	−7
几内亚	45.5	35.9	25	1139	1139	0.34	0.32	0.17	0.277	−15
厄立特里亚	50.2	25.0	29	983	983	0.42	0.26	0.14	0.275	−10
埃塞俄比亚	48.7	35.5	20	455	455	0.40	0.30	0.06	0.252	4
布隆迪	44.5	35.3	23	637	637	0.33	0.31	0.09	0.241	−1
马里	47.0	31.0	18	565	565	0.37	0.27	0.08	0.236	1
布基纳法索	46.3	19.2	19	784	784	0.36	0.19	0.11	0.219	−7
尼日尔	47.5	13.6	15	765	765	0.38	0.14	0.11	0.207	−6
塞拉利昂	34.7	31.4	30	625	625	0.16	0.31	0.08	0.185	−3

注:①正值表示人文发展指数排序比实际人均国内生产总值(购买力平价方法计算,单位:美元)排名位次靠前,负值则表示相反。

资料来源:联合国开发计划署《人文发展报告》1998 年。

13-2 居民文化程度构成

单位：%

	年份	25岁和25岁以上人口总计（万人）	大学	中学		小学		文盲及文化程度不明确者
				初中	高中	肄业	毕业	
孟加拉国	1981	3159	1.3	7.4	4.2	16.7	③	70.4
印　度	1981	28060	2.5	13.7	④	11.3	③	72.5
印度尼西亚	1990	7850	2.3	16.8	④	26.4	③	54.5
以色列	1983	204	11.2	35.9	④	42.4	③	10.5
日　本	1990	8199	20.7	43.7	④	33.6	③	0.3
哈萨克斯坦	1989	841	12.4	50.7	④	29.2	③	7.7
科威特	1985	57	12.7	10.7	19.0	7.2	③	50.3
韩　国	1995	2622	21.1	15.7	36.2	0.9	17.3	8.7
缅　甸	1983	1395	2.0	14.5	④	27.7	③	55.8
尼泊尔⑦	1991		0.6	8.9	2.9	16.2	③	69.7
巴基斯坦	1990		2.5	5.8	8.2	9.7	③	73.8
菲律宾	1990	2416	18.7	27.2	④	46.9	③	6.7
新加坡	1990	160	4.7	23.2	8.1	①	①	64.0
斯里兰卡	1981	649	1.1	34.1	④	48.9	③	15.9
泰　国⑦	1990	4908	5.1	13.7	④	69.6	③	10.7
土耳其	1993		④	21.9	④	6.6	40.6	30.6
埃　及	1986	1944	4.6	14.8	④	16.5	③	64.1
南　非⑧	1994	4032	1.5	21.3	17.9	27.9	6.6	24.6
加拿大	1991	1747	21.4	34.3	27.7	4.0	11.7	1.0
墨西哥	1990	3119	9.2	12.7	10.7	28.6	19.9	18.8
美　国	1994	16451	46.5	44.6	④	8.2	③	0.6
阿根廷	1991	1734	12.0	25.3	④	22.3	34.6	5.7
巴　西⑥	1989	11016	⑤	11.9	5.5	57.0	6.9	18.7
委内瑞拉	1990	768	11.8	12.0	④	55.0	③	21.2
保加利亚	1992	565	15.0	35.7	④	12.5	31.9	4.7
捷克共和国	1991	658	8.5	58.6	④	31.4	③	0.3
芬　兰	1992	275	18.3	③	43.0	38.7	③	
匈牙利	1990	680	10.1	②	30.7	24.3	33.6	1.3
意大利	1981	3560	4.1	18.0	11.2	47.4	③	19.3
挪　威	1990	280	17.9	32.9	46.4	0.1	③	0.1
波　兰	1988	2299	7.9	47.8	④	5.6	37.2	1.5
罗马尼亚	1992	1360	6.9	63.2	④	24.4	③	5.4
西班牙	1991	2467	8.4	25.5	④	34.9	③	30.4
新西兰	1991	199	39.1	16.3	7.8	36.8	③	…

注：①本栏数字包括在文盲及文化程度不明确栏内。②本栏数字包括在小学毕业栏中。③本栏数字包括在小学肄业栏中。④本栏数字包括在初中栏中。⑤本栏数字包括在高中栏中。⑥为10岁及10岁以上人口。⑦为6岁及6岁以上人口。⑧为全国总人口数。

资料来源：联合国教科文组织《统计年鉴》1997年。

13-3 大学生入学率

单位：%

	1970年	1980年	1985年	1987年	1988年	1989年	1990年	1991年	1992年	1993年	1994年	1995年
世界总计	**8.5**	**12.1**	**12.5**	**12.6**		**12.4**	**13.6**	**13.4**	**14.6**	**15.5**	**15.8**	**16.2**
孟加拉国	2.3	2.8	4.8	4.0	3.4	3.4	4.4					
印　　度	6.2	5.2	6.0	6.7		6.0	6.0					6.4
印度尼西亚	2.6	3.6		7.2	8.3	8.5	9.2	9.4	9.3	10.3	11.1	
伊　　朗	3.1		4.1	5.5	6.4		9.6	11.6	11.9	13.2	14.8	
以 色 列	20.0	29.4	33.1	32.9	32.8	30.9	33.5	34.1	35.3	37.7	38.9	41.1
日　　本	17.0	30.5	27.8	29.6	30.1	30.7	29.1	30.4		39.5	40.3	
马来西亚	1.6	4.1	5.9	6.8	7.5	6.7	7.2		9.2	9.6	10.6	
蒙　　古	6.4		21.6		17.9	15.9	13.8	12.7			13.0	15.2
缅　　甸	2.2	4.7	4.5	4.8			4.3		5.3	5.1	5.4	
韩　　国	7.9	14.7	34.0	36.0	36.5	38.0	38.6	39.9	42.4	44.7	47.7	52.0
巴基斯坦	2.3		2.5	2.8	2.7	2.6	2.9	3.0				
菲 律 宾	19.8	24.4	24.9	26.7	28.2	26.4	27.4	27.8	26.5	26.8	27.4	
新 加 坡	6.7	7.8	13.6				18.6	20.6		33.6	29.7	33.7
斯里兰卡	1.2	2.7	3.7			4.2	4.6	5.4		6.1	4.9	5.1
泰　　国	1.7	14.7	19.0	15.9		15.7	15.7		18.7		19.4	20.1
土 耳 其	6.0	5.4	8.9	10.4	11.7	11.9	13.1	15.2	15.7	18.3	18.2	
越　　南		2.1	1.9		1.6	1.6	1.9		1.5	2.2	2.8	4.1
埃　　及	8.6	16.1	18.1	20.0	19.5	19.3	15.9	17.3	17.1	17.1	18.1	
尼日利亚	0.5	2.2	3.3		3.5	4.0				4.1		
南　　非						13.2	12.8	13.2	13.4	14.7	15.9	17.3
加 拿 大	34.6	57.1	69.6	58.2	81.5	88.6	94.7	97.8	102.9	102.9		
墨 西 哥	5.9	14.3	15.9	15.7	15.2	14.1	14.5	13.4	13.6	13.9	14.3	
美　　国	49.4	55.5	60.2		65.6	72.1	75.2	78.6	81.6	81.1	81.1	
阿 根 廷	14.0	21.8	35.7	39.5				38.1		39.1	35.8	
巴　　西	5.1	11.1		10.9	11.2	11.3	11.2	11.4	10.9	11.1	11.3	
委内瑞拉	10.9	20.6	25.3	26.5	27.8	28.2	29.0	28.5				
保加利亚	14.4	16.2	18.9	22.6	25.1	26.4	31.1	29.3	30.4	33.2	35.4	39.4
捷克共和国	10.4	17.5	16.0	16.2	17.2	16.0	17.0	15.3	14.6	19.6	20.8	
法　　国	19.5	25.3	29.8	30.9	34.5	37.2	39.6	43.2	46.1	49.6		
德　　国	13.4	25.6	29.2	30.6	32.8	34.6	33.9	35.0	32.9	38.3	40.6	42.7
意 大 利	16.7	27.0	25.5	26.0	27.3	28.6	30.8	32.9	35.1	39.2	40.6	
荷　　兰	19.5	29.3	31.8	32.2	32.4	35.6	39.8	42.2	44.8	47.1	48.9	
波　　兰	14.0	18.1	17.1	17.8	19.6	20.4	21.7	21.0	23.4	27.4		
罗马尼亚	10.1	12.1	10.0	9.8	9.0	8.5			11.8	15.0	16.8	18.3
西 班 牙	8.9	23.2	28.5	31.5	32.4	33.5	36.7	39.1	41.1	44.2	46.1	
乌 克 兰		41.6	46.8				46.6	43.6		40.6		
英　　国	14.1	19.1	21.7	22.8	23.7	26.5	30.2	33.0	38.9	43.4	48.3	
南斯拉夫	15.9	22.0	18.9	18.9	18.6	18.8	18.2	18.0	18.9		19.2	21.1
澳大利亚	16.6	25.4	27.7	28.8	30.4	31.6	35.5	39.0	40.7	67.6	68.7	71.7
新 西 兰	17.4	27.0	33.1	36.4	38.8	40.7	39.7	45.6	51.9	57.5	59.8	58.2

资料来源：联合国教科文组织《统计年鉴》1985 年、1988 年、1997 年。

13-4 中学生入学率

单位：%

	1970年	1980年	1985年	1988年	1989年	1990年	1991年	1992年	1993年	1994年	1995年
世界总计	**39**	**47**	**49**		**49**	**52**	**51**	**54**	**55**	**57**	**58**
孟加拉国		18	18	19	19	21					
印　度	26	30	38	41	43	44	44	48	49	49	49
印度尼西亚	16	29	41	48	46	44	43	43	45	48	
伊　朗	27	42	44	51	52	54	57	62	66	69	
以色列	57	73	80	82	83	85	88	87	87	89	89
日　本	86	93	95	95	97	97	96		98	99	
马来西亚	34	48	53	57	58	58	58	60	59	59	57
蒙　古	87	91	92	92	91	83	77	65		59	59
缅　甸	21	22	23	26	20	23			26	30	32
韩　国	42	78	92	89	86	90	87	91	95	98	101
巴基斯坦	13	14	17	19	20	23	26				
菲律宾	46	64	64	71	73	73	74	77	79	80	79
新加坡	46	58	59	70	70	63	62				
斯里兰卡	47	55	63	74	73	74	73	74	74	75	75
泰　国	17	29	30	28	28	30	33	37		48	55
土耳其	27	35	42	45	52	47	57	52	53	56	
越　南		42	43	40	35	32		32	36	41	47
埃　及	35	50	61	68	81	76	75	75	76	77	74
尼日利亚	4	16	33	20	24	23	27	26	29	30	
南　非			54		63	68	71	74	77	82	84
加拿大	65	88	99	104	100	101	102	104	106	106	
墨西哥	22	49	57	53	56	53	55	54	56	58	
美　国		91	97	94	93	93	94	97	99	97	
阿根廷	44	56	70	69		68	72	71		67	
巴　西	26	33	35	38	39	38	41	43	43	45	
委内瑞拉	33	21	24	35	35	35	35	35	35		
保加利亚	79	84	102	75	75	75	71	70	70	72	78
捷克共和国	31	89	84	83	84	83	79	90	92	96	
法　国	74	85	90	94	95	99	101	102	110	111	
德　国		80	78	103	104	98	100	105	104	103	
意大利	61	72	73	76	75	79	80	81	85	88	
荷　兰	75	93	117	103	119	120	121	123	140	139	
波　兰	62	77	78	81	83	81	82	83	84	96	
罗马尼亚	44	71	84	85	101	92	86	82	79	78	
俄罗斯	85	96	97	97	96	97		88	87		
西班牙	56	87	98	106	103	105	108	113	116	118	
英　国	73	83	84	82	83	85	90	127	131	134	
南斯拉夫	63	83	81	81	80	63			64	64	65
澳大利亚	82	71	80	82	80	82	83	84	135	134	147
新西兰	77	83	85	87	84	89	92	95	104	113	117

资料来源：联合国教科文组织《统计年鉴》1997年。

13－5 小学生入学率

单位：%

	1980年	1985年	1988年	1989年	1990年	1991年	1992年	1993年	1994年	1995年
世界总计	**95**	**99**		**100**	**99**	**98**	**99**	**99**	**99**	**96**
孟加拉国	61	63	75	75	69					
印　度	83	96	99	98	97	99	101	101	100	100
印度尼西亚	107	117	117	116	115	114	114	115	114	
伊　朗	87	96	105	108	110	111	109	104	99	
以色列	95	97	97	93	95	96	95	96	98	99
日　本	101	102	101	101	100	100	101	102	103	102
马来西亚	93	101	99	95	93	93	93	93	91	91
蒙　古	107	101	100	99	97	89		75	81	88
缅　甸	91	98	105	97	105			111	103	100
韩　国	110	97	104	108	105	107	103	101	98	
巴基斯坦	39	44	44	44	61	65	69	74		
菲律宾	112	107	110	112	113	110	112	111	111	116
新加坡	108	115	109	108	104	104				
斯里兰卡	103	103	107	107	105	106	105	108	109	113
泰　国	99	96	90	99	99	99	98		91	87
土耳其	96	113	108	112	99	108	100	102	105	
越　南	109	103	104	102	103		108	111	113	114
埃　及	73	85	96	98	94	93	95	97	98	100
尼日利亚	105	96	73	88	85	90	87	90	89	
南　非	85	101		104	109	111	111	115	117	117
加拿大	99	103	107	103	101	103	103	102	102	
墨西哥	122	123	117	117	115	114	113	112	111	
美　国	100	101	103	106	105	104		107		
阿根廷	106	105	108			108	107	107	111	
巴　西	99	101	103	104	109	109	111		114	
委内瑞拉	93	97	93	93	96	97	96	94		
保加利亚	98	102	104	96	95	92	89	86	86	
捷克共和国	92	99	96	94	94	95	99	102	103	
法　国	111	109	114	109	108	107	106	106	106	
德　国	108	102	102	105	101	99	101	101	102	
意大利	100	96	95	92	97	99	100	98	98	
荷　兰	100	99	116	102	102	98	97	107	107	
波　兰	100	101	100	99	98	98	98	98	99	
罗马尼亚	102	98	96	99	91	88	86		94	
俄罗斯	102	104	105	105	109		108	106	108	
西班牙	109	110	109	109	107	105	107	106	105	
英　国	103	104	105	105	104	103	112	114	115	
南斯拉夫	100	97	95	94	94			72	71	72
澳大利亚	112	107	106	106	108	108	108	109	108	108
新西兰	111	107	106	103	106	103	102	102	102	104

资料来源：联合国教科文组织《统计年鉴》1985年、1997年。

13－6 大学在校学生数

单位：万人

	1970年	1980年	1985年	1988年	1989年	1990年	1991年	1992年	1993年	1994年	1995年
中　　国	4.8	114.4	170.3	206.6	208.2	206.3	204.4	218.4	253.6	279.9	290.6
孟加拉国	11.8	24.0	46.1	36.7	37.0	43.4					
印　　度	290.4	354.5	447.0	452.9		495.1					558.2
印度尼西亚	24.8	54.3	98.0	140.4	151.6	159.1	177.3	179.5	204.3	223.0	230.3
伊　　朗	7.5		18.4	29.3		31.2	36.6	37.5	43.7	90.9	104.8
以 色 列	5.5	9.7	11.6	11.7		13.5				18.3	19.9
日　　本	181.9	241.2	234.7	258.8	268.3		289.9		384.1	391.8	
哈萨克斯坦		52.5	55.1			53.7			49.4	48.3	41.9
马来西亚		5.8	9.3	12.1	10.9	12.1	13.8	16.1	17.0	19.1	
蒙　　古	0.7		4.0	3.6	3.3	3.1	2.8			3.3	3.9
缅　　甸	4.6	16.3	18.0				19.5	24.4	23.5	24.5	
韩　　国	20.1	64.8	145.6		163.0	169.1	176.1	185.9	195.0	206.6	222.5
巴基斯坦	11.5		26.8		33.7						
菲 律 宾	65.2	127.6	140.2	158.0	151.6	170.9	165.7			183.3	
新 加 坡	1.4	2.3	4.0			5.6		6.6	7.4	7.7	8.4
斯里兰卡	1.2	4.3	5.9				5.5			8.1	6.4
泰　　国	5.5	36.1	102.7		95.2			115.6		118.4	122.0
土 耳 其	17.0	24.6	47.0		68.6	75.0	81.0	92.4	114.3	117.4	
越　　南		11.5	12.1	17.6	18.6	13.0			15.7	20.3	29.8
埃　　及	23.3	71.6	85.4	76.2	73.3	62.8					
尼日利亚	1.6	15.0	26.7	30.5	33.6						
南　　非					42.1	43.9	46.7	49.0	55.3	61.8	
加 拿 大	64.2	117.3	163.9	172.7	184.0	191.7	194.3	202.2	201.1		
墨 西 哥	24.8	93.0	120.8		131.4	131.1	128.0	130.3	135.8	142.0	
美　　国	849.8	1209.7	1224.7		1353.8	1371.0	1436.1		1430.5	1427.9	1441.9
阿 根 廷	27.5	49.1	84.6				100.8		105.2	107.0	
巴　　西	43.0	140.9		145.1	151.9	154.0	156.5	153.6	159.1	165.2	171.6
委内瑞拉	10.1	30.7	44.3	50.0	52.9	55.0	55.1				
白俄罗斯	14.0	34.0	34.2			32.2	31.4	31.2	30.0	31.4	
保加利亚	10.0	10.1	11.4		15.8	18.9	18.6	19.5	20.6	22.3	25.0
捷克共和国	13.1	12.0	10.9			11.8	11.2	11.7	16.3	17.9	
法　　国	80.1	107.7	127.9		158.7	169.9	184.0	195.2	208.3		
德　　国	50.4	122.3	155.0	168.7	172.0	179.9	203.4	211.3	213.2	214.0	
意 大 利	68.7	111.8	118.5		135.8	145.2	153.3	161.5	177.0	179.2	
荷　　兰	23.1	36.0	40.5	41.6	43.7	47.9	49.4	50.7	53.2		
波　　兰	39.8	58.9	45.4		50.6	54.5	54.9	61.6	74.8		
罗马尼亚	15.2	19.3	16.0	15.9	16.4	23.6			25.0	25.5	33.7
俄 罗 斯①		570.0	540.0	509.7	527.3	510.0	496.5	469.2	458.7	445.8	
西 班 牙	22.5	69.8	93.5	110.1	116.6	122.2	130.2	137.1	146.9	152.7	
乌 克 兰	80.7	168.4	166.2			165.2			146.1	153.3	154.1
英　　国	60.1	82.7	103.2	111.3	117.8	125.8	138.5	152.8	166.4	181.3	
南斯拉夫	26.1	41.2	35.0	34.1	34.3	32.7	*13.3	14.3		14.4	16.0
澳大利亚	18.0	32.4	37.0		44.1	48.5	53.5	55.9	*92.3	93.3	96.5
新 西 兰	4.0	7.7	9.6		12.1	11.2	12.8	14.6	16.3	16.9	16.4

注：① 未包括前苏联其他共和国。

资料来源：联合国教科文组织《统计年鉴》1985 年、1997 年。

13-7 中学在校学生数

单位：万人

	1970年	1980年	1985年	1988年	1989年	1990年	1991年	1992年	1993年	1994年	1995年
中　国	**2648.3**	**5677.8**	**5092.6**	**5246.1**	**5054.0**	**5105.4**	**5226.8**	**5354.4**	**5383.7**	**5707.1**	**6191.5**
普通中学	2641.9	5508.1	4706.0	4761.5	4554.0	4586.0	4683.5	4770.8	4739.1	4981.7	5371.0
中等师范学校	3.2	48.2	56.2	68.3	68.5	67.7	66.1	66.6	72.2	78.4	84.8
职业中学		45.4	229.2	279.4	282.3	295.0	315.6	342.8	362.6	405.6	448.3
中等技术学校	3.2	76.1	100.9	136.8	149.3	156.7	161.6	174.3	209.8	241.4	287.4
孟加拉国		**265.9**	**312.5**	**334.0**	**340.7**	**359.3**					
普通中学		263.3	309.8	330.8	337.7	356.2					
中等师范学校		0.7	0.8	0.7	0.6	0.5					
职业中学		2.0	1.9	2.5	2.4	2.6					
印　度	**2011.4**	**3274.8**	**4448.4**			**6320.5**		**6224.6**	**6411.6**	**6520.6**	**6663.4**
普通中学	1989.5	3232.3	4380.7		5215.8	5418.0	5567.4	6141.9	6326.2	6442.6	6590.3
职业中学	20.0	41.0	67.7					82.7	85.4	78.1	73.1
印度尼西亚	**246.0**	**572.2**	**947.9**	**1169.3**	**1124.3**	**1096.5**	**1092.1**	**1096.9**	**1136.0**	**1222.4**	
普通中学	181.6	487.9	831.1	1022.3	975.7	951.1	950.7	953.9	991.9	1063.2	
中等师范学校	9.9	23.2	29.8	22.9	13.7	4.0					
职业中学	54.5	61.0	87.0	124.0	134.9	141.4	141.4	143.1	144.1	159.2	
伊　朗	**105.7**	**271.8**	**340.1**	**429.8**	**469.7**	**508.5**	**561.9**	**632.3**	**705.9**	**765.3**	
普通中学	101.3	251.7	320.4	408.8	445.6	482.2	531.2	599.5	668.4	728.5	
中等师范学校	1.3	2.8	0.1		2.8	3.3	4.6	4.8	3.5	2.1	
职业中学	3.1	20.2	19.5	21.0	21.2	23.0	26.1	28.0	34.0	34.7	
以色列		**20.0**	**25.1**		**29.2**	**30.9**	**32.6**	**33.4**	**33.8**	**53.4**	**54.2**
普通中学		11.8	15.1		18.2	19.4	20.5	21.3	21.6	41.2	41.9
职业中学		8.2	10.0		11.0	11.5	12.2	12.2	12.2	12.2	12.3
日　本	**866.7**	**955.8**	**1105.8**	**1131.0**	**1114.3**	**1102.6**	**1067.7**	**1025.5**	**1020.3**	**987.9**	
普通中学	704.0	814.7	963.5	987.1	969.3	952.9	922.5		871.9	844.3	
职业中学	162.6	141.1	142.3	143.9	145.0	149.7	145.2		148.3	143.6	
韩　国	**190.7**	**428.6**	**493.5**	**482.2**	**454.6**	**456.0**	**444.3**	**446.2**	**458.0**	**464.6**	**470.7**
普通中学	163.4	340.5	403.8	396.7	382.2	373.5	362.4	362.6	366.5	373.2	374.4
职业中学	27.3	88.1	89.7	85.5	72.3	82.4	81.9	83.6	91.5	91.4	96.2
新加坡	**14.9**	**18.1**									
普通中学	13.7	17.1	19.0	20.2	19.9	19.1	18.6				
泰　国	**69.5**	**192.0**	**225.0**	**207.1**	**211.8**	**223.0**	**244.4**	**271.8**	**304.4**	**338.3**	**379.4**
普通中学	51.2	161.7	187.0	173.4	178.0	186.4	203.6	227.0	254.9	283.5	314.4
职业中学	15.5	29.7	37.3	33.6	33.8	36.6	40.8	44.8	49.5	54.7	65.0
埃　及	**144.8**	**292.9**	**382.7**	**418.1**	**528.7**	**550.7**	**528.4**	**551.5**	**613.3**	**614.7**	**614.3**
普通中学	114.7	223.9	286.4	317.3	427.1	443.4	414.9	405.9	443.3	415.3	424.2
中等师范学校	2.6	5.6	8.5	8.4	8.4	4.6	2.5	0.3			
职业中学	27.5	63.4	87.7	92.4	95.0	102.6	111.0	145.4	170.0	199.4	190.0
尼日利亚	**35.7**	**186.5**	**298.8**	**275.0**	**290.8**	**312.3**		**360.0**	**403.2**	**445.1**	
普通中学	29.3	155.3		252.2	269.1						
中等师范学校	3.3	25.0		9.7	10.3						
加拿大		**232.3**	**225.1**	**224.9**	**225.4**	**229.3**	**233.8**	**240.3**	**245.5**	**247.0**	
墨西哥	**158.4**	**474.1**	**654.9**	**686.6**	**679.5**	**670.4**	**670.4**	**678.3**	**697.7**	**726.5**	
普通中学	110.8	404.2	571.8	599.8	594.6	591.2	588.6	597.0	618.0	643.0	
中等师范学校	5.3	20.8	6.5								
职业中学	42.4	49.2	76.7	86.8	85.0	79.2	81.8	81.3	79.8	83.5	
美　国	**1991.0**	**2158.5**	**2063.3**	**1320.0**	**1927.6**	**1927.0**		**2051.6**	**2105.5**	**2112.3**	
阿根廷	**97.7**	**136.6**	**180.0**	**197.4**		**216.0**	**226.2**		**202.6**	**230.7**	
普通中学	40.5	51.0	71.6	81.1							
职业中学	57.1	81.7	108.5	116.3							

续表 1　　　　　　　　　　　　　　　　　　　　　　　　　　　　　　　　　　单位：万人

	1970年	1980年	1985年	1988年	1989年	1990年	1991年	1992年	1993年	1994年	1995年
巴　西	**408.6**	**281.9**	**301.6**		**344.1**	**349.9**	**377.0**	**408.6**	**418.4**	**451.0**	
保加利亚	**31.9**	**31.5**	**37.5**		**39.2**	**39.2**	**38.4**	**37.5**	**36.3**	**37.1**	**75.7**
普通中学	8.4	9.2	16.3		15.9	15.3	15.0	15.3	15.2	15.9	54.3
职业中学	23.5	22.3	21.1		23.3	23.9	23.4	22.2	21.1	21.2	21.3
捷克共和国	**32.1**	**78.1**	**74.4**	**81.2**	**85.7**	**86.4**	**84.9**	**120.0**	**119.0**	**119.3**	
普通中学	10.2	42.0	39.1	42.8	45.3	47.2	47.2	68.7	69.4	66.4	
中等师范学校	0.7	1.4	0.9	0.8	0.8	0.9	0.9	0.4	0.3	0.5	
职业中学	21.2	34.6	34.4	37.7	39.6	38.3	36.8	50.9	49.4	52.3	
法　国	**428.1**	**501.4**	**537.2**			**552.2**	**561.5**	**557.4**	**598.3**	**600.4**	
普通中学	346.1	391.1	404.3			427.6	429.0	435.6	431.6	430.0	
职业中学	79.3	110.3	132.8			124.6	132.5	121.8	166.7	170.4	
德　国	**270.5**	***656.1**	**710.1**	**621.9**	**601.9**	**739.8**	**750.0**	**793.4**	**807.0**	**815.2**	
普通中学	224.6	595.1	457.3	396.0	390.4	510.2	522.8	563.5	578.4	589.1	
职业中学	45.9	61.0	252.8	225.9	211.5	229.6	227.2	229.9	228.6	226.1	
意大利	**382.4**	**530.8**	**536.2**			**511.8**	**501.0**	**489.2**	**493.8**		
普通中学	262.6	348.4	338.1			299.5	290.0	280.5	278.9	274.4	
中等师范学校	22.2	23.7	19.7			18.5	18.4	18.1	19.0	19.5	
职业中学	97.6	158.6	178.3			193.8	192.7	190.6	196.0		
波　兰	**173.4**	**167.4**	**156.8**			**188.8**	**196.5**	**203.1**	**210.9**	**244.3**	
普通中学	40.1	34.5	33.8			44.5	49.9	55.5	60.2	71.4	
中等师范学校	1.8	1.9	2.3			2.6	1.9	0.3	0.2	0.1	
职业中学	131.5	131.0	120.7			141.7	144.6	147.3	150.5	172.8	
罗马尼亚	**66.0**	**87.1**	**153.8**		**316.5**	**283.8**	**260.6**	**245.1**	**233.6**	**225.2**	**222.3**
普通中学	25.6	8.1	10.3			162.2	164.6	165.9	155.9	146.8	146.1
中等师范学校	2.4	0.6	0.4		0.5	1.1	1.3	1.7	1.9	2.0	1.9
职业中学	38.0	78.4	143.0			120.6	94.7	77.6	75.8	76.4	74.3
俄罗斯	**2076.4**	**2027.5**	**2051.3**			**1395.6**	**1389.0**	**1372.4**	**1373.2**		
普通中学	1928.7	1735.6	1722.2			1236.3	1231.3	1230.6	1242.4		
中等师范学校	13.5	16.0	20.6			34.1	34.2	32.2	30.1		
职业中学	134.2	275.8	308.5			125.2	123.5	109.6	100.7		
西班牙	**195.0**	**397.7**	**455.6**		**484.6**	**475.5**	**477.3**	**486.0**	**483.8**	**474.5**	
普通中学	152.2	308.8	334.9		361.2	365.4	361.8	363.3	361.0	355.8	
职业中学	38.1	88.9	120.6		123.0	110.2	115.5	122.7	122.8	118.7	
乌克兰	**162.8**	**340.6**	**340.1**			**340.8**	**335.4**	**470.1**	**473.1**		
普通中学	83.0	290.4	282.4			286.4	280.4	415.7	420.2		
中等师范学校	4.6	2.3	1.9			2.1	2.2	2.3	2.1		
职业中学	75.2	48.0	55.7			52.3	52.9	52.2	50.8		
英　国	**414.9**	**534.2**	**487.7**		**428.4**	**433.6**	**443.4**	***633.1**	**649.1**	**667.8**	
普通中学	400.7	508.7	447.4		383.3	385.5	388.4	401.8	399.7	406.2	
职业中学	14.3	25.5	40.3		45.1	48.0	55.0	*231.3	249.4	261.6	
南斯拉夫	**198.2**	**242.6**	**235.3**	**236.2**	**236.2**	**78.8**	**81.6**	**83.2**	**81.2**	**81.0**	**83.2**
普通中学	144.2	183.6	174.5	157.0	155.4			55.2	54.3	54.2	55.2
中等师范学校	1.7	0.3	2.0	2.8	2.2	1.6	0.4	0.2	0.1		
职业中学	52.3	58.8	58.7	76.4	78.6	78.0	27.2	27.8	26.8	26.8	27.9
澳大利亚	**113.7**	**110.0**	**127.8**		**129.7**	**127.8**	**128.9**	**129.5**	***202.9**	**200.3**	**218.2**
新西兰		**35.2**	**35.4**		**34.4**	**34.1**	**34.5**	**35.0**	***37.7**	**40.5**	**42.0**
普通中学	30.4	34.9	35.2		34.0	33.2	33.2	33.2	32.8	34.1	34.0
职业中学	0.2	0.3	0.2		0.4	0.9	1.3	1.8	4.9	6.4	8.0

资料来源：联合国教科文组织《统计年鉴》1985 年、1997 年。

13-8 小学在校学生数

单位：万人

	1980年	1985年	1988年	1989年	1990年	1991年	1992年	1993年	1994年	1995年
中　　国	14627.0	13370.2	12535.0	12373.1	12241.4	12164.2	12201.3	12421.2	12822.6	13195.2
孟加拉国	824.0	892.0	1170.5	1128.5	1194.0					
印　　度	7387.3	8744.1	9574.0	9731.8	9911.8	10157.7	10537.1	10820.0	10904.4	10973.4
印度尼西亚	2553.7	2989.7	3013.1	2993.4	2975.4	2957.8	2959.9	2987.6	2972.2	
伊　　朗	479.9	678.8	775.8	826.2	937.0	978.8	993.7	986.3	974.6	
以 色 列	62.2	69.9	70.6	70.2	72.5	74.8	76.4	78.1	61.9	63.2
日　　本	1182.7	1109.6	987.3	960.7	937.3	915.7	894.7	879.8	861.2	837.0
马来西亚	200.9	219.9	233.8	239.8	245.6	254.1	265.2	271.9	274.5	280.3
蒙　　古	14.5	15.3	16.3	16.5	16.5	16.6	13.8		15.9	17.6
缅　　甸	414.8	471.1	520.2	484.8	538.5		591.9	589.6	553.1	541.4
韩　　国	565.8	485.7	482.0	489.4	486.9	475.9	456.0	434.7	411.0	391.5
巴基斯坦	547.7	709.4	827.3	861.5	1145.1	1272.1	1412.0	1553.2		
菲 律 宾	803.4	892.6	960.1	1028.5	1042.7	1055.8	1068.0	1073.1	1090.4	1154.2
新 加 坡	29.2	27.8	25.9	25.8	25.8	26.0				
斯里兰卡	208.1	224.3		211.5	211.2	211.3	205.9	201.3	196.0	196.2
泰　　国	739.3	715.0	651.8	699.2	695.7	690.7	675.8	609.8	598.6	
土 耳 其	565.6	663.6	676.7	684.8	686.2	687.9	670.8	652.6		
越　　南	788.7	812.6	866.3	858.3	886.2		947.6	972.5	1004.8	
埃　　及	466.3	621.4	734.4	657.8	696.4	654.2	679.1	773.2	731.3	747.0
尼日利亚	1376.0	1291.5	1271.2	1360.7	1377.7		1480.6	1587.0	1619.1	
南　　非	435.3	473.7①		675.8	695.2	721.0		575.8	797.2	806.1
加 拿 大	218.5	225.5	231.9	234.5	237.6	239.4	239.8	240.4	241.3	
墨 西 哥	1466.6	1512.4	1465.6	1449.4	1440.2	1439.7	1442.6	1446.9	1457.4	
美　　国	2042.0	2021.4	2830.0	2227.9	2242.9	2960.0	2297.6	2321.2	2382.4	
阿 根 廷	391.7	458.9	499.9		496.5	504.1		499.0	518.1	
巴　　西	2259.8	2477.0	2682.1	2739.7	2894.4	2920.4	3010.6	3054.9	3122.0	
委内瑞拉	315.8	354.0	377.8	387.1	405.3	419.0	422.2	421.7		
白俄罗斯	75.0	79.7		86.8	61.5	62.0	63.5	63.5	63.6	63.2
保加利亚	99.4	108.1	107.7	99.2	96.1	92.1	87.7	83.9	82.6	43.4
捷克共和国	190.4	207.4	201.4	196.2	*54.6		*52.9	*53.9	*53.9	
法　　国	461.0	411.6	417.6	416.3	414.9	411.0	406.0	407.8	407.2	
德　　国	*278.4	227.2	238.8	247.6	343.1		358.3	364.0	372.7	
意 大 利	442.3	370.3	323.8	314.0	305.6	300.4	296.0	286.3	281.6	
荷　　兰	133.3	111.0	142.9	108.2	108.2	104.0	104.6	117.2	118.9	
波　　兰	416.7	480.1	508.7	514.1	518.9	521.8	523.2	519.4	520.5	
罗马尼亚	323.7	303.1	297.5	137.9	125.3	121.1	120.1	123.8	133.6	139.2
俄 罗 斯	2171.4	2358.5	2471.1	2504.0	2563.3		779.7	773.8	784.9	
西 班 牙	361.0	348.4	311.7	296.2	282.0	266.2	258.2	247.1	236.5	
乌 克 兰	359.5	374.0		393.2	399.1	403.3	268.3	265.9		
英　　国	491.1	429.6	441.5	448.7	453.3	456.0	507.2	514.3	520.9	
南斯拉夫	143.2	144.9	142.2	140.7	139.3	47.1	47.4	46.0	44.9	44.9
澳大利亚	171.8	154.2		155.5	158.3	160.6	162.3	163.4	164.0	164.7
新 西 兰	38.1	32.9	31.3	31.3	31.9	31.6	31.7	32.3	33.2	34.5

注：① 1986 年数字。

资料来源：联合国教科文组织《统计年鉴》1992 年、1997 年。

13-9 大学教师数

单位：万人

	1975年	1980年	1985年	1988年	1989年	1990年	1991年	1992年	1993年	1994年	1995年
中国	15.6	24.7	34.4	39.3	39.7	39.5	39.1	38.8	38.8	39.6	40.1
孟加拉国	1.4①	1.2	1.6	2.1		2.2					
印度	23.6		30.3								
印度尼西亚	4.7①		7.6②	6.0	6.8		13.5	13.5		15.1	15.8
伊朗	1.3		1.5	1.7		2.3	3.0	3.0	3.3	3.6	5.3
日本	19.2	21.4	24.4	26.3	27.1		28.6		41.4	40.2	
马来西亚	0.4	0.6	0.8	1.1	1.1	1.0	1.1	1.4	1.1	1.2	
蒙古	...		0.3	0.3	0.3	0.3	0.3			0.4	
缅甸		0.5	0.5				0.5	0.5	0.6	0.6	
韩国	1.5	2.1	3.4		6.9	7.3	7.7	8.3	8.7	9.3	10.4
巴基斯坦	0.5		0.8				0.5				
菲律宾	3.2	4.4	5.7								
新加坡	0.1	0.2								0.6	0.7
斯里兰卡	0.2	0.5	0.3				0.2		0.2	0.4	0.3
泰国	0.9		3.1		5.2	4.9		4.9	4.9	4.0	3.8
土耳其	1.5	2.2	2.3	2.8	3.2	3.4	3.5	3.8	4.2	4.4	
越南	1.0	1.7	1.9	2.7	2.7				2.1	2.2	2.3
埃及	2.0①		3.2								
尼日利亚		1.1	1.8		2.0						
南非					1.6	1.7	1.7	1.7	2.1	2.7	
加拿大		5.3	5.7	6.0	6.0	6.2	6.7	6.7	6.8		
墨西哥	4.8	7.8	10.8		13.3	13.4	13.7	13.9	14.6	15.3	
美国	67.0	39.6	69.4		82.4	83.4	82.6	83.5	91.5	90.6	
阿根廷	4.5	4.6	7.1				9.0	10.2			
巴西	12.1	11.0		12.5	12.8	13.2	13.3	16.5	16.8	17.3	
委内瑞拉	1.6	2.8	3.1	3.8	4.1	4.6	4.4				
保加利亚	1.2	1.4	1.5		2.1	2.4	2.4	2.2	2.1	2.4	2.5
捷克共和国	2.1	2.2	2.4	2.5	2.5	2.3	2.4	1.5	1.9		
德国	14.5	17.2		19.8		20.9	21.8	27.9	28.2	29.9	
意大利	4.2		5.2	5.4	5.4	5.6	5.7	5.8	7.7		
荷兰							4.1	4.0	4.9		
罗马尼亚	1.4	1.5	1.3	1.2	1.2			1.8	1.9	2.0	
俄罗斯③		36.5	32.7	39.4	40.4	47.0	42.3		36.4	38.3	
西班牙	3.0	4.3	4.8	5.6	5.9	6.6	7.0	7.3	8.1	8.2	
乌克兰				6.9	7.4	7.2	7.6		12.1		
英国			8.0	8.5	8.3	8.6	9.0	9.2	9.7		
南斯拉夫	2.2①	2.4	2.6	2.6	2.7	2.7	1.2	1.2		1.2	1.2
澳大利亚	2.0	2.2	2.3	2.5	2.5	2.8	2.9	2.7	2.8		
新西兰		0.8	0.8	1.0	1.0	1.1	1.1	1.2	1.2		

注：① 1976 年数字。② 1986 年数字。③ 未包括前苏联各共和国。

资料来源：联合国教科文组织《统计年鉴》1992 年、1997 年。

13-10 中学教师数

单位：万人

	1975年	1980年	1985年	1988年	1989年	1990年	1991年	1992年	1993年	1994年	1995年
中　　国	**216.5**	**317.1**	**296.7**	**338.9**	**342.3**	**349.2**	**355.7**	**362.4**	**366.8**	**375.7**	**388.3**
普通中学	209.2	302.0	265.2	296.0	298.0	303.3	309.0	314.1	316.7	323.4	333.4
中等师范学校	2.5	3.7	4.6	5.7	5.8	5.8	5.7	5.7	5.8	6.0	6.2
职业中学		2.3	14.1	20.3	21.4	22.4	23.5	24.8	26.2	27.7	29.2
中等技术学校	4.8	9.1	12.8	16.8	17.1	17.6	17.5	17.8	18.1	18.7	19.5
孟加拉国		**11.2**	**11.3**	**12.5**	**13.0**	**13.1**					
普通中学		11.0	11.1	12.2	12.8	12.8					
中等师范学校				0.7	0.6	0.5					
职业中学		0.1	0.1	0.2	0.2	0.2					
印　　度											
普通中学	118.0	173.2	212.7	233.2	238.1	233.2	238.1	243.5	248.5	256.8	265.8
印度尼西亚		**38.5**	**62.1**	**78.9**	**87.0**	**77.1**	**80.6**	**79.4**	**80.6**	**86.5**	
中等师范学校	0.8	1.7	2.0	2.0	1.8						
伊　　朗	**8.2**			**20.5**		**21.6**	**21.9**	**23.2**	**25.0**	**24.9**	
普通中学	7.3		19.5	18.7		19.8	19.9	21.2	22.8	22.9	
中等师范学校	0.1					0.1	0.1	0.2	0.1	0.1	
职业中学	0.7		2.1	1.9		1.8	1.8	1.9	2.1	2.0	
日　　本	**50.3**	**55.4**	**61.9**	**64.7**	**65.2**	**65.9**	**66.3**		**69.6**	**70.3**	
韩　　国	**8.4**	**11.0**	**14.1**	**15.8**	**16.8**	**18.1**	**18.9**	**19.3**	**19.3**	**18.9**	**19.1**
普通中学	6.7	8.2	10.9	12.7	13.6	14.6	15.1	15.2	15.2	14.8	14.8
职业中学	1.6	2.7	3.2	3.1	3.3	3.5	3.7	4.1	4.3	4.1	4.2
马来西亚		**4.8**	**5.9**	**6.9**	**7.2**	**7.4**	**7.9**	**8.5**	**8.8**	**8.7**	**8.9**
普通中学		4.6	5.7	6.6	6.9	7.1	7.6	8.1	8.4	8.4	8.4
职业中学		0.1	0.2	0.2	0.3	0.3	0.3	0.3		0.5	0.5
巴基斯坦	**10.7**	**12.4**		**17.3**	**18.9**	**20.9**					
普通中学	10.4	12.1	15.8	16.8	18.3	20.2					
中等师范学校	…	0.1				0.3	0.3				
职业中学	0.2	0.2				0.4	0.4	0.7	0.7		
菲 律 宾	**7.3**	**8.6**	**9.9**	**11.2**	**11.9**	**12.2**	**13.0**	**8.9**	**13.5**	**13.2**	
普通中学		8.6	9.9		11.9	12.2	13.0	8.9	13.5	13.2	
新 加 坡	**0.8**	**0.9**									
普通中学	0.7	0.8	0.9	0.9	0.9	0.9	0.9	0.9			
职业中学	…	0.1									
泰　　国	**4.4**				**13.1**	**13.4**	**13.4**	**14.2**	**15.1**		
普通中学	3.0	7.0	10.3		10.7	10.6	10.6	11.2	12.6		
中等师范学校	0.5										
职业中学	1.0		1.9		2.4	2.7	2.8	3.0			
土 耳 其		**11.2**	**13.9**	**15.0**	**15.6**	**15.9**	**17.1**	**17.9**	**18.9**	**20.3**	
普通中学		7.7	9.4	10.2	10.7	10.9	11.4	11.9	12.7	13.3	
中等师范学校		0.1	0.1	…	…	…	0.1	0.1	0.1	0.1	
职业中学		3.4	4.3	4.7	4.8	4.9	5.5	5.8	6.0	6.8	
埃　　及	**7.9**	**12.2**	**18.8**		**24.8**	**28.7**	**28.3**	**29.7**	**30.9**	**33.4**	**36.9**
普通中学	5.2	8.3	12.9		17.6	20.3	20.1	20.4	21.0	21.9	23.5
中等师范学校	0.3	0.4	0.7	0.8	0.7	0.6	0.4				
职业中学	2.4	3.4	5.2	6.9	6.6	7.8	7.8	9.2		11.5	13.4
尼日利亚		**8.1**		**13.8**	**14.2**	**14.1**		**14.1**	**15.2**	**15.3**	
普通中学		6.2		13.3							
中等师范学校		0.9									
职业中学		1.1									

续表 1

单位：万人

	1980年	1985年	1988年	1989年	1990年	1991年	1992年	1993年	1994年	1995年
加 拿 大		**15.1**	**15.7**	**15.9**	**16.4**	**16.6**	**13.5**	**13.5**	**13.3**	
墨 西 哥	**26.8**	**38.1**	**38.8**	**40.1**	**40.2**	**40.7**	**41.3**	**42.6**	**44.8**	
普通中学	22.7	32.1	33.7	34.2	34.4	34.8	35.3	36.6	38.6	
中等师范学校	1.3	0.8								
职业中学	2.9	5.1	5.8	5.9	5.8	5.9	6.0	6.0	6.2	
美　　国	**107.4**	**104.2**					**132.1**	**134.1**		
阿 根 廷		**23.0**	**27.8**			**28.4**			**23.4**	
普通中学	7.8	9.4	11.9							
职业中学		13.6	15.9							
巴　　西	**19.8**	**20.6**	**22.9**	**23.9**	**24.3**	**25.9**		**27.4**	**29.6**	
保加利亚	**2.6**	**2.7**	**2.8**	**2.8**	**2.7**	**2.9**	**3.0**	**3.1**	**3.1**	
普通中学	0.7	0.9	0.9	0.9	1.0	1.1	1.1	1.2	1.2	
职业中学	1.9	1.7	1.8	1.8	1.7	1.8	1.9	1.9	1.9	
捷克共和国	**6.1**	**7.4**	**8.3**	**8.7**	**8.6**	**8.4**		**10.5**	**10.1**	
普通中学	3.2	3.2	3.5	3.6	3.8	4.0	5.4	5.3	5.4	
职业中学	2.8	4.1	4.8	5.0	4.8	4.4	5.0	5.1	4.6	
法　　国	**25.6**		**41.4**	**43.4**	**44.1**	**45.0**	**45.8**	**46.8**	**47.4**	
德　　国	**29.8**		**44.4**	**44.3**	**42.9**	**44.1**	**53.2**	**52.6**	**54.1**	
普通中学	35.9	35.9	34.2	34.1	32.8	34.1	41.9	41.4	43.0	
职业中学	6.1		10.1	10.3	10.0	10.0	11.3	11.3	11.1	
意 大 利	**51.9**	**56.2**	**58.3**	**57.2**	**59.0**	**59.1**	**58.0**	**60.4**		
普通中学	32.6	34.8	35.5	33.8	33.6	33.3	32.5	32.3		
中等师范学校	2.2	2.1	2.1	2.2	2.2	2.2	2.2	2.2		
职业中学	17.1	19.3	20.7	21.2	23.2	23.5	23.3	25.9		
波　　兰	**9.3**	**9.6**	**16.2**	**9.8**	**10.4**	**10.5**	**10.5**	**10.9**	**11.8**	
普通中学	2.1	2.1	3.2	2.3	2.4	2.6	2.8	3.0	3.3	
中等师范学校	0.1	0.1		0.2	0.2	…	…	…	…	
职业中学	7.1	7.3		7.3	7.7	7.8	7.7	7.9	8.5	
罗马尼亚	**4.8**	**5.0**	**4.3**	**4.4**	***15.7**	**15.5**	**16.5**	**16.7**	**16.9**	**17.3**
普通中学	0.8	0.7			*11.4	11.3	11.9	11.8	11.9	12.2
中等师范学校	0.1	…	0.1	0.1	*0.1	0.1	0.1	0.2	0.2	0.2
职业中学	3.9	4.2			*4.2	4.0	4.4	4.7	4.8	4.9
西 班 牙	**19.0**	**21.7**	**24.2**	**27.3**	**28.6**	**29.4**	**29.6**	**29.8**	**29.9**	
普通中学	15.0	16.1	17.9	20.3	21.0	21.3				
职业中学	4.1	5.7	6.3	7.0	7.5	8.2				
英　　国						**39.8**	**40.4**	**45.2**		
普通中学	33.3	32.1	29.2	28.5	28.7	28.9	29.9	30.2	31.4	
南斯拉夫	**13.1**	**13.3**	**13.8**	**13.9**	**14.2**	**5.5**	**5.6**			
澳大利亚	**8.5**	**10.6**	**10.3**	**10.1**	**10.3**	**10.3**	**10.4**	**10.3**	**10.1**	**10.1**
新 西 兰									**2.8**	
普通中学	1.3	1.9	2.0	2.0	2.0		2.2		2.5	

资料来源：联合国教科文组织《统计年鉴》1992 年、1997 年。

13-11 小学教师数

单位:万人

	1975年	1980年	1985年	1988年	1989年	1990年	1991年	1992年	1993年	1994年	1995年
中国	520.4	549.9	537.7	550.1	554.4	558.2	553.2	552.7	555.2	561.1	566.4
孟加拉国	16.5	15.4	19.0	19.1	18.7	19.0					
印度	155.9	134.5	151.0	158.8	160.1	163.7	169.3	168.2	170.3	171.4	174.0
印度尼西亚	60.3	78.7	118.2	127.9	128.6	128.1	126.1	127.6	129.6	131.2	
伊朗	15.2		31.0	31.7	36.2	29.9	31.2	31.2	31.2	30.5	
以色列	3.3	4.1	4.2	3.9	3.8	4.1	4.3	4.7	4.8		
日本	40.3	47.1	46.4	44.9	45.4	44.4	45.3	44.1	46.2	46.4	
马来西亚	5.9	7.4	9.1	11.0	11.2	12.1	12.6	13.0	13.5	14.0	
蒙古			0.5	0.5	0.6	0.6	0.6			0.7	
缅甸	6.6	8.0	11.7	11.9	13.7	14.8		15.5	15.7		
韩国	10.8	11.9	12.7	13.3	13.7	13.8	13.9	13.9	14.2	12.4	12.3
巴基斯坦	13.0	15.0	18.1	20.3	21.0	27.1	28.3				
菲律宾	26.2	26.4	29.0	30.2	31.5	31.7	31.6	29.4	32.1	32.4	
新加坡	1.1	0.9	1.0	1.0	1.0	1.0					
斯里兰卡	9.9		14.5		5.9	7.2	6.8	7.0	7.0	7.0	7.1
泰国	23.9	29.9	37.0	34.9	36.5	31.5		34.1	31.3		
土耳其	17.1	21.2	21.3	22.1	22.5	22.6	23.5	23.6	23.8	23.3	
越南	20.5	20.4	23.6	25.1	25.1	25.2		26.5	27.6	28.8	29.9
埃及	11.8		19.5	37.4	26.2	27.9	27.3	28.9	28.9	29.1	30.3
尼日利亚		37.0	29.3	34.4	33.2	35.4		38.4	42.8	43.5	
加拿大	11.9		13.5	14.9	15.0	15.5	15.6	15.0	15.1	14.9	
墨西哥	25.6	37.5	45.0	46.8	46.7	47.2	48.0	48.7	49.6	50.8	
美国	135.4	136.5	142.5					142.7	144.3	147.3	
阿根廷	19.6		23.0	26.0			30.6			28.7	
巴西	89.7	88.4	104.1	112.0	120.1	126.1	129.6	132.9	134.4	137.8	
委内瑞拉	6.9	9.3	10.8	16.6	17.1	17.7	18.3	18.4	18.6		
白俄罗斯	10.6	9.1	9.6	10.7	11.0	11.1			3.2	3.2	
保加利亚	4.8	5.2	6.1	6.4	6.1	6.3	6.2	6.1	5.8	5.8	2.6
捷克共和国	9.6	9.0	9.6	9.8	9.8	10.0	10.2	2.8	2.7	2.7	
法国	20.4	19.2	26.7	19.9	26.6	34.0	34.2	21.9	21.8	21.7	
德国	27.3	27.4	13.3	13.6	14.0	14.4	15.6	21.5	22.5	21.3	
意大利	25.5	27.4	27.4	25.9	25.8	26.6	25.5	25.2	28.0	25.7	
荷兰	5.3	5.8	6.6		8.3	6.3	6.3	6.5	6.4		
波兰	20.8	19.6	26.8	32.6	28.2	31.7	31.0	30.9	31.1	32.6	
罗马尼亚	14.5	15.7	14.7	14.1	13.9	15.8	5.7	5.7	5.8	6.2	7.0
俄罗斯		21.5	24.8			34.0		38.5	39.5		
西班牙	17.2	12.8	13.8	13.5	13.6	12.8	12.6	12.9	12.9	13.3	
乌克兰		8.0	8.8			12.0	12.5	13.1	13.4		
英国	28.6	26.0	24.4	22.5	22.8	22.9	23.0	26.6	28.1	28.1	
南斯拉夫	6.1	5.9	6.1	6.3	6.2	6.1	2.1	2.1			
澳大利亚	7.8	9.1	9.7	9.2	9.3	9.6	9.7	9.8	9.9	9.9	10.1
新西兰	2.1	2.3	1.7	1.6	1.6	1.8	1.9	2.0	2.3	1.9	

资料来源：联合国教科文组织《统计年鉴》1992年、1997年。

13－12 公共教育经费

单位：亿本币

	年份	货币名称	合计	其中	
				日常经费	投资支出
孟加拉国①	1992	塔卡	210.0	167.4	42.5
印　度	1994	卢比	3305.8	3274.0	31.8
印度尼西亚①	1995	卢比	54414.7	36352.9	18061.8
伊　朗	1995	里亚尔	72916.7	60443.8	12472.9
以色列	1993	谢克尔	128.1	116.9	11.2
日　本	1993	日元	180071.5		
哈萨克斯坦②	1995	坚戈	458.3	457.9	0.4
马来西亚①	1994	林吉特	93.6	78.2	15.4
蒙　古	1995	图格里克		234.2	
缅　甸①	1994	缅元	56.9	44.4	12.5
韩　国	1994	圆	112430.2		
巴基斯坦	1991	卢比	277.9	240.9	37.0
菲律宾①	1995	比索	423.7	368.3	55.3
新加坡	1995	新加坡元	36.3	27.6	8.7
斯里兰卡①	1995	卢比	200.8	161.3	39.5
泰　国	1995	铢	1695.6		
土耳其	1994	里拉	1324870.7	1235636.2	89234.5
埃　及	1994	埃镑	80.6	72.0	8.5
尼日利亚②	1995	奈拉	128.2	97.9	30.1
南　非	1995	兰特	322.9	303.6	19.4
加拿大	1993	加元	494.7		
墨西哥	1994	新比索	649.7	616.7	32.9
美　国	1993	美元	3352.8		
阿根廷	1995	比索	123.2		
巴　西	1994	雷亚尔	57.6		
委内瑞拉	1994	博利瓦	4342.8	4195.2	147.7
白俄罗斯	1995	卢布	66306.2	6334.2	2972.0
保加利亚	1995	列弗	335.2	314.8	20.4
捷克共和国	1995	克朗	719.5	631.7	85.8
法　国	1994	法郎	4354.5	3978.7	375.8
德　国	1994	马克	1552.7	1406.0	146.7
意大利	1994	里拉	786506.1	753706.1	32799.9
荷　兰	1994	盾	323.7	311.1	12.6
波　兰	1995	新兹罗提	129.5	120.8	8.6
罗马尼亚②	1994	列伊	14908.0		
西班牙	1994	比塞塔	31927.6	29416.1	2511.6
乌克兰	1995	格里弗尼亚	3897871.7	3411911.7	485960.1
英　国	1993	英镑	343.3		
南斯拉夫	1995	新第纳尔	16.3	15.0	1.3
澳大利亚	1993	澳元	233.0	203.2	9.8
新西兰	1994	新西兰元	55.3	52.7	2.6

注：① 仅指教育部支出。② 仅指中央政府支出。

资料来源：联合国教科文组织《统计年鉴》1997 年。

13－13 公共教育经费占国民生产总值的比重

单位：%

	1975年	1980年	1985年	1988年	1989年	1990年	1991年	1992年	1993年	1994年	1995年
孟加拉国	1.1	1.5	1.9	2.1	2.2	2.0	2.2	2.3			
印　　度	2.9	2.8	3.4	3.8	4.1	3.9	3.8	3.7	3.7	3.5	
印度尼西亚	3.0	1.7		0.9		1.1	1.2	2.2	1.2	1.3	
伊　　朗	5.7	7.5	3.6	3.8	3.7	4.1	4.0	4.7	5.4	4.7	4.0
以 色 列	6.7	7.9	7.0	5.8	5.9	6.2	6.2	6.4	6.6		
日　　本	5.5	5.8	5.0	4.7	4.7	4.7	4.7	3.6	3.8		
马来西亚	6.3	6.0	6.6	6.1	5.7	5.4	5.6	5.5	5.1	5.3	
蒙　　古			7.8	8.2	8.1	8.6	8.5			5.6	
缅　　甸	1.7		2.0	1.7	2.4					1.3	
韩　　国	2.2	3.7	4.5	3.3	3.6	3.5	4.0	4.2	4.4	3.7	
巴基斯坦	2.2	2.0	2.5	2.9	2.6	2.6	2.7				
菲 律 宾	1.9	1.7	1.4	2.2	3.0	2.9	2.9	2.3	2.4		2.2
新 加 坡	2.9	2.8	4.4	3.4		2.7		3.2	3.1	3.1	3.0
斯里兰卡	2.8	2.7	2.6	3.0		2.7	3.2	3.3	3.1	3.2	3.1
泰　　国	3.6	3.4	3.9	3.2	3.8	3.6	3.5	4.0	4.1	3.8	4.2
土 耳 其		2.2	1.8	1.8	1.8	2.2	2.4	2.8	3.3	3.4	
埃　　及	5.0	5.7 ①	6.3	5.7	6.7	4.9	4.7	5.0	5.5	5.6	
尼日利亚		6.4 ①	1.2			0.9	0.5	0.5	1.3		
南　　非			6.0	6.1	6.8	6.5		7.0	7.0	7.3	6.8
加 拿 大	7.8	6.9	6.6	7.2	7.1	6.8	7.4	7.6	7.3		
墨 西 哥	3.8	4.7	3.9	3.3	3.5	4.0	4.3	4.8	5.6	5.3	
美　　国	6.5	6.7	4.9	5.2	5.2	5.3		5.5	5.3		
阿 根 廷	2.5	2.7	1.5		1.5	1.1	*3.4	3.1	3.3	3.8	4.5
巴　　西	3.0	3.6	3.8	3.9	4.6					1.6	
委内瑞拉	5.2	4.4	5.1	3.5	4.1	3.1	4.6	5.3	4.6	5.2	
保加利亚	5.5	4.5	5.5	5.4	5.5	5.6	6.2	5.9	5.6	4.5	4.2
捷克共和国	4.7	4.0	4.2	4.4	4.7	4.6	*3.5	*4.7	5.9	6.2	6.1
法　　国	5.3	5.0	5.8	5.5	5.4	5.4	5.8	5.7	5.8	5.9	
德　　国	5.1	4.7	4.5	4.2	4.1	4.0	4.1		4.8	4.7	
意 大 利	4.5	4.4	5.0	4.9	3.2	3.2	3.1	*4.2	5.2	4.9	
荷　　兰	8.2	7.6	6.4	6.8	6.5	6.0	5.9		5.5	5.3	
波　　兰			4.9	3.6	3.9	5.0	5.4	5.5	5.5		4.6
罗马尼亚	3.5	3.3	2.2	2.3		2.8	3.5	3.6	3.2	3.1	3.0
西 班 牙	2.1 ②	2.6	3.3	4.2	4.8	4.4	4.5	4.6	4.7	5.0	
英　　国	6.7	5.6	4.9	4.7	4.7	4.9	5.2	5.4	5.5		
南斯拉夫	5.4	4.7	3.4	3.6	4.3	6.1					
澳大利亚	6.2	5.5	5.6	4.9	5.1	5.4	5.5	6.0	5.6		
新 西 兰	5.6	5.8	4.7	5.9	7.9	6.5	7.3	7.3	7.4	7.0	6.7
俄 罗 斯		3.5	3.2			3.5	3.6	3.7	4.1		

注：① 1981 年数字。② 1976 年数字。

资料来源：联合国教科文组织《统计年鉴》1992 年、1997 年。

13－14 公共教育日常经费中各类学校所占比重

单位：%

	年 份	学龄前教育	小 学	中 学	大 学	其 它	未分列
孟加拉国	1992	…	44.2	43.3	7.9	4.6	…
印　　度	1994	①	38.4	26.1	13.6	4.9	17.0
印度尼西亚	1994	②	53.0	②	18.3	0.1	28.7
伊　　朗	1994	①	29.0	33.9	22.9	3.5	10.6
以 色 列	1993	8.5	33.7	31.7	17.2		8.9
日　　本	1993	2.2	36.0	42.2	13.5		6.1
马来西亚	1994	0.3	35.1	41.2	16.8	2.1	4.5
蒙　　古	1994	23.5	②	63.7	17.8	0.2	…
缅　　甸	1994		47.7	40.3	11.7	…	0.3
韩　　国	1994	1.0	44.5	34.4	7.9		12.2
巴基斯坦	1989	①	47.4	19.1	18.3	③	15.2
菲 律 宾	1988	…	73.1	①	15.1	③	11.8
新 加 坡	1995	①	25.7	34.6	34.8	…	4.9
斯里兰卡	1995	①	72.7	①	12.2	1.9	13.2
泰　　国	1994	1.8	51.0	21.5	16.5	2.5	6.6
土 耳 其	1994	0.2	45.2	23.0	31.7		
埃　　及	1994	①	64.3	①	35.7	…	…
尼日利亚	1981	…	17.2	①	25.0	0.6	17.4
南　　非	1995	①	81.8	①	15.4	2.7	…
加 拿 大	1993	3.3	62.2	②	34.6		…
墨 西 哥	1994	8.7	39.8	32.1	19.3		
美　　国	1993	7.2	33.0	36.6	23.3	…	…
阿 根 廷	1994	①	72.3	①	16.5	…	11.3
巴　　西	1989	①	48.8	6.9	25.6	1.3	17.5
委内瑞拉	1994	3.7	23.9	2.0	34.7	2.8	33.0
白俄罗斯	1995	15.4	54.4	17.2	11.0	0.3	1.6
保加利亚	1995	21.4	53.7	①	15.8	9.1	
捷克共和国	1995	12.2	17.0	53.5	14.7		2.7
法　　国	1994	11.7	20.4	50.0	16.5		1.4
德　　国	1994	①	73.0	①	21.8	…	5.1
意 大 利	1994	7.6	22.8	48.5	15.7	…	5.4
荷　　兰	1994	7.0	23.1	39.0	31.0	…	…
波　　兰	1993	10.7	39.0	20.5	16.0	13.9	…
罗马尼亚	1993	8.4	36.5	23.8	15.9	15.4	…
西 班 牙	1994	7.7	22.3	53.2	14.7	…	2.1
乌 克 兰	1995	18.8	44.2	10.5	10.7	15.8	…
英　　国	1993	2.3	30.3	44.4	23.0	…	…
南斯拉夫	1995	①	65.6	①	21.8	3.1	9.4
澳大利亚	1993	1.2	30.8	38.5	29.5	…	
新 西 兰	1994	4.2	23.7	40.7	29.4		2.0

注：① 本栏数字包括在小学一栏数字中。② 本栏数字包括在中学一栏中。③ 包括在未分列一栏中。

资料来源：联合国教科文组织《统计年鉴》1997年。

13－15 每千居民平均日报发行数

单位：份

	1970年	1975年	1980年	1985年	1988年	1990年	1992年	1995年
孟加拉国		3	3	6	10	6	6	6
印　　度		15	21	26		31	31	
印度尼西亚		16	15	18	21	28	24	24
伊　　朗			25	26		25	20	17
以 色 列	202		258	260		258	246	271
日　　本	511	545	567	565		587	577	576
马来西亚	75	85	59	96	85	140	117	139
蒙　　古	107	78	106	93		73	92	81
缅　　甸		10	10	14		14	17	22
韩　　国	136		210	245		280	412	394
巴基斯坦			12	11		15	6	21
菲 律 宾		20	41	40	56	56	50	62
新 加 坡		198	286	261	289	253	336	301
斯里兰卡	49	36	30	24	35	32	27	25
泰　　国	21	61	57	85	87	81	85	46
土 耳 其			56	60	55	62	71	118
越　　南			10	9		8	8	8
埃　　及	22	30	39	48	38	43	41	43
尼日利亚			15	17		18	18	17
南　　非			48	44	48	36	32	31
加 拿 大		214	221	215	231	209	204	166
墨 西 哥		91	123	132	132	114	116	115
美　　国		281	270	260		245	236	218
阿 根 廷			142	130		123	143	135
巴　　西		45	45	48		55	55	45
委内瑞拉		89	195	158		144	205	206
白俄罗斯			243	246		286	186	174
保加利亚	193	232	253	293	267	466	164	212
捷克共和国	254	300	313	331	345	507	583	296
法　　国	238	238	192	193		208	205	234
德　　国		367	375	391	331	304	323	313
意 大 利	144	117	101	97	105	105	106	100
荷　　兰	315	307	326	310	311	301	303	329
波　　兰	210	248	236	207	184	128	159	140
罗马尼亚	169	142	181	158	159	271	324	299
西 班 牙	102	98	93	80	82	88	104	102
英　　国		432	417	397	394	389	383	344
南斯拉夫			56	43		36	52	83
澳大利亚	322	392	323	275	252	249	265	257
新 西 兰	376		333	326	327	298	305	239

资料来源：联合国教科文组织《统计年鉴》1992、1997年。

13－16 图书馆数和藏书量

	年份	图书馆（个）	藏书量（万册）
中　国			
公共图书馆①	1996		33686
孟加拉国			
国家图书馆	1995	1	1
公共图书馆	1989	57	52
高等学校图书馆	1987	946	408
印　度			
国家图书馆	1986	8	189
印度尼西亚			
高等学校图书馆	1989	45	174
伊　朗			
国家图书馆	1995	1	41
公共图书馆	1995	26	1598
高等教育图书馆	1994	113	232
日　本			
国家图书馆	1990	1	553
公共图书馆	1990	1475	16169
高等学校图书馆	1990	507	18184
一般学校图书馆	1987	39685	30083
马来西亚			
国家图书馆	1995	1	111
公共图书馆	1995	14	1090
高等教育图书馆	1990	48	341
蒙　古			
高等学校图书馆	1990	9	158
一般学校图书馆	1990	530	322
韩　国			
国家图书馆	1995	1	258
公共图书馆	1995	329	1364
高等学校图书馆	1994	340	3576
一般学校图书馆	1993	7366	2744
非专业图书馆	1989	1	69
菲律宾			
国家图书馆	1993	1	90
非专业图书馆	1986	1	
公共图书馆	1989	1	576
新加坡			
国家图书馆	1995	1	325
高等学校图书馆	1990	5	235
一般学校图书馆	1990	366	464
斯里兰卡			
国家图书馆	1993	1	16
公共图书馆	1990	11	83
高等学校图书馆	1990	11	83
泰　国			
国家图书馆	1992	1	153
公共图书馆	1992	589	
土耳其			
国家图书馆	1995	1	115
公共图书馆	1995	1171	1117
高等学校图书馆	1993	212	570
埃　及			
国家图书馆	1995	1	115
非专业图书馆	1991	105	83
高等学校图书馆	1995	187	
尼日利亚			
国家图书馆	1992	1	87
公共图书馆	1992	12	61
高等学校图书馆	1987	63	384
一般学校图书馆	1987	213	109
加拿大			
国家图书馆	1995	1	639
公共图书馆	1995	1045	7008
墨西哥			
国家图书馆	1989	1	150
公共图书馆	1995	5630	2417
高等学校图书馆	1993	1139	1278
一般学校图书馆	1990	3546	984
美　国			
高等学校图书馆	1988	3438	71850
一般学校图书馆	1988	92438	73871
阿根廷			
国家图书馆	1995	1545	1350
巴　西			
国家图书馆	1993	1	528
公共图书馆	1994	2739	
委内瑞拉			
国家图书馆	1995	1	369
公共图书馆	1995	23	329
高等学校图书馆	1989	78	
一般学校图书馆	1992	539	
白俄罗斯			
国家图书馆	1995	1	687
非专业图书馆	1995	6	434
公共图书馆	1992	143	6094
高等学校图书馆	1990	33	1957

续表 1

	年份	图书馆(个)	藏书量(万册)		年份	图书馆(个)	藏书量(万册)
保加利亚				罗马尼亚(续)			
国家图书馆	1995	1	238	一般学校图书馆	1991	1025	5986
非专业图书馆	1995	27	1081	**俄罗斯**			
公共图书馆	1992	4879	5709	高等学校图书馆	1993	519	32470
高等学校图书馆	1993	81	752	一般学校图书馆	1990	6426	73982
一般学校图书馆	1992	313	1715	国家图书馆	1995	2	7281
法国				公共图书馆	1995	50032	98336
国家图书馆	1995	1	1300	**西班牙**			
非专业图书馆	1995	1		国家图书馆	1994	1	537
公共图书馆	1995	2315	9500	公共图书馆	1994	4301	6384
高等学校图书馆	1991	73		高等学校图书馆	1992	648	1862
德国				**乌克兰**			
国家图书馆	1995	8	3228	国家图书馆	1995	1	393
公共图书馆	1995	13032	12329	公共图书馆	1995	21857	33672
高等学校图书馆	1993	271	12612	**英国**			
意大利				国家图书馆	1994	3	2600
非专业图书馆	1995	2	1526	公共图书馆	1994	167	12961
公共图书馆	1990	106	8003	高等教育图书馆	1990	215	8983
高等学校图书馆	1993	10	619	一般学校图书馆	1990	26	803
荷兰				**南斯拉夫**			
国家图书馆	1990	1	248	国家图书馆	1995	3	566
非专业图书馆	1990	3	88	非专业图书馆	1995	11	118
公共图书馆	1992	603	4178	公共图书馆	1995	270	1397
高等学校图书馆	1993	369	2527	高等学校图书馆	1992	166	705
波兰				一般学校图书馆	1989	7784	3843
国家图书馆	1995	1	246	**澳大利亚**			
高等学校图书馆	1993	126	4318	国家图书馆	1995	1	244
一般学校图书馆	1992	20879	15501	公共图书馆	1987	497	2700
罗马尼亚				高等教育图书馆	1994	43	3300
国家图书馆	1993	6	2004	**新西兰**			
公共图书馆	1993	2917	4641	高等教育图书馆	1990	7	591
高等学校图书馆	1993	64	2092				

注：本表公共图书馆指为某一团体或某一地区人口提供图书借阅服务的馆所．公共图书馆可按服务对象分类，如妇女儿童图书馆、军人图书馆、医院病人图书馆。国家图书馆是指根据法律和有关条文规定，负责收集和存放国内外重要书刊，并进行国际交流活动的图书馆。① 包括国家图书馆。

资料来源：联合国教科文组织《 统计年鉴 》1997 年。

13－17 从事研究和开发工作的科技人员数

单位：人

	年份	科学家和工程师人数①		技术员数②		每百万人口平均科学家和工程师人数	每百万人口平均技术人员数
		总计	其中:女	总计	其中:女		
印度	1994	136503	10505	98769	9333	149	108
印度尼西亚	1995	32038 ③				181	
伊朗	1994	34256	27234	10104	7493	521	154
以色列	1982	20100 ④	10400 ④	4300 ④	1400 ④	4826	1032
日本	1994	787402		103400		6309	828
马来西亚	1992	1633	501	1655	507	87	88
韩国	1994	117486	9502	14141		2636	317
巴基斯坦	1990	6626	464	9314		54	76
菲律宾	1992	9960	5260	1399	374	157	22
新加坡	1994	7086		4298		2728	353
斯里兰卡	1985	2790	667	693	188	173	43
土耳其	1995	15854		1606		261	26
埃及	1991	26415		19607		458	340
尼日利亚	1987	1338		6042		15	69
南非	1993	37192		11343		938	286
加拿大	1993	76550		30920		2656	1073
美国	1993	962700				3732	
阿根廷	1995	22927	10655	5092		671	149
巴西	1995	26754		9327		168	59
委内瑞拉	1992	4258	1490	650	205	208	32
保加利亚	1995	13990	5723	7697	5298	1587	873
捷克共和国	1995	11935		7153		1159	695
德国	1993	229839		118985		2843	1472
意大利	1994	75722		45701		1325	800
荷兰	1991	40000		20440		2656	1357
波兰	1995	49787	17695	19553	8628	1299	510
罗马尼亚	1994	31672	14048	13272	7991	1382	613
俄罗斯	1995	518690		101371		3520	688
西班牙	1994	47867		13532		1210	342
乌克兰	1995	163299		36687		3173	713
英国	1993	140000		59000		2417	1019
南斯拉夫	1995	11611	4150	5436	2950	1476 ⑤	400 ⑤
澳大利亚	1994	56520		14133		3166	792
新西兰	1993	6198		2866		1778	822

注：① 科学家和工程师指接受科学技术训练，完成大学学业，直接从事或管理、指导研究与开发活动的人员。② 技术员指初中学生经过三年以上科学技术训练，能胜任科学技术工作的助理人员。③ 1988 年数。④ 1984 年数。⑤ 1992 年数。

资料来源：联合国教科文组织《统计年鉴》1997 年。

13－18 研究与开发经费占国民生产总值的比重及相关指标

	年 份	货币名称	研究开发经费占国民生产总值%	按人口平均的研究开发费用(本币)	每一研究人员年平均费用(本币)
印 度	1994	卢 比	0.8	74	499697
印度尼西亚	1995	卢 比	0.1	2156	
伊 朗	1994	里亚尔	0.5	9049871	17372180730
以色列	1992	谢克尔	2.2	727	
日 本	1994	日 元	2.9	108929	17266949
马来西亚	1992	林吉特	0.4	29	337231
韩 国	1994	圆	2.8	117159	67197334
巴基斯坦	1987	卢 比	0.9	51	
菲律宾	1992	比 索	0.2	46	295236
新加坡	1995	新加坡元	1.1	484	177592
斯里兰卡	1984	卢 比	0.2	16	98052
泰 国	1995	铢	0.1	89	749999
土耳其	1995	里 拉	0.6	485584	1864321748
越 南	1985	盾	0.4	8	24900
埃 及	1995	埃 镑	0.5	14	
尼日利亚	1987	奈 拉	0.1	1	64477
加拿大	1995	加拿大元	1.6	420	
墨西哥	1993	比 索	0.0	3084	19687088
美 国	1995	美 元	2.5	656	177625
阿根廷	1995	比 索	0.4	30	44914
巴 西	1995	克鲁塞罗	0.6	23	139639
委内瑞拉	1992	博利瓦	0.5	960	4608276
保加利亚	1995	列 弗	0.8	715	450822
捷克共和国	1995	捷克克郎	1.2	1358	1171563
法 国	1994	法国法郎	2.4	3040	1176751
德 国	1993	德国马克	2.4	949	333803
意大利	1994	里 拉	1.1	304230	229640765
荷 兰	1994	荷兰盾	2.1	811	
波 兰	1995	新兹罗提	0.7	55	42441
罗马尼亚	1995	列 伊	0.7	22442	
西班牙	1994	比塞塔	0.9	13853	11451596
俄罗斯	1995	卢 布	0.7	82442	23423353
英 国	1993	英 镑	2.2	239	98779
澳大利亚	1994	澳 元	1.7	410	129531

资料来源：联合国教科文组织《统计年鉴》1997年。

13－19 世界主要国家医疗和健康状况比较

	医疗保健普及率(%)		安全饮用水普及率(%)		卫生设施普及率(%)		5岁以下儿童营养不良人口占比重(%)	产妇死亡率(每十万活产婴儿)
	1980年	1993年	1980年	1994－1995年	1980年	1994－1995年	1989－95年	1989－95年
孟加拉国	80	74		83		30	84	887
印　　度	50			63		29	63	437
印度尼西亚				63		55	39	390
伊　　朗	50		52	89	60		16	
马来西亚		88		90	75	94	23	34
蒙　　古	90						10	
缅　　甸	30		25	33	20	40	31	518
韩　　国		100		89		100		30
巴基斯坦	65	85	38	60	16	30	40	
菲 律 宾			54	81	75	72	30	208
新 加 坡			100	100		100	14	
斯里兰卡	90			57		66	38	30
泰　　国	30	59		81		87	13	
土 耳 其			67	92		94		183
越　　南	75			38		21	45	105
埃　　及	100	99	75	86	70		9	
尼日利亚	40	67		43		63	43	
加 拿 大			97	100	60	85		
墨 西 哥	51			87		70		
美　　国				90	98	85		
阿 根 廷				64		89		140
巴　　西				92		73	18	200
白俄罗斯					50	100		25
保加利亚			96			99		20
法　　国				100	85	96		
意 大 利			99		99	100		
荷　　兰			100	100	100	100		
波　　兰	100		67		50	100		10
罗马尼亚			77		50	49		48
西 班 牙			98	99	95	97		
乌 克 兰				97	50	49		33
英　　国				100		96		
新 西 兰		100	87					

资料来源：世界银行《发展报告》1997年。

13－20 每千人拥有医生数

单位：人

	1980年	1985年	1989年	1990年	1991年	1992年	1993年	1994年	1995年	1996年
世　界	**1.0**			**1.5**			**1.4**			
孟加拉国	0.1	0.2		0.2	0.2				0.2	
印　度	0.4						0.4			
印度尼西亚			0.1	0.1	0.1	0.2	0.2	0.2		
伊　朗							0.3			
以色列										
日　本				1.7		1.7		1.8		
哈萨克斯坦	3.2	3.7	4.1	4.0	3.9	3.9	3.8	3.8	3.6	3.5
马来西亚	0.3	0.3	0.4	0.4	0.4	0.4	0.4	0.4		
蒙　古				2.5	2.7					
缅　甸		0.3	0.1	0.1						
韩　国	0.6		0.9	1.0	1.1	1.1	1.2	1.2		
巴基斯坦	0.3			0.5	0.5	0.5	0.5			
菲律宾	0.1	0.2	0.1	0.1						
新加坡	0.9	1.1		1.3	1.3	1.3	1.4	1.4		
斯里兰卡	0.1	0.2	0.1				0.1			
泰　国	0.1	0.2	0.2	0.2	0.2	0.2				
土耳其	0.6	0.7	0.9	0.9	0.9	1.0	1.0	1.1		
越　南	0.2		0.4	0.4	0.4	0.4				
埃　及	1.1			0.8				1.8		
尼日利亚	0.1	0.2	0.2				0.2			
加拿大				2.1	2.2	2.2	2.2	2.2		
墨西哥				1.1	1.2	1.2	1.2	1.3		
美　国	1.8			2.4		2.5	2.5			
阿根廷		2.7		2.7						
巴　西		1.5		1.4					1.4	
委内瑞拉	0.8	1.2	1.7	1.6						
白俄罗斯	3.4	3.9	4.0	3.9	3.9	4.0	4.1	4.1	4.1	4.3
保加利亚	2.5		3.2	3.3	3.1	3.2	3.4	3.3	3.5	
捷克共和国				2.8	2.7	2.7	2.8	2.9	2.9	2.9
法　国			3.0	2.6	2.7	2.7	2.8	2.8		
德　国	2.2			3.1	3.1	3.1	3.2	3.3		
意大利			4.8	1.5	1.7	1.7				
荷　兰		2.2		2.5						
波　兰	1.8	2.0		2.1	2.2	2.2	2.2	2.3	2.3	2.3
罗马尼亚	1.5	1.8	1.8	1.8	1.8	1.9	1.7	1.8	1.8	1.8
俄罗斯	4.0	4.5	4.7	4.1	4.0	3.9	3.9	3.8	3.8	
西班牙				3.8	3.9	4.0	4.1			
乌克兰	3.7	4.1	4.4	4.3	4.3	4.3	4.4	4.4	4.5	
英　国				1.5	1.5	1.5	1.5			
南斯拉夫	3.4			2.0	2.0	2.0	2.0	2.0	2.0	
澳大利亚	1.8				2.2					
新西兰	1.6			1.9	1.9	2.0	2.0	2.1		

资料来源：世界银行《世界发展指标》1998 年。

13-21 每千人拥有病床数

单位：个

	1980年	1985年	1989年	1990年	1991年	1992年	1993年	1994年	1995年	1996年
世　界	**3.5**				**4.0**	**3.8**				
孟加拉国	0.2	0.3			0.3	0.3			0.3	
印　度	0.8	0.8				0.8				
印度尼西亚		0.6		0.7	0.7	0.7	0.7	0.7	0.7	
伊　朗	1.5		1.5		1.4					
以色列	5.1	6.5			2.8					6.0
日　本	11.3		15.6		16.0	16.1	16.2	16.2	16.2	
哈萨克斯坦	13.1	13.5	13.5	13.6	13.6	13.6	13.5	13.3	12.2	11.6
马来西亚		2.6		2.4	2.1	2.1	2.1	2.0	2.0	
蒙　古	11.2					11.5				
缅　甸	0.9				0.6					
韩　国	1.7	1.7	2.9	3.0	3.1	3.3	3.5	3.7	4.1	4.4
巴基斯坦	0.6			0.6	0.6	0.7	0.6	0.7		
菲律宾	1.7	1.7			1.4	1.3	1.4	1.1		
新加坡	4.2				3.6	3.5	3.5	3.6	3.6	
斯里兰卡	2.9			2.4	2.7					
泰　国	1.5				1.6	1.7	1.7			
土耳其	2.2	2.0	2.1		2.1	2.4	2.4	2.5	2.5	
越　南	3.5			3.3	3.8					
埃　及	2.0		2.1	2.0	2.1	2.0	2.0	1.9	2.1	
尼日利亚	0.9		6.4		1.7					
加拿大				6.7	6.2	6.3	6.0	5.6	5.4	5.1
墨西哥					0.8	1.1	1.2	1.2	1.2	1.2
美　国	5.9				4.7	4.6	4.4	4.3	4.2	4.1
阿根廷					4.6					
巴　西										3.0
委内瑞拉	0.3	2.7	2.5		2.7	2.7	2.6			
白俄罗斯	12.5	13.1	13.5	13.5	13.2	13.2	12.7	12.4	12.4	12.3
保加利亚	11.1				10.1	10.2	10.2	10.5	10.2	10.6
捷克共和国					8.1	8.1	7.9	7.6	7.4	6.9
法　国					9.7	9.6	9.4	9.3	9.0	8.9
德　国					10.4	10.2	9.9	9.7	9.7	9.7
意大利					7.2	6.8	6.9	6.7	6.5	6.4
荷　兰	12.5				11.5	11.4	11.4	11.3	11.3	11.3
波　兰	5.6	5.6			6.6	6.5	6.4	6.4	6.3	6.3
罗马尼亚	8.8	8.8	8.7	8.7	8.9	8.9	7.9	7.9	7.7	7.6
俄罗斯	13.0	13.5	13.7	13.9	13.0	12.7	12.2	12.0	11.8	11.7
西班牙					4.3	4.2	4.1	4.1	4.0	4.0
乌克兰	12.5	13.1	13.3	13.4	12.9	12.9	12.7	12.4	12.2	11.8
英　国	9.3				5.9	5.6	5.4	5.1	4.9	4.7
南斯拉夫			5.6			9.2	9.0	8.9		
澳大利亚					8.5	7.6	7.3			
新西兰	13.6				5.9	5.8	5.6	5.5	5.4	5.3

资料来源：世界银行《世界发展指标》1998年。

13-22 医疗卫生支出

国家	医疗卫生支出占国内生产总值的%					按购买力平价法计算人均支出(国际元)		公共保健支出占国内生产总值的%		
	1980年	1985年	1990年	1994年	1995年	1985年	1995年	1980年	1985年	1995年
澳大利亚	7.3	7.7	8.2	8.5	8.6	989	1741	4.6	5.5	5.8
奥地利	7.9	6.7	8.4	8.7	7.9	992	1634	5.4	5.2	5.9
比利时	6.6	7.4	7.6	8.2	8.0	890	1665	5.5	6.0	7.0
加拿大	7.4	8.4	9.5	9.8	9.6	1206	2049	5.5	6.4	6.9
丹麦	6.8	6.3	6.3	6.6	6.4	816	1368	5.8	5.3	5.3
芬兰	6.5	7.3	8.0	8.3	7.7	852	1373	5.1	5.7	5.8
法国	7.6	8.5	8.9	9.7	9.8	1088	1956	6.0	6.5	7.7
德国①	8.4	8.5	8.3	8.6②	10.4	1274	2134	6.3	6.6	8.2
希腊		4.0		3.6②	5.8	288	703		3.3	4.4
冰岛	6.4	7.3	8.3	8.1	8.2	929	1774	5.7	6.3	6.9
爱尔兰	9.2	7.8	7.0	7.3	6.4	586	1106	7.5	6.1	5.1
意大利	6.9	7.0	8.1	8.6②	7.7	830	1507	5.6	5.4	5.4
日本	6.6	6.7	6.7	7.3②	7.2	823	1581	4.6	4.7	5.7
卢森堡		6.1		3.1	7.0	895	2206		5.5	6.5
荷兰	8.0	7.9	8.2	8.8	8.8	932	1728	6.0	5.9	6.8
新西兰	7.2	5.3	7.3	7.7②	7.1	592	1203	6.0	4.6	5.4
挪威		6.6		5.5②	8.0	910	1821		5.7	6.6
葡萄牙	5.9	6.3	6.7	7.4②	8.2	387	1035	4.3	3.4	5.0
西班牙	5.6	5.7	6.6	7.3②	7.6	455	1075	4.5	4.6	6.0
瑞典	9.4	9.0	8.6	7.7	7.2	1174	1360	8.7	8.1	5.9
瑞士	7.3	8.1	7.8	9.6	9.8	1297	2412	4.9	5.3	7.1
土耳其	4.0	2.2	4.0	5.2		73	272③	1.1	1.1	2.6③
英国	5.8	5.9	6.2	6.9	6.9	670	1246	5.2	5.0	5.9
美国	9.2	10.7	12.4	14.2	14.2	1733	3701	3.9	4.3	6.6

注：① 1991年以前的数字指前联邦德国。② 1993年数字。③ 1994年数字。

资料来源：《美国统计摘要》1997年。

13-23 军事支出占中央政府支出的比重

单位：%

	1985年	1988年	1989年	1990年	1991年	1992年	1993年	1994年	1995年
孟加拉国	13.0		10.6		8.4	9.1	9.9		
印　　度	15.7	15.0	13.7	13.2	12.9	12.4	13.2	13.7	12.7
印度尼西亚	10.3	8.3	8.2	7.8	8.4	7.2	7.8	7.6	8.9
伊　　朗	34.1	39.0	36.4	30.2	26.5	14.9	14.1	13.6	
以 色 列	27.2	23.0	25.0	24.8	22.5	23.3	22.1	22.2	21.1
日　　本	5.6	6.0	5.8	6.0	4.4	4.5	4.2		
马来西亚	10.7	9.5	10.3	9.2	11.7	10.4	11.3	12	12.4
蒙　　古		13.3	12.0	11.7	9.0	9.3	9.2	9.7	7.0
韩　　国	26.6	25.2	23.8	22.3	19.6	19.8	19.5	17.4	13.6
巴基斯坦	28.1	29.2	25.4	29.1	27.5	27.9	25.9	26.5	25.3
菲 律 宾	9.5	12.3	12.0	10.7	10.5	10.2	11.5	10.6	8.5
新 加 坡	17.0	24.2	25.3	19.9	21.7	24.9	23.0	22.7	24.0
斯里兰卡	8.4	13.3	13.2	15.3	15.0	13.6	17.3	15.5	15.7
泰　　国	19.7	17.8	17.6	17.1	17.0	17.0	17.5	15.7	15.2
土 耳 其	17.9	17.7	18.4	20.3	17.9	18.8	15.8	17.4	17.6
越　　南				26.5	40.0			9.7	10.9
埃　　及	22.1	16.9	10.9	10.1	10.0	8.5	9.3	8.9	13.7
尼日利亚	9.4	4.6		3.6	3.6	3.2	2.0	3.5	
南　　非	11.6	12.6	13.4	12.6	11.5	8.8	9.2	7.4	6.7
加 拿 大	8.6	9.3	8.6	8.4	7.7	7.5	7.4	7.1	
墨 西 哥	2.6	2.0	2.4	2.5	3.1	3.7	3.8	4.3	5.1
美　　国	25.7	26.2	25.5	23.5	19.6	21.1	19.9	18.8	17.4
阿 根 廷	12.4	22.1	45.0	42.1	26.0	33.0	24.8	27.0	
巴　　西	2.1	3.9	3.8	4.6	4.9	3.5	3.4	3.1	3.9
委内瑞拉	9.2	8.4	11.2	9.0	15.6	11.3	8.3	6.8	6.3
保加利亚	32.5	31.0	29.7			7.9	6.2	6.1	6.3
捷克共和国							6.9	7.2	6.6
法　　国	8.8	8.7	8.6	8.4	8.1	7.6	7.3	7.2	6.6
意 大 利	4.6	4.9	4.7	4.4	4.3	3.9	3.9	3.9	
荷　　兰	5.4	5.3	5.3	5.1	4.8	4.6	4.4	4.4	4.4
波　　兰	40.7	45.5	69.1		32.9	8.1	6.3	5.5	5.4
罗马尼亚	20.0	18.6	16.9	10.9	11.4	7.9	6.5	7.3	11.2
俄 罗 斯						31.5		38.1	
西 班 牙	6.9	6.1	8.1	7.6	7.2	6.0	6.0	5.5	5.6
乌 克 兰						2.3			7.8
英　　国	12.6	11.8	11.9	11.2	11.0	9.3	8.7	8.3	7.2
南斯拉夫	54.8	48.7	53.2	55.0					
澳大利亚	9.4	9.1	9.1	9.2	9.4	9.1	9.5	9.4	8.8
新 西 兰	4.5	5.3	4.5	5.0	3.6	4.0	4.5	3.5	3.3
乌 克 兰							11.8	9.9	7.9
英　　国	10.4	9.9	9.9	10.0	9.8	9.8	9.6	9.4	9.3
南斯拉夫							3.5	3.0	3.0
澳大利亚	13.8	14.2	14.6	15.2	14.8	14.9	14.8	15.6	15.4
新 西 兰	5.6	6.6	7.4	7.7	7.2	7.4	7.8	7.3	7.6

资料来源：《世界发展指标》1998 年.

13-24 军事人员数

单位：人

	1988年	1989年	1990年	1991年	1992年	1993年	1994年	1995年
孟加拉国	91000	102000	103000	107000	107000	107000	113000	115000
印　度	1260000	1362000	1262000	1265000	1265000	1265000	1305000	1265000
印度尼西亚	278000	284000	283000	278000	283000	271000	280000	280000
伊　朗	345000	654000	440000	465000	528000	528000	528000	440000
以色列	195000	191000	190000	190000	181000	181000	185000	185000
日　本	241000	245000	250000	250000	242000	242000	233000	240000
哈萨克斯坦					44000	44000	18000	28000
马来西亚	110000	113000	130000	128000	128000	115000	115000	122000
蒙　古	38000	32000	32000	31000	21000	18000	21000	21000
朝　鲜	784000	842000	1200000	1200000	1200000	1200000	1200000	1040000
韩　国	600000	626000	650000	750000	750000	750000	750000	655000
巴基斯坦	483000	481000	550000	565000	580000	580000	540000	587000
菲律宾	115000	148000	109000	107000	107000	107000	109000	110000
新加坡	56000	56000	56000	56000	56000	56000	56000	60000
斯里兰卡	22000	22000	22000	110000	110000	110000	110000	110000
泰　国	235000	256000	283000	283000	283000	295000	290000	288000
土耳其	814000	847000	769000	804000	704000	686000	811000	805000
越　南	1027000	1252000	1052000	1041000	550000	550000	550000	550000
埃　及	466000	452000	434000	434000	424000	424000	430000	430000
尼日利亚	134000	107000	94000	94000	76000	76000	80000	89000
南　非	95000	100000	85000	80000	72000	72000	102000	100000
加拿大	83000	88000	87000	86000	82000	76000	75000	70000
墨西哥	140000	154000	175000	175000	175000	175000	175000	175000
美　国	2244000	2246000	2181000	2115000	1919000	1815000	1715000	1620000
阿根廷	129000	95000	85000	70000	65000	65000	69000	65000
巴　西	496000	319000	295000	295000	296000	296000	296000	285000
委内瑞拉	71000	73000	75000	73000	75000	75000	75000	75000
白俄罗斯					102000	115000	108000	115000
保加利亚	189000	160000	129000	107000	99000	52000	80000	86000
捷克共和国						107000	90000	68000
法　国	563000	558000	550000	542000	522000	506000	506000	504000
意大利	504000	506000	493000	473000	471000	450000	436000	435000
荷　兰	103000	107000	104000	104000	90000	86000	77000	67000
波　兰	439000	430000	313000	305000	270000	180000	255000	278000
罗马尼亚	237000	220000	126000	201000	172000	167000	200000	209000
俄罗斯					1900000	1500000	1400000	1400000
西班牙	314000	304000	263000	246000	198000	204000	213000	210000
乌克兰					438000	510000	495000	476000
英　国	334000	324000	308000	301000	293000	271000	257000	233000
南斯拉夫	258000	229000	180000	169000				
澳大利亚	70000	71000	68000	68000	68000	68000	59000	58000
新西兰	13000	13000	11000	11000	11000	11000	10000	10000

资料来源：《世界发展指标》1998 年。

13－25 军事人员数占劳动力总数的比重

单位：%

	1985年	1988年	1989年	1990年	1991年	1992年	1993年	1994年	1995年
孟加拉国	0.2	0.2	0.2	0.2	0.2	0.2	0.2	0.2	0.2
印　度	0.4	0.4	0.4	0.3	0.3	0.3	0.3	0.3	0.3
印度尼西亚	0.4	0.4	0.4	0.4	0.3	0.3	0.3	0.3	0.3
伊　朗	2.5	4.4	4.0	2.8	2.9	3.2	3.1	3.0	2.4
以色列	11.9	10.9	10.6	10.3	9.9	9.1	8.8	8.6	8.3
日　本	0.4	0.4	0.4	0.4	0.4	0.4	0.4	0.4	0.4
哈萨克斯坦						0.6	0.6	0.2	0.4
马来西亚	1.8	1.7	1.7	1.9	1.8	1.7	1.5	1.5	1.5
蒙　古	4.2	3.2	3.2	3.1	2.9	1.9	1.6	1.8	1.7
朝　鲜	9.0	8.8	10.6	11.9	11.7	11.5	11.3	11.1	9.5
韩　国	3.4	3.3	3.4	3.3	3.7	3.7	3.6	3.5	3.0
巴基斯坦	1.4	1.3	1.4	1.4	1.4	1.4	1.3	1.2	1.3
菲律宾	0.5	0.6	0.5	0.4	0.4	0.4	0.4	0.4	0.4
新加坡	4.7	4.4	4.3	4.2	4.1	4.1	4.0	3.9	4.1
斯里兰卡	0.4	0.3	0.3	0.3	1.6	1.6	1.5	1.5	1.5
泰　国	0.8	0.9	0.9	0.9	0.9	0.9	0.9	0.9	0.8
土耳其	3.8	3.6	3.2	3.1	3.1	2.7	2.6	3.0	2.9
越　南	3.5	3.9	3.8	3.1	3.0	1.6	1.5	1.5	1.5
埃　及	2.9	2.6	2.5	2.4	2.3	2.2	2.1	2.1	2.0
尼日利亚	0.4	0.3	0.3	0.2	0.2	0.2	0.2	0.2	0.2
南　非	0.8	0.8	0.8	0.6	0.6	0.5	0.5	0.7	0.7
加拿大	0.6	0.6	0.6	0.6	0.6	0.5	0.5	0.5	0.5
墨西哥	0.5	0.5	0.5	0.6	0.5	0.5	0.5	0.5	0.5
美　国	1.9	1.8	1.8	1.7	1.7	1.5	1.4	1.3	1.2
阿根廷	1.1	0.8	0.8	0.7	0.6	0.5	0.5	0.5	0.5
巴　西	0.9	0.5	0.5	0.4	0.4	0.4	0.4	0.4	0.4
委内瑞拉	1.2	1.1	1.1	1.0	1.0	1.0	0.9	0.9	0.9
白俄罗斯						1.9	2.2	2.0	2.2
保加利亚	4.2	3.6	3.4	2.9	2.4	2.3	1.2	1.9	2.0
捷克共和国							1.9	1.6	1.2
法　国	2.3	2.3	2.3	2.2	2.2	2.1	2.0	2.0	2.0
意大利	2.1	2.1	2.1	2.0	1.9	1.9	1.8	1.8	1.7
荷　兰	1.7	1.6	1.6	1.5	1.5	1.3	1.2	1.1	0.9
波　兰	2.4	2.3	1.9	1.7	1.6	1.4	0.9	1.3	1.4
罗马尼亚	2.2	2.1	1.9	1.2	1.9	1.6	1.6	1.9	2.0
俄罗斯						2.5	1.9	1.8	1.8
西班牙	2.1	2.0	1.8	1.7	1.5	1.2	1.3	1.3	1.3
乌克兰						1.7	2.0	1.9	1.9
英　国	1.2	1.1	1.1	1.1	1.0	1.0	0.9	0.9	0.8
南斯拉夫	5.6	4.8	4.7	3.7	3.4				
澳大利亚	0.9	0.9	0.8	0.8	0.8	0.8	0.8	0.7	0.6
新西兰	0.9	0.8	0.8	0.7	0.7	0.7	0.7	0.6	0.6

资料来源：《世界发展指标》1998年。

指标解释

人文发展指数　是人类发展的一项综合指标，它代表了人类发展的三个方面指标的加权平均指数：寿命（出生时人口的预期寿命），知识（成人识字率和平均受教育年限）以及收入（购买力平价计算的人均国民生产总值）。

成人识字率　是指15岁以上人口中有一定理解、阅读、使用文字能力的人口占总人口的百分比。

粗入学率　是指已入学人数（无论年龄多大）与适龄入学人数之比。净入学率是已入学人数与相应适龄人数之比。本年鉴入学率为粗入学率。由于各国教育体制差别很大，各国适龄入学的年龄组差别也很大。

研究与开发　旨在增进包括人类、文化和社会知识在内的知识存量或利用现有知识进行亲自的应用设计的活动。具体包括基础研究、应用研究和科学实验。

安全用水普及率　总人口中有合理渠道获取安全饮用水供应的人口的百分比。安全饮用水包括享用经过处理的地表水，或未经处理的地表水，或未经处理但是未受污染的水源，如泉水、卫生的井水。

卫生普及率　总人口中有合理渠道对粪便、废弃物进行处理的卫生条件，包括户外公共厕所和化粪池等设施的人口所占的百分比。

产妇死亡率　根据各国人口登记和人口调查统计关于死因的统计而得。产妇死亡用平均每10万产妇中死亡人口数表示。

军事人员数　指有效服役期内的军人，包括具有正规装备和组织，并进行正常训练的辅助军事人员数，不包括预备役部队。

十四、家庭收支和居民消费

14－1 个人消费支出及人均个人消费支出增长率

	个人消费支出(百万美元)		个人消费支出年均增长率(%)		人均个人消费支出年均增长率(%)	
	1980年	1996年	1980－1990年	1990－1996年	1980－1990年	1990－1996年
世界总计	**6359077**	**17480772**	**3.1**	**2.5**	**1.4**	**1.0**
孟加拉国	11857	25178	4.1	0.8	1.5	－0.8
印　度	125809	233232	4.6	4.7	2.5	2.8
印度尼西亚	40821	131695	5.6	7.3	3.7	5.5
伊　朗	48854		2.8	2.2	－0.4	－0.4
以色列	11397	53387	5.3	7.7	3.5	4.2
日　本	623286	3080624	3.7	2.0	3.2	1.7
哈萨克斯坦		13241		－0.5		
马来西亚	12378	46507	3.7	7.3	1.0	4.8
缅　甸			0.6	5.2		
韩　国	40534	267434	8.1	7.2	6.9	6.1
巴基斯坦	19688	47628	4.7	6.1	1.6	3.1
菲律宾	20910	66998	2.6	4.2	0.0	1.8
新加坡	6030	38252	5.8	7.2	4.1	5.1
斯里兰卡	3230	10302	3.8	6.0	2.4	4.7
泰　国	21175	100112	5.9	7.9	4.1	6.6
土耳其	42067	122590	－4.1	3.4	－6.3	1.5
越　南		15537		8.1		
埃　及	15848	51192	4.1	4.2	1.5	2.1
尼日利亚	36258	20557	－2.6	3.2	－5.5	0.2
南　非	39543	76867	2.3	1.6	0.1	－0.1
加拿大	145745	334215	3.5	1.5	2.3	0.3
墨西哥	126745	222549	1.0	0.3	－1.3	－1.5
美　国	1720600	4780301	3.4	2.5	2.5	1.5
巴　西	163832	492282	1.6	4.4	－0.4	2.9
委内瑞拉	38066	44308	1.3	1.4	－1.4	－0.8
白俄罗斯		11462		－7.8		－7.9
保加利亚	11089	6777	2.5	0.1	2.6	0.8
捷克共和国		27821		1.4		1.4
法　国	391263	925063	2.6	1.3	2.1	0.8
德　国		1377876				
意大利	273819	667582	3.0	0.3	2.9	0.1
荷　兰	104571	236978	1.7	2.1	1.2	1.4
波　兰	38182	86502	1.1	4.9	0.4	4.6
罗马尼亚		24917		1.0		1.4
俄罗斯		279314		5.6		5.7
西班牙	139348	346651	2.7	0.9	2.4	0.7
英　国	320290	701563	4.1	1.5	3.8	1.1
澳大利亚	94360	224020	3.0	3.5	1.5	2.3
新西兰	13801	36867	2.1	3.0	1.3	1.6

资料来源：世界银行《世界发展指标》1998年。

14－2 收入分配

年份		基尼系数	收入或消费占全部收入或消费的比重(%)①					
			最低的20%	第二个20%	第三个20%	第四个20%	最高的20%	最高的10%
孟加拉国	1992	28.3	9.4	13.5	17.2	22.0	37.9	23.7
印　　度	1992	33.8	8.5	12.1	15.8	21.1	42.6	28.4
印度尼西亚	1993	31.7	8.7	12.3	16.3	22.1	40.7	25.6
以色列	1979		6.0	12.1	17.8	24.5	39.6	23.5
日　　本	1979		8.7	13.2	17.5	23.1	37.5	22.4
马来西亚	1989	48.4	4.6	8.3	13.0	20.4	53.7	37.9
韩　　国	1988		7.4	12.3	16.3	21.8	42.2	27.6
巴基斯坦	1991	31.2	8.4	12.9	16.9	22.2	39.7	25.2
菲律宾	1988	40.7	6.5	10.1	14.4	21.2	47.8	32.1
新加坡	1982－1983		5.1	9.9	14.6	21.4	48.9	33.5
斯里兰卡	1990	30.1	8.9	13.1	16.9	21.7	39.3	25.2
泰　　国	1992	46.2	5.6	8.7	13.0	20.0	52.7	37.1
越　　南	1993	35.7	7.8	11.4	15.4	21.4	44.0	29.0
尼日利亚	1992/1993	37.5	4.0	8.9	14.4	23.4	49.3	31.3
南　　非	1993	58.4	3.3	5.8	9.8	17.7	63.3	47.3
加拿大	1987		5.7	11.8	17.7	24.6	40.2	24.1
墨西哥	1992	50.3	4.1	7.8	12.5	20.2	55.3	39.2
美　　国	1985		4.7	11.0	17.4	25.0	41.9	25.0
巴　　西	1989	63.4	2.1	4.9	8.9	16.8	67.5	51.3
委内瑞拉	1990	53.8	3.6	7.1	11.7	19.3	58.4	42.7
保加利亚	1992	30.8	8.3	13.0	17.0	22.3	39.3	24.7
法　　国	1989		5.6	11.8	17.2	23.5	41.9	26.1
德　　国	1988		7.0	11.8	17.1	23.9	40.3	24.4
意大利	1986		6.8	12.0	16.7	23.5	41.0	25.3
荷　　兰	1988		8.2	13.1	18.1	23.7	36.9	21.9
波　　兰	1992	27.2	9.3	13.8	17.7	22.6	36.6	22.1
俄罗斯	1993	49.6	3.7	8.5	13.5	20.4	53.8	38.7
西班牙	1988		8.3	13.7	18.1	23.4	36.6	21.8
英　　国	1988		4.6	10.0	16.8	24.3	44.3	27.8
澳大利亚	1985		4.4	11.1	17.5	24.8	42.2	25.8
新西兰	1981－1982		5.1	10.8	16.2	23.2	44.7	28.7

注：① 按收入水平或支出水平分组，每20%及最高10%的家庭或个人的收入或支出在总收入或总消费中所占份额。
资料来源：《世界银行发展报告》1997年。

14－3 家庭消费支出构成

单位: %

	年 份	食品和饮料	服装和鞋类	住房、燃料和能源	家用设备及支出	医疗保健	交通和通讯	教育、休闲与娱乐	其他
韩 国	1994	29.7	4.0	12.3	6.9	6.3	13.2	12.5	15.1
新加坡	1993	17.1	6.5	13.7	8.4	4.5	14.9	14.0	20.9
日 本	1993	19.9	5.8	20.8	5.9	11.3	9.7	10.7	16.0
菲律宾	1993	57.3	2.7	4.2	13.9		4.6		16.4
印 度	1993	53.0	9.8	9.9	4.2	2.3	13.0	3.5	4.4
泰 国	1993	29.2	12.2	7.8	10.2	7.0	15.5	4.9	13.1
法 国	1993	18.3	5.9	20.8	7.4	10.2	15.7	7.4	14.2
英 国	1993	20.7	5.9	19.5	6.6	1.7	17.1	10.3	18.2
意大利	1993	20.1	9.4	16.6	9.1	7.1	11.7	8.9	17.3
荷 兰	1993	14.6	6.7	19.2	6.9	13.1	12.7	10.2	16.5
丹 麦	1993	20.7	5.2	29.0	6.1	2.2	15.5	10.2	11.1
瑞 典	1993	19.9	5.8	32.9	5.4	3.5	15.7	9.5	7.2
美 国	1993	11.4	5.9	18.1	5.8	17.8	14.0	10.3	16.5
加拿大	1993	15.7	5.2	24.7	8.7	4.6	14.3	11.2	15.6
墨西哥	1993	33.1	6.5	13.2	10.0	4.3	12.2	5.5	15.2
澳大利亚	1992	20.6	5.5	20.3	6.6	7.3	14.8	9.8	15.0
新西兰	1993	18.3	4.9	22.4①	8.9	8.6	15.7①	7.8	16.8①

注: ①1992 年数。

资料来源:《韩国社会指标》1997 年。

14－4 美国居民可支配收入及人均水平

单位: 亿美元

	1970年	1980年	1985年	1990年	1992年	1993年	1994年	1995年	1996年
人口数(万人)	**20505**	**22773**	**23847**	**24991**	**25539**	**25813**	**26068**	**26317**	**26558**
个人收入	8318	22654	33798	48042	52772	54956	57620	61124	64495
工资和薪金	5515	13766	19865	27575	29864	30907	32418	34306	36301
农业、工业和建筑业	2037	4719	6122	7542	7657	7813	8249	8635	9027
#制造业	1584	3557	4613	5612	5835	5931	6211	6484	6725
运输、通讯、商业和公用事业	1312	3364	4759	6341	6803	6984	7392	7837	8279
金融保险、不动产和产业服务业	994	3069	5245	8521	9726	10267	10752	11616	12583
政府	1171	2614	3739	5172	5678	5843	6025	6217	6412
其他劳动收入	325	1398	1918	3006	3513	33809	4022	4240	4362
财产所得①	802	1718	2599	3740	4238	4359	4644	4861	5273
租金收入②	182	353	491	610	794	1022	1121	1117	1150
股息	222	571	879	1429	1594	1868	1996	2148	2306
个人利息收入	693	2740	4981	7044	6672	6481	6637	7171	7382
给个人的转移支付	859	3215	4859	6878	8582	9107	9563	10226	10797
人寿、伤残和健康保险收益	385	1542	2534	3520	4140	4444	4729	5074	
政府失业保险收益	40	161	157	181	389	340	237	216	
老兵津贴	77	150	167	178	193	201	202	209	
政府雇员退休金	102	430	666	945	1090	1164	1258	1355	
其他转移支付	256	932	1335	2053	2771	2957	3137	3372	
减: 个人社会保险缴款	279	886	1491	2239	2484	2596	2781	2945	3075
减: 个人税收和非税收支出	1162	3124	4368	6248	6506	6899	7314	7943	8638
等于: 个人可支配收入	**7156**	**19529**	**29430**	**41794**	**46267**	**48058**	**50306**	**53181**	**55857**
减: 个人支出	6579	17991	27537	39581	43410	45758	48323	50715	53140
个人消费支出	6400	17481	26674	38393	42198	44541	47009	49249	51514
个人利息支出	167	494	836	1089	1117	1089	1171	1317	1463
向国外的转移支付	12	16	27	99	96	128	142	149	163
等于: 个人储蓄	577	1538	1893	2213	2857	2299	1983	2466	2716
个人储蓄占可支配收入的比重(%)	8.1	8.2	6.9	5.3	6.2	4.8	3.9	4.6	4.9
按1992年价格计算的可支配收入				44982	46267	46821	47868	49433	50860
人均可支配收入(现价,美元)	**3490**	**8576**	**12341**	**16720**	**18112**	**18615**	**19297**	**20214**	**21040**
人均可支配收入(1992年美元)				**17999**	**18113**	**18136**	**18362**	**18789**	**19158**
人均个人储蓄(美元)	**281**	**675**	**794**	**886**	**1119**	**891**	**761**	**937**	**1023**

注: ① 包括资本折旧和对库存价值的调整。② 包括对资本折旧的调整。

资料来源:《美国统计摘要》1990年和1997年。

14－5　美国人均消费支出

（1995年）

单位：美元

	全部	按年龄分组(岁)						按地区分组①			
	消费者	25岁以下	25－34	35－44	45－54	55－64	65及以上	东北部	中西部	南部	西部
合计	**32277**	**18429**	**31488**	**38425**	**42181**	**32604**	**22265**	**33014**	**31937**	**30289**	**35222**
食品	4505	2690	4470	5367	5469	4539	3388	4870	4348	4272	4726
家庭消费	2803	1407	2759	3345	3223	2832	2367	3122	2626	2626	2998
谷物和面包	441	227	422	539	504	425	385	528	411	404	454
谷物	165	95	172	208	183	151	130	195	152	153	171
面包	276	133	251	331	318	274	255	333	259	251	282
肉、鱼和蛋	752	331	724	900	899	807	610	876	669	746	754
牛肉	228	108	217	273	274	253	175	232	221	233	223
猪肉	156	61	159	181	184	169	127	156	137	172	153
家禽肉	138	66	132	170	169	127	113	182	116	131	132
鱼和海鲜	97	27	90	111	125	114	81	129	70	88	116
蛋	30	16	28	36	32	33	28	36	24	29	34
奶制品	297	155	301	352	338	293	248	328	279	270	331
鲜牛奶和奶油	123	66	135	147	134	121	98	132	118	116	132
其他奶制品	174	89	167	206	204	171	150	196	161	154	199
水果和蔬菜	457	213	433	509	513	496	437	552	412	419	480
鲜水果	144	61	137	157	157	153	151	175	136	126	154
鲜蔬菜	137	57	122	148	166	157	132	176	114	127	145
水果加工品	96	55	96	110	100	102	87	120	87	83	104
蔬菜加工品	80	40	78	94	90	84	67	81	75	84	77
其他	856	482	878	1044	973	811	687	847	855	787	979
外出食品消费	1702	1283	1711	2022	2246	1707	1021	1748	1722	1646	1728
含酒精饮料	277	277	299	314	348	253	171	327	261	242	307
房屋	10465	5908	10541	12631	12894	10291	7590	11485	9754	9287	12265
住房	5932	3625	6162	7552	7560	5358	3668	6993	5198	4859	7550
自有住房	3754	485	3014	5066	5576	3799	2401	4311	3521	3026	4691
抵押贷款利息等	2107	306	2211	3385	3201	1719	511	2212	1903	1634	3026
财产税	932	86	546	986	1414	1117	973	1439	955	693	807
维修费	716	93	347	695	921	963	917	659	663	700	859
租用住房	1786	2985	2873	2102	1334	986	931	2164	1316	1524	2416
其他住房	392	155	185	384	650	572	335	518	361	309	443
燃料、公用事业和服务	2193	1159	1989	2388	2628	2442	1982	2297	2184	2266	1982
天然气	268	95	222	279	314	322	284	332	395	159	234
电	870	436	762	962	1034	984	801	810	783	1065	713
燃油和其他燃料	87	17	49	86	92	105	129	223	77	47	33
电话	708	541	745	778	859	723	517	718	706	715	692
水和其他服务	260	69	211	284	329	308	251	214	224	281	311
家庭管理	508	199	701	604	445	374	466	482	451	544	545
个人服务	258	155	559	378	115	65	127	238	270	261	258
其他家庭支出	250	44	141	226	330	309	339	244	180	283	286

续表1 单位: 美元

	全部消费者	按户主年龄分组(岁)						按地区分组			
		25岁以下	25－34	35－44	45－54	55－64	65及以上	东北部	中西部	南部	西部
房屋(续)											
家庭用品	430	135	360	490	501	514	423	467	418	393	467
房屋装饰和设备	1403	790	1329	1597	1760	1603	1051	1245	1504	1225	1721
纺织品	100	24	83	112	158	126	67	122	109	100	70
家具	327	271	391	434	397	279	143	304	313	327	368
地面铺设	177	38	85	142	165	167	366	54	221	50	450
主要家用设备	155	93	137	171	189	176	132	132	167	166	145
小家电和杂项用品	85	63	71	85	101	143	58	84	91	82	85
其他家用设备	557	301	561	653	750	712	284	548	603	501	604
服装及其服务	1704	1206	1904	2079	2090	1833	876	1751	1721	1667	1697
男人和男孩服装	425	279	511	536	519	431	191	421	418	414	457
女人和女孩服装	660	383	611	774	868	830	407	695	713	622	628
两岁以下幼儿服装	81	95	154	106	59	45	18	87	75	81	80
鞋	278	230	334	380	311	207	145	278	277	289	262
其他	259	219	294	284	333	320	115	270	237	261	271
交通	6016	4033	6188	7499	8017	5726	3377	5468	6378	6039	6069
车辆购置	2639	1913	2846	3643	3516	2108	1166	2145	2954	2856	2380
新轿车和卡车	1194	555	1273	1730	1332	1118	680	1111	1212	1327	1036
旧轿车和卡车	1411	1322	1531	1873	2129	953	485	975	1696	1505	1332
汽油和其他车用油	1006	701	1014	1182	1324	1063	604	877	1043	1031	1045
其他车辆支出	2013	1236	2029	2289	2725	2142	1285	1960	2078	1881	2214
融资费用	261	179	347	322	361	223	78	182	278	305	244
维修费	653	379	579	720	923	709	474	584	643	632	764
车辆保险	713	455	668	781	930	792	531	767	689	682	739
租金、牌照及其他	390	222	435	465	510	419	201	427	468	262	467
公共交通	355	184	299	374	452	413	323	486	302	271	429
医疗	1732	465	1096	1609	1850	1909	2647	1757	1759	1790	1584
娱乐	1612	1081	1682	1951	2138	1577	929	1544	1602	1459	1939
个人用品及服务	403	243	387	450	517	407	326	438	373	386	435
阅读	163	71	134	173	199	188	161	186	170	135	177
教育	471	667	335	436	1028	366	155	576	492	436	403
烟草及制品	269	245	270	310	347	314	139	260	299	283	217
杂项支出	766	347	687	815	1018	948	603	708	794	722	860
现金捐助	925	114	455	908	1463	1043	1101	724	962	902	1113
人身保险和养老金	2967	1081	3040	3894	4803	3211	805	2920	3022	2670	3432
寿险及其他人身保险	374	69	251	440	563	555	245	353	403	392	330
退休金项目和社会保障	2593	1012	2788	3453	4240	2656	558	2567	2619	2277	3102
个人税收	3055	1075	3299	3794	4916	3128	1083	3215	2837	2438	4101

注: ①1994年数。
资料来源:《美国统计摘要》1997年。

14－6 日本家庭月平均收支①

单位: 日元

	1980年	1985年	1990年	1993年	1994年	1995年	1996年
平均人口数	3.83	3.79	3.70	3.65	3.63	3.58	3.53
有收入人口数	1.50	1.57	1.64	1.68	1.67	1.67	1.66
户主年龄	41.7	43.1	44.5	45.3	45.1	45.6	45.8
收入总额	**563465**	**753309**	**926965**	**1031214**	**1044382**	**1045240**	**1068999**
实际收入	349686	444846	521757	570545	567174	570817	579461
经常收入	341495	433906	510727	557373	554228	557900	566856
工资和薪金	330587	419610	490626	536070	532442	536458	543687
户主	293362	367036	430670	468324	468008	467799	474550
定期收入	226117	284330	332026	364427	369944	374148	378409
临时收入和奖金	67245	82705	98644	103897	98057	93651	96141
妻子收入	24397	35677	44101	51562	48801	64484	55020
其他家庭成员收入	12828	16897	15854	15795	15435	14013	14028
经营和家庭劳动收入	5889	6388	5216	5481	5075	4035	4089
经营收入	2157	3291	2810	3224	3328	2578	2762
家庭劳动收入	3733	3097	2405	2257	1747	1457	1327
其他经常收入	5018	7907	14886	15822	16711	17408	19079
财产收入	1326	1364	1593	1444	1152	880	770
社会保障收入	3375	6171	12826	13896	15036	16037	17740
非经常收入	8191	10940	11030	13172	12946	12917	12605
其他收入	124459	212976	306094	363004	381259	379923	397236
提取存款	107782	191339	277579	328620	337502	340884	354160
上月收入滚存	89320	95487	99115	97664	95948	94500	92302
支出总额	**563465**	**753309**	**926965**	**1031214**	**1044382**	**1045240**	**1068999**
实际支出	282263	360642	412813	447666	439112	438307	442679
消费支出	238126	289489	331595	355276	353116	349663	351755
食品	66245	74369	79993	82477	81513	78947	78131
住房	11297	13748	16475	20258	22446	23412	24679
燃料、照明和水	12693	17125	16797	18674	19150	19551	19971
家具和家用器具	10092	12182	13103	13144	13239	13040	12811
服装和鞋	17914	20176	23902	23134	21963	21085	20438
医疗保健	5771	6814	8670	9586	9474	9334	9858
交通和通讯	20236	27950	33499	38561	37301	38524	40611
教育	8637	12157	16827	18269	18988	18467	18511
阅读和娱乐	20135	25269	31761	34799	34549	33221	33804
其他消费支出	65105	79699	90569	96373	94491	94082	92939
非消费支出	44137	71153	81218	92390	85996	88644	90924
所得税	12952	21492	23632	28247	23976	22153	22766
其他支出	188375	293548	415633	487583	510529	512956	536047
储蓄	131671	216822	320894	372392	384727	387627	402610
滚存入下月	92828	99119	98519	95965	94741	93977	90273
可支配收入	**305549**	**373693**	**440539**	**478155**	**481178**	**482174**	**488537**
结余	67424	84204	108944	122879	128063	132510	136782
金融资产净增加	40780	49507	76904	82713	86918	88275	89932

注: ①为工人家庭。

资料来源:《日本统计年鉴》1997年和1998年。

14-7 英国家庭消费支出

	1980年	1985年	1988年	1989年	1990年	1992年	1993年	1994/95年	1995/96年	1996/97年
平均每户人口数(人)										
平均人口数	2.714	2.596	2.516	2.509	2.475	2.450	2.478	2.425	2.440	2.452
男	1.307	1.258	1.229	1.217	1.193	1.182	1.201	1.162	1.172	1.178
女	1.407	1.339	1.288	1.292	1.281	1.268	1.276	1.263	1.268	1.275
成人	1.931	1.911	1.877	1.869	1.836	1.828	1.833	1.804	1.798	1.792
65岁以下	1.563	1.552	1.504	1.500	1.459	1.460	1.466	1.444	1.433	1.436
65岁以上	0.368	0.359	0.374	0.369	0.378	0.369	0.367	0.360	0.365	0.356
未成年人	0.783	0.685	0.639	0.640	0.638	0.621	0.645	0.621	0.642	0.660
1岁及以下	0.076	0.077	0.073	0.084	0.075	0.071	0.076	0.073	0.076	0.079
2岁至4岁	0.116	0.114	0.111	0.117	0.119	0.111	0.123	0.113	0.108	0.116
5岁至17岁	0.591	0.495	0.455	0.439	0.444	0.439	0.446	0.435	0.458	0.465
经济活动人口数	1.357	1.164	1.168	1.167	1.195	1.169	1.153	1.150	1.134	1.161
平均每周消费支出(英镑)										
住房	16.56	26.63	35.81	38.44	44.42	47.36	44.85	46.42	48.25	49.1
燃料、照明和电	6.15	9.95	10.48	10.58	11.11	13.02	13.24	12.95	12.92	13.35
食品	25.15	32.70	38.28	41.67	44.81	47.66	49.96	50.43	52.88	55.15
含酒精饮料	5.34	7.95	9.19	9.53	10.01	11.06	11.95	12.32	11.41	12.41
烟草	3.32	4.42	4.45	4.77	4.82	5.38	5.59	5.61	5.81	6.07
服装和鞋类	8.99	11.92	14.52	15.25	16.03	16.39	17.40	17.13	17.15	18.27
耐用消费品	7.70	11.61								
其他商品	8.75	12.59								
交通	16.15	24.56								
服务	11.96	19.48								
家庭消费品			15.01	19.17	20.00	21.90	23.05	22.66	23.45	26.74
家庭服务			9.80	9.73	12.28	13.40	15.44	15.08	15.13	16.36
汽车费用			8.13	8.48	9.47	10.18	11.04	10.78	11.55	11.64
个人用品及服务			25.31	30.42	33.83	35.66	36.28	36.17	36.99	41.20
车票及其他旅游费用			4.88	5.35	6.19	7.20	6.95	6.64	6.17	7.45
休闲商品			9.65	10.97	11.28	13.32	13.26	13.89	13.23	15.17
休闲服务			18.13	19.02	21.54	27.56	25.56	31.20	30.25	33.95
其他	0.53	0.68	0.78	0.93	1.37	1.75	2.10	2.30	2.37	2.21
合计	**110.60**	**162.50**	**204.41**	**224.32**	**247.16**	**271.83**	**276.68**	**283.58**	**289.86**	**309.07**
消费支出构成(%)										
住房	15.0	16.4	17.5	17.1	18.0	17.4	16.2	16.4	16.6	15.9
燃料、照明和电	5.6	6.1	5.1	4.7	4.5	4.8	4.8	4.6	4.5	4.3
食品	22.7	20.1	18.7	18.6	18.1	17.5	18.1	17.8	18.2	17.8
含酒精饮料	4.8	4.9	4.5	4.2	4.1	4.1	4.3	4.3	3.9	4.0
烟草	3.0	2.7	2.2	2.1	2.0	2.0	2.0	2.0	2.0	2.0
服装和鞋类	8.1	7.3	7.1	6.8	6.5	6.0	6.3	6.0	5.9	5.9
耐用消费品	7.0	7.1								
其他商品	7.9	7.7								
交通	14.6	15.1								
服务	10.8	12.0								
家庭消费品			7.3	8.5	8.1	8.1	8.3	8.0	8.1	8.7
家庭服务			4.8	4.3	5.0	4.9	5.6	5.3	5.2	5.3
汽车费用			4.0	3.8	3.8	3.7	4.0	3.8	4.0	3.8
个人用品及服务			12.4	13.6	13.7	13.1	13.1	12.8	12.8	13.3
车票及其他旅游费用			2.4	2.4	2.5	2.6	2.5	2.3	2.1	2.4
休闲商品			4.7	4.9	4.6	4.9	4.8	4.9	4.6	4.9
休闲服务			8.9	8.5	8.7	10.1	9.2	11.0	10.4	11.0
其他	0.5	0.4	0.4	0.4	0.6	0.6	0.8	0.8	0.8	0.7
合计	**100.0**	**100.0**	**100.0**	**100.0**	**100.0**	**100.0**	**100.0**	**100.0**	**100.0**	**100.0**

资料来源: 英国《统计摘要》1991年和1998年。

14－8 韩国城市家庭月平均收支

单位: 韩圆

	1981年		1985年		1990年		1995年		1996年	
	全部家庭	工薪家庭	全部家庭	工薪家庭	全部家庭	工薪家庭	全部家庭	工薪家庭	全部家庭	工薪家庭
平均每户人口数	4.56	4.54	4.21	4.18	3.99	3.97	3.73	3.71	3.67	3.65
有收入人口数	1.16	1.28	1.17	1.30	1.39	1.43	1.47	1.54	1.49	1.56
户主平均年龄(岁)	37.53	35.86	38.14	36.00	38.69	37.14	41.10	39.35	41.78	39.96
收入		**408190**		**622117**		**1608063**		**3282600**		**3697000**
实际收入		280953		431183		943272		1911100		2152700
工资收入		248910		378769		809329		1642500		1837700
第二职业收入		4605		10061		24579		62800		73000
其他收入		27438		42353		109363		205700		241900
其他所得		74353		103556		482525		1061100		1221000
上期滚存收入		52884		87377		182267		310500		323300
支出		**407287**		**621083**		**1609527**		**3282900**		**3691600**
实际支出	225491	223957	346595	336157	755370	723035	1425800	1409100	1611600	1602900
消费支出	216648	213423	322558	309607	685662	649969	1265900	1230600	1426900	1395400
食品和饮料	92952	90239	118898	113927	219539	211118	364100	353800	406100	394000
住房	8986	8885	15871	14260	31902	29830	48100	45900	53700	50500
燃料、照明和水	18235	17460	23866	22459	30813	29146	52300	50000	60200	57500
家用器具	9422	9591	15235	14852	39087	37805	61700	59600	65900	63900
服装和鞋	17644	17416	24359	23519	57144	54607	99800	97500	107400	105700
医疗	14576	15452	22925	23745	35924	34191	62300	58500	69000	65100
教育、文化和娱乐	20455	19387	35225	31031	88022	77444	190400	177000	221000	204900
交通和通讯	13036	12883	20410	19731	57589	54882	140400	142700	164600	173900
其他消费支出	21342	22110	45769	46083	125643	120948	246900	245600	278900	279800
非消费支出	8843	10534	24038	26550	69709	73066	160000	178500	184800	207500
其他支出		127480		191617		695395		1543500		1742000
滚存入下月		55850		93310		190797		330300		346700
自有住房虚拟房租	24147	21578	51638	44730	114307	98580	260000	233700	285800	254300
实物收入		2717		7192		30796		64400		74600

资料来源:《韩国统计年鉴》1987年和1997年。

14－9 电话、电视机和收音机普及率

	电 话用户，每百人（1995）	蜂窝电话用户，每十万人（1995）	收音机（每千居民）			电视机（每千居民）		
			1980年	1990年	1995年	1980年	1990年	1995年
孟加拉国			17	45	47	1	5	6
印 度	1	15	38	79	81	4	32	51
印度尼西亚	2	112	99	145	149	20	57	66
伊 朗	8	14	163	227	228	51	61	63
以 色 列	42	5349	245	468	489	232	267	290
日 本	49	8149	678	899	916	539	611	684
朝 鲜			82	119	136	7	15	48
韩 国	41	3659	525	1011	1024	165	210	334
马来西亚	17	4337	411	429	432	87	148	164
蒙 古			96	130	134	3	39	45
缅 甸			23	81	89	…	2	5
巴基斯坦	2	33	64	89	92	11	16	20
菲 律 宾	2	730	43	141	147	22	44	49
新 加 坡	48	9773	373	590	601	311	377	361
斯里兰卡			98	199	206	2	35	51
泰 国	6	1852	140	185	189	21	106	189
土 耳 其	21	699	113	160	164	79	174	189
越 南			93	103	106		39	43
埃 及	5	13	137	302	312	32	101	110
尼日利亚			97	194	197	8	36	55
南 非	9	1290	274	309	316	69	100	109
加 拿 大	59	8647	721	1024	1053	432	612	714
墨 西 哥	10	699	134	258	263	57	146	219
美 国	63	12840	1973	2084	2093	676	799	805
阿 根 廷	16	985	427	670	676	183	218	219
巴 西	7	795	312	385	399	124	207	220
委内瑞拉	11	1801	391	441	458	113	159	169
保加利亚	30	193	395	453	471	243	250	378
捷克共和国	24	473	509	534	638	280	297	482
法 国	56	2375	741	888	895	353	402	589
德 国	49	4275	893	878	944	439	554	564
意 大 利	43	6738	602	798	822	390	424	446
荷 兰	53	3318	650	906	937	399	482	497
波 兰	15	194	298	433	454	246	295	311
罗马尼亚	13	40	177	198	211	184	195	220
俄 罗 斯	17	60	504	335	340	296	365	377
西 班 牙	39	2408	258	306	314	253	395	404
英 国	50	9799	950	1390	1433	401	434	448
南斯拉夫			224	246	141	190	198	190
澳大利亚	51	12767	1098	1279	1304	384	486	495
新 西 兰	48	10801	885	931	997	332	446	514

资料来源:《美国统计摘要》1997年，联合国教科文组织《统计年鉴》1997年。

14－10 日本主要耐用消费品普及率

单位: %

	1980年	1985年	1990年	1992年	1993年	1994年	1995年	1996年
全部家庭								
空调器	41.2	54.6	68.1	72.3	74.2	77.2	77.2	79.3
微波炉	37.4	45.3	75.6	81.3	84.3	87.2	88.4	90.8
电冰箱	99.2	98.4	98.9	98.0	97.9	97.8	98.4	98.7
吸尘器	95.4	95.2	98.7	98.4	98.3	98.3	98.2	98.1
洗衣机	99.2	99.6	99.4	99.2	99.3	99.0	99.2	99.6
彩色电视机	98.5	98.9	99.3	99.1	99.0	98.9	99.1	99.2
录像机	5.1	33.5	71.5	75.1	72.5	73.7	73.8	75.7
音响	58.5	60.5	57.9	61.3	60.1	57.7	58.2	56.3
钢琴	16.7	19.2	23.3	23.2	23.3	22.2	22.0	22.3
缝纫机	83.1	82.4	80.6	80.2	78.2	79.1	76.6	76.2
照相机	85.2	83.8	86.8	87.3	86.4	85.7	84.9	85.1
摄像机	9.0	8.5	23.7	25.6	29.9	31.3	32.3	33.6
乘用车	58.5	67.4	79.5	80.0	79.7	80.0	80.1	82.6
摩托车	28.1	35.6	31.0	28.2	24.9	24.5	24.3	24.0
自行车	80.2	80.5	81.7	81.2	81.2	79.4	80.3	81.5
CD唱机			41.0	54.3	53.8	55.9	56.8	57.9
个人电脑			11.5	11.9	13.9	15.6	17.3	22.1
农户								
空调器	17.3	27.7	50.3	47.8	47.2	54.2	47.0	54.8
微波炉	35.5	41.4	67.5	77.5	75.1	82.1	81.1	83.9
电冰箱	99.0	98.0	98.6	98.4	97.9	98.8	98.9	97.8
吸尘器	91.3	97.1	98.8	98.4	97.4	100.0	99.5	97.8
洗衣机	98.9	99.6	99.3	99.5	100.0	99.4	100.0	100.0
彩色电视机	98.2	98.6	99.0	98.9	99.5	98.2	98.4	99.5
录像机	4.0	20.3	59.3	59.3	58.5	69.6	55.7	63.4
音响	54.5	56.2	58.8	54.4	57.0	54.2	48.1	41.4
钢琴	10.3	13.0	20.7	18.1	19.7	19.0	20.5	19.4
缝纫机	84.9	84.5	85.4	84.6	75.1	88.1	81.1	78.0
照相机	80.6	75.9	82.1	85.7	81.9	81.5	76.2	79.0
摄像机	3.9	3.2	20.9	17.6	22.8	28.0	24.9	21.0
乘用车	76.4	83.1	94.3	89.0	84.5	84.5	84.3	89.8
摩托车	51.6	55.7	63.0	46.7	46.6	42.9	43.8	48.4
自行车	84.2	81.1	84.0	81.9	79.8	81.5	80.5	79.6
CD唱机			27.2	41.8	33.7	42.9	36.2	43.5
个人电脑			7.5	3.8	9.3	11.3	15.1	10.2
工人家庭								
空调器	40.7	57.5	69.7	75.1	75.6	79.5	79.7	81.5
微波炉	36.3	45.4	77.1	82.0	85.5	88.9	89.9	92.3
电冰箱	99.4	98.6	99.0	97.8	97.9	97.7	98.5	98.8
吸尘器	96.7	98.6	98.8	98.5	98.6	98.3	98.1	98.2
洗衣机	99.4	99.6	99.4	99.2	99.3	99.0	99.3	99.7
彩色电视机	98.5	99.0	99.3	99.3	99.0	99.0	99.2	99.3
录像机	4.1	36.2	76.3	80.6	76.9	77.5	78.9	79.8
音响	60.9	64.0	59.7	65.4	63.3	61.5	62.8	60.7
钢琴	18.1	20.9	23.9	23.9	24.0	22.2	22.0	22.5
缝纫机	84.2	83.8	80.7	80.7	79.2	78.4	76.6	76.4
照相机	87.8	86.9	88.5	89.0	88.1	87.2	86.6	86.4
摄像机	9.4	8.4	24.5	28.0	31.7	33.7	34.8	36.7
乘用车	57.6	68.8	80.5	82.2	82.8	82.8	82.8	85.3
摩托车	23.6	34.1	27.2	26.4	23.9	22.7	22.5	22.4
自行车	80.6	82.4	82.3	82.9	82.8	80.0	81.7	83.3
CD唱机			45.5	59.6	59.9	61.8	62.3	63.5
个人电脑			12.5	13.4	15.2	17.4	18.8	25.1

资料来源:《日本统计年鉴》1988年、1991年、1993/94年和1998年。

14－11　个人电脑普及率

单位：台/千人

	1988年	1989年	1990年	1991年	1992年	1993年	1994年	1995年	1996年
阿根廷					9.9	13.6	19.0	24.6	
澳大利亚			149.8	160.4	167.5	194.2	239.8	275.6	311.3
巴西				2.7	4.6	7.3	9.1	13.5	18.4
保加利亚					10.1	11.8	17.8	21.5	295.2
加拿大	63.7	79.5	97.4	115.8	135.2	156.1	174.3	192.5	
捷克						29.1	43.7	53.2	
埃及							3.4	4.3	5.8
法国			70.5	73.6	83.7	97.1	116.1	134.3	150.7
德国			82.5	95.2	110.9	126.4	154.1	190.5	233.2
印度						0.7	1.0	1.2	1.5
印度尼西亚					1.1	1.8	2.8	3.7	4.8
伊朗							12.2	22.3	32.7
以色列						78.6	88.6	99.8	117.6
意大利	20.5	27.8	36.4	45.0	53.5	61.3	71.6	83.7	92.3
日本	40.0	52.8	59.1	64.6	68.4	75.3	86.6	111.8	128.0
韩国	11.2	21.4	37.2	45.4	57.2	69.1	87.0	108.3	131.7
马来西亚					22.1	26.3	32.8	37.3	42.8
墨西哥				11.6	14.6	18.4	23.5	26.3	29.0
荷兰			93.6	112.8	131.8	144.0	168.9	200.5	232.0
新西兰				97.8	120.1	147.3	186.4	222.7	266.1
尼日利亚						3.8	4.1		
巴基斯坦			0.1	0.3	0.5	0.7	0.9	1.2	
菲律宾			1.6	3.5	3.8	5.2	7.6	8.6	9.3
波兰			6.6	9.7	13.1	17.8	22.0	28.5	36.2
罗马尼亚			0.4	2.0	2.6	3.1	4.4	5.3	
俄罗斯						7.9	11.5	17.7	23.7
新加坡					103.2	125.5	146.7	180.8	216.8
南非						10.6	21.0	26.5	37.7
西班牙			28.2	38.4	51.2	61.3	70.2	81.6	94.2
斯里兰卡			0.2	0.3	0.6	0.7	0.9	1.1	3.3
泰国					7.9	9.8	11.6	13.6	16.7
土耳其			3.5	5.2	6.8	8.9	10.1	12.5	13.8
乌克兰						2.7	3.9	5.6	
英国			81.9	95.4	112.4	130.9	151.5	170.8	192.6
美国	183.0	198.6	216.9	233.5	252.9	272.0	297.5	328.0	362.4
委内瑞拉					6.6	10.4	13.1	16.7	21.1
越南								0.4	3.3
南斯拉夫						11.8			

资料来源：世界银行《世界发展指标》1998年。

14－12 英国主要耐用消费品普及率

单位: %

	1987年	1988年	1989年	1990年	1991年	1992年	1993年	1994/95年	1995/96年	1996/97年
提供数据家庭数	7396	7265	7410	7046	7056	7418	6979	6853	6797	6415
汽车	63.4	66.0	66.1	66.8	67.8	67.6	68.6	69.0	69.7	69.0
一辆	44.8	45.0	44.5	43.9	44.7	45.1	45.6	45.0	46.8	43.0
两辆	15.5	17.5	18.0	19.1	18.9	18.7	19.1	20.0	19.2	21.5
三辆及三辆以上	3.1	3.6	3.6	3.8	4.1	3.8	3.9	4.0	3.7	4.5
中央供暖系统	74.4	76.5	77.5	79.3	80.5	81.8	82.5	84.3	85.3	87.3
洗衣机	84.6	84.6	85.7	86.3	87.2	87.9	89.3	89.0	90.9	91.0
电冰箱或冷冻箱	97.6	98.0	98.0	98.1	98.2	99.2	99.1	98.5	98.8	
冷冻箱或深度冷冻箱	72.6	75.2	78.5	80.1	81.7	83.5	86.6	85.7	86.8	90.7
电视机	97.9	98.0	98.0	98.1	97.9	98.3				
电话机	82.5	84.7	86.2	87.4	88.0	88.4	89.6	91.1	92.4	93.1
家用计算机	16.6	16.9	16.6	16.8	18.1	19.1				26.7
录像机	43.5	50.2	56.6	61.2	64.6	69.3	73.4	76.4	79.2	81.8

资料来源:《英国统计摘要》1998年。

14－13 荷兰主要耐用消费品普及率

单位: %

	1987年	1988年	1989年	1990年	1991年	1992年	1993年	1994年	1995年
深度冷冻箱	47	47	49	53	54	56	58	60	61
微波炉	2	5	9	16	22	29	38	43	51
洗碗机	8	9	9	10	11	12	14	16	20
洗衣机	89	88	89	88	89	90	91	93	92
转筒式干燥机	16	18	21	25	27	31	34	37	41
电动缝纫机	66	65	65	64	62	64	64	64	63
日光浴室			4	3	4	6	7	9	12
彩色电视机	89	92	93	94	95	96	97	97	97
录像机	30	36	41	45	50	56	60	65	68
摄像机		3	3	5	7	9	12	14	16
幻灯机或电影放映机	30	28	27	25	24	25	25	25	25
家用或个人计算机	11	14	18	21	25	29	31	34	39
台式录音机	74	75	78	80	81	84	85	87	86
放音机	81	81	82	82	80	80	77	77	73
CD唱机	6	15	25	38	48	59	66	71	75
DAT唱机				1	1	1	1	1	1
DCC唱机							…	1	1
微型唱机								3	5
机动脚踏两用车	7	7	7	7	7	7	7	8	7
摩托车	2	3	3	3	3	4	4	4	6
汽车	63	63	65	64	65	66	66	66	68
冲浪板	6	6	6	6	6	6	5	6	6
帆船和摩托艇							3	3	3

资料来源:《荷兰统计年鉴》1994年、1997年和1998年。

主要统计指标解释

个人收入＝全部收入－个人的社会保险缴款

个人可支配收入＝个人收入－个人收入所得税－非税收支出。对个人而言，各种花销和存款为可支配收入。

基尼系数 反映收入分配（或消费）差异程度的指标，介于"0"和"1"之间。"0"表示收入分配绝对平均，即每个家庭或每个人都得到同样份额的收入；"1"表示收入分配极端不平等，一个家庭或个人拥有全社会的收入。

耐用消费品普及率 用平均每百户家庭中拥有某种耐用消费品的比例来表示。

十五、部分国家分省主要指标

15－1 美国各州主要统计指标

	人口数(千人)		1996年人口密度(人/平方英里)	1994年都市人口占总人口%	1994年人口出生率(‰)	1994年人口死亡率(‰)	1995年小学及中学入学率,%(5－17岁)	土地面积(千英亩)①(1994年)		
	1990年(4月1日)	1996年(7月1日)						合计	联邦	非联邦
全国合计	**248718**	**265284**	**75.0**	**79.8**	**15.2**	**8.8**	**90.9**	**2271343**	**661898**	**1609446**
缅因	1228	1243	40.3	35.9	11.6	9.4	95.2	19848	329	19518
新罕布什尔	1109	1162	129.6	59.6	13.3	7.8	97.1	5769	763	5006
佛蒙特	563	589	63.6	27.2	12.7	8.2	96.6	5937	432	5504
马萨诸塞	6016	6092	777.3	96.1	13.9	9.1	89.3	5035	202	4833
罗德艾兰	1003	990	947.6	93.8	13.5	9.4	87.6	677	18	659
康涅狄格	3287	3274	675.8	95.7	13.9	8.9	90.3	3135	12	3123
纽约	17991	18185	385.1	91.7	15.3	9.3	89.1	30681	423	30258
新泽西	7730	7988	1076.7	100.0	14.9	9.1	86.4	4813	638	4175
宾夕法尼亚	11883	12056	269.0	84.7	13.0	10.6	84.8	28804	725	28079
俄亥俄	10847	11173	272.8	81.2	14.0	9.3	88.1	26222	350	25872
印第安纳	5544	5841	162.8	71.7	14.4	9.1	90.8	23158	470	22688
伊利诺斯	11431	11847	213.1	84.1	16.1	9.1	87.4	35795	1078	34717
密执安	9295	9594	168.9	82.5	14.5	8.7	89.5	36492	4713	31779
威斯康星	4892	5160	95.0	67.9	13.4	8.7	86.1	35011	2929	32082
明尼苏达	4376	4658	58.5	69.4	14.1	8.0	90.3	51206	7304	43902
衣阿华	2777	2852	51.0	44.0	13.1	9.8	92.9	35860	418	35443
密苏里	5117	5359	77.8	68.1	13.9	10.2	86.3	44248	2108	42140
北达科他	639	644	9.3	42.1	13.5	9.2	92.6	44452	1849	42604
南达科他	696	732	9.7	33.0	14.6	9.4	93.5	48882	2698	46184
内布拉斯加	1578	1652	21.5	50.7	14.3	9.3	88.0	49032	700	48331
堪萨斯	2478	2572	31.4	54.9	14.6	9.1	91.0	52511	377	52134
特拉华	666	725	370.8	82.7	14.7	9.0	85.3	1266	242	1024
马里兰	4781	5072	518.8	92.7	14.8	8.2	89.1	6319	530	5789
哥伦比亚特区	607	543	8847.1	100.0	17.4	12.6	106.8	39	9	30
弗吉尼亚	6189	6675	168.6	77.7	14.5	8.0	94.0	25496	3018	22478
西弗吉尼亚	1793	1826	75.8	41.8	11.7	11.1	97.2	15411	1092	14318
北卡罗来纳	6632	7323	150.3	66.6	14.3	8.9	90.7	31403	2448	28955
南卡罗来纳	3486	3699	122.8	69.7	14.2	8.8	93.5	19374	791	18583
佐治亚	6478	7353	127.0	68.1	15.7	8.0	95.5	37295	1677	35618
弗罗里达	12938	14400	266.7	93.0	13.7	10.7	90.4	34721	2719	32002
肯塔基	3687	3884	97.7	48.3	13.8	9.7	89.7	25512	1074	24439
田纳西	4877	5320	129.1	67.8	14.1	9.8	93.2	26728	1564	25164
亚拉巴马	4040	4273	84.2	67.5	14.4	9.9	94.4	32678	1081	31597
密西西比	2575	2716	57.9	35.0	15.7	10.0	91.0	30223	1358	28865
阿肯色	2351	2510	48.2	45.0	14.2	10.7	95.3	33599	2933	30667
路易斯安那	4220	4351	99.9	75.1	15.7	9.0	86.5	28868	1011	27857
俄克拉荷马	3146	3301	48.1	60.2	14.0	9.9	95.2	44088	770	43318
得克萨斯	16986	19128	73.0	84.1	17.5	7.4	97.9	168218	2356	165861
蒙大拿	799	879	6.0	23.8	12.9	8.6	92.4	93271	25959	67312
爱达荷	1007	1189	14.4	30.7	15.5	7.5	94.0	52933	32946	19987
怀俄明	454	481	5.0	29.8	13.5	7.3	96.0	62343	31024	31319
科罗拉多	3294	3823	36.9	84.4	14.8	6.6	92.1	66486	24140	42346
新墨西哥	1515	1713	14.1	56.4	16.7	7.3	90.8	77766	26550	51217
亚利桑那	3665	4428	39.0	87.3	17.4	8.4	91.5	72688	32488	40200
犹他	1723	2000	24.3	77.3	20.1	5.5	96.5	52697	33838	18859
内华达	1202	1603	14.6	85.3	16.4	8.2	94.9	70264	62905	7359
华盛顿	4867	5533	83.1	82.9	14.5	7.5	92.2	42694	11456	31237
俄勒冈	2842	3204	33.4	70.1	13.6	8.9	89.9	61599	36939	24660
加利福尼亚	29758	31878	204.4	96.7	18.1	7.1	91.0	100207	46956	53250
阿拉斯加	550	607	1.1	41.8	17.6	4.0	91.9	365482	242796	122686
夏威夷	1108	1184	184.3	74.2	16.6	6.2	87.4	4106	688	3417

续表1

	1995年州财政收入(百万美元)			1995年州财政支出(百万美元)				1995年州政府债务(百万美元)	1996年失业人口数(千人)	1996年失业率(%)
	合 计	#税收	保险基金收入	合 计	#公共福利	高速公路	医疗保健			
全国合计	**903756**	**399148**	**157821**	**836894**	**194854**	**57374**	**60003**	**427239**	**7236**	**5.4**
亚拉巴马	12280	5078	1567	11542	2291	924	1303	3759	107	5.1
阿拉斯加	8288	1922	906	5599	643	579	176	3232	25	7.8
亚利桑那	12593	6223	2064	11162	2468	925	545	3037	124	5.5
阿肯色	7368	3392	901	6616	1519	613	579	1983	67	5.4
加利福尼亚	118303	53269	23915	109231	28513	4821	7782	48197	1126	7.2
科罗拉多	11555	4531	2364	9802	2135	780	371	3368	89	4.2
康涅狄格	13718	7474	1637	13576	2910	750	1287	15456	99	5.7
特拉华	3441	1595	321	2980	414	246	201	3524	20	5.2
哥伦比亚特区									23	8.5
弗罗里达	37359	18565	6342	34750	7046	2995	2451	15370	352	5.1
佐治亚	20284	9487	3161	19154	4590	1325	1241	5622	173	4.6
夏威夷	5778	2874	679	6015	894	282	522	5196	38	6.4
爱达荷	3845	1733	649	3360	487	366	130	1303	32	5.2
伊利诺斯	34689	16590	5626	32991	8824	2651	2015	21950	322	5.3
印第安纳	16261	8046	1412	15284	3207	1398	870	5457	127	4.1
衣阿华	9268	4403	1097	8586	1650	979	713	2111	60	3.8
堪萨斯	7374	3765	880	7116	1212	828	514	1145	60	4.5
肯塔基	12846	6285	1761	11395	2776	922	592	7097	105	5.6
路易斯安那	13956	4677	1890	14461	3876	798	1576	8520	135	6.7
缅因	4208	1813	467	4179	1257	307	218	3041	34	5.1
马里兰	16430	8061	2645	15069	2956	1175	1045	9438	136	4.9
马萨诸塞	24101	11601	2490	24282	6178	1703	2008	27734	137	4.3
密执安	35328	17723	4653	34669	6179	1832	3346	12535	234	4.9
明尼苏达	18329	9328	3119	16380	3923	1036	1026	4494	104	4.0
密西西比	8301	3599	1114	7414	1631	585	542	1924	77	6.1
密苏里	15586	6752	3071	12482	2888	1160	929	6714	132	4.6
蒙大拿	3293	1214	611	2988	463	298	154	2210	24	5.3
内布拉斯加	4615	2220	420	4250	916	545	444	1368	27	2.9
内华达	5478	2698	1501	4581	612	415	128	1996	46	5.4
新罕布什尔	3270	918	385	3096	943	205	160	5781	26	4.2
新泽西	32675	13607	6904	32605	6773	2119	1693	24358	255	6.2
新墨西哥	6634	2844	974	6363	879	698	570	1824	64	8.1
纽约	90997	34294	19014	81372	25785	3047	6024	68466	540	6.2
北卡罗来纳	22091	11426	2921	20437	4020	1818	1584	4548	165	4.3
北达科他	2448	959	306	2213	438	270	103	855	11	3.1
俄亥俄	41306	15186	12673	34990	7593	2288	2322	12295	278	4.9
俄克拉荷马	9160	4416	1188	8990	1656	726	578	3736	64	4.1
俄勒冈	12986	4286	3372	11030	2076	982	837	5482	102	5.9
宾夕法尼亚	40015	18262	6567	39394	11111	2508	2916	14294	313	5.3
罗德艾兰	4156	1490	763	4265	902	266	335	5516	25	5.1
南卡罗来纳	12068	4763	1853	11623	2447	594	1206	5020	111	6.0
南达科他	2090	694	324	1880	375	258	107	1663	13	3.2
田纳西	12900	5908	1378	13432	3805	1220	1060	2822	142	5.2
得克萨斯	49422	20289	9070	44643	10635	3038	3106	9922	549	5.6
犹他	6325	2676	941	5780	924	354	422	2061	35	3.5
佛蒙特	2074	801	176	2014	511	157	58	1668	15	4.6
弗吉尼亚	18993	8784	2494	17040	2804	1983	1586	8716	149	4.4
华盛顿	23576	10196	6558	21200	3730	1537	1368	8820	188	6.5
西弗吉尼亚	6629	2732	956	6262	1576	663	215	2586	61	7.5
威斯康星	16826	9029	1489	16302	3160	1115	938	8236	103	3.5
怀俄明	2240	667	255	2045	252	287	108	788	13	5.0

续表2

	1996年非农业雇员人数(千人)							
	合 计	#建筑业	制造业	交通和公用事业	批发和零售商业	金融、保险和不动产	服务业	政 府
全国合计	**119554**	**5407**	**18282**	**6316**	**28184**	**6977**	**34359**	**19461**
亚拉巴马	1825	94	383	90	419	82	406	342
阿拉斯加	263	13	16	23	55	12	62	73
亚利桑那	1896	127	200	92	466	115	561	321
阿肯色	1086	47	254	65	247	43	247	179
加利福尼亚	12775	511	1853	642	2973	733	3917	2117
科罗拉多	1897	111	196	120	465	118	565	309
康涅狄格	1583	52	275	73	347	131	481	224
特拉华	377	21	58	16	84	44	102	53
哥伦比亚特区	623	9	13	19	50	28	263	241
弗罗里达	6183	324	490	314	1607	394	2118	929
佐治亚	3528	165	585	222	897	180	903	569
夏威夷	529	24	17	41	135	37	166	110
爱达荷	492	30	73	23	125	25	115	98
伊利诺斯	5676	221	972	331	1304	386	1640	810
印第安纳	2813	132	674	139	680	135	653	394
衣阿华	1380	59	247	63	341	78	359	232
堪萨斯	1228	57	196	70	303	59	301	235
肯塔基	1671	77	312	93	401	68	408	290
路易斯安那	1811	113	188	108	423	83	486	361
缅因	540	23	88	22	136	27	150	93
马里兰	2206	130	174	107	529	128	715	422
马萨诸塞	3036	94	444	129	697	209	1063	400
密执安	4345	168	967	168	1025	201	1165	643
明尼苏达	2432	89	428	120	593	143	672	380
密西西比	1090	49	246	53	233	41	247	218
密苏里	2564	116	414	160	613	150	708	400
蒙大拿	359	17	24	21	98	16	102	77
内布拉斯加	834	37	114	50	208	53	220	152
内华达	843	75	39	42	170	38	364	101
新罕布什尔	560	21	105	20	145	28	162	79
新泽西	3640	123	485	254	855	232	1122	567
新墨西哥	694	43	46	31	164	32	192	171
纽约	7917	254	922	402	1621	721	2610	1382
北卡罗来纳	3555	189	847	168	811	154	822	561
北达科他	309	15	22	18	80	14	85	71
俄亥俄	5296	213	1094	232	1300	277	1415	752
俄克拉荷马	1354	50	174	77	319	67	364	272
俄勒冈	1475	78	235	73	365	91	385	246
宾夕法尼亚	5308	202	929	272	1205	309	1651	721
罗德艾兰	442	14	82	15	98	25	146	61
南卡罗来纳	1676	94	365	73	398	72	373	299
南达科他	349	15	48	16	88	20	90	70
田纳西	2534	113	522	143	596	117	656	383
得克萨斯	8242	436	1054	488	1988	444	2221	1454
犹他	955	60	129	54	231	50	256	167
佛蒙特	275	13	46	12	65	12	82	45
弗吉尼亚	3130	175	399	162	714	162	911	597
华盛顿	2412	127	344	123	591	124	649	450
西弗吉尼亚	698	34	82	39	160	27	191	139
威斯康星	2602	105	601	121	595	138	655	383
怀俄明	221	14	11	14	52	8	48	59

续表3

	国内生产总值(现价,十亿美元)			国内生产总值(92年价,十亿美元)			人均可支配收入(现价,美元)		人均可支配收入(1992年价格,美元)	
	1990年	1993年	1994年	1990年	1993年	1994年	1990年	1996年	1990年	1996年
全国合计	**56620.0**	**6430.5**	**6836**	**6024**	**6257**	**6519**	**16642**	**20979**	**17912**	**19100**
缅因	23.2	25.1	26	25	24	25	15067	18219	16217	16587
新罕布什尔	23.8	27.2	29	25	27	28	18398	23329	19802	21239
佛蒙特	11.5	12.7	13	12	12	13	15448	19381	16627	17645
马萨诸塞	159.3	174.8	186	170	170	177	19806	24720	21317	22505
罗德艾兰	21.5	23.3	24	23	23	23	17277	21659	18595	19719
康涅狄格	98.4	106.3	110	105	103	104	22715	27706	24448	25224
纽约	497.5	542.8	571	535	528	545	19592	24380	21087	22196
新泽西	214.8	244.8	255	228	238	242	21536	26570	23179	24190
宾夕法尼亚	245.4	282.0	294	261	274	280	16880	21410	18168	19492
俄亥俄	226.9	256.1	275	241	249	262	15795	20340	17000	18518
印第安纳	108.8	127.4	138	115	124	132	14970	19433	16112	17692
伊利诺斯	273.4	312.6	333	291	304	317	17690	22778	19040	20737
密执安	188.4	217.1	240	203	210	227	16277	21376	17519	19461
威斯康星	99.3	117.8	125	105	115	120	15304	19858	16472	18079
明尼苏达	99.6	115.2	125	105	112	119	16567	21597	17831	19662
衣阿华	54.9	61.6	68	58	60	65	14756	19723	15882	17956
密苏里	104.1	118.6	128	111	115	122	15461	19906	16641	18123
北达科他	11.4	12.7	14	12	12	13	13640	18351	14681	16707
南达科他	12.8	16.1	17	14	16	17	13979	19381	15046	17645
内布拉斯加	33.2	38.2	41	35	37	40	15490	20180	16672	18372
堪萨斯	51.2	58.1	62	54	57	59	15700	20225	16898	18413
特拉华	20.9	24.3	27	23	24	25	18591	23654	20010	21535
马里兰	113.9	124.6	133	122	121	126	19151	23158	20612	21083
哥伦比亚特区	40.8	47.3	48	45	46	45	21727	29567	23385	26918
弗吉尼亚	148.0	169.4	178	160	165	171	17305	21434	18626	19514
西弗吉尼亚	28.2	32.1	35	29	32	34	12653	16494	13619	15016
北卡罗来纳	143.5	169.6	182	156	166	177	14568	19110	15680	17398
南卡罗来纳	65.4	75.1	80	70	73	77	13644	17467	14685	15902
佐治亚	140.1	170.1	183	149	166	175	15206	19664	16366	17902
弗罗里达	255.0	298.5	318	273	290	302	16881	21185	18169	19287
肯塔基	67.4	80.4	87	72	79	83	13229	17192	14239	15652
田纳西	94.2	115.3	127	100	112	121	14678	19441	15798	17699
亚拉巴马	71.1	82.6	89	75	81	85	13566	17785	14601	16192
密西西比	38.0	46.1	51	40	45	48	11578	15911	12462	14486
阿肯色	37.9	46.7	51	40	46	48	12549	16783	13507	15279
路易斯安那	91.4	94.3	101	94	92	97	13259	17786	14271	16193
俄克拉荷马	57.0	63.9	66	60	62	64	13571	16980	14607	15459
得克萨斯	390.2	448.4	480	405	437	462	15307	19621	16475	17863
蒙大拿	13.3	16.1	17	14	16	16	13140	16656	14143	15164
爱达荷	17.5	22.2	24	19	22	23	13441	16722	14467	15224
怀俄明	13.5	14.8	16	13	15	16	15056	18614	16205	16946
科罗拉多	74.3	93.2	100	79	91	95	16692	21265	17966	19360
新墨西哥	26.7	34.4	38	28	34	37	12898	16674	13882	15180
亚利桑那	68.4	84.5	94	73	82	90	14562	18308	15673	16668
犹他	31.1	38.0	42	33	37	40	12395	16436	13341	14964
内华达	31.1	39.3	44	33	38	42	17442	21805	18773	19852
华盛顿	114.2	136.5	144	122	133	136	17179	21740	18490	19792
俄勒冈	57.0	68.9	74	61	67	70	15111	19189	16264	17470
加利福尼亚	794.4	842.1	876	847	819	834	18315	21760	19713	19811
阿拉斯加	25.5	25.0	23	25	25	22	18100	21277	19481	19371
夏威夷	32.5	36.3	37	35	35	35	18148	21776	19533	19825

续表4

	1994年国内生产总值的行业构成(1992年价格,十亿美元)									
	合　计	农　业	建筑业	制造业	交通、公用事业	批发商业	零售商业	金融保险和不动产	服务业	政府(包括各级政府)
全国合计	**6518.5**	**115.7**	**253.1**	**1168.0**	**585.3**	**450.0**	**595.4**	**1192.8**	**1249.6**	**815.6**
缅因	24.6	0.5	1.1	4.4	1.8	1.5	3.1	4.4	4.4	3.5
新罕布什尔	28.1	0.2	1.0	6.1	2.2	1.7	2.8	6.0	5.3	2.7
佛蒙特	12.6	0.3	0.5	2.2	1.2	0.9	1.3	2.1	2.5	1.5
马萨诸塞	177.3	1.0	5.6	30.2	12.4	12.9	14.4	40.2	44.0	16.6
罗德艾兰	22.7	0.2	0.8	4.1	1.7	1.2	2.2	5.1	4.8	2.7
康涅狄格	104.3	0.7	3.4	18.4	7.4	7.1	8.6	27.5	21.3	9.8
纽约	544.7	2.5	15.7	68.9	44.9	34.8	39.1	156.8	120.6	61.2
新泽西	242.2	1.3	8.7	35.7	24.8	22.8	18.6	53.3	50.5	26.2
宾夕法尼亚	279.9	2.9	11.1	56.4	26.3	17.6	25.9	50.2	57.8	29.8
俄亥俄	261.6	3.1	9.9	71.4	21.8	18.1	25.3	38.6	44.4	27.8
印第安纳	131.6	2.4	6.1	40.4	11.0	8.2	12.4	17.1	19.7	13.5
伊利诺斯	317.2	4.8	13.2	61.2	30.8	26.0	26.9	58.8	62.4	31.9
密执安	227.4	2.3	8.1	67.4	15.5	16.0	19.5	34.0	39.3	24.4
威斯康星	119.7	2.9	5.1	34.4	8.5	7.5	10.9	18.2	18.8	13.1
明尼苏达	118.7	3.3	5.0	24.3	9.2	9.8	10.9	20.4	22.2	13.1
衣阿华	65.3	4.8	2.5	16.5	5.2	4.6	5.8	8.8	9.3	7.7
密苏里	121.8	2.3	5.5	25.9	13.0	9.2	12.2	17.5	22.4	13.5
北达科他	13.0	1.4	0.6	1.0	1.5	1.2	1.3	1.6	2.1	2.1
南达科他	16.5	1.8	0.6	1.9	1.3	1.0	1.6	3.3	2.5	2.2
内布拉斯加	39.6	3.5	1.6	5.9	4.5	3.1	3.4	5.4	6.2	5.8
堪萨斯	59.0	2.9	2.3	10.3	7.3	4.4	5.8	7.3	9.3	8.7
特拉华	25.2	0.3	0.8	5.1	1.3	1.0	1.5	9.7	3.2	2.2
马里兰	125.6	1.2	6.1	11.1	10.7	8.0	11.5	27.3	27.6	21.9
哥伦比亚特区	44.7	...	0.4	1.2	2.5	0.6	1.3	6.5	14.6	17.6
弗吉尼亚	170.6	1.8	7.0	27.9	14.9	9.4	14.5	28.9	31.5	33.5
西弗吉尼亚	33.5	0.3	1.6	5.6	4.4	1.8	3.0	3.6	5.0	4.4
北卡罗来纳	177.2	4.2	6.7	55.7	13.8	11.4	15.9	21.9	24.5	23.0
南卡罗来纳	76.7	1.1	3.3	21.6	6.2	4.3	7.9	9.6	10.8	12.0
佐治亚	175.0	3.2	6.3	32.2	21.1	15.9	16.3	26.6	29.8	22.9
弗罗里达	301.8	5.9	13.7	25.9	28.9	22.1	34.9	63.9	67.5	38.4
肯塔基	83.2	2.3	3.2	22.7	8.0	4.6	7.5	8.9	11.5	11.2
田纳西	120.7	1.7	4.4	29.7	10.3	9.0	13.6	15.2	22.0	14.6
亚拉巴马	84.6	2.0	3.3	18.8	8.5	5.4	8.7	10.1	13.0	13.6
密西西比	48.2	1.5	1.7	11.4	6.0	2.8	4.9	5.3	7.0	7.2
阿肯色	48.3	2.4	1.7	12.1	6.0	3.0	5.1	5.3	6.7	5.7
路易斯安那	97.0	1.2	4.2	16.4	10.8	5.6	8.5	12.4	15.5	11.7
俄克拉荷马	63.5	1.9	1.9	10.8	7.0	3.9	6.5	7.6	10.0	10.3
得克萨斯	461.5	7.6	18.8	73.6	51.4	34.5	41.6	64.2	79.6	55.3
蒙大拿	16.0	1.0	0.7	1.2	2.1	1.0	1.7	2.1	2.8	2.6
爱达荷	23.0	1.5	1.4	4.3	2.1	1.4	2.4	2.9	3.5	3.1
怀俄明	15.6	0.4	0.6	0.6	2.6	0.5	1.0	1.6	1.4	1.9
科罗拉多	95.3	1.7	4.9	12.1	10.6	6.2	9.8	15.8	19.3	13.2
新墨西哥	36.5	0.7	1.7	5.1	3.6	1.6	3.5	4.8	6.2	6.5
亚利桑那	89.5	1.4	4.8	13.7	8.1	5.5	9.8	15.9	16.9	12.3
犹他	39.7	0.5	2.0	5.7	3.9	2.5	4.2	5.5	7.7	6.2
内华达	41.5	0.3	2.9	1.9	3.3	1.9	4.0	7.6	14.0	4.4
华盛顿	136.3	3.7	6.7	19.2	11.2	10.6	14.1	24.2	25.8	20.5
俄勒冈	70.1	2.2	3.2	13.7	5.7	5.7	6.6	11.6	12.3	8.9
加利福尼亚	833.9	17.9	27.5	119.5	60.7	58.3	77.8	186.7	180.4	100.7
阿拉斯加	22.3	0.3	1.0	1.0	3.8	0.7	1.5	2.3	2.5	4.5
夏威夷	34.7	0.5	2.0	1.1	3.4	1.4	4.0	8.0	7.1	7.4

续表 5

	家庭收入中位数(1995年美元)				1995年贫困人口所占比重(%)	1995年新开工企业数(家)	1995年破产企业数(家)	1996年人均日报发行份数(份)	1993年人均能源消费支出②(美元)
	1985年	1990年	1994年	1995年					
全国合计	**33452**	**34914**	**33178**	**34076**	**13.8**	**168158**	**71194**	**0.21**	**1853**
亚拉巴马	25966	27235	27967	25991	20.1	2191	549	0.16	2019
阿拉斯加	49264	45823	46653	47954	7.1	291	122	0.18	3175
亚利桑那	33818	34076	32180	30836	16.1	3061	1413	0.16	1797
阿肯色	24717	26569	26290	25814	14.9	1155	733	0.19	1959
加利福尼亚	38215	38817	36332	37009	16.7	23554	16330	0.17	1600
科罗拉多	39916	35836	38905	40706	8.8	3086	1476	0.28	1980
康涅狄格	44035	45324	42262	40243	9.7	2273	482	0.23	1571
特拉华	32548	35918	36890	34928	10.3	505	45	0.20	1970
哥伦比亚特区	29851	31940	30969	30748	22.2	701	155	1.47	1954
弗罗里达	30229	31115	30124	29745	16.2	12344	2906	0.20	1510
佐治亚	29813	32137	32359	34099	12.1	5471	1489	0.14	1861
夏威夷	41019	45383	43453	42851	10.3	645	271	0.18	1702
爱达荷	29405	29506	32430	32676	14.5	642	388	0.20	1811
伊利诺斯	35225	37945	36075	38071	12.4	7245	1681	0.21	1832
印第安纳	32116	31399	28647	33385	9.6	2719	799	0.25	2051
衣阿华	29640	31819	34016	35519	12.2	1223	570	0.24	1889
堪萨斯	32276	34884	29125	30341	10.8	1304	946	0.18	2103
肯塔基	24589	28894	27349	29810	14.7	1534	663	0.16	1935
路易斯安那	29997	26125	26404	27949	19.7	1975	463	0.16	2893
缅因	29062	32024	31175	33858	11.2	771	315	0.19	2077
马里兰	42683	45308	40309	41041	10.1	3119	1813	0.11	1810
马萨诸塞	39951	42265	41648	38574	11.0	4419	1931	0.28	1670
密执安	34335	34907	36284	36426	12.2	5418	1684	0.18	1775
明尼苏达	33789	36689	34597	37933	9.2	2258	904	0.19	1712
密西西比	23247	23528	26120	26538	23.5	1024	230	0.14	1883
密苏里	31073	31870	31046	34825	9.4	2851	1113	0.18	1779
蒙大拿	28661	27256	28414	27757	15.3	485	152	0.22	2091
内布拉斯加	30875	32045	32695	32929	9.6	634	322	0.28	1894
内华达	32964	37340	36888	36084	11.1	1440	454	0.20	1796
新罕布什尔	37396	47580	36244	39171	5.3	908	385	0.19	2066
新泽西	43879	45165	43478	43924	7.8	7462	2781	0.18	1899
新墨西哥	28926	29196	27667	25991	25.3	1005	408	0.17	1588
纽约	33481	36836	32803	33028	16.5	15716	5059	0.34	1913
北卡罗来纳	30382	30700	30967	31979	12.6	3945	968	0.18	2471
北达科他	30034	29459	29079	29089	12.0	209	90	0.28	1889
俄亥俄	35655	34996	32758	34941	11.5	5434	2134	0.23	1920
俄克拉荷马	30034	28432	27756	26311	17.1	1490	1317	0.20	1887
俄勒冈	31010	34142	32347	36374	11.2	1897	798	0.22	1716
宾夕法尼亚	32402	33821	32975	34524	12.2	6833	2761	0.24	1875
罗德艾兰	34878	37276	32833	35359	10.6	550	127	0.23	1865
南卡罗来纳	28378	33506	30692	29071	19.9	1954	491	0.16	1869
南达科他	25696	28650	30576	29578	14.5	252	182	0.23	1818
田纳西	25180	26343	29451	29015	15.5	2894	989	0.17	1896
得克萨斯	33629	32915	31627	32039	17.4	11815	6182	0.15	2454
犹他	35746	35146	36728	36480	8.4	1120	344	0.16	1580
佛蒙特	36825	36261	36817	33824	10.3	329	149	0.21	2005
弗吉尼亚	40266	40896	38714	36222	10.2	3542	1719	0.39	1761
华盛顿	33993	37444	34483	35568	12.5	2926	2370	0.22	1728
西弗吉尼亚	22638	25812	24232	24880	16.7	584	288	0.22	2079
威斯康星	32925	35810	36391	40955	8.5	2649	1138	0.19	1630
怀俄明	31275	34351	34079	31529	12.2	276	107	0.18	3334

续表6

	1995年底公路长度(英里)			1995年汽车登记数	1996年建筑合同价值(百万美元)			1996年自有住房比率
	合计	#州际公路	#其他干线	(千辆)	合计	#住房	非居住用房	(%)
全国合计	**3912226**	**54714**	**376405**	**134803**	**330073**	**146212**	**119078**	**65.4**
亚拉巴马	93313	925	8673	1827	4794	2092	1768	71.0
阿拉斯加	13486	1086	1511	303	983	392	239	62.9
亚利桑那	54561	1250	4701	1865	9795	5902	2561	62.0
阿肯色	77222	646	6739	798	2795	1347	873	66.6
加利福尼亚	170389	3750	26754	14677	31758	13211	11360	55.0
科罗拉多	84499	1170	8134	1695	7973	4601	2540	64.5
康涅狄格	20500	542	2851	2068	3414	1078	1678	69.0
特拉华	5631	51	615	398	800	386	297	71.5
哥伦比亚特区	1421	31	248	202	1162	44	836	40.4
弗罗里达	113778	1861	11933	7503	22323	12248	6617	67.1
佐治亚	111273	1413	12998	4203	12320	6850	3771	69.3
夏威夷	4133	77	754	527	1805	758	680	50.6
爱达荷	59733	613	3580	581	1879	1068	530	71.4
伊利诺斯	137413	2245	13872	6553	12614	5316	4496	68.2
印第安纳	92780	1303	7912	3349	8927	4293	3296	74.2
衣阿华	112702	781	9412	1817	2795	1036	971	72.8
堪萨斯	133323	1008	9167	1078	3770	1591	1074	67.5
肯塔基	72998	855	5418	1609	4702	2100	1555	73.2
路易斯安那	60119	929	5289	1927	4874	1532	2151	64.9
缅因	22577	383	2300	618	983	450	318	76.5
马里兰	29680	711	3551	2692	6480	2537	2473	66.9
马萨诸塞	30751	762	5628	3491	7679	2424	3033	61.7
密执安	117611	1458	12150	5270	10796	5224	3856	73.3
明尼苏达	130391	1042	12260	2541	5429	2724	1729	75.4
密西西比	73102	726	7018	1398	3563	924	1817	73.0
密苏里	122616	1460	9276	2739	6050	2653	2229	70.2
蒙大拿	69537	1190	6003	532	916	372	247	68.6
内布拉斯加	92755	497	7877	839	1870	709	643	66.8
内华达	44936	586	2729	583	7026	2700	3424	61.1
新罕布什尔	15086	266	1545	728	1211	532	461	65.0
新泽西	35646	728	5154	4637	7134	2324	2963	64.6
新墨西哥	61289	1003	4509	819	2227	813	796	67.1
纽约	112193	2328	13690	7847	13891	3574	6549	52.7
北卡罗来纳	96809	1237	8850	3652	12448	6518	3944	70.4
北达科他	86830	570	5870	368	656	202	213	68.2
俄亥俄	114563	1937	10616	7155	14021	5827	5487	69.2
俄克拉荷马	112517	1064	7832	1619	3184	1466	868	68.4
俄勒冈	83944	780	6510	1606	5411	2643	1838	63.1
宾夕法尼亚	118648	2087	13284	5972	9406	3429	3819	71.1
罗德艾兰	5893	137	751	542	658	288	168	56.6
南卡罗来纳	64293	894	6802	1856	5457	2559	2037	72.9
南达科他	83360	681	6284	375	814	258	249	67.8
田纳西	85599	1176	8580	3914	8273	4124	2955	68.8
得克萨斯	296186	4474	28121	8427	25017	11799	8707	61.8
犹他	41044	948	3333	790	3756	1952	1313	72.9
佛蒙特	14184	339	1300	314	588	238	236	70.3
弗吉尼亚	69142	1329	8073	3942	9213	4096	3583	68.5
华盛顿	79710	1079	7282	2942	8539	3836	3130	63.1
西弗吉尼亚	35110	560	3236	839	1258	230	481	74.3
威斯康星	111489	830	11767	2411	5994	2732	2079	68.2
怀俄明	35461	916	3663	364	642	210	139	68.0

续表7

	1995年制造业主要指标					制造业工人人均小时工资(美元)	
	雇员人数（千人）	雇员报酬（百万美元）	生产工人（千人）	增加值（百万美元）	交货额（百万美元）	1990年	1996年
全国合计	**18471**	**623418**	**12254**	**1709180**	**3589157**	**10.83**	**12.78**
缅因	91	2622	67	7030	14477	10.59	12.71
新罕布什尔	103	3304	68	8659	15437	10.83	12.24
佛蒙特	46	1389	31	3445	8888	10.52	12.42
马萨诸塞	467	17860	261	41901	75250	11.39	13.04
罗德艾兰	85	2511	56	5426	10074	9.45	10.94
康涅狄格	302	12462	157	24988	44102	11.53	14.01
纽约	982	35809	572	89924	162945	11.11	12.78
新泽西	545	21748	285	48260	92383	11.76	13.86
宾夕法尼亚	936	31199	606	84582	164879	11.04	13.39
俄亥俄	1084	39506	730	103713	222923	12.64	14.69
印第安纳	666	22371	480	60992	130899	12.03	14.33
伊利诺斯	1009	35823	633	93763	193095	11.44	13.03
密执安	970	40534	637	87398	204018	13.86	16.67
威斯康星	604	19169	422	50989	109593	11.11	13.14
明尼苏达	419	14565	251	32553	69419	11.23	13.18
衣阿华	254	7740	182	26215	59003	11.27	13.13
密苏里	412	13196	265	39737	82557	10.74	12.54
北达科他	22	547	15	1559	4382	9.27	10.94
南达科他	42	1047	30	3927	9213	8.48	9.56
内布拉斯加	111	3010	81	9361	24425	9.66	11.51
堪萨斯	203	6332	138	17743	42641	10.94	12.88
特拉华	63	2815	30	5666	14469	12.39	14.00
马里兰	191	6834	112	17148	34478	11.57	13.71
哥伦比亚特区	14	692	3	1636	2051	12.51	13.68
弗吉尼亚	401	12057	284	40134	75762	10.07	12.19
西弗吉尼亚	80	2561	58	8948	17765	11.53	12.96
北卡罗来纳	889	23828	653	73919	152709	8.79	10.96
南卡罗来纳	375	10580	278	31467	66903	8.84	10.26
佐治亚	592	16916	416	50220	112023	9.17	11.17
弗罗里达	480	13845	294	37934	73574	8.98	10.54
肯塔基	302	8965	222	33632	79406	10.70	12.70
田纳西	552	14965	414	43126	96208	9.55	11.28
亚拉巴马	387	10384	290	29079	65481	9.39	11.14
密西西比	244	5597	196	17443	39547	8.37	10.19
阿肯色	244	5760	194	18640	42929	8.51	10.41
路易斯安那	176	5868	125	30405	74493	11.61	13.66
俄克拉荷马	163	4536	115	14622	33165	10.73	11.77
得克萨斯	1019	33683	645	112425	265092	10.47	11.82
蒙大拿	22	566	15	1779	4899	11.51	13.00
爱达荷	71	2162	50	7932	16484	10.60	12.15
怀俄明	10	262	8	1030	2705	10.83	13.16
科罗拉多	192	6434	116	18943	37538	10.94	12.82
新墨西哥	43	1262	28	8385	12561	9.04	10.97
亚利桑那	198	6715	114	20912	35185	10.21	11.49
犹他	119	3498	79	9498	20089	10.32	12.22
内华达	38	1052	25	2991	5445	11.05	13.59
华盛顿	339	12256	203	28150	69062	12.61	14.70
俄勒冈	227	7312	156	19677	42338	11.15	13.01
加利福尼亚	1928	68288	1146	178358	348765	11.48	12.83
阿拉斯加	16	475	12	1459	3994	8.51	10.41
夏威夷	17	509	11	1489	3440	10.99	12.79

续表8

	按州来源地的出口额(百万美元)			1996年出口额位次	1994年零售商业概况			
	1990年	1995年	1996年		机构数(千个)	销售额(百万美元)	年工资额(百万美元)	付酬雇员数(千人)
全国合计	**394045**	**583865**	**624767**		**1564.2**	**2241319**	**282293**	**20320**
缅因	870	1357	1380	42	9.5	11681	1404	100
新罕布什尔	973	1253	1481	41	8.7	12761	1537	106
佛蒙特	1154	1620	3302	31	5.3	5125	660	50
马萨诸塞	9501	12946	14524	11	39.0	52466	7733	510
罗德艾兰	595	897	919	45	6.6	7538	1028	74
康涅狄格	4356	5666	6100	24	21.1	32224	4287	261
纽约	22072	28095	34230	3	110.9	134422	18133	1146
新泽西	7633	11071	13119	13	49.7	72315	9675	567
宾夕法尼亚	8491	13031	14364	12	71.8	101141	12330	919
俄亥俄	13378	20967	22677	7	64.7	98330	12325	952
印第安纳	5273	10383	10984	15	34.5	49462	6063	495
伊利诺斯	12965	22163	24176	6	66.4	99964	13093	927
密执安	18474	25275	27553	4	55.3	87884	10345	773
威斯康星	5158	8931	9504	18	32.3	46358	5259	433
明尼苏达	5091	7747	8992	34	28.5	42137	5546	417
衣阿华	2189	3842	4400	29	19.9	25538	2832	244
密苏里	3130	3876	5404	25	32.9	48783	5722	433
北达科他	360	526	707	46	4.9	6182	604	55
南达科他	205	388	443	48	5.8	6853	706	64
内布拉斯加	693	1759	1907	38	11.6	15227	1603	144
堪萨斯	2113	3433	3784	30	16.8	22506	2626	211
特拉华	1344	1402	1594	39	4.9	6578	880	63
马里兰	2592	5223	5019	27	28.2	44184	5917	394
哥伦比亚特区	320	231	305		3.8	3762	814	49
弗吉尼亚	9333	11512	12215	14	38.5	62293	7242	531
西弗吉尼亚	1550	2040	2169	36	10.8	13056	1420	120
北卡罗来纳	8010	14313	15734	10	45.6	60196	7465	577
南卡罗来纳	3116	6423	6698	22	23.6	29754	3582	292
佐治亚	5763	10291	10982	16	42.9	60877	7785	594
弗罗里达	11634	18909	20744	9	91.3	137812	16746	1226
肯塔基	3175	5253	6385	23	22.5	30968	3545	296
田纳西	3746	7778	8094	21	31.8	45897	5667	421
亚拉巴马	2834	4763	5170	26	25.2	33586	3725	309
密西西比	1605	2592	2623	34	15.6	17619	1999	170
阿肯色	920	1994	2003	37	15.7	19091	2329	179
路易斯安那	14199	19793	21667	8	23.6	35422	3726	317
俄克拉荷马	1646	2079	2356	35	20.1	25620	2833	236
得克萨斯	32931	59116	66862	2	103.0	153303	19454	1426
蒙大拿	229	358	440	49	7.3	7592	848	71
爱达荷	898	1804	1571	40	7.6	10489	1142	88
怀俄明	264	411	481	47	4.0	4385	491	41
科罗拉多	2274	4460	4883	28	24.8	35670	4701	334
新墨西哥	249	432	931	44	10.0	14092	1634	128
亚利桑拉	3729	7327	10503	17	22.7	36517	4606	336
犹他	1596	3282	3296	32	10.0	14268	1951	155
内华达	394	665	1268	43	8.1	14898	1799	113
华盛顿	24432	21879	26482	5	33.1	48468	6473	425
俄勒冈	4065	7667	8948	20	20.5	29609	3752	258
加利福尼亚	44520	77529	93418	1	161.1	247689	33700	2138
阿拉斯加	2850	2772	2879	33	4.0	6041	809	43
夏威夷	179	241	284	50	8.0	12685	1743	109

续表9

	1996年购物中心概况				1992年征收联邦所得税的服务企业(个, 百万美元)		1992年免征 联邦所得税的服务企业(个, 百万美元)	
	机构数(个)	机构数比95年增加(%)	零售额(亿美元)	零售额比95年增加(%)	机构数③	营业收入③	机构数	营业收入
全国合计	**42130**	**2.2**	**9339**	**1.8**	**1825.4**	**1202613**	**208.9**	**446256**
缅因	200		36	5.7	9.0	3597	1.7	2068
新罕布什尔	214	1.4	37	5.5	9.2	4612	1.4	1933
佛蒙特	111	3.7	16	−4.1	5.0	1946	1.1	1021
马萨诸塞	964	1.3	209	2.4	46.6	38949	7.2	16940
罗德艾兰	197	1.5	34	3.7	7.6	3664	1.1	2217
康涅狄格	757	2.6	164	2.5	27.4	19102	3.4	7046
纽约	1660	1.6	404	2.6	133.7	103025	16.3	49030
新泽西	1143	5.4	252	0.2	65.9	50242	4.8	13855
宾夕法尼亚	1577	1.8	363	2.4	77.8	49383	12.4	26516
俄亥俄	1647	2.5	379	0.7	69.9	40844	9.3	20111
印第安纳	879	2.0	196	2.0	34.5	17548	5.2	9009
伊利诺斯	2018	1.5	376	2.5	79.8	57927	9.0	23341
密执安	982	1.0	229	2.3	61.3	35124	7.5	16757
威斯康星	610	2.2	132	2.9	32.0	15577	4.8	8654
明尼苏达	457	2.5	126	1.6	31.0	18764	5.0	9718
衣阿华	295	3.1	68	1.7	17.8	7711	3.7	4656
密苏里	861	1.2	206	2.1	36.4	20339	4.4	9484
北达科他	87		19	4.4	4.2	1576	1.1	1312
南达科他	54	5.9	12	3.9	4.8	1790	1.1	1258
内布拉斯加	253	1.2	52	3.9	11.3	5828	1.9	8572
堪萨斯	474	1.5	106	0.8	16.9	8460	3.0	3693
特拉华	133	3.1	38	−0.6	5.3	2823	0.6	1324
马里兰	860	1.2	225	2.8	36.8	26937	3.9	9853
哥伦比亚特区	79	3.9	16	3.9	7.4	11238	2.6	9782
弗吉尼亚	1214	2.6	284	1.1	45.9	33606	4.7	10782
西弗吉尼亚	159	2.6	35	0.8	9.5	4466	1.6	2718
北卡罗来纳	1524	3.3	263	0.8	42.2	22155	4.8	9777
南卡罗来纳	779	0.8	143	3.2	21.5	10930	2.1	4200
佐治亚	1497	2.5	287	1.6	46.9	30802	3.8	9122
弗罗里达	3180	1.3	833	3.5	120.0	74347	8.4	17885
肯塔基	608	0.8	127	3.5	21.0	10378	8.6	4753
田纳西	1174	1.5	208	2.7	32.0	20410	3.5	7549
亚拉巴马	618	1.8	142	1.8	23.0	13649	2.4	4319
密西西比	426	0.7	77	2.7	12.8	5487	1.6	2961
阿肯色	354	2.3	69	−0.6	14.0	6007	1.9	2946
路易斯安那	690	1.0	170	3.0	27.1	16067	2.6	5587
俄克拉荷马	563	0.5	122	2.0	21.2	9607	2.5	3935
得克萨斯	2906	1.6	794	1.6	123.6	84763	10.9	21692
蒙大拿	91		18	4.4	6.9	2197	1.4	1243
爱达荷	150	3.4	30	−3.1	7.3	3440	0.9	1089
怀俄明	53		12	3.9	4.1	1384	0.7	561
科罗拉多	700	2.2	205	0.9	32.9	18810	3.3	6301
新墨西哥	299	2.7	58	−1.9	10.7	6191	1.5	1899
亚利桑那	991	2.8	221	2.5	28.7	16616	2.6	5386
犹他	225	3.7	60	0.5	11.7	7491	1.0	1784
内华达	316	4.3	60	−4.4	10.8	16585	0.7	1013
华盛顿	722	4.2	159	0.8	39.5	21448	5.0	8837
俄勒冈	473	3.5	84	0.4	23.3	10663	3.1	4479
加利福尼亚	5665	3.2	1126	0.4	244.5	198432	20.1	49179
阿拉斯加	66	4.8	18	5.3	4.5	2382	0.9	10228
夏威夷	175	1.7	36	4.0	8.5	7291	1.0	2081

注: ① 不包括阿拉斯加和哥伦比亚特区。② 包括民用和商用。③ 仅为支付工资的企业。

资料来源:《美国统计摘要》1997年。

15－2　日本各县主要统计指标①

县(都、道、府)	国土面积(1995年10月1日)(平方公里)			1990年人口数(千人)	1995年人口数(千人)			1990年至1995年人口年均增长率(%)	1995年人口密度(人/平方公里)
	合计	城市	乡村		合计	男	女		
全国合计	**377829**	**91130**	**256522**	**123611**	**125570**	**61574**	**63996**	**1.6**	**337**
北海道	83452	11208	67524	5644	5692	2737	2955	0.9	73
青森	9234	2079	6862	1483	1482	704	777	－0.1	154
岩手	15278	4168	10531	1417	1420	682	738	0.2	93
宫城	6861	1871	4990	2249	2329	1145	1184	3.6	320
秋田	10727	1663	8698	1227	1214	578	636	－1.1	105
山形	7394	2586	4809	1258	1257	607	650	－0.1	135
福岛	13782	3658	9378	2104	2134	1042	1092	1.4	155
茨城	6094	2029	3760	2845	2956	1476	1479	3.9	485
枥木	6408	2505	3904	1935	1984	987	997	2.5	310
群马	6363	1131	5233	1966	2004	990	1014	1.9	315
崎玉	3749	1681	1885	6405	6759	3419	3340	5.5	1780
千叶	4996	2904	1973	5555	5798	2924	2874	4.4	1125
东京	2049	1268	782	11856	11774	5893	5881	－0.7	5384
神奈川	2414	1465	828	7980	8246	4210	4036	3.3	3417
新泻	10938	2977	7376	2475	2488	1210	1279	0.6	198
富山	2801	1097	1577	1120	1123	541	582	0.3	265
石川	4185	1792	2393	1165	1180	571	609	1.3	282
福井	4188	1888	2301	824	827	402	425	0.4	197
山梨	4201	995	3206	853	882	435	447	3.4	198
长野	12598	2700	8472	2157	2194	1070	1124	1.7	162
岐阜	10209	1356	8423	2067	2100	1020	1081	1.6	198
静冈	7328	2092	3204	3671	3738	1842	1896	1.8	481
爱知	5114	2458	2614	6691	6868	3439	3429	2.7	1334
三重	5729	2005	2724	1793	1841	894	947	2.7	319
滋贺	3855	624	2476	1222	1287	635	652	5.3	320
京都	4612	1940	2372	2602	2630	1277	1353	1.0	570
大阪	1892	1578	314	8735	8797	4322	4476	0.7	4650
兵库	8387	2031	5503	5405	5402	2612	2790	－0.1	644
奈良	3691	722	2969	1375	1431	689	742	4.0	388
和歌山	4724	597	3864	1074	1080	513	567	0.6	229
鸟取	3507	440	2921	616	615	294	321	－0.1	175
岛根	6707	1247	5020	781	771	369	403	－1.2	115
冈山	7008	2130	4871	1926	1951	938	1012	1.3	274
广岛	8475	2745	5730	2850	2882	1399	1483	1.1	340
山口	6110	2306	3573	1573	1556	737	819	－1.1	255
德岛	4144	371	3513	832	832	396	437	0.1	201
香川	1861	440	1421	1023	1027	493	534	0.4	548
爱媛	5675	1722	3953	1515	1507	713	794	－0.5	266
高知	7104	1999	5105	825	817	384	432	－1.0	115
福冈	4836	2022	2659	4811	4933	2358	2576	2.5	993
佐贺	2439	694	1481	878	884	419	466	0.7	363
长崎	4091	1242	2848	1563	1545	727	818	－1.2	378
熊本	6907	1513	5394	1840	1860	880	980	1.1	251
大分	5803	1708	3843	1237	1231	582	649	－0.5	194
宫崎	6684	1715	4577	1169	1176	556	620	0.6	152
鹿儿岛	9132	1452	6448	1798	1794	841	953	－0.2	195
冲绳	2266	689	1520	1222	1273	625	649	4.2	562

续表1

县(都、道、府)	1996年人口年龄构成(千人)			1995年人口出生率(‰)	1995年人口死亡率(‰)	1995年婴儿死亡率(‰)	1995年15岁以上人口数(千人)	1995年劳动人口数(千人)	1995年就业人口数(千人)	1995年失业人口数(千人)
	0－14岁	15－64岁	65岁及以上							
全国合计	**19686**	**87161**	**19017**	**9.6**	**7.4**	**4.3**	**105426**	**67018**	**64142**	**2876**
北海道	876	3939	884	8.8	7.2	4.1	4788	2935	2806	129
青森	245	991	247	9.5	8.5	5.5	1228	775	736	39
岩手	232	923	265	9.2	8.5	3.5	1180	773	748	25
宫城	385	1601	352	9.6	6.9	3.6	1933	1211	1164	47
秋田	183	780	247	8.2	9.0	4.8	1025	630	609	21
山形	204	794	258	9.2	9.0	4.1	1048	675	657	18
福岛	374	1377	385	10.0	8.3	4.3	1752	1126	1087	39
茨城	495	2042	435	9.6	7.4	4.4	2449	1575	1516	59
枥木	333	1355	304	9.5	7.5	5.1	1644	1080	1041	40
群马	323	1362	326	9.8	7.8	4.7	1673	1091	1051	40
崎玉	1079	5012	718	10.1	5.5	3.8	5658	3675	3513	162
千叶	899	4241	684	9.5	6.0	3.6	4877	3125	2992	133
东京	1497	8674	601	8.4	6.8	4.4	10236	6632	6310	322
神奈川	1221	6104	958	9.9	5.7	4.5	7007	4477	4273	204
新泻	398	1622	472	9.1	8.6	3.4	2081	1354	1317	37
富山	167	750	209	9.0	8.5	5.2	953	633	615	18
石川	186	798	198	9.4	7.8	5.0	990	653	631	21
福井	139	538	152	10.1	8.3	5.3	686	463	451	12
山梨	145	585	156	10.1	8.2	5.9	736	479	462	16
长野	351	1424	431	9.7	8.3	3.3	1838	1249	1218	31
岐阜	342	1429	335	9.7	7.6	3.7	1753	1149	1112	37
静冈	604	2567	578	9.6	7.2	4.6	3118	2114	2040	74
爱知	1113	4928	857	10.6	6.3	3.8	5738	3828	3685	143
三重	299	1242	308	9.6	8.3	5.0	1538	982	949	33
滋贺	228	881	189	10.5	7.0	4.9	1056	676	655	21
京都	387	1842	402	9.0	7.5	4.2	2229	1377	1316	61
大阪	1312	6395	1097	10.0	6.8	3.9	7460	4659	4371	288
兵库	864	3751	795	9.8	8.8	4.4	4519	2745	2605	141
奈良	230	1002	207	9.4	7.1	3.8	1197	695	666	29
和歌山	172	706	202	9.2	9.4	5.0	905	546	522	24
鸟取	103	390	122	9.3	9.4	5.6	509	337	327	10
岛根	123	475	172	8.8	10.0	4.7	645	416	406	10
冈山	310	1290	352	9.6	8.5	4.1	1634	1028	990	38
广岛	458	1952	472	9.7	7.9	4.4	2413	1530	1473	57
山口	234	1011	306	8.6	9.4	4.5	1315	814	785	29
德岛	129	540	163	9.0	9.2	5.8	699	425	406	19
香川	158	676	193	9.1	8.7	3.7	865	549	528	21
爱媛	238	979	288	9.2	9.0	4.4	1261	771	737	34
高知	123	519	173	8.5	9.9	5.5	690	432	409	23
福冈	800	3395	757	9.6	7.6	4.9	4111	2461	2326	135
佐贺	157	566	162	9.9	9.0	3.7	724	459	443	16
长崎	268	992	282	9.6	8.8	4.3	1267	758	726	32
熊本	315	1194	353	9.6	8.3	3.7	1537	937	898	39
大分	196	797	237	9.1	8.9	3.5	1030	626	602	24
宫崎	206	759	212	10.0	8.4	4.2	965	608	583	26
鹿儿岛	310	1119	364	9.3	9.6	3.4	1474	880	844	36
冲绳	276	851	156	13.2	5.8	5.0	991	604	542	62

续表2

县(都、道、府)	1995年就业人口的行业构成(千人)										
	总 计	农 业	林 业	渔 业	矿 业	建筑业	制造业	电、气、水	通讯和运输	商业和餐饮业	金融和保险业
全国合计	**64142**	**3426**	**86.0**	**308.0**	**61.0**	**6631**	**13556**	**364.0**	**3890**	**14618**	**1975.0**
北海道	2806	187	13.0	51.0	7.2	366	285	17.0	191	654	78.0
青森	736	109	3.1	12.0	1.0	91	92	3.4	40	154	18.0
岩手	748	109	4.3	12.0	1.4	86	134	3.4	38	143	16.0
宫城	1164	78	1.3	16.0	1.0	137	182	7.6	77	290	31.0
秋田	609	74	4.0	1.4	1.4	76	118	3.3	29	121	14.0
山形	657	82	1.5	1.1	1.0	70	160	3.0	27	127	16.0
福岛	1087	112	2.7	3.0	1.8	131	260	7.9	54	208	25.0
茨城	1516	138	0.8	2.8	1.2	151	381	8.4	86	294	37.0
栃木	1041	86	1.1	0.2	2.1	98	289	4.5	54	208	24.0
群马	1051	81	1.7	0.1	1.0	103	298	5.1	53	210	27.0
崎玉	3513	99	0.7	0.2	1.4	349	829	18.0	245	802	139.0
千叶	2992	128	0.5	8.7	2.2	307	513	19.0	224	702	132.0
东京	6310	29	0.7	1.4	2.2	548	1064	26.0	389	1645	271.0
神奈川	4273	47	0.4	3.1	1.5	430	915	24.0	300	967	156.0
新泻	1317	116	1.1	3.2	3.7	166	305	8.6	67	276	31.0
富山	615	33	0.3	1.8	1.0	71	173	5.2	31	126	16.0
石川	631	29	1.0	4.0	0.5	67	145	3.1	34	141	18.0
福井	451	27	0.6	1.9	0.4	51	121	4.8	21	92	12.0
山梨	462	45	1.0	0.1	0.6	51	111	2.7	20	92	12.0
长野	1218	153	2.5	0.5	1.4	132	308	6.7	52	228	27.0
岐阜	1112	46	3.0	0.3	2.0	115	339	6.1	53	237	30.0
静冈	2040	115	2.1	7.5	1.6	190	601	10.0	111	431	51.0
爱知	3685	114	1.2	7.2	1.6	332	1102	21.0	223	885	97.0
三重	949	45	2.3	14.0	1.3	94	260	6.6	58	192	23.0
滋贺	655	32	0.6	0.9	0.4	57	210	3.6	36	123	16.0
京都	1316	41	1.5	1.1	0.5	106	295	7.1	73	324	37.0
大阪	4371	26	0.5	1.4	0.6	434	1015	26.0	304	1145	144.0
兵库	2605	70	1.1	7.6	0.9	258	611	18.0	174	598	86.0
奈良	666	23	2.4	0.2	0.2	54	152	5.7	34	152	27.0
和歌山	522	53	2.1	5.3	0.1	51	96	4.0	30	111	15.0
鸟取	327	42	1.3	2.1	0.2	34	65	1.7	15	64	8.4
鸟根	406	48	1.7	5.8	0.8	49	74	2.6	19	79	9.3
冈山	990	74	1.6	2.3	1.1	105	238	5.3	60	207	25.0
广岛	1473	76	1.4	5.7	0.9	154	314	9.0	90	348	40.0
山口	785	58	1.0	9.9	1.0	92	151	5.3	51	169	19.0
德岛	406	43	1.3	4.7	0.5	45	79	2.2	20	79	10.0
香川	528	41	0.2	4.2	0.8	53	110	3.5	31	122	16.0
爱媛	737	71	1.7	16.0	0.7	78	145	4.3	43	154	19.0
高知	409	49	3.1	8.2	0.9	47	47	2.2	19	92	11.0
福冈	2326	92	1.0	8.3	2.5	259	348	14.0	161	617	74.0
佐贺	443	50	0.4	6.7	0.6	51	79	2.6	22	91	11.0
长崎	726	55	0.6	25.0	2.1	83	94	4.3	41	164	20.0
熊本	898	114	3.0	11.0	2.0	96	131	4.0	46	188	22.0
大分	602	58	2.2	7.8	1.4	74	92	3.2	33	131	16.0
宫崎	583	78	4.2	5.2	0.5	67	87	2.8	27	123	14.0
鹿儿岛	844	113	2.1	11.0	1.3	98	109	4.3	47	177	21.0
冲绳	542	37	0.1	3.7	0.5	73	32	3.7	33	134	15.0

续表3

县（都、道、府）	1995年就业人口的行业构成（千人）			国内生产总值增长率（%）			人均国民收入（千日元）		
	不动产业	服务业	政府	1992年度	1993年度	1994年度	1992年度	1993年度	1994年度
全国合计	**707.0**	**15932**	**2155**	**−0.5**	**−0.1**	**0.9**	**3078**	**3066**	**3080**
北海道	26.0	763	152	0.0	1.9	1.8	2663	2739	2805
青森	3.4	169	39	3.1	0.9	6.2	2296	2319	2467
岩手	2.6	171	27	2.3	1.9	5.2	2421	2439	2526
宫城	9.9	283	46	1.0	0.2	3.4	2729	2715	2782
秋田	2.3	139	24	0.0	2.5	6.2	2390	2457	2590
山形	2.2	140	24	0.8	1.9	2.4	2563	2596	2659
福岛	5.1	241	34	1.8	0.2	1.7	2793	2787	2781
茨城	11.0	346	53	−2.3	0.9	5.6	2984	2982	3012
枥木	6.8	235	29	−2.1	1.2	0.3	2997	3040	3041
群马	6.3	233	30	−1.4	0.3	2.5	2957	2997	3065
崎玉	48.0	826	119	0.7	−0.7	0.6	3153	3143	3140
千叶	43.0	773	112	0.0	0.5	2.5	3131	3148	3157
东京	153.0	1891	173	−3.3	−1.0	−0.7	4388	4372	4411
神奈川	73.0	1184	128	−2.5	−0.4	0.0	3371	3302	3255
新泻	5.7	291	42	0.6	2.9	2.3	2788	2831	2890
富山	2.6	137	16	−0.3	1.4	0.7	2911	2927	2936
石川	3.8	164	21	0.3	0.8	1.3	2945	2911	2898
福井	1.7	104	14	3.5	−0.1	2.6	2755	2764	2775
山梨	3.4	106	16	−3.0	3.3	2.0	2639	2771	2784
长野	6.1	267	34	0.8	0.6	2.8	2973	2992	2994
岐阜	5.3	241	32	1.5	1.1	0.5	2779	2808	2819
静冈	14.0	450	53	−0.7	0.3	3.3	3145	3145	3216
爱知	32.0	773	86	−2.3	−1.5	0.7	3609	3576	3550
三重	5.4	214	30	−0.6	−0.1	0.2	2952	2900	2932
滋贺	4.2	148	21	−2.0	0.1	−0.4	3271	3303	3324
京都	16.0	352	42	0.9	2.6	1.2	2997	3025	3039
大阪	76.0	1049	100	1.3	−3.3	0.0	3464	3272	3268
兵库	35.0	640	83	−0.2	0.3	−4.5	2985	2939	2732
奈良	8.8	174	25	0.8	−0.1	2.5	2656	2565	2593
和歌山	3.8	126	20	1.5	1.7	−2.3	2366	2450	2439
鸟取	1.2	77	14	−0.3	0.5	3.0	2451	2473	2529
岛根	1.2	98	17	−0.6	0.3	1.5	2333	2300	2315
冈山	5.7	232	31	0.7	−0.6	2.3	2831	2756	2791
广岛	13.0	354	58	−0.6	−1.5	−0.6	3013	2996	3005
山口	3.9	190	32	2.6	0.1	0.8	2716	2714	2720
德岛	2.3	100	16	0.8	−0.1	1.9	2568	2598	2641
香川	3.5	125	19	2.1	0.4	2.2	2727	2733	2801
爱媛	4.0	174	25	1.5	4.3	4.0	2384	2476	2558
高知	2.4	109	16	3.0	3.2	3.1	2333	2387	2440
福冈	26.0	622	86	2.3	1.2	1.4	2780	2795	2839
佐贺	1.5	109	19	5.7	5.9	1.8	2438	2501	2525
长崎	3.9	194	38	4.4	1.9	2.9	2338	2411	2491
熊本	5.8	234	38	0.1	−0.2	2.1	2483	2468	2525
大分	3.7	154	25	1.2	1.1	3.1	2560	2610	2690
宫崎	3.0	146	25	3.9	0.3	2.5	2290	2267	2320
鹿儿岛	4.4	216	39	0.8	0.4	1.6	2243	2254	2305
冲绳	5.8	170	33	1.2	0.6	1.4	2098	2113	2118

续表4

县(都、道、府)	1994年国内生产总值及产业构成(十亿日元)				1991年企业数(个)和从业人员数(千人)					
	合　计	第一产业	第二产业	第三产业	全行业企业数	全行业从业人员数	农业企业数	农业从业人员数	矿业企业数	矿业从业人员数
全国合计	**482947**	**8613**	**164393**	**330638**	**6753858**	**60019**	**20967**	**259.0**	**5287**	**78.0**
北海道	19010	866	4688	13987	292288	2603	3708	45.0	514	11.0
青森	4372	304	1107	3097	77852	601	595	8.5	67	1.0
岩手	4474	274	1529	2795	74415	610	779	11.0	129	1.5
宫城	8255	259	2423	5835	117795	1060	532	10.0	117	1.4
秋田	3757	227	1195	2444	69548	540	619	7.6	99	1.7
山形	3964	201	1410	2483	74246	578	377	3.6	98	1.4
福岛	7544	240	2873	4663	113735	960	574	6.8	163	2.1
茨城	10683	310	4895	5757	137807	1247	425	5.0	121	1.5
枥木	7499	185	3431	4082	109184	932	392	3.4	253	2.8
群马	7593	143	3545	4209	116310	974	414	3.7	119	1.1
崎玉	19409	168	7452	12492	270604	2402	290	2.8	65	1.2
千叶	17790	351	5927	12180	212598	1978	488	5.7	144	2.1
东京	82671	54	21351	67731	777470	8777	252	4.6	128	5.9
神奈川	28769	86	11300	18415	322774	3387	537	5.0	69	1.0
新泻	9021	296	3311	5701	152447	1204	618	6.1	250	4.2
富山	4236	93	1792	2475	69662	583	264	2.6	110	1.1
石川	4305	80	1366	3026	80594	609	204	2.8	61	0.6
福井	2975	69	964	2071	57046	429	139	1.5	47	0.5
山梨	2926	81	1118	1825	56303	400	127	1.2	83	0.9
长野	7705	241	3233	4541	130754	1059	589	6.4	204	1.9
岐阜	6877	115	2731	4256	129790	962	401	4.6	183	1.9
静冈	15024	269	6687	8598	217615	1898	491	7.2	124	1.5
爱知	31143	269	13328	18484	381776	3691	391	4.4	179	1.7
三重	6183	186	2693	3487	98710	845	346	4.0	104	1.5
滋贺	5386	64	2802	2665	61650	558	199	2.2	48	0.7
京都	9693	68	3030	7056	163001	1260	131	1.2	52	0.7
大阪	38482	42	10710	29649	541343	5074	97	1.2	43	0.5
兵库	19523	172	7393	12684	279371	2365	331	3.7	112	0.8
奈良	3397	60	1234	2227	54481	431	83	0.7	18	0.2
和歌山	3195	154	1214	1958	65168	438	184	2.5	26	0.3
鸟取	2032	87	688	1318	34706	278	237	3.1	37	0.4
岛根	2288	86	703	1595	48238	351	311	4.0	120	1.1
冈山	7342	123	3198	4227	100542	883	310	3.1	144	1.7
广岛	10668	126	3546	7439	156234	1393	384	4.7	98	1.0
山口	5515	111	2197	3339	85708	708	259	3.5	86	1.3
德岛	2447	113	869	1561	49793	357	190	1.7	49	0.4
香川	3589	87	1159	2499	62090	490	231	2.3	181	1.1
爱媛	4805	199	1824	2949	86566	658	442	5.5	94	0.9
高知	2362	160	648	1656	50811	340	275	4.0	76	0.8
福冈	17730	223	4795	13323	255382	2199	318	5.0	133	5.1
佐贺	2709	129	946	1753	45620	372	164	2.2	51	0.8
长崎	4668	187	1064	3552	77302	599	425	11.0	76	2.3
熊本	5484	307	1588	3778	92487	748	515	6.8	108	1.5
大分	4234	175	1645	2530	67648	523	411	3.9	79	1.8
宫崎	3124	219	948	2048	64529	482	730	9.0	58	0.6
鹿儿岛	4916	280	1183	3655	97288	707	1062	12.0	121	1.4
冲绳	3173	78	658	2544	72577	477	126	1.5	46	0.6

续表5

	1991年企业数(个)和从业人员数(千人)							
	制造业企业数	制造业从业人员数	电、气、水企业数	电、气、水从业人员数	运输通讯业企业数	运输通讯业从业人员数	商业、餐饮业企业数	商业、餐饮业从业人员数
全国合计	**875016**	**14096**	**9835**	**313.0**	**182303**	**3680**	**2923171**	**16913**
北海道	15944	298	779	14.0	9353	189	126645	745
青森	4471	96	146	3.1	1770	36	37518	173
岩手	5771	137	152	2.9	1999	34	33059	152
宫城	8630	193	213	7.2	3490	70	53500	319
秋田	6350	130	148	2.8	1559	28	30808	140
山形	8995	172	138	2.9	1494	26	30787	140
福岛	13131	275	146	6.8	2423	48	48281	233
茨城	17247	372	202	5.9	3319	67	58296	306
枥木	17224	297	164	3.7	2432	42	44761	228
群马	20027	321	182	4.4	2310	46	45551	232
崎玉	46698	715	278	10.0	6474	151	107045	643
千叶	18017	372	294	12.0	5306	148	93341	570
东京	111690	1536	526	34.0	28212	573	329763	2671
神奈川	32912	867	287	19.0	9680	225	135270	906
新泻	22264	320	336	7.8	3186	64	60415	302
富山	7865	175	118	4.4	1472	30	31163	145
石川	14399	154	118	2.3	2080	34	31148	160
福井	10170	126	131	4.6	1221	20	22148	106
山梨	9269	111	75	2.1	1154	17	22447	102
长野	18498	324	295	5.7	2883	49	50009	251
岐阜	28309	318	193	4.4	2316	40	51394	254
静冈	34620	632	276	8.5	4866	104	90183	461
爱知	69137	1160	363	21.0	9277	218	164749	1061
三重	12925	265	171	4.9	2277	51	41543	204
滋贺	8985	196	101	2.2	1416	29	23432	124
京都	31579	305	169	5.9	3514	69	67800	386
大阪	88620	1189	405	26.0	15549	343	248173	1617
兵库	33474	595	430	13.0	7863	163	128060	678
奈良	8627	106	112	2.7	953	20	23454	123
和歌山	7705	95	113	3.1	1486	26	28890	124
鸟取	3113	66	71	1.4	835	15	15059	72
岛根	4318	78	132	2.3	1291	17	19865	88
冈山	13205	238	179	4.8	2913	57	43602	228
广岛	17277	334	233	8.3	5065	91	70665	400
山口	5849	150	180	4.9	2373	49	39924	190
德岛	5068	84	94	1.7	1177	17	22632	96
香川	7546	111	106	3.5	1627	30	27488	141
爱媛	8396	151	170	3.6	2648	44	39131	182
高知	3823	48	129	1.8	1225	17	24688	106
福冈	17826	347	353	11.0	7668	156	119842	716
佐贺	3928	81	101	2.1	1066	20	21039	100
长崎	5550	93	188	3.5	2277	36	36710	171
熊本	5904	134	167	3.3	2756	42	41475	211
大分	4353	91	125	2.9	1713	30	31264	149
宫崎	4459	88	120	2.5	1283	24	29731	137
鹿儿岛	9386	116	231	4.1	2866	43	43094	199
冲绳	3426	32	95	2.9	2186	31	37308	161

续表6

	1991年企业数(个)和从业人员数(千人)							
	金融保险业企业数	金融保险业从业人员数	不动产业企业数	不动产业从业人员数	服务业企业数	服务业从业人员数	政府及未分类企业数	政府及未分类从业人员数
全国合计	**104630**	**2084.0**	**287269**	**924.0**	**1715084**	**14614**	**45709**	**1777**
北海道	5884	84.0	20352	47.0	79987	714	3092	131
青森	1321	20.0	3025	5.9	21856	159	872	34
岩手	1180	17.0	2510	5.0	21409	157	911	23
宫城	1833	33.0	4877	15.0	31380	252	1062	38
秋田	1133	15.0	1391	3.3	19263	129	964	21
山形	1256	16.0	1630	3.3	20143	130	700	21
福岛	1732	25.0	3216	7.8	30341	220	1115	29
茨城	1752	33.0	3682	11.0	33572	291	1143	37
枥木	1379	24.0	3326	9.4	26420	214	805	23
群马	1570	27.0	3945	10.0	27865	216	772	25
崎玉	3571	66.0	11705	39.0	64283	515	1246	58
千叶	3322	65.0	11253	39.0	56805	521	1343	60
东京	14261	512.0	48487	229.0	192552	2373	2133	232
神奈川	4645	95.0	24867	69.0	82845	840	1140	82
新泻	2109	33.0	3363	8.4	39833	274	1351	35
富山	1049	17.0	1341	3.7	17592	128	598	14
石川	1259	19.0	2470	6.3	19957	155	625	18
福井	935	14.0	822	2.5	14870	98	469	12
山梨	679	11.0	1977	4.9	13997	96	576	15
长野	1621	28.0	4450	10.0	35403	246	1201	29
岐阜	1555	26.0	2875	6.6	29370	200	958	25
静冈	3157	56.0	6996	19.0	53947	415	1004	44
爱知	5296	101.0	13905	42.0	87832	745	1364	70
三重	1433	24.0	2422	7.4	25967	187	973	23
滋贺	831	13.0	1687	5.1	16790	125	572	17
京都	2030	41.0	8085	22.0	37677	313	704	37
大阪	8020	194.0	28492	116.0	120820	1129	1109	93
兵库	4145	71.0	11960	38.0	69554	560	1421	62
奈良	656	13.0	1717	6.1	13781	112	583	15
和歌山	961	16.0	2369	6.0	17185	109	660	16
鸟取	657	8.6	703	1.7	10136	71	436	11
岛根	796	10.0	1011	2.2	13961	90	729	15
冈山	1564	26.0	3043	7.9	25099	206	912	27
广岛	2501	45.0	5400	17.0	40350	327	1179	42
山口	1600	21.0	2315	5.6	23509	176	969	27
德岛	682	11.0	1496	3.5	13090	90	614	14
香川	962	16.0	2046	5.0	15678	116	617	17
爱媛	1400	20.0	2603	6.0	22888	159	901	21
高知	761	12.0	1289	3.0	13448	98	639	14
福冈	4797	80.0	12760	36.0	67914	567	1480	67
佐贺	727	11.0	940	2.3	12508	96	558	16
长崎	1278	20.0	1862	4.7	21131	166	1024	31
熊本	1467	23.0	2620	6.7	27255	210	1017	33
大分	1238	17.0	2377	5.7	19628	142	749	21
宫崎	1118	15.0	1454	3.9	18433	129	604	20
鹿儿岛	1523	21.0	2233	6.1	27393	199	1183	32
冲绳	984	15.0	3920	9.0	19367	148	632	28

续表7

县(都、道、府)	1995年耕种面积(公顷)								1995年稻谷产量(千吨)
	合 计	#水 稻	小麦和大 麦	豆 类	水 果	绿色蔬菜	工业用作 物	肥料及饲料作物	
全国合计	**4920000**	**2118000**	**256900**	**155500**	**314900**	**668800**	**204600**	**1013000**	**10748.0**
北海道	1191000	163200	116000	61700	3740	131100	70600	632000	852.0
青森	154400	70100	2080	3270	26400	21200	2010	26800	405.0
岩手	158000	76500	1600	5680	5480	12700	2650	50400	377.0
宫城	1372000	100800	1470	4450	2470	11600	427	14200	507.0
秋田	147700	112700	904	4180	4340	11300	874	12300	592.0
山形	123400	86500	670	2100	12400	10800	535	8610	462.0
福岛	151800	91900	1440	5120	8880	17600	2720	16700	464.0
茨城	184500	96000	9000	5970	8770	35700	2940	8610	454.0
枥木	138300	83600	15300	3420	3090	12700	1200	13900	418.0
群马	95500	23300	15900	1560	3300	24600	5600	9350	116.0
崎玉	89100	43200	10200	1620	3270	20400	2270	2250	209.0
千叶	146700	71800	1240	10600	3940	39800	921	6370	353.0
东京	10900	370	89	38	1620	5730	286	449	1.3
神奈川	25700	4060	239	553	4250	11100	318	1980	18.0
新泻	169500	137800	284	2870	3310	17200	1320	4110	688.0
富山	60000	52300	132	2030	849	2840	66	1040	265.0
石川	44100	34000	349	1310	1440	4210	557	1320	167.0
福井	42600	35500	130	795	916	3520	51	586	176.0
山梨	28500	6710	318	835	12600	4730	320	1460	36.0
长野	115700	46900	1810	3310	18500	28100	891	11200	275.0
岐阜	60200	35000	899	918	3350	8840	1340	6850	161.0
静冈	80600	22200	677	759	11200	13400	22100	4070	113.0
爱知	82200	38800	3230	1950	5560	21000	1030	4570	189.0
三重	63700	42500	1970	995	3730	6090	3890	1510	209.0
滋贺	56100	45500	2100	1320	669	3980	1040	972	232.0
京都	32900	20900	146	1570	1420	5410	1760	712	104.0
大阪	16200	7800	20	85	2900	4080		67	36.0
兵库	80900	52200	1540	3140	2710	12600	384	6160	258.0
奈良	22900	12400	53	349	2830	4220	1230	311	60.0
和歌山	37500	9470	9	257	21300	4300	206	267	45.0
鸟取	38700	18800	292	886	3850	54600	605	6460	99.0
岛根	41100	27400	136	1360	2290	3990	820	3810	136.0
冈山	74300	45500	3150	3600	4400	6480	1240	8430	238.0
广岛	61000	35300	253	1710	8240	8040	625	5080	181.0
山口	52800	33200	751	778	5590	7260	471	3670	169.0
德岛	40500	16800	895	916	4920	11000	979	2100	81.0
香川	37900	20200	2020	807	4140	6750	558	1690	102.0
爱媛	66800	20800	2210	505	29100	8000	1100	3240	107.0
高知	34400	17200	131	403	3370	5940	1850	2580	81.0
福冈	109100	53300	17400	2280	10400	13600	2300	4930	269.0
佐贺	80500	37700	21200	2320	8320	6180	1530	2470	202.0
长崎	56300	18800	2920	894	7790	12500	1820	9340	88.0
熊本	136400	52500	5700	2430	16400	19200	9410	25800	274.0
大分	67000	33400	3040	2040	7430	7000	2140	10700	173.0
宫崎	90600	28300	1360	1110	4600	13500	4000	32900	145.0
鹿儿岛	145000	33600	5750	764	6530	19600	21600	34000	161.0
冲绳	39600	1130	15	81	2290	3450	23900	7070	3.7

续表8

县(都、道、府)	1995年牛奶产量(千吨)	1995年鸡蛋产量(千吨)	1995年度电力消费量(百万千瓦时)			1994年每天工业用水量(千立方米)		1995年道路长度(公里)		
			合 计	照 明	动 力	淡 水	海 水	国 道	县 道	市、镇、村道路
全国合计	**8382.0**	**2551.0**	**756975**	**224650**	**532325**	**147550**	**40132.0**	**53327**	**125512**	**957792**
北海道	3443.0	106.0	24445	9106	15338	6197	990.0	6279	11469	66965
青森	94.0	80.0	6758	2215	4543	824	36.0	1322	2378	14786
岩手	294.0	69.0	6981	2178	4804	400	218.0	1706	2939	27202
宫城	181.0	77.0	11841	3650	8192	1124	6.5	1134	2130	19586
秋田	46.0	36.0	6061	1799	4263	449	174.0	1269	2374	18346
山形	104.0	13.0	6325	1959	4365	321		1093	2482	11259
福岛	139.0	68.0	11683	3360	8323	1257	555.0	1988	3903	31391
茨城	196.0	146.0	21309	4945	16363	8112	2330.0	1094	3250	50015
栃木	300.0	64.0	15084	3377	11707	2348		906	2678	19289
群马	288.0	69.0	14632	3586	11046	1245		902	2391	30554
崎玉	138.0	68.0	33975	11604	22371	2101		803	2443	42182
千叶	329.0	132.0	32904	9969	22935	10807	6886.0	1091	2525	33859
东京	22.0	2.5	72037	24487	47550	1331	118.0	317	2284	20318
神奈川	110.0	31.0	48444	14533	33911	9821	3403.0	686	1413	22626
新泻	92.0	62.0	14150	4076	10074	2454		2015	4463	28663
富山	27.0	32.0	9908	2006	7902	2425		477	2149	9697
石川	35.0	34.0	7407	2238	5169	475		587	1868	9493
福井	14.0	12.0	6449	1591	4858	1039		761	1481	7593
山梨	30.0	11.0	5496	1662	3834	374		595	1339	8432
长野	186.0	17.0	13631	4138	9492	620		1720	3704	40181
岐阜	85.0	82.0	13547	3775	9772	1425		1520	3083	24099
静冈	123.0	67.0	28198	6661	21537	5941	93.0	1250	3092	30984
爱知	260.0	138.0	54576	12544	42032	14698	2701.0	1274	4070	41655
三重	67.0	72.0	13535	3355	10180	5610	1025.0	1215	2710	19283
滋贺	34.0	13.0	11446	2310	9137	1614		652	1701	8436
京都	41.0	21.0	14763	5272	9491	853		839	2182	11447
大阪	27.0	5.1	57824	17460	40363	8133	1076.0	593	1721	15151
兵库	179.0	106.0	36241	9868	26373	8821	4460.0	1428	4344	27260
奈良	35.0	17.0	6922	2614	4308	79		780	1292	9680
和歌山	6.6	17.0	5917	2142	3775	2249	992.0	1000	1805	9534
鸟取	59.0	12.0	3046	1101	1945	149	0.1	527	1593	5837
岛根	61.0	17.0	3884	1333	2551	412	2.5	917	2483	13935
冈山	177.0	92.0	14315	3599	10717	9860	2128.0	1020	3487	25832
广岛	81.0	101.0	16524	5383	11141	6032	1182	1443	3526	21509
山口	30.0	42.0	11043	2717	8326	8020	6087.0	1104	2706	11342
德岛	71.0	17.0	4658	1575	3084	1204	101.0	713	1719	11550
香川	52.0	67.0	6443	1958	4484	732	571.0	368	1516	7417
爱媛	58.0	49.0	7939	2753	5186	3038	811.0	1086	2837	12834
高知	30.0	8.4	4104	1518	2586	355	79.0	1065	2043	9567
福冈	131.0	70.0	26596	8408	18188	5409	1644.0	1071	3433	30313
佐贺	45.0	18.0	4759	1400	3358	417	0.7	589	1147	7901
长崎	74.0	44.0	6167	2456	3711	81	193.0	944	1579	14706
熊本	242.0	53.0	8765	2923	5842	1048	84.0	1249	2958	19849
大分	86.0	39.0	6936	2060	4875	5066	1865.0	1033	2412	13004
宫崎	123.0	81.0	5673	1890	3782	1688	34.0	1182	1983	15414
鹿儿岛	97.0	154.0	7781	2800	4981	508	68.0	1259	3469	20939
冲绳	38.0	19.0	5854	2295	3559	384	220.0	464	960	5878

续表9

	1996财政年度末车辆拥有量(千辆)			1994财年县财政收支(百万日元)			1995年10月1日医院情况	
	合 计	#乘用车	#卡 车	收 入	支 出	盈 余	医院数(个)	病床数(张)
全国合计	**71776**	**47215**	**19857**	**50933708**	**50144684**	**789024**	**9606**	**1669951**
北海道	3377	2279	849	2821902	2802954	18948	657	109793
青森	895	534	308	767252	760777	6475	112	21459
岩手	881	534	297	803835	783839	19996	111	21702
宫城	1402	923	393	882207	860209	21998	155	25992
秋田	766	462	262	714470	707136	7334	86	18153
山形	844	517	280	662807	654255	8552	69	14370
福岛	1406	884	442	939885	928397	11489	166	33419
茨城	2104	1399	593	1057631	1041253	16378	231	33614
栃木	1425	953	387	745562	728157	17405	121	21769
群马	1553	1026	442	742996	726694	16302	141	24666
崎玉	3490	2505	758	1643790	1628874	14916	377	59348
千叶	3065	2159	710	1513749	1490149	23599	306	54244
东京	4651	3095	998	6733668	6687234	46434	721	136345
神奈川	3743	2703	704	1866509	1853986	12523	371	74786
新泻	1629	1005	523	1210370	1195811	14559	138	30334
富山	796	527	231	597650	576998	20651	120	17743
石川	778	524	213	585579	577278	8301	129	21592
福井	583	375	181	517074	507356	9718	98	12548
山梨	648	404	206	490274	471118	19156	61	11091
长野	1682	1016	568	1065591	1044676	20915	149	25004
岐阜	1478	995	409	805701	792477	13224	122	21911
静冈	2499	1634	709	1271674	1254582	17092	184	39443
爱知	4426	3091	1085	2129022	2110691	18331	412	72268
三重	1277	823	386	734754	717601	17154	122	21885
滋贺	816	538	237	599317	587375	11942	61	13201
京都	1290	859	334	846116	840547	5569	203	38155
大阪	3753	2481	980	2534581	2512323	22258	593	120458
兵库	2729	1833	701	1940153	1923562	16591	354	64044
奈良	741	506	195	538865	531821	7044	73	15273
和歌山	688	406	242	569629	558062	11566	96	15585
鸟取	406	243	145	410214	403347	6867	42	8712
岛根	488	295	170	582353	570275	12078	63	11752
冈山	1327	836	421	823373	810671	12702	201	32785
广岛	1649	1081	470	1069796	1061102	8694	284	40998
山口	970	630	292	728858	721285	7573	161	29688
德岛	558	335	196	579264	553543	25721	132	17408
香川	675	416	223	482680	472140	10541	125	18191
爱媛	904	532	321	746666	666549	80117	161	24629
高知	523	296	196	605377	590848	14530	155	21646
福冈	2835	1882	783	1438028	1415268	22761	493	92144
佐贺	572	348	196	499252	492223	7028	117	15974
长崎	820	505	264	759873	745040	14832	182	29966
熊本	1142	704	380	968470	945515	22954	236	37648
大分	775	483	254	674772	654640	20132	165	21344
宫崎	807	475	290	625193	614992	10201	169	20730
鹿儿岛	1148	660	425	1004297	975667	28630	293	36559
冲绳	756	505	208	602629	595384	7245	88	19582

续表10

	1995年10月1日普通诊所情况		1995年10月1日牙科	1994年医生数	1994年平均每十万人口的	1994年牙科医生数	1994年药剂师数
	诊所数(个)	病床数(张)	诊所数(个)	(人)	医生数(人)	(人)	(人)
全国合计	**87069**	**259245**	**58407**	**230519**	**184.4**	**81055**	**176871**
北海道	3242	16455	2676	10249	180.5	3874	7601
青森	937	7921	513	2377	161.6	681	1347
岩手	835	5270	514	2332	164.7	931	1505
宫城	1379	7583	895	3996	173.7	1392	3144
秋田	741	3193	445	1998	164.4	571	1313
山形	820	2575	428	2132	170.2	562	1245
福岛	1268	5142	780	3455	162.5	1120	2424
茨城	1405	4480	1158	3653	124.5	1434	3737
栃木	1190	4841	862	3339	169.2	1151	2194
群马	1302	3926	793	3478	174.5	1019	2139
崎玉	3188	7081	2522	7237	108.1	3361	7234
千叶	3069	6486	2524	7262	126.2	3644	7187
东京	11265	10889	9241	29826	253.4	13107	25984
神奈川	5108	6572	3852	12736	155.6	5482	11003
新泻	1597	2928	1025	3875	156.1	1877	2668
富山	749	3194	400	2157	192.2	516	2330
石川	763	2718	419	2814	239.9	571	1998
福井	529	2634	277	1469	177.6	348	1089
山梨	567	1625	390	1471	169.3	504	947
长野	1339	4389	898	3493	160.5	1404	2806
岐阜	1272	3483	820	3048	145.8	1217	2394
静冈	2377	5198	1535	5701	153.1	2032	4952
爱知	4076	8882	3171	11117	163.0	4260	8693
三重	1254	3522	739	3014	165.0	931	1903
滋贺	769	1061	439	2142	168.8	542	1592
京都	2321	1981	1178	6444	247.5	1453	3945
大阪	7292	7249	4726	18235	209.4	5772	16853
兵库	4174	6864	2523	9732	176.5	2948	8595
奈良	911	1187	606	2349	165.2	749	1774
和歌山	986	2929	543	2189	202.3	662	1598
鸟取	518	2012	244	1471	239.2	322	808
岛根	721	2185	282	1655	214.9	360	704
冈山	1566	5347	895	4405	227.2	1416	2341
广岛	2466	7987	1314	6004	208.8	1951	4330
山口	1308	4345	644	3160	202.6	861	2239
德岛	725	4609	384	2070	249.7	704	2073
香川	706	3931	392	2244	218.7	532	1478
爱媛	1131	8424	609	3094	205.2	780	1900
高知	562	3449	326	1951	239.7	424	1256
福冈	3838	16803	2554	11609	237.1	4068	6777
佐贺	616	4441	352	1735	197.2	505	1275
长崎	1363	8565	692	3486	225.0	1107	1870
熊本	1383	10685	694	4245	229.3	974	2137
大分	866	6471	511	2403	195.0	672	1299
宫崎	789	6095	453	2105	179.5	591	1130
鹿儿岛	1209	9311	680	3502	196.0	1079	1728
冲绳	577	2327	489	2060	163.6	594	1332

注:① 日本财政年度为当年4月1日至次年3月31日。

资料来源:《日本统计年鉴》1997年。

15－3 阿根廷各省主要统计指标

	土地面积(平方公里)	1980－91年人口年均增长率(%)	1990－92年平均期望寿命(岁)			1995年人口出生率(‰)	1995年人口死亡率(‰)	1995年婴儿死亡率(‰)	1990年人口数(人)	1995年人口数(人)
			合计	男	女					
全国合计	**2780400**	**14.7**	**71.93**	**68.44**	**75.59**	**18.9**	**7.7**	**22.2**	**32527095**	**34768456**
联邦首都区	200	1.4	72.72	69.17	76.45	13.4	11.8	13.1	2990749	3027886
布宜诺斯艾利斯省	307571	14.1	72.09	68.53	75.78	16.4	7.9	22.2	12571714	13379401
卡塔马卡省	102602	23.1	70.61	67.40	73.96	26.5	5.9	26.1	261627	289212
科尔多瓦省	165321	13.2	72.79	69.15	76.60	18.1	8.0	20.5	2763800	2929734
科连特斯省	88199	17.6	70.09	67.16	73.16	25.0	6.3	27.3	791917	857685
查科省	99633	17.2	69.20	65.64	72.55	24.8	6.4	32.8	836021	895900
丘布斯特省	224686	29.4	70.58	67.26	74.04	21.8	5.3	20.3	351861	399125
恩特雷里奥斯省	78781	11.1	71.61	68.13	75.26	20.9	8.1	20.5	1020801	1069102
福莫萨省	72066	28.6	69.37	66.27	72.62	29.2	5.8	30.5	392789	447094
胡胡伊省	53219	21.3	68.37	65.24	71.65	24.6	5.7	26.4	508078	555097
拉潘帕省	143440	21.2	71.57	68.15	75.15	20.1	7.4	17.4	257903	282356
拉里奥哈省	89680	28.4	70.38	67.04	73.89	24.7	5.9	22.1	217482	247575
门多萨省	148827	15.6	72.72	69.80	75.75	20.4	6.3	18.4	1407742	1508959
米西奥内斯省	29801	28.1	69.49	66.45	72.65	27.2	5.3	23.2	778158	884291
内乌青省	94078	45.2	71.39	68.30	74.67	22.5	3.8	14.1	377915	463266
里奥内格罗省	203013	26.8	70.87	67.54	74.36	18.8	4.7	20.8	500202	559590
萨尔塔省	155488	25.7	68.92	66.13	71.84	25.0	5.6	26.8	855851	958094
圣胡安省	89651	12.0	71.13	68.10	74.30	23.0	7.0	25.2	528451	555223
圣路易斯省	76748	27.8	70.79	67.64	74.07	23.8	6.5	23.1	282626	321890
圣克鲁斯省	243943	31.7	70.41	67.11	73.90	23.9	5.0	21.9	157149	181198
圣非省	133007	12.1	72.29	68.50	76.28	18.1	8.5	17.6	2798722	2949050
圣地亚哥－德埃斯特罗省	136351	11.6	69.83	67.13	72.73	20.0	6.1	23.3	672092	700114
火地岛区	21571	91.9	70.16	66.85	73.64	26.1	2.4	11.1	64861	89992
图库曼省	22524	15.3	71.01	68.08	74.13	20.8	6.6	28.9	1138585	1216623

续表1

	1991年男性人口数(人)				1991年女性人口数(人)				1996年病床数(张)
	总　计	0－14岁	15－64岁	65岁及以上	总　计	0－14岁	15－64岁	65岁及以上	
全国合计	**15937980**	**5040402**	**9684919**	**1212659**	**16677548**	**4930185**	**10067035**	**1680328**	**77343**
联邦首都区	1344041	286557	882023	175461	1621362	279227	1034002	308133	9036
布宜诺斯艾利斯省	6168076	1841827	3839712	486537	6426898	1801270	3961547	664081	26760
卡塔马卡省	131398	49166	74263	7969	132836	48014	74829	9993	886
科尔多瓦省	1349468	406277	835914	107277	1417215	397705	870068	149442	6487
科连特斯省	393252	149961	220795	22496	402342	145419	228923	28000	2122
查科省	423479	163796	239423	20260	416198	159992	233703	22503	1821
丘布斯特省	181215	64026	108869	8320	175974	62508	104060	9406	907
恩特雷里奥斯省	500466	167153	295645	37668	519791	164282	303420	52089	4413
福莫萨省	201449	80672	111378	9399	196964	78440	109299	9225	985
胡胡伊省	252590	101010	140414	11166	259739	99778	147275	12686	1756
拉潘帕省	130932	41076	79474	10382	129064	40114	76304	12646	833
拉里奥哈省	110469	40432	63660	6377	110260	39843	62780	7637	685
门多萨省	690872	228859	414353	47660	721609	222270	438585	60754	2556
米西奥内斯省	397953	160849	219812	17292	390962	156633	216186	18143	1490
内乌肯省	196628	73195	116656	6777	192205	71097	112946	8162	927
里奥内格罗省	254153	90542	151304	12307	252619	89060	149113	14446	1100
萨尔塔省	429522	167514	241286	20722	436631	165687	247832	23112	2543
圣胡安省	256634	89826	150893	15915	272081	88190	164961	18930	1143
圣路易斯省	143778	47753	86783	9242	142680	46777	84258	11645	734
圣克鲁斯省	83758	28163	52571	3024	76081	27481	45493	3107	603
圣非省	1363858	418153	823934	121771	1434564	408432	854559	171573	5477
圣地亚哥－德埃斯特罗	336155	130727	184080	21348	335833	128231	182722	24880	1622
火地岛区	36733	12722	23342	669	32636	12184	19795	657	169
图库曼省	561101	200146	328335	32620	581004	197551	344375	39078	2188

续表2

	1996年就业率(%)①	1996年公开失业率(%)①	1996年年中牛存栏数(千头)		1994年企业数(个)			1994年7月就业人数(千人)		
			合 计	#奶 牛	合 计	制造业	贸易和服务业	合 计	制造业	贸易和服务业
全国合计	**22.3**	**17.4**	**50861**	**20975**	**1087108**	**104970**	**951316**	**4529**	**1125**	**2877**
联邦首都区	18.6	12.8			184339	17348	162854	1075	189	726
布宜诺斯艾利斯省	23.5	22.0	18222	7762	369038	41202	319302	1512	491	376
卡塔马卡省	30.7	12.7	203	87	7069	515	6175	27	7	16
科尔多瓦省			7103	2459	108333	9734	95664	398	89	267
科连特斯省	23.0	15.4	3659	1889	19858	1068	18163	63	10	43
查科省	20.8	14.9	2475	1040	20887	1867	18390	62	11	44
丘布斯特省	17.8	11.9	123	61	12447	899	11016	55	12	35
恩特雷里奥斯省	20.7	10.7	4140	1697	31216	2524	27458	102	21	69
福莫萨省	17.2	8.1	1093	476	8394	849	7271	24	4	17
胡胡伊省	14.4	12.5	97	39	14662	894	13321	47	10	32
拉潘帕省	9.5	8.6	3115	1156	10292	863	8714	30	5	21
拉里奥哈省	19.8	10.5	199	88	6573	432	5913	25	8	15
门多萨省	28.5	6.6	313	199	46690	4723	40749	171	41	109
米西奥内斯省	24.8	7.5	264	100	16206	1666	13966	60	16	36
内乌肯省	23.8	12.3	147	70	13328	973	11753	51	6	35
里奥内格罗省		12.5	466	259	16160	1209	14278	61	8	46
萨尔塔省	17.5	16.3	389	157	22601	1426	20413	76	12	55
圣胡安省	30.9	9.6	38	15	13015	1192	11409	49	13	30
圣路易斯省	32.8	8.5	1178	615	9040	959	7635	49	24	20
圣库鲁斯	12.8	6.3	42	22	5327	333	4613	21	3	14
圣非省	13.4	18.2	6633	2391	108427	11732	92983	404	109	257
圣地亚哥－德埃斯特罗省	15.7	12.4	805	325	14446	867	12872	43	5	33
火地岛区	24.2	10.1	20	9	2712	265	2299	16	6	9
图库曼省	29.4	21.8	138	60	26048	1430	23905	108	26	70

注: ① 为当年10月各省区中心城市数据。
资料来源:《阿根廷统计年鉴》1997年。

15－4　韩国各道、市主要统计指标

	1996年底土地面积(平方公里)	1990年人口数(千人)	1995年人口数(千人)			1996年农业人口数(千人)	1996年耕地面积(公顷)			1996年平均每个农户耕地面积(公亩)
			合　计	男	女		合　计	#水 田	#旱 田	
全国合计	**99313.46**	**43411**	**44609**	**22389**	**22219**	**4692**	**1945480**	**1176148**	**769332**	**131.5**
汉城市	605.58	10613	10231	5139	5092	14	2130	762	1368	64.9
釜山市	749.37	3798	3814	1901	1914	40	10958	8425	2533	108.7
大邱市	885.56	2229	2449	1234	1216	48	12731	7461	5270	99.6
仁川市	955.95	1818	2308	1166	1142	56	25698	19334	6364	149.6
光州市	501.32	1139	1258	627	631	40	14488	10621	3867	129.6
大田市	539.89	1050	1272	643	629	29	7105	3789	3316	95.7
京畿道	10130.23	6156	7650	3865	3785	603	219558	134200	85358	136.0
江原道	16535.52	1580	1466	741	726	278	121554	51879	69657	145.5
忠清北道	7433.07	1390	1397	700	697	322	140305	67815	72490	141.6
忠清南道	8584.49	2014	1767	888	878	602	266625	190909	75716	143.7
全罗北道	8046.66	2070	1902	943	960	472	226886	168640	58246	152.0
全罗南道	11913.30	2507	2067	1024	1043	703	331746	217456	114290	134.9
庆尚北道	19020.62	2861	2676	1336	1341	756	307488	160067	147421	120.1
庆尚南道	11566.29	3672	3846	1935	1991	588	201893	134567	67326	102.3
济州道	1845.60	515	505	249	256	142	56318	205	56110	142.6

续表1

	1996年稻谷产量(公吨)	1996年小麦和大麦产量(公吨)	1996年大豆产量(公吨)	1996年土豆产量(公吨)	1996年杂粮产量(公吨)	1996年水果产量(公吨)	1996年森林面积(公顷)	1995年制造业和矿业企业数(个)	1995年制造业和矿业工人数(人)	1995年制造业和矿业交货额(百万韩圆)
全国合计	**5322962**	**298889**	**160081**	**250742**	**83473**	**2207039**	**6447936**	**97284**	**2981813**	**360579069**
汉城市	3261	105	25	15	1858	12177	20295	369866	28635537	
釜山市	27494	69	171	247	267	1696	33900	9546	232735	17351197
大邱市	29005	1131	688	1057	283	14670	49204	7240	168217	13311046
仁川市	93923	259	1126	1101	241	2999	38935	7680	245790	28389319
光州市	45606	3351	755	580	161	8587	19816	1226	53068	6386884
大田市	15280	57	507	357	119	14035	28295	1464	45202	4625891
京畿道	620026	309	12471	12999	4533	107934	489501	25694	768101	92046557
江原道	213189	1105	9895	48600	38899	15623	657140	1540	50362	5093825
忠清北道	300424	342	12709	6981	18078	160930	436936	2195	111644	15420291
忠清南道	898843	2404	12898	7950	1189	144819	429025	2843	114106	14902738
全罗北道	817399	53757	10169	23613	2192	66977	390280	2399	82744	8725308
全罗南道	1026997	165465	52047	56025	3701	139349	665549	2771	79582	17848069
庆尚北道	664597	8219	21431	14910	8752	762265	1122638	4967	225257	31903634
庆尚南道	566325	42976	13208	34443	4481	234627	729669	7115	430231	75600570
济州道	593	19445	11901	41854	562	530670	94211	309	4905	338209

续表2

	1995年独立住房（户）	1996年完工住宅（套）	1996年道路长度（公里）		1995年高速公路长度（公里）	1995年自来水普及率（%）	1993年服务业概况			
			合计	#有路面			企业数（个）	工人人数（千人）	销售收入（十亿韩圆）	固定资本投资（十亿韩圆）
全国合计	**4337105**	**592132**	**82342**	**59840**	**1886**	**83.6**	**440746**	**2126349**	**35640**	**5479**
汉城市	561947	104801	7684	6709	18	99.9	121257	714911	14345	2423
釜山市	286812	42600	2203	2158	27	97.7	41697	175995	2494	254
大邱市	185152	29490	1826	1774	78	98.4	25999	105513	1976	168
仁川市	127567	27232	1699	1492	34	95.3	19885	81651	1498	151
光州市	95216	16920	1038	1034	17	93.1	14632	63491	935	137
大田市	85870	11793	1904	1306	43	93.8	13745	71687	1397	444
京畿道	501022	139894	10080	8439	332	83.6	62216	267943	3966	592
江原道	225049	26741	7646	4919	234	76.2	14085	66510	988	117
忠清北道	198679	17221	5664	3444	156	64.9	12927	53902	779	106
忠清南道	331152	40983	5350	3813	67	45.0	14868	66251	816	112
全罗北道	305106	21861	6056	3980	145	67.1	18078	84226	1221	244
全罗南道	427880	21781	7845	5467	155	49.8	19231	80622	1102	129
庆尚北道	463205	32967	9260	6205	228	62.3	23007	108965	1625	238
庆尚南道	467365	53751	11560	7157	350	72.2	33793	156024	2082	283
济州道	75083	4097	2529	1944		100.0	5326	28658	413	80

续表3

	1996年机动车拥有量（辆）					1996年收到国内邮件（千件）	1996年收到国内包裹（千件）	1996年电话用户（千户）	1995年国内生产总值	
	合计	#乘用车	#卡车	#专用车辆	#摩托车				十亿韩圆	占全国的%
全国合计	**9553092**	**6893633**	**1962564**	**33884**	**2437790**	**3778214**	**23776**	**19601**	**350339.5**	**100.0**
汉城市	2168182	1704493	319138	2185	411952	2034761	11629	5326	84782.7	24.2
釜山市	671958	476275	141138	4298	132885	226366	1412	1610	23563.9	6.7
大邱市	579557	428237	115777	858	151821	153475	875	1119	13902.1	4.0
仁川市	503645	367216	94426	3223	80735	118946	539	1342	17684.0	5.0
光州市	258799	187848	54061	907	47180	95857	524	520	8103.2	2.3
大田市	293887	221891	53476	651	58181	110455	598	543	7646.5	2.2
京畿道	1809624	1336358	333201	5380	343251	268264	2117	2751	58714.2	16.8
江原道	323942	217681	79270	1189	96477	91828	1043	639	9336.9	2.7
忠清北道	298534	199617	76017	1398	119083	85375	429	578	11339.5	3.2
忠清南道	353176	223811	103207	1468	173205	92110	619	735	14459.8	4.1
全罗北道	367377	238959	102900	958	125554	95781	652	765	12891.2	3.7
全罗南道	345514	206181	108943	3184	155433	93753	844	822	18289.1	5.2
庆尚北道	592455	395041	156489	2767	259230	117431	959	1022	23555.0	6.7
庆尚南道	862613	614436	186790	5263	249494	168734	1320	1616	42440.4	12.1
济州道	123829	75589	37731	155	33299	25079	216	212	3630.9	1.0

续表4

	国内生产总值增长率(%)			国内生产总值缩减指数(1990年=100)			1995年国内生产总值的行业构成(十亿韩圆)			
	1993年	1994年	1995年	1993年	1994年	1995年	合计	#农业	#矿业	#制造业
全国合计	**6.4**	**8.6**	**8.4**				**350339.5**	**23436.5**	**1061.9**	**108091.5**
汉城市	8.4	3.2	5.2	122.0	130.0	136.4	82803.1	331.0	5.6	9377.5
釜山市	3.9	6.1	5.9	123.3	129.5	138.0	23563.9	685.4	4.4	5269.8
大邱市	6.6	9.1	11.7	123.7	128.6	135.8	13902.1	137.8	4.2	3474.2
仁川市	5.9	8.9	13.4	122.8	126.5	133.8	17684.0	306.9	37.0	8587.7
光州市	9.4	7.5	10.2	124.1	132.5	140.3	8103.2	231.1	2.2	2159.5
大田市	6.3	2.9	3.8	122.7	129.9	138.2	7646.5	63.0	2.9	1777.7
京畿道	8.1	11.4	12.2	118.3	122.2	128.1	58714.2	2299.6	187.5	27339.8
江原道	3.9	6.0	7.1	125.1	133.5	142.6	9336.9	1126.7	258.8	1632.1
忠清北道	9.8	11.1	7.3	123.4	131.7	140.4	11339.5	1368.0	77.6	4364.8
忠清南道	8.2	13.8	8.8	129.2	138.6	147.0	14459.8	2731.3	91.5	3862.8
全罗北道	6.6	8.5	7.6	126.5	135.0	145.2	12891.2	2313.5	50.7	3214.8
全罗南道	5.4	12.4	8.9	121.4	121.7	129.0	18289.1	3965.7	104.6	5146.7
庆尚北道	3.6	14.5	4.4	121.8	127.3	137.6	23555.0	3603.3	129.2	8635.8
庆尚南道	2.0	13.1	11.5	125.8	134.4	140.6	42440.4	3072.2	94.7	23118.6
济州道	0.5	4.2	8.3	120.4	140.6	150.8	3630.9	1201.2	11.3	129.8

续表5

	1995年国内生产总值的行业构成(十亿韩圆)							1996年医疗保健机构(个)			1997年小学和初中入学率(%)
	电、气、水	建筑业	商业、饭馆和旅馆	交通、仓储和通讯	金融保险、不动产和产业服务	政府服务	私人非营利组织	合计	医院和诊所	牙科	
全国合计	7896.5	43402.3	40094.3	26088.8	67017.5	23337.3	8422.9	34776	15694	8775	96.9
汉城市	665.9	7143.2	17777.1	9709.4	31560.0	5233.1	2796.0	9540	4399	2907	95.7
釜山市	325.2	3025.0	4044.3	2793.4	4965.9	1650.2	685.2	2866	1418	750	96.7
大邱市	156.7	2066.7	2367.3	1134.8	3150.3	903.0	457.2	2043	951	551	97.9
仁川市	519.5	1998.5	1147.8	1447.5	2407.0	812.8	278.1	1469	764	391	97.4
光州市	75.1	1318.0	1077.2	724.7	1477.6	641.0	310.9	977	534	305	95.5
大田市	76.7	1089.4	1356.7	605.6	1394.3	948.8	274.3	1115	563	273	96.6
京畿道	1585.0	8537.9	3459.6	2092.0	8480.6	2804.5	1080.2	5106	2577	1350	96.7
江原道	212.5	1697.3	1031.4	746.2	1158.4	1235.7	243.9	1018	420	198	96.9
忠清北道	157.1	1544.1	672.3	622.9	1346.5	945.7	204.1	1070	444	169	97.2
忠清南道	706.5	2550.7	824.8	675.7	1526.6	1169.7	316.0	1372	520	222	97.3
全罗北道	181.9	1925.9	1242.0	725.1	1477.5	1318.2	392.1	1655	670	312	97.2
全罗南道	912.1	2343.9	948.1	1434.2	1635.4	1607.0	236.2	1538	551	272	98.4
庆尚北道	788.6	3262.4	1346.9	1074.6	2448.9	1720.3	549.9	1920	642	372	98.0
庆尚南道	1487.5	4446.6	2344.3	1988.1	3418.9	1985.8	535.5	2712	1076	601	97.4
济州道	46.3	452.7	454.2	314.6	569.6	361.4	63.6	375	165	102	98.2

资料来源:《韩国统计年鉴》1997年。

十六、主要企业指标

16－1 1997年按销售额排序的世界最大的500家公司

公司名称	国家/地区	销售额排序		销售额(百万美元)	销售额比上年增长%	利润额(百万美元)	利润额比上年增长%	资产额(百万美元)	股票市值(百万美元)	雇员(千人)	行业(46)
		1997	1996								
GENERAL MOTORS	美国	1	1	178174	5.8	6698	35.0	228888	17506	608	30
FORD MOTOR	美国	2	2	153627	4.5	6920	55.6	279097	30734	364	30
MITSUI①	日本	3	3	142688	－1.6	269	－16.5	55071	5272	40	42
MITSUBISHI①	日本	4	4	128922	－8.0	388	－1.5	71408	7569	36	42
ROYAL DUTCH/SHELL GROUP	英国/荷兰	5	6	128142	0.0	7758	－12.7	113781	59982	105	31
ITOCHU①	日本	6	5	126632	－6.6	－774	－797.9	56308	2957	7	42
EXXON	美国	7	8	122379	2.5	8460	12.6	96064	43660	80	31
WAL－MART STORES②	美国	8	11	119299	12.4	3526	15.4	45525	18502	825	18
MARUBENI①	日本	9	7	111121	－10.4	140	－21.4	55403	3564	64	42
SUMITOMO①	日本	10	9	102395	－14.2	210		42866	4319	30	42
TOYOTA MOTOR①	日本	11	10	95137	－12.5	3701	8.0	104	45158	159	30
GENERAL ELECTRIC	美国	12	12	90840	14.7	8203	12.7	304012	34438	276	10
NISSHO IWAI①	日本	13	13	81893	－3.8	25	－81.9	40799	2020	18	42
INRL. BUSINESS MACHINES	美国	14	15	78508	3.4	6093	12.2	81499	19816	269	8
NIPPON TELEGRAPH & TELEPHONE①	日本	15	14	76984	－1.7	2361	77.5	113410	35990	226	40
AXA	法国	16	78	76874	94.3	1357	82.3	401206	13075	81	23
DAIMLER－BENZ	德国	17	20	71561	1.0	4639	161.2	76191	19511	300	30
DAEWOO	韩国	18	24	71526	9.8	527	12.5	44861	6325	265	30
NIPPON LIFE INSURANCE①	日本	19	18	71388	－1.6	2118	－24.3	316530	5575	76	22
BRITISH PETROLEUM	英国	20	21	71194	1.9	4046	1.5	54099	23221	56	31
HITACHI①	日本	21	16	68567	－9.4	28	－96.4	75838	24303	331	10
VOLKSWAGEN	德国	22	23	65328	－1.8	772	76.4	56517	7793	280	30
MATSUSHITA ELECTRIC INDUSTRIAL①	日本	23	22	64281	－5.7	763	－37.7	64218	28272	276	10
SIEMENS③	德国	24	25	63755	0.1	1427	－24.0	55546	15109	386	10
CHRYSLER	美国	25	26	61147	－0.4	2805	－20.5	60418	11362	121	30
MOBIL	美国	26	19	59978	－17.0	3272	10.4	43559	19461	43	31
U.S. POSTAL SERVICE③	美国	27	29	58216	3.2	1264	－19.3	53138		898	26
ALLIANZ	德国	28	28	56785	0.4	1172	6.9	211442	9588	73	25
PHILIP MORRIS	美国	29	30	56114	2.9	6310	0.1	55947	14920	152	41
SONY①	日本	30	33	55033	9.5	1809	46.1	48016	13615	173	10
NISSAN MOTOR①	日本	31	27	53478	－9.5	－115	－116.5	59121	9617	137	30
AT&T	美国	32	17	53261	－28.5	4638	－21.5	58635	22647	128	40
FIAT	意大利	33	32	52569	4.1	1419	－7.7	69028	14447	239	30
HONDA MOTOR①	日本	34	38	48876	4.0	2123	8.1	36110	12058	109	30
UNILEVER	英国/荷兰	35	31	48761	－6.4	5463	118.6	31671	12203	287	15
NESTLE	瑞士	36	36	48254	－1.4	2761	0.4	37487	16736	226	15
CREDIT SUISSE④	瑞士	37	106	48242	74.5	274		472768	16212	62	30
DAI-ICHI MUTUAL LIFE INSURANCE①	日本	38	34	47442	－3.5	1492	－23.1	214994	2247	65	22
BOEING⑤	美国	39	144	45800	101.9	－178	－116.3	38024	12953	239	1
TEXACO	美国	40	44	45187	1.4	2664	32.0	29600	12766	29	31
TOSHIBA①	日本	41	37	44467	－8.2	60	－90.0	45460	9011	186	10

续表 1

公司名称	国家/地区	销售额排序		销售额(百万美元)	销售额比上年增长%	利润额(百万美元)	利润额比上年增长%	资产额(百万美元)	股票市值(百万美元)	雇员(千人)	行业(46)
		1997	1996								
STATE FARM INSURANCE COS.	美国	42	49	43957	2.7	3833	49.3	103626	37635	73	24
VEBA GROUP	德国	43	42	43881	−3.0	1621	−0.7	44813	12320	130	42
ELF AQUITAINE	法国	44	39	43572	−6.9	960	−29.6	42049	13944	84	31
TOMEN①	日本	45	40	43400	−6.7	−179	−524.3	17671	640	11	42
TOKYO ELECTRIC POWER①	日本	46	43	42997	−3.9	1102	52.2	107587	11714	43	43
HEWLETT−PACKARD⑥	美国	47	60	42895	11.6	3119	20.6	31749	16155	122	8
SUMITOMO LIFE INSURANCE①	日本	48	45	42279	−4.1	1094	−41.1	177845	2409	65	22
E.I. DU PONT DE NEMOURS	美国	49	55	41304	4.1	2405	−33.9	42942	11270	98	6
SEARS ROEBUCK	美国	50	61	41296	8.0	1188	−6.5	38700	5862	296	18
DEUTSCHE BANK	德国	51	56	40792	3.5	552	−61.6	579992	17843	76	3
FUJITSU①	日本	52	54	40613	1.6	46	−88.9	38418	8888	180	8
RWE GROUP⑦	德国	53	57	40233	2.4	814	−0.5	46279	4851	136	43
NEC①	日本	54	47	39927	−9.1	337	−58.6	37299	8030	152	10
ROYAL PHILIPS ELECTRONICS⑧	荷兰	55	51	39188	−4.5	2939		29316	9596	265	10
DEUTSCHE TELEKOM	法国	56	50	38969	−7.0	1905	63.1	90543	25967	216	40
ING GROUP	荷兰	57	64	38674	7.9	2104	6.8	305984	22745	64	23
TRAVELERS GROUP	美国	58	154	37609	76.2	3104	33.2	386555	20893	67	9
HSBC HOLDINGS	英国	59	96	37474	29.8	5496	13.1	471256	27055	133	3
PRUDENTIAL INS. CO. OF AMERICA	美国	60	53	37073		610		259482	19718	79	23
ENI	意大利	61	58	36962	−4.8	3004	4.1	49335	16764	80	31
ELECTRICITE DE FRANCE	法国	62	48	36673	−10.5	264	−27.8	113360	35220	116	43
CHEVRON	美国	63	59	36376	−6.0	3256	24.9	35473	17472	39	31
PROCTTER & GAMBLE⑦	美国	64	65	35764	1.4	3415	12.1	27544	12046	106	38
RENAULT	法国	65	63	35624	−1.0	930		38750	7299	141	30
PDVSA	委内瑞拉	66	73	34801	2.8	4772	6.2	47148	34555	57	31
BANK OF TOKYO−MITSUBISHI①	日本	67	41	34750	−25.2	−4272	−1281	690462	18175	18	3
CITICORP⑨	美国	68	49	34697	6.4	3591	−5.2	310897	21196	94	3
BMW(BAYERISCHE MOTOREN WERKE)	德国	69	66	34692	−0.1	719	33.1	29629	5627	118	30
CREDIT AGRICOLE	法国	70	67	34015	−1.7	1689	14.8	417974	20415	85	3
SK	韩国	71	46	33816	−23.2	125	−60.0	17930	3095	31	31
AMOCO	美国	72	77	32836	0.3	2720	−4.0	32489	16319	43	31
METRO	德国	73	62	32790	−10.3	320	−21.2	14133	2308	177	16
TOTAL	法国	74	70	32741	−5.1	1304	18.2	25214	11074	54	31
SUEZ LYONNAISE DES EAUX⑩	法国	75	182	32637	69.4	688	160.8	78653	8194	175	12
KMART②	美国	76	87	32183	2.4	249		13558	5434	258	18
BASF	德国	77	82	32178	−0.7	1867	0.7	26686	12808	105	6
PEUGEOT	法国	78	72	32004	−5.6	−474	−430.6	31472	8808	140	30
ALCATEL ALSTHOM GROUP	法国	79	85	31847	0.5	799	50.1	41845	7305	190	40
BAYER	德国	80	83	31731	−1.8	1697	−6.3	30124	13061	145	6
MERRILL LYNCH	美国	81	121	31731	26.9	1906	17.7	292819	8329	57	37
NICHIMEN①	日本	82	69	31362	−9.2	41	−5.4	15362	1144	18	42

续表 2

公司名称	国家/地区	销售额排序		销售额(百万美元)	销售额比上年增长%	利润额(百万美元)	利润额比上年增长%	资产额(百万美元)	股票市值(百万美元)	雇员(千人)	行业(46)
		1997	1996								
ABB ASEA BROWN BOVERI	瑞士	83	68	31265	−9.6	572	−53.6	29784	5283	213	10
MEIJI LIFE INSURANCE①	日本	84	75	31047	−6.4	1007	−36.1	127825	1885	40	22
MITSUBISHI ELECRIC①	日本	85	76	30967	−6.4	−863	−1240	31781	4686	115	10
ASSICURAZIONI GENERALI(11)	意大利	86	93	30816	4.0	605	−35.1	92678	6351	41	25
J. C. PENNY②	美国	87	132	30546	29.2	566	0.2	23493	7357	260	18
AMERICAN INTERNATIONAL GROUP	美国	88	100	30520	8.2	3332	15.0	163971	24001	40	25
MITSUBISHI MOTORS①	日本	89	80	30429	−6.7	−830	−905.7	25276	2622	27	30
CHASE MANHATTAN CORP.	美国	90	107	30381	10.8	3708	50.7	365521	21742	69	3
BELL ATLANTIC(12)	美国	91	328	30194	130.8	2455	30.5	53964	12789	141	40
HOECHST	德国	92	74	30055	−11.2	775	−44.8	33869	8904	118	6
MOTOROLA	美国	93	101	29794	6.5	1180	2.3	27278	13272	150	10
TIAA−CREF	美国	94		29348	18.5	1227	31.3	214296	5777	5	22
PEPSICO	美国	95	86	29292	−7.4	2142	86.4	20101	6936	136	4
CARREFOUR	法国	96	91	29003	−4.2	614	0.6	14448	3614	123	16
ABN AMERO HOLDING	荷兰	97	105	28946	4.7	1975	0.8	412533	12747	77	3
GAN	法国	98	84	28937	−10.3	49		151551	3245	12	3
SOCIETE GENERALE	法国	99	114	28725	10.4	1047	17.9	409091	10533	55	3
VIVENDI(13)	法国	100	81	28634	−11.7	924	142.1	42916	7464	193	13
VIAG	德国	101	99	28581	1.3	496	−6.5	32536	4485	96	42
PEMEX (PEROLEOS MEXICANOS)	墨西哥	102	97	28566	0.5	1003	−53.8	42716	19611	121	29
LOCKHEED MARTIN	美国	103	112	28069	4.4	1300	−3.5	28361	5176	173	1
PRUDENTIAL	英国	104	104	27906	0.3	1371	−37.6	178081	4579	22	23
HYUNDAI	韩国	105	109	27838	2.1	6	−29.0	1795	109	1	42
FANNIE MAE	美国	106	120	27777	10.9	3056	12.1	391673	13793	4	9
DAYTON HUDSON②	美国	107	117	27757	9.4	751	62.2	14191	4375	150	18
MORGAN STANLEY DEAN WITTER (14) (15)	美国	108		27132	200.5	2586	171.8	302287	13956	47	37
ROBERT BOSCH	德国	109	108	27027	−1.1	897	223.5	19411	6024	181	30
TESCO(16)	英国	110	150	26938	22.8	827	0.6	12247	6382	124	16
INDUSTRIAL BANK OF JAPAN①	日本	111	92	26918	−10.9	−1651	−1560	369174	9899	5	3
FRANCE TELECOM	法国	112	94	26854	−9.2	2547	518.0	46553	15575	165	40
BAT INDUSTRIES	英国	113	122	26802	7.5	1630	−30.7	84358	7818	82	41
KROGER	美国	114	119	26567	5.5	412	17.7	6301		212	16
KANEMATSU①	日本	115	88	26506	−14.1	−23		11976	326	9	42
ZURICH INSURANCE	瑞士	116	89	26469	−14.0	1232	33.7	117037	14162	43	25
LUCENT TECHNOLOGIES③	美国	117		26360		541		23811	3387	134	10
BT①	英国	118	130	26294	10.2	2802	−15.0	38995	18062	125	40
KONINKLIJKE AHOLD	荷兰	119	151	25921	19.6	479	27.6	9292	1524	142	16
DAIEI(16)	日本	120	98	25882	−8.5	10		17021	892	100	18
SAMSUNG	韩国	121	71	25804	−24.7	16	−75.7	9020	744	12	42
ITO−YOKADO(16)	日本	122	111	25607	−5.6	577	−13.7	15627	7428	102	16
MITSUBIDHI HEAVY INDUSTRIES①	日本	123	103	25222	−9.8	494	−55.0	35484	10265	67	21

续表 3

公司名称	国家/地区	销售额排序		销售额(百万美元)	销售额比上年增长%	利润额(百万美元)	利润额比上年增长%	资产额(百万美元)	股票市值(百万美元)	雇员(千人)	行业(46)
		1997	1996								
TELECOM ITALIA	意大利	124		25130		1531		46094	16900	126	40
INTEL	美国	125	161	25070	20.3	6945	34.7	28880	19295	64	11
NIPPON STEEL①	日本	126	110	25063	−7.8	48	58.1	35025	6589	86	28
ALLSTATE	美国	127	125	24949	2.7	3105	49.6	80918	15610	51	25
SBC COMMUNICATIONS(17)	美国	128	294	24856	78.8	1474	−29.8	42132	9892	118	40
CNP ASSURANCES	法国	129	116	24814	−2.3	281	−8.7	95291	2337	2	23
UNITED TECHNOLOGIES	美国	130	135	24713	5.1	1072	18.3	16719	4073	180	1
MUNCHENER RUCK⑦	德国	131	126	24609	1.7	371	8.9	93158	3282	18	25
COMPAQ COMPUTER(18)	美国	132	200	24584	35.8	1855	41.3	14631	9429	37	8
METROPOLITAN LIFE INSURANCE	美国	133	137	24374	4.9	1203	41.0	201907	14007	45	23
BANQUE NATIONALE DE PARIS	法国	134	127	24344	0.9	1022	35.5	338196	9812	52	3
THYSSEN③	德国	135	113	24298	−7.1	1247	518.9	17420	4035	128	21
HOME DEPOT②	美国	136	179	24156	23.7	1160	23.7	11189	7098	130	39
VOLVO	瑞典	137	136	24035	3.3	1356	−27.1	20575	7614	73	30
CONAGRA(19)	美国	138	123	24002	−3.3	615	225.6	11277	2472	82	15
BCE	加拿大	139	162	23974	16.1	−1110	−231.3	28160	6855	122	10
RAO GAZPROM	俄罗斯	140	146	23948	6.2	3938	115.7	107555	73448	362	12
J. SAINSBURY(20)	英国	141	156	23811	12.0	800	25.1	15280	6886	114	16
SAMSUNG ELECTROICS	韩国	142	124	23810	−3.6	−640	−569.7	18869	2671	84	10
FORTIS	比/荷	143	145	23797	5.1	1033	12.0	166658	7725	35	23
MERCK	美国	144	175	23637	19.2	4614	18.9	25812	12614	54	32
BANKAMERICA CORP.	美国	145	149	23585	6.9	3210	11.7	260159	19837	77	3
GTE	美国	146	155	23260	9.0	2794	−0.2	42142	8038	114	40
FUJI BANK①	日本	147	128	22912	−4.8	−2813	−390.6	413296	118322	15	3
CANON	日本	148	134	22813	−3.0	982	13.4	22011	8453	79	8
SANWA BANK①	日本	149	102	22806	−18.5	−1486	−747.2	427077	13723	20	3
JOHNSON & JOHNSON	美国	150	152	22629	4.7	3303	14.4	21453	12359	91	32
MANNESMANN	德国	151	139	22554	−2.1	282	10.8	16390	3850	121	21
SAFEWAY	美国	152	218	22484	30.2	557	21.0	8494	2149	147	16
WALT DISNEY③	美国	153	192	22473	19.9	1966	61.9	37776	17285	108	14
UNITED PARCEL SERVICE	美国	154	147	22458	0.4	909	−20.7	15912	6087	331	26
CREDIT LYONNAIS	法国	155	118	22421	−11.0	181	358.7	249084	5647	51	3
LLOYDS TSB GROUP	英国	156	166	22313	9.5	3825	55.5	260163	10291	83	3
IRI	意大利	157	35	22232	−54.7	2867	926.5	65251	7026	127	21
ENEL	意大利	158	129	22181	−6.9	1953	136.8	53770	18371	89	43
L.M. ERICSSON	瑞典	159	191	21956	17.0	1563	47.5	18577	6631	101	10
COSTCO(21)	美国	160	178	21874	11.8	312	25.5	5476	2468	43	39
WESTDEUTSCHE LANDESBANK	德国	161	163	21859	6.8	400	−11.3	335772	7402	30	3
ROYAL & SUN ALLIANCE	英国	162	167	21845	5.6	950	31.1	99546	11861	43	25
NATIONSBNK CORP.	美国	163	213	21734	24.1	3077	25.5	264562	21337	80	3
ASAHI MUTUAL LIFE INSURANCE ①	日本	164	115	21678	−14.8	577	−36.5	91308	1010	33	22

续表 4

公司名称	国家/地区	销售额排序		销售额(百万美元)	销售额比上年增长%	利润额(百万美元)	利润额比上年增长%	资产额(百万美元)	股票市值(百万美元)	雇员(千人)	行业(46)
		1997	1996								
KANSAI ELECTRIC POWER①	日本	165	138	21666	−6.5	630	28.6	52023	9374	26	43
DRESNER BANK	德国	166	153	21534	0.2	958	−6.2	376416	10297	46	3
NOVARTIS	瑞士	167	95	21494	−26.7	3592	92.7	35533	18375	87	32
SAKURA BANK①	日本	168	143	21292	−6.2	−719	−556.6	398649	12949	17	3
NATIONAL WESTMINSTER BANK	英国	169	141	21155	−7.1	1101	60.6	305082	12995	70	3
BARCLAYS BANK	英国	170	176	21129	7.3	1851	−27.7	451948	12539	84	3
USX	美国	171	159	21057	−0.1	988	4.8	17284	5400	41	31
SUMITOMO BANK①	日本	172	140	21008	−7.9	−2047	−777.2	482707	12535	15	3
BANK OF CHINA	中国	173	164	20927	2.5	1126	5.5	305446	22478	198	3
MCKESSON ①	美国	174	311	20857	32.8	155	15.7	5608	1407	14	44
JAPAN POSTAL SERVICE(22)	日本	175	131	20741	−12.4	837	−33.7	78513	34982	142	26
BELLSOUTH	美国	176	187	20561	8.0	3261	13.9	36301	15165	81	40
EAST JAPAN RAILWAY①	日本	177	148	20487	−8.2	540	−14.0	55356	5740	78	34
BANCO DO BRASIL	巴西	178	256	20310	29.7	532		97588	5379	76	3
ENRON	美国	179	320	20273	52.6	105	−82.0	23422	5618	16	12
SAMSUNG LIFE INSURANCE①	韩国	180	212	20269	15.6	65	25.1	19534	314	10	23
DIAGEO(23)(24)	英国	181	346	20217		1324		28948	10903	75	15
INTERNATIONAL PAPER	美国	182	169	20096	−0.2	−151	−149.8	26754	8710	82	17
CIGNA	美国	183	188	20038	5.7	1086	2.8	108199	7932	48	23
DOW CHEMICAL	美国	184	172	20018	−0.2	1808	−5.2	24040	7626	43	6
SARA LEE⑦	美国	185	195	19734	6.0	1009	10.2	12953	4280	141	15
DAI−ICHI KANGYO BANK①	日本	186	165	19713	−3.3	−587		432190	13799	17	3
MCI COMMUNICATIONS	美国	187	197	19653	6.3	2	−99.8	25305	11164	59	40
LOEWS	美国	188	173	19648	−1.6	794	−42.7	69577	9655	30	25
COMMERCIAL UNION(25)	英国	189	198	19591	6.7	609	−1.7	97317	7382	26	25
UNION BANK OF SWITZERLAND(26)	瑞士	190	190	19446	2.9	−89		395986	14389	28	3
MITSUI MUTUAL LIFE INSURANCE ①	日本	191	158	19433	−8.4	521	−34.2	81751	804	24	22
ATLANTIC RICHFIELS	美国	192	185	19272	0.5	1771	6.5	25322	8680	24	31
COMMERZBANK	德国	193	177	19254	−2.2	763	−3.5	287469	8796	29	3
JUSCO(27)	日本	194	170	19147	−4.8	58	−78.7	12692	2571	41	16
AMERICAN STORES	美国	195	193	19139	2.5	281	−2.3	8536	2309	121	16
TOHO MUTUAL LIFE INSURANCE ①	日本	196	381	19107	63.7	89	−18.7	22508	170	2	22
PROMODES	法国	197	168	18962	−6.3	277	13.8	8315	1587	51	16
CATERPILLAR	美国	198	232	18925	14.5	1665	22.6	20756	4679	60	21
NEW YORK LIFE INSURANCE	美国	199	214	18899	8.9	651	12.3	84067	4622	7	22
YASUDA MUTUAL LIFE INSURANCE ①	日本	200	189	18885	−0.1	826	−32.9	71052	1154	21	22
COCA−COLA	美国	201	196	18868	1.7	4129	18.2	16940	7311	30	4
CHIYODA MUTUAL LIFE INSURANCE ①	日本	202	224	18850	12.3	130	−40.9	37707	509	19	22
COLUMBIA/HCA HEALTHCARE	美国	203	174	18819	−5.5	−305	−120.3	22002	7250	285	19
AMR	美国	204	208	18570	4.6	985	−3.1	20915	6216	110	2
AETNA	美国	205	222	18740	11.0	901	38.4	96001	11195	40	23

续表 5

公司名称	国家/地区	销售额排序		销售额(百万美元)	销售额比上年增长%	利润额(百万美元)	利润额比上年增长%	资产额(百万美元)	股票市值(百万美元)	雇员(千人)	行业(46)
		1997	1996								
SAINT－GOBAIN	法国	206	205	18347	2.7	964	14.1	22560	9173	107	5
CHUBU ELECTREIC POWER①	日本	207	181	18311	－5.0	328	－3.8	46986	7137	20	43
GROUPE AUCHAN(28)	法国	208	199	18218		138		14136	3404	81	16
XEROX	美国	209	180	18166	－6.9	1452	20.4	27732	5690	91	8
IMPERIAL CHEMICAL INDUSTRIES	英国	210	235	18121	10.3	424	－1.2	15239	240	70	6
PETROBRAS	巴西	211	202	18051	－0.1	1402	110.8	34231	18866	45	31
BRIDGESTONE	日本	212	203	17936	－0.3	324	－50.0	14179	5263	96	35
SINOCHEM	中国	213	204	17853	－0.6	64	－10.5	5802	986	6	42
AMERICA EXPRESS	美国	214	217	17760	2.8	1991	4.7	120003	9574	74	9
TOKIO MARINE & LIFE INSURANCE①	日本	215	201	17747	－1.9	297	27.3	41240	4922	15	25
J.P.MORGAN & CO.	美国	216	248	17701	11.6	1465	－6.9	262159	11404	17	3
STATOIL	挪威	217	229	17619	6.3	609	－25.6	17709	5218	17	31
DEUTSCHE BAHN	德国	218	171	17575	－12.5	228	－68.7	36862	9122	268	34
BROKEN HILL PROPRIETARY(19)	澳大利亚	219	266	17540	17.5	322	－59.1	27963	9544	61	29
UAL	美国	220	240	17378	6.2	949	78.0	15803	2337	92	2
ASSURANCES GENERALES DE FRANCE	法国	221	186	17249	－9.5	330	9.9	82331	5338	31	23
SUPERVALU(16)	美国	222	231	17201	3.9	231	31.8	4096	1202	38	44
NIPPON OIL ①	日本	223	183	17117	－10.8	94	－16.2	21401	4918	10	31
REPSOL	西班牙	224	233	17075	3.4	861	－8.5	17523	6066	21	31
RJR NABISCO HOLDINGS	美国	225	221	17057	0.0	381	－37.6	30678	9631	80	15
FRANZ HANIEL	德国	226	226	16907	0.9	178	－13.6	6366	999	30	44
BAYERISCHE VEREINSBANK	德国	227	211	16892	－4.0	488	－9.5	249782	7772	22	3
LEHMAN BROTHERS HOLDINGS(14)	美国	228	286	16883	18.4	647	55.5	151705	4523	8	37
PREUSSAG③	德国	229	206	16806	－5.5	216	27.2	8460	1643	63	42
BRISTOL－MYERS SQIBB	美国	230	264	16701	10.9	3205	12.4	14977	7219	54	32
SNCF	法国	231	258	16653	7.8	－104		49106	3900	175	34
MAZDA MOTOR①	日本	232	223	16630	－1.1	－55		10921	2539	32	30
INGRAM MICRO	美国	233	369	16582	37.9	194	75.0	4932	1038	12	44
SWISS BANK CORP(29)	瑞士	234	254	16432	4.6	－171		300943	7477	28	3
BOUYGES	法国	235	285	16406	14.4	129	1.2	13556	1367	103	13
LG INTERNATINAL	韩国	236	216	16359	－5.0	59	114.7	1197	131	4	42
DUKE ENERGY	美国	237		16309	242.8	974	33.5	24029	8029	21	43
TOYOTA TSUSHO①	日本	238	246	16297	2.3	55	－1.0	5925	1034	5	42
TELEFONICA DE ESPANE	西班牙	239	250	16139	1.9	1298	2.6	40841	13065	92	40
AEGON	荷兰	240	276	16048	10.5	1131	21.7	134513	8942	23	23
AMERITECH	美国	241	267	15998	7.2	2296	7.6	25339	8308	74	40
COLES MYER(30)	澳大利亚	242	281	15898	10.3	303	41.5	4990	1875	148	16
KAJIMA①	日本	243	194	15795	－15.3	－62	－195.0	20130	2748	14	13
NKK①	日本	244	227	15758	－5.5	116	－21.5	22226	3488	38	28
SANYO ELECRIC①	日本	245	239	15679	－4.3	100	－36.0	19812	5629	68	10
FEDERATED DEPARTMENT STORES②	美国	246	262	15668	2.9	536	101.6	13738	5256	115	18

续表 6

公司名称	国家/地区	销售额排序		销售额(百万美元)	销售额比上年增长%	利润额(百万美元)	利润额比上年增长%	资产额(百万美元)	股票市值(百万美元)	雇员(千人)	行业(46)
		1997	1996								
DEUTSCHE POST	德国	247	209	15654	−11.8	−221	−198.7	11871	3162	267	26
RABOBANK	荷兰	248	294	15635	11.4	978	1.0	208619	12314	39	3
LA POSTE②	法国	249	219	15535	−9.1	10		12805	1101	287	26
ROYAL KPN(31)	荷兰	250	353	15514	24.8	1376	−4.7	18498	8657	135	40
PHILLIPS PEROLEUM	美国	251	252	15424	−2.4	959	−26.4	13860	4814	17	31
RHONE−POULENC	法国	252	225	15413	−8.1	−667	−188.2	27398	8489	68	6
PG&E CORP.	美国	253	477	15400	60.2	716	−5.2	30557	8897	24	43
FLEMING	美国	254	234	15373	−6.8	25	−4.8	3624	1090	40	44
US WEST	美国	255	339	15352	18.9	697	−40.8	39860	11324	67	40
GROUPE PINAULT−PRINTEMPS	法国	256	253	15280	−2.8	489	21.1	11248	2923	63	18
ELECTRONIC DATA SYSTEMS	美国	257	257	15236	5.5	731	69.3	11174	5309	110	7
GENERAL ACCIDENT(25)	英国	258	305	15231	10.4	1160	42.6	52477	6222	26	25
CIE FINANCIERE DE PARIBAS	法国	259	157	15223	−28.2	1126	32.5	244017	8919	20	3
GROUPE DANONE	法国	260	236	15160	−7.6	628	−5.0	16385	7100	81	15
MINNESOTA MINING & MFG.	美国	261	288	15070	5.9	2121	39.0	13238	5926	76	36
MYCAL(16)	日本	262	241	15006	−7.3	83	−39.1	13638	2153	38	18
SWISS LIFE INS. & PENSION(33)	瑞士	263	255	14934		105		70125	4731	8	23
TAISEI①	日本	264	210	14913	−15.3	−546	−1163	21732	2214	21	13
SANTANDER GROUP	西班牙	265	279	14886	3.0	756	11.8	170289	4380	62	3
SPRINT	美国	266	289	14874	4.5	953	−19.5	18185	9025	51	40
SWISS REINSURANCE	瑞士	267	291	14837	5.0	1459	23.6	53312	9734	8	25
ELECTROLUX	瑞典	268	237	14791	−9.8	46	−83.3	10345	2591	106	10
EASTMAN KODAK	美国	269	245	14713	−9.4	5	−99.6	13145	3161	98	36
LG ELECTRONICS	韩国	270	270	14700	−0.4	−601	−1747	11575	1021	60	10
ALBERTSON'S②	美国	271	306	14690	6.6	517	4.7	5219	2420	94	16
TELEBRAS	巴西	272	238	14666	18.0	3618	31.9	42647	28040	87	40
ISUZU MOTORS①	日本	273	220	14660	−14.1	49	−42.2	12980	917	14	30
SHARP①	日本	274	247	14587	−8.2	202	−53.1	15629	7149	48	10
NORINCHUKIN BANK①	日本	275	215	14583	−15.8	1092	297.3	391726	11046	3	3
STANDARD LIFE ASSURANCE(34)	英国	276	316	14520	8.7			94656		10	22
NIPPON EXPRESS①	日本	277	249	14513	−8.4	220	−9.8	8372	2409	61	26
FRIED KRUPP AG HOECH−KRUPP	德国	278	244	14478	−9.4	188	93.3	10921	1694	58	28
ALLIEDSIGNAL	美国	279	295	14472	3.6	1170	14.7	13707	4386	71	1
DELHAIXE "LE LION"	比利时	280	310	14466	7.0	138	−2.0	4886	914	107	16
SYSCO⑦	美国	281	315	14455	7.9	303	9.3	3437	1401	32	44
RAG	德国	282	230	14403	−13.1	170	86.8	16649	1500	96	29
FEDERAL HOME LOAN MORTGAGE	美国	283	363	14399	18.8	1395	12.2	194597	7521	3	9
FIRST UNION CORP.	美国	284	372	14329	19.6	1896	26.5	157274	12032	44	3
SHIMIZU①	日本	285	261	14312	−6.2	−367	−879.4	17374	2250	15	13
FLUOR⑥	美国	286	408	14299	29.8	146	−45.5	4698	1741	61	13
INDIAN OIL①	印度	287	257	14249	−9.0	461	15.8	7595	2700	34	31

续表 7

公司名称	国家/地区	销售额排序		销售额（百万美元）	销售额比上年增长%	利润额（百万美元）	利润额比上年增长%	资产额（百万美元）	股票市值(百万美元)	雇员（千人）	行业(46)
		1997	1996								
HYPO－BANK GROUP	德国	288	265	14230	－5.5	444	－0.1	203541	5243	18	3
AMERICAN HOME PRODUCTS	美国	289	292	14196	0.8	2043	8.5	20825	8175	61	32
BRITICH AIRWAYS①	英国	290	321	14191	7.0	755	－13.9	18924	5562	61	2
ABBEY NATIONAL	英国	291	399	14172	26.4	1561	30.9	248155	8027	24	3
JAPAN TOBACCO①	日本	292	242	14125	－12.0	473	－38.4	15427	10166	20	41
MITSUBISHI CHEMICAL①	日本	293	259	14122	－8.2	46		15470	3382	29	6
KOREA ELECTROC POWER	韩国	294	282	14064	－2.3	589	－20.7	27607	10167	31	43
BERTELSMAN⑦	德国	295	273	14006	－4.9	499	4.0	7778	1988	57	33
MONTEDISON	意大利	296		13897		875		17990	4531	27	6
ARCHER DANIELS MIDLAND⑦	美国	297	318	13853	4.1	377	－45.8	11354	6050	17	15
PETROFINA	比利时	298	312	13821	2.7	617	19.0	10894	4208	15	31
GROUPE CAISSE D'EPARGNE	法国	299	263	13765	－8.8	346	－3.1	213833	10789	39	3
KARSTADT	德国	300	243	13720	－14.1	94	141.3	6375	1381	94	18
RAYTHEON	美国	301	356	15674	10.9	527	－30.8	28100	10400	119	10
MICHELIN	法国	302	283	13655	－4.9	665	17.7	13582	3996	123	35
TAIYO MUTUAL LIFE INSURANCE①	日本	303	299	13607	－2.0	126	－1.0	51186	539	16	22
DELTA AIR LINES⑦	美国	304	351	13590	9.1	854	447.4	12741	3007	63	2
NORSK HYDRO	挪威	305	322	13585	3.3	735	－23.5	15640	6199	38	6
DENSO①	日本	306	280	13583	－5.8	580	－8.5	13088	7928	57	30
ASHLAND③	美国	307	357	13567	10.3	279	32.2	7777	2024	37	31
MARKS & SPENCER①	英国	308	352	13537	8.8	1361	13.7	12808	8484	48	18
COFCO	中国	309	370	13526	12.5	110	18.8	4453	1499	28	42
VIACOM	美国	310	365	13505	6.3	794	－36.4	28289	13384	46	14
ALCOA	美国	311	326	13482	2.7	805	56.4	13071	4419	82	28
NORHWESTERN MUTUAL LIFE INS.	美国	312	364	13430	10.9	689	11.1	71081	4101	4	22
NGC	美国	313	378	13378	84.3	－103	－190.4	4800	1000	3	12
WALGREEN(21)	美国	314	377	13363	13.5	436	17.3	4207	2373	71	16
LUFTHANSA GROUP	德国	315	302	13354	－3.7	479	30.1	11860	3283	58	2
MAN⑦	德国	316	300	13344	－3.8	197	－4.7	8046	2183	63	30
HARTFORD FINACIAL SERVICES	美国	317	350	13305	6.7	1332		131743	6085	25	25
TIME WARNER	美国	318	457	13294	32.1	246		34163	9356	38	14
TOSCO	美国	319	464	13282	33.9	213	45.4	5945	1944	27	31
IBP	美国	320	349	13259	5.7	117	－41.1	2839	1237	38	15
BTR	英国	321	268	13254	－10.9	1445	114.7	12637	3548	110	21
BAYERICHE LANDESBANK	德国	322	342	13252	4.2	346	14.7	241682	6081	7	3
BANC ONE CORP.	美国	323	444	13219	28.7	1306	－8.5	115901	10376	57	3
WINN－DIXIE STORES⑦	美国	324	335	13219	2.0	204	－20.0	2921	1138	95	16
GOODYEAR TIRE & RUBBER	美国	325	327	13155	0.3	559	449.4	9917	3396	95	35
JAPAN ENERGY①	日本	326	269	13106	－11.3	155		12314	775	15	31
GEORGIA－PACIFIC	美国	327	333	13094	0.5	69	－55.8	12950	3474	47	17
CVS	美国	328		13087	56.8	38	－50.0	5637	2361	90	16

续表 8

公司名称	国家/地区	销售额排序		销售额(百万美元)	销售额比上年增长%	利润额(百万美元)	利润额比上年增长%	资产额(百万美元)	股票市值(百万美元)	雇员(千人)	行业(46)
		1997	1996								
GLAXO WELLCOME	英国	329	331	13072	0.4	3031	−2.8	13883	3033	53	32
GROUPE CASINO	法国	330	329	13066	0.0	191	16.5	7093	1717	50	16
DIGITAL EQUIPMENT⑦(35)	美国	331	275	13047	−10.4	141		9693	3545	55	8
IDEMITSU KOSAN①	日本	332	272	13022	−11.7	8	−73.5	13701	593	5	31
TOHOKU ELECTRIC POWER①	日本	333	314	13017	−3.0	386	59.2	29868	4850	16	43
ROCHE HOLDING	瑞士	334	338	12937	0.2	−1400	−144.4	37554	12512	52	32
JAPAN AIRLINES①	日本	335	296	12884	−7.4	−513		15319	1387	18	2
CENTRICA(36)	英国	336		12846		−1296		6748	2157	15	43
ROYAL BANK OF CANADA⑥	加拿大	337	366	12810	6.2	1223	16.8	173716	7374	51	3
HLIFAX(37)	英国	338	448	12803	14.3	1715	94.1	210022	11559	32	3
DEERE⑥	美国	339	394	12791	13.9	960	17.5	16320	4147	34	21
DENTSU①	日本	340	324	12778	−2.8	74	−38.7	7023	2197	5	45
SMITHKLINE BEECHAM	英国	341	354	12769	3.2	1768	9.4	13957	2947	55	32
JAPAN TRAVEL BUREAU①	日本	342	293	12758	−9.3	23	21.1	3183	411	9	20
AACHENER & MUNCHENER(38)	德国	343	309	12745	−7.6	214	6.7	52473	1339	18	23
MAY DEPARTMENT STORES②	美国	344	345	12685	0.7	775	2.6	9930	3809	116	18
BANCO BRADESCO	巴西	345	367	12666	5.1	771	−6.1	55303	4993	63	3
TAKENAKA	日本	346	290	12663	−10.9	128	−27.2	10830	2438	14	13
NATIONWIDE INS. ENTERPRISE	美国	347	355	12644	2.3	806	95.1	87830	8795	29	25
SOUTHERN	美国	348	439	12611	21.8	972	−13.8	35271	9647	31	43
BANCO BILBAO VIZCAYA	西班牙	349	344	12589	−0.3	894	8.6	138691	6101	62	3
SEAGRAM⑦	加拿大	350	400	12560		502		20936	9422	30	4
KIMBERLY−CLARK	美国	351	323	12547	−4.6	902	−35.8	11266	4125	57	17
KYOEI LIFE INSURANCE①	日本	352	446	12546	22.6	205	−34.4	39339	244	17	23
KOBE STEEL①	日本	353	308	12506	−8.1	−40	−125.7	17984	2739	30	28
PFIZER	美国	354	395	12504	10.6	2213	14.7	15336	7933	49	32
DEUTCHE GENOSSENSCHAFTSBANK	德国	355	336	12453	−3.8	185	1.5	207741	2380	12	3
NATIONAL AUSTRALIA BANK③	澳大利亚	356	386	12444	8.1	1711	5.6	146246	9109	46	3
WOOLWORTHS⑦	澳大利亚	357	419	12444	14.6	202	13.9	2669	916	100	16
BANKGESELLSCHAFT BERLIN	德国	358	340	12429	−3.3	162	876.7	197339	4530	17	3
HYUNDAI MOTOR	韩国	359	278	12392	−14.5	−30	−146.0	6539	859	46	30
OTTO VERSAND(39)	德国	360	343	12383	−2.5	253	4.4	4859	993	41	39
USINOR	法国	361	298	12337	−11.2	352	21.0	10868	4481	51	28
AKZO NOBLE	荷兰	362	319	12329	−7.4	828	5.9	10584	4456	69	6
DELL COMPUTER②	美国	363		12327	58.9	944	82.2	4268	1293	16	8
EMERSON ELECTRIC③	美国	364	402	12299	10.3	1122	10.2	11463	5421	101	10
CANDIAN IMPERIAL BANK OF COMM.⑥	加拿大	365	414	12289	12.8	1130	12.9	168901	7272	42	3
BANKERS TRUST NEW YORK CORP.	美国	366	480	12176	27.3	866	41.5	140102	5708	18	3
PECHINEY	法国	367	341	12134	−4.8	311		9895	2679	34	27
SUZUKI MOTOR①	日本	368	317	12128	−9.1	246	−17.6	7779	2809	14	30
OBAYASHI①	日本	369	307	12118	−11.5	96	−21.0	17007	2302	12	13

续表 9

公司名称	国家/地区	销售额排序		销售额(百万美元)	销售额比上年增长%	利润额(百万美元)	利润额比上年增长%	资产额(百万美元)	股票市值(百万美元)	雇员(千人)	行业(46)
		1997	1996								
TOKAI BANK①	日本	370	251	12104	−23.5	116	−22.1	261871	7992	11	3
POHANG IRON & STEEL	韩国	371	371	12091	0.8	766	4.1	11558	4263	27	28
ITAUSA−INVESTIMENTOS ITAU	巴西	372	287	12046	−15.4	432	46.8	43907	2482	49	3
MARRIOTT INTERNATIONAL	美国	373	447	12034	18.3	335	9.5	6322	1463	195	20
SUMITOMO METAL INDUSTRIES①	日本	374	337	11971	−7.5	33	−86.1	18698	4019	34	28
SEKISUI HOUSE②	日本	375	332	11950	−8.3	326	−16.1	12895	6430	17	13
BRITISH AEROSPACE	英国	376	454	11904	17.9	264	−45.3	13594	2412	43	1
MIGROS	瑞士	377	334	11894	−8.7	192	−8.3	9546	4157	57	16
TELSTRA⑦	澳大利亚	378		11890	−0.3	1203	−33.3	16847	6441	77	40
ABBOTT LABORATORIES	美国	379	409	11884	7.9	2095	11.3	12061	4999	54	32
ISTITUTO BNC.SAN PAOLO DI TORINA	意大利	380	260	11871	−22.3	99	−74.8	145046	5503	23	3
L'OREAL	法国	381	376	11843	0.4	683	−0.1	10772	5002	47	38
UNITED HEALTHCARE	美国	382	456	11794	17.1	460	29.3	7623	4534	30	19
KYUSHU ELECTRIC POWER①	日本	383	347	11764	−6.3	274	−22.1	31234	5024	15	43
ROCKWELL INERNATIONAL③	美国	384	284	11759	−18.0	644	−11.3	7971	4811	45	10
LIBERTY MUTUAL INSURANCE GROUP	美国	385	411	11670	6.4	521	2.0	44891	6772	23	24
DAIDO LIFE INSURANCE①	日本	386	360	11665	−4.4	392	−29.7	40093	1092	22	22
BERGEN BRUNSWIG③	美国	387	461	11661	17.3	82	11.1	2707	645	5	44
LAGARDERE GROUPE	法国	388	387	11655	1.3	237	16.5	11248	1978	46	33
YASUDA FIRE & MARINE INSURANCE①	日本	389	330	11637	−10.8	116	2.8	28130	1978	12	25
HENKEL	德国	390	421	11575	6.9	613	107.2	9686	2823	54	6
JARDINE MATHESON	中国	391	384	11522	−0.7	325	8.2	11950	3761	175	16
FDX(19)(40)	美国	392	443	11520	12.1	361	17.4	7626	2963	108	26
CABLE & WIRELESS①	英国	393	478	11497	19.8	2115	96.9	21853	5188	47	40
LONG-TERM CREDIT BANK OF JAPAN①	日本	394	160	11487	−45.3	−1211	−800.5	199216	7685	3	3
SAFEWAY①	英国	395	437	11460	9.6	396	−15.3	6857	3361	51	16
RICOH①	日本	396	379	11432	−2.2	246	−4.4	12452	3562	64	8
MCDONALD'S	美国	397	426	11409	6.8	1643	4.4	18200	8800	237	45
BRITICH STEEL①	英国	398	389	11408	−0.5	371	−24.5	12925	7741	50	28
JOHNSON CONTROLS③	美国	399	460	11387	13.8	289	22.9	6049	1688	72	30
MICROSOFT⑦	美国	400		11358	31.0	3454	57.4	14387	10777	22	7
COCA−COLA ENTERPRISES	美国	401		11278	42.4	171	50.0	17487	1782	56	4
NEWS CORP.⑦	澳大利亚	402	462	11262	13.4	564	−27.2	30981	15607	28	14
KAWASHO①	日本	403	348	11241	−10.4	−23	−311.1	5679	312	3	42
FUJI JPHOTO FILM①	日本	404	405	11226	1.0	724	−4.5	15985	10727	37	36
PUBLIX SUPER MARKETS	美国	405	432	11224	6.6	355	33.7	3295	2019	77	16
WEYERHAEUSER	美国	406	406	11210	0.9	341	−26.1	13075	4649	36	17
ASDA GROUP(41)	英国	407	486	11096	17.9	420	18.0	6087	3345	77	16
ANHEUSER−BUSCH	美国	408	416	11066	1.7	1179	−0.9	11727	4042	24	4
OCCIDENTAL PETROLEUM	美国	409	428	11061	4.8	−390	−158.4	15282	4286	12	6
TOYS "R" US②	美国	410	463	11038	11.1	490	14.7	7963	4428	93	39

续表 10

公司名称	国家/地区	销售额排序		销售额(百万美元)	销售额比上年增长%	利润额(百万美元)	利润额比上年增长%	资产额(百万美元)	股票市值(百万美元)	雇员(千人)	行业(46)
		1997	1996								
UNION PACIFIC	美国	411	459	11014	9.6	432	−52.2	28764	8225	52	34
PETRONAS①	马来西亚	412	385	10995	−4.8	3124	7.3	22440	9343	14	31
OJI PAPER①	日本	413	458	10987	9.2	90	−21.9	13465	3421	14	17
ASAHI GLASS①	日本	414	375	10971	−7.6	166	−22.7	13578	4727	35	5
CARDINAL HEALTH⑦	美国	415		10968	23.8	181	61.9	3109	1332	11	44
DAI NIPPON PRINTING①	日本	416	383	10889	−6.4	461	−7.6	10879	6640	32	33
NIPPON DANTAI LIFE INSURANCE①	日本	417		10852	30.9	212	−16.1	27434	55	12	23
METALLGESELLSCHAFT③	德国	418	425	10831	1.2	128	−0.7	3834	328	25	28
TRW	美国	419	441	10831	5.1	−49	−110.1	6410	1624	80	30
SWISS POST(42)	瑞士	420	358	10831	−11.9	179	−11.7			58	40
SCHLUMBERGER	安的列斯	421		10754	19.2	1296	52.2	12097	6695	64	45
CHINESE PETROLEUM	中国台湾	422	470	10729	9.3	385	39.0	15633	8355	20	31
FUJI HEAVY INDUSTRIES①	日本	423	418	10623	−2.2	250	−28.8	6783	12661	19	30
CSX	美国	424	430	10621	0.8	799	−6.5	19957	5766	47	34
BANK OF MONTREAL⑥	加拿大	425	481	10573	11.0	951	11.1	147503	6319	34	3
KAWASAKI HEAVY INDUSTRIES①	日本	426	417	10568	−2.8	151	−24.6	9171	1568	26	45
SUMITOMO ELECTRIC INDUSTRIES①	日本	427	398	10567	−5.8	270	−5.6	10716	4020	59	27
TEXAS INDTRUMENTS	美国	428	378	10562	−9.8	1805	2765.1	10849	5914	44	11
TEXTRON	美国	429	495	10544	13.7	558	120.6	18610	328	64	1
KINGFISHER②	英国	430		10487	14.7	633	44.9	6094	2894	49	39
TAKASHIMAYA(16)	日本	431	401	10464	−8.7	68	−19.1	7002	1700	17	18
TOPPAN PRINTING①	日本	432	394	10461	−7.5	386	101.1	9754	5005	34	33
COSMO OIL ①	日本	433	374	10454	−12.1	44	−44.6	9576	1430	6	31
ASAHI CHEMICAL INDUSTRY①	日本	434	388	10441	−8.9	170	−24.7	9050	3414	28	6
BERKSHIRE HATHAWAY	美国	435	435	10430	−0.7	1902	−23.6	56111	31455	38	25
CENTRAL JAPAN RAILWAY①	日本	436	392	10414	−8.3	266	−17.7	45655	3554	22	34
GAZ DE FRANCE	法国	437	427	10339	−10.2	313	−42.3	16732	2419	30	43
MATSUSHITA ELECTRIC WORKS	日本	438	407	10333	−6.6	291	0.7	10025	4220	36	10
GENERALE BANK	比利时	439	434	10311	−1.9	477	−2.2	159571	3700	27	3
REPUBLIC INDUSTRIES	美国	440		10306	335.7	440		10527	3484	56	39
GEC (GENERAL ELECTRIC CO.)①	英国	441	472	10294	−0.1	1112	71.7	9732	4344	72	10
TRANSCANADA PIPELINES	加拿大	442		10287	30.0	330	5.9	10183	2987	3	12
GREAT ATLANTIC & PACIFIC TEA(16)	美国	443	455	10262	1.7	63	−13.7	2995	927	52	16
NORTHWEST AIRLINES	美国	444	465	10226	3.5	597	11.3	9336		49	2
UPM−KYMMENE	芬兰	445	390	10211	−10.8	806	272.4	12449	4843	34	17
AIR FRANCE GROUP①	法国	446		10186	15.4	314					2
SNOW BRAND MILK PRODUCTS①	日本	447	422	10159	−5.8	33	−30.2	4163	1044	15	15
LOWE'S	美国	448		10137	17.9	358	22.4	5219	2601	59	39
NOKIA	芬兰	449		10135	18.4	1206	69.8	7663	3952	37	10
KAWASAKI STEEL①	日本	450	413	10132	−7.4	69	−2.6	16243	3616	25	28
BRITISH POST OFFICE(22)	英国	451	452	10106		573		9012		194	26

续表 11

公司名称	国家/地区	销售额排序		销售额(百万美元)	销售额比上年增长%	利润额(百万美元)	利润额比上年增长%	资产额(百万美元)	股票市值(百万美元)	雇员(千人)	行业(46)
		1997	1996								
FIRST CHICAGO NBD CORP.	美国	452	451	10098	−0.2	1525	6.2	114096	7960	34	3
SEIYU(16)	日本	453	380	10075	−13.7	−487		11212	122	20	16
GILLETTE	美国	454	476	10062	3.8	1427	50.4	10864	4841	44	27
GEORGE WESTON	加拿大	455	491	10055	7.9	176	0.5	4108	1227	83	16
WEST JAPAN RAILWAY①	日本	456	424	10013	−6.7	162	−48.7	19740	2488	45	34
SKANDIA GROUP	瑞典	457	467	10012	1.5	445	162.0	36626	1770	10	23
CARIPLO	意大利	458	382	9994	−14.3	316	296.8	120640	5932	25	3
SHOWA SHELL SEKIYU	日本	459	393	9984	−12.0	53	−5.2	8075	1550	5	31
GASUNIE	荷兰	460		9947	−11.3	41	−13.6	3206	197	2	12
MITSUBISHI TRUST & BANKING①	日本	461	403	9935	−10.7	532	434.2	142221	5899	6	3
BANCA COMMERCIALE ITALIANA	意大利	462	433	9922	−5.6	244	−0.5	115088	4948	28	3
SEPI	西班牙	463	184	9916		2534		16599	5629	78	2
CANCA DI ROMA	意大利	464	361	9914	−18.7	−212	−369.4	117287	5896	30	3
EDEKA ZENTRALE	德国	465	423	9887	−8.3	47	19.3	2351	355	1	44
KYOBO LIFE INSURANCE①	韩国	466	449	9822	−3.4	41		14136	251	9	23
BESTFOODS(43)	美国	467	468	9818	−0.3	344	−40.7	6100	1042	45	15
AEROSPATIALE	法国	468	453	9768	−3.3	243	5.1	12017	876	38	1
MITSUBISHI MATERIALS①	日本	469	431	9743	−7.5	82	−37.3	12592	2343	34	28
INCHCAPE	英国	470	474	9716	−0.7	13	−63.6	5307	1300	38	39
CATHAY LIFE	中国台湾	471		9696	9.5	643	69.6	22729	1974		22
PENINSULAR & ORIENTAL STEAM NAV.	英国	472	412	9694	−11.5	546	39.4	10591	4638	59	45
NORWEAT CORP.	美国	473		9660	8.7	1351	17.1	88540	7022	56	3
CBS(44)	美国	474	487	9632	2.5	549	1730.0	16715	8080	51	14
WELLS FARGO & CO.	美国	475		9608	10.1	1155	7.8	97456	12889	33	3
DDI ①	日本	476		9599	6.4	68		9724	1637	6	40
BANK OF NOVA SCOTIA⑥	加拿大	477		9594	5.6	1103	40.9	138500	6670	39	3
ENTERGY	美国	478		9562	33.5	248	−41.0	27001	6694	17	43
MASSACHUSETTS MUTUAL LIFE INS.	美国	479	498	9551	3.5	352	22.2	63088	2873	7	22
MONSANTO	美国	480	496	9457	2.1	470	22.1	10774	4104	22	6
MITSUI FUDOSAN①	日本	481	396	9439	−16.3	−257		23298	3875	19	45
COASTAL	美国	482	373	9397	−21.2	302	−25.1	11625	3282	13	31
H.J. HEINZ(41)	美国	483		9357	2.7	302	−54.2	8438	2440	45	15
NORWICH UNION(45)	英国	484		9285		439		86137	8389	16	23
WASTE MANAGEMENT	美国	485	440	9273	−10.2	−1176	−712.3	13589	1346	59	45
KUMAGAI GUMI	日本	486	488	9241	−1.7	−1872		12863	214	10	13
EDISON INTERNATIONAL	美国	487		9235	8.1	700	−2.4	25101	5527	14	43
BANCA NAZIONALE DEL LAVORO	意大利	488	420	9198	−15.2	−1645	−1775	102683	5834	25	3
LIMITED②	美国	489		9189	6.3	217	−49.9	4268	2045	137	39
NIKE(19)	美国	490		9187	42.0	796	43.9	5361	3156	22	45

续表 12

公司名称	国家/地区	销售额排序		销售额(百万美元)	销售额比上年增长%	利润额(百万美元)	利润额比上年增长%	资产额(百万美元)	股票市值(百万美元)	雇员(千人)	行业(46)
		1997	1996								
CEA－INDUSTRIE	法国	491	438	9185	－11.6	625	0.0	24521	3526	42	6
NORTHROP GRUMMAN	美国	492		9153	13.4	407	73.9	9677	2623	52	1
DEGUSSA③	德国	493	490	9148	－1.9	227	15.2	5271	1251	26	28
FARMLAND INDUSTRIES(21)(45)	美国	494	471	9148	－6.5			2645	822	15	15
CREDITO ITALIANO	意大利	495	442	9131	－11.4	282	54.4	99986	4375	24	3
AUSTRALIA& NEW ZEALAND BANKING③	澳大利亚	496		9116	3.9	788	－8.4	100100	5027	36	3
COLGATE－PALMOLIVE	美国	497		9057	3.5	740	16.6	7539	2179	38	38
KOMATSU①	日本	498	473	8994	－7.8	157	－2.8	11711	3931	27	21
PACIFICARE HEALTH SYSTEMS	美国	499		8983		－22		4868	2062	10	19
SUN	美国	500	466	8968	－9.2	263		4667	1462	11	31
500家公司合计(十亿美元)				**11454**		**452**		**34188**	**3724**		

注: ① 年度截止日期为 1998 年 3 月 31 日。② 年度截止日期为 1998 年 1 月 31 日。③ 年度截止日期为 1997 年 9 月 30 日。④ 1997 年 9 月 25 日兼并 WINTERTHUR GROUP 公司(1996 年排名第 133 位)。⑤ 1997 年 8 月 1 日兼并 MCDONELL DOUGLAS 公司(1996 年排名第 303 位)。⑥ 年度截止日期为 1997 年 10 月 31 日。⑦ 年度截止日期为 1997 年 6 月 30 日。⑧ 原名 PHILIPS ELECTRONICS,1998 年 3 月 16 日改用现名。⑨ 原名 SUNKYONG 公司,1998 年 1 月 1 日改用现名。⑩ 原名 LYONNAISE DES EAUX 公司,1997 年 6 月 19 日兼并 CIE DE SUEZ 公司后改用现名。(11) 1998 年 5 月 29 日兼并 AACHENER & MUNCHENER 公司(1997 年排名 343 位)。(12) 1997 年 8 月 14 日兼并 NYNEX 公司(1996 年排名 313 位)。(13) 原名 CIE GENERALE DES EAUX 公司,1998 年 5 月 15 日改用现名。(14)年度截止日期为 1997 年 11 月 30 日。(15) 1997 年 5 月 31 日兼并 MORGAN STANLEY GROUP 公司(1996 年排名 325 位),由 DEAN WITTER DISCOVER 公司改名为 MORGAN STANLEY DEAN WITTER DISCOVER 公司,1998 年 3 月 24 日改用现名。(16)年度截止日期为 1998 年 2 月 28 日。(17) 1997 年 4 月 1 日兼并 PACIFIC TELESIS GROUP 公司(1996 年排名 479 位)。(18) 1998 年 6 月 11 日兼并 DIGITAL EQUIPMENT 公司(1997 年排名 331 位)。(19)年度截止日期为 1997 年 5 月 31 日。(20)年度截止日期为 1998 年 3 月 8 日。注(21)年度截止日期为 1997 年 8 月 31 日。注(22)年度截止日期由 6 月 30 日改为 12 月 31 日。注(23)年度截止日期由原来的 9 月 30 日改为 11 月 31 日,故当年数据与上年数据不可比。注(24)原名 GRAND METROPOLITAN 公司,1997 年 12 月 12 日改用现名。注(25) 1998 年 6 月 1 日 COMMERCIAL UNION 公司与 GENERAL ACCIDENT 公司(1997 年分别排名第 189 位和 258 位)合并,成立 CGU 公司。注(26) 1998 年 6 月 29 日被 SWISS BANK CORP.(1997 年排名 234 位)兼并。注(27)年度截止日期为 1998 年 2 月 20 日。注(28)年度截止日期为 1996 年 1 2 月 31 日。注(29) 1998 年 6 月 29 日兼并 UNION BANK OF SWITZERLAND (1997 年排名 190 位)。注(30)年度截止日期为 1997 年 7 月 31 日。注(31)原名 ROYAL PTT NEDERLAND 公司,1998 年 6 月 29 日改用现名。注(33) 1997 年由合作制改组成股份制,因此与上年度不可比。注(34)年度截止日期为 1997 年 11 月 15 日。注(35) 1998 年 6 月 11 日被 COMPAQ 公司(1997 年排名 271 位)兼并。注(36) 1997 年 2 月 12 日由 BG 公司分离出来。注(37)原名 HALIFAX BUILDING SOCIETY,1997 年 2 月 6 日改用现名。注(38) 1998 年 5 月 29 日被 ASSICUAZIONI GENERALI 公司(1997 年排名 85 位)兼并。注(39)年度截止日期为 1997 年 2 月 28 日。注(40)原名 FEDERAL EXPRESS 公司,1997 年 1 月 27 日改用现名。注(41)年度截止日期为 1997 年 4 月 30 日。注(42)原名 PTT SWISSE 公司,1998 年 1 月 27 日改用现名。注(43)原名 CPC INTERNATIONAL 公司,1998 年 1 月 1 日改用现名。注(44)原名 WESTINGHOUSE ELECTRIC CORP. 公司,1997 年 12 月 1 日改用现名。注(45) 1997 年改制为股份制,因此与上年不可比。注(46)行业代码含义如下:1. 飞机制造业;2. 航空;3.商业银行及储蓄业;4. 饮料业;5. 建筑材料和玻璃;6. 化学;7. 计算机服务及软件;8. 计算机和办公设备业;9. 专门金融服务;10.电子和电气设备;11. 电子和半导体;12 能源;13. 土木工程;14. 娱乐;15. 食品;16. 食品和药品商店;17. 森林和纸制品;18. 综合商业;19. 医疗卫生;20. 旅店和博彩;21. 工业和农业机械;22. 生命和健康保险(合股);23. 生命和健康保险(股份);24. 不动产和灾害保险(合股);25. 不动产和灾害保险(股份);26. 邮递、包装和货运;27. 金属制品;28. 金属材料;29. 矿业及原油生产;30. 汽车及零部件;31. 石油精炼;32. 制药;33. 出版和印刷;34. 铁路;35. 橡胶和塑料;36. 科学、照相和控制设备;37. 证券;38. 肥皂与化妆品;39. 专业零售;40. 电信;41. 烟草;42. 贸易;43. 公用事业;44. 批发;45. 未归类。

资料来源: 美国《幸福》杂志 1998 年 8 月 3 日。

16-2 1997年按利润额排序的世界最大的500家公司

公司名称	国家/地区	1997年位次		利润额（百万美元）	利润额比上年增长%	销售额（百万美元）	销售额比上年增长%	资产额（百万美元）	股票市值(百万美元)	雇员（千人）	行业(46)
		利润	销售								
EXXON	美国	1	7	8460	12.6	122379	2.5	96064	43660	80	31
GENERAL ELECTRIC	美国	2	12	8203	12.7	90840	14.7	304012	34438	276	10
ROYAL DUTCH/SHELL GROUP	英国/荷兰	3	5	7758	-12.7	128142	0.0	113781	59982	105	31
INTEL	美国	4	125	6945	34.7	25070	20.3	28880	19295	64	11
FORD MOTOR	美国	5	2	6920	55.6	153627	4.5	279097	30734	364	30
GENERAL MOTORS	美国	6	1	6698	35.0	178174	5.8	228888	17506	608	30
PHILIP MORRIS	美国	7	29	6310	0.1	56114	2.9	55947	14920	152	41
INRL. BUSINESS MACHINES	美国	8	14	6093	12.2	78508	3.4	81499	19816	269	8
HSBC HOLDINGS	英国	9	59	5496	13.1	37474	29.8	471256	27055	133	3
UNILEVER	英国/荷兰	10	35	5463	118.6	48761	-6.4	31671	12203	287	15
PDVSA	委内瑞拉	11	66	4772	6.2	34801	2.8	47148	34555	57	31
DAIMLER-BENZ	德国	12	17	4639	161.2	71561	1.0	76191	19511	300	30
AT&T	美国	13	32	4638	-21.5	53261	-28.5	58635	22647	128	40
MERCK	美国	14	144	4614	18.9	23637	19.2	25812	12614	54	32
COCA-COLA	美国	15	201	4129	18.2	18868	1.7	16940	7311	30	4
BRITISH PETROLEUM	英国	16	20	4046	1.5	71194	1.9	54099	23221	56	31
RAO GAZPROM	俄罗斯	17	140	3938	115.7	23948	6.2	107555	73448	362	12
STATE FARM INSURANCE COS.	美国	18	42	3833	49.3	43957	2.7	103626	37635	73	24
LLOYDS TSB GROUP	英国	19	156	3825	55.5	22313	9.5	260163	10291	83	3
CHASE MANHATTAN CORP.	美国	20	90	3708	50.7	30381	10.8	365521	21742	69	3
TOYOTA MOTOR①	日本	21	11	3701	8.0	95137	-12.5	104	45158	159	30
TELEBRAS	巴西	22	272	3618	31.9	14666	18.0	42647	28040	87	40
NOVARTIS	瑞士	23	167	3592	92.7	21494	-26.7	35533	18375	87	32
CITICORP⑨	美国	24	68	3591	-5.2	34697	6.4	310897	21196	94	3
WAL-MART STORES②	美国	25	8	3526	15.4	119299	12.4	45525	18502	825	18
MICROSOFT⑦	美国	26	400	3454	57.4	11358	31.0	14387	10777	22	7
PROCTTER & GAMBLE⑦	美国	27	64	3415	12.1	35764	1.4	27544	12046	106	38
AMERICAN INTERNATIONAL GROUP	美国	28	88	3332	15.0	30520	8.2	163971	24001	40	25
JOHNSON & JOHNSON	美国	29	150	3303	14.4	22629	4.7	21453	12359	91	32
MOBIL	美国	30	26	3272	10.4	59978	-17.0	43559	19461	43	31
BELLSOUTH	美国	31	176	3261	13.9	20561	8.0	36301	15165	81	40
CHEVRON	美国	32	63	3256	24.9	36376	-6.0	35473	17472	39	31
BANKAMERICA CORP.	美国	33	145	3210	11.7	23585	6.9	260159	19837	77	3
BRISTOL-MYERS SQIBB	美国	34	230	3205	12.4	16701	10.9	14977	7219	54	32
PETRONAS①	马来西亚	35	412	3124	7.3	10995	-4.8	22440	9343	14	31
HEWLETT-PACKARD⑥	美国	36	47	3119	20.6	42895	11.6	31749	16155	122	8
ALLSTATE	美国	37	127	3105	49.6	24949	2.7	80918	15610	51	25
TRAVELERS GROUP	美国	38	58	3104	33.2	37609	76.2	386555	20893	67	9
NATIONSBNK CORP.	美国	39	163	3077	25.5	21734	24.1	264562	21337	80	3
FANNIE MAE	美国	40	106	3056	12.1	27777	10.9	391673	13793	4	9
GLAXO WELLCOME	英国	41	329	3031	-2.8	13072	0.4	13883	3033	53	32

续表 1

公司名称	国家/地区	1997年位次		利润额(百万美元)	利润额比上年增长%	销售额(百万美元)	销售额比上年增长%	资产额(百万美元)	股票市值(百万美元)	雇员(千人)	行业(46)
		利润	销售								
ENI	意大利	42	61	3004	4.1	36962	-4.8	49335	16764	80	31
ROYAL PHILIPS ELECTRONICS⑧	荷兰	43	55	2939		39188	-4.5	29316	9596	265	10
IRI	意大利	44	157	2867	926.5	22232	-54.7	65251	7026	127	21
CHRYSLER	美国	45	25	2805	-20.5	61147	-0.4	60418	11362	121	30
BT①	英国	46	118	2802	-15.0	26294	10.2	38995	18062	125	40
GTE	美国	47	146	2794	-0.2	23260	9.0	42142	8038	114	40
NESTLE	瑞士	48	36	2761	0.4	48254	-1.4	37487	16736	226	15
AMOCO	美国	49	72	2720	-4.0	32836	0.3	32489	16319	43	31
TEXACO	美国	50	40	2664	32.0	45187	1.4	29600	12766	29	31
MORGAN STANLEY DEAN WITTER(14)(15)	美国	51	108	2586	171.8	27132	200.5	302287	13956	47	37
FRANCE TELECOM	法国	52	112	2547	518.0	26854	-9.2	46553	15575	165	40
SEPI	西班牙	53	463	2534		9916		16599	5629	78	2
BELL ATLANTIC(12)	美国	54	91	2455	30.5	30194	130.8	53964	12789	141	40
E.I. DU PONT DE NEMOURS	美国	55	49	2405	-33.9	41304	4.1	42942	11270	98	6
NIPPON TELEGRAPH & TELEPHONE①	日本	56	15	2361	77.5	76984	-1.7	113410	35990	226	40
AMERITECH	美国	57	241	2296	7.6	15998	7.2	25339	8308	74	40
PFIZER	美国	58	354	2213	14.7	12504	10.6	15336	7933	49	32
PEPSICO	美国	59	95	2142	86.4	29292	-7.4	20101	6936	136	4
HONDA MOTOR①	日本	60	34	2123	8.1	48876	4.0	36110	12058	109	30
MINNESOTA MINING & MFG.	美国	61	261	2121	39.0	15070	5.9	13238	5926	76	36
NIPPON LIFE INSURANCE①	日本	62	19	2118	-24.3	71388	-1.6	316530	5575	76	22
CABLE & WIRELESS①	英国	63	393	2115	96.9	11497	19.8	21853	5188	47	40
ING GROUP	荷兰	64	57	2104	6.8	38674	7.9	305984	22745	64	23
ABBOTT LABORATORIES	美国	65	379	2095	11.3	11884	7.9	12061	4999	54	32
AMERICAN HOME PRODUCTS	美国	66	289	2043	8.5	14196	0.8	20825	8175	61	32
AMERICA EXPRESS	美国	67	214	1991	4.7	17760	2.8	120003	9574	74	9
ABN AMERO HOLDING	荷兰	68	97	1975	0.8	28946	4.7	412533	12747	77	3
WALT DISNEY③	美国	69	153	1966	61.9	22473	19.9	37776	17285	108	14
ENEL	意大利	70	158	1953	136.8	22181	-6.9	53770	18371	89	43
MERRILL LYNCH	美国	71	81	1906	17.7	31731	26.9	292819	8329	57	37
DEUTSCHE TELEKOM	法国	72	56	1905	63.1	38969	-7.0	90543	25967	216	40
BERKSHIRE HATHAWAY	美国	73	435	1902	-23.6	10430	-0.7	56111	31455	38	25
FIRST UNION CORP.	美国	74	284	1896	26.5	14329	19.6	157274	12032	44	3
BASF	德国	75	77	1867	0.7	32178	-0.7	26686	12808	105	6
COMPAQ COMPUTER(18)	美国	76	132	1855	41.3	24584	35.8	14631	9429	37	8
BARCLAYS BANK	英国	77	170	1851	-27.7	21129	7.3	451948	12539	84	3
SONY①	日本	78	30	1809	46.1	55033	9.5	48016	13615	173	10
DOW CHEMICAL	美国	79	184	1808	-5.2	20018	-0.2	24040	7626	43	6
TEXAS INDTRUMENTS	美国	80	428	1805	2765	10562	-9.8	10849	5914	44	11
ATLANTIC RICHFIELS	美国	81	192	1771	6.5	19272	0.5	25322	8680	24	31
SMITHKLINE BEECHAM	英国	82	341	1768	9.4	12769	3.2	13957	2947	55	32

续表 2

公司名称	国家/地区	1997年位次		利润额(百万美元)	利润额比上年增长%	销售额(百万美元)	销售额比上年增长%	资产额(百万美元)	股票市值(百万美元)	雇员(千人)	行业(46)
		利润	销售								
HLIFAX(37)	英国	83	338	1715	94.1	12803	14.3	210022	11559	32	3
NATIONAL AUSTRALIA BANK③	澳大利亚	84	356	1711	5.6	12444	8.1	146246	9109	46	3
BAYER	德国	85	80	1697	−6.3	31731	−1.8	30124	13061	145	6
CREDIT AGRICOLE	法国	86	70	1689	14.8	34015	−1.7	417974	20415	85	3
CATERPILLAR	美国	87	198	1665	22.6	18925	14.5	20756	4679	60	21
MCDONALD'S	美国	88	397	1643	4.4	11409	6.8	18200	8800	237	45
BAT INDUSTRIES	英国	89	113	1630	−30.7	26802	7.5	84358	7818	82	41
VEBA GROUP	德国	90	43	1621	−0.7	43881	−3.0	44813	12320	130	42
L.M. ERICSSON	瑞典	91	159	1563	47.5	21956	17.0	18577	6631	101	10
ABBEY NATIONAL	英国	92	291	1561	30.9	14172	26.4	248155	8027	24	3
TELECOM ITALIA	意大利	93	124	1531		25130		46094	16900	126	40
FIRST CHICAGO NBD CORP.	美国	94	452	1525	6.2	10098	−0.2	114096	7960	34	3
DAI-ICHI MUTUAL LIFE INSURANCE①	日本	95	38	1492	−23.1	47442	−3.5	214994	2247	65	22
SBC COMMUNICATIONS(17)	美国	96	128	1474	−29.8	24856	78.8	42132	9892	118	40
J.P.MORGAN & CO.	美国	97	216	1465	−6.9	17701	11.6	262159	11404	17	3
SWISS REINSURANCE	瑞士	98	267	1459	23.6	14837	5.0	53312	9734	8	25
XEROX	美国	99	209	1452	20.4	18166	−6.9	27732	5690	91	8
BTR	英国	100	321	1445	114.7	13254	−10.9	12637	3548	110	21
GILLETTE	美国	101	454	1427	50.4	10062	3.8	10864	4841	44	27
SIEMENS③	德国	102	24	1427	−24.0	63755	0.1	55546	15109	386	10
FIAT	意大利	103	33	1419	−7.7	52569	4.1	69028	14447	239	30
PETROBRAS	巴西	104	211	1402	110.8	18051	−0.1	34231	18866	45	31
FEDERAL HOME LOAN MORTGAGE	美国	105	283	1395	12.2	14399	18.8	194597	7521	3	9
ROYAL KPN(31)	荷兰	106	250	1376	−4.7	15514	24.8	18498	8657	135	40
PRUDENTIAL	英国	107	104	1371	−37.6	27906	0.3	178081	4579	22	23
MARKS & SPENCER①	英国	108	308	1361	13.7	13537	8.8	12808	8484	48	18
AXA	法国	109	16	1357	82.3	76874	94.3	401206	13075	81	23
VOLVO	瑞典	110	137	1356	−27.1	24035	3.3	20575	7614	73	30
NORWEAT CORP.	美国	111	473	1351	17.1	9660	8.7	88540	7022	56	3
HARTFORD FINACIAL SERVICES	美国	112	317	1332		13305	6.7	131743	6085	25	25
DIAGEO(23)(24)	英国	113	181	1324		20217		28948	10903	75	15
BANC ONE CORP.	美国	114	323	1306	−8.5	13219	28.7	115901	10376	57	3
TOTAL	法国	115	74	1304	18.2	32741	−5.1	25214	11074	54	31
LOCKHEED MARTIN	美国	116	103	1300	−3.5	28069	4.4	28361	5176	173	1
TELEFONICA DE ESPANE	西班牙	117	239	1298	2.6	16139	1.9	40841	13065	92	40
SCHLUMBERGER	安的列斯	118	421	1296	52.2	10754	19.2	12097	6695	64	45
U.S. POSTAL SERVICE③	美国	119	27	1264	−19.3	58216	3.2	53138		898	26
THYSSEN③	德国	120	135	1247	518.9	24298	−7.1	17420	4035	128	21
ZURICH INSURANCE	瑞士	121	116	1232	33.7	26469	−14.0	117037	14162	43	25
TIAA-CREF	美国	122	94	1227	31.3	29348	18.5	214296	5777	5	22
ROYAL BANK OF CANADA⑥	加拿大	123	337	1223	16.8	12810	6.2	173716	7374	51	3

续表 3

公司名称	国家/地区	1997年位次		利润额(百万美元)	利润额比上年增长%	销售额(百万美元)	销售额比上年增长%	资产额(百万美元)	股票市值(百万美元)	雇员(千人)	行业(46)
		利润	销售								
NOKIA	芬兰	124	449	1206	69.8	10135	18.4	7663	3952	37	10
TELSTRA⑦	澳大利亚	125	378	1203	−33.3	11890	−0.3	16847	6441	77	40
METROPOLITAN LIFE INSURANCE	美国	126	133	1203	41.0	24374	4.9	201907	14007	45	23
SEARS ROEBUCK	美国	127	50	1188	−6.5	41296	8.0	38700	5862	296	18
MOTOROLA	美国	128	93	1180	2.3	29794	6.5	27278	13272	150	10
ANHEUSER−BUSCH	美国	129	408	1179	−0.9	11066	1.7	11727	4042	24	4
ALLIANZ	德国	130	28	1172	6.9	56785	0.4	211442	9588	73	25
ALLIEDSIGNAL	美国	131	279	1170	14.7	14472	3.6	13707	4386	71	1
HOME DEPOT②	美国	132	136	1160	23.7	24156	23.7	11189	7098	130	39
GENERAL ACCIDENT(25)	英国	133	258	1160	42.6	15231	10.4	52477	6222	26	25
WELLS FARGO & CO.	美国	134	475	1155	7.8	9608	10.1	97456	12889	33	3
AEGON	荷兰	135	240	1131	21.7	16048	10.5	134513	8942	23	23
CANDIAN IMPERIAL BANK OF COMM. ⑥	加拿大	136	365	1130	12.9	12289	12.8	168901	7272	42	3
BANK OF CHINA	中国	137	173	1126	5.5	20927	2.5	305446	22478	198	3
CIE FINANCIERE DE PARIBAS	法国	138	259	1126	32.5	15223	−28.2	244017	8919	20	3
EMERSON ELECTRIC③	美国	139	364	1122	10.2	12299	10.3	11463	5421	101	10
GEC (GENERAL ELECTRIC CO.)①	英国	140	441	1112	71.7	10294	−0.1	9732	4344	72	10
BANK OF NOVA SCOTIA⑥	加拿大	141	477	1103	40.9	9594	5.6	138500	6670	39	3
TOKYO ELECTRIC POWER①	日本	142	46	1102	52.2	42997	−3.9	107587	11714	43	43
NATIONAL WESTMINSTER BANK	英国	143	169	1101	60.6	21155	−7.1	305082	12995	70	3
SUMITOMO LIFE INSURANCE①	日本	144	48	1094	−41.1	42279	−4.1	177845	2409	65	22
NORINCHUKIN BANK①	日本	145	275	1092	297.3	14583	−15.8	391726	11046	3	3
CIGNA	美国	146	183	1086	2.8	20038	5.7	108199	7932	48	23
UNITED TECHNOLOGIES	美国	147	130	1072	18.3	24713	5.1	16719	4073	180	1
SOCIETE GENERALE	法国	148	99	1047	17.9	28725	10.4	409091	10533	55	3
FORTIS	比/荷	149	143	1033	12.0	23797	5.1	166658	7725	35	23
BANQUE NATIONALE DE PARIS	法国	150	134	1022	35.5	24344	0.9	338196	9812	52	3
SARA LEE⑦	美国	151	185	1009	10.2	19734	6.0	12953	4280	141	15
MEIJI LIFE INSURANCE①	日本	152	84	1007	−36.1	31047	−6.4	127825	1885	40	22
PEMEX (PEROLEOS MEXICANOS)	墨西哥	153	102	1003	−53.8	28566	0.5	42716	19611	121	29
USX	美国	154	171	988	4.8	21057	−0.1	17284	5400	41	31
AMR	美国	155	204	985	−3.1	18570	4.6	20915	6216	110	2
CANON	日本	156	148	982	13.4	22813	−3.0	22011	8453	79	8
RABOBANK	荷兰	157	248	978	1.0	15635	11.4	208619	12314	39	3
DUKE ENERGY	美国	158	237	974	33.5	16309	242.8	24029	8029	21	43
SOUTHERN	美国	159	348	972	−13.8	12611	21.8	35271	9647	31	43
SAINT−GOBAIN	法国	160	206	964	14.1	18347	2.7	22560	9173	107	5
DEERE⑥	美国	161	339	960	17.5	12791	13.9	16320	4147	34	21
ELF AQUITAINE	法国	162	44	960	−29.6	43572	−6.9	42049	13944	84	31
PHILLIPS PEROLEUM	美国	163	251	959	−26.4	15424	−2.4	13860	4814	17	31
DRESNER BANK	德国	164	166	958	−6.2	21534	0.2	376416	10297	46	3

续表 4

公司名称	国家/地区	1997年位次		利润额(百万美元)	利润额比上年增长%	销售额(百万美元)	销售额比上年增长%	资产额(百万美元)	股票市值(百万美元)	雇员(千人)	行业(46)
		利润	销售								
SPRINT	美国	165	266	953	−19.5	14874	4.5	18185	9025	51	40
BANK OF MONTREAL⑥	加拿大	166	425	951	11.1	10573	11.0	147503	6319	34	3
ROYAL & SUN ALLIANCE	英国	167	162	950	31.1	21845	5.6	99546	11861	43	25
UAL	美国	168	220	949	78.0	17378	6.2	15803	2337	92	2
DELL COMPUTER②	美国	169	363	944	82.2	12327	58.9	4268	1293	16	8
RENAULT	法国	170	65	930		35624	−1.0	38750	7299	141	30
VIVENDI(13)	法国	171	100	924	142.1	28634	−11.7	42916	7464	193	13
UNITED PARCEL SERVICE	美国	172	154	909	−20.7	22458	0.4	15912	6087	331	26
KIMBERLY−CLARK	美国	173	351	902	−35.8	12547	−4.6	11266	4125	57	17
AETNA	美国	174	205	901	38.4	18740	11.0	96001	11195	40	23
ROBERT BOSCH	德国	175	109	897	223.5	27027	−1.1	19411	6024	181	30
BANCO BILBAO VIZCAYA	西班牙	176	349	894	8.6	12589	−0.3	138691	6101	62	3
MONTEDISON	意大利	177	296	875		13897		17990	4531	27	6
BANKERS TRUST NEW YORK CORP.	美国	178	366	866	41.5	12176	27.3	140102	5708	18	3
REPSOL	西班牙	179	224	861	−8.5	17075	3.4	17523	6066	21	31
DELTA AIR LINES⑦	美国	180	304	854	447.4	13590	9.1	12741	3007	63	2
JAPAN POSTAL SERVICE(22)	日本	181	175	837	−33.7	20741	−12.4	78513	34982	142	26
AKZO NOBLE	荷兰	182	362	828	5.9	12329	−7.4	10584	4456	69	6
TESCO(16)	英国	183	110	827	0.6	26938	22.8	12247	6382	124	16
YASUDA MUTUAL LIFE INSURANCE①	日本	184	200	826	−32.9	18885	−0.1	71052	1154	21	22
RWE GROUP⑦	德国	185	53	814	−0.5	40233	2.4	46279	4851	136	43
UPM−KYMMENE	芬兰	186	445	806	272.4	10211	−10.8	12449	4843	34	17
NATIONWIDE INS. ENTERPRISE	美国	187	347	806	95.1	12644	2.3	87830	8795	29	25
ALCOA	美国	188	311	805	56.4	13482	2.7	13071	4419	82	28
J. SAINSBURY(20)	英国	189	141	800	25.1	23811	12.0	15280	6886	114	16
CSX	美国	190	424	799	−6.5	10621	0.8	19957	5766	47	34
ALCATEL ALSTHOM GROUP	法国	191	79	799	50.1	31847	0.5	41845	7305	190	40
NIKE(19)	美国	192	490	796	43.9	9187	42.0	5361	3156	22	45
LOEWS	美国	193	188	794	−42.7	19648	−1.6	69577	9655	30	25
VIACOM	美国	194	310	794	−36.4	13505	6.3	28289	13384	46	14
AUSTRALIA& NEW ZEALAND BANKING③	澳大利亚	195	496	788	−8.4	9116	3.9	100100	5027	36	3
HOECHST	德国	196	92	775	−44.8	30055	−11.2	33869	8904	118	6
MAY DEPARTMENT STORES②	美国	197	344	775	2.6	12685	0.7	9930	3809	116	18
VOLKSWAGEN	德国	198	22	772	76.4	65328	−1.8	56517	7793	280	30
BANCO BRADESCO	巴西	199	345	771	−6.1	12666	5.1	55303	4993	63	3
POHANG IRON & STEEL	韩国	200	371	766	4.1	12091	0.8	11558	4263	27	28
COMMERZBANK	德国	201	193	763	−3.5	19254	−2.2	287469	8796	29	3
MATSUSHITA ELECTRIC INDUSTRIAL①	日本	202	23	763	−37.7	64281	−5.7	64218	28272	276	10
SANTANDER GROUP	西班牙	203	265	756	11.8	14886	3.0	170289	4380	62	3
BRITICH AIRWAYS①	英国	204	290	755	−13.9	14191	7.0	18924	5562	61	2
DAYTON HUDSON②	美国	205	107	751	62.2	27757	9.4	14191	4375	150	18

续表 5

公司名称	国家/地区	1997年位次		利润额(百万美元)	利润额比上年增长%	销售额(百万美元)	销售额比上年增长%	资产额(百万美元)	股票市值(百万美元)	雇员(千人)	行业(46)
		利润	销售								
COLGATE－PALMOLIVE	美国	206	497	740	16.6	9057	3.5	7539	2179	38	38
NORSK HYDRO	挪威	207	305	735	－23.5	13585	3.3	15640	6199	38	6
ELECTRONIC DATA SYSTEMS	美国	208	257	731	69.3	15236	5.5	11174	5309	110	7
FUJI JPHOTO FILM①	日本	209	404	724	－4.5	11226	1.0	15985	10727	37	36
BMW (BAYERISCHE MOTOREN WERKE)	德国	210	69	719	33.1	34692	－0.1	29629	5627	118	30
PG&E CORP.	美国	211	253	716	－5.2	15400	60.2	30557	8897	24	43
EDISON INTERNATIONAL	美国	212	487	700	－2.4	9235	8.1	25101	5527	14	43
US WEST	美国	213	255	697	－40.8	15352	18.9	39860	11324	67	40
NORHWESTERN MUTUAL LIFE INS.	美国	214	312	689	11.1	13430	10.9	71081	4101	4	22
SUEZ LYONNAISE DES EAUX⑩	法国	215	75	688	160.8	32637	69.4	78653	8194	175	12
L'OREAL	法国	216	381	683	－0.1	11843	0.4	10772	5002	47	38
MICHELIN	法国	217	302	665	17.7	13655	－4.9	13582	3996	123	35
NEW YORK LIFE INSURANCE	美国	218	199	651	12.3	18899	8.9	84067	4622	7	22
LEHMAN BROTHERS HOLDINGS(14)	美国	219	228	647	55.5	16883	18.4	151705	4523	8	37
ROCKWELL INERNATIONAL③	美国	220	384	644	－11.3	11759	－18.0	7971	4811	45	10
CATHAY LIFE	中国台湾	221	471	643	69.6	9696	9.5	22729	1974		22
KINGFISHER②	英国	222	430	633	44.9	10487	14.7	6094	2894	49	39
KANSAI ELECTRIC POWER①	日本	223	165	630	28.6	21666	－6.5	52023	9374	26	43
GROUPE DANONE	法国	224	260	628	－5.0	15160	－7.6	16385	7100	81	15
CEA－INDUSTRIE	法国	225	491	625	0.0	9185	－11.6	24521	3526	42	6
PETROFINA	比利时	226	298	617	19.0	13821	2.7	10894	4208	15	31
CONAGRA(19)	美国	227	138	615	225.6	24002	－3.3	11277	2472	82	15
CARREFOUR	法国	228	96	614	0.6	29003	－4.2	14448	3614	123	16
HENKEL	德国	229	390	613	107.2	11575	6.9	9686	2823	54	6
PRUDENTIAL INS. CO. OF AMERICA	美国	230	60	610		37073		259482	19718	79	23
COMMERCIAL UNION(25)	英国	231	189	609	－1.7	19591	6.7	97317	7382	26	25
STATOIL	挪威	232	217	609	－25.6	17619	6.3	17709	5218	17	31
ASSICURAZIONI GENERALI(11)	意大利	233	86	605	－35.1	30816	4.0	92678	6351	41	25
NORTHWEST AIRLINES	美国	234	444	597	11.3	10226	3.5	9336		49	2
KOREA ELECTROC POWER	韩国	235	294	589	－20.7	14064	－2.3	27607	10167	31	43
DENSO①	日本	236	306	580	－8.5	13583	－5.8	13088	7928	57	30
ASAHI MUTUAL LIFE INSURANCE ①	日本	237	164	577	－36.5	21678	－14.8	91308	1010	33	22
ITO－YOKADO(16)	日本	238	122	577	－13.7	25607	－5.6	15627	7428	102	16
BRITISH POST OFFICE(22)	英国	239	451	573		10106		9012		194	26
ABB ASEA BROWN BOVERI	瑞士	240	83	572	－53.6	31265	－9.6	29784	5283	213	10
J. C. PENNY②	美国	241	87	566	0.2	30546	29.2	23493	7357	260	18
NEWS CORP.⑦	澳大利亚	242	402	564	－27.2	11262	13.4	30981	15607	28	14
GOODYEAR TIRE & RUBBER	美国	243	325	559	449.4	13155	0.3	9917	3396	95	35
TEXTRON	美国	244	429	558	120.6	10544	13.7	18610	328	64	1
SAFEWAY	美国	245	152	557	21.0	22484	30.2	8494	2149	147	16
DEUTSCHE BANK	德国	246	51	552	－61.6	40792	3.5	579992	17843	76	3

续表 6

公司名称	国家/地区	1997年位次		利润额（百万美元）	利润额比上年增长%	销售额（百万美元）	销售额比上年增长%	资产额（百万美元）	股票市值（百万美元）	雇员（千人）	行业(46)
		利润	销售								
CBS(44)	美国	247	474	549	1730	9632	2.5	16715	8080	51	14
PENINSULAR & ORIENTAL STEAM NAV.	英国	248	472	546	39.4	9694	−11.5	10591	4638	59	45
LUCENT TECHNOLOGIES③	美国	249	117	541		26360		23811	3387	134	10
EAST JAPAN RAILWAY①	日本	250	177	540	−14.0	20487	−8.2	55356	5740	78	34
FEDERATED DEPARTMENT STORES ②	美国	251	246	536	101.6	15668	2.9	13738	5256	115	18
MITSUBISHI TRUST & BANKING①	日本	252	461	532	434.2	9935	−10.7	142221	5899	6	3
BANCO DO BRASIL	巴西	253	178	532		20310	29.7	97588	5379	76	3
DAEWOO	韩国	254	18	527	12.5	71526	9.8	44861	6325	265	30
RAYTHEON	美国	255	301	527	−30.8	15674	10.9	28100	10400	119	10
MITSUI MUTUAL LIFE INSURANCE ①	日本	256	191	521	−34.2	19433	−8.4	81751	804	24	22
LIBERTY MUTUAL INSURANCE GROUP	美国	257	385	521	2.0	11670	6.4	44891	6772	23	24
ALBERTSON'S②	美国	258	271	517	4.7	14690	6.6	5219	2420	94	16
SEAGRAM⑦	加拿大	259	350	502		12560		20936	9422	30	4
BERTELSMAN⑦	德国	260	295	499	4.0	14006	−4.9	7778	1988	57	33
VIAG	德国	261	101	496	−6.5	28581	1.3	32536	4485	96	42
MITSUBIDHI HEAVY INDUSTRIES ①	日本	262	123	494	−55.0	25222	−9.8	35484	10265	67	21
TOYS "R" US②	美国	263	410	490	14.7	11038	11.1	7963	4428	93	39
GROUPE PINAULT－PRINTEMPS	法国	264	256	489	21.1	15280	−2.8	11248	2923	63	18
BAYERISCHE VEREINSBANK	德国	265	227	488	−9.5	16892	−4.0	249782	7772	22	3
LUFTHANSA GROUP	德国	266	315	479	30.1	13354	−3.7	11860	3283	58	2
KONINKLIJKE AHOLD	荷兰	267	119	479	27.6	25921	19.6	9292	1524	142	16
GENERALE BANK	比利时	268	439	477	−2.2	10311	−1.9	159571	3700	27	3
JAPAN TOBACCO①	日本	269	292	473	−38.4	14125	−12.0	15427	10166	20	41
MONSANTO	美国	270	480	470	22.1	9457	2.1	10774	4104	22	6
INDIAN OIL①	印度	271	287	461	15.8	14249	−9.0	7595	2700	34	31
DAI NIPPON PRINTING①	日本	272	416	461	−7.6	10889	−6.4	10879	6640	32	33
UNITED HEALTHCARE	美国	273	382	460	29.3	11794	17.1	7623	4534	30	19
SKANDIA GROUP	瑞典	274	457	445	162.0	10012	1.5	36626	1770	10	23
HYPO－BANK GROUP	德国	275	288	444	−0.1	14230	−5.5	203541	5243	18	3
REPUBLIC INDUSTRIES	美国	276	440	440		10306	335.7	10527	3484	56	39
NORWICH UNION(45)	英国	277	484	439		9285		86137	8389	16	23
WALGREEN(21)	美国	278	314	436	17.3	13363	13.5	4207	2373	71	16
UNION PACIFIC	美国	279	411	432	−52.2	11014	9.6	28764	8225	52	34
ITAUSA－INVESTIMENTOS ITAU	巴西	280	372	432	46.8	12046	−15.4	43907	2482	49	3
IMPERIAL CHEMICAL INDUSTRIES	英国	281	210	424	−1.2	18121	10.3	15239	240	70	6
ASDA GROUP(41)	英国	282	407	420	18.0	11096	17.9	6087	3345	77	16
KROGER	美国	283	114	412	17.7	26567	5.5	6301		212	16
NORTHROP GRUMMAN	美国	284	492	407	73.9	9153	13.4	9677	2623	52	1
WESTDEUTSCHE LANDESBANK	德国	285	161	400	−11.3	21859	6.8	335772	7402	30	3
SAFEWAY①	英国	286	395	396	−15.3	11460	9.6	6857	3361	51	16
DAIDO LIFE INSURANCE①	日本	287	386	392	−29.7	11665	−4.4	40093	1092	22	22

续表 7

公司名称	国家/地区	1997年位次		利润额(百万美元)	利润额比上年增长%	销售额(百万美元)	销售额比上年增长%	资产额(百万美元)	股票市值(百万美元)	雇员(千人)	行业(46)
		利润	销售								
MITSUBISHI①	日本	288	4	388	−1.5	128922	−8.0	71408	7569	36	42
TOHOKU ELECTRIC POWER①	日本	289	333	386	59.2	13017	−3.0	29868	4850	16	43
TOPPAN PRINTING①	日本	290	432	386	101.1	10461	−7.5	9754	5005	34	33
CHINESE PETROLEUM	中国台湾	291	422	385	39.0	10729	9.3	15633	8355	20	31
RJR NABISCO HOLDINGS	美国	292	225	381	−37.6	17057	0.0	30678	9631	80	15
ARCHER DANIELS MIDLAND⑦	美国	293	297	377	−45.8	13853	4.1	11354	6050	17	15
MUNCHENER RUCK⑦	德国	294	131	371	8.9	24609	1.7	93158	3282	18	25
BRITICH STEEL ①	英国	295	398	371	−24.5	11408	−0.5	12925	7741	50	28
FDX(19)(40)	美国	296	392	361	17.4	11520	12.1	7626	2963	108	26
LOWE'S	美国	297	448	358	22.4	10137	17.9	5219	2601	59	39
PUBLIX SUPER MARKETS	美国	298	405	355	33.7	11224	6.6	3295	2019	77	16
USINOR	法国	299	361	352	21.0	12337	−11.2	10868	4481	51	28
MASSACHUSETTS MUTUAL LIFE INS.	美国	300	479	352	22.2	9551	3.5	63088	2873	7	22
GROUPE CAISSE D'EPARGNE	法国	301	299	346	−3.1	13765	−8.8	213833	10789	39	3
BAYERICHE LANDESBANK	德国	302	322	346	14.7	13252	4.2	241682	6081	7	3
BESTFOODS(43)	美国	303	467	344	−40.7	9818	−0.3	6100	1042	45	15
WEYERHAEUSER	美国	304	406	341	−26.1	11210	0.9	13075	4649	36	17
NEC①	日本	305	54	337	−58.6	39927	−9.1	37299	8030	152	10
MARRIOTT INTERNATIONAL	美国	306	373	335	9.5	12034	18.3	6322	1463	195	20
TRANSCANADA PIPELINES	加拿大	307	442	330	5.9	10287	30.0	10183	2987	3	12
ASSURANCES GENERALES DE FRANCE	法国	308	221	330	9.9	17249	−9.5	82331	5338	31	23
CHUBU ELECTREIC POWER①	日本	309	207	328	−3.8	18311	−5.0	46986	7137	20	43
SEKISUI HOUSE②	日本	310	375	326	−16.1	11950	−8.3	12895	6430	17	13
JARDINE MATHESON	中国	311	391	325	8.2	11522	−0.7	11950	3761	175	16
BRIDGESTONE	日本	312	212	324	−50.0	17936	−0.3	14179	5263	96	35
BROKEN HILL PROPRIETARY(19)	澳大利亚	313	219	322	−59.1	17540	17.5	27963	9544	61	29
METRO	德国	314	73	320	−21.2	32790	−10.3	14133	2308	177	16
CARIPLO	意大利	315	458	316	296.8	9994	−14.3	120640	5932	25	3
AIR FRANCE GROUP①	法国	316	446	314		10186	15.4				2
GAZ DE FRANCE	法国	317	437	313	−42.3	10339	−10.2	16732	2419	30	43
COSTCO(21)	美国	318	160	312	25.5	21874	11.8	5476	2468	43	39
PECHINEY	法国	319	367	311		12134	−4.8	9895	2679	34	27
SYSCO⑦	美国	320	281	303	9.3	14455	7.9	3437	1401	32	44
COLES MYER(30)	澳大利亚	321	242	303	41.5	15898	10.3	4990	1875	148	16
H.J. HEINZ(41)	美国	322	483	302	−54.2	9357	2.7	8438	2440	45	15
COASTAL	美国	323	482	302	−25.1	9397	−21.2	11625	3282	13	31
TOKIO MARINE & LIFE INSURANCE①	日本	324	215	297	27.3	17747	−1.9	41240	4922	15	25
MATSUSHITA ELECTRIC WORKS(14)	日本	325	438	291	0.7	10333	−6.6	10025	4220	36	10
JOHNSON CONTROLS③	美国	326	399	289	22.9	11387	13.8	6049	1688	72	30
MANNESMANN	德国	327	151	282	10.8	22554	−2.1	16390	3850	121	21
CREDITO ITALIANO	意大利	328	495	282	54.4	9131	−11.4	99986	4375	24	3

续表 8

公司名称	国家/地区	1997年位次		利润额(百万美元)	利润额比上年增长%	销售额(百万美元)	销售额比上年增长%	资产额(百万美元)	股票市值(百万美元)	雇员(千人)	行业(46)
		利润	销售								
AMERICAN STORES	美国	329	195	281	−2.3	19139	2.5	8536	2309	121	16
CNP ASSURANCES	法国	330	129	281	−8.7	24814	−2.3	95291	2337	2	23
ASHLAND③	美国	331	307	279	32.2	13567	10.3	7777	2024	37	31
PROMODES	法国	332	197	277	13.8	18962	−6.3	8315	1587	51	16
CREDIT SUISSE④	瑞士	333	37	274		48242	74.5	472768	16212	62	30
KYUSHU ELECTRIC POWER①	日本	334	383	274	−22.1	11764	−6.3	31234	5024	15	43
SUMITOMO ELECTRIC INDUSTRIES①	日本	335	427	270	−5.6	10567	−5.8	10716	4020	59	27
MITSUI①	日本	336	3	269	−16.5	142688	−1.6	55071	5272	40	42
CENTRAL JAPAN RAILWAY①	日本	337	436	266	−17.7	10414	−8.3	45655	3554	22	34
ELECTRICITE DE FRANCE	法国	338	62	264	−27.8	36673	−10.5	113360	35220	116	43
BRITISH AEROSPACE	英国	339	376	264	−45.3	11904	17.9	13594	2412	43	1
SUN	美国	340	500	263		8968	−9.2	4667	1462	11	31
OTTO VERSAND(39)	德国	341	360	253	4.4	12383	−2.5	4859	993	41	39
FUJI HEAVY INDUSTRIES①	日本	342	423	250	−28.8	10623	−2.2	6783	12661	19	30
KMART②	美国	343	76	249		32183	2.4	13558	5434	258	18
ENTERGY	美国	344	478	248	−41.0	9562	33.5	27001	6694	17	43
RICOH①	日本	345	396	246	−4.4	11432	−2.2	12452	3562	64	8
SUZUKI MOTOR①	日本	346	368	246	−17.6	12128	−9.1	7779	2809	14	30
TIME WARNER	美国	347	318	246		13294	32.1	34163	9356	38	14
BANCA COMMERCIALE ITALIANA	意大利	348	462	244	−0.5	9922	−5.6	115088	4948	28	3
AEROSPATIALE	法国	349	468	243	5.1	9768	−3.3	12017	876	38	1
LAGARDERE GROUPE	法国	350	388	237	16.5	11655	1.3	11248	1978	46	33
SUPERVALU(16)	美国	351	222	231	31.8	17201	3.9	4096	1202	38	44
DEUTSCHE BAHN	德国	352	218	228	−68.7	17575	−12.5	36862	9122	268	34
DEGUSSA③	德国	353	493	227	15.2	9148	−1.9	5271	1251	26	28
NIPPON EXPRESS①	日本	354	277	220	−9.8	14513	−8.4	8372	2409	61	26
LIMITED②	美国	355	489	217	−49.9	9189	6.3	4268	2045	137	39
PREUSSAG③	德国	356	229	216	27.2	16806	−5.5	8460	1643	63	42
AACHENER & MUNCHENER(38)	德国	357	343	214	6.7	12745	−7.6	52473	1339	18	23
TOSCO	美国	358	319	213	45.4	13282	33.9	5945	1944	27	31
NIPPON DANTAI LIFE INSURANCE①	日本	359	417	212	−16.1	10852	30.9	27434	55	12	23
SUMITOMO①	日本	360	10	210		102395	−14.2	42866	4319	30	42
KYOEI LIFE INSURANCE①	日本	361	352	205	−34.4	12546	22.6	39339	244	17	23
WINN−DIXIE STORES⑦	美国	362	324	204	−20.0	13219	2.0	2921	1138	95	16
SHARP①	日本	363	274	202	−53.1	14587	−8.2	15629	7149	48	10
WOOLWORTHS⑦	澳大利亚	364	357	202	13.9	12444	14.6	2669	916	100	16
MAN⑦	德国	365	316	197	−4.7	13344	−3.8	8046	2183	63	30
INGRAM MICRO	美国	366	233	194	75.0	16582	37.9	4932	1038	12	44
MIGROS	瑞士	367	377	192	−8.3	11894	−8.7	9546	4157	57	16
GROUPE CASINO	法国	368	330	191	16.5	13066	0.0	7093	1717	50	16
FRIED KRUPP AG HOECH−KRUPP	德国	369	278	188	93.3	14478	−9.4	10921	1694	58	28

续表 9

公司名称	国家/地区	1997年位次		利润额(百万美元)	利润额比上年增长%	销售额(百万美元)	销售额比上年增长%	资产额(百万美元)	股票市值(百万美元)	雇员(千人)	行业(46)
		利润	销售								
DEUTCHE GENOSSENSCHAFTSBANK	德国	370	355	185	1.5	12453	−3.8	207741	2380	12	3
CARDINAL HEALTH⑦	美国	371	415	181	61.9	10968	23.8	3109	1332	11	44
CREDIT LYONNAIS	法国	372	155	181	358.7	22421	−11.0	249084	5647	51	3
SWISS POST(42)	瑞士	373	420	179	−11.7	10831	−11.9			58	40
FRANZ HANIEL	德国	374	226	178	−13.6	16907	0.9	6366	999	30	44
GEORGE WESTON	加拿大	375	455	176	0.5	10055	7.9	4108	1227	83	16
COCA−COLA ENTERPRISES	美国	376	401	171	50.0	11278	42.4	17487	1782	56	4
RAG	德国	377	282	170	86.8	14403	−13.1	16649	1500	96	29
ASAHI CHEMICAL INDUSTRY①	日本	378	434	170	−24.7	10441	−8.9	9050	3414	28	6
ASAHI GLASS①	日本	379	414	166	−22.7	10971	−7.6	13578	4727	35	5
BANKGESELLSCHAFT BERLIN	德国	380	358	162	876.7	12429	−3.3	197339	4530	17	3
WEST JAPAN RAILWAY①	日本	381	456	162	−48.7	10013	−6.7	19740	2488	45	34
KOMATSU①	日本	382	498	157	−2.8	8994	−7.8	11711	3931	27	21
JAPAN ENERGY①	日本	383	326	155		13106	−11.3	12314	775	15	31
MCKESSON ①	美国	384	174	155	15.7	20857	32.8	5608	1407	14	44
KAWASAKI HEAVY INDUSTRIES ①	日本	385	426	151	−24.6	10568	−2.8	9171	1568	26	45
FLUOR⑥	美国	386	286	146	−45.5	14299	29.8	4698	1741	61	13
DIGITAL EQUIPMENT⑦(35)	美国	387	331	141		13047	−10.4	9693	3545	55	8
MARUBENI①	日本	388	9	140	−21.4	111121	−10.4	55403	3564	64	42
GROUPE AUCHAN(28)	法国	389	208	138		18218		14136	3404	81	16
DELHAIXE "LE LION"	比利时	390	280	138	−2.0	14466	7.0	4886	914	107	16
CHIYODA MUTUAL LIFE INSURANCE①	日本	391	202	130	−40.9	18850	12.3	37707	509	19	22
BOUYGES	法国	392	235	129	1.2	16406	14.4	13556	1367	103	13
METALLGESELLSCHAFT③	德国	393	418	128	−0.7	10831	1.2	3834	328	25	28
TAKENAKA	日本	394	346	128	−27.2	12663	−10.9	10830	2438	14	13
TAIYO MUTUAL LIFE INSURANCE ①	日本	395	303	126	−1.0	13607	−2.0	51186	539	16	22
SK	韩国	396	71	125	−60.0	33816	−23.2	17930	3095	31	31
IBP	美国	397	320	117	−41.1	13259	5.7	2839	1237	38	15
TOKAI BANK①	日本	398	370	116	−22.1	12104	−23.5	261871	7992	11	3
NKK①	日本	399	244	116	−21.5	15758	−5.5	22226	3488	38	28
YASUDA FIRE & MARINE INSURANCE ①	日本	400	389	116	2.8	11637	−10.8	28130	1978	12	25
COFCO	中国	401	309	110	18.8	13526	12.5	4453	1499	28	42
SWISS LIFE INS. & PENSION(33)	瑞士	402	263	105		14934		70125	4731	8	23
ENRON	美国	403	179	105	−82.0	20273	52.6	23422	5618	16	12
SANYO ELECRIC①	日本	404	245	100	−36.0	15679	−4.3	19812	5629	68	10
ISTITUTO BNC.SAN PAOLO DI TORINA	意大利	405	380	99	−74.8	11871	−22.3	145046	5503	23	3
OBAYASHI①	日本	406	369	96	−21.0	12118	−11.5	17007	2302	12	13
KARSTADT	德国	407	300	94	141.3	13720	−14.1	6375	1381	94	18
NIPPON OIL ①	日本	408	223	94	−16.2	17117	−10.8	21401	4918	10	31
OJI PAPER①	日本	409	413	90	−21.9	10987	9.2	13465	3421	14	17
TOHO MUTUAL LIFE INSURANCE ①	日本	410	196	89	−18.7	19107	63.7	22508	170	2	22

续表 10

公司名称	国家/地区	1997年位次		利润额(百万美元)	利润额比上年增长%	销售额(百万美元)	销售额比上年增长%	资产额(百万美元)	股票市值(百万美元)	雇员(千人)	行业(46)
		利润	销售								
MYCAL(16)	日本	411	262	83	−39.1	15006	−7.3	13638	2153	38	18
MITSUBISHI MATERIALS①	日本	412	469	82	−37.3	9743	−7.5	12592	2343	34	28
BERGEN BRUNSWIG③	美国	413	387	82	11.1	11661	17.3	2707	645	5	44
DENTSU①	日本	414	340	74	−38.7	12778	−2.8	7023	2197	5	45
GEORGIA−PACIFIC	美国	415	327	69	−55.8	13094	0.5	12950	3474	47	17
KAWASAKI STEEL①	日本	416	450	69	−2.6	10132	−7.4	16243	3616	25	28
DDI ①	日本	417	476	68		9599	6.4	9724	1637	6	40
TAKASHIMAYA(16)	日本	418	431	68	−19.1	10464	−8.7	7002	1700	17	18
SAMSUNG LIFE INSURANCE①	韩国	419	180	65	25.1	20269	15.6	19534	314	10	23
SINOCHEM	中国	420	213	64	−10.5	17853	−0.6	5802	986	6	42
GREAT ATLANTIC & PACIFIC TEA(16)	美国	421	443	63	−13.7	10262	1.7	2995	927	52	16
TOSHIBA①	日本	422	41	60	−90.0	44467	−8.2	45460	9011	186	10
LG INTERNATINAL	韩国	423	236	59	114.7	16359	−5.0	1197	131	4	42
JUSCO(27)	日本	424	194	58	−78.7	19147	−4.8	12692	2571	41	16
TOYOTA TSUSHO①	日本	425	238	55	−1.0	16297	2.3	5925	1034	5	42
SHOWA SHELL SEKIYU	日本	426	459	53	−5.2	9984	−12.0	8075	1550	5	31
ISUZU MOTORS①	日本	427	273	49	−42.2	14660	−14.1	12980	917	14	30
GAN	法国	428	98	49		28937	−10.3	151551	3245	12	3
NIPPON STEEL①	日本	429	126	48	58.1	25063	−7.8	35025	6589	86	28
EDEKA ZENTRALE	德国	430	465	47	19.3	9887	−8.3	2351	355	1	44
ELECTROLUX	瑞典	431	268	46	−83.3	14791	−9.8	10345	2591	106	10
MITSUBISHI CHEMICAL①	日本	432	293	46		14122	−8.2	15470	3382	29	6
FUJITSU①	日本	433	52	46	−88.9	40613	1.6	38418	8888	180	8
COSMO OIL ①	日本	434	433	44	−44.6	10454	−12.1	9576	1430	6	31
NICHIMEN①	日本	435	82	41	−5.4	31362	−9.2	15362	1144	18	42
GASUNIE	荷兰	436	460	41	−13.6	9947	−11.3	3206	197	2	12
KYOBO LIFE INSURANCE①	韩国	437	466	41		9822	−3.4	14136	251	9	23
CVS	美国	438	328	38	−50.0	13087	56.8	5637	2361	90	16
SNOW BRAND MILK PRODUCTS ①	日本	439	447	33	−30.2	10159	−5.8	4163	1044	15	15
SUMITOMO METAL INDUSTRIES ①	日本	440	374	33	−86.1	11971	−7.5	18698	4019	34	28
HITACHI①	日本	441	21	28	−96.4	68567	−9.4	75838	24303	331	10
FLEMING	美国	442	254	25	−4.8	15373	−6.8	3624	1090	40	44
NISSHO IWAI①	日本	443	13	25	−81.9	81893	−3.8	40799	2020	18	42
JAPAN TRAVEL BUREAU①	日本	444	342	23	21.1	12758	−9.3	3183	411	9	20
SAMSUNG	韩国	445	121	16	−75.7	25804	−24.7	9020	744	12	42
INCHCAPE	英国	446	470	13	−63.6	9716	−0.7	5307	1300	38	39
LA POSTE②	法国	447	249	10		15535	−9.1	12805	1101	287	26
DAIEI(16)	日本	448	120	10		25882	−8.5	17021	892	100	18
IDEMITSU KOSAN①	日本	449	332	8	−73.5	13022	−11.7	13701	593	5	31

续表 11

公司名称	国家/地区	1997年位次		利润额(百万美元)	利润额比上年增长%	销售额(百万美元)	销售额比上年增长%	资产额(百万美元)	股票市值(百万美元)	雇员(千人)	行业(46)
		利润	销售								
HYUNDAI	韩国	450	105	6	−29.0	27838	2.1	1795	109	1	42
EASTMAN KODAK	美国	451	269	5	−99.6	14713	−9.4	13145	3161	98	36
MCI COMMUNICATIONS	美国	452	187	2	−99.8	19653	6.3	25305	11164	59	40
PACIFICARE HEALTH SYSTEMS	美国	453	499	−22		8983		4868	2062	10	19
KANEMATSU①	日本	454	115	−23		26506	−14.1	11976	326	9	42
KAWASHO①	日本	455	403	−23	−311	11241	−10.4	5679	312	3	42
HYUNDAI MOTOR	韩国	456	359	−30	−146	12392	−14.5	6539	859	46	30
KOBE STEEL①	日本	457	353	−40	−126	12506	−8.1	17984	2739	30	28
TRW	美国	458	419	−49	−110	10831	5.1	6410	1624	80	30
MAZDA MOTOR①	日本	459	232	−55		16630	−1.1	10921	2539	32	30
KAJIMA①	日本	460	243	−62	−195	15795	−15.3	20130	2748	14	13
UNION BANK OF SWITZERLAND(26)	瑞士	461	190	−89		19446	2.9	395986	14389	28	3
NGC	美国	462	313	−103	−190	13378	84.3	4800	1000	3	12
SNCF	法国	463	231	−104		16653	7.8	49106	3900	175	34
NISSAN MOTOR①	日本	464	31	−115	−117	53478	−9.5	59121	9617	137	30
INTERNATIONAL PAPER	美国	465	182	−151	−150	20096	−0.2	26754	8710	82	17
SWISS BANK CORP(29)	瑞士	466	234	−171		16432	4.6	300943	7477	28	3
BOEING⑤	美国	467	39	−178	−116	45800	101.9	38024	12953	239	1
TOMEN①	日本	468	45	−179	−524	43400	−6.7	17671	640	11	42
CANCA DI ROMA	意大利	469	464	−212	−369	9914	−18.7	117287	5896	30	3
DEUTSCHE POST	德国	470	247	−221	−199	15654	−11.8	11871	3162	267	26
MITSUI FUDOSAN①	日本	471	481	−257		9439	−16.3	23298	3875	19	45
COLUMBIA/HCA HEALTHCARE	美国	472	203	−305	−120	18819	−5.5	22002	7250	285	19
SHIMIZU①	日本	473	285	−367	−879	14312	−6.2	17374	2250	15	13
OCCIDENTAL PETROLEUM	美国	474	409	−390	−158	11061	4.8	15282	4286	12	6
PEUGEOT	法国	475	78	−474	−431	32004	−5.6	31472	8808	140	30
SEIYU(16)	日本	476	453	−487		10075	−13.7	11212	122	20	16
JAPAN AIRLINES①	日本	477	335	−513		12884	−7.4	15319	1387	18	2
TAISEI①	日本	478	264	−546	−1163	14913	−15.3	21732	2214	21	13
DAI−ICHI KANGYO BANK①	日本	479	186	−587		19713	−3.3	432190	13799	17	3
LG ELECTRONICS	韩国	480	270	−601	−1747	14700	−0.4	11575	1021	60	10
SAMSUNG ELECTROICS	韩国	481	142	−640	−570	23810	−3.6	18869	2671	84	10
RHONE−POULENC	法国	482	252	−667	−188	15413	−8.1	27398	8489	68	6
SAKURA BANK①	日本	483	168	−719	−557	21292	−6.2	398649	12949	17	3
ITOCHU①	日本	484	6	−774	−798	126632	−6.6	56308	2957	7	42
MITSUBISHI MOTORS①	日本	485	89	−830	−906	30429	−6.7	25276	2622	27	30
MITSUBISHI ELECRIC①	日本	486	85	−863	−1240	30967	−6.4	31781	4686	115	10
BCE	加拿大	487	139	−1110	−231	23974	16.1	28160	6855	122	10
WASTE MANAGEMENT	美国	488	485	−1176	−712	9273	−10.2	13589	1346	59	45
LONG−TERM CREDIT BANK OF JAPAN①	日本	489	394	−1211	−801	11487	−45.3	199216	7685	3	3
CENTRICA(36)	英国	490	336	−1296		12846		6748	2157	15	43

续表 12

公司名称	国家/地区	1997年位次		利润额(百万美元)	利润额比上年增长%	销售额(百万美元)	销售额比上年增长%	资产额(百万美元)	股票市值(百万美元)	雇员(千人)	行业(46)
		利润	销售								
ROCHE HOLDING	瑞士	491	334	−1400	−144	12937	0.2	37554	12512	52	32
SANWA BANK①	日本	492	149	−1486	−747	22806	−18.5	427077	13723	20	3
BANCA NAZIONALE DEL LAVORO	意大利	493	488	−1645	−1775	9198	−15.2	102683	5834	25	3
INDUSTRIAL BANK OF JAPAN①	日本	494	111	−1651	−1560	26918	−10.9	369174	9899	5	3
KUMAGAI GUMI	日本	495	486	−1872		9241	−1.7	12863	214	10	13
SUMITOMO BANK①	日本	496	172	−2047	−777	21008	−7.9	482707	12535	15	3
FUJI BANK①	日本	497	147	−2813	−391	22912	−4.8	413296	118322	15	3
BANK OF TOKYO−MITSUBISHI①	日本	498	67	−4272	−1281	34750	−25.2	690462	18175	18	3
STANDARD LIFE ASSURANCE(34)	英国	499	276			14520	8.7	94656		10	22
FARMLAND INDUSTRIES(21)(45)	美国	500	494			9148	−6.5	2645	822	15	15
500家公司合计(十亿美元)				**452**		**11454**		**34188**	**3724**		

注: ① 年度截止日期为 1998 年 3 月 31 日。② 年度截止日期为 1998 年 1 月 31 日。③ 年度截止日期为 1997 年 9 月 30 日。④ 1997 年 9 月 25 日兼并 WINTERTHUR GROUP 公司(1996 年排名第 133 位)。⑤ 1997 年 8 月 1 日兼并 MCDONELL DOUGLAS 公司(1996 年排名第 303 位)。⑥ 年度截止日期为 1997 年 10 月 31 日。⑦ 年度截止日期为 1997 年 6 月 30 日。⑧ 原名 PHILIPS ELECTRONICS, 1998 年 3 月 16 日改用现名。⑨ 原名 SUNKYONG 公司, 1998 年 1 月 1 日改用现名。⑩ 原名 LYONNAISE DES EAUX 公司, 1997 年 6 月 19 日兼并 CIE DE SUEZ 公司后改用现名。(11) 1998 年 5 月 29 日兼并 AACHENER & MUNCHENER 公司(1997 年排名 343 位)。(12) 1997 年 8 月 14 日兼并 NYNEX 公司(1996 年排名 313 位)。(13)原名 CIE GENERALE DES EAUX 公司, 1998 年 5 月 15 日改用现名。(14)年度截止日期为 1997 年 11 月 30 日。(15) 1997 年 5 月 31 日兼并 MORGAN STANLEY GROUP 公司(1996 年排名 325 位), 由 DEAN WITTER DISCOVER 公司改名为 MORGAN STANLEY DEAN WITTER DISCOVER 公司, 1998 年 3 月 24 日改用现名。(16)年度截止日期为 1998 年 2 月 28 日。(17) 1997 年 4 月 1 日兼并 PACIFIC TELESIS GROUP 公司(1996 年排名 479 位)。(18) 1998 年 6 月 11 日兼并 DIGITAL EQUIPMENT 公司(1997 年排名 331 位)。(19)年度截止日期为 1997 年 5 月 31 日。(20)年度截止日期为 1998 年 3 月 8 日。注(21)年度截止日期为 1997 年 8 月 31 日。注(22)年度截止日期由 6 月 30 日改为 12 月 31 日。注(23)年度截止日期由原来的 9 月 30 日改为 11 月 31 日, 故当年数据与上年数据不可比。注(24)原名 GRAND METROPOLITAN 公司, 1997 年 12 月 12 日改用现名。注(25) 1998 年 6 月 1 日 COMMERCIAL UNION 公司与 GENERAL ACCIDENT 公司(1997 年分别排名第 189 位和 258 位)合并, 成立 CGU 公司。注(26) 1998 年 6 月 29 日被 SWISS BANK CORP.(1997 年排名 234 位)兼并。注(27)年度截止日期为 1998 年 2 月 20 日。注(28)年度截止日期为 1996 年 1 2 月 31 日。注(29) 1998 年 6 月 29 日兼并 UNION BANK OF SWITZERLAND (1997 年排名 190 位)。注(30) 年度截止日期为 1997 年 7 月 31 日。注(31)原名 ROYAL PTT NEDERLADN 公司, 1998 年 6 月 29 日改用现名。注(33) 1997 年由合作制改组成股份制, 因此与上年度不可比。注(34)年度截止日期为 1997 年 11 月 15 日。注(35) 1998 年 6 月 11 日被 COMPAQ 公司(1997 年排名 271 位)兼并。注(36) 1997 年 2 月 12 日由 BG 公司分离出来。注(37)原名 HALIFAX BUILDING SOCIETY, 1997 年 2 月 6 日改用现名。注(38) 1998 年 5 月 29 日被 ASSICUAZIONI GENERALI 公司(1997 年排名 85 位)兼并。注(39)年度截止日期为 1997 年 2 月 28 日。注(40)原名 FEDERAL EXPRESS 公司, 1997 年 1 月 27 日改用现名。注(41)年度截止日期为 1997 年 4 月 30 日。注(42)原名 PTT SWISSE 公司, 1998 年 1 月 27 日改用现名。注(43)原名 CPC INTERNATIONAL 公司, 1998 年 1 月 1 日改用现名。注(44)原名 WESTINGHOUSE ELECTRIC CORP. 公司, 1997 年 12 月 1 日改用现名。注(45) 1997 年改制为股份制, 因此与上年不可比。注(46)行业代码含义如下: 1. 飞机制造业; 2. 航空; 3. 商业银行及储蓄业; 4. 饮料业; 5. 建筑材料和玻璃; 6. 化学; 7. 计算机服务及软件; 8. 计算机和办公设备业; 9. 专门金融服务; 10. 电子和电气设备; 11. 电子和半导体; 12 能源; 13. 土木工程; 14. 娱乐; 15. 食品; 16. 食品和药品商店; 17.森林和纸制品; 18. 综合商业; 19. 医疗卫生; 20. 旅店和博彩; 21. 工业和农业机械; 22. 生命和健康保险(合股); 23. 生命和健康保险(股份); 24. 不动产和灾害保险(合股); 25. 不动产和灾害保险(股份); 26. 邮递、包装和货运; 27. 金属制品; 28. 金属材料; 29.矿业及原油生产; 30. 汽车及零部件; 31. 石油精炼; 32. 制药; 33. 出版和印刷; 34. 铁路; 35. 橡胶和塑料; 36. 科学、照相和控制设备; 37. 证券; 38. 肥皂与化妆品; 39. 专业零售; 40. 电信; 41. 烟草; 42. 贸易; 43. 公用事业; 44. 批发; 45. 未归类。

资料来源: 美国《幸福》杂志 1998 年 8 月 3 日。

16－3 1997年按资产额排序的世界最大的500家公司

公司名称	国家/地区	1997年位次		资产额(百万美元)	销售额(百万美元)	销售额比上年增长%	利润额(百万美元)	利润额比上年增长%	股票市值(百万美元)	雇员(千人)	行业(46)
		资产	销售								
BANK OF TOKYO－MITSUBISHI①	日本	1	67	690462	34750	－25.2	－4272	－1281	18175	18	3
DEUTSCHE BANK	德国	2	51	579992	40792	3.5	552	－61.6	17843	76	3
SUMITOMO BANK①	日本	3	172	482707	21008	－7.9	－2047	－777.2	12535	15	3
CREDIT SUISSE④	瑞士	4	37	472768	48242	74.5	274		16212	62	30
HSBC HOLDINGS	英国	5	59	471256	37474	29.8	5496	13.1	27055	133	3
BARCLAYS BANK	英国	6	170	451948	21129	7.3	1851	－27.7	12539	84	3
DAI－ICHI KANGYO BANK①	日本	7	186	432190	19713	－3.3	－587		13799	17	3
SANWA BANK①	日本	8	149	427077	22806	－18.5	－1486	－747.2	13723	20	3
CREDIT AGRICOLE	法国	9	70	417974	34015	－1.7	1689	14.8	20415	85	3
FUJI BANK①	日本	10	147	413296	22912	－4.8	－2813	－390.6	118322	15	3
ABN AMERO HOLDING	荷兰	11	97	412533	28946	4.7	1975	0.8	12747	77	3
SOCIETE GENERALE	法国	12	99	409091	28725	10.4	1047	17.9	10533	55	3
AXA	法国	13	16	401206	76874	94.3	1357	82.3	13075	81	23
SAKURA BANK①	日本	14	168	398649	21292	－6.2	－719	－556.6	12949	17	3
UNION BANK OF SWITZERLAND(26)	瑞士	15	190	395986	19446	2.9	－89		14389	28	3
NORINCHUKIN BANK①	日本	16	275	391726	14583	－15.8	1092	297.3	11046	3	3
FANNIE MAE	美国	17	106	391673	27777	10.9	3056	12.1	13793	4	9
TRAVELERS GROUP	美国	18	58	386555	37609	76.2	3104	33.2	20893	67	9
DRESNER BANK	德国	19	166	376416	21534	0.2	958	－6.2	10297	46	3
INDUSTRIAL BANK OF JAPAN①	日本	20	111	369174	26918	－10.9－	1651	－1560	9899	5	3
CHASE MANHATTAN CORP.	美国	21	90	365521	30381	10.8	3708	50.7	21742	69	3
BANQUE NATIONALE DE PARIS	法国	22	134	338196	24344	0.9	1022	35.5	9812	52	3
WESTDEUTSCHE LANDESBANK	德国	23	161	335772	21859	6.8	400	－11.3	7402	30	3
NIPPON LIFE INSURANCE①	日本	24	19	316530	71388	－1.6	2118	－24.3	5575	76	22
CITICORP⑨	美国	25	68	310897	34697	6.4	3591	－5.2	21196	94	3
ING GROUP	荷兰	26	57	305984	38674	7.9	2104	6.8	22745	64	23
BANK OF CHINA	中国	27	173	305446	20927	2.5	1126	5.5	22478	198	3
NATIONAL WESTMINSTER BANK	英国	28	169	305082	21155	－7.1	1101	60.6	12995	70	3
GENERAL ELECTRIC	美国	29	12	304012	90840	14.7	8203	12.7	34438	276	10
MORGAN STANLEY DEAN WITTER(14)(15)	美国	30	108	302287	27132	200.5	2586	171.8	13956	47	37
SWISS BANK CORP(29)	瑞士	31	234	300943	16432	4.6	－171		7477	28	3
MERRILL LYNCH	美国	32	81	292819	31731	26.9	1906	17.7	8329	57	37
COMMERZBANK	德国	33	193	287469	19254	－2.2	763	－3.5	8796	29	3
FORD MOTOR	美国	34	2	279097	153627	4.5	6920	55.6	30734	364	30
NATIONSBNK CORP.	美国	35	163	264562	21734	24.1	3077	25.5	21337	80	3
J.P.MORGAN & CO.	美国	36	216	262159	17701	11.6	1465	－6.9	11404	17	3
TOKAI BANK①	日本	37	370	261871	12104	－23.5	116	－22.1	7992	11	3
LLOYDS TSB GROUP	英国	38	156	260163	22313	9.5	3825	55.5	10291	83	3
BANKAMERICA CORP.	美国	39	145	260159	23585	6.9	3210	11.7	19837	77	3
PRUDENTIAL INS. CO. OF AMERICA	美国	40	60	259482	37073		610		19718	79	23
BAYERISCHE VEREINSBANK	德国	41	227	249782	16892	－4.0	488	－9.5	7772	22	3

续表 1

公司名称	国家/地区	1997年位次		资产额（百万美元）	销售额（百万美元）	销售额比上年增长%	利润额（百万美元）	利润额比上年增长%	股票市值(百万美元)	雇员（千人）	行业（46）
		资产	销售								
CREDIT LYONNAIS	法国	42	155	249084	22421	−11.0	181	358.7	5647	51	3
ABBEY NATIONAL	英国	43	291	248155	14172	26.4	1561	30.9	8027	24	3
CIE FINANCIERE DE PARIBAS	法国	44	259	244017	15223	−28.2	1126	32.5	8919	20	3
BAYERICHE LANDESBANK	德国	45	322	241682	13252	4.2	346	14.7	6081	7	3
GENERAL MOTORS	美国	46	1	228888	178174	5.8	6698	35.0	17506	608	30
DAI-ICHI MUTUAL LIFE INSURANCE ①	日本	47	38	214994	47442	−3.5	1492	−23.1	2247	65	22
TIAA－CREF	美国	48	94	214296	29348	18.5	1227	31.3	5777	5	22
GROUPE CAISSE D'EPARGNE	法国	49	299	213833	13765	−8.8	346	−3.1	10789	39	3
ALLIANZ	德国	50	28	211442	56785	0.4	1172	6.9	9588	73	25
HLIFAX(37)	英国	51	338	210022	12803	14.3	1715	94.1	11559	32	3
RABOBANK	荷兰	52	248	208619	15635	11.4	978	1.0	12314	39	3
DEUTCHE GENOSSENSCHAFTSBANK	德国	53	355	207741	12453	−3.8	185	1.5	2380	12	3
HYPO－BANK GROUP	德国	54	288	203541	14230	−5.5	444	−0.1	5243	18	3
METROPOLITAN LIFE INSURANCE	美国	55	133	201907	24374	4.9	1203	41.0	14007	45	23
LONG-TERM CREDIT BANK OF JAPAN ①	日本	56	394	199216	11487	−45.3	−1211	−800.5	7685	3	3
BANKGESELLSCHAFT BERLIN	德国	57	358	197339	12429	−3.3	162	876.7	4530	17	3
FEDERAL HOME LOAN MORTGAGE	美国	58	283	194597	14399	18.8	1395	12.2	7521	3	9
PRUDENTIAL	英国	59	104	178081	27906	0.3	1371	−37.6	4579	22	23
SUMITOMO LIFE INSURANCE①	日本	60	48	177845	42279	−4.1	1094	−41.1	2409	65	22
ROYAL BANK OF CANADA⑥	加拿大	61	337	173716	12810	6.2	1223	16.8	7374	51	3
SANTANDER GROUP	西班牙	62	265	170289	14886	3.0	756	11.8	4380	62	3
CANDIAN IMPERIAL BANK OF COMM ⑥	加拿大	63	365	168901	12289	12.8	1130	12.9	7272	42	3
FORTIS	比/荷	64	143	166658	23797	5.1	1033	12.0	7725	35	23
AMERICAN INTERNATIONAL GROUP	美国	65	88	163971	30520	8.2	3332	15.0	24001	40	25
GENERALE BANK	比利时	66	439	159571	10311	−1.9	477	−2.2	3700	27	3
FIRST UNION CORP.	美国	67	284	157274	14329	19.6	1896	26.5	12032	44	3
LEHMAN BROTHERS HOLDINGS(14)	美国	68	228	151705	16883	18.4	647	55.5	4523	8	37
GAN	法国	69	98	151551	28937	−10.3	49		3245	12	3
BANK OF MONTREAL⑥	加拿大	70	425	147503	10573	11.0	951	11.1	6319	34	3
NATIONAL AUSTRALIA BANK③	澳大利亚	71	356	146246	12444	8.1	1711	5.6	9109	46	3
ISTITUTO BNC.SAN PAOLO DI TORINA	意大利	72	380	145046	11871	−22.3	99	−74.8	5503	23	3
MITSUBISHI TRUST & BANKING①	日本	73	461	142221	9935	−10.7	532	434.2	5899	6	3
BANKERS TRUST NEW YORK CORP	美国	74	366	140102	12176	27.3	866	41.5	5708	18	3
BANCO BILBAO VIZCAYA	西班牙	75	349	138691	12589	−0.3	894	8.6	6101	62	3
BANK OF NOVA SCOTIA⑥	加拿大	76	477	138500	9594	5.6	1103	40.9	6670	39	3
AEGON	荷兰	77	240	134513	16048	10.5	1131	21.7	8942	23	23
HARTFORD FINACIAL SERVICES	美国	78	317	131743	13305	6.7	1332		6085	25	25
MEIJI LIFE INSURANCE①	日本	79	84	127825	31047	−6.4	1007	−36.1	1885	40	22
CARIPLO	意大利	80	458	120640	9994	−14.3	316	296.8	5932	25	3
AMERICA EXPRESS	美国	81	214	120003	17760	2.8	1991	4.7	9574	74	9
CANCA DI ROMA	意大利	82	464	117287	9914	−18.7	−212	−369.4	5896	30	3

续表 2

公司名称	国家/地区	1997年位次		资产额(百万美元)	销售额(百万美元)	销售额比上年增长%	利润额(百万美元)	利润额比上年增长%	股票市值(百万美元)	雇员(千人)	行业(46)
		资产	销售								
ZURICH INSURANCE	瑞士	83	116	117037	26469	−14.0	1232	33.7	14162	43	25
BANC ONE CORP.	美国	84	323	115901	13219	28.7	1306	−8.5	10376	57	3
BANCA COMMERCIALE ITALIANA	意大利	85	462	115088	9922	−5.6	244	−0.5	4948	28	3
FIRST CHICAGO NBD CORP.	美国	86	452	114096	10098	−0.2	1525	6.2	7960	34	3
ROYAL DUTCH/SHELL GROUP	英国/荷兰	87	5	113781	128142	0.0	7758	−12.7	59982	105	31
NIPPON TELEGRAPH & TELEPHONE ①	日本	88	15	113410	76984	−1.7	2361	77.5	35990	226	40
ELECTRICITE DE FRANCE	法国	89	62	113360	36673	−10.5	264	−27.8	35220	116	43
CIGNA	美国	90	183	108199	20038	5.7	1086	2.8	7932	48	23
TOKYO ELECTRIC POWER①	日本	91	46	107587	42997	−3.9	1102	52.2	11714	43	43
RAO GAZPROM	俄罗斯	92	140	107555	23948	6.2	3938	115.7	73448	362	12
STATE FARM INSURANCE COS.	美国	93	42	103626	43957	2.7	3833	49.3	37635	73	24
BANCA NAZIONALE DEL LAVORO	意大利	94	488	102683	9198	−15.2	−1645	−1775	5834	25	3
AUSTRALIA& NEW ZEALAND BANKING③	澳大利亚	95	496	100100	9116	3.9	788	−8.4	5027	36	3
CREDITO ITALIANO	意大利	96	495	99986	9131	−11.4	282	54.4	4375	24	3
ROYAL & SUN ALLIANCE	英国	97	162	99546	21845	5.6	950	31.1	11861	43	25
BANCO DO BRASIL	巴西	98	178	97588	20310	29.7	532		5379	76	3
WELLS FARGO & CO.	美国	99	475	97456	9608	10.1	1155	7.8	12889	33	3
COMMERCIAL UNION(25)	英国	100	189	97317	19591	6.7	609	−1.7	7382	26	25
EXXON	美国	101	7	96064	122379	2.5	8460	12.6	43660	80	31
AETNA	美国	102	205	96001	18740	11.0	901	38.4	11195	40	23
CNP ASSURANCES	法国	103	129	95291	24814	−2.3	281	−8.7	2337	2	23
STANDARD LIFE ASSURANCE(34)	英国	104	276	94656	14520	8.7				10	22
MUNCHENER RUCK⑦	德国	105	131	93158	24609	1.7	371	8.9	3282	18	25
ASSICURAZIONI GENERALI(11)	意大利	106	86	92678	30816	4.0	605	−35.1	6351	41	25
ASAHI MUTUAL LIFE INSURANCE①	日本	107	164	91308	21678	−14.8	577	−36.5	1010	33	22
DEUTSCHE TELEKOM	法国	108	56	90543	38969	−7.0	1905	63.1	25967	216	40
NORWEAT CORP.	美国	109	473	88540	9660	8.7	1351	17.1	7022	56	3
NATIONWIDE INS. ENTERPRISE	美国	110	347	87830	12644	2.3	806	95.1	8795	29	25
NORWICH UNION(45)	英国	111	484	86137	9285		439		8389	16	23
BAT INDUSTRIES	英国	112	113	84358	26802	7.5	1630	−30.7	7818	82	41
NEW YORK LIFE INSURANCE	美国	113	199	84067	18899	8.9	651	12.3	4622	7	22
ASSURANCES GENERALES DE FRANCE	法国	114	221	82331	17249	−9.5	330	9.9	5338	31	23
MITSUI MUTUAL LIFE INSURANCE①	日本	115	191	81751	19433	−8.4	521	−34.2	804	24	22
INRL. BUSINESS MACHINES	美国	116	14	81499	78508	3.4	6093	12.2	19816	269	8
ALLSTATE	美国	117	127	80918	24949	2.7	3105	49.6	15610	51	25
SUEZ LYONNAISE DES EAUX⑩	法国	118	75	78653	32637	69.4	688	160.8	8194	175	12
JAPAN POSTAL SERVICE(22)	日本	119	175	78513	20741	−12.4	837	−33.7	34982	142	26
DAIMLER−BENZ	德国	120	17	76191	71561	1.0	4639	161.2	19511	300	30
HITACHI①	日本	121	21	75838	68567	−9.4	28	−96.4	24303	331	10
MITSUBISHI①	日本	122	4	71408	128922	−8.0	388	−1.5	7569	36	42
NORHWESTERN MUTUAL LIFE INS.	美国	123	312	71081	13430	10.9	689	11.1	4101	4	22

续表3

公司名称	国家/地区	1997年位次		资产额（百万美元）	销售额（百万美元）	销售额比上年增长%	利润额（百万美元）	利润额比上年增长%	股票市值(百万美元)	雇员（千人）	行 业 (46)
		资产	销售								
YASUDA MUTUAL LIFE INSURANCE①	日本	124	200	71052	18885	-0.1	826	-32.9	1154	21	22
SWISS LIFE INS. & PENSION(33)	瑞士	125	263	70125	14934		105		4731	8	23
LOEWS	美国	126	188	69577	19648	-1.6	794	-42.7	9655	30	25
FIAT	意大利	127	33	69028	52569	4.1	1419	-7.7	14447	239	30
IRI	意大利	128	157	65251	22232	-54.7	2867	926.5	7026	127	21
MATSUSHITA ELECTRIC INDUSTRIAL①	日本	129	23	64218	64281	-5.7	763	-37.7	28272	276	10
MASSACHUSETTS MUTUAL LIFE INS.	美国	130	479	63088	9551	3.5	352	22.2	2873	7	22
CHRYSLER	美国	131	25	60418	61147	-0.4	2805	-20.5	11362	121	30
NISSAN MOTOR①	日本	132	31	59121	53478	-9.5	-115	-116.5	9617	137	30
AT&T	美国	133	32	58635	53261	-28.5	4638	-21.5	22647	128	40
VOLKSWAGEN	德国	134	22	56517	65328	-1.8	772	76.4	7793	280	30
ITOCHU①	日本	135	6	56308	126632	-6.6	-774	-797.9	2957	7	42
BERKSHIRE HATHAWAY	美国	136	435	56111	10430	-0.7	1902	-23.6	31455	38	25
PHILIP MORRIS	美国	137	29	55947	56114	2.9	6310	0.1	14920	152	41
SIEMENS③	德国	138	24	55546	63755	0.1	1427	-24.0	15109	386	10
MARUBENI①	日本	139	9	55403	111121	-10.4	140	-21.4	3564	64	42
EAST JAPAN RAILWAY①	日本	140	177	55356	20487	-8.2	540	-14.0	5740	78	34
BANCO BRADESCO	巴西	141	345	55303	12666	5.1	771	-6.1	4993	63	3
MITSUI①	日本	142	3	55071	142688	-1.6	269	-16.5	5272	40	42
BRITISH PETROLEUM	英国	143	20	54099	71194	1.9	4046	1.5	23221	56	31
BELL ATLANTIC(12)	美国	144	91	53964	30194	130.8	2455	30.5	12789	141	40
ENEL	意大利	145	158	53770	22181	-6.9	1953	136.8	18371	89	43
SWISS REINSURANCE	瑞士	146	267	53312	14837	5.0	1459	23.6	9734	8	25
U.S. POSTAL SERVICE③	美国	147	27	53138	58216	3.2	1264	-19.3		898	26
GENERAL ACCIDENT(25)	英国	148	258	52477	15231	10.4	1160	42.6	6222	26	25
AACHENER & MUNCHENER(38)	德国	149	343	52473	12745	-7.6	214	6.7	1339	18	23
KANSAI ELECTRIC POWER①	日本	150	165	52023	21666	-6.5	630	28.6	9374	26	43
TAIYO MUTUAL LIFE INSURANCE①	日本	151	303	51186	13607	-2.0	126	-1.0	539	16	22
ENI	意大利	152	61	49335	36962	-4.8	3004	4.1	16764	80	31
SNCF	法国	153	231	49106	16653	7.8	-104		3900	175	34
SONY①	日本	154	30	48016	55033	9.5	1809	46.1	13615	173	10
PDVSA	委内瑞拉	155	66	47148	34801	2.8	4772	6.2	34555	57	31
CHUBU ELECTREIC POWER①	日本	156	207	46986	18311	-5.0	328	-3.8	7137	20	43
FRANCE TELECOM	法国	157	112	46553	26854	-9.2	2547	518.0	15575	165	40
RWE GROUP⑦	德国	158	53	46279	40233	2.4	814	-0.5	4851	136	43
TELECOM ITALIA	意大利	159	124	46094	25130		1531		16900	126	40
CENTRAL JAPAN RAILWAY①	日本	160	436	45655	10414	-8.3	266	-17.7	3554	22	34
WAL-MART STORES②	美国	161	8	45525	119299	12.4	3526	15.4	18502	825	18
TOSHIBA①	日本	162	41	45460	44467	-8.2	60	-90.0	9011	186	10
LIBERTY MUTUAL INSURANCE GROUP	美国	163	385	44891	11670	6.4	521	2.0	6772	23	24
DAEWOO	韩国	164	18	44861	71526	9.8	527	12.5	6325	265	30

续表4

公司名称	国家/地区	1997年位次		资产额(百万美元)	销售额(百万美元)	销售额比上年增长%	利润额(百万美元)	利润额比上年增长%	股票市值(百万美元)	雇员(千人)	行业(46)
		资产	销售								
EBA GROUP	德国	165	43	44813	43881	−3.0	1621	−0.7	12320	130	42
ITAUSA−INVESTIMENTOS ITAU	巴西	166	372	43907	12046	−15.4	432	46.8	2482	49	3
MOBIL	美国	167	26	43559	59978	−17.0	3272	10.4	19461	43	31
E.I. DU PONT DE NEMOURS	美国	168	49	42942	41304	4.1	2405	−33.9	11270	98	6
VIVENDI(13)	法国	169	100	42916	28634	−11.7	924	142.1	7464	193	13
SUMITOMO①	日本	170	10	42866	102395	−14.2	210		4319	30	42
PEMEX (PEROLEOS MEXICANOS)	墨西哥	171	102	42716	28566	0.5	1003	−53.8	19611	121	29
TELEBRAS	巴西	172	272	42647	14666	18.0	3618	31.9	28040	87	40
GTE	美国	173	146	42142	23260	9.0	2794	−0.2	8038	114	40
SBC COMMUNICATIONS(17)	美国	174	128	42132	24856	78.8	1474	−29.8	9892	118	40
ELF AQUITAINE	法国	175	44	42049	43572	−6.9	960	−29.6	13944	84	31
ALCATEL ALSTHOM GROUP	法国	176	79	41845	31847	0.5	799	50.1	7305	190	40
TOKIO MARINE & LIFE INSURANCE①	日本	177	215	41240	17747	−1.9	297	27.3	4922	15	25
TELEFONICA DE ESPANE	西班牙	178	239	40841	16139	1.9	1298	2.6	13065	92	40
NISSHO IWAI①	日本	179	13	40799	81893	−3.8	25	−81.9	2020	18	42
DAIDO LIFE INSURANCE①	日本	180	386	40093	11665	−4.4	392	−29.7	1092	22	22
US WEST	美国	181	255	39860	15352	18.9	697	−40.8	11324	67	40
KYOEI LIFE INSURANCE①	日本	182	352	39339	12546	22.6	205	−34.4	244	17	23
BT①	英国	183	118	38995	26294	10.2	2802	−15.0	18062	125	40
RENAULT	法国	184	65	38750	35624	−1.0	930		7299	141	30
SEARS ROEBUCK	美国	185	50	38700	41296	8.0	1188	−6.5	5862	296	18
FUJITSU①	日本	186	52	38418	40613	1.6	46	−88.9	8888	180	8
BOEING⑤	美国	187	39	38024	45800	101.9	−178	−116.3	12953	239	1
WALT DISNEY③	美国	188	153	37776	22473	19.9	1966	61.9	17285	108	14
CHIYODA MUTUAL LIFE INSURANCE①	日本	189	202	37707	18850	12.3	130	−40.9	509	19	22
ROCHE HOLDING	瑞士	190	334	37554	12937	0.2	−1400	−144.4	12512	52	32
NESTLE	瑞士	191	36	37487	48254	−1.4	2761	0.4	16736	226	15
NEC①	日本	192	54	37299	39927	−9.1	337	−58.6	8030	152	10
DEUTSCHE BAHN	德国	193	218	36862	17575	−12.5	228	−68.7	9122	268	34
SKANDIA GROUP	瑞典	194	457	36626	10012	1.5	445	162.0	1770	10	23
BELLSOUTH	美国	195	176	36301	20561	8.0	3261	13.9	15165	81	40
HONDA MOTOR①	日本	196	34	36110	48876	4.0	2123	8.1	12058	109	30
NOVARTIS	瑞士	197	167	35533	21494	−26.7	3592	92.7	18375	87	32
MITSUBIDHI HEAVY INDUSTRIES①	日本	198	123	35484	25222	−9.8	494	−55.0	10265	67	21
CHEVRON	美国	199	63	35473	36376	−6.0	3256	24.9	17472	39	31
SOUTHERN	美国	200	348	35271	12611	21.8	972	−13.8	9647	31	43
NIPPON STEEL①	日本	201	126	35025	25063	−7.8	48	58.1	6589	86	28
PETROBRAS	巴西	202	211	34231	18051	−0.1	1402	110.8	18866	45	31
TIME WARNER	美国	203	318	34163	13294	32.1	246		9356	38	14
HOECHST	德国	204	92	33869	30055	−11.2	775	−44.8	8904	118	6
VIAG	德国	205	101	32536	28581	1.3	496	−6.5	4485	96	42

续表5

公司名称	国家/地区	1997年位次		资产额(百万美元)	销售额(百万美元)	销售额比上年增长%	利润额(百万美元)	利润额比上年增长%	股票市值(百万美元)	雇员(千人)	行业(46)
		资产	销售								
AMOCO	美国	206	72	32489	32836	0.3	2720	−4.0	16319	43	31
MITSUBISHI ELECRIC①	日本	207	85	31781	30967	−6.4	−863	−1240	4686	115	10
HEWLETT−PACKARD⑥	美国	208	47	31749	42895	11.6	3119	20.6	16155	122	8
UNILEVER	英国/荷兰	209	35	31671	48761	−6.4	5463	118.6	12203	287	15
PEUGEOT	法国	210	78	31472	32004	−5.6	−474	−430.6	8808	140	30
KYUSHU ELECTRIC POWER①	日本	211	383	31234	11764	−6.3	274	−22.1	5024	15	43
NEWS CORP.⑦	澳大利亚	212	402	30981	11262	13.4	564	−27.2	15607	28	14
RJR NABISCO HOLDINGS	美国	213	225	30678	17057	0.0	381	−37.6	9631	80	15
PG&E CORP.	美国	214	253	30557	15400	60.2	716	−5.2	8897	24	43
BAYER	德国	215	80	30124	31731	−1.8	1697	−6.3	13061	145	6
TOHOKU ELECTRIC POWER①	日本	216	333	29868	13017	−3.0	386	59.2	4850	16	43
ABB ASEA BROWN BOVERI	瑞士	217	83	29784	31265	−9.6	572	−53.6	5283	213	10
BMW(BAYERISCHE MOTOREN WERKE)	德国	218	69	29629	34692	−0.1	719	33.1	5627	118	30
TEXACO	美国	219	40	29600	45187	1.4	2664	32.0	12766	29	31
ROYAL PHILIPS ELECTRONICS⑧	荷兰	220	55	29316	39188	−4.5	2939		9596	265	10
DIAGEO(23)(24)	英国	221	181	28948	20217		1324		10903	75	15
INTEL	美国	222	125	28880	25070	20.3	6945	34.7	19295	64	11
UNION PACIFIC	美国	223	411	28764	11014	9.6	432	−52.2	8225	52	34
LOCKHEED MARTIN	美国	224	103	28361	28069	4.4	1300	−3.5	5176	173	1
VIACOM	美国	225	310	28289	13505	6.3	794	−36.4	13384	46	14
BCE	加拿大	226	139	28160	23974	16.1	−1110	−231.3	6855	122	10
YASUDA FIRE & MARINE INSURANCE①	日本	227	389	28130	11637	−10.8	116	2.8	1978	12	25
RAYTHEON	美国	228	301	28100	15674	10.9	527	−30.8	10400	119	10
BROKEN HILL PROPRIETARY(19)	澳大利亚	229	219	27963	17540	17.5	322	−59.1	9544	61	29
XEROX	美国	230	209	27732	18166	−6.9	1452	20.4	5690	91	8
KOREA ELECTROC POWER	韩国	231	294	27607	14064	−2.3	589	−20.7	10167	31	43
PROCTTER & GAMBLE⑦	美国	232	64	27544	35764	1.4	3415	12.1	12046	106	38
NIPPON DANTAI LIFE INSURANCE①	日本	233	417	27434	10852	30.9	212	−16.1	55	12	23
RHONE−POULENC	法国	234	252	27398	15413	−8.1	−667	−188.2	8489	68	6
MOTOROLA	美国	235	93	27278	29794	6.5	1180	2.3	13272	150	10
ENTERGY	美国	236	478	27001	9562	33.5	248	−41.0	6694	17	43
INTERNATIONAL PAPER	美国	237	182	26754	20096	−0.2	−151	−149.8	8710	82	17
BASF	德国	238	77	26686	32178	−0.7	1867	0.7	12808	105	6
MERCK	美国	239	144	25812	23637	19.2	4614	18.9	12614	54	32
AMERITECH	美国	240	241	25339	15998	7.2	2296	7.6	8308	74	40
ATLANTIC RICHFIELS	美国	241	192	25322	19272	0.5	1771	6.5	8680	24	31
MCI COMMUNICATIONS	美国	242	187	25305	19653	6.3	2	−99.8	11164	59	40
MITSUBISHI MOTORS①	日本	243	89	25276	30429	−6.7	−830	−905.7	2622	27	30
TOTAL	法国	244	74	25214	32741	−5.1	1304	18.2	11074	54	31
EDISON INTERNATIONAL	美国	245	487	25101	9235	8.1	700	−2.4	5527	14	43
CEA−INDUSTRIE	法国	246	491	24521	9185	−11.6	625	0.0	3526	42	6

续表6

公司名称	国家/地区	1997年位次		资产额(百万美元)	销售额(百万美元)	销售额比上年增长%	利润额(百万美元)	利润额比上年增长%	股票市值(百万美元)	雇员(千人)	行业(46)
		资产	销售								
DOW CHEMICAL	美国	247	184	24040	20018	−0.2	1808	−5.2	7626	43	6
DUKE ENERGY	美国	248	237	24029	16309	242.8	974	33.5	8029	21	43
LUCENT TECHNOLOGIES③	美国	249	117	23811	26360		541		3387	134	10
J. C. PENNY②	美国	250	87	23493	30546	29.2	566	0.2	7357	260	18
ENRON	美国	251	179	23422	20273	52.6	105	−82.0	5618	16	12
MITSUI FUDOSAN①	日本	252	481	23298	9439	−16.3	−257		3875	19	45
CATHAY LIFE	中国台湾	253	471	22729	9696	9.5	643	69.6	1974		22
SAINT−GOBAIN	法国	254	206	22560	18347	2.7	964	14.1	9173	107	5
TOHO MUTUAL LIFE INSURANCE①	日本	255	196	22508	19107	63.7	89	−18.7	170	2	22
PETRONAS①	马来西亚	256	412	22440	10995	−4.8	3124	7.3	9343	14	31
NKK①	日本	257	244	22226	15758	−5.5	116	−21.5	3488	38	28
CANON	日本	258	148	22011	22813	−3.0	982	13.4	8453	79	8
COLUMBIA/HCA HEALTHCARE	美国	259	203	22002	18819	−5.5	−305	−120.3	7250	285	19
CABLE & WIRELESS①	英国	260	393	21853	11497	19.8	2115	96.9	5188	47	40
TAISEI①	日本	261	264	21732	14913	−15.3	−546	−1163	2214	21	13
JOHNSON & JOHNSON	美国	262	150	21453	22629	4.7	3303	14.4	12359	91	32
NIPPON OIL ①	日本	263	223	21401	17117	−10.8	94	−16.2	4918	10	31
SEAGRAM⑦	加拿大	264	350	20936	12560		502		9422	30	4
AMR	美国	265	204	20915	18570	4.6	985	−3.1	6216	110	2
AMERICAN HOME PRODUCTS	美国	266	289	20825	14196	0.8	2043	8.5	8175	61	32
CATERPILLAR	美国	267	198	20756	18925	14.5	1665	22.6	4679	60	21
VOLVO	瑞典	268	137	20575	24035	3.3	1356	−27.1	7614	73	30
KAJIMA①	日本	269	243	20130	15795	−15.3	−62	−195.0	2748	14	13
PEPSICO	美国	270	95	20101	29292	−7.4	2142	86.4	6936	136	4
CSX	美国	271	424	19957	10621	0.8	799	−6.5	5766	47	34
SANYO ELECRIC①	日本	272	245	19812	15679	−4.3	100	−36.0	5629	68	10
WEST JAPAN RAILWAY①	日本	273	456	19740	10013	−6.7	162	−48.7	2488	45	34
SAMSUNG LIFE INSURANCE①	韩国	274	180	19534	20269	15.6	65	25.1	314	10	23
ROBERT BOSCH	德国	275	109	19411	27027	−1.1	897	223.5	6024	181	30
BRITICH AIRWAYS①	英国	276	290	18924	14191	7.0	755	−13.9	5562	61	2
SAMSUNG ELECTROICS	韩国	277	142	18869	23810	−3.6	−640	−569.7	2671	84	10
SUMITOMO METAL INDUSTRIES①	日本	278	374	18698	11971	−7.5	33	−86.1	4019	34	28
TEXTRON	美国	279	429	18610	10544	13.7	558	120.6	328	64	1
L.M. ERICSSON	瑞典	280	159	18577	21956	17.0	1563	47.5	6631	101	10
ROYAL KPN(31)	荷兰	281	250	18498	15514	24.8	1376	−4.7	8657	135	40
MCDONALD'S	美国	282	397	18200	11409	6.8	1643	4.4	8800	237	45
SPRINT	美国	283	266	18185	14874	4.5	953	−19.5	9025	51	40
MONTEDISON	意大利	284	296	17990	13897		875		4531	27	6
KOBE STEEL①	日本	285	353	17984	12506	−8.1	−40	−125.7	2739	30	28
SK	韩国	286	71	17930	33816	−23.2	125	−60.0	3095	31	31
STATOIL	挪威	287	217	17709	17619	6.3	609	−25.6	5218	17	31

续表7

公司名称	国家/地区	1997年位次		资产额(百万美元)	销售额(百万美元)	销售额比上年增长%	利润额(百万美元)	利润额比上年增长%	股票市值(百万美元)	雇员(千人)	行业(46)
		资产	销售								
TOMEN①	日本	288	45	17671	43400	−6.7	−179	−524.3	640	11	42
REPSOL	西班牙	289	224	17523	17075	3.4	861	−8.5	6066	21	31
COCA−COLA ENTERPRISES	美国	290	401	17487	11278	42.4	171	50.0	1782	56	4
THYSSEN③	德国	291	135	17420	24298	−7.1	1247	518.9	4035	128	21
SHIMIZU①	日本	292	285	17374	14312	−6.2	−367	−879.4	2250	15	13
USX	美国	293	171	17284	21057	−0.1	988	4.8	5400	41	31
DAIEI(16)	日本	294	120	17021	25882	−8.5	10		892	100	18
OBAYASHI①	日本	295	369	17007	12118	−11.5	96	−21.0	2302	12	13
COCA−COLA	美国	296	201	16940	18868	1.7	4129	18.2	7311	30	4
TELSTRA⑦	澳大利亚	297	378	16847	11890	−0.3	1203	−33.3	6441	77	40
GAZ DE FRANCE	法国	298	437	16732	10339	−10.2	313	−42.3	2419	30	43
UNITED TECHNOLOGIES	美国	299	130	16719	24713	5.1	1072	18.3	4073	180	1
CBS(44)	美国	300	474	16715	9632	2.5	549	1730.0	8080	51	14
RAG	德国	301	282	16649	14403	−13.1	170	86.8	1500	96	29
SEPI	西班牙	302	463	16599	9916		2534		5629	78	2
MANNESMANN	德国	303	151	16390	22554	−2.1	282	10.8	3850	121	21
GROUPE DANONE	法国	304	260	16385	15160	−7.6	628	−5.0	7100	81	15
DEERE⑥	美国	305	339	16320	12791	13.9	960	17.5	4147	34	21
KAWASAKI STEEL①	日本	306	450	16243	10132	−7.4	69	−2.6	3616	25	28
FUJI JPHOTO FILM①	日本	307	404	15985	11226	1.0	724	−4.5	10727	37	36
UNITED PARCEL SERVICE	美国	308	154	15912	22458	0.4	909	−20.7	6087	331	26
UAL	美国	309	220	15803	17378	6.2	949	78.0	2337	92	2
NORSK HYDRO	挪威	310	305	15640	13585	3.3	735	−23.5	6199	38	6
CHINESE PETROLEUM	中国台湾	311	422	15633	10729	9.3	385	39.0	8355	20	31
SHARP①	日本	312	274	15629	14587	−8.2	202	−53.1	7149	48	10
ITO−YOKADO(16)	日本	313	122	15627	25607	−5.6	577	−13.7	7428	102	16
MITSUBISHI CHEMICAL①	日本	314	293	15470	14122	−8.2	46		3382	29	6
JAPAN TOBACCO①	日本	315	292	15427	14125	−12.0	473	−38.4	10166	20	41
NICHIMEN①	日本	316	82	15362	31362	−9.2	41	−5.4	1144	18	42
PFIZER	美国	317	354	15336	12504	10.6	2213	14.7	7933	49	32
JAPAN AIRLINES①	日本	318	335	15319	12884	−7.4	−513		1387	18	2
OCCIDENTAL PETROLEUM	美国	319	409	15282	11061	4.8	−390	−158.4	4286	12	6
J. SAINSBURY(20)	英国	320	141	15280	23811	12.0	800	25.1	6886	114	16
IMPERIAL CHEMICAL INDUSTRIES	英国	321	210	15239	18121	10.3	424	−1.2	240	70	6
BRISTOL−MYERS SQIBB	美国	322	230	14977	16701	10.9	3205	12.4	7219	54	32
COMPAQ COMPUTER(18)	美国	323	132	14631	24584	35.8	1855	41.3	9429	37	8
CARREFOUR	法国	324	96	14448	29003	−4.2	614	0.6	3614	123	16
MICROSOFT⑦	美国	325	400	14387	11358	31.0	3454	57.4	10777	22	7
DAYTON HUDSON②	美国	326	107	14191	27757	9.4	751	62.2	4375	150	18
BRIDGESTONE	日本	327	212	14179	17936	−0.3	324	−50.0	5263	96	35
KYOBO LIFE INSURANCE①	韩国	328	466	14136	9822	−3.4	41		251	9	23

续表8

公司名称	国家/地区	1997年位次		资产额(百万美元)	销售额(百万美元)	销售额比上年增长%	利润额(百万美元)	利润额比上年增长%	股票市值(百万美元)	雇员(千人)	行业(46)
		资产	销售								
GROUPE AUCHAN(28)	法国	329	208	14136	18218		138		3404	81	16
METRO	德国	330	73	14133	32790	−10.3	320	−21.2	2308	177	16
SMITHKLINE BEECHAM	英国	331	341	13957	12769	3.2	1768	9.4	2947	55	32
GLAXO WELLCOME	英国	332	329	13883	13072	0.4	3031	−2.8	3033	53	32
PHILLIPS PEROLEUM	美国	333	251	13860	15424	−2.4	959	−26.4	4814	17	31
FEDERATED DEPARTMENT STORES②	美国	334	246	13738	15668	2.9	536	101.6	5256	115	18
ALLIEDSIGNAL	美国	335	279	13707	14472	3.6	1170	14.7	4386	71	1
IDEMITSU KOSAN①	日本	336	332	13701	13022	−11.7	8	−73.5	593	5	31
MYCAL(16)	日本	337	262	13638	15006	−7.3	83	−39.1	2153	38	18
BRITISH AEROSPACE	英国	338	376	13594	11904	17.9	264	−45.3	2412	43	1
WASTE MANAGEMENT	美国	339	485	13589	9273	−10.2	−1176	−712.3	1346	59	45
MICHELIN	法国	340	302	13582	13655	−4.9	665	17.7	3996	123	35
ASAHI GLASS①	日本	341	414	13578	10971	−7.6	166	−22.7	4727	35	5
KMART②	美国	342	76	13558	32183	2.4	249		5434	258	18
BOUYGES	法国	343	235	13556	16406	14.4	129	1.2	1367	103	13
OJI PAPER①	日本	344	413	13465	10987	9.2	90	−21.9	3421	14	17
MINNESOTA MINING & MFG.	美国	345	261	13238	15070	5.9	2121	39.0	5926	76	36
EASTMAN KODAK	美国	346	269	13145	14713	−9.4	5	−99.6	3161	98	36
DENSO①	日本	347	306	13088	13583	−5.8	580	−8.5	7928	57	30
WEYERHAEUSER	美国	348	406	13075	11210	0.9	341	−26.1	4649	36	17
ALCOA	美国	349	311	13071	13482	2.7	805	56.4	4419	82	28
ISUZU MOTORS①	日本	350	273	12980	14660	−14.1	49	−42.2	917	14	30
SARA LEE⑦	美国	351	185	12953	19734	6.0	1009	10.2	4280	141	15
GEORGIA−PACIFIC	美国	352	327	12950	13094	0.5	69	−55.8	3474	47	17
BRITICH STEEL ①	英国	353	398	12925	11408	−0.5	371	−24.5	7741	50	28
SEKISUI HOUSE②	日本	354	375	12895	11950	−8.3	326	−16.1	6430	17	13
KUMAGAI GUMI	日本	355	486	12863	9241	−1.7	−1872		214	10	13
MARKS & SPENCER①	英国	356	308	12808	13537	8.8	1361	13.7	8484	48	18
LA POSTE②	法国	357	249	12805	15535	−9.1	10		1101	287	26
DELTA AIR LINES⑦	美国	358	304	12741	13590	9.1	854	447.4	3007	63	2
JUSCO(27)	日本	359	194	12692	19147	−4.8	58	−78.7	2571	41	16
BTR	英国	360	321	12637	13254	−10.9	1445	114.7	3548	110	21
MITSUBISHI MATERIALS①	日本	361	469	12592	9743	−7.5	82	−37.3	2343	34	28
RICOH①	日本	362	396	12452	11432	−2.2	246	−4.4	3562	64	8
UPM−KYMMENE	芬兰	363	445	12449	10211	−10.8	806	272.4	4843	34	17
JAPAN ENERGY①	日本	364	326	12314	13106	−11.3	155		775	15	31
TESCO(14)	英国	365	110	12247	26938	22.8	827	0.6	6382	124	16
SCHLUMBERGER	安的列斯	366	421	12097	10754	19.2	1296	52.2	6695	64	45
ABBOTT LABORATORIES	美国	367	379	12061	11884	7.9	2095	11.3	4999	54	32
AEROSPATIALE	法国	368	468	12017	9768	−3.3	243	5.1	876	38	1
KANEMATSU①	日本	369	115	11976	26506	−14.1	−23		326	9	42

续表9

公司名称	国家/地区	1997年位次		资产额（百万美元）	销售额（百万美元）	销售额比上年增长%	利润额（百万美元）	利润额比上年增长%	股票市值(百万美元)	雇员（千人）	行业(46)
		资产	销售								
JARDINE MATHESON	中国	370	391	11950	11522	−0.7	325	8.2	3761	175	16
DEUTSCHE POST	德国	371	247	11871	15654	−11.8	−221	−198.7	3162	267	26
LUFTHANSA GROUP	德国	372	315	11860	13354	−3.7	479	30.1	3283	58	2
ANHEUSER−BUSCH	美国	373	408	11727	11066	1.7	1179	−0.9	4042	24	4
KOMATSU①	日本	374	498	11711	8994	−7.8	157	−2.8	3931	27	21
COASTAL	美国	375	482	11625	9397	−21.2	302	−25.1	3282	13	31
LG ELECTRONICS	韩国	376	270	11575	14700	−0.4	−601	−1747	1021	60	10
POHANG IRON & STEEL	韩国	377	371	11558	12091	0.8	766	4.1	4263	27	28
EMERSON ELECTRIC③	美国	378	364	11463	12299	10.3	1122	10.2	5421	101	10
ARCHER DANIELS MIDLAND⑦	美国	379	297	11354	13853	4.1	377	−45.8	6050	17	15
CONAGRA(19)	美国	380	138	11277	24002	−3.3	615	225.6	2472	82	15
KIMBERLY−CLARK	美国	381	351	11266	12547	−4.6	902	−35.8	4125	57	17
LAGARDERE GROUPE	法国	382	388	11248	11655	1.3	237	16.5	1978	46	33
GROUPE PINAULT−PRINTEMPS	法国	383	256	11248	15280	−2.8	489	21.1	2923	63	18
SEIYU(16)	日本	384	453	11212	10075	−13.7	−487		122	20	16
HOME DEPOT②	美国	385	136	11189	24156	23.7	1160	23.7	7098	130	39
ELECTRONIC DATA SYSTEMS	美国	386	257	11174	15236	5.5	731	69.3	5309	110	7
MAZDA MOTOR①	日本	387	232	10921	16630	−1.1	−55		2539	32	30
FRIED KRUPP AG HOECH−KRUPP	德国	388	278	10921	14478	−9.4	188	93.3	1694	58	28
PETROFINA	比利时	389	298	10894	13821	2.7	617	19.0	4208	15	31
DAI NIPPON PRINTING①	日本	390	416	10879	10889	−6.4	461	−7.6	6640	32	33
USINOR	法国	391	361	10868	12337	−11.2	352	21.0	4481	51	28
GILLETTE	美国	392	454	10864	10062	3.8	1427	50.4	4841	44	27
TEXAS INDTRUMENTS	美国	393	428	10849	10562	−9.8	1805	2765.1	5914	44	11
TAKENAKA	日本	394	346	10830	12663	−10.9	128	−27.2	2438	14	13
MONSANTO	美国	395	480	10774	9457	2.1	470	22.1	4104	22	6
L'OREAL	法国	396	381	10772	11843	0.4	683	−0.1	5002	47	38
SUMITOMO ELECTRIC INDUSTRIES①	日本	397	427	10716	10567	−5.8	270	−5.6	4020	59	27
PENINSULAR & ORIENTAL STEAM NAV.	英国	398	472	10591	9694	−11.5	546	39.4	4638	59	45
AKZO NOBLE	荷兰	399	362	10584	12329	−7.4	828	5.9	4456	69	6
REPUBLIC INDUSTRIES	美国	400	440	10527	10306	335.7	440		3484	56	39
ELECTROLUX	瑞典	401	268	10345	14791	−9.8	46	−83.3	2591	106	10
TRANSCANADA PIPELINES	加拿大	402	442	10183	10287	30.0	330	5.9	2987	3	12
MATSUSHITA ELECTRIC WORKS(14)	日本	403	438	10025	10333	−6.6	291	0.7	4220	36	10
MAY DEPARTMENT STORES②	美国	404	344	9930	12685	0.7	775	2.6	3809	116	18
GOODYEAR TIRE & RUBBER	美国	405	325	9917	13155	0.3	559	449.4	3396	95	35
PECHINEY	法国	406	367	9895	12134	−4.8	311		2679	34	27
TOPPAN PRINTING①	日本	407	432	9754	10461	−7.5	386	101.1	5005	34	33
GEC(GENERAL ELECTRIC CO.)①	英国	408	441	9732	10294	−0.1	1112	71.7	4344	72	10
DDI ①	日本	409	476	9724	9599	6.4	68		1637	6	40
DIGITAL EQUIPMENT⑦(35)	美国	410	331	9693	13047	−10.4	141		3545	55	8

续表10

公司名称	国家/地区	1997年位次		资产额(百万美元)	销售额(百万美元)	销售额比上年增长%	利润额(百万美元)	利润额比上年增长%	股票市值(百万美元)	雇员(千人)	行业(46)
		资产	销售								
HENKEL	德国	411	390	9686	11575	6.9	613	107.2	2823	54	6
NORTHROP GRUMMAN	美国	412	492	9677	9153	13.4	407	73.9	2623	52	1
COSMO OIL ①	日本	413	433	9576	10454	−12.1	44	−44.6	1430	6	31
MIGROS	瑞士	414	377	9546	11894	−8.7	192	−8.3	4157	57	16
NORTHWEST AIRLINES	美国	415	444	9336	10226	3.5	597	11.3		49	2
KONINKLIJKE AHOLD	荷兰	416	119	9292	25921	19.6	479	27.6	1524	142	16
KAWASAKI HEAVY INDUSTRIES①	日本	417	426	9171	10568	−2.8	151	−24.6	1568	26	45
ASAHI CHEMICAL INDUSTRY①	日本	418	434	9050	10441	−8.9	170	−24.7	3414	28	6
SAMSUNG	韩国	419	121	9020	25804	−24.7	16	−75.7	744	12	42
BRITISH POST OFFICE(22)	英国	420	451	9012	10106		573			194	26
AMERICAN STORES	美国	421	195	8536	19139	2.5	281	−2.3	2309	121	16
SAFEWAY	美国	422	152	8494	22484	30.2	557	21.0	2149	147	16
PREUSSAG③	德国	423	229	8460	16806	−5.5	216	27.2	1643	63	42
H.J. HEINZ(41)	美国	424	483	8438	9357	2.7	302	−54.2	2440	45	15
NIPPON EXPRESS①	日本	425	277	8372	14513	−8.4	220	−9.8	2409	61	26
PROMODES	法国	426	197	8315	18962	−6.3	277	13.8	1587	51	16
SHOWA SHELL SEKIYU	日本	427	459	8075	9984	−12.0	53	−5.2	1550	5	31
MAN⑦	德国	428	316	8046	13344	−3.8	197	−4.7	2183	63	30
ROCKWELL INERNATIONAL③	美国	429	384	7971	11759	−18.0	644	−11.3	4811	45	10
TOYS "R" US②	美国	430	410	7963	11038	11.1	490	14.7	4428	93	39
SUZUKI MOTOR①	日本	431	368	7779	12128	−9.1	246	−17.6	2809	14	30
BERTELSMAN⑦	德国	432	295	7778	14006	−4.9	499	4.0	1988	57	33
ASHLAND③	美国	433	307	7777	13567	10.3	279	32.2	2024	37	31
NOKIA	芬兰	434	449	7663	10135	18.4	1206	69.8	3952	37	10
FDX(19)(40)	美国	435	392	7626	11520	12.1	361	17.4	2963	108	26
UNITED HEALTHCARE	美国	436	382	7623	11794	17.1	460	29.3	4534	30	19
INDIAN OIL①	印度	437	287	7595	14249	−9.0	461	15.8	2700	34	31
COLGATE−PALMOLIVE	美国	438	497	7539	9057	3.5	740	16.6	2179	38	38
GROUPE CASINO	法国	439	330	7093	13066	0.0	191	16.5	1717	50	16
DENTSU①	日本	440	340	7023	12778	−2.8	74	−38.7	2197	5	45
TAKASHIMAYA(16)	日本	441	431	7002	10464	−8.7	68	−19.1	1700	17	18
SAFEWAY①	英国	442	395	6857	11460	9.6	396	−15.3	3361	51	16
FUJI HEAVY INDUSTRIES①	日本	443	423	6783	10623	−2.2	250	−28.8	12661	19	30
CENTRICA(36)	英国	444	336	6748	12846		−1296		2157	15	43
HYUNDAI MOTOR	韩国	445	359	6539	12392	−14.5	−30	−146.0	859	46	30
TRW	美国	446	419	6410	10831	5.1	−49	−110.1	1624	80	30
KARSTADT	德国	447	300	6375	13720	−14.1	94	141.3	1381	94	18
FRANZ HANIEL	德国	448	226	6366	16907	0.9	178	−13.6	999	30	44
MARRIOTT INTERNATIONAL	美国	449	373	6322	12034	18.3	335	9.5	1463	195	20
KROGER	美国	450	114	6301	26567	5.5	412	17.7		212	16
BESTFOODS(43)	美国	451	467	6100	9818	−0.3	344	−40.7	1042	45	15

续表11

公司名称	国家/地区	1997年位次		资产额(百万美元)	销售额(百万美元)	销售额比上年增长%	利润额(百万美元)	利润额比上年增长%	股票市值(百万美元)	雇员(千人)	行业(46)
		资产	销售								
KINGFISHER②	英国	452	430	6094	10487	14.7	633	44.9	2894	49	39
ASDA GROUP(41)	英国	453	407	6087	11096	17.9	420	18.0	3345	77	16
JOHNSON CONTROLS③	美国	454	399	6049	11387	13.8	289	22.9	1688	72	30
TOSCO	美国	455	319	5945	13282	33.9	213	45.4	1944	27	31
TOYOTA TSUSHO①	日本	456	238	5925	16297	2.3	55	-1.0	1034	5	42
SINOCHEM	中国	457	213	5802	17853	-0.6	64	-10.5	986	6	42
KAWASHO①	日本	458	403	5679	11241	10.4	-23	-311.1	312	3	42
CVS	美国	459	328	5637	13087	56.8	38	-50.0	2361	90	16
MCKESSON ①	美国	460	174	5608	20857	32.8	155	15.7	1407	14	44
COSTCO(21)	美国	461	160	5476	21874	11.8	312	25.5	2468	43	39
NIKE(19)	美国	462	490	5361	9187	42.0	796	43.9	3156	22	45
INCHCAPE	英国	463	470	5307	9716	-0.7	13	-63.6	1300	38	39
DEGUSSA③	德国	464	493	5271	9148	-1.9	227	15.2	1251	26	28
LOWE'S	美国	465	448	5219	10137	17.9	358	22.4	2601	59	39
ALBERTSON'S②	美国	466	271	5219	14690	6.6	517	4.7	2420	94	16
COLES MYER(30)	澳大利亚	467	242	4990	15898	10.3	303	41.5	1875	148	16
INGRAM MICRO	美国	468	233	4932	16582	37.9	194	75.0	1038	12	44
DELHAIXE "LE LION"	比利时	469	280	4886	14466	7.0	138	-2.0	914	107	16
PACIFICARE HEALTH SYSTEMS	美国	470	499	4868	8983		-22		2062	10	19
OTTO VERSAND(39)	德国	471	360	4859	12383	-2.5	253	4.4	993	41	39
NGC	美国	472	313	4800	13378	84.3	-103	-190.4	1000	3	12
FLUOR⑥	美国	473	286	4698	14299	29.8	146	-45.5	1741	61	13
SUN	美国	474	500	4667	8968	-9.2	263		1462	11	31
COFCO	中国	475	309	4453	13526	12.5	110	18.8	1499	28	42
DELL COMPUTER②	美国	476	363	4268	12327	58.9	944	82.2	1293	16	8
LIMITED②	美国	477	489	4268	9189	6.3	217	-49.9	2045	137	39
WALGREEN(21)	美国	478	314	4207	13363	13.5	436	17.3	2373	71	16
SNOW BRAND MILK PRODUCTS①	日本	479	447	4163	10159	-5.8	33	-30.2	1044	15	15
GEORGE WESTON	加拿大	480	455	4108	10055	7.9	176	0.5	1227	83	16
SUPERVALU(16)	美国	481	222	4096	17201	3.9	231	31.8	1202	38	44
METALLGESELLSCHAFT③	德国	482	418	3834	10831	1.2	128	-0.7	328	25	28
FLEMING	美国	483	254	3624	15373	-6.8	25	-4.8	1090	40	44
SYSCO⑦	美国	484	281	3437	14455	7.9	303	9.3	1401	32	44
PUBLIX SUPER MARKETS	美国	485	405	3295	11224	6.6	355	33.7	2019	77	16
GASUNIE	荷兰	486	460	3206	9947	-11.3	41	-13.6	197	2	12
JAPAN TRAVEL BUREAU①	日本	487	342	3183	12758	-9.3	23	21.1	411	9	20
CARDINAL HEALTH⑦	美国	488	415	3109	10968	23.8	181	61.9	1332	11	44
GREAT ATLANTIC & PACIFIC TEA(16)	美国	489	443	2995	10262	1.7	63	-13.7	927	52	16
WINN-DIXIE STORES⑦	美国	490	324	2921	13219	2.0	204	-20.0	1138	95	16

续表12

公司名称	国家/地区	1997年位次		资产额(百万美元)	销售额(百万美元)	销售额比上年增长%	利润额(百万美元)	利润额比上年增长%	股票市值(百万美元)	雇员(千人)	行业(46)
		资产	销售								
IBP	美国	491	320	2839	13259	5.7	117	−41.1	1237	38	15
BERGEN BRUNSWIG③	美国	492	387	2707	11661	17.3	82	11.1	645	5	44
WOOLWORTHS⑦	澳大利亚	493	357	2669	12444	14.6	202	13.9	916	100	16
FARMLAND INDUSTRIES(21)(45)	美国	494	494	2645	9148	−6.5			822	15	15
EDEKA ZENTRALE	德国	495	465	2351	9887	−8.3	47	19.3	355	1	44
HYUNDAI	韩国	496	105	1795	27838	2.1	6	−29.0	109	1	42
LG INTERNATINAL	韩国	497	236	1197	16359	−5.0	59	114.7	131	4	42
TOYOTA MOTOR①	日本	498	11	104	95137	−12.5	3701	8.0	45158	159	30
AIR FRANCE GROUP①	法国	499	446		10186	15.4	314				2
SWISS POST(42)	瑞士	500	420		10831	−11.9	179	−11.7		58	40
500家公司合计(十亿美元)				**34188**	**11454**		**452**		**3724**		

注: ① 年度截止日期为1998年3月31日。② 年度截止日期为1998年1月31日。③ 年度截止日期为1997年9月30日。④ 1997年9月25日兼并WINTERTHUR GROUP公司(1996年排名第133位)。⑤ 1997年8月1日兼并MCDONELL DOUGLAS公司(1996年排名第303位)。⑥ 年度截止日期为1997年10月31日。⑦ 年度截止日期为1997年6月30日。⑧ 原名PHILIPS ELECTRONICS, 1998年3月16日改用现名。⑨ 原名SUNKYONG公司, 1998年1月1日改用现名。⑩ 原名LYONNAISE DES EAUX公司, 1997年6月19日兼并CIE DESUEZ公司后改用现名。(11)1998年5月29日兼并AACHENER & MUNCHENER公司(1997年排名343位)。(12)1997年8月14日兼并NYNEX公司(1996年排名313位)。(13)原名CIE GENERALE DES EAUX公司, 1998年5月15日改用现名。(14)年度截止日期为1997年11月30日。(15)1997年5月31日兼并MORGAN STANLEY GROUP公司(1996年排名325位), 由DEAN WITTER DISCOVER公司改名为MORGAN STANLEY DEAN WITTER DISCOVER公司, 1998 3月24日改用现名。(16)年度截止日期为1998年2月28日。(17)1997年4月1日兼并PACIFIC TELESIS GROUP公司(1996年排名479)。(18)1998年6月11日兼并DIGITAL EQUIPMENT公司(1997年排名331位)。(19)年度截止日期为1997年5月31日 (20)年度截止日期为1998年3月8日。注(21)年度止日期为1997年8月31日。注(22)年度截止日期由6月30日改为12月31日。注(23)年度截止日期由原来的9月30日改为11月31日, 故当年数据与上年数据不可比。注(24)原名GRAND METROPOLITAN公司, 1997年12月12日改用现名。注(25))1998年6月1日COMMERCIAL UNION公司与GENERAL ACCIDENT公司(1997年分别排名第189和258位)合并, 成立CGU公司。注(26)1998年6月29日被SWISS BANK CORP.(1997年排名234位)兼并。注(27)年度截止日期为1998年2月20日。注(28)年度截止日期为1996年12月31日。注(29)1998年6月29日兼并UNION BANK OF SWITZERLAND(1997年排名190位)。注(30)年度截止日期为1997年7月31日。注(31)原名ROYAL PTT NEDERLAND公司, 1998年6月29日改用现名。注(33)1997年由合作制改组成股份制, 因此与上年度不可比。注(34)年度截止日期为1997年11月15日。注(35)1998年6月11日被COMPAQ公司(1997年排名271位)兼并。注(36)1997年2月12日由BG公司分离出来。注(37)原名HALIFAX BUILDING SOCIETY, 1997年2月6日改用现名。注(38)1998年5月29日被ASSICUA IONI GENERALI公司(1997年排名85位)兼并。注(39)年度截止日期为1997年2月28日。注(40)原名FEDERALEXPRESS公司, 1997年1月27日改用现名。注(41)年度截止日期为1997年4月30日。注(42)原名PTT SWISSE公司, 1998年1月27日改用现名。注(43)原名CPC INTERNATIONAL公司, 1998年1月1日改用现名。注(44)原名WESTINGHOUSE ELECTRI CCORP. 公司, 1997年12月1日改用现名。注(45)1997年改制为股份制, 因此与上年不可比。注(46)行业代码含义如下: 1. 飞机制造业; 2.航空; 3.商业银行及储蓄业; 4.饮料业; 5.建筑材料和玻璃; 6.化学; 7.计算机服务及软件; 8.计算机和办公设备业; 9.专门金融服务; 10.电子和电气设备; 11.电子和半导体; 12 能源; 13.土木工程; 14.娱乐; 15.食品; 16.食品和药品商店; 17.森林和纸制品; 18.综合商业; 19.医疗卫生; 20.旅店和博彩; 21.工业和农业机械; 22.生命和健康保险(全股); 2 3.生合和健康保险; 24.不动产和灾害保险(合股); 25.不动产和灾害保险(股份); 26.邮递、包装和货运; 27.金属制品品; 28.金属材料; 29.矿业及原油生产; 30.汽车及零部件; 31.石油精炼; 32.制药; 33.出版和印刷; 34.铁路; 35.橡胶和塑料; 36.科学、照相和控制设备; 37.证券; 38.肥皂与化妆品; 39.专业零售; 40.电信; 41.烟草; 42.贸易; 43.公用事业; 44.批发; 45.未归类。

资料来源: 美国《幸福》杂志 1998年8月3日。

16－4 1997年按国家和地区分组的世界最大的500家公司

公司名称	1997年销售额位次	销售额(百万美元)	销售额比上年增长%	利润额(百万美元)	利润额比上年增长%	资产额(百万美元)	股票市值(百万美元)	雇员(千人)	行业(46)
荷属安的列斯									
SCHLUMBERGER	421	10754	19.2	1296	52.2	12097	6695	64	45
澳大利亚									
AUSTRALIA& NEW ZEALAND BANKING③	496	9116	3.9	788	－8.4	100100	5027	36	3
NATIONAL AUSTRALIA BANK③	356	12444	8.1	1711	5.6	146246	9109	46	3
BROKEN HILL PROPRIETARY(19)	219	17540	17.5	322	－59.1	27963	9544	61	29
WOOLWORTHS⑦	357	12444	14.6	202	13.9	2669	916	100	16
TELSTRA⑦	378	11890	－0.3	1203	－33.3	16847	6441	77	40
COLES MYER(30)	242	15898	10.3	303	41.5	4990	1875	148	16
NEWS CORP.⑦	402	11262	13.4	564	－27.2	30981	15607	28	14
巴西									
PETROBRAS	211	18051	－0.1	1402	110.8	34231	18866	45	31
TELEBRAS	272	14666	18.0	3618	31.9	42647	28040	87	40
BANCO DO BRASIL	178	20310	29.7	532		97588	5379	76	3
BANCO BRADESCO	345	12666	5.1	771	－6.1	55303	4993	63	3
ITAUSA－INVESTIMENTOS ITAU	372	12046	－15.4	432	46.8	43907	2482	49	3
比/荷									
FORTIS	143	23797	5.1	1033	12.0	166658	7725	35	23
比利时									
DELHAIXE "LE LION"	280	14466	7.0	138	－2.0	4886	914	107	16
PETROFINA	298	13821	2.7	617	19.0	10894	4208	15	31
GENERALE BANK	439	10311	－1.9	477	－2.2	159571	3700	27	3
德国									
VEBA GROUP	43	43881	－3.0	1621	－0.7	44813	12320	130	42
FRIED KRUPP AG HOECH－KRUPP	278	14478	－9.4	188	93.3	10921	1694	58	28
KARSTADT	300	13720	－14.1	94	141.3	6375	1381	94	18
BERTELSMAN⑦	295	14006	－4.9	499	4.0	7778	1988	57	33
DEUTSCHE BANK	51	40792	3.5	552	－61.6	579992	17843	76	3
RAG	282	14403	－13.1	170	86.8	16649	1500	96	29
RWE GROUP⑦	53	40233	2.4	814	－0.5	46279	4851	136	43
HYPO－BANK GROUP	288	14230	－5.5	444	－0.1	203541	5243	18	3
ROBERT BOSCH	109	27027	－1.1	897	223.5	19411	6024	181	30
DEUTSCHE BAHN	218	17575	－12.5	228	－68.7	36862	9122	268	34
FRANZ HANIEL	226	16907	0.9	178	－13.6	6366	999	30	44
BAYERISCHE VEREINSBANK	227	16892	－4.0	488	－9.5	249782	7772	22	3
HOECHST	92	30055	－11.2	775	－44.8	33869	8904	118	6
DRESNER BANK	166	21534	0.2	958	－6.2	376416	10297	46	3
VIAG	101	28581	1.3	496	－6.5	32536	4485	96	42
COMMERZBANK	193	19254	－2.2	763	－3.5	287469	8796	29	3
PREUSSAG③	229	16806	－5.5	216	27.2	8460	1643	63	42
DEUTSCHE POST	247	15654	－11.8	－221	－198.7	11871	3162	267	26

续表1

公司名称	1997年销售额位次	销售额(百万美元)	销售额比上年增长%	利润额(百万美元)	利润额比上年增长%	资产额(百万美元)	股票市值(百万美元)	雇员(千人)	行业(46)
德国(续)									
MANNESMANN	151	22554	−2.1	282	10.8	16390	3850	121	21
BMW (BAYERISCHE MOTOREN WERKE)	69	34692	−0.1	719	33.1	29629	5627	118	30
METRO	73	32790	−10.3	320	−21.2	14133	2308	177	16
WESTDEUTSCHE LANDESBANK	161	21859	6.8	400	−11.3	335772	7402	30	3
BAYER	80	31731	−1.8	1697	−6.3	30124	13061	145	6
BASF	77	32178	−0.7	1867	0.7	26686	12808	105	6
LUFTHANSA GROUP	315	13354	−3.7	479	30.1	11860	3283	58	2
THYSSEN③	135	24298	−7.1	1247	518.9	17420	4035	128	21
ALLIANZ	28	56785	0.4	1172	6.9	211442	9588	73	25
BANKGESELLSCHAFT BERLIN	358	12429	−3.3	162	876.7	197339	4530	17	3
OTTO VERSAND(39)	360	12383	−2.5	253	4.4	4859	993	41	39
EDEKA ZENTRALE	465	9887	−8.3	47	19.3	2351	355	1	44
METALLGESELLSCHAFT③	418	10831	1.2	128	−0.7	3834	328	25	28
VOLKSWAGEN	22	65328	−1.8	772	76.4	56517	7793	280	30
SIEMENS③	24	63755	0.1	1427	−24.0	55546	15109	386	10
DEUTCHE GENOSSENSCHAFTSBANK	355	12453	−3.8	185	1.5	207741	2380	12	3
BAYERICHE LANDESBANK	322	13252	4.2	346	14.7	241682	6081	7	3
HENKEL	390	11575	6.9	613	107.2	9686	2823	54	6
MUNCHENER RUCK⑦	131	24609	1.7	371	8.9	93158	3282	18	25
MAN⑦	316	13344	−3.8	197	−4.7	8046	2183	63	30
DEGUSSA③	493	9148	−1.9	227	15.2	5271	1251	26	28
AACHENER & MUNCHENER(38)	343	12745	−7.6	214	6.7	52473	1339	18	23
DAIMLER−BENZ	17	71561	1.0	4639	161.2	76191	19511	300	30
俄罗斯									
RAO GAZPROM	140	23948	6.2	3938	115.7	107555	73448	362	12
法国									
SNCF	231	16653	7.8	−104		49106	3900	175	34
ALCATEL ALSTHOM GROUP	79	31847	0.5	799	50.1	41845	7305	190	40
GAZ DE FRANCE	437	10339	−10.2	313	−42.3	16732	2419	30	43
BOUYGES	235	16406	14.4	129	1.2	13556	1367	103	13
AXA	16	76874	94.3	1357	82.3	401206	13075	81	23
CREDIT LYONNAIS	155	22421	−11.0	181	358.7	249084	5647	51	3
SOCIETE GENERALE	99	28725	10.4	1047	17.9	409091	10533	55	3
GAN	98	28937	−10.3	49		151551	3245	12	3
CARREFOUR	96	29003	−4.2	614	0.6	14448	3614	123	16
CEA−INDUSTRIE	491	9185	−11.6	625	0.0	24521	3526	42	6
AEROSPATIALE	468	9768	−3.3	243	5.1	12017	876	38	1
VIVENDI(13)	100	28634	−11.7	924	142.1	42916	7464	193	13
CNP ASSURANCES	129	24814	−2.3	281	−8.7	95291	2337	2	23
AIR FRANCE GROUP①	446	10186	15.4	314					2

续表2

公司名称	1997年销售额位次	销售额(百万美元)	销售额比上年增长%	利润额(百万美元)	利润额比上年增长%	资产额(百万美元)	股票市值(百万美元)	雇员(千人)	行业(46)
法国(续)									
ASSURANCES GENERALES DE FRANCE	221	17249	−9.5	330	9.9	82331	5338	31	23
PROMODES	197	18962	−6.3	277	13.8	8315	1587	51	16
SAINT−GOBAIN	206	18347	2.7	964	14.1	22560	9173	107	5
GROUPE AUCHAN(28)	208	18218		138		14136	3404	81	16
PEUGEOT	78	32004	−5.6	−474	−430.6	31472	8808	140	30
GROUPE DANONE	260	15160	−7.6	628	−5.0	16385	7100	81	15
DEUTSCHE TELEKOM	56	38969	−7.0	1905	63.1	90543	25967	216	40
CIE FINANCIERE DE PARIBAS	259	15223	−28.2	1126	32.5	244017	8919	20	3
GROUPE PINAULT−PRINTEMPS	256	15280	−2.8	489	21.1	11248	2923	63	18
ELECTRICITE DE FRANCE	62	36673	−10.5	264	−27.8	113360	35220	116	43
USINOR	361	12337	−11.2	352	21.0	10868	4481	51	28
MICHELIN	302	13655	−4.9	665	17.7	13582	3996	123	35
ELF AQUITAINE	44	43572	−6.9	960	−29.6	42049	13944	84	31
GROUPE CAISSE D'EPARGNE	299	13765	−8.8	346	−3.1	213833	10789	39	3
FRANCE TELECOM	112	26854	−9.2	2547	518.0	46553	15575	165	40
GROUPE CASINO	330	13066	0.0	191	16.5	7093	1717	50	16
BANQUE NATIONALE DE PARIS	134	24344	0.9	1022	35.5	338196	9812	52	3
TOTAL	74	32741	−5.1	1304	18.2	25214	11074	54	31
LA POSTE②	249	15535	−9.1	10		12805	1101	287	26
LAGARDERE GROUPE	388	11655	1.3	237	16.5	11248	1978	46	33
L'OREAL	381	11843	0.4	683	−0.1	10772	5002	47	38
CREDIT AGRICOLE	70	34015	−1.7	1689	14.8	417974	20415	85	3
RHONE−POULENC	252	15413	−8.1	−667	−188.2	27398	8489	68	6
RENAULT	65	35624	−1.0	930		38750	7299	141	30
SUEZ LYONNAISE DES EAUX⑩	75	32637	69.4	688	160.8	78653	8194	175	12
PECHINEY	367	12134	−4.8	311		9895	2679	34	27
芬兰									
NOKIA	449	10135	18.4	1206	69.8	7663	3952	37	10
UPM−KYMMENE	445	10211	−10.8	806	272.4	12449	4843	34	17
韩国									
HYUNDAI	105	27838	2.1	6	−29.0	1795	109	1	42
SAMSUNG ELECTROICS	142	23810	−3.6	−640	−569.7	18869	2671	84	10
SAMSUNG	121	25804	−24.7	16	−75.7	9020	744	12	42
HYUNDAI MOTOR	359	12392	−14.5	−30	−146.0	6539	859	46	30
KOREA ELECTROC POWER	294	14064	−2.3	589	−20.7	27607	10167	31	43
LG ELECTRONICS	270	14700	−0.4	−601	−1747	11575	1021	60	10
KYOBO LIFE INSURANCE①	466	9822	−3.4	41		14136	251	9	23
DAEWOO	18	71526	9.8	527	12.5	44861	6325	265	30
POHANG IRON & STEEL	371	12091	0.8	766	4.1	11558	4263	27	28
SK	71	33816	−23.2	125	−60.0	17930	3095	31	31
LG INTERNATINAL	236	16359	−5.0	59	114.7	1197	131	4	42
SAMSUNG LIFE INSURANCE①	180	20269	15.6	65	25.1	19534	314	10	23

续表3

公司名称	1997年销售额位次	销售额（百万美元）	销售额比上年增长%	利润额（百万美元）	利润额比上年增长%	资产额（百万美元）	股票市值(百万美元)	雇员（千人）	行业(46)
荷兰									
GASUNIE	460	9947	−11.3	41	−13.6	3206	197	2	12
AEGON	240	16048	10.5	1131	21.7	134513	8942	23	23
ROYAL KPN(31)	250	15514	24.8	1376	−4.7	18498	8657	135	40
RABOBANK	248	15635	11.4	978	1.0	208619	12314	39	3
AKZO NOBLE	362	12329	−7.4	828	5.9	10584	4456	69	6
KONINKLIJKE AHOLD	119	25921	19.6	479	27.6	9292	1524	142	16
ING GROUP	57	38674	7.9	2104	6.8	305984	22745	64	23
ABN AMERO HOLDING	97	28946	4.7	1975	0.8	412533	12747	77	3
ROYAL PHILIPS ELECTRONICS⑧	55	39188	−4.5	2939		29316	9596	265	10
加拿大									
ROYAL BANK OF CANADA⑥	337	12810	6.2	1223	16.8	173716	7374	51	3
BCE	139	23974	16.1	−1110	−231.3	28160	6855	122	10
BANK OF NOVA SCOTIA⑥	477	9594	5.6	1103	40.9	138500	6670	39	3
CANDIAN IMPERIAL BANK OF COMM.⑥	365	12289	12.8	1130	12.9	168901	7272	42	3
SEAGRAM⑦	350	12560		502		20936	9422	30	4
GEORGE WESTON	455	10055	7.9	176	0.5	4108	1227	83	16
BANK OF MONTREAL⑥	425	10573	11.0	951	11.1	147503	6319	34	3
TRANSCANADA PIPELINES	442	10287	30.0	330	5.9	10183	2987	3	12
马来西亚									
PETRONAS①	412	10995	−4.8	3124	7.3	22440	9343	14	31
美国									
KMART②	76	32183	2.4	249		13558	5434	258	18
U.S. POSTAL SERVICE③	27	58216	3.2	1264	−19.3	53138		898	26
AMERITECH	241	15998	7.2	2296	7.6	25339	8308	74	40
BANKERS TRUST NEW YORK CORP.	366	12176	27.3	866	41.5	140102	5708	18	3
PG&E CORP.	253	15400	60.2	716	−5.2	30557	8897	24	43
PROCTTER & GAMBLE⑦	64	35764	1.4	3415	12.1	27544	12046	106	38
FLEMING	254	15373	−6.8	25	−4.8	3624	1090	40	44
CHEVRON	63	36376	−6.0	3256	24.9	35473	17472	39	31
US WEST	255	15352	18.9	697	−40.8	39860	11324	67	40
PHILLIPS PEROLEUM	251	15424	−2.4	959	−26.4	13860	4814	17	31
AMOCO	72	32836	0.3	2720	−4.0	32489	16319	43	31
FEDERATED DEPARTMENT STORES②	246	15668	2.9	536	101.6	13738	5256	115	18
CITICORP⑨	68	34697	6.4	3591	−5.2	310897	21196	94	3
DELL COMPUTER②	363	12327	58.9	944	82.2	4268	1293	16	8
EMERSON ELECTRIC③	364	12299	10.3	1122	10.2	11463	5421	101	10
MERRILL LYNCH	81	31731	26.9	1906	17.7	292819	8329	57	37
MCDONALD'S	397	11409	6.8	1643	4.4	18200	8800	237	45

续表4

公司名称	1997年销售额位次	销售额(百万美元)	销售额比上年增长%	利润额(百万美元)	利润额比上年增长%	资产额(百万美元)	股票市值(百万美元)	雇员(千人)	行业(46)
美国(续)									
JOHNSON CONTROLS③	399	11387	13.8	289	22.9	6049	1688	72	30
RJR NABISCO HOLDINGS	225	17057	0.0	381	−37.6	30678	9631	80	15
FDX(19)(40)	392	11520	12.1	361	17.4	7626	2963	108	26
J. C. PENNY②	87	30546	29.2	566	0.2	23493	7357	260	18
SUPERVALU(16)	222	17201	3.9	231	31.8	4096	1202	38	44
CHASE MANHATTAN CORP.	90	30381	10.8	3708	50.7	365521	21742	69	3
COCA−COLA ENTERPRISES	401	11278	42.4	171	50.0	17487	1782	56	4
MICROSOFT⑦	400	11358	31.0	3454	57.4	14387	10777	22	7
AMERICAN INTERNATIONAL GROUP	88	30520	8.2	3332	15.0	163971	24001	40	25
UAL	220	17378	6.2	949	78.0	15803	2337	92	2
LEHMAN BROTHERS HOLDINGS(14)	228	16883	18.4	647	55.5	151705	4523	8	37
MARRIOTT INTERNATIONAL	373	12034	18.3	335	9.5	6322	1463	195	20
ABBOTT LABORATORIES	379	11884	7.9	2095	11.3	12061	4999	54	32
DUKE ENERGY	237	16309	242.8	974	33.5	24029	8029	21	43
MOBIL	26	59978	−17.0	3272	10.4	43559	19461	43	31
CHRYSLER	25	61147	−0.4	2805	−20.5	60418	11362	121	30
UNITED HEALTHCARE	382	11794	17.1	460	29.3	7623	4534	30	19
BRISTOL−MYERS SQIBB	230	16701	10.9	3205	12.4	14977	7219	54	32
BERGEN BRUNSWIG③	387	11661	17.3	82	11.1	2707	645	5	44
LIBERTY MUTUAL INSURANCE GROUP	385	11670	6.4	521	2.0	44891	6772	23	24
INGRAM MICRO	233	16582	37.9	194	75.0	4932	1038	12	44
ROCKWELL INERNATIONAL③	384	11759	−18.0	644	−11.3	7971	4811	45	10
ELECTRONIC DATA SYSTEMS	257	15236	5.5	731	69.3	11174	5309	110	7
TOSCO	319	13282	33.9	213	45.4	5945	1944	27	31
IBP	320	13259	5.7	117	−41.1	2839	1237	38	15
TIME WARNER	318	13294	32.1	246		34163	9356	38	14
SEARS ROEBUCK	50	41296	8.0	1188	−6.5	38700	5862	296	18
HARTFORD FINACIAL SERVICES	317	13305	6.7	1332		131743	6085	25	25
AMERICAN HOME PRODUCTS	289	14196	0.8	2043	8.5	20825	8175	61	32
WINN−DIXIE STORES⑦	324	13219	2.0	204	−20.0	2921	1138	95	16
FIRST UNION CORP.	284	14329	19.6	1896	26.5	157274	12032	44	3
FLUOR⑥	286	14299	29.8	146	−45.5	4698	1741	61	13
TEXACO	40	45187	1.4	2664	32.0	29600	12766	29	31
BANC ONE CORP.	323	13219	28.7	1306	−8.5	115901	10376	57	3
NORTHWESTERN MUTUAL LIFE INS.	312	13430	10.9	689	11.1	71081	4101	4	22
RAYTHEON	301	15674	10.9	527	−30.8	28100	10400	119	10
ALCOA	311	13482	2.7	805	56.4	13071	4419	82	28
ASHLAND③	307	13567	10.3	279	32.2	7777	2024	37	31
DELTA AIR LINES⑦	304	13590	9.1	854	447.4	12741	3007	63	2
NGC	313	13378	84.3	−103	−190.4	4800	1000	3	12

续表5

公司名称	1997年销售额位次	销售额(百万美元)	销售额比上年增长%	利润额(百万美元)	利润额比上年增长%	资产额(百万美元)	股票市值(百万美元)	雇员(千人)	行业(46)
美国(续)									
STATE FARM INSURANCE COS.	42	43957	2.7	3833	49.3	103626	37635	73	24
E.I. DU PONT DE NEMOURS	49	41304	4.1	2405	−33.9	42942	11270	98	6
ARCHER DANIELS MIDLAND⑦	297	13853	4.1	377	−45.8	11354	6050	17	15
HEWLETT－PACKARD⑥	47	42895	11.6	3119	20.6	31749	16155	122	8
WALGREEN(21)	314	13363	13.5	436	17.3	4207	2373	71	16
SPRINT	266	14874	4.5	953	−19.5	18185	9025	51	40
SOUTHERN	348	12611	21.8	972	−13.8	35271	9647	31	43
NATIONWIDE INS. ENTERPRISE	347	12644	2.3	806	95.1	87830	8795	29	25
EASTMAN KODAK	269	14713	−9.4	5	−99.6	13145	3161	98	36
MAY DEPARTMENT STORES②	344	12685	0.7	775	2.6	9930	3809	116	18
KIMBERLY－CLARK	351	12547	−4.6	902	−35.8	11266	4125	57	17
AT&T	32	53261	−28.5	4638	−21.5	58635	22647	128	40
PHILIP MORRIS	29	56114	2.9	6310	0.1	55947	14920	152	41
PRUDENTIAL INS. CO. OF AMERICA	60	37073		610		259482	19718	79	23
PFIZER	354	12504	10.6	2213	14.7	15336	7933	49	32
MINNESOTA MINING & MFG.	261	15070	5.9	2121	39.0	13238	5926	76	36
ALLIEDSIGNAL	279	14472	3.6	1170	14.7	13707	4386	71	1
GEORGIA－PACIFIC	327	13094	0.5	69	−55.8	12950	3474	47	17
SYSCO⑦	281	14455	7.9	303	9.3	3437	1401	32	44
FEDERAL HOME LOAN MORTGAGE	283	14399	18.8	1395	12.2	194597	7521	3	9
GOODYEAR TIRE & RUBBER	325	13155	0.3	559	449.4	9917	3396	95	35
CVS	328	13087	56.8	38	−50.0	5637	2361	90	16
ALBERTSON'S②	271	14690	6.6	517	4.7	5219	2420	94	16
DEERE⑥	339	12791	13.9	960	17.5	16320	4147	34	21
TRAVELERS GROUP	58	37609	76.2	3104	33.2	386555	20893	67	9
BOEING⑤	39	45800	101.9	−178	−116.3	38024	12953	239	1
DIGITAL EQUIPMENT⑦(35)	331	13047	−10.4	141		9693	3545	55	8
J.P.MORGAN & CO.	216	17701	11.6	1465	−6.9	262159	11404	17	3
JOHNSON & JOHNSON	150	22629	4.7	3303	14.4	21453	12359	91	32
ENTERGY	478	9562	33.5	248	−41.0	27001	6694	17	43
MORGAN STANLEY DEAN WITTER(14)(15)	108	27132	200.5	2586	171.8	302287	13956	47	37
WALT DISNEY③	153	22473	19.9	1966	61.9	37776	17285	108	14
SAFEWAY	152	22484	30.2	557	21.0	8494	2149	147	16
MASSACHUSETTS MUTUAL LIFE INS.	479	9551	3.5	352	22.2	63088	2873	7	22
MERCK	144	23637	19.2	4614	18.9	25812	12614	54	32
COASTAL	482	9397	−21.2	302	−25.1	11625	3282	13	31
BANKAMERICA CORP.	145	23585	6.9	3210	11.7	260159	19837	77	3
MONSANTO	480	9457	2.1	470	22.1	10774	4104	22	6
GTE	146	23260	9.0	2794	−0.2	42142	8038	114	40
BESTFOODS(43)	467	9818	−0.3	344	−40.7	6100	1042	45	15

续表6

公司名称	1997年销售额位次	销售额(百万美元)	销售额比上年增长%	利润额(百万美元)	利润额比上年增长%	资产额(百万美元)	股票市值(百万美元)	雇员(千人)	行业(46)
美国(续)									
FANNIE MAE	106	27777	10.9	3056	12.1	391673	13793	4	9
NATIONSBNK CORP.	163	21734	24.1	3077	25.5	264562	21337	80	3
GILLETTE	454	10062	3.8	1427	50.4	10864	4841	44	27
EXXON	7	122379	2.5	8460	12.6	96064	43660	80	31
COSTCO(21)	160	21874	11.8	312	25.5	5476	2468	43	39
DAYTON HUDSON②	107	27757	9.4	751	62.2	14191	4375	150	18
UNITED PARCEL SERVICE	154	22458	0.4	909	−20.7	15912	6087	331	26
WELLS FARGO & CO.	475	9608	10.1	1155	7.8	97456	12889	33	3
NORWEAT CORP.	473	9660	8.7	1351	17.1	88540	7022	56	3
CBS(44)	474	9632	2.5	549	1730.0	16715	8080	51	14
ALLSTATE	127	24949	2.7	3105	49.6	80918	15610	51	25
FORD MOTOR	2	153627	4.5	6920	55.6	279097	30734	364	30
SBC COMMUNICATIONS(17)	128	24856	78.8	1474	−29.8	42132	9892	118	40
UNITED TECHNOLOGIES	130	24713	5.1	1072	18.3	16719	4073	180	1
LUCENT TECHNOLOGIES③	117	26360		541		23811	3387	134	10
INTEL	125	25070	20.3	6945	34.7	28880	19295	64	11
PACIFICARE HEALTH SYSTEMS	499	8983		−22		4868	2062	10	19
SUN	500	8968	−9.2	263		4667	1462	11	31
COLGATE−PALMOLIVE	497	9057	3.5	740	16.6	7539	2179	38	38
FARMLAND INDUSTRIES(21)(45)	494	9148	−6.5			2645	822	15	15
GENERAL MOTORS	1	178174	5.8	6698	35.0	228888	17506	608	30
CONAGRA(19)	138	24002	−3.3	615	225.6	11277	2472	82	15
LIMITED②	489	9189	6.3	217	−49.9	4268	2045	137	39
EDISON INTERNATIONAL	487	9235	8.1	700	−2.4	25101	5527	14	43
H.J. HEINZ(41)	483	9357	2.7	302	−54.2	8438	2440	45	15
WASTE MANAGEMENT	485	9273	−10.2	−1176	−712.3	13589	1346	59	45
HOME DEPOT②	136	24156	23.7	1160	23.7	11189	7098	130	39
COMPAQ COMPUTER(19)	132	24584	35.8	1855	41.3	14631	9429	37	8
NORTHROP GRUMMAN	492	9153	13.4	407	73.9	9677	2623	52	1
METROPOLITAN LIFE INSURANCE	133	24374	4.9	1203	41.0	201907	14007	45	23
KROGER	114	26567	5.5	412	17.7	6301	3978	212	16
NIKE(19)	490	9187	42.0	796	43.9	5361	3156	22	45
FIRST CHICAGO NBD CORP.	452	10098	−0.2	1525	6.2	114096	7960	34	3
COCA−COLA	201	18868	1.7	4129	18.2	16940	7311	30	4
NEW YORK LIFE INSURANCE	199	18899	8.9	651	12.3	84067	4622	7	22
UNION PACIFIC	411	11014	9.6	432	−52.2	28764	8225	52	34
AMR	204	18570	4.6	985	−3.1	20915	6216	110	2
COLUMBIA/HCA HEALTHCARE	203	18819	−5.5	−305	−120.3	22002	7250	285	19
CATERPILLAR	198	18925	14.5	1665	22.6	20756	4679	60	21
INRL. BUSINESS MACHINES	14	78508	3.4	6093	12.2	81499	19816	269	8

续表7

公司名称	1997年销售额位次	销售额(百万美元)	销售额比上年增长%	利润额(百万美元)	利润额比上年增长%	资产额(百万美元)	股票市值(百万美元)	雇员(千人)	行业(46)
美国(续)									
ATLANTIC RICHFIELS	192	19272	0.5	1771	6.5	25322	8680	24	31
AMERICAN STORES	195	19139	2.5	281	−2.3	8536	2309	121	16
PEPSICO	95	29292	−7.4	2142	86.4	20101	6936	136	4
CARDINAL HEALTH⑦	415	10968	23.8	181	61.9	3109	1332	11	44
ANHEUSER−BUSCH	408	11066	1.7	1179	−0.9	11727	4042	24	4
BELL ATLANTIC(12)	91	30194	130.8	2455	30.5	53964	12789	141	40
WEYERHAEUSER	406	11210	0.9	341	−26.1	13075	4649	36	17
PUBLIX SUPER MARKETS	405	11224	6.6	355	33.7	3295	2019	77	16
AMERICA EXPRESS	214	17760	2.8	1991	4.7	120003	9574	74	9
OCCIDENTAL PETROLEUM	409	11061	4.8	−390	−158.4	15282	4286	12	6
TIAA−CREF	94	29348	18.5	1227	31.3	214296	5777	5	22
AETNA	205	18740	11.0	901	38.4	96001	11195	40	23
TOYS "R" US②	410	11038	11.1	490	14.7	7963	4428	93	39
XEROX	209	18166	−6.9	1452	20.4	27732	5690	91	8
MOTOROLA	93	29794	6.5	1180	2.3	27278	13272	150	10
BELLSOUTH	176	20561	8.0	3261	13.9	36301	15165	81	40
REPUBLIC INDUSTRIES	440	10306	335.7	440		10527	3484	56	39
GENERAL ELECTRIC	12	90840	14.7	8203	12.7	304012	34438	276	10
ENRON	179	20273	52.6	105	−82.0	23422	5618	16	12
LOCKHEED MARTIN	103	28069	4.4	1300	−3.5	28361	5176	173	1
MCKESSON ①	174	20857	32.8	155	15.7	5608	1407	14	44
LOWE'S	448	10137	17.9	358	22.4	5219	2601	59	39
WAL−MART STORES②	8	119299	12.4	3526	15.4	45525	18502	825	18
NORTHWEST AIRLINES	444	10226	3.5	597	11.3	9336		49	2
GREAT ATLANTIC & PACIFIC TEA(16)	443	10262	1.7	63	−13.7	2995	927	52	16
USX	171	21057	−0.1	988	4.8	17284	5400	41	31
MCI COMMUNICATIONS	187	19653	6.3	2	−99.8	25305	11164	59	40
TEXAS INDTRUMENTS	428	10562	−9.8	1805	2765.1	10849	5914	44	11
LOEWS	188	19648	−1.6	794	−42.7	69577	9655	30	25
TRW	419	10831	5.1	−49	−110.1	6410	1624	80	30
CSX	424	10621	0.8	799	−6.5	19957	5766	47	34
SARA LEE⑦	185	19734	6.0	1009	10.2	12953	4280	141	15
TEXTRON	429	10544	13.7	558	120.6	18610	328	64	1
BERKSHIRE HATHAWAY	435	10430	−0.7	1902	−23.6	56111	31455	38	25
INTERNATIONAL PAPER	182	20096	−0.2	−151	−149.8	26754	8710	82	17
DOW CHEMICAL	184	20018	−0.2	1808	−5.2	24040	7626	43	6
CIGNA	183	20038	5.7	1086	2.8	108199	7932	48	23
VIACOM	310	13505	6.3	794	−36.4	28289	13384	46	14
墨西哥									
PEMEX (PEROLEOS MEXICANOS)	102	28566	0.5	1003	−53.8	42716	19611	121	29

续表8

公司名称	1997年销售额位次	销售额(百万美元)	销售额比上年增长%	利润额(百万美元)	利润额比上年增长%	资产额(百万美元)	股票市值(百万美元)	雇员(千人)	行业(46)
挪威									
NORSK HYDRO	305	13585	3.3	735	−23.5	15640	6199	38	6
STATOIL	217	17619	6.3	609	−25.6	17709	5218	17	31
日本									
TOHO MUTUAL LIFE INSURANCE①	196	19107	63.7	89	−18.7	22508	170	2	22
NIPPON DANTAI LIFE INSURANCE①	417	10852	30.9	212	−16.1	27434	55	12	23
DAI NIPPON PRINTING①	416	10889	−6.4	461	−7.6	10879	6640	32	33
YASUDA MUTUAL LIFE INSURANCE①	200	18885	−01.	826	−32.9	71052	1154	21	22
CHIYODA MUTUAL LIFE INSURANCE①	202	18850	12.3	130	−40.9	37707	509	19	22
ASAHI GLASS①	414	10971	−7.6	166	−22.7	13578	4727	35	5
OJI PAPER①	413	10987	9.2	90	−21.9	13465	3421	14	17
JUSCO(27)	194	19147	−4.8	58	−78.7	12692	2571	41	16
DAI−ICHI KANGYO BANK①	186	19713	−3.3	−587		432190	13799	17	3
SUMITOMO ELECTRIC INDUSTRIES①	427	10567	−5.8	270	−5.6	10716	4020	59	27
TOPPAN PRINTING①	432	10461	−7.5	386	101.1	9754	5005	34	33
TAKASHIMAYA(16)	431	10464	−8.7	68	−19.1	7002	1700	17	18
NISSHO IWAI①	13	81893	−3.8	25	−81.9	40799	2020	18	42
MITSUI MUTUAL LIFE INSURANCE①	191	19433	−8.4	521	−34.2	81751	804	24	22
KAWASAKI HEAVY INDUSTRIES①	426	10568	−2.8	151	−24.6	9171	1568	26	45
FUJI HEAVY INDUSTRIES①	423	10623	−2.2	250	−28.8	6783	12661	19	30
CHUBU ELECTREIC POWER①	207	18311	−5.0	328	−3.8	46986	7137	20	43
MITSUBISHI ELECRIC①	85	30967	−6.4	−863	−1240	31781	4686	115	10
DAIDO LIFE INSURANCE①	386	11665	−4.4	392	−29.7	40093	1092	22	22
NIPPON LIFE INSURANCE①	19	71388	−1.6	2118	−24.3	316530	5575	76	22
YASUDA FIRE & MARINE INSURANCE①	389	11637	−10.8	116	2.8	28130	1978	12	25
KYUSHU ELECTRIC POWER①	383	11764	−6.3	274	−22.1	31234	5024	15	43
HITACHI①	21	68567	−9.4	28	−96.4	75838	24303	331	10
MEIJI LIFE INSURANCE①	84	31047	−6.4	1007	−36.1	127825	1885	40	22
MAZDA MOTOR①	232	16630	−1.1	−55		10921	2539	32	30
LONG−TERM CREDIT BANK OF JAPAN①	394	11487	−45.3	−1211	−800.5	199216	7685	3	3
FUJI JPHOTO FILM①	404	11226	1.0	724	−4.5	15985	10727	37	36
KAWASHO①	403	11241	−10.4	−23	−311.1	5679	312	3	42
BRIDGESTONE	212	17936	−0.3	324	−50.0	14179	5263	96	35
TOKIO MARINE & LIFE INSURANCE①	215	17747	−1.9	297	27.3	41240	4922	15	25
NIPPON OIL ①	223	17117	−10.8	94	−16.2	21401	4918	10	31
RICOH①	396	11432	−2.2	246	−4.4	12452	3562	64	8
NIPPON TELEGRAPH & TELEPHONE①	15	76984	−1.7	2361	77.5	113410	35990	226	40
MITSUBISHI MOTORS①	89	30429	−6.7	−830	−905.7	25276	2622	27	30
COSMO OIL ①	433	10454	−12.1	44	−44.6	9576	1430	6	31
CANON	148	22813	−3.0	982	13.4	22011	8453	79	8
SANWA BANK①	149	22806	−18.5	−1486	−747.2	427077	13723	20	3

续表9

公司名称	1997年销售额位次	销售额（百万美元）	销售额比上年增长%	利润额（百万美元）	利润额比上年增长%	资产额（百万美元）	股票市值（百万美元）	雇员（千人）	行业(46)
日本(续)									
MITSUI FUDOSAN①	481	9439	-16.3	-257		23298	3875	19	45
FUJI BANK①	147	22912	-4.8	-2813	-390.6	413296	118322	15	3
MITSUBISHI①	4	128922	-8.0	388	-1.5	71408	7569	36	42
ITOCHU①	6	126632	-6.6	-774	-797.9	56308	2957	7	42
DDI ①	476	9599	6.4	68		9724	1637	6	40
MITSUBISHI MATERIALS①	469	9743	-7.5	82	-37.3	12592	2343	34	28
INDUSTRIAL BANK OF JAPAN①	111	26918	-10.9	-1651	-1560	369174	9899	5	3
ITO-YOKADO(16)	122	25607	-5.6	577	-13.7	15627	7428	102	16
MITSUBIDHI HEAVY INDUSTRIES①	123	25222	-9.8	494	-55.0	35484	10265	67	21
DAIEI(16)	120	25882	-8.5	10		17021	892	100	18
KOMATSU①	498	8994	-7.8	157	-2.8	11711	3931	27	21
KANEMATSU①	115	26506	-14.1	-23		11976	326	9	42
KUMAGAI GUMI	486	9241	-1.7	-1872		12863	214	10	13
NIPPON STEEL①	126	25063	-7.8	48	58.1	35025	6589	86	28
MITSUI①	3	142688	-1.6	269	-16.5	55071	5272	40	42
MITSUBISHI TRUST & BANKING①	461	9935	-10.7	532	434.2	142221	5899	6	3
JAPAN POSTAL SERVICE(22)	175	20741	-12.4	837	-33.7	78513	34982	142	26
TOYOTA MOTOR①	11	95137	-12.5	3701	8.0	104	45158	159	30
SUMITOMO①	10	102395	-14.2	210		42866	4319	30	42
SUMITOMO BANK①	172	21008	-7.9	-2047	-777.2	482707	12535	15	3
CENTRAL JAPAN RAILWAY①	436	10414	-8.3	266	-17.7	45655	3554	22	34
ASAHI CHEMICAL INDUSTRY①	434	10441	-8.9	170	-24.7	9050	3414	28	6
MATSUSHITA ELECTRIC WORKS(14)	438	10333	-6.6	291	0.7	10025	4220	36	10
EAST JAPAN RAILWAY①	177	20487	-8.2	540	-14.0	55356	5740	78	34
MARUBENI①	9	111121	-10.4	140	-21.4	55403	3564	64	42
WEST JAPAN RAILWAY①	456	10013	-6.7	162	-48.7	19740	2488	45	34
KANSAI ELECTRIC POWER①	165	21666	-6.5	630	28.6	52023	9374	26	43
ASAHI MUTUAL LIFE INSURANCE①	164	21678	-14.8	577	-36.5	91308	1010	33	22
SHOWA SHELL SEKIYU	459	9984	-12.0	53	-5.2	8075	1550	5	31
SAKURA BANK①	168	21292	-6.2	-719	-556.6	398649	12949	17	3
SNOW BRAND MILK PRODUCTS①	447	10159	-5.8	33	-30.2	4163	1044	15	15
SEIYU(16)	453	10075	-13.7	-487		11212	122	20	16
KAWASAKI STEEL①	450	10132	-7.4	69	-2.6	16243	3616	25	28
JAPAN TRAVEL BUREAU①	342	12758	-9.3	23	21.1	3183	411	9	20
DAI-ICHI MUTUAL LIFE INSURANCE①	38	47442	-3.5	1492	-23.1	214994	2247	65	22
TAKENAKA	346	12663	-10.9	128	-27.2	10830	2438	14	13
DENTSU①	340	12778	-2.8	74	-38.7	7023	2197	5	45
TOHOKU ELECTRIC POWER①	333	13017	-3.0	386	59.2	29868	4850	16	43
JAPAN AIRLINES①	335	12884	-7.4	-513		15319	1387	18	2
ISUZU MOTORS①	273	14660	-14.1	49	-42.2	12980	917	14	30

续表10

公司名称	1997年销售额位次	销售额(百万美元)	销售额比上年增长%	利润额(百万美元)	利润额比上年增长%	资产额(百万美元)	股票市值(百万美元)	雇员(千人)	行业(46)
日本(续)									
HONDA MOTOR①	34	48876	4.0	2123	8.1	36110	12058	109	30
NISSAN MOTOR①	31	53478	−9.5	−115	−116.5	59121	9617	137	30
SONY①	30	55033	9.5	1809	46.1	48016	13615	173	10
MYCAL(16)	262	15006	−7.3	83	−39.1	13638	2153	38	18
TAISEI①	264	14913	−15.3	−546	−1163	21732	2214	21	13
KYOEI LIFE INSURANCE①	352	12546	22.6	205	−34.4	39339	244	17	23
KOBE STEEL①	353	12506	−8.1	−40	−125.7	17984	2739	30	28
IDEMITSU KOSAN①	332	13022	−11.7	8	−73.5	13701	593	5	31
SUMITOMO LIFE INSURANCE①	48	42279	−4.1	1094	−41.1	177845	2409	65	22
TOSHIBA①	41	44467	−8.2	60	−90.0	45460	9011	186	10
MITSUBISHI CHEMICAL①	293	14122	−8.2	46		15470	3382	29	6
TOKYO ELECTRIC POWER①	46	42997	−3.9	1102	52.2	107587	11714	43	43
DENSO①	306	13583	−5.8	580	−8.5	13088	7928	57	30
TAIYO MUTUAL LIFE INSURANCE①	303	13607	−2.0	126	−1.0	51186	539	16	22
TOMEN①	45	43400	−6.7	−179	−524.3	17671	640	11	42
NIPPON EXPRESS①	277	14513	−8.4	220	−9.8	8372	2409	61	26
NORINCHUKIN BANK①	275	14583	−15.8	1092	297.3	391726	11046	3	3
SHARP①	274	14587	−8.2	202	−53.1	15629	7149	48	10
NEC①	54	39927	−9.1	337	−58.6	37299	8030	152	10
JAPAN TOBACCO①	292	14125	−12.0	473	−38.4	15427	10166	20	41
FUJITSU①	52	40613	1.6	46	−88.9	38418	8888	180	8
SHIMIZU①	285	14312	−6.2	−367	−879.4	17374	2250	15	13
BANK OF TOKYO−MITSUBISHI①	67	34750	−25.2	4272	−1281	690462	18175	18	3
NKK①	244	15758	−5.5	116	−21.5	22226	3488	38	28
KAJIMA①	243	15795	−15.3	−62	−195.0	20130	2748	14	13
SUZUKI MOTOR①	368	12128	−9.1	246	−17.6	7779	2809	14	30
OBAYASHI①	369	12118	−11.5	96	−21.0	17007	2302	12	13
SANYO ELECRIC①	245	15679	−4.3	100	−36.0	19812	5629	68	10
NICHIMEN①	82	31362	−9.2	41	−5.4	15362	1144	18	42
TOYOTA TSUSHO①	238	16297	2.3	55	−1.0	5925	1034	5	42
MATSUSHITA ELECTRIC INDUSTRIAL①	23	64281	−5.7	763	−37.7	64218	28272	276	10
SUMITOMO METAL INDUSTRIES①	374	11971	−7.5	33	−86.1	18698	4019	34	28
TOKAI BANK①	370	12104	−23.5	116	−22.1	261871	7992	11	3
SEKISUI HOUSE②	375	11950	−8.3	326	−16.1	12895	6430	17	13
JAPAN ENERGY①	326	13106	−11.3	155		12314	775	15	31
瑞典									
ELECTROLUX	268	14791	−9.8	46	−83.3	10345	2591	106	10
SKANDIA GROUP	457	10012	1.5	445	162.0	36626	1770	10	23
L.M. ERICSSON	159	21956	17.0	1563	47.5	18577	6631	101	10
VOLVO	137	24035	3.3	1356	−27.1	20575	7614	73	30

续表11

公司名称	1997年销售额位次	销售额(百万美元)	销售额比上年增长%	利润额(百万美元)	利润额比上年增长%	资产额(百万美元)	股票市值(百万美元)	雇员(千人)	行业(46)
瑞士									
SWISS LIFE INS. & PENSION(33)	263	14934		105		70125	4731	8	23
NOVARTIS	167	21494	−26.7	3592	92.7	35533	18375	87	32
CREDIT SUISSE④	37	48242	74.5	274		472768	16212	62	30
NESTLE	36	48254	−1.4	2761	0.4	37487	16736	226	15
MIGROS	377	11894	−8.7	192	−8.3	9546	4157	57	16
SWISS POST(42)	420	10831	−11.9	179	−11.7			58	40
SWISS REINSURANCE	267	14837	5.0	1459	23.6	53312	9734	8	25
ABB ASEA BROWN BOVERI	83	31265	−9.6	572	−53.6	29784	5283	213	10
ROCHE HOLDING	334	12937	0.2	−1400	−144.4	37554	12512	52	32
UNION BANK OF SWITZERLAND(26)	190	19446	2.9	−89		395986	14389	28	3
SWISS BANK CORP(29)	234	16432	4.6	−171		300943	7477	28	3
ZURICH INSURANCE	116	26469	−14.0	1232	33.7	117037-	14162	43	25
委内瑞拉									
PDVSA	66	34801	2.8	4772	6.2	47148	34555	57	31
西班牙									
SEPI	463	9916		2534		16599	5629	78	2
BANCO BILBAO VIZCAYA	349	12589	−0.3	894	8.6	138691	6101	62	3
SANTANDER GROUP	265	14886	3.0	756	11.8	170289	4380	62	3
TELEFONICA DE ESPANE	239	16139	1.9	1298	2.6	40841	13065	92	40
REPSOL	224	17075	3.4	861	−8.5	17523	6066	21	31
意大利									
ENI	61	36962	−4.8	3004	4.1	49335	16764	80	31
IRI	157	22232	−54.7	2867	926.5	65251	7026	127	21
ISTITUTO BNC.SAN PAOLO DI TORINA	380	11871	−22.3	99	−74.8	145046	5503	23	3
ASSICURAZIONI GENERALI(11)	86	30816	4.0	605	−35.1	92678	6351	41	25
BANCA COMMERCIALE ITALIANA	462	9922	−5.6	244	−0.5	115088	4948	28	3
CARIPLO	458	9994	−14.3	316	296.8	120640	5932	25	3
TELECOM ITALIA	124	25130		1531		46094	16900	126	40
BANCA NAZIONALE DEL LAVORO	488	9198	−15.2	−1645	−1775	102683	5834	25	3
MONTEDISON	296	13897		875		17990	4531	27	6
ENEL	158	22181	−6.9	1953	136.8	53770	18371	89	43
FIAT	33	52569	4.1	1419	−7.7	69028	14447	239	30
CANCA DI ROMA	464	9914	−18.7	−212	−369.4	117287	5896	30	3
CREDITO ITALIANO	495	9131	−11.4	282	54.4	99986	4375	24	3
印度									
INDIAN OIL①	287	14249	−9.0	461	15.8	7595	2700	34	31
英国									
PENINSULAR & ORIENTAL STEAM NAV.	472	9694	−11.5	546	39.4	10591	4638	59	45
J. SAINSBURY(20)	141	23811	12.0	800	25.1	15280	6886	114	16
NORWICH UNION(45)	484	9285		439		86137	8389	16	23

续表12

公司名称	1997年销售额位次	销售额(百万美元)	销售额比上年增长%	利润额(百万美元)	利润额比上年增长%	资产额(百万美元)	股票市值(百万美元)	雇员(千人)	行业(46)
英国(续)									
BAT INDUSTRIES	113	26802	7.5	1630	−30.7	84358	7818	82	41
BT①	118	26294	10.2	2802	−15.0	38995	18062	125	40
MARKS & SPENCER①	308	13537	8.8	1361	13.7	12808	8484	48	18
BRITISH AEROSPACE	376	11904	17.9	264	−45.3	13594	2412	43	1
LLOYDS TSB GROUP	156	22313	9.5	3825	55.5	260163	10291	83	3
BTR	321	13254	−10.9	1445	114.7	12637	3548	110	21
BRITICH AIRWAYS①	290	14191	7.0	755	−13.9	18924	5562	61	2
TESCO(16)	110	26938	22.8	827	0.6	12247	6382	124	16
ABBEY NATIONAL	291	14172	26.4	1561	30.9	248155	8027	24	3
INCHCAPE	470	9716	−0.7	13	−63.6	5307	1300	38	39
GEC (GENERAL ELECTRIC CO.)①	441	10294	−0.1	1112	71.7	9732	4344	72	10
HLIFAX(37)	338	12803	14.3	1715	94.1	210022	11559	32	3
ASDA GROUP(41)	407	11096	17.9	420	18.0	6087	3345	77	16
BARCLAYS BANK	170	21129	7.3	1851	−27.7	451948	12539	84	3
CENTRICA(36)	336	12846		−1296		6748	2157	15	43
HSBC HOLDINGS	59	37474	29.8	5496	13.1	471256	27055	133	3
DIAGEO(23)(24)	181	20217		1324		28948	10903	75	15
COMMERCIAL UNION(25)	189	19591	6.7	609	−1.7	97317	7382	26	25
KINGFISHER②	430	10487	14.7	633	44.9	6094	2894	49	39
BRITICH STEEL ①	398	11408	−0.5	371	−24.5	12925	7741	50	28
SMITHKLINE BEECHAM	341	12769	3.2	1768	9.4	13957	2947	55	32
SAFEWAY①	395	11460	9.6	396	−15.3	6857	3361	51	16
GENERAL ACCIDENT(25)	258	15231	10.4	1160	42.6	52477	6222	26	25
STANDARD LIFE ASSURANCE(34)	276	14520	8.7			94656		10	22
ROYAL & SUN ALLIANCE	162	21845	5.6	950	31.1	99546	11861	43	25
IMPERIAL CHEMICAL INDUSTRIES	210	18121	10.3	424	−1.2	15239	240	70	6
BRITISH PETROLEUM	20	71194	1.9	4046	1.5	54099	23221	56	31
BRITISH POST OFFICE(22)	451	10106		573		9012		194	26
CABLE & WIRELESS①	393	11497	19.8	2115	96.9	21853	5188	47	40
NATIONAL WESTMINSTER BANK	169	21155	−7.1	1101	60.6	305082	12995	70	3
GLAXO WELLCOME	329	13072	0.4	3031	−2.8	13883	3033	53	32
PRUDENTIAL	104	27906	0.3	1371	−37.6	178081	4579	22	23

续表13

公司名称	1997年销售额位次	销售额(百万美元)	销售额比上年增长%	利润额(百万美元)	利润额比上年增长%	资产额(百万美元)	股票市值(百万美元)	雇员(千人)	行业(46)
英国/荷兰									
UNILEVER	35	48761	−6.4	5463	118.6	31671	12203	287	15
ROYAL DUTCH/SHELL GROUP	5	128142	0.0	7758	−12.7	113781	59982	105	31
中国									
COFCO	309	13526	12.5	110	18.8	4453	1499	28	42
SINOCHEM	213	17853	−0.6	64	−10.5	5802	986	6	42
BANK OF CHINA	173	20927	2.5	1126	5.5	305446	22478	198	3
中国香港									
JARDINE MATHESON	391	11522	−0.7	325	8.2	11950	3761	175	16
中国台湾省									
CATHAY LIFE	471	9696	9.5	643	69.6	22729	1974		22
CHINESE PETROLEUM	422	10729	9.3	385	39.0	15633	8355	20	31
500家公司合计(十亿美元)		**11454**		**452**		**34188**	**3724**		

注：①年度截止日期为1998年3月31日。②年度截止日期为1998年1月31日。③年度截止日期为1997年9月30日。④1997年9月25日兼并WINTERTHUR GROUP公司(1996年排名第133位)。⑤1997年8月1日兼并MCDONELL DOUGLAS公司(1996年排名第303位)。⑥年度截止日期为1997年10月31日。⑦年度截止日期为1997年6月30日。⑧原名PHILIPS ELECTRONICS,1998年3月16日改用现名。⑨原名SUNKYONG公司,1998年1月1日改用现名。⑩原名LYONNAISE DES EAUX公司,1997年6月19日兼并CIE DESUEZ公司后改用现名。(11)1998年5月29日兼并AACHENER & MUNCHENER公司(1997年排名343位)。(12)1997年8月14日兼并NYNEX公司(1996年排名313位)。(13)原名CIE GENERALE DES EAUX公司，1998年5月15日改用现名。(14)年度截止日期为1997年11月30日。(15)1997年5月31日兼并MORGAN STANLEY GROUP公司(1996年排名325位),由DEAN WITTER DISCOVER公司改名为MORGAN STANLEY DEAN WITTER DISCOVER公司,1998年3月24日改用现名。(16)年度截止日期为1998年2月28日。(17)1997年4月1日兼并PACIFIC TELESIS GROUP公司(1996年排名479位)。(18)1998年6月11日兼并DIGITAL EQUIPMENT公司(1997年排名331位)。(19)年度截止日期为1997年5月31日。(20)年度截止日期为1998年3月8日。(21)年度截止日期为1997年8月31日。(22)年度截止日期由6月30日改为12月31日。(23)年度截止日期由原来的9月30日改为11月31日,故当年数据与上年数据不可比。(24)原名GRAND METROPOLITAN公司,1997年12月12日改用现名。(25)1998年6月1日COMMERCIAL UNION公司与GENERAL ACCIDENT公司(1997年分别排名第189位和258位)合并,成立CGU公司。(26)1998年6月29日被SWISS BANK CORP.(1997年排名234位)兼并。(27)年度截止日期为1998年2月20日。(28)年度截止日期为1996年12月31日。(29)1998年6月29日兼并UNION BANK OF SWITZERLAND(1997年排名190位)。(30)年度截止日期为1997年7月31日。(31)原名ROYAL PTT NEDERLAND公司,1998年6月29日改用现名。(33)1997年由合作制改组成股份制,因此与上年度不可比。(34)年度截止日期为1997年11月15日。(35)1998年6月11日被COMPAQ公司(1997年排名271位)兼并。(36) 1997年2月12日由BG公司分离出来。(37)原名HALIFAX BUILDING SOCIETY，1997年2月6日改用现名。(38)1998年5月29日被ASSICUAZIONI GENERALI公司(1997年排名85位)兼并。(39)年度截止日期为1997年2月28日。(40)原名FEDERAL EXPRESS公司，1997年1月27日改用现名。(41)年度截止日期为1997年4月30日。(42)原名PTT SWISSE公司，1998年1月27日改用现名。(43)原名CPC INTERNATIONAL公司，1998年1月1日改用现名。(44)原名WESTINGHOUSE ELECTRIC CORP.公司，1997年12月1日改用现名。(45)1997年改制为股份制,因此与上年不可比。(46)行业代码含义如下：1. 飞机制造业；2. 航空；3. 商业银行及储蓄业；4. 饮料业；5. 建筑材料和玻璃；6. 化学；7. 计算机服务及软件；8. 计算机和办公设备业；9. 专门金融服务；10. 电子和电气设备；11. 电子和半导体；12. 能源；13. 土木工程；14. 娱乐；15. 食品；16. 食品和药品商店；17. 森林和纸制品；18. 综合商业；19. 医疗卫生；20. 旅店和博彩；21. 工业和农业机械；22. 生命和健康保险(合股)；23. 生命和健康保险(股份)；24. 不动产和灾害保险(合股)；25. 不动产和灾害保险(股份)；26. 邮递、包装和货运；27. 金属制品；28. 金属材料；29. 矿业及原油生产；30. 汽车及零部件；31. 石油精炼；32. 制药；33.出版和印刷；34. 铁路；35. 橡胶和塑料；36. 科学、照相和控制设备；37. 证券；38. 肥皂与化妆品；39. 专业零售；40. 电信；41. 烟草；42. 贸易；43. 公用事业；44. 批发；45. 未归类。

资料来源：美国《幸福》杂志 1998年8月3日。

16-5 1997年按行业分组的世界最大的500家公司

公司名称	国家/地区	1997年销售额位次	销售额(百万美元)	销售额比上年增长%	利润额(百万美元)	利润额比上年增长%	资产额(百万美元)	股票市值(百万美元)	雇员(千人)
1.飞机制造业									
BOEING⑤	美国	39	45800	101.9	-178	-116.3	38024	12953	239
BRITISH AEROSPACE	英国	376	11904	17.9	264	-45.3	13594	2412	43
NORTHROP GRUMMAN	美国	492	9153	13.4	407	73.9	9677	2623	52
ALLIEDSIGNAL	美国	279	14472	3.6	1170	14.7	13707	4386	71
LOCKHEED MARTIN	美国	103	28069	4.4	1300	-3.5	28361	5176	173
AEROSPATIALE	法国	468	9768	-3.3	243	5.1	12017	876	38
UNITED TECHNOLOGIES	美国	130	24713	5.1	1072	18.3	16719	4073	180
TEXTRON	美国	429	10544	13.7	558	120.6	18610	328	64
2.航空									
BRITICH AIRWAYS①	英国	290	14191	7.0	755	-13.9	18924	5562	61
JAPAN AIRLINES①	日本	335	12884	-7.4	-513		15319	1387	18
LUFTHANSA GROUP	德国	315	13354	-3.7	479	30.1	11860	3283	58
DELTA AIR LINES⑦	美国	304	13590	9.1	854	447.4	12741	3007	63
AMR	美国	204	18570	4.6	985	-3.1	20915	6216	110
SEPI	西班牙	463	9916		2534		16599	5629	78
UAL	美国	220	17378	6.2	949	78.0	15803	2337	92
NORTHWEST AIRLINES	美国	444	10226	3.5	597	11.3	9336		49
AIR FRANCE GROUP①	法国	446	10186	15.4	314				
3.商业银行和储蓄机构									
DRESNER BANK	德国	166	21534	0.2	958	-6.2	376416	10297	46
CANCA DI ROMA	意大利	464	9914	-18.7	-212	-369.4	117287	5896	30
NATIONAL WESTMINSTER BANK	英国	169	21155	-7.1	1101	60.6	305082	12995	70
SAKURA BANK①	日本	168	21292	-6.2	-719	-556.6	398649	12949	17
CITICORP⑨	美国	68	34697	6.4	3591	-5.2	310897	21196	94
WESTDEUTSCHE LANDESBANK	德国	161	21859	6.8	400	-11.3	335772	7402	30
NATIONSBNK CORP.	美国	163	21734	24.1	3077	25.5	264562	21337	80
BANK OF TOKYO-MITSUBISHI①	日本	67	34750	-25.2	-4272	-1281	690462	18175	18
BARCLAYS BANK	英国	170	21129	7.3	1851	-27.7	451948	12539	84
BANCO DO BRASIL	巴西	178	20310	29.7	532		97588	5379	76
BANCA COMMERCIALE ITALIANA	意大利	462	9922	-5.6	244	-0.5	115088	4948	28
MITSUBISHI TRUST & BANKING①	日本	461	9935	-10.7	532	434.2	142221	5899	6
DAI-ICHI KANGYO BANK①	日本	186	19713	-3.3	-587		432190	13799	17
HSBC HOLDINGS	英国	59	37474	29.8	5496	13.1	471256	27055	133
SUMITOMO BANK①	日本	172	21008	-7.9	-2047	-777.2	482707	12535	15
ITAUSA-INVESTIMENTOS ITAU	巴西	372	12046	-15.4	432	46.8	43907	2482	49
BANK OF CHINA	中国	173	20927	2.5	1126	5.5	305446	22478	198
CREDIT AGRICOLE	法国	70	34015	-1.7	1689	14.8	417974	20415	85
INDUSTRIAL BANK OF JAPAN①	日本	111	26918	-10.9	-1651	-1560	369174	9899	5
BANK OF NOVA SCOTIA⑥	加拿大	477	9594	5.6	1103	40.9	138500	6670	39
WELLS FARGO & CO.	美国	475	9608	10.1	1155	7.8	97456	12889	33

续表1

公司名称	国家/地区	1997年销售额位次	销售额(百万美元)	销售额比上年增长%	利润额(百万美元)	利润额比上年增长%	资产额(百万美元)	股票市值(百万美元)	雇员(千人)
3.商业银行和储蓄机构(续)									
BANK OF MONTREAL⑥	加拿大	425	10573	11.0	951	11.1	147503	6319	34
ABN AMERO HOLDING	荷兰	97	28946	4.7	1975	0.8	412533	12747	77
CHASE MANHATTAN CORP.	美国	90	30381	10.8	3708	50.7	365521	21742	69
SOCIETE GENERALE	法国	99	28725	10.4	1047	17.9	409091	10533	55
GAN	法国	98	28937	−10.3	49		151551	3245	12
NORWEAT CORP.	美国	473	9660	8.7	1351	17.1	88540	7022	56
SANWA BANK①	日本	149	22806	−18.5	−1486	−747.2	427077	13723	20
FUJI BANK①	日本	147	22912	−4.8	−2813	−390.6	413296	118322	15
LLOYDS TSB GROUP	英国	156	22313	9.5	3825	55.5	260163	10291	83
CREDIT LYONNAIS	法国	155	22421	−11.0	181	358.7	249084	5647	51
ISTITUTO BNC.SAN PAOLO DI TORINA	意大利	380	11871	−22.3	99	−74.8	145046	5503	23
LONG−TERM CREDIT BANK OF JAPAN①	日本	394	11487	−45.3	−1211	−800.5	199216	7685	3
BANKAMERICA CORP.	美国	145	23585	6.9	3210	11.7	260159	19837	77
BANQUE NATIONALE DE PARIS	法国	134	24344	0.9	1022	35.5	338196	9812	52
HYPO−BANK GROUP	德国	288	14230	−5.5	444	−0.1	203541	5243	18
FIRST UNION CORP.	美国	284	14329	19.6	1896	26.5	157274	12032	44
ABBEY NATIONAL	英国	291	14172	26.4	1561	30.9	248155	8027	24
DEUTCHE GENOSSENSCHAFTSBANK	德国	355	12453	−3.8	185	1.5	207741	2380	12
NORINCHUKIN BANK①	日本	275	14583	−15.8	1092	297.3	391726	11046	3
BANKGESELLSCHAFT BERLIN	德国	358	12429	−3.3	162	876.7	197339	4530	17
CREDITO ITALIANO	意大利	495	9131	−11.4	282	54.4	99986	4375	24
NATIONAL AUSTRALIA BANK③	澳大利亚	356	12444	8.1	1711	5.6	146246	9109	46
BANCO BRADESCO	巴西	345	12666	5.1	771	−6.1	55303	4993	63
GENERALE BANK	比利时	439	10311	−1.9	477	−2.2	159571	3700	27
HLIFAX(37)	英国	338	12803	14.3	1715	94.1	210022	11559	32
ROYAL BANK OF CANADA⑥	加拿大	337	12810	6.2	1223	16.8	173716	7374	51
BANCO BILBAO VIZCAYA	西班牙	349	12589	−0.3	894	8.6	138691	6101	62
GROUPE CAISSE D'EPARGNE	法国	299	13765	−8.8	346	−3.1	213833	10789	39
BANC ONE CORP.	美国	323	13219	28.7	1306	−8.5	115901	10376	57
BAYERICHE LANDESBANK	德国	322	13252	4.2	346	14.7	241682	6081	7
SANTANDER GROUP	西班牙	265	14886	3.0	756	11.8	170289	4380	62
BANCA NAZIONALE DEL LAVORO	意大利	488	9198	−15.2	−1645	−1775	102683	5834	25
UNION BANK OF SWITZERLAND(26)	瑞士	190	19446	2.9	−89		395986	14389	28
BANKERS TRUST NEW YORK CORP.	美国	366	12176	27.3	866	41.5	140102	5708	18
J.P.MORGAN & CO.	美国	216	17701	11.6	1465	−6.9	262159	11404	17
COMMERZBANK	德国	193	19254	−2.2	763	−3.5	287469	8796	29
TOKAI BANK①	日本	370	12104	−23.5	116	−22.1	261871	7992	11
DEUTSCHE BANK	德国	51	40792	3.5	552	−61.6	579992	17843	76
CARIPLO	意大利	458	9994	−14.3	316	296.8	120640	5932	25
CANDIAN IMPERIAL BANK OF COMM.⑥	加拿大	365	12289	12.8	1130	12.9	168901	7272	42
RABOBANK	荷兰	248	15635	11.4	978	1.0	208619	12314	39
CIE FINANCIERE DE PARIBAS	法国	259	15223	−28.2	1126	32.5	244017	8919	20
AUSTRALIA& NEW ZEALAND BANKING③	澳大利亚	496	9116	3.9	788	−8.4	100100	5027	36
SWISS BANK CORP(29)	瑞士	234	16432	4.6	−171		300943	7477	28
BAYERISCHE VEREINSBANK	德国	227	16892	−4.0	488	−9.5	249782	7772	22
FIRST CHICAGO NBD CORP.	美国	452	10098	−0.2	1525	6.2	114096	7960	34

续表2

公司名称	国家/地区	1997年销售额位次	销售额(百万美元)	销售额比上年增长%	利润额(百万美元)	利润额比上年增长%	资产额(百万美元)	股票市值(百万美元)	雇员(千人)
4.饮料业									
PEPSICO	美国	95	29292	−7.4	2142	86.4	20101	6936	136
ANHEUSER−BUSCH	美国	408	11066	1.7	1179	−0.9	11727	4042	24
SEAGRAM⑦	加拿大	350	12560		502		20936	9422	30
COCA−COLA	美国	201	18868	1.7	4129	18.2	16940	7311	30
COCA−COLA ENTERPRISES	美国	401	11278	42.4	171	50.0	17487	1782	56
5.建筑材料和玻璃									
ASAHI GLASS①	日本	414	10971	−7.6	166	−22.7	13578	4727	35
SAINT−GOBAIN	法国	206	18347	2.7	964	14.1	22560	9173	107
6.化学									
BAYER	德国	80	31731	−1.8	1697	−6.3	30124	13061	145
MONSANTO	美国	480	9457	2.1	470	22.1	10774	4104	22
ASAHI CHEMICAL INDUSTRY①	日本	434	10441	−8.9	170	−24.7	9050	3414	28
MONTEDISON	意大利	296	13897		875		17990	4531	27
IMPERIAL CHEMICAL INDUSTRIES	英国	210	18121	10.3	424	−1.2	15239	240	70
AKZO NOBLE	荷兰	362	12329	−7.4	828	5.9	10584	4456	69
DOW CHEMICAL	美国	184	20018	−0.2	1808	−5.2	24040	7626	43
BASF	德国	77	32178	−0.7	1867	0.7	26686	12808	105
RHONE−POULENC	法国	252	15413	−8.1	−667	−188.2	27398	8489	68
E.I. DU PONT DE NEMOURS	美国	49	41304	4.1	2405	−33.9	42942	11270	98
MITSUBISHI CHEMICAL①	日本	293	14122	−8.2	46		15470	3382	29
OCCIDENTAL PETROLEUM	美国	409	11061	4.8	−390	−158.4	15282	4286	12
HENKEL	德国	390	11575	6.9	613	107.2	9686	2823	54
HOECHST	德国	92	30055	−11.2	775	−44.8	33869	8904	118
NORSK HYDRO	挪威	305	13585	3.3	735	−23.5	15640	6199	38
CEA−INDUSTRIE	法国	491	9185	−11.6	625	0.0	24521	3526	42
7.计算机服务及软件									
MICROSOFT⑦	美国	400	11358	31.0	3454	57.4	14387	10777	22
ELECTRONIC DATA SYSTEMS	美国	257	15236	5.5	731	69.3	11174	5309	110
8.计算机和办公设备业									
DELL COMPUTER②	美国	363	12327	58.9	944	82.2	4268	1293	16
DIGITAL EQUIPMENT⑦(35)	美国	331	13047	−10.4	141		9693	3545	55
COMPAQ COMPUTER(18)	美国	132	24584	35.8	1855	41.3	14631	9429	37
FUJITSU①	日本	52	40613	1.6	46	−88.9	38418	8888	180
INRL. BUSINESS MACHINES	美国	14	78508	3.4	6093	12.2	81499	19816	269
RICOH①	日本	396	11432	−2.2	246	−4.4	12452	3562	64
HEWLETT−PACKARD⑥	美国	47	42895	11.6	3119	20.6	31749	16155	122
XEROX	美国	209	18166	−6.9	1452	20.4	27732	5690	91
CANON	日本	148	22813	−3.0	982	13.4	22011	8453	79

续表3

公司名称	国家/地区	1997年销售额位次	销售额(百万美元)	销售额比上年增长%	利润额(百万美元)	利润额比上年增长%	资产额(百万美元)	股票市值(百万美元)	雇员(千人)
9.专门金融服务业									
FEDERAL HOME LOAN MORTGAGE	美国	283	14399	18.8	1395	12.2	194597	7521	3
TRAVELERS GROUP	美国	58	37609	76.2	3104	33.2	386555	20893	67
FANNIE MAE	美国	106	27777	10.9	3056	12.1	391673	13793	4
AMERICA EXPRESS	美国	214	17760	2.8	1991	4.7	120003	9574	74
10.电子和电气设备									
SAMSUNG ELECTROICS	韩国	142	23810	−3.6	−640	−569.7	18869	2671	84
L.M. ERICSSON	瑞典	159	21956	17.0	1563	47.5	18577	6631	101
SIEMENS③	德国	24	63755	0.1	1427	−24.0	55546	15109	386
RAYTHEON	美国	301	15674	10.9	527	−30.8	28100	10400	119
HITACHI①	日本	21	68567	−9.4	28	−96.4	75838	24303	331
GEC (GENERAL ELECTRIC CO.)①	英国	441	10294	−0.1	1112	71.7	9732	4344	72
BCE	加拿大	139	23974	16.1	−1110	−231.3	28160	6855	122
SONY①	日本	30	55033	9.5	1809	46.1	48016	13615	173
ROYAL PHILIPS ELECTRONICS⑧	荷兰	55	39188	−4.5	2939		29316	9596	265
MATSUSHITA ELECTRIC INDUSTRIAL①	日本	23	64281	−5.7	763	−37.7	64218	28272	276
MATSUSHITA ELECTRIC WORKS(14)	日本	438	10333	−6.6	291	0.7	10025	4220	36
ABB ASEA BROWN BOVERI	瑞士	83	31265	−9.6	572	−53.6	29784	5283	213
ROCKWELL INERNATIONAL③	美国	384	11759	−18.0	644	−11.3	7971	4811	45
EMERSON ELECTRIC③	美国	364	12299	10.3	1122	10.2	11463	5421	101
NOKIA	芬兰	449	10135	18.4	1206	69.8	7663	3952	37
TOSHIBA①	日本	41	44467	−8.2	60	−90.0	45460	9011	186
MOTOROLA	美国	93	29794	6.5	1180	2.3	27278	13272	150
MITSUBISHI ELECRIC①	日本	85	30967	−6.4	−863	−1240	31781	4686	115
SANYO ELECRIC①	日本	245	15679	−4.3	100	−36.0	19812	5629	68
LUCENT TECHNOLOGIES③	美国	117	26360		541		23811	3387	134
GENERAL ELECTRIC	美国	12	90840	14.7	8203	12.7	304012	34438	276
LG ELECTRONICS	韩国	270	14700	−0.4	−601	−1747	11575	1021	60
SHARP①	日本	274	14587	−8.2	202	−53.1	15629	7149	48
NEC①	日本	54	39927	−9.1	337	−58.6	37299	8030	152
ELECTROLUX	瑞典	268	14791	−9.8	46	−83.3	10345	2591	106
11.电子和半导体									
INTEL	美国	125	25070	20.3	6945	34.7	28880	19295	64
TEXAS INDTRUMENTS	美国	428	10562	−9.8	1805	2765.1	10849	5914	44
12.能源									
NGC	美国	313	13378	84.3	−103	−190.4	4800	1000	3
ENRON	美国	179	20273	52.6	105	−82.0	23422	5618	16
GASUNIE	荷兰	460	9947	−11.3	41	−13.6	3206	197	2
TRANSCANADA PIPELINES	加拿大	442	10287	30.0	330	5.9	10183	2987	3
RAO GAZPROM	俄罗斯	140	23948	6.2	3938	115.7	107555	73448	362
SUEZ LYONNAISE DES EAUX⑩	法国	75	32637	69.4	688	160.8	78653	8194	175

续表4

公司名称	国家/地区	1997年销售额位次	销售额(百万美元)	销售额比上年增长%	利润额(百万美元)	利润额比上年增长%	资产额(百万美元)	股票市值(百万美元)	雇员(千人)
13.土木工程和建筑									
SHIMIZU①	日本	285	14312	−6.2	−367	−879.4	17374	2250	15
FLUOR⑥	美国	286	14299	29.8	146	−45.5	4698	1741	61
KAJIMA①	日本	243	15795	−15.3	−62	−195.0	20130	2748	14
OBAYASHI①	日本	369	12118	−11.5	96	−21.0	17007	2302	12
KUMAGAI GUMI	日本	486	9241	−1.7	−1872		12863	214	10
TAKENAKA	日本	346	12663	−10.9	128	−27.2	10830	2438	14
VIVENDI(13)	法国	100	28634	−11.7	924	142.1	42916	7464	193
SEKISUI HOUSE②	日本	375	11950	−8.3	326	−16.1	12895	6430	17
TAISEI①	日本	264	14913	−15.3	−546	−1163	21732	2214	21
BOUYGES	法国	235	16406	14.4	129	1.2	13556	1367	103
14.娱乐									
WALT DISNEY③	美国	153	22473	19.9	1966	61.9	37776	17285	108
NEWS CORP.⑦	澳大利亚	402	11262	13.4	564	−27.2	30981	15607	28
TIME WARNER	美国	318	13294	32.1	246		34163	9356	38
VIACOM	美国	310	13505	6.3	794	−36.4	28289	13384	46
CBS(44)	美国	474	9632	2.5	549	1730.0	16715	8080	51
15.食品									
RJR NABISCO HOLDINGS	美国	225	17057	0.0	381	−37.6	30678	9631	80
FARMLAND INDUSTRIES(21)(45)	美国	494	9148	−6.5			2645	822	15
SARA LEE⑦	美国	185	19734	6.0	1009	10.2	12953	4280	141
DIAGEO(23)(24)	英国	181	20217		1324		28948	10903	75
UNILEVER	英国/荷兰	35	48761	−6.4	5463	118.6	31671	12203	287
NESTLE	瑞士	36	48254	−1.4	2761	0.4	37487	16736	226
H.J. HEINZ(41)	美国	483	9357	2.7	302	−54.2	8438	2440	45
BESTFOODS(43)	美国	467	9818	−0.3	344	−40.7	6100	1042	45
GROUPE DANONE	法国	260	15160	−7.6	628	−5.0	16385	7100	81
ARCHER DANIELS MIDLAND⑦	美国	297	13853	4.1	377	−45.8	11354	6050	17
IBP	美国	320	13259	5.7	117	−41.1	2839	1237	38
SNOW BRAND MILK PRODUCTS①	日本	447	10159	−5.8	33	−30.2	4163	1044	15
CONAGRA(19)	美国	138	24002	−3.3	615	225.6	11277	2472	82
16.食品和药品商店									
TESCO(16)	英国	110	26938	22.8	827	0.6	12247	6382	124
PROMODES	法国	197	18962	−6.3	277	13.8	8315	1587	51
KONINKLIJKE AHOLD	荷兰	119	25921	19.6	479	27.6	9292	1524	142
KROGER	美国	114	26567	5.5	412	17.7	6301		212
SEIYU(16)	日本	453	10075	−13.7	−487		11212	122	20

续表5

公司名称	国家/地区	1997年销售额位次	销售额(百万美元)	销售额比上年增长%	利润额(百万美元)	利润额比上年增长%	资产额(百万美元)	股票市值(百万美元)	雇员(千人)
16.食品和药品商店(续)									
CARREFOUR	法国	96	29003	−4.2	614	0.6	14448	3614	123
SAFEWAY①	英国	395	11460	9.6	396	−15.3	6857	3361	51
GEORGE WESTON	加拿大	455	10055	7.9	176	0.5	4108	1227	83
COLES MYER(30)	澳大利亚	242	15898	10.3	303	41.5	4990	1875	148
MIGROS	瑞士	377	11894	−8.7	192	−8.3	9546	4157	57
GROUPE AUCHAN(28)	法国	208	18218		138		14136	3404	81
JARDINE MATHESON	中国	391	11522	−0.7	325	8.2	11950	3761	175
PUBLIX SUPER MARKETS	美国	405	11224	6.6	355	33.7	3295	2019	77
CVS	美国	328	13087	56.8	38	−50.0	5637	2361	90
J. SAINSBURY(20)	英国	141	23811	12.0	800	25.1	15280	6886	114
GREAT ATLANTIC & PACIFIC TEA(16)	美国	443	10262	1.7	63	−13.7	2995	927	52
GROUPE CASINO	法国	330	13066	0.0	191	16.5	7093	1717	50
DELHAIXE "LE LION"	比利时	280	14466	7.0	138	−2.0	4886	914	107
SAFEWAY	美国	152	22484	30.2	557	21.0	8494	2149	147
WALGREEN(21)	美国	314	13363	13.5	436	17.3	4207	2373	71
METRO	德国	73	32790	−10.3	320	−21.2	14133	2308	177
ASDA GROUP(41)	英国	407	11096	17.9	420	18.0	6087	3345	77
WINN−DIXIE STORES⑦	美国	324	13219	2.0	204	−20.0	2921	1138	95
ALBERTSON'S②	美国	271	14690	6.6	517	4.7	5219	2420	94
WOOLWORTHS⑦	澳大利亚	357	12444	14.6	202	13.9	2669	916	100
ITO−YOKADO(16)	日本	122	25607	−5.6	577	−13.7	15627	7428	102
JUSCO(27)	日本	194	19147	−4.8	58	−78.7	12692	2571	41
AMERICAN STORES	美国	195	19139	2.5	281	−2.3	8536	2309	121
17.森林和纸制品									
WEYERHAEUSER	美国	406	11210	0.9	341	−26.1	13075	4649	36
GEORGIA−PACIFIC	美国	327	13094	0.5	69	−55.8	12950	3474	47
KIMBERLY−CLARK	美国	351	12547	−4.6	902	−35.8	11266	4125	57
INTERNATIONAL PAPER	美国	182	20096	−0.2	−151	−149.8	26754	8710	82
UPM−KYMMENE	芬兰	445	10211	−10.8	806	272.4	12449	4843	34
OJI PAPER①	日本	413	10987	9.2	90	−21.9	13465	3421	14
18.综合商店业									
MYCAL(16)	日本	262	15006	−7.3	83	−39.1	13638	2153	38
MARKS & SPENCER①	英国	308	13537	8.8	1361	13.7	12808	8484	48
KARSTADT	德国	300	13720	−14.1	94	141.3	6375	1381	94
FEDERATED DEPARTMENT STORES②	美国	246	15668	2.9	536	101.6	13738	5256	115
MAY DEPARTMENT STORES②	美国	344	12685	0.7	775	2.6	9930	3809	116
TAKASHIMAYA(16)	日本	431	10464	−8.7	68	−19.1	7002	1700	17
WAL−MART STORES②	美国	8	119299	12.4	3526	15.4	45525	18502	825
GROUPE PINAULT−PRINTEMPS	法国	256	15280	−2.8	489	21.1	11248	2923	63
DAYTON HUDSON②	美国	107	27757	9.4	751	62.2	14191	4375	150
DAIEI(16)	日本	120	25882	−8.5	10		17021	892	100
KMART②	美国	76	32183	2.4	249		13558	5434	258
J. C. PENNY②	美国	87	30546	29.2	566	0.2	23493	7357	260
SEARS ROEBUCK	美国	50	41296	8.0	1188	−6.5	38700	5862	296

续表6

公司名称	国家/地区	1997年销售额位次	销售额(百万美元)	销售额比上年增长%	利润额(百万美元)	利润额比上年增长%	资产额(百万美元)	股票市值(百万美元)	雇员(千人)
19.医疗卫生									
UNITED HEALTHCARE	美国	382	11794	17.1	460	29.3	7623	4534	30
COLUMBIA/HCA HEALTHCARE	美国	203	18819	−5.5	−305	−120.3	22002	7250	285
PACIFICARE HEALTH SYSTEMS	美国	499	8983		−22		4868	2062	10
20.旅店和博彩业									
MARRIOTT INTERNATIONAL	美国	373	12034	18.3	335	9.5	6322	1463	195
JAPAN TRAVEL BUREAU①	日本	342	12758	−9.3	23	21.1	3183	411	9
21.工业和农业机械									
DEERE⑥	美国	339	12791	13.9	960	17.5	16320	4147	34
CATERPILLAR	美国	198	18925	14.5	1665	22.6	20756	4679	60
IRI	意大利	157	22232	−54.7	2867	926.5	65251	7026	127
MITSUBIDHI HEAVY INDUSTRIES①	日本	123	25222	−9.8	494	−55.0	35484	10265	67
MANNESMANN	德国	151	22554	−2.1	282	10.8	16390	3850	121
KOMATSU①	日本	498	8994	−7.8	157	−2.8	11711	3931	27
BTR	英国	321	13254	−10.9	1445	114.7	12637	3548	110
THYSSEN③	德国	135	24298	−7.1	1247	518.9	17420	4035	128
22.生命和健康保险(合股)									
NEW YORK LIFE INSURANCE	美国	199	18899	8.9	651	12.3	84067	4622	7
MEIJI LIFE INSURANCE①	日本	84	31047	−6.4	1007	−36.1	127825	1885	40
CATHAY LIFE	中国台湾	471	9696	9.5	643	69.6	22729	1974	
YASUDA MUTUAL LIFE INSURANCE①	日本	200	18885	−0.1	826	−32.9	71052	1154	21
TAIYO MUTUAL LIFE INSURANCE①	日本	303	13607	−2.0	126	−1.0	51186	539	16
ASAHI MUTUAL LIFE INSURANCE①	日本	164	21678	−14.8	577	−36.5	91308	1010	33
MITSUI MUTUAL LIFE INSURANCE①	日本	191	19433	−8.4	521	−34.2	81751	804	24
DAIDO LIFE INSURANCE①	日本	386	11665	−4.4	392	−29.7	40093	1092	22
STANDARD LIFE ASSURANCE(34)	英国	276	14520	8.7			94656		10
TOHO MUTUAL LIFE INSURANCE①	日本	196	19107	63.7	89	−18.7	22508	170	2
NIPPON LIFE INSURANCE①	日本	19	71388	−1.6	2118	−24.3	316530	5575	76
NORHWESTERN MUTUAL LIFE INS.	美国	312	13430	10.9	689	11.1	71081	4101	4
CHIYODA MUTUAL LIFE INSURANCE①	日本	202	18850	12.3	130	−40.9	37707	509	19
SUMITOMO LIFE INSURANCE①	日本	48	42279	−4.1	1094	−41.1	177845	2409	65
MASSACHUSETTS MUTUAL LIFE INS.	美国	479	9551	3.5	352	22.2	63088	2873	7
DAI−ICHI MUTUAL LIFE INSURANCE①	日本	38	47442	−3.5	1492	−23.1	214994	2247	65
TIAA−CREF	美国	94	29348	18.5	1227	31.3	214296	5777	5
23.生命和健康保险(股份)									
AEGON	荷兰	240	16048	10.5	1131	21.7	134513	8942	23
ING GROUP	荷兰	57	38674	7.9	2104	6.8	305984	22745	64

续表7

公司名称	国家/地区	1997年销售额位次	销售额(百万美元)	销售额比上年增长%	利润额(百万美元)	利润额比上年增长%	资产额(百万美元)	股票市值(百万美元)	雇员(千人)
23.生命和健康保险(股份)(续)									
PRUDENTIAL INS. CO. OF AMERICA	美国	60	37073		610		259482	19718	79
CNP ASSURANCES	法国	129	24814	−2.3	281	−8.7	95291	2337	2
METROPOLITAN LIFE INSURANCE	美国	133	24374	4.9	1203	41.0	201907	14007	45
NORWICH UNION(45)	英国	484	9285		439		86137	8389	16
NIPPON DANTAI LIFE INSURANCE①	日本	417	10852	30.9	212	−16.1	27434	55	12
KYOEI LIFE INSURANCE①	日本	352	12546	22.6	205	−34.4	39339	244	17
KYOBO LIFE INSURANCE①	韩国	466	9822	−3.4	41		14136	251	9
SKANDIA GROUP	瑞典	457	10012	1.5	445	162.0	36626	1770	10
AXA	法国	16	76874	94.3	1357	82.3	401206	13075	81
PRUDENTIAL	英国	104	27906	0.3	1371	−37.6	178081	4579	22
ASSURANCES GENERALES DE FRANCE	法国	221	17249	−9.5	330	9.9	82331	5338	31
FORTIS	比/荷	143	23797	5.1	1033	12.0	166658	7725	35
SWISS LIFE INS. & PENSION(33)	瑞士	263	14934		105		70125	4731	8
CIGNA	美国	183	20038	5.7	1086	2.8	108199	7932	48
AACHENER & MUNCHENER(38)	德国	343	12745	−7.6	214	6.7	52473	1339	18
AETNA	美国	205	18740	11.0	901	38.4	96001	11195	40
SAMSUNG LIFE INSURANCE①	韩国	180	20269	15.6	65	25.1	19534	314	10
24.不动产和灾害保险(合股)									
STATE FARM INSURANCE COS.	美国	42	43957	2.7	3833	49.3	103626	37635	73
LIBERTY MUTUAL INSURANCE GROUP	美国	385	11670	6.4	521	2.0	44891	6772	23
25.不动产和灾害保险(股份)									
YASUDA FIRE & MARINE INSURANCE①	日本	389	11637	−10.8	116	2.8	28130	1978	12
ASSICURAZIONI GENERALI(11)	意大利	86	30816	4.0	605	−35.1	92678	6351	41
SWISS REINSURANCE	瑞士	267	14837	5.0	1459	23.6	53312	9734	8
ALLIANZ	德国	28	56785	0.4	1172	6.9	211442	9588	73
ALLSTATE	美国	127	24949	2.7	3105	49.6	80918	15610	51
ZURICH INSURANCE	瑞士	116	26469	−14.0	1232	33.7	117037-	14162	43
BERKSHIRE HATHAWAY	美国	435	10430	−0.7	1902	−23.6	56111	31455	38
ROYAL & SUN ALLIANCE	英国	162	21845	5.6	950	31.1	99546	11861	43
MUNCHENER RUCK⑦	德国	131	24609	1.7	371	8.9	93158	3282	18
COMMERCIAL UNION(25)	英国	189	19591	6.7	609	−1.7	97317	7382	26
GENERAL ACCIDENT(25)	英国	258	15231	10.4	1160	42.6	52477	6222	26
LOEWS	美国	188	19648	−1.6	794	−42.7	69577	9655	30
AMERICAN INTERNATIONAL GROUP	美国	88	30520	8.2	3332	15.0	163971	24001	40
HARTFORD FINACIAL SERVICES	美国	317	13305	6.7	1332		131743	6085	25
TOKIO MARINE & LIFE INSURANCE①	日本	215	17747	−1.9	297	27.3	41240	4922	15
NATIONWIDE INS. ENTERPRISE	美国	347	12644	2.3	806	95.1	87830	8795	29
26.邮递、包装和货运									
FDX(19)(40)	美国	392	11520	12.1	361	17.4	7626	2963	108
NIPPON EXPRESS①	日本	277	14513	−8.4	220	−9.8	8372	2409	61
DEUTSCHE POST	德国	247	15654	−11.8	−221	−198.7	11871	3162	267
UNITED PARCEL SERVICE	美国	154	22458	0.4	909	−20.7	15912	6087	331
BRITISH POST OFFICE(22)	英国	451	10106		573		9012		194
U.S. POSTAL SERVICE③	美国	27	58216	3.2	1264	−19.3	53138		898
JAPAN POSTAL SERVICE(22)	日本	175	20741	−12.4	837	−33.7	78513	34982	142
LA POSTE②	法国	249	15535	−9.1	10		12805	1101	287

续表8

公司名称	国家/地区	1997年销售额位次	销售额(百万美元)	销售额比上年增长%	利润额(百万美元)	利润额比上年增长%	资产额(百万美元)	股票市值(百万美元)	雇员(千人)
27.金属制品									
GILLETTE	美国	454	10062	3.8	1427	50.4	10864	4841	44
SUMITOMO ELECTRIC INDUSTRIES①	日本	427	10567	−5.8	270	−5.6	10716	4020	59
PECHINEY	法国	367	12134	−4.8	311		9895	2679	34
28.金属材料									
NIPPON STEEL①	日本	126	25063	−7.8	48	58.1	35025	6589	86
METALLGESELLSCHAFT③	德国	418	10831	1.2	128	−0.7	3834	328	25
USINOR	法国	361	12337	−11.2	352	21.0	10868	4481	51
MITSUBISHI MATERIALS①	日本	469	9743	−7.5	82	−37.3	12592	2343	34
KOBE STEEL①	日本	353	12506	−8.1	−40	−125.7	17984	2739	30
POHANG IRON & STEEL	韩国	371	12091	0.8	766	4.1	11558	4263	27
FRIED KRUPP AG HOECH−KRUPP	德国	278	14478	−9.4	188	93.3	10921	1694	58
SUMITOMO METAL INDUSTRIES①	日本	374	11971	−7.5	33	−86.1	18698	4019	34
DEGUSSA③	德国	493	9148	−1.9	227	15.2	5271	1251	26
NKK①	日本	244	15758	−5.5	116	−21.5	22226	3488	38
BRITICH STEEL ①	英国	398	11408	−0.5	371	−24.5	12925	7741	50
KAWASAKI STEEL①	日本	450	10132	−7.4	69	−2.6	16243	3616	25
ALCOA	美国	311	13482	2.7	805	56.4	13071	4419	82
29.矿业及原油生产									
BROKEN HILL PROPRIETARY(19)	澳大利亚	219	17540	17.5	322	−59.1	27963	9544	61
RAG	德国	282	14403	−13.1	170	86.8	16649	1500	96
PEMEX (PEROLEOS MEXICANOS)	墨西哥	102	28566	0.5	1003	−53.8	42716	19611	121
30.汽车及零部件									
DAIMLER−BENZ	德国	17	71561	1.0	4639	161.2	76191	19511	300
MAN⑦	德国	316	13344	−3.8	197	−4.7	8046	2183	63
ROBERT BOSCH	德国	109	27027	−1.1	897	223.5	19411	6024	181
CHRYSLER	美国	25	61147	−0.4	2805	−20.5	60418	11362	121
TOYOTA MOTOR①	日本	11	95137	−12.5	3701	8.0	104	45158	159
ISUZU MOTORS①	日本	273	14660	−14.1	49	−42.2	12980	917	14
CREDIT SUISSE④	瑞士	37	48242	74.5	274		472768	16212	62
JOHNSON CONTROLS③	美国	399	11387	13.8	289	22.9	6049	1688	72
GENERAL MOTORS	美国	1	178174	5.8	6698	35.0	228888	17506	608
MITSUBISHI MOTORS①	日本	89	30429	−6.7	−830	−905.7	25276	2622	27
MAZDA MOTOR①	日本	232	16630	−1.1	−55		10921	2539	32
FUJI HEAVY INDUSTRIES①	日本	423	10623	−2.2	250	−28.8	6783	12661	19

续表9

公司名称	国家/地区	1997年销售额位次	销售额(百万美元)	销售额比上年增长%	利润额(百万美元)	利润额比上年增长%	资产额(百万美元)	股票市值(百万美元)	雇员(千人)
30.汽车及零部件(续)									
FORD MOTOR	美国	2	153627	4.5	6920	55.6	279097	30734	364
PEUGEOT	法国	78	32004	−5.6	−474	−430.6	31472	8808	140
HONDA MOTOR①	日本	34	48876	4.0	2123	8.1	36110	12058	109
VOLKSWAGEN	德国	22	65328	−1.8	772	76.4	56517	7793	280
BMW (BAYERISCHE MOTOREN WERKE)	德国	69	34692	−0.1	719	33.1	29629	5627	118
NISSAN MOTOR①	日本	31	53478	−9.5	−115	−116.5	59121	9617	137
TRW	美国	419	10831	5.1	−49	−110.1	6410	1624	80
RENAULT	法国	65	35624	−1.0	930		38750	7299	141
VOLVO	瑞典	137	24035	3.3	1356	−27.1	20575	7614	73
DAEWOO	韩国	18	71526	9.8	527	12.5	44861	6325	265
SUZUKI MOTOR①	日本	368	12128	−9.1	246	−17.6	7779	2809	14
FIAT	意大利	33	52569	4.1	1419	−7.7	69028	14447	239
DENSO①	日本	306	13583	−5.8	580	−8.5	13088	7928	57
HYUNDAI MOTOR	韩国	359	12392	−14.5	−30	−146.0	6539	859	46
31.石油精炼									
COASTAL	美国	482	9397	−21.2	302	−25.1	11625	3282	13
EXXON	美国	7	122379	2.5	8460	12.6	96064	43660	80
COSMO OIL ①	日本	433	10454	−12.1	44	−44.6	9576	1430	6
SUN	美国	500	8968	−9.2	263		4667	1462	11
ROYAL DUTCH/SHELL GROUP	英国/荷兰	5	128142	0.0	7758	−12.7	113781	59982	105
MOBIL	美国	26	59978	−17.0	3272	10.4	43559	19461	43
PDVSA	委内瑞拉	66	34801	2.8	4772	6.2	47148	34555	57
PETROFINA	比利时	298	13821	2.7	617	19.0	10894	4208	15
SK	韩国	71	33816	−23.2	125	−60.0	17930	3095	31
PHILLIPS PEROLEUM	美国	251	15424	−2.4	959	−26.4	13860	4814	17
ASHLAND③	美国	307	13567	10.3	279	32.2	7777	2024	37
CHINESE PETROLEUM	中国台湾	422	10729	9.3	385	39.0	15633	8355	20
CHEVRON	美国	63	36376	−6.0	3256	24.9	35473	17472	39
ENI	意大利	61	36962	−4.8	3004	4.1	49335	16764	80
USX	美国	171	21057	−0.1	988	4.8	17284	5400	41
PETRONAS①	马来西亚	412	10995	−4.8	3124	7.3	22440	9343	14
ATLANTIC RICHFIELS	美国	192	19272	0.5	1771	6.5	25322	8680	24
INDIAN OIL①	印度	287	14249	−9.0	461	15.8	7595	2700	34
AMOCO	美国	72	32836	0.3	2720	−4.0	32489	16319	43
ELF AQUITAINE	法国	44	43572	−6.9	960	−29.6	42049	13944	84
IDEMITSU KOSAN①	日本	332	13022	−11.7	8	−73.5	13701	593	5
STATOIL	挪威	217	17619	6.3	609	−25.6	17709	5218	17
REPSOL	西班牙	224	17075	3.4	861	−8.5	17523	6066	21
NIPPON OIL ①	日本	223	17117	−10.8	94	−16.2	21401	4918	10
BRITISH PETROLEUM	英国	20	71194	1.9	4046	1.5	54099	23221	56
TOTAL	法国	74	32741	−5.1	1304	18.2	25214	11074	54
PETROBRAS	巴西	211	18051	−0.1	1402	110.8	34231	18866	45
TOSCO	美国	319	13282	33.9	213	45.4	5945	1944	27
SHOWA SHELL SEKIYU	日本	459	9984	−12.0	53	−5.2	8075	1550	5
JAPAN ENERGY①	日本	326	13106	−11.3	155		12314	775	15
TEXACO	美国	40	45187	1.4	2664	32.0	29600	12766	29

续表10

公司名称	国家/地区	1997年销售额位次	销售额(百万美元)	销售额比上年增长%	利润额(百万美元)	利润额比上年增长%	资产额(百万美元)	股票市值(百万美元)	雇员(千人)
32.制药									
BRISTOL-MYERS SQIBB	美国	230	16701	10.9	3205	12.4	14977	7219	54
GLAXO WELLCOME	英国	329	13072	0.4	3031	-2.8	13883	3033	53
MERCK	美国	144	23637	19.2	4614	18.9	25812	12614	54
JOHNSON & JOHNSON	美国	150	22629	4.7	3303	14.4	21453	12359	91
PFIZER	美国	354	12504	10.6	2213	14.7	15336	7933	49
SMITHKLINE BEECHAM	英国	341	12769	3.2	1768	9.4	13957	2947	55
ROCHE HOLDING	瑞士	334	12937	0.2	-1400	-144.4	37554	12512	52
NOVARTIS	瑞士	167	21494	-26.7	3592	92.7	35533	18375	87
AMERICAN HOME PRODUCTS	美国	289	14196	0.8	2043	8.5	20825	8175	61
ABBOTT LABORATORIES	美国	379	11884	7.9	2095	11.3	12061	4999	54
33.出版和印刷									
TOPPAN PRINTING①	日本	432	10461	-7.5	386	101.1	9754	5005	34
BERTELSMAN⑦	德国	295	14006	-4.9	499	4.0	7778	1988	57
LAGARDERE GROUPE	法国	388	11655	1.3	237	16.5	11248	1978	46
DAI NIPPON PRINTING①	日本	416	10889	-6.4	461	-7.6	10879	6640	32
34.铁路									
CENTRAL JAPAN RAILWAY①	日本	436	10414	-8.3	266	-17.7	45655	3554	22
WEST JAPAN RAILWAY①	日本	456	10013	-6.7	162	-48.7	19740	2488	45
SNCF	法国	231	16653	7.8	-104		49106	3900	175
UNION PACIFIC	美国	411	11014	9.6	432	-52.2	28764	8225	52
CSX	美国	424	10621	0.8	799	-6.5	19957	5766	47
EAST JAPAN RAILWAY①	日本	177	20487	-8.2	540	-14.0	55356	5740	78
DEUTSCHE BAHN	德国	218	17575	-12.5	228	-68.7	36862	9122	268
35.橡胶和塑料									
GOODYEAR TIRE & RUBBER	美国	325	13155	0.3	559	449.4	9917	3396	95
MICHELIN	法国	302	13655	-4.9	665	17.7	13582	3996	123
BRIDGESTONE	日本	212	17936	-0.3	324	-50.0	14179	5263	96
36.科学、照相和控制设备									
FUJI JPHOTO FILM①	日本	404	11226	1.0	724	-4.5	15985	10727	37
EASTMAN KODAK	美国	269	14713	-9.4	5	-99.6	13145	3161	98
MINNESOTA MINING & MFG.	美国	261	15070	5.9	2121	39.0	13238	5926	76
37.证券									
MORGAN STANLEY DEAN WITTER(14)(15)	美国	108	27132	200.5	2586	171.8	302287	13956	47
MERRILL LYNCH	美国	81	31731	26.9	1906	17.7	292819	8329	57
LEHMAN BROTHERS HOLDINGS(14)	美国	228	16883	18.4	647	55.5	151705	4523	8

续表11

公司名称	国家/地区	1997年销售额位次	销售额(百万美元)	销售额比上年增长%	利润额(百万美元)	利润额比上年增长%	资产额(百万美元)	股票市值(百万美元)	雇员(千人)
38.肥皂和化妆品									
COLGATE－PALMOLIVE	美国	497	9057	3.5	740	16.6	7539	2179	38
PROCTTER & GAMBLE⑦	美国	64	35764	1.4	3415	12.1	27544	12046	106
L'OREAL	法国	381	11843	0.4	683	－0.1	10772	5002	47
39.专业零售									
INCHCAPE	英国	470	9716	－0.7	13	－63.6	5307	1300	38
LIMITED②	美国	489	9189	6.3	217	－49.9	4268	2045	137
HOME DEPOT②	美国	136	24156	23.7	1160	23.7	11189	7098	130
REPUBLIC INDUSTRIES	美国	440	10306	335.7	440		10527	3484	56
OTTO VERSAND(39)	德国	360	12383	－2.5	253	4.4	4859	993	41
KINGFISHER②	英国	430	10487	14.7	633	44.9	6094	2894	49
TOYS "R" US②	美国	410	11038	11.1	490	14.7	7963	4428	93
COSTCO(21)	美国	160	21874	11.8	312	25.5	5476	2468	43
LOWE'S	美国	448	10137	17.9	358	22.4	5219	2601	59
40.电信									
DDI ①	日本	476	9599	6.4	68		9724	1637	6
MCI COMMUNICATIONS	美国	187	19653	6.3	2	－99.8	25305	11164	59
TELEFONICA DE ESPANE	西班牙	239	16139	1.9	1298	2.6	40841	13065	92
GTE	美国	146	23260	9.0	2794	－0.2	42142	8038	114
BELLSOUTH	美国	176	20561	8.0	3261	13.9	36301	15165	81
AMERITECH	美国	241	15998	7.2	2296	7.6	25339	8308	74
SPRINT	美国	266	14874	4.5	953	－19.5	18185	9025	51
TELEBRAS	巴西	272	14666	18.0	3618	31.9	42647	28040	87
ROYAL KPN(31)	荷兰	250	15514	24.8	1376	－4.7	18498	8657	135
US WEST	美国	255	15352	18.9	697	－40.8	39860	11324	67
DEUTSCHE TELEKOM	法国	56	38969	－7.0	1905	63.1	90543	25967	216
ALCATEL ALSTHOM GROUP	法国	79	31847	0.5	799	50.1	41845	7305	190
NIPPON TELEGRAPH & TELEPHONE①	日本	15	76984	－1.7	2361	77.5	113410	35990	226
AT&T	美国	32	53261	－28.5	4638	－21.5	58635	22647	128
BELL ATLANTIC(12)	美国	91	30194	130.8	2455	30.5	53964	12789	141
TELECOM ITALIA	意大利	124	25130		1531		46094	16900	126
SBC COMMUNICATIONS(17)	美国	128	24856	78.8	1474	－29.8	42132	9892	118
FRANCE TELECOM	法国	112	26854	－9.2	2547	518.0	46553	15575	165
BT①	英国	118	26294	10.2	2802	－15.0	38995	18062	125
TELSTRA⑦	澳大利亚	378	11890	－0.3	1203	－33.3	16847	6441	77
CABLE & WIRELESS①	英国	393	11497	19.8	2115	96.9	21853	5188	47
SWISS POST(42)	瑞士	420	10831	－11.9	179	－11.7			58
41.烟草									
BAT INDUSTRIES	英国	113	26802	7.5	1630	－30.7	84358	7818	82
JAPAN TOBACCO①	日本	292	14125	－12.0	473	－38.4	15427	10166	20
PHILIP MORRIS	美国	29	56114	2.9	6310	0.1	55947	14920	152

续表12

公司名称	国家/地区	1997年销售额位次	销售额(百万美元)	销售额比上年增长%	利润额(百万美元)	利润额比上年增长%	资产额(百万美元)	股票市值(百万美元)	雇员(千人)
42.贸易									
NICHIMEN①	日本	82	31362	−9.2	41	−5.4	15362	1144	18
KAWASHO①	日本	403	11241	−10.4	−23	−311.1	5679	312	3
VIAG	德国	101	28581	1.3	496	−6.5	32536	4485	96
SAMSUNG	韩国	121	25804	−24.7	16	−75.7	9020	744	12
KANEMATSU①	日本	115	26506	−14.1	−23		11976	326	9
HYUNDAI	韩国	105	27838	2.1	6	−29.0	1795	109	1
ITOCHU①	日本	6	126632	−6.6	−774	−797.9	56308	2957	7
MARUBENI①	日本	9	111121	−10.4	140	−21.4	55403	3564	64
MITSUI①	日本	3	142688	−1.6	269	−16.5	55071	5272	40
MITSUBISHI①	日本	4	128922	−8.0	388	−1.5	71408	7569	36
VEBA GROUP	德国	43	43881	−3.0	1621	−0.7	44813	12320	130
TOMEN①	日本	45	43400	−6.7	−179	−524.3	17671	640	11
SUMITOMO①	日本	10	102395	−14.2	210		42866	4319	30
NISSHO IWAI①	日本	13	81893	−3.8	25	−81.9	40799	2020	18
LG INTERNATINAL	韩国	236	16359	−5.0	59	114.7	1197	131	4
SINOCHEM	中国	213	17853	−0.6	64	−10.5	5802	986	6
COFCO	中国	309	13526	12.5	110	18.8	4453	1499	28
TOYOTA TSUSHO①	日本	238	16297	2.3	55	−1.0	5925	1034	5
PREUSSAG③	德国	229	16806	−5.5	216	27.2	8460	1643	63
43.公用事业									
ELECTRICITE DE FRANCE	法国	62	36673	−10.5	264	−27.8	113360	35220	116
ENTERGY	美国	478	9562	33.5	248	−41.0	27001	6694	17
TOHOKU ELECTRIC POWER①	日本	333	13017	−3.0	386	59.2	29868	4850	16
TOKYO ELECTRIC POWER①	日本	46	42997	−3.9	1102	52.2	107587	11714	43
GAZ DE FRANCE	法国	437	10339	−10.2	313	−42.3	16732	2419	30
DUKE ENERGY	美国	237	16309	242.8	974	33.5	24029	8029	21
CENTRICA(36)	英国	336	12846		−1296		6748	2157	15
RWE GROUP⑦	德国	53	40233	2.4	814	−0.5	46279	4851	136
EDISON INTERNATIONAL	美国	487	9235	8.1	700	−2.4	25101	5527	14
KYUSHU ELECTRIC POWER①	日本	383	11764	−6.3	274	−22.1	31234	5024	15
SOUTHERN	美国	348	12611	21.8	972	−13.8	35271	9647	31
KOREA ELECTROC POWER	韩国	294	14064	−2.3	589	−20.7	27607	10167	31
KANSAI ELECTRIC POWER①	日本	165	21666	−6.5	630	28.6	52023	9374	26
ENEL	意大利	158	22181	−6.9	1953	136.8	53770	18371	89
CHUBU ELECTREIC POWER①	日本	207	18311	−5.0	328	−3.8	46986	7137	20
PG&E CORP.	美国	253	15400	60.2	716	−5.2	30557	8897	24
44.批发									
SUPERVALU(16)	美国	222	17201	3.9	231	31.8	4096	1202	38
MCKESSON ①	美国	174	20857	32.8	155	15.7	5608	1407	14

续表13

公司名称	国家/地区	1997年销售额位次	销售额(百万美元)	销售额比上年增长%	利润额(百万美元)	利润额比上年增长%	资产额(百万美元)	股票市值(百万美元)	雇员(千人)
44.批发(续)									
FRANZ HANIEL	德国	226	16907	0.9	178	−13.6	6366	999	30
EDEKA ZENTRALE	德国	465	9887	−8.3	47	19.3	2351	355	1
FLEMING	美国	254	15373	−6.8	25	−4.8	3624	1090	40
CARDINAL HEALTH⑦	美国	415	10968	23.8	181	61.9	3109	1332	11
SYSCO⑦	美国	281	14455	7.9	303	9.3	3437	1401	32
INGRAM MICRO	美国	233	16582	37.9	194	75.0	4932	1038	12
BERGEN BRUNSWIG③	美国	387	11661	17.3	82	11.1	2707	645	5
45.未归类									
SCHLUMBERGER	安的列斯	421	10754	19.2	1296	52.2	12097	6695	64
MCDONALD'S	美国	397	11409	6.8	1643	4.4	18200	8800	237
PENINSULAR & ORIENTAL STEAM NAV.	英国	472	9694	−11.5	546	39.4	10591	4638	59
DENTSU①	日本	340	12778	−2.8	74	−38.7	7023	2197	5
MITSUI FUDOSAN①	日本	481	9439	−16.3	−257		23298	3875	19
KAWASAKI HEAVY INDUSTRIES①	日本	426	10568	−2.8	151	−24.6	9171	1568	26
NIKE(19)	美国	490	9187	42.0	796	43.9	5361	3156	22
WASTE MANAGEMENT	美国	485	9273	−10.2	−1176	−712.3	13589	1346	59
500家公司合计(十亿美元)			**11454**		**452**		**34188**	**3724**	

注:① 年度截止日期为1998年3月31日。② 年度截止日期为1998年1月31日。③ 年度截止日期为1997年9月30日。④ 1997年9月25日兼并WINTERTHUR GROUP公司(1996年排名第133位)。⑤1997年8月1日兼并MCDONELL DOUGLAS公司(1996年排名第303位)。⑥ 年度截止日期为1997年10月31日。⑦ 年度截止日期为1997年6月30日。⑧ 原名PHILIPS ELECTRONICS,1998年3月16日改用现名。⑨ 原名SUNKYONG公司,1998年1月1日改用现名。⑩ 原名LYONNAISE DES EAUX公司,1997年6月19日兼并CIE DE SUEZ公司后改用现名。(11)1998年5月29日兼并AACHENER & MUNCHENER公司(1997年排名343位)。(12)1997年8月14日兼并NYNEX公司(1996年排名313位)。(13)原名CIE GENERALE DES EAUX公司,1998年5月15日改用现名。(14)年度截止日期为1997年11月30日。(15)1997年5月31日兼并MORGAN STANLEY GROUP公司(1996年排名325位),由DEAN WITTER DISCOVER公司改名为MORGAN STANLEY DEAN WITTER DISCOVER公司,1998年3月24日改用现名。(16)年度截止日期为1998年2月28日。(17)1997年4月1日兼并PACIFIC TELESIS GROUP公司(1996年排名479位)。(18)1998年6月11日兼并DIGITAL EQUIPMENT公司(1997年排名331位)。(19)年度截止日期为1997年5月31日。(20)年度截止日期为1998年3月8日。注(21)年度截止日期为1997年8月31日。注(22)年度截止日期由6月30日改为12月31日。注(23)年度截止日期由原来的9月30日改为11月31日,故当年数据与上年数据不可比。注(24)原名GRAND METROPOLITAN公司,1997年12月12日改用现名。注(25)1998年6月1日COMMERCIAL UNION公司与GENERAL ACCIDENT公司(1997年分别排名第189位和258位)合并,成立CGU公司。注(26)1998年6月29日被SWISS BANK CORP.(1997年排名234位)兼并。注(27)年度截止日期为1998年2月20日。注(28)年度截止日期为1996年1 2月31日。注(29)1998年6月29日兼并UNION BANK OF SWITZERLAND(1 997年排名190位)。注(30)年度截止日期为1997年7月31日。注(31)原名ROYAL PTT NEDERLAND公司,1998年6月29日改用现名。注(33)1997年由合作制改组成股份制,因此与上年度不可比。注(34)年度截止日期为1997年11月15日。注(35)1998年6月11日被COMPAQ公司(1997年排名271位)兼并。注(36) 1997年2月12日由BG公司分离出来。注(37)原名HALIFAX BUILDING SOCIETY,1997年2月6日改用现名。注(38)1998年5月29日被ASSICUAZIONI GENERALI公司(1997年排名85位)兼并。注(39)年度截止日期为1997年2月28日。注(40)原名FEDERAL EXPRESS公司,1997年1月27日改用现名。注(41)年度截止日期为1997年4月30日。注(42)原名PTT SWISSE公司,1998年1月27日改用现名。注(43)原名CPC INTERNATIONAL公司,1998年1月1日改用现名。注(44)原名WESTINGHOUSE ELECTRIC CORP.公司,1997年12月1日改用现名。注(45)1997年改制为股份制,因此与上年不可比。

资料来源:美国《幸福》杂志1998年8月3日。

16－6 日本最大的50家公司①

	位次	年度截止月份	股票市值(十亿日元)	每股价格(日元)	税后利润(百万日元)	每股收益(日元)	每股收益增长率(%)	负债与股本之比
Nippon Telegraph & Telephone	1	98年3月	18140	1140000	289863	18216.0	93.5	2.15
Toyota Motor	2	98年3月	13042	3430	454349	119.5	17.7	1.3
The Bank of Tokyo－Mitsubishi	3	98年3月	6663	1425	－524355	－112.2	②	36.99
Sony	4	98年3月	4788	11700	222068	542.7	59.2	2.53
Honda Motor	5	98年3月	4599	4720	260625	267.5	17.8	1.99
Matsushita Electric Ind.	6	98年3月	4584	2170	93604	44.3	－32.1	1.27
Sumitomo Bank	7	98年3月	4068	1295	－251296	－80.0	②	37.51
Seven－Eleven Japan	8	98年2月	3698	8880	61008	146.5	4.4	0.39
Tokyo Electric Power	9	98年3月	3585	2650	135322	100.0	65.8	8.18
Sanwa Bank	10	98年3月	3584	1214	－182362	－61.8	②	30.12
Takeda Chemical Industry	11	98年3月	3160	3580	81610	92.5	14.3	0.56
Hitachi	12	98年3月	3047	913	3477	1.0	－96.1	2.12
Nomura Securities	13	98年3月	2964	1510	76318	38.9	②	14.11
Fujitsu	14	98年3月	2961	1590	5587	3.0	－87.9	3.32
Ho－Yokaido	15	98年2月	2868	6900	70463	169.5	－5.2	1.1
Canon	16	97年12月	2865	3300	118813	136.9	26.2	1.6
Dai－ichi Kangyo Bank	17	98年3月	2737	868	－72018	－22.8	②	30.32
East Japan Railway w/dr	18	98年3月	2632	658000	66234	16558.5	－6.3	8.64
Bridgestone	19	97年12月	2600	3160	39158	47.6	－44.3	1.69
Fuji Photo Film	20	98年3月	2414	4690	88825	172.6	4.1	0.49
NEC	21	98年3月	2254	1410	41302	25.5	－54.9	3.65
Industrial Bank of Japan	22	98年3月	2159	850	－202660	－79.8	②	36.29
Kansai Electric Power	23	98年3月	2158	2205	77318	79.0	40.1	4.55
Denso	24	98年3月	2108	2350	71158	79.3	－0.3	0.65
Tokyo Marine & Fire Ins.	25	98年3月	2033	1312	36451	23.5	38.7	7.38
Fuji Bank	26	98年3月	2018	680	－345309	－116.0	②	33.96
Japan Tobacco	27	98年3月	1920	960000	58020	29010.0	－27.7	0.52
Toshiba	28	98年3月	1873	582	7337	2.3	－89.1	4.04
Nintendo	29	98年3月	1835	12950	83696	590.8	27.8	0.34
Seibu Railway	30	98年3月	1811	4180	17718	40.9	②	24.86
Dai Nippon Printing	31	98年3月	1732	2280	56539	74.4	0.1	0.64
Rohm	32	98年3月	1690	14400	60989	519.8	33.9	0.33
Mitsubishi Heavy Industries	33	98年3月	1626	482	60604	18.0	－51	2.46
Nippon Steel	34	98年3月	1619	235	5945	0.9	72.3	4.32
Mitsubishi Trust & Banking	35	98年3月	1602	1230	65341	50.2	482.2	23.11
Tokai Bank	36	98年3月	1595	767	14257	6.9	－15.1	31.77
Mitsubishi Estate	37	97年3月	1581	1217	38361	29.5	②	3.77
NTT Data Communications Sys.	38	98年3月	1557	5560000	15612	55757.1	9.6	3.38
Sakura Bank	39	98年3月	1551	411	－88301	－23.4	②	29.79
Sankyo	40	97年3月	1532	3340	50967	111.1	9133.2	0.74
Chubu Electric Power	41	98年3月	1531	2050	40230	53.9	4.8	5.64
TDK	42	98年3月	1449	10880	58371	438.3	－3.2	0.38
Kirin Brewery	43	97年12月	1357	1289	25391	24.1	－26.2	0.92
Mitsubishi	44	98年3月	1310	836	47636	30.4	－14.2	8.43
Kyocera	45	98年3月	1287	6760	47047	247.2	3.1	0.29
Kao	46	97年3月	1283	2070	24494	39.5	－11.2	0.83
Asahi Bank	47	98年3月	1236	521	－105957	－44.6	②	29.33
Fanak	48	98年3月	1221	5100	36709	153.3	20.4	0.14
Shizuoka Bank	49	98年3月	1196	1498	16398	20.5	67.1	15.59
Sharp	50	98年3月	1175	1043	24788	22.0	－48.9	1.19

注: ① 按股票市值排序。② 本年度为亏损，而上年度盈利。
资料来源:《亚洲商业(月刊)》1998年7月。

16－7 印度最大的50家公司①

单位：百万卢比

	位次	行　业	年度截止月份	股票市值(百万美元)	1997年11月28日股价(卢比)	总股数(百万)	经营利润(百万卢比)	经　营利润率(%)	税前利润(百万卢比)
HLL	1	非耐用消费品	96年12月	7195.9	1391.0	199	5994	9.1	6052
Reliance	2	化工	97年3月	3813.9	158.8	925	16586	32.2	13681
ITC	3	非耐用消费品	97年3月	3697.0	580.0	245	6722	23.1	5865
SBI	4	银行	97年3月	3007.7	220.0	526	33977	19.3	
HPCL	5	石油及煤气	97年3月	2570.3	474.5	209	11612	9.5	9417
BHEL	6	工程	97年3月	2163.1	340.3	245	9406	16.0	8644
VSNL	7	电信服务	97年3月	2134.4	865.0	95	8341	16.1	8310
TELCO	8	汽车及附件	97年3月	2087.6	314.0	256	11939	12.1	10005
Bajaj Auto	9	汽车及附件	97年3月	1885.5	609.0	119	5923	18.3	6771
BCPL	10	石油及煤气	97年3月	1627.6	417.8	150	8216	9.2	6696
Hindalco	11	铝	97年3月	1605.4	830.0	74	4262	32.6	5104
IDBI	12	金融服务	97年3月	1438.6	84.0	659	14247	23.7	15448
Sail	13	钢铁	97年3月	1341.1	12.5	4131	20090	14.1	5898
TISCO	14	钢铁	97年3月	1238.8	130.0	367	10854	17.1	5422
L&T	15	多行业	97年3月	1203.7	186.5	248	6829	12.8	4723
Nalco	16	铝	97年3月	1138.0	34.0	1289	7581	42.9	5382
Castrol India	17	石油及煤气	96年12月	1106.7	690.0	62	1518	19.2	1476
Ranbaxy②	18	制药	97年3月	970.8	709.3	53	1998	17.6	1869
Colgate	19	非耐用消费品	97年3月	924.6	261.5	136	1398	14.6	1439
HDFC	20	金融服务	97年3月	924.0	2986.5	12	3129	24.7	3129
ICICI	21	金融服务	97年3月	895.5	72.5	476	7170	16.6	8565
Mah & Mah	22	汽车及附件	97年3月	889.8	336.5	102	3804	10.8	3283
Indian Hotels	23	旅店	97年3月	719.3	614.0	45	2139	36.4	1799
Bank of Baroda	24	银行	97年3月	716.5	107.8	256	16686	39.5	
Tata Chemicals	25	化工	97年3月	693.4	147.8	181	6451	42.9	2904
Bank of India	26	银行	97年3月	647.3	39.0	639	5795	14.5	
Nestle	27	非耐用消费品	96年12月	644.9	257.5	96	1247	10.4	610
Grasim	28	多行业	97年3月	616.5	328.3	72	5809	18.7	3156
TEC	29	电力	97年3月	584.7	99.8	226	5292	22.6	4043
ABB	30	工程	96年12月	580.6	539.8	41	1402	12.0	2034
Glaxo	31	制药	96年12月	568.3	366.0	60	723	11.2	831
EIH Ltd	32	旅店	97年3月	550.3	404.3	52	1531	34.8	1542
BSES	33	电力	97年3月	544.8	152.3	138	4173	22.5	2184
Cummins India	34	工程	97年3月	525.3	510.8	40	1390	17.4	1252
Infosys	35	技术	97年3月	523.9	1389.0	15	468	33.6	425
Guj. Ambuja	36	水泥	97年1月	509.2	268.3	73	2855	35.9	1355
Hero Honda	37	汽车及附件	97年3月	462.6	892.0	20	722	9.4	652
Tata Tea	38	非耐用消费品	97年3月	458.0	372.5	47	1072	15.3	827
IPCL	39	化工	97年3月	446.8	68.8	250	8679	31.2	5932
ACC	40	水泥	97年3月	435.9	1217.3	14	2285	9.3	889
NIIT	41	技术	97年9月	426.1	638.3	26	1072	31.9	700
Punjab Tractors	42	汽车及附件	97年3月	372.9	709.3	20	834	12.5	865
HDFC Bank	43	银行	97年3月	371.4	71.5	200	640	33.1	
GE Shipping	44	海运	97年3月	298.8	40.0	288	2670	34.2	1614
TVS Suzuki	45	汽车及附件	97年3月	263.6	439.3	23	994	12.0	587
OBC	46	银行	97年3月	262.6	52.5	193	3007	22.2	
Arvind Mills	47	纺织	97年3月	246.9	94.5	101	1746	20.2	1328
IFCI	48	金融服务	97年3月	246.6	27.0	3352	4186	16.5	4625
Tata Infotech	49	技术	97年3月	241.5	758.3	12	296	14.3	292
Indian Rayon	50	多行业	97年3月	226.4	193.8	45	3577	25.0	2489

续表1

	位次	行业	年度截止月份	净利润(百万卢比)	平均每股实际收益(卢比)	每股收益增长率(%)	股票价格收益率(%)	资产收益率(%)	股本收益率(%)
HLL	1	非耐用消费品	96年12月	4127	20.7	26.0	67.1	34.3	40.4
Reliance	2	化工	97年3月	13231	13.3	1.4	12.0	9.1	15.7
ITC	3	非耐用消费品	97年3月	3468	14.1	31.7	41.1	18.4	29.9
SBI	4	银行	97年3月	13294	26.6	51.5	8.3	0.9	19.8
HPCL	5	石油及煤气	97年3月	6122	29.2	18.5	16.3	15.3	20.0
BHEL	6	工程	97年3月	4632	18.9	32.3	18.0	17.3	26.5
VSNL	7	电信服务	97年3月	5030	62.7	22.7	13.8	21.1	21.9
TELCO	8	汽车及附件	97年3月	7624	30.8	30.6	10.2	16.2	27.4
Bajaj Auto	9	汽车及附件	97年3月	4406	36.9	5.4	16.5	24.6	27.8
BCPL	10	石油及煤气	97年3月	4326	28.8	12.1	14.5	15.5	22.7
Hindalco	11	铝	97年3月	3909	52.5	−4.5	15.8	14.7	18.5
IDBI	12	金融服务	97年3月	11438	17.3	−1.7	4.9	2.7	16.7
Sail	13	钢铁	97年3月	5152	1.3	−62.3	10.0	2.2	6.2
TISCO	14	钢铁	97年3月	4692	13.5	−19.0	9.6	6.2	12.2
L&T	15	多行业	97年3月	4114	16.6	−2.2	11.3	9.9	14.1
Nalco	16	铝	97年3月	4917	3.8	−20.0	8.9	13.7	17.6
Castrol India	17	石油及煤气	96年12月	945	15.3	−8.4	45.1	29.5	34.8
Ranbaxy②	18	制药	97年3月	1604	29.6	7.0	24.0	10.7	16.0
Colgate	19	非耐用消费品	97年3月	789	5.8	1.8	45.1	33.7	34.1
HDFC	20	金融服务	97年3月	2479	208.1	18.8	14.4	2.7	16.2
ICICI	21	金融服务	97年3月	7522	15.7	20.3	4.6	2.7	21.3
Mah & Mah	22	汽车及附件	97年3月	2093	20.2	20.4	16.6	12.3	21.5
Indian Hotels	23	旅店	97年3月	1463	32.6	2.6	18.9	16.8	21.9
Bank of Baroda	24	银行	97年3月	2765	13.6	283.6	7.9	0.8	14.9
Tata Chemicals	25	化工	97年3月	2524	14.0	−36.1	10.6	8.5	18.4
Bank of India	26	银行	97年3月	3600	6.2	30.2	6.3	1.0	26.8
Nestle	27	非耐用消费品	96年12月	543	5.6	2.1	45.8	10.5	22.7
Grasim	28	多行业	97年3月	2746	38.0	−17.3	8.7	6.7	13.3
TEC	29	电力	97年3月	2161	9.8	28.1	10.1	5.2	13.0
ABB	30	工程	96年12月	1549	37.4	147.7	14.4	40.4	22.6
Glaxo	31	制药	96年12月	479	8.0	−61.2	45.7	17.2	19.6
EIH Ltd	32	旅店	97年3月	1381	26.4	14.5	15.3	25.0	28.9
BSES	33	电力	97年3月	1611	11.7	−10.1	13.0	6.0	10.4
Cummins India	34	工程	97年3月	787	19.9	25.9	25.7	25.1	29.8
Infosys	35	技术	97年3月	370	25.5	75.9	54.5	37.6	38.4
Guj. Ambuja	36	水泥	97年1月	1324	18.1	−16.3	14.8	8.9	15.4
Hero Honda	37	汽车及附件	97年3月	504	25.3	91.5	35.3	24.3	28.0
Tata Tea	38	非耐用消费品	97年3月	587	12.4	27.4	30.0	10.2	10.2
IPCL	39	化工	97年3月	5103	20.4	−15.6	3.4	9.9	19.1
ACC	40	水泥	97年3月	769	55.8	−66.1	21.8	4.4	7.9
NIIT	41	技术	97年9月	630	24.5	31.3	26.1	22.7	37.8
Punjab Tractors	42	汽车及附件	97年3月	563	27.8	47.3	25.5	37.0	40.0
HDFC Bank	43	银行	97年3月	405	2.0	99.9	35.3	2.9	17.4
GE Shipping	44	海运	97年3月	1364	4.7	−10.5	8.4	7.2	12.1
TVS Suzuki	45	汽车及附件	97年3月	544	25.5	54.6	18.7	35.8	51.6
OBC	46	银行	97年3月	1802	9.4	4.3	5.6	1.6	20.4
Arvind Mills	47	纺织	97年3月	1274	12.7	11.1	7.5	6.6	12.1
IFCI	48	金融服务	97年3月	3785	10.7	6.7	2.5	2.6	23.7
Tata Infotech	49	技术	97年3月	216	17.6	7.7	43.0	24.7	25.8
Indian Rayon	50	多行业	97年3月	2148	31.5	16.3	6.1	9.3	16.4

注: ① 按股票市值排序。② 包括CROSSLAND公司。
资料来源:《亚洲商业(月刊)》1998年2月。

16－8　印度尼西亚最大的50家公司①

单位: 百万卢比

	位次	行　业	经营收入	经营收入增长率(%)	税前利润	税前利润增长率(%)	总资产 1995年	总资产 1996年
ASTRA INT'L TBK	1	汽车	12633352	0.1	831477	－3.1	14271840	16057644
GUDANG GARAM	2	烟草	6558296	17.2	934218	－45.7	3908988	4309072
TELEKOMUNIKASI INDONESIA	3	电信	5075799	－0.6	2071389	－37.8	15912499	17783199
BANK NEGARA INDONESIA TBK	4	银行	4600488	24.7	466588	－18.8	32175323	34882473
INDOCEMANT TUNGGAL PRAKARSA	5	建筑	4291090	8.8	880485	－24.7	8205010	7682488
INDOFOOD SUKSES MAKMUR TBK	6	食品和饮料	2908959	39.1	398813	－22.0	3702708	4220918
BANK DANAMON	7	银行	2808847	50.9	281215	－31.2	14023222	22154598
SINAR MAS MULTIARTHA	8	财务	2566685	32.8	453518	－27.7	13712261	19664529
BDNI CAPITAL CORP	9	财务	2424144	1444.0	343267	－86.8	747338	17446488
HANJAYA MANDALA SAMPOERNA	10	烟草	2402635	42.4	547434	－7.6	1712026	2881100
BANK INT'L INDONESIA	11	银行	2332750	32.0	368824	－26.8	12899081	17707033
BANK DAGANG NASIONAL INDONESIA	12	银行	2200814	37.7	270766	－27.0	12435685	16651468
UNITED TRACTORS	13	重型设备	2014654	25.2	101832	－16.6	1459408	1782989
MATAHARI PUTRA PRIMA TBK	14	零售	1888914	32.0	27410	80.1	1025065	1347400
INDAH KIAT PULP & PAPER	15	造纸	1885337	－9.2	265880	76.4	6924671	8737131
SURYA HIDUP SATWA	16	饲养	1808604	25.0	59300	38.8	1028151	1240047
UNILEVER INDONESIA	17	消费品生产	1644511	22.7	184878	－17.1	591715	752672
CP PRIMA	18	饲养	1624753	22.8	51691	57.5	927425	1088621
OMETRACO CORP.	19	财务	1614830	35.2	137177	－19.7	2957361	4141862
BAKRIE & BROTHERS TBK	20	建筑	1571851	24.4	280879	－39.6	3355646	5202799
LIPPO BANK TBK	21	银行	1558050	22.2	161293	－14.9	7629579	10182424
TJIWI KIMIA	22	造纸	1423986	14.5	145364	16.5	2762571	3259688
POLYSINDO EKA PERKASA TBK	23	纺织	1406119	45.9	204397	12.5	2510334	4048027
SEMAN GRESIK	24	建筑	1362963	66.0	287335	－36.6	3316769	4230668
CHAROEN POKPHAND INDONESIA	25	饲养	1253914	28.3	71137	－0.4	671120	739588
INDOSAT	26	电信	1223247	17.1	703873	－13.6	2003156	2814458
BANK NIAGA TBK	27	银行	1117839	22.5	140274	－33.8	6587343	7872147
BANK UMUM NASIONAL TBK	28	银行	1093323	9.5	96995	－20.5	5988569	7147941
JAPFA COMFEED INDONESIA	29	饲养	997832	23.0	40739	8.0	858143	1044382
GADJAH TUNGGAL TBK	30	汽车	986880	32.1	168740	－10.2	2686576	4918161
BARITO PACIFIC TIMBER	31	林业	951311	16.3	144161	－22.4	2989258	2667677
HERO SUPERMARKET	32	零售	904635	14.9	31179	4.8	423045	475417
WICAKSANA OVERSEAS INT'L	33	零售	894638	33.3	36585	－15.3	401419	558456
ASTRA GRAPHIA	34	办公设备	892951	291.4	25156	－40.2	200633	707677
RAMAYANA LESTARI SENTOSA	35	零售	865604	37.3	102117	－51.7	493692	826631
INT'L NICKEL INDONESIA	36	矿业	854006	－18.0	303579	40.8	2709147	3008141
BIMANTARA CITRA TBK	37	建筑	847377	15.2	240858	－20.0	1963046	2502600
SMART CORP	38	消费品生产	844444	17.0	39420	－16.8	952669	1052819
TUNAS RIDEAN TBK	39	汽车	840414	－16.0	23305	46.9	346926	460500
INDOMOBIL SUKSES INT'L TBK	40	汽车	836485	1.4	17652	185.3	692075	591045
BANK PAN INDONESIA TBK	41	银行	770509	30.5	117032	－33.0	4173372	5374596
SEMEN CIBINONG TBK	42	建筑	768265	10.6	105574	－3.2	2126280	3101366
PRASIDHA ANEKA NIAGA	43	饲养	741363	－1.4	36849	－5.4	431308	420786
TRI POLYTA INDONESIA	44	化工	720410	22.7	33567	118.2	924362	1369680
BANK DUTA TBK	45	银行	680935	54.5	70771	－43.3	3287965	5278292
INDORAMA SYNTHETIC	46	纺织	678044	0.3	123723	－0.1	1456486	1590045
NODERN PHOTO TBK	47	照像	666165	3.7	90704	－2.2	356621	473175
SURYA SEMESTA INTERNUSA TBK	48		626947	34.7	61246	－86.1	860853	886320
LIPPO LIFE INSURANCE	49	保险	624199	36.5	67243	－67.2	630700	1872711
ENSEVAL PUTRA MEGATRADING TBK	50	零售	612286	6.9	23119	1.8	369189	391432

续表1

单位: 百万卢比

	位次	行 业	总股本		股票价格收益率(%)	资产收益率(%)	股本收益率(%)
			1995年	1996年			
ASTRA INT'L TBK	1	汽车	2617688	3003099	0.05	0.04	0.22
GUDANG GARAM	2	烟草	2035529	2546427	0.11	0.16	0.29
TELEKOMUNIKASI INDONESIA	3	电信	7391930	8866989	0.30	0.09	0.18
BANK NEGARA INDONESIA TBK	4	银行	1582525	2831114	0.08	0.01	0.15
INDOCEMANT TUNGGAL PRAKARSA	5	建筑	2561625	1999100	0.18	0.09	0.32
INDOFOOD SUKSES MAKMUR TBK	6	食品和饮料	1374514	1664784	0.14	0.09	0.23
BANK DANAMON	7	银行	862178	1841554	0.09	0.01	0.15
SINAR MAS MULTIARTHA	8	财务	498531	1167185	0.14	0.02	0.39
BDNI CAPITAL CORP	9	财务	268431	1046611	0.19	0.03	0.38
HANJAYA MANDALA SAMPOERNA	10	烟草	1116668	1400680	0.19	0.17	0.31
BANK INT'L INDONESIA	11	银行	1007554	1252876	0.13	0.02	0.23
BANK DAGANG NASIONAL INDONESIA	12	银行	1092122	1072895	0.10	0.01	0.18
UNITED TRACTORS	13	重型设备	392785	446839	0.04	0.04	0.17
MATAHARI PUTRA PRIMA TBK	14	零售	339173	568896	0.01	0.01	0.03
INDAH KIAT PULP & PAPER	15	造纸	2563058	3104435	0.13	0.03	0.09
SURYA HIDUP SATWA	16	饲养	222001	231134	0.02	0.03	0.16
UNILEVER INDONESIA	17	消费品生产	196032	229233	0.08	0.19	0.51
CP PRIMA	18	饲养	297400	342440	0.02	0.03	0.01
OMETRACO CORP.	19	财务	609913	658600	0.07	0.03	0.16
BAKRIE & BROTHERS TBK	20	建筑	1589348	1736393	0.14	0.05	0.12
LIPPO BANK TBK	21	银行	506179	735041	0.08	0.01	0.19
TJIWI KIMIA	22	造纸	853590	965470	0.11	0.05	0.16
POLYSINDO EKA PERKASA TBK	23	纺织	923640	1526689	0.15	0.05	0.15
SEMAN GRESIK	24	建筑	2313051	2467298	0.20	0.06	0.19
CHAROEN POKPHAND INDONESIA	25	饲养	227593	278252	0.05	0.07	0.21
INDOSAT	26	电信	1786682	2557423	0.46	0.22	0.24
BANK NIAGA TBK	27	银行	302032	614123	0.10	0.01	0.22
BANK UMUM NASIONAL TBK	28	银行	306920	513850	0.06	0.01	0.16
JAPFA COMFEED INDONESIA	29	饲养	327444	349524	0.03	0.03	0.09
GADJAH TUNGGAL TBK	30	汽车	1070433	1914252	0.19	0.04	0.11
BARITO PACIFIC TIMBER	31	林业	1924090	1939971	0.09	0.03	0.04
HERO SUPERMARKET	32	零售	201167	219230	0.03	0.06	0.12
WICAKSANA OVERSEAS INT'L	33	零售	144340	163510	0.03	0.05	0.15
ASTRA GRAPHIA	34	办公设备	77739	151102	0.02	0.03	0.12
RAMAYANA LESTARI SENTOSA	35	零售	138450	476858	0.12	0.13	0.29
INT'L NICKEL INDONESIA	36	矿业	2017094	2142502	0.22	0.07	0.10
BIMANTARA CITRA TBK	37	建筑	962206	1105849	0.24	0.09	0.18
SMART CORP	38	消费品生产	319009	348060	0.04	0.03	0.10
TUNAS RIDEAN TBK	39	汽车	172195	182190	0.02	0.04	0.09
INDOMOBIL SUKSES INT'L TBK	40	汽车	309969	311140	0.01	0.01	0.03
BANK PAN INDONESIA TBK	41	银行	513840	580982	0.12	0.02	0.15
SEMEN CIBINONG TBK	42	建筑	1045766	1126522	0.14	0.04	0.10
PRASIDHA ANEKA NIAGA	43	饲养	231038	243181	0.04	0.07	0.12
TRI POLYTA INDONESIA	44	化工	658851	661447	0.04	0.02	0.04
BANK DUTA TBK	45	银行	411139	434872	0.08	0.01	0.11
INDORAMA SYNTHETIC	46	纺织	569573	669659	0.18	0.08	0.20
NODERN PHOTO TBK	47	照像	286789	310470	0.10	0.15	0.21
SURYA SEMESTA INTERNUSA TBK	48		297610	323525	0.09	0.06	0.17
LIPPO LIFE INSURANCE	49	保险	147724	519483	0.12	0.05	0.20
ENSEVAL PUTRA MEGATRADING TBK	50	零售	147534	159117	0.03	0.04	0.10

注: ① 按1996年经营收入排序。
资料来源:《亚洲商业(月刊)》1998年2月。

16－9 马来西亚最大的50家公司①

单位：百万林吉特

	位次	行业	年度截止月份	市场股数(股)	1996年经营收入	比1995年增长(%)	1996年税前利润	比1995年增长(%)	1995年资产总额
Telekom	1	电信	96年12月	30885	6416	22.2	2388	23.5	18021
Tenaga	2	公用事业	97年8月	22009	10014	22.9	145	−87.5	32488
Petronas Gas	3	公用事业	97年3月	16673	1265	4.1	860	15.0	5841
Maybank	4	金融服务	97年6月	10519	9208	20.6	2205	22.4	90588
Sime Darby	5	多行业	97年6月	10000	13236	22.8	1683	26.5	26392
Rothmans of Pall Mall	6	消费品生产	97年3月	9493	1764	10.5	560	9.8	868
Resorts World	7	娱乐	96年12月	8243	2106	12.8	803	9.1	3020
Genting	8	娱乐	96年12月	7664	2595	4.0	1186	9.0	5805
YTL Corp	9	公用事业	97年6月	6376	1947	21.9	474	33.1	1979
KL Kepong	10	农业服务	96年9月	6343	1189	23.7	301	2.4	2418
YTL Power International	11	公用事业	97年6月	5721	1173	85.3	463	108.6	4307
Berjaya Sports Toto	12	娱乐	97年4月	5497	1832	25.2	344	55.7	1034
Malaysia Int'l Shipping Corp	13	交通	96年12月	5098	2411	−2.6	506	−13.5	5212
Golden Hope	14	农业服务	97年6月	4482	1511	35.0	410	30.2	3544
Nestle	15	消费品生产	96年12月	4432	1850	11.9	237	4.9	791
Magnum Corp	16	娱乐	96年12月	3461	2794	19.8	439	14.3	1675
RHB Capital	17	金融服务	97年6月	2918	872	111.7	579	57.3	2661
Kumpulan Guthrie	18	农业服务	96年12月	2750	1612	4.1	377	23.2	2607
Malaysian Airlines System	19	交通	97年3月	2741	6484	13.5	349	39.0	13304
Tanjong PLC	20	娱乐	97年6月	2515	1517	22.2	253	6.3	945
Public Bank	21	金融服务	96年12月	2511	3349	48.6	797	33.9	32374
Highlands & Lowlands	22	农业服务	96年12月	2465	365	−11.2	227	30.5	1411
Malaysia Packaging	23	消费品生产	96年12月	2180	42	−4.5	2	300.0	45
Sarawak Enterprises	24	商业/服务业	96年12月	2019	19	−99.2	161	−55.4	2519
Perlis Plant	25	消费品生产	96年12月	1968	604	6.0	142	6.0	378
Carlsberg Brewery Malaysia	26	消费品生产	96年12月	1897	672	15.7	129	19.4	406
Mutiara Swisscom	27	电信	97年4月	1890	240		58		
Leisure Management	28	娱乐	96年12月	1800	1970	22.8	69	−19.8	342
RJ Reynolds	29	消费品生产	96年12月	1778	604	6.0	142	6.0	378
HICOM Holdings	30	工业	97年3月	1747	6301	76.0	961	114.0	4897
Malakoff	31	商业/服务业	97年8月	1724	929	583.1	202	417.9	3698
United Engineers (Malaysia)	32	建筑业	96年12月	1694	3405	88.3	704	87.7	4818
Shell Refining Company	33	工业	96年12月	1680	2467	18.2	124	40.9	1029
IOI Corp	34	不动产	97年6月	1678	851	26.1	282	8.0	2501
Perusahan Otomobil Nasional	35	农业服务	97年3月	1660	6222	20.4	1029	126.7	3342
OYL Industries	36	消费品生产	97年6月	1623	3146	7.4	173	−8.9	2549
Renong	37	多行业	97年6月	1606	1096	2.9	852	24.9	9553
Malaysia Mining Corp	38	矿业	97年1月	1546	1393	9.9	92	35.3	1955
Jaya Tiasa Hlg	39	工业	97年4月	1522	427	7.0	163	1.9	562
Berjaya Land	40	不动产	97年4月	1516	2416	14.2	333	112.1	3887
Technology Resources	41	工业/电信	96年12月	1509	1644	49.7	352	47.9	3718
Guiness Anchor	42	消费品生产	96年12月	1504	685	6.9	126	8.6	495
Oriental Holdings	43	消费品生产	96年12月	1486	3145	41.0	602	70.1	1986
Hong Leong Credit	44	金融服务	97年6月	1475	2197	47.6	586	33.2	16764
Hap Seng	45	商业/服务业	97年6月	1463	117	−76.8	100	17.6	849
Hwa Tai Industries	46	消费品生产	96年12月	1455	67		15	650.0	40
Plantation & Development Malaysia	47	建筑业	96年12月	1413	202	−31.8	39	−11.4	517
Commerce Asset Holdings	48	金融服务	96年12月	1381	1558	35.1	473	42.9	17085
Batu Kawan	49	农业服务	96年9月	1340	42	23.5	143	8.3	932
MOX	50	工业	97年9月	1335	413	18.3	95	15.9	608

续表1

单位: 百万林吉特

	位次	行业	年度截止月份	1996年资产总	股本总额 1995年	股本总额 1996年	销售收益率(%)	资产收益率(%)	股本收益率(%)
Telekom	1	电信	96年12月	19993	10921	12068	37.2	12.6	20.8
Tenaga	2	公用事业	97年8月	38716	16429	16040	1.4	0.4	0.9
Petronas Gas	3	公用事业	97年3月	6304	2882	3455	68.0	14.2	27.1
Maybank	4	金融服务	97年6月	106124	5601	8273	23.9	2.2	31.8
Sime Darby	5	多行业	97年6月	38216	5527	5752	12.7	5.2	29.8
Rothmans of Pall Mall	6	消费品生产	97年3月	1020	335	441	31.7	59.3	144.3
Resorts World	7	娱乐	96年12月	3565	2381	2794	38.1	24.4	31.0
Genting	8	娱乐	96年12月	6371	3468	3672	45.7	19.5	33.2
YTL Corp	9	公用事业	97年6月	8574	1268	3117	24.3	9.0	21.6
KL Kepong	10	农业服务	96年9月	3011	1934	2448	25.3	11.1	13.7
YTL Power International	11	公用事业	97年6月	5893	1381	3042	39.5	9.1	20.9
Berjaya Sports Toto	12	娱乐	97年4月	1248	704	754	18.8	30.1	47.2
Malaysia Int'l Shipping Corp	13	交通	96年12月	5660	4463	4768	21.0	9.3	11.0
Golden Hope	14	农业服务	97年6月	3845	2725	2861	27.1	11.1	14.7
Nestle	15	消费品生产	96年12月	808	431	438	12.8	29.6	54.5
Magnum Corp	16	娱乐	96年12月	2350	1207	1478	15.7	21.8	32.7
RHB Capital	17	金融服务	97年6月	45449	1352	750	66.4	2.4	55.1
Kumpulan Guthrie	18	农业服务	96年12月	2869	1430	1488	23.4	13.8	25.8
Malaysian Airlines System	19	交通	97年3月	14649	3685	4487	5.4	2.5	8.5
Tanjong PLC	20	娱乐	97年6月	1126	665	770	16.7	24.4	35.3
Public Bank	21	金融服务	96年12月	36190	2117	2439	23.8	2.3	35.0
Highlands & Lowlands	22	农业服务	96年12月	1514	1273	1368	62.2	15.5	17.2
Malaysia Packaging	23	消费品生产	96年12月	43	25	27	4.8	4.5	7.7
Sarawak Enterprises	24	商业/服务业	96年 12月	2867	1341	2774	847.4	6.0	7.8
Perlis Plant	25	消费品生产	96年12月	434	254	324	23.5	35.0	49.1
Carlsberg Brewery Malaysia	26	消费品生产	96年12月	490	281	330	19.2	28.8	42.2
Mutiara Swisscom	27	电信	97年4月	1041		653	24.2	11.1	17.8
Leisure Management	28	娱乐	96年12月	571	166	199	3.5	15.1	37.8
RJ Reynolds	29	消费品生产	96年12月	434	254	324	23.5	35.0	49.1
HICOM Holdings	30	工业	97年3月	5699	1141	1642	15.3	18.1	69.1
Malakoff	31	商业/服务业	97年 8月	4285	733	908	21.7	5.1	24.6
United Engineers (Malaysia)	32	建筑业	96年12月	14357	1597	2770	20.7	7.3	32.2
Shell Refining Company	33	工业	96年12月	1212	669	704	5.0	11.1	18.1
IOI Corp	34	不动产	97年6月	3479	1281	1431	33.1	9.4	20.8
Perusahan Otomobil Nasional	35	农业服务	97年3月	4653	1753	2406	16.5	25.7	49.5
OYL Industries	36	消费品生产	97年6月	2501	748	692	5.5	6.9	24.0
Renong	37	多行业	97年6月	13102	3373	4096	77.7	7.5	22.8
Malaysia Mining Corp	38	矿业	97年1月	2661	1186	1759	6.6	4.0	6.2
Jaya Tiasa Hlg	39	工业	97年4月	703	493	609	38.2	25.8	29.6
Berjaya Land	40	不动产	97年4月	5220	1772	2383	13.8	7.3	16.0
Technology Resources	41	工业/电信	96年12月	4963	912	1846	21.4	8.1	25.5
Guiness Anchor	42	消费品生产	96年12月	471	233	270	18.4	26.1	50.1
Oriental Holdings	43	消费品生产	96年12月	2566	1298	1642	19.1	26.4	41.0
Hong Leong Credit	44	金融服务	97年6月	24441	1492	1647	26.7	2.8	37.3
Hap Seng	45	商业/服务业	97年 6月	1041	769	821	85.5	10.6	12.6
Hwa Tai Industries	46	消费品生产	96年12月	69	21	49	22.4	27.5	42.9
Plantation & Development Malaysia	47	建筑业	96年12月	622	282	299	19.3	6.8	13.4
Commerce Asset Holdings	48	金融服务	96年12月	18278	1260	1743	30.4	2.7	31.5
Batu Kawan	49	农业服务	96年9月	1247	891	1163	340.5	13.1	13.9
MOX	50	工业	97年9月	688	300	358	23.0	14.7	28.9

注:① 按1998年2月5日市场股数排序。

资料来源:《亚洲商业(月刊)》1998年4月。

16－10　西方七国全行业资产负债表①

	1989年	1990年	1991年	1992年	1993年	1994年	1995年	1996年
日本(十亿日元)								
资产总额	297487	319936	326369	327077	320157	320053		
流动资产	163860	171923	168149	162555	152054	149288		
应收款	58771	63484	59358	56668	53494	54221		
库存资产	32603	36710	40691	40206	38007	36935		
固定资产	133510	147915	158124	164424	167996	170660		
有形固定资产	88604	96397	103974	109506	112302	113628		
无形固定资产	44906	51518	54149	54917	55694	57032		
负债总额	297487	319936	326369	327077	320157	320053		
自有资本	78567	83761	87646	89151	89756	91201		
股份资本	21372	22124	22266	22410	22576	22952		
负债	218919	236175	238722	237926	230400	228852		
固定负债	87042	95200	98945	99515	103577	103141		
流动负债	131784	140858	139601	138240	126599	125548		
短期贷款	45947	47292	48018	48459	45695	45354		
应付款	46701	50620	46028	42558	39402	40288		
美国(亿美元)								
资产总额	31610	33353	34208	35866	37358	40061	42985	46065
流动资产	12660	12934	13054	13525	14065	15262	16363	17349
应收款	4770	4825	4734	4827	4941	5520	5966	6242
库存资产	5200	5355	5379	5474	5661	6067	6544	6653
固定资产	18950	20419	21154	22341	23293	24799	26623	28716
有形固定资产	10370	10985	11360	11869	12153	12693	13415	14045
无形固定资产	8580	9434	9794	10472	11141	12105	13207	14671
负债总额	31610	33353	34208	35866	37358	40061	42985	46065
自有资本	12170	12655	12996	12832	13258	14564	16007	17611
股份资本	3690	4043	4493	5035	5274	5634	6063	6666
负债	19440	20698	21211	23034	24100	25497	26978	28454
固定负债	10710	11358	11818	13181	13998	14451	15253	15810
流动负债	8730	9430	9394	9853	10102	11046	11725	12644
短期贷款	1630	1802	1722	1875	1792	1960	2061	2131
应付款	2960	3133	3159	3357	3471	3924	4252	4485
英国(亿英镑)								
资产总额	10671	10926	11329	11608	12491	12492		
流动资产	2905	2947	2993	3009	3168	3260		
应收款	863	869	868	871	870	873		
库存资产	1027	1003	974	1003	1003	1028		
固定资产	7766	7979	8336	8600	9323	9232		
有形固定资产	5912	6151	6358	6305	6672	6440		
无形固定资产	1854	1828	1978	2295	2651	2792		
负债总额	10671	10926	11329	11608	12491	12492		
自有资本								
股份资本								
负债								
固定负债								
流动负债								
短期贷款								
应付款								
德国(亿马克)								
资产总额	23522	25465	28139	29070	29494	30053		
流动资产	14112	15272	16704	16888	17034	17382		
应收款	7607	8260	9125	9310	9627	9917		
库存资产	5304	5681	6219	6174	5938	5946		
固定资产	9317	10082	11311	12062	12328	12542		
有形固定资产	6568	7007	7595	8008	7934	7814		
无形固定资产	2749	3075	3716	4054	4394	4728		

续表1

	1989年	1990年	1991年	1992年	1993年	1994年	1995年	1996年
德国(亿马克)(续)								
负债总额	23522	25465	28139	29070	29494	30053		
自有资本	9183	9832	10809	11561	11605	11928		
股份资本	3108	3246	3450	3601	3641	3775		
负债	14339	15633	17330	17509	17889	18125		
固定负债	3753	3965	4279	4353	4640	4585		
流动负债	10500	11593	12954	13042	13142	13431		
短期贷款	2244	2461	2771	2916	2734	2649		
应付款	3485	3884	4061	3999	3782	4005		
法国(十亿法郎)								
资产总额	2477	2746	2257	3632	3106	2969		
流动资产	1514	1624	1398	1987	1732	1758		
应收款	836	892	768	1095	947	969		
库存资产	464	504	472	584	524	522		
固定资产	951	1108	845	1626	1357	1195		
有形固定资产	637	712	454	1109	837	642		
无形固定资产	313	396	391	518	520	553		
负债总额	2477	2746	2257	3632	3106	2969		
自有资本	824	918	908	1256	1145	1152		
股份资本	318	359	353	514	491	471		
负债	1652	1829	1348	2376	1961	1816		
固定负债	713	819	593	1024	871	697		
流动负债	939	1010	756	1353	1091	1119		
短期贷款	295	324	271	401	361	340		
应付款	645	686	484	951	730	779		
意大利(十亿里拉)								
资产总额	622768	690104	756923	799810	832048	861141		
流动资产	377214	409471	435995	455965	462225	480517		
应收款	155441	163247	175118	180756	185059	196420		
库存资产	124513	138977	148593	157822	158786	165975		
固定资产	245552	280633	320927	343844	369824	380625		
有形固定资产	174349	195630	225287	245741	263344	271559		
无形固定资产	71203	85003	95640	98103	106480	109066		
负债总额	622768	690104	756923	799810	832048	861141		
自有资本	154488	178438	196220	189727	188140	202671		
股份资本	92860	107194	115702	117572	125767	132793		
负债	468279	511666	560702	610083	643908	658470		
固定负债	144024	157048	173934	185913	197685	208732		
流动负债	324255	354618	386768	424170	446223	449738		
短期贷款	83322	95067	104250	122497	141029	131328		
应付款	180114	194655	209669	225463	233102	248308		
加拿大(亿加元)								
资产总额	10742	11226	11340	11555	12005	12834		
流动资产	2818	2836	2773	2901	3042	3257		
应收款	989	998	1035	1091	1129	1192		
库存资产	1056	1023	973	982	1028	1106		
固定资产	6040	6386	6420	6401	6517	6809		
有形固定资产	4796	5084	5089	5037	5109	5276		
无形固定资产	1244	1302	1331	1364	1408	1533		
负债总额	10742	11226	11340	11555	12005	12834		
自有资本	5544	5724	5614	5624	5746	6097		
股份资本								
负债	4853	5159	5326	5460	5706	6100		
固定负债	2189	2391	2593	2767	2959	384		
流动负债	2665	2767	2732	2693	2747	2916		
短期贷款	1307	1390	1427	1490	1423	1516		
应付款	498	496	397	249	308	3173		

注:① 不包括金融企业。日本、英国、德国、意大利和加拿大为全部企业；美国包括制造业、矿业和批发、零售商业；法国为主要企业。日本和英国为财政年度(当年4月1日至次年3月31日)。

资料来源:日本《国际比较统计》1997年。

16－11 日本、美国和德国制造业资产负债表①

	1980年	1985年	1989年	1990年	1991年	1992年	1993年	1994年	1995年	1996年
日本(十亿日元)										
企业数(个)	350	380	385	383	380	378	372	372		
资产总额	78902	100279	135749	145646	147817	147679	143328	144226		
流动资产	48997	59081	80158	82758	80853	78198	73449	74187		
应收款	18065	22371	30672	32885	30395	54343	27689	28227		
库存资产	15966	16335	16417	17964	18538	17889	16810	16519		
固定资产	29877	41141	55533	62833	66901	69412	69963	69963		
有形固定资产	19564	26263	32887	36308	39120	40716	40267	39598		
无形固定资产	10312	14778	22646	26525	27781	28697	29539	30365		
负债总额	78902	100279	135749	145646	147817	147679	143328	144226		
自有资本	16511	29655	49447	53027	54675	55453	55722	56944		
股份资本	4799	6424	12047	12524	12393	12483	12529	12801		
负债	62391	70624	86301	92618	93142	92226	87605	87282		
固定负债	17928	21207	31680	33688	35512	34655	36696	34529		
流动负债	43734	49417	54622	58930	57630	57571	52009	52753		
短期贷款	13899	16382	13283	14367	13904	13815	13432	13177		
应付款	16332	17796	21684	23820	21854	20606	19246	20258		
流动资产占资产总额的%	62.1	58.9	59.0	56.8	54.7	53.0	51.2	51.4		
固定资产占资产总额的%	37.9	41.0	40.9	43.1	45.3	47.0	48.7	48.5		
自有资本占资本总额的%	20.9	29.6	36.4	36.4	37.0	37.5	38.9	39.5		
美国(亿美元)										
企业数(个)	8928	7492	7400	7280	7265	7420	7598	7794	6995	6768
资产总额	13845	19328	25011	26300	26817	28002	29012	30936	33133	35424
流动资产	6163	7894	9395	9458	9445	9792	10126	10865	11549	12320
应收款	2329	2931	3645	3660	3557	3644	3654	4055	4322	4540
库存资产	2719	3194	3698	3754	3697	3706	3762	3913	4196	4246
固定资产	7682	11434	15616	16843	17372	18210	18886	20071	21583	23104
有形固定资产	5064	7199	8310	8787	9070	9384	9443	9773	10247	10574
无形固定资产	2618	4235	7306	8056	8302	8827	9443	10298	11336	12529

续表1

	1980年	1985年	1989年	1990年	1991年	1992年	1993年	1994年	1995年	1996年
美国(亿美元)(续)										
负债总额	1 3845	19328	25011	26300	26817	28002	29012	30936	33133	35424
自有资本	6871	8707	10136	10156	10765	10376	10570	11597	12756	13971
股份资本	1762	2423	2842	3070	3362	3660	3884	4143	4398	4889
负债	6974	10620	14875	15739	16052	17536	18442	19339	20377	21453
固定负债	3271	5430	8494	8962	9294	10588	11216	11554	12164	12521
流动负债	3703	5191	6381	6777	6758	7048	7225	7785	8213	8932
短期贷款	521	713	1028	1144	1059	1178	1103	1198	1242	1361
应付款	1362	1689	1947	2071	2054	2165	2219	2502	2716	2868
流动资产占资产总额的%	44.5	40.8	37.6	36.0	35.2	35.0	34.9	35.1	34.9	34.8
固定资产占资产总额的%	55.5	59.2	62.4	64.0	64.8	65.0	65.1	64.9	65.1	65.2
自有资本占资本总额的%	49.6	45.0	40.5	38.6	40.1	37.1	36.4	37.5	38.5	39.4
德国(亿马克)										
企业数(个)										
资产总额		10170	12151	12919	13956	14450	14189	14658		
流动资产		5993	7169	7507	7923	8050	7830	8075		
应收款		3103	3686	3866	4162	4327	4315	4480		
库存资产		2434	2852	2974	3123	3099	2841	2838		
固定资产		3861	4946	5374	5990	6358	6320	6541		
有形固定资产		2585	3221	3433	3742	3906	3704	3599		
无形固定资产		1276	1725	1941	2248	2452	2616	2942		
负债总额		10170	12151	12919	13956	14450	14189	14658		
自有资本		4820	5875	6263	6727	7084	7044	7341		
股份资本										
负债		5350	6276	6656	7229	7366	7145	7317		
固定负债		1497	1652	1698	1800	1832	1833	1822		
流动负债		3768	4610	4942	5412	5514	5290	5475		
短期贷款			871	982	1064	1120	1029	978		
应付款		1238	1404	1490	1493	1449	1307	1432		
流动资产占资产总额的%		58.9	59.0	58.1	56.8	55.7	55.2	55.1		
固定资产占资产总额的%		38.0	40.7	41.6	42.9	44.0	44.5	44.6		
自有资本占资本总额的%		47.4	48.3	48.5	48.2	49.0	49.6	50.1		

注:① 日本为财政年度(当年4月至次年3月)。

资料来源:日本《国际比较统计》 1993 年,1997 年。

16－12 日本、美国和德国制造业公司利润①

	1980年	1985年	1989年	1990年	1991年	1992年	1993年	1994年	1995年	1996年
日本(十亿日元)										
公司数(个)	350	380	385	383	380	378	372	372		
销售额	90124	112622	130668	141955	142841	138238	130412	131302		
成本	86342	107862	123145	134469	137069	137875	130774	130222		
材料购买	53618	64319	70408	77493	77912	78652	72948	73138		
其他费用	32724	43543	52737	56976	59157	63277	57804	58022		
劳动报酬	9163	12223	13753	14688	15263	15375	15144	15116		
折旧	2767	4144	5053	5435	5880	6142	6036	5789		
融资费用	3436	2782	2333	2759	2773	2351	2085	1889		
其他	17449	24394	31598	34094	35242	39409	34539	35228		
利润										
税前利润	3782	4689	7084	7218	5563	3782	2852	3331		
利润税	1844	2315	3301	3307	2457	1904	1505	1710		
税后利润	1938	2374	3783	3911	3106	1878	1347	1621		
股息	556	777	1095	1146	1139	1102	962	981		
美国(亿美元)										
公司数(个)	8928	7492	7400	7280	7265	7420	7598	7794	6995	6768
销售额	19150	23314	27448	28113	27619	28913	30145	32610	35186	37534
成本	17696	21944	25558	26517	26620	28562	28348	30198	32483	34756
材料购买										
其他费用										
劳动报酬										
折旧	578	929	1052	1092	1128	1203	1215	1241	1302	1377
融资费用										
其他										
利润										
税前利润	1454	1370	1890	1596	999	351	1187	2438	2787	3134
利润税	529	494	525	480	320	98	349	685	773	819
税后利润	924	876	1365	1116	679	253	838	1753	2013	2315
股息	364	455	652	622	602	631	667	701	809	947
德国(亿马克)										
公司数(个)										
销售额		16861	19142	20308	21877	22248	20676	21291		
成本		16670	18956	20072	21773	22321	20946	21346		
材料购买		9601	10465	10958	11698	11692	10697	11114		
其他费用										
劳动报酬		3968	4670	5016	5478	5688	5429	5357		
折旧		710	862	931	1008	1084	1102	1068		
融资费用		227	246	298	355	413	380	336		
其他										
利润										
税前利润		1081	1330	1417	1484	1352	1130	1368		
利润税		695	862	907	1025	1034	924	1013		
税后利润		386	468	510	459	318	206	355		
股息										

注:① 日本为财政年度(当年 4 月至次年 3 月)。日本为644家上市公司中的资本额在10亿日元以上的大公司。美国为抽样调查数。德国1986年前为1700家大公司中的制造业公司，1987年后为上市有限责任公司，故前后数据不可比。

资料来源:日本《国际比较统计》1993年，1997年。

16-13 日本、美国和德国制造业公司主要财务指标①

单位: %

	1980年	1985年	1989年	1990年	1991年	1992年	1993年	1994年	1995年	1996年
日本										
自有资本占负债总额的比重	20.93	29.57	36.43	36.41	36.99	37.55	38.88	39.48		
固定资产与自有资本之比	180.95	138.73	112.31	118.49	122.36	125.17	125.28	122.86		
流动资产与自有资本之比	112.03	119.55	146.75	140.43	140.30	135.83	141.22	140.63		
库存与销售额之比②	2.13	1.74	1.51	1.52	1.56	1.55	1.55	1.51		
资本利润率③	2.46	2.44	3.11	2.87	2.24	1.27	0.93	1.13		
销售利润率③	2.15	2.17	3.23	2.94	2.32	1.36	1.03	1.23		
融资费用占销售额的比重	3.81	2.47	1.79	1.94	1.94	1.70	1.60	1.44		
劳动报酬占销售额的比重	10.17	10.85	10.53	10.35	10.69	11.13	11.61	11.51		
固定资产折旧率	8.22	9.15	8.34	7.96	8.08	8.14				
股息率	11.59	12.09	9.09	9.15	9.19	8.83	4.68	7.66		
美国										
自有资本占负债总额的比重	49.63	45.05	40.52	40.16	40.14	37.02	36.43	37.49	38.50	39.44
固定资产与自有资本之比	111.81	131.31	154.07	159.48	161.38	175.66	178.67	173.06	169.10	165.37
流动资产与自有资本之比	166.41	152.08	147.22	139.56	139.75	138.94	140.15	139.58	140.63	137.94
库存与销售额之比②	1.70	1.64	1.62	1.60	1.61	1.54	1.50	1.44	1.43	1.36
资本利润率③	6.68	4.53	5.46	4.24	2.53	0.90	2.89	5.67	6.08	6.53
销售利润率③	4.83	3.76	4.97	3.97	2.46	0.87	2.78	5.37	5.72	6.17
融资费用占销售额的比重										
劳动报酬占销售额的比重										
固定资产折旧率	7.00	7.51	6.31	6.09	6.10	6.20	6.05			
股息率	20.65	18.79	22.96	20.26	17.91	17.23	17.17	16.91	18.39	19.38
德国										
自有资本占负债总额的比重		47.39	48.35	48.48	48.20	49.02	49.64	50.08		
固定资产与自有资本之比		80.10	84.19	85.81	89.04	89.75	89.72	89.10		
流动资产与自有资本之比		159.05	155.51	151.90	146.40	145.99	148.02	147.49		
库存与销售额之比②		1.73	1.79	1.76	1.71	1.67	1.65	1.60		
资本利润率③		3.8	3.85	3.95	3.29	2.20	1.45	2.42		
销售利润率③		2.29	2.82	3.08	2.77	1.92	1.24	2.14		
融资费用占销售额的比重										
劳动报酬占销售额的比重		1.35	1.29	1.47	1.62	1.86	1.84	1.58		
固定资产折旧率		23.53	24.4	24.70	25.04	25.57	26.26	25.16		
股息率										

注:① 日本为财政年度(当年4月至次年3月)。② 库存与月销售之比。③ 资本利润率和销售利润率分别为净利润与资本额及销售额之比(%)。

资料来源:日本《国际比较统计》1993年，1997年。

16－14 日本、美国和德国非制造业资产负债表①

	1985年	1988年	1989年	1990年	1991年	1992年	1993年	1994年	1995年	1996年
日本(十亿日元)										
企业数(个)	240	251	252	255	274	273	272	272		
资产总额	94461	139450	161738	174291	178552	179398	176829	175827		
流动资产	47561	68040	83703	89165	87296	84357	78605	75101		
应收款	22184	24171	28099	30600	28964	27613	25805	25994		
库存资产	10969	14252	16186	18746	22154	22316	21197	20416		
固定资产	46890	71356	77977	85082	91223	95011	98190	100697		
有形固定资产	34998	52772	55717	60089	64854	68791	72035	74030		
无形固定资产	11892	18584	22260	24993	26369	26221	26155	26667		
负债总额	94461	139450	161738	174291	178552	179398	176829	175827		
自有资本	14677	25498	29120	30734	32971	33699	34034	34257		
股份资本	5284	8049	9325	9600	9872	9927	10048	10151		
负债	79783	113951	132618	143557	145581	145699	142795	141570		
固定负债	32834	49954	55362	61511	63433	64860	67981	68613		
流动负债	46902	63947	77162	81928	81984	80669	74590	72794		
短期贷款	17387	27676	32663	32925	34115	34644	32263	32177		
应付款	17970	19530	24837	26800	24174	21952	20156	20030		
流动资产占资产总额的%	50.4	48.8	51.8	51.2	48.9	47.0	44.5	42.7		
固定资产占资产总额的%	49.6	51.2	48.2	48.8	51.1	53.0	55.5	57.3		
自有资本占资本总额的%	15.5	18.3	18.0	17.6	18.5	18.8	19.2	19.5		
美国(亿美元)										
企业数(个)	1845	1893	2034	1952	1958	1952	1999	2169	1597	1558
资产总额	5148	6103	6597	7053	7391	7864	8346	9125	9852	10641
流动资产	2532	3036	3264	3477	3609	3733	3939	4397	4813	5029
应收款	940	1067	1128	1165	1177	1184	1287	1466	1644	1702
库存资产	1124	1377	1498	1601	1683	1768	1899	2155	2348	2407
固定资产	2616	3067	3333	3576	3782	4131	4407	4728	5039	5612
有形固定资产	1822	1911	2064	2198	2290	2485	2709	2921	3168	3471
无形固定资产	793	1155	1269	1378	1492	1646	1698	1807	1871	2142

续表1

	1985年	1988年	1989年	1990年	1991年	1992年	1993年	1994年	1995年	1996年
美国(亿美元)(续)										
负债总额	5148	6103	6597	7053	7391	7864	8346	9125	9852	10641
自有资本	1891	1927	2035	2093	2232	2466	2688	2966	3251	3639
股份资本	720	832	843	963	1130	1375	1390	1492	1665	1777
负债	3257	4176	4562	4959	5159	5399	5658	6159	6602	7001
固定负债	1569	2065	2215	2396	2524	2594	2781	2897	3089	3289
流动负债	1688	2122	2346	2564	2635	2805	2877	3261	3513	3712
短期贷款	378	528	605	658	662	697	689	763	819	771
应付款	783	926	1012	1063	1104	1192	1253	1423	1536	1617
流动资产占资产总额的%	49.2	49.8	49.5	49.3	48.8	47.5	47.2	48.2	48.9	47.3
固定资产占资产总额的%	50.8	50.2	50.5	50.7	51.2	52.5	52.8	51.8	51.1	52.7
自有资本占资本总额的%	36.7	31.6	30.9	29.7	30.2	31.4	32.2	32.5	33.0	34.2
德国(亿马克)										
企业数(个)										
资产总额	11091	10359	11371	12546	14183	14620	15305	15395		
流动资产	5678	6188	6943	7765	8781	8838	9204	9307		
应收款	3306	3457	3921	4394	4963	4983	5312	5437		
库存资产	1973	2238	2452	2707	3096	3075	3097	3108		
固定资产	4771	4108	4371	4708	5321	5704	6008	6001		
有形固定资产	4081	3201	3347	3574	3853	4102	4230	4215		
无形固定资产	690	907	1024	1134	1468	1602	1778	1786		
负债总额	11091	10359	11371	12546	14183	14620	15305	15395		
自有资本	3000	2984	3308	3569	4082	4477	4561	4587		
股份资本										
负债	8091	7375	8063	8977	10101	10143	10744	10808		
固定负债	1985	2090	2101	2267	2479	2521	2807	2763		
流动负债	4726	5237	5890	6651	7542	7528	7852	7956		
短期贷款			1373	1479	1707	1796	1705	1671		
应付款	1872	1946	2081	2394	2568	2550	2475	2573		
流动资产占资产总额的%	51.2	59.7	61.1	61.9	61.9	60.5	60.1	60.5		
固定资产占资产总额的%	43.0	39.7	38.4	37.5	37.5	39.0	39.3	39.0		
自有资本占资本总额的%	27.0	28.8	29.1	28.4	28.8	30.6	29.8	29.8		

注: ① 日本为财政年度(当年4月至次年3月)。

资料来源: 日本《国际比较统计》1997年。

16－15 日本、美国和德国非制造业公司利润①

	1985年	1988年	1989年	1990年	1991年	1992年	1993年	1994年	1995年	1996年
日本(十亿日元)										
公司数(个)	240	251	252	255	274	273	272	272		
销售额	166491	176815	215305	220899	218174	209638	198075	194697		
成本	165678	175282	214451	220829	217536	208899	197553	193927		
材料购买	134365	131806	166713	166560	159522	149910	139132	134969		
劳动报酬	6824	9790	10599	11428	12288	12665	12675	12575		
折旧	2581	5007	5303	5848	6229	6436	6699	6942		
融资费用	3585	3812	4549	5771	5652	4715	4159	3872		
利润										
税前利润	2696	3721	3946	3953	4076	3151	2327	2088		
利润税	1547	1985	2083	2033	2051	1682	1375	1331		
税后利润	1149	1736	1864	1920	2025	1469	951	758		
股息	535	716	791	802	827	812	787	777		
美国(亿美元)										
公司数(个)	1845	1893	2034	1952	1958	1952	1999	2169	1597	1588
销售额	10473	11744	12189	14224	14446	15333	15994	17390	18968	20600
成本	10117	11354	11764	13807	14070	14904	15506	16838	18383	19913
材料购买										
劳动报酬										
折旧	200	203	229	246	265	283	304	328	354	383
融资费用										
利润										
税前利润	270	294	320	246	216	200	320	415	438	590
利润税	125	103	115	107	101	98	123	169	163	207
税后利润	145	191	204	140	115	101	197	246	275	383
股息	64	116	95	80	74	86	89	96	107	105
德国(亿马克)										
公司数(个)										
销售额	18191	19278	20897	23129	25945	27360	26477	26938		
成本	18337	19444	21094	23333	26334	27526	27288	27507		
材料购买	13212	13723	14963	16540	18526	19142	18597	18817		
劳动报酬	2508	2845	3019	3325	3711	3976	4184	4169		
折旧	550	632	655	740	843	885	914	925		
融资费用	287	265	316	388	463	527	505	449		
利润										
税前利润	486	649	667	797	901	905	804	841		
利润税	204	280	309	364	431	480	442	444		
税后利润	282	369	358	433	470	425	362	397		
股息										

注:① 日本为财政年度(当年4月至次年3月)。

资料来源:日本《国际比较统计》1997年。

16-16 日本、美国和德国非制造业公司主要财务指标①

单位: %

	1985年	1988年	1989年	1990年	1991年	1992年	1993年	1994年	1995年	1996年
日本										
自有资本占负债总额的比重	15.54	18.28	18.00	17.63	18.47	18.78	19.25	19.48		
固定资产与自有资本之比	319.47	279.85	267.78	276.84	276.68	281.94	288.50	293.95		
流动资产与自有资本之比	101.41	106.40	108.48	108.83	106.50	104.57	105.38	103.17		
库存与销售额之比②	0.79	0.97	0.90	1.02	1.22	1.28	1.28	1.26		
资本利润率③	1.22	1.32	1.24	1.13	1.14	0.82	0.53	0.43		
销售利润率③	0.69	0.98	0.87	0.87	0.93	0.70	0.48	0.39		
融资费用占销售额的比重	2.15	2.16	2.11	2.61	2.59	2.25	2.10	1.99		
劳动报酬占销售额的比重	4.10	5.54	4.92	5.17	5.63	6.04	6.40	6.46		
股息率	10.13	8.89	8.48	8.35	8.38	8.18	7.83	7.66		
美国										
自有资本占负债总额的比重	36.73	31.58	30.85	29.68	30.20	31.35	32.21	32.51	32.99	34.20
固定资产与自有资本之比	138.33	159.12	163.77	170.82	169.45	167.55	163.96	159.40	155.01	154.21
流动资产与自有资本之比	150.02	143.10	139.10	135.61	136.94	133.09	136.92	134.81	137.03	135.47
库存与销售额之比②	1.29	1.41	1.48	1.35	1.40	1.38	1.42	1.49	1.49	1.40
资本利润率③	2.82	3.13	30.09	1.98	1.56	1.29	2.36	2.69	2.79	3.60
销售利润率③	1.39	1.63	1.67	0.98	0.80	0.66	1.23	1.41	1.45	1.86
融资费用占销售额的比重										
劳动报酬占销售额的比重										
股息率	8.87	13.89	11.29	8.35	6.57	6.26	6.40	6.47	6.42	5.92
德国										
自有资本占负债总额的比重	27.05	28.81	29.09	28.45	28.78	30.62	29.80	29.80		
固定资产与自有资本之比	159.03	137.67	132.13	131.91	130.35	127.41	131.73	130.83		
流动资产与自有资本之比	120.14	118.16	117.88	116.75	116.43	117.40	117.22	116.98		
库存与销售额之比②	1.30	1.39	1.41	1.40	1.43	1.35	1.40	1.38		
资本利润率③	2.54	3.56	3.15	3.45	3.31	2.91	2.37	2.58		
销售利润率③										
融资费用占销售额的比重	1.58	1.37	1.51	1.68	1.78	1.93	1.91	1.67		
劳动报酬占销售额的比重	13.79	14.76	14.45	14.38	14.30	14.53	15.80	15.48		
固定资产折旧率										
股息率										

注:① 日本为财政年度(当年4月至次年3月)。② 库存与月销售之比。③ 资本利润率和销售利润率分别为净利润与资本额及销售额之比(%)。

资料来源:日本《国际比较统计》1997年。

16－17 日本、美国、英国、德国和法国倒闭企业数①

	1980年	1985年	1988年	1989年	1990年	1991年	1992年	1993年	1994年	1995年
日本										
公司数合计(个)	17884	18812	10123	7234	6468	10723	14167	14041	13963	15086
比上年增长(%)	11.6	－9.7	－20.0	－28.5	－10.6	65.8	32.1	－0.9	－0.6	8.0
建筑业(个)	5097	5321	2322	1712	1385	2125	2845	2868	3206	3786
比上年增长(%)	12.8	－13.0	－23.7	－26.3	－19.1	53.4	33.9	0.8	11.8	18.1
矿业和制造业(个)	3203	3043	1677	1108	932	1477	2308	2591	2740	2818
比上年增长(%)	4.6	－11.9	－30.0	－33.9	－15.9	58.5	56.3	12.3	5.8	2.8
批发商业(个)	4772	4647	2583	1760	1661	2553	3105	2995	2912	3073
比上年增长(%)	13.0	－2.6	－16.1	31.9	5.6	53.7	21.6	－3.5	－2.8	5.5
零售商业(个)	2443	2998	1827	1442	1273	1926	2453	2292	2245	2465
比上年增长(%)	12.2	－12.8	－17.9	21.1	－11.7	51.3	27.4	－6.6	－2.1	9.8
其他行业(个)	2369	2803	1714	1212	1217	2642	3456	3295	2860	2944
比上年增长(%)	15.6	－8.5	－10.4	－29.3	0.4	117.1	30.8	－4.7	－13.2	2.9
美国										
公司数合计(个)	11742	57067	57099	50361	60432	87113	97069	85508	71302	71056
比上年增长(%)	55.2	9.6	－6.8	－11.8	20.0	44.2	11.4	－11.6	－16.6	－0.3
建筑业(个)	2355	6956	6828	7120	8072	11783	12452	10552	8274	9120
比上年增长(%)	70.9	0.3	1.5	4.3	13.4	46.0	5.7	－15.3	－21.6	9.3
矿业和制造业(个)	1559	5647	4719	4284	5090	6915	7550	6473	4870	4731
比上年增长(%)	37.3	－1.9	－4.5	－9.2	18.8	35.9	9.2	－14.3	－24.8	－3.3
批发商业(个)	1284	4815	4459	3687	4376	6075	6744	6014	4622	4120
比上年增长(%)	41.4	－1.4	3.6	－17.3	18.7	38.8	11.0	－10.8	－23.1	－11.4
零售商业(个)	4910	13418	11487	11120	12826	16953	19084	15661	12517	12919
比上年增长(%)	54.3	－2.7	－5.7	－3.2	15.3	32.2	12.6	－17.9	－20.1	2.5
其他行业(个)	1594	26231	29606	24150	30068	45387	51239	46808	41019	40166
比上年增长(%)	71.4	26.6	－10.5	－18.4	24.5	50.9	12.9	－7.9	－12.4	－1.6
英国										
公司数合计(个)	10928	21676	17934	19821	29038	47467	61219	57411	47467	40855
比上年增长(%)	36.0	－1.2	－4.9	10.5	46.5	63.5	29.0	－6.2	－17.3	－13.9
建筑业(个)	1732	2763	3061	3290	4793	7185	8522	7550	5763	4627
比上年增长(%)	6.8	1.1	17.1	7.5	45.7	49.9	18.6	－11.4	－23.7	－19.7
矿业和制造业(个)	2238	5132	3173	3449	4435	6155	6969	5940	4733	3841
比上年增长(%)	90.3	5.9	－21.0	8.7	28.6	38.8	13.2	－14.8	－20.3	－18.8

续表1

	1980年	1985年	1988年	1989年	1990年	1991年	1992年	1993年	1994年	1995年
英国(续)										
批发商业(个)	622	1382	831	772	1212	1491	1628	1338	1276	1214
比上年增长(%)	44.0	−1.4	−16.0	−7.1	57.0	23.0	9.2	−17.8	−4.6	−4.9
零售商业(个)	1253	3447	2155	2062	3156	4813	6036	5611	4650	4232
比上年增长(%)	28.8	−4.3	−19.0	−4.3	53.1	52.5	25.4	−7.0	−17.1	−9.0
其他行业(个)	4749	8580	7935	9024	13515	24815	33376	31285	24132	22555
比上年增长(%)	33.8	−3.7	−3.0	13.7	49.8	86.3	34.5	−6.3	−22.9	−13.0
德国										
公司数合计(个)	6312	13625	10562	9590	8730	8445	9828	12821	14913	
比上年增长(%)	15.1	13.4	−12.7	−9.2	−9.0	−3.3	16.4	30.5	16.3	
建筑业(个)	1332	3228	2290	2058	1724	1703	1890	2334	2894	
比上年增长(%)	22.0	16.7	−13.2	−10.1	−16.2	−1.2	11.0	23.5	24.0	
矿业和制造业(个)	1368	2306	1817	1645	1530	1436	1827	2528	2672	
比上年增长(%)	10.7	5.2	−12.0	−9.5	−7.0	−6.1	27.2	38.4	5.7	
批发商业(个)	744	1382	1087	1084	1029	975	1136	1514	1660	
比上年增长(%)	14.8	4.8	−16.3	−0.3	−5.1	−5.2	16.5	33.3	9.6	
零售商业(个)	852	1924	1480	1391	1139	1136	1280	1580	1973	
比上年增长(%)	12.7	9.9	−15.6	−6.0	−18.1	−0.3	12.7	23.4	24.9	
其他行业(个)	2016	4785	3888	3412	3308	3195	3695	4865	5714	
比上年增长(%)	15.1	19.9	−10.5	−12.2	−3.0	−3.4	15.6	31.7	17.5	
法国②										
公司数合计(个)	17375	26425	35052	41743	47118	52965	57796	60369	56357	
比上年增长(%)	9.5	5.6	13.9	−	12.9	12.4	9.1	4.5	−6.6	
建筑业(个)	3795	5250	7721	9336	10064	11000	11852	11670	10245	
比上年增长(%)	7.6	2.7	6.4	−	7.8	9.3	7.7	−1.5	−12.2	
矿业和制造业(个)	3231	4791	5799	6305	7201	8327	9481	10063	8711	
比上年增长(%)	14.0	−4.2	10.0	−	14.2	15.6	13.9	6.1	−13.4	
批发商业(个)	1302	2165	2987	3622	4382	5131	5703	5863	5376	
比上年增长(%)	15.9	8.6	18.6	−	21.0	17.1	11.1	2.8	−8.3	
零售商业(个)	3845	4972	6161	8113	8506	9007	9364	8861	8666	
比上年增长(%)	4.1	−3.5	18.7	−	4.8	5.9	4.0	−5.4	−2.2	
其他行业(个)	5202	9247	12384	14367	16965	19500	21396	23912	23359	
比上年增长(%)	11.0	19.1	17.6	−	18.1	14.9	9.7	11.8	−2.3	

注: ① 日本为负债1千万元以上的公司。日本和德国“矿业和制造业”一项仅指制造业。英国仅包括英格兰和威尔士。② 1989年及以后的数字与以前的数字不可比。

资料来源:日本《国际比较统计》1987年和1996年。

主要统计指标解释

500家大公司销售额和利润　表上所列的公司必须颁布其财务数据，并向有关政府机构汇报其全部或部分数字。上报的销售额包括公布时非连续性经营活动所得收入；商业银行及储蓄所的销售额为利息收入和非利息收入。对保险公司而言，这样的数字为保险费、年金、投资收入、资产收益或亏损，但不包括存款。销售额包括子公司，不包括营业税。

此表中的利润为税后利润，扣除工资单的额外帐款或费用，扣除核算改变的累积影响。负数为亏损。利润跌幅超过100%反应出从1996年赢利到1997年亏损的变动。1997年财政年度截止日期不晚于1998年3月31日。　对于非美国公司的销售额和利润，财政年度截止日期为1997年12月31日(除非有特别注明)，均按官方汇率换算成美元。

为便于读者分析对比，对销售额最高的500家公司，我们又按利润额、资产额重新排序，并将它们按国别(地区)和行业分组。

资产及股本　均为公司财政年度末的数据。股本为此时的资本存量，实收资本，留存收益总数，不包括少数股权。非美国公司的数字，到每个公司财政年度截止 前换算成美元。

雇员数　由公布公司自己决定，或为财政年度截止人数，或为年均人数。

行业分类　反应出这些公司最主要的收入所属行业。行业分组按照美国管理和预算办公室制定的分类方法。

日本、美国和德国制造业和非制造业企业财务指标中企业范围:

日本　资产过10亿日元(不包括金融机构和保险公司)的644　个股票上市公司和某些资产未过10亿或不上市的牵头公司。

美国　数据通过大量的抽样调查获得。非制造业指标为矿业和批发零售商业企业抽样调查数，1987年及以前为资产2500万美元以上的企业，1988年及以后为资产5000万美元以上的企业。

德国　仅指前西德地区。非制造业企业不包括金融、保险企业。

利润核算中的各项指标如下:

(1)"劳动报酬"包括对各级主管的津贴、职员工资、劳工费用(工资、补贴、福利以及退休基金的增加)，不包括用于企业生产之外的额外开支。

(2)"折旧费"包括一般性的损耗，特殊性的损耗以及生产过程中的磨损等等。

(3)"融资费用"包括支付利息费用，贴现和债券利息。

(4)"税收"大体是依照公司的所得征收的。日本征收公司税和公司人头税，不征收商业税。美国征收联邦和地方公司税。德国征收公司税和商业税。

(5)"利润"　日本为税后利润＝税前利润－所得税；德国和美国为税前利润＝本期利润＋所得税

(6)不同国家有不同的企业核算规定，因此，不易逐条去细比。

破产　西方五国定义如下:

日本:为银行宣布中止其商业活动的企业，在股份公司重组和恢复法案和解条例保护下的企业，依据商业法指导下重建的公司，依照破产法和特别清算法进行停业清理的企业，或首次被宣布为无力偿付票据仍在负债的企业。

美国:法庭干预实行财产保护的企业，准备清算债务的企业，停止运作以期转让企业商誉(goodwill)、倒闭和财产抵押或违约的企业。

英国:为根据法庭停业命令进行强制性清算的企业。统计数字包括债权人主动清算的，即企业同债权人在庭外解决。

德国:指开始破产的或准备清算债务的企业。

法国:经法庭宣布为破产的或已清算财产的企业。

破产企业负债总额　日本的负债总额为一千万日元以上，其他国家则没有具体规定。